Adam · Planung und Entscheidung

Dietrich Adam

Planung und Entscheidung

Modelle – Ziele – Methoden

Mit Fallstudien und Lösungen

4., vollständig überarbeitete und wesentlich erweiterte Auflage

Springer Fachmedien Wiesbaden GmbH

Prof. Dr. Dietrich Adam ist Direktor des Instituts für Industrie- und Krankenhausbetriebslehre an der Westfälischen Wilhelms-Universität in Münster.

Die Deutsche Bibliothek - CIP-Einheitsaufnahme

Adam, Dietrich:
Planung und Entscheidung : Modelle – Ziele – Methoden ; mit Fallstudien und Lösungen / Dietrich Adam. - 4., vollst. überarb u. wesentlich erw. Aufl. - Wiesbaden : Gabler, 1996

ISBN 978-3-322-88993-5 ISBN 978-3-322-88992-8 (eBook)
DOI 10.1007/978-3-322-88992-8

1. Auflage 1980
2. Auflage 1983 (1. – 2. Auflage unter dem Titel „Kurzlehrbuch Planung")
3. Auflage 1992
4. Auflage 1996
Nachdruck 1997

Lektorat: Thorsten Hadeler / Jutta Hauser-Fahr

ISBN 978-3-322-88993-5

Vorwort zur 4. Auflage

Gegenüber der dritten Auflage wurde der Text noch einmal sprachlich und inhaltlich gründlich überarbeitet und einige kleinere Fehler entfernt, die sich eingeschlichen hatten. Zudem wurden die Abschnitte über Zielbildung, Entscheidung bei Unsicherheit, Koordination dezentraler Entscheidungen und Fuzzy-Logik z.T. erheblich ausgebaut. Völlig neu sind die Abschnitte über Planung in zeitlich offenen Entscheidungsfeldern als Spezialfall strukturdefekter Probleme, die Ausführungen zur Flexibilitätspolitik und zu künstlichen neuronalen Netzen. Außerdem wurde das Fallstudienkapitel um drei Fälle erweitert.

Gegenüber der dritten Auflage wurde auch das Druckverfahren verändert. Dies zwang dazu, alle Formeln neu zu editieren und auch alle Abbildungen in die Textverarbeitung einzubinden. Diese drucktechnische Umstellung führte zu einer ganz erheblichen Belastung meiner Mitarbeiter. Für diese drucktechnischen Veränderungen und ihre Hilfestellung bei der inhaltlichen Ergänzung und Überarbeitung möchte ich mich bei meinen Mitarbeitern Herrn Dipl.-Kfm. Florian Funck, Frau Dr. Christiane Poppenborg, Herrn Dr. Stephan Puke, Herrn Dr. Roland Rollberg M.Sc., Herrn Dipl.-Math. Rainer Sibbel, Herrn Dipl.-Phys. Dietmar Stosik, Herrn Dipl.-Kfm. Michael Welker sowie bei meiner studentischen Hilfskraft Herrn stud. rer. pol. Dirk Römer bedanken. Ohne ihren Einsatz wäre es mir nicht möglich gewesen, die vierte Auflage herauszubringen. Danken möchte ich auch dem Gabler-Verlag für seine nunmehr studentenfreundliche Preispolitik.

DIETRICH ADAM

Vorwort zur 3. Auflage

Das Buch „Planung und Entscheidung“ basiert auf der zweiten Auflage des „Kurzlehrbuch Planung“ aus dem Jahre 1983; allerdings ist kaum eine Passage so geblieben wie im Ursprungstext. Der Inhalt wurde völlig überarbeitet und wesentlich ausgebaut, so daß rein vom Umfang her die Bezeichnung „Kurzlehrbuch“ auch nicht mehr passend ist. Neu sind die Teile über die Denkprinzipien der Planung und große Teile zu den Bereichen „Zielbildung und Bewertung von Entscheidungsalternativen“, „Strategische und taktische Planung“ sowie „Unternehmensplanung“. Wesentlich erweitert wurden die Kapitel zur Prognose, zur Planung unter Unsicherheit, zum Zusammenhang zwischen Planung und Organisation sowie zu den Planungsmethoden. Im letzten Kapitel werden insbesondere qualitative Planungsmethoden und die Quotientenprogrammierung zusätzlich behandelt. Erweitert wurde auch das Fallstudienkapitel.

Beim Abfassen des Textes wurde Wert darauf gelegt, die theoretischen und praktischen Aspekte der Planung herauszuarbeiten. Das Buch ist deshalb insbesondere im Hinblick auf die Praxis der Planung um viele, hoffentlich recht anschauliche Beispiele erweitert worden. Zudem wurde bewußt ein Schreibstil gewählt, der es auch dem noch nicht in die Materie Eingeweihten erlaubt, sich in die Planungsproblematik ohne allzu großen „formalen Ballast" einzuarbeiten.

Ein Hauptproblem der Planung ist das Interdependenzproblem. Die Interdependenzen sind es auch, die das Schreiben über Planung erschweren. Wer die Problematik der innerbetrieblichen Koordination verstehen will, muß zunächst das Problem der Zielbildung, der Interdependenzen und der Organisationsstrukturen verstanden haben. Die Ableitung von Unterzielen für Organisationseinheiten setzt aber bereits Kenntnisse über die Strukturorganisation voraus. Probleme dieser Art existieren in der Planung häufig und verlangen eigentlich einen simultanen Schreibstil. Da sich Dinge aber nur nacheinander und nicht gleichzeitig beschreiben lassen, befindet sich jeder Verfasser in einem „Schreibdilemma", das nur durch einen redundanten Schreibstil oder ständige Rück- und Vorverweise zu lösen ist. Der Verfasser hat sich aus Gründen der Lesbarkeit des Textes für ein gewisses Ausmaß an Redundanz entschieden, um die textlichen Verweise möglichst gering zu halten. Durch diese Schreibweise bleiben die einzelnen Kapitel weitgehend aus sich heraus verständlich.

Bücherschreiben ist mit viel Arbeit - nicht nur für den Schreibenden - verbunden. In diesem Vorwort muß ich daher gegenüber meiner Frau, die mich seit Monaten praktisch nur noch als geistig abwesend und körperlich vor dem Computer sitzend erlebt hat, und meinen Mitarbeitern Abbitte leisten. „Planung und Entscheidung" ist nun bereits das zweite Buch, das ich in meinem Forschungsfreisemester verfaßt habe. Insbesondere meine Mitarbeiter sahen sich daher bis über die Grenzen des nach ihrer Auffassung Erträglichen mit den Überarbeitungen meiner Texte, der Erstellung von Vorlagen und Beispielen sowie Literaturrecherchen belastet. Ich darf mich daher bei meinen Mitarbeitern - Herrn Dr. Jörg Schlüchtermann, Herrn Dr. Rolf Thaler, Herrn Dr. Christian Utzel, Herrn Dipl.-Math. Ulrich Dikow, Herrn Dipl.-Kfm. Thomas Hering, Frau Dipl.-Kfm. Christiane Poppenborg, Herrn Dipl.-Kfm. Stephan Puke, Herrn Dipl.-Kfm. Roland Rollberg M.Sc., Herrn Dipl.-Kfm. Franz Vallée, Herrn Dipl.-Kfm. Roland Ventzke und Herrn Dipl.-Kfm. Andreas Witte - für ihren Einsatz und dafür bedanken, daß sie trotz Knurrens bei der Stange geblieben sind. Danken möchte ich auch meiner Frau, die wiederum die Korrekturarbeiten für dieses Buch übernommen hat. Auch meine Sekretärin, Frau Fischer, hat an diesem Buch nicht unwesentlichen Anteil, da sie die nicht auf Disketten verfügbaren Texte der zweiten Auflage des „Kurzlehrbuch Planung“ als Vorlagen für die Überarbeitung abgeschrieben hat, nachdem sich ein Versuch, den alten Text zu scannen, als zu arbeitsintensiv herausstellte.

DIETRICH ADAM

Inhaltsverzeichnis

1 Planungsprozeß und Modellbildung

1.1 Der Planungsbegriff

1.1.1 Ein Einführungsbeispiel zur Planung

Jede Planung hat ihre Ursache in einer Differenz zwischen einem Istzustand und einem angestrebten Sollzustand. Durch Planung ist diese Differenz mit möglichst geringem Ressourceneinsatz zu überwinden. Die mit der Planung verbundenen Überlegungen sollen an einem Beispiel aus dem täglichen Leben beschrieben werden.

Ein Bastler hat in seiner Freizeit einen Triebwagen einer Lokaleisenbahn nachgebaut. Für die Motorisierung seines Modells hat er auf Drehgestelle und Antriebe zurückgegriffen, die von einem Spielwarenhersteller angeboten werden. Das optische Ergebnis des Modellbaus ist insgesamt enttäuschend. Zwar ist der Aufbau des Triebwagens (Fahrgastzelle und Lokführerstand) optisch sehr ansprechend und originalgetreu gelungen; die industriellen Antriebselemente sind aber viel zu groß und wenig originalgetreu. Sie stören im Bereich der Räder den optischen Gesamteindruck. Aus diesem Grunde wurden die Antriebe wieder demontiert und durch optisch ansprechende Drehgestelle einer Wagengruppe ersetzt, die ebenfalls im Handel erhältlich sind. Das Problem des Bastlers besteht nun darin, daß die Drehgestelle nicht angetrieben sind; er sucht deshalb einen Antrieb, der in diese integriert werden kann.

Dieses Problem - fehlender Antrieb - löst bei dem Bastler einen Suchprozeß nach Lösungsmöglichkeiten aus. Gesucht sind Ideen für Lösungsalternativen, und gefragt sind Informationen über Material- und Zeitbedarf sowie Kosten zur Realisierung der Ideen, um eine rationale Auswahl zwischen verschiedenen Alternativen treffen zu können.

Auf einer Messe lernt der Bastler einen Modellbauer kennen, der ihm zwei technisch realisierbare Prinzipien für die Lösung seines Problems erklärt. Der Bastler steht nun vor der für Planungen typischen Wahlentscheidung für eines der beiden Prinzipien. Für diese Entscheidung greift er auf ihm plausibel erscheinende Kriterien zurück, um die Alternativen bewerten zu können, und zwar stützt er sich auf die Kriterien

- Bauzeit für die Realisierung der Lösung,
- Kosten für die Beschaffung von Werkzeugen und Baumaterialien,
- Lieferzeit für die Beschaffung der Bauteile sowie
- optische Eleganz des erwarteten Ergebnisses.

Um eine Bewertung der beiden Bauprinzipien vornehmen zu können, muß sich der Bastler Informationen beschaffen. Prinzip 1 hat den Vorteil, daß die Bauteile problemlos im Handel zu beschaffen sind; die eigene Bauzeit und der Umfang erforderlicher Werkzeuge sind größer als beim zweiten Prinzip. Prinzip 2 führt optisch zur eleganteren Lösung, aber über die hierfür nötigen Bauteile verfügt nur ein Modellbahnerclub, der diese Teile nicht verkauft. Der Bastler ist von seinen Modellbaufähigkeiten leider noch nicht soweit, diese Bauelemente selbst herstellen zu können. Ein befreundeter Modellbahner bietet ihm daher an, die

Elemente zu bauen; er muß allerdings eine Lieferzeit von einem halben Jahr in Kauf nehmen, da der Modellbahnfreund mit Aufträgen sehr überlastet ist.

Die vorliegenden Informationen faßt der Bastler in einer Übersicht zusammen.

Kriterium	Prinzip 1	Prinzip 2
eigene Bauzeit	lang	(gering)
Kosten Werkzeuge/Material	hoch	(niedrig)
Lieferzeit der Teile	(niedrig)	hoch
optische Eleganz	befriedigend	(gut)

Tabelle 1-1

In dieser Übersicht kommt ein für Planungen typisches Problem zum Ausdruck: Es gibt offensichtlich keine dominierende Lösung. Das zweite Bauprinzip ist dem ersten bei drei Kriterien überlegen, schneidet aber bei der Lieferzeit schlechter ab. Zu einer Entscheidung kommt der Bastler nur, wenn er seine Kriterien gewichtet, d.h., er muß für sein Wahlproblem ein übergeordnetes Auswahlkriterium - Zielsetzung - entwickeln, um sich rational für eines der beiden Konzepte entscheiden zu können. Planung besteht somit darin, zwischen mehreren Alternativen zur Lösung eines Problems zielsetzungsgerecht zu wählen.

Für die Lösung seines Entscheidungsproblems stellt der Bastler daraufhin folgende Überlegungen an: Für seine Freizeitaktivitäten steht ihm nur ein beschränktes Zeitbudget zur Verfügung, das er auf seine beiden Hobbys - Modellbau und Sport - aufteilen kann. Ist sein eigener Zeitaufwand für den Bau der Antriebe groß, sitzt er länger in seinem Bastelkeller, und die sportlichen Aktivitäten leiden, d.h., sein persönlicher Nutzen aus dem zweiten Hobby sinkt. Er muß mithin abwägen, ob der gesamte Nutzen, den er aus beiden Hobbys zusammen gewinnt, sinkt oder steigt, wenn er die Zeiten zwischen beiden Alternativen zum Einsatz seiner Freizeit umschichtet. Weil seine Frau ohnehin dem Eisenbahnhobby skeptisch gegenübersteht, das Ehepaar aber die sportlichen Aktivitäten gemeinsam betreibt, würde auch der „Frust“ der Ehefrau bei Realisierung des Prinzips 1 wahrscheinlich größer sein, und der Bastler hätte neben dem Verlust an eigenem Nutzen aus dem Sport zudem höhere „Kosten“ für Wiedergutmachungen bei der Ehefrau zu tragen. Dieses Denken in Opportunitäten - auf was muß der Entscheidungsträger verzichten, bzw. was entsteht an Aufwand zur Überwindung nachteiliger Konsequenzen - ist ein typisches Phänomen bei Planungen. Planung besteht letztlich darin, einzelne Bewertungskriterien gegeneinander abzuwägen.

Im Sinne übergeordneter, familiärer Ziele entscheidet sich der Bastler dafür, das Kriterium „geringer eigener Zeitbedarf“ sehr hoch zu gewichten, zumal die daraus resultierende Entscheidung für das Prinzip 2 auch hinsichtlich des zweiten und vierten Kriteriums zu besseren Ergebnissen führt und ihm letztlich eine optisch elegantere und zudem auch noch kostengünstigere Lösung ohnehin viel lieber ist als eine schnelle Realisierung seiner Modellbauwünsche.

Hinter den geschilderten planerischen Überlegungen verbergen sich zwei eng miteinander verbundene Problemkreise:

- Auswahl einer Zielsetzung, um zwischen konkurrierenden Alternativen zur Lösung eines Problems entscheiden zu können, und
- Abwägen des Nutzens aus verschiedenen Verwendungsrichtungen knapper Ressourcen.

Die gesuchte Zielsetzung darf sich nicht allein auf das unmittelbar zu lösende Entscheidungsproblem - Auswahl einer der beiden Lösungsprinzipien für den Antrieb - beziehen. Da Wirtschaften letztlich immer gleichbedeutend mit Aufteilen knapper Ressourcen auf unterschiedliche Verwendungsrichtungen ist, muß es die Zielsetzung erlauben, den Nutzen aus den alternativen Verwendungsrichtungen der knappen Zeit gegeneinander abzuwägen. Das kann nur gelingen, wenn eine übergeordnete, gemeinsame Zielsetzung für alle gleichzeitig anstehenden Entscheidungsprobleme formuliert wird, die den Nutzen in einer Dimension mißt. Nur mit einer eindimensionalen Zielsetzung ist es möglich, den Nutzen aus den verschiedenen Einsatzalternativen knapper Faktoren miteinander zu vergleichen und die Faktoraufteilung mit dem größten Gesamtnutzen zu bestimmen.

Aus den Merkmalen des Modellbauproblems kann eine erste Definition für Planung hergeleitet werden: Unter Planung sind alle Maßnahmen und Überlegungen zu verstehen, durch die es möglich wird, aus einer Anzahl von Alternativen zur Lösung eines Problems - Differenz zwischen Ist und Soll - die im Hinblick auf ein Ziel günstigste Alternative herauszufinden.

1.1.2 Bedeutung der Planung für die Unternehmensführung

Eine auf Dauer erfolgreiche Unternehmensführung setzt planvolles Wirtschaften voraus. An die Stelle spontaner, improvisierender, weitgehend irrationaler Entscheidungen muß ein ordnendes Vorausdenken für die zukünftig ablaufenden Betriebsprozesse treten. Planung als gestaltendes Denken für die Zukunft[1] vermag zwar eine verfehlte, unzweckmäßige Unternehmenspolitik, die ihre Ursache in unvorhersehbaren wirtschaftlichen Entwicklungen hat, nicht auszuschließen; sie bietet aber den vergleichsweise größten Schutz vor wirtschaftlichem Mißerfolg.

An die Art der Planung sind drei Anforderungen zu stellen, wenn von ihr ein sinnvoller Beitrag zu einer erfolgreichen Unternehmensführung ausgehen soll:

- Planung besteht darin, über die komplexen Zusammenhänge eines Unternehmens in einem geschlossenen System nachzudenken, um sich über mögliche Auswirkungen von Entscheidungen zu informieren. Planung muß alle Bereiche des Unternehmens und deren Beziehungen zueinander abbilden und koordinieren. Planung erfordert deshalb ein vernetztes, ganzheitliches Denken.[2] Gegen diese Forderung wird häufig verstoßen. Beispielsweise wird aus dem Gesamtzusammenhang ein Aspekt extrahiert und isoliert analysiert. Dieses lineare Denken führt bei nicht additiven Wirkungszusammenhängen zwi-

---

1 Vgl. Adam (1969b), S. 17; Gutenberg (1983), S. 148; Jacob (1990), S. 385; Kilger (1973), S. 15; Koch (1961), S. 9 f.

2 Vgl. auch Vester (1985), S. 17 ff.

schen den verschiedenen Aspekten eines Problems zu unbefriedigenden Ergebnissen, da die Gesamtwirkungen einer Maßnahme, insbesondere etwaige Rückwirkungen auf andere Maßnahmen, nicht oder nur unzureichend abgebildet werden. Ein Beispiel soll diesen Zusammenhang verdeutlichen:

Aus ökologischer Sicht ist jede Fertigung Kuppelproduktion, bei der gewollte Ausbringung (verkaufsfähige Erzeugnisse) und ungewollte Ausbringung (Emissionen, Abfall) technisch zwangsläufig anfallen.[3] Vernetztes Denken verlangt, daß Unternehmen gleichzeitig beide Dimensionen (Ökonomie und Ökologie) in ihre Planungsüberlegungen einbeziehen. Üblich ist heute zumeist noch ein zweistufiges, lineares Vorgehen. Ein erstes Planungsmodell reduziert das Problem auf Überlegungen zur Verbesserung der gewollten Ausbringung (Strommenge), wobei von ökologischen Aspekten abstrahiert wird. Dieses lineare Denken in nur einer Dimension des Problems (gewollter „Output“) führt u.U. zu einer ökologisch unzulässigen oder nachteiligen Problemlösung (zuviel Schwefel oder Stickoxyde in der Luft). Das gelöste Problem des ersten Modells zieht damit ein zweites, noch zu lösendes Umweltproblem nach sich. Diese Zweistufigkeit der Überlegungen hat zur Folge, daß das ökologische Problem in der Regel nur noch durch nachgeschaltete Technologien (Filter im Schornstein) gelöst werden kann. Ein lineares Denken in zwei aufeinanderfolgenden Planungsmodellen läßt integrierten Technologien (gleichzeitige Lösung des ökonomischen und ökologischen Problems durch Steuerung des Verbrennungsprozesses) kaum eine Chance. An die Stelle eines linearen Denkens, bei dem jeweils nur eine Einflußgröße analysiert wird, muß ein vernetztes, ganzheitliches Denken in komplexen - in der Regel nicht additiven - Zusammenhängen treten.

Jede Planung steht damit hinsichtlich des Komplexitätsgrades des zu formulierenden Planungsmodells vor einem Konflikt: Einerseits muß das Planungsmodell möglichst alle relevanten Wirkungen und Zusammenhänge abbilden, um realitätsnah zu sein, andererseits muß es aber auch noch handhabbar bleiben. Der Komplexitätsgrad darf deshalb nicht überzogen werden, weil sich sehr komplexe Modelle nicht mehr auswerten lassen.

Vernetztes Denken heißt Denken in Systemen und Zustandsänderungen von Systemen unter Berücksichtigung des Einflusses vieler gleichzeitig veränderbarer Parameter. Vernetztes Denken ist insbesondere in rückgekoppelten Systemen mit direkten und indirekten Wirkungen von Entscheidungen auf eine Vielzahl von Parametern erforderlich, weil das Verhalten dieser Systeme bei isolierter Betrachtung nicht richtig prognostiziert werden kann. Dieser Zusammenhang soll wiederum an einem Beispiel verdeutlicht werden:

Die vier Zustandsgrößen eines Systems (Ausbringung verkaufsfähiger Produkte, Abwassermenge, Schwefel- und Stickoxydbelastung der Luft) mögen von Entscheidungen über die Arbeitsintensität, die Arbeitszeit und die Anzahl und Art der eingesetzten Maschinen abhängig sein. Wird in einer isolierenden Analyse die Arbeitszeit verändert, während die übrigen Parameter konstant gesetzt werden,[4] beschreibt das Modell die Wirkungen auf die vier Zustandsgrößen nur zutreffend, wenn Veränderungen der Arbeitszeit real nicht

3 Vgl. Gutenberg (1983), S. 123 ff.; Riebel (1955), S. 11.

4 Eine solche Prämisse wird auch als Ceteris-paribus-Bedingung bezeichnet.

auch gleichzeitige Anpassungen der Arbeitsintensität zur Folge haben. Sinkt die Arbeitsintensität bei verlängerter Arbeitszeit, erfaßt das Modell diese indirekte Wirkung der Arbeitszeitveränderung nicht und führt zu einem unrealistischen Gesamtbild.

Vernetztes Denken ist insbesondere bei Entscheidungen mit Synergieeffekten erforderlich. Synergien liegen vor, wenn sich die Wirkungen von Entscheidungen nicht addieren, sondern wenn nicht separable Wirkungsfunktionen - multiplikative Verknüpfungen von Variablen - bestehen. Dazu wiederum ein einfaches Beispiel:

Die Prämie eines Entlohnungssystems hängt multiplikativ von zwei Einflußgrößen, dem Prozentsatz guter Ausbringung und der Menge an Erzeugnissen ab, die oberhalb einer Sollgröße liegt.

Bei dieser Prämienlohngestaltung ist es für eine Arbeitskraft sinnlos, nur eine der beiden Einflußgrößen zu betrachten. Steigert sie die Qualität auf 100%, erreicht aber nur eine Produktionsmenge, die unter dem Soll bleibt, erhält sie keine Prämie, und ihre Qualitätsanstrengungen zahlen sich nicht aus. Sie muß vielmehr ihr Augenmerk gleichzeitig auf beide Einflußgrößen richten und eine gute Kombination aus Qualität und Arbeitstempo anstreben.

- Jede Planung geht von einem Satz von Daten (Absatzmöglichkeiten, Verkaufspreise, Beschaffungskosten usw.) aus. Diese Daten sind mehr oder weniger unsicher, d.h., die erwarteten Daten weichen häufig von den tatsächlichen Gegebenheiten ab, und als Folge werden sich auch die Planungsergebnisse (Soll) vom Istzustand unterscheiden. Aufgabe der Planung ist es zwar, sich ein möglichst realistisches Bild von der Zukunft zu machen; da es aber generell unmöglich ist, im Zeitpunkt der Planung bereits die künftigen Daten mit Sicherheit zu prognostizieren, kann es nicht zwingend Sinn der Planung sein, daß der Plan aufgeht. Sinn der Planung ist es, rechtzeitig aufzuzeigen, daß Soll und Ist voneinander abweichen. Analysen eingetretener oder erwarteter Abweichungen sollen die Unternehmensführung in den Stand versetzen, rechtzeitig und schnell Maßnahmen zur Anpassung von Strategien oder Zielen einzuleiten, wenn „Dinge anders laufen“ als erwartet. Ohne die Frühwarnsignale von Planabweichungen ist ein Unternehmen orientierungslos. Nur wenn bei Planabweichungen die Planungsergebnisse der veränderten Situation angepaßt werden, können Pläne eine realistische Bezugsgrundlage für die Unternehmensführung sein. Ein sinnvolles Planungssystem muß daher die Pläne ständig auf ihren Realitätsbezug überprüfen und ggf. anpassen bzw. fortschreiben.

  Ähnliche Unsicherheiten bestehen auch über die künftigen Handlungsalternativen. Es kann sich nach einer Planung zeigen, daß künftig von anderen Entscheidungsalternativen als zunächst erwartet auszugehen ist. Die Planungsergebnisse müssen auch in diesem Fall an die veränderte Situation angepaßt werden.

  Dieser zweiten Anforderung genügt nur ein Planungssystem, das nicht formalistisch, bürokratisch und starr ist. Das Nachdenken darf nicht im Formalismus des Planungssystems ersticken. Sinn der Planung sind nicht „Zahlenfriedhöfe“, sondern die Analyse von Wirkungen und Zusammenhängen. Unsicherheiten über Daten und Handlungsalternativen erzwingen Anpassungsreaktionen, wenn Planung ein aktuelles Bezugssystem für das Handeln in Unternehmen liefern soll.

- Aus der Unsicherheit der Datenentwicklung muß für die Planung noch eine weitere Konsequenz gezogen werden. Unsicherheit kommt darin zum Ausdruck, daß mehrere Datensituationen für möglich gehalten werden. Mithin ist es im Grunde falsch, wenn sich die Planungsüberlegungen nur auf eine denkbare, etwa die wahrscheinlichste Datensituation beziehen. Die Überlegungen müssen sich auf die ganze Bandbreite für möglich gehaltener Datenkonstellationen stützen und die Spannweite zwischen optimistischen und pessimistischen Erwartungen abdecken. Nur wenn eine Entscheidung in verschiedene Szenarien von Datensituationen gestellt wird, ist eine Aussage über die Anpassungsfähigkeit einer Strategie an sich ändernde Marktdaten und die damit verbundenen Kosten möglich. Es kommt bei Unsicherheit damit nicht darauf an, durch die Planung eine optimale Entscheidung für die wahrscheinlichste Datensituation zu bestimmen; vielmehr müssen Erkenntnisse über die Wirkung einer Entscheidung in allen denkbaren Datensituationen gesammelt werden. Gesucht sind Strategien, die sich nicht nur in einer ganz speziellen Datensituation als überlegen erweisen; gefragt sind elastische, flexible Strategien. Flexibel wird eine Strategie genannt, wenn sie sich an verschiedene Datensituationen ohne zu starke Zieleinbußen anpassen läßt.[5] Der Grad der Anpassungsfähigkeit kann durch die Gewinnänderung bei Eintritt einer anderen als der zunächst erwarteten Datensituation gemessen werden. Anhand eines Beispiels soll dieser Zusammenhang verdeutlicht werden:

Ein Unternehmen kann für die Produktion eines Erzeugnisses zwischen zwei Produktionsverfahren wählen. Über die absetzbare Menge herrscht Unsicherheit. Es werden fünf Datensituationen für möglich gehalten. Die Planung stützt sich zunächst auf die wahrscheinlichste Situation 3. Treten andere Situationen ein, muß der Plan angepaßt werden. Die realisierbaren Gewinne sind der folgenden Tabelle zu entnehmen.

	Datensituation				
Verfahren	1	2	3	4	5
1	3000	5000	7000	5000	3000
2	4000	5000	6000	5000	4000

Tabelle 1-2

Beide Verfahren haben in Situation 3 den höchsten Gewinn. Verfahren 1 ist allerdings dem Verfahren 2 in Situation 3 vom Gewinn her überlegen. Verfahren 2 ist flexibler als Verfahren 1, d.h., der Gewinn verschlechtert sich bei diesem Verfahren weniger, wenn nicht die Situation 3 eintritt; bei Situation 1 und 5 liegen die Gewinne sogar höher als bei Verfahren 1.

Flexibilitätsüberlegungen spielen bei der Planung eine dominierende Rolle, wenn die Wirtschaftssituation wenig stabil ist und sich die eintretenden Daten schlecht voraussagen

5 Vgl. auch Jacob (1989).

lassen. Die Unternehmensleitung muß in einer derartigen Situation abwägen, welches Ausmaß an Flexibilität sie für nötig hält, um die Anpassungsfähigkeit des Unternehmens an Veränderungen der Märkte und damit die langfristige Überlebensfähigkeit des Unternehmens zu sichern. Sie muß entscheiden, was ihr eine größere Flexibilität wert ist, d.h., auf welchen Gewinn sie heute zu verzichten bereit ist, um eine größere Flexibilität zu erreichen.

In der folgenden Diskussion zum Thema Planung wird zunächst das Unsicherheits- und Flexibilitätsproblem ausgeklammert, um zu zeigen, worin die Probleme der Planung bei einwertigen, sicheren Erwartungen liegen. Das für sichere Informationen herauszuarbeitende Gerüst der Planung wird anschließend um unsichere Erwartungen erweitert.

1.1.3 Planung in gutstrukturierten Entscheidungssituationen

Die entscheidungsorientierte Betriebswirtschaftslehre gibt ein Planungsschema vor, das es ermöglicht, Planung als Auswahlproblem zu formulieren.[6] Ausgewählt werden soll eine Handlungsmöglichkeit, die zu einer betrieblichen Situation mit einem möglichst hohen Erwünschtheitsgrad führt. Das Planungsschema zerlegt das Planungsproblem gedanklich in einzelne Elemente und erklärt den Zusammenhang zwischen ihnen. Das Planungsschema der entscheidungsorientierten Betriebswirtschaftslehre besteht aus vier aufeinander aufbauenden Elementen,[7]

- dem Entscheidungsfeld, das in einer bestimmten Datensituation den Wirkungszusammenhang zwischen den Handlungsalternativen (Modellinput) und deren Folgen für bestimmte relevante Merkmale des Systems (Modelloutput) beschreibt,
- den verschiedenen ökonomischen Aspekten zur Bewertung des Modelloutput,
- einer operationalen, eindimensionalen Zielfunktion als Auswahlkriterium und
- Regeln zur effizienten Bestimmung der optimalen Politik.

Im Entscheidungsfeld werden Handlungsergebnisse bestimmter Handlungsalternativen bei einer gegebenen Ausgangssituation durch einen Wirkungszusammenhang beschrieben. Die Ausgangssituation umfaßt Tatbestände, die der Planende nicht beeinflussen kann; diese Tatbestände werden als Daten bezeichnet. Handlungsalternativen sind die Sachverhalte, die vom Planenden beeinflußt werden können; sie werden durch Variable beschrieben. Die sachlichen Resultate der Handlungsalternativen für bestimmte Merkmale des Systems werden als Handlungsergebnisse bezeichnet. Der Wirkungszusammenhang wird mit Hilfe von Relationen dargestellt.

6 Vgl. Heinen (1985), S. 38 ff.
7 Vgl. Adam/Witte (1979).

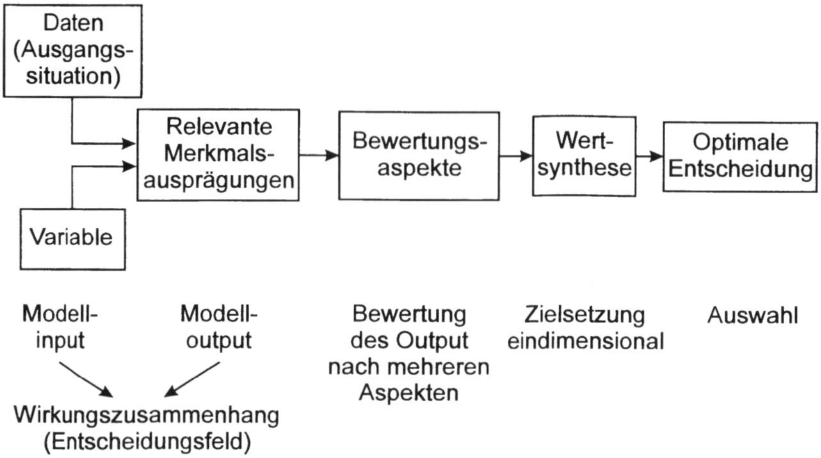

Abbildung 1-1

Ein Wirkungszusammenhang soll für eine Bestell- und Lagerpolitik näher erläutert werden. Variable des Entscheidungsproblems sind die Bestellmenge und die Lagermenge, bei der eine neue Bestellung ausgelöst werden soll. Lieferzeit, Lagerabgangsgeschwindigkeit sowie der Lageranfangsbestand sind Elemente der Ausgangssituation. Zu den für das Verhalten des Lagersystems relevanten Merkmalen zählen der durchschnittliche Lagerbestand, die durchschnittlichen Verzugs- oder Fehlmengen und die durchschnittliche Anzahl von Bestellungen in der Planungsperiode. Der Einfluß des Niveaus der Variablen auf diese relevanten Merkmale wird durch Wirkungszusammenhänge beschrieben. Beispielsweise entspricht der durchschnittliche, von der Bestellmenge abhängige Lagerbestand der Hälfte der je Bestellung georderten Menge. Die durchschnittliche Anzahl von Bestellungen ergibt sich, indem die Jahresbedarfsmenge durch die Menge je Bestellung dividiert wird.

Im zweiten Element des Planungsschemas sind die sachlichen Handlungsergebnisse durch Größen zu bewerten, die für die Vorziehenswürdigkeit der Handlungsalternativen ausschlaggebend sind. Die Bewertung drückt die wirtschaftlichen Folgen der Handlungsalternativen aus. Zweck der Bewertung ist es, über eine Informationsverdichtung alternative Handlungsmöglichkeiten hinsichtlich bestimmter Bewertungsaspekte miteinander vergleichen zu können. Im Beispiel der Bestellpolitik sind die Lager- und Bestellkosten sowie das Serviceniveau - Anteil an nachgefragten Mengen, der termingerecht geliefert werden kann - mögliche Bewertungsaspekte.

Spielen mehrere Bewertungsaspekte für die Beurteilung einer Entscheidung eine Rolle, müssen Kombinationen von Ausprägungen der einzelnen Aspekte hinsichtlich ihrer Vorziehenswürdigkeit geordnet werden. Zu diesem Zweck werden die Ausprägungen der verschiedenen Bewertungsaspekte in einer Wertsynthese zu einer eindimensionalen Zielfunktion verdichtet, die es erlaubt, die Handlungsalternativen nach ihrer Vorziehenswürdigkeit eindeutig zu ordnen, um die optimale Entscheidung identifizieren zu können.

Für das Bestellproblem existieren mit den Kosten für Lagerhaltung und Bestellung sowie dem Serviceniveau zwei konfliktäre Bewertungsaspekte. Die Politik mit maximalem Serviceniveau ist nicht zugleich auch die kostengünstigste Lösung. Der Konflikt zwischen den Bewertungsaspekten kann dadurch überwunden werden, daß das Serviceniveau mit Verzugs- oder Fehlmengenkosten bewertet wird. Das Unternehmen muß daher feststellen, welcher ökonomische Schaden eintritt, wenn eine nachgefragte Mengeneinheit nicht oder nicht termingerecht geliefert wird. Eine operationale Zielsetzung zur Ordnung der Entscheidungsalternativen ist die Minimierung einer aus den drei Bestandteilen Lager-, Bestell- und Verzugsmengenkosten zusammengesetzten Kostenfunktion.

Zusätzlich gibt das Planungsschema Regeln an, um die optimale Politik auf möglichst effiziente Weise berechnen zu können. Zum Beispiel sind die partiellen Ableitungen der Kostenfunktion nach den beiden Variablen null zu setzen und nach den Variablen aufzulösen. Die Situation im Optimum läßt sich durch Optimalitätskriterien beschreiben. Zum Beispiel muß im Fall der Bestellpolitik im Optimum Gleichheit der Grenzlagerkosten und der Grenzkosten der Bestellung herrschen.

Als Konsequenz des Planungsschemas definiert die entscheidungsorientierte Betriebswirtschaftslehre Planung als systematische Analyse der gegebenen Alternativen zur Lösung eines Problems und die rationale Auswahl einer im Hinblick auf ein vorgegebenes Ziel optimalen Entscheidungsalternative.[8] Implizit wird dabei von der Existenz eines praktikablen Optimierungsverfahrens ausgegangen.

Planungsprobleme mit diesen Eigenschaften werden als gut- oder wohlstrukturiert bezeichnet. Gutstrukturiert ist ein Problem, wenn die Elemente des Planungsschemas dem Planenden vorgegeben sind, wenn er sich also bei der Planung keine Gedanken über deren inhaltliche Festlegung machen muß. Demzufolge müssen im Fall der Bestellpolitik der Zusammenhang zwischen den Variablen und den relevanten Merkmalen sowie die Lagerkosten pro Mengeneinheit und Tag bekannt sein. Gleiches gilt für die Verzugs- und Bestellkosten. Auch die Zielfunktion muß dem Planenden bei einem gutstrukturierten Problem vorgegeben sein. Das Planungsschema leistet keinen Beitrag zur Frage, wie die Elemente in einer praktischen Entscheidungssituation inhaltlich zu bestimmen sind. Bei gutstrukturierten Problemen degeneriert Planung damit zu einer reinen Rechenaufgabe.

Die Merkmale eines gutstrukturierten Planungsproblems sollen nochmals zusammengefaßt werden:[9]

- Das zu lösende Problem ist nach Art und Umfang scharf definiert. Das bedeutet, Art und Anzahl der Variablen des Problems sind dem Planenden eindeutig bekannt; gegeben sind zudem alle Beziehungen zwischen den Variablen, so daß die Menge der Lösungen eines Problems vollständig definiert ist. Das Planungsschema der entscheidungsorientierten Betriebswirtschaftslehre geht daher von einem geschlossenen Entscheidungsfeld aus. Der

8 Vgl. Adam (1969b), S. 17; Ellinger (1959), S. 14; Jacob (1990), S. 385.

9 Vgl. Adam (1980); Alexis/Wilson (1967), S. 148 ff.; Heinen (1991), S. 23 ff.; Newell/Simon (1958); Witte (1979), S. 72 ff.

Planende muß nicht kreativ sein und sich keine neuen Lösungen für ein Problem einfallen lassen.

- Dem Planenden ist eine operationale, d.h. eindimensionale Zielfunktion gegeben, die es ihm erlaubt, die Entscheidungsalternativen nach dem Grad ihrer Vorziehenswürdigkeit eindeutig zu ordnen. Diese Ordnung gelingt nur, wenn sich die Handlungskonsequenzen eindeutig in der Dimension dieser Zielfunktion bewerten lassen. Der Planende muß sich demzufolge auch keine Gedanken darüber machen, wie er die Werte - Lagerkosten, Fehlmengenkosten usw. - quantifizieren soll.

- Die optimale Problemlösung kann mit Hilfe eines effizienten Lösungsverfahrens bestimmt werden. Effizient wird ein Verfahren genannt, das die günstigste Entscheidungsalternative auf systematische Weise in einer annehmbaren Zeit zu identifizieren vermag. In der Regel wird diese Entscheidungsalternative auf der Basis von Optimalitätskriterien ausgewählt, die aus allgemeinen, von den Daten der konkreten Planungssituation unabhängigen Überlegungen abgeleitet werden.

1.1.4 Planung in strukturdefekten Entscheidungssituationen

Für praktische Entscheidungsprobleme sind die Merkmale des klassischen Planungsschemas häufig nur zum Teil oder auch gar nicht gegeben,[10] was notwendig einen veränderten Planungsbegriff erzwingt. Praktische Entscheidungsprobleme weisen i.a. Strukturdefekte auf. Je nachdem, auf welche Merkmale sich die Strukturmängel beziehen, lassen sich vier Arten von Defekten unterscheiden:

- Lösungsdefekt
- Zielsetzungsdefekt
- Bewertungsdefekt
- Wirkungsdefekt

1.1.4.1 Lösungsdefekte

Ein im Vergleich zu gutstrukturierten Fragestellungen geringer Grad an Strukturmängeln ist bei lösungsdefekten Problemsituationen gegeben. In diesem Fall sind die Merkmale 1 und 2 gutstrukturierter Probleme noch erfüllt; es fehlt lediglich eine effiziente Lösungsmethode. Zur Klasse lösungsdefekter Probleme gehören insbesondere kombinatorische Probleme, wie sie bei Reihenfolgeplanungen (Reihenfolgen von Aufträgen in der Fertigung, Reihenfolgen vom Außendienst anzufahrender Kunden) vorkommen. Reihenfolgeprobleme besitzen eine so schwache mathematische Struktur, daß es nur durch vollständige Enumeration aller möglichen Reihenfolgen gelingt, die optimale Lösung zu erkennen. Die vollständige Enumeration ist für Probleme mit einer größeren Anzahl zu ordnender Elemente rechnerisch nicht zu bewältigen; das Verfahren ist mithin nicht effizient.

---

10 Vgl. Adam (1980); Alexis/Wilson (1967), S. 157.

Probleme dieser Art sind nur einer Lösung zuzuführen, wenn das eigentliche Problem modifiziert, d.h. vereinfacht wird. Zu diesem Zweck wird das nicht lösbare Problem der optimalen Reihenfolgeplanung in ein neues, lösbares Unterproblem transformiert. Das neue, lösbare Problem umfaßt nicht mehr sämtliche Beziehungen zwischen den Elementen der Reihenfolge, die im ursprünglichen Problem gelten. Infolgedessen wird die Anzahl zu analysierender Reihenfolgen eingeschränkt und dadurch der Berechnungsaufwand reduziert.

Eine mögliche Transformation in ein neues Problem kann darin bestehen, eine Teilreihenfolge schrittweise um jeweils ein weiteres Element zu ergänzen, wobei aus der Menge der noch nicht in die Teilreihenfolge einbezogenen Elemente dasjenige ausgewählt wird, welches bei einer Einordnung am Anfang oder Ende der bereits gebildeten Teilreihenfolge die Zielgröße am günstigsten beeinflußt. Ein Beispiel möge dieses Vorgehen verdeutlichen:

Es sind sieben Kunden, die durch einen Lkw an einem Tag beliefert werden sollen, in eine Reihenfolge zu bringen, bei der möglichst wenig Kilometer gefahren werden. Eine bereits generierte Teilfolge, bei der die Kunden 1, 4 und 5 unmittelbar aufeinanderfolgen, kann am Anfang oder Ende um jenen Kunden erweitert werden, bei dem die gefahrene Kilometerzahl am geringsten anwächst. Dieses Verfahren führt mit Sicherheit zu einer vollständigen Reihenfolge aller Kunden. In jedem Schritt wird nur danach gefragt, wie die Teilfolge am Anfang oder Ende zu ergänzen ist. Zwischen den Kunden 1, 4 und 5 wird die Teilfolge nicht aufgebrochen. Damit werden nicht alle Reihenfolgebeziehungen der sieben Elemente analysiert. Der Berechnungsaufwand sinkt bei diesem heuristischen[11] Vorgehen ganz erheblich.

Das Problem eines schrittweisen Aufbaus der Reihenfolge besitzt wiederum die Merkmale einer gutstrukturierten Planungssituation, da die Erfolgskonsequenzen leicht zu bestimmen sind, wenn eine Teilreihenfolge nur am Anfang oder Ende ergänzt wird. Durch die sequentielle Planung einer Teilreihenfolge entsteht letztlich eine Lösung des ursprünglichen Problems. Die gefundene Lösung ist im Hinblick auf das ursprüngliche Problem aber nicht notwendigerweise optimal, da nicht mehr alle möglichen Reihenfolgen beachtet werden.

Das heuristische Prinzip zur Lösung des Reihenfolgeproblems verdeutlicht eine grundsätzliche Vorgehensweise zur Bewältigung schlechtstrukturierter Planungsprobleme. Im Zuge eines Strukturierungsvorgangs wird für das defekte Ausgangsproblem ein nicht defektes Unterproblem gesucht, das sich lösen läßt. Diese Suche nach einer geeigneten Lösungstechnik ist eine Aufgabe, die durch das klassische Planungsschema nicht abgedeckt ist. Der Planende muß dazu kreativ tätig sein, um Lösungswege zu finden, bei denen einerseits der Planungs- und Berechnungsaufwand nicht zu hoch sind und bei denen andererseits eine möglichst gute Lösung des eigentlichen Problems gefunden wird.

1.1.4.2 Zielsetzungsdefekte

Von einem Zielsetzungsdefekt ist zu sprechen, wenn für die Lösung eines Problems keine operationale, eindimensionale Zielfunktion existiert. Fehlende Operationalität heißt: Die mit

11 Zur heuristischen Planung siehe Gliederungspunkt 6.3.3.

der Entscheidung anzustrebende Zielgröße oder deren Ausmaß liegt nicht fest, oder bei der Planung sind mehrere konfliktäre Ziele zu beachten.

Der erste Fall nicht operationaler Ziele - es ist nicht unmittelbar klar, welche Zielgröße bei der Planung anzustreben ist - liegt häufig bei Planungen in einzelnen betrieblichen Funktionsbereichen vor. Ist es Ziel des Unternehmens, den Gewinn zu maximieren, muß etwa für den Bereich der Qualitätsplanung aus diesem Oberziel ein konsistentes Unterziel abgeleitet werden, um eine Konfliktsituation zwischen Ober- und Unterziel zu vermeiden. Häufig ist es nicht möglich, für die Qualitätsplanung ein Ziel zu entwickeln, welches garantiert, daß die isolierte Qualitätsplanung generell zu derjenigen Lösung des Qualitätsproblems führt, die aus der Sicht des Gesamtunternehmens am günstigsten ist. Es ist durchaus plausibel, daß Qualitätsentscheidungen die Höhe von Prüfkosten, Fertigungskosten, aber auch von Erlösen beeinflussen; nicht unmittelbar klar ist hingegen, wie die Komponenten zu einem sinnvollen Ziel für den Qualitätsbereich verbunden werden können. Aufgabe der Planung ist es in diesem Fall auch, ein möglichst konfliktfreies Bereichsziel aus dem Oberziel abzuleiten, das zudem auch noch die Entscheidungsbereiche koordiniert, die von Qualitätsentscheidungen indirekt betroffen sind (Fertigung und Absatz).

Der Fall konfliktärer Ziele ist gegeben, wenn gleichzeitig die Zielgrößen „hoher Gewinn“ und „geringes Risiko“ zu beachten sind und die Bewertung der Entscheidungsalternativen erkennen läßt, daß mit einer verbesserten Gewinnerwartung auch ein steigendes Risiko verbunden ist. Ein verbessertes Zielniveau bei einer Zielgröße kann nur zu Lasten des Niveaus der zweiten Zielgröße erreicht werden. Das Problem besteht in diesem Fall darin, eine Synthese der beiden Bewertungsaspekte zu finden. Der Planende muß dazu herausfinden, welche Merkmalsausprägungen von Gewinn und Risiko er als gleichwertig empfindet. Erst dann gelingt ihm die vollständige Ordnung der Alternativen nach dem Grad der Vorziehenswürdigkeit. Zur Aufgabe des Planenden gehört es damit im Gegensatz zum klassischen Planungsschema auch, Ziele zu operationalisieren. Mitunter wird dieses Vorhaben nicht gelingen. Planung kann dann nur aufzeigen, mit welchen Konsequenzen bestimmte Entscheidungen für die einzelnen Teilziele verbunden sind; die Auswahl einer optimalen Alternative ist nicht mehr möglich.

1.1.4.3 Bewertungsdefekte

Bewertungsdefekte sind gegeben, wenn die für die Planung relevanten Merkmale nicht eindeutig in Werte zu transformieren sind, bzw. wenn sie sich nicht mit der angestrebten Zielgröße bewerten lassen. Sie haben ihre Ursache darin, daß die ökonomischen Konsequenzen von Handlungen nicht eindeutig sind. Anhand einiger Beispiele sollen Bewertungsdefekte gekennzeichnet werden:

- In der strategischen Planung sollten die Handlungsalternativen grundsätzlich mit dem Gewinn bewertet werden. Die Gewinne lassen sich aber nicht hinreichend genau bestimmen, da die Handlungsalternativen der strategischen Planung noch zu wenig konkretisiert sind. Arbeitet die Planung mit Variablen wie „es soll ein bestimmtes Geschäftsfeld besetzt werden“, ohne bereits konkret zu wissen, welche Produkte produziert und abgesetzt werden, fehlt die Basis für eine gewinnorientierte Bewertung. Es liegt eine bewertungsdefekte Entscheidungssituation vor, da die Transformation der Handlungsergebnisse in Werte nicht gelingt. In der Planung wird dann häufig mit Ersatzzielen wie „hohe Käuferpräferenzen“, „hohe Flexibilität der Strategien“ oder „Abbau der Fertigungstiefe“ gearbeitet, die sich leichter quantifizieren lassen, die aber nicht zwingend positiv mit der eigentlichen Zielgröße Gewinn korreliert sein müssen.

- Häufig lassen sich trotz konkreter Variablendefinition die Wertansätze dennoch nicht eindeutig quantifizieren. Eine optimale Bestellpolitik setzt die Kenntnis des Lagerkostensatzes und der Fehlmengenkosten voraus. Lagerkosten müssen grundsätzlich die Kosten der Kapitalbindung im Lager und die laufenden Kosten der Lagerpflege abbilden. Über die Höhe der Kapitalbindung im Lager sind keine eindeutigen Aussagen möglich. Je nachdem von welcher Hypothese zur Messung der Kapitalbindung ausgegangen wird, kommt der Planende zu unterschiedlichen Beträgen für das gebundene Kapital.[12] Zudem besteht das Problem, für die Bewertung einen Zinssatz festzulegen. Das Unternehmen möge sich am Markt zu Krediten mit drei verschiedenen Zinssätzen finanzieren; außerdem arbeite es auch noch mit Eigenmitteln. Welchen Zinssatz soll das Unternehmen unter diesen Umständen zur Quantifizierung der Kapitalbindungskosten sinnvollerweise ansetzen? Noch schwieriger ist es, Fehlmengen- oder Verzugskosten zu quantifizieren; denn es hängt wiederum von Hypothesen über Art und Ausmaß der Kundenreaktionen auf Verzugs- oder Fehlmengen ab, von welchem ökonomischen Schaden auszugehen ist. Eine zweifelsfreie Quantifizierung dieses Schadens ist nicht möglich; allenfalls lassen sich sinnvolle Bandbreiten für den Wertansatz angeben. Infolge derartiger Bewertungsdefekte ist die „optimale Politik“ von unterstellten Bewertungshypothesen abhängig.

- Das zweite Beispiel läßt sich verallgemeinern. Ein Bewertungsdefekt liegt vor, wenn für mehrere, isoliert zu planende Teilprobleme gemeinsam zu nutzende, u.U. knappe Produktionsfaktoren einzusetzen sind. Die aus dem Unternehmensziel abgeleiteten Unterziele für die Teilprobleme führen bei isolierter Planung der Teilprobleme nur zu einer optimalen Lösung im Sinne des Gesamtunternehmens, wenn die Faktoren zum Grenznutzen der letzten eingesetzten Faktoreinheit bewertet werden. Dieser Grenznutzen ist unbekannt. Es muß folglich mit Hypothesen über den Grenznutzen gearbeitet werden, d.h., mit den dezentralen Entscheidungsbereichen ist ein plausibler Kostenwert für den knappen Faktor zu vereinbaren. Dabei kann es vorkommen, daß der Kostenwert zu hoch angesetzt wird und die dezentralen Entscheidungsbereiche insgesamt weniger von diesem Faktor einsetzen, als vorhanden ist. Der zu hohe Wert spiegelt eine verschärfte Knappheitssituation für den betrachteten Faktor wider, die der Realität nicht entspricht. Wird der Wert auf zu geringem Niveau fixiert, fordern die dezentralen Einheiten mehr an, als vorhanden ist. Die dezentralen Pläne erweisen sich daher als unzulässig.[13]

Der Bewertungsdefekt entsteht in diesem Fall durch die Zerlegung eines komplexen, sich auf das gesamte Unternehmen erstreckenden Entscheidungsfeldes in einzelne, dezentrale Entscheidungsfelder. Diese Zerlegung in Partialmodelle bringt es mit sich, daß die Bezie-

12 Vgl. z.B. Adam (1993a), S. 105 ff.

13 Vgl. Adam (1970), S. 99 ff.

hungen zwischen den Variablen verlorengehen. An die Stelle der unterdrückten Beziehungen müssen somit spezielle Wertansätze treten, um die dezentralen Entscheidungen zu koordinieren.[14]

Ist das Kapital der knappe Faktor, besteht der Bewertungsdefekt darin, einen sinnvollen Kalkulationszinssatz für die Bewertung des einzusetzenden Kapitals zu bestimmen. Dieser Zinssatz muß sicherstellen, daß die Finanzierungspotentiale des Unternehmens berücksichtigt werden und darüber hinaus das aufgenommene Kapital in die gewinnträchtigste Verwendungsrichtung gelenkt wird. In bewertungsdefekten Entscheidungssituationen gehört es auch zum Gegenstand der Planung, sinnvolle Wertansätze zu ermitteln, die die Partialentscheidungen des Unternehmens vernünftig im Sinne des übergeordneten Unternehmensziels koordinieren.

1.1.4.4 Wirkungsdefekte

Der letzte Typ von Defekten wird als Wirkungsdefekt bezeichnet. Um die Wirkung von Problemlösungen auf die relevanten betrieblichen Merkmale abbilden zu können, sind die Variablen des Entscheidungsproblems festzulegen, und es ist der Zusammenhang zwischen dem Niveau der Variablen und dem der relevanten Merkmale aufzuzeigen. Wirkungsdefekte können demzufolge zwei Ursachen haben:

- Im ersten Fall ist nicht klar, in welchem Bereich Maßnahmen zu ergreifen sind, um eine problematische Situation zu beheben. Fallen im Betrieb Produkte mit Qualitätsmängeln in nicht vertretbarem Ausmaß an, kann eine Ursachenanalyse zu der Erkenntnis führen, daß die Wurzel dafür z.T. in Mängeln der Rohstoffe, in wartungs- oder altersbedingten Mängeln der Maschinen und in einem unzureichenden Qualitätsbewußtsein der Mitarbeiter in der Fertigung zu suchen ist. Das zu lösende Planungsproblem muß sich nicht zwingend auf alle drei Ursachen beziehen. Zum Beispiel kann die Planung auf eine verbesserte Wareneingangskontrolle beschränkt werden, wenn anzunehmen ist, daß mit Veränderungen in diesem Bereich die für notwendig erachtete Verbesserung erreicht werden kann. Zur Planung gehört es folglich, das Problem auf die erfolgversprechenden Ursachenbereiche einzuengen. Durch diese Eingrenzung werden letztlich die Variablen des zu lösenden Problems definiert.

- Eine zweite Art wirkungsdefekter Problemsituationen ist gegeben, wenn der Zusammenhang zwischen dem Niveau der Variablen und den Ausprägungen der relevanten Merkmale nicht bestimmt werden kann. Ein Beispiel für diese Art eines Wirkungsdefektes liegt vor, wenn ein Betrieb den Zusammenhang von Faktoreinsatzmengen und Ausbringung einwandfreier Qualität nicht kennt, weil die Ursachen für den Ausschuß nicht bestimmbar sind oder weil der Produktionsprozeß technisch nur unzureichend beherrscht wird. Der Betrieb kann in diesem Fall die Frage nicht beantworten, zu welcher Menge einwandfreier Ausbringung ein bestimmter Faktoreinsatz führt. Bestenfalls gelingt es, statistische Durchschnittswerte für den Ausschuß zu bestimmen; es ist folglich unmög-

14 Vgl. Adam (1970), S. 30 ff.; Schmalenbach (1948).

lich, den Ausschuß der nächsten Woche vorherzusagen. Die Ermittlung des optimalen Produktionsprogramms der nächsten Woche ist somit eine unsinnige Aufgabenstellung. Ist der Erwartungswert des Ausschusses im Zeitablauf stabil, macht allenfalls die Aufgabenstellung Sinn, den Gewinnerwartungswert bei häufiger Wiederholung des gleichen Programms zu maximieren. Bei Wirkungsdefekten muß das Planungsproblem daher so formuliert werden, daß die Informationen ausreichen, um Wirkungszusammenhänge im Modell darzustellen. Gegenstand der Planung ist es folglich, die Problemsituation auf eine Fragestellung hin zu entwickeln, für die die Wirkungszusammenhänge auf der Basis erreichbarer Informationen formuliert werden können.

1.1.4.5 Zur Vorgehensweise in schlechtstrukturierten Entscheidungssituationen

Liegen Planungsprobleme mit Strukturdefekten vor, ist es Aufgabe der Planung, die gegebene Problemsituation durch eine möglichst sachgerechte Transformation des defekten Ausgangsproblems in ein nicht defektes Teil- oder Unterproblem zu überführen, auf das möglichst das klassische Planungsschema angewendet werden kann. Diese Strukturierungsarbeit ist nur durch inhaltliche und nicht durch formale Argumentation zu lösen. Der Umfang der Planung geht folglich über den Planungsbegriff der entscheidungsorientierten Betriebswirtschaftslehre hinaus. Die Beispiele schlechtstrukturierter Entscheidungsprobleme zeigen, daß sich sowohl die Planungsdefinition als auch der Ablauf der Planung gegenüber dem klassischen Planungsschema nachhaltig verändern. Nach dem klassischen Planungsschema steht die Berechnung einer optimalen Lösung für ein durchformuliertes Planungsproblem im Vordergrund. Unklar ist indes, wie der Planende zu diesem gutstrukturierten Problem gelangt ist. Bei schlechtstrukturierten Problemen steht die Entwicklung von sinnvollen Planungsproblemen, Wertansätzen, Zielen und heuristischen Lösungsmethoden im Vordergrund; die reine Rechenarbeit ist Beiwerk.

In schlechtstrukturierten Entscheidungssituationen trägt Planung damit im weiteren Sinne immer heuristische Züge; denn in einer bestimmten Ausgangssituation gelangen unterschiedliche Planer zu verschiedenen Ergebnissen im Strukturierungsprozeß. Die Art der Strukturierung hängt vom Problemverständnis des Planers, seiner Kenntnis über Methoden und Zusammenhänge und seiner persönlichen Sichtweise der Dinge ab. Die Entwicklung eines Planungsmodells im Zuge der Strukturierung ist damit ein heuristischer Prozeß, der nicht formallogisch begründbar ist. Für eine bestimmte Ausgangssituation gibt es deshalb auch nicht das *eine* richtige Modell. Die Strukturierung ist nur mehr oder weniger sinnvoll bzw. plausibel und damit nicht für jeden Dritten eindeutig nachvollziehbar. Für praktische Probleme, die immer in gewissem Grade strukturdefekt sind, kann es deshalb auch keine optimalen Lösungen i.e.S. geben. Optimal ist allenfalls die Lösung für das Modell, mit dem am Ende des Strukturierungsvorgangs gearbeitet wird.

Ob ein Modell für eine praktische Fragestellung geeignet ist, muß deshalb in einer Art Rückkopplungsprozeß hinterfragt werden. Die Planungsergebnisse am Ende eines Strukturierungsvorgangs müssen wieder in den Gesamtrahmen des Ausgangsproblems gestellt werden. Erst in einem praktischen Test kann sich zeigen, ob die Strukturierung zu einer tragfähigen Lösung geführt hat. Gegebenenfalls sind die Ergebnisse in Frage zu stellen und zu modifizieren.

1.1.4.6 Planung in offenen Entscheidungsfeldern als Spezialfall strukturdefekter Probleme

1.1.4.6.1 Formen offener Entscheidungsfelder

Das Planungsschema der entscheidungsorientierten Betriebswirtschaftslehre geht vom Konstrukt geschlossener Entscheidungsfelder aus, d.h., ein Modell erfaßt alle zur zielsetzungsgerechten Entscheidung relevanten Variablen, Daten und Wirkungszusammenhänge. In realen Entscheidungssituationen fehlt häufig dieser vollkommene Informationsstand; beispielsweise sind nicht alle Variable erfaßt (Partialmodell), weil die Komplexität des Modells sonst zu groß würde, oder künftige Handlungsalternativen sind zum gegenwärtigen Zeitpunkt noch unbekannt. Es liegt dann ein offenes Entscheidungsfeld vor. Zwei Beispiele mögen das verdeutlichen:

- Ein Unternehmen bildet für seine Sparten getrennte, dezentrale Entscheidungsfelder. Die Investitionsentscheidungen der Sparten hängen sachlich horizontal über eine gemeinsame Finanzrestriktion zusammen. Jedes der Partialmodelle vernachlässigt aber die aus Unternehmenssicht relevanten Variablen des jeweils anderen Partialmodells. Jedes dieser Modelle ist somit in bezug auf die Wirkungszusammenhänge zu anderen Sparten offen.

- Bei einem Problem zur Investitionsbudgetierung wird der Planungshorizont künstlich auf vier Perioden begrenzt; zwischen den Investitionen der ersten vier Perioden und den danach möglichen Investitionen bestehen im allgemeinen zeitlich vertikale Interdependenzen, die in einem zeitlichen Partialmodell über die ersten vier Perioden nicht erfaßt sind. Die zeitlich offene Planungssituation ist damit künstlich durch die Wahl eines Planungshorizontes abgeschlossen worden.

Werden nicht alle relevanten Variable bei der Modellbildung berücksichtigt, kann es zu Fehlurteilen über die im Modell abgebildeten Handlungsalternativen kommen. Im Beispiel der Sparten fordern diese bei spartenweiser, dezentraler Planung u.U. mehr Finanzmittel bei der Zentrale an, als dieser zur Verfügung stehen. Die partiellen Entscheidungsfelder erfassen damit nicht die Kapitalknappheitssituation; sie unterstellen, daß Kapital frei verfügbar ist. Damit erscheinen aus der Sicht der partiellen Entscheidungsfelder Investitionsalternativen als vorteilhaft, die es aus Gesamtunternehmenssicht nicht sind. Partialmodelle führen bei gemeinsamen knappen Faktoren folglich zu unzulässigen bzw. nicht koordinierten Entscheidungen.

Im Problem der Investitionsbudgetierung erscheinen bestimmte Alternativen des über vier Perioden reichenden Partialmodells u.U. nur deshalb als vorteilhaft, weil das Planungsproblem willkürlich nach vier Perioden abgeschnitten wird. Würde der Planungshorizont auf sechs Perioden ausgedehnt, kämen für das erweiterte Partialmodell neue Handlungsalternativen für die fünfte und sechste Periode hinzu. Das könnte dazu führen, daß im sechsperiodigen Modell für die ersten vier Perioden andere Entscheidungen gefällt würden als bei vierperiodiger Planung. Der Grund liegt darin, daß ein Modell über vier Perioden mit den Finanzmitteln in den ersten Perioden u.U. großzügiger umgeht. Muß das Unternehmen in jeder Periode eine bestimmte Kreditlinie einhalten, wird diese unabhängig von den Investitionsmöglichkeiten der fünften und sechsten Periode ausgeschöpft, wenn in den ersten vier Perioden ausreichend Sachinvestitionen mit einer Verzinsung existieren, die über dem Sollzinssatz für die Kreditbeschaffung liegen. In der fünften und sechsten Periode fehlen dann u.U. Finanzmittel, obwohl es Investitionen gibt, deren Verzinsung höher ist als die jener, die in den ersten vier Perioden realisiert wurden.

Ziel einer Planung in offenen Entscheidungsfeldern muß es sein, derartige Fehlbeurteilungen in Partialmodellen möglichst zu vermeiden. Anders formuliert: Bildet ein Unternehmen mehrere Partialmodelle, ist es notwendig, die Entscheidungen in den verschiedenen Partialmodellen im Hinblick auf die unternehmerische Zielsetzung aufeinander abzustimmen. Für sachlich offene Entscheidungsfelder kann dazu auf die Erkenntnisse der Lenkpreistheorie zurückgegriffen werden. Die Einflüsse der in einem Partialmodell nicht direkt abgebildeten interdependenten Teilprobleme lassen sich prinzipiell durch Lenkpreise (Knappheitspreise) oder das Instrument der Budgetsteuerung (Restriktionen) indirekt erfassen.[15]

Im Problem der Sparten kann die Zentrale für verlangtes Kapital von den Sparten einen Zinssatz fordern. Je höher dieser Zins angesetzt wird, um so geringer wird die Nachfrage der Sparten nach Kapital sein, da Investitionen, deren interner Zins unter der eingeforderten Verzinsung liegt, als unvorteilhaft erscheinen. Die Zentrale muß den Lenkpreis folglich auf einem Niveau fixieren, bei dem Kapitalangebot und Kapitalnachfrage zum Ausgleich gelangen. Alternativ zu diesem Vorgehen kann sie auch das Kapitalangebot zunächst willkürlich auf die Sparten aufteilen und von ihnen die Information einholen, welche Verzinsung die Sparten mit der letzten ihnen zur Verfügung gestellten Kapitaleinheit realisieren. Sind die Grenzverzinsungen unterschiedlich hoch, ist das ein Indiz dafür, daß die Kapitalaufteilung nicht optimal im Sinne der Zielsetzung gewählt ist. Durch Umverteilung des Kapitals kann die Erfolgssituation des Gesamtunternehmens verbessert werden.

Durch Lenkpreise oder Aufteilung knapper Ressourcen auf Partialmodelle werden somit die sonst sachlich offenen Partialmodelle künstlich geschlossen. Die Lenkpreise oder auch Restriktionen erfassen die horizontalen Interdependenzen indirekt. Die Qualität der Lösungen von Partialmodellen hängt dabei nachhaltig von der Qualität der gewählten Lenkpreise bzw. der Ressourcenaufteilung ab.[16]

Die Lösungsprinzipien für sachlich offene Entscheidungsfelder lassen sich grundsätzlich auch auf zeitlich offene Felder übertragen.[17] Bei sachlich offenen Entscheidungsfeldern besteht die Koordinationsidee darin, bei einem knappen Faktor für einen Ausgleich der Grenz-

15 Vgl. Kapitel 5.4.3.2.1.

16 Vgl. dazu die Beispiele und Ergebnisse in Kapitel 5.4.3.2.1.

17 Vgl. Schlüchtermann (1996).

renditen je Faktoreinheit in allen Partialmodellen zu sorgen. Bei zeitlich offenen Entscheidungsfeldern muß ein zeitlicher Ausgleich der Grenzzielbeiträge angestebt werden.

1.1.4.6.2 Das Problem zeitlich offener Entscheidungsfelder

Unternehmen sind im allgemeinen auf Dauer angelegt. Der Planende ist im Planungszeitpunkt grundsätzlich nur unvollkommen über die Zukunft informiert, und es ist auch informationstechnisch unmöglich, alle künftigen Handlungsalternativen, Daten und Wirkungszusammenhänge zu ergründen. Infolge dieser Informationsdefizite entstehen zeitlich offene Entscheidungsfelder; denn heutige Entscheidungen haben i.d.R. Auswirkungen auf den künftigen Handlungsspielraum. Schränken heutige Entscheidungen den künftigen Handlungsspielraum ein, entstehen u.U. Handlungsfolgen, die aus übergeordneter zeitlicher Sicht nicht zielgerecht sind.

Im Planungszeitpunkt kennt der Planende grundsätzlich nur eine Teilmenge der künftigen Aktionsmöglichkeiten. Später treten ständig neue Entscheidungsalternativen hinzu. Das zielsetzungsgerechte Urteil über die heute zu treffenden Entscheidungen hängt aber mit von den künftigen, heute noch unbekannten Entscheidungsalternativen ab. Heutige Alternativen müssen folglich unter unvollkommener Information über Interdependenzen mit zukünftigen Handlungsalternativen bewertet werden. Infolge der nur unvollkommenen Beurteilungsmöglichkeit fällt ein Entscheidungsträger in Abhängigkeit von der Länge der Planungsperiode oder der Zahl bereits bekannter Entscheidungsalternativen suboptimale Entscheidungen. Plant ein Entscheidungsträger mit Einperiodenmodellen und beurteilt Periode für Periode die sich bietenden Investitionsmöglichkeiten, wird er im allgemeinen zu einer anderen Handlungsfolge kommen als mit Zweiperiodenmodellen. Die Handlungsfolge (zeitliche Abfolge der Investitionen) der Einperiodenmodelle kann bei Existenz zeitlich vertikaler Interdependenzen nie zu einem höheren Zielbeitrag führen als die der Zweiperiodenmodelle, da jene Modelle die vertikalen Interdependenzen zwischen den Perioden nicht abbilden.

Jede Handlungsfolge führt zu einer anderen Zustandsfolge. Von den getätigten Investitionen in einem Planungszeitpunkt hängen damit in den folgenden Perioden die noch frei verfügbaren Finanzmittel (zukünftige Zustände) ab. Infolge zeitübergreifender Beziehungen verknüpfen die Zustände die Entscheidungen aufeinanderfolgender Entscheidungszeitpunkte. Der in einem Zeitpunkt erreichte Zustand legt den Handlungsspielraum in späteren Zeitpunkten mit fest. Heutige Entscheidungen beschränken dann u.U. den künftigen Handlungsspielraum. Das Problem einer Planung in zeitlich offenen Entscheidungsfeldern besteht darin, durch heutige Entscheidungen nicht ungünstige zukünftige Zustände herbeizuführen, die künftige, bessere Entscheidungsalternativen „verbauen“.

Zunächst soll an einem Beispiel näher auf die Wirkung zeitübergreifender Restriktionen eingegangen werden. Zum gegenwärtigen Zeitpunkt kann ein Unternehmen zwischen zwei Investitionsalternativen I_1 und I_2 mit je vierjähriger Laufzeit wählen. Der Planungszeitraum wird willkürlich auf vier Jahre begrenzt. Über denkbare Investitionsalternativen zu späteren Zeitpunkten mögen dem Unternehmen keine Informationen vorliegen. In jeder Periode verfügt das Unternehmen über einen festen Kreditrahmen von 100.000 GE. Bei einem Planungshorizont von vier Jahren entscheidet sich das Unternehmen für die Alternative I_1, da sie zum höheren Endwert nach vier Jahren führt. Dieses Investitionsverhalten führt dazu, daß zum späteren Investitionszeitpunkt in zwei Jahren vom Kreditrahmen in Höhe von 100.000 GE 60.000 GE durch die frühere Investition beansprucht werden. Im zweiten Investitionszeitpunkt existieren die Investitionsalternativen I_3 und I_4 mit ebenfalls vierjähriger Nutzungsdauer; ihnen stehen nur noch Finanzmittel in Höhe von 40.000 GE zur Verfügung. Aufgrund dieses Zustands (verbleibendes freies Finanzpotential) muß das Unternehmen I_3 mit dem geringeren Kapitalbedarf auswählen. Die Entscheidung für I_1 läßt damit später nur noch die Entscheidung für I_3 zu. Hätte sich das Unternehmen für I_2 ausgesprochen, wäre später noch ein Kredit in Höhe von 60.000 GE für die Realisierung der besseren Alternative I_4 verfügbar gewesen. Aus der Sicht eines Planungshorizonts von sechs Jahren kann es nun sein, daß die Handlungsfolge I_1 und I_3 einen geringeren Endwert nach sechs Jahren aufweist als die Folge I_2 und I_4. Die erste Entscheidung „verbaut" damit die aus Sicht von sechs Jahren bessere Handlungsfolge. Das liegt letztlich daran, daß die Informationen über die später möglichen Handlungsalternativen im ersten Entscheidungszeitpunkt noch nicht vorlagen.

Aus dieser Erkenntnis müßte eigentlich der Schluß gezogen werden, Planungsmodelle zeitlich nicht durch einen willkürlichen Planungshorizont abzugrenzen.[18] Unternehmen haben aus informationstechnischen Gründen aber gar keine andere Wahl, als den Planungshorizont zu beschränken, da sich generell keine vollständige Kenntnis über künftige Handlungsalternativen und Daten herstellen läßt. Planungsmodelle müssen damit immer zeitlich abgeschlossen werden; damit aber besteht die Gefahr von Fehlentscheidungen. Um der Gefahr ungünstiger Zustände möglichst zu entgehen, kann rollierend geplant werden, d.h., nach Ablauf einer bestimmten Zeit wird mit dem erreichten Zustand und neuen Informationen über Variable und Daten die Planung neu aufgeworfen. Dabei reduzieren längere Planungshorizonte die Gefahr ungünstiger Zustände stärker als kurze, da bei kurzen Planungszeiträumen weniger zeitliche Interdependenzen in der jeweiligen Planung berücksichtigt werden als bei längeren Zeiträumen.

Die Fehlurteile in zeitlichen Partialmodellen sind immer die Folge einer unzureichenden Bewertung der im Partialmodell erfaßten Handlungsalternativen. Dazu ein Beispiel: Einem Unternehmen steht für die Entsorgung von Produktionsabfällen eine Deponie bestimmten Fassungsvermögens zur Verfügung. Die für die Deponierung zu erhebenden Gebühren mögen in den einzelnen Jahren nach dem Grenzkostenprinzip kalkuliert werden. Solange die Deponiekapazität noch nicht knapp ist, werden in den Gebühren keine Bestandteile für Knappheit eingerechnet. Tritt später Knappheit auf, erhöhen sich die Gebühren, da nunmehr auf eine andere, teurere Entsorgungstechnologie oder auf eine entferntere Deponie mit höheren Transportkosten zurückgegriffen werden muß. Das Unternehmen arbeitet mit einem willkürlichen Planungshorizont von vier Perioden. Aus der Sicht dieses Planungshorizonts gelingt es selbst bei verschwenderischer Ressourcenpolitik nicht, die Kapazitätsgrenzen der Deponie zu erschöpfen. Der geringe Entsorgungssatz fördert den Verbrauch an Deponiekapazität in den ersten vier Perioden. Nach zwei Perioden sollen wieder Entscheidungen für weitere vier Perioden gefällt werden. Der Planungshorizont reicht nunmehr bis t_6. Der infol-

18 Zur Wahl des Planungshorizonts vgl. auch Bitz (1975), derselbe (1977), S. 187 ff., Modigliani (1952), Teichmann (1975) und Mag (1971).

ge der Entscheidungen in t_0 übernommene Deponiezustand in t_2 möge dazu führen, daß selbst bei sparsamstem Ressourceneinsatz in t_5 der Deponieraum erschöpft ist.

Die zu niedrige Bewertung der Ressource „Deponieraum“ im ersten Kalkül führt zum Fehlurteil über die Ressourcenverwendung. Die spätere Knappheit müßte für eine bessere Steuerung des Ressourceneinsatzes bereits für das erste Kalkül antizipiert werden, um dieses Fehlurteil zu vermeiden. Im Beispiel werden die Aktionen der einzelnen Perioden und damit die daraus resultierende Zustandsfolge der Deponie ökonomisch falsch beurteilt, weil die Bewertung des Faktors die ökonomischen Konsequenzen späterer Zustände nicht erfaßt. Damit ist zugleich ein Weg aufgezeigt, wie bei offenen Entscheidungsfeldern prinzipiell die Wirkung von Aktionen jenseits des Planungszeitraums sinnvoll erfaßt werden kann: Der Planende muß die Zustände am Ende des Planungszeitraums mit seinen Erwartungen über die Zeit jenseits des Horizonts bewerten; anders formuliert, muß der Verbrauch der Ressource bereits im ersten Kalkül die spätere Knappheit vorwegnehmen.

1.1.4.6.3 Methoden zur prinzipiellen Vermeidung von Fehlurteilen bei offenen Entscheidungsfeldern

Offene Entscheidungsfelder werden grundsätzlich durch die Wahl eines Planungshorizonts zeitlich abgeschlossen. Der gewählte Planungshorizont kann zwei Wirkungen auf künftige Zustandsgrößen ausüben:

- Wird bei Investitionsentscheidungen der Horizont so festgelegt, daß Teile der Nutzungsdauer der Investitionen nicht in den Planungshorizont fallen, erscheinen diese Investitionen u.U. als unvorteilhaft, da ihnen zwar die gesamten Anschaffungsausgaben, aber nur z.T. die laufenden Einnahmeüberschüsse zugerechnet werden. In diesem Fall unterbleiben u.U. vorteilhafte Investitionen, und in künftigen Perioden herrscht deshalb möglicherweise ein so guter Finanzzustand, daß auch weniger vorteilhafte Alternativen realisiert werden.
- Durch den künstlichen Abschluß des Entscheidungsfeldes fallen künftige Entscheidungen aus der Beurteilung heraus. Damit wird in der Planung von der Konkurrenz heutiger und künftiger Alternativen um knappe Ressourcen abstrahiert. Der übergebene Finanzzustand ist u.U. zu schlecht, um künftige lukrative Entscheidungen realisieren zu können.

Der zeitliche Abschluß von Entscheidungsfeldern sollte prinzipiell so erfolgen, daß beide Fehler weitgehend vermieden werden können.

Zeitlich offene Entscheidungsfelder sind allerdings in zwei Fällen problemlos:

- Später bekannt werdende Handlungsalternativen lassen frühere Entscheidungen nicht revisionsbedürftig erscheinen. Das ist der Fall, wenn die späteren Alternativen ökonomisch ungünstiger sind als die vorangegangenen. In diesem Fall wird zwar ein ungünstiger Zustand (geringe freie Mittel) aus den Vorperioden übertragen, was aber unschädlich ist, weil später keine besseren Alternativen zur Verfügung stehen. Erwartet der Entscheidungsträger für die Zukunft schlechtere Renditen als gegenwärtig, ist eine intensive Nutzung der Ressourcen in den ersten Perioden ökonomisch durchaus sinnvoll.

- Bei speziellen Problemstrukturen gibt es einen optimalen Planungshorizont.[19] Das Planungsergebnis für einen Zeitabschnitt ist unabhängig von Informationen und Alternativen jenseits dieses Horizonts. Ein derartiger Fall ist in der Bestellpolitik bei deterministisch schwankendem Bedarf anzutreffen. Aufgrund der Problemstruktur ist es in diesem Fall nur sinnvoll, eine Bestellung aufzugeben, wenn das Lager leer ist (Zustandsgröße null). Es wird immer die Bedarfsmenge für ganze künftige Perioden (keine Teilmengen) bestellt. Hat sich in einem fünfperiodigen Modell herausgestellt, zuletzt in der vierten Periode zu bestellen (Bestellmenge in t_4 entspricht dem Bedarf aus t_4 und t_5), ist die Nachfrageentwicklung ab t_4 für die Bestimmung der optimalen Politik der Perioden t_1 bis t_3 nicht entscheidungsrelevant. Der Zeitpunkt t_4 stellt für die vorgelagerten Perioden einen optimalen Planungshorizont dar (Planungshorizonttheorem).

Ist keiner dieser beiden Spezialfälle gegeben, sind zusätzliche Überlegungen erforderlich, um den beschriebenen Fehlurteilen entgegenzuwirken.

Eine erste Forderung für eine Planung in offenen Entscheidungsfeldern besteht darin, den Planungshorizont bzw. die Länge des Planungszeitraums so zu wählen, daß damit für die ersten Perioden des Planungszeitraums stabile Entscheidungen erreicht werden. Wird ein Planungszeitraum von fünf auf sieben Perioden erweitert, wirkt sich dies besonders stark auf die Planungsergebnisse der letzten Perioden des fünfperiodigen Zeitraums aus. Die Entscheidungen der ersten Perioden werden weniger stark tangiert. Im Idealfall bleiben die Entscheidungen der ersten Periode stabil. Wird der Planungszeitraum so weit ausgedehnt, daß durch die Verlängerung keine Rückwirkungen mehr auf die Entscheidungen der ersten Periode ausgehen, lassen sich durch rollierende Planung die zeitlichen Interdependenzen zum jeweils noch unbekannten künftigen Teil des Entscheidungsfeldes ausreichend erfassen. Der Entscheidungsträger realisiert nur die sich auf die erste Periode beziehenden Entscheidungen und plant eine Periode später mit einem verschobenen Planungshorizont erneut.

In kurzen Planungszeiträumen ist dieser Idealzustand nicht erreichbar, d.h., auch die Ergebnisse der ersten Teilperiode werden sich mit dem Planungshorizont verändern. Es sind folglich neben der rollierenden Planung zusätzlich andere planungstechnische Überlegungen erforderlich, um ungünstige Zustandsfolgen möglichst zu vermeiden. Um der Tendenz zu Fehlurteilen entgegenzuwirken, können vier Instrumente eingesetzt werden.[20] Die ersten beiden Prinzipien lehnen sich an die Koordinationsinstrumente bei *sachlich* offenen Entscheidungsfeldern an. Sie entsprechen einer Übertragung der Lenkpreistheorie und der Budgetsteuerung auf den Zeitablauf.

- Zur Vermeidung von Fehlurteilen können Bewertungsgrößen herangezogen werden. Zum Beispiel werden im Budgetierungsfall Mindestverzinsungen angesetzt, die über den Zinssätzen der Kreditbeschaffung in den ersten Teilperioden liegen und sich an den erwarte-

19 Vgl. Wagner/Whitin (1958), Adam (1993a), S. 134 ff.

20 Vgl. Schlüchtermann (1996).

ten Sachverzinsungen erst später bekannt werdender Investitionsobjekte orientieren. Die Finanzmittel dürfen folglich in den ersten Perioden nur für Sachinvestitionen eingesetzt werden, wenn deren Verzinsung über der erhofften Mindestrendite späterer Sachinvestitionen liegt. Von der Höhe der gesetzten Mindestverzinsungen hängt es ab, welches Finanzierungsvolumen in späteren Entscheidungszeitpunkten noch verfügbar ist.

Im Deponiebeispiel müßte bei der Gebührenfestsetzung in den ersten vier Perioden bereits die später erwartete Knappheit antizipiert werden. Die künstlich höheren Werte reduzieren in den ersten Planungskalkülen den Ressourcenverbrauch und lassen mehr Ressourcen für spätere Entscheidungen frei. Die Bewertung schafft damit für spätere Zeitpunkte eine größere Flexibilität bzw. beläßt mehr Handlungsspielraum. Die Lenkpreisbewertung führt dazu, daß die sonst zerschnittenen vertikalen Interdependenzen zumindest dem Prinzip nach erfaßt werden. Die Güte der zeitablaufbezogenen Koordination hängt davon ab, wie realistisch die Erwartungen des Entscheidungsträgers über künftige Renditen sind.

Die Lenkpreisidee wird auch in der Investitionsrechnung für Nutzungsdauerentscheidungen angewendet. Das theoretische Konstrukt unendlicher Investitionsketten[21] läuft im Endeffekt darauf hinaus, daß die Nutzungsdauer des ersten Kettengliedes verlängert wird, wenn die Grenzverzinsung des ersten Gliedes noch über der internen Verzinsung des Kapitals in den nachfolgenden Kettengliedern liegt. Die Nutzungsdauer einer Investition wird folglich nicht so lange ausgedehnt, bis deren Grenzverzinsung dem Sollzinssatz entspricht. Das Konstrukt unendlicher Investitionsketten unterstellt damit letztlich nicht, daß tatsächlich laufend *identische* Investitionen getätigt werden. Vielmehr wird eine spezielle Verzinsungsannahme für das Kapital in der Zeit nach dem Nutzungsende einer Anlage gesetzt.

Eine spezielle Form von Bewertungsgrößen liegt vor, wenn der Planende den Zustand am Ende des Planungshorizonts gesondert bewertet, um damit die Interdependenzen zur Zeit nach dem Planungshorizont dem Grundsatz nach zu erfassen. Reicht die Nutzungsdauer einer Investition über den Planungshorizont hinaus, gehen die Erträge der Investition jenseits des Horizonts nicht in die Bewertung der Investition ein. Eine Investition erscheint dann u.U. unvorteilhaft, weil ihr zwar die gesamten Anschaffungsausgaben, aber nur Teile der Einnahmen zugeordnet werden. Um diese Unterbewertung zu vermeiden, könnte der Planende das Restnutzungspotential der Investition am Ende des Planungshorizonts mit dem zu erwartenden Kapitalwert der nicht erfaßten Einnahmeüberschüsse ansetzen. Im Grunde wird dieses Konstrukt auch bei den zuvor diskutierten Investitionsketten genutzt; denn bei der Entscheidung über das erste Kettenglied werden für die nachfolgenden Kettenglieder Zinsen auf der Basis des Kapitalwertes der nachfolgenden Investitionen verrechnet. Die ökonomischen Wirkungen nachfolgender Kettenglieder werden damit auf das Ende des Horizonts für die erste Investition verdichtet.

- Der gleiche Effekt auf die Zustandsgrößen wie über den Ansatz von Lenkpreisen kann durch freiwillige Restriktionen erzielt werden. Im Budgetierungsbeispiel beschränkt sich

21 Vgl. Adam (1994), S. 193 ff.

das Unternehmen im ersten Investitionskalkül für die beanspruchten Kredite freiwillig und schöpft nur einen Teil des Kreditrahmens aus. Damit verbleibt für spätere Zeitpunkte ein größerer Umfang an finanziellen Mitteln. Zum Beispiel kann eine Zusatzrestriktion vorsehen, daß für Investitionen in späteren Perioden mindestens 60.000 GE freigehalten werden. Ebenso kann im Deponieraumbeispiel mit Hilfe einer freiwilligen Deponieraumrestriktion je Periode einer später möglichen Knappheitssituation künstlich vorgegriffen werden. Allerdings sind die Überlegungen zum Niveau dieser Restriktionen mit den gleichen Problemen behaftet wie die sinnvolle Schätzung von Lenkpreisen.

Restriktionen lassen sich insbesondere auch für zeitlich offene Ablaufentscheidungen einsetzen.[22] In diesem Fall sind zum Planungszeitpunkt nur Teile der künftigen Aufträge bekannt. Nach der Planung kommen ständig weitere neue Aufträge hinzu. Bei Ablaufplanungsproblemen wirkt der Zeitraum, der für die Abwicklung des zum Planungszeitpunkt bekannten Auftragsprogramms vorgegeben wird, als Restriktion. Wird dieser Zeitraum kurz bemessen, führt die Lösung des Ablaufproblems zu einer Maschinenbelegung mit geringen ablaufbedingten Leerzeiten, d.h., die Anzahl der pro ZE im Schnitt zu erledigenden Aufträge ist hoch. Wird der Planungshorizont verlängert, nimmt die Menge an ablaufbedingten Leerzeiten zu, die Auftragsdichte sinkt, und die Durchlaufzeiten der einzelnen Aufträge verkürzen sich, was als Dilemma der Ablaufplanung bezeichnet wird. Bei kurzem Abwicklungszeitraum hat ein Unternehmen in künftigen Perioden mehr Kapazitäten für neue Aufträge frei, als das bei längerem Abwicklungszeitraum der Fall ist. Über das Instrument, den maximal erlaubten Planungszeitraum zu beschränken, kann der Disponent mithin die künftig freien Kapazitäten positiv oder negativ beeinflussen. Erwartet er für die Zukunft eine bessere Auftragslage als gegenwärtig, wird er auf beschleunigte Abwicklung des derzeitigen Programms setzen, um sich damit kapazitätsmäßig die Möglichkeit freizuhalten, künftig verstärkt Aufträge annehmen und fristgerecht abwickeln zu können. Wird hingegen eine verschlechterte Auftragslage prognostiziert, kann der Zeitrahmen für die bestehenden Aufträge großzügiger gestreckt werden.

Äquivalent zu einer Restriktion ist im Ablauffall auch der Weg über eine Bewertung. Zum Beispiel darf die Abwicklungsdauer eines Auftragsbestandes nur um einen Tag verlängert werden, wenn die mit diesem Zusatztag zu realisierende Kostensenkung bei den bisher bekannten Aufträgen über einem gesetzten Mindestdeckungsbeitrag pro Tag für weitere Aufträge liegt.

- Anstatt über Lenkpreise oder Restriktionen den Ressourceneinsatz zu beschränken, können theoretisch für noch unbekannte Handlungsalternativen auch Phantomvariable in die Planung integriert werden. Setzt ein Unternehmen jährlich im Schnitt für Investitionen in den technischen Fortschritt mindestens 40.000 GE ein, kann es diese Finanzbestände entweder völlig für andere Dispositionen sperren (Knappheitskosten von unendlich), was indirekt einer Restriktion entspricht, oder für diese zurückgehaltenen Finanzbestände mit einer Normzahlungsreihe für die Erfolgserwartungen des technischen Fortschritts („Phantomzahlungsreihe“) arbeiten. Die Zahlungsmittel dürfen folglich nur für andere

22 Vgl. Adam (1987a), S. 47 f. und Adam (1987b), S. 23 ff.

Investitionen angegriffen werden, wenn bekannte Entscheidungsalternativen in ihrer Verzinsung über der Normverzinsung der Phantomvariablen liegen.

Im Ablaufproblem kann mit derartigen Phantomvariablen gearbeitet werden, wenn dem Disponenten bekannt ist, daß ständig viele Eilaufträge zusätzlich zum derzeitigen Programm eintreffen, die kurzfristig zu erledigen sind. Kennt er aus Erfahrung ungefähr die Struktur (Umfang des Zeitbedarfs in einzelnen Produktionsabteilungen), kann er in den Ablaufplan durch Phantomvariable „freie“ Kapazitäten einbauen, die ihm die Flexibilität geben, die tatsächlichen Schnellschüsse später in das bestehende Planungsgerüst aufzunehmen.

- In bestimmten Sonderfällen - beispielsweise im Ablaufplanungsproblem - kann durch heuristische Lösungsprinzipien ein gezielter Einfluß auf die Zustandsfolge (Länge der Warteschlangen zu bestimmten Zeitpunkten bzw. in künftigen Perioden noch freie Kapazitäten) ausgeübt werden. Werden die Schlangen wartender Aufträge nach der KOZ-Regel[23] eingeplant, ergibt sich ein Maschinenbelegungsplan mit relativ kurzen Durchlaufzeiten, aber z.T. erheblichen ablaufbedingten Wartezeiten der Maschinen. Für die Abwicklung eines Auftragsbestands ist ein relativ langer Zeitraum erforderlich; die mittlere Leistung des Produktionssystems ist gering. Wird die Abfertigungsregel geändert, wird bspw. nach einer Schlupfzeitregel abgefertigt, verbessert sich die Termintreue. Die Wahl der Abfertigungsregeln hat gleichzeitig auf die Länge der Schlangen zu bestimmten Zeitpunkten und die Leistungsdichte Rückwirkungen. Über die Wahl der Prioritätsregel können damit ähnliche Wirkungen auf Leistung, freie Kapazitäten und Durchlaufzeiten erzielt werden wie durch die Variation des Abwicklungszeitraums für ein Auftragsprogramm. Ein Nachteil der Prioritätsregeln ist es allerdings, daß sich die Wirkungen auf die Dichte des Belegungsplans oder die Durchlaufzeiten nicht so sicher voraussagen lassen, wie das bei künstlichen Restriktionen oder Lenkpreisen der Fall ist.

Prinzipiell sind alle vier Vorgehensweisen gleichwertig, um den gewünschten Effekt auf die Handlungen und die Zustandsfolge zu erzielen. Es hängt daher vom Einzelfall ab, welches Vorgehen präferiert wird. Für das Ablaufbeispiel ist u.U. das Vorgehen über Lenkpreise nicht adäquat, wenn der Disponent die ökonomischen Wirkungen einer verlängerten oder verkürzten Abwicklungszeit für ein Auftragsprogramm nicht sinnvoll abschätzen kann. Es kann dann der Weg über Restriktionen gewählt werden, wenn es aus Gründen einer zukünftig erwarteten Auftragslage angezeigt ist, die Abwicklung der bislang vorliegenden Aufträge zu beschleunigen. Sinnvoll kann auch eine Kombination der Vorgehensweisen sein. Beispielsweise kann im Ablaufproblem das Instrument der Restriktionen mit dem der heuristischen Lösungsprinzipien kombiniert werden.

Wie erfolgreich mit den vier Prinzipien zur Planung in offenen Entscheidungsfeldern gearbeitet werden kann, hängt letztlich von den Zukunftserwartungen des Disponenten und der Frage ab, ob diese Erwartungen in sinnvolle Lenkpreisvorgaben oder Restriktionen umgesetzt werden können. Das wird sicherlich niemals hundertprozentig gelingen; d.h., die Wertgrößen oder Zustände, die sich bei einer allerdings aus informationstechnischen Gründen

23 Zur Steuerung über Prioritätsregeln vgl. Adam (1993b), S. 422 ff.

unmöglichen Simultanplanung ergeben würden, sind niemals zuverlässig antizipierbar. Dies zeigt deutlich, daß in offenen Entscheidungsfeldern eine Optimalplanung, wie sie für geschlossene Entscheidungsfelder entwickelt wurde, unmöglich ist. Der unvollständige Informationsstand erlaubt keine völlig zielgerechte Koordination der teilweise noch unbekannten, später erst bewußt werdenden vertikalen Interdependenzen. Es hat auch wenig Sinn, ex post durch „Simultanplanung" bestimmen zu wollen, was optimal gewesen wäre, wenn die Informationen über alle Handlungsalternativen bereits früher zur Vefügung gestanden hätten. Ebenso wenig sinnvoll ist es, derartige „Optimalpläne" als Beurteilungsmaßstab für die Qualität der Lösungen heranzuziehen, die mit den vier beschriebenen Vorgehensweisen erzielt worden sind. Allenfalls wäre eine derartige Ex-post-Optimierung hilfreich, wenn aus ihr deutlich würde, daß bestimmte Vorgehensweisen generell zu dominierten Lösungen führen. Über die Eignung der Instrumente können bestenfalls Erkenntnisse durch Analyse der Wirkungen alternativer Vorgehensweisen gewonnen werden. Es fragt sich allerdings, ob derartige Erfahrungen bei großer Dynamik der Entwicklung von Daten und Variablen auf künftige Planungsprobleme übertragen werden können.

Die beschriebenen Instrumente setzen voraus, daß es dem Entscheidungsträger gelingt, über die Zukunft sinnvolle Erwartungen zu entwickeln. Diese Ansätze gehen mithin nicht von der in der Literatur auch anzutreffenden einschränkenden Forderung aus, Erwartungen des Entscheidungsträgers über die Zukunft völlig aus der Planung herauszuhalten, die Planung also allein auf der Basis heutiger Informationen durchzuführen. Auf dieser Annahme basiert die Marktzinsmethode[24], die von Zukunftserwartungen über Finanzierungskosten völlig abstrahiert und die Finanzierung von Investitionen über Forward-Geschäfte zu den heutigen Konditionen auf den Kapitalmärkten absichert. Eine derartige Vorgehensweise ist wenig geeignet, das Problem offener Entscheidungsfelder sachgerecht zu bewältigen, da unterstellt wird, daß die gegenwärtigen Konditionen auf den Finanzmärkten die Zukunft hinreichend widerspiegeln.

1.1.4.7 Theorie kumulativer Knappheit als Anwendungsfall für offene Entscheidungsfelder

In der Ökonomie wird häufig der Standpunkt vertreten, daß ökonomisches und ökologisches Wirtschaften mit Ressourcen im Widerspruch zueinander stehen. Aus ökonomischer Sicht erscheint u.U. eine intensive Ressourcennutzung sinnvoll, was aber recht schnell zur Erschöpfung der Bestände führen kann. Diese Sichtweise des Problems ist allein auf kurzfristige Denkweisen zurückzuführen, die die ökonomischen Folgen künftiger Zustände nicht erfassen. Sie sind Resultat zu kurz gewählter Planungszeiträume, in denen der kurzfristige ökonomische Erfolg maximiert wird, wobei aber die Folgen für künftige Handlungsspielräume bzw. Systemzustände übersehen werden. Der zeitlich zu kurz gegriffene Planungszeitraum vernachlässigt relevante, zeitlich vertikale Interdependenzen und führt somit zur ökonomischen Fehlbeurteilung von Alternativen. Bei längerfristiger Sichtweise des ökonomischen Problems erweist sich zumeist das aus kurzfristiger Sicht ökonomisch rationale

24 Vgl. Adam (1994), S. 277 ff., Schierenbeck (1993), S. 351 ff., Rolfes (1992).

Verhalten als unsinnig. Ein bewußt einfach gehaltenes Modell soll diese Problematik verdeutlichen. Anhand dieses Modells kann nur eine Grundvorstellung von einer langfristig ökonomisch *und* ökologisch sinnvollen Verhaltensweise vermittelt werden.

Ausgangspunkt ist ein Unternehmen, das ein Erzeugnis als Monopolist am Markt anbietet und dafür eine Ressource einsetzt, von der in der Natur nur ein genau definierter Bestand T existiert (kumulative Knappheit). Aus Vereinfachungsgründen wird unterstellt, daß der Bestand T gerade ausreicht, um die zahlungsüberschußmaximale Menge x_{opt} der ersten Teilperiode zu produzieren. Zu untersuchen sind zwei Problemstellungen:

- Über welchen Zeitraum soll die Ressource gestreckt werden, bzw. welche jährliche Entnahmerate ist zweckmäßig? Ist es vernünftig, die gesamte Menge T bereits in der ersten Periode gänzlich zu verbrauchen? Diese Fragen sind eng gekoppelt mit der Wahl des Preises für das zu produzierende Produkt.

- Wie lautet der optimale Lenkpreis der Ressource in den einzelnen Jahren? Gibt es einen für alle Perioden einheitlichen Lenkpreis, falls der Bestand über mehrere Perioden gestreckt wird, oder ergeben sich periodenspezifische Lenkpreise?

Um eine besonders einfache Analyse durchführen zu können, werden einige sehr strikte Prämissen gesetzt:

- Es gibt keinen technischen Fortschritt, es wird immer das gleiche Produkt produziert und verkauft. Der Bedarf q der kumulativknappen Ressource pro Mengeneinheit des Produkts bleibt konstant. Es gibt auch keinen Ersatz für die Ressource.

- In allen Teilperioden t herrscht die gleiche Nachfragefunktion. Es gibt keine Kostenunterschiede zwischen den Perioden. Es werden damit stationäre Verhältnisse unterstellt.

- Ziel des Wirtschaftens ist es, die Summe der Zahlungsüberschüsse in allen Teilperioden zu maximieren. Die in einer Periode erzielten Überschüsse werden jeweils zu Konsumzwecken ausgeschüttet, so daß keine Finanzanlagen und Zinsen auf Finanzgeschäfte zu berücksichtigen sind. Es existieren keine Zeitpräferenzen. Damit sind Geldeinheiten, die in beliebigen Teilperioden erwirtschaftet werden, gleichwertig.

- Es wird von einem zeitlich offenen Entscheidungsfeld ausgegangen, das künstlich durch die willkürliche Wahl eines Planungshorizonts abgeschlossen wird. Die Länge dieses Planungszeitraums wird dabei variiert, und es wird untersucht, ob sich die Summe der finanziellen Überschüsse mit einer Ausdehnung des Planungshorizonts vergrößert. Für jeden willkürlich gewählten Horizont wird unterstellt, daß die Ressourcenmenge immer voll ausgeschöpft wird; diese Annahme vereinfacht die mathematische Auswertung des Modells.

Damit ergibt sich bei einer Preisabsatzfunktion des Typs $p_t = a - bx$ mit p als Preis und x als Produktionsmenge das folgende einfache Modell:

$$G = \sum_t (a - b\,x_t)\,x_t - k\,x_t \rightarrow \max$$

Der erste Term hinter dem Summenzeichen entspricht den Einnahmen aus dem Verkauf des Produktes in den einzelnen Teilperioden. Der zweite Term bildet die variablen Kosten bzw. Ausgaben ab, wobei im Satz k der Einstandspreis für den kumulativknappen Faktor enthalten ist. Die Zielfunktion ist unter der Bedingung

$$\sum_t q\,x_t = T$$

zu maximieren, die zum Ausdruck bringt, daß der Bestand T der Ressource über alle Teilperioden des Planungszeitraums voll ausgeschöpft wird. Mit q wird der im Zeitablauf konstante Bedarf des Faktors pro Mengeneinheit des Produktes bezeichnet.

Die Restriktion wird der Zielfunktion mit Hilfe des Verfahrens von Lagrange hinzugefügt, so daß sich folgende Erfolgsfunktion in Abhängigkeit von den Variablen x_t und λ ergibt.

$$G = \sum_t a\,x_t - b\,x_t^{\,2} - k\,x_t - \lambda\left(\sum_t q \cdot x_t - T\right) \quad \rightarrow \max$$

Die Ableitung nach den beiden Variablen führt zu folgenden Ergebnissen:

$$(1) \quad \frac{\partial G}{\partial x_t} = a - k - 2b\,x_t - \lambda q \overset{!}{=} 0 \quad \forall t$$

$$(2) \quad \frac{\partial G}{\partial \lambda} = \sum_t q \cdot x_t - T \overset{!}{=} 0$$

Aus den Ableitungen nach x_t folgt, daß für alle Teilperioden des Planungshorizonts der gleiche Lenkpreis λ gilt. Wird mit einem Planungshorizont von vier Perioden gearbeitet, wird die Ressource erst in der vierten Periode knapp. Dennoch gilt für alle vier Perioden, also auch für die ersten drei Perioden, in denen noch keine Knappheit aufgetreten ist, ein einheitlicher, an der Knappheitssituation des Gesamtproblems orientierter Lenkpreis. Die optimale Lösung für einen Planungszeitraum beliebiger Länge ist folglich erreicht, wenn die Grenzzahlungsüberschüsse je Faktoreinheit in jeder Periode gleich groß sind. (Ausgleich der zeitlichen Grenzerfolge).

Den Ableitungen nach x_t ist weiter zu entnehmen, daß aufgrund der stationären Verhältnisse in jeder Periode die Produktionsmengen und damit auch die Verkaufspreise gleich sind. Bei einem Planungshorizont von vier Perioden wird mithin in jeder Periode 1/4 des Bestands und bei einem Horizont von zehn Perioden 1/10 des Bestands verbraucht. Die jährliche Produktionsmenge bzw. der Preis hängt damit von der Länge der Planungsperiode ab.

Zu fragen ist nun, wie sich die Summe der Überschüsse verändert, wenn die Nutzung des Bestands T auf einen größeren Planungszeitraum verteilt wird. Grundsätzlich steigt zunächst der zeitliche Grenzerfolg λ, wenn die Nutzungsdauer verlängert und damit die jährlich bereitstehende Ressourcenmenge verkleinert wird. Gleichzeitig steigt damit auch der gesamte erzielbare Überschuß, wie folgende Abbildung zeigt.

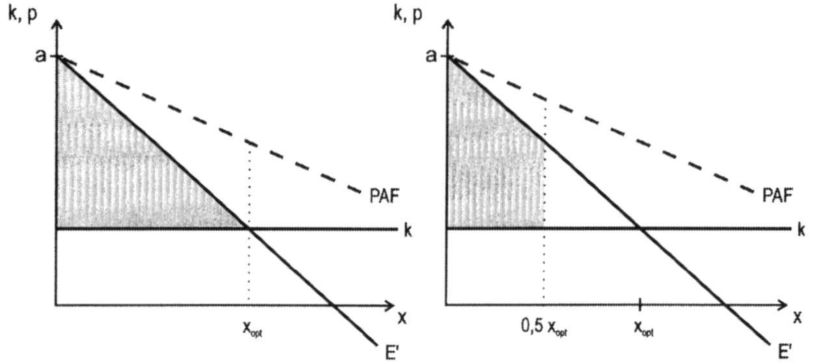

Abbildung 1-2

Wird die Ressource in einem Jahr voll verbraucht, indem x_{opt} (zahlungsüberschußmaximale Menge) produziert wird, ergibt sich ein Überschuß in Höhe des schraffierten Feldes in der linken Zeichnung. Bei Halbierung der Verbrauchsmenge pro Jahr entsteht in zwei Perioden jeweils ein Überschuß in Höhe des schraffierten Feldes der rechten Zeichnung. Der zweifache Überschuß der rechten Zeichnung ist deutlich größer als der Überschuß der linken. Ein Verbrauch der Ressource in einer Rate (Planungszeitraum von einer Periode) führt zu einem Überschuß in Höhe von $0{,}5\cdot(a-k)x_{opt}$. Wird die Ressource im Grenzfall über unendlich viele Perioden gestreckt, steigt der Überschuß auf den Betrag $(a-k)x_{opt}$ an[25]. Der Überschuß verdoppelt sich gegenüber der Situation, in der der Bestand in nur einer Periode verbraucht wird. Die Verbesserung der Erfolgssituation verläuft aber nicht proportional zur

25 Bei Betrachtung von n Perioden gilt:

$$G_n = n\cdot\left[(a-k)\frac{x_{opt}}{n} - b\left(\frac{x_{opt}}{n}\right)^2\right].$$

Für b gilt aus der Cournot-Theorie:

$$2b = \frac{a-k}{x_{opt}}\ ;$$

eingesetzt in G_n folgt:

$$G_n = (a-k)x_{opt} - \frac{a-k}{2x_{opt}}\cdot\frac{x_{opt}^2}{n}$$
$$= (a-k)x_{opt} - \frac{a-k}{2n}\cdot x_{opt}.$$

Für Gn bei einer Periode folgt:

$$G_1 = (a-k)x_{opt} - \frac{a-k}{2}\cdot x_{opt} = \frac{a-k}{2}\cdot x_{opt}.$$

Strebt n gegen unendlich, nimmt in Gn der zweite Term den Wert null an, so daß

$$G_{n\to\infty} = (a-k)x_{opt}$$

gilt.

steigenden Periodenzahl. Vielmehr nimmt der Erfolg degressiv steigend zu. Die erste zusätzliche Periode bewirkt eine nachhaltige Verbesserung der Erfolgssituation, während die 20. Zusatzperiode nur noch marginale Wirkung zeigt.

Analysiert der Entscheidungsträger das Problem kumulativer Knappheit mit einem zu kurzen Planungshorizont, erkennt er die Erfolgsverbesserungschancen eines umfassenderen Horizonts nicht. Es kommt zu einer ökonomisch und ökologisch sinnwidrigen intensiven Nutzung der Ressource in den ersten Teilperioden. Dieser unsinnigen Verhaltensweise kann in kurzfristigen Modellen mit künstlichen Knappheitspreisen begegnet werden, die eine Drosselung des Ressourcenverbrauchs bewirken. Um der Lenkungsfunktion der Kosten gerecht zu werden, darf in dem Kostensatz k für die Ressource nicht nur der Einstandspreis (pagatorische Sichtweise) angesetzt werden, sondern es sind auch Lenksätze zu berücksichtigen, die die kumulative Knappheit abbilden. Der in den ersten Teilperioden für die kumulativknappe Ressource geltende Marktpreis (Einstandspreis) erfaßt diese Knappheit nicht.

Die Grundaussage des Modells bleibt auch erhalten, wenn einige der restriktiven Bedingungen aufgehoben werden. Gibt es technischen Fortschritt derart, daß in späteren Perioden der Produktionskoeffizient q_t sinkt, also pro Mengeneinheit des Produkts eine geringere Menge des knappen Faktors eingesetzt werden muß, gilt weiterhin ein gleicher Lenkpreis λ für alle Teilperioden. Wird in der fünften Periode nur noch halb soviel pro Mengeneinheit benötigt wie in der ersten Periode, ergibt sich die Gleichheit des Lenkpreises nur, wenn in der ersten Periode der Grenzüberschuß pro Mengeneinheit (a-k-$2bx_t$) des Erzeugnisses doppelt so hoch ist wie in der fünften Periode. Das kann aber nur erreicht werden, wenn die Produktionsmenge der ersten Periode deutlich geringer ist als die der fünften. Das ist gleichbedeutend mit einem höheren Preis in der ersten Periode. Die Erwartungen über den technischen Fortschritt müssen bei sinnvollem Verhalten zur Folge haben, daß es bei langfristiger Betrachtung vorteilhaft ist, den Faktorverbrauch in den ersten Perioden gegenüber der Situation ohne Fortschritt deutlich zu drosseln, da in späteren Perioden größere Erfolge mit der gleichen Faktormenge zu realisieren sind.

Mit dem Modell kann auch der Einfluß im Zeitablauf steigender Marktpreise für den knappen Faktor analysiert werden. Dazu ist entsprechend der Kostensatz k_t für spätere Perioden zu erhöhen. Die Gleichheit der Grenzerfolge λ ist in diesem Fall nicht mehr mit gleichen Produktionsmengen in allen Perioden zu erreichen. Wegen der später höheren pagatorischen Kosten muß die Menge in späteren Perioden gegenüber den ersten Perioden sinken, bzw. der Produktpreis muß steigen, um zum Ausgleich der zeitlichen Grenzerfolge zu gelangen. Steigende Faktorpreise bewirken damit in späteren Perioden sinkende Einsatzmengen des Faktors. Wird jeweils der gesamte Bestand T in der Planungsperiode verbraucht, ist der Faktoreinsatz folglich in den ersten Teilperioden gegenüber dem Fall konstanter Einstandspreise höher.

Wird die Prämisse fehlender Zeitpräferenzen aufgehoben, und werden die Präferenzen durch Abzinsung der Überschüsse zum Ausdruck gebracht, trägt eine Mark, die in der ersten Periode verdient wird, mehr zum Gesamterfolg bei als die gleiche Mark in der fünften Periode. Die optimale Politik muß in diesem Fall dafür sorgen, daß die auf den Kalkulationszeitpunkt abgezinsten Grenzzahlungsüberschüsse aller Teilperioden gleich groß sind, d.h., der Grenzbeitrag der Teilperioden zum Kapitalwert muß gleich groß sein. Das aber ist nur möglich, wenn die nicht abgezinsten Grenzüberschüsse späterer Perioden höher sind als die früherer Perioden. Höhere Grenzüberschüsse sind nur bei reduzierten Mengen und höheren Preisen in späteren Perioden möglich. Wird wiederum über alle Teilperioden eines Planungshorizonts die Gesamtmenge T verbraucht, bewirkt der Zinseffekt eine Verlagerung des Faktorverbrauchs auf die ersten Teilperioden. Der Zinseffekt verlagert den Faktorverbrauch damit verstärkt in Richtung auf die „Heutelinie".

In offenen Entscheidungsfeldern besteht das generelle Problem darin, daß der Entscheidungsträger über die künftigen Handlungsmöglichkeiten nur unzureichend oder gar nicht informiert ist. Er weiß damit nicht, auf was er verzichten muß, wenn er Ressourcen für derzeit bekannte Handlungsalternativen verbraucht. Um die Idee, in kurzfristigen Entscheidungskalkülen den Verbrauch von Ressourcen durch Knappheitspreise künstlich zu beschränken, operationalisieren zu können, bedarf es daher eines plausiblen Wertansatzes. Hierzu könnte auf das Konstruktionsprinzip zurückgegriffen werden, das in der Investitionsrechnung für die Wahl des optimalen Ersatzzeitpunkts bei unendlichen Investitionsketten genutzt wird. Die Idee besteht darin, die Nutzungsdauer eines Kettengliedes solange zu verlängern, wie die Grenzverzinsung des betrachteten Objekts noch über der Durchschnittsverzinsung der Nachfolger liegt, wobei vereinfachend von identischen Durchschnittsverzinsungen aller Kettenglieder ausgegangen wird. Übertragen auf das Ressourcenproblem könnte ein Öko-ROI in Höhe der durchschnittlich in der Vergangenheit mit der Ressource erzielten „Verzinsung" (Gewinn je Faktoreinheit) als Mindestwert festgeschrieben werden. Ressourcen würden in kurzfristigen Kalkülen folglich nur für den Verbrauch freigegeben, wenn deren Grenz-Öko-ROI über dieser Mindestanforderung liegt. Hinter dieser Art der Bewertung steht letztlich die Vorstellung, daß die künftigen, heute noch unbekannten Einsatzmöglichkeiten der Ressource einen Öko-ROI haben, der mindestens dem heute durchschnittlich erzielbaren Wert entspricht.

Künstliche Knappheitspreise als Mittel, die Ressourcennachfrage zu reduzieren, sind in der Ökonomie durchaus nicht neu. Dieses Instrument wurde vom Diamantensyndikat sowie vom Guano-Monopol mit großem Erfolg eingesetzt. Ansätze einer derartigen Politik waren nach 1972 auch bei der OPEC zu beobachten. Das Grundproblem künstlicher Knappheitspreise besteht darin, daß es letztlich nur bei Monopolsituationen problemlos durchsetzbar ist. Besteht diese Machtposition nicht, geraten die Entscheidungsträger in das Gefangenendilemma. Ihre Einsicht reicht zwar, um zu erkennen, daß der gegenwärtige Faktorverbrauch zu hoch ist; sie würden auch verzichten, wenn sie sich sicher wären, daß sich ihre Mitbewerber um die Ressourcen genauso verhalten würden. Da sie aber gerade davon aus Erfahrung nicht ausgehen können, obsiegt letztlich egoistisches Verhalten der einzelnen. Sie realisieren den heutigen, wenn auch kleinen Gewinn mit verstärkter Ressourcennutzung, weil sie befürchten müssen, daß der theoretisch mögliche, höhere Gewinn von den Mitbewerbern abgeschöpft wird. Der Verzicht würde sich folglich für sie nicht auszahlen. Knappheitspreise haben in derartigen Situationen nur Erfolg, wenn durch Rahmenbedingungen – Institutionen verhängen Konventionalstrafen – sichergestellt wird, daß egoistische Verhaltensweisen zum Schaden aller ausgeschlossen werden.

1.2 Der Planungsprozeß

1.2.1 Der Entscheidungsprozeß

Der Entscheidungsprozeß erstreckt sich vom Erkennen eines Problems bis zur Durchsetzung eines gefundenen Lösungsvorschlags. Er wird in der Regel in vier Phasen (Anregungs-, Such-, Entscheidungsfindungs- und Durchsetzungsphase) unterteilt. Allerdings existiert kein eindeutiges, zwingendes Kriterium für die Abgrenzung der einzelnen Phasen. In Anlehnung an Heinen[26] wird mit folgender Zuordnung – vgl. Abbildung 1-3 – von Teilaufgaben zu den Phasen gearbeitet.

Nicht eindeutig ist bei diesem Phasenschema beispielsweise die Zuweisung von Teilaufgaben auf die Such- und die Entscheidungsphase. Es ist durchaus möglich, die Analyse der Zusammenhänge zwischen mehreren Problemen und Variablen sowie die Konstruktion eines geeigneten Planungsmodells nicht der Entscheidungsfindungs-, sondern der Suchphase zuzuordnen. Die Schwierigkeiten bei der Zuordnung von Teilaufgaben zu Phasen des Entscheidungsprozesses lassen bereits erkennen, daß die Gliederung nach Phasen von recht untergeordneter Bedeutung ist. Entscheidend für einen konkreten Entscheidungsprozeß ist, wie die zehn Teilaufgaben inhaltlich auszugestalten sind und in welcher zeitlichen Abfolge sie stehen.

In der Praxis laufen Entscheidungsprozesse nicht in der Form ab, daß die Teilaufgaben strikt zeitlich nacheinander in Form eines linearen Prozesses erledigt werden; vielmehr können zwischen den einzelnen Teilaufgaben Rückkopplungen bestehen, die dazu führen, daß einzelne Teilaufgaben auch mehrfach zu durchlaufen sind.[27] Dazu einige Beispiele:

- Erst bei der Analyse der Zusammenhänge zwischen mehreren Planungsproblemen kann sich beim Planenden die Erkenntnis durchsetzen, daß er das Problem zunächst falsch erkannt oder zu unpräzise formuliert hat. Das Problem muß folglich in die Anregungsphase zur besseren Klärung zurückverwiesen werden.
- Bei der Datenbeschaffung kann sich herausstellen, daß ein Problem nicht in der umfassenden Weise gelöst werden kann, wie es zunächst formuliert wurde, da sich erforderliche Daten nicht oder nur mit unzureichendem Genauigkeitsgrad ermitteln lassen.

26 Vgl. Heinen (1985), S. 49 ff.

27 Vgl. Mag (1971), S. 830; Witte (1968), S. 631 ff.

Phasen	**Anregung**	**Suche**	**Entscheidungs-findung**	**Durch-setzung**
Teilauf-gaben:	(1) Analyse und Bewertung eines Zustandes (Erkennen eines Problems) (2) Klärung und Definition des genauen Probleminhaltes	(1) Suche nach Handlungsalternativen (2) Sammlung von Zielinformationen (3) Sammlung von Entscheidungsparametern (Erfolgsbeiträge, Restriktionen)	(1) Analyse der Zusammenhänge zwischen mehreren Problemen und Variablen (2) Konstruktion eines geeigneten Planungsmodells (3) Wahl des Aktionsniveaus der Alternativen	(1) Verwirklichung der gewählten Alternativen (2) Sammlung von Kontrollinformationen (Soll-Ist-Abweichung)

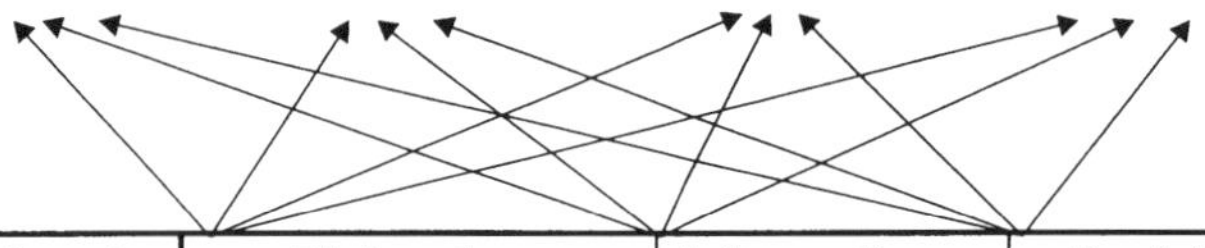

Determinante	**Zielsystem**	**Informations-system**	**Sozial-System (Organisation)**
Annahmen der klassischen Entscheidungs-theorie	(1) Es existiert nur ein Zentrum der Willensbildung (Einmannunternehmen) (2) Verfolgung von Extremalzielen (homo oeconomicus)	Vollständige Information über alle Handlungsalternativen und Entscheidungsparameter	Passive Organisation, d. h., die Organisationsteilnehmer verfolgen keine individuellen Ziele

Abbildung 1-3

- Erst bei der Analyse der Zusammenhänge zwischen mehreren Teilproblemen wird erkannt, daß noch Informationen über Restriktionen fehlen, die zunächst nicht für erforderlich gehalten wurden.

Entscheidungsprozesse durchlaufen mithin die vier Phasen nicht strikt nacheinander; Rückverweise eines Problems in eine bereits durchlaufene Phase oder Teilaufgabe dürften die Regel sein, da sich erst im Verlauf der Strukturierung eines Problems bessere Erkenntnisse auch über bereits durchlaufene Teilaufgaben einstellen können, die in der Problemlösung noch verarbeitet werden sollten.

Mit dem Ziel-, Informations- und Sozialsystem sind auf die konkrete inhaltliche Ausgestaltung der zehn Teilaufgaben des Entscheidungsprozesses drei Determinanten wirksam:

- Von der Art des verfolgten Zielsystems hängt es ab, welche Art von Kopplungsbeziehungen zwischen den Variablen eines Problems bestehen, die in der Planung abgebildet werden müssen. Beim Ziel „Gewinnmaximierung" bestehen zwischen den Variablen u.U.

Interdependenzen, d.h., eine gewinnmaximale Lösung setzt einen simultanen Planungsansatz oder eine zielsetzungsgerechte Koordination dezentraler Entscheidungen voraus. Beim Streben nach angemessenem Gewinn bestehen derartige Beziehungen nicht, so daß auch eine Stufenplanung zu einer Lösung mit dem verlangten Gewinn führen kann. Von der Art der Zielsetzung hängt es mithin ab, welche Planungsmethode zur Lösung eines Problems geeignet ist.

Von der Art der Ziele hängt es u.U. auch ab, ob sich die Mitarbeiter mit dem Unternehmen identifizieren. Erreichen die Mitarbeiter über die Unternehmensziele auch ihre persönlichen Ziele, werden in der Regel bessere Ergebnisse erzielt als bei fehlender Identifikation.

- Von der Gestaltung des Informationssystems ist es abhängig, über welche Daten mit welchem Genauigkeitsgrad ein Unternehmen verfügt. Die Qualität der Informationen ist ein ausschlaggebendes Kriterium für ein zu entwickelndes Planungsmodell.

- Das Organisations- bzw. Sozialsystem - die Art der Delegation von Aufgaben, das Betriebsklima, die Mitwirkungsrechte der Mitarbeiter an der Zielbildung usw. - beeinflußt die Qualität des Suchprozesses nach Problemlösungen und die Güte der Koordination von Bereichsentscheidungen. Zudem hat die organisatorische Gliederung auch nachhaltigen Einfluß auf die Datenerfassung und -verdichtung.

Zwischen den drei Determinanten für die inhaltliche Gestaltung der zehn Teilaufgaben des Entscheidungsprozesses besteht eine Vielzahl von Abhängigkeiten.[28] Das Zielsystem kann nicht unabhängig von der Organisationsstruktur und dem Informationssystem formuliert werden. Umgekehrt beeinflußt die Art der verfolgten Ziele auch die organisatorische Gliederung eines Unternehmens und die einzusetzenden Koordinationsmechanismen. Je nach Kombination der Ausprägungen der drei Determinanten lassen sich viele verschiedene Formen von Entscheidungsprozessen unterscheiden. Auf die Vielzahl dieser Ausprägungen von Entscheidungsprozessen kann im folgenden nicht eingegangen werden. Es soll lediglich herausgearbeitet werden, welche Konsequenzen es für die Art des Entscheidungsprozesses hat, wenn für die drei Determinanten von den Hypothesen der klassischen Entscheidungstheorie ausgegangen wird. Diese Hypothesen reduzieren einen Entscheidungsprozeß auf die rein sachlogischen, technokratischen Aspekte.[29]

Die klassische Theorie geht hinsichtlich des Organisations- und Sozialsystems von einem einzigen willensbildenden Zentrum im Unternehmen aus. Durch diese Hypothese eines einzigen Entscheidungsträgers mit einem zentralen, allumfassenden Entscheidungsfeld werden Probleme der Koordination von Entscheidungen zwischen mehreren dezentralen Entscheidungsfeldern aus der Analyse ausgeklammert. Die Hypothese eines willensbildenden Zentrums hat zur Folge, daß andere am Wirtschaftsprozeß Beteiligte - Arbeitnehmer, Kunden, Lieferanten, Kapitalgeber, Gewerkschaften - lediglich als passive Daten zu berücksichtigen sind, denen sich der Unternehmer anzupassen hat, wenn er die für ihn optimale Lösung eines

28 Vgl. Heinen (1985), S. 52.

29 Vgl. Adam (1969a), S. 616.

Problems sucht. Diese Hypothese reduziert den Entscheidungsprozeß auf seinen technisch sachlichen Kern und abstrahiert von Führungs- und Organisationsproblemen.

Die Organisation ist damit aus Sicht der klassischen Theorie lediglich ein technisches Instrument, um die „passiven" Mitarbeiter davon in Kenntnis zu setzen, welche Aufgaben ihnen der Unternehmer im Rahmen seiner Planungen zugedacht hat. Organisation ist folglich lediglich das Mittel, um die Entscheidungen zu realisieren; mit der Entscheidung selbst hat sie nichts zu tun. Die Entscheidungstheorie setzt mithin voraus, daß eine geeignete Organisation vorhanden ist, um die Planungsergebnisse zu verwirklichen. Damit ist, wie Gutenberg[30] es formuliert hat, die Organisation als Quelle eigener Probleme ausgeschaltet.

Die Realität sieht zumeist anders aus, als die klassische Theorie es sich vorstellt. Organisationsmitglieder halten Informationen zurück und verfolgen ihre eigenen Interessen, die sich u.U. nicht mit denen des Unternehmens decken. Zum Beispiel versuchen sie, ihre Machtposition zu halten oder zu stärken, anstatt den Gewinn des Unternehmens zu mehren. Sie haben ein begrenztes Problembewußtsein und Problemlösungspotential. Infolgedessen werden die sachlogischen Aspekte des Entscheidungsprozesses sehr häufig durch das Sozialsystem überdeckt. Entscheidungen verlieren damit im Sinne der deklarierten Ziele an Rationalität und sind für Dritte häufig schwer nachvollziehbar.

In bezug auf das Informationssystem unterstellt die klassische Theorie vollständige Informationen über Ziele, Entscheidungsalternativen und Daten. Es muß folglich kein Suchprozeß nach Handlungsalternativen ausgelöst werden, und das Problem zeitlich offener Entscheidungsfelder existiert nicht. Alle Handlungsalternativen sind dem Entscheidungsträger bekannt. Zur Planung und Entscheidung bedarf es folglich keiner Kreativität zur Entwicklung von Problemlösungen. Zudem liegen bei vollständigen Informationen die ökonomischen Konsequenzen aller Handlungsalternativen eindeutig fest, da kein Unsicherheitsproblem existiert. Letztlich wird mit der Hypothese vollständiger Informationen auch das unternehmerische Risiko, Fehlentscheidungen treffen zu können, aus der Betrachtung ausgeschlossen. Jede Planung degeneriert infolgedessen zu einem mehr oder weniger komplizierten Rechenexempel. Die Hypothese vollständiger Informationen abstrahiert davon, daß sich Entscheidungsträger zuerst unter Einsatz von Zeit und Geld Informationen beschaffen müssen. Unberücksichtigt bleibt auch, daß sich Informationen gar nicht oder nur unvollständig beschaffen lassen. Die klassische Entscheidungstheorie sieht damit von allen Behinderungen des Entscheidungsprozesses ab, die ihre Ursache in unzulänglichen Informationen haben.

Die klassische Theorie geht von einem objektiv rational handelnden Unternehmer aus (homo oeconomicus). Durch die jeweilige Zielsetzung wird das Kriterium definiert, an dem die Rationalität beurteilt wird. Für den Entscheidungsprozeß ist ein operationales Kriterium gegeben, nach dem sich die Handlungsalternativen in eine eindeutige Rangfolge ihrer Vorziehenswürdigkeit einordnen lassen. Aus der Analyse des Entscheidungsprozesses sind Situationen ausgeklammert, in denen mehrere konfliktäre Ziele existieren. Abstrahiert wird auch von Fällen, in denen die Kriterien nicht eindeutig meßbar oder nur unzulänglich definiert sind und damit interpersonell kaum überprüft werden können.

30 Vgl. Gutenberg (1929), S. 29.

Die Hypothesen der klassischen Entscheidungstheorie schließen eine Vielzahl praktischer Probleme bei Entscheidungen aus der Betrachtung von vornherein aus. Als Folge dieser Hypothesen wird nur der rein sachlogische Teil des Entscheidungsprozesses erklärt. Störungen oder unvollständige Analysen der sachlogischen Zusammenhänge, die ihre Ursachen in einem begrenzten Informationsstand, beschränkt verfügbarer Zeit für die Entscheidungsfindung, begrenzten Fähigkeiten des Entscheidungsträgers, nicht operationalen Zielen, Mängeln im organisatorischen Aufbau usw. haben, scheiden aus den Überlegungen aus. Die Hypothesen der klassischen Theorie sind zwar irreal; sie haben sich aber dennoch als recht fruchtbare Basis der Entscheidungstheorie erwiesen. Ohne diese Vereinfachungen wäre der heutige Erkenntnisstand zur Planung und zu Planungsmodellen kaum zu erreichen gewesen. Planung auf der Basis der klassischen Hypothesen kann gewissermaßen als anzustrebender sachlogischer Idealzustand betrachtet werden. Weichen die praktischen Gegebenheiten von den Hypothesen ab, kann auf der Basis der klassischen Entscheidungstheorie analysiert werden, zu welchen Konsequenzen das für den Entscheidungsprozeß führt.

1.2.2 Planung als Informationsverarbeitungsprozeß

1.2.2.1 Das Schema des Planungsprozesses

Jede Planung hat Informationen zur Voraussetzung (Anregungsinformationen, Entscheidungsinformationen) und erzeugt ihrerseits mit den Planungsergebnissen und den Abweichungen zwischen Planung und Realität neue Informationen. Planung kann daher als Prozeß zur Verarbeitung von Input-Informationen in Output-Informationen aufgefaßt werden. Der folgenden Abbildung ist die generelle Struktur dieses Informationsverarbeitungsprozesses zu entnehmen.

Planung kann als ein aus drei Stufen bestehender Problemlösungsprozeß interpretiert werden. Der Prozeß beginnt mit dem Erkennen und Analysieren eines Problems und der Verdichtung zu einer konkreten Fragestellung, die es zu lösen gilt. Für diese Stufe sind Anregungsinformationen erforderlich, aus denen der Entscheidungsträger erkennt: Es liegt ein Problem vor, das sein Tätigwerden erfordert. Zur Analyse und Verdichtung benötigt der Entscheidungsträger logische und kreative Fähigkeiten, um aus den Anregungsinformationen ein konkretes Problem herausarbeiten zu können. In der zweiten Stufe des Problemlösungsprozesses schließt sich mit der Suche nach Problemlösungen eine rein kreative Phase an, in der mit Hilfe von Kreativitätstechniken Lösungsideen für das anstehende Problem gesucht werden. In der dritten Stufe des Problemlösungsprozesses wird die sachlogische Bewertung der gefundenen Ideen anhand von Bewertungskriterien durchgeführt und eine Handlungsalternative ausgewählt. Hierfür sind rein logische Denkoperationen erforderlich. An den Planungsprozeß schließt sich eine Analyse etwaiger Planabweichungen an. Diese Abweichungen können ihrerseits wieder Anregungsinformationen für einen neuen Planungsprozeß sein.

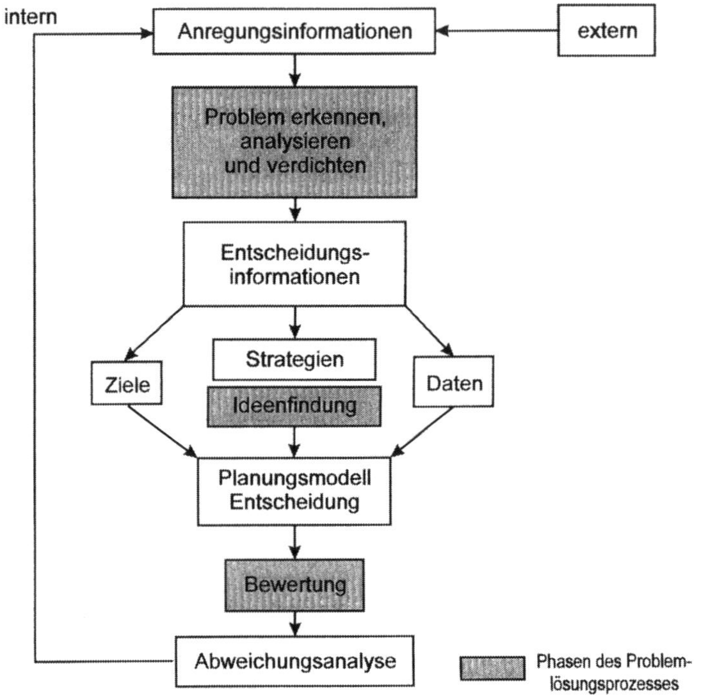

Abbildung 1-4

1.2.2.2 Anregungsinformationen

Voraussetzung für die Auslösung eines Planungsprozesses ist, daß die Unternehmensleitung über die Existenz eines Problems informiert ist. Sie benötigt Anregungsinformationen, d.h. Informationen, die signalisieren, daß ein Problem vorliegt. Derartige Informationen können aus dem Unternehmen selbst stammen (interne Anregungsinformationen) oder von außen herangetragen werden (externe Anregungsinformationen). Beispielsweise kann die externe Information, daß ein anderes Unternehmen ein bestimmtes Erzeugnis kostengünstiger herstellt oder andere Vertriebswege bzw. Produktionsverfahren nutzt, Anlaß dafür sein, die eigene Konzeption zu überdenken und nach neuen Lösungsmöglichkeiten zu suchen. Verfahrensweisen anderer Unternehmen können so zu Benchmarks für eigene Problemlösungen werden.

Interne Anregungsinformationen sind großenteils Ergebnis bereits abgeschlossener Planungs- und Entscheidungsprozesse:[31] Aus der Planung resultieren Entscheidungen, die zu Sollgrößen führen. Die praktische Umsetzung dieser Entscheidungen kann durch in- und externe Störgrößen behindert werden, so daß der realisierte Istzustand ggf. hinter den Plan-

31 Vgl. im folgenden auch Ossadnik (1994), S. 154 f.

vorgaben zurückbleibt. Aus diesem Grund ist es unverzichtbar, die *Planung* und *Entscheidung* um eine adäquate *Kontrolle* zu ergänzen, die den Grad der Übereinstimmung von Soll und Ist überprüft und Abweichungsursachen aufdeckt. Die Kontrolle kann zeigen, daß der Sollgewinn nicht erreicht wurde, weil die tatsächlich eingetretenen Faktorpreise (Ölpreis) nicht den Preisen entsprachen, die bei der Planung erwartet wurden. Ist davon auszugehen, daß diese Preisabweichung auch für die Zukunft gilt, erzwingt das u.U. Anpassungen oder Neuplanungen des Fertigungsprogramms. Bei einem Soll-Ist-Vergleich zutage tretende größere Abweichungen können somit als Anregungsinformationen interpretiert werden, die einen neuen Planungsprozeß auslösen, in dem Gegenmaßnahmen oder Anpassungsprozesse festgelegt werden.

Derartige interne Anregungsinformationen haben „reaktiven" Charakter. Sie lösen „Reparaturmaßnahmen" zur Korrektur vergangener Planungen aus. Vielversprechender sind „proaktive" Anregungsinformationen, die Probleme bereits erkennen lassen, bevor sie tatsächlich auftreten. Derartige Informationen erlauben es, künftig auftretende Probleme zu antizipieren. Die Anpassung wird dabei vorweggenommen, so daß Abweichungen möglichst vermieden werden. Der Planungs-, Entscheidungs- und Kontrollprozeß ist daher um die antizipative *Anpassungs- und Innovationsfunktion* des betrieblichen Controlling zu ergänzen.[32] Proaktives Controlling gibt sich nicht damit zufrieden, bereits entstandene Abweichungen zu analysieren und Gegenmaßnahmen einzuleiten. Vielmehr ist es bemüht, frühzeitig die Gefahr bevorstehender Abweichungen zu identifizieren und aktiv abzuwenden. Das ist nur zu erreichen, wenn Abweichungsanalysen nicht erst nach dem vollständigen Abschluß von Maßnahmen oder Projekten durchgeführt werden: Realisations- und Kontrollphase sind zeitlich zu überlappen. Hierzu ist es erforderlich, ständig über den Entwicklungsstand von Projekten informiert zu sein und jede scheinbar noch so bedeutungslose Unregelmäßigkeit auf ihr Störpotential zu hinterfragen. Aus dem aktuellen Entwicklungsstand ist dazu auf den zu erwartenden zukünftigen „Istzustand" zu schließen. Nach einer Konfrontation des erwarteten Istzustands mit dem geplanten Sollzustand können frühzeitig Anregungsinformationen in Form von drohenden Planabweichungen gewonnen und - nach einer Abweichungsanalyse - proaktive Gegensteuerungsmaßnahmen eingeleitet werden.

Die Anpassungs- und Innovationsfunktion des Controlling ist nicht nur zur Gewinnung „proaktiver" interner, sondern auch „proaktiver" externer Anregungsinformationen geeignet. Auch sich andeutende Veränderungstendenzen auf den Beschaffungs-, Absatz- und Finanzmärkten, ein möglicher Wertewandel bei den Konsumenten oder ein modifiziertes Markt-, Produktions- und Beschaffungsverhalten der Konkurrenten müssen frühzeitig erfaßt bzw. vorhergesehen werden, wenn ein Unternehmen die Entwicklungen nicht verschlafen, sondern seine Strategien rechtzeitig hinterfragen und anpassen will.

Erste Voraussetzung für den Aufbau einer effizienten Planung ist eine geeignete Organisation zur Erfassung und Weiterleitung von Anregungsinformationen. Durch sie ist sicherzustellen, daß die zuständigen Führungskräfte rechtzeitig von der Existenz auftretender Probleme Kenntnis erlangen, um einen Planungsprozeß auslösen zu können. Kommt es im Fluß der Anregungsinformationen zu Störungen, werden Informationen nicht erstellt, erarbeitete

32 Vgl. hierzu Adam (1994), S. 13 f. in Verbindung mit Ossadnik (1994), S. 156.

Informationen bedingt durch organisatorische Mängel nicht weitergeleitet oder halten Organisationsmitglieder derartige Informationen bewußt zurück, können für das Unternehmen schwere Schäden entstehen, da Probleme nicht oder zu spät erkannt werden. Bei schwerwiegenden Störungen im Fluß der Anregungsinformationen wird einem Unternehmen die Möglichkeit genommen, rechtzeitig Vorsorge bei sich anbahnenden Veränderungen in der wirtschaftlichen Entwicklung zu treffen, d.h., ihm wird die Basis zur Planung entzogen, so daß häufig nur noch die Möglichkeit für improvisierende Maßnahmen verbleibt, nachdem bestimmte Entwicklungen bereits eingetreten sind. Organisationsmängel bei den Anregungsinformationen können damit die Existenz eines Unternehmens gefährden und ein proaktives Controlling unmöglich machen.

1.2.2.3 Entscheidungsinformationen

Wenn die Existenz eines Problems erkannt ist, sind für dessen Lösung Entscheidungsinformationen erforderlich.[33] Zu ihnen zählen:

- Informationen über die Ziele, die mit der Lösung eines Problems verfolgt werden sollen (Zielinformationen),
- Informationen über die Handlungsalternativen bzw. die Variablen des Problems,
- Informationen über die ökonomisch relevanten Konsequenzen von Entscheidungen (Beitrag der Handlungsalternativen zum Zielniveau, Faktorverbrauch, Wirkungen auf die Einnahmen und Ausgaben) und über etwaige Beschränkungen für das Niveau der Variablen des Problems (knappe Kapazitäten, beschränkte Absatzmöglichkeiten, Engpässe beim Material usw.).

Ohne Zielinformationen kann der Entscheidungsträger alternative Handlungsalternativen nicht nach ihrer Vorziehenswürdigkeit ordnen. Das Ziel gibt letztlich das Beurteilungskriterium für die Alternativen vor, füllt inhaltlich aus, was unter Rationalität des Verhaltens zu verstehen ist. Ohne eine operationale Zielsetzung ist keine bewußte und begründbare Auswahl einer Entscheidungsalternative möglich. Umfaßt die Zielsetzung ein ganzes Bündel u.U. konfliktärer Ziele, kann eine rationale Entscheidung nur erfolgen, wenn dem Entscheidungsträger auch die Regeln zur Überwindung der Konfliktsituation bekannt sind.

Jede Planung besteht aus einem qualitativen und einem quantitativen Teil. Gegenstand des qualitativen Teils ist die Suche nach geeigneten Lösungsmöglichkeiten für ein Problem (Entscheidungsalternativen), während sich der quantitative Teil der Planung mit der Erfolgsanalyse der gefundenen Alternativen und der Festlegung des zielsetzungsgerechten Niveaus der Variablen auseinandersetzt.

Die Entwicklung von Entscheidungsalternativen setzt in der Regel ein hohes Maß an Phantasie und schöpferischen Fähigkeiten zur Ideenfindung oder eine Gabe zur Imitation, Abwandlung oder Übertragung vorhandener Ideen und Konzepte auf neue Probleme voraus.

33 Vgl. Sieben/Schildbach (1990), S. 15 ff.

Der Suchprozeß ist quantifizierenden, logischen Analysen nicht zugänglich, da sich Ideen nicht logisch ableiten lassen. Die Effizienz des Suchprozesses kann aber durch organisatorische Regeln und Systematiken positiv beeinflußt werden.

Für die verschiedenen Kreativitätstechniken gelten unterschiedliche Regeln und Systematiken. Gemeinsam ist diesen Vorgehensweisen, daß zunächst systematisch eine Problementfernung und -verfremdung angestrebt wird, um Fixierungen beim Suchenden auf bestimmte, gewohnte Lösungsprinzipien und Denkmuster zu überwinden. Der Suchende soll offen und möglichst nicht vorgeprägt sein. Er soll sich durch Ideen anderer anregen lassen, daran anknüpfen und die Ideen positiv weiterentwickeln. Suchprozesse nach Ideen sollten daher möglichst in heterogen zusammengesetzten Gruppen durchgeführt werden. Zudem ist bei allen Kreativitätstechniken wesentlich, daß die Phasen „Problemdefinition", „Ideensuche" und „Bewertung der Ideen" strikt zeitlich getrennt werden. Wer gleichzeitig Ideen sucht und diese sofort bewertet, der befindet sich in einem ständigen Spannungsverhältnis zwischen Logik und Kreativität; er ist für Ideen nicht mehr offen, sieht gleich immer das „Wenn" und „Aber".

Kreativitätstechniken wie Brainstorming, Methode 635, morphologischer Kasten, Synektik und Bionik[34] setzen eine unterschiedliche Schulung der Gruppenmitglieder voraus, und ihre Effizienz unterscheidet sich auch erheblich. Brainstorming und die Methode 635 - eine Art des schriftlichen Brainstorming - sind von den genannten Methoden am ineffektivsten, erfordern bei den Gruppenmitgliedern und dem Koordinator der Gruppe aber die geringsten Kenntnisse über die Methodik. Synektik und Bionik lassen sich hingegen nur von gut geschulten Trainern sinnvoll einsetzen, haben dafür aber die höchste Effizienz.

Den Kreativitätstechniken kommt für die Planung insofern erhebliche Bedeutung zu, als die quantitativen Planungsmethoden stets von der Menge der im Suchprozeß gefundenen Handlungsalternativen ausgehen und deren ökonomische Konsequenzen analysieren. Quantitative Planungstechniken können nur helfen, die beste Alternative aus der Menge der entwickelten Lösungsvorschläge zu ermitteln. Analytische Planungsmethoden können daher nicht die Phantasie zur Entwicklung neuer Problemlösungen ersetzen. Allein die Einführung quantitativer Planungsmethoden als Hilfsmittel der Unternehmensführung garantiert einem Unternehmen folglich auch nicht den wirtschaftlichen Erfolg. Die beste quantitative Methode nutzt nichts, wenn der Suchprozeß nach Problemlösungen keine erfolgversprechenden Alternativen hervorbringt.

Ein grundsätzliches Problem für die Planung besteht darin, daß der Zeitraum zwischen Erkennen und Lösen eines Problems nicht unendlich lang ist. Eine Lösung muß vielmehr innerhalb einer bestimmten Zeit gefunden sein. Das aber bedeutet, daß die Zeit für den Suchprozeß nach Alternativen und für den quantitativen Teil des Planungsprozesses knapp ist. Der Planende sieht sich folglich in der Regel außerstande, sämtliche denkbaren Lösungsvorschläge für ein Problem zu erarbeiten, und er muß sich demzufolge bei den quantitativen Analysen auf jene Alternativen beschränken, die er während des Suchprozesses entdeckt hat.

34 Vgl. zu diesen Methoden Linneweh (1981), S. 80 ff.; Clark (1966); Gordon (1961); Rohrbach (1971); Schmitt-Grohé (1972), S. 61 ff.

Planung kann daher unter Berücksichtigung dieser Zeitrestriktion nicht als Suche nach der generell besten Handlungsalternative aufgefaßt werden. Planung kann immer nur bedeuten, daß die beste aus den innerhalb der verfügbaren Zeit gefundenen Alternativen bestimmt wird. Die Zeitrestriktion setzt der Rationalität des Handelns insoweit Grenzen.

In diesem Zusammenhang wird daher von begrenzt rationalem Verhalten gesprochen.[35] Die Theorie begrenzten Rationalverhaltens hat ihren Ausgangspunkt einmal in der beschränkt verfügbaren Zeit für Informationsbeschaffung und -verarbeitung sowie Entscheidung und zum anderen in der begrenzten individuellen Fähigkeit der Entscheidungsträger zum Erkennen und Analysieren von Problemen. Beide Ursachen führen dazu, daß im Suchprozeß nur eine begrenzte Anzahl von Alternativen erkannt wird und auch die Sammlung der Entscheidungsinformationen unvollständig ist, so daß als Konsequenz nicht notwendigerweise die objektiv beste Lösung eines Problems gefunden wird, weil der Informationsstand des Planenden unvollkommen ist. Informationstechnisch ist es jedoch generell unmöglich, den Zustand vollkommener Information zu erreichen. Der Entscheidungsträger müßte die Zukunft voraussagen können. Tatsächlich kann dieser aber allenfalls seine subjektiven Erwartungen über die Zukunft in seine Planungsüberlegungen einfließen lassen.

Im quantitativen Teil des Planungsprozesses sind die gefundenen Handlungsalternativen zu bewerten. Die Überlegungen sollten sich dabei grundsätzlich auf drei Dimensionen erstrekken. Die Analyse muß zeigen,

- mit welchem Erfolg - Erlös, Kosten, Deckungsspanne - die Variablen des Entscheidungsproblems verbunden sind,
- welchen Verbrauch an Produktionsfaktoren - Material, Maschinenstunden, Kapital, Arbeitskraft - eine bestimmte Handlungsweise bzw. ein bestimmtes Niveau der Variablen des Planungsproblems nach sich zieht und über welche Mengen dieser Faktoren das Unternehmen verfügt,
- welche Rückwirkungen die Handlungsalternativen auf die Liquidität - Einnahmen, Ausgaben - des Unternehmens haben. Analysen zur Finanzlage unterbleiben bei vielen insbesondere kurzfristigen Planungsproblemen, da die Rückwirkungen von Entscheidungen auf Zahlungsvorgänge nicht eindeutig bestimmt werden können. Diese Vorgehensweise hat ihre Berechtigung, wenn das Unternehmen die strukturelle Liquidität längerfristig sichert und davon ausgehen kann, daß die kurzfristigen Entscheidungen keine nennenswerten Unterschiede in der Finanzwirkung nach sich ziehen.

Nur wenn die drei Arten von Informationen verfügbar sind, kann die Alternative mit dem relativ höchsten Erfolgsbeitrag bestimmt werden. Relativ bedeutet dabei, die Alternative muß mit den Faktorbeständen (gegebene Restriktionen) unter Wahrung des finanzwirtschaftlichen Gleichgewichts realisiert werden können.

Die Art der Informationen über den Erfolgsbeitrag einer Entscheidungsalternative wird durch die Zielgröße bzw. den Zielinhalt bestimmt. Die Alternativen sind mit Kosten zu be-

35 Vgl. Simon (1957), S.81 und derselbe (1976), S. 38 ff., S. 80 f. und S. 240 ff.

werten, wenn es das Ziel ist, die Entscheidung mit dem geringsten Kostenniveau zu finden. Die Bewertung muß sich auf Gewinnbeiträge stützen, wenn der Gewinn zum Zielinhalt erklärt wurde. Da die Wirkungen von Entscheidungen immer mehr oder weniger weit in die Zukunft hineinreichen, setzt die Bewertung der Alternativen Prognosen über Faktorverbräuche, Beschaffungs- und Absatzpreise usw. voraus. Diese Prognosen sind stets mit Unsicherheit behaftet. Der unvollkommene Informationsstand erlaubt daher keine eindeutige Bewertung der Alternativen. Der Wert einer Alternative hängt davon ab, welche Daten künftig tatsächlich eintreten.

Entsprechend dem Verursachungsprinzip hat die Bewertung mit jeweils relevanten Erfolgsbeiträgen zu erfolgen.[36] Was als relevant anzusehen ist, hängt von der jeweiligen Zielsetzung ab. Generell sind alle Komponenten relevant, die für eine bestimmte Zielsetzung die Lage der optimalen Politik bestimmen. Für die Ziele „Gewinnmaximierung“ oder „Kostenminimierung“ sind das grundsätzlich alle Erfolgsbeiträge, die entfallen, wenn eine Alternative nicht realisiert wird. Jede Bewertung mit nicht relevanten Erfolgsbeiträgen führt zu fehlerhaften Erfolgsprognosen, wenn das Niveau einer Variablen verändert wird. Auf das Zielkriterium „Kosten“ bezogen, bedeutet das Verursachungsprinzip folgendes: Einer Alternative - bspw. der Produktion einer bestimmten Menge - dürfen nur diejenigen Kosten zugerechnet werden, die zusätzlich entstehen, wenn diese Menge des Erzeugnisses produziert wird. Gegen das Prinzip der Bewertung mit relevanten Erfolgsbeiträgen wird verstoßen, wenn in der Kostenrechnung auch die fixen, vom Beschäftigungsniveau unabhängigen Kosten auf die Produktionsmengen verteilt werden.[37]

Für bestimmte Zielsetzungen können aber auch fixe, d.h. durch die anstehende Entscheidung nicht beeinflußbare Größen entscheidungsrelevant sein. Strebt ein Unternehmen etwa die Lösung mit maximaler Rentabilität an, beeinflussen auch die Fixkosten und ein fixer Kapitaleinsatz die Lage der optimalen Politik.[38] Wird der rentabilitätsmaximale Monopolpreis für ein Erzeugnis bestimmt, bleiben in der Ableitung der Rentabilitätsfunktion beide Komponenten im Optimalitätskriterium erhalten. Welche Komponenten zu den relevanten Erfolgsbeiträgen gehören, kann daher im Einzelfall nur in Abhängigkeit von der Zielsetzung des Problems beurteilt werden.

Die Ermittlung der Zielbeiträge von Entscheidungen setzt auch Kenntnisse über das Niveau der die Variablen begrenzenden Restriktionen voraus. Restriktionen können einmal von außen vorgegeben sein und ihre Ursache in begrenzten Beschaffungs- oder Absatzmöglichkeiten haben. Zum anderen kann sich ein Unternehmen durch zurückliegende Entscheidungen derartige Beschränkungen auch selbst geschaffen haben (Kapazitätsengpässe). Da die Wirkungen der Entscheidungsalternativen stets in die Zukunft reichen, setzt jede Planung eine Prognose der künftigen Begrenzungen voraus. Auch diese Prognosen sind mit Unsicherheiten belastet, so daß mehrwertige Erwartungen über die Restriktionen existieren können. Unter Umständen ist der Planende auch nur unvollkommen oder gar nicht über sich künftig bietende Handlungsmöglichkeiten informiert. Auch diese Informationsdefizite in

36 Vgl. Riebel (1990), S. 269 ff.

37 Vgl. Kilger (1988), S, 69 f.; Riebel (1990), S. 269 ff.

38 Vgl. Meffert (1986), S. 292 ff.

zeitlich offenen Entscheidungsfeldern führen dazu, daß derzeit bekannte Handlungsalternativen nur unvollkommen bewertet werden können, da die Beziehungen zum noch unbekannten Teil des Entscheidungsfeldes nicht unmittelbar im Kalkül abbildbar sind.

Die Quantifizierungsprobleme bei den Erfolgswirkungen von Variablen und Restriktionen zeigen ein Grundproblem jeder Planung auf: Jede Prognose von Entscheidungsparametern (Erfolgsbeiträge, Restriktionen, Variable) ist mit Unsicherheit behaftet. Das gilt in besonders starkem Maße für Marktprognosen. Unsicherheit bedeutet, daß unterschiedliche künftige Daten- oder Variablensituationen für möglich gehalten werden, jedoch nicht ermittelt werden kann, welche Situation tatsächlich eintritt (unvollkommene Information). Für die Planung folgt daraus, daß im allgemeinen einer Handlungsalternative kein einwertiger oder eindeutiger Erfolgsbeitrag zugeordnet werden kann. Für eine Entscheidung ergibt sich in jeder Datensituation ein anderer Erfolgsbeitrag, oder der Erfolg einer Maßnahme hängt davon ab, welche ergänzenden, heute aber noch unbekannten Maßnahmen in der Zukunft durchgeführt werden. Trotz dieser Unbestimmtheit der tatsächlich geltenden Situation muß sich das Unternehmen aber für eine Handlungsalternative entscheiden.

Die Unsicherheit von Prognosen nimmt zu, je weiter sie in die Zukunft reichen. Das Höchstmaß an Unsicherheit ist erreicht, wenn sich über den Eintritt von Datensituationen oder über künftige Handlungsalternativen überhaupt keine begründeten Aussagen mehr treffen lassen. Jener Zeitpunkt, bei dem dieses völlige Unwissen eintritt, wird als ökonomischer Horizont[39] bezeichnet. Für den Zeitraum bis zum ökonomischen Horizont liegen mit Unsicherheiten behaftete Informationen über Restriktionen, Variable und Erfolgsbeiträge vor. Für die Zeit danach herrscht völliges Unwissen. Planung als Vorausdenken für die Zukunft kann sich damit von der Informationsbasis her eigentlich nur auf den Zeitraum bis zum ökonomischen Horizont erstrecken. Dabei müssen in der Realität Wahlentscheidungen trotz nur unvollkommener Bewertung der bekannten Alternativen durchgeführt werden.

1.3 Denkprinzipien in der Planung

1.3.1 Überblick über die Denkprinzipien der Planung

Planungskalküle lassen sich auf einige wenige Denkprinzipien zurückführen, die in Variationen immer wieder für die unterschiedlichsten betriebswirtschaftlichen Fragestellungen eingesetzt werden. Die Denkprinzipien gliedern sich in vier Klassen:

- Denken in Veränderungen zur Optimumbestimmung;
- Totalvergleich der ökonomischen Konsequenzen von Handlungsalternativen zur Bestimmung der optimalen Lösung;
- Durchschnittsprinzip bei mehrwertigen Erwartungen;
- Sensitivitätsprinzip.

39 Vgl. Jacob (1971), S. 18; Wittmann (1959), S. 142.

Welches Denkprinzip für ein konkretes Problem angewendet wird, hängt von bestimmten Strukturmerkmalen des Problems bzw. des Planungsmodells ab, mit dem das Problem abgebildet wird. Drei Strukturmerkmale sind dabei bedeutsam:

- Können die Ausprägungen der Variablen des Problems kontinuierlich in unendlich kleinen Schritten verändert werden, oder können die Ausprägungen nur diskrete, ganzzahlige Werte annehmen? Sind nur ganzzahlige Werte möglich, ist noch von Bedeutung, ob es sich um Ja/Nein-Entscheidungen - Variablenausprägung 1 oder 0 - handelt oder ob die Variablenwerte beliebige natürliche Zahlen sein können. Im letzten Fall wird häufig aus Vereinfachungsgründen bei der Wahl des Denkprinzips der Planung von der Ganzzahligkeitsbedingung abstrahiert und so getan, als wäre eine Variation der Variablen in unendlich kleinen Schritten möglich. Liefert diese Art des Vorgehens gebrochene Zahlenwerte für die Variablen, wird die zulässige Lösung durch Rundung ermittelt. Dieses Prinzip führt zu brauchbaren Planungsergebnissen, wenn die Variablenwerte nicht zu klein sind. Bei geringen Variablenwerten (zwischen eins und zehn) kann der Rundungsfehler aber so stark ins Gewicht fallen, daß die optimale Lösung verfehlt wird (oder die gerundete Lösung unzulässig ist). In diesem Fall ist das für 0/1-Entscheidungen gebräuchliche Denkprinzip besser geeignet. Zur Bewältigung von Planungsproblemen, deren Variablenausprägungen unendlich kleinen Veränderungen unterliegen können, ist das Denken in Veränderungen in der speziellen Form des Marginalprinzips geeignet. Bei 0/1-Entscheidungen kann die günstigste Lösung des Problems nur über einen Vergleich des Zielbeitrags - Gewinn, Kosten, Kapitalwert usw. - aller Alternativen gefunden werden (Totalanalyse). Dieses Denkprinzip ist zwar auch für Probleme mit kontinuierlicher Variation der Variablen einsetzbar; das Denkprinzip ist in diesem Fall aber nicht effizient, da es zu viele (u.U. unendlich viele!) zu vergleichende Alternativen gibt.

- Liegt ein Problem mit einwertigen oder mehrwertigen Erwartungen (Unsicherheit) vor? Bei mehrwertigen Erwartungen müssen prinzipiell die ökonomischen Konsequenzen einer Handlungsalternative in allen denkbaren Datensituationen untersucht werden, um auf den Erwartungswert der Zielgröße des Problems - Gewinn, Kosten usw. - schließen zu können. Aus Vereinfachungsgründen wird in der Planung häufig vom Durchschnittsprinzip ausgegangen, d.h., es wird der Mittelwert der Datensituationen bestimmt und mit diesem Durchschnittswert der Daten in der Hoffnung geplant, daß dieses Vorgehen zum Erwartungswert der Zielgröße des Problems führt. Das Durchschnittsprinzip führt im allgemeinen zu Fehlplanungen.

- Mitunter liegen die Daten eines Problems nicht eindeutig fest, oder sie können sich im Zeitablauf verändern. In diesem Fall interessieren „Wenn-Dann"-Analysen, in denen die Stabilität optimaler Lösungen untersucht wird oder gezeigt wird, welche Veränderungen die optimale Lösung infolge bestimmter Datenänderungen erfährt (Sensitivitätsprinzip).

Der Kern der vier Denkprinzipien soll im folgenden anhand von bewußt einfachen Beispielen erläutert werden.

1.3.2 Das Denken in Veränderungen

Das Denken in Veränderungen tritt in drei unterschiedlichen Formen auf:

- in der Form des Marginalprinzips bei unendlich kleinen Veränderungen der Variablenausprägungen,
- in der Form des Denkens in durchschnittlichen Veränderungen bei diskreten Veränderungen der Variablenausprägungen und
- in der Form des Opportunitätsprinzips.

Beim Marginalprinzip wird die Veränderung einer Zielgröße bei unendlich kleiner Veränderung der Variablenausprägung bestimmt. Beispielsweise lassen sich die von einer Anlage verursachten Produktionskosten in Abhängigkeit von der Ausbringungsmenge M durch folgende Funktion darstellen:

$$K(M) = aM^3 - bM^2 - cM$$

Die Kostenänderung (Grenzkosten) entspricht der ersten Ableitung dieser Funktion nach M:

$$K'(M) = 3aM^2 - 2bM - c$$

Für jede beliebige Ausbringung M ist dieser Funktion zu entnehmen, welchen Anstieg die Kosten an der Stelle M haben.

Das Marginalprinzip wird eingesetzt, wenn mehrere Erfolgsdeterminanten eines Problems in unterschiedlicher Weise auf die Variation einer Variablen reagieren. Dazu ein Beispiel:

Die mit Bestellungen verbundenen Lagerkosten für eine Bedarfsmenge von R in der Planperiode steigen linear mit wachsender Bestellmenge. Gleichzeitig sinkt die Belastung mit bestellfixen Kosten, was durch folgende Formel mit Cl als Lagerkostensatz in der Planperiode, Cr als Kosten pro Bestellung und y als Bestellmenge beschrieben werden kann:[40]

$$K(y) = \underbrace{\frac{y}{2}Cl}_{\text{Lager-kosten}} + \underbrace{\frac{R}{y}Cr}_{\text{Bestell-kosten}} \rightarrow \min$$

Nach dem Marginalprinzip ergeben sich Grenzkosten für Lagerung und Bestellung in Höhe von:

$$K'(y) = \frac{1}{2}Cl - \frac{R}{y^2}Cr \overset{!}{=} 0$$

40 Vgl. Adam (1993b), S. 351 ff.

Für die optimale Bestellpolitk gilt:

$$y_{opt} = \sqrt{\frac{2\,Cr\,R}{Cl}}$$

Optimal ist diejenige Politik, bei der die Grenzlagerkosten den Grenzkosten der Bestellung entsprechen, bei der die gesamte Kostenänderung bei Variation der Bestellmenge y mithin genau gleich null ist. Dieses Merkmal einer optimalen Politik wird als Optimalitätskriterium bezeichnet. Das Marginalprinzip als eines der beliebtesten Denkprinzipien in der Betriebswirtschaftslehre findet in vielen Varianten von Optimalitätskriterien seinen Niederschlag.

Wird im Fall eines Monopols der gewinnmaximale Preis gesucht, hängen die Erlöse und Kosten von der Absatzmenge M in folgender Weise ab:

$$G = \underbrace{(a - b\,M)\,M}_{\text{Erlös}} - \underbrace{k\,M}_{\substack{\text{variable}\\\text{Kosten}}}$$

Der Ausdruck a –bM bezeichnet den von der Menge abhängigen Produktpreis, und k steht für die variablen Kosten pro Mengeneinheit. Das Marginalprinzip führt zu folgendem Optimalitätskriterium bzw. zur folgenden Optimallösung:

$$G'(M) = \underbrace{a - 2\,b\,M}_{\substack{\text{Grenz-}\\\text{erlös}}} - \underbrace{k}_{\substack{\text{Grenz-}\\\text{kosten}}} \overset{!}{=} 0 \Leftrightarrow M_{opt} = \frac{a - k}{2\,b}$$

Im Optimum müssen die Grenzerlöse genau den Grenzkosten entsprechen, d.h., der Grenzgewinn muß null betragen.

Das Marginalprinzip führt allerdings bei kontinuierlicher Variation des Variablenniveaus nicht generell zur optimalen Lösung. Existieren für die Variation der Variablen Grenzen, muß innerhalb dieser Grenzen kein Extremwert liegen. Die optimale Lösung des Problems liegt dann auf einem der Ränder des Spektrums zulässiger Variablenniveaus. Auch kann es vorkommen, daß eine kostenminimale Lösung gesucht wird, das Marginalprinzip aber die kostenmaximale Lösung oder einen Sattelpunkt anzeigt. Deshalb muß der Planende überprüfen, welcher Art der gefundene Extremwert ist bzw. ob überhaupt ein Extremwert vorliegt.

Mitunter wird bei nur diskreten Veränderungsmöglichkeiten des Variablenniveaus eine Abwandlung des Marginalprinzips eingesetzt und mit durchschnittlichen Veränderungen gerechnet. Dieses Denkprinzip kann bestenfalls als Näherungsprinzip bezeichnet werden, weil die tatsächlich optimale Lösung nur per Zufall gefunden werden kann. Das Prinzip vereinfacht zwar häufig die Planung, führt aber u.U. zu Planungsfehlern.

Das Prinzip soll an einem Beispiel erklärt werden. Ein Unternehmen kann ein Erzeugnis in sein Fertigungsprogramm aufnehmen, das alternativ zu einer Deckungsspanne von 20 GE/ME oder 15 GE/ME abgesetzt werden kann. Zu der höheren Deckungsspanne können lediglich 500 ME verkauft werden, während die absetzbare Menge bei der geringeren Dekkungsspanne - Preissenkung - auf 1000 ME ansteigt. Abbildung 1-5 zeigt die Entwicklung des Deckungsbeitrags (Deckungsspanne · Menge).

Bei der ersten Strategie steigt der Deckungsbeitrag von 0 bis 10000 GE. Durch Wechsel der Preisstrategie sinkt der Deckungsbeitrag bei 500 ME sprunghaft um 2500 GE (5 · 500), um dann von 7500 bis 15000 GE bei einer Menge von 1000 anzuwachsen. Für das Mengenintervall von 500 bis 1000 kann mit einer durchschnittlichen Veränderung des Deckungsbeitrags pro Mengeneinheit gearbeitet werden. Nach dem Prinzip durchschnittlicher Veränderungen wird die Differenz der Deckungsbeiträge bei 500 ME und 1000 ME (5000 GE) zur Differenz der Mengen (500 ME) in Beziehung gesetzt, was zu einer durchschnittlichen Dekkungsspanne von 10 GE für das zweite Mengenintervall führt (vgl. Winkel α in Abbildung 1-5; $\tan \alpha = 10$). Das Prinzip der durchschnittlichen Veränderung operiert folglich mit einer Deckungsbeitragsfunktion, die dem Kurvenzug AB in der Abbildung entspricht.

Anwendung findet das Prinzip durchschnittlicher Veränderungen auch, wenn ein nicht lineares Problem näherungsweise mit Hilfe eines linearen Ansatzes abgebildet werden soll. Angenommen, die Kosten eines Aggregates pro Stunde hängen von der Intensität x ab, so gilt für die gesamte Beschäftigungszeit t folgende Kostenfunktion mit x und t als Variablen:

$$K(x,t) = \underbrace{\left(a x^3 - b x^2 + c x\right)}_{\text{Kosten pro Stunde}} \cdot \underbrace{t}_{\text{Stunden}}$$

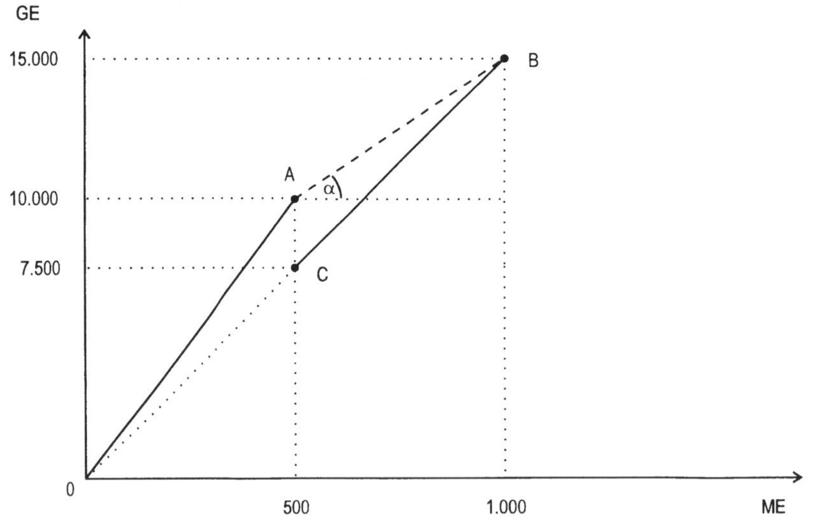

Abbildung 1-5

Um diese Kostenfunktion in einem linearen Modell näherungsweise darstellen zu können, wird statt der Variablen x mit vorgegebenen alternativen Intensitätsniveaus x_j und zugehörigen Kosten K_j pro Stunde gearbeitet. Zu jedem möglichen Intensitätsniveau x_j gehört eine spezielle Variable t_j für die Einsatzzeit des Aggregates mit der Intensitätsstufe j. Die Kostenfunktion K(x,t) geht damit über in den Ausdruck:

$$K(t_j) = \sum_j K_j \, t_j$$

Der Modellansatz kann die Einsatzzeit t_j beliebig vieler Intensitätsstufen j positiv setzen. Kostenminimierung vorausgesetzt, werden immer nur maximal zwei Intensitäten genutzt.[41] Durch beliebige Aufteilung der Zeit auf diese beiden Stufen entstehen in der folgenden Abbildung die linearen Kostenkurven zwischen jeweils zwei definierten Intensitätsstufen. Der Anstieg dieser linearen Kostenabschnitte gibt die durchschnittlichen Kostenveränderungen für die Linearkombination der jeweils beteiligten Intensitätsstufen an.

Bei Anwendung des Prinzips durchschnittlicher Veränderungen ist in der Planung grundsätzlich Vorsicht geboten. Wird in Planungsmodellen mit den durchschnittlichen Veränderungen gearbeitet, d.h., werden diese Informationen in Planungsmodelle eingespeist und wird auf ihrer Basis eine „optimale Lösung“ generiert, kann es zu erheblichen Problemen kommen.[42]

In Abbildung 1-5 wird im Planungsansatz für den Mengenbereich von 500 bis 1000 mit einer überhaupt nicht existierenden Deckungsbeitragsfunktion - Kurvenzug AB - gearbeitet. Dieser Kurvenzug proportionalisiert den Deckungsbeitragssprung an der Stelle von 500 ME auf das ganze Intervall von 500 ME bis 1000 ME. Ein Planungsansatz mit durchschnittlichen Veränderungen des Deckungsbeitrags kann zu einem „optimalen“ Produktionsprogramm führen, das bei der zweiten Preisstrategie 600 ME für das Erzeugnis vorsieht. Ein derartiges Ergebnis ist aber offensichtlich nicht optimal, da die 600 ME nur zu einer Dekkungsspanne von 15 GE/ME abgesetzt werden können, was zu einem Deckungsbeitrag von 9000 GE (600 · 15) führt. Bei 500 ME wird bereits mit der ersten Strategie ein Deckungsbeitrag von 10000 GE erreicht. Das Denken in durchschnittlichen Veränderungen führt in diesem Fall zu einem Fehler, da der Sprung des Deckungsbeitrags proportionalisiert wird: Von der tatsächlichen Deckungsspanne von 15 GE/ME im Intervall zwischen 500 und 1000 ME wird ein proportionalisierter Betrag von 5 GE/ME abgesetzt.

Im zweiten Beispiel für durchschnittliche Veränderungen - Abbildung 1-6 - treten diese Probleme nicht auf, weil die linearen Kostenfunktionen zwischen den definierten Intensitätsstufen tatsächlich existieren. Durch eine Linearkombination der benachbarten Intensitäten - unterschiedliche Aufteilung der Beschäftigungszeit auf beide Intensitäten - läßt sich jeder Punkt der entsprechenden linearen Kostenkurve realisieren. Im Gegensatz zum ersten Beispiel wird demzufolge nicht mit einer fiktiven Kurve des Zielbeitrags gearbeitet. Das mit den linearen Kostenkurven erzielbare Planungsergebnis ist vernünftig, aber nicht zwingend optimal, da der Planungsansatz die durchschnittliche Kostenveränderung zwischen zwei Intensitäten als angenäherte Grenzkosten interpretiert. Die Linearkombination führt folglich

41 Vgl. Adam (1993b), S. 193 ff.

42 Vgl. Adam (1993b), S. 75 ff.; Hax (1985), S. 64 ff.; Hilke (1978), S.98 ff.

zwischen den Intensitäten zu höheren Kosten, als es der eigentlichen Kostenkurve K(x,t) entspricht. Diese Abbildungsungenauigkeit läßt sich verringern, indem die Anzahl der Stützstellen (bzw. Intensitätsstufen x_j) erhöht wird.

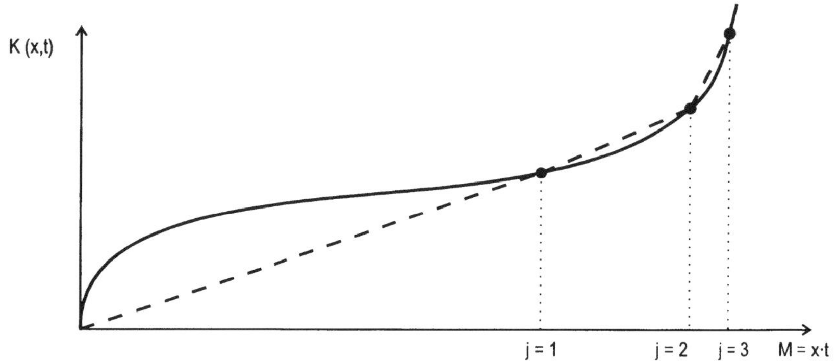

Abbildung 1-6

Das Opportunitätsprinzip findet in der Planung in zwei Spielarten Anwendung:

- Zum einen wird eine Opportunität gesetzt, und es wird der Zusatzerfolg einer Handlungsalternative gegenüber der willkürlichen Opportunität ermittelt. Diese Ausprägung des Opportunitätsprinzips findet Anwendung, wenn der Kapitalwert einer Investition bestimmt wird. Als Opportunität wird in diesem Fall die Verzinsung einer Finanzinvestition angesetzt. Werden die Zahlungsgrößen einer Investition mit dem Zinssatz der Finanzinvestition abgezinst, ist der Kapitalwert als Mehrbetrag der Investition gegenüber der Finanzanlage zu interpretieren. Diese Spielart des Opportunitätsprinzips findet auch Anwendung, wenn ein Unternehmen für Maschinenstunden mit einer Mindestdeckungsspanne arbeitet und alle Aufträge ablehnt, die dieser Anforderung nicht genügen.

- Eine zweite Spielart des Opportunitätsprinzips kommt im Prinzip der wertmäßigen Kosten zum Ausdruck. Hierbei werden die Faktorverbräuche nicht lediglich zu den getätigten Ausgaben im Kalkül angesetzt, sondern der Erfolg der besten verdrängten alternativen Verwendung eines Faktors wird zusätzlich in den Kostensatz hineingerechnet. Dieses Prinzip wird in der Investitionsrechnung eingesetzt, wenn mit den Grenzzinssätzen der optimalen Beschaffung von Kapital gearbeitet wird (endogene Grenzzinsfüße[43]), und es kommt zum Zuge, wenn dezentrale Entscheidungen mit Hilfe von Lenkpreisen optimal auf ein Ziel hin koordiniert werden sollen.

Die zweite Spielart des Opportunitätsprinzips soll wiederum an einem Beispiel verdeutlicht werden. Angenommen, ein Unternehmen verfügt von einem Rohstoff über 400 ME,

43 Vgl. Hax (1985), S. 97 ff.; Kruschwitz (1993), S. 206 ff; Grob (1982), S. 143 ff.

die in drei Produktionsrichtungen eingesetzt werden können. Von jedem der drei Erzeugnisse sind maximal 100 ME absetzbar. Für die Erzeugnisse gelten folgende Daten:

Erzeugnis	Preis	Kosten auf Basis der Ausgaben	Deckungs-spanne	Materialbe-darf pro Stück	relative Deckungs-spanne
1	100	40	60	3	20
2	120	100	20	2	10
3	90	70	20	4	5

Tabelle 1-3

Zur Produktion der jeweils 100 ME der drei Erzeugnisse benötigt das Unternehmen 900 ME des Rohstoffs. Da das Material knapp ist, wird zunächst die Verwendungsrichtung mit der höchsten Deckungsspanne je eingesetzter Einheit Rohstoff realisiert (Erzeugnis 1 mit 20 GE je Rohstoffeinheit). Es bleiben noch 100 ME des Materials übrig, die für 50 ME des zweiten Produkts reichen. Die letzte Einheit des eingesetzten Materials erbringt damit einen Gewinnbeitrag von 10 GE/Rohstoffeinheit. Nach dem Opportunitätsprinzip wird dieser Grenzgewinn in die Materialkosten mit eingerechnet. Angenommen, die Kosten auf der Basis von Ausgaben enthalten für den Rohstoff pagatorische Kosten von 5 GE, dann werden nach dem Opportunitätsprinzip für das Material Kosten in Höhe von 15 GE/Rohstoffeinheit verrechnet. Wird mit diesen Kosten kalkuliert, sinkt die relative Deckungsspanne des ersten Produkts auf 10 GE/Rohstoffeinheit. Für die Grenzverwendungsrichtung - Produkt 2 - gilt eine relative Deckungsspanne von null, während das unvorteilhafte dritte Erzeugnis eine negative Spanne von - 5 GE/Rohstoffeinheit aufweist.

Relative Deckungsspannen auf der Basis wertmäßiger Kosten zeigen die auf eine Rohstoffeinheit bezogene Verbesserung des Erfolgs gegenüber der Grenzverwendung an. Opportunität ist in diesem Fall die Grenzverwendung. Die zweite Spielart des Opportunitätsprinzips hat einen entscheidenden Vorteil: Sind die optimalen Opportunitäten bekannt, kann ein isoliertes Kalkül für jedes Erzeugnis die Frage beantworten, ob das Erzeugnis in das Produktionsprogramm aufzunehmen ist. Alle Erzeugnisse mit negativen wertmäßigen Deckungsspannen sind unvorteilhaft, weil diese Produkte weniger als das Grenzprodukt erwirtschaften. Problematisch ist an diesem Prinzip, daß die optimale Opportunität im allgemeinen nicht vor der Planung feststeht.[44]

Sind die optimalen Opportunitäten unbekannt, werden in Planungskalkülen mitunter Hypothesen gesetzt: Zum Beispiel wird bei Material mit Wiederbeschaffungspreisen statt mit effektiv in der Vergangenheit getätigten Ausgaben gearbeitet, oder es werden Opportunitätssätze verwendet, die in der vorherigen Planungsperiode galten. Unter Umständen werden auch Mindestdeckungsbeiträge je Maschinenstunde angesetzt. In diesem Fall geht die zweite Spielart des Opportunitätsprinzips in die erste Spielart über.

44 Vgl. Adam (1993b), S. 120 ff.; Schmalenbach (1963); Adam (1970).

1.3.3 Totalvergleichsrechnungen

Für 0/1-Entscheidungen oder für Entscheidungen, bei denen die Variablenausprägungen niedrige ganzzahlige Werte annehmen, sind Veränderungsrechnungen der beschriebenen Art ungeeignet. Veränderungsrechnungen haben nur Sinn, wenn sich die ökonomischen Erfolgsgrößen kontinuierlich mit dem Variablenniveau verändern. Treten sprunghafte Erfolgsveränderungen auf, muß auf Totalvergleiche der Erfolgswirkungen übergegangen werden, um die optimale Handlungsalternative herauszufinden.

Angenommen, ein Unternehmen kann für die Produktion zwischen zwei Produktionsverfahren mit den Kostenfunktionen $K_i(M)$ in Abhängigkeit von der Produktionsmenge wählen:

$$K_1(M) = 10000 + 5 \cdot M$$

$$K_2(M) = 5000 + 10 \cdot M$$

Unter diesen Umständen ist das für eine bestimmte erwartete Menge kostenminimale Verfahren nur durch Vergleich der Gesamtkosten beider Verfahren zu bestimmen.

Typisch für Totalvergleiche sind Aussagen über kritische Werte. Die kritische Ausbringungsmenge ist erreicht, wenn beide Verfahren zu den gleichen Kosten führen:

$$10000 + 5\,M = 5000 + 10\,M$$

$$M_{krit} = \frac{10000 - 5000}{10 - 5} = 1000 \text{ ME}$$

Für Ausbringungsmengen unter 1000 ME ist das Verfahren mit den geringeren Fixkosten vorteilhaft, während für mehr als 1000 ME dem ersten Verfahren der Vorzug zu geben ist.

Für Totalvergleiche des Erfolgs sind zwei Unterformen zu unterscheiden:

- Bruttorechnungen und
- Nettorechnungen

Bei einer Bruttorechnung werden alle Erfolgsgrößen in das Kalkül einbezogen, unabhängig davon, ob sie durch die anstehenden Entscheidungen veränderbar sind oder nicht. Eine Nettorechnung bezieht nur jene Erfolgsgrößen in den Vergleich ein, auf die durch die Entscheidungen eingewirkt werden kann. Ein Beispiel möge den Unterschied verdeutlichen.

Das Unternehmen hat das zweite Produktionsverfahren des vorigen Beispiels bereits installiert und denkt darüber nach, ob es sinnvoll ist, dieses Verfahren durch das erste Verfahren mit den geringeren variablen Kosten pro Mengeneinheit zu ersetzen. In dieser Entscheidungssituation mögen die Fixkosten von 5000 GE des installierten Verfahrens nicht mehr abzubauen sein. Eine Nettorechnung arbeitet in diesem Fall mit der Gleichung

$$10\,M = 10000 + 5\,M\,,$$

da der Kapitaldienst von 5000 GE unabhängig von den Entscheidungsalternativen immer anfällt. Eine Bruttorechnung addiert auf jeder Seite der Gleichung die in beiden Fällen nicht zu vermeidenden Kosten von 5000 GE. Da sich dieser Betrag aus der Gleichung wieder herauskürzt, ist es für das Planungsergebnis belanglos, welche der beiden Techniken eingesetzt wird. Die Unterscheidung von Brutto- und Nettorechnung scheint insoweit völlig bedeutungslos zu sein. Das gilt aber nur, solange lediglich zwei Entscheidungsmöglichkeiten zu vergleichen sind.

Bei mehr als zwei Alternativen bereitet eine Nettorechnung erhebliche Schwierigkeiten, da es sehr viele Vergleichspaare mit jeweils unterschiedlichen im Nettovergleich relevanten Größen gibt. Jede Nettorechnung bestimmt nur den relativen Vor- bzw. Nachteil der einen gegenüber der anderen Alternative. Da aber in jedem Nettovergleich u.U. andere für diesen Vergleich irrelevante Größen entfallen, sind die relativen Vorteile verschiedener Vergleichsrechnungen untereinander nicht vergleichbar. Bruttorechnungen sind in einer derartigen Situation viel einfacher; es sind auch weniger Rechnungen erforderlich, um die optimale Alternative zu finden.

Ein Beispiel mit vier Alternativen und drei Kostenarten möge das verdeutlichen. Der folgenden Tabelle ist die Höhe der Kosten für die vier Entscheidungsalternativen - differenziert nach den drei Kostenarten - zu entnehmen.

Kostenart	Alternative			
	1	2	3	4
1	1	1	3	1
2	5	3	3	4
3	5	2	2	2
Summe der Kosten	11	6	8	7

Tabelle 1-4

Aus dem Bruttovergleich der Kostensummen wird unmittelbar deutlich, daß die zweite Alternative optimal ist. Werden Nettovergleiche durchgeführt, fällt im Vergleich der Alternativen 1 und 2 die Kostenart 1 heraus, da sie in beiden Fällen identische Beträge aufweist. Es ergibt sich ein relativer Vorteil von 5 GE für Alternative 2. Beim Nettovergleich der zweiten und dritten Alternative entfallen die Kostenarten 2 und 3, und die zweite Alternative hat einen relativen Vorteil gegenüber der dritten in Höhe von 2 GE. Ein Vergleich der dritten mit der vierten Alternative zeitigt für Alternative 4 einen relativen Vorteil von 1 GE. Dieser Vergleich ist für die Entscheidung letztlich unnötig, was aus den bisherigen Nettorechnungen aber nicht zu erkennen ist. Erst wenn bei Nettovergleichen eine Alternative gegen alle übrigen „gewinnt“, kann auf Optimalität dieser Strategie geschlossen werden. Im voraus ist aber die optimale Vergleichsalternative nicht bekannt, so daß viele für die Entscheidung überflüssige Nettovergleiche durchgeführt werden müssen. Nettovergleichsrechnungen stellen damit im allgemeinen ein ineffizientes Denkprinzip dar. Geeignet ist diese Vorgehensweise nur im Spezialfall von zwei Handlungsalternativen.

1.3.4 Das Durchschnittsprinzip

Planung bei mehreren alternativ möglichen Datensituationen ist häufig sehr aufwendig, weil eine Strategie für alle möglichen Situationen auf ihre Zielwirkungen hin untersucht werden muß, um Informationen über die Wahrscheinlichkeitsverteilung oder den Erwartungswert des Erfolgs gewinnen zu können. Aus Vereinfachungsgründen werden die alternativen Datensituationen mitunter zu einem Erwartungswert verdichtet, und die Planung erfolgt auf der Basis dieses Erwartungswertes in der Hoffung, damit auch zum Erwartungswert des Erfolgs für eine Strategie zu kommen. Bei einer Planung mit Erwartungswerten der Daten ist äußerste Vorsicht angeraten, da dieses Vorgehen zu grob fehlerhaften Planungsergebnissen führen kann.

Eine kleine Geschichte möge den Leser auf dieses Problem einstimmen. Ein Lehrer steht vor der Aufgabe, seine Klasse von Nichtschwimmern durch einen Fluß mit einer maximalen Tiefe von einem Meter zu führen. Er entschließt sich, den Fluß von den Schülern durchwaten zu lassen, falls der Mittelwert der Größe der Schüler vom Boden bis zur Unterlippe größer ist als ein Meter. Die Vermessung ergibt ein mittleres Maß von 1,1 Metern, und die Klasse marschiert daraufhin los. Am gegenüberliegenden Flußufer fehlen dann sechs Schüler, die leider kleiner waren als der Durchschnitt. Durchschnittsdenken kann also tödliche Konsequenzen haben - auch in der Ökonomie.

Die Zusammenhänge sollen an zwei Typen von ökonomischen Beispielen eingehender beleuchtet werden.

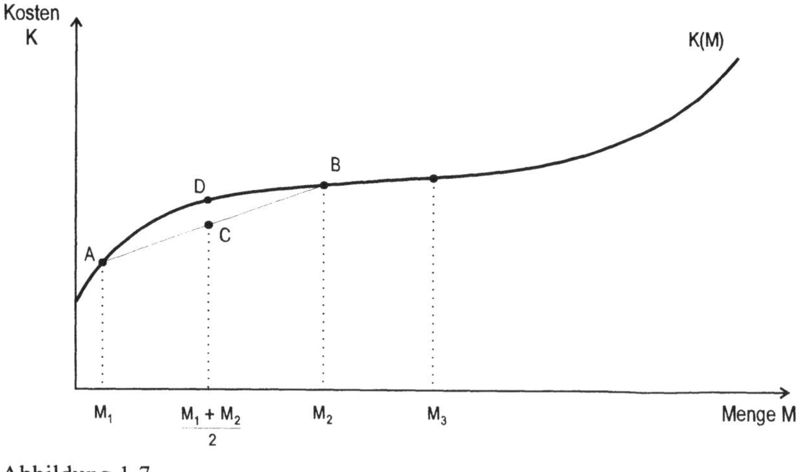

Abbildung 1-7

Die Fertigungskosten eines Betriebs in Abhängigkeit von der Produktionsmenge entsprechen der Funktion K(M) in Abbildung 1-7. Der Betrieb hält in der Planungsperiode zwei Absatzmengen - M_1 und M_2 - für möglich und gleich wahrscheinlich. Um nicht für beide Situationen planen zu müssen, verdichtet er die Absatzsituationen zur mittleren Nachfrage $(M_1 + M_2)/2$ und gelangt für diese Menge zum Kostenbetrag D in der Abbildung. Diese Kosten entsprechen nicht dem Erwartungswert der Kosten für die beiden Absatzmöglichkeiten. Bei gleichwahrscheinlichen Datensituationen entspricht der Erwartungswert vielmehr der Hälfte der Kostensumme A + B in der Abbildung (Punkt C). Die Planung mit mittleren Absatz- und Produktionsmengen überschätzt in diesem Fall die tatsächlichen Kosten (D > C). Ob die Kosten bei einer Planung mit mittlerer Absatzerwartung über- oder unterschätzt werden, ist allein eine Frage der Absatzmengen. Für ein Problem mit den Datensituationen M_2 und M_3 wäre der Erwartungswert größer als die Kosten für die mittlere Absatzmenge.

Die Verdichtung der Datensituationen zu einem Erwartungswert der Daten führt im Beispiel nur zu keinem Fehler, wenn es sich bei der Funktion K(M) um eine lineare Funktion handelt.

Besonders gravierend können die Fehler einer Planung auf Basis einer mittleren Datensituation sein, wenn mehrperiodige Probleme vorliegen. Das soll an einem zweiperiodigen Lagerhaltungsproblem gezeigt werden. Ein Unternehmen kann in jeder der beiden Perioden entweder zehn oder zwölf Mengeneinheiten absetzen. Beide Situationen sind gleich wahrscheinlich. Das Unternehmen verfügt im Zeitpunkt t_0 über einen Lagerbestand von 30 ME. Aufgrund der jeweils zwei Absatzsituationen je Periode können vier Zustandsfolgen des Lagerbestands in den Zeitpunkten t_1 und t_2 auftreten.

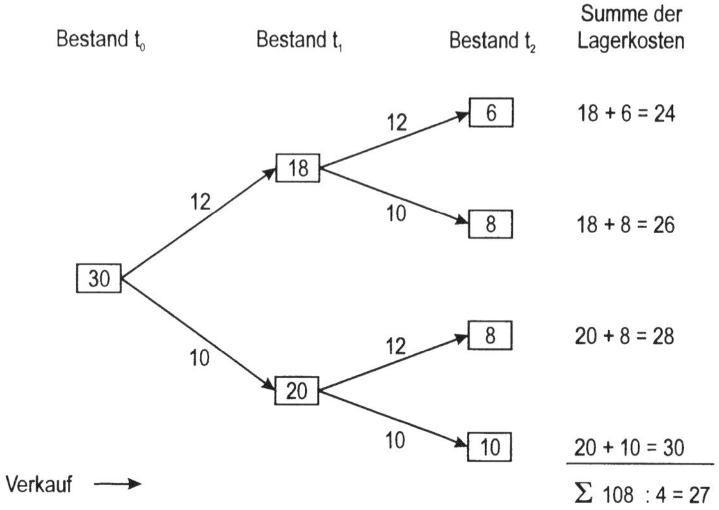

Abbildung 1-8

Werden in den beiden Perioden jeweils 12 ME abgesetzt (oberster Ast in der Abbildung), sinkt der Bestand von 30 ME auf 18 ME und 6 ME. Die Lagerkosten werden vereinfachend durch Multiplikation der Bestände in t_1 und t_2 mit dem Lagerkostensatz von 1 GE je ME und Periode berechnet. Für die erste Zustandsfolge ergeben sich Lagerkosten von insgesamt 24 GE. Die Lagerkosten der übrigen Zustandsfolgen werden analog berechnet. Der Erwartungswert der Kosten beträgt 27 GE.

Eine Planung mit der mittleren Absatzmenge von (10 + 12)/2 = 11 ME führt zur real nicht existierenden Zustandsfolge 30, 19, 8 der Lagerbestände. Die Bewertung der 19 (8) ME in den Zeitpunkten t_1 bzw. t_2 mit Lagerkosten liefert in diesem Fall auch den Kostenerwartungswert 27 GE. Der tatsächliche Erwartungswert und der Kostenwert auf Basis der mittleren Absatzsituation sind in diesem Fall identisch, da alle Zustände des Systems ökonomisch gleichwertig sind.

Eine kleine Veränderung des Beispiels zeigt bereits, daß im allgemeinen vom obigen Zusammenhang nicht ausgegangen werden kann. Der Lagerbestand möge in t_0 nur 22 ME betragen. Für diesen Fall sind die vier Zustandsfolgen in Abbildung 1-9 angeben. Die oberste Folge führt im Zeitpunkt t_2 zu einer Fehlmenge von 2 ME. Jede Fehlmenge möge zu einem Ausfall an Deckungsbeitrag in Höhe von 2 GE führen. Für die erste Zustandsfolge ergeben sich somit 10 GE Lagerkosten zuzüglich 4 GE Fehlmengenkosten. Die Lagerkosten der übrigen Zustandsfolgen sind der Abbildung 1-9 zu entnehmen. Für alle vier Zustandsfolgen fallen insgesamt 46 GE Lagerkosten und 4 GE Fehlmengenkosten an. Der Erwartungswert der gesamten Kosten beträgt damit 50/4 GE = 12,5 GE, worin ein Erwartungswert der Lagerkosten von 11,5 GE enthalten ist.

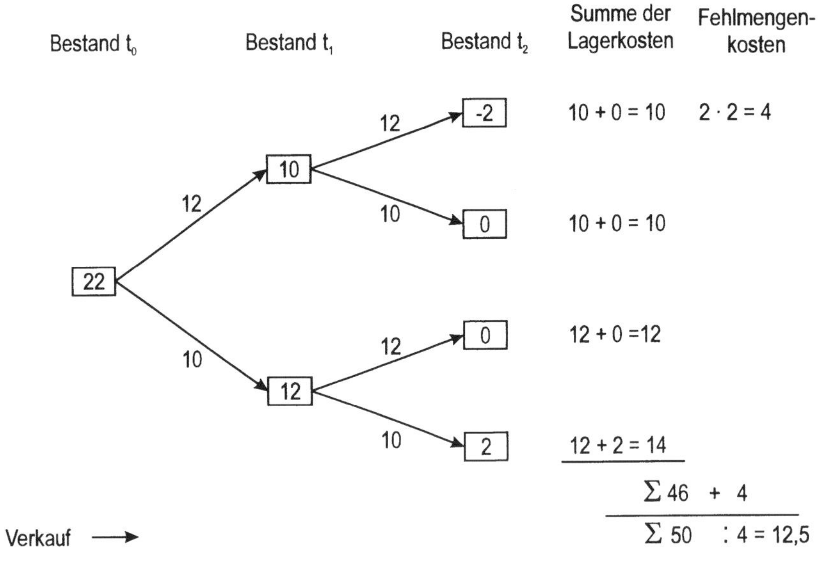

Abbildung 1-9

Werden die Absatzsituationen wiederum zur mittleren Absatzmenge verdichtet, ergibt sich die real nicht existierende Zustandsfolge der Lagerbestände von 22, 11 und 0 mit Lagerkosten von 11 GE. Bei der verdichteten Datensituation treten Fehlmengenkosten überhaupt nicht auf, und selbst die Lagerkosten werden falsch eingeschätzt, da die Verdichtung der Datensituationen implizit unterstellt, daß die zwei Fehlmengen in der Zustandsfolge 1 zu einer Einsparung von Lagerkosten in Höhe von 2 GE führen. In diesem Beispiel sind die Zustände des Systems nicht ökonomisch gleichwertig; infolgedessen führt die Planung mit

Mittelwerten der Daten zu unsinnigen Ergebnissen. Wie stark eine Planung mit mittleren Daten die tatsächliche Erfolgssituation falsch einschätzt, hängt ausschlaggebend von der Höhe der Lager- und Fehlmengenkosten ab.

Ob eine vereinfachte Planung mit Durchschnittswerten der Daten ein haltbares Vorgehen darstellt, muß im Einzelfall untersucht werden. Eine geeignete Technik zur Überprüfung dieser Frage ist die Simulation (vgl. Kapitel 6). Führen Simulationsrechnungen für unterschiedliche Realisationen der Daten zu einem Erwartungswert der Zielgröße, der dem Planungsergebnis auf der Basis der mittleren Datensituation weitgehend entspricht, kann auf die Vereinfachung zurückgegriffen werden, solange sich die Kostensätze - Lagerkostensatz, Fehlmengenkostensatz usw. - nicht nachhaltig verändern. Führen beide Vorgehensweisen zu sehr unterschiedlichen Zielfunktionswerten, spricht sehr viel dafür, daß auch die Planungsergebnisse - die optimale Bestellmenge auf der Basis mittlerer Daten - erhebliche Unzulänglichkeiten aufweisen. Das heißt: Für das Problem mit alternativen Zustandsfolgen kann die optimale Politik weit von der durch ein Planungsmodell auf der Basis mittlerer Daten angezeigten Politik entfernt liegen.

1.3.5 Das Sensitivitätsprinzip

Das Sensitivitätsprinzip ist eine spezielle Art der Veränderungsrechnung. In Sensitivitätsanalysen werden „Wenn-Dann"-Aussagen abgeleitet: Was passiert mit optimalen Lösungen, wenn sich die Daten des Problems verändern? Zwei Typen von Sensitivitätsanalysen sind zu unterscheiden:

- Es wird untersucht, bei welchen Datenänderungen eine gegebene Optimallösung eines Problems stabil, d.h. optimal bleibt.
- Es wird untersucht, welche Datenänderungen sich auf eine gegebene Optimallösung auswirken. Ermittelt werden diejenigen kritischen Werte der Daten, bei denen sich jeweils eine neue optimale Lösung ergibt.

Für beide Klassen von Sensitivitätsanalysen soll wiederum ein einfaches Beispiel angeführt werden. Für die erste Klasse wird auf den Verfahrensvergleich aus dem Abschnitt 1.3.3 zurückgegriffen.

Ein Unternehmen soll zwischen zwei Produktionsverfahren wählen. Beim ersten Verfahren bereitet es Schwierigkeiten, die fixen Kosten genau zu bestimmen. Das Unternehmen rechnet mit einer Absatzmenge von 800 Stück und möchte wissen, bis zu welchem Fixkostenbetrag des ersten Verfahrens das zweite Verfahren für die gegebene Absatzmenge optimal ist. Für das Wahlproblem gelten folgende Kostenfunktionen mit K_{f1} als gesuchtem kritischen Fixkostenniveau für Verfahren 1:

$$K_1(M) = K_{f1} + 5 \cdot 800$$
$$K_2(M) = 5000 + 10 \cdot 800$$
$$K_{f1} + 5 \cdot 800 \overset{!}{\geq} 5000 + 10 \cdot 800 \Leftrightarrow K_{f1} \geq 9000$$

Das zweite Verfahren ist folglich für die gegebene Absatzmenge optimal, wenn das erste Verfahren 9000 GE oder mehr an Fixkosten verursacht. Kann bei der Kostenschätzung mit Sicherheit ausgeschlossen werden, daß die fixen Kosten unter 9 000 GE liegen, ist die Entscheidung für das zweite Verfahren die optimale Lösung.

Für Sensitivitätsanalysen der zweiten Art soll auf das Bestellbeispiel aus Abschnitt 1.3.2 zurückgegriffen werden. Die Lager- und Bestellkosten in der Planungsperiode in Abhängigkeit von der Bestellmenge y werden durch folgende Formel beschrieben:

$$K(y) = \underbrace{\frac{y}{2} \cdot Cl}_{\substack{\text{Lager-}\\\text{kosten}}} + \underbrace{\frac{R}{y}\, Cr}_{\substack{\text{Bestell-}\\\text{kosten}}} \rightarrow \min$$

Über die erste Ableitung

$$K'(y) = \tfrac{1}{2} Cl - \frac{R}{y^2}\, Cr \overset{!}{=} 0$$

ergibt sich die optimale Bestellmenge mit

$$y_{opt} = \sqrt{\frac{2\, Cr\, R}{Cl}}$$

Das Unternehmen sieht sich außerstande, die Bestellkosten Cr genau zu quantifizieren und möchte wissen, wie die optimale Bestellmenge auf unterschiedliche Kostensätze reagiert. Zudem ist es daran interessiert, wie die Kosten bei Optimalverhalten mit Veränderung des Kostensatzes Cr variieren. Für das Beispiel wird ein Lagerkostensatz Cl von 2 GE und eine Jahresbedarfsmenge R von 400 ME unterstellt. Die Formel für y_{opt} geht über in

$$y_{opt} = \sqrt{\frac{2 \cdot 400}{2}}\sqrt{Cr} = 20\sqrt{Cr}$$

Die optimale Politik reagiert also nur mit der Quadratwurzel auf Veränderungen von Cr. Verdoppelt sich der Kostensatz Cr von 9 GE auf 18 GE, steigt die Bestellmenge y_{opt} nur mit dem Faktor $\sqrt{2}$ = 1,4142. Eine Verdoppelung der Bestellmenge tritt folglich erst ein, wenn sich der Kostensatz Cr vervierfacht.

Für alternative Werte von Cr kann die optimale Politik in einem Diagramm dargestellt werden.

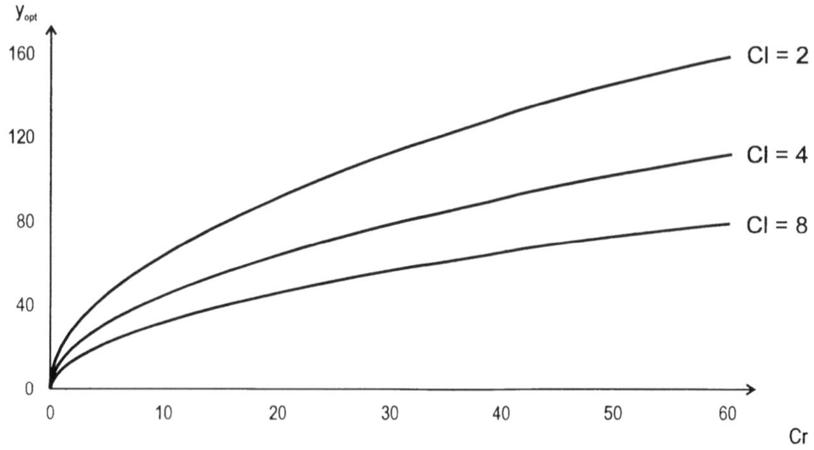

Abbildung 1-10

Aus der Abbildung ist zu entnehmen, daß bei großen Kostenwerten für Cr von Veränderungen dieser Kosten geringere Wirkungen auf die optimale Politik ausgehen als bei kleinen Werten (die Kurven haben bei größeren Werten für Cr eine geringere Steigung). Werden sehr hohe Sätze für Cr vermutet, lohnt sich folglich eine verbesserte Quantifizierung der Kosten nicht, da ihre genaue Höhe für das Planungsergebnis weitgehend bedeutungslos ist. Die Abbildung zeigt zudem, daß die Wirkung einer Veränderung von Cr vom Niveau der Lagerkosten abhängig ist. Bei hohen Lagerkostensätzen Cl ist die Steigung der Kurven bei gegebenem Cr geringer als bei niedrigen Cl. Letztlich bestimmt damit die Kombination von Cl und Cr die Auswirkung auf die optimale Politik.

Die Wirkung unterschiedlich hoher Werte für Cr auf die Kosten bei Optimalverhalten kann in gleicher Weise dargestellt werden. Zu diesem Zweck wird in die Kostenfunktion K(y) für y der Wurzelausdruck für y_{opt} eingesetzt. Nach einigen Umformungen ergibt sich für die Kostenfunktion bei Optimalverhalten der Ausdruck

$$K\left(y_{opt}\right) = \sqrt{2 \cdot Cl \cdot R \cdot Cr} = Cl \cdot y_{opt}$$

und mit den Zahlen des Beispiels

$$K\left(y_{opt}\right) = \sqrt{2 \cdot 2 \cdot 400 \cdot Cr} = 40\sqrt{Cr}$$

Die Kosten der optimalen Politik reagieren also auch nur mit der Wurzel aus Cr, d.h., daß bei einer Verdoppelung von Cr der Kostenbetrag $K(y_{opt})$ ebenfalls mit dem Faktor $\sqrt{2}$ = 1,4142 steigt. Der Abbildung der Kosten bei Optimalverhalten in Abhängigkeit von Cr ist zu entnehmen, daß bei großen Kostensätzen Cr der Einfluß einer gegebenen Änderung von Cr auf die Kosten bei Optimalverhalten geringer ist als bei kleinen Cr.

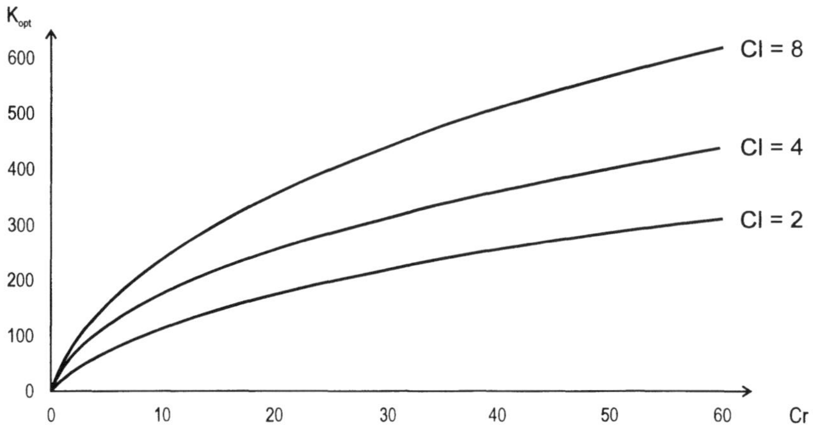

Abbildung 1-11

Mit Hilfe der Sensitivitätsanalyse läßt sich damit abschätzen, ob bestimmte Daten überhaupt nachhaltig auf die optimale Politik einwirken. Nur wenn im Beispiel zu vermuten ist, daß die Kostensätze Cr in den Abbildungen 1-10 und 1-11 im Bereich der steilen Kurvenabschnitte liegen, lohnt es sich, die Daten genauer zu quantifizieren.

Sensitivitätsanalysen können auch für den Fall mehrerer unbekannter Daten durchgeführt werden. Bislang wurde die Reaktion der Politik bei variablem Cr und gegebenen Cl und R analysiert. Die Reaktion der Politik auf veränderliche Cr hängt dabei vom Niveau der Größen Cl und R ab. Wird auch Cl in Form alternativer Kostensätze verändert, kann die kombinierte Wirkung von Cl und Cr auf die Politik dargestellt werden. In diesem Fall ergibt sich für jeden Kostensatz Cl in den Abbildungen 1-10 und 1-11 eine andere Funktion. Für einen Kostensatz Cl = 4 liegt diese Funktion in Abbildung 1-10 unter der Funktion für Cl = 2. Die optimale Politik reagiert allerdings auch nur mit dem Faktor $2^{0,5}$ auf Veränderungen von Cl, d.h.: Bei gegebenem Cr wird die Bestellmenge erst halbiert, wenn sich die Lagerkosten Cl vervierfachen. Die entsprechende Kostenkurve bei Optimalverhalten in Abbildung 1-11 liegt für Cl = 4 oberhalb der Kostenfunktion für Cl = 2.

Mit kombinierten Sensitivitätsanalysen kann für beide Daten untersucht werden, ob sich ihre genauere Quantifizierung für die optimale Politik überhaupt auszahlt. Kombinierte Analysen mehrerer Daten werden durch die Mehrdimensionalität sehr schnell recht schwierig und unübersichtlich. Es lohnt sich daher, darüber nachzudenken, ob die Dimensionalität der Analyse reduziert werden kann. Das ist möglich, wenn bestimmte Daten stets in festen Kombinationen auftreten. Für diesen Fall soll auf das Beispiel zur Wahl des gewinnmaximalen Monopolpreises aus Abschnitt 1.3.2 mit der folgenden Gewinnfunktion zurückgegriffen werden.

$$G = \underbrace{(a - bM)\,M}_{\text{Erlös}} - \underbrace{kM}_{\substack{\text{variable}\\ \text{Kosten}}}$$

Die optimale Menge läßt sich aus der ersten Ableitung nach M entwickeln.

$$G'(M) = \underbrace{a - 2bm}_{\text{Grenz-erlös}} - \underbrace{k}_{\text{Grenz-kosten}} \overset{!}{=} 0 \Leftrightarrow M_{opt} = \frac{a-k}{2b}$$

Die variablen Kosten k setzen sich aus zwei Kostenarten k_i zusammen. Die Höhe dieser Kosten verändert sich im Zeitablauf infolge erwarteter Preisänderungen entsprechend der Abbildung 1-12.

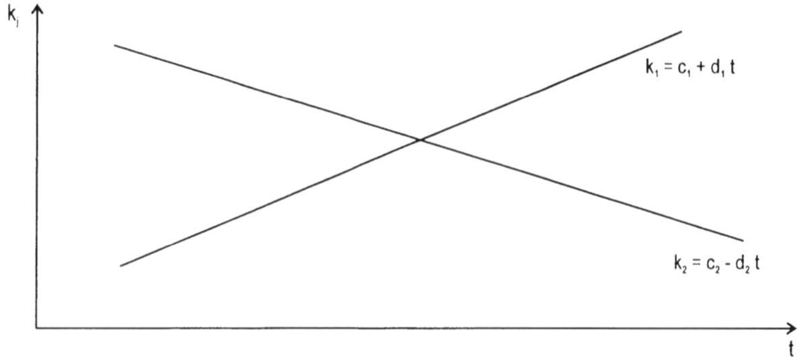

Abbildung 1-12

Beide Kostenarten hängen in diesem Fall von einem gemeinsamen Parameter t (der Zeit) ab und können durch die Ausdrücke

$$k_1 = c_1 + d_1 \cdot t$$

$$k_2 = c_2 - d_2 \cdot t$$

beschrieben werden. Für die variablen Kosten k in der Funktion M_{opt} wird die Summe $k_1 + k_2$ geschrieben. Die optimale Menge hängt damit von der Entwicklung des gemeinsamen Parameters t ab.

$$M_{opt} = \frac{a - (c_1 + c_2) - (d_1 - d_2)\,t}{2b}$$

Da sich beide Kostenveränderungen durch denselben Parameter t erklären lassen, ist in diesem Fall auch nur eine eindimensionale Sensitivitätsanalyse erforderlich. Für unterschiedliche Zeitpunkte t und damit unterschiedliche Kostensätze k kann die Reaktion der optimalen Menge analysiert werden. Wird der von t abhängige Ausdruck für M_{opt} in die Gewinnfunktion eingesetzt, kann auch die Veränderung des maximalen Gewinns als Funktion von t beschrieben werden.

1.4 Entwicklung von Planungsmodellen

1.4.1 Modelle als strukturerhaltende Abbilder realer Systeme[45]

Modelle[46] werden als Hilfsmittel zur Erklärung und Gestaltung realer Systeme eingesetzt. Erkenntnisse über Zusammenhänge und Sachverhalte realer Probleme können mit Hilfe von Modellen aufgrund der Ähnlichkeit zwischen dem realen System und dem Modell als Abbild gewonnen werden. Die Art der Ähnlichkeit, die den Modellcharakter ausmacht, soll am Beispiel eines Produktionssystems verdeutlicht werden.

Ein Betrieb kann zwei Produkte fertigen. Jedes Produkt muß in zwei Produktionsstufen mit jeweils einer Maschine bearbeitet werden. Die Produktionskoeffizienten der Produkte sind bekannt. Ein Kennzeichen eines derartigen realen Produktionssystems sind die möglichen monatlichen Ausbringungsmengen beider Produkte. Dieses Kennzeichen läßt sich durch folgendes System linearer Ungleichungen darstellen:

$$t_{11} M_1 + t_{21} M_2 \leq T_1$$
$$t_{12} M_1 + t_{22} M_2 \leq T_2$$

Die Modelleigenschaft des Ungleichungssystems ist durch Entsprechungen zwischen dem realen Produktionssystem und dem Ungleichungssystem begründet. Diese Entsprechungen beziehen sich auf unverknüpfte Einzelmerkmale, auf die Elemente (Daten und Variable) der beiden Systeme (Realität und Modell). Die Symbole t_{zs} stehen für die Produktionskoeffizienten der Erzeugnisse z in den Produktionsstufen s. Die Kapazität einer Stufe wird mit T_s bezeichnet. Die Symbole M_1 und M_2 beschreiben die Produktionsmengen der Produkte. Die Abbildung von Einzelmerkmalen eines realen Produktionssystems auf Elemente eines formalen Systems ist grundlegend für Modelle.

Jede Abbildung von Elementen des realen Systems auf Elemente des Modells beruht auf einem Abstraktionsvorgang. Die Abbildung stellt auf spezielle Merkmale - Ausbringung, Kapazität, Zeitverbrauch pro Mengeneinheit - des realen Systems ab. Von anderen Merkmalen, durch die sich ein reales Produktionssystem noch kennzeichnen läßt - Standort, Alter, Fabrikat, Farbe der Maschinen, Zeitpunkte, zu denen die Mengen hergestellt werden usw. - wird abstrahiert. Das bedeutet: Bestimmte Merkmale eines realen Systems werden im Modell nicht abgebildet, weil sie für den Zweck des Modells unerheblich sind. In realen Systemen unterscheidbare Gegenstände werden mithin im Modell zu gleichartigen Gegenständen zusammengefaßt, da eine weitergehende Differenzierung verzichtbar ist. Mit anderen Worten: Gegenstände, die in der Realität aufgrund anderer Merkmale als der im Modell erfaßten unterscheidbar sind, werden im Modell durch ein und dasselbe Element abgebildet. Abbildungen, in denen unterschiedliche Elemente des realen Systems einem Element im formalen System zugeordnet sind, werden mehreindeutig genannt. Die Abbildung ist nicht mehr isomorph, sondern nur noch homomorph, weil es unmöglich ist, ausgehend vom Modell die einzelnen Merkmale der Realität vollständig zurückzuverfolgen.

45 Vgl. auch Adam/Witte (1975).

46 Zum Modellbegriff vgl. Berthel (1970), Sp. 1122-1124; Grochla (1969), S. 383 ff.; Kosiol (1961), S. 318 ff.

Die Abbildung der Realität in einem Modell ist stets mehr oder weniger unvollständig. Wegen der Vielzahl realer Unterscheidungsmöglichkeiten ist eine vollständige Abbildung unmöglich oder wegen des Komplexitätsgrades vollständiger Modelle nicht erstrebenswert. Gerade in der Vereinfachung - der Abstraktion von den für eine Fragestellung unwesentlichen Merkmalen - liegt der Vorteil von Modellen. Durch Vereinfachung wird es möglich, die interessierenden Aspekte im Modell leichter offenzulegen und zu durchschauen.

Die bisherigen Überlegungen bezogen sich auf die Abbildung isolierter Elemente (Daten, Variable). Zwischen den Merkmalen des realen Systems bestehen darüber hinaus Zusammenhänge, die die Struktur des Problems ausmachen - und diese Struktur muß im Modell ebenfalls abgebildet werden. Welche Ausbringungsmengen eines Erzeugnisses im Produktionssystem möglich sind, das hängt bei voller Kapazitätsauslastung auch von der Ausbringungsmenge des jeweils anderen Produkts ab. Es lassen sich nur diejenigen Ausbringungsmengen realisieren, bei denen die Beschäftigungszeiten beider Produkte die verfügbaren Kapazitäten der einzelnen Stufen nicht überschreiten. Das obige Ungleichungssystem kombiniert daher gerade diejenigen Zahlenpaare M_1 und M_2 miteinander, die zu Beschäftigungszeiten führen, die den verfügbaren Kapazitäten genau entsprechen oder kleiner sind. Möglichen Paaren von Ausbringungsmengen des realen Produktionssystems entsprechen im Modell Zahlenpaare, die Lösung des Ungleichungssystems sind. Dieser Sachverhalt wird als zusammenhangsgetreues oder auch strukturerhaltendes Abbild bezeichnet. Im Beispiel wird der Zusammenhang zwischen dem Produktionskoeffizienten und dem Zeitverbrauch für mehrere Mengeneinheiten eines Produkts durch die multiplikative Verknüpfung von t_{zs} und M_z beschrieben. Dem Zusammenhang zwischen dem Zeitverbrauch beider Produktarten und dem Gesamtzeitverbrauch in einer Stufe entspricht die additive Verknüpfung. Die Abbildung des realen Systems muß so erfolgen, daß die abgebildeten Merkmale, die in der Realität zueinander in Beziehung stehen, auch im Modell entsprechend aufeinander bezogen sind. Nur dann ist die Abbildung *strukturerhaltend*. Damit ist neben der oben bereits erläuterten Mehreindeutigkeit die zweite Eigenschaft homomorpher Modelle präzisiert.

Die Eigenschaft strukturerhaltender Abbilder läßt sich am ehesten mit Hilfe einer nicht strukturerhaltenden Abbildung veranschaulichen. Dazu folgendes Gedankenexperiment: Anstelle der multiplikativen Verknüpfung des Zeitverbrauchs t_{zs} und der Menge M_z werden die beiden Merkmale additiv verbunden. Durch dieses Vorgehen wird der im Produktionssystem gegebene Zusammenhang im Modell nicht richtig wiedergegeben, da das Ergebnis der Summe $t_{zs} + M_z$ nicht das Abbild der für die Produktion von M_z Mengeneinheiten benötigten Zeit ist. Die Abbildung ist nicht strukturerhaltend.

Das letzte Beispiel gibt einen Hinweis darauf, wie nachgeprüft werden kann, ob eine Abbildung strukturerhaltend ist. Im Beispiel ist zunächst der tatsächliche Zeitverbrauch für die Produktion von M_z Mengeneinheiten zu ermitteln. Das Ergebnis dieser Erhebung ist mit dem Ergebnis der Verknüpfung der Einzelmerkmale im Modell zu vergleichen. Die Abbildung ist strukturerhaltend, wenn beide Ergebnisse übereinstimmen. Im Beispiel ist die Multiplikation der beiden Zahlen t_{zs} und M_z die strukturerhaltende Verknüpfung. Ihr Wert stimmt mit dem tatsächlich erforderlichen Zeitbedarf überein. Eine additive Verknüpfung würde zu abweichenden Ergebnissen führen.

Einen Hinweis darauf, ob die Elemente und Verknüpfungen strukturerhaltend abgebildet wurden, geben Dimensionsgleichungen. Im Verknüpfungsbeispiel $t_{zs} + M_z$ werden die Produktionszeit pro Mengeneinheit (ZE/ME) und die Ausbringung (ME) addiert. Eine derartige Addition ist sinnlos, da das Resultat nicht mehr zu dimensionieren ist (dimensionsverschiedene Summanden!). Die Konsistenz von Dimensionsgleichungen ist eine notwendige - allgemein aber nicht hinreichende - Bedingung für eine strukturerhaltende Abbildung.

Bei der Verknüpfung der Elemente in einem Modell findet meistens eine zweite Abstraktion statt. Um zu einfachen Modellen zu kommen, werden nicht alle in der Realität geltenden Verknüpfungsregeln abgebildet. Im Beispiel werden die Produktionsmengen einer Periode miteinander verknüpft; von der zeitlichen Struktur der Produktion wird hingegen abstrahiert. In der Realität können die Produktionszeiten pro Mengeneinheit zudem kleine zufällige Schwankungen aufweisen; auch diese stochastischen Beziehungen entfallen im Modell. Von welchen Beziehungen im Einzelfall abstrahiert wird, hängt von den verfügbaren Informationen, aber auch von der Fragestellung ab, die mit Hilfe eines Modells beantwortet werden soll.

Abbildungen, die *mehreindeutig* und *strukturerhaltend* sind, heißen also *homomorph.* Ein Modell ist stets ein homomorphes Abbild eines realen Systems. Aufgrund der Homomorphieeigenschaft können mit Hilfe von Modellen Erkenntnisse über reale Systeme gewonnen werden. Um festzustellen, ob bestimmte Ausbringungsmengen der beiden Produkte tatsächlich produziert werden können, ist daher zu überprüfen, ob sie eine Lösung des Ungleichungssystems sind. Mögliche Erkenntnisse aus Modellen erstrecken sich ausschließlich auf denjenigen Merkmalsbereich, den das Modell homomorph abbildet. Das obige Modell läßt beispielsweise keine Aussagen über den zeitlichen Ablauf der Produktion zu, da in ihm keine Abbilder dieses Merkmalsbereichs vorkommen. Die Fragestellungen, auf die ein Modell Antwort geben kann, hängen somit davon ab, welche Merkmale und Zusammenhänge durch ein Modell abgebildet werden. Um bei der Beantwortung einer bestimmten Fragestellung von Nutzen zu sein, muß ein Modell somit auf das interessierende Problem abgestimmt sein, das es für das reale System zu analysieren gilt.

Das für die Beantwortung einer Frage erforderliche Ausmaß an Abstraktion bei der Modellbildung läßt sich nicht allgemeingültig angeben. Auf ein und dieselbe Fragestellung lassen sich daher in der Regel Modelle mit unterschiedlichem Detaillierungsgrad anwenden. Ein Modellbauer kann im Stile eines Rubens Modelle „malen“: Jede Falte, jede Einzelheit und jede Farbnuance des Aktes ist dann auf dem Gemälde erkennbar; das Abbild ist sehr realitätsgetreu. Der Modellbauer kann sich aber auch „etwas zurücklehnen“, um im Stile Renoirs zu modellieren. Die Details entfallen; gewollt ist der Gesamteindruck, die große Struktur, der Überblick. Beide Vorgehensweisen führen zu Modellen unterschiedlicher Eignung für den Modellnutzer. Der Realist wird sich an dem detailgetreuen Gemälde Rubens' erfreuen. Der „Träumer“ wird sein Gefallen am Renoirstil finden. Der Zweck des Modells bestimmt damit den Modellbaustil. Wer in groben Strukturen denken will - manche nennen dies „strategisches Denken“ - abstrahiert bei der Modellbildung stärker. Der „Realist“ erfreut sich hingegen an der letzten Verfeinerung seines Modells.

Die gewünschte Genauigkeit bei der Beantwortung einer gestellten Frage bestimmt das erforderliche Ausmaß an Abstraktion. Der Abstraktionsgrad determiniert wiederum die Komplexität eines Modells, womit auch feststeht, ob es eine effiziente Methode zur Auswertung des Modells gibt. Einfache Modelle sind leichter und schneller zu berechnen als Modelle mit hoher Komplexität. Der Genauigkeit der Abbildung sind häufig zudem durch die Qualität der Informationen Grenzen gesetzt. Die Modellbildung muß daher an die beschaffbaren Informationen angepaßt werden. Doch selbst wenn die zur Modellbildung notwendigen Informationen beschafft werden können, kann ein Genauigkeitsverzicht sinnvoll sein. Das hat drei Gründe:

- die Informations- und Planungskosten,
- das erforderliche oder mögliche Auflösungsniveau der Problemstellung,
- die Wahl einer ergiebigen Modellstruktur.

In der Regel müssen für eine genauere Abbildung detailliertere Informationen vorliegen, was zusätzliche Informationskosten zur Folge hat. Zudem führt die Abbildung umfangreicherer Informationen zu komplexeren Modellstrukturen, durch die die Auswertung erschwert wird. Sind die Kosten für Informationsbeschaffung und Modellauswertung höher als die erwartete Verbesserung des Zielbeitrags durch eine genauere Planung, ist ein einfacheres Modell ökonomisch günstiger.

Beispielsweise sind für die Entwicklung einer statistisch abgesicherten Wahrscheinlichkeitsverteilung von Maschinenausfallzeiten große Datenmengen und komplizierte Berechnungen erforderlich. Hinzu kommt eine wesentlich kompliziertere Modellstruktur, wenn wahrscheinlichkeitsverteilte Ausfallzeiten im Modell erfaßt werden sollen, was zusätzlichen Auswertungsaufwand bedingt. Es ist daher im Beispiel des Produktionsplanungssystems zu überlegen, ob die Zusatzkosten einer verbesserten Abbildungsgenauigkeit durch die Vorteile einer höheren Planungsgenauigkeit wettgemacht werden. Ein einfaches Modell, das lediglich die mittleren Ausfallzeiten berücksichtigt, kann unter diesem Aspekt vorteilhafter sein.

Das erste Motiv zur Abbildungsvereinfachung steht im engen Zusammenhang mit dem zweiten: dem erforderlichen oder sinnvollen Auflösungsniveau. Der erforderliche Genauigkeitsgrad hängt insbesondere von der Empfindlichkeit des realen Systems gegen Abbildungsunschärfen ab. Ist aus der Analyse der Lager- und Bestellkosten für die Bestellpolitik bekannt, daß sich die Kosten nur wenig mit der Bestellmenge verändern (zehnprozentige Mengenänderungen führen beispielsweise nur zu einprozentigen Kostenänderungen), kann der durch ein detailliertes Modell verursachte Planungsaufwand kaum durch verbesserte Planungsergebnisse ausgeglichen werden. Für unsensible Probleme sind grobe Modelle ausreichend. Um über den Detaillierungsgrad sinnvoll entscheiden zu können, muß der Modellbauer eine Vorweginformation über die Reagibilität der Zielfunktion auf Variation der Variablen haben.

Besondere Aufmerksamkeit verlangt die Abstimmung der Genauigkeit verschiedener Modellteile. Die einzelnen Teilmodelle eines größeren Gesamtmodells müssen hinsichtlich ihrer Abbildungsgenauigkeit ausgewogen sein. Dabei wird die sinnvolle Genauigkeit durch denjenigen Teilbereich bestimmt, bei dem die Informationsdefizite am größten sind. Bei der Abstimmung von Produktions- und Absatzplanung ist es beispielsweise zwecklos, den Produktionsteil detailgetreu abzubilden, wenn nur grobe Absatzschätzungen vorliegen, die sich auch durch zusätzliche Marktforschung nicht verbessern lassen.

Die Suche nach einer ergiebigen Modellstruktur ist ein dritter Grund für Genauigkeitsverzicht. Eine ergiebige Modellstruktur liegt vor, wenn sich die optimale Lösung eines Problems leicht und schnell berechnen läßt. Genaue Abbildungen realer Systeme, die sich rechnerisch nicht auswerten lassen, sind unbrauchbar. Anstelle eines nicht operationalen, kaum auswertbaren exakten Modells müssen bei problemorientiertem Vorgehen einfachere Modelle eingesetzt werden, die rechnerisch zu bewältigen sind.

Ein typisches Beispiel für diese Art von Genauigkeitsverzicht sind Linearisierungen. Ein Betrieb kann sich mit einem Aggregat zeitlich und intensitätsmäßig an Änderungen der Beschäftigung anpassen. Die Kosten der Planperiode lassen sich durch die Kostenfunktion K(x,t) mit x als Intensität und t als Beschäftigungszeit darstellen.

$$K(x,t) = \underbrace{\left(ax - bx^2 + cx^3\right)}_{\text{Kosten pro Zeiteinheit}} \underbrace{t}_{\text{Einsatzzeit}}$$

Diese nichtlineare Kostenfunktion läßt sich unter Verzicht auf Genauigkeit linearisieren. Zu diesem Zweck werden alternativ einzusetzende Intensitätsstufen j mit einer bestimmten Leistung x_j und zugehörigen Kosten pro Zeiteinheit $K(x_j)$ definiert. Mit t_j wird die Einsatzzeit bezeichnet, während der mit der Intensitätsstufe j gearbeitet wird. Die Kosten K(x,t) der Planperiode sind näherungsweise durch den Ausdruck $K(t_j)$ zu beschreiben.

$$K(t_j) = \sum_{j=1}^{n} K(x_j)\, t_j$$

Der Genauigkeitsgrad der Abbildung hängt dabei von der Anzahl definierter Intensitätsstufen j ab. Mit steigender Stufenzahl j wächst der Genauigkeitsgrad.

1.4.2 Der Modellbildungsprozeß

Die Modellbildung vollzieht sich in fünf Stufen.

- Zu Beginn der Modellbildung sind meistens nur Symptome bekannt, mit denen die Unternehmensleitung unzufrieden ist, und es existiert eine zumeist noch „verschwommene" Zielrichtung für den Denkprozeß. Ein klares, gutstrukturiertes Problem fehlt. Eine symptombezogene Ursachenanalyse läßt allerdings mögliche Strukturierungsrichtungen deutlich werden.

- Aus den möglichen Entwicklungsrichtungen eines Problems ist eine erfolgversprechende, möglichst eindeutige Problemstellung herauszukristallisieren, für die ein Modell zu entwickeln ist.

- Für die ausgewählte Fragestellung sind die relevanten Merkmale - Variable und Daten - sowie die für die Fragestellung wesentlichen Beziehungen zwischen den Modellelementen zu analysieren.

- Gesucht ist ein strukturerhaltendes, effizient auswertbares Modell. Ziele und Restriktionen des Modells sind zu formulieren.

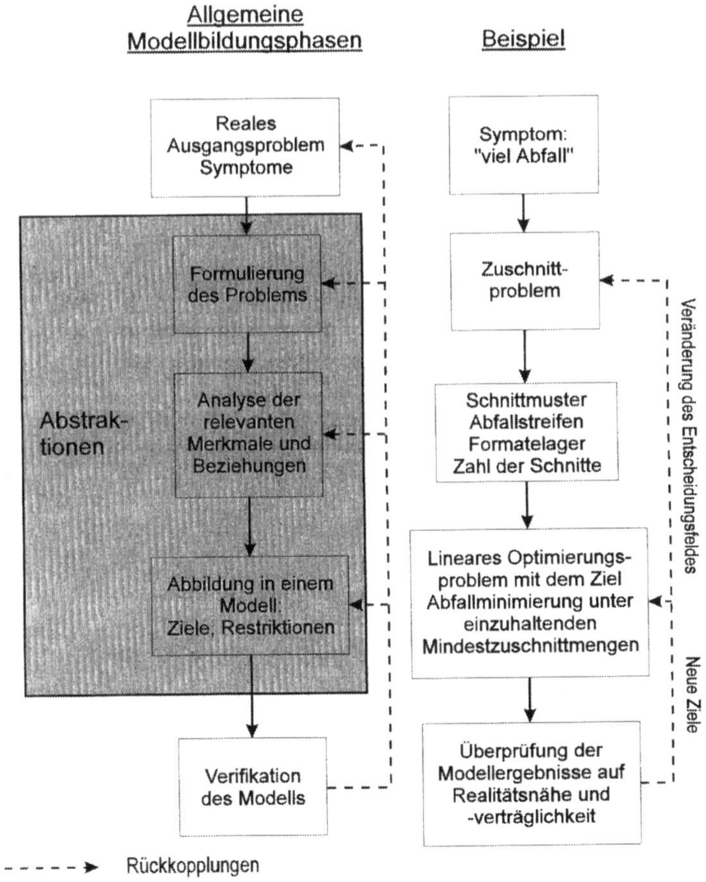

Abbildung 1-13

- In den letzten drei Schritten führt der Modellbauer entsprechend seiner Sichtweise des Problems, seiner Kenntnis der Elemente und Zusammenhänge sowie seiner Fähigkeiten zur Formulierung formaler Modelle Abstraktionen durch. Das entwickelte Modell muß daher auf Stimmigkeit der Ergebnisse und auf den Beitrag zur Lösung des diffusen Ausgangsproblems überprüft werden. Diese Verifikation kann Mängel des Modells zutage fördern; beispielsweise stimmen die Zielbeiträge bestimmter Kombinationen der Variablen nicht mit den entsprechenden Zielbeiträgen dieser Lösungen in der Realität überein. Diese Mängel sind Anlaß, die Modellbildung in eine der bereits durchlaufenen Phasen zurückzuverweisen.[47] Modellbildung ist damit kein linearer Prozeß, in dem die einzelnen Phasen nur einmal durchlaufen werden.

Jede Modellbildung basiert auf subjektiven, wertenden, qualitativen Elementen. Subjektiv, aber begründet ist die Auswahl der konkreten Fragestellung sowie der Elemente und Beziehungen. Problemsensibilität, Methodenkenntnis und Kreativität des Modellbauers beeinflussen den Prozeß der Modellbildung. Am Ende steht ein formallogisch nicht begründbares, aber plausibles Modell für die Lösung des realen Problems. Infolge der subjektiven Elemente im Modellierungsprozeß gibt es nicht nur *eine* Möglichkeit, für ein Problem ein Modell zu konstruieren; es gibt folglich auch nicht *die eine* optimale Lösung für das Ausgangsproblem. Mit Hilfe von Modellen kann immer nur die optimale Lösung für die gewählte Modellstruktur bestimmt werden. Andere Modellierungen haben i.d.R. andere „optimale" Lösungen zur Folge.

Die Probleme der Modellierung sollen an einem Beispiel verdeutlicht werden.[48] Ein papiererzeugendes Unternehmen produziert Papierrollen bestimmter Breite, aus denen nach Kundenaufträgen zoll- und DIN-formatige Papiere geschnitten werden. In der Zuschneiderei fallen derzeit ca. 15% der Produktionsmenge an Papier in nicht verkäuflichen Randstreifen an. Mit dieser Ausgangslage ist das Unternehmen unzufrieden.

Die Ursachenanalyse für den hohen Verschnitt zeigt drei mögliche Ansatzpunkte für Planungsüberlegungen:

- Die Papierrollen lassen sich gut in DIN-Formate aufteilen. Bei einem Zuschnitt von Zollformaten fällt viel Verschnitt an. Das Unternehmen könnte Rollen mit einer zweiten Papierbreite fertigen, aus der die Zollformate geschnitten werden. Zur Produktion der zweiten Breite sind Umrüstungen an der Produktionsanlage erforderlich. In einem Investitionsmodell müßte daher die Vorteilhaftigkeit dieses Vorgehens getestet werden.
- Das Unternehmen könnte auch bei der bisherigen Rollenbreite bleiben und seine Verkaufspolitik auf DIN-Formate verlagern.
- Der Betrieb könnte seine bisherige unsystematische Zuschnittpolitik für Einzelaufträge aufgeben und den Mindestnettobedarf der Formate einer Woche (Bruttobedarf abzüglich Lager) gemeinsam disponieren, um den Verschnitt zu verringern.

Das Unternehmen möge sich für die Variante „systematische Zuschnittpolitik" entscheiden, weil man der Überzeugung ist, durch Lösung dieses Problems die unbefriedigende Verschnittsituation nachhaltig verbessern zu können. Relevante Merkmale und Beziehungen für die konkretisierte Fragestellung sind

47 Vgl. das „Schema zur heuristischen Planung" bei Witte (1979), S. 128.

48 Vgl. Adam (1980).

- die möglichen Zuschnittmuster, nach denen eine Rolle in verkaufsfähige Formate zerlegt werden kann,
- der Abfall, der bei Zuschnitt einer Rolle nach einem bestimmten Muster anfällt,
- die Anzahl der Formate bestimmter Breite, die beim Zuschnitt einer Rolle nach einem Muster anfallen,
- die Zahl erforderlicher Schnitte für jedes Zuschnittmuster,
- der Nettobedarf an Formaten im Planungszeitraum,
- die Auswirkungen einer bestimmten Zuschnittpolitik auf Lagerhaltung und Kapitalbindung,
- die Auswirkungen der Schnittmuster auf verlorengehende Deckungsbeiträge.

Da das Unternehmen über kein gut ausgebautes Rechnungswesen verfügt und auch Probleme hat, die Kapitalbindung im Lager zu quantifizieren, entschließt es sich, nicht alle für die eigentliche Zielsetzung (hohe Gewinnerzielung) relevanten Elemente und Beziehungen abzubilden. Man hofft, positive Rückwirkungen auf das eigentliche Ziel zu erreichen, wenn das Ersatzziel „Minimierung des Verschnitts" verfolgt wird. Dieses Modell verzichtet auch darauf, die mit dem Zeitablauf zusammenhängenden Elemente des realen Systems abzubilden; d.h., daß Lagerbestandsentwicklungen nicht erfaßt werden, um ein einfach auszuwertendes Modell zu erhalten. Durch diese Einschränkungen werden einige der genannten Elemente und Beziehungen für die weitere Modellbildung irrelevant.

Für die Lösung des Verschnittproblems wird ein Modell der Linearen Programmierung aufgestellt, und es werden die Ergebnisse für eine bestimmte Datenkonstellation berechnet. Die Berechnungsergebnisse des entwickelten LP-Modells müssen mit der Wirklichkeit konfrontiert werden. Die Minimierung des Verschnitts für den wöchentlichen Zuschnitt der Mindestnettobedarfsmengen der Formate zeitigt bei Umsetzung der „optimalen" Politik in die Realität u.U. für bestimmte, im Modell nicht abgebildete Elemente negative, nicht hinzunehmende Konsequenzen. Zum Beispiel sinkt der Verschnitt so stark, daß das Unternehmen nunmehr Altpapier zukaufen muß, um die Papierqualität zu halten. Die Lagerbestände für schlecht verkäufliche Formate, die gerade für einen minimalen Verschnitt sorgen, nehmen im Laufe der Zeit immer weiter zu und führen zu steigender Kapitalbindung. Die Modellergebnisse des ersten Strukturierungsversuchs können daher noch nicht als vernünftige Lösung des Ausgangsproblems angesehen werden. Das Problem wird deshalb in eines der bereits durchlaufenen Stadien der Modellbildung zurückverwiesen, um im Wege der Nachbesserung des Modells zu erreichen, daß ein akzeptables Ergebnis erzielt wird. Das kann durch Abwandlung der Zielsetzung des Modells oder durch zusätzliche Restriktionen erreicht werden.[49] Die unschönen Wirkungen auf die Lagerbestandsentwicklung lassen sich dadurch begrenzen, daß für den Zuschnitt eines Wochenbedarfs nur eine bestimmte Anzahl von

49 Das Beispiel wird an späterer Stelle noch einmal aufgegriffen, um die Formulierung von Bereichszielen zu verdeutlichen.

Rollen freigegeben wird. Wird die erlaubte Rollenzahl unter die bei Verschnittminimierung geltende Zahl reduziert, werden automatisch die Fertigwarenbestände verringert. Es steigt dann allerdings wieder der Umfang an Verschnitt.

Diese Rückkopplung zu früher durchlaufenen Phasen ist ein typisches Merkmal des Modellbildungsprozesses. Im Zuge der Modellbildung ist es häufig erforderlich, das Problem in eine durchlaufene Stufe zurückzuverweisen. Unter Umständen ist auch die ursprüngliche Frage, auf die hin das reale System zu untersuchen ist, neu zu formulieren. Das soll wiederum an einem Beispiel verdeutlicht werden.

Die Beobachtung eines realen Produktionssystems hat gezeigt, daß die Maschinen zufallsbedingt ausfallen und repariert werden müssen. Die Zeiten zwischen Auftritt der Störung an den Maschinen und dem Reparaturbeginn hängen davon ab, wann die Reparaturkolonne mit anderen Arbeiten fertig wird. Die Dauer der Reparatur ist von der Art des aufgetretenen Maschinenschadens abhängig. Der zufallsbedingte Ausfall der Maschinen sowie die Warte- und Reparaturzeiten führen dazu, daß von den Kapazitäten T_s der Maschinen ein im voraus nicht genau bestimmbarer, da zufallsabhängiger Anteil im nächsten Monat verlorengeht und damit nicht für die Produktion zur Verfügung steht. Dadurch ändern sich aber die realisierbaren Ausbringungsmengen der beiden Erzeugnisse M_1 und M_2 im nächsten Monat im Vergleich zu einem Modell, das Maschinenausfallzeiten nicht erfaßt. Weil sich die im nächsten Monat auftretende Maschinenausfallzeit nicht im voraus bestimmen läßt, ist die zunächst gestellte Frage nach den im nächsten Monat realisierbaren Produktionsmengen der beiden Erzeugnisse in der ursprünglichen Form nicht mehr zu beantworten, da dazu die effektive Ausfallzeit bekannt sein müßte. Ein Modell für die ursprüngliche Problemstellung läßt sich demzufolge nicht entwickeln. Die Fragestellung muß neu formuliert werden.

Entsprechend dem gewünschten Genauigkeitsgrad der Abbildung kann es beispielsweise zur Entwicklung eines Modells kommen,

- dem die durchschnittlich pro Monat zu fertigenden Mengen der beiden Produkte zu entnehmen sind. In diesem Fall sind von den Kapazitäten die durchschnittlichen monatlichen Ausfallzeiten der Maschinen abzuziehen.

- dem die Ausbringungsmengen bei minimaler bzw. maximaler in der Vergangenheit aufgetretener Ausfallzeit zu entnehmen sind. In diesem Fall ist im Modell die Schwankungsbreite der Ausfallzeiten zu berücksichtigen.

- dem die Ausbringungsmengen als Wahrscheinlichkeitsverteilung aller statistisch möglichen Ausfallsituationen zu entnehmen sind. In diesem Fall ist im Modell die Wahrscheinlichkeitsverteilung der Ausfallzeiten abzubilden.

Das erste Modell läßt nur die Frage nach den durchschnittlich pro Monat zu erreichenden Ausbringungsmengen zu, während das letzte Modell auch die Frage beantwortet, mit welcher Wahrscheinlichkeit unterschiedliche Ausbringungsmengen zu produzieren sind. Welches Modell den Überlegungen zugrunde zu legen ist, hängt letztlich vom Informationsstand ab. Dieser legt eine absolute wirtschaftliche Schranke für die Genauigkeit der Abbildung fest. Das dritte Modell kann nur gebildet werden, wenn die Wahrscheinlichkeitsverteilung der Ausfallzeiten bekannt ist. Diese Information ist weitaus schwieriger zu beschaffen als eine Angabe über die durchschnittlichen Ausfallzeiten und verursacht daher Zusatzkosten.

Wie Modelle für reale Probleme zu entwickeln sind, ist nicht aus theoretischen Abhandlungen erlernbar. Theoretische Darstellungen können nur exemplarisch die mit der Modellbildung verbundenen Probleme beleuchten und geeignete Denkmuster für die Modellierung vermitteln, die auf vergleichbare Probleme angewendet werden können.

Modelltheoretische Analysen sind aber auch mit Gefahren verbunden. Bei Sichtung der heute fast unüberschaubaren Anzahl von Modellen kann man sich des Eindrucks nicht erwehren, daß viele Modelle mit praktischen Gegebenheiten in realen Problemsituationen kaum mehr etwas gemeinsam haben. Die von einem Modell zu fordernde Unterstützung für den praktischen Problemlösungsprozeß wird bei den Modellen in der Literatur zu häufig aus den Augen verloren. Sie haben allenfalls didaktischen Wert, um Studierende in bestimmte Denkstrukturen einzuweihen. Häufig werden auch um der Lösbarkeit des Modells willen Hypothesen eingeführt, die sich der Überprüfung in einer realen Problemsituation entziehen. Durch dieses Vorgehen werden allzuoft die eigentlichen Probleme, die in der Praxis relevant sind, aus der Modellbildung ausgeklammert. Diese Tendenz zur Vereinfachung und Ausklammerung führt zu formalen Strukturen, in denen zwar gerechnet werden kann, die für praktische Probleme aber nicht hilfreich sind. Die skizzierte Tendenz zu abstrakten Modellen ist der Akzeptanz modelltheoretischer Analysen in der Praxis nicht förderlich. Wenn die Betriebswirtschaftslehre es als ihre Aufgabe ansieht, Modelle zur Erklärung und Gestaltung betrieblicher Systeme zu entwickeln, ist es unumgänglich, daß Modellkonstruktionen von praktischen Problemen ausgehen und auf diese zugeschnitten sind.

1.4.3 Ein Beispiel zur Modellbildung

1.4.3.1 Daten des Beispiels

Ein Handelsunternehmen hat aus den letzten 33 Verkaufswochen für einen bestimmten, auch künftig zu führenden Artikel folgende, in Abbildung 1-14 dargestellte Verkaufsstatistik des wöchentlichen Absatzes erstellt.

Dieser Statistik ist zu entnehmen, daß sich der wöchentliche Absatz zwischen 1000 und 2000 Mengeneinheiten bewegt. Die Nachfragemenge je Woche unterliegt zufälligen Einflüssen. Die Anordnung der Verkaufsmenge in zeitlicher Reihenfolge läßt aber erkennen, daß für die Nachfrage kein Trend gilt und daß auch keine Saisoneinflüsse vorhanden sind. Mit Hilfe statistischer Testverfahren - Chi-Quadrat-Test - wurde ermittelt, daß die effektive Verteilung der Nachfrage pro Woche mit hinreichender Sicherheit einer Gleichverteilung genügt, d.h., es kann für die Analysen davon ausgegangen werden, daß die relative Häufigkeit - Dichte - f(q) für alle Nachfragemengen im Intervall von $M_u = 1000$ bis $M_o = 2000$ gleich groß ist. Die effektive Verteilung ist damit durch eine idealtypische Verteilungsfunktion hinreichend genau beschrieben. Für die Gleichverteilung (Rechteckverteilung) gilt die Verteilungsfunktion

$$F(q) = \frac{q - M^u}{M^o - M^u}$$

bzw. die Dichte

$$F'(q) = f(q) = \frac{1}{M^o - M^u}$$

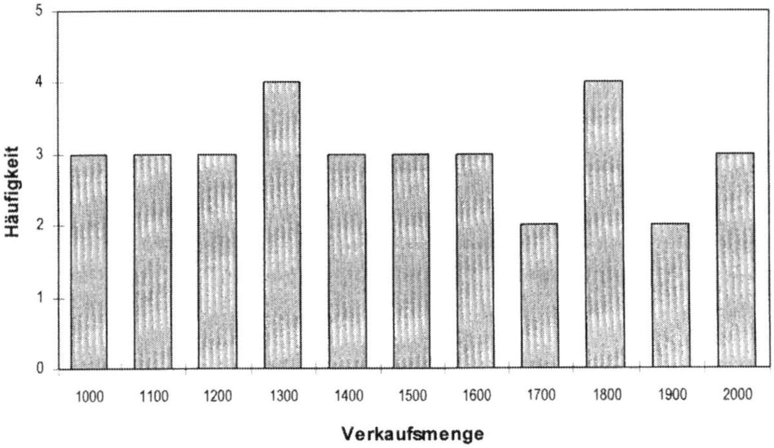

Abbildung 1-14

Die Verteilungsfunktion F(q) gibt die Wahrscheinlichkeit dafür an, daß die Nachfragemenge pro Woche den Wert q nicht überschreitet - kumulierte Nachfrage von der unteren Gültigkeitsgrenze der Verteilung bis zur Nachfrage q. Für den Erwartungswert n der Nachfrage gilt bei Gleichverteilung der Ausdruck:

$$n = \frac{M^o + M^u}{2}$$

Das Unternehmen möchte für den Artikel, der auch in der Zukunft noch für längere Zeit geführt werden soll, ein Modell entwickeln, das es erlaubt, eine kostengünstige Bestell- und Lagerpolitik abzuleiten. Es wurde ermittelt, daß eine Bestellung mit bestellfixen Kosten Cr = 60 GE verbunden ist. Die Einlagerung einer Mengeneinheit des Artikels für eine Woche verursacht Lagerkosten Cl - Zinsen, Pflege der Bestände - in Höhe von 0,2 GE. Treten Fehlmengen auf, können diese nicht nachgeliefert werden. Dem Unternehmen geht für jede nicht gelieferte Mengeneinheit ein Deckungsbeitrag von 70 GE verloren. Die Lieferzeit für bestellte Waren beläuft sich auf eine Woche. Das Unternehmen ist durch eine permanente Inventur ständig über den Lagerbestand informiert.

Das zu entwickelnde Bestellmodell muß grundsätzlich zwei Fragen beantworten:

- Wieviel Mengeneinheiten sollen bei jeder Bestellung geordert werden (Bestellmenge)? Diese Menge soll so gewählt werden, daß die mit steigender Bestellmenge gegenläufigen Entwicklungen der Bestell- und Lagerkosten zum Ausgleich kommen.

- Auf welchen Bestand soll das Lager absinken, ehe eine neue Bestellung getätigt wird (Bestellpunkt)? Der Bestellpunkt ist so zu wählen, daß das Unternehmen während der Lieferzeit mit ausreichender Wahrscheinlichkeit gegen Fehlmengen geschützt ist.

Da es sich im Beispiel um eine häufig wiederkehrende Entscheidung unter gleichartigen Bedingungen handelt, ist ein Modell sinnvoll, das den Erwartungswert der drei relevanten Kostenarten minimiert. Für die skizzierte Ausgangssituation sollen einige Modellvarianten mit unterschiedlichem Abstraktionsgrad entwickelt werden.

1.4.3.2 Erste Modellvariante

Eine erste Möglichkeit zur Lösung des Problems besteht darin, für jede der beiden Fragen isoliert ein Modell zu entwickeln. Ziel des Modells zur Bestellmengenpolitik ist es, den Erwartungswert der von der Bestellmenge direkt abhängigen Lager- und bestellfixen Kosten einer Planperiode beliebiger Länge durch Wahl einer geeigneten Bestellmenge zu minimieren.

Für die Modellbildung soll zunächst nicht mit wahrscheinlichkeitsverteilter Nachfrage, sondern mit dem Mittelwert der Nachfrage n = 1 500 ME gearbeitet werden. Die idealisierte Lagerbestandsentwicklung ist in diesem Fall durch die Abbildung 1-15 zu beschreiben. Das Unternehmen lagert im Zeitpunkt t_0 y Mengeneinheiten aus der ersten Bestellung ein und setzt pro Woche n ME ab. Unterstellt wird ein kontinuierlicher Lagerabgang. In den Zeitpunkten t_1 und t_2 wird das Lager wieder durch eine jeweils eine Woche früher ausgelöste Bestellung aufgefüllt. Die effektive, zufallsabhängige Lagerbestandsentwicklung wird um die in der Zeichnung eingetragene Lagerbestandsfunktion zufällig schwanken.

Für die idealtypische Lagerbestandsentwicklung ergibt sich ein durchschnittlicher Lagerbestand in Höhe der halben Bestellmenge y.[50] Dieser Bestand ist während der gesamten Planungsperiode T gebunden (im folgenden Beispiel gilt T = 1 Woche). Die Abbildung der Lagerkosten kann von diesem Durchschnittsbestand ausgehen, d.h, es ist nicht erforderlich, die zeitliche Entwicklung des Lagerbestands im Modell darzustellen. Im Modell kann also von Merkmalen des Zeitablaufs abstrahiert werden.

50 Zur Berücksichtigung von Lagerhöchstmengen vgl. Berens (1982), S. 354 ff.

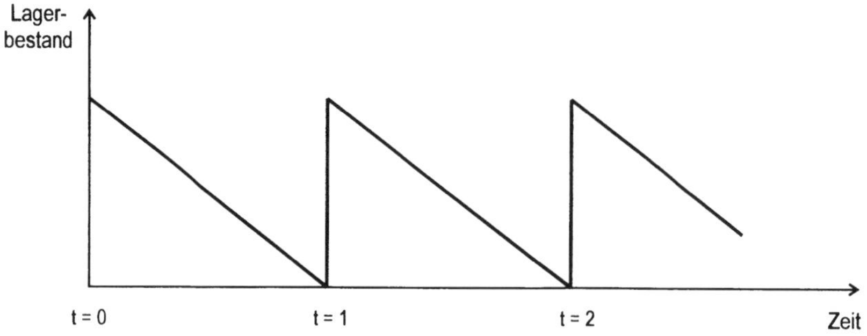

Abbildung 1-15

Die gesamten Lagerkosten und bestellfixen Kosten pro Woche belaufen sich bei dieser Art der Modellbildung auf:

$$K(y) = \frac{y}{2} Cl + Cr \frac{R}{y} \rightarrow \min$$

Die bestellfixen Kosten errechnen sich als Produkt aus bestellfixem Kostensatz Cr pro Bestellung und der Anzahl der Bestellungen pro Woche (Erwartungswert der Nachfrage R = T·n = 1·n, dividiert durch die Bestellmenge y). Aus der null gesetzten ersten Ableitung ergibt sich für y_{opt} der bekannte Ausdruck:

$$y_{opt} = \sqrt{\frac{2\,Cr\,R}{Cl}}$$

Mit den Daten des Beispiels errechnet sich eine optimale Einkaufsmenge y_{opt} in Höhe von:

$$y_{opt} = \sqrt{\frac{2 \cdot 60 \cdot 1500}{0{,}2}} = \sqrt{900000} \approx 949$$

Pro Woche werden im Schnitt somit 1500/949 = 1,58 Bestellungen getätigt.

Dieser Vorschlag zur Bestellmenge kann zunächst nur als grobe Annäherung an die Realität betrachtet werden, da vom Zufall bei der Nachfrage abstrahiert wird. Die Konsequenz dieser Abstraktion ist eine mit Mängeln behaftete Abbildung der Lager- und Bestellkosten, da das Modell die stochastischen Abhängigkeiten der Lagerbestände aufeinanderfolgender Perioden nicht erfaßt.[51]

Zur Beantwortung der zweiten Fragestellung der Bestellpolitik - Bestellpunkt - ist ein Bestand zu ermitteln, bei dem eine neue Bestellung aufgegeben werden soll. Aus diesem Bestand soll der Betrieb während der Lieferzeit einer Bestellung die auftretende Nachfrage decken. Dieser Bestand könnte unter Vernachlässigung des Zufallsprozesses der Nachfrage

51 Vgl. hierzu Abschnitt 1.3.4.

und unter Vernachlässigung der Fehlmengenkosten auf der Basis der folgenden Überlegungen ermittelt werden:

- Eine Bestellung wird ausgelöst, wenn der Bestand dem Erwartungswert n des Absatzes während der Lieferzeit - eine Woche - entspricht. Dieses Vorgehen geht davon aus, daß nach einer Bestellung ein Bestand erreicht wird, der oberhalb der Meldemenge liegt. Es darf zudem immer nur eine Bestellung ausstehen. Dieses Vorgehen ist sinnvoll, wenn der Zeitraum zwischen zwei Bestellungen größer ist als die Lieferzeit. Im Beispiel mit einer optimalen Bestellmenge von 949 ME kann die Meldemenge aber nie erreicht werden, wenn immer nur eine Bestellung aussteht. Dieses Vorgehen ist daher als Folge des Modells für die erste Frage in der gegebenen Datensituation sinnlos.

- Eine Bestellung wird aufgegeben, wenn der Bestand zuzüglich der bestellten, aber noch nicht gelieferten Mengen nicht größer ist als die durchschnittliche Nachfrage n während der Lieferzeit. Dieses Vorgehen wäre angebracht, wenn die Lieferzeit den Zeitraum zwischen zwei Bestellungen übersteigt, so daß gleichzeitig mehrere Bestellungen ausstehen. Die Meldemenge aus Bestand und bestellter Ware kann aber überhaupt nur erreicht werden, wenn am Anfang zwei Bestellungen ausstehen ($2 \cdot 949 > 1500$).

Nach beiden Varianten errechnet sich für die Meldemenge ein Niveau von 1500 ME.

Die beiden Teilmodelle zur Bestellpolitik führen nicht in jeder Entscheidungssituation zu einem befriedigenden Planungsergebnis:

- Die Meldemenge sichert nur gegen Fehlmengen, wenn die Nachfrage in der Lieferzeit unter 1 500 ME bleibt. Die Wahrscheinlichkeit F(q) für eine Nachfrage bis zu q = 1500 Mengeneinheiten pro Woche beträgt aber nur 50%. Der Modellansatz sichert somit nur ein 50%iges Serviceniveau. Mit einer Wahrscheinlichkeit von 1 - F(q) = 50% treten hingegen Fehlmengen auf. Die ökonomischen Konsequenzen von Fehlmengen werden im Modell nicht erfaßt.

- Das Modell berücksichtigt die effektiv anfallenden Lagerkosten nur ungenau. Der Grund dafür liegt in der Hypothese eines wöchentlichen Lagerabgangs in Höhe des Erwartungswerts der Nachfrage. Die tatsächliche Nachfrage weicht von dieser fiktiven Absatzmenge ab, so daß sich nicht die den Lagerkosten im Modell zugrunde gelegte idealtypische Lagerbestandsentwicklung einstellt.[52] Zudem werden Minderliefermengen im Modell nicht erfaßt, die auftreten, weil bei Fehlmengen nicht nachgeliefert werden kann.

1.4.3.3 Zweite Modellvariante

Dem Unternehmen ist die 50%-Wahrscheinlichkeit für Lieferfähigkeit zu gering. Ziel der Politik soll es daher sein, ein höheres Serviceniveau zu erreichen. Wird die Meldemenge N im Beispiel über 1.500 ME auf N = 1.900 ME erhöht, schützt sich das Unternehmen mit einer Wahrscheinlichkeit von F(1900) = 90% gegen Fehlmengen. Dieser verbesserte Schutz

52 Vgl. Abschnitt 1.3.4 zum Durchschnittsprinzip.

hat zwei Konsequenzen: Der durchschnittliche Lagerbestand steigt im Beispiel um 400 Mengeneinheiten für den Sicherheitsbestand e = N - n an. Dieser Zusatzbestand verursacht weitere Lagerkosten. Gleichzeitig sinkt die Fehlmenge, so daß Fehlmengenkosten abgebaut werden. Das Unternehmen könnte die Meldemenge N_{opt} suchen, bei der die beiden gegensätzlichen Kostenentwicklungen zum Ausgleich gelangen. In diesem Fall ist die folgende Kostenfunktion zu minimieren (y sei aus einem isolierten ersten Planungsschritt gegeben):

$$K(N) = \underbrace{Cl\,(N-n)}_{\substack{\text{Lagerkosten}\\ \text{für e=N-n}\\ \text{[GE/Woche]}}} + \underbrace{\frac{R}{y}}_{\substack{\text{Bestell-}\\ \text{hä ufigkeit}\\ \text{[Best./Woche]}}} \cdot \underbrace{E \cdot \int_N^{M^o} (q-N)\, f(q)\, dq}_{\substack{\text{Fehlmengenkosten}\\ \text{pro Bestellung}\\ \text{[GE/Best.]}}} \rightarrow \min$$

N - n bezeichnet den auf die höhere Meldemenge zurückgehenden Sicherheitslagerbestand, der während der gesamten Planungsperiode auftritt. Für diesen Bestand sind Lagerkosten zu berechnen. Wenn für einen Bestellzyklus N Mengeneinheiten zur Befriedigung der Nachfrage zur Verfügung stehen,[53] gibt (q - N) die Fehlmenge pro Bestellung an. Das Integral bezeichnet den Erwartungswert der Fehlmengen für einen Auffüllzyklus. Die Multiplikation des Erwartungswerts der Fehlmengen je Auffüllperiode mit dem Fehlmengenkostensatz E pro Mengeneinheit führt zu den Fehlmengenkosten je Bestellung. Die Dichte f(q) kann für die Gleichverteilung vor das Integrationszeichen gezogen werden, da es sich in diesem Fall um eine Konstante handelt. Das verbleibende Integral der Fehlmengen kann, wie in der Fußnote erläutert, umgeformt werden.[54] Die zu minimierende Kostengleichung nimmt damit folgende Form an:

$$K(N) = Cl\,(N-n) + \frac{R}{y} E\, f(q) \left(\tfrac{1}{2} M^{o2} - \tfrac{1}{2} N^2 - \left(M^o - N\right) N\right) \rightarrow \min$$

Die erste Ableitung nach N führt zum Optimalitätskriterium:

$$\frac{dK(N)}{dN} = Cl + \frac{R}{Y} E\, f(q) \left(N - M^o\right) \overset{!}{=} 0$$

$$\Leftrightarrow N_{opt} = -\frac{Cl\, y}{R\, E\, f(q)} + M^o$$

Aus diesem Kriterium kann das optimale N für eine vorgegebene Bestellmenge y_{opt} = 949 ME bestimmt werden. Im Beispiel gilt mit E = 70 N_{opt} = 1998, was einem Servicegrad von

53 Das Modell unterstellt vereinfachend, daß auch aus den bestellten, aber noch nicht gelieferten Mengen die Nachfrage befriedigt werden kann. Für den Fall einer Lieferung nur aus Beständen ist das Modell noch erheblich komplizierter. Diese Annahme ist identisch mit der Annahme, daß immer nur eine Bestellung aussteht. Für das Zahlenbeispiel ist also bereits zu erkennen, daß die Modellbildung wieder Abbildungsunschärfen aufweist.

54 Nebenrechnung (man beachte f(q) konst.!):

$$f(q) \int_N^{M^o} (q-N)\, dq = f(q) \left[\tfrac{1}{2} q^2 - N\, q\right]_N^{M^o}$$

$$= f(q) \left(\tfrac{1}{2} M^{o2} - \tfrac{1}{2} N^2 - \left(M^o - N\right) N\right)$$

99,8% entspricht. Werden die Werte für y_{opt} und N_{opt} in die jeweiligen Kostenfunktionen eingesetzt, errechnen sich für diese Politik Kosten pro Woche in Höhe von K(y) + K(N) = 189,74 + 99,82 = 289,56 GE.

Auch die zweite Modellvariante für die Meldemenge hat noch Nachteile. Für die Planung von N wird von einer vorbestimmten Bestellmenge y ausgegangen, d.h., das Modell berücksichtigt die Verflechtungen der beiden Variablen y und N nicht. Dazu ist ein Simultanansatz nötig. Zudem geht der Term der Fehlmengenkosten in der Zielfunktion von der Annahme aus, daß immer nur eine Bestellung aussteht, was für die Zahlen des Beispiels nicht stimmig ist.

1.4.3.4 Dritte Modellvariante

In der dritten Modellvariante sollen die Interdependenzen zwischen den beiden Variablen y und N erfaßt werden. Dazu ist die Summe der von y und N abhängigen Kosten aus der ersten und zweiten Modellvariante zu bilden.

$$K(y,N) = Cl\left(\frac{y}{2} + N - n\right) + Cr\frac{R}{y} + \frac{R}{y}E\,f(q)\left(\tfrac{1}{2}M^{o2} - \tfrac{1}{2}N^2 - \left(M^o - N\right)N\right) \rightarrow \min$$

Die partielle Ableitung von K(y,N) nach N führt zur bereits oben entwickelten Optimalitätsbedingung für N. Die Ableitung nach y liefert den Ausdruck:

$$\frac{\partial K(y,n)}{\partial y} = \frac{Cl}{2} - \frac{Cr\,R}{y^2} - \frac{R}{y^2}E\,f(q)\left(\tfrac{1}{2}M^{o2} - \tfrac{1}{2}N^2 - \left(M^o - N\right)N\right) \overset{!}{=} 0$$

$$\Rightarrow y_{opt} = \sqrt{\frac{2\,R\,Cr + R\,E\,f(q)\left(M^{o2} - 2M^o\,N + N^2\right)}{Cl}}$$

Der Ausdruck für N_{opt} wird in y_{opt} eingesetzt. Es resultiert damit nach einigen Umformungen:

$$y_{opt} = \sqrt{\frac{2\,R^2\,Cr\,E\,f(q)}{R\,E\,f(q)\,Cl - Cl^2}}$$

Um die Meldemenge zu berechnen, wird das nunmehr bekannte y_{opt} in die Gleichung für N_{opt} eingesetzt.

Im Beispiel ergibt sich eine neue optimale Bestellmenge von y_{opt} = 950 ME und ein optimaler Bestellpunkt von N_{opt} = 1998 ME. Die Kosten pro Woche belaufen sich für diese Politik auf K(y,N) = 99,82 + 189,74 = 289,56 GE. Der mit der dritten Modellvariante verbundene erhöhte Planungsaufwand erweist sich im Beispiel als nicht gerechtfertigt, da das Simultanmodell gegenüber dem sukzessiven Planungsansatz nur zu einer auch im Pfennigbereich nicht mehr meßbaren Lösungsverbesserung führt. Die Beziehungen zwischen y und N sind im Beispiel offenbar so schwach, daß auf diese Interdependenzen bei der Modellbildung verzichtet werden kann.

Die zweite und dritte Modellvariante zeigen bereits recht deutlich, daß die Aufhebung einschränkender Voraussetzungen zu ganz erheblich komplexeren Modellen mit größerem Berechnungsaufwand führt. Es stellt sich daher die Frage, ob ein Modell mit simultaner Planung der Bestell- und der Meldemenge wirklich erforderlich ist. Das hängt vom Ergebnis des Modells ab. Unterscheiden sich die Variablenwerte des zweiten und dritten Modells erheblich voneinander, sind die Verflechtungen zwischen den Variablen stark, und der erhöhte Planungsaufwand kann sich lohnen. Im Beispiel sind die Differenzen der Planungsergebnisse und insbesondere der Kosten beider Politiken äußerst gering, so daß sich der Aufwand detaillierter Planung nicht lohnt. Das Ausmaß der Interdependenzen zwischen den Variablen ist im Beispiel unerheblich.

Die dritte, bereits sehr komplexe Modellvariante weist immer noch erhebliche Abbildungsmängel auf:

- Bei den Lagerkosten wird der Zufallseinfluß der Nachfrage noch immer nicht berücksichtigt. Die tatsächlichen Schwankungen des Lagerbestands werden ebensowenig abgebildet wie Lagerkostenersparnisse als Folge von Fehlmengen.
- Das Modell arbeitet mit einer mittleren Anzahl von Bestellungen in der Planungsperiode, die sich aufgrund des Zufallsprozesses real überhaupt nicht in dieser Höhe ergibt.
- Durch die Annahme, es stehe immer nur eine Bestellung aus, weisen auch die Fehlmengenkosten noch Abbildungsunschärfen auf.

Auch die dritte Modellvariante kann sich daher für praktische Problemstellungen noch als unzureichend erweisen. Mit Modellen dieser Art ist aber bereits die Grenze analytisch auswertbarer Modellstrukturen erreicht.

1.4.3.5 Vierte Modellvariante

Weitere Verbesserungen lassen sich nur erzielen, wenn das Lager- und Bestellsystem als zeitablaufbezogenes System aufgefaßt und in einem Simulationsmodell abgebildet wird. In einer Simulation können die Kostenwirkungen einer bestimmten vorgegebenen Bestellstrategie - bestelle 950 Mengeneinheiten, wenn der Bestand bei einwöchiger Lieferzeit unter 1700 Mengeneinheiten absinkt - ermittelt werden. Das Zufallsgesetz der Nachfrage geht in diese Simulation durch Ziehung von Realisationen für die Nachfragemengen der einzelnen Wochen ein. Im Beispiel mit einer Tagesunterteilung für die sukzessiv vorrückende Simulationszeit wird von fünf Verkaufstagen in einer Woche ausgegangen. Die ermittelte zufällige Nachfrage einer ganzen Woche wird zufällig auf die fünf Verkaufstage aufgeteilt. Der Aufbau eines derartigen Simulationsmodells kann der folgenden Abbildung entnommen werden.

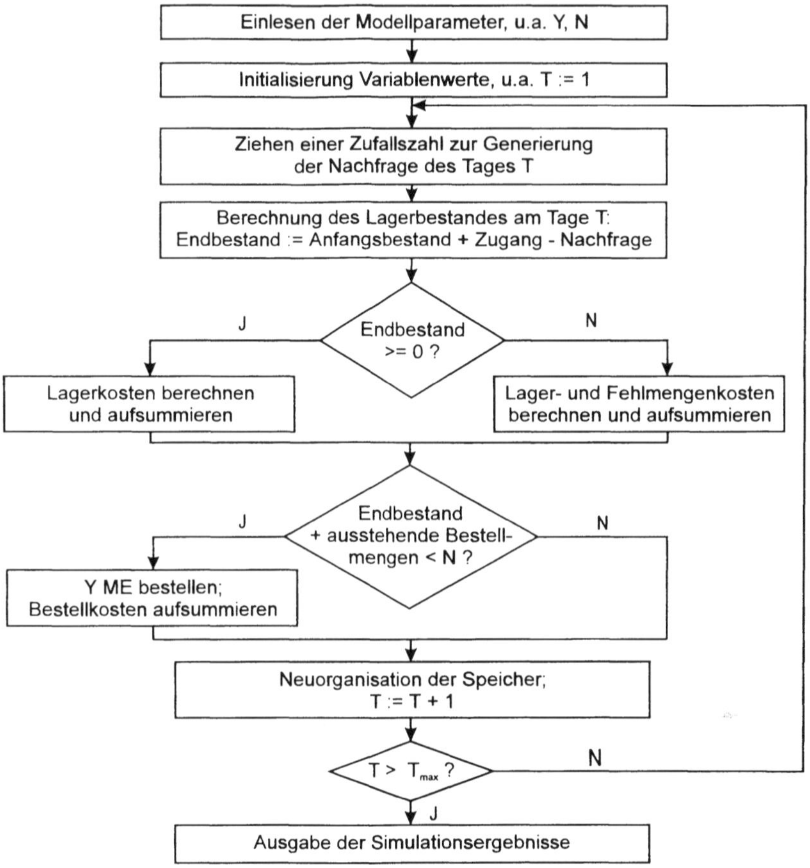

Abbildung 1-16

Der Ablauf der Simulation ist fast selbsterklärend. Die Simulationsuhr wird auf den ersten Tag gestellt: T:=1. An jedem Tag ist zu prüfen, ob für die gegebene Politik zu bestellen ist, und es werden die Lager-, Fehlmengen- und Bestellkosten bestimmt und gespeichert. Am Ende eines Tages sind die Speicher für die ausstehenden Bestellungen und den Bestand neu zu organisieren. Zum Beispiel ist der Anfangsbestand in T = 2 gleich dem Endbestand in T = 1 zu setzen, und die Restlieferzeiten für ausstehende Bestellungen verkürzen sich. Bestellungen, die aus der Sicht des ersten Tages noch drei Tage Lieferzeit haben, müssen aus der Sicht des zweiten Tages auf zwei Tage reduziert werden. Nach Ablauf einer vorgegebenen Simulationszeit T_{max} - 1000 Tage - werden aus den Kosten des 101. bis 1000. Tages[55] die Durchschnittskosten pro Woche für die vorgegebene Politik berechnet. Die nachfolgende Tabelle enthält für eine Reihe alternativer Politiken die wöchentlichen Kosten, die jeweils als Mittelwerte aus 900 Tagen berechnet wurden.

55 Die ersten 100 Tage werden z.B. gestrichen, um die Auswirkungen des willkürlich gewählten Anfangszustands zu eliminieren.

N	y									
	450	550	650	750	850	950	1050	1150	1250	1350
1550	4102,15	3970,19	3860,20	3316,83	3061,02	3086,04	2396,63	2771,98	2430,32	2757,58
1600	3315,48	3548,87	2710,85	2375,68	2626,82	2360,16	1774,26	2007,68	1824,44	1803,44
1650	2095,77	2694,34	1856,48	1581,43	2190,16	1629,81	1294,41	1530,27	1477,85	1286,45
1700	1513,97	1502,44	1341,92	1064,19	1223,99	1030,16	896,01	989,39	1000,19	895,80
1750	1241,89	933,57	847,96	677,79	795,97	567,68	694,94	574,58	406,09	735,50
1800	755,62	664,50	439,49	661,66	477,04	534,11	458,45	481,82	393,11	410,66
1850	480,22	446,32	429,43	406,89	299,72	410,02	322,06	382,28	382,85	324,43
1900	373,76	373,89	332,96	376,33	310,55	306,16	326,67	392,77	310,61	331,63
1950	377,94	339,24	325,22	315,11	311,29	317,14	325,1	317,55	317,28	334,97
2000	374,94	349,14	332,88	326,44	321,72	319,53	322,21	322,79	327,55	331,51

Tabelle 1-5

Die Simulationsergebnisse lassen vermuten, daß eine Lagerpolitik mit einem Bestellpunkt N um 1850 ME, Bestellmengen y um 850 ME und durchschnittlichen Kosten um 299,72 GE pro Woche vorteilhaft ist. Die mit dem statischen Simultanmodell der dritten Modellvariante ermittelte Lösung (y = 950 ME, N = 1998 ME mit durchschnittlichen Kosten von ca. 319,53 GE/Woche in der Simulation) ist im simulierten dynamischen Modell nicht mehr optimal, aber immerhin noch eine recht gute Annäherung an die vermutete kostenminimale Politik. Darüber hinaus wird der im statischen Modell berechnete minimale Kostenerwartungswert von rund 290 GE bei allen simulierten Lagerpolitiken überschritten. Die oben beschriebenen Abbildungsunschärfen des statischen Simultanmodells führen offenbar zu einer Unterschätzung der tatsächlich entstehenden Kosten. Die bei dynamischer Betrachtung optimale Politik wird daher verfehlt. Im vorliegenden Beispiel ist die Differenz zwischen den simulierten Kosten und dem Erwartungswert des Simultanmodells hauptsächlich auf unterschätzte Lagerkosten zurückzuführen.[56]

1.4.3.6 Kritische Würdigung der Modellvarianten

Die vier entwickelten Modellvarianten sind mögliche Strukturierungsalternativen für die Bestellpolitik bei zufallsabhängiger Nachfrage. Jedes dieser Modelle erfaßt das reale Problem mit einem anderen Genauigkeitsgrad (Abbildungsschärfe) und hat durch den jeweiligen Komplexitätsgrad entsprechende Rückwirkungen auf den erforderlichen Planungsaufwand.

Bei den ersten drei Modellen handelt es sich um eine statische Betrachtungsweise.[57] Der Zeitablauf wird nicht explizit im Modell berücksichtigt. Real auftretende Schwankungen des Bedarfs werden aus der Modellbildung herausgehalten, und es wird mit einem mittleren wöchentlichen Bedarf gearbeitet. Infolge der auf den Mittelwert verdichteten Nachfrage wird von der Zufallskomponente völlig abstrahiert.

56 Die Lagerkosten, Bestellkosten und Fehlmengenkosten pro Woche betragen im Simultanansatz (bzw. im Simulationsmodell) 194,60 (bzw. 224,86), 94,74 (bzw. 94,67) und 0,22 (bzw. 0,00); zusammen 289,56 (bzw. 319,53).

57 Vgl. Kapitel 1.4.4.6.

Diese Art der Modellbildung analysiert lediglich den optimalen Gleichgewichtszustand des Lagersystems, wenn immer die gleiche Politik betrieben wird. Dieses Vorgehen ist strenggenommen nur angebracht, wenn keine stochastischen Abhängigkeiten zwischen den einzelnen Teilperioden existieren. Da aber im vorliegenden Fall zeitlich vertikale, stochastische Kopplungen[58] zwischen den Lagerbeständen aufeinanderfolgender Teilperioden bestehen (der Endlagerbestand einer Teilperiode hängt vom entsprechenden Anfangsbestand und der zufallsabhängigen Nachfrage ab), gibt eine statische Betrachtung das tatsächliche Verhalten des Lagersystems nicht korrekt wieder. Infolgedessen unterschätzen die Beispielrechnungen für die ersten drei Modellvarianten die gesamten Kosten systematisch. Mit derartigen Modellen lassen sich insbesondere Fehlmengenkosten, aber auch Lagerkosten nur sehr unvollkommen abbilden. Lediglich ein dynamisches, d.h. zeitablaufbezogenes Lager- und Bestellmodell kann die zufallsabhängigen Kopplungen der Lagerbestände aufeinanderfolgender Perioden adäquat erfassen. Das Simulationsmodell der vierten Variante ist folglich ein mögliches methodisches Vorgehen, um die stochastischen Abhängigkeiten zwischen den Teilperioden zu modellieren.

Der Vorteil der ersten drei Modellvarianten liegt in ihrer Einfachheit begründet. Durch den geringen Komplexitätsgrad sind diese Modelle optimierenden Verfahren zugänglich. Die vierte Modellvariante erlaubt keine derartige Auswertungstechnik. Eine gute Politik kann in diesem Fall nur auf dem Wege einer Voll- oder Teilenumeration alternativer Bestellstrategien gefunden werden.

Im Unterschied zur dritten Modellvariante bestimmen die ersten beiden Problemformulierungen die Variablen „Bestellmenge" und „Bestellpunkt" sukzessiv. In einem ersten Schritt wird die Summe der Lagerkosten des aktiven Bestands - ohne Sicherheitslager gegen Nachfrageschwankungen - und der bestellfixen Kosten minimiert. Anschließend wird die Meldemenge bestimmt. Beide Modelle gehen damit von einer einseitigen Abhängigkeit zwischen den Variablen „Bestellmenge" und „Meldemenge" aus. Die optimale Bestellmenge geht zwar in die Bestimmung der Meldemenge ein, doch umgekehrt wird so getan, als sei die Bestellmenge unabhängig von der Meldemenge. Tatsächlich beeinflußt die Meldemenge aber die Lagerkosten für den erforderlichen Sicherheitsbestand. Die dritte Variante bezieht dagegen als Simultanansatz die Interdependenzen zwischen den beiden Variablen explizit in die Modellformulierung ein. Das bedeutet: Es wird von Anfang an die Summe aller relevanten Kosten - bestellfixe Kosten, Lager- und Fehlmengenkosten - minimiert. Die optimale Bestellmenge ergibt sich in Abhängigkeit von der optimalen Meldemenge und umgekehrt. Es existieren damit zwei Optimalitätskriterien.

In der ersten Modellvariante wurde der Zufallsprozeß bei der Planung der Meldemenge vernachlässigt. Tritt stets der Erwartungswert der Nachfrage ein, gibt es das Meldemengenproblem praktisch nicht. Die Meldemenge ist das Produkt aus der konstanten Nachfrage und der Lieferzeit. Die Modellbildung abstrahiert damit von den bei schwankendem Bedarf erforderlichen Sicherheitsbeständen. Infolgedessen ist bei diesem Modell auch nur ein Serviceniveau von 50% garantiert, da in der Hälfte der Fälle der Mittelwert der Nachfrage überschritten wird. In der zweiten Problemformulierung wird dagegen ein komplexeres Vorge-

58 Vgl. Kapitel 3.2.2.

hen gewählt. Die zusätzlichen Kosten für einen noch unbekannten Sicherheitslagerbestand werden den mit wachsendem Sicherheitsbestand sinkenden Fehlmengenkosten gegenübergestellt. Die optimale Meldemenge umfaßt neben dem Erwartungswert der Nachfrage während der Lieferzeit zusätzlich einen Sicherheitszuschlag. Zur Berechnung der Fehlmengenkosten muß dabei auf die Dichtefunktion der Nachfrage zurückgegriffen werden. Das bedeutet: Während die erste Problemformulierung noch mit dem Erwartungswert der Nachfrage auskommt, müssen in der zweiten Modellvariante die relativen Häufigkeiten einzelner Nachfragemengen explizit beachtet werden.

Grundsätzlich nimmt die Abbildungsgenauigkeit von der ersten bis zur vierten Problemformulierung z.T. erheblich zu. Andererseits steigt gleichzeitig auch die Komplexität der Modelle. Es stellt sich somit die Frage, welcher Komplexitätsgrad bei der Modellbildung in Kauf genommen werden soll. Steigende Komplexität ist nur sinnvoll, wenn damit eine nachhaltig verbesserte Erklärung der durch eine Politik bedingten Kosten verbunden ist und wenn einfache Modelle infolgedessen die real optimale Lösung weit verfehlen. In der vorliegenden Problemstellung haben die ersten beiden Modellvarianten recht unterschiedliche Ergebnisse zur Folge, während sich die Kostenunterschiede beim Wechsel vom zweiten zum dritten Modell lediglich im Pfennigbereich bewegen. Im Beispiel führt damit das dritte Modell gegenüber der zweiten Variante zu einer kaum verbesserten Erklärung. Begründet ist dies durch die im Beispiel nur schwachen Interdependenzen zwischen Bestellmenge und Meldemenge. Erst das dynamische Simulationsmodell führt im Vergleich zur zweiten und dritten Problemformulierung wiederum zu erheblich anderen Ergebnissen. Ein größerer Planungsaufwand ist somit nur gerechtfertigt, wenn das komplexere Modell eine meßbare Verbesserung der Planungsergebnisse mit sich bringt.

Der zweite Aspekt, der bei der Wahl des Komplexitätsgrades von Modellen beachtet werden muß, sind die im allgemeinen mit der Komplexität steigenden Informations- und Planungskosten. Ein wachsender Komplexitätsgrad der Modelle ist folglich nur sinnvoll, wenn die zunehmenden Planungs- und Informationskosten hinter den durch genauere Planung vermeidbaren Kosten zurückbleiben. Nur dann ist der Nutzen steigender Komplexität positiv. Völlig sinnlos ist es dagegen, den Komplexitätsgrad von Modellen so weit zu erhöhen, bis diese rechnerisch nicht mehr zu handhaben sind.

Die Formeln der vier Modellvarianten zur Bestellpolitik sind für die zu vermittelnde Erkenntnis von nachrangiger Bedeutung. Wesentlich ist allein die Einsicht, daß sich für eine bestimmte Entscheidungssituation sehr unterschiedliche Modelle mit bestimmten Vorzügen und Nachteilen entwickeln lassen. Welche Variante als geeignetes Modell zu bezeichnen ist, läßt sich nur aus der konkreten Entscheidungssituation eines praktischen Falles beurteilen.

Sinn eines Studiums auf dem Gebiete „Planung und Entscheidung“ kann es demzufolge nicht sein, für praktische Entscheidungssituationen bspw. der Bestellpolitik geeignete Modelle zu entwickeln und auswendig zu lernen. Der Sinn kann nur darin gesehen werden, die Grundprinzipien und die nötigen Techniken der Modellformulierung zu erlernen, Vor- und Nachteile bestimmter Modelltypen zu erkennen und denkbare, für Einzelfälle u.U. geeignete Variationsmöglichkeiten selektiv zu diskutieren.

1.4.4 Typen betriebswirtschaftlicher Modelle[59]

1.4.4.1 Einteilungskriterien für Modelle

In der betriebswirtschaftlichen Literatur sind eine Reihe unterschiedlicher Typisierungen von Modellen zu finden. Eine überschneidungsfreie und vollständige Aufteilung in unterschiedliche Typen gibt es allerdings nicht. Auch an dieser Stelle soll kein abschließender Klassifizierungsversuch unternommen werden. Vielmehr sollen nur einige in der Literatur anzutreffende Unterteilungen erläutert werden.

Modelle können nach fünf Kriterien untergliedert werden:

- Nach der Art der verarbeiteten Informationen wird zwischen *quantitativen* Modellen mit metrischen Informationen und *qualitativen* Modellen auf der Basis nichtmetrischer Daten, subjektiver Einschätzungen und Tendenzaussagen unterschieden.
- Bei den quantitativen Modellen kann nach der Art der Darstellung der Handlungsalternativen zwischen Modellen mit *explizit* erfaßten Strategien und Modellen differenziert werden, die die Menge aller Handlungsmöglichkeiten *implizit* in einem geschlossenen Entscheidungsfeld abbilden.
- Nach der Darstellungsform von Modellen kann zwischen *mathematischen*, *grafischen* und *physikalischen* Modellen unterschieden werden.
- Nach dem Einsatzzweck von Modellen ist zwischen *Erklärungs-* und *Entscheidungsmodellen* zu differenzieren.
- Schließlich lassen sich drei Klassen von Modellen nach der Art der Abstraktion bilden. Und zwar kann
  - zwischen Modellen ohne oder mit Darstellung des Zeitablaufs (*statische* und *dynamische* Modelle),
  - zwischen *offenen* und *geschlossenen* Modellen und
  - nach der sachlichen bzw. zeitlichen Ausdehnung des Entscheidungsfeldes zwischen *Partial-* und *Totalmodellen* unterschieden werden.

1.4.4.2 Quantitative und qualitative Modelle

Quantitative Modelle arbeiten mit metrischen Informationen für die Daten und Variablen eines Problems, die in Form von Gleichungen oder Ungleichungen miteinander strukturerhaltend verknüpft sind. Die in den vorausgehenden Kapiteln beschriebenen Modelle der Bestellpolitik gehören dieser Klasse an. Vorteil dieser Modellklasse ist es, die Beziehungen zwischen den Variablen in einer mathematisch auswertbaren Form erfassen zu können, so

59 Vgl. Adam/Witte (1976).

daß - effiziente Lösungsverfahren vorausgesetzt - für die Modelle die optimale Lösung bestimmt werden kann.

Qualitative Modelle erfassen entweder generelle Einflußgrößen und Richtungen des Einflusses dieser Größen auf die Ziele, ohne das genaue Ausmaß, die Stärke des Einflusses angeben zu können, oder sie arbeiten mit subjektiven Einschätzungen und Meinungen.

Zur ersten Teilklasse qualitativer Modelle gehören organisationstheoretische Aussagen, die mit „Variablen" wie Motivation, Frustration und Macht arbeiten und von generellen Wirkungsrichtungen ausgehen (bspw: Hohe Motivation fördert das Engagement und wirkt positiv auf die Unternehmensziele.). Üblich sind derartige Modelle insbesondere in der strategischen Planung - Portfoliomethoden, strategische Erfolgsfaktoren - und im Marketing bei der Positionierung von Produkten auf Märkten. Mit derartigen qualitativen Modellen können generelle Denkrichtungen durchgespielt werden. Sie erlauben es, durch vernünftige inhaltliche Argumentation plausible Aussagen über sinnvolles Verhalten zu entwickeln.

Zur zweiten Teilklasse qualitativer Modelle sind insbesondere Punktbewertungsmethoden - Nutzwertanalysen, Scoringmodelle - zu zählen. Derartige Methoden verdichten mehrdimensionale, subjektive Wertungen zu einer Rangfolge von Vergleichsobjekten (Ranking).

Für beide Klassen qualitativer Modelle soll jeweils ein Beispiel angeführt werden, um die Vorgehensweisen und z.T. auch die Probleme derartiger Modelle transparent werden zu lassen.

Der geschäftliche Erfolg eines Zeitungsverlages[60] hängt von den Faktoren Auflagenhöhe, Leserreichweite, Anzeigenaufkommen, Qualität des redaktionellen Angebotes und Verkaufspreis ab. Das folgende Modell zeigt durch gerichtete Pfeile sowie Plus- und Minuszeichen an den Pfeilen die Art des Einflusses an.

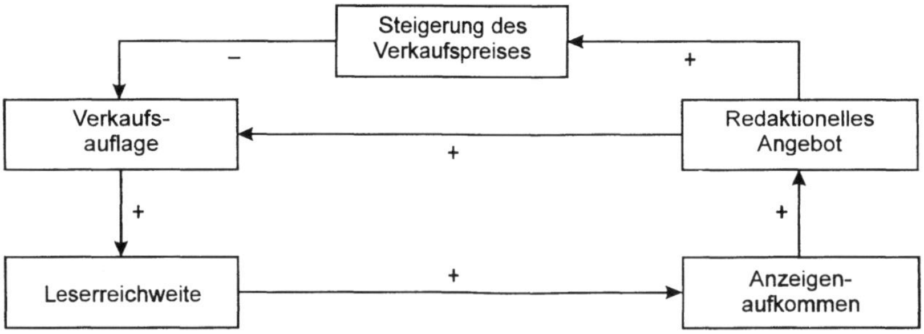

Abbildung 1-17

Werden von einer Zeitung mehr Exemplare verkauft, steigt also die Verkaufsauflage, erhöht sich die Leserreichweite, die sich aus den Verkäufen, multipliziert mit der Zahl der Leser pro Exemplar, ergibt. Je größer der Leserkreis eines Blattes ist, desto mehr Anzeigen werden placiert, und um so höher ist der Ertrag aus dem Anzeigengeschäft. Teile dieses Ertrages

60 Das Beispiel wurde entnommen aus Gomez/Probst (1987), S. 21 f.

können zur Verbesserung des redaktionellen Teils der Zeitung eingesetzt werden, was sich verkaufsfördernd auswirkt. Wenn das Unternehmen aufgrund der verbesserten Leistung den Verkaufspreis heraufsetzt, wirkt sich dies unmittelbar negativ auf die verkaufte Auflage und damit indirekt auf die Leserreichweite und das Anzeigenaufkommen aus. Dieses Netz von Einflüssen gibt damit ein Grundverständnis für die generellen Zusammenhänge der Erfolgsfaktoren eines Zeitungsverlages.

Punktbewertungsmodelle als zweite Teilklasse qualitativer Modelle arbeiten mit folgendem Strukturmuster: Für eine zu ordnende Menge von Alternativen - Universitäten, Professoren, Produkte, Arbeitsplätze usw. - werden plausibel erscheinende, wenngleich nicht eindeutig meßbare Kriterien vorgegeben, über die die zu befragenden Personen u.U. auch noch recht unterschiedliche Vorstellungen haben können.[61] Die für die einzelnen Kriterien vergebenen Punkte werden zu einem Gesamtnutzwert für eine Entscheidungsalternative zusammengefaßt.

Um eine Rangfolge von Professoren nach ihren didaktischen Fähigkeiten zu bilden, könnte in einer Befragung mit folgenden Kriterien gearbeitet werden:

- Ist der Schwierigkeitsgrad des vermittelten Stoffes angemessen? (Note 1 für „genau richtig"; Note 5 für „viel zu schwer")
- Bereitet der Hochschullehrer den Lernstoff Ihrer Ansicht nach gut und systematisch vor? (Note 1 für „sehr gut"; Note 5 für „nicht ausreichend")
- Kann der Hochschullehrer den Stoff gut verständlich erklären? (Note 1 für „sehr gut"; Note 5 für „nicht ausreichend")
- Wird der Unterricht realitätsnah gestaltet?
- Gelingt es dem Hochschullehrer, durch sein Engagement und seine Darstellung Ihr Interesse für den Stoff zu wecken?

Was in der Fragebogenaktion „gemessen" wird, ist nicht die Realität, sondern die empfundene Differenz zwischen einer subjektiv wahrgenommenen Realität und einer subjektiven, nicht offengelegten Idealvorstellung des einzelnen Studenten über die Professoren. Diese im Grunde nicht vergleichbaren Noten werden für jeden Hochschullehrer über alle Befragten und alle Kriterien zu einer Durchschnittsnote verdichtet. Was sagt folglich eine schlechte Note aus? Lediglich, daß im Schnitt eine große Differenz zwischen empfundener Realität und den subjektiven Erwartungen der Studenten besteht. Das kann aber viele Ursachen haben:

- Der Hochschullehrer „hängt die Trauben bewußt hoch", und den Studierenden sind diese „Trauben" im Vergleich zu anderen „zu sauer".

61 Sollen die Befragten z.B. einen Likör auf einer Skala von 1 - sehr süß - bis 5 - sauer - nach ihrem subjektiven Empfinden einordnen, wird die gleiche technische Süße des Likörs von den Probanden je nach Geschmacksempfinden ganz unterschiedlich auf der Skala eingeordnet.

- Die didaktischen Fähigkeiten des Hochschullehrers sind tatsächlich schlecht.
- Die Erwartungen der Studierenden sind für ein sinnvolles Hochschulstudium unrealistisch.
- Die subjektive Wahrnehmung der Studierenden ist durch Vorurteile getrübt.

Bei Modellen dieser Art haben Anzahl und Art der ausgewählten Kriterien, etwaige Gewichte der Kriterien, aber auch Umstände bei der Befragung Einfluß auf das Ergebnis. Der häufig zweifelhafte Wert derartiger „Rankings" kann durch ein kleines Experiment mit zwei Testgruppen demonstriert werden. Der einen Gruppe wird vor der Befragung ausführlich die schlechte Ausstattungssituation an der Universität und der Sinn eines Hochschulstudiums erklärt, die andere Gruppe füllt den Fragebogen ohne diese „Manipulation" der subjektiven Einstellungen und Einschätzungen aus. Die Noten der beiden Testgruppen fallen, wenn der Sondervortrag für die erste Gruppe gut war, mit großer Wahrscheinlichkeit recht unterschiedlich aus.

1.4.4.3 Modelle mit explizit und implizit erfaßten Strategien

Nach der Art, Strategien zu formulieren, lassen sich zwei Modellklassen unterscheiden:

- Modelle mit Variablen und Restriktionen für das Niveau der Variablen bilden implizit alle Entscheidungsalternativen über Formeln in einem Entscheidungsfeld ab. Aus der Menge aller durch das Entscheidungsfeld beschriebenen Handlungsalternativen wird dann die für das verfolgte Ziel optimale Lösung berechnet. Zu dieser Klasse von Modellen gehört das Beispiel zur Bestellpolitik aus dem letzten Abschnitt. Diese Modellklasse hat den Vorteil, immer zur optimalen Lösung für das im Modell beschriebene Entscheidungsfeld zu kommen, wenn es für das Problem einen effizienten Algorithmus gibt. Bei einer einfachen Modellstruktur ist der erforderliche Berechnungsaufwand gering. Diese Modellklasse zeichnet sich durch theoretische Eleganz aus, verlangt vom Modellbauer allerdings ein hohes analytisches Verständnis bei der Formulierung und Auswertung. Elegant sind diese Modelle, da sie allgemeine Aussagen über die Strukturmerkmale einer optimalen Politik erlauben (Optimalitätskriterien), d.h., die für eine optimale Politik gültigen Regeln sind unabhängig von den konkreten Daten des Problems zu erkennen. Zum Beispiel muß für eine optimale Bestellpolitik generell Gleichheit der Grenzlager- und (absoluten) Grenzbestellkosten herrschen, oder bei einem optimalen Monopolpreis müssen die Grenzerlöse gleich den Grenzkosten sein. Bei Studenten und Praktikern erfreuen sich diese Modelle allerdings häufig geringerer Beliebtheit, weil sie Abstraktionsvermögen und ein Denken in logischen Strukturen erfordern.

  Diese Modellklasse ist für die Lösung von Planungsproblemen geeignet, wenn sich die Variablen in beliebig kleinen Schritten verändern lassen, wenn also Veränderungsrechnungen in Form von Marginalanalysen anwendbar sind. Für Probleme mit ganzzahligen Variablen sind derartige Modelle nur in speziellen Situationen empfehlenswert, da es für ganzzahlige Probleme mit großer Variablenzahl an effizienten Algorithmen fehlt.

- Bei Modellen der zweiten Klasse werden bestimmte Handlungsweisen festgelegt. Die Strategien werden damit explizit formuliert. Modelle dieser Art erlauben es nur, die ökonomischen Konsequenzen der im Modell formulierten Strategie zu ermitteln. Zu dieser Klasse von Modellen gehören in der Investitionsrechnung die Kapitalwertmethode und die Methode des vollständigen Finanzplans (VOFI), bei der jeweils die Zielwirkungen - Barwert, Endwert - einer bestimmten Investition ermittelt werden. Das Beispiel des Verfahrensvergleichs aus dem Abschnitt 1.3.3 ist ein weiterer Anwendungsfall für diese Modellklasse. Auch Simulationsstudien, wie sie bei der Bestellpolitik im Abschnitt 1.4.3.5 genutzt wurden, gehen von einer definierten Strategie aus, deren Zielbeitrag ermittelt werden soll.

  Die „optimale“ Politik kann bei Modellen dieser Art nur durch einen Vergleich der Ergebnisse für unterschiedliche Strategien hergeleitet werden. Diesen Modellen fehlt zudem die theoretische Eleganz; allgemeine Aussagen über die Merkmale einer optimalen Politik sind nicht abzuleiten. Eine Berechnung der Konsequenzen einer Strategie ist immer nur mit den Daten des Problems zu erreichen. Häufig ist der erforderliche Berechnungsaufwand sehr hoch und nur mit Computern zu bewältigen: Zum Beispiel ist die Auswertung eines VOFI per Hand eine ausgesprochen mühsame Angelegenheit. Diese Klasse von Modellen ist insbesondere für Entscheidungsprobleme mit 0/1-Variablen sinnvoll einsetzbar.

  Dem theoretischen Nachteil dieser Modelle steht ein praktischer Vorteil gegenüber. Diese Modelle erlauben meistens nur einen geringeren Abstraktionsgrad bei der Modellkonstruktion. Analytische Modelle greifen mitunter nur deshalb auf der Realität nicht ganz entsprechende funktionale Zusammenhänge zurück, weil diese Modelle marginalanalytisch ausgewertet werden können. Da bei Modellen der zweiten Klasse mehr gerechnet als gedacht wird, sind die Anforderungen an die Modellformulierung nicht so strikt. Für die Modellierung hat das den Vorteil, daß die praktischen Verhältnisse realistischer abgebildet werden können, da bei der Modellierung nicht auf eine elegante Form der Auswertung geachtet werden muß. Modelle der zweiten Art zeichnen sich daher in der Regel durch größere Realitätsnähe aus.

  Nachteil dieser Modellklasse ist es, daß die optimale Politik entweder gar nicht oder nur durch Vergleich der Konsequenzen aller möglichen Handlungsalternativen bestimmt werden kann. In der Regel ist dieser Berechnungsumfang nicht zu leisten. Geeignet sind diese Modelle daher im Grunde nur, wenn es wenige zu vergleichende Handlungsalternativen gibt.

Beide Modellklassen haben damit Vor- und Nachteile. Es empfiehlt sich für eine praktische Planung, den Versuch zu unternehmen, die Vorteile beider Vorgehensweisen zu kombinieren und die Nachteile zu vermeiden. In Planungssituationen mit vielen Handlungsalternativen ist es sinnvoll, zunächst ein einfaches, abstrakteres, analytisch leicht auswertbares Modell zu konstruieren und die „optimale“ Politik zu bestimmen. Die gefundene Lösung ist u.U. für das reale Problem wegen des hohen Abstraktionsgrades und damit wegen der ungenauen Abbildung der Realität nicht tatsächlich optimal. Das einfache Modell gibt aber vielleicht einen Hinweis, auf welchen Suchbereich, auf welches Spektrum von Strategien sich der Planende bei der zweiten Modellklasse sinnvollerweise beschränken sollte. Der erforderliche Berechnungsaufwand für die Modelle der zweiten Klasse kann auf diese Weise reduziert werden.

Sinnvoll ist es auch, beide Klassen von Modellen kombiniert einzusetzen, um die Güte analytischer Modelle bzw. deren Planungsergebnisse zu überprüfen. Angenommen, es wird ein analytisches Bestellmodell auf der Basis der mittleren Nachfragemenge konstruiert, so abstrahiert dieses Modell von der stochastischen Zustandsfolge der Lagerbestände im Zeitablauf, was zu den im Abschnitt 1.4.3 beschriebenen Problemen führen kann. Die „optimale" Strategie des analytischen Modells kann anschließend in einem Simulationsmodell mit stochastischer Nachfrage getestet werden. Führt das Simulationsmodell zu einem ähnlichen Erwartungswert der Kosten wie das analytische Modell, spricht einiges dafür, daß die Mängel des analytischen Modells gering sind. Der Planende kann dem einfachen Modell in diesem Fall trauen, d.h., der Simulationstest verifiziert das einfache analytische Modell.

1.4.4.4 Mathematische, grafische und physikalische Modelle

Die nächste Unterscheidung bezieht sich auf die Art der Systeme, die zur Abbildung genutzt werden. Den höchsten Verbreitungsgrad haben mathematische Modelle. In dieser Art von Modellen werden die Merkmale des realen Systems durch Elemente eines formalen Systems - also Größen aus der Mathematik wie Zahlen, Vektoren oder Funktionen - abgebildet. Zur Abbildung von Zusammenhängen im realen System werden die formalen mathematischen Beziehungen genutzt, die für die ausgewählten mathematischen Größen zur Verfügung stehen - für Zahlen etwa additive und multiplikative Verknüpfungen oder für Funktionen Differentiation und Integration.

Der Einsatz mathematischer Modelle hat in den letzten dreißig Jahren in der Betriebswirtschaftslehre erheblich zugenommen. Die Vorteile dieser Art von Modellen sind vor allem

- in der Klarheit,
- in der intersubjektiven Überprüfbarkeit der Darstellung sowie
- in der Möglichkeit zu sehen, bei der Berechnung auf mathematische Gesetzmäßigkeiten zurückgreifen zu können.

Grafische Modelle, etwa in Form von Kurven in einem Koordinatensystem, sind häufig nichts anderes als eine visuelle Darstellung formaler Systeme. Grafische Modelle sind sehr anschaulich und besitzen daher eine gute Überzeugungskraft. Mit ihrer Hilfe kann in Betrieben beispielsweise die Einführung von mathematischen Modellen erleichtert werden. Der Einsatzbereich beschränkt sich allerdings auf Probleme, die zwei- oder dreidimensional dargestellt werden können. Die Merkmale realer Systeme werden bei grafischen Modellen durch Elemente der Geometrie wie Punkte und Kurven dargestellt. Zusammenhänge werden durch geometrische Beziehungen abgebildet.

Physikalische Modelle spielen in der Betriebswirtschaftslehre eine untergeordnete Rolle. Ein Beispiel ist das Varignonsche Modell zur Wahl eines transportkostenoptimalen Standortes. Auf einer Platte mit der Landkarte des Liefergebietes werden an den Nachfrageorten Löcher gebohrt, durch die Fäden gezogen werden, die alle oberhalb der Platte miteinander verknotet sind. An den Fäden hängen Gewichte, die der jeweiligen Nachfragemenge der einzelnen Nachfrageorte entsprechen. Leichtgängigkeit der Fäden in den Löchern unterstellt, ziehen die Gewichte den Knoten an den Standort mit der geringsten Tonnenkilometerleistung.[62] Das betriebswirtschaftliche Problem wird in diesem Fall durch ein physikalisches Modell im Experiment gelöst.[63]

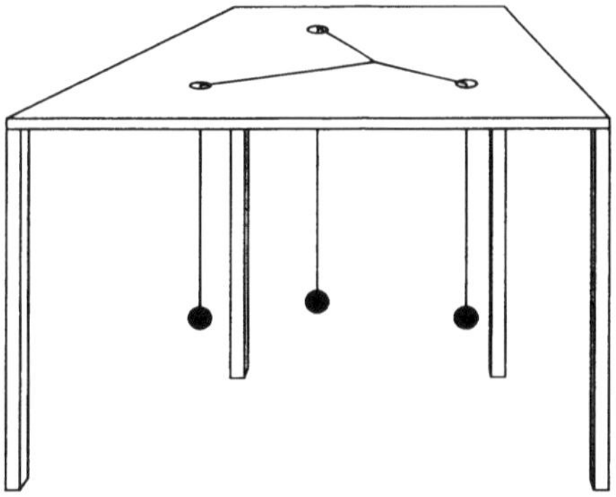

Abbildung 1-18

1.4.4.5 Erklärungs- und Entscheidungsmodelle

Die Unterscheidung zwischen Erklärungs- und Entscheidungsmodellen[64] orientiert sich am Einsatzzweck der Modelle. Modelle können grundsätzlich einen Erklärungs- und/oder einen Gestaltungszweck haben.

Jedes Modell ist zunächst einmal ein Erklärungsmodell. Die Kostenfunktion im Modell der optimalen Bestellmenge erklärt den Zusammenhang zwischen der Bestellmenge und den Kosten. Durch dieses Modell wird jeder vorgegebenen Bestellmenge ein bestimmter Kostenbetrag zugeordnet. Zum Entscheidungsmodell wird das Modell erst, wenn mit seiner Hilfe die kostengünstigste Bestellmenge ermittelt wird. Diese berechnete Bestellmenge kann dazu genutzt werden, das reale Lagerhaltungssystem ökonomisch vorteilhaft zu gestalten. Das klassische Bestellmengenmodell wird in diesem Fall als Entscheidungsmodell eingesetzt.

Die Möglichkeit, Modelle zur Erklärung heranzuziehen, resultiert aus der strukturerhaltenden Abbildung. Da für Modelle generell eine strukturerhaltende Abbildung der Realität er-

62 Vgl. z.B. Francis/White (1974), S. 193.

63 Die Abbildung wurde entnommen aus Berens (1989).

64 Vgl. Heinen (1985), S. 157 ff.

forderlich ist, kann auch jedes dieser Anforderung genügende Modell als Erklärungsmodell genutzt werden. Ein Erklärungsmodell kann als Entscheidungsmodell eingesetzt werden, wenn eine Zielgröße bekannt ist, an der die Gestaltung des realen Systems ausgerichtet werden soll. Damit ergibt sich eine begriffliche Schwierigkeit; denn die Eigenschaft, Erklärungs- oder Entscheidungsmodell zu sein, folgt nicht aus dem Modell, sondern hängt allein vom Zweck ab, den der Modellanwender verfolgt. Setzt er ein Modell zur Erklärung ein, ist es ein Erklärungsmodell; setzt er das gleiche Modell als Entscheidungshilfe ein, ist es ein Entscheidungsmodell.

1.4.4.6 Statische und dynamische Modelle

Die Unterscheidung von statischen und dynamischen Modellen knüpft daran an, ob im Modell der Zeitablauf abgebildet wird. Generell lassen sich zeitablaufbezogene und nicht zeitablaufbezogene Modelle unterscheiden.

Da alle realen Systeme im Zeitablauf existieren, ist der Zeitablauf ein Merkmal, das grundsätzlich im Modell abgebildet werden müßte. Häufig wird vom Zeitablauf abstrahiert, wenn er für die Fragestellung, für die das Modell gebildet wird, unerheblich zu sein scheint. In solchen Modellen kommen unterschiedliche Zeitpunkte als Unterscheidungsmerkmale nicht vor, d.h., diese Modelle enthalten keine Größen, die Abbilder unterschiedlicher Zeitpunkte sind. Ein solches, nicht zeitablaufbezogenes - statisches - Modell ist das Bestellmengenmodell in den Varianten 1 bis 3 im Abschnitt 1.4.3.

Statische Modelle haben grundsätzlich zur Voraussetzung, daß sich die Daten des Problems im Zeitablauf nicht verändern. Statische Modelle zur Kostenpolitik können mithin genutzt werden, wenn sich die Faktorpreise im Zeitablauf nicht verändern. Es ist allerdings nicht zwingend, daß statische Modelle bei konstanten Daten im Zeitablauf zur optimalen Politik führen. Ein Beispiel hierfür ist die Losgrößenpolitik, wenn gleichzeitig ein zeitlich durchsetzbarer Maschinenbelegungsplan erzeugt werden soll. Ein statisches Modell muß von generell möglichen Entwicklungen des Lagerbestandes absehen, um die Lagerkosten als Funktion der Bestellmenge darstellen zu können.[65] Statische Modelle schränken damit die Lagerentwicklung auf ganz bestimmte Typen ein, die nicht optimal sein müssen. Ein statisches Modell liefert deshalb auch trotz konstanter Daten im Zeitablauf u.U. nur eine suboptimale Politik.

Nicht zeitablaufbezogene Modelle gestatten grundsätzlich nur Aussagen über einen Gleichgewichtszustand eines Systems bzw. über ein konstantes Niveau von Variablen im Zeitablauf. Beispielsweise wird durch ein statisches Modell zur kostenoptimalen Anpassung eines Aggregates ein konstantes Intensitätsniveau für die Beschäftigungszeit bestimmt, oder eine

---

65 Im statischen Modell ist davon auszugehen, daß sich der durchschnittliche Lagerbestand allein als Funktion der Losgröße darstellen läßt. Das ist aber nur möglich, wenn gleichzeitig immer nur Bestände aus einem Los einer Sorte auf Lager liegen. Bestandsentwicklungen, bei denen ein Lager bereits aufgefüllt wird, obwohl es noch nicht völlig geräumt ist, können aus Sicht des Maschinenbelegungsproblems sinnvoll und optimal sein, werden aber aus einer statischen Betrachtung ausgeklammert. Dies kann für das reale Problem suboptimale Ergebnisse zur Folge haben. Vgl. Oßwald (1979).

Bestellpolitik legt ein im Zeitablauf gleichbleibendes Bestellverhalten fest. Politiken mit derartigen konstanten Parametern im Zeitablauf werden als stationär bezeichnet. Bei stationären Politiken bleibt unklar, wie ein System von einem beliebigen Anfangszustand - etwa einem Anfangslagerbestand - in das Gleichgewicht zu bringen ist. Das statische Modell liefert hierzu keinerlei Informationen. Bei statischen Modellen ergibt sich zudem generell das Problem, die stationären Modellergebnisse, die den Zeitablauf nicht enthalten, sinnvoll zeitablaufbezogen zu interpretieren.[66]

Statische Modelle sind nur zweckmäßig, wenn das reale System über einen Gleichgewichtszustand verfügt und sich dieser nach kurzer Zeit aus einem beliebigen Anfangszustand heraus einstellt. Besitzt ein reales System diese Eigenschaft nicht, sind statische Analysen sinnlos. Ein Gleichgewicht kann sich beispielsweise nicht einstellen, wenn eine chaostheoretische Situation mit ständig wechselnden Systemzuständen vorliegt.[67] Es kann auch vorkommen, daß der Anfangszustand so lange „nachschwingt", daß sich der Gleichgewichtszustand erst sehr spät einstellt.[68] In diesen Fällen muß das Verhalten von Systemen im Zeitablauf untersucht werden.

Nicht zeitablaufbezogene Modelle haben die Eigenschaft, daß die aus ihnen resultierenden Planungsergebnisse unabhängig von der zugrunde gelegten Länge der Planungsperiode sind. Wird die Planungsperiode in den Bestellmodellen des Abschnittes 1.4.3 - Variante 1 bis 3 - verändert, hat das keinerlei Einfluß auf die optimale Politik. Für statische Modelle ist damit die Wahl der Länge der Planungsperiode unwesentlich.

Dynamische Modelle enthalten Elemente, die den Zeitablauf darstellen. Sie setzen Zeitreihen oder Zeitfunktionen zueinander in Beziehung. Bei Zeitreihen wird der Zeitablauf diskretisiert und durch eine Abfolge durchnumerierter Zeitpunkte oder Intervalle abgebildet. Änderungen von Systemmerkmalen werden von einem Zeitpunkt zum nächsten erfaßt. Das Simulationsmodell zur Lagerhaltung im Abschnitt 1.4.3 - Modellvariante 4 - gehört dieser Modellklasse an.

In Modelle mit Zeitfunktionen geht die Zeit dagegen kontinuierlich ein. Zum Beispiel ist bei einem derartigen Modell die Intensität x einer Maschine durch den Ausdruck x(t) im Zeitintervall $0 \leq t \leq t_{max}$ zu beschreiben. t steht dabei für einen beliebigen Zeitpunkt innerhalb der definierten Planungsperiode. Die Zeit wird durch die reellen Zahlen (Variable t) abgebildet. Die Merkmale des realen Systems werden hierbei für jeden Zeitpunkt in das Modell aufgenommen. Bei zeitablaufbezogenen Modellen mit kontinuierlichen Zeitfunktionen besteht das Planungsproblem nicht mehr wie bei statischen Modellen darin, ein im Zeitablauf konstantes Niveau einer Variablen zu bestimmen. Gesucht ist vielmehr eine Zeitfunktion, die der Ziel-

66 Zur zeitablaufbezogenen Interpretation von Ergebnissen statischer Modelle vgl. Adam (1976).

67 Bei Chaosverhalten wechselt ein System ständig seinen Zustand zwischen alternativen Werten. Beispiele sind das Cobweb-Theorem für nicht stabile Preissysteme (vgl. Türschmann (1990)) sowie die Analyse zum Ertragsgesetz von Gleick (1987). Zur Chaostheorie vgl. auch Mandelbrot (1987); Feigenbaum (1978).

68 Eine derartige Situation liegt z.B. beim Lohmann-Ruchti-Effekt vor. Verfügt ein Unternehmen über zehn neue Aggregate mit einer Nutzungsdauer von zehn Jahren, und beschafft es aus den jährlichen Abschreibungsgegenwerten zusätzliche Maschinen, erreicht der Maschinenbestand bei linearer Abschreibung erst nach sehr vielen Jahren einen Gleichgewichtszustand mit 20 Aggregaten. Zwischenzeitlich verändert sich der Bestand durch ausscheidende und hinzukommende Maschinen erheblich.

vorschrift genügt. Zum Beispiel ist in der Kostenpolitik eine optimale Funktion der Intensität im Zeitablauf zu bestimmen. Politiken mit veränderlichen Parameterwerten im Zeitablauf werden als evolutorisch bezeichnet.

Zeitablaufbezogene Modelle lassen sich weiter nach der Art der abgebildeten Beziehungen (Kopplungen) untergliedern. Es gibt zeitübergreifende und nicht zeitübergreifende Beziehungen. Eine nicht zeitübergreifende Beziehung liegt vor, wenn aus einer Zeitreihe der Verkaufsmengen durch Multiplikation der einzelnen Reihenglieder mit dem jeweiligen Preis eine Zeitreihe der Erlöse abgeleitet wird. Um den Erlös am Tage t bestimmen zu können, wird neben dem Preis nur die Verkaufsmenge des Tages t benötigt. Bei einer nicht zeitübergreifenden Beziehung werden folglich nur Elemente miteinander verknüpft, die sich auf denselben Zeitpunkt bzw. dasselbe Intervall beziehen. Aus diesem Grunde kann ein n Intervalle umfassendes dynamisches Modell ohne zeitübergreifende Beziehungen in n den Zeitablauf nicht enthaltende Modelle zerlegt werden. Jedes dieser n Modelle erklärt den Zusammenhang zwischen Absatz und Erlös für genau eines der Intervalle.

Bei zeitübergreifenden Beziehungen werden Abbilder von Systemmerkmalen unterschiedlicher Zeitpunkte zueinander in Beziehung gesetzt. Für eine Lagerbestandsgleichung etwa gilt: Der Bestand am Ende des Tages t entspricht dem Bestand am Ende des Tages t-1 zuzüglich der Zugänge am Tage t abzüglich der Abgänge am Tage t. Es handelt sich um eine zeitübergreifende Beziehung, da der Lagerbestand am Tage t vom Bestand des Vortages t-1 abhängt. Zeitübergreifende Beziehungen können auch über mehr als eine Periode hinweg bestehen („time lag"). Ein x Jahre zurückliegendes Ereignis erklärt dann eine heute bestehende Nachfrage nach bestimmten Produkten. Eine derartige Situation liegt beim Zweitkauf von Produkten mit längerer Lebensdauer vor. Ein Erstkauf führt nach Ablauf der technischen Nutzungsdauer nach x Jahren zu einem Ersatzbedarf.

Im Gegensatz zur Situation bei statischen Modellen ist bei dynamischen Modellen die Länge der Planungsperiode für die Modellergebnisse mit ausschlaggebend. Im Simulationsmodell zur Bestellpolitik im Abschnitt 1.4.3 - Modellvariante 4 - ergibt sich für eine Simulation von nur 30 Perioden bei gleicher Politik ein anderer durchschnittlicher Kostenwert pro Woche als bei einer Betrachtung des Durchschnitts aus den Perioden 101 bis 1000. Der Grund dafür liegt darin, daß sich der willkürliche Anfangszustand bei kurzer Planungsperiode noch nachhaltig in den Ergebnissen widerspiegelt, während dessen Einfluß bei langen Planungsperioden fast völlig neutralisiert ist. Wird ein optimierender Ansatz mit zehn Teilperioden und Variablen für jede der zehn Perioden formuliert, ergibt sich bei dieser Länge der Planungsperiode für die achte Teilperiode eine bestimmte optimale Politik. Verlängert der Planende die Planungsperiode auf 15 Teilperioden, kann sich durch die längere Betrachtungszeit für die achte Teilperiode eine andere Politik als optimal erweisen. Bei dynamischen Modellen sind die Planungsergebnisse mithin nicht zwingend stabil bei Veränderungen des Planungshorizontes. Im allgemeinen wird ein verlängerter Planungszeitraum die Ergebnisse der hinteren Teilperioden noch erheblich verändern, aber nur noch schwache Wirkungen auf die Politik der ersten Teilperioden haben. Der Planungshorizont dynamischer Modelle sollte deshalb so gewählt werden, daß zumindest die Ergebnisse der ersten Teilperiode stabilisiert sind, da diese Ergebnisse unmittelbar realisiert werden. Ergebnisse späterer Teilperioden lassen sich im Rahmen einer überlappenden dynamischen Planung noch korrigieren.

In dynamischen Entscheidungssituationen ist zudem zwischen zeitlich offenen und geschlossenen Entscheidungsfeldern zu unterscheiden. Bei einem geschlossenen Entscheidungsfeld liegt eine gegebene Planungsperiode vor, und alle Handlungsalternativen für den gesamten Betrachtungszeitraum sind definiert. Aus dieser abgeschlossenen Menge von Handlungsalternativen ist zielsetzungsgerecht zu wählen. Bei einem offenen Entscheidungsfeld sind im Planungszeitpunkt nur einige der künftigen Handlungsalternativen und Daten bekannt. Die Planungsperiode ist offen, d.h., die Zeit läuft ständig weiter, und es treten weitere Informationen hinzu. Ein Problem mit einem offenen Entscheidungsfeld ist die Fertigungssteuerung von Aufträgen: Derzeit liegt ein bestimmter Bestand an Aufträgen vor, auf den sich die Überlegungen der Planung der Auftragsreihenfolge und der Produktionstermine beziehen. Wenn die Arbeitsvorbereitung eine Woche später erneut plant, werden einige dieser Aufträge in der Fertigung vorgerückt oder ganz fertig sein. Bevor aber das gesamte Programm der letzten Woche abgearbeitet ist, treten weitere Aufträge hinzu, die in der zweiten Woche zusammen mit dem Altbestand an Aufträgen einzuplanen sind. In offenen Entscheidungsfeldern entwickeln sich die Alternativen und Daten damit ständig weiter.

Damit besteht ein grundsätzliches Problem: Die Interdependenzen der derzeit bekannten mit den künftigen, noch nicht bekannten Aufträgen können in der Planung nicht erfaßt werden. Unglückliche Entscheidungen über die Fertigung der ersten Aufträge im ersten Planungslauf können dann die Abwicklung künftiger Aufträge nachteilig beeinflussen, weil zu viele Maschinenstillstandszeiten in der ersten Woche eingeplant wurden, die vermieden worden wären, wenn die weiteren künftigen Aufträge im Zeitpunkt der ersten Planung bereits bekannt gewesen wären. Aus diesem Phänomen ist eine Erkenntnis zu ziehen: Bei offenem Entscheidungsfeld gibt es grundsätzlich keine Möglichkeit, ex ante eine optimale Politik für die gesamte noch offene Planungsperiode zu bestimmen. Optimiert werden kann immer nur die Lösung für die im Zeitpunkt der Planung bekannten Entscheidungsalternativen. Von dieser Lösung wird nur ein Teil realisiert, bevor anschließend mit zusätzlichen Aufträgen erneut geplant wird. Planung in offenen Entscheidungsfeldern ist insoweit immer nur beschränkt rational, wenn Rationalität aus der nachträglichen Sicht eines ex post geschlossenen Alternativenfeldes definiert wird. Das Problem einer derartigen Planung besteht generell darin, Entscheidungskriterien - meistens Heuristiken - zu finden, die die Entscheidungsprobleme in den einzelnen Teilzeitpunkten so lösen, daß aus der Sicht des alle Entscheidungszeitpunkte umfassenden Problems ein möglichst zielsetzungsgerechtes Verhalten gefunden wird.[69]

1.4.4.7 Offene und geschlossene Modelle

Offene bzw. geschlossene Modelle dürfen begrifflich nicht mit offenen bzw. geschlossenen Entscheidungsfeldern verwechselt werden, die im vorherigen Kapitel diskutiert wurden. Die Unterscheidung zwischen offenen und geschlossenen Modellen ist eine Differenzierung zeitablaufbezogener Modelle mit zeitübergreifenden Beziehungen. In einem geschlossenen Modell erklären sich die Zeitreihen oder Zeitfunktionen gegenseitig. Zur Entwicklung der Zeitreihen oder Zeitfunktionen braucht außer dem Anfangszustand keine Zeitreihe oder Zeitfunktion autonom vorgegeben werde. Ein geschlossenes Modell des Nachfrageverhal-

69 Vgl. Abschnitt 1.1.4.6.

tens muß die Entwicklung der Nachfrage in Abhängigkeit von der Entwicklung des Preises und absatzfördernder Maßnahmen darstellen. Preise und Absatzförderung muß es wiederum abhängig machen von der Nachfrageentwicklung. Eine derartige Modellbildung ist nur in einem zeitablaufbezogenen Modell mit zeitübergreifenden Beziehungen möglich.

In offene Modelle gehen nicht erklärte Zeitreihen oder Zeitfunktionen autonom als Vorgabe ein. Ein offenes Modell des Nachfrageverhaltens entsteht, wenn im oben skizzierten Fall die Rückkopplung durchschnitten wird. In einem solchen Modell könnte das Nachfrageverhalten bei vorgegebenen Preisen untersucht werden.

Die meisten in der Betriebswirtschaftslehre eingesetzten Modelle sind offen, da geschlossene Modelle i.d.R. weitaus komplexer sind. Zudem haben geschlossene Modelle eine unangenehme Eigenschaft: Durch die sich gegenseitig erklärenden Zeitreihen oder Zeitfunktionen neigen sie sehr stark zur Fehlerfortpflanzung. Um eine strukturerhaltende Abbildung zu gewährleisten, müssen im Modell auch solche Einflußgrößen des Systems abgebildet werden, die sonst irrelevant klein erscheinen würden. Die Neigung zur Fehlerfortpflanzung läßt sich mithin nur durch einen weiter steigenden Komplexitätsgrad begrenzen.

Das Begriffspaar offen/geschlossen wird in Anlehnung an Alexis und Wilson[70] in der Betriebswirtschaftslehre noch in einem zweiten Sinne für Modelle des Entscheidungsverhaltens verwendet. Bestimmend dafür, ob ein geschlossenes oder offenes Modell des Entscheidungsverhaltens vorliegt, ist die Art der Berücksichtigung des Umfeldes im Entscheidungsprozeß.

Zentraler Aspekt geschlossener Modelle ist das Konzept der Rationalität, durch welches das individuelle Wahlverhalten beschrieben wird. Bei geschlossenen Modellen wird unter folgenden Prämissen entschieden:

- Die Menge der relevanten Entscheidungsalternativen und der auf sie zurückgehenden Konsequenzen ist dem Entscheidenden vollständig bekannt.

- Es ist eine Regel definiert (eindimensionale Zielsetzung), die eine eindeutige Präferenzordnung aller Alternativen nach dem Grad der Zielerreichung erlaubt.

Modelle des Entscheidungsverhaltens, die von diesen Prämissen ausgehen, heißen „geschlossen", weil sie dem Umfeld des Entscheidenden und der Komplexität des Entscheidungsprozesses selbst nur geringes Gewicht beimessen. Es werden zwar einige passive Aspekte des Umfeldes (Wahrscheinlichkeiten für Datensituationen) in den Entscheidungsprozeß einbezogen; der Entscheidende selbst wird aber als rein logisch und methodisch vorgehender Optimierer betrachtet (homo oeconomicus).

Das offene Modell wird kontinuierlich vom Umfeld beeinflußt, und umgekehrt nimmt das Modell Einfluß auf das Umfeld. Im Gegensatz zu geschlossenen Modellen wird nicht unterstellt, daß der Entscheidungsträger alle Ziele und zulässigen Entscheidungsalternativen überschauen kann, sondern es wird von einer realistischeren Sicht seiner Fähigkeiten ausge-

70 Vgl. Alexis/Wilson (1967), S. 148-168; Kirsch (1970), S. 25 ff.

gangen. Der Entscheidungsträger wird als komplexes Wesen betrachtet, das vielschichtigen Einflüssen unterliegt. Insbesondere werden in den Entscheidungsprozeß Bildung, Persönlichkeit und individuelle Ziele des Entscheidungsträgers einbezogen. Außerdem werden Aspekte wie Lern- und Rollenverhalten, beschränkte Beurteilungsfähigkeit und Kapazitätsgrenzen bei der Informationsbeschaffung und -verarbeitung berücksichtigt. Die am Schluß des Abschnitts 1.4.4.6 behandelten dynamischen Modelle in einem offenen Entscheidungsfeld können als Teilmenge dieser Modellklasse interpretiert werden.

Für offene Modelle gelten folgende Prämissen:

- Anstelle einer vorgegebenen, eindimensionalen, vollständigen Werteordnung werden nicht klar zu definierende Vorstellungen über Ziele gesetzt, die näherungsweise durch ein Anspruchsniveau beschreibbar sind.
- Weder alle Entscheidungsalternativen und deren Konsequenzen noch die Beziehungen zwischen den Alternativen sind determiniert bzw. genau bekannt.
- An die Stelle einer vollständigen Ordnung der Alternativen in geschlossenen Modellen tritt eine Suchroutine, die nur einige wenige Alternativen betrachtet. Die Suchroutine endet, wenn eine das Anspruchsniveau erfüllende Handlungsalternative gefunden ist.
- Der Entscheidungsträger optimiert damit nicht, sondern sucht nach einer Lösung, die sein Anspruchsniveau befriedigt.

Der gesamte Entscheidungsprozeß eines offenen Entscheidungsmodells ist adaptiv. Als Reaktion auf ein Planungsergebnis kann der Entscheidungsträger sein Anspruchsniveau verändern. Werden beispielsweise nach kurzem Suchprozeß gleich zwei oder drei befriedigende Alternativen gefunden, wird der Entscheidungsträger sein Anspruchsniveau erhöhen.

1.4.4.8 Partial- und Totalmodelle

Totalmodelle beziehen sich auf alle Funktionsbereiche eines Unternehmens, d.h., sie enthalten Merkmale aus allen Funktionsbereichen und verknüpfen alle Funktionsbereiche miteinander. Sie beziehen sich zudem im Extremfall auf die gesamte Lebensdauer eines Unternehmens und sind dementsprechend sehr komplex. Partialmodelle erfassen nur einen oder einige Funktionsbereiche, oder sie reduzieren die zeitliche Reichweite der Planungsüberlegungen. Durch diese Beschränkung ist es in Partialmodellen generell unmöglich, alle sachlichen und zeitlichen Kopplungen zwischen den Funktionsbereichen zu erfassen. Das Problem von Partialmodellen besteht letztendlich darin, verschiedene partielle Entscheidungsfelder sinnvoll zu koordinieren, so daß es für die Gesamtunternehmung zu einer sinnvollen Politik kommt.

Totalmodelle lassen sich danach unterscheiden, ob sie alle Kopplungen zwischen den Funktionsbereichen erfassen und ob sie zudem auch noch alle zeitübergreifenden Beziehungen berücksichtigen. Die extremste Form eines Totalmodells erstreckt sich auf alle betrieblichen Funktionen und Teilperioden bis zum Ende der Lebensdauer eines Unternehmens.

Die Entwicklung betriebswirtschaftlicher Modelle hat ihren Ausgang von Partialmodellen genommen, die sich auf einen Funktionsbereich beziehen (Lagerhaltungsmodelle, preispolitische Modelle, Modelle der klassischen Investitionstheorie). Durch die verstärkte Forderung nach simultaner Planung für interdependente Funktionsbereiche sind die Modelle immer komplexer und schwerer lösbar geworden. Die Entwicklung eines Totalmodells dürfte zumindest in der Version eines alle betrieblichen Funktionsbereiche abdeckenden, dynamischen Optimierungsmodells Utopie bleiben, da Modelle dieser Art zu komplex sind und zu große Anforderungen an die Informationsbeschaffung stellen. Zudem ist die Forderung nach einer allumfassenden Simultanplanung in offenen Entscheidungfeldern unrealistisch, da die künftigen Handlungsalternativen im Zeitpunkt der Planung nur unvollständig bekannt sind. Die Philosophie simultaner Optimierungsmodelle täuscht einen Genauigkeitsgrad vor, der letztlich als Folge von Informationsdefiziten doch nicht auszuschöpfen ist. Realistisch kann optimierende Planung nur mit Partialmodellen und koppelnden Koordinationsmechanismen betrieben werden.

Totalmodellen in einer abgeschwächten Form kommt in der Realität nur in zwei Fällen Bedeutung zu:

- Mehrfunktions- und Mehrperiodenmodelle können in der Unternehmensplanung eingesetzt werden, um den ökonomischen Erfolg und die Liquiditätswirkung genau definierter Strategien zu überprüfen. Beispielsweise kann für eine definierte Investitionsstrategie ein vollständiger Finanzplan - VOFI - entwickelt werden, um die Wirkungen der Strategie auf das Endvermögen und die Finanzierungssituation abzubilden. Bei derartigen „Totalmodellen" ist die Komplexität bedeutend reduziert, da nur bestimmte, wesentliche Beziehungen zwischen verschiedenen Funktionsbereichen erfaßt werden und zudem keine Optimierung erfolgt. Eine ausgewählte Strategie wird vielmehr allein auf ihre Auswirkungen in einigen Funktionsbereichen analysiert.

- Eine Optimierung ist mit der Philosophie von „Totalmodellen" real nur möglich, wenn es gelingt, das Entscheidungsfeld künstlich zu beschränken.[71] Zum Beispiel kann ein Modell der simultanen Investitions- und Finanzplanung entwickelt werden, um die generellen Verflechtungen dieser Bereiche im Modell abzubilden. Aus diesem Modell werden aber die Einflüsse des Beschaffungs-, Absatz- und Produktionsbereiches durch vereinfachende Annahmen weitgehend herausgehalten, so daß der Komplexitätsgrad des Modells beherrschbar bleibt.

Die Philosophie der Totalmodelle hat einen theoretisch ganz entscheidenden Vorteil. Durch sie wird es möglich, die Sinnhaftigkeit der in Partialmodellen angewendeten Separationsannahmen zu überprüfen. Dazu ein Beispiel: In der Marktzinsfußmethode[72], einem Partialmodell zur Kalkulation operativer Bankgeschäfte und Investitionen, werden einzelne Handlungsalternativen - Kreditvergabe, Sachinvestition - isoliert beurteilt. Um die zwischen Geldbeschaffung und Geldanlage bestehenden Interdependenzen aus dem Kalkül herauszu-

71 Vgl. Weingartner (1963); Hax (1964); Albach (1962).

72 Vgl. Marusev/Schierenbeck (1990); Rolfes (1992).

halten, wird von der Hypothese einer fristenkongruenten Finanzierung ausgegangen.[73] Auf der Basis der Zinsstruktur im Kalkulationszeitpunkt für Kredite unterschiedlicher Laufzeiten wird ein spezieller Kapitalwert für eine Investition bestimmt. Dieser Kapitalwert gibt den Erfolg an, den eine Investition mehr als eine fristenkongruente Finanzanlage „verdient". Nur solche Investitionen und Kreditvergaben sind folglich vorteilhaft, deren so bestimmter Kapitalwert positiv ist. Mit Hilfe eines Modells der Totalplanungsphilosophie läßt sich nachweisen, daß die Marktzinsfußmethode im allgemeinen nicht zur optimalen Steuerung der Geldanlage führen kann.[74] Die Ursache dafür liegt darin, daß die Marktzinsfußmethode von einer willkürlichen Finanzierungshypothese ausgeht. Ein Totalmodell zeigt, daß es i.a. nicht zielgerecht ist, fristenkongruent zu finanzieren. Eine fristenkongruente Finanzierung ist Ausdruck extremer Risikoscheu.[75] Der Entscheidungsträger verzichtet darauf, künftige Zinserwartungen in sein Kalkül einzubeziehen und stellt die gesamte Finanzierung zu heutigen Zinskonditionen in der Form von Forward-Geschäften sicher. Es kann auf diesem Wege deutlich gemacht werden, daß die Marktzinsfußmethode lediglich als heuristisches Prinzip zu betrachten ist, das auch nur in ganz bestimmten Entscheidungssituationen sinnvoll für die Entscheidungsfindung eingesetzt werden kann. Das Konstrukt des Totalmodells kann somit dazu genutzt werden, die Eignung von Partialmodellen zu überprüfen. Sie leisten insoweit auch einen für die Praxis wertvollen Beitrag.

73 Vgl. Schierenbeck (1993).

74 Vgl. Adam (1994), S. 289 ff.

75 Vgl. Adam/Schlüchtermann/Utzel (1993).

Literatur zu Kapitel 1

Adam, D. (1969a): Koordinationsprobleme bei dezentralen Entscheidungen, in: ZfB, 1969, S. 615-632.

Adam, D. (1969b): Produktionsplanung bei Sortenfertigung, Wiesbaden 1969.

Adam, D. (1970): Entscheidungsorientierte Kostenbewertung, Wiesbaden 1970.

Adam, D. (1976): Zeitablaufbezogene Interpretation von Ergebnissen eines zeitablaufunabhängigen Modells zur Losgrößen- und Programmplanung bei zeitlich abgestimmten Losauflagerhythmen, in: ZfB, 1976, S. 263-280.

Adam, D. (1980): Zur Problematik der Planung in schlechtstrukturierten Entscheidungssituationen, in: Jacob, H. (Hrsg.): Neue Aspekte der betrieblichen Planung, SzU, Bd. 28, Wiesbaden 1980.

Adam, D. (1987a): Ansätze zu einem integrierten Konzept der Fertigungssteuerung bei Werkstattfertigung, in: Adam, D. (Hrsg.): Neuere Entwicklungen in der Produktions- und Investitionspolitik, Wiesbaden 1987, S. 17-52.

Adam, D. (1987b): Retrograde Terminierung, ein Ansatz zu verbesserter Fertigungssteuerung bei Werkstattfertigung, Veröffentlichungen des Instituts für Industrie- und Krankenhausbetriebslehre der Westfälischen Wilhelms-Universität, Nr. 22, Münster 1988.

Adam, D. (1993a): Industriebetriebslehre – Arbeitsunterlage zur Materialbedarfsrechnung und Bestellpolitik, Manuskript des Instituts für Industrie- und Krankenhausbetriebslehre der Westfälischen Wilhelms-Universität Münster, 9. Auflage, Münster 1993.

Adam, D. (1993b): Produktionsmanagement, 7. Auflage, Wiesbaden 1993.

Adam, D. (1994): Investitionscontrolling, München-Wien 1994.

Adam, D., Schlüchtermann, J., Utzel, Ch. (1993): Zur Eignung der Marktzinsmethode für Investitionsentscheidungen, in: ZfbF, 1993, S. 3-18.

Adam, D., Witte, Th. (1975): Betriebswirtschaftliche Modelle: Aufgabe, Aufbau, Eignung, in: WISU, 1975, S. 369-374 u. S. 419-423.

Adam, D., Witte, Th. (1976): Typen betriebswirtschaftlicher Modelle, in: WISU, 1976, S. 1-5.

Adam, D., Witte, Th., (1979): Merkmale der Planung in gut- und schlechtstrukturierten Planungssituationen, in: WISU, 1979, S. 380 ff.

Albach, H. (1962): Investition und Liquidität, Wiesbaden 1962.

Alexis, M., Wilson, C.Z. (1967): Organizational Decision Making, Englewood Cliffs, N.J., 1967.

Berens, W. (1982): Die Berücksichtigung begrenzten Lieferverzugs im klassischen Bestellmengen-Modell bei zeitunabhängigen Verzugsmengenkosten, in: ZfB, 1982, S. 354-369.

Berens, W. (1989): A Bewitched Fermat-Problem, in: IIE Transactions, 21. Jg. (1989), S. 73 ff.

Berthel, J. (1970): Art. Modelle, allgemein, in: Kosiol, E. (Hrsg.), Handwörterbuch des Rechnungswesens, Sp. 1122-1130, Stuttgart 1970.

Bitz, M. (1975): Zeithorizonte bei der Investitions- und Finanzplanung, in: ZfB 48 (1978), S. 175-193.

Bitz, M. (1977): Die Strukturierung ökonomischer Entscheidungsmodelle, Wiesbaden 1977.

Clark, Ch. (1966): Brainstorming, München 1966.

Ellinger, Th. (1959): Ablaufplanung, Stuttgart 1959.

Feigenbaum, M. (1978): Quantitative Universality of a Class of Nonlinear Transformations, in: Journal Statistic. Physics 19, S. 25-52.

Francis, R.L., White, J.A. (1974): Facility Layout and Location. An Analytical Approach, Englewood Cliffs, N.J., 1974.

Gleick, J. (1987): Chaos - Making a New Science, New York 1987.

Gomez, P., Probst, G.J.B. (1987): Vernetztes Denken im Management, Die Orientierung, Heft 89, Bern 1987.

Gordon, W.J.J. (1961): Synectics, New York 1961.

Grob, H.L. (1982): Übungsfälle zur Betriebswirtschaftslehre, München 1982.

Grochla, E. (1969): Modelle als Instrument der Unternehmensführung, in: ZfbF, 1969, S. 382-397.

Gutenberg, E. (1929): Die Unternehmung als Gegenstand betriebswirtschaftlicher Theorie, Berlin-Wien 1929.

Gutenberg, E. (1983): Grundlagen der Betriebswirtschaftslehre, Band I: Die Produktion, 24. Aufl., Berlin 1983.

Hax, H. (1964): Investitions- und Finanzplanung mit Hilfe der linearen Programmierung, in: ZfbF, 1964, S. 430-446.

Hax, H. (1985): Investitionstheorie, 5. Aufl., Würzburg-Wien 1985.

Heinen, E. (1985): Einführung in die BWL, 9. Aufl., Wiesbaden 1985.

Heinen, E. (1991): Industriebetriebslehre als entscheidungsorientierte Unternehmensführung, in, Heinen, E. (Hrsg.), Industriebetriebslehre, 9. Aufl. Wiesbaden 1991, S. 1-68.

Hilke, W. (1978): Zielorientierte Produktions- und Programmplanung, Neuwied 1978.

Jacob, H. (1971): Preispolitik, 2. Aufl., Wiesbaden 1971.

Jacob, H. (1989): Flexibilität und ihre Bedeutung für die Betriebspolitik, in: Adam, D., Backhaus, K., Meffert, H., Wagner, H. (Hrsg.), Integration und Flexibilität, Wiesbaden 1989, S. 15-60.

Jacob, H. (1990): Grundlagen und Grundtatbestände der Planung im Industriebetrieb, in: Jacob, H. (Hrsg.), Industriebetriebslehre, Handbuch für Studium und Praxis, 4. Aufl., Wiesbaden 1990, S. 381-400.

Kilger, W. (1973): Optimale Produktions- und Absatzplanung, Opladen 1973.

Kilger, W. (1988): Flexible Plankostenrechnung, 9. Aufl., Wiesbaden 1988.

Kirsch, W. (1970): Entscheidungsprozesse, Band 1, Verhaltenswissenschaftliche Ansätze der Entscheidungstheorie, Wiesbaden 1970.

Koch, H. (1961): Betriebliche Planung - Grundlagen und Grundfragen der Unternehmenspolitik, Wiesbaden 1961.

Kosiol, E. (1961): Modellanalyse als Grundlage unternehmerischer Entscheidungen, in: ZfbF, 1961, S. 318-334.

Kruschwitz, L. (1993): Investitionsrechnung, 5. Aufl., Berlin-New York 1993.

Linneweh, K. (1981): Kreatives Denken. Techniken und Organisation produktiver Kreativität, 3. Aufl., Karlsruhe 1981.

Mag, W. (1971): Planungsstufen und Informationsteilungsprozesse, in: ZfbF, 1971, S. 803 ff.

Mandelbrot, B.B. (1987): Die fraktale Geometrie der Natur, Basel-Boston 1987.

Marusev, A.W., Schierenbeck, H. (1990): Margenkalkulation von Bankprodukten im Marktzinsmodell, in: ZfB, 1990, S. 789-813.

Meffert, H. (1986): Marketing, 7. Aufl., Wiesbaden 1986.
Modigliani, H. (1952): The Measurement of Expectations, in: Econometrica 20 (1952), S. 481-483.
Newell, A., Simon, H.A. (1958): Heuristic Problem Solving: The next advance in O.R., in: Operations Research 6, 1958, S. 1 ff.
Ossadnik, W. (1994): Planung und Entscheidung, in: Corsten, H., Reiß, M. (Hrsg.), Betriebswirtschaftslehre, München-Wien 1994, S. 141–232.
Oßwald, J. (1979): Produktionsplanung bei losweiser Fertigung, Wiesbaden 1979.
Riebel, P. (1955): Die Kuppelproduktion, Köln-Opladen 1955.
Riebel, P. (1990): Einzelkosten- und Deckungsbeitragsrechnung, 6. Aufl., Wiesbaden 1990.
Rohrbach, R. (1971): Techniken des Lösens von Innovationsproblemen, in: Jacob, H. (Hrsg.), Rationeller Einsatz von Marketinginstrumenten, SzU, Bd. 15, Wiesbaden 1971.
Rolfes, B. (1992): Moderne Investitionsrechnung, München-Wien 1992.
Schierenbeck, H. (1993): Grundzüge der Betriebswirtschaftslehre, 11. Aufl., München-Wien 1993.
Schlüchtermann, J. (1996): Planung in zeitlich offenen Entscheidungsfeldern, Wiesbaden 1996.
Schmalenbach, E. (1948): Pretiale Wirtschaftslenkung, Band 2: Pretiale Lenkung des Betriebes, Bremen 1948.
Schmalenbach, E. (1963): Kostenrechnung und Preispolitik, 8. Aufl., Köln-Opladen 1963.
Schmitt-Grohé, J. (1972): Produktinnovation, Verfahren und Organisation der Neuproduktplanung, Wiesbaden 1972.
Sieben, G., Schildbach, Th. (1990): Betriebswirtschaftliche Entscheidungstheorie, 3. Aufl., Düsseldorf 1990.
Simon, H.A. (1957): Models of Man, New York 1957.
Simon, H.A. (1976): Administrative Behavior, 3. Aufl., New York 1976.
Teichmann, H. (1975): Der optimale Planungshorizont, in: ZfB 45 (1975), S. 295-312.
Türschmann, C.W. (1990): Stabilität und Chaos in einfachen, dynamischen Modellen der Betriebswirtschaftslehre, in: ZfbF, 1990, S. 22-49.
Vester, F. (1985): Neuland des Denkens. Vom technokratischen zum kybernetischen Zeitalter, 3. Aufl., München 1985.
Wagner, H.M./Whitin, T.M. (1958): Dynamic Version of the Economic Lot Size Model, in: Management Science, Vol. 5, 1958, S. 89-96.
Weingartner, H.M. (1963): Mathematical Programming and the Analysis of Capital Budgeting Problems, Englewood Cliffs 1963.
Witte, E. (1968): Phasen-Theorem und Organisation komplexer Entscheidungsverläufe, in: ZfbF, 1968, S. 625 ff.
Witte, Th. (1979): Heuristisches Planen, Wiesbaden 1979.
Wittmann, W. (1959): Unternehmung und unvollkommene Information, Köln-Opladen 1959.

2 Zielbildung und Bewertung von Entscheidungsalternativen

2.1 Die Bedeutung von Zielen für den Führungsprozeß

Ziele haben im Führungsprozeß einen Planungs- und einen Organisationsbezug; beide Aufgaben sind eng miteinander verbunden.

Ohne Zielsetzung ist keine rationale Planung, d.h. keine Auswahl einer optimalen Gestaltungsalternative zur Lösung eines Problems möglich; erst die Zielsetzung liefert das Beurteilungskriterium für die Entscheidungsalternativen, gibt der Planung die Denkrichtung für die Lösung der Probleme vor. Ein Wahlproblem zwischen Gestaltungsalternativen ist folglich nur zu lösen, wenn die Alternativen in der Dimension der Zielsetzung (Gewinn, Kosten, Umsatz, Marktanteil usw.) bewertet und miteinander verglichen werden. Folglich ist auch die Bezeichnung „optimaler Plan" oder „optimale Lösung" solange inhaltsleer, wie nicht klar ist, in bezug auf welches Ziel ein bestimmtes Problem gelöst werden soll.

Sinn der Zielsetzung ist es, die Entscheidungsalternativen möglichst in eine vollständige Ordnung der Vorziehenswürdigkeit zu bringen. Sind die Ziele verschwommen oder unklar formuliert, lassen sich die Entscheidungsalternativen nicht vollständig nach dem Grad der Vorziehenswürdigkeit ordnen, und es ist unmöglich, eine bestimmte Handlungsalternative als optimal zu identifizieren. Rationale Planung stellt deshalb an Ziele die Anforderung, daß die Alternativen mit ihrer Hilfe vollständig zu ordnen sind.

In praktischen Entscheidungssituationen genügen die Ziele dieser Forderung häufig nicht; bestenfalls gelingt eine Teilordnung der Alternativen. Unterschieden werden kann u.U. nur nach guten oder schlechten Alternativen, ohne bei den guten die Frage nach der besten Alternative beantworten zu können. Derartige Situationen sind häufig in der langfristigen, strategischen Planung anzutreffen. Das liegt in der Regel daran, daß sich den Strategien keine eindeutigen ökonomischen Konsequenzen (Gewinne, Kosten) zuordnen lassen, da die Alternativen noch zu grob definiert sind. Variable der strategischen Programmplanung sind häufig die Geschäftsfelder.[1] Der in einem Geschäftsfeld zu erwirtschaftende Gewinn ist solange nicht eindeutig zu bestimmen, wie nicht bekannt ist, welche Artikel das Geschäftsfeld künftig am Markte anbietet. Eine Untergliederung des Geschäftsfeldes in einzelne Produkte ist im Rahmen der strategischen Planung in der Regel unmöglich. Als Folge der nur groben Umschreibung der Variablen sind die ökonomischen Konsequenzen der Handlungsalternativen teilweise noch unbestimmt, so daß auch keine vollständige Rangfolge der Strategien ableitbar ist.

Einen Organisationsbezug haben Ziele, wenn das Unternehmen nicht mit einem zentralen Entscheidungsfeld arbeitet, sondern durch Delegation partielle Entscheidungsfelder für Beschaffung, Produktion, Absatz usw. entstanden sind. In einem solchen Fall haben Ziele zwei Aufgaben:

---

1 Vgl. Jacob (1990), S. 406 f.

- Mit ihrer Hilfe sollen für die Entscheidungsprobleme der Organisationseinheiten optimale Entscheidungen bestimmt werden (Planungsbezug der Ziele).

- Die Entscheidungen in den partiellen Entscheidungsfeldern dürfen dabei nicht isoliert gesehen werden. Durch den Delegationsprozeß gehen die Beziehungen bzw. Kopplungen zwischen den Entscheidungsfeldern verloren; daher ist eine Koordination der Entscheidungen erforderlich, wenn die Summe der Einzelentscheidungen einen sinnvollen Plan für das ganze Unternehmen ergeben soll. Diese Koordination kann mit Hilfe von Zielen erfolgen. Es ist also notwendig, für die partiellen Entscheidungsfelder aus dem Gesamtziel des Unternehmens konsistente Bereichs- oder Unterziele abzuleiten. Konsistent ist ein Bereichsziel zu nennen, wenn das Unterziel gleichzeitig auch das Oberziel fördert. Zwischen Unter- und Oberziel darf mithin kein Zielkonflikt existieren. Nur wenn ein Unternehmen konsistente Ziele für die partiellen Entscheidungsfelder vereinbart, ist eine zielsetzungsgerechte Koordination im Sinne des Oberziels zu erreichen.

In der Praxis gelingt die Formulierung konsistenter und widerspruchsfreier Unterziele selten oder nur unvollkommen. Häufig sind die formulierten Unterziele nur plausibel, aber nicht sachlogisch zwingend. Infolgedessen ist eine Optimalplanung in dezentralen Entscheidungsfeldern streng genommen unmöglich. Die einzelne Bereichsentscheidung mag dieser Forderung zwar noch genügen; aber der Gesamtplan des Unternehmens kann diesen Anspruch in der Regel nicht erheben. Es liegt dann, durch die Konstruktion der partiellen Entscheidungsfelder bedingt, eine zielsetzungsdefekte Planungssituation vor. Das Bestreben des Unternehmens muß bei dezentraler Planung darauf gerichtet sein, das Ausmaß dieser Zielsetzungsdefekte gering zu halten, um nicht zu große Koordinationsmängel in Kauf nehmen zu müssen.

2.2 Anforderungen an Ziele

2.2.1 Messungsarten bei Zielen

Die Stringenz der Anforderungen an die Ziele hängt von der Qualität der angestrebten Planungsergebnisse ab. An eine streng rationale Planung sind höhere Anforderungen zu stellen, als an eingeschränktes Rationalverhalten. Rationales, d.h. zielsetzungsgerechtes Handeln ist nur möglich, wenn der Planende einem operationalen Ziel folgt. Operational[2] wird ein Ziel genannt, das es dem Planenden erlaubt, eine optimale Entscheidungsalternative auszuwählen, deren Zielerreichungsgrad für jeden Dritten eindeutig am gesteckten Ziel zu überprüfen ist. Für operationale Ziele müssen deshalb eindeutige Meßvorschriften existieren, d.h., ein Ziel muß nach Zielgröße, Zielniveau und Zeitbezug eindeutig definiert sein, und für die Entscheidungsalternativen dürfen folglich keine Quantifizierungsprobleme bestehen.

Wird einem Planenden vorgegeben, die Alternative mit dem Minimum (Zielniveau) an Kosten (Zielgröße) im Planungszeitraum (Zeitbezug) zu bestimmen, und ist der Kostenbegriff inhaltlich genau definiert (pagatorische Kosten), ist das Ziel operational, da ein eindeutiges

2 Vgl. Heinen (1976), S. 115.

Vergleichskriterium formuliert ist. Operational ist auch das Ziel, eine Alternative zu suchen, deren Gewinn (bei gegebener Gewinndefinition) ein bestimmtes gegebenes Niveau pro Jahr überschreitet. Voraussetzung ist in beiden Fällen allerdings, daß sich die Entscheidungsalternativen durch die Meßvorschrift eindeutig bewerten lassen. Operational ist eine Meßvorschrift damit grundsätzlich zu nennen, wenn sich mit ihrer Hilfe eine nachvollziehbare, vollständige Ordnung der Entscheidungsalternativen erzeugen läßt. Vollständig[3] ist eine Ordnung, wenn für eine Menge von n Alternativen eine n Elemente umfassende Rangfolge der Vorziehenswürdigkeit der Alternativen aufgestellt werden kann, die auch interpersonell nachzuvollziehen ist.

Mitunter werden an ein operationales Ziel auch geringere Anforderungen gestellt. Das Kriterium der Operationalität ist bereits erfüllt, wenn eine vollständige Ordnung aufgestellt werden kann; vom Kriterium der interpersonellen Nachprüfbarkeit wird in diesem Fall abstrahiert.

Mit der kardinalen und der ordinalen Messung gibt es zwei unterschiedliche Formen, Rangfolgen für die Vorziehenswürdigkeit aufzustellen.

Von einer kardinalen Messung wird gesprochen, wenn über den Zielbeitrag jeder Alternative metrische Informationen (Geldeinheiten) vorliegen und die Alternativen in fallender Reihenfolge dieser Werte angeordnet werden. Die metrischen Informationen erlauben eine Aussage über die Abstände zwischen den Alternativen. Die Differenz zwischen Alternative 1 und 2 beläuft sich im folgenden Beispiel auf 20,- DM.

Alternative	1	2	3	4	5
Gewinnbetrag in DM	150	130	125	123	75

Tabelle 2-1

Im Beispiel werden die Alternativen in Einheiten gleichen Skalenabstands [DM] gemessen, d.h., die Alternativen sind intervallskaliert. Darüberhinaus ist mit null DM ein natürlicher Nullpunkt der Intervallskala gegeben, so daß der Spezialfall einer Verhältnisskala vorliegt. Während Intervallskalen ohne natürlichen Nullpunkt nur die Rechenoperationen „Addition“ und „Subtraktion“ erlauben, sind bei Verhältnisskalen alle Grundrechenarten erlaubt, ohne daß sich die Rangfolge der Alternativen und deren relative Wertdifferenzen zueinander ändern. Verhältnisskalen sind daher rechentechnisch „außerordentlich angenehm"[4]. Beide Unterarten der kardinalen Messung erlauben eine vollständige Ordnung der Alternativen. Streng genommen liegt nur bei metrischer Messung eine operationale und interpersonell nachvollziehbare Bewertung von Entscheidungsalternativen vor.

Trotz metrischer Informationen über den Erfolgsbeitrag ergeben sich bei kardinaler Messung immer dann Schwierigkeiten bei der Ordnung der Alternativen, wenn sich die ökonomischen Konsequenzen nicht eindeutig quantifizieren lassen und bei der Bewertung mit Hy-

3 Vgl. Menges (1974), S. 47

4 Schneeweiß (1991), S. 46.

pothesen gearbeitet werden muß. Beispielsweise unterscheiden sich zwei Handlungsalternativen durch den Umfang an Fehlmengen. Für die Bewertung der Alternativen stellt die Übersetzung der Fehlmengen in Gewinnwirkungen ein ernsthaftes Problem dar. Das Unternehmen kann bei der Quantifizierung der Fehlmengenkosten von unterschiedlichen Hypothesen ausgehen:

- Hypothese 1 besagt: Das Unternehmen verliert nur die Deckungsbeiträge für die nicht gelieferten Erzeugnisse (DM 10 im folgenden Beispiel).
- Hypothese 2 bezieht hingegen auch langfristige Wirkungen in die Betrachtung ein und geht davon aus, daß die Kunden so verärgert sind, daß sie in Aussicht gestellte Anschlußaufträge streichen (DM 80 im folgenden Beispiel).

Je nach Erwartung des Planenden über die Reaktion des Kunden auf Fehlmengen gibt es daraufhin unterschiedliche Reihenfolgen für die Alternativen, wie folgendes Beispiel zeigt.

Alternative	Gewinn ohne Fehlmenge	Fehlmenge	Fehlmengenkosten Hypothese		Gesamtgewinn Hypothese	
			1	2	1	2
1	900	4	40	320	860	(580)
2	1000	7	70	560	(930)	440

Tabelle 2-2

Bei Hypothese 1 ist die zweite Alternative vorzuziehen, während bei der zweiten Hypothese Alternative 1 vorteilhafter ist. Als Folge der Quantifizierungsprobleme lassen sich die Alternativen folglich nicht eindeutig ordnen.

Pseudometrische Informationen über Entscheidungsalternativen liegen vor, wenn ein Punktbewertungsverfahren (Scoring Methoden[5]) angewendet wird. Beispielsweise wurden die beiden Entscheidungsalternativen aus dem Einführungsbeispiel im Abschnitt 1.1.1. - Wahl zwischen zwei Bauprinzipien zur Elektrifizierung eines Eisenbahnmodells - auf der Basis von vier Kriterien bewertet. Für jedes Kriterium kann der Entscheidungsträger Noten zwischen 1 und 10 (10 für sehr gute Ausprägung des Kriteriums) vergeben. Zudem werden die Kriterien nach ihrer Bedeutung gewichtet. Noten multipliziert mit den Gewichten führen zu den Teilpunkten in Klammern der Tabelle 2-3. Für die beiden Alternativen ergeben sich Gesamtpunkte von 5,6 für die erste Alternative und 7,7 für die zweite, d.h., die zweite Alternative ist der ersten vorzuziehen.

Pseudometrisch werden die Punktwerte für die Kriterien genannt, weil sie das Resultat subjektiver Einschätzungen sind, nicht aber aus überprüfbaren Messungen hervorgehen. Die Kriterien lassen sich nicht im eigentlichen Sinne messen; es werden ihnen subjektiv Punktwerte zugeordnet. Die Punktwerte für einzelne Kriterien suggerieren eine echte kardinale Messung, obwohl im Grunde nur ein ordinaler Vergleich der Alternativen vorliegt. Das wird für das Kriterium „Eleganz“ in Tabelle 2-3 deutlich. Plausibel ist, daß ein Entscheidungsträ-

5 Zur Nutzwertanalyse bzw. zu Scoring-Modellen vgl. Zangemeister (1976).

ger subjektiv beurteilen kann: Prinzip 2 ist eleganter als Prinzip 1. Weniger plausibel ist hingegen, daß er die exakten Abstände der Eleganz zu quantifizieren in der Lage ist. Werden dennoch Punktwerte vergeben, werden ordinale Rangordnungen subjektiv, also interpersonell nicht nachprüfbar, in pseudometrische Werte transformiert.

Kriterium	Gewicht	Prinzip 1		Prinzip 2	
eigene Bauzeit	0,4	4	(1,6)	8	(3,2)
Kosten Werkzeuge/Material	0,1	2	(0,2)	9	(0,9)
Lieferzeit der Teile	0,2	10	(2,0)	3	(0,6)
Eleganz	0,3	6	(1,8)	10	(3,0)
	1,0	(5,6)		(7,7)	

Tabelle 2-3

Ordinale Messungen liegen vor, wenn durch paarweisen Vergleich von zwei Handlungsalternativen festgestellt wird, welche der beiden Alternativen besser abschneidet. Wird für jeden Sieg in einem Vergleich ein x in der folgenden Tabelle eingetragen, und werden alle Paarvergleiche durchgeführt, könnte eine Reihung der Alternativen auf der Basis der Zahl der Siege durchgeführt werden. Für das Beispiel der fünf Alternativen der Tabelle 2-1 würde sich folgende Tabelle der Siege ergeben:

	Alternative				
verglichen mit	1	2	3	4	5
1	-				
2	x	-			
3	x	x	-		
4	x	x	x	-	
5	x	x	x	x	-

Tabelle 2-4

Weil die erste Alternative vier, die zweite nur drei Siege usw. erreicht hat, ergibt sich bei ordinaler Bewertung die Reihenfolge: Alternative 1 ist besser als 2, diese ist besser als 3 usw.; Alternative 5 nimmt den letzten Rang ein. Eine Zielsetzung auf der Basis eines ordinalen Kriteriums erlaubt damit auch eine vollständige Ordnung der Alternativen. Im Gegensatz zur kardinalen Messung sind aber keine Aussagen über die Differenzen der Effizienz der Strategien möglich. Nicht zu erkennen ist folglich, um wieviel Alternative 1 Alternative 2 überlegen ist. Eine ordinale „Messung" wird im Gegensatz zur kardinalen Messung auch als qualitative Messung bezeichnet. Planungsverfahren, die mit Rangplätzen für Alternativen arbeiten, basieren meistens auf subjektiven Einschätzungen bei den Paarvergleichen, d.h., es fehlen meistens objektive Kriterien für das Werturteil. Der Einfluß der subjektiven Einschätzung auf die Rangfolge wird aber nicht deutlich. Nachteilig ist daher, daß die gefundene Rangfolge von einem Dritten nicht nachvollzogen werden kann. Bei qualitativen Werturteilen liegt damit eine eingeschränkte, formale Form von Operationalität vor.

Mitunter sind die Informationen über die Effizienz der Alternativen noch schwächer als bei ordinaler Messung. Unter Umständen ist nur festzustellen, ob bestimmte Kriterien erfüllt werden oder nicht. Bei derartigen Null-Eins-Entscheidungen wird von nominaler Messung gesprochen.[6] Bei nominaler Messung ist ein ordnender Vergleich von Alternativen unmöglich. Es kann nur die Menge der Alternativen bestimmt werden, die alle relevanten Kriterien erfüllen, d.h., es ist nur eine Klassifizierung möglich. Eine Auswahl unter den Alternativen einer Klasse ist mit dieser Art der „Messung" nicht zu erreichen.

Eine spezielle Variante nominaler Messung existiert in der Fuzzy-Logik[7]. Möchte ein Unternehmen einen Gewinn von deutlich mehr als 100.000,- im Jahr erzielen und gleichzeitig einen Marktanteil von wesentlich mehr als 30 % realisieren, kann es mit Zugehörigkeiten einer Lösung zur Gewinn- bzw. Marktanteilsvorstellung arbeiten. Beispielsweise hat eine Lösung mit einem Gewinn unter 100.000 einen Zugehörigkeitsgrad von null und eine mit einem Gewinn von 110.000 und mehr einen Wert von eins. Wird im Intervall 100.000 bis 110.000 mit einer linearen Zugehörigkeitsfunktion gearbeitet, hat eine Alternative mit einem Gewinn von 105.000 bei diesem Kriterium einen Zugehörigkeitsgrad von 0,5. Für das zweite Kriterium kann ein ähnliches Intervall definiert werden. Jede Entscheidungsalternative kann somit durch zwei Zugehörigkeitswerte beschrieben werden. Eine denkbare Möglichkeit zur Verdichtung beider Zugehörigkeiten zu einem gemeinsamen Wert ist die Multiplikationsregel. Hat eine Strategie beim Gewinn eine Zugehörigkeit von 0,5 und beim Kriterium Marktanteil einen Zugehörigkeitsgrad von 0,3, ergibt sich eine gemeinsame Zugehörigkeit von $0{,}5 \cdot 0{,}3 = 0{,}15$. Auf der Basis dieser gemeinsamen Zugehörigkeiten kann wiederum eine vollständige Ordnung der Alternativen aufgebaut werden. Es liegt eine pseudometrische Messung vor. Auch diese Ordnung hat den Nachteil, von subjektiven Einschätzungen über die Bandbreite der Zielintervalle, der Auswahl des Funktionstyps für die Zugehörigkeitsfunktion und der Art der Verknüpfung der einzelnen Zugehörigkeiten zu einer gemeinsamen Zugehörigkeit abhängig zu sein. Die Ordnung der Alternativen ist damit nicht interpersonell nachvollziehbar.

Zielbildung heißt stets, der Entscheidungsträger muß sich über seine Präferenzordnung klar werden. Dabei sind je nach Art des Entscheidungsproblems bis zu vier Arten von Präferenzen zu formulieren:

- Höhenpräferenzen,
- Artenpräferenzen,
- Zeitpräferenzen und
- Risikopräferenzen.

Allein Höhenpräferenzen sind für die Entscheidungsfindung relevant, wenn der Entscheidungsträger nur eine Zielgröße in seine Planungsüberlegungen einbezieht. Die Höhenpräferenz besagt, daß er eine Entscheidungsalternative mit einem Gewinn von 100 GE einer zweiten Alternativen mit nur 80 GE vorzieht. Höhenpräferenzen setzen keine kardinale Messung des Ziels voraus. Auch die Aussage, eine in einer ordinalen Messung (Paarvergleich) überlegene Strategie vorzuziehen, ist eine Form der Höhenpräferenz.

6 Vgl. Schneeweiß (1991), S. 41 f. und Backhaus/Erichson/Plinke/Weiber (1994), S. XIII f.

7 „Unscharfe Zielvorstellungen" = „fuzzy sets"; vgl. Zimmermann (1975), S.785 ff.

Artenpräferenzen sind für mehrkriterielle Entscheidungen von Bedeutung. Verfolgt der Entscheidungsträger zwei konfliktäre Ziele, muß er Gewichte für beide Ziele festlegen, wenn er eine Kompromißlösung anstrebt. Er muß mithin über die Artenpräferenz Austauschraten (Trade-offs) zwischen beiden Zielgrößen formulieren. Durch die Austauschrate wird der Zielkonflikt in einer übergeordneten Nutzenfunktion zum Ausgleich gebracht.

Zeitpräferenzen spielen für die Zielbildung eine Rolle, wenn von dynamischen, mehrperiodischen Entscheidungen ausgegangen wird. In einer derartigen Entscheidungssituation fallen zu unterschiedlichen Zeitpunkten Zahlungsvorgänge an. Eine Zahlung von 100 GE im Zeitpunkt t_0 ist einer gleich hohen Zahlung eine Periode später nicht gleichwertig. Ein Entscheidungsträger wird die frühere Zahlung vorziehen. Durch die Zeitpräferenz muß ausgedrückt werden, welcher Geldbetrag in t_1 den 100 GE in t_0 äquivalent ist. Kann ein Geldbetrag in t_0 für 10% am Markte angelegt werden, kann der Entscheidungsträger den Betrag von 110, den er in t_1 erhält, den 100 GE in t_0 als gleichwertig ansehen. Durch die Zeitpräferenz wird es möglich, die sich auf unterschiedliche Zeitpunkte beziehenden Zahlungen zu addieren. Die 110 Geldeinheiten des Zeitpunktes t_1 müssen dazu mit dem Zeitpräferenzfaktor (Abzinsungsfaktor für eine Periode bei t=1) von $1{,}1^{-t}$ multipliziert werden.

Bei der Risikopräferenz handelt es sich um eine spezielle Art einer Artenpräferenz. Eine Entscheidung bei unsicheren Daten kann durch eine Maßgröße für Erfolge (Gewinnerwartungswert) und eine zweite Maßgröße für das Risiko (Standardabweichung der Gewinne) bewertet werden. Zwischen den beiden Zielen, einen hohen Gewinn zu erzielen und Risiken möglichst zu vermeiden, besteht wiederum ein Zielkonflikt. Um diesen Konflikt zu überwinden, muß der Entscheidungsträger eine Nutzenfunktion festlegen, d.h., er muß Austauschraten zwischen den beiden Zielgrößen fixieren. Diese Austauschraten müssen nicht für jedes Zielniveau gleich bleiben. Bei risikoscheuem Verhalten wird die Substitutionsrate zwischen Gewinnerwartungswert μ und Risiko σ mit zunehmendem Gewinniveau vielmehr sinken. In einem μ - σ Diagramm mit μ als Abszisse verläuft eine Nutzenfunktion dann monton steigend, wobei sich die Steigung mit wachsendem μ immer weiter abflacht.

2.2.2 Zusatzanforderungen an Ziele aus organisatorischer Sicht

Neben den Anforderungen an die Meßvorschrift sind an Ziele aus organisatorischer Sicht Zusatzanforderungen zu stellen, wenn eine zielorientierte Führung in dezentralen Entscheidungsfeldern erfolgreich sein soll.

Vereinbart die Unternehmensleitung mit ihren dezentralen Organisationseinheiten Ziele in der Form von Gewinn- oder Kostenbudgets, können die Entscheidungsträger nur sinnvoll im Sinne der Ziele entscheiden, wenn sie die Ziele verstanden haben, d.h., wenn sie in diesen Zielkategorien denken können. Sind Manager des mittleren Mangements bislang gewohnt, ausschließlich in Mengen oder Zeiten zu denken, werden sie mit Kosten- oder Gewinnbudgets nicht sinnvoll umgehen können, da sie zwar die Konsequenzen ihrer Entscheidungen für Mengen oder Zeiten, nicht aber deren Rückwirkungen auf Kosten oder Gewinne abzuschätzen gelernt haben. Ziele müssen daher für die Entscheidungsträger verständlich sein.

Ziele in Form von Budgets sollten zweitens bei vernünftigem Anstrengungsniveau mit den verfügbaren Ressourcen erreichbar sein.[8] Das Zielniveau muß mit den betrieblichen und marktlichen Gegebenheiten im Einklang stehen. Ein sinnvolles Zielniveau setzt deshalb eine eingehende Analyse der eigenen Schwächen und Stärken und der Absatzmöglichkeiten voraus. Nur wenn Ziele bei vernünftiger Anstrengung zu erreichen sind, die Mitarbeiter also weder über- noch unterfordert werden, geht von ihnen eine Motivationswirkung aus.

Ziele sollten sich desweiteren nur auf Größen beziehen, die die Entscheidungsträger durch ihre Entscheidungen beeinflussen können. Tragen die Entscheidungsträger für das vereinbarte Zielniveau Verantwortung, sollten sie im Budget nicht mit Kosten belastet werden, die auf Entscheidungen übergeordenter Stellen zurückzuführen sind. Diese Forderung ist insbesondere zu erheben, wenn die Entlohnung der Entscheidungsträger an das erreichte Zielniveau geknüpft ist. Wird gegen diese Forderung verstoßen, fühlen sich Entscheidungsträger durch Kostenumlagen übergeordneter Stellen häufig ungerecht behandelt, und sie zweifeln die Fairneß der Umlageschlüssel und damit die Basis ihrer erfolgsabhängigen Entlohnung an, was zu Demotivation führen kann.

Die Entscheidungsträger sollten sich schließlich mit den Zielen identifizieren können. Die Unternehmensziele sollten daher mit den persönlichen Zielen der Entscheidungsträger (Einkommen, berufliches Fortkommen) im Einklang stehen. Mit persönlichen Interessen gleichgerichteten Unternehmenszielen kommt eine nachhaltige Motivationswirkung zu, d.h., die Entscheidungsträger setzen sich stärker für die Belange des Unternehmens ein.

Eine letzte Forderung bezieht sich auf die Unterziele für dezentrale Entscheidungsfelder. Durch die Delegation geht zunächst der Zusammenhang zwischen den dezentralen Entscheidungsfeldern verloren. Eine Entscheidung in einem Entscheidungsfeld strahlt aber u.U. auf andere Entscheidungsfelder negativ oder positiv aus. Die Ziele der dezentralen Entscheidungsträger müssen dazu beitragen, die Entscheidungen der verschiedenen Entscheidungsfelder zu koordinieren. An die Unterziele ist deshalb die Forderung zu stellen, zum Ausgleich von Partialinteressen beizutragen. Beispielsweise muß das Ziel für den Lagerbereich sowohl den Aspekt eines hohen Servicegrades als auch den einer angemessenen Verzinsung des im Lager gebundenen Kapitals beachten. Diese integrierende Wirkung wird beispielsweise erreicht, wenn für Fehlmengen entsprechende Kosten angesetzt werden und bei den Lagerkosten mit einem Opportunitätszinssatz kalkuliert wird, der zum Ausdruck bringt, welche Mindesverzinsung mit dem Kapital in anderen Verwendungsrichtungen erzielt werden kann.

2.3 Beziehungstypen von Zielen

Unternehmen arbeiten häufig mit einem System aus mehreren, gleichzeitig zu verfolgenden Zielen. Beispielsweise werden hohe Gewinne, hohe Marktanteile sowie ein hohes Beschäf-

8 Vgl. Wild (1974), S. 57 ff.

tigungsniveau angestrebt. Für die Planung sind die Beziehungen zwischen den Zielen relevant. Denkbar sind drei Klassen von Beziehungen:[9]

- Die Ziele stehen in keinem Zusammenhang; Veränderungen des Zielniveaus einer Zielgröße wirken sich nicht auf ein zweites Ziel aus. Diese *Zielneutralität* ist für ökonomische Problemstellungen meistens irrelevant.

- Die Ziele sind positiv korreliert *(Zielkomplementarität)*; ein verbessertes Niveau einer Zielgröße fördert auch das Niveau einer anderen Zielgröße. Innerhalb dieser Klasse von Zielbeziehungen sind zwei Teilkassen zu unterscheiden. Zum einen besteht die positive Korrelation generell; beim zweiten Unterfall liegt nur in bestimmten Bereichen eine Förderung der Ziele vor. Der erste Unterfall ist gegeben, wenn der Gewinn und der Umsatz positiv linear von der Absatzmenge abhängig sind. In diesem Fall kann eines der beiden Ziele aus dem Zielsystem gestrichen werden, da beide Ziele zur gleichen Entscheidung gelangen. Der zweite Fall nur partiell positiver Korrelation von Zielen tritt im Monopol auf. Folgt der Umsatz der Funktion $U = (a - b \cdot x) \cdot x$ mit x als Menge, und kann der Gewinn durch die Funktion $G = (a - b \cdot x) \cdot x - k \cdot x$ mit k als Kostensatz pro Mengeneinheit beschrieben werden, fördern sich die Ziele Gewinn und Umsatz nur für $0 < x < (a - k)/2b$. Für Ausbringungen zwischen der gewinnmaximalen Menge $x = (a - k)/2b$ und dem Umsatzmaximum $a/2b$ steigt zwar noch der Umsatz, der Gewinn sinkt aber bereits (Konfliktfall).

- Zwischen den Zielen besteht eine Konfliktsituation *(Zielkonkurrenz)*. Während das Niveau einer Zielgröße verbessert wird, sinkt das Niveau einer zweiten Zielgröße. Auch in diesem Fall kann der Konflikt generell oder nur partiell bestehen. Der obige Monopolfall ist auch ein Beispiel für partielle Zielkonkurrenz, da bei Ausbringungsmengen zwischen $(a - k)/2b$ und $a/2b$ zwar der Umsatz noch steigt, der Gewinn aber sinkt. Bei Zielkonflikten liegt ein sogenannter Zieldefekt vor, d.h., es ist keine optimale Entscheidung mehr möglich, wenn es nicht gelingt, die Konfliktsituation aufzuheben.

Ein Zielkonflikt ist in folgendem Beispiel gegeben.

Entscheidungs-alternative	1	2	3	4
Gewinn	(1170)	250	300	150
Umsatz	3280	3400	4450	(4550)

Tabelle 2-5

Unter den vier Handlungsalternativen gibt es keine, bei der Gewinn und Umsatz gleichzeitig maximiert werden. Ein Zielsystem, das gleichzeitig den Gewinn und den Umsatz maximieren will, ist daher in diesem Fall ungeeignet, es ist nicht operational, da zwei widersprüchliche Meßvorschriften bestehen.

9 Vgl. Heinen (1991), S. 14 ff.

Um bei Zielkonflikten dennoch planen zu können, sind zwei generelle Vorgehensweisen denkbar:

1. Es wird versucht, den Zielkonflikt aufzulösen.

2. Der Zielkonflikt bleibt inhaltlich bestehen, und in der Planung wird darauf verzichtet, eine optimale Lösung zu generieren. Die Planung kann dann nur den Zusammenhang zwischen den Zielen deutlich machen. Dem Entscheidungsträger wird durch die obige Tabelle beispielsweise die Beziehung zwischen den verfolgten Teilzielen transparent, was seine Entscheidungsfindung u.U. vereinfacht. Aufgabe der Planung kann es in diesem Fall zusätzlich sein, die Menge effizienter Lösungen zu bestimmen.[10]

   Ein Beispiel soll dieses Vorgehen verdeutlichen: In einer Planungssituation stehen drei Entscheidungsalternativen zur Auswahl. Es werden die vier Teilziele Gewinn, Risiko, Liquiditätsbedarf und Pay-Off-Dauer verfolgt. Für die drei Strategien können Zielprofile aufgestellt werden, die Auskunft geben, welches Niveau die Strategien bei den vier Zielgrößen erreichen.

   Da die Zielgrößen unterschiedliche Dimensionen aufweisen (GE und ZE), ist es sinnvoll, das jeweilig erreichte Zielniveau auf eine Notenskala umzunormieren (eins bis fünf im Beispiel). Anhand dieser Profile können die Alternativen auf Dominanz überprüft werden.[11] Dominanz einer Alternative über eine andere liegt vor, wenn eine Alternative bei allen Zielen mindestens genausogut ist wie eine andere und bei mindestens einem Ziel besser abschneidet. Im Beispiel dominiert A die Alternative B. Effiziente Alternativen sind nur A und C.

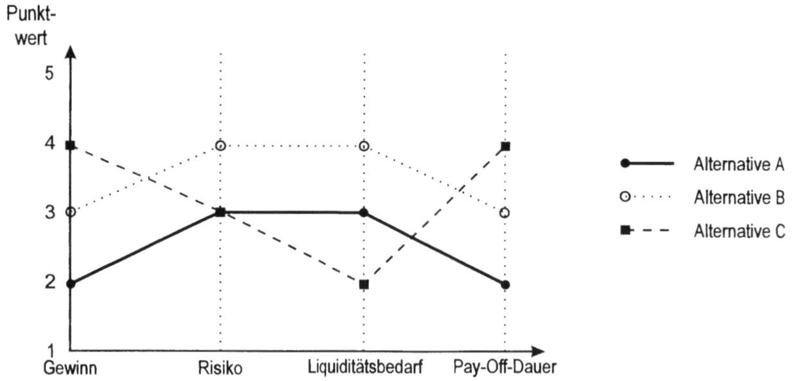

Abbildung 2-1

10 Dieses Kriterium wird z.B. von Markowitz bei der Portfolio Selection für die Ziele Gewinnerwartungswert und Risiko angewendet; vgl. Markowitz (1952), S. 77 ff.

11 Diese Art der Ziel-Dominanz ist von einer Dominanz bei mehreren unsicheren Datensituationen abzugrenzen.

An die Dominanzbetrachtung kann sich eine zweite Beurteilungsstufe für die Strategien anschließen, in der durch inhaltliche Argumentation die Vorzüge und Nachteile der effizienten Strategien abgewogen werden. Im obigen Fall könnte der Entscheidungsträger beispielsweise einen Liquiditätsbedarf mit einem Punktwert von drei als maximal tolerierbar ansehen. In einem solchen Fall muß sich der Entscheidungsträger für Alternative A entscheiden. Durch derartige subjektive Ausschlußkriterien wird die Menge der verbleibenden Strategien verkleinert. Je mehr Alternativen effizient sind, und je mehr Zielgrößen zu beachten sind, um so schwieriger dürfte es allerdings sein, über Ausschlußkriterien zu einer eindeutigen Entscheidung für eine Alternative zu gelangen.

Soll ein Zielkonflikt aufgelöst werden, können zwei Grundprinzipien angewendet werden. Es können Nutzenfunktionen oder Zielhierarchien entwickelt werden.

- Werden die konfliktären Ziele zu einer übergeordneten Zielfunktion (*Nutzenfunktion*) zusammengefaßt, ist zu unterscheiden, ob es sich um zu *extremierende* oder zu *satisfizierende* Teilziele handelt.

  a) Dem Entscheidungsträger stehen im Fall zu *extremierender Teilziele* zwei Wege offen, eine Nutzenfunktion zu entwickeln:

  1. Beim ersten Weg muß die relative Bedeutung eines jeden Teilziels für die übergeordnete Nutzenfunktion festgelegt werden. Dieses Vorgehen wird als *Zielgewichtung* bezeichnet. Die Nutzenfunktion ist die gewichtete Summe der Teilzielfunktionen, wobei im allgemeinen die Gewichtesumme auf eins normiert wird. In einem Beispiel zur Ablaufplanung kann das Ziel „verringerte Durchlaufzeiten" (DZ) mit 0,8 und das dazu konfliktäre Ziel „Abbau von Stillstandszeiten der Aggregate" (SA) mit 0,2 gewichtet werden, so daß sich folgende neue Zielvorschrift ergibt:

     $Z = 0{,}8\ DZ + 0{,}2\ SA \rightarrow \min$

     Wird ein Teilgewicht auf null gesetzt, geht die Zielgewichtung in den Fall einer *Zielunterdrückung* über.

     Das Problem dieses Weges zur Formulierung von Nutzenfunktionen besteht darin, daß sich die neue Zielvorschrift inhaltlich nicht interpretieren läßt, da Teilziele mit unterschiedlichen Dimensionen addiert werden.

  2. Beim zweiten Weg, eine übergeordnete Nutzenfunktion abzuleiten, muß der Entscheidungsträger angeben, welche alternativen Ausprägungen zweier konfliktärer Zielgrößen (Durchlaufzeit der Aufträge und Stillstandszeiten der Anlagen) ihm als gleichwertig erscheinen. Alle gleichwertigen Kombinationen sind in der Abbildung 2-2 zu einer Nutzenfunktion zusammengefaßt. Der Entscheidungsträger sieht hier alle Kombinationen der Funktion N_1 als äquivalent an.

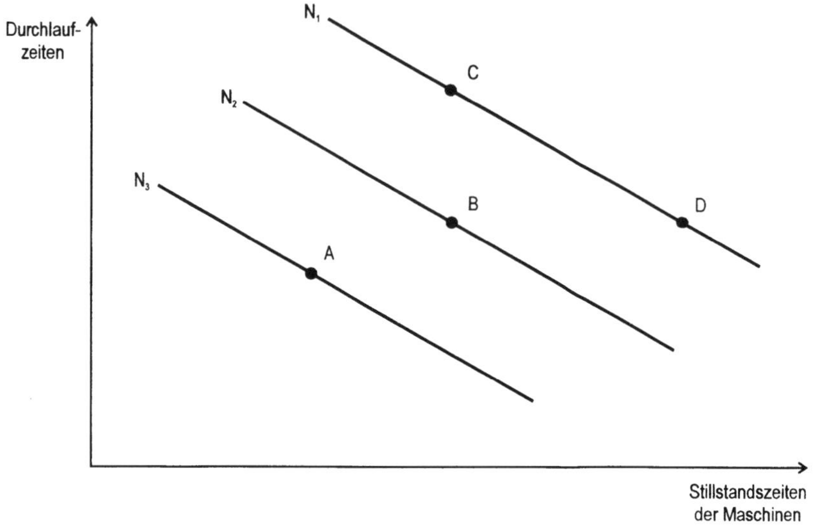

Abbildung 2-2

Da die beiden Zielgrößen konfliktär sind, verlaufen die Nutzenfunktion in Abbildung 2-2 monoton fallend. Die Punkte C und D liegen auf derselben Nutzenfunktion (N_1). Höhere Stillstandszeiten verbunden mit niedrigeren Durchlaufzeiten (Punkt D) werden als gleichwertig zur Alternative C mit höheren Durchlaufzeiten, aber geringeren Stillstandszeiten angesehen. Die Gerade N_2 ist eine Funktion höheren Nutzens. Die Handlungsalternativen B (Funktion N_2) und D (Funktion N_1) haben zwar die gleichen Durchlaufzeiten, Strategie B besitzt allerdings geringere Stillstandszeiten. Die Punkte B und C auf den Nutzenfunktionen N_1 und N_2 haben gleiche Stillstandszeiten, aber die Strategie B führt zu geringeren Durchlaufzeiten. B ist daher C vorzuziehen. Optimal ist die Strategie A, da sie auf der Iso-Nutzenlinie mit dem höchsten Niveau N_3 liegt.

Beim zweiten Weg zur Konstruktion einer Nutzenfunktion steht der Entscheidungsträger vor dem Problem, sinnvolle Austauschraten der Teilziele festzulegen, durch die der Steilheitsgrad der Nutzenfunktion bestimmt wird. Dazu muß er im obigen Beispiel in der Lage sein, die Wirkung verringerter Durchlaufzeiten oder reduzierter Stillstandszeiten auf den Gewinn abzuschätzen. Führt eine vermiedene Zeiteinheit an Durchlaufzeit zum Abbau von Lagerkosten in Höhe von 0,2 GE, während eine vermiedene Stillstandszeiteinheit den Gewinn um 1 GE wachsen läßt, ist eine Austauschrate der Ziele von 5:1 festzulegen. Die genauen Wirkungen der Teilziele auf den Gewinn lassen sich allerdings nur schwer abschätzen.

b) Handelt es sich ausschließlich um zu *satisfizierende Teilziele*, kann das *Goal-Programming*[12] eingesetzt werden, um eine Nutzenfunktion abzuleiten. Bei dieser

12 Vgl. z.B. Schneeweiß (1991), S. 306 ff.

Technik wird für jede Zielgröße j ein anzustrebendes Niveau Z_j* festgelegt. In der Grundversion dieser Technik wird jede Abweichung von diesen Zielniveaus, gleich ob positiv oder negativ, als nicht erwünscht angesehen und mit „Strafpunkten" (SP) belegt. Gesucht ist diejenige Lösung mit der geringsten Strafpunktsumme:

$$SP_1 \cdot | Z_1^* - Z_{1i} | + SP_2 \cdot | Z_2^* - Z_{2i} | \rightarrow \min$$

Mit Z_{1i} bzw. Z_{2i} wird das effektive Zielniveau der Handlungsalternative i bezeichnet. Die Differenzen zwischen dem tatsächlichen und dem angestrebtem Zielniveau werden jeweils in Absolutstriche gesetzt, da sowohl negative als auch positive Abweichungen bestraft werden sollen.

Durch die Verwendung der Strafpunkte ähnelt der Goal-Programming-Ansatz formal dem vorher beschriebenen Verfahren der Zielgewichtung. Im Gegensatz zur Zielgewichtung läßt sich die Zielvorschrift des Goal-Programming allerdings inhaltlich interpretieren, da als Gewichte Geldgrößen benutzt werden, die die unterschiedlichen Dimensionen der Teilzielabweichungen in Geldeinheiten umrechnen.

Das Goal-Programming kann auch so modifiziert werden, daß nur positive oder negative Abweichungen betrachtet werden. Wird ein anzustrebendes Umsatzniveau von 3.500 gesetzt, machte es eher Sinn, nur bei einem geringeren Umsatz mit Strafpunkten zu arbeiten. Der umgekehrte Fall ist relevant, wenn eine obere Grenze beispielsweise für Schadstoffemissionsniveaus angegeben wird. In diesem Fall sind die Höchstmenge überschreitende Emissionen zu bestrafen.

- Die zweite Form, Zielkonflikte zu überwinden, besteht darin, *Zielhierarchien* aufzustellen, in denen die Teilziele nach ihrer Bedeutung für den Entscheidungsträger geordnet werden. Bei diesem Vorgehen sind zwei Spielarten denkbar:

  a) Die erste Spielart wird als Methode der *lexikographischen Ordnung* bezeichnet. Alle zu extremierenden Teilziele werden in eine eindeutige Rangordnung gebracht, und die Alternativen werden zunächst nur auf ihre Vorteilhaftigkeit hinsichtlich des Ziels erster Ordnung überprüft. Stellt sich schon auf dieser Ebene eine einzige Alternative als optimal heraus, bricht das Verfahren ab, und die Optimallösung ist gefunden. Erweisen sich beim Ziel erster Ordnung mehrere Alternativen als gleichwertig, werden diese Alternativen auf ihre Vorziehenswürdigkeit bezüglich des Ziels zweiter Ordnung geprüft. Dieses Vorgehen wiederholt sich, wenn noch mehr Zielebenen bestehen.

  b) Die zweite Spielart gibt für *alle Ziele bis auf eines ein Mindest- oder Höchstniveau* vor und extremiert die verbleibende Zielgröße; dabei fungiert die Extremalzielvorschrift als Oberziel und die in Nebenbedingungen umgeformten Ziele als Ziele zweiter Ordnung. Es kann somit diejenige gewinnmaximale Lösung gesucht werden, die einen Mindestumsatz in Höhe von 10.000,- garantiert. Für das Planungsproblem wird in diesem Fall das Mindestniveau der ursprünglich zweiten Zielgröße als zu beachtende Restriktion vorgegeben. Bei dieser Vorgehensweise, die stark an das Vorgehen zur Ableitung effizienter Lösungen erinnert, muß darauf geachtet werden, daß das Niveau der Restriktion nicht auf einer unzulässigen Höhe festgelegt wird. Ein zu hohes Niveau der

Restriktionen führt dazu, daß die Ziele zweiter Ordnung zu nicht erfüllbaren K.O.-Kriterien werden. Unter Umständen gibt es dann überhaupt keine Handlungsalternative mehr, die die Ziele zweiter Ordnung erfüllt (leerer Alternativenraum).

Der Versuch, einen Zielkonfikt über Zielrestriktionen aufzulösen, hat einen zweiten Nachteil. Für die Qualität einer Lösung spielt es keine Rolle, ob das Restriktionsniveau gerade erreicht oder weit überschritten wird. Durch die Restriktionslösung wird ein Trade-off zwischen dem zu extremierenden Ziel und dem Ziel zweiter Ordnung unterbunden. Ein Ausschluß jeglicher Substitution zwischen dem Niveau der Ziele erster und zweiter Ordnung kann dem Nutzenempfinden des Entscheidungsträgers widersprechen.

Zielkonflikte können sich insbesondere in Entscheidungsproblemen ergeben, an denen mehrere Entscheidungsträger beteiligt sind (Gruppenentscheidungen). Jeder Entscheidungsträger verfolgt u.U. eine individuelle Zielsetzung, und es gibt im Konfliktfall keine Lösung, die die Ziele aller Beteiligten erfüllt. In diesem Fall können zwei Entscheidungstechniken eingesetzt werden, um den Konflikt zu überwinden:

- Die Entscheidungsträger strukturieren das Problem gemeinsam und analysieren mit Hilfe von Sensitivitätsanalysen Kompromißlösungen, wenn ein ganzes Spektrum von Gewichtungen für die Individualziele durchgespielt wird. Auf diese Art und Weise werden für alternative Gewichte der Ziele zugehörige optimale Lösungen generiert. Es kann auf diesem Weg aufgezeigt werden, in welchen Bandbreiten sich die Gewichte der Ziele verändern lassen, ohne daß dies Rückwirkungen auf die optimale Lösung hat. Für die Zielgewichte können daraufhin kritische Werte bestimmt werden, bei denen sich die Lösung des Problems jeweils verändert. Die Entscheidungsträger können anschließend untersuchen, mit welchem der kritischen Zielgewichte bzw. der dazugehörigen „optimalen" Lösung sie sich als Kompromiß identifizieren können. Diese Technik läßt die jeweiligen Austauschraten der Ziele deutlich werden, wodurch es leichter wird, einen Konsens zu finden.
- Die zweite Spielart des Entscheidungsverhaltens bei Gruppenentscheidungen benutzt demokratische Abstimmungsregeln. Die Entscheidungsträger ermitteln auf der Basis ihrer individuellen Zielsetzungen die jeweils optimale Lösung und lassen über die generierten Alternativen abstimmen. In den Abstimmungsprozeß können auch Lösungen einbezogen werden, die sich aus einem Kompromiß der Ziele ergeben. Realisiert wird die Lösung, die die meisten Stimmen auf sich vereinigt. Nachteil des Abstimmungsverhaltens im Vergleich zur Sensitivitätsanalyse ist es, daß die Struktur der Lösung und die Abhängigkeiten der Kompromißlösung von der Zielgewichtung nicht transparent werden. Unter Umständen gewinnt eine im Vergleich zur ersten Entscheidungstechnik inferiore Lösung, da nicht alle denkbaren Kompromisse für alternative Zielgewichte analysiert werden und in den Abstimmungsprozeß eingehen.

2.4 Hierarchische Zielsysteme

2.4.1 Überblick über mögliche Zielhierarchien

Es können drei Typen von Zielhierarchien unterschieden werden:

- Nach der Fristigkeit und der Bedeutung der Entscheidung für den Unternehmenserfolg: strategische, taktische und operative Ziele.
- Nach der Unternehmensstruktur: Unternehmens- und Bereichsziele. Je nach der Art der organisatorischen Gliederung eines Unternehmens werden die Unternehmensziele in Bereichsziele für betriebliche Funktionen (Absatz, Produktion Beschaffung), für Divisionen bzw. Sparten oder Prozesse heruntergebrochen.
- Nach den hierarchischen Ebenen innerhalb eines formalen Zielsystems: Beispielsweise kann der definitorische Zusammenhang zwischen Eigenkapitalrentabilität, ROI und Gewinn durch eine Zielhierarchie erklärt werden.

2.4.2 Hierarchie nach der Fristigkeit von Zielen

Die Abbildung 2-3 zeigt ein Beispiel für ein Zielsystem nach der Fristigkeit. Unterschieden werden in diesem Fall drei Zielsäulen: Produktziele für die Marktbearbeitung, Erfolgsziele und finanzielle Ziele. Die Zielangaben der drei Säulen sind inhaltlich stimmig zu formulieren, d.h., der verlangte langfristige Marktanteil, der ROI und die Eigenkapitalquote müssen sich gleichzeitig erreichen lassen. Zwischen den Teilzielen darf kein horizontaler Zielkonflikt bestehen.

Die langfristigen, strategischen Ziele sind aus dem Leitbild, den allgemeinen Wertvorstellungen des Unternehmens heraus zu entwickeln. Strategische Entscheidungen beeinflussen Stärke und Dauer des Unternehmenserfolges nachhaltig. Taktische, mittelfristige Ziele konkretisieren die strategischen Ziele für einen kürzeren Zeitraum. Konkretisierung bedeutet hierbei: Die globalen strategischen Ziele sind auf Produkt- und Kundengruppen herunterzubrechen. Die taktischen Ziele sind konsistent zu formulieren, d.h., zwischen den taktischen und strategischen Zielen darf kein vertikaler Zielkonflikt bestehen. Die kurzfristigen, operativen Ziele beziehen sich auf einen noch kürzeren Zeitraum (z.B. ein Quartal oder ein Jahr) und konkretisieren die taktischen Ziele. Die Produktgruppenziele sind beispielsweise in Ziele für einzelne Produkte aufzuteilen. Auch die operativen Ziele sind wiederum zielkonfliktfrei zu den übergeordneten taktischen Zielen festzulegen.[13]

Zielsysteme gelten grundsätzlich immer nur bis auf weiteres, bis also bessere Erkenntnisse vorliegen. Das hierarchische Zielsystem nach der Fristigkeit muß, soll es für die Planung einen aktuellen Bezug haben, stets im Sinne einer rollierenden Planung auf Stimmigkeit überprüft werden. Sind nach Abschluß eines Jahres die operativen Ziele nicht erreicht worden, sind die Ursachen für die Abweichungen aufzudecken. Grundsätzlich können die Ab-

13 Vgl. Heinen (1991), S. 65 f.; vgl. aber auch Koch (1982), S. 35 ff.

weichungen auf Fehlentscheidungen bzw. auf einer unzutreffenden Beurteilung der eigenen betrieblichen Möglichkeiten und Marktchancen beruhen. Haben sich unvorhergesehene Preisentwicklungen auf den Rohstoffmärkten ergeben, oder wurden die Absatzmöglichkeiten falsch eingeschätzt, muß das Unternehmen für die veränderte Datensituation prüfen, ob es noch sinnvoll ist, künftig bei den bisher gesteckten taktischen Zielen zu bleiben oder ob die Ziele anzupassen sind. Nur wenn die Ziele ständig hinterfragt und an erkennbare Entwicklungen angepaßt werden, sind sie als Basis der Unternehmenspolitik geeignet. Ziele dürfen folglich nicht als statische Größen im Führungsprozeß verstanden werden, sondern sind stets an erkennbare Datenveränderungen anzupassen. Die Anpassung strategischer Ziele erfolgt dabei in längeren Zeiträumen als bei taktischen Zielen.

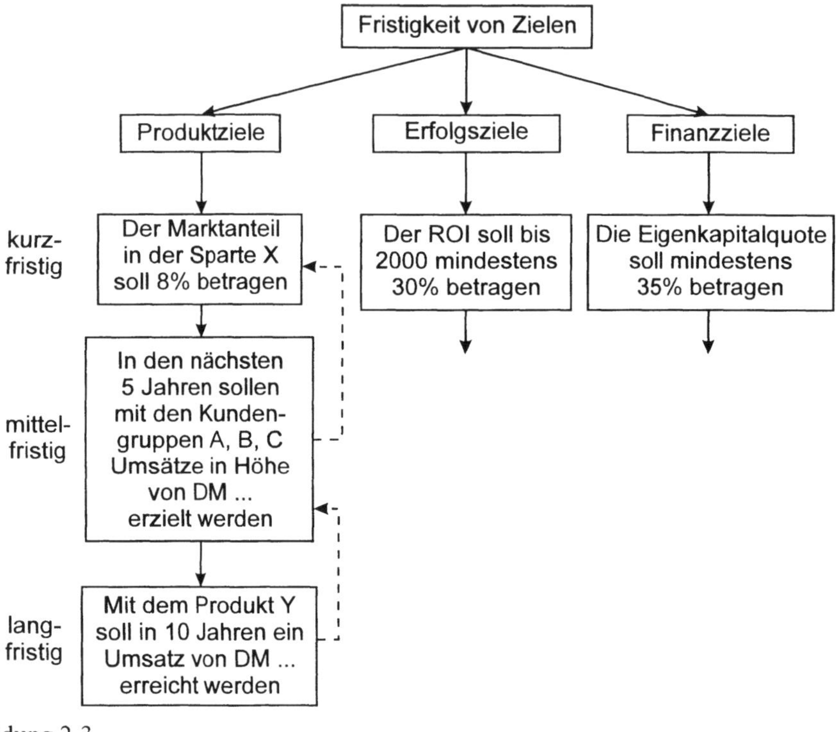

Abbildung 2-3

2.4.3 Organisationsstruktur als hierarchiebildendes Kriterium

Als Folge der Dezentralisation werden die Beziehungen zwischen den gebildeten partiellen Entscheidungsfeldern durchtrennt. Um eine Koordination dieser Entscheidungsfelder über Ziele zu gewährleisten, sind die Ziele für die Organisationseinheiten konsistent aus dem übergeordneten Unternehmensziel abzuleiten. Die Ziele müssen zudem geeignet sein, partielle Bereichsinteressen im Sinne des Gesamtzieles auszugleichen. Durch die Dezentralisation entstehen für die Zielbildung zwei zusammenhängende Probleme:

- Tauschen Organisationseinheiten Leistungen aus, ohne daß zwischen die Einheiten ein Markt geschaltet ist, läßt sich der Gewinnbeitrag der Organisationseinheit nicht separieren. Das gelingt erst, wenn statt der Marktpreise ersatzweise zielgerechte Lenkpreise bekannt sind, mit denen der Faktoreinsatz und die abgegebenen Leistungen bewertet werden.

- Setzen Organisationseinheiten gemeinsame knappe Faktoren ein, hängt die Höhe des Erfolgsbeitrags einer Organisationseinheit von der zugeteilten Menge des knappen Faktors und dem Verrechnungspreis ab.

In beiden Fällen ist es für eine zielgerechte Steuerung der Organisationseinheiten erforderlich, Lenkpreise für die ausgetauschten Leistungen oder die bezogenen knappen Faktoren zu bestimmen. Diese Probleme entstehen unabhängig vom angewandten Prinzip für die organisatorische Strukturierung eines Unternehmens. Die Probleme sollen zunächst für eine funktionale Organisation erläutert werden.[14]

Dieses Gliederungsprinzip durchschneidet die Material- und Informationsströme zwischen Organisationseinheiten wie „Beschaffung, „Produktion" und „Absatz". Es trennt damit den ganzheitlichen Wertschöpfungsprozeß der Unternehmung in einzelne Stationen auf, ohne den Gewinnbeitrag der einzelnen Organisationseinheiten quantifizieren zu können. Der Beitrag läßt sich nur isolieren, wenn zwischen die einzelnen Organisationseinheiten Märkte geschaltet wären und die Leistungen einer Organisationseinheit für eine andere zu Marktpreisen abgerechnet würden. In diesem Fall kann bei einem Unternehmensziel „Gewinnmaximierung" auch für die partiellen Organisationseinheiten das gleiche Ziel vereinbart werden. Die Marktpreise sorgen für eine zielgerechte Koordination. Fehlen Marktpreise, kann jede Organisationseinheit direkt nur bestimmte Komponenten des Unternehmensgewinns beeinflussen, die Beschaffung etwa die Einstandskosten des Materials, die Produktion die Fertigungskosten und der Absatz die Differenz zwischen Erlösen und Verkaufskosten. Aus diesem Grunde ist ein Gewinnziel für die einzelnen Organisationseinheiten sinnlos. Ein gewinnorientiertes Ziel für jede Organisationseinheit wäre bei fehlendem Marktzugang nur zweckmäßig, wenn ersatzweise Lenkpreise für die Beschaffungs- und Absatzseite einer Organisationseinheit bekannt wären, die die Koordinationsfunktion der fehlenden Marktpreise übernehmen.

Werden durch die organisatorische Gliederung Interdependenzen zertrennt, ist es Aufgabe der Unternehmensspitze, für die knappen Faktoren oder die ausgetauschten Leistungen Verrechnungspreise festzulegen, die die dezentralen Entscheidungen sinnvoll im Sinne der Unternehmenszielsetzung koordinieren. Die Entwicklung von Lenkpreisen (wertmäßigen Kosten[15]) für knappe Ressourcen ist ein schwieriges Problem. Häufig lassen sich die theoretisch richtigen Verrechnungspreise nicht ableiten; die Lenkpreise basieren dann auf Plausi-

---

14 Vgl. Kreikebaum (1990), S. 166 f.

15 Vgl. Adam (1970).

bilitätsannahmen. Plausible Lenkpreise koordinieren die Partialentscheidungen nicht vollkommen; zwischen Unternehmens- und Bereichszielen verbleiben teilweise Zielkonflikte.

Statt gewinnorientierter Ziele könnten für die Funktionsbereiche auch Ziele wie

- Minimierung der Beschaffungskosten,
- Minimierung der Fertigungskosten oder
- Maximierung der Differenz von Erlösen und Verkaufskosten

verfolgt werden. Aber auch diese Ziele sind bei parallelen Entscheidungsfeldern sinnlos, da diese Ziele nicht zu koordinierten Entscheidungen für das gesamte Unternehmen führen. Die Produktion würde aus Kostengesichtspunkten ein sehr schmales, standardisiertes Produktionsprogramm bevorzugen. Der Absatz hingegen wäre für ein breites Programm, um individuelle Kundenwünsche zu befriedigen. Derartige Ziele sind erst sinnvoll, wenn die generelle Koordination der Materialströme durch Entscheidungen der Unternehmensspitze herbeigeführt wird. Die Unternehmensleitung muß dann das Produktions- und Absatzprogramm festlegen, während die nachgeschalteten Organisationseinheiten nur noch Ausführungsentscheidungen treffen. Der Beschaffungsbereich muß sich dann bemühen, die für das Progamm erforderlichen Materialien mit möglichst geringen Kosten zu kaufen. Bei festgelegter Produktionsaufgabe ist auch die Minimierung der Fertigungskosten durch die Produktion ein sinnvolles Ziel. Die genannten Zielformulierungen setzten somit ein hierarchisch organisiertes Planungssystem voraus. Durch ein System paralleler Entscheidungsfelder ist bei diesen Zielen keine Koordination zu erreichen.[16]

Zusätzliche Koordinationsprobleme ergeben sich, wenn die Abteilungen auf gemeinsame, knappe Faktoren zurückgreifen. In diesem Fall sind Lenkpreise erforderlich, um die Ressourcen in die aus der Sicht des Gesamtunternehmens zielsetzungsgerechten Verwendungsrichtungen zu steuern. Die Lenkpreise müssen ersatzweise die Beziehungen zwischen den Abteilungen abbilden. Von der Menge der zu den Lenkpreis bezogenen Faktoren hängt die Höhe des Erfolgs einzelner Organisationseinheiten ab. Der Zielbetrag einzelner Funktionen kann folglich erst quantifiziert werden, wenn derartige Lenkpreise bekannt sind.

Die Koordinationsproblematik ist insbesondere bei einer funktionalen Organisation groß, da sehr viele Schnittstellen entstehen, wenn die Entscheidungsfelder entlang der Wertschöpfungskette aufgespalten werden. Der Koordinationsaufwand sinkt, wenn durch die Art der organisatorischen Strukturierung die Anzahl der Schnittstellen und damit die Anzahl separierter Entscheidungsfelder verringert wird. Diesen Versuch unternehmen Organisationen nach dem Objekt- und dem Prozeßprinzip.

Bei einer organisatorischen Gliederung nach dem Objektprinzip (Produktgruppen oder Märkte bzw. Divisionen und Sparten)[17] ist der Wertschöpfungsbeitrag einer Division immer meßbar, wenn sie auf der Beschaffungs- und der Absatzseite Marktzugang hat. Eine Division erbringt damit eine abgrenzbare Wertschöpfung. In diesem Fall können Divisionen als Profit-Center mit einer gewinnorientierten Zielsetzung arbeiten. Formal sind die Bereichs-

16 Vgl. Abschnitt 5.4.3.3.

17 Vgl. Kreikebaum (1990), S. 168 f.

ziele leicht aus dem Gewinnziel der Unternehmung abzuleiten, wenn zwischen den Divisionen keine Interdependenzen bestehen. Schwierigkeiten treten wieder auf, wenn der Marktzugang beschränkt ist oder knappe, gemeinsame Ressourcen auf mehrere Divisionen aufzuteilen sind. Beispielsweise übernimmt die Unternehmensspitze für alle Divisionen die Finanzierung und stellt das nachgefragte Kapital bereit, oder eine Division beliefert eine andere, ohne daß zwischen den Divisionen ein Markt existiert. In diesen Fällen muß die Koordination der Divisionen ersatzweise wieder über Lenk- bzw. Verrechnungspreise sichergestellt werden.

Eine vergleichbare Situation ist auch bei einer prozeßorientierten Organisation gegeben. Werden Verantwortungsbereiche nach Prozessen gebildet, tritt das Lenkpreisproblem wieder auf, wenn verschiedene Prozesse auf gemeinsame knappe Faktoren zurückgreifen. Zudem muß jeder Prozeß am Anfang und am Ende Marktzugang haben. Ist ein Prozeß Voraussetzung für einen zweiten und erzielen beide Prozesse zusammen eine bestimmte Wertschöpfung, kann der Wertschöpfungsbeitrag jedes Prozesses ersatzweise nur über Lenkpreise abgegrenzt werden. Eine prozeßorientierte Organisation verbessert insoweit nicht die Voraussetzungen für eine zielgerechte Koordination; vielmehr wird die Lenkpreisproblematik im Vergleich zu einer divisionalen Organisation verschärft, wenn mehr Prozesse als Divisionen zu koordinieren sind. Eine Prozeßorganisation reduziert das Koordinationsproblem nur insoweit, als alle Funktionen zusammengefaßt werden, die für einen Prozeß auszuführen sind. Im Vergleich zu einer funktionalen Organsisation verringert sich die Zahl der Schnittstellen und damit der Koordinationsaufwand. Problemlos ist die Ableitung von Zielen für Prozesse nur, wenn die Prozesse völlig unabhängig voneinander sind.

Folgende Abbildung zeigt beispielhaft ein operatives Zielsystem für ein funktional gegliedertes Unternehmen:

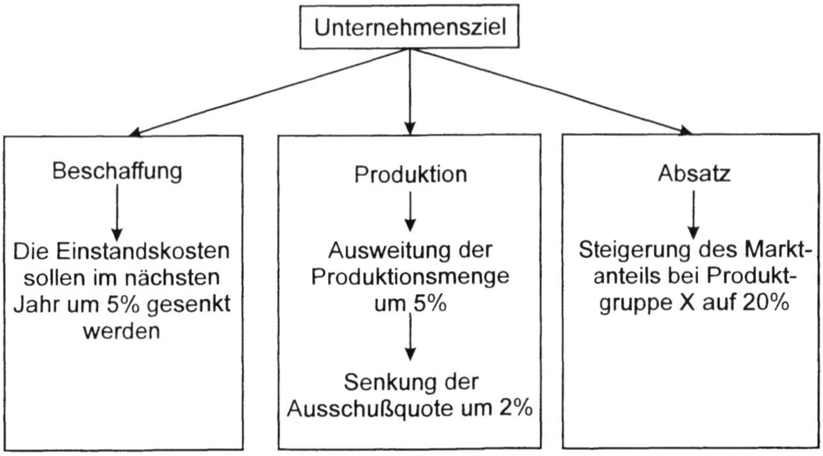

Abbildung 2-4

Die Ableitung sinnvoller Bereichsziele ist eine recht schwierige Aufgabe. Das soll anhand eines Beipiels zum Zuschnitt von Papierformaten aus Rollen bestimmter Breite verdeutlicht werden.

Ein Unternehmen der papiererzeugenden Industrie fertigt Papierrollen gegebener Breite, aus denen nach Einzelauftrag DIN- und Zollformatpapiere geschnitten werden. Mit den ökonomischen Konsequenzen der bisherigen Strategie in der „Zuschneiderei" ist die Geschäftsleitung unzufrieden. Beim Zuschnitt entstehen unverkäufliche Restformate im Umfang von 15 % des Produktionsvolumens. Die Kapazität des Werks reicht derzeit nicht aus, die Nachfrage zu befriedigen, so daß der Verschnitt zu hohen Einbußen an Deckungsbeiträgen führt. Der Betrieb betreibt derzeit eine unsystematische Verschnittpolitik. Die Zuschneiderei arbeitet die Einzelaufträge in der Reihenfolge ab, in der sie von der Arbeitsvorbereitung kommen und versucht nicht, Einzelaufträge so zu kombinieren, daß ein geringer Verschnitt anfällt.[18]

Für die Zukunft möchte das Unternehmen das Prinzip der Einzeldisposition von Aufträgen aufgeben und einen Wochenbedarf gemeinsam zuschneiden. Zugeschnitten werden soll immer mindestens ein Netto-Wochenbedarf. Der Nettobedarf errechnet sich aus den vorliegenden Aufträgen abzüglich der bei den einzelnen Formaten am Wochenanfang existierenden Lagerbestände. Für die Zuschneiderei soll eine Zielsetzung bestimmt werden, die dem Unternehmensziel „hoher Gewinn" Rechnung trägt. Die Geschäftsleitung glaubt, daß die Minimierung des Verschnitts ein geeignetes Unterziel ist. Um überprüfen zu können, ob Ober- und Unterziel konsistent sind, läßt das Unternehmen einen Planungsansatz auf der Basis der linearen Programmierung entwickeln und optimiert den Zuschnitt für den Bedarf der kommenden Wochen. Dabei zeigen sich folgende negative Wirkungen, die Zweifel daran aufkommen lassen, ob die Minimierung des Verschnitts in der Lage ist, divergierende Bereichsinteressen auszugleichen:

- Der Verschnitt sinkt auf durchschnittlich 2,73 %. Bei diesem Verschnitt muß der Betrieb zusätzlich Altpapier zukaufen, da er für die Produktion 4 % Altpapier benötigt, um die Produktqualität zu halten.
- Bei verschnittgünstigen, aber schlecht verkäuflichen Formaten wachsen die Lagerbestände zunehmend an, und die Kapitalbindung steigt. Die Lösung des ersten Modellansatzes überschreitet recht häufig den Netto-Wochenbedarf dieser Formate, wenn dadurch verschnittgünstigere Zuschnittmuster eingesetzt werden können.
- Zusätzlich entstehen Kostenbelastungen durch den Zuschnitt der eingelagerten, schlecht verkäuflichen Formate.

Aus diesen Entwicklungen muß das Unternehmen erkennen, daß das Ziel „Verschnittminimierung" offenbar nicht konsistent zum Unternehmensziel „hohe Gewinne" ist. Es wird daher nach anderen plausiblen Unterzielen gesucht. Denkbar sind folgende weitere Zielsetzungen:

18 Der Verschnitt wird in Randzentimetern der Rohwarenrollen berechnet.

- Abbau der Anzahl einzusetzender Rollen, aus denen die Papiere zugeschnitten werden. Sinkt die Rollenzahl, muß der Umfang der Lagerbestände zurückgehen, und die Kosten der Kapitalbindung verringern sich.

- Durch eine reduzierte Menge zuzukaufenden Altpapiers werden die Beschaffungskosten verringert.

- Eine verringerte Anzahl von Zuschnitten kann die Kosten des Zuschnitts abbauen helfen.

- Denkbar wäre auch, den durchschnittlichen Verschnitt je aufgeschnittener Rolle zu minimieren.

Die Planungsergebnisse der insgesamt fünf Zielsetzungen sind in der folgenden Tabelle zusammengefaßt. Die Planung führt zu fünf verschiedenen optimalen Strategien, d.h., zwischen den fünf Zielen bestehen Zielkonflikte. Jede dieser fünf Strategien ist in der Ergebnismatrix auch mit den übrigen vier Zielgrößen bewertet.

	Strategie				
	1. Verschnitt-minimum	2. Rollenzahl-minimum	3. Schnittzahl-minimum	4. Minimum Abfall je Rolle	5. Zukauf-minimum
Abfall cm	550	1000	1675	675	700
Abfall %	2,73	6,17	8,93	2,65	3,70
Rollen	150	120	125	175	140
Schnitte	300	180	175	350	260
cm Abfall je Rolle	3,67	8,33	13,4	3,57	5,0
Zukauf cm	200	0	0	250	0

Tabelle 2-6

Die Unternehmensleitung diskutiert daraufhin die Konsequenzen der fünf Strategien im Lichte des Unternehmensziels. Die Strategien 3 bis 5 bzw. die hinter diesen Strategien stehenden Ziele werden mit folgenden Begründungen aus der weiteren Diskussion ausgeklammert:

- Strategie 3 - Minimierung der Schnittzahl - führt zu einem zu hohen Verschnitt und ist deshalb mit zu hohen Einbußen an Deckungsbeiträgen verbunden.

- Strategie 4 - Minimierung des durchschnittlichen Verschnitts je Rolle - ist bis auf unwesentliche Vorteile beim Abfall pro Rolle durch Strategie 1 dominiert.

- Die Strategie 5 führt zu Wirkungen, die zwischen denen der Strategien 1 und 2 liegen. Mit einer Kombination der ersten beiden Ziele erübrigt sich deshalb die fünfte Zielsetzung weitgehend.

Das Unternehmen entschließt sich deshalb, es mit einer Kombination der Ziele 1 und 2 zu versuchen. Sie läßt die Beziehung zwischen diesen beiden Zielen untersuchen. Für das ursprüngliche Ziel „Rollenminimierung" wird in den Ansatz eine weitere Restriktion für die erlaubte Anzahl aufzuschneidender Rollen aufgenommen. Für jede Anzahl von Rollen zwischen 120 und 150 wird das Modell mit der Zielsetzung „Minimierung des Verschnitts" erneut berechnet.[19] Die Kombinationen von Verschnitt und Rollenzahl sind der folgenden Abbildung zu entnehmen.

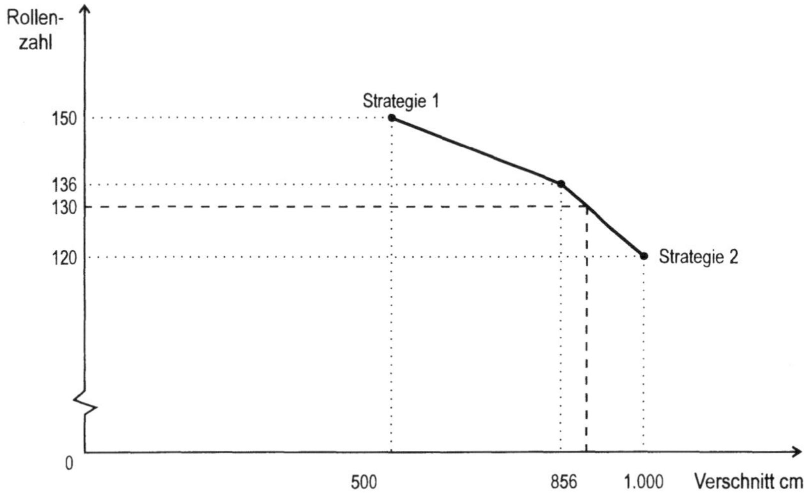

Abbildung 2-5

Eine im Sinne des Unternehmensziels für die Bedarfssituation sinnvolle Politik sieht somit den Zuschnitt von etwa 130 Rollen vor. Als Zielsetzung für die Zuschnittabteilung wird deshalb die Minimierung des Verschnitts bei einer mit dem Wochenbedarf an verkaufsfähigen Formaten variierenden Rollenzahl vereinbart.

Das Beispiel läßt deutlich werden, daß Unterziele in der Regel nicht sachlogisch zwingend zielkonfliktfrei zu den Oberzielen sind. Häufig können nur plausible Gründe angegeben werden, warum bestimmte Unterziele die Oberziele fördern. Durch die Ziele gelingt dann keine vollkommene Koordination der Bereichsentscheidungen. Mit diesen Unvollkommenheiten muß man in der Praxis allerdings notgedrungen leben.

19 Durch parametrische Programmierung kann der Berechnungsaufwand stark reduziert werden. Die Knickstelle in der Abbildung bei einer Rollenzahl von ca. 136 und einem Verschnitt von ca. 856 cm resultiert aus einer qualitativen Änderung der Optimallösung des linearen parametrischen Programms (Basistausch).

2.4.4 Formale Zielsysteme

Ein formales Zielsystem[20] zeigt den definitorischen Zusammenhang für bestimmte mögliche Zielgrößen eines Unternehmens auf. Im ROI-Schema[21] werden beispielsweise die Zusammenhänge zwischen der Eigenkapitalrentabilität, dem ROI (Return on Investment), der Umsatzrendite usw. deutlich.

Eigenkapitalrentabilität

Return on Investment

Kapitalstruktur (reziproke EK-Quote)

$$\frac{G}{EK} = \boxed{\frac{G}{GK}} \cdot \frac{GK}{EK}$$

1. Schreibweise $\frac{G}{GK} = \frac{G}{U} \cdot \frac{U}{GK}$

Kapitalumschlag

Umsatzrentabilität

2. Schreibweise $\frac{G}{GK} = \frac{r \cdot GK - i \cdot FK}{GK} = r - i \underbrace{\frac{FK}{GK}}_{\text{Fremdkapitalquote}} = r - \frac{i \cdot (GK - EK)}{GK}$

Legende:

G Gewinn bzw. Jahresüberschuß
U Umsatz
EK Eigenkapital
GK Gesamtkapital
FK Fremdkapital
r Verzinsung des investierten Kapitals vor Abzug der Finanzierungskosten
i Zinssatz für Fremdkapital

Das Schema zeigt einmal die Wirkungen der Eigenkapitalquoten und des ROI auf die Eigenkapitalrentabilität. Zudem wird der ROI in die Komponenten „Umsatzrentabilität" und

20 Im Gegensatz zur formalen Deduktion können Zielsysteme auch empirisch-induktiv abgeleitet werden, indem z.B. der Einfluß von sog. „Erfolgsfaktoren" auf den ROI statistisch erhoben wird (PIMS-Studie); zur PIMS-Studie vgl. Buzzell/Gale (1989).

21 Vgl. z.B. Heinen (1991), S. 20.

„Kapitalumschlag“ zerlegt. Aus der multiplikativen Verknüpfung der beiden Determinanten des ROI wird deutlich, daß ein bestimmter ROI durch unterschiedliche Kombinationen von Umsatzrentabilität und Kapitalumschlag zu erzielen ist. Damit zeigt sich, an welchen Komponenten seiner Politik ein Unternehmen ansetzen muß, um einen verbesserten ROI zu realisieren. Beispielsweise führt eine kapitalbedarfssenkende Maßnahme zu steigendem Kapitalumschlag und verbessert bei gleicher Umsatzrentabilität den ROI. Entsprechende Überlegungen können für die Eigenkapitalrentabilität angestellt werden. Dem Schema sind damit die definitorischen Ebenen der Zielhierarchie zu entnehmen.

Aus der zweiten Schreibweise des ROI wird dessen Abhängigkeit von den Verzinsungssätzen r und i sowie der Kapitalstruktur deutlich. Diese zweite Schreibweise des ROI kann benutzt werden, um die Eigenkapitalrentabilität als Funktion der Verzinsungsätze r und i sowie der Kapitalstruktur darzustellen.

$$\frac{G}{EK} = \underbrace{\left(r - \frac{i\left(GK - EK\right)}{GK}\right)}_{ROI = \frac{G}{GK}} \underbrace{\frac{GK}{EK}}_{\text{Kapital-struktur}} = \left(r - i\right)\frac{GK}{EK} + i$$

Aus der Formel ist der Leverage-Effekt zu erkennen.[22] Bei positiver Zinsmarge zwischen r und i (Leverage-Chance) existiert eine Hebelwirkung auf die Eigenkapitalrentabilität. Dieser Hebel ist bei einer niedrigen Eigenkapitalquote besonders wirkungsvoll. Kontrolliert ein Betrieb die Zinsmarge nicht, so daß sie bei schlechter Rendite negativ wird, kommt es bei geringer relativer Eigenkapitalausstattung zu einem starken negativen Hebeleffekt (Leverage Risiko). Als Folge springt die Eigenkapitalrentabilität bei hohem Verschuldungsgrad und einem Vorzeichenwechsel der Zinsmarge u.U. von einem hohen positiven Niveau übergangslos auf ein hohes negatives Niveau.

2.5 Relative oder absolute Ziele

Das erwerbswirtschaftliche Gewinnziel läßt sich in absoluter oder relativer Form formulieren. Ein absolutes Ziel liegt vor, wenn der Gewinn, das Endvermögen oder die Breite des Entnahmestroms maximiert werden sollen. Bei relativer Formulierung wird der Gewinn auf eine zweite Größe (häufig Kapitaleinsatz oder Umsatz) bezogen. Die Frage, ob Ziele absolut oder relativ formuliert werden sollen, kann Rückwirkungen auf die Frage haben, welche Strategie optimal ist. Dieser Zusammenhang soll an den Zielen „Gewinnmaximierung“ und „Maximierung des ROI“ (Gewinn/Gesamtkapital) erläutert werden. Es sind zwei Entscheidungssituationen denkbar:

- Durch die anstehende Entscheidung wird der gesamte Kapitaleinsatz nicht verändert; wohl aber kann der Kapitalbetrag auf verschiedene Einsatzmöglichkeiten aufgeteilt werden. Gewinn- und ROI-Maximierung stimmen in diesem Fall überein, da der Nenner des ROI-Ausdrucks eine Konstante ist.

22 Für eine andere Darstellungsweise vgl. z.B. Schneider (1992), S. 546.

- Im zweiten Fall verändern sich mit der Entscheidung der Gewinn und der gesamte Kapitaleinsatz. Beide Ziele führen dann in der Regel zu unterschiedlichen Entscheidungen. Das liegt daran, daß bei einer Maximierung des ROI andere Größen entscheidungsrelevant sind als bei der Gewinnmaximierung. Fixe Kosten und ein konstanter, von der anstehenden Entscheidung nicht mehr zu beeinflussender Teil des Kapitaleinsatzes sind zwar für die ROI-Maximierung von Bedeutung, sie spielen aber für das Gewinnziel keine Rolle. Nur in Sonderfällen kommt es bei beiden Zielen zur gleichen Entscheidung. Das ist der Fall, wenn der Kapitaleinsatz nach oben begrenzt ist und die Grenze wirksam wird. Die zweite Entscheidungssituation geht damit in die erste Situation über.

Führen relative und absolute Zielformulierung zu unterschiedlichen optimalen Strategien, liegt zwischen den verschiedenen Formen zur Formulierung des erwerbswirtschaftlichen Prinzips ein Zielkonflikt vor. Es fragt sich somit, ob absolute oder relative Ziele für die Steuerung der Wirtschaftsprozesse sinnvoll sind. Sowohl relative als auch absolute Ziele sind in der zweiten Entscheidungssituation mit Problemen verbunden, was an einigen Beispielen gezeigt werden soll.

Eine absolute Zielgröße (z.B. ein Gewinn von 1.000 GE) läßt nicht erkennen, welcher Ressourceneinsatz dahinter steht und wie der Gewinn daher zu werten ist. Führt eine Entscheidungsalternative zu einem Gewinn von 1.000 GE und eine zweite zu einem Gewinn von 1.100 GE, sind die beiden Gewinne nicht unmittelbar vergleichbar. Muß das Unternehmen für die Alternative mit 1.100 GE Gewinn doppelt solange arbeiten wie für die erste Alternative oder ist der Kapitaleinsatz wesentlich höher, ist ein ausschließlicher Vergleich der Alternativen auf Basis der Gewinne unzureichend. Der Grund dafür liegt darin, daß sich die Alternativen durch mehr als nur die Gewinndifferenz voneinander unterscheiden und damit letztlich nicht vergleichbar sind.

Aber auch relative Ziele weisen Mängel auf und können zu unsinnigen Strategien führen. Dazu ein Beispiel: Angeblich hat die britische Marine im zweiten Weltkrieg im U-Boot-Krieg gegen Deutschland anfänglich mit einer relativen Zielformulierung operiert. Der Zähler des Bruches erfaßte die versenkte deutsche Tonnage, während der Nenner die eigenen Verluste angab. Wird dieser Quotient maximiert, kommt es zu einer unsinnigen U-Boot-Strategie. Es reicht offenbar aus, einmal in einem Einsatz einen deutschen Frachter - sei er auch noch so klein und unscheinbar - zu versenken, ohne dabei eigene Verluste zu haben. Das Zielniveau strebt somit gegen unendlich. Durch jeden weiteren U-Boot-Einsatz, bei dem auch eigene Verluste auftreten können, kann sich die Zielgröße nur verschlechtern. Mit einer solchen Zielsetzung kann kein U-Boot-Krieg gewonnen werden.

Ganz ähnlich verhält es sich mit der Zielsetzung der ROI- und der Eigenkapitalmaximierung. Strebt ein Unternehmen den maximalen ROI an, kann sich auch eine Strategie als optimal herausstellen, bei der der Gewinn zwar gering ist, bei der aber kein oder nur wenig Kapital eingesetzt werden muß. Der Rentabilitätsquotient ist u.U. „traumhaft“ hoch, aber von der kleinen Differenz (dem Gewinn) kann das Unternehmen nicht existieren. Ziel der Politik muß es vielmehr sein, mit den verfügbaren Ressourcen einen möglichst hohen Gewinn zu erzielen oder bei dynamischer Betrachtung den Kapitalstock möglichst so zu erweitern, daß noch größere Gewinnmöglichkeiten erschlossen werden. Ausgehend von einem bestimmten Niveau verfügbaren Kapitals, strebt das Unternehmen daraufhin bei dynamischer Sicht an, das Vermögen am Ende des Planungshorizontes zu maximieren oder den Strom der Entnahmen möglichst breit zu gestalten.

Das Grundproblem absoluter und relativer Ziele liegt darin, daß ein Vergleich der Zielniveaus von Strategien nur sinnvoll ist, wenn sich diese Strategien vollständig ausschließen. Im Fall eines konstanten Kapitaleinsatzes ist der Gewinn oder die Rentabilität der Strategien unmittelbar miteinander vergleichbar, da sich die Strategien nur in der Zielgröße unterscheiden. Es ist dann auch gleichgültig, ob Ziele relativ oder absolut formuliert werden; beide Formen sind äquivalent.

Probleme mit relativen und absoluten Zielen treten auf, wenn sich nicht vollständig ausschließende Alternativen beurteilt werden sollen. Erfordert eine Entscheidungsalternative einen Kapitaleinsatz von 500 GE und eine zweite 1.000 GE, ist ein Vergleich der zugehörigen Gewinne von 300 GE und 500 GE sinnlos. Das gilt auch für den Vergleich der Rentabilitäten von 60% bzw. 50%. Sinnvoll wird der Vergleich erst, wenn die Entscheidungssituation des zweiten Falls durch eine Ergänzungsinvestition von 500 GE mit der ersten vergleichbar gemacht wird. Gegenüberzustellen sind somit die Gewinne bzw. Rentabilitäten für einen Kapitaleinsatz von jeweils 1.000 GE. Der Vergleich darf sich nicht auf Einzelalternativen beziehen, sondern muß sich auf Bündel von Alternativen erstrecken.

Ein Grundproblem der Planung liegt darin, daß sich einzelne Entscheidungsalternativen häufig nicht vollständig ausschließen und damit eine Auswahl zwischen den unvollständig formulierten Alternativen eigentlich unmöglich ist. Der einzige logisch vernünftige Weg besteht darin, durch Zusatzüberlegungen für Vergleichbarkeit zu sorgen. Wird kein derartiger Versuch unternommen, bereiten absolute und relative Ziele bei der Entscheidungsfindung Probleme. Die Wahlprobleme bei sich nicht vollständig ausschließenden Alternativen können allerdings begrenzt werden, wenn mit einer Kombination aus relativen und absoluten Zielen gearbeitet wird. Beispielsweise wird der Gewinn maximiert, solange die Rentabilität eine gesetzte Schranke nicht unterschreitet. Es kommt zu Kompromißlösungen zwischen dem Gewinn- und Rentabilitätsziel.

Relative oder absolute Gewinnziele werden in der Planung häufig als kurzfristige Ersatzziele für langfristige Ziele wie Endvermögensmaximierung oder Maximierung der Breite des Entnahmestroms benutzt. Politiken, die für eine ferne Zukunft bei einem zeitlich noch offenen Entscheidungsfeld[23] das Endvermögen maximieren oder den Entnahmestrom maximieren sollen, sind nicht operational. Bei hinreichend langem Planungshorizont und vorteilhaften Entscheidungsalternativen strebt der Endwert mit wachsender Länge der Planungsperiode grundsätzlich gegen unendlich; eine Maximierung des Entnahmestroms scheitert, weil die Breite des Entnahmestroms von der Länge der Planungsperiode abhängig ist. Bei offenen Entscheidungsfeldern wird ein willkürlich gewählter Planungszeitraum festgelegt, für den die Politik mit maximalem Entnahmestrom bestimmt wird. Jenseits des Planungshorizontes ist der Kapitalstock bei Entnahmemaximierung gleich null, d.h., das Unternehmen entzieht sich für die Zeit nach dem Planungshorizont die Existenzbasis. Die Maxi-

23 Vgl. Abschnitt 1.4.4 zu den Arten dynamischer Modelle.

mierung des Entnahmestroms bei willkürlichem Planungshorizont macht daher erst Sinn, wenn für den Planungshorizont ein Mindestendvermögen verlangt wird. Da dynamische Modelle mit dem Ziel der Endvermögensmaximierung oder der Maximierung der Breite des Entnahmestroms sehr komplex sind, werden häufig für kurzfristige, statische Entscheidungskalküle Gewinn- oder Rentabilitätziele als Ersatz für die bei offenen Entscheidungsfeldern nicht operationalen Ziele der Entnahme- oder Endwertmaximierung formuliert. Sinn dieser Ersatzziele ist es, die langfristigen Ziele möglichst zu fördern. Welches kurzfristige Ziel in diesem Sinne richtig oder zweckmäßig ist, läßt sich nicht sachlogisch entscheiden. Die Auswahl eines Zielbündels aus relativen und absoluten Zielen kann allenfalls plausibel sein. Die Frage relativer oder absoluter Ziele wird damit zu einer Art Glaubensfrage. Eine derartige Zielkombination kann darin bestehen, den Gewinn zu maximieren, aber nur solange der ROI und/oder die Eigenkapitalrentabilität ein bestimmtes, als befriedigend empfundenes Niveau (die marktübliche Verzinsung) nicht unterschreitet. Die Kombination der Ziele sollte so erfolgen, daß langfristig unvorteilhafte Strategien, die bei kurzfristiger Sichtweise - im Hinblick auf die Eigenkapitalrentabilität - sinnvoll erscheinen, ausgeschlossen werden, um tendenziell die Intention der nicht operationalen, langfristigen Ziele zu erfassen.

Grundsätzlich besteht bei sich nicht vollständig ausschließenden Entscheidungsalternativen zwischen relativen (ROI und Eigenkapitalverzinsung) und absoluten Zielen (Gewinn) ein Konflikt. Einige Beispiele sollen dies näher beleuchten.

Ein Unternehmen möge vor Abzug von Zinsen einen Gewinn von 10 GE mit einem Eigenkapitaleinsatz von 100 GE erzielen. Die Eigenkapitalrentabilität beträgt damit 10 %. Angenommen, dem Unternehmen werden 50 GE Eigenkapital entzogen, und dieser Betrag wird durch Fremdmittel zum Zinssatz von 10 % ersetzt, so sinkt der Gewinn auf 5 GE, da das Unternehmen 50 GE · 0,1 = 5 GE Zinsen zahlen muß. Die Eigenkapitalrentabilität verändert sich gegenüber der Ausgangslage nicht, da dem Gewinn von 5 GE nur noch ein Eigenkapitaleinsatz von 50 GE gegenübersteht. Der ROI, ursprünglich gleich der Eigenkapitalrendite, sinkt auf 5 % (5/100). Beurteilt anhand der Eigenkapitalrendite erscheinen beide Handlungsalternativen gleichwertig. Aber sind sie es wirklich? Sie sind es nicht; denn bei gleichem Gesamtkapitaleinsatz sinkt der Gewinn der zweiten Alternative um 5 GE. Letztendlich sind die beiden Alternativen über die Eigenkapitalrentabilitäten überhaupt nicht mehr miteinander vergleichbar, da sie unterschiedliche Eigenkapitalbasen aufweisen. Vergleichbarkeit liegt nur für das Gewinn- und das ROI-Ziel vor, da ein gleichhoher Gesamtkapitaleinsatz existiert.

Angenommen, im vorherigen Beispiel beträgt der Zinsatz für Fremdkapital nur 5%, damit führt die Kapitalsubstitution zu folgenden Ergebnissen:

Zielniveau vor der Substitution:

Gewinn:	10 GE
Eigenkapitalrendite:	10 %
ROI:	10 %

Zielniveau nach der Substitution:

Gewinn:	10 - 0,05·50 = 7,5 GE
Eigenkapitalrendite:	7,5/50 = 15 %
ROI:	7,5/100 = 7,5 %

Aus Sicht von ROI und Gewinn ist die Substitution negativ zu beurteilen, während sie aus Sicht der Eigenkapitalrentabilität vorteilhaft ist. Betreibt ein Unternehmen die Kapitalsubstitution konsequent weiter, kommt es aufgrund des Leverage-Effekts bei 5 %-igem Fremdkapitalzins mit zunehmender Substitution zu einer ständig steigenden Eigenkapitalrentabilität. Ist die durch die Substitution bewirkte Lage des Unternehmens aber wirklich so vorteilhaft einzuschätzen? Das Unternehmen unterhöhlt durch zunehmende Kapitalsubstitution seine Überlebensfähigkeit, da sich das Haftungskapital vermindert, und es schränkt damit bei niedriger Eigenkapitalquote die Kreditfähigkeit ein,[24] was sich langfristig negativ auf das Unternehmenswachstum auswirken kann. Die aus Sicht der Eigenkapitalrentabilität vorteilhaft erscheinende Strategie der Kapitalsubstitution ist also langfristig gar nicht „so vorziehenswürdig", wie es zunächst erscheint. Eine Maximierung der Eigenkapitalrentabilität läßt kurzsichtige Verhaltensweisen zu, die den langfristigen Bestand des Unternehmens gefährden können. Die Zielgröße „Eigenkapital" verstößt damit bei variabler Kapitalbasis wiederum gegen den Grundsatz der Vergleichbarkeit, und infolge mangelnder Vergleichbarkeit erscheinen Strategien unsinnigerweise als vorteilhaft.

Wie kritisch die drei Ziele zu beurteilen sind, belegt ein weiteres Beispiel. Ein Unternehmen erzielt mit seinem Produktionsprogramm einen Gewinn vor Abzug der Zinsen von 10 GE. Es setzt Kapital in Höhe von 100 GE ein, das zur Hälfte aus eigenen Mitteln besteht. Für Fremdkapital ist ein Zins von 4 % zu zahlen. Die drei Zielgrößen weisen folgendes Niveau auf:

Gewinn:	10 - 0,04·50 = 8 GE
ROI:	8/100 = 8 %
Eigenkapitalrendite:	8/50 = 16 %

Angenommen, das Unternehmen streicht ein im Hinblick auf den ROI unterdurchschnittlich gutes Erzeugnis mit einem Deckungsbeitrag von 0,5 GE aus dem Programm und reduziert damit den Fremdkapitaleinsatz um 10 GE, so ergibt sich folgendes Zielniveau:

Gewinn:	10 - 0,5 - 0,04·40 = 7,9 GE
ROI:	7,9/90 = 8,8 %
Eigenkapitalrendite:	7,9/50 = 15,8 %

24 Vgl. z.B. Perridon/Steiner (1995), S.500 ff. und Swoboda (1994), S. 172 ff.

In diesem Fall verringert sich der Gewinn durch die Produktelimination, und der ROI verbessert sich, da der Beitrag des eliminierten Produkts zum ROI (0,5/10 = 5 %) unterdurchschnittlich ist. Aus der Sicht der Eigenkapitalrendite hingegen wird die Elimination dieses Produktes als unvorteilhaft angesehen. Im Beispiel ist nunmehr die Eigenkapitalbasis beider Alternativen gleich, nicht aber das Gesamtkapital. Infolgedessen ist der Vergleich des ROI beider Strategien wenig sinnvoll. Über den Aussagewert eines Gewinnvergleichs kann man geteilter Meinung sein, da sich die Gesamtkapitalbasis verändert, was einen Vergleich stört.

Ein Konflikt zwischen den drei Zielen besteht insbesondere für die langfristige Unternehmenspolitik mit noch weitgehend variablem Kapitaleinsatz. Für die kurzfristige Politik mit größtenteils vorgegebenem Kapitaleinsatz reduziert sich der Zielkonflikt erheblich, da die Entscheidungsalternativen eher vergleichbar sind. Aus der Konfliktsituation kann die Konsequenz gezogen werden, daß bei unvergleichbaren Alternativen für die praktische Unternehmenspolitik letztlich alle drei Zielgrößen relevant sind. Es gibt in der Regel keine Politik, die alle Ziele extremiert. Der Zielkonflikt kann überwunden werden, wenn der ROI zum Hauptziel deklariert wird, das es zu maximieren gilt, während für die beiden übrigen Ziele ein mindestens zu erreichendes Niveau vorgeschrieben wird.[25] Durch eine derartige Konstruktion lassen sich extrem negative Konsequenzen des Leverage-Effekts begrenzen. Vergleichbare Effekte können auch erreicht werden, wenn das Planungsproblem um Kapitalstrukturregeln erweitert wird: Ein Hauptziel, wie Maximierung der Eigenkapitalrentabilität, darf somit nur verfolgt werden, solange die Eigenkapitalquote einen bestimmten Anteil am Kapitaleinsatz (etwa 40 %) nicht unterschreitet. Über die Kapitalstrukturregeln soll somit für eine bessere Vergleichbarkeit der Alternativen gesorgt werden.

2.6 Techniken zur Ableitung und Gewichtung von Zielen aus singulären Urteilen

2.6.1 Methodischer Überblick

Bei der Analyse von Zielen wurde bislang unterstellt, daß die Entscheidungsträger die in der Planung anzustrebenden Zielgrößen kennen. Der folgende Abschnitt geht der Frage nach, wie Entscheidungsträger vorgehen können, wenn sie nicht oder nur ungenau wissen,

- welche Ziele sie ihren Entscheidungen zugrunde legen bzw.
- mit welchem Gewicht einzelne Zielvorstellungen in eine übergeordnete Nutzenfunktion eingehen.

Viele Unternehmer können die Frage nicht eindeutig beantworten, aufgrund welcher Zielvorstellungen sie über die Einführung hochkomplexer Technologien wie flexible Fertigungssysteme entscheiden. Können sie zwar für diese Entscheidung relevante Zielkomponenten wie Flexibilität, Kostensenkung, Prestigegewinn usw. benennen, stellt sich weiterhin die Frage, in welchem Maße diese in die Entscheidungsfindung einfließen.

25 Siehe dazu Kapitel 2.3.

Um diese Fragen zu beantworten, können die in der folgenden Abbildung 2-6 systematisierten Techniken angewendet werden. Die grundsätzliche Art des Vorgehens dieser Techniken wird im folgenden erläutert und kritisch hinterfragt. Dabei wird auf verfahrenstechnische Details bewußt verzichtet.

Alle Techniken basieren auf empirisch ermittelten, singulären Urteilen einzelner oder mehrerer Personen, d.h. auf konkreten Befragungs- oder Entscheidungssituationen. Durch eine konsistente Verdichtung dieser Urteile soll auf Ziele oder Zielgewichte geschlossen werden. Gesucht sind mithin Ziele oder Zielgewichte, deren Anwendung zu den getroffenen Entscheidungen führen würde. Die Urteile, von denen diese Verdichtung ausgeht, sind nicht objektiv, d.h. nicht interpersonell überprüfbar. Sie müssen als Ausdruck individueller Einschätzungen und Präferenzen akzeptiert werden. Ob die Ableitung von Zielen aus diesen Urteilen gelingt, hängt insbesondere von der Konsistenz der Einzelurteile ab. Nur wenn die Urteile widerspruchsfrei sind, entstehen perfekte Zielsetzungen, die in allen Testfällen zum gleichen Ergebnis kommen wie der Entscheidungsträger bei seinen singulären Urteilen.

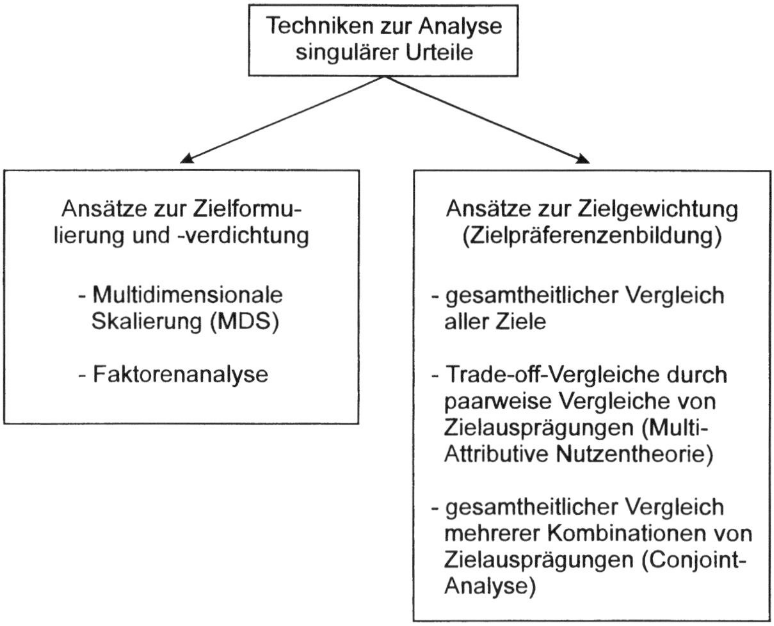

Abbildung 2-6

2.6.2 Ansätze zur Zielformulierung und -verdichtung

Die Multidimensionale Skalierung (MDS) und die Faktorenanalyse werden in der Praxis vorrangig zur Ermittlung präferenzbegründender Produktmerkmale bei Käufern eingesetzt. Diese Verfahren sollen klären, welche Produktmerkmale und damit Zielvorstellungen Kunden zum Kauf bestimmter Produkte anregen. Die Kenntnis solcher Kundenpräferenzen versetzt eine Unternehmung in die Lage, ihre strategische Produktplanung an den Interessen ihrer (potentiellen) Kunden auszurichten. Die gleichen Techniken können auch dazu benutzt werden, Zielvorstellungen von Entscheidungsträgern aufzudecken. In diesem Fall geht die Analyse nicht von Urteilen der Kunden über Produktpräferenzen aus, sondern es wird ihr ein Satz von Einzelurteilen über die Vorziehenswürdigkeit bestimmter Entscheidungsalternativen zugrunde gelegt.

Die Grundidee der MDS[26] und die der Faktorenanalyse[27] soll anhand eines Beispiels zur Produktpositionierung, einer Teilaufgabe der Produktplanung, erläutert werden. Ein Automobilhersteller will die Eigenschaften eines neu zu entwickelnden Modells möglichst so festlegen, daß es eine Marktlücke in der gehobenen Automobilklasse erschließt. Der Hersteller kennt allerdings die in dieser Klasse ausschlaggebenden Produktmerkmale für die Käuferpräferenzen noch nicht. Mögliche Eigenschaften wären „Höchstgeschwindigkeit", „Sportlickkeit", „Beschleunigung", „Ausstattung", „Bequemlichkeit", „Design" usw.

Um eine zielsetzungsgerechte Poduktpositionierung vornehmen zu können, soll analysiert werden, wie die bisher in der Oberklasse angebotenen Automobile A - D von den Kunden eingeschätzt werden, und welche Merkmale bei dieser Einschätzung zum Tragen kommen.

Bei Anwendung der MDS dürfen die präferenzbegründenden Merkmale nicht im vorhinein bekannt sein. Vielmehr wird indirekt aus Informationen über die Ähnlichkeit von Beurteilungsobjekten auf diese Merkmale geschlossen. Die MDS umfaßt mehrere statistische Verfahren, die es erlauben, die zwischen vergleichbaren Objekten (Automobilen) subjektiv empfundenen Beziehungen analytisch abzubilden. Ausgangspunkt der Analyse ist ein empirischer Datensatz. Dieser wird durch Befragung zumeist vieler Personen gewonnen, die durch paarweisen Vergleich sämtlicher zu beurteilender Objekte eine vollständige Rangordnung aller möglichen Vergleichspaare im Hinblick auf die „Ähnlichkeit" der Objekte erstellen müssen. Im Automobil-Beispiel haben die Befragten folgende Rangfolge abnehmender Ähnlichkeit ermittelt:

$CD > AD > AC > BD > AB > BC.$

Sie empfinden also, daß sich die Automobile C und D ähnlicher sind als A und D usw.

Aufgabe der MDS ist es allgemein, Objekte in einem Raum mit möglichst geringer Anzahl von Dimensionen so anzuordnen, daß die Rangfolge der räumlichen Distanzen so gut wie möglich der empirisch ermittelten Rangfolge der Ähnlichkeiten entspricht. Da die Objekte in einem zweidimensionalen Koordinatensystem angeordnet werden sollen, müssen dazu die ordinalen Rangordnungsinformationen in pseudo-metrische Distanzen umgesetzt werden.[28]

---

26 Zum folgenden vgl. Adam (1981), S. 329 ff.; für detailliertere Ausführungen zur MDS vgl. Backhaus/Erichson/Plinke/Weiber (1994), S. 433 ff. und Dichtl/Schobert (1979).

27 Vgl. Adam (1981), S. 328 f.; für detailliertere Ausführungen zur Faktorenanalyse vgl. Backhaus/Erichson/Plinke/Weiber (1994), S. 188 ff.

28 Es können unterschiedliche Distanzmaße Anwendung finden; vgl. z.B. Backhaus/Erichson/Plinke/Weiber (1994), S. 445 ff. In diesem Beispiel wird mit der Euklidischen Metrik (Direktverbindung zweier Punkte) gearbeitet.

Dies impliziert, daß die Befragten auch Ähnlichkeitsdistanzen „fühlen“. Obige Rangordnung kann in folgende Ähnlichkeitsmatrix verdichtet werden, wobei im Beispiel - letztlich willkürlich - unterstellt wird, daß die Vergleichspaare jeweils um eine Entfernungseinheit für Ähnlichkeit auseinanderliegen. Da sich die Autos C und D am ähnlichsten sind, wird in der Matrix deshalb eine Distanz von nur einer Entfernungseinheit eingetragen. Für A und D auf Rang 2 ergeben sich 2 Einheiten usw.

	A	B	C	D
A	-	5	3	2
B		-	6	4
C			-	1
D				-

Tabelle 2-7

Wird die Anzahl der Dimensionen und damit der präferenzprägenden Merkmale, nach denen die Automobile anzuordnen sind, auf zwei festgelegt, stellt die folgende Abbildung eine mögliche und gute Lösung dar:

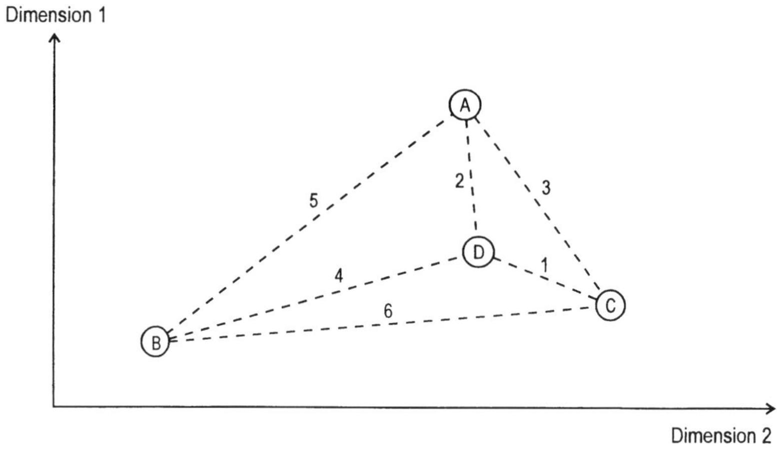

Abbildung 2-7

In dieser Abbildung sind die Produkte so in der Ebene positioniert, daß ihre Distanzen der Ordnung nach Ähnlichkeitsrängen vollständig entsprechen, d.h. die Produkte D und C liegen dichter beieinander als A und D. Bei der Positionierung einer Vielzahl von Produkten wird es selten gelingen, eine Lösung zu finden, bei der die Rangfolge der Distanzen in der Lösung des Problems vollständig mit der aus den Paarvergleichen abgeleiteten Ähnlichkeitsrangfolge übereinstimmt. Die Lösung wird vielmehr in bestimmtem Ausmaß gegen die Ähnlichkeitsrangfolge verstoßen. Die Güte einer Lösung wird daher anhand eines Streßfaktors S beurteilt, der Abweichungen von der Ähnlichkeitsrangfolge meßbar macht:

$$S = \sqrt{\frac{\sum_{ij}\left(d_{ij} - d_{ij}^{*}\right)^{2}}{\sum_{ij} d_{ij}^{2}}}$$

Diejenige Distanz eines Objektpaares, die in einer Lösung tatsächlich erreicht ist, wird mit d_{ij} bezeichnet. d^{*}_{ij} gibt diejenige Distanz an, die zur Übereinstimmung mit der Ähnlichkeitsrangfolge mindestens notwendig wäre. Die Differenzen $d_{ij} - d^{*}_{ij}$ messen den Grad fehlender Übereinstimmung zwischen geforderter und in der Lösung erreichter Entfernung. Ziel des iterativen Suchverfahrens ist es, eine Lösung mit minimalem Streßwert zu finden. Eine perfekte Übereinstimmung wäre für $S = 0$ erreicht. Lösungen mit Streßfaktoren zwischen 0,1 und 0,2 gelten als befriedigende Annäherungen.[29] In der Regel sinkt der Wert des Streßfaktors mit steigender Anzahl von Dimensionen des Problems. Dennoch wird gefordert, die Zahl der Dimensionen möglichst gering zu halten, weil so die Käuferpräferenzen durch wenige Merkmale erklärt werden können.

Im Automobil-Beispiel werden die in den Paarvergleichen dokumentierten Präferenzen durch zwei Dimensionen bzw. Merkmale erklärt. Diese Erklärungsdimensionen sind zunächst völlig inhaltsleer und müssen nachträglich interpretiert werden. Im Automobil-Beispiel könnten die beiden Dimensionen als „Sportlichkeit" und „Luxus" gedeutet werden. Die Lösung der Abbildung 2-7 läßt sich daraufhin inhaltlich in die Abbildung 2-8 mit vier Produktfeldern übertragen. Aus dieser Abbildung ist zu erkennen, daß das erste Produktfeld links oben durch keines der angebotenen Automobile besetzt ist. Der Hersteller könnte daher mit der beabsichtigten Neuentwicklung dieses Feld besetzten und einen Wagen mit einer hohen sportlichen Komponente bei geringem Luxus bauen, falls in diesem Segment ausreichend potentielle Kunden existieren.

Wird das Instrument der MDS für die Entwicklung von Zielen eingesetzt, sind die Dimensionen des Problems als Ziele zu interpretieren. Bei zwei Dimensionen wären die Ähnlichkeitsurteile zwischen den Entscheidungsalternativen durch zwei Ziele zu erklären. Diese Vorgehensweise erlaubt nur, für die Entscheidung relevante Zieldimensionen zu identifizieren. Nicht möglich ist es, das Gewicht der Ziele zu bestimmen. Werden in der Abbildung 2-8 die Buchstaben A bis D als Entscheidungsalternativen interpretiert, sind die Alternativen durch die MDS nach ihrem Zielbeitrag für beide Ziele geordnet. Aus der Abbildung ist also nur zu erkennen, daß die Alternative B offensichtlich durch die übrigen drei Entscheidungen dominiert wird. Ob A, D oder C die günstigere Entscheidung darstellt, kann erst bestimmt werden, wenn die „Trade-off-Rate" (Substitutionsrate) zwischen den Zielen bekannt ist.

29 Vgl. z.B. Dichtl/Schobert (1979), S. 3.

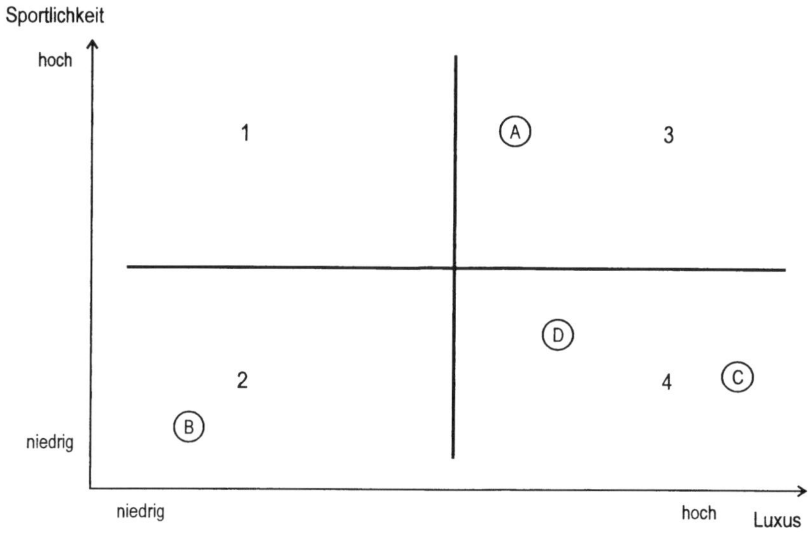

Abbildung 2-8

Die Faktorenanalyse kann für die Identifikation von präferenzbildenden Merkmalen (Zielen) eingesetzt werden, wenn ein Entscheidungsträger begründete Vermutungen über relevante Merkmale (Ziele) hat und einen Satz möglicher Merkmale oder Ziele vorgeben kann. Daraufhin können den Befragten diese Merkmale in einem Fragebogen vorgelegt werden. Die Befragten sollen bestimmte Objekte (Entscheidungsalternativen) daraufhin beurteilen, in welchem Ausmaß sie diese Merkmale erfüllen. Die Befragten müssen die Objekte bezüglich jedes Merkmals nach ihrem subjektiven Empfinden in Ratingskalen einordnen, d.h., sie müssen für die Merkmalsausprägungen der Objekte Punkte zwischen eins und zehn vergeben. Diese Art der „Messung“ bereitet Schwierigkeiten, wenn keine eindeutigen, objektiven Kriterien für die Messung der Merkmalsausprägungen bestehen, sondern subjektive Vorstellungen „quantifiziert“ werden. Soll durch Befragung die Süße eines Likörs eingeordnet werden, haben verschiedene Befragte subjektiv ganz unterschiedliche Vorstellung über Abstufungen von Süße, d.h., sie ordnen das Getränk in unterschiedliche subjektive Skalen ein. Ein Punktwert von vier, der von zwei Befragten verteilt wird, kann unterschiedliche Bedeutungen haben. Dennoch werden beide Urteile in der Faktorenanalyse gleich behandelt.

Häufig werden die Befragungsergebnisse einzelner Merkmalsgruppen miteinander korrelieren, d.h., tendenziell hohe (niedrige) Einstufungen bei einem Merkmal bedingen tendenziell hohe (niedrige) Einstufungen bei einem anderen Merkmal bzw. umgekehrt. Aufgabe der Faktorenanalyse ist, die sich hinter den vielen Merkmalen (Zielen) verbergenden, unabhängigen präferenzbildenden Faktoren zu bestimmen. Die Faktorenanalyse verdichtet damit die Zahl der erfragten Merkmale auf die wesentlichen, indem sie den statistischen Erklärungbeitrag der übergeordneten Faktoren (Ziele) für die erfragten Merkmale mißt.

Beispielsweise kann der Automobilhersteller die Beurteilung der Autos A - D hinsichtlich der Produktmerkmale „Höchstgeschwindigkeit“, „Beschleunigung“, „Ausstattung“, „Bequemlichkeit" und „Design" erfragen. Die Befragung könnte ergeben, daß die ersten beiden Merkmale weitgehend durch einen Faktor „Sportlichkeit" interpretiert werden und die drei letzten Merkmale gut durch einen zweiten Faktor „Luxus" zu erklären sind. Für die Analyse der präferenzbildenden Merkmale kann somit statt mit fünf mit zwei Merkmalen gearbeitet werden.

Bei der Entwicklung von Zielen ist die Faktorenanalyse dazu einsetzbar, ein ganzes Bündel positiv oder negativ korrelierter Ziele auf die dahinterliegenden, gemeinsamen Komponenten zu reduzieren.

Sowohl die MDS als auch die Faktorenanalyse bringen einige Probleme mit sich, derer sich der Anwender bewußt sein muß. Diese Probleme sollen nur kurz angedeutet werden:[30]

- Bei den Verfahren wird meistens ein aus Urteilen unterschiedlicher Personen zusammengesetzter Datensatz zugrunde gelegt, um die Präferenzen einer Käufergesamtheit zu ermitteln. Identifizierte Produktpositionen sind dann Mittelwerte. Weichen die Präferenzen der Befragten stark voneinander ab, haben diese Mittelwerte u.U. eine geringe Aussagekraft, da die Einschätzungen einzelner Befragter stark streuen und von der berechneten Position abweichen. Diesem Effekt kann begegnet werden, indem Befragungen von Gruppen mit unterschiedlichen Präferenzen getrennt ausgewertet werden.
- Sowohl die Ähnlichkeitsrangfolgen bei der MDS als auch die Einordnung der Alternativen in die Ratingskalen bei der Faktorenanalyse sind Ergebnis einer ordinalen Messung. In diesen Messungen kommen keine „Gefühlsdistanzen" der Befragten zum Ausdruck. Beide Verfahren transformieren diese ordinalen Informationen in metrische Informationen, um mit den Daten rechnen zu können. Der daraus resultierende Fehler im Gesamturteil ist nicht abzuschätzen. Insbesondere kann bei der MDS keine begründete Aussage über die Distanzen der Objekte in den gefundenen Lösungen gemacht werden. Lediglich die Art der Konfiguration - nicht aber die Größe und deren Lage im Raum - ist begründbar. Lage und Größe der Konfiguration im Automobil-Beispiel (vgl. Abbildungen 2-7 und 2-8) können allenfalls durch plausible Argumentation gestützt werden. Allgemein ist die MDS nur bei fundierter Sachkenntnis des analysierten Problems sinnvoll einsetzbar.[31]
- Sowohl die Dimensionen bei der MDS als auch die Faktoren bei der Faktorenanalyse sind zunächst inhaltsleer und müssen nachträglich interpretiert werden. Daher besteht die Gefahr, daß sie mißinterpretiert werden.
- Subjektive Entscheidungen der Befrager (beispielsweise über die Zahl der Dimensionen des Problems und die Zahl der Objekte sowie über die Anzahl der in der Befragung berücksichtigten Produktmerkmale) können bei beiden Verfahren Einfluß auf das Untersuchungsergebnis haben. Um in der Faktorenanalyse die Befragungswiderstände gering zu halten, kann die Anzahl der erfragten Merkmale beschränkt werden, was nicht ergebnisneutral sein muß.

30 Vgl. Adam (1981), S. 329 ff.

31 Vgl. Backhaus/Erichson/Plinke/Weiber (1994), S. 485 ff.

- Es ist zweifelhaft, ob die Befragten bei vielen zu vergleichenden Objekten in der Lage sind, die große Zahl der für die MDS benötigten Paarvergleiche konsistent durchzuführen. Die Einzelurteile weisen u.U. Widersprüche auf, und es gelingt nicht, eine streßfreie Lösung zu finden. Viele Befragte werden Ähnlichkeitsunterschiede teilweise auch nicht mehr „fühlen" oder an ihre Kapazitätsgrenze in der Differenzierung stoßen („information overload"). Der Datensatz bringt damit nicht mehr die tatsächlichen Präferenzen zum Ausdruck.

- Fehlen objektive Kriterien für die Einordnung der Objekte, handelt es sich bei den Daten der Faktorenanalyse um subjektive und damit nicht vergleichbare Einschätzungen. Hinter gleichen Datenwerten verbergen sich in diesem Fall inhaltliche Unterschiede, die in der Auswertung nicht transparent werden.

2.6.3 Ansätze zur Zielgewichtung

Im folgenden wird aufgezeigt, welcher methodischer Hilfsmittel sich Entscheidungsträger bedienen können, um das relative Gewicht der ihnen bekannten Ziele für die Entscheidungsfindung subjektiv festzulegen. Ausgangspunkt dieser Methoden ist in der Regel die Annahme, daß der Entscheidungsträger seine Ziele zu einer übergeordneten Nutzenfunktion verdichtet, wobei die Teilnutzen additiv verknüpft sind. Die Funktion des Gesamtnutzens GN hat bei dieser Verknüpfungsart die Form:

$$GN = \sum_{z} g_z \, N(u_z)$$

Dabei bezeichnet g_z das festzulegende Gewicht und $N(u_z)$ den Nutzen der Zielausprägung u_z eines Zieles z. Diese Form der Nutzenfunktion impliziert, daß die einzelnen Ziele voneinander unabhängig sein müssen, d.h., der empfundene Nutzen einer Zielausprägung darf nicht von Ausprägungen anderer Ziele abhängig sein. Die Nutzenfunktion $N(u_z)$ liefert metrische Nutzenwerte.

Ein sehr einfaches Verfahren, Zielgewichte festzulegen, ist der gesamtheitliche Vergleich aller Ziele.[32] Dieses Verfahren findet bei der Nutzwertanalyse Anwendung. Der Entscheidungsträger muß dazu die einzelnen Ziele nach ihrer Bedeutung in eine Rangfolge bringen. Anschließend gewichtet er die einzelnen Ziele durch eine Gesamteinschätzung, die drei Forderungen erfüllen muß:

- Die Summe der verteilten Gewichte muß sich zu eins ergänzen ($\sum g_z = 1$).

- Die verteilten Gewichte müssen der Rangfolge der Ziele genügen.

- Die Gewichte müssen die wertmäßigen Distanzen der Präferenzunterschiede für die Ziele zum Ausdruck bringen.

32 Vgl. z.B. Blohm/Lüder (1995), S. 177 ff.

Beispielsweise ist einem bestimmten Käufer im Automobil-Beispiel das Merkmal „Sportlichkeit“ dreimal wichtiger als das Merkmal „Luxus“. Folglich legt er die Gewichte g_z auf 0,75 und 0,25 fest.

Die beschriebene, pauschale Form der Gewichtung vernachlässigt die Gewichtsquotienten (Substitutionsraten) g_z/g_{z+1} zwischen den Zielen. Für obiges Beispiel besagt der Quotient $g_1/g_2 = 0{,}75/0{,}25 = 3$, daß drei zusätzliche Nutzeneinheiten beim Produktmerkmal „Luxus“ erforderlich sind, um den Wegfall einer Nutzeneinheit bei „Sportlichkeit“ auszugleichen. Der Entscheidungsträger sollte bei der Wahl der Gewichte diese Substitutionsbeziehungen über sogenannte „Trade-off-Vergleiche“ explizit berücksichtigen, wie es die Multi-Attributive-Nutzentheorie fordert.[33] Für alle möglichen Kombinationen von Zielen sind die Trade-off-Raten g_z/g_{z+1} zu bestimmen. Anschließend werden die Zielgewichte über die Normierungsbedingung $\sum g_z = 1$ bestimmt. Werden für drei Ziele die Trade-off-Raten

$$\frac{g_1}{g_2} = 4; \frac{g_1}{g_3} = 0{,}8; \frac{g_2}{g_3} = 0{,}2$$

vom Entscheidungsträger „gefühlt“, errechnen sich bei einer Normierung auf eins die Gewichte $g_1 = 0{,}4$, $g_2 = 0{,}1$ und $g_3 = 0{,}5$.

Während die Methode der paarweisen Vergleiche über Trade-off-Raten nur die Ausprägungen jeweils zweier Ziele miteinander vergleicht, sieht die Conjoint-Analyse den gesamtheitlichen Vergleich mehrerer - im Extremfall aller - möglichen Kombinationen von Zielausprägungen vor. Die Conjoint-Analyse versucht, den Beitrag einzelner Ziele zum Gesamtnutzen zu ermitteln.[34] Diese Methode wird in der Praxis vor allem zur Analyse von Käuferpräferenzen eingesetzt. Die grundlegende Vorgehensweise soll daher wieder am bereits benutzten Automobil-Beispiel erläutert werden.[35] Das Verfahren läßt sich auch für die Gewichtung von Zielen einsetzten.

Der Automobilhersteller will mit Hilfe der Conjoint-Analyse ermitteln, in welchem Maße die Produktmerkmale (Ziele) „Sportlichkeit“ und „Luxus“ den vom Käufer empfundenen Gesamtnutzen bestimmen. Dazu kann er in folgenden Teilschritten vorgehen:[36]

- In einem ersten Schritt werden diejenigen Kombinationen von Merkmalsausprägungen ausgewählt, die den zu befragenden Käufern zum Vergleich vorgelegt werden sollen. Für das Merkmal „Sportlichkeit“ (S) wird mit den Ausprägungen „extrem“ (1), „normal“ (2) und „gering“ (3) gearbeitet, und für das Merkmal „Luxus“ (L) werden die zwei Ausprägungen „sehr luxuriös“ (1) und „wenig luxuriös“ (2) festgelegt. Die sechs möglichen Kombinationen j der Merkmalsausprägungen sind der Tabelle 2-8 zu entnehmen. S1 L1 steht für die Merkmalskombination „extrem sportlich und sehr luxuriös“.

33 Vgl. Schneeweiß (1990), S. 15.

34 Vgl. Backhaus/Erichson/Plinke/Weiber (1994), S. 499 ff.

35 Vgl. zu einem ähnlichen Beispiel Backhaus/Erichson/Plinke/Weiber (1994), S. 524 ff.

36 Ausführlicher bei Backhaus/Erichson/Plinke/Weiber (1994), S. 503 ff.

„Sportlichkeit"	„Luxus" 1	2
1	S1 L1 (1.)	S1 L2 (2.)
2	S2 L1 (4.)	S2 L2 (3.)
3	S3 L1 (5.)	S3 L2 (6.)

Tabelle 2-8

- Im zweiten Schritt muß der Befragte diese sechs Kombinationen in eine eindeutige Rangordnung abfallenden Gesamtnutzens bringen. Im Beispiel hat ein Befragter eine Reihenfolge festgelegt, die in Tabelle 2-8 durch die eingeklammerten Rangzahlen hinter den Merkmalskombinationen gekennzeichnet ist. Die Kombination S1 L1 stiftet subjektiv offensichtlich den höchsten Nutzen.

- Im dritten Schritt werden Nutzenwerte für die möglichen Ausprägungen der beiden Merkmale geschätzt. Dieser Schritt ist der Kern der Conjoint-Analyse. Das prinzipielle Vorgehen ähnelt stark dem der Multidimensionalen Skalierung (MDS). Als „Teilnutzenwert" N_{zi} wird der Nutzen einer bestimmten Ausprägung i eines bestimmten Merkmals z bezeichnet. Der Gesamtnutzen einer Merkmalskombination setzt sich annahmegemäß additiv aus den Teilnutzen der in der Kombination enthaltenen Ausprägungen i der Merkmale z zusammen. Ziel dieses Schritts ist es, die Teilnutzenwerte N_{zi} der Merkmalsausprägungen so festzulegen, daß die Höhe der resultierenden Gesamtnutzenwerte der sechs Merkmalskombinationen j der erfragten Rangfolge des Nutzens der sechs Kombinationen möglichst gut entpricht. Die Güte der Anpassung kann - wie bei der MDS - durch einen Streßfaktor gemessen werden.

Werden metrische Nutzenwerte zugrunde gelegt, gilt folgende, um eine Konstante c linear transformierte Gesamtnutzenfunktion für eine Merkmalskombination j:

$$GN_j = c + \sum N_{zi}$$

Der Gesamtnutzen einer Merkmalskombination j setzt sich also additiv aus einer Konstanten c und der Summe der Teilnutzenwerte derjenigen Merkmalsausprägungen i der Merkmale z zusammen, die in der Merkmalskombination j realisiert sind. Die Teilnutzenwerte N_{zi} werden über eine metrische Varianzanalyse bestimmt.[37] Die Teilnutzenwerte werden dabei so festgelegt, daß die Summe der quadrierten Abweichungen der Teilnutzenwerte von den empirisch erfragten Nutzenwerten minimiert wird. Je geringer die Summe der quadrierten Abweichungen, desto höher die Güte der Anpassung.

Für die erfragte Rangfolge der sechs Merkmalskombinationen wird unterstellt, daß der Kombination auf dem ersten Rang ein Nutzenwert von 6 als Ausdruck der Wertschätzung zugeordnet wird, während die auf dem zweiten Rang liegende Kombination einen Wert von 5 usw. erhält (vgl. Tabelle 2-9). Mit diesen Ausgangswerten für den Nutzen ergibt eine metrische Varianzanalyse die fünf Teilnutzenwerte:

37 Zu anderen einsetzbaren Arten der Varianzanalyse vgl. Backhaus/Erichson/Plinke/Weiber (1994), S. 58 ff.

$N_{S1} = 2$ $N_{L1} = 0{,}1667$

$N_{S2} = 0$ $N_{L2} = -0{,}1667$

$N_{S3} = -2$

und eine Konstante von c = 3,5. In der folgenden Tabelle werden die aus der Conjoint-Analyse stammenden Gesamtnutzenwerte GN_j für die sechs Merkmalskombinationen berechnet und der empirisch erfragten Rangfolge der sechs Kombinationen gegenübergestellt. Die erste Kombination S1 L1 hatte einen vorgegebenen Wert von 6; die Conjoint-Analyse führt aber nur zu einem Wert von 5,66. Auch bei allen anderen Merkmalskombinationen ergeben sich Abweichungen. Daher ist der Zielwert der metrischen Varianzanalyse - die Summe der quadrierten Abweichungen der Teilnutzenwerte - größer null. Das bedeutet, daß die Conjoint-Analyse nur zu einer unvollständigen Anpassung der Nutzenwerte an die empirischen Vorgaben führt. Zudem stimmt auch die Rangfolge der Alternativen nach der Conjoint-Analyse nicht voll mit der empirischen Rangfolge überein. Die Kombinationen S2 L1 und S2 L2 tauschen beim berechneten Gesamtnutzen die Plätze gegenüber der empirischen Rangfolge. Der Streßfaktor der gefundenen Lösung ist folglich positiv.

Merkmals-ausprägung	durch Varianzanalyse ermittelter Gesamtnutzen GN_j	empirische Daten	
		zugeordneter Gesamtnutzenwert	erfragte Rangfolge
S1 L1	3,5+2+0,1667=5,6667	6	1.
S1 L2	3,5+2-0,1667=5,3333	5	2.
S2 L1	3,5+0+0,1667=3,6667	3	4.
S2 L2	3,5+0-0,1667=5,6667	4	3.
S3 L1	3,5-2+0,1667=1,6667	2	5.
S3 L2	3,5-2-0,1667=1,3333	1	6.

Tabelle 2-9

Ausgangspunkt der Analyse war die Frage nach der relativen Bedeutung der beiden Produktmerkmale „Sportlichkeit" und „Luxus" für den Käufer. Ein Maß, das die relative Bedeutung ausdrückt und damit die Merkmale gewichtet, ist die Distanz zwischen dem kleinsten und dem größten Teilnutzenwert bei einem Merkmal z:

$$g_z = \max_i [N_{zi}] - \min_i [N_{zi}]$$

Im Beispiel ergibt sich:

$g_S = 2 - (-2) = 4$

$g_L = 0{,}1667 - (-0{,}1667) = 0{,}3333$

Das Produktmerkmal „Sportlichkeit" ist dem Befragten also 4/0,3333 = 12 mal so wichtig wie das Produktmerkmal „Luxus".

Wie das Beispiel zeigt, hat die Conjoint-Analyse einige verfahrensspezifische Probleme. Als Folge dieser Probleme können die Ergebnisse auch nur als brauchbare Orientierung angesehen werden, um Zielgewichte abzuschätzen.

Wird das Verfahren auf die Ableitung relativer Zielgewichte übertragen, müssen dem Befragten Kombinationen von Zielausprägungen zur Einordnung in eine Rangfolge vorgegeben werden. Bei zwei Zielen mit jeweils drei Ausprägungen - also neun Kombinationen - muß mithin eine Rangfolge der Vorziehenswürdigkeit aus neun Elementen gebildet werden.

Abschließend sollen für die beschriebenen Verfahren zur Zielgewichtung die wesentlichsten theoretischen und praktischen Probleme angedeutet werden:

- Ein zentrales Problem dieser Methoden ist, daß in der Regel eine additive Nutzenfunktion unterstellt wird, die Unabhängigkeit der betrachteten Ziele bzw. Merkmale impliziert. Zwischen den Zielausprägungen dürfen folglich keine Zusammenhänge existieren. Vielfach werden die Ausprägungen unterschiedlicher Ziele mehr oder weniger stark voneinander abhängen. Dies gilt insbesondere, wenn die Ziele über einen direkten definitorischen Zusammenhang miteinander verbunden sind. Beispielsweise sind die Teilziele „Gewinn" und „Kosten" oder „Rentabilität" und „Gewinn" in solcher Weise verbunden. Ein Beispiel für eine schwächere Korrelation sind die Produktmerkmale „Kofferraumgröße" und „Zahl der zugelassenen Insassen" eines Autos.[38] Diese mögen zwar in Grenzen unabhängig sein, stehen aber dennoch über die begrenzte Gesamtgröße eines Personenwagens in einem Zusammenhang. Es ist zumindest fraglich, ob sich der subjektiv empfundene Gesamtnutzen bei Korrelation der Zielausprägungen additiv aus den Teilnutzen zusammensetzt. Dieser Kritikpunkt wiegt für die Ableitung von Zielgewichten besonders schwer, weil für die Entscheidungsfindung häufig gerade negativ korrelierte, konfliktäre Ziele durch Zielgewichtung in eine übergeordnete Nutzenfunktion einzubeziehen sind. Eine Konfliktsituation bei den Zielen steht aber im Widerspruch zur Basisannahme der Unabhängigkeit der Ziele.

- Wie bei der MDS ist fraglich, ob ein Befragter noch eine konsistente Präferenzordnung der Merkmalsausprägungen erstellen kann, wenn die Zahl der Vergleiche explodiert. Bereits bei sechs Merkmalen mit je drei Ausprägungen ergeben sich für eine Conjoint-Analyse $3^6 = 729$ zu vergleichende Merkmalskombinationen. Die Conjoint-Analyse ist allerdings relativ robust gegenüber einer systematischen Reduktion der Anzahl der zu erfragenden Merkmalskombinationen, d.h., dem Befragten müssen nicht alle denkbaren Kombinationen vorgelegt werden, um seine Präferenzen näherungsweise erkennen zu können.

- Wie die Faktorenanalyse und die MDS wandelt auch die Conjoint-Analyse ordinale Präferenzinformationen in metrische Nutzenwerte um. Dabei werden durch die Berechnungsverfahren Rangplätze schematisch in Distanzen umgewandelt. Eine solche Umwandlung wird auch vorgenommen, wenn die Befragung von konstanten Nutzenabständen zwischen den Rangplätzen ausgeht. Informationen über die tatsächlichen Distanzen

38 Vgl. Zangemeister (1976), S. 80 f.

des Nutzens der Merkmalskombinationen gehen in die erhobenen Daten also gar nicht ein. Die „wahren" Nutzendifferenzen sind, wenn überhaupt, nur subjektiv fühlbar. Das Ausmaß der durch die schematische Transformation hervorgerufenen Fehler bei der „Quantifizierung" der Nutzwerte ist kaum abschätzbar.

- Sowohl die Zielgewichtung durch gesamtheitlichen Vergleich als auch die über Trade-off-Raten sieht eine direkte Umsetzung der u.U. nur ordinalen Präferenzurteile der Befragten in metrische Informationen vor. Der Befragte kann in diese Umsetzung die subjektiv empfundenen Distanzen der Zielegewichte einfließen lassen. Allerdings sind auch diese Werturteile nicht interpersonell überprüfbar.

2.7 Entwicklung von Zielen aus der Unternehmensphilosophie, der Umfeld- und Unternehmensanalyse

Für unternehmenspolitische Entscheidungen wird in der Praxis meistens nicht mit extremalen Zielen, sondern mit befriedigenden Zielniveaus gearbeitet. Solche satisfizierenden Ziele finden deshalb Anwendung, weil in der Realität immer von einem offenen Entscheidungsfeld auszugehen ist. Im Zeitpunkt der Zielvereinbarung ist die künftige Unternehmenssituation (Daten, Handlungsalternativen) nur teilweise bekannt, so daß eine Optimierung im strengen Sinne ohnehin unmöglich ist. Befriedigende Ziele entsprechen dann den Erwartungen der Unternehmensleitung für die Zukunft. Diese Ziele sollen bei vernünftigem Anstrengungsniveau in der für die Zukunft erwarteten Unternehmensituation erreichbar sein. Führung über Ziele soll mithin die Mitarbeiter motivieren, Probleme zu erkennen und gute Handlungsalternativen zu finden.

Die Ziele für dezentralisierte Entscheidungseinheiten müssen auf die in der Unternehmensphilosophie verankerte Werteordnung abgestimmt sein. Zudem muß das Niveau der Ziele mit den verfügbaren Unternehmenspotentialen sowie den gegebenen Marktmöglichkeiten zu erreichen sein. Ziele sind folglich aus dem Leitbild des Unternehmens heraus zu entwickeln und mit den Ergebnissen der Unternehmens- und Umfeldanalyse abzustimmen. Abbildung 2-9 verdeutlicht diesen Zusammenhang.

Nur wenn für die Ziele der Zusammenhang zwischen dem Leitbild und den Ergebnissen der Umfeld- und Unternehmensanalyse gewahrt ist, können sie als aktuelle Steuergrößen für die Unternehmenspolitik sinnvoll eingesetzt werden und damit Kriterium für die Bewertung von Handlungsmöglichkeiten sein. Daraus folgt: Treten Änderungen im Leitbild, im Umfeld oder in den Unternehmenspotentialen ein, muß hinterfragt werden, ob dies auch zu Veränderungen der Ziele führen muß. Ziele sind daher nicht als statische Größen aufzufassen, sondern sie müssen dynamisch an Veränderungen der Unternehmenssitutation angepaßt werden. Veränderungen der Situation bedingen, daß Ziele in gewissen zeitlichen Abständen auf ihre Aktualität bzw. ihren Realitätsbezug überprüft werden.

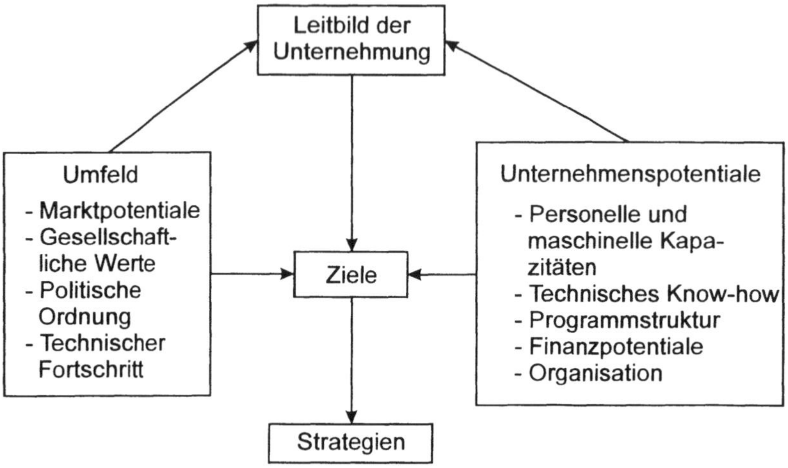

Abbildung 2-9

Zielanpassungen bei äußerem Wandel und dadurch induzierte betriebliche Anpassungen sind für den langfristigen Erfolg und das Bestehen eines Unternehmens wesentlich. Menschen handeln zwar vorzugsweise auf Basis von Kontinuität; Wandel löst bei ihnen zumindest „gemischte" Gefühle aus. Organisationen müssen sich aber Veränderungen stellen und dürfen nicht verkrusten (Organizational Learning[39]), wenn sie auf Dauer erfolgreich sein wollen. Zu den größten Mißerfolgspotentialen von Unternehmen gehören:[40]

- Ein Wandel des Aufgabenfeldes und der Marktbedingungen wird bewußt übersehen, und eine Anpassung der Ziele unterbleibt.
- Der Wandel löst in der Organisation Widerstände aus, und Beharrungsvermögen verhindert eine rasche Anpassung der Ziele.
- Unternehmen tradieren ihre Erfolgsmuster (Strategien) aus der Vergangenheit, ohne zu erkennen, daß sich ihr Umfeld verändert hat.
- Unternehmen klammern sich an langfristige Pläne, obwohl sich die grundlegenden Prämissen, auf denen sie basieren, verändert haben.

Diese Mißerfolgspotentiale haben ihre Ursache letztlich in einer fehlenden Fortschreibung der Aufgaben und Ziele einer Unternehmung. Sie verhindern eine kreative, innovative Führung, die den Wandel beherrscht und den Nutzen für die Unternehmung aus dem Wandel zieht. Die Mißerfolgspotentiale zeigen, daß Unternehmen bei ihren Mitarbeitern eine positive Einstellung gegenüber dem Wandel schaffen müssen; dies gilt um so mehr, je rascher sich der Wandel vollzieht. Zielanpassung ist daher der Weg, um einer Unternehmung ständig eine der äußeren und inneren Situation angepaßte Führungsrichtung zu geben.

39 Vgl. z.B. Sommerlatte (1990), S. 201 ff.

40 Vgl. Zahn (1990), S. 2 f.

Jede Führung besteht darin, Ziele mit Hilfe von Menschen durchzusetzen. Unternehmungsprozesse sind arbeitsteilig organisiert, und an der Unternehmung nimmt eine Vielzahl von Interessengruppen (Anteilseigner, Mitarbeiter, Kreditgeber, Lieferanten, Kunden) mit unterschiedlichen Intentionen und Zielen teil. Unternehmen werden daher heute als Koalitionen aufgefaßt. Auf Dauer kann eine Koalition nur erfolgreich arbeiten, wenn sie zum Nutzen aller Beteiligten beiträgt. Durch Beteiligung an der Koalition muß der Einzelne in der Lage sein, seine individuellen Ziele zu verfolgen, seine Beiträge (Kosten) für die Funktionsfähigkeit der Koalition müssen in einem vernünftigen Verhältnis zu den Anreizen (Erträgen) stehen, die er aus der Koalition erzielt (Anreiz-Beitrags-Theorie[41]); ansonsten verläßt er die Koalition. Sinn der Unternehmensphilosophie ist es, alle an der Unternehmung beteiligten Gruppen in ihrer generellen Einstellung zum jeweiligen Unternehmen auf eine Werteordnung, ein Zielsystem, eine Aufgabenstellung und allgemeine Verhaltens- und Organisationsprinzipien hin auszurichten bzw. zu koordinieren, um zu erreichen, daß möglichst alle mit ihrem für das Unternehmen relevanten Handeln an einem Strang ziehen. Aufgabe des Unternehmensleitbildes ist es, bei allen für eine gleichartige Grundeinstellung und Überzeugung zu sorgen, um bei den arbeitsteiligen Wirtschaftsprozessen Reibungsverluste möglichst zu vermeiden. Das Leitbild einer Unternehmung soll zudem potentiellen Koalitionären aufzeigen, welches die Grundeinstellungen des Unternehmens sind, damit sie überprüfen können, ob sie sich mit dieser Ausrichtung identifizieren können. Das Leitbild kann daher auch als Corporate Identity[42] oder als Beschreibung der künftigen Unternehmenskultur[43] bezeichnet werden.

Ein Leitbild soll generell dazu beitragen, die Effizienz der arbeitsteiligen Prozesse zu steigern. Um diese Aufgabe erfüllen zu können, sollte ein Leitbild Grundaussagen zu folgenden Fragen umfassen:

- Aussagen zur Positionierung des Unternehmens auf den Märkten. Das Leitbild soll grundsätzliche Angaben enthalten, in welchen Produktfeldern und mit welchem Qualitätsbewußtsein sich das Unternehmen auf welchen Märkten betätigen will.

- Aussagen über den komperativen Konkurrenzvorteil (KKV) des Unternehmens im Vergleich zu den Mitbewerbern. Der KKV ist die vom Käufer wahrgenommene Fähigkeit eines Anbieters, ein bestimmtes Problem des Käufers besser lösen zu können als alle anderen vom Käufer in Betracht gezogenen Lieferanten.[44] Im Leitbild muß zum Ausdruck gebracht werden, worin das Unternehmen seine besondere Stärke bei der Erfüllung von Kundenwünschen sieht, welche Bedeutung es dem Kunden für die Unternehmenspolitik einräumt, und wie es das Bewußtsein für den Kunden im Unternehmen weiterentwickeln will.

- Grundsätzliche Äußerungen zur Werteordnung und zu den angestrebten Zielgrößen. Aus dem Leitbild soll die generelle ethische Einstellung des Unternehmens zu erkennen sein.

---

41 Vgl. Bühner (1994), S. 82 und Kirsch (1980), Sp. 655.

42 Vgl. Meffert (1991), S. 817 ff. und Kreikebaum (1993), S. 41.

43 Vgl. Assmann/Backhaus/Hilker (1991), Meffert (1988), S. 336 ff. und Steinmann/Schreyögg (1993), S. 587 ff.

44 Vgl. Backhaus (1992), S. 17 ff.

Der Stellenwert von Gewinn- oder Rentabilitätszielen, von Wachstum sowie von Umweltbewußtsein muß deutlich werden. Weiterhin muß zu erkennen sein, in welchen Feldern das Unternehmen speziell Verantwortung übernimmt. Auch Aussagen über die Rangordnung oder das Verhältnis der Ziele zueinander gehören zum Leitbild.

- Grundaussagen zu den Führungs- und Organisationsprinzipien. Um den Arbeitsstil eines Unternehmens bei den arbeitsteiligen Prozessen zu kennzeichnen, sind Aussagen über Führungsprinzipien (autoritäre, partizipative oder demokratische Führung), Führungsgrundsätze bei der Delegation und Koordination von Kompetenzen (aufgaben- oder zielorientierte Führung) sowie Angaben über die Organisationsprinzipien in der Struktur- und Ablauforganisation erforderlich (Funktions-, Objekt- oder Prozeßorientierung).

- Grundaussagen zur Ausrichtung der Unternehmensstrategien. Zur Kennzeichnung des generellen Denkstils eines Unternehmens gehören auch Grundaussagen zu den verfolgten Strategien. Beispielsweise sollte das Grundkonzept der Strategien in das ROI-Schema eingeordnet werden, um deutlich werden zu lassen, ob in diesem Unternehmen ein hoher ROI seine Wurzeln in einem hohen (niedrigen) Kapitalumschlag oder einer hohen (niedrigen) Umsatzrentabilität hat. Deutlich werden sollte mithin, ob eine Kostenführerschaft am Markte angestrebt wird (große Menge bei geringen Kosten pro Mengeneinheit und einem möglichst hohem Kapitalumschlag bei meist niedriger Umsatzrentabilität) oder ob eine Nischenpolitik mit Leistungsvorteilen verfolgt wird (meist geringer Kapitalumschlag bei hoher Umsatzrentabilität).

Die Unternehmensphilosophie steckt insgesamt den Rahmen ab, aus dem für die strategische, taktische und operative Planung Ziele entwickelt werden können. Soll für den arbeitsteiligen Führungsprozeß ein sinnvolles Niveau der Ziele für das gesamte Unternehmen und die einzelnen Organisationseinheiten entwickelt werden, muß analysiert werden, was aus der Sicht der Unternehmenspotentiale und der Marktmöglichkeiten erreichbar erscheint. Ziele haben nur Sinn, wenn sie erreichbar sind; andernfalls demotivieren sie. Umfeld- und Unternehmensanalysen sollen diese Rückkopplung der Ziele auf das Erreichbare sicherstellen.

Im Rahmen der Umfeld- und Unternehmensanalyse ist es erforderlich, die gegenwärtige Situation des Unternehmens, die Stärken, aber auch die Schwächen in den einzelnen Organisationsbereichen (Funktionen wie Absatz, Produktion, Beschaffung, Forschung und Entwicklung sowie Finanzierung, oder Divisionen bzw. Sparten) aufzudecken. Die Instrumente des Controlling leisten insbesondere bei dieser Aufgabe wertvolle Hilfestellung, indem sie aufzuzeigen helfen, welches die Gründe dafür sind, daß bestimmte gesteckte Ziele bislang nicht erreicht werden konnten. Zur Erhebung des Istzustands gehört auch eine Analyse der Leistungsfähigkeit des verfügbaren Personals, der technischen Kapazitäten und insbesondere des technischen Know-hows, das sich in der Struktur des Produktionsprogramms und der maschinellen Ausstattung niederschlägt. Aber auch leistungsfördernde oder -behindernde Faktoren der Struktur- und der Ablauforganisation zählen dazu. Beispiele sind etwa Analysen über Koordinationsmängel als Folge unzweckmäßiger Organisationsstrukturen (bei einer funktionalen Organisation) oder Untersuchungen über unzureichende Rahmenbedingungen für den Ablauf von Prozessen (schlechtes Layout der Werkshallen, Mängel in der Informationserfassung und -verarbeitung).

Neben der Analyse des Istzustands setzt die Einschätzung von Zielpotentialen für die Zukunft auch eine Prognose der Absatzmarktentwicklung und der Entwicklung auf den Ressourcenmärkten voraus. Beispielsweise sind Voraussagen über den technischen Fortschritt und die Preisentwicklung von Rohstoffen sowie die Entwicklung von Löhnen erforderlich, um Aussagen über künftige Kosten machen zu können. Die Absatzchancen werden durch die Einstellung der Konsumenten zu gesellschaftlichen Werten (Sparneigung, Umweltbewußtsein, Trend zum Wohnen im eigenen Haus), Fragen des Lebensstils (Mode, Mobilität, Internationalität) und gesamtwirtschaftlichen Entwicklungen (Kaufkraft, Konjunktur, Inflation, Steuern, Subventionen) sowie Änderungen in der politischen Ordnung (EU-Binnenmarkt, Umstrukturierung in Osteuropa) nachhaltig beeinflußt. Für die Prognose möglicher Entwicklungen kommt es darauf an, die Abhängigkeit der Absatzentwicklung von bestimmten Indikatoren zu erkennen, um auf dieser Basis Vorhersagen für die Zukunft machen zu können. Instrumente, die bei der Analyse von Entwicklungsmöglichkeiten und Zusammenhängen nützlich sein können, sind Checklisten sowie quantitative und qualitative Prognosemethoden[45].

Weder über den Istzustand noch über die künftige Entwicklung sind eindeutige Aussagen möglich. Keine Technik der Unternehmens- oder Umfeldanalyse kann mit letzter Sicherheit die relevanten Ursachen und Zusammenhänge aufdecken; es handelt sich stets nur um mehr oder weniger plausible Erklärungsversuche in einem offenen Entscheidungsfeld. Zudem gibt es immer wieder zufällige, nicht vorausschaubare Ereignisse, die aus Erkenntnissen der Vergangenheit nicht abgeleitet werden können. Sind aber die Ursachen von Entwicklungen nur plausibel, kann es nicht nur eine Sichtweise der Zusammenhänge und nicht nur ein Erklärungsmodell geben. Folglich sind auch keine einwertigen Aussagen über die Entwicklung möglich. Diese Erkenntnis muß für die Vereinbarung von Zielen Rückwirkungen haben. Unsicherheiten bei der Entwicklung von Daten bzw. Handlungsalternativen transformieren sich somit in Unsicherheiten über das Niveau der Zielgrößen. Unsicherheitsintervalle von Daten führen zu Unsicherheitsintervallen bei den Zielen, aus Wahrscheinlichkeitsverteilungen für Daten resultieren Wahrscheinlichkeitsverteilungen für das Zielniveau.[46] Ziele sollten daher stets im Sinne von Zielkorridoren mit Toleranzgrenzen um das vereinbarte Zielniveau interpretiert werden.

Vereinbarte Ziele können aus zwei Gründen verfehlt werden. Einmal können zufällige, unvorhersehbare Faktoren für Gewinnabweichungen sorgen, die der Entscheidungsträger nicht zu verantworten hat. Sie können aber auch in einer unzureichenden Suche des Entscheidungsträgers nach geeigneten Lösungsalternativen oder einer Fehlentscheidung zwischen erkannten Lösungswegen begründet sein.

Bei einer Führung und Koordination eines Unternehmens über Ziele - Management by Objectives (MBO)[47] oder Streched Goals - sollen mit der Zielvereinbarung nicht die möglichen Handlungsalternativen vorweg genommen werden. Kreativität und Logik der Entscheidungsträger bleiben vielmehr bei dezentralen Entscheidungen auch nach der Zielvereinba-

45 Zu Prognosemethoden vgl. Abschnitt 4.1.

46 Vgl. Abschnitt 4.2.2.3.4 zur Risikoanalyse.

47 Zum MBO vgl. Bea/Dichtl/Schweitzer (1989), S. 2 ff. und Steinmann/Schreyögg (1993), S. 679 ff.

rung gefordert. Das erreichbare Gewinniveau hängt also von den Fähigkeiten der Entscheidungsträger ab, ein Problem zu erkennen, zu analysieren und geeignete Lösungswege zu entdecken. Die Zielvereinbarung erfolgt, obwohl zu diesem Zeitpunkt die konkreten Entscheidungsalternativen großen Teils noch nicht bekannt sind (offenes Entscheidungsfeld). Zum Zeitpunkt der Zielvereinbarung ist dem Entscheidungsträger damit eine Erfolgsmatrix im Sinne der Entscheidungstheorie bei Unsicherheit[48] unbekannt. Ein vereinbartes Zielniveau bei nicht fixierten Handlungsalternativen sagt somit etwas über die Erwartungen der Führungspitze, über das Problembewußtsein und die Kreativität sowie über die logischen Fähigkeiten der Entscheidungsträger zur Identifikation des besten der gefundenen Lösungswege aus. Diese in die Entscheidungsträger gesetzten Erwartungen, ein bestimmtes Zielniveau in einer bestimmten, durch die Unternehmens- und Umfeldanalyse beschriebenen Situation zu errreichen, sind gerade das Kennzeichen satisfizierender Ziele.

Damit die zu vereinbarenden Ziele Motivationsfunktion haben, darf das Erwartungsniveau hinsichtlich Kreativität und Logik der Entscheidungsträger nicht zu hoch gesteckt sein. Ein Weg, um einer Über- aber auch Unterforderung der Entscheidungsträger zu begegnen, ist ein partizipativer Führungsstil[49] bei der Vereinbarung von Bereichszielen. Die übergeordnete Führungsebene und die Ebene, für die Ziele entwickelt werden sollen, arbeiten zusammen, indem beide Erwartungen über wahrscheinlich erreichbare Gewinne benennen. Die Zielvereinbarung im Sinne des MBO ist demnach ein Einigungsprozeß zwischen den Vorstellungen der Entscheidungsträger und denen der Vorgesetzten.

Ein Nachteil der Zielvereinbarung im Sinne des MBO ist darin zu sehen, daß immer nur Ziele für eine Periode (ein Jahr) festgeschrieben werden. Nach Abschluß des Jahres oder auch von Teilzeitabschnitten des Jahres wird eine Soll-Ist-Analyse der Zielerreichung vorgenommen.[50] Diese Analyse soll die Ursachen von Abweichungen aufdecken (z.B nicht zu verantwortende Abweichungen, weil nicht vorauszusehende Entwicklungen - irreguläre Komponente oder Strukturbrüche - aufgetreten sind oder zu verantwortende Abweichungen bei unzureichender Problemanalyse, unzureichender Suche nach geeigneten Alternativen oder logischen Fehlentscheidungen). Sinn dieser Abweichungsanalyse ist es, Anhaltspunkte dafür zu gewinnen, ob die vereinbarten Ziele noch tragfähig sind oder ob äußere Entwicklungen eingetreten sind, die eine Anpassung der Ziele erfordern.

Wegen der nur einperiodigen Zielvereinbarung eignet sich das MBO im Grunde nur für operative, nicht aber für strategische Planungen. Dieser Nachteil kann durch das Instrument der Streched Goals zum Teil überwunden werden. Bei diesem Instrument können längerfristige Ziele vereinbart werden. Zur Zielvereinbarung gehört auch ein Entwicklungspfad für das Zielniveau im Zeitablauf. Beispielsweise kann für einen Bereich eine Senkung der Ausschußquote um 30 % in 5 Jahren vereinbart werden, und der Entscheidungsträger muß sich darauf festlegen lassen, welche Senkungen er in den einzelnen Jahren erreichen soll. Wesentlich ist allerdings, daß auch dieser Entwicklungspfad der Ziele bei Veränderungen der

48 Zum Unsicherheitsproblem vgl. Abschnitt 4.2.

49 Der partizipative Führungsstil wird auch als „demokratischer“ oder „kooperativer“ Führungsstil bezeichnet; vgl. Bea/Dichtl/Schweitzer (1989), S. 2.

50 Zum Planungsprozeß vgl. Abschnitt 1.2.

Unternehmenssituation hinterfragt und an Veränderungen angepaßt werden muß, sollen veraltete Ziele nicht zum Mißerfolgspotential werden.

Aus Unternehmensphilosophien sowie Umfeld- und Unternehmensanalysen abgeleitete Zielsysteme leiden in der Praxis häufig darunter, daß die Entscheidungsträger zu viele, z.T. auch konfliktäre Zielgrößen gleichzeitig beachten sollen. Ein Zielsystem mit vielen gleichzeitig zu beachtenden Zielgrößen ist wenig praktikabel, da es dem Entscheidungsträger nahezu unmöglich ist, die Entscheidungsalternativen im Lichte aller Ziele zu bewerten und zu ordnen. Umfangreiche Zielbündel führen häufig zu Entscheidungsschwäche, da die Bewertung anhand dieser Ziele zuviel Zeit erfordert oder ganz mißlingt. Häufig führen zu viele Zielvorgaben auch dazu, daß Ideen für Entscheidungsalternativen voreilig „abgeschossen" werden, weil sie nach überschlägiger, subjektiver Einschätzung nicht im Einklang mit bestimmten Zielen zu stehen scheinen. Entwicklungsfähige Ideen „sterben" dann, weil vermeintliche Zieldefizite als „konvergente Hämmer" zum „killen" dieser Ideen geschwungen werden, statt positiv danach zu suchen, ob nicht noch unvollkommene Ideen weiterentwikkelt werden können. Zielentwicklungen sollten nicht unter dem Syndrom „Eierlegender-Milch-Woll-Schaf-Schweine" leiden. Wer Strategien sucht, die diesem Syndrom genügen, wird in der Praxis meistens vor einem leeren Entscheidungsfeld stehen, da letztlich alle Strategien gegen eine der vielen Forderungen verstoßen. Zielsysteme dürfen, wenn sie nicht lähmen sollen, nur einige wenige, aber für den Unternehmenserfolg und den Bestand wesentliche Zielgrößen umfassen.

2.8 Bewertung von Entscheidungsalternativen

2.8.1 Bewertungsprinzipien

Die Bewertung von Entscheidungsalternativen muß den Beitrag einer Entscheidung zum Niveau der verfolgten Zielsetzung offenlegen, d.h., die Art der Bewertung muß deutlich werden lassen, wie das Zielniveau von Veränderungen der Variablen abhängt. Nur dann ist eine zielgerichtete Entscheidung möglich. Jede Bewertung muß deshalb drei Prinzipien genügen:

- Der Erfolgsbeitrag einer Entscheidung muß sich richtig prognostizieren lassen.
- Der Erfolgsbeitrag muß dazu in der Erfolgsfunktion auf die richtigen, sie verursachenden Determinanten bezogen sein.
- In die Bewertung müssen alle entscheidungsrelevanten Informationen einfließen.

Die drei Prinzipien sind nicht isoliert zu sehen; vielmehr hängen sie zusammen, wie die folgenden Beispiele zeigen.

Angenommen, das Entscheidungsproblem besteht darin, das gewinnmaximale Produktionsprogramm zu bestimmen, so besagt das erste Prinzip, daß bekannt sein muß, wie sich der Gewinn verändert, wenn eine Mengeneinheit eines Erzeugnisses zusätzlich in das Programm aufgenommen wird. Bei bekanntem Absatzpreis müssen daher die mit der Menge variierenden Kosten bestimmt werden, d.h., der Deckungsbeitrag der Erzeugnisse muß ermittelt werden. Die Entscheidung über das Programm hängt damit von der Höhe der mengenabhängigen Kosten ab. Das Unternehmen muß deshalb in der Kostenrechnung in der Lage sein, diesen Betrag zu quantifizieren. Hierbei können Schwierigkeiten auftreten, da sich je nach Verfahren[51], mit dem eine Aufspaltung der Kosten in fixe und variable Bestandteile betrieben wird und je nach der Anzahl der in der Kostenrechnung berücksichtigten kostenerklärenden Determinanten unterschiedlich hohe Kosten je Mengeneinheit ergeben können. Probleme treten in diesem Zusammenhang insbesondere auf, wenn die Kostenfunktion aus Vereinfachungsgründen nicht alle Determinanten abbildet, die in der Realität die Höhe der Kosten bestimmen. Beispielsweise hängen die variablen Kosten pro Pflegetag in Krankenhäusern von der Patientenzahl P und der Verweildauer V entsprechend folgender Beziehung ab:[52]

$$k_{var} = (a\,P + b\,P\,V)/\,P\,V$$

Die Kostenfunktion der Bundespflegesatzverordnung, mit der die Krankenhäuser für die Budgetierung der nicht über Fallpauschalen oder Sonderentgelte abzurechnenden Leistungen arbeiten müssen, kennt die Differenzierung der variablen Kosten nach patientenzahl- und pflegetageabhängigen Elementen nicht, sondern sieht allein die Pflegetage als Determinante der Kosten an. Der Kostensatz pro Pflegetag, der den Krankenhäusern erstattet wird, hängt somit von der der Rechnung zugrunde gelegten Patientenzahl und der Verweildauer ab, d.h., bei gegebener Zahl von Pflegetagen ergeben sich je nach Konstellation von Patientenzahl und Verweildauer unterschiedliche Kosten je Pflegetag. Die Pflegetage allein erklären daher die tatsächlichen Kosten höchst unzureichend.

Für das Programmplanungsbeispiel ergeben sich derartige Probleme, wenn die Kosten real von der Intensität und der Arbeitszeit der für die Produktion eingesetzten Maschinen abhängen, die Kostenrechnung diese Differenzierung der Kostendeterminanten aber nicht kennt und in der Kostenspaltung vereinfachend allein von mengenabhängigen Kosten ausgegangen wird.

Arbeitet das Kostenmodell aus Vereinfachungsgründen mit weniger Kosteneinflußgrößen als real existieren, ergeben sich in der Kostenzurechnung keine eindeutigen Kostenbeträge, d.h., die Kosten je Einheit der Variablen hängen von bestimmten Hypothesen über die nicht im Kostenmodell enthaltenen Determinanten ab. Unterschiede in der Höhe der Kosten je Einheit der Variablen können aber zu unterschiedlichen „optimalen" Entscheidungen führen.

Auf Kostenprobleme übertragen verlangt das zweite Bewertungsprinzip, daß Kosten auf diejenigen Determinanten bezogen werden, von denen die Höhe der Kosten abhängt. Kosten sollen grundsätzlich verursachungsgerecht erfaßt werden. Eine nicht verursachungsgerechte Erfassung birgt die Gefahr von Fehlentscheidungen, da im Planungsmodell die Kostenabhängigkeiten falsch dargestellt werden. Diese Probleme ergeben sich, wenn - wie in den vorhergehenden Beispielen gezeigt - das Planungsmodell die Zahl der Kostendeterminanten verkürzt. Aber auch ohne eine derartige Verkürzung wird gegen das Verursachungsprinzip

51 Mögliche Verfahren sind z.B. die buchtechnische, die statistische, die mathematische und die planmäßige Kostenspaltung; vgl. Schweitzer/Küpper (1991), S. 318 ff.

52 Vgl. Adam (1991), S. 43-71.

verstoßen, wenn Kosten umdimensioniert, d.h. auf eine andere als die sie verursachende Determinante bezogen werden, ohne daß dafür gesorgt wird, daß dieser Umdimensionierungsfehler im Planungsmodell wieder neutralisiert wird. Zwei Beispiele mögen diesen Zusammenhang verdeutlichen:

- Die Kosten einer Maschine mögen u.a. von der Beschäftigungszeit t abhängen. Der Betrieb arbeitet aber mit einer Kostenfunktion pro Mengeneinheit eines Erzeugnisses, in der die Kosten pro Beschäftigungszeiteinheit auf die Intensität bezogen sind. In der Kostenfunktion werden also die Kosten pro Beschäftigungszeiteinheit R [GE/ZE] durch die Intensität x [ME/ZE] dividiert und damit der Eindruck erweckt, als sei die Intensität die kostenverursachende Determinante. Diese Art der Umdimensionierung ist unschädlich, wenn dieser „Fehler" bei den Stückkosten im Modell automatisch wieder korrigiert wird, was der Fall ist, wenn im Planungsansatz der Kostensatz R/x mit der Intensität x und der Beschäftigungszeit t multipliziert wird. Die Kostenabhängigkeiten werden in diesem Fall insgesamt richtig abgebildet; die Umdimensionierung erweist sich lediglich als unschädliche Erweiterung der Kostenfunktion:[53]

$$K = \frac{R}{x} x \, t \, [GE]$$

- Fehlerhaft wird eine derartige Umdimensionierung, wenn der Umdimensionierungsfehler nicht automatisch korrigiert wird. Das ist der Fall, wenn dispositionsunabhängige Fixkosten K_f auf eine bestimmte Produktionsmenge M_p umgelegt werden und mit den Stückkosten K_f/M_p in Planungsmodellen gearbeitet wird. Die proportionalisierten Fixkosten führen zu einer systematischen Fehlschätzung der Kosten, wenn sich in der Planung andere Produktionsmengen M ergeben, als bei der Proportionalisierung zugrundegelegt wurden. Für Mengen $M < M_p$ werden weniger Kosten verrechnet als tatsächlich entstehen, während bei $M > M_p$ zuviel Kosten verrechnet werden.

$$K = \frac{K_f}{M_p} M$$

  Die in der Praxis recht verbreiteten Vollkostenrechnungssysteme, insbesondere auch die neuerdings heftig propagierten Systeme der Prozeßkostenrechnung[54] verstoßen gegen das zweite Prinzip der Bewertung von Entscheidungsalternativen und können deshalb Anlaß für Fehlentscheidungen sein.

Umdimensionierungen werden bei sprungfixen Kosten relativ häufig aus Vereinfachungsgründen für die Planung vorgenommen. Entscheidungsprobleme mit Kostensprüngen haben die unangenehme Eigenschaft, daß sie nicht mit Hilfe marginalanalytischer Planungsverfahren zu bewältigen sind. Um dennoch auf die Marginalanalyse zurückgreifen zu können, werden Kostenfunktionen mit Sprüngen häufig durch glatte (stetige) Kostenfunktionen

53 Vgl. Adam (1993), S. 55 ff.

54 Vgl. z.B. Coenenberg/Fischer (1991) und Cooper/Kaplan (1988).

approximiert. Im Planungsmodell wird statt mit der treppenförmigen Kostenfunktion der Abbildung 2-10 mit der approximierten, glatten Funktion gearbeitet.

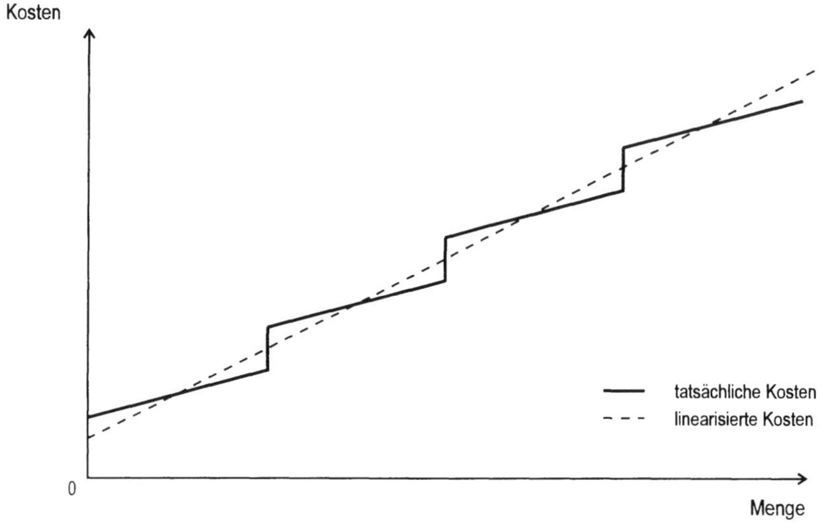

Abbildung 2-10

Aus Gründen vereinfachter Planung werden die Abbildungsungenauigkeiten bei den Kosten in Kauf genommen. Solange die Kostensprünge relativ klein sind, fallen Abbildungsunschärfen nur wenig ins Gewicht, d.h., durch die Approximation wird die tatsächlich optimale Lösung nur geringfügig verfehlt. Je größer die Sprünge sind, um so erheblicher werden die Planungsfehler.

Diese Approximationstechnik ist insbesondere in der Investitionsrechnung bei Erweiterungen des Betriebsmittelbestands ungeeignet, wie folgendes Beispiel zeigt. Ein Unternehmen hat eine Kapazität, die für 1.000 ME eines Erzeugnisses ausreicht (vgl. Abbildung 2-11). Es erwägt, die Kapazität auf 2.000 ME zu erweitern, weil am Markte 1.300 ME abgesetzt werden können. In der gegenwärtigen Situation realisiert das Unternehmen einen Gewinn in Höhe von A in Abbildung 2-11. Aus der Differenz der Erlöse und der treppenförmigen Kostenkurve wird deutlich, daß bei 1.300 ME nur mit einem Gewinn von C zu rechnen ist. Die Investition ist damit nicht vorteilhaft. Arbeitet das Unternehmen mit der approximierten Kostenfunktion, errechnet sich bei 1.000 ME ein Gewinn in Höhe von B bzw. bei 1.300 ME in Höhe von D. Da D größer ist als B, erscheint die Investion auf Basis der linearisierten Kostenfunktion als vorteilhaft. Bei Proportionalisierungen zum Zwecke der Vereinfachung von Planungsmodellen ist daher grundsätzlich Vorsicht geboten.

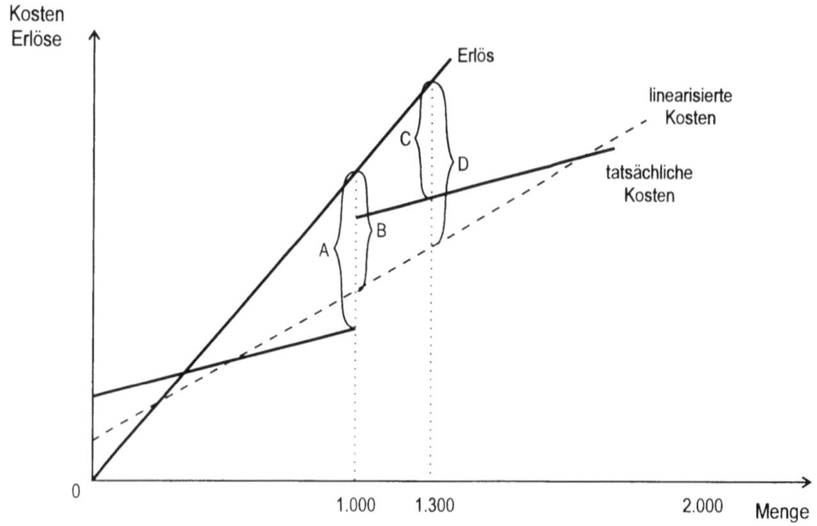

Abbildung 2-11

Nach dem dritten Prinzip müssen alle die Lage einer optimalen Politik bestimmenden Informationen in die Bewertung mit einbezogen werden, um die Auswirkungen einer Entscheidung auf das Niveau der Ziele beurteilen zu können. Für die Lage der optimalen Politik sind grundsätzlich alle durch die Entscheidung beeinflußbaren Größen (Erlöse, Kosten, Einnahmen, Ausgaben, Kapitaleinsatz) von Bedeutung. Je nach Art der Zielsetzung können aber auch fixe, durch die Entscheidung nicht zu beeinflussende Größen relevant sein.

Für die Frage, ob Größen für eine Entscheidung relevant sind, sind zwei Kriterien ausschlaggebend:

- Relevant sind Kosten im Rahmen einer gewinnorientierten Zielsetzung, wenn die Höhe des Kostenniveaus durch die anstehende Entscheidung verändert wird. In diesem Fall hängt die optimale Politik immer von diesen Kosten ab.

- Relevant können je nach Zielsetzung auch nicht beeinflußbare (fixe) Kosten bzw. ein von der Entscheidung unabhängiger Kapitaleinsatz sein. Das gilt für die Rentabilitätsmaximierung oder auch für Politiken bei unsicheren Erwartungen bei nicht linearen Nutzenfunktionen.

Im Hinblick auf das erste Kriterium ist zu analysieren, ob es sich bei bestimmten Kostenarten um variable oder fixe Kosten handelt. Diese Frage läßt sich allerdings nicht generell beantworten. Ob sich Kosten beeinflussen lassen, hängt vielmehr von der jeweiligen Entscheidungssituation ab. Die gleichen Kosten können in einer Entscheidungssituation disponibel sein, während sie in einer anderen nicht zu beeinflussen sind. Anhand zweier Beispiele soll dieser Zusammenhang verdeutlicht werden:[55]

55 Vgl. zum folgenden Adam (1993), S. 55 ff.

- Materialkosten, deren Höhe allein von der Ausbringungsmenge in der Planungsperiode abhängt, sind dispositionsunabhängig oder fix, falls das Niveau der Ausbringung vorgegeben ist und lediglich entschieden werden soll, mit welcher Intensität und welchen Arbeitszeiten diese Menge auf mehreren kostengleichen Aggregaten zu erstellen ist. Dispositionsabhängig bzw. variabel sind sie dagegen, wenn gleichzeitig auch die Höhe der Ausbringung festzulegen ist oder wenn bei gegebener Gesamtausbringung die Materialkosten davon abhängen, welches Aggregat zur Produktion eingesetzt wird.

- Die Höhe der beschäftigungszeitabhängigen Kosten pro Planperiode ist vom Umfang der Beschäftigungszeit an einem Aggregat abhängig. Um dispositionsabhängige (variable) Kosten handelt es sich, wenn die Einsatzzeit der Aggregate noch zu planen ist. Liegt diese Zeit bereits vor der Planung fest, ist die Höhe dieser Kosten im Planungszeitraum gegeben. Es handelt sich dann um dispositionsunabhängige bzw. fixe Kosten.

Die Beispiele verdeutlichen, daß es nicht „schlechthin" variable oder fixe Kosten gibt. Vielmehr muß in jeder Entscheidungssituation analysiert werden, ob sich bestimmte Kosten über die Variablen dieses Entscheidungsproblems in ihrer Höhe beeinflussen lassen. Erst durch eine detaillierte Analyse der jeweiligen Entscheidungssituation ist zu klären, welche Kosten variabel sind und auf jeden Fall in das Entscheidungsmodell einzubeziehen sind.

Die beeinflußbaren Kosten können in unterschiedlicher Art von der jeweiligen Entscheidung abhängen. Einmal verändert sich deren Höhe kontinuierlich mit dem Niveau der sie determinierenden Variablen. Eine Ausprägung dieser Art variabler Kosten sind proportionale Kosten, deren Gesamthöhe linear mit dem Niveau der Variablen wächst. Eine zweite Form mit der Entscheidung variierender Kosten liegt vor, wenn sich die Kosten sprunghaft ändern. Wird beispielsweise in einer langfristigen Kostenpolitik der Betriebsmittelbestand um ein weiteres Aggregat erhöht, wachsen die Abschreibungen mit dieser Entscheidung sprunghaft auf ein neues Niveau an. Das Planungsmodell muß der Art dieser Abhängigkeit Rechnung tragen, wenn der Erfolg von Entscheidungen richtig prognostiziert werden soll.

Im Hinblick auf das zweite Kriterium für Entscheidungsrelevanz ist zu überprüfen, ob bei bestimmten Zielen auch nicht beeinflußbare Größen (Kosten, Kapitaleinsatz usw.) auf die optimale Politik Einfluß haben. Das zweite Unterscheidungskriterium für Relevanz ist rein zielorientiert. Ob fixe Kosten relevant sind, hängt nicht von den Kosten, sondern allein von der Zielsetzung ab.[56] Dieser Zusammenhang soll an zwei Beispielen erläutert werden:

1. Gesucht sind alternativ das gewinnmaximale und das rentabilitätsmaximale Produktionsprogramm. Relevant für die Rentabilitätsmaximierung sind neben dem variablen Kapitaleinsatz und den variablen Kosten auch die nicht entscheidungsabhängigen Kosten und Kapitalbeträge. Das soll am Beispiel der rentabilitätsmaximalen Preispolitik im Monopol gezeigt werden. Für diesen Fall gilt die folgende Rentabilitätsfunktion mit der Menge M als Variable:

56 Eine andere Definition findet sich bei Kilger (1987), S. 17.

$$R(M) = \frac{(a - bM)M - kM - k_f}{C_f + C_v M} \rightarrow \max$$

Der Term (a-bM)M beschreibt die Umsätze bei Preisen $p = a\text{-}b\cdot M$, die variablen Kosten entsprechen dem Ausdruck kM mit k als Kostensatz pro Mengeneinheit. K_f bezeichnet die beschäftigungsfixen Kosten. Der Kapitaleinsatz setzt sich aus einem fixen Betrag C_f und einem variablen, proportional von der Menge M abhängigen Betrag $C_v \cdot M$ zusammen. Die rentabilitätsmaximale Lösung des Problems hängt - wie die 1. Ableitung der Funktion nach M zeigt - auch von den fixen Kosten K_f und dem fixen Kapitaleinsatz C_f ab, da diese in der Bestimmungsgleichung für die optimale Ausbringung auftreten.

$$M_{opt} = -\frac{C_f}{C_v} + \sqrt{\left(\frac{C_f}{C_v}\right)^2 + \frac{C_f\, a - C_f\, k + K_f\, c_v}{b\, C_v}}$$

Bei Gewinnmaximierung gilt dieser Zusammenhang nicht. Wird ausschließlich die Gewinnfunktion (Zählerfunktion der Rentabilität) betrachtet,

$$G(M) = (a - bM)M - kM - K_f \rightarrow \max$$

ergibt sich aus der ersten Ableitung folgende Bestimmungsgleichung für die optimale Menge

$$M_{opt} = \frac{a - k}{2b}$$

Bei Gewinnmaximierung stimmen somit die Begriffe variable und relevante bzw. fixe und nicht relevante Kosten inhaltlich überein, d.h., fixe Kosten tangieren das Entscheidungsproblem nicht.

2. Fixe Kosten können auch für Entscheidungen unter Unsicherheit relevant sein.[57] Das gilt, wenn der Entscheidungsträger seine Entscheidung nicht nach dem Erwartungswertkonzept fällt, sondern risikobehaftete Erfolgswerte mit Hilfe einer nicht linearen Risikonutzenfunktion in individuelle Nutzenwerte transformiert. Bei Risikoscheu wird eine Nutzenfunktion benutzt, bei der eine bestimmte Gewinnabweichung bei niedrigem Niveau des Gewinns stärker gewichtet wird als bei hohem Gewinniveau. Gewinneinbußen bei niedrigem Gewinniveau „schmerzen“ dann mehr als bei hohen Gewinnen. Eine Nutzenfunktion mit dieser Eigenschaft ist die zweite Wurzel aus dem Gewinnbeitrag einer Entscheidungsalternative:

   $$N = \sqrt{G}$$

57 Vgl. Schneider (1984).

Angenommen, ein Entscheidungsträger hat zwei Entscheidungsalternativen.[58] Bei der Alternative A realisiert er mit Sicherheit einen Deckungsbeitrag von 4.900 GE. Bei Alternative B tritt mit gleichen Wahrscheinlichkeiten entweder ein Deckungsbeitrag von 1.600 GE oder ein Beitrag von 10.000 GE ein. Weiterhin angenommen, die Deckungsbeiträge sind mit dem Gewinn identisch, d.h., es fallen keine fixen Kosten an, und der Nutzen einer Alternative entspricht der zweiten Wurzel ihres Gewinns, so errechnen sich folgende Erwartungswerte des Nutzens.

$$NG_A = \sqrt{4900} = 70$$

$$NG_B = 0{,}5\,\sqrt{1600} + 0{,}5\,\sqrt{10000} = 70$$

Beide Alternativen sind mithin aus der Sicht des Risikonutzens gleichwertig. Fallen bei sonst gleicher Entscheidungssituation 1.000 GE fixe Kosten an, errechnen sich folgende neue Nutzenwerte NG für die beiden Strategien:

$$NG_A = \sqrt{4900 - 1000} = 62{,}45$$

$$NG_B = 0{,}5\,\sqrt{1600 - 1000} + 0{,}5\,\sqrt{10000 - 1000} = 59{,}68$$

Als Folge der fixen Kosten ist nunmehr die Strategie A der Strategie B überlegen, d.h., die fixen Kosten sind entscheidungsrelevant. Entspricht der Nutzen dem Gewinn, d.h., wird die Strategie mit maximalem Erwartungswert gesucht, ist unabhängig von der Höhe der fixen Kosten immer die Alternative B vorzuziehen. Die fixen Kosten sind somit für die Entscheidung unmaßgeblich.

	Situation	
	ohne Fixkosten	mit Fixkosten
G_A	4900	4900-1000=3900
G_B	0,5·1600+0,5·10000=5800	5800-1000=4800

Tabelle 2-10

Die Beipiele belegen, daß es für die Auswahl der im Planungsmodell abzubildenden relevanten Informationen (Kosten, Kapitaleinsatz) ausschlaggebend auf die verfolgte Zielsetzung ankommt. Allein durch sie wird determiniert, ob neben den variablen auch fixe Größen entscheidungsrelevant sind. Lediglich für die Zielsetzungen „Kostenminimierung" oder „Gewinnmaximierung" - auch in der Form der Maximierung oder Minimierung der jeweiligen Erwartungswerte - spielen fixe Kosten für die Entscheidung keine Rolle.

Wenn fixe Kosten durch die Art der Zielsetzung für Entscheidungen relevant werden, muß für diese Kosten das zweite Bewertungsprinzip eingehalten werden. Es kommt folglich zu Fehlentscheidungen, wenn diese fixen Kosten in der Planungsrechnung proportionalisiert werden. Aus der etwaigen Entscheidungsrelevanz von Fixkosten darf deshalb nicht der irri-

58 Vgl. zum folgenden auch Schneider (1984), S. 2522.

ge Schluß gezogen werden, daß Kostensätze aus Vollkostenrechnungssystemen oder Systemen der Prozeßkostenrechnung für Entscheidungen geeignet sind.

2.8.2 Bedeutung von Bewertungsdefekten

Bei der Suche nach den Wertansätzen für bestimmte Entscheidungen können Bewertungsdefekte auftreten. Ein Bewertungsdefekt liegt vor, wenn es dem Entscheidungsträger nicht oder nicht zweifelsfrei gelingt, den richtigen Wertansatz zu quantifizieren. Bewertungsdefekte haben in der Regel Rückwirkungen auf die Entscheidungsfindung. Hierbei können zwei Situationen auftreten:

- Die Quantifizierung der Wertansätze gelingt nur eingeschränkt. Beispielsweise kann kein genauer Wertansatz, sondern nur ein plausibles Intervall für die Wertansätze angegeben werden.

- Die Quantifizierung der Werte mißlingt vollständig. Diese Situation kann sich im Rahmen der strategischen Planung ergeben, weil die Handlungsalternativen noch zu unbestimmt bzw. offen sind, um Vorstellungen über deren Erlös- und Kostenwirkungen gewinnen zu können.

Ist der Bewertungsdefekt so stark wie in der zweiten Situation, ist eine unmittelbar gewinnorientierte Zielsetzung für die Entscheidungsfindung nicht mehr operational. Ein quantitatives Modell, das die Gewinnwirkungen aufzeigen soll, ist also nicht mehr formulierbar. Um dennoch haltbare Aussagen über mögliche Auswirkungen strategischer Entscheidungen gewinnen zu können, kann auf qualitative Modelle zurückgegriffen werden. Beispielsweise wird im Rahmen von Nutzwertanalysen auf Ersatzkriterien zurückgegriffen, die sich leichter „quantifizieren" lassen und über die von Experten subjektive Einschätzungen zu gewinnen sind. Dieses Vorgehen ist sinnvoll, wenn zwischen den Ersatzzielen und dem Gewinn eine plausible Beziehung besteht. Bewertungsdefekte können also dazu zwingen, Modelle mit geringen Anforderungen an die Qualität der Daten einzusetzten.

Führt ein Bewertungsdefekt dazu, daß Wertansätze nur innerhalb bestimmter Toleranzbereiche zu quantifizieren sind, muß hinterfragt werden, welche Bedeutung diesen Toleranzen für die Entscheidungsfindung zukommt. Analysen über kritische Werte bzw. Sensitivitätsanalysen sind ein geeignetes Instrument, um herauszuarbeiten, ob Entscheidungen innerhalb dieser Toleranzen stabil sind. Sensitivitätsanalysen[59] können drei Arten von Ergebnissen zeitigen:

- Die Toleranzen der Werte sind für die Entscheidungsfindung bedeutungslos. Alle Wertansätze aus dem Toleranzbereich führen zu gleichen Entscheidungen.

59 Zur Sensitivitätsanalyse bzw. Sensibilitätsanalyse vgl. z.B. Blohm/Lüder (1995), S. 250 ff. und Müller-Merbach (1991), S. 494 ff.

- Die Entscheidungen sind nur für bestimmte Intervalle aus dem Toleranzbereich der Wertansätze stabil. Analysiert werden müssen die kritischen Werte, bei denen sich die Entscheidungen ändern.

- Jede Veränderung der Wertansätze führt unmittelbar zu einer Veränderung der Entscheidung. Interessant ist es dann zu sehen, wie stark sich die Entscheidungen bei einer Variation der Wertansätze verändern, und welche Veränderungen des Erfolgs daraus resultieren.

Im Rahmen der Programmplanung gelingt es dem Entscheidungsträger häufig nicht, die Höhe der variablen Kosten genau zu fixieren. Beispielsweise können die variablen Kosten pro Maschinenstunde zwischen 45 und 50 GE liegen. Für beide Kostensätze möge sich aber in der Planung die gleiche Rangfolge der relativen Deckungsspannen der Erzeugnisse ergeben. Der Bewertungsdefekt ist folglich für die Entscheidung bedeutungslos. Die optimale Entscheidung ist trotz des Defekts bestimmbar; lediglich die genaue Höhe des Gewinns bleibt unbekannt. Diese Situation ist bei Gewinnmaximierung grundsätzlich gegeben, wenn nur die variablen Kosten der Engpaßmaschine nicht genau bestimmt werden können. Andere Kostensätze je Zeiteinheit im Engpaß führen lediglich zu einer linearen Transformation der relativen Deckungsspannen aller Erzeugnisse, d.h., die relative Deckungsspanne wird bei allen Produkten um den gleichen Betrag verändert. Diese ungenauen Kosten des Engpasses führen folglich nie zu einer veränderten Rangfolge der Produkte. Kostenungenauigkeiten bei Nicht-Engpaßmaschinen können dagegen eine veränderte Rangfolge der Erzeugnisse zur Folge haben; dennoch muß sich das optimale Programm nicht zwingend ändern, wenn statt der Sätze am oberen Rand des Toleranzbereichs jene vom unteren Rand in der Planung verwendet werden. Beispielsweise könnte sich für die Kosten am oberen Rand des Intervalls die Erzeugnisrangfolge A, C, D, E, B mit B als Grenzprodukt einstellen. Führen die Kostenwerte des unteren Rands des Toleranzbereichs lediglich dazu, daß die interne Rangfolge der ersten vier Produkte sich verändert, schlägt dies nicht auf das Programm durch. Nur wenn ein anderes Produkt zum Grenzerzeugnis wird, ist die Kostenveränderung für die Entscheidung bedeutsam.

Die Ergebnisse einer Sensitivitätsanalyse sind damit insbesondere für die Informationspolitik von Unternehmen von Bedeutung. Kommt es trotz verbesserter Kosteninformationen zu den gleichen Entscheidungen, lohnt sich eine Verbesserung der Kostenrechnung nicht. Unternehmen müssen deshalb wissen, wie genau die Informationen vorliegen müssen bzw. gegen welche Ungenauigkeiten Entscheidungen stabil sind.

Kommt es innerhalb des möglichen Toleranzbereichs für die Wertansätze zu instabilen Entscheidungen, lohnen sich Anstrengungen für eine Informationsverbesserung auch nur, wenn die Gewinnveränderungen bei den kritischen, die Entscheidung verändernden Wertansätzen, nachhaltig sind. Verlaufen die Gewinnfunktionen zwischen den kritischen Werten für die Wertansätze relativ flach wie in der Abbildung 2-12, kommt den Informationsungenauigkeiten nachrangige Bedeutung zu.

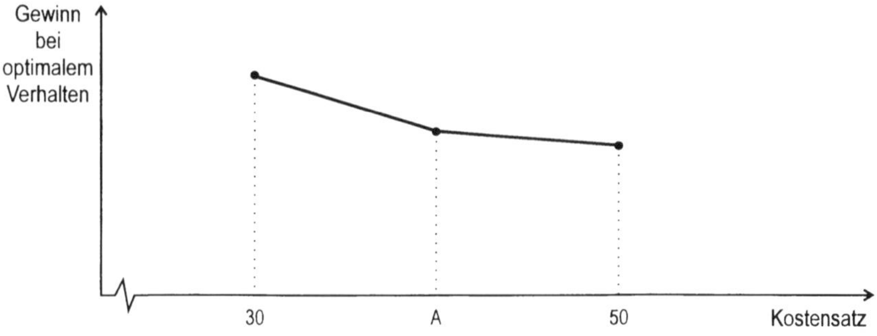

Abbildung 2-12

Haben Kostenveränderungen starke Veränderungen der optimalen Entscheidung und der Gewinnhöhe zur Folge, lohnen sich Bemühungen um Informationsverbesserung.

Entscheidungen sind insbesondere gegen Informationsungenauigkeiten stabil, wenn Rangfolgekriterien wie in der Programmplanung und in der Investitionspolitik (Reihenfolge der relativen Deckungsspannen, Rangfolge vorteilhafter Investitionen) benutzt werden können. Erst wenn sich die Ränge der Erzeugnisse durch veränderte Informationen verändern, können Rückwirkungen auf die Entscheidungen eintreten. Verändern sich Entscheidungen sprunghaft, wenn bestimmte Wertgrenzen über- oder unterschritten werden, ist die Analyse kritischer Werte ein geeignetes Instrument, um die Stabilitätsgrenzen von Entscheidungen aufzudecken.[60] Am Beispiel von Investitionskalkülen soll dieser Zusammenhang exemplarisch aufgezeigt werden.[61]

Bekannte kritische Größen der Investitionsrechung sind der interne Zinsfuß als kritischer Kalkulationszinsfuß und die Amortisationszeit als kritische Nutzungsdauer, bei denen der Kapitalwert einer Investiton gerade den Wert null annimmt. Untersucht werden kann aber auch, wie sich Absatzmengen, Preise, Anschaffungsausgaben oder die laufenden Betriebsausgaben verändern können, ohne daß die Vorteilhaftigkeit einer Investition in Frage gestellt ist. Generell muß für eine Analyse kritischer Werte eine zu variierende Größe ausgewählt werden. Es ist daraufhin zu prüfen, inwieweit der Wert dieser Inputgröße von dem ursprünglich angesetzten Wert abweichen kann, ohne die Vorteilhaftigkeit zu tangieren.[62]

Zunächst wird die kritische Nutzungsdauer einer Investition mit einer Anschaffungsauszahlung von a_0 = 3.000.000 GE bestimmt. Während der Nutzungsdauer kann mit jährlichen Einzahlungsüberschüssen in Höhe von g = 772.400 GE gerechnet werden, der Kalkulationszinssatz beträgt 9%.

In der Kapitalwertformel ist also n die zu verändernde Inputgröße.

60 Vgl. Blohm/Lüder (1995), S. 250 ff. und Kilger (1965), S. 338.

61 Vgl. Blohm/Lüder (1995), S. 250 f.

62 Vgl. Blohm/Lüder (1995), S. 250 f.

$$C_0 = -a_0 + g \cdot \underbrace{\frac{(1+i)^n - 1}{i(1+i)^n}}_{\text{Barwert-faktor}} \stackrel{!}{=} 0$$

Wird die gleich null gesetzte Kapitalwertgleichung nach dem Barwerfaktor aufgelöst, und werden die Zahlen des Beispiels eingesetzt, ergibt sich für den Barwertfaktor:

$$\frac{(1+i)^n - 1}{i(1+i)^n} = \frac{a_0}{g} = \frac{3.000.000}{771.300} = 3{,}8895$$

Die Mindestnutzungsdauer der Anlage muß bei einem Kalkulationszinssatz von $i = 0{,}09$ so gewählt werden, daß der Barwertfaktor gerade den Wert 3,8839 annimmt. Aus der Tabelle der Barwertfaktoren bestimmt sich der gesuchte kritische Wert der Nutzungsdauer mit $n = 5$ Jahren, d.h, die Investition ist vorteilhaft, wenn von einer Nutzungsdauer von mindestens fünf Jahren ausgegangen werden kann. Liegen die Schätzungen der Nutzungsdauer zwischen 6 bis 8 Jahren, ist die Entscheidung damit innerhalb des Intervalls für realistische Nutzungsdauern stabil, und eine Verbesserung der Informationslage lohnt sich nicht.

Im zweiten Beispiel wird der kritische Verkaufspreis eines Erzeugnisses bestimmt. Die Anschaffung einer Spritzgußanlage zur Herstellung von Gehäusen führt zu einer Anschaffungsauszahlung von $a_0 = 750.000$ GE. Die Daten der Investition sind bis auf den Verkaufspreis der Gehäuse genau zu bestimmen. Die Nutzungsdauer beträgt $n = 3$ Jahre. An beschäftigungsunabhängigen Ausgaben fallen jährlich $K_F = 27.290$ GE an. Die variablen Ausgaben pro Mengeneinheit betragen $k_v = 25$ GE. Der Kalkulationszinsfuß beläuft sich auf $i = 0{,}1$. Der Absatz an Gehäusen beläuft sich auf $x = 150.000$ ME im ersten Jahr. Durch eine auf Expansion gerichtete Politik nimmt der Absatz jährlich um $z = 12\%$ des Vorjahres zu.

Für die Investition gilt die folgende Kapitalwertfunktion:

$$C_0 = -a_0 + \sum_{t=1}^{n} x(1+z)^{t-1}(p - k_v)(1+i)^{-t} - K_F \, BWF$$

BWF = Barwertfaktor

Um den kritischen Verkaufspreis p_c zu ermitteln, wird $C_0 = 0$ gesetzt und die Formel nach p_c aufgelöst:

$$a_0 + K_F \, BWF = \sum_{t=1}^{n} x(1+z)^{t-1}(p_c - k_v)(1+i)^{-t}$$

$$p_c = \frac{a_0 + K_F \, BWF}{\sum_{t=1}^{n} x(1+z)^{t-1}(1+i)^{-t}} + k_v$$

Für eine Nutzungsdauer von n = 3 Jahren und einem Kalkulationszinssatz von i = 10 % gilt ein Barwertfaktor von BWF = 2,48685. Das ergibt für p_c:

$$p_c = \frac{750.000 + 27.290 \cdot 2{,}48685}{136.363{,}64 + 138.842{,}98 + 141.367{,}39} + 25$$

$$p_c = \frac{817.866{,}14}{146.574{,}01} + 25 = 1{,}97 + 25 = 26{,}97$$

Der kritische Verkaufspreis für das Fertigprodukt beträgt 26,96 GE. Wird bei den geschätzten Absatzmengen ein Preis von 35 bis 40 für durchsetzbar gehalten, ist die Investitionsentscheidung gegen die Informationsdefizite stabil. Kritische Werte geben damit einen Einblick in die Struktur und die Spielräume einer Entscheidung.

Nachteilig an beiden Rechnungen ist die isolierte Analyse der Inputgröße. Dieser Nachteil kann überwunden werden, wenn Intervalle für eine Inputgröße vorgegeben werden und für diese Intervallgrenzen das zugehörige kritische Intervall einer zweiten Inputgröße untersucht wird. Beispielsweise kann im obigen Fall der kritische Preis untersucht werden, wenn der jährliche Absatz zwischen 10% und 12% wächst. Es kann gezeigt werden, wie der kritische Preis sich verändert, wenn von einem schwächeren Wachstum ausgegangen wird. Mehrdimensionale Analysen für kritische Werte werden allerdings schon für wenige zu verändernde Inputgrößen recht unübersichtlich.

Bei vielen Entscheidungen wirken veränderte Informationen sofort auf das Optimalverhalten. Das gilt beispielsweise für die optimale Bestellpolitik auf der Basis folgender Formel:[63]

$$y = \sqrt{\frac{2\,Cr\,R}{Cl}}$$

Lassen sich die fixen Kosten Cr je Bestellung nicht genau fixieren, schlagen Ungenauigkeiten sofort auf die optimale Politik und die Höhe der Kosten durch. Aufgrund der Wurzelformel existiert kein linearer Zusammenhang. Bei einer Verdoppelung des Kostensatzes Cr steigt die optimale Bestellmenge nur mit der Wurzel aus 2 (= 1,4142). Auch die Kosten bei Optimalverhalten steigen nur mit dieser Rate. Die Ausführungen zur Sensitivitätsanalyse im Abschnitt 1.3.5. haben zudem gezeigt, daß die Wirkung bestimmter Kostenungenauigkeiten bei den bestellfixen Kosten Cr auch von den übrigen Daten (der Bedarfsmenge in der Planperiode R und dem Lagerkostensatz Cl) abhängen. Aus der Wurzelformel wird deutlich, daß eine bestimmte Änderung von Cr bei großem Cl geringeren Einfluß auf die Bestellmenge ausübt als die gleiche Änderung bei niedrigem Cl. Zudem ist die Bedeutung einer bestimmten Veränderung von Cr bei großem R wegen der multiplikativen Verknüpfung von Cr und R größer als bei geringem R. Im Gesamtzusammenhang der für das Entscheidungsproblem geltenden Daten muß daher untersucht werden, ob von Bewertungsdefekten nachhaltige Wirkungen auf die optimale Politik ausgehen. Nur in diesem Fall lohnen sich zusätzliche Bemühungen, die Informationen zu verbesseren.

63 Zur Entwicklung dieser Formel vgl. Abschnitt 1.3.5.

2.8.3 Ursachen von Bewertungsdefekten

Bewertungsdefekte lassen sich auf drei Ursachen zurückführen:

- Die ökonomischen Konsequenzen bestimmter Maßnahmen lassen sich nur unvollkommen abschätzen.
- Entscheidungsfelder werden künstlich beschränkt.
- Die Delegation führt zu Partialmodellen.

Die Bewertungsdefekte für diese drei Klassen sollen wiederum an einigen Beispielen erläutert werden. Für die erste Teilklasse werden drei Beispiele herangezogen:

- Eine Unternehmung betreibt eine bestimmte Bestellpolitik und kann durch die Wahl der Meldemenge (Lagermenge, bei der eine neue Bestellung ausgelöst wird) das Ausmaß der Fehl- bzw. Verzugsmengen beeinflussen. Um die Meldemenge richtig dimensionieren zu können, müssen Informationen über die ökonomischen Auswirkungen einer Fehlmenge vorliegen. Das Ausmaß dieser Auswirkungen hängt von der Verhaltensreaktion der Kunden auf Fehlmengen ab. Der Entscheidungsträger hat Schwierigkeiten, diese Reaktionen zu prognostizieren. Im einfachsten Fall kann lediglich die fehlende Mengeneinheit nicht geliefert werden. Es gehen somit nur die Deckungsbeiträge für diese eine Mengeneinheit verloren. Der Kunde kann aus der mangelnden Lieferfähigkeit auch Konsequenzen für sein langfristiges Kaufverhalten ziehen und bei einem anderen Lieferanten kaufen. Dann entsteht ein unvergleichlich höherer Schaden, da der gesamte Deckungsbeitrag für den sonst auf das Unternehmen entfallenden Absatz verloren geht. Über die Reaktionsweise des Kunden sind bestenfalls durch Befragungen gestützte Hypothesen möglich; ein genauer Wert für die Fehlmengenkosten ist nicht zu quantifizieren.

- Ein Unternehmen erwägt, die Fertigungstiefe seiner Produkte zu reduzieren und bestimmte Baugruppen künftig fremd zu beziehen. Von dieser Auslagerung verspricht sich das Unternehmen Kostensenkungen.[64] Das Ausmaß der gegenüber der Eigenfertigung erreichbaren Kostensenkungen hängt davon ab, ob auch andere Nachfrager dieses Teils ihre Fertigungstiefe reduzieren, so daß der Zulieferer große Mengen auf sich vereinigen kann, um kostengünstigere Verfahren einzusetzen. Zudem hängt die erreichbare Kostensenkung auch davon ab, in welchem Umfang die Kostensenkungspotentiale des Erfahrungskurveneffekts durch die Führung ausgeschöpft werden können. Auch in diesem Fall ist der Entscheidungsträger auf Hypothesen über mögliche Kostensenkungen angewiesen; genaue Werte lassen sich nicht quantifizieren. Durch Entscheidungskalküle muß abgeklärt werden, wie groß die Kostenvorteile bei Fremdbezug künftig mindestens sein müssen, um die reduzierte Fertigungstiefe sinnvoll erscheinen zu lassen.

- Die radiologische Abteilung eines Klinikums erwägt, ein System zur digitalen Verarbeitung, Übertragung und Dokumentation von Patientenaufnahmen (PACS) einzuführen.[65]

64 Vgl. Abschnitt 5.3.2.3.1 und Marr/Picot (1991), S. 665 ff.

65 PACS ist ein Akronym für Picture Archiving and Communication System. Zum folgenden vgl. Schlüchtermann/Puke (1992) und die dort angegebene Literatur.

Gegenüber einer traditionellen Registratur von Röntgenbildern bietet PACS einige Vorteile: Beispielsweise stehen ältere Aufnahmen ohne manuelles Suchen schneller wieder zur Verfügung. Zudem kann PACS die Qualität der medizinischen Befundung steigern, weil es Möglichkeiten zur nachträglichen Bildmanipulation und zur dreidimensionalen Darstellung usw. bietet.

Insgesamt könnten diese Vorteile dazu beitragen, die Diagnose von Patienten zu beschleunigen und deren Behandlung früher einzuleiten. Werden diese Beschleunigungspotentiale tatsächlich genutzt, könnte sich die Verweildauer der Patienten im Krankenhaus verkürzen. Für die Analyse der wirtschaftlichen Vorteile von PACS ist ausschlaggebend, ob die Beschleunigungspotentiale unter den bestehenden organisatorischen Rahmenbedingungen genutzt werden können und welche ökonomischen Konsequenzen (Ausgaben, Einnahmen) davon auf das Krankenhaus ausgehen. Um Aussagen über die Erfolgswirkungen machen zu können, sind daher Annahmen über die Beschleunigungspotentiale und deren Nutzung erforderlich. Auch über den Zusammenhang zwischen einer Beschleunigung der Diagnose und der Verweildauerverkürzung sind nur Hypothesen möglich; denn ein analytischer Zusammenhang läßt sich aufgrund der Vielzahl von Einflüssen nicht ableiten.

In allen drei Beispielen für die erste Klasse von Bewertungsdefekten hängen die Kostenwerte für die Planung von Hypothesen über das ökonomische Verhalten anderer ab. Sinnvolle Planung kann in diesen Fällen nur betrieben werden, wenn die Hypothesen, von denen die Rechnungen ausgehen, offengelegt werden, damit deren Plausibilität von Dritten hinterfragt und überprüft werden kann. Planung kann in diesen Fällen nur in der Form von Wenn-Dann-Analysen betrieben werden. Wenn ein bestimmter Satz von Hypothesen gesetzt wird, sind bestimmte Entscheidungen nachvollziehbar und plausibel. Planung hat somit nur bedingten Charakter; die Bedingungen, unter denen eine Entscheidung sinnvoll ist, müssen transparent sein. Über die Sinnhaftigkeit bestimmter Bedingungssätze können Experten durchaus unterschiedliche Ansichten vertreten. Planung kommt dann nicht mehr zu einem zwingend richtigen, optimalen Ergebnis. Sinnvollerweise sollte eine Entscheidung daraufhin auch in ein Bündel unterschiedlicher Szenarien[66] für das Verhalten eingebettet werden, um die Stabilität von Entscheidungen bei Wechsel der Bedingungssätze studieren zu können.

Die zweite Klasse von Bewertungsdefekten entsteht durch eine zeitliche Begrenzung des Entscheidungsfelds, so daß bestimmte ökonomische Konsequenzen von Entscheidungen über den Planungshorizont hinweg wirken und durch das Entscheidungsfeld nicht mehr erfaßt werden. Beispielsweise ist ein Investitionsobjekt über 10 Jahre zu nutzen. Das angewandte Investitionsmodell erstreckt sich aber nur auf 6 Jahre. In derartigen Fällen muß das am Ende des Planungszeitraums noch verbleibende Nutzungspotential bewertet werden. Von dieser Bewertung hängt u.a. die Vorteilhaftigkeit einer Investition mit ab. Erstreckt sich das Kalkül nicht über den gesamten Nutzungszeitraum, wird eine Entscheidungsalternative benachteiligt, wenn ihr zwar die gesamten Anschaffungsausgaben zugeordnet werden, die jenseits des Planungshorizontes liegenden Nutzungmöglichkeiten aber nicht in die Rechnung eingehen. Ragen verschiedene Entscheidungsalternativen unterschiedlich weit über

66 Zur Szenario-Technik vgl. z.B. Scherm (1992), S. 95 ff. und Reibnitz (1987).

den Planungshorizont hinaus, führt dies zu groben Verzerrungen bei der Analyse der Vorteilhaftigkeit. Um diese Verzerrungen zu vermeiden, werden Wertansätze am Ende des Planungszeitraums benötigt. Für diese Ansätze kann mit unterschiedlichen Hypothesen gearbeitet werden. Soll das Nutzenpotential erfaßt werden, ist es theoretisch richtig, den Barwert am Ende des Planungszeitraums für die Einzahlungsüberschüsse jenseites des Horizontes anzusetzen. Ein begrenzter Planungshorizont wird aber für die Kalküle gerade deshalb gewählt, weil über die ökonomischen Konsequenzen jenseites dieses Zeitpunktes keine begründeten Aussagen mehr möglich sind. Lassen sich daher die Zahlungsüberschüsse jenseits des Planungshorizontes nicht bestimmten, ist auch der Barwert nicht zu ermitteln. Ersatzweise kann dann von der Hypothese ausgegangen werden, das Investitionsobjekt zum Restbuchwert (bei linearer Abschreibung) oder zum erwarteten Liquidationserlös anzusetzen.

Je nachdem, von welcher Hypothese über den Wertansatz am Planungshorizont ausgegangen wird, können sich unterschiedliche Entscheidungen als optimal erweisen. Wird im Kalkül das Investionsprogramm vom Kalkulationszeitpunkt bis zum Horizont geplant,[67] hat die Bewertungshypothese bei langen Planungszeiträumen zwar meistens keinen Einfluß auf diejenigen Programmteile, die für die Zeit kurz nach dem Planungszeitpunkt bestimmt werden; aber die Investitionen zum Ende des Planungszeitraums werden nachhaltig durch die Bewertungshypothesen beeinflußt. Bei kurzen Planungszeiträumen wirken sich die Bewertungshypothesen auch auf die Entscheidungen der ersten Jahre nach dem Kalkulationszeitpunkt aus, d.h., bei Ansatz von Liquidationswerten ergeben sich andere Planungsergebnisse als bei fortgeführten Anschaffungswerten. Als Folge des Bewertungsdefekts ist es also unmöglich, die optimale Lösung eines Problems zu identifizieren. Es können lediglich Ergebnisse für plausible Wertansätze am Ende des Planungshorizontes generiert werden.

Eine mengenmäßige Beschränkung des Entscheidungsfeldes (Partialmodell) führt zu einer dritten Klasse von Bewertungsdefekten. Bewertungsdefekte treten auf, da Partialmodelle die Rückwirkungen auf andere Entscheidungsfelder nicht unmittelbar im Kalkül erfassen. Die zertrennten Beziehungen zu anderen Entscheidungsfeldern müssen somit ersatzweise über Wertansätze berücksichtigt werden, wenn die Entscheidungen der Entscheidungsfelder abgestimmt bzw. koordiniert sein sollen. Zwei Teilklassen von Ursachen für Bewertungsdefekte sind in diesem Fall zu unterscheiden:

- Entscheidungen haben ökonomische Rückwirkungen auf einen Bereich, der vom Modell nicht direkt abgebildet wird. Das Modell soll diese Auswirkungen (zumindest näherungsweise) über Wertansätze erfassen.
- Es existieren Interdependenzen zwischen den Entscheidungen, die durch die Partialmodelle zertrennt werden.

Ein Problem der ersten Unterklasse liegt vor, wenn ein Betrieb mit einem Partialmodell zur Lagerpolitik arbeitet und in den Lagerkosten außer den Kosten für das Handling der Lagerbestände auch die Rückwirkungen der Lagerpolitik auf den Finanzierungsbereich erfassen will. Die Finanzwirkung der Lagerpolitik ist nur in einem Modell abzubilden, das sich auf

67 Vgl. Albach (1962), S. 305 ff., Hax (1985), S. 62 ff., Jacob (1964), S. 487 ff. und Weingartner (1963).

den gesamten Betrieb bezieht und alle Einnahmen und Ausgaben erfaßt. Das Partialmodell zur Lagerpolitik verarbeitet nur Kosten- und keine Zahlungsinformationen. Die für den gesamten Betrieb aus der Lagerpolitik resultierenden Zahlungswirkungen müssen daraufhin in Kostenwirkungen umgedeutet werden. Hierbei ergeben sich Probleme, die nur mit Hilfe von Hypothesen über die Zahlungswirkungen überwunden werden können. Steigt der Lagerbestand, nimmt der Kapitalbedarf zu. Dem steigenden Kapitalbedarf kann keine eindeutige Zinswirkung zugeordnet werden, weil diese vom konkreten Finanzierungsgebaren des Unternehmens abhängt, das nur aus einer Analyse der Finanzierungsbedürfnisse aller Unternehmensbereiche zu erkennen ist. Der steigende Kapitalbedarf im Lager könnte durch Abbau der Finanzanlagen gedeckt werden. Sinkende Zinseinnahmen sind die Folge, und eine Bewertung des zusätzlichen Kapitalbedarfs zum Habenzinssatz ist zweckmäßig. Das Unternehmen kann den Zusatzbedarf an Kapital aber auch durch neue Kredite abdecken. Es muß für die kostenmäßige Bewertung der jeweilige Sollzinssatz für den Zusatzkredit bekannt sein. Je nach Hypothese über die Finanzierung des zusätzlichen Kapitalbedarfs ergeben sich also unterschiedliche Zinssätze und damit unterschiedliche Kosten der Kapitalbindung.

Bewertungsdefekte ergeben sich auch, wenn durch den Zuschnitt dezentraler Entscheidungsfelder Interdependenzen zwischen den Variablen der Partialmodelle zerschnitten werden (zweite Unterklasse). Hierbei sind zwei Arten zerschnittener Verflechtungen zu unterscheiden.

- Einmal bestehen Verflechtungen über gemeinsame, aber durch den Zuschnitt der Entscheidungsfelder durchtrennte Restriktionen. Beispielsweise wird ein knapper Faktor (Maschinen, Kapital) in zwei Divisionen eines Unternehmens eingesetzt.
- Die zweite Art von Interdependenzen ist gegeben, wenn keine separablen Zielfunktionen vorliegen: Das Unternehmen arbeitet beispielsweise mit einer nicht-linearen Nutzenfunktion (der Nutzen ergibt sich aus der zweiten Wurzel der Gewinne des gesamten Unternehmens), oder die Höhe des Gewinns hängt multiplikativ von den Variablen zweier Entscheidungsfelder ab.

Für beide Unterfälle sollen wiederum Beispiele angeführt werden.

Werden durch den Zuschnitt der Partialmodelle Verflechtungen zertrennt, kommt es zu nicht abgestimmten, nicht zielsetzungsgerechten Entscheidungen, d.h., aus der Sicht des gesamten Unternehmens werden keine koordinierten Entscheidungen getroffen. Dieser Fall tritt ein, wenn knappe Ressourcen auf die Entscheidungsbereiche aufzuteilen sind. Um den Koordinationsmangel zu beheben, müssen die zertrennten Interdependenzen in Werte umgedeutet werden (wertmäßige Kosten[68]). Die Bewertung der Faktorverbräuche in den partiellen Entscheidungsfeldern darf dann nicht mehr zu ausgabenorientierten Kosten erfolgen. Um beispielsweise einen knappen Kapitalbetrag bei dezentralen Entscheidungen in die günstigsten Verwendungsrichtungen zu lenken, müssen die Grenzgewinne bekannt sein, die im Unternehmen mit der letzten verfügbaren Kapitaleinheit bei optimalem Verhalten realisiert werden können. Diese Grenzgewinne müssen als Opportunitätskosten in die Kostenbewertung

68 Vgl. Adam (1993), S. 120 ff. und die dort angegebene Literatur.

des Faktorverbrauchs einbezogen werden. Ein Bewertungsdefekt existiert in diesem Zusammenhang, weil diese Werte nicht ohne eine zentrale Planung zu ermitteln sind.[69] In Partialmodellen kann deshalb nur mit Hypothesen über sinnvolle Wertansätze gearbeitet werden. Je nach Qualität dieser Hypothesen sind dezentrale Entscheidungen mehr oder weniger gut auf die Unternehmensziele hin koordiniert.

Die Abstimmung zwischen Partialmodellen über Lenkpreise ist nur ein geeigneter Weg Interdependenzen indirekt zu erfassen, wenn knappe Faktoren zu bewirtschaften sind. Bei nicht separablen Zielfunktionen versagt diese Methode.

Arbeitet ein Unternehmen mit der Nutzenfunktion

$$N = \sqrt{G}$$

und setzt sich der Gewinn additiv aus den Gewinnen zweier Divisionen zusammen, ergeben sich bei dezentraler Planung fast unüberwindliche Schwierigkeiten für eine zielgerechte Koordination. In diesem Fall kann die Zielfunktion nicht in zwei separat zu optimierende Teilziele zerlegt werden; denn die Nutzenfunktion ist nicht additiv, d.h., die Summe der Teilnutzen aus den beiden Gewinnen G_1 und G_2 entpricht nicht dem Gesamtnutzen:

$$\sqrt{G1 + G2} \text{ ist ungleich } \sqrt{G1} + \sqrt{G2}\,.$$

Erwirtschaften die beiden Divisionen Gewinne von 24 bzw. 25 GE, ergibt sich daraus ein Gesamtnutzen von 7, während die getrennte Berechnung der Teilnutzen zu Werten von 4,9 bzw. 5 führt, was addiert einen Nutzen von 9,9 ergibt. Die Aufspaltung führt damit zu einer Überschätzung der Nutzenwerte und ist Anlaß von Fehlentscheidungen aus der Sicht des gesamten Unternehmens. Dieser Fehleinschätzung kann nur begegnet werden, wenn die isoliert berechneten Teilnutzenwerte der Divisionen abgewertet werden. Es gibt aber keine Abwertungsfunktion, die für alle möglichen Wertebereiche der Gewinne der Divisionen zum Nutzen der Gewinnsumme führt. Nur wenn der Wertebereich der beiden Teilgewinne bereits vor der Planung näherungsweise bekannt ist, läßt sich eine approximative Abwertung angeben, bei der die abgewerteten Teilnutzen näherungsweise zum Gesamtnutzen führen. Hinsichtlich der gesuchten Abwertungsfunktion existiert damit wiederum ein Bewertungsdefekt.

Nur für ganz spezielle nicht-lineare Nutzenfunktionen existiert dieser Bewertungsdefekt nicht. Hat die Nutzenfunktion des Unternehmens die Form[70]

$$N = M\left[1 - e^{-(G1+G2)}\right],$$

wobei M der Grenzwert des Nutzens und e die Basis des natürlichen Logarithmus ist, hat die Funktion N dort ihr Maximum, wo auch die Summe der beiden Gewinne G_1 und G_2 zum

69 Zum Dilemma der wertmäßigen Kosten vgl. Adam (1970), S. 177 f.

70 Der Ausdruck in eckigen Klammern nimmt Werte zwischen 0 und 1 an, und zwar steigt der Klammerausdruck degressiv mit wachsender Summe der beiden Gewinne.

Maximum wird. Unabhängig davon, in welcher Division ein zusätzlicher Gewinn von 100 GE erzielt wird, steigt der Nutzen für das gesamte Unternehmen um den gleichen Betrag. Die beiden Divisionen können in diesem Fall isoliert ihre Gewinne maximieren. Dennoch führt dieses Vorgehen zum Maximum des gesamten Nutzens des Unternehmens.

Probleme für eine zielsetzungsgerechte Koordination ergeben sich bei dezentralen Entscheidungen auch, wenn in den Zielfunktionen multiplikativ verknüpfte Variable unterschiedlicher Entscheidungsfelder vertreten sind. Durch die Aufspaltung der Entscheidungsfelder gehen diese Verknüpfungen verloren. Für zwei absatzwirtschaftlich verflochtene Erzeugnisse, die zwei Entscheidungsfeldern zugeordnet wurden, gelten folgende Gewinnfunktionen:

$$G_1 = p_1\left(10 - 0{,}6p_1 + 0{,}2p_2\right)$$
$$G_2 = p_2\left(11 - 0{,}4p_2 + 0{,}2p_1\right)$$

Mit p_1 bzw. p_2 werden die Preise der beiden Erzeugnisse bezeichnet. Für eine Entscheidung über den Preis in einem Entscheidungsfeld muß zunächst mit Annahmen über den Preis des jeweils anderen Produkts gearbeitet werden. Für diesen Preis besteht somit ein Bewertungsdefekt. Eine zielsetzungsgerechte Koordination der Entscheidungen ist nur zu erreichen, wenn die Wertansätze in mehreren Planungsrunden korrigiert werden, sofern die Hypothese über den Preis des anderen Entscheidungsfelds nicht mit dem dort praktizierten Preisverhalten übereinstimmt.

Die Beispiele für Bewertungsdefekte bei nicht separablen Zielfunktionen und knappen Faktoren lassen erkennen, daß dem Einsatz von Partialmodellen Grenzen gesetzt sind, wenn gut koordinierte Entscheidungen erwartet werden. Die Dekomposition von Entscheidungsfeldern läßt z.T. Bewertungsdefekte entstehen, die nicht zu überwinden sind.

Literatur zu Kapitel 2

Adam, D. (1970): Entscheidungsorientierte Kostenbewertung, Wiesbaden 1970.

Adam, D. (1981): Produktplanung, in: Albers, W. u.a. (Hrsg.), Handwörterbuch der Wirtschaftswissenschaften, Stuttgart 1981, S. 323 ff.

Adam, D. (1993): Produktionsmanagement, 7. Aufl., Wiesbaden 1993.

Adam, D. (1991): Flexible Budgetierung auf der Grundlage der Pflegetage - Konzeption und Erfahrungen nach einem Jahr, in: Neubauer, G., Sieben, G. (Hrsg.), Alternative Entgeltvervahren in der Krankenhausversorgung, Gerlingen 1991, S. 43-71.

Albach, H. (1962): Investition und Liquidität, Wiesbaden 1962.

Assmann, G., Backhaus, K., Hilker, J. (Hrsg.)(1991): Deutsch-Deutsche Unternehmen, Ein Unternehmenskulturelles Anpassungsproblem, Stuttgart 1991.

Backhaus, K. (1992): Investitionsgütermarketing, 3. Aufl., München 1992.

Backhaus, K., Erichson, B., Plinke, W., Weiber, R. (1994): Multivariate Analysemethoden, 7. Aufl., Berlin 1994.

Bea, F.X., Dichtl, E., Schweitzer, M. (Hrsg.) (1989): Allgemeine Betriebswirtschaftslehre, Bd. 2: Führung, 4. Aufl., Stuttgart 1989.

Blohm, H., Lüder, K. (1995): Investition, 8. Aufl., München 1995.

Bühner, R. (1994): Betriebswirtschaftliche Organisationslehre, 7. Aufl., München 1994.

Buzzell, R.D., Gale, B.T. (1989): Das PIMS-Programm, Strategien und Unternehmenserfolg, Wiesbaden 1989.

Coenenberg, A.G., Fischer, Th. (1991): Prozeßkostenrechnung - Strategische Neuorientierung in der Kostenrechnung, in: DBW 1991, S. 21-38.

Cooper, R., Kaplan, R. (1988): Measure Costs Right - Make the Right Decisions, in: HBR 1988, S. 96-103.

Dichtl, E., Schobert, R. (1979): Mehrdimensionale Skalierung, München 1979.

Hax, H. (1985): Investitionstheorie, 5. Auflage, Würzburg 1985.

Heinen, E. (1976): Grundlagen betriebswirtschaftlicher Entscheidungen - Das Zielsystem der Unternehmung, 3. Aufl., Wiesbaden 1976.

Heinen, E. (1991): Industriebetriebslehre als entscheidungsorientierte Unternehmensführung, in: Heinen, E. (Hrsg.), Industriebetriebslehre, 9. Auflage, Wiesbaden 1991.

Jacob, H. (1964): Neuere Entwicklungen in der Investitionsrechnung, in: ZfB 1964, S. 487-507.

Jacob, H. (1990): Die Planung des Produktions- und Absatzprogramms, in: Jacob, H. (Hrsg.), Industriebetriebslehre, 4. Auflage, Wiesbaden 1990.

Kilger, W. (1965): Kritische Werte in der Investitions- und Wirtschaftlichkeitsrechnung, in: ZfB 1965, S. 338-353.

Kilger, W. (1987): Einführung in die Kostenrechnung, 3. Aufl., Wiesbaden 1987.

Kirsch, W. (1980): Entscheidungstheorie, in: Grochla, E. (Hrsg.), Handwörterbuch der Organisation, 2.Aufl., Stuttgart 1980, Sp. 650 ff.

Koch, H. (1982): Integrierte Unternehmensplanung, Wiesbaden 1982.

Kreikebaum, H. (1993): Strategische Unternehmensplanung, 5. Aufl., Stuttgart 1993.

Kreikebaum, H. (1990): Industrielle Unternehmensorganisation, in: Schweizer, M. (Hrsg.), Industriebetriebslehre, München 1990, S. 147 ff.

Markowitz, H. (1952): Portfolio Selection, in: The Journal of Finance, Nr. 1 (1952), S. 77 ff.

Marr, R., Picot, A. (1991): Absatzwirtschaft, in: Heinen, E., Industriebetriebslehre, 9. Aufl., Wiesbaden 1991.

Meffert, H. (1988): Strategische Unternehmensführung und Marketing, Wiesbaden 1988.

Meffert, H. (1991): Corporate Identity, in: DBW 1991, S. 817-819.

Menges, G. (1974): Grundmodelle wirtschaftlicher Entscheidungen, 2. Aufl., Düsseldorf 1974.

Müller-Merbach, H. (1991): Sensibilitätsanalyse, in: Busse von Colbe, W., Lexikon des Rechnungswesens, 2. Aufl., München 1991.

Perridon, L., Steiner, M. (1995): Finanzwirtschaft der Unternehmung, 8. Auflage, München 1995.

Reibnitz, U. von (1987): Szenarien - Optionen für die Zukunft, Hamburg 1987.

Scherm, E. (1992): Die Szenario-Technik - Grundlage effektiver strategischer Planung, in: WiSu 1992, S. 95 ff.

Schlüchtermann, J., Puke, S. (1992): Ökonomische Evaluierung eines PAC-Systems an der Universitätsklinik Münster - Konzeption und erste Teilstudie, in: Adam, D. (Hrsg.), Veröffentlichungen des Instituts für Industrie- und Krankenhausbetriebslehre der Westfälischen Wilhelms-Universität Münster, Nr. 32, Münster 1992.

Schneeweiß, Ch. (1990): Kostenwirksamkeitsanalyse, Nutzwertanalyse und Multi-Attributive Nutzentheorie, in: WiSt 1990, S. 13 ff.

Schneeweiß, Ch. (1991): Planung 1, Systemanalytische und entscheidungstheoretische Grundlagen, Berlin 1991.

Schneider, D. (1984): Entscheidungsrelevante fixe Kosten, Abschreibungen und Zinsen zur Substanzerhaltung, in: Der Betrieb 1984, S. 2521 ff.

Schneider, D. (1992): Investition, Finanzierung und Besteuerung, 7. Auflage, Wiesbaden 1992.

Schweitzer, M., Küpper, H.-U. (1991): Systeme der Kostenrechnung, 5. Auflage, Landsberg 1991.

Sommerlatte, T. (1990): Organisatorisches Lernen als Unternehmensstrategie, in: Zahn, E. (Hrsg.), Europa nach 1992, Stuttgart 1990, S. 201 ff.

Steinmann, H., Schreyögg, G. (1993): Management, Grundlagen der Unternehmensführung, 3. Aufl., Wiesbaden 1993.

Swoboda, P. (1994): Betriebliche Finanzierung, 3. Auflage, Heidelberg 1994.

Weingartner, H. H. (1963): Mathematical Programming and the Analysis of Capital Budgeting Problems, Englewood Cliffs, N.J. 1963.

Wild, J. (1974): Grundlagen der Unternehmensplanung, Reinbek bei Hamburg 1974.

Zahn, E. (1990): Strategische Antworten auf die Herausforderungen der 90er Jahre, in: Zahn, E. (Hrsg.), Europa nach 1992, Stuttgart 1990, S. 1 ff.

Zangemeister, Ch. (1976): Nutzwertanalyse in der Systemtechnik, 4. Aufl., München 1976.

Zimmermann, H.-J. (1975): Optimale Entscheidungen bei unscharfen Problembeschreibungen, in: ZfB 1975, S. 785 ff.

3 Wirkungszusammenhänge von Planungsproblemen

3.1 Die Bedeutung von Wirkungszusammenhängen für die Planung

Wirkungszusammenhänge beschreiben den Einfluß von Entscheidungen auf bestimmte für die Planung relevante Merkmale. Beispielsweise hängen der durchschnittliche Lagerbestand und die mittlere Anzahl von Bestellungen im Planungszeitraum von der Höhe der Bestellmenge ab. Die Produktionsfunktion definiert den Zusammenhang zwischen der Produktionsmenge eines Erzeugnisses und dem dafür erforderlichen Faktoreinsatz, wenn auf einem Aggregat mit einer bestimmten Intensität gearbeitet wird. Durch einen vergleichbaren Zusammenhang wird die Menge an Emissionen bestimmter Schadstoffe beschrieben, wenn bestimmte Mengen eines Erzeugnisses erstellt werden.

Wirkungszusammenhänge sind für die Planung in zweifacher Hinsicht wesentlich:

- Einmal determinieren sie das Mengengerüst des Erfolges. Zum Beispiel hängen die Kosten der Bestellpolitik vom durchschnittlichen Bestand und der Bestellhäufigkeit ab, und die Kosten eines Produktes werden von den erforderlichen Faktoreinsatzmengen mitbestimmt. Ohne Kenntnis dieser Zusammenhänge lassen sich daher die ökonomischen Wirkungen von Entscheidungen nicht quantifizieren, d.h., Wirkungszusammenhänge und die bereits diskutierten Wertansätze sind erforderlich, um den Zielbeitrag von Entscheidungen ermitteln zu können.

- Zum zweiten sind Wirkungszusammenhänge erforderlich, um Restriktionen für die Wahl der Niveaus von Entscheidungsvariablen formulieren zu können. Sind beispielsweise die Emissionen bestimmter Schadstoffe durch Auflagen nach oben begrenzt, muß der Zusammenhang zwischen der Produktionsmenge und der Menge an Emissionen bekannt sein, wenn eine gezielte Politik zur Einhaltung der Emissionsgrenzen betrieben werden soll. In gleicher Weise muß der Kapazitätsbedarf je Mengeneinheit der Erzeugnisse bekannt sein, wenn ein Produktionsprogramm gesucht wird, das die verfügbaren Kapazitäten einhält. Wirkungszusammenhänge legen damit das für die Entscheidungsfindung zulässige Niveau der Variablen fest.

Können Wirkungszusammenhänge nicht oder nur unzureichend formuliert werden, existieren also in der Planungssituation Wirkungsdefekte, kann das folgende Konsequenzen für die Planung haben:

- Ist beispielsweise die Produktionsfunktion nicht vollständig bekannt, weil der Produktionsprozeß technisch nicht vollkommen beherrscht wird, so kann der Faktorverbrauch für ein bestimmtes Erzeugnis zufällig innerhalb bestimmter Grenzen schwanken. Als Folge des nicht eindeutigen Faktorverzehrs sind die Kosten und die Deckungsbeiträge der Erzeugnisse eine Zufallsvariable. Es liegt eine Entscheidungssituation unter Unsicherheit vor. Durch Planung ist es bestenfalls möglich, diejenige Strategie zu bestimmen, bei der die Kosten bei häufiger Wiederholung der gleichen Politik im Durchschnitt minimal sind. An die Stelle einer zu extremierenden Zielgröße (Gewinn oder Kosten) tritt dann der Erwartungswertes der Zielgröße.

- Läßt sich der Wirkungszusammenhang des Faktorverbrauchs auch nicht durch eine Wahrscheinlichkeitsverteilung beschreiben, sind also nur Aussagen über den minimalen oder maximalen Verbrauch halbwegs begründbar abzuleiten, kann in der Planung allenfalls im Wege einer Sensitivitätsanalyse aufgezeigt werden, wie das optimale Verhalten von den Realisationen des Zufallsprozesses abhängig ist. Es kann mithin lediglich die Schwankungsbreite der optimalen Politik bei unterschiedlichen Realisationen der Zufallsvariablen ermittelt werden. Eine begründete Auswahl einer der Politiken aus dem analysierten Spektrum ist nicht möglich. In der Sprache der Theorie bei Unsicherheit formuliert, liegt der Fall von Ungewißheit vor, bei dem über die Eintrittswahrscheinlichkeiten der alternativen Daten und der zu diesen Datensituationen gehörenden Erfolge keine Aussagen möglich sind.[1]

- Sind nur zufallsabhängige Wirkungszusammenhänge bekannt, die für die Formulierung von Restriktionen erforderlich sind, schwankt beispielsweise der Kapazitätsbedarf eines Erzeugnisses zufällig in bestimmten Grenzen, sind auch die Restriktionen Zufallsgrößen. Je nach Realisation der Zufallsgrößen lassen sich mit einer bestimmten verfügbaren Kapazität unterschiedlich große Produktionsmengen realisieren. Für die Entscheidung liegt damit kein eindeutig formuliertes Entscheidungsfeld vor; durch die zufällige Realisation der Zufallsgrößen wird das Entscheidungsfeld größer oder auch kleiner. Sind die Restriktionen Zufallsgrößen, schlägt sich das für die Planung letztlich auch wiederum in einer vom Zufall abhängigen Zielgröße nieder.[2]

- Können über die Wirkungszusammenhänge überhaupt keine begründeten Aussagen gemacht werden, ist jeglicher Planung auf der Basis quantitativer Modelle die Grundlage entzogen. Allenfalls lassen sich qualitative Modelle mit subjektive Auffassungen über Zusammenhänge entwickeln.

Eine Planung mit zufallsverteilten Zielgrößen oder Restriktionen ist im allgemeinen sehr aufwendig. Um den Umfang der erforderlichen Planungsmodelle zu reduzieren, werden deshalb zwei verschiedenen Wege beschritten:

- Das Spektrum der zufallsabhängigen Daten wird auf einen mittleren Wert verdichtet. Dieser Mittelwert wird der Planung in der Hoffnung zugrunde gelegt, daß die Planung mit Mittelwerten der Daten zur Politik führt, die den Erwartungswert der Zielgröße des Problems optimiert. Im allgemeinen führt dieses Vorgehen nicht zu einer Politik mit extremalem Erwartungswert der Zielgröße.[3]

- Für die Zufallsgrößen wird ein bestimmtes einzuhaltendes Sicherheitsniveau formuliert. Die Lösungen sollen beispielsweise eine zufallsverteilte Restriktion mit einer Wahrscheinlichkeit von 80% einhalten. Das zufallsabhängige Ausgangsproblem wird dann in ein äquivalentes deterministisches Problem transformiert. Dieser Weg wird von der Methode des Chance-Constraint-Programming beschritten.

---

1 Vgl. Abschnitt 4.2.2.1.

2 Vgl. Müller-Merbach (1973), S. 428.

3 Vgl. Kapitel 1.3.4.

3.2 Arten von Kopplungen zwischen den Variablen der Planung

3.2.1 Sachliche Kopplungen und Erfolgskopplungen

Besondere Probleme ergeben sich in der Planung, wenn an den Wirkungszusammenhängen mehrere Variablen beteiligt sind, so daß das Niveau einer Variable additiv oder auch multiplikativ vom Niveau anderer Variablen abhängt. Zwischen den Entscheidungsalternativen können zwei Arten von Beziehungen bestehen: sachliche Kopplungen und zusätzlich Erfolgskopplungen[4]. Sachliche Kopplungen existieren grundsätzlich unabhängig von der Art der Zielsetzung. Sachliche Kopplungen liegen dann vor, wenn für die Entscheidung über das Niveau einer Variablen Informationen über das Niveau einer zweiten Variablen erforderlich sind.

Beispielsweise müssen aus der Absatzplanung Angaben über die angestrebte Absatzmenge vorliegen, bevor die Planung des Produktionsprogramms beginnen kann. Die Ergebnisse des ersten Planungsbereiches gehen in den zweiten Bereich als Entscheidungsinformationen ein. Ein weiteres Beispiel für sachliche Kopplungen betrifft den sachlichen Zusammenhang zwischen Bestellpolitik für Rohstoffe und Programmplanung. Die Einkaufspolitik hat die Kenntnis der von einem bestimmten Rohstoff im Planungszeitraum benötigten Bedarfsmenge zur Voraussetzung. In der Bestellpolitik geht es darum, diese Menge mit minimalen Kosten zu beschaffen. Voraussetzung für die Bestellpolitik ist somit die Kenntnis der Bedarfsmenge des Rohstoffes. Über diese Bedarfsmenge sind die Problemkreise „Programmplanung" einerseits und „Bestellpolitik" andererseits miteinander sachlich gekoppelt.

Von einer sachlichen Kopplung zweier betrieblicher Teilbereiche ist auch zu sprechen, wenn beide Bereiche einen bestimmten Produktionsfaktor einsetzen, dessen Menge insgesamt knapp ist. Für seine Entscheidungen muß der Entscheidungsbereich I wissen, über welche Mengen dieses Faktors er verfügen kann. Diese Information ist beispielsweise aus der Entscheidung des Bereichs II abzuleiten, wenn dieser Bereich seinen Faktorbedarf vor dem Bereich I gedeckt erhält. Sachliche Kopplungen sind auch dann gegeben, wenn ein Entscheidungsbereich Angaben über Werte - Preise - aus anderen Bereichen benötigt, um das Niveau der eigenen Variablen bestimmen zu können. Bestehen zwischen den Erzeugnissen eines Absatzprogramms absatzwirtschaftliche Verflechtungen, hängt die absetzbare Menge eines Erzeugnisses nicht nur vom eigenen Preis, sondern auch vom Preis der verflochtenen Güter ab.

Sachliche Kopplungen zwischen Planungsbereichen resultieren damit generell aus notwendigen Informationen, die ein Bereich von einem anderen haben muß, um planen zu können. Dabei kann es sich um Informationen über

- Mengen (Absatzmengen, Produktionsmengen, Einsatzmengen von Produktionsfaktoren bzw. noch verfügbare Faktormengen) und/oder
- Werte (Verkaufspreise von Erzeugnissen, Verrechnungspreise für innerbetriebliche Leistungen)

4 Vgl. auch Rieper (1979).

handeln. Ausschlaggebend für die Existenz sachlicher Kopplungen ist allein die Tatsache, daß das Niveau der Variablen eines Entscheidungsproblems von Informationen über Entscheidungen in anderen Bereichen abhängig ist. Sachliche Kopplungen zwischen Entscheidungsbereichen bestehen unabhängig von der Art der verfolgten Zielsetzung. Sie beziehen sich allein auf die informatorischen Beziehungen zwischen verschiedenen Planungsbereichen.

Es kann durchaus vorkommen, daß die Informationsverbindungen nicht einseitig in einer bestimmten Richtung verlaufen. Die Programmplanung beispielsweise liefert mit den Bedarfsmengen nicht nur Informationen für die Bestellpolitik; vielmehr kann sie gleichzeitig auch auf Informationen aus der Bestellpolitik angewiesen sein. Das ist der Fall, wenn in den für die Programmplanung relevanten variablen Stückkosten auch die auf die Bestellpolitik zurückgehenden Kostenbestandteile erfaßt werden sollen oder wenn die zu beschaffenden Rohstoffmengen beschränkt sind. Bei einem derartigen wechselseitigen Informationsaustausch läßt sich für den Planungsablauf keine eindeutige Reihenfolge mehr angeben, in der die Pläne der einzelnen Bereiche aufzustellen sind.

Der gegenseitige Informationsverbund von Planungsbereichen darf nicht mit Interdependenzen oder Erfolgskopplungen zwischen den Variablen bzw. Planungsbereichen verwechselt werden; allerdings sind gegenseitige Informationsbeziehungen bei bestimmten Zielsetzungen Ursache des Interdependenzproblems. Von Erfolgskopplungen - Interdependenzen - zwischen betrieblichen Entscheidungsproblemen wird gesprochen, wenn das zielsetzungsgerechte Niveau der Variablen eines Entscheidungsbereichs vom entsprechenden Niveau der Variablen eines anderen Bereichs abhängt. Diese Erfolgskopplungen bestehen zusätzlich zu den sachlichen Kopplungen und sind die Folge spezieller, beide Teilbereiche überspannender Zielsetzungen. Erfolgskopplungen existieren in einem Entscheidungsproblem mit wechselseitigen sachlichen Kopplungen immer nur bei gemeinsamen Extremalzielen.

Bei Erfolgskopplungen – Interdependenzen – ist die Wahl des zielsetzungsgerechten Niveaus einer Variablen eines Bereichs stets Voraussetzung für das zielgerechte Niveau der Variablen eines anderen Bereichs. Andererseits muß das Niveau der Variablen des zweiten Bereichs bereits bekannt sein, um das optimale Niveau der Variablen des ersten Bereichs bestimmen zu können. Von Erfolgskopplungen - Interdependenzen - ist demzufolge zu sprechen, wenn das zielsetzungsgerechte Niveau der Variablen wechselseitig voneinander abhängt und dementsprechend über beide Variablen simultan entschieden werden muß. Existieren lediglich Satisfikationsziele - angestrebt wird ein bestimmtes zufriedenstellendes Kosten- oder Gewinnniveau -, kann bei wechselseitigem Informationsverbund auch eine rückgekoppelte Stufenplanung oder ein hierachisches Planungssystem zu der befriedigenden Lösung führen. Beispielsweise wird der Bestellpolitik zunächst eine geschätzte Bedarfsmenge für die Rohstoffe vorgegeben. Die Programmplanung arbeitet mit den sich für diese Bedarfsmenge ergebenden Kosten als Näherungswert. Führt die Programmplanung mit den ermittelten Kostensätzen zu einer völlig anderen Bedarfsmenge als zuvor angenommen, kann der Kostensatz in einer Korrekturrunde nochmals angepaßt werden.

Erfolgskopplungen bzw. Interdependenzen können ihre Ursache entweder allein in der Zielfunktion der betroffenen Entscheidungsbereiche oder aber in gemeinsamen Restriktionen der Bereiche haben:

- Soweit es sich um Interdependenzen handelt, die allein in der Struktur der Zielfunktionen begründet liegen, müssen in der Zielfunktion multiplikative Verknüpfungen zwischen den Variablenausprägungen vorkommen. Die folgenden Zielfunktionen mit x_i als Niveau der Variable des Entscheidungsbereiches i (i=1,2) und d_i als dessen Erfolgswirkung erfüllen diese Bedingung.

  $$G_{1+2} = d_1(x_1) + d_2(x_2, x_1) \rightarrow \max$$

  oder

  $$G_{1+2} = d_1(x_1, x_2) + d_2(x_2, x_1) \rightarrow \max$$

  In der ersten Gewinnfunktion ist zwar nur der Erfolgsbeitrag des zweiten Bereichs vom Niveau der Variablen beider Bereiche abhängig. Es liegen dennoch Interdependenzen vor, da die multiplikative Verknüpfung im Erfolgsbeitrag des zweiten Bereichs eine gleichzeitige Planung des Niveaus beider Variablen erzwingt, wenn die Lösung mit maximalem Erfolg gefunden werden soll.

- Interdependenzen können auch bei extremalen Zielen und gemeinsamen Restriktionen bestehen. In diesem Fall müssen die Variablen der betroffenen Entscheidungsbereiche mindestens durch eine wirksam werdende Restriktion verbunden sein, d.h., es muß mindestens eine Knappheitssituation bestehen. Ein Beispiel möge diesen Zusammenhang verdeutlichen:

  Ein Betrieb kann die Erzeugnisse 1 und 2 produzieren. Erzeugnis 1 trägt mit 20 Geldeinheiten (GE) pro Mengeneinheit (ME) zum Erfolg bei, während sich der entsprechende Erfolg des zweiten Erzeugnisses auf 10 GE/ME beläuft. Jedes der beiden Erzeugnisse erfordert pro ME eine Zeiteinheit (ZE) Kapazität. Insgesamt stehen 10 ZE Kapazität zur Verfügung. Zwischen den möglichen Produktmengen x der Erzeugnisse 1 und 2 besteht über die Kapazität folgende sachliche Kopplung:

  $$x_1 + x_2 \leq 10$$

  Im Zusammenhang mit der Zielsetzung „Erfolgsmaximierung"

  $$E = 20\, x_1 + 10\, x_2 \rightarrow \max$$

  führt diese sachliche Kopplung zu Interdependenzen. In einem Entscheidungskalkül ist somit über das gewinnmaximale Niveau beider Variablen simultan zu entscheiden. Dieses Kalkül führt für die Variablen zu den optimalen Werten von x_1=10 und x_2=0 bei einem Erfolg in Höhe von 200 GE.

Am letzten Beispiel soll kurz demonstriert werden, daß bei Verzicht auf die extremale Zielfunktion trotz sachlicher Kopplungen zwischen den Variablen keine Interdependenzen existieren: Strebt das Unternehmen keinen maximalen Erfolg an, sondern ist es mit einem Erfolg von mindestens 150 GE zufrieden, kann zunächst das Niveau der Variablen x_2 in gewissen Grenzen frei gewählt und anschließend für x_1 ein Intervall angegeben werden, aus dem das Niveau dieser Variablen unter Berücksichtigung der Kapazitätsgrenze sowie des angestrebten Mindesterfolges festgelegt werden muß (vgl. Tabelle 3-1).

Produktions-menge x_2	Produktionsmenge x_1		Erfolg GE	Kapazitätsauslastung in ZE	
	Untergrenze	Obergrenze		Untergrenze	Obergrenze
0	7,5	10	150-200	7,5	10
1	7	9	150-190	8	10
2	6,5	8	150-180	8,5	10
3	6	7	150-170	9	10
4	5,5	6	150-160	9,5	10
5	5	5	150	10	10

Tabelle 3-1

Wenn beispielsweise vom zweiten Erzeugnis 3 ME produziert werden ($x_2=3$), dann müssen vom Erzeugnis 1 mindestens

$$x_1 = \frac{150 - 10\,x_2}{20} = 6 \text{ ME}$$

produziert werden, um insgesamt einen Erfolg von mindestens 150 GE zu erreichen. Für $x_2=3$ und $x_1=6$ sind von der Kapazität nur 9 ZE ausgelastet. Bei Vollauslastung der Kapazität könnte die Produktionsmenge von x_1 auf 7 ME erhöht werden, wenn $x_2=3$ gilt. Bei Vollauslastung der Kapazität wäre somit ein Erfolg in Höhe von 170 GE zu erzielen. Der angestrebte Mindestgewinn sowie die Kapazität begrenzen das Intervall, aus dem das Niveau der Variablen x_1 zu wählen ist:

$$\underbrace{\frac{150 - 10\,x_2}{20}}_{\substack{\text{Menge von } x_1\text{, die} \\ \text{vom Erfolg her mindestens} \\ \text{nötig ist}}} \leq x_1 \leq \underbrace{10 - x_2}_{\substack{\text{Menge von } x_1\text{, die wegen} \\ \text{der Kapazitä t höchstens} \\ \text{möglich ist}}}$$

Gleichzeitig wird durch diese Bedingung das Intervall definiert, aus dem das Niveau der Variablen x_2 gewählt werden kann. Für x_2 gilt:

$$0 \leq x_2 \leq x_{2\,max}$$

Die obere Grenze des Intervalls für die Variable x_2 ist durch denjenigen Wert definiert, bei dem die obere und untere Grenze der Variablen x_1 identisch sind.

Es gilt also $\dfrac{150 - 10\,x_{2\,max}}{20} \overset{!}{=} 10 - x_{2\,max}$

oder

$$x_{2\,max} = 5$$

Damit ergibt sich für x_2 folgendes Intervall:

$$0 \leq x_2 \leq 5$$

Wird ein angemessener Erfolg angestrebt, existiert folglich für beide Variablen ein Intervall, aus dem das Niveau der Variablen zu wählen ist. Wird an die Stelle des angemessenen Erfolgs der maximale Erfolg gesetzt - wodurch Interdependenzen begründet werden - schrumpft dieser Wertebereich für die Variablen auf eine einzige zielsetzungsgerechte Wertekombination - für das Beispiel $x_2=0$; $x_1=10$ - zusammen. Interdependenzen zeichnen sich mithin dadurch aus, daß das zielsetzungsgerechte Niveau einer Variablen das entsprechende Niveau der zweiten Variablen determiniert, während bei angemessenem Erfolg die vorgegebene Erfolgshöhe lediglich zu einer zusätzlichen sachlichen Kopplung zwischen den Variablen führt.

Erfolgskopplungen bzw. Interdependenzen erzwingen simultane Planungsmodelle, in denen gleichzeitig über das Niveau aller Variablen des Problems zu entscheiden ist. Für allein sachliche Kopplungen zwischen Variablen ist eine derartige Simultanplanung nicht erforderlich. Das Niveau der Variablen kann vielmehr sukzessiv festgelegt werden. Bei einer Sukzessivplanung ist eine Koordination der Entscheidungen einfacher zu erreichen, da lediglich garantiert werden muß, daß die sachlichen Kopplungen berücksichtigt sind. Bei Interdependenzen ist zusätzlich zu dieser sachlichen Koordination eine zielgerechte Koordination erforderlich.

Das notwendige Ausmaß an Koordinationsaufwand hängt bei Sukzessivplanung allerdings entscheidend vom angestrebten Erfolgsniveau ab. Ein im Vergleich zum maximalen Erfolg niedriges Erfolgsniveau führt zu relativ großen Intervallen für die Variablen, aus denen stufenweise das Niveau der Variablen ausgewählt werden kann. Beispielsweise vergrößert sich im vorherigen Beispiel das Intervall für x_2 von $0 \leq x_2 \leq 5$ auf $0 \leq x_2 \leq 10$, wenn lediglich ein Erfolg in Höhe von 100 GE angestrebt wird. Bei weiten Grenzen für die Variablen ergibt sich die Abstimmung zwischen den Variablen fast von selbst, da für ein beliebig gewähltes Niveau der als erstes fixierten Variablen mit hoher Wahrscheinlichkeit ein zulässiges Niveau für die zweite Variable existiert. Für enge Intervallgrenzen besteht allerdings für die in der zweiten Stufe zu bestimmende Variable die Gefahr, keine innerhalb der zulässigen Grenzen liegende Lösung zu finden, wenn das Niveau der Variablen der ersten Stufe zunächst willkürlich festgelegt wird. Enge Intervallgrenzen für die Variablen machen es daher erforderlich, intensive Überlegungen bei der Wahl des Niveaus der ersten Variablen anzustellen, um das Zulässigkeitsintervall nicht zu verfehlen.

3.2.2 Beispiele für Kopplungen zwischen den Variablen

3.2.2.1 Sachliche Kopplungen

Um den Unterschied zwischen sachlichen Kopplungen und Erfolgskopplungen deutlicher werden zu lassen, werden einige Beispiele angeführt.

Das Niveau einer Variablen ist von dem anderer sachlich abhängig, wenn das Niveau aller Variablen durch gemeinsame Restriktionen in Form von Gleichungen beschränkt wird. Kann ein Betrieb auf einer Maschine, die ihm im Planungszeitraum für 100 Beschäftigungszeiteinheiten (Stunden) zur Verfügung steht, die Erzeugnisse z=1 und z=2 herstellen, lassen sich die von der Kapazität her zulässigen Kombinationen des Niveaus der Variablen x_z bei Vollauslastung der Kapazität durch die Gleichung

$$5x_1 + 10x_2 = 100$$

beschreiben. Die Koeffizienten vor den Variablen x_z geben den Zeitbedarf für die Produktion einer Mengeneinheit des Erzeugnisses z an. Bedingt durch die Zeitrestriktion von 100 Stunden kann das Niveau der beiden Variablen nicht frei gewählt werden. Wird beispielsweise $x_1=10$ gesetzt, stehen für die Produktion des zweiten Erzeugnisses bei Vollauslastung der Kapazität 50 ZE zur Verfügung. Für x_2 ist damit das zulässige Niveau durch eine Ausbringung von 5 ME gegeben. Das zulässige Niveau ändert sich, wenn für x_1 ein anderes Niveau als 10 gewählt wird. Das Niveau für x_2 hängt folglich über die Zeitrestriktion vom gewählten Niveau für x_1 ab. Umgekehrt wird das für x_1 zulässige Niveau durch das Niveau der Variablen x_2 festgelegt.

Sachliche Kopplungen zwischen den Variablen bestehen auch dann, wenn keine Vollauslastung gefordert wird. In diesem Fall nimmt die Kapazitätsbedingung die Form einer Kleiner-Gleich-Restriktion an. Für jedes beliebige Niveau von x_1 existiert nicht nur ein zulässiger Wert von x_2. Vielmehr ist für x_2 der folgende Wertbereich definiert:

$$0 \leq x_2 \leq 10 - \tfrac{1}{2}x_1$$

Die sachliche Kopplung zwischen den Variablen ist folglich bei Kleiner-Gleich-Restriktionen nicht so eng gefaßt wie bei Gleichungen.

Weitaus deutlicher werden die auf Restriktionen in Gleichungsform zurückgehenden sachlichen Kopplungen bei einem System aus n Variablen, deren Niveau durch n Gleichungen begrenzt wird. Derartige sachliche Kopplungen existieren bei der Teilebedarfsrechnung, die den Bedarf an Rohstoffen für ein gegebenes Fertigungsprogramm bestimmt. Ein Beispiel[5] möge das verdeutlichen:

5 Zur Teilebedarfsrechnung vgl. Müller-Merbach (1973), S. 45 ff. sowie die dort angegebene Literatur.

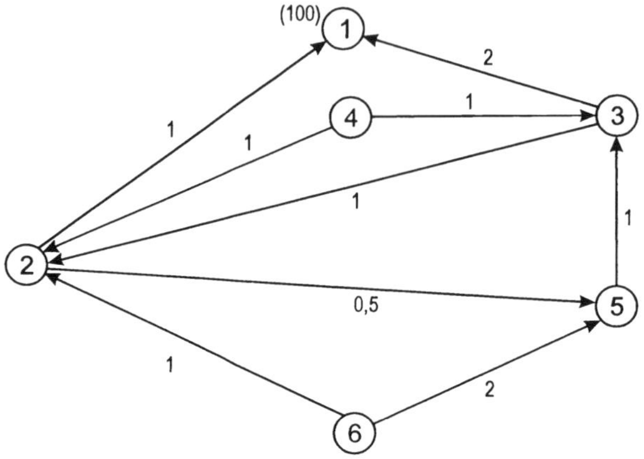

Abbildung 3-1

In der Abbildung 3-1 geben die Knoten die End- und Zwischenerzeugnisse bzw. Rohstoffe einer bestimmten Fertigungsstruktur und die Zahlen an den Pfeilen die Inputbeziehungen (Produktionskoeffizienten) an.

Ein Unternehmen stellt das Erzeugnis (1) aus den Zwischenerzeugnissen (2) und (3) her, die ihrerseits mit Hilfe des Vorproduktes (5) und der Rohstoffe (4) und (6) erzeugt werden. Um 1 ME des Enderzeugnisses herzustellen, sind 1 ME des Zwischenerzeugnisses (2) sowie 2 ME des Zwischenerzeugnisses (3) einzusetzen. Um eine ME des Vorproduktes (5) produzieren zu können, sind 2 ME des Rohstoffes (6) sowie 0,5 ME des Zwischenerzeugnisses (2) erforderlich. Die übrigen Kopplungen zwischen den Erzeugnissen, Zwischen- und Vorprodukten sowie den Rohstoffen sind der Abbildung zu entnehmen.

Der Teilebedarf für ein Produktionsprogramm von 100 ME des Enderzeugnisses ist mit Hilfe eines Gleichungssystems zu bestimmen. Mit y_1 bis y_6 werden die Bedarfsmengen der Produkte - Enderzeugnisse, Zwischenerzeugnisse und Rohstoffe - bezeichnet. Für jedes Produkt wird eine Gleichung formuliert, die auf der linken Seite den Output des Produktes einer Produktionsstufe enthält, während auf der rechten Seite der Input dieses Produktes in die nach der Erzeugnisstruktur folgende Fertigungsstufe steht. Der Input wird dabei durch den jeweiligen Output der nachfolgenden Produktionsstufe multipliziert mit dem jeweiligen Produktionskoeffizienten (Zahlen an den Pfeilen der Erzeugnisstruktur), dargestellt. Für die Zwischenerzeugnisse (2) und (3) ergeben sich die folgenden Gleichungen, die die sachlichen Kopplungen ausdrücken:

$$y_2 = \tfrac{1}{2} y_5 + y_1$$
$$y_3 = 2 y_1 + y_2$$

Das vollständige Gleichungssystem hat die Form:

y_1	y_2	y_3	y_4	y_5	y_6	b
1						=100
-1	1			-0,5		=0
-2	-1	1				=0
	-1	-1	1			=0
		-1		1		=0
	-1			-2	1	=0

Tabelle 3-2

Dieses Gleichungssystem ist nur dann erfüllt, wenn die Variablen folgende Werte annehmen:

$y_1=100$ $y_3=600$ $y_5=600$

$y_2=400$ $y_4=1000$ $y_6=1600$

Das Niveau der sechs Variablen kann mithin nicht frei gewählt werden; vielmehr ist das Niveau der Variablen über die sechs Gleichungen sachlich gekoppelt.

Ein Beispiel auf Werte (Preise) zurückgehender sachlicher Kopplungen liegt bei absatzmäßiger Verflechtung von Erzeugnissen (Substitutions- und Komplementärbeziehungen)[6] vor. Bei einem Komplementäreffekt führt eine Preiserhöhung beim Artikel 1 zu sinkenden Absatzmengen bei beiden Produkten. Ein Substitutionseffekt liegt vor, wenn Preiserhöhungen des Artikels 1 zu einem Absatzrückgang bei diesem Artikel führen, gleichzeitig aber den Absatz des Erzeugnisses 2 bei konstantem Preis des zweiten Artikels verbessern. Diese sachliche Kopplung kommt in folgenden Mengen-Preis-Funktionen mit M_z als Absatzmenge und p_z als Preis der Erzeugnisse z zum Ausdruck.

$$M_1 = 10 - 0{,}6\,p_1 + 0{,}2\,p_2$$
$$M_2 = 11 - 0{,}4\,p_2 + 0{,}2\,p_1$$

Aufgrund der sachlichen Kopplung ist eine Entscheidung über die Menge M_1 oder den Preis p_1 nur möglich, wenn von einer Entscheidung über den Preis p_2 des zweiten Erzeugnisses ausgegangen werden kann. Der Preis p_2 beeinflußt also die Absatzmenge M_1 bzw. den zu einer bestimmten Menge M_1 gehörenden Preis p_1.

3.2.2.2 Beispiele für Interdependenzen

Von Interdependenzen wird gesprochen, wenn das zielsetzungsgerechte Niveau einer Variablen vom Niveau einer anderen Variablen abhängt, d.h., wenn die zielsetzungsgerechte Lösung der Probleme nur bei simultaner Planung gefunden werden kann. Interdependenzen können einerseits durch die spezielle Struktur der Zielfunktion eines Planungsproblems be-

6 Vgl. Jacob (1971), S. 122 ff.

gründet sein; sie können andererseits auch durch Restriktionen hervorgerufen werden, die das Niveau der unabhängigen Variablen bestimmen.[7]

Interdependenzen, die allein in der Zielfunktion eines Planungsproblems ihre Ursache haben - Restriktionen mögen nicht existieren -, bestehen, wenn mehrere Variablen in einer zu optimierenden Zielfunktion multiplikativ miteinander verknüpft sind. Die Zielfunktion ist also nichtlinear und nichtseparabel.[8] Die multiplikative Verknüpfung der Variablen führt dazu, daß die den Variablen zugeordneten Zielbeiträge vom Niveau der anderen Variablen abhängen; eine Aufspaltung des Erfolges auf die beteiligten Variablen ist unmöglich.

Die Interdependenzen sind allein von der Struktur der Zielsetzung abhängig, wenn beispielsweise für absatzmäßig verflochtene Erzeugnisse diejenigen Preise bestimmt werden sollen, die den Gesamterlös maximieren. Für die Absatzmengen existieren bei einem Substitutionseffekt folgende bereits bekannte sachliche Kopplungen:

$$M_1 = 10 - 0{,}6\,p_1 + 0{,}2\,p_2$$
$$M_2 = 11 - 0{,}4\,p_2 + 0{,}2\,p_1.$$

Werden in die Erlösfunktion

$$E = p_1\,M_1 + p_2\,M_2$$

für die Absatzmengen M die rechten Seiten der Mengen-Preis-Beziehungen eingesetzt, ergibt sich die folgende Erlösfunktion:

$$E = p_1\left(10 - 0{,}6\,p_1 + 0{,}2\,p_2\right) + p_2\left(11 - 0{,}4\,p_2 + 0{,}2\,p_1\right) \rightarrow \max,$$

in der die Preise p_1 und p_2 - als Variable - multiplikativ miteinander verknüpft sind. Die Erlösfunktion ist daher eine nicht separable Funktion. Der mit einem Artikel zu erzielende Erlös kann erst berechnet werden, wenn die Preise beider Artikel festgelegt sind. Dazu ist die Erlösfunktion nach den beiden Variablen partiell zu differenzieren, und die gleich null gesetzten Ableitungen sind nach den Variablen p_1 bzw. p_2 aufzulösen.

Ein anderes Beispiel für die auf Zielfunktionen zurückgehenden Interdependenzen ist die Kostenpolitik bei kombinierter zeitlicher und intensitätsmäßiger Anpassung.

Die Produktionskosten, die auf einer Maschine in einer Periode entstehen, hängen von der Leistung x - Produktionsmenge pro ZE - und der Beschäftigungszeit t des Aggregates ab. Die Fertigungskosten K(x) pro ZE - Stunde - als Funktion der Leistung x - Intensität - sind durch den Ausdruck

$$K(x) = a\,x - b\,x^2 + c\,x^3$$

7 Zu den Ursachen von Interdependenzen vgl. Adam (1966); Hax (1965), S. 105 f., 126; Jacob (1964), S. 44 ff.; Schweim (1969), S. 24 ff.; Swoboda (1965), S. 150 ff.

8 Vgl. Rieper (1973), S. 25 f.

mit a, b und c als Konstanten, gegeben. Die gesamten Kosten in der Planungsperiode entsprechen dem Produkt der Kosten K(x) pro ZE und der Beschäftigungszeit t des Aggregates.

$$K = \left(a x - b x^2 + c x^3\right) t$$

Die Höhe der Kosten K hängt somit multiplikativ von der Wahl der Intensität x und der Beschäftigungszeit t ab.

Zu extremierende lineare sowie nichtlineare separable Zielfunktionen führen - für sich allein betrachtet - nicht zu Interdependenzen[9], da der Erfolgsbeitrag einer Variablen ausschließlich vom Niveau dieser Variablen abhängt. Das kann sich ändern, wenn zusätzlich sachliche Kopplungen für das Niveau der Variablen zu beachten sind. In diesem Fall ist der Zielbeitrag einer Variablen zwar nicht unmittelbar vom Niveau anderer Variablen abhängig. Das zielsetzungsgerechte Niveau einer Variablen wird aber dadurch beeinflußt, daß sie zusammen mit anderen Variablen einer Beschränkung unterworfen ist. Diese Interdependenzen haben ihre Ursachen in der Forderung, einen knappen, beschränkt verfügbaren Produktionsfaktor optimal im Sinne der Zielsetzung auf die möglichen Verwendungsalternativen aufzuteilen. Anhand eines Beispiels soll die Planungssituation näher gekennzeichnet werden, die zu derartigen Interdependenzen führt.

Ein Unternehmen kann die Erzeugnisse 1 und 2 herstellen. Mit diesen Erzeugnissen wird eine Deckungsspanne d_z - Preis abzüglich der variablen Kosten - von 10 bzw. 15 GE erwirtschaftet. Die Planungsaufgabe besteht darin, das Niveau der Produktionsmenge x_z der Erzeugnisse z (z=1, 2) festzulegen, welches zum höchsten Deckungsbeitrag DB in der Planperiode führt. Diese Aufgabe ist durch die folgende Zielfunktion beschrieben.

$$DB = 10 x_1 + 15 x_2 \rightarrow \max$$

Die Erzeugnisse z=1 und z=2 müssen nacheinander die Produktionsabteilungen A und B durchlaufen. Der Tabelle 3-3 ist der Zeitbedarf für die Produktion einer ME jedes Artikels in den beiden Abteilungen A und B zu entnehmen.

	Erzeugnis	
Abteilung	1	2
A	5	3
B	3	6

Tabelle 3-3

In der Abteilung A (B) steht maximal eine Beschäftigungszeit von 50 (72) ZE zur Verfügung. Bei der Planung ist für jede Abteilung eine Restriktion zu beachten, der zufolge die effektive Beschäftigungszeit für beide Erzeugnisse die maximal verfügbare Zeit dieser Abteilung nicht überschreiten darf. Diese Restriktionen - sachliche Kopplungen - können durch die folgenden Ungleichungen beschrieben werden.

9 Vgl. Rieper (1973), S. 27.

Abteilung A: $5x_1 + 3x_2 \leq 50$

Abteilung B: $3x_1 + 6x_2 \leq 72$

Für die Variablen x_z muß zusätzlich die Nichtnegativitätsbedingung $x_z \geq 0$ gelten.

Aus der Menge der durch die beiden Ungleichungen beschriebenen Lösungsmöglichkeiten für x_z (zulässige Lösungen) ist die mit maximalem Deckungsbeitrag DB zu bestimmen. Es besteht somit ein Aufteilungsproblem der Kapazitäten beider Abteilungen auf beide Verwendungsrichtungen. Der insgesamt mit einem Artikel zu erzielende Deckungsbeitrag hängt davon ab, welcher Zeitanteil der Kapazität für die andere Produktionsalternative eingesetzt wird bzw. welcher Anteil für die betrachtete Alternative verbleibt. Der Beitrag der Variablen x_1 zur Zielsetzung hängt also mittelbar vom Niveau der Variablen x_2 ab und umgekehrt.

Aus der zeichnerischen Lösung[10] des Problems wird deutlich, daß es mit $x_1=4$ und $x_2=10$ nur eine Kombination des Niveaus beider Variablen gibt, die der Zielsetzung genügt.

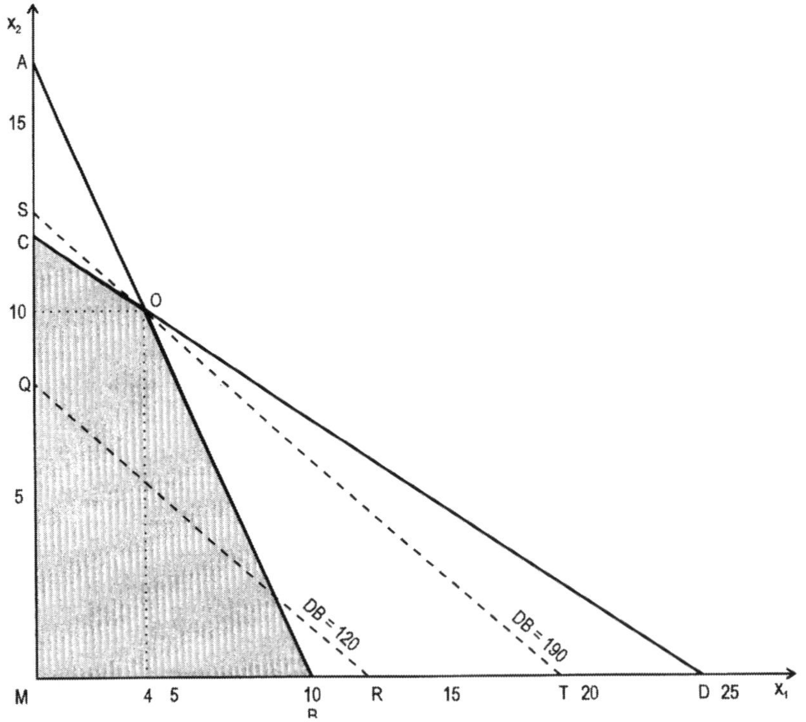

Abbildung 3-2

10 Vgl. zur zeichnerischen Lösung eines zweidimensionalen LP-Problems z.B. Henn/Künzi (1968), S. 1 ff.; Kromphardt/Henn/Förstner (1962), S. 8 ff.; Müller-Merbach (1973), S. 96 ff.; Witte/Deppe/Born (1975), S. 24 ff.

In der Abbildung 3-2 geben die Geraden AB und CD die Kombinationen der Variablenniveaus an, die die Abteilungen A bzw. B zeitlich voll auslasten. Es sind nur die Kombinationen der Variablenniveaus zulässig, die zeitlich in beiden Abteilungen durchzusetzen sind (Voll- und Unterbeschäftigung). Damit wird die Menge aller zulässigen Wertekombinationen der Variablen durch das Viereck MCOB beschrieben.

Alle Kombinationen beider Variablen, die zu einem bestimmten Deckungsbeitrag führen, liegen auf einer Geraden. Diese Gerade ist für DB=120 durch folgende Gleichung definiert (Gerade QR in Abbildung 3-2):

$$120 = 10x_1 + 15x_2$$

Höhere Deckungsbeiträge führen zu Geraden, die parallel zur ersten verlaufen, aber weiter vom Koordinatenursprung entfernt liegen (Gerade ST für einen Deckungsbeitrag von 190).

Die Gerade der Deckungsbeiträge ist vom Punkt M ausgehend solange nach rechts oben parallel zur Gerade QR zu verschieben, bis das Feld der zulässigen Lösungen von einer Deckungsbeitragsgeraden nur noch tangiert wird. Das ist im Punkt O mit $x_1=4$ und $x_2=10$ bei voller Auslastung beider Abteilungen der Fall.

3.2.3 Zeitübergreifende und nicht zeitübergreifende Kopplungen

Sachliche Kopplungen und Erfolgskopplungen können zeitübergreifend oder nicht zeitübergreifend sein. Eine sachliche nicht zeitübergreifende Kopplung liegt vor, wenn das Niveau der einen Variablen in der gleichen Periode einen Einfluß auf das Niveau einer zweiten Variablen hat. Bei nicht zeitübergreifenden Kopplungen enthält die Kopplungsbeziehung mithin nur Variablen, die sich auf die gleiche Periode beziehen. Zu dieser Klasse von Kopplungen gehören alle bislang behandelten Beispiele für sachliche Kopplungen.

Von zeitübergreifenden sachlichen Kopplungen ist zu sprechen, wenn die Kopplungsbeziehungen Variable umfassen, die sich auf unterschiedliche Perioden beziehen. Dabei übt die Entscheidung über das Niveau einer Variablen im Zeitraum t einen Einfluß auf das Niveau einer anderen Variablen im Zeitraum t+1 oder in einem anderen Zeitraum aus. Beispiele zeitübergreifender Kopplungen gibt es in der Investitions-, der Lagerhaltungs- und der Diffusionstheorie. Die Kapazität eines Betriebes hängt beispielsweise von den Investitionsentscheidungen der Perioden t=1, t=2 usw. ab. Auch der Lagerendbestand einer Periode t errechnet sich aus dem Endbestand der Vorperiode t-1 und den Zu- und Abgängen der Periode t. Die Diffusion von Produkten am Markt in der Periode t wird beispielsweise zudem vom erreichten Absatzniveau der Vorperiode t-1 bestimmt. Zeitübergreifende Kopplungen liegen beispielsweise auch dann vor, wenn sowohl die Preise der Periode t als auch die Preise vorangehender Perioden das Absatzvolumen eines Erzeugnisses in der Periode t determinieren.

Aus der Existenz zeitübergreifender, sachlicher Kopplungen folgt nicht, daß über das Niveau der gekoppelten Variablen simultan, also in einem einzigen Planungskalkül, entschieden werden muß. Den zeitübergreifenden Kopplungen wird in der Planung dadurch Rechnung getragen, daß:

- der gesamte Planungszeitraum bis zum Planungshorizont in Teilperioden zerlegt wird,
- die Entscheidungen jeder Teilperiode als eine Stufe der Gesamtplanung aufgefaßt werden und
- über die gebildeten Stufen (Variablen) in chronologischer Folge entschieden wird. Jede Entscheidung einer Teilperiode t baut auf den Entscheidungen vorhergehender Teilperioden auf. Entscheidungen einer Periode gehen als Daten in zeitlich nachfolgende Entscheidungen ein.

Zeitübergreifende Kopplungen haben damit dynamische Planungsansätze zur Folge. Bei derartigen dynamischen Systemen können für das Niveau der Variablen Entwicklungen auftreten, wie sie aus der Chaostheorie[11] bekannt sind. Das soll an einem Beispiel aus der Produktionstheorie gezeigt werden.[12] Der Ernteertrag M eines Landwirtes hängt von den variablen Produktionsfaktoren „Saatgut" r_1 und „Düngemittel" r_2 ab. Die Ernte kann durch die Produktionsfunktion:

$$M = \sqrt{c_0\, r_1\, r_2}$$

beschrieben werden. Die Einsatzmengen der beiden Produktionsfaktoren werden durch den Ertrag der Vorperiode t-1 bestimmt.

$$r_1 = c_1\, M_{t-1}$$
$$r_2 = c_2\left(M_{max} - M_{t-1}\right)$$

Werden diese beiden Funktionen in die obige Produktionsfunktion eingesetzt, ergibt sich folgender Ertrag für die Periode t:

$$M_t = \sqrt{c_0\, c_1\, M_{t-1}\, c_2\left(M_{max} - M_{t-1}\right)}\,.$$

Für $c_0 \cdot c_1 \cdot c_2 = c$ und $M_{max} = 1$ folgt daraus:

$$M_t = \sqrt{c\, M_{t-1}\left(1 - M_{t-1}\right)}\,.$$

Die Entwicklung der Produktionsmenge M_t im Zeitablauf hängt ausschlaggebend von der Konstanten c ab. Aus Abbildung 3-3 und Abbildung 3-4 sind die zeitlichen Entwicklungen der Produktionsmenge für c=2 und c=3,74 zu entnehmen. Die Produktionsmenge der ersten Periode wurde jeweils auf 0,1 gesetzt. Die letztendliche Entwicklung ist allerdings von diesem Ausgangsniveau unabhängig. Die dynamische Produktionsfunktion M_t wird in diesen Zeichnungen durch eine Parabel abgebildet. Die Abszisse entspricht dem Produktionsniveau

11 Vgl. Adam/Schünemann/Sibbel (1994).

12 Vgl. Möhrle (1990), S. 45 ff.

der Vorperiode t=1. Das Produktionsniveau der nachfolgenden Periode t=2 steht auf der Ordinate. Das Produktionsniveau M_2 wird an der Winkelhalbierenden gespiegelt und damit auf der Abszisse zum Vorgabewert M_2 für die Produktionsmenge M der dritten Periode usw.

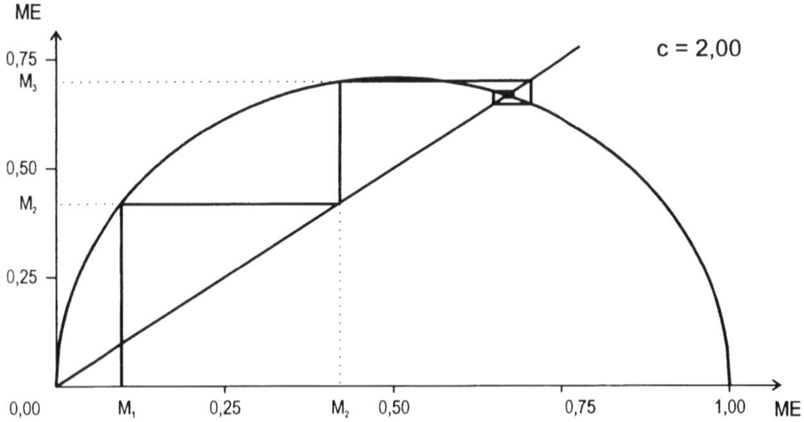

Abbildung 3-3

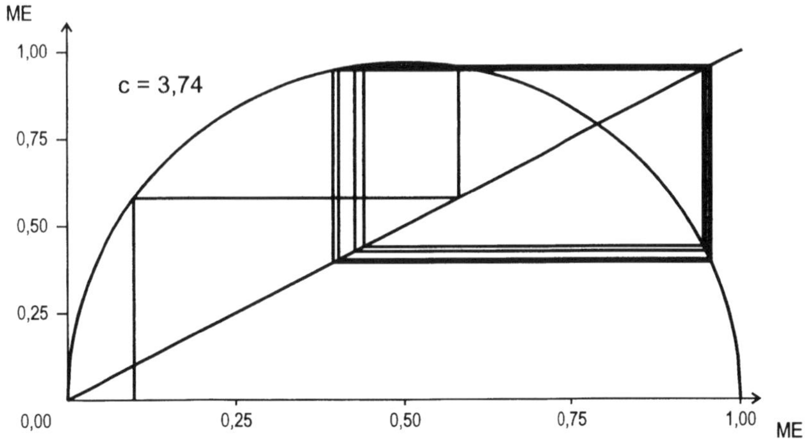

Abbildung 3-4

Aus Abbildung 3-3 ist für c=2 zu erkennen, daß das Produktionsniveau mit fortschreitender Zeit einem Gleichgewichtszustand von M=2/3 zustrebt. Allgemein läßt sich zeigen, daß der Grenzwert, falls er existiert, den Wert c/(c+1) hat.[13] Wird bei sonst gleicher Situation die Konstante c auf 3,74 gesetzt, zeigt die dynamische Entwicklung der Erträge chaostheoreti-

13 Für einen Grenzwert M* muß gelten:

$$M^* = \sqrt{c\,M^*\,(1-M^*)}$$

Durch Umformungen erhält man M*=0 oder M*=c/(c+1).

sche Züge. Die Entwicklung erreicht keinen Gleichgewichtszustand. Vielmehr treten Zyklen wiederkehrender Produktionsmengen mit stark unterschiedlichem Niveau in aufeinanderfolgenden Jahren auf. Diese Entwicklung ist unvermeidlich, wenn an dem dynamischen Produktionszusammenhang unverändert festgehalten wird.

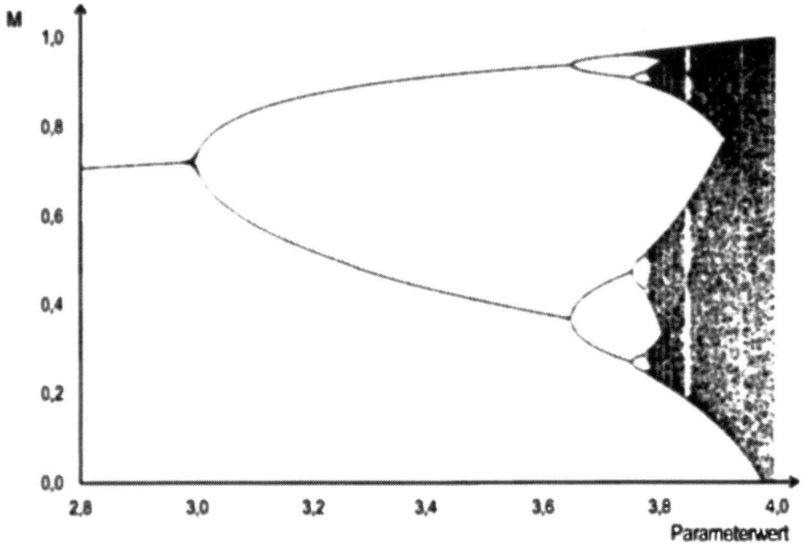

Abbildung 3-5

Der Abbildung 3-5, die in der Chaostheorie als Bifurkationsdiagramm[14] bezeichnet wird, ist das letztendlich zu erreichende Ertragsniveau für alle Werte c zwischen 0 und 4 zu entnehmen. Für Werte c zwischen 0 und 3 strebt die Ertragsentwicklung einem Gleichgewichtszustand zu, dessen Höhe von der Konstanten c abhängig ist. Bei c=3 beginnt die chaostheoretische Entwicklung. Bis c=3,65 kommt es jeweils in zwei aufeinanderfolgenden Jahren zu alternierenden Ertragszuständen. Der Ertrag pendelt also stets zwischen zwei verschiedenen Ausbringungsmengen. Oberhalb von c=3,8 treten Zyklen mit vier verschiedenen Ausbringungsmengen auf, und mit weiter ansteigendem c geht das Produktionssystem zunehmend in Zyklen mit noch weiteren Werten über. Trotz eines deterministischen Produktionszusammenhangs läßt sich damit keine Prognose über den Zustand abgeben, dem das Produktionssystem letztendlich zustrebt, das System versinkt im Chaos. Obwohl deterministische, rückgekoppelte Beziehungen vorliegen, scheint das System völlig zufällig zu reagieren.

Entsprechende chaotische Entwicklungen sind auch für Wachstums- und Populationsprozesse[15] in der Natur sowie für die Diffusion neuer Produkte am Markt aufgezeigt worden.[16] Für

14 Vgl. Gleick (1990), S. 111 ff.

15 Vgl. z.B. Gleick (1990), S. 90 ff., der an dieser Stelle einen einleitenden Überblick vermittelt.

16 Vgl. Weiber (1991) S. 160 ff.

die Prognose des Systemverhaltens werden rückgekoppelte logistische oder exponentielle Modelle folgender Art benutzt.[17]

$$M_t = a\left(A - M_{t-1}\right) \quad \text{exponentielles Modell}$$

$$M_t = b\,M_{t-1}\left(A - M_{t-1}\right) \quad \text{logistisches Modell}$$

In den Formeln bezeichnet M_t das in einer Periode erreichte Absatzniveau, das vom Niveau M_{t-1} der Vorperiode abhängig ist. Die übrigen Symbole bezeichnen Konstante, die für den jeweiligen Markt geschätzt werden müssen. Werden diese Gleichungen in rückgekoppelten Berechnungsschleifen mit t gegen unendlich angewendet, treten bei bestimmten Werten für die Konstanten Chaosentwicklungen auf.[18]

Gegen die chaostheorische Entwicklung ist natürlich einzuwenden, daß sie letztendlich die Folge eines nicht einsetzenden Lernprozesses beim Entscheidungsträger ist. Bleibt der Landwirt im Beispiel stur bei den Relationen zwischen den eingesetzten Produktionsfaktoren im Zeitpunkt t und der Erntemenge des Vorjahres t-1, ist die gezeigte Entwicklung unvermeidlich. Lernt er aus dieser Entwicklung und paßt den Faktoreneinsatz flexibel an, werden die chaotischen Entwicklungen gedämpft oder ganz vermieden. Beispielsweise kann der Landwirt den Faktoreinsatz reduzieren, wenn die starken positiven Ausschläge in der Entwicklung deutlich werden und Teile der verfügbaren Produktionsfaktoren auf Lager legen. Das Chaos ist also letztendlich die Folge eines mechanistischen Weltbildes mit starren, zeitübergreifenden Beziehungen.

Aus der Starrheit der zeitübergreifenden Beziehungen wird auch eine Gefahr derartiger Modelle deutlich. Treten Lernvorgänge auf, die zu einer Veränderung der zeitübergreifenden Beziehungen führen, liefert ein dynamisches Modell mit starren Relationen eine Fehlprognose über das Systemverhalten. Dieser Zusammenhang muß bei der Entwicklung und beim Einsatz von Simulationsmodellen zur Erklärung von Systemverhalten berücksichtigt werden, sofern die zeitübergreifenden Beziehungen Resultat menschlicher Verhaltensweisen sind. Wenn die Modellklasse in diesen Fällen zu realistischen Erklärungen kommen will, dürfen während der Simulationszeit keine starren, zeitübergreifenden Beziehungen benutzt werden. Vielmehr sind die Beziehungen entsprechend den zu erwartenden Lernprozessen dynamisch anzupassen.

Neben den zeitübergreifenden bzw. nicht zeitübergreifenden Beziehungen werden horizontale und zeitlich vertikale Interdependenzen unterschieden.[19] Horizontale Interdependenzen entstehen, wenn in einem Entscheidungsproblem mit sachlichen nicht zeitübergreifenden Kopplungen zwischen den Variablen eine Zielgröße optimiert werden soll. Bei horizontalen Interdependenzen bestehen zwischen den Variablen eines Zeitpunkts bzw. einer Periode Erfolgskopplungen.

---

17 Vgl. Fantapié Altobelli (1991) S. 35 ff.; Gierl (1987) S. 78 ff.; Lilien/Kotler (1983) S. 706 ff.

18 Das logistische Modell mit A=1 führt z.B. ab b=3 zu Chaosentwicklungen.

19 Vgl. Adam (1966), S. 989 ff.; Jacob (1964), S. 44 ff.

Zeitlich vertikale Interdependenzen sind gegeben, wenn der Erfolgsbeitrag der Entscheidungen einer Periode von den Entscheidungen vorhergehender und/oder nachfolgender Perioden abhängig ist. Bei vertikalen Interdependenzen wird der Erfolg stets durch eine Kette zeitlich aufeinanderfolgender Entscheidungen determiniert. Der Erfolg hängt mithin von bestimmten Entscheidungssequenzen ab, d.h., der Erfolg ist auch nur dieser Folge von Entscheidungen als Gesamtheit und nicht einzelnen Teilentscheidungen der Folge zuzurechnen. Vertikale Interdependenzen setzen stets die Existenz zeitübergreifender sachlicher Kopplungen von Variablen und eine zu optimierende Zielgröße voraus.

Horizontale sowie zeitlich vertikale Interdependenzen sollen anhand einiger Beispiele näher erläutert werden. Zunächst werden zwei Fälle horizontaler Interdependenzen diskutiert:

Die klassische Investitionsrechnung geht für jedes Investitionsobjekt (Aggregat) von einer gegebenen Produktionsaufgabe aus. Es wird zudem unterstellt, daß jede Maschine marktfähige Enderzeugnisse produziert. Nur unter diesen Voraussetzungen können einzelnen Aggregaten Ausgabe- und Einnahmereihen zugerechnet und Investitionsobjekte isoliert im Hinblick auf ihre Vorteilhaftigkeit beurteilt werden. Dieses Vorgehen berücksichtigt keine zwischen der Planung der Produktionsaufgabe einerseits und der Investitionsaufgabe andererseits bestehenden Interdependenzen. Die Vorteilhaftigkeit einer Investition hängt aber wesentlich von der Produktionsaufgabe ab, die auf einem Aggregat durchzuführen ist. Die Programmplanung und die Zuweisung von Produktionsmengen auf bestimmte Maschinen bestimmen also die Erfolgsbeiträge einer Maschine. Die Investitionsplanung setzt insoweit die Zuweisung einer bestimmten Produktionsaufgabe auf eine Maschine voraus. Allerdings beeinflußt nicht nur die Programmplanung die Investitionsentscheidung. Vielmehr besteht auch ein umgekehrter Einfluß der Investitionsplanung auf die Programmplanung. Durch die Wahl zwischen mehreren Investitionsalternativen - mehreren funktionsgleichen Maschinen - legt der Betrieb seine zukünftige Kostenstruktur - Verhältnis der variablen zu den fixen Kosten - fest. Diese Kostenstruktur ist ihrerseits wiederum eine Determinante der Programmplanung, d.h., für jede Kostenstruktur ist ein anderes Programm gewinnmaximal. Diese horizontale Wechselwirkung zwischen dem Investitions- und Produktionsbereich einer Unternehmung geht bei der klassischen Investitionsrechnung mit getrennten Entscheidungsfeldern verloren. Das bedeutet in aller Regel, daß die Investitionsplanung von einem für die Zielsetzung nicht optimalen Produktionsprogramm ausgeht. Durch die isolierten, stufenweisen Entscheidungen im Produktions- und Investitionsbereich verfehlt das Unternehmen die gewinnmaximalen Entscheidungen in beiden Funktionsbereichen.

Das zweite Beispiel für horizontale Interdependenzen betrifft die Bereiche Programm- und Losgrößenpolitik. Die klassische Losgrößenplanung minimiert für ein gegebenes Produktionsprogramm die Summe aus den Lager- und Rüstkosten. Eine Minimierung der Stückkosten muß durchaus nicht immer in Einklang mit der Zielsetzung „Gewinnmaximierung" stehen. Die klassische Losgrößenplanung geht von einem gegebenen, von der Losplanung nicht zu beeinflussenden Volumen des Fertigungsprogramms und damit von konstanten Erlösen aus. Es gibt aber Planungssituationen, in denen diese Annahme falsch ist. Beispielsweise hängt das mögliche Produktionsvolumen bei knapper Fertigungskapazität entscheidend von der Losgröße bzw. der Anzahl zu fertigender Lose im Planungszeitraum ab. Legt ein Betrieb Lose großen Umfangs auf, muß er innerhalb eines Planungszeitraums relativ selten seine

Maschinen auf die Anforderung einer anderen Sorte umrüsten, d.h., es fallen geringe Rüstzeiten an. Weil während der Rüstzeiten nicht produziert werden kann, ergibt sich daraus ein Einfluß der Losgrößenplanung auf die Produktionsprogrammplanung. Mit steigendem Umfang der Lose sinken die erforderlichen Rüstzeiten für eine bestimmte Produktionsmenge, und der Betrieb kann während der Planungsperiode mehr produzieren. Steigt aber die Ausbringungsmenge, werden durch die Losgrößenpolitik neben den Kosten auch die Erlöse beeinflußt. Die Losplanung muß somit gleichzeitig Kosten- und Erlösaspekte berücksichtigen. Bei knapper Fertigungskapazität existieren über die erforderliche Aufteilung der Kapazitätszeit auf Rüst- und Fertigungszeiten horizontale Interdependenzen zwischen der Programm- und Losgrößenplanung.

Zeitlich vertikale Interdependenzen sollen an einem Beispiel aus der Investitionstheorie demonstriert werden. Stellt ein Unternehmen Investitionsüberlegungen an, ist die Antwort auf die Frage, ob eine bestimmte Investition für den Betrieb vorteilhaft ist, davon abhängig, in welche Betriebsmittelausstattung die neue Investition eingegliedert werden soll und welche Veränderungen der Betriebsmittelbestand während der Nutzungsdauer der zu beurteilenden Investition noch erfährt. Die Vorteilhaftigkeit einer Investition hängt damit von früheren, sich im Betriebsmittelbestand niederschlagenden Entscheidungen sowie von künftigen Entscheidungen ab, und die künftigen sind von den heutigen Entscheidungen abhängig. Diese zeitlich vertikalen Verflechtungen sollen näher erläutert werden.

Ein Einproduktunternehmen fertigt ein bestimmtes Erzeugnis, welches nacheinander die Produktionsabteilungen A, B und C durchläuft. Zu einem gegebenen Preis ist am Markt maximal die Menge M_{max} abzusetzen. Die Kapazitäten der drei Abteilungen mögen sich im Zeitpunkt t=5 aufgrund der in Intervall t=0 bis t=5 zu fällenden Investitionsentscheidungen auf M_A, M_B bzw. M_C Mengeneinheiten belaufen - vgl. Abbildung 3-6.

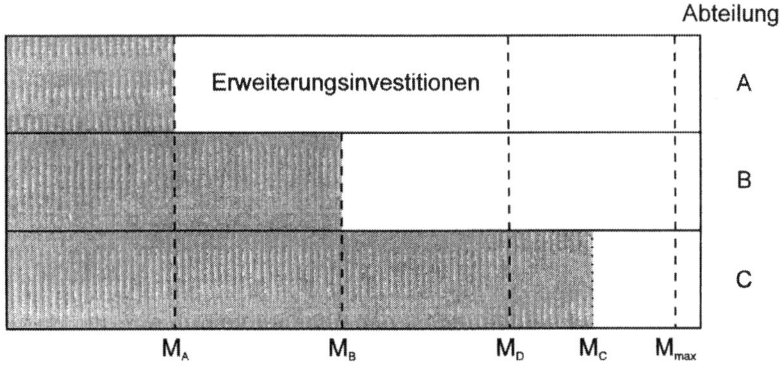

Abbildung 3-6

Im Rahmen dieses nicht harmonisierten Betriebsmittelbestandes kann der Betrieb maximal die Menge M_A ausbringen. Bei einer Erweiterung der Engpaßabteilung A zum Zeitpunkt t=5 hängt die zu realisierende Erhöhung der Ausbringung und des Gewinns nicht allein von dieser Erweiterungsinvestition ab, sondern wird durch die zum Zeitpunkt t=5 bestehende Kombination an Betriebsmitteln bestimmt, in die die Erweiterungsinvestition eingefügt wird. Nach der Erweiterungsinvestition könnte die Abteilung A - isoliert betrachtet - die Ausbringungsmenge um M_D - M_A steigern. Der nach der Erweiterung der Abteilung A neu auftretende Produktionsengpaß B läßt nur eine Vergrößerung der Ausbringung des Gesamtbetriebes um die Menge M_B - M_A zu. Der zusätzliche Ertrag der Investition hängt damit entscheidend von der zum Zeitpunkt t=5 bestehenden Kombination an Betriebsmitteln ab, die Resultat der Investitionsentscheidungen im Intervall t=0 bis t=5 ist.

Der Erfolg einer für den Zeitpunkt t=5 zur Diskussion stehenden Investition wird allerdings nicht allein von der Ausgestaltung der produktiven Kombination zu diesem Zeitpunkt bestimmt. Entscheidend sind vielmehr deren Veränderungen durch Investitionen zu späteren Zeitpunkten. Beispielsweise kann im Zeitpunkt t=7 durch Wegfall einer in t=5 vorhandenen Maschine die Nutzungsmöglichkeit des betrachteten Investitionsobjektes von diesem Zeitpunkt an erheblich eingeschränkt werden. Ebenso ist es möglich, daß sich durch die Anschaffung bestimmter zusätzlicher Aggregate im Zeitraum nach t=5 das zur Diskussion stehende Investitionsobjekt erst voll entfaltet.

Diese zeitlich vertikalen Interdependenzen sind damit auch wie folgt zu sehen.[20] Wird das im Zeitpunkt t=5 zur Diskussion stehende Investitionsobjekt realisiert, bildet es zusammen mit den bereits vorhandenen Anlagen den Rahmen, in den künftige Investitionen einzugliedern sind. Der Erfolg der künftigen Investitionen hängt damit auch davon ab, welche Investitionen zum Zeitpunkt t=5 vorgenommen werden.

Neben dem direkten Gewinneinfluß durch die um die Menge (M_B - M_A) steigende Ausbringung besitzt die Erweiterungsinvestition eine indirekte Gewinnwirkung. Der Erfolg kann durch Umverteilung der Produktionsmengen einer Periode innerhalb der Abteilung A gesteigert werden. Produziert die zum Zeitpunkt t=5 zu beschaffende Maschine der Abteilung A billiger als das alte Aggregat, ist es vorteilhaft, auf dem neuen Aggregat nicht nur die Zusatzmenge (M_B - M_A) herzustellen. Es ist vielmehr zweckmäßig, das neue Aggregat voll auszulasten und Teile der Kapazität der alten Anlage freizusetzen. Übernimmt die neue Anlage einen Teil der Produktionsmenge der alten Maschine, ergibt sich für jede umgelenkte Mengeneinheit eine Kostenersparnis in Höhe der Differenz der variablen Produktionsstückkosten beider Aggregate. Bedingt durch diesen Umverteilungseffekt bestehen für die Produktionsaufteilungsplanung somit horizontale Interdependenzen zwischen den Aggregaten der Abteilung A.

3.3 Die Bedeutung von Kopplungen für die Planung

Sachliche Kopplungen und Interdependenzen haben für die Planung grundsätzlich unterschiedliche Bedeutungen. Bei ausschließlich sachlichen Kopplungen zwischen den Variablen läßt sich das gesamte Planungsproblem in mehrere Teilprobleme bzw. Entscheidungsfelder zerlegen, zwischen denen Informationen auszutauschen sind. Diese Entscheidungsprobleme sind in der durch die Richtung der Informationsbeziehung vorgezeigten Reihen-

20 Vgl. Jacob (1964), S. 26.

folge zu lösen. Diese Reihenfolge ergibt sich bei zeitübergreifenden sachlichen Kopplungen allein aus dem Zeitablauf. Die Entscheidungen sind damit in chronologischer Folge zu treffen. Bei nicht zeitübergreifenden sachlichen Kopplungen ist die Reihenfolge der Planung aus der Richtung des Informationsflusses abzuleiten. Die sachliche nicht zeitübergreifende Kopplung zwischen Programmplanung und Bestellpolitik erzwingt beispielsweise, daß die Programmplanung vor der Bestellpolitik durchzuführen ist, da es ansonsten unmöglich ist, der Bestellpolitik die Bedarfsmenge der Rohstoffe vorzugeben. Probleme bei der Festlegung der Reihenfolge, in der bestimmte Planungen durchzuführen sind, treten bei sachlichen Kopplungen dann auf, wenn zwischen den Planungsproblemen ein wechselseitiger Informationsaustausch erforderlich ist. Wird eine bestimmte Planungsrichtung gewählt, erfordert das stets eine Abstimmung der Informationen. Ein Planungsproblem geht also zunächst von Annahmen über die Informationen des anderen Problems aus. Stimmen diese Annahmen nicht mit den sich später einstellenden Informationen des anderen Bereichs überein, muß die Planung des ersten Bereiches durch Rückkopplung noch einmal modifiziert werden.

Sachliche Kopplungen von Variablen erlauben stets eine Zerlegung des Gesamtproblems in kleinere überschaubare Teilprobleme, die stufenweise zu lösen sind. Diese Zerlegung ist auch möglich, wenn durch die Lösung des Gesamtproblems ein bestimmtes befriedigendes Niveau einer Zielgröße anzustreben ist. In diesem Fall bestehen zwischen den gebildeten Stufen des Problems zusätzliche sachliche Kopplungen, die ihre Ursache in dem zu erreichenden Zielniveau haben. Diese zusätzliche Kopplung verlangt, daß das Niveau der Variablen der ersten Stufe aus einem bestimmten Bereich gewählt werden muß, damit die Entscheidungen der ersten und zweiten Stufe zusammen das verlangte Zielniveau erreichen.[21]

Bei Erfolgskopplungen ist ein stufenweises Vorgehen bei der Planung nicht möglich, da die Wahl des optimalen Wertes einer Variablen die Kenntnis des optimalen Niveaus der übrigen Variablen voraussetzt. Die Interdependenzen sind bei der Planung nur vollständig zu erfassen, wenn gleichzeitig in einem simultanen Planungsansatz über das Niveau der interdependenten Variablen entschieden wird. Es müßten daher Modelle konzipiert werden, die alle Variablen und die zwischen ihnen bestehenden Kopplungen erfassen. Diese Modelle müßten sich:

- auf alle betrieblichen Funktionsbereiche erstrecken, zwischen denen horizontale Interdependenzen bestehen,
- auf alle künftigen Planungsperioden beziehen, um die zeitlich vertikalen Interdependenzen zwischen den Variablen beachten zu können.

Planungsansätze, die sämtliche horizontalen und vertikalen Interdependenzen berücksichtigen, führen hinsichtlich der Zahl der Variablen und der das Niveau der Variablen begrenzenden Restriktionen zu sehr umfangreichen, komplexen Modellen. Alle Interdependenzen könnten nur in einem Simultanmodell erfaßt werden, das alle betrieblichen Teilfunktionen umfaßt und das sich zeitlich von der Gründung bis zum Ende einer Unternehmung erstreckt. Allein in einem derartigen Modell ließen sich optimale Entscheidungen fällen. Es ist jedoch

21 Vgl. hierzu das Beispiel im Abschnitt 3.2.1.

ohne weiteres einsichtig, daß aus praktischen Erwägungen heraus dem Streben nach Simultanität Grenzen gesetzt sind. Diese Grenzen resultieren aus folgenden Überlegungen:

- Simultanmodelle umfassen eine unübersehbare Zahl von Variablen und Bedingungen und zeichnen sich durch einen außerordentlich hohen Komplexitätsgrad aus. Übersteigt die Größe der Planungsprobleme einen bestimmten Umfang, lassen sie sich mit den verfügbaren Hilfsmitteln nicht mehr analytisch auswerten.

- Ein vollständiges Simultanmodell ist nur denkbar, wenn dem Unternehmen zum Planungszeitpunkt bereits alle künftigen Handlungsalternativen sowie deren ökonomische Konsequenzen bekannt sind. Es ist aber illusorisch, im Planungszeitpunkt vom Zustand vollständiger Information über die Zukunft auszugehen. Zum Zeitpunkt der Planung liegen über künftige Möglichkeiten generell nur eingeschränkte Kenntnisse vor. Es muß also geplant werden, obwohl die Handlungsalternativen nur unvollständig bekannt sind. Entscheidungsfelder zeichnen sich mithin in der Realität durch zeitliche Offenheit aus. Aus dieser Offenheit folgt, daß sich die bekannten Entscheidungsalternativen nur unvollkommen bewerten lassen, da die Interdependenzen zum noch unbekannten künftigen Teil des Entscheidungsfeldes nicht abgebildet sind. In offenen Entscheidungsfeldern lassen sich damit letztendlich keine optimalen Entscheidungen identifizieren. Anders formuliert ist es bei Offenheit des Entscheidungsfeldes unmöglich, alle theoretisch denkbaren Erfolgskopplungen in der Planung zu erfassen, weil sie teilweise noch unbekannt sind. Simultanmodelle gehen insoweit von einer unrealistischen Sichtweise der Planungsprobleme aus. Sie versprechen eine Genauigkeit, die aufgrund von Informationsdefiziten nicht zu erreichen ist. Informationsdefizite setzen dem Bestreben nach Simultanmodellen eine natürliche Grenze.[22]

- Je weiter die Planungsmodelle in die Zukunft reichen, umso ungenauer und unsicherer sind auch die Informationen über zukünftig geltende Daten. Es werden erst zu späteren Zeitpunkten Datenentwicklungen bekannt, mit denen in der Planung zunächst nicht gerechnet wurde. Es wird folglich immer schwieriger, begründete Aussagen über Preise, Kosten, absetzbare Mengen oder verfügbare Kapazitäten zu machen. Planungsmodelle sind damit auch hinsichtlich der Datenentwicklung offen. Von einer bestimmten Ausdehnung des Planungszeitraums an wird daher die zunehmende Genauigkeit der Simultanplanung vom Ungenauigkeitsgrad der Daten kompensiert, so daß sich ein steigender Komplexitätsgrad nicht lohnt. Es ist daher stets die Frage nach dem in der jeweiligen praktischen Planungssituation von der Informationslage her sinnvollen Ausmaß an Simultanität zu stellen.

Die drei diskutierten Aspekte belegen, daß letztendlich eine vollständige Simultanplanung generell unmöglich ist. In der Praxis kann Planung nur auf der Basis mehr oder weniger komplexer Partialmodelle betrieben werden. Durch Separation von Teilentscheidungsfeldern werden aber Interdependenzen durchtrennt. Die partielle Analyse wird damit zur Ursache von Wirkungs- und Bewertungsdefekten. Alle über das jeweils betrachtete Entscheidungsfeld hinausragenden Wirkungen können bei Partialmodellen ex definitione nicht direkt im

22 Vgl Kapitel 1.1.4.6.

Modell erfaßt werden. Für eine gute Planung kommt es aber darauf an, die Ergebnisse von Partialmodellen bei horizontalen und vertikalen Interdependenzen möglichst gut zu koordinieren und den Einfluß der Interdependenzen zumindest indirekt über Koordinationsmechanismen zu erfassen. Da eine Simultanplanung unmöglich ist, darf nicht darauf verzichtet werden, die Interdependenzen indirekt zu erfassen. Um einerseits dem Gedanken der Simultanität gerecht zu werden und um andererseits den Umfang der Planungsmodelle nicht ins Unermeßliche steigen zu lassen, sind an Stelle von Simultanmodellen einige Methoden zur näherungsweisen Berücksichtigung von Interdependenzen in Partialmodellen entwickelt worden. Diese Methoden zerlegen das gesamte Entscheidungsproblem in Teilentscheidungsfelder. Ziel dieser Methoden ist es, die Entscheidungen der Teilentscheidungsfelder zumindest näherungsweise zielsetzungsgerecht zu koordinieren.

Bei horizontalen Interdependenzen eignen sich hierfür die Alternativplanung sowie eine Koordination über Lenkpreise oder eine Budgetsteuerung, wie sie im Abschnitt „Organisation und Planung" noch näher diskutiert werden.[23] Insbesondere das Konzept der Lenkpreise ist als Separationsmöglichkeit von interdependenten Teilproblemen für die Planung sehr interessant. Auf dieser Basis sind in der Literatur viele Versuche zur Separation von Finanzierungs- und Investitionsentscheidung durchgeführt worden.[24] Die nicht im Planungsansatz erfaßten Interdependenzen werden in zu quantifizierende Wertansätze umdefiniert. Die Wirkungsdefekte führen zu den bereits diskutierten Defekten bei der Bewertung.[25] Das Konzept der Budgetsteuerung eignet sich insbesondere für eine nur näherungsweise zielsetzungsgerechte Koordination separierter Entscheidungsfelder. Die Suche nach einer besseren Aufteilung von knappen Produktionsfaktoren auf verschiedene Entscheidungsfelder kann bei dieser Methode jederzeit abgebrochen werden, wenn die Grenzgewinne des Faktors in den gebildeten Teilentscheidungsfeldern näherungsweise, aber nicht vollständig gleich hoch sind.[26]

Das Prinzip einer näherungsweise zielsetzungsgerechten Koordination soll an einem Beispiel mit den beiden gekoppelten Entscheidungsfeldern „Programmplanung" und „Bestellpolitik" näher erläutert werden. Die Bestellpolitik für einen Rohstoff setzt bekanntlich die Kenntnis der Bedarfsmenge voraus, die aus der Programmpolitik resultiert. Eine zielsetzungsgerechte Programmpolitik muß hingegen auch die Kosten der optimalen Bestellpolitik erfassen, die letztendlich eine Funktion der noch unbekannten Bedarfsmenge sind. Beide Entscheidungsbereiche könnten über eine Kostenfunktion koordiniert werden, die die Grenzkosten der optimalen Bestellpolitik bei noch variablen Bedarfsmengen abbildet.[27] Gesucht ist eine Kostenfunktion des Optimalverhaltens für variable Bedarfsmengen, die in das Programmplanungsmodell einzubauen ist. Das Programmplanungsmodell enthält folglich nicht die Bestellmenge als Variable, sondern nur die Grenzkosten der Bestellpolitik als Funktion der Bedarfsmenge. Dieser Weg ist allerdings nur in Ausnahmefällen erfolgver-

23 Vgl. Abschnitt 5.4.3.2.1.

24 Vgl. hierzu die Marktzinsfußmethode (Marusev/Schierenbeck (1990) oder die Theoreme der endogenen Grenzzinsfüße (Kruschwitz (1995); Hering (1992)) sowie Adam (1979).

25 Vgl. Abschnitt 2.8.2.

26 Vgl. Abschnitt 5.4.3.2.1.

27 Vgl. Fallstudie 8 in Kapitel 7.

sprechend, da es bei Bedarfsänderungen i.d.R. zu Veränderungen der relativen Deckungsbeiträge der Erzeugnisse und damit zu sprunghaften Veränderungen der Ränge der Erzeugnisse kommt, in der diese in das Progamm aufgenommen werden.[28] Randoptima oder mehrere lokale Optima sind die Folge.

Erfolgversprechender ist in diesen Fällen ein iterativer Planungsprozeß auf der Basis eines zunächst für die Programmplanung vorzugebenden Grenzkostensatzes der Bestellpolitik. Für den vorgegebenen Satz ergibt sich ein bestimmtes optimales Programm mit einer dazugehörigen Jahresbedarfsmenge des Rohstoffs. Ausgehend von dieser Bedarfsmenge können im Rahmen der Bestellpolitik die kostenoptimale Bestellmenge sowie die zugehörigen Grenzkosten erneut ermittelt werden. Stimmen der für die Programmplanung vorgegebene Grenzkostensatz und der Grenzkostensatz, der sich aus der Bestellpolitik ergibt, näherungsweise überein, gelten beide Bereiche als befriedigend koordiniert. Sind die Abweichungen der Kostensätze groß, wird eine weitere Koordinationsrunde durchgeführt.

Zeitlich vertikale Interdependenzen lassen sich insbesondere mit Hilfe der rollierenden oder überlappenden Planung[29] erfassen. Diese Methode ist in Abbildung 3-7 skizziert. Bei der überlappenden Planung wird die gesamte Planungsperiode in mehrere Teilperioden untergliedert, und für jede Teilperiode werden die nötigen Entscheidungen gefällt. Realisiert wird nur die Entscheidung, die sich auf die erste Teilperiode bezieht. Bei der nächsten, eine Teilperiode später durchzuführenden Planung wird die gesamte Planungsperiode um eine Teilperiode nach hinten verlängert, und es werden für alle Teilperioden dieser neuen Planungsperiode neue Entscheidungen abgeleitet. Verwirklicht wird abermals nur die Entscheidung der ersten Teilperiode des neuen Planungsproblems (zweite Teilperiode der vorhergehenden Planperiode). Für die zweite und für alle folgenden Teilperioden wird damit im zeitlichen Abstand einer Teilperiode ein neuer Plan aufgestellt. Es wird folglich für die gleichen Teilperioden mehrmals geplant. Diese Pläne unterscheiden sich dadurch, daß jeweils neuere, allein aufgrund des Zeitablaufs verbesserte Informationen über Handlungsalternativen und Daten in die Planung eingehen. Verbesserte Informationen führen durch das rollierende Planungsverfahren zu einer laufenden Anpassung der Strategie.

Das Prinzip der überlappenden Planung findet sich in der Literatur[30] auch in einer Variante mit unterschiedlich langen Teilperioden. Die ersten Teilperioden haben wegen der noch guten Informationen eine vergleichsweise geringe zeitliche Ausdehnung. Mit schlechter werdendem Informationsstand werden die Teilperioden länger, da sich bei schlechteren Informationen eine differenziertere Betrachtung der Zukunft nicht lohnt. Durch die gröbere Einteilung weiter in der Zukunft liegender Zeitabschnitte soll zwar die Wirkung der vertikalen Interdependenzen grundsätzlich erfaßt werden, der Umfang des Planungsmodells und der Planungsaufwand werden aber reduziert.

28 Vgl. Fallstudie 9 in Kapitel 7.

29 Vgl. z.B. Albach (1962), S. 226 f.; Jacob (1967), S. 158; Wittmann (1959), S. 138.

30 Vgl. Waldmann (1972), S. 67 f.

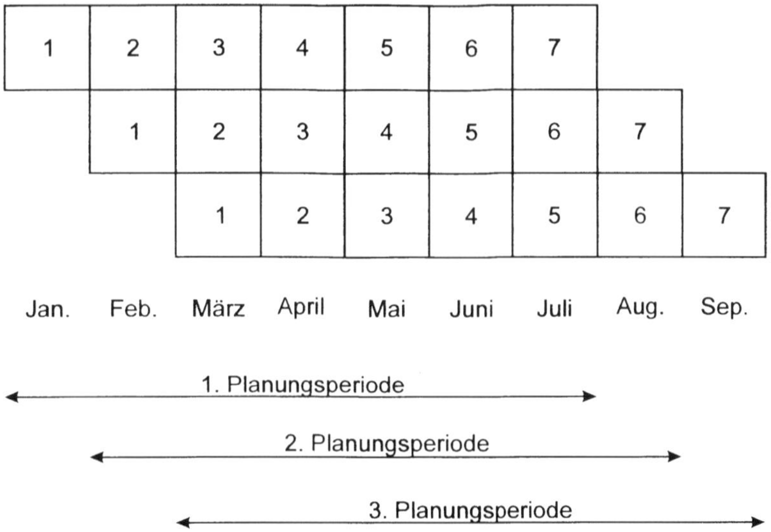

Abbildung 3-7

Ein gutes Planungssystem sollte bemüht sein, Interdependenzen mit gravierenden Erfolgswirkungen entweder direkt im Modell oder indirekt durch Koordinationsinstrumente zu erfassen. Ob bestimmte Erfolgswirkungen gravierend sind, kann nicht allgemeingültig beantwortet werden, da die Erfolgswirkung bestimmter Interdependenzen von der jeweiligen Datensituation abhängt. In einem guten Planungssystem sollten daher Analysen über die Stärke der Erfolgswirkungen von Interdependenzen angestellt werden, um beurteilen zu können, ob sich der zu treibende Planungsaufwand lohnt. Erweist sich wie im Beispiel zur Bestellpolitik in Abschnitt 1.4.3, daß die Erfolgswirkungen vernachlässigbar gering sind, kann darauf verzichtet werden, die Interdependenzen direkt oder indirekt zu erfassen. Die Frage, ob Interdependenzen in der Modellbildung erfaßt werden sollten, läßt sich folglich nur im Einzelfall beantworten.

Literatur zu Kapitel 3

Adam, D. (1966): Das Interdependenzproblem in der Investitionsrechnung und die Möglichkeiten einer Zurechnung von Erträgen auf einzelne Investitionsobjekte, in: Der Betrieb 1966, S. 989-993.

Adam, D. (1979): Äquivalente Zielfunktionen in Modellen zur simultanen Investitions- und Finanzplanung, in: WISU 1979, S. 179-183, 233-237.

Adam, D., Schünemann, G., Sibbel, R. (1994): Deterministisches Chaos im Verhalten dynamischer Investitions- und Finanzierungsmodelle, in: WiSt 1994, S. 546-551.

Albach, H. (1962): Investition und Liquidität, Wiesbaden 1962.

Fantapié Altobelli, C. (1991): Die Diffusion neuer Kommunikationstechniken in der Bundesrepublik Deutschland, Heidelberg 1991.

Gierl, H. (1987): Die Erklärung der Diffusion technischer Produkte, Berlin 1987.

Gleick, J. (1990): Chaos, die Ordnung des Universums. München 1990.

Hax, H. (1965): Die Koordination von Entscheidungen, Köln u.a. 1965.

Henn, R., Künzi, H.P. (1968): Einführung in die Unternehmensforschung, Bd. II, Berlin, Heidelberg, New York 1968.

Hering, Th. (1992): Zur Berechnung und Interpretation endogener Grenzzinsfüße bei Endwert- und Entnahmemaximierung, Veröffentlichungen des Instituts für Industrie- und Krankenhausbetriebslehre, Hrsg. D. Adam, Nr. 33, Münster 1992.

Jacob, H. (1964): Neuere Entwicklungen in der Investitionsrechnung, Wiesbaden 1964.

Jacob, H. (1967): Zum Problem der Unsicherheit bei Investitionsentscheidungen, in: ZfB 1967, S. 153-187.

Jacob, H. (1971): Preispolitik, 2. Aufl., Wiesbaden 1971.

Kromphardt, W., Henn, R., Förstner, K. (1962): Lineare Entscheidungsmodelle, Berlin, Göttingen, Heidelberg 1962.

Kruschwitz, L. (1995): Investitionsrechnung, 6. Aufl., Berlin, New York 1995.

Lilien, G.L., Kotler, P. (1983): Marketing Decision Making: A Model Building Approach, New York u.a. 1983.

Marusev, A.W., Schierenbeck, H. (1990): Margenkalkulation von Bankprodukten im Marktzinsmodell, in: ZfB 1990, S. 789-813.

Möhrle, M.G. (1990): Die Veränderung des Denkens durch die Chaostheorie, in: Technologie & Management 4/90, S. 45-48.

Müller-Merbach, H. (1973): Operations Research, 3. Aufl., München 1973.

Rieper, B. (1973): Entscheidungsmodelle zur integrierten Absatz- und Produktionsprogrammplanung für ein Mehrproduktunternehmen, Wiesbaden 1973.

Rieper, B. (1979): Hierarchische betriebliche Systeme, Entwicklung einer Konzeption zur Analyse und Gestaltung des Verhaltens betrieblicher Systeme, Wiesbaden 1979.

Schweim, J. (1969): Integrierte Unternehmensplanung, Bielefeld 1969.

Swoboda, P. (1965): Die simultane Planung von Rationalisierungs- und Erweiterungsinvestitionen und von Produktionsprogrammen, in: ZfB 1965, S. 148-163.

Waldmann, J. (1972): Optimale Unternehmensfinanzierung, Wiesbaden 1972.

Weiber, R. (1991): Die Diffusion von Kritische Masse-Systemen, Habilitationsschrift Münster, Münster 1991.
Witte, Th., Deppe, J.F., Born, A. (1975): Lineare Programmierung, Wiesbaden 1975.
Wittmann, W. (1959): Unternehmung und unvollkommene Information, Köln, Opladen 1959.

4 Die Entscheidungsparameter der Planung

4.1 Das Prognoseproblem

4.1.1 Überblick über Zwecke, Probleme und Methoden

Jede Planung setzt Informationen über die Zukunft voraus. Prognosen gehen der Frage nach: „Was wird morgen sein?", welche Daten werden eintreten und welche Handlungsalternativen werden sich bieten. Planung muß die Frage beantworten: „Was ist bei vernünftiger Verhaltensweise zu tun?" Die durch Planung auszuwählenden Handlungsalternativen müssen mithin an die künftig wahrscheinlich geltenden Bedingungen angepaßt sein. Prognose ist damit die informatorische Fundierung der Planung. Ohne realistische Informationen über die Zukunft degeneriert Planung zur Wahrsagerei. Ziel von Prognosen ist es damit, planungsrelevante Informationen zu gewinnen. Für die Planung sind vier Arten von Prognosen bedeutsam:[1]

- die künftig zu verfolgenden Ziele,
- die möglichen Handlungsalternativen,
- die künftigen Bedingungen oder Daten,
- die Wirkungsweisen von Handlungen (Wirkungszusammenhänge).

Im engeren Sinne werden allerdings nur Wirkungsaussagen und Bedingungsaussagen zur Prognose gerechnet. Wirkungsprognosen sind grundsätzlich „Wenn-Dann-Aussagen". Die Aussagen gelten nur unter der Voraussetzung, daß bestimmte Bedingungsaussagen über Daten zutreffen.

Außer einer informatorischen Abstützung der Planung dienen Prognosen mitunter noch einem anderen Zweck. Sie haben den Sinn, menschliche Verhaltensweisen zu hinterfragen und ein verändertes Verhalten zu induzieren. Ziel dieser Art von Prognosen ist es, die künftigen Konsequenzen bisheriger Verhaltensweisen aufzuzeigen. Die Absicht der Prognose des Club of Rome[2], aber auch vieler Prognosen im Umweltbereich - beispielsweise Treibhauseffekt und Ozonloch - ist es, sich selbst zu falsifizieren, indem Lernprozesse beim Menschen angeregt werden und auf diese Weise das erforderliche Problembewußtsein für die Begrenztheit natürlicher Ressourcen (Energie, Rohstoffe, Wasser usw.) als Voraussetzung für Verhaltensänderungen geschaffen wird. Diese Prognosen stellen mithin darauf ab, Wirkungszusammenhänge im Zeitablauf zu verändern, um negative gesellschaftliche Auswirkungen möglichst zu vermeiden.

Die Qualität der Planung wird zentral durch die Treffsicherheit der Prognosen beeinflußt.[3] Mißerfolge bei Prognosen weisen aber nicht zwingend auf Mängel der eingesetzten Prognoseverfahren hin, was deutlich wird, wenn folgende Zusammenhänge beachtet werden: Prognosen versuchen in der Regel aus vergangenen Daten quasi kausale Zusammenhänge abzuleiten, um auf der Basis der erkannten „Gesetzmäßigkeiten" Voraussagen für die Zukunft

1 Vgl. Reiß (1989), Sp. 1631.

2 Vgl. Meadows/Meadows/Zahn/Milling (1972).

3 Vgl. Reiß (1989), Sp. 1628-1637.

zu machen. Die künftige Entwicklung ist aber nur z.T. durch die Vergangenheit determiniert. Die „Gesetzmäßigkeiten“ können sich verändern oder durch stochastische Einflüsse überlagert werden. Unter Umständen ist die künftige Entwicklung rein zufälliger Natur. Prognoseprobleme können ihre Ursache auch in einer zu engen Sicht des Problems haben. Im Prognosemodell werden beispielsweise relevante Einflußgrößen nicht erfaßt, so daß die Erklärung der Zukunft auch nur unvollständig gelingen kann. Dieser Effekt tritt insbesondere auf, wenn Einflußgrößen nicht additiv, sondern multiplikativ verknüpft sind. Die Beschränkung bei der Anzahl erfaßter Einflußgrößen kann erhebliche Prognosefehler induzieren. Zudem ergeben sich Prognoseprobleme, wenn künftige Entwicklungen stark von menschlichen Reaktionen oder Aktionen abhängen. Soziale Systeme sind grundsätzlich offen und zeichnen sich durch evolutionäre Strukturen aus; Menschen ändern ihre Ziele und Einstellungen und legen als Folge dessen andere, schwer voraussehbare Verhaltensweisen an den Tag.

Prognosefehler können natürlich auch durch die spezielle Art der Konstruktion eines Prognosemodells bedingt sein. Beispielsweise arbeitet ein Prognosemodell mit vereinfachten Zusammenhängen. Dies ist der Fall, wenn aus Gründen einer einfachen Auswertung lineare Beziehungen zwischen den Einflußgrößen und der zu erklärenden Größe unterstellt werden, die die Realität nur unzureichend abbilden.

Da keine Prognose eine Voraussage darüber machen kann, was künftig wirklich sein wird, sind Prognosen stets Wahrscheinlichkeitsurteile. Wegen der Nichtdeterminiertheit der Zukunft durch die Vergangenheit sind Prognosen stets mit mehr oder weniger großen Unsicherheiten behaftet. Jede Planung tut deshalb gut daran, wenn sie diese unabweislichen Unsicherheiten auch in den Planungsprozeß einbezieht. Eine Planung darf folglich nicht von einwertigen Erwartungen über die Zukunft ausgehen, sie muß das durch die Prognostik allerdings möglichst klein zu haltende Unsicherheitsintervall der Daten in das Kalkül einbeziehen. Insbesondere muß die Planung berücksichtigen, daß Prognosen unzutreffend sein können und ergriffene Strategien nachträglich an unerwartete Entwicklungen angepaßt werden müssen (Flexibilität).

Prognosemodelle können in zwei Klassen - quantitative und qualitative Techniken - unterteilt werden:

- Bei den Modellen der ersten Klasse wird auf Daten der Vergangenheit aufgebaut, und daraus werden „Gesetzmäßigkeiten“ abgeleitet, die für eine Prognose herangezogen werden. Diese Methoden werden auch als quantitative Prognoseverfahren bezeichnet. Innerhalb dieser Klasse können zwei Unterklassen unterschieden werden:

  1. Modelle auf der Basis von Regressionstechniken (Trend- und Indikatorprognosen sowie Zeitreihendekompositionsverfahren):

     Der Zeitablauf (Trend) oder eine prognostizierte zeitliche Entwicklung einer oder mehrerer Einflußgrößen (Indikatoren) wird als erklärender Faktor für eine zu prognostizierende Größe benutzt. Die erwartete Entwicklung der Indikatoren determiniert somit das Niveau einer zu prognostizierenden Größe, d.h., die zu prognostizierende Größe ist in einer bestimmten funktionalen Art an die Entwicklung der Indikatoren gekoppelt. Die künftige Zeitreihe der Indikatoren kann ihrerseits unsicher sein, was sich in wachsenden Prognoseunsicherheiten niederschlägt. Diese Prognosemodelle arbeiten mit im Zeitablauf gleichbleibenden Gesetzmäßigkeiten. Sie erfassen mithin keine Evolution der Zusammenhänge. Die Modelle führen insbesondere zu unzureichenden Prognosen, wenn die Gesetzmäßigkeiten schnell veralten.

2. Modelle auf der Basis zeitübergreifender Erklärungsfunktionen (Zeitdifferenzfunktionen):

   Bei diesen Modellen wird der Prognosewert einer Größe mit Hilfe einer funktionalen Beziehung aus dem Niveau dieser Größe in der vorangegangenen Periode abgeleitet. Zu dieser Unterklasse gehören die exponentielle Glättung[4], aber auch logistische und exponentielle Zeitdifferenzengleichungen, wie sie in der Diffusionstheorie verwendet werden.[5] Zur Prognose werden zeitübergreifende Funktionen des Typs $M_t = f(M_{t-1})$ - für das logistische Modell z.B. $M_t = b\, M_{t-1}(a - M_{t-1})$ - benutzt. Der für Periode t prognostizierte Absatz M_t hängt vom erreichten oder prognostizierten Absatz M_{t-1} der Vorperiode ab. a und b sind Faktoren, die die spezielle Art des zeitlichen Zusammenhanges erklären. Ein grundsätzliches Problem dieser Art von Prognosen besteht darin, daß von im Zeitablauf gleichbleibenden zeitübergreifenden Beziehungen ausgegangen wird. Als Folge veränderter menschlicher Verhaltensweisen können sich diese Zusammenhänge verändern, was Fehlprognosen bedingt.

- Die qualitativen Prognosetechniken stützen sich insbesondere auf menschliches Wissen und Urteilsfähigkeit. Diese Klasse von Techniken setzt allerdings zur Unterstützung auch formale mathematische Hilfsmittel ein. Zu dieser Klasse zählen Prognosen auf der Basis externer oder interner Befragungen. Beispielsweise wird aus den Ergebnissen eines Testmarktes oder einer Befragung in Verbindung mit Kenntnissen über den Zusammenhang zwischen Test- und Gesamtmarkt versucht, auf den Gesamtmarkt zu schließen. Oder aus Wahlergebnissen einer Stichprobe von Wahlbezirken wird auf das Gesamtergebnis geschlossen. Zur Klasse der qualitativen Verfahren gehören auch Ansätze, die von begründbaren, aber dennoch letztlich subjektiven Wertungen über mögliche, künftige Entwicklungen ausgehen (Scenario-Technik)[6] oder die Expertenwissen einbeziehen (Delphi-Methode)[7], um zu plausiblen Entwicklungspfaden für die Zukunft zu kommen. Diese Art von Techniken wird häufig für technologische Vorhersagen (Abschätzung von Technologiefolgen) eingesetzt. Auch Simulationskonzepte wie das „system dynamics“[8], mit dem der Club of Rome die Grenzen des Wirtschaftswachstums wegen versiegender Ressourcen „vorausgesagt“ hat, gehören zu dieser Modellklasse. Gemeinsam ist diesen Verfahren, daß sie von einer intuitiv ganzheitlichen Sicht ausgehen, während die quantitativen

---

4 Vgl. Brown/Meyer (1961), S. 673-685.

5 Vgl. Abschnitt 3.2.3.

6 Vgl. Scherm (1992), S. 95 ff.

7 Vgl. Heinen (1991), S. 657 f.

8 Vgl. Forester (1972).

Verfahren den Erklärungsversuch auf abgeleitete Gesetzmäßigkeiten und die Entwicklung spezieller Determinanten beschränken.

Im folgenden werden beispielhaft die Grundfragestellungen und -probleme der quantitativen Prognosemodelle behandelt. Zudem soll eine Einschränkung auf Zeitreihenmodelle vorgenommen werden. Auf verfahrenstechnische Details wird bewußt verzichtet und auf die einschlägige Literatur verwiesen.[9]

4.1.2 Quantitative Prognosemethoden am Beispiel von Zeitreihenanalysen

4.1.2.1 Grundkonzept der Methoden

Quantitative Prognoseverfahren gehen von der Hypothese aus, daß das Niveau einer zu erklärenden Variable - etwa die Absatzmenge eines Erzeugnisses - durch zwei generelle Komponenten bestimmt wird:

- Ein Teil ist durch bestimmte Determinanten und Gesetzmäßigkeiten zu erklären und damit vorhersagbar. Erklärbar ist der Erwartungswert einer zu prognostizierenden Größe.
- Ein zweiter Teil wird als stochastische, irreguläre Komponente bezeichnet. Dieser Teil erfaßt alle zufälligen Einflüsse auf das Niveau einer zu erklärenden Größe.[10] Um auch diesen Teil in der Planung berücksichtigen zu können, wird versucht, das Zufallsgesetz - z.B. die Dichtefunktion des Absatzes eines Artikels - zu beschreiben. Gelingt dies, kann bestimmten künftigen Ausprägungen der zu prognostizierenden Variable eine zugehörige Eintrittswahrscheinlichkeit zugeordnet werden.

Üblicherweise schließen quantitative Prognoseverfahren nur auf die Erwartungswerte der planungsrelevanten Daten. In der Regel wird für die Konstruktion des Prognosemodells ein bestimmter Zusammenhang zwischen den Niveaus der zu erklärenden Größe und den Ausprägungen der sie erklärenden Determinanten unterstellt. Beispielsweise wird davon ausgegangen, daß der Erwartungswert des Absatzes an Tiefkühlkost (TKK) pro Kopf in einer Periode linear von der Höhe des in der gleichen Periode frei verfügbaren Einkommens abhängt. Das zu konstruierende Modell basiert folglich auf drei Hypothesen: Einmal wird unterstellt, daß der TKK-Absatz vom frei verfügbaren Einkommen abhängig ist, zweitens wird von einer linearen Verknüpfung ausgegangen, und drittens wird eine nicht zeitübergreifende Beziehung zwischen Determinante und zu erklärender Größe unterstellt. In Abhängigkeit von der Realitätsnähe dieser Hypothesen wird das Modell zu mehr oder weniger guten Prognosen führen.

Auf Basis der Hypothesen und eines Satzes vergangenheitsbezogener Daten werden die numerischen Werte für den unterstellten Zusammenhang - absolutes Glied und Steigung einer Geraden - durch Regressionsanalysen quantifiziert. Zudem wird ein Maß - Korrelationskoeffizient - für die Güte der Erklärung der zu prognostizierenden Größe durch die Determinan-

9 Vgl. z.B. Hansmann (1983).

10 Die stochastische Komponente wird auch als Störglied oder latente Variable bezeichnet.

ten ermittelt. Der Zusammenhang zwischen den Determinanten und der zu erklärenden Größe ist um so enger, je geringer die durch den Zusammenhang nicht erklärbare Streuung des Datensatzes ausfällt. Der aus den Vergangenheitsdaten aufgedeckte, quantitative Zusammenhang wird benutzt, um auf künftige Erwartungswerte der Prognosegröße zu schließen. Beispielsweise geht die Prognose von der erwarteten Entwicklung des frei verfügbaren Einkommens in der Zukunft aus und schließt auf den TKK-Absatz.

Auf die Bedeutung der für die Prognose unterstellten Hypothesen soll näher eingegangen werden, da deren Plausibilität die Qualität der Prognose nachhaltig beeinflußt. In einem praktischen Fall konnten beispielsweise die Prognoseergebnisse für den TKK-Absatz leicht verbessert werden (höherer Korrelationskoeffizient), weil neben dem frei verfügbaren Einkommen zusätzliche Determinanten (wie das Versorgungsniveau der Bevölkerung mit Drei-Sterne-Tiefkühlfächern oder -truhen) in die Erklärungsfunktion aufgenommen wurden. Eine weitere, leichte Verbesserung des Ergebnisses konnte erreicht werden, indem nicht der Versorgungsgrad mit Tiefkühlkapazitäten des gleichen, sondern der des Vorjahres in die Erklärungsfunktion einging, also von einem zeitübergreifenden Zusammenhang zwischen TKK-Absatz und TKK-Kapazität ausgegangen wurde. Die zeitübergreifende Beziehung ist durchaus plausibel, da der TKK-Absatz des Januars oder Februars eines Jahres noch nicht von den in späteren Monaten des gleichen Jahres gekauften TKK-Kapazitäten abhängig sein kann. Weitere leichte Verbesserungen waren zu erreichen, indem der unterstellte lineare Zusammenhang durch einen logarithmischen oder halblogarithmischen Maßstab ersetzt wurde. Insgesamt wurde mit dem letztendlich präferierten Modell ein Korrelationskoeffizient von fast 97% erreicht, was eine sehr gute Erklärung ist. Die Veränderung der Ergebnisse durch Austausch der Prämissen zeigt, daß eine Prognose für Planungszwecke nur richtig zu werten ist, wenn die Hypothesen, auf denen die Prognose aufbaut, offengelegt werden.

Das Beispiel zur Prognose des TKK-Absatzes wurde in späteren Jahren als Demonstrationsbeispiel in Vorlesungen benutzt. Eines Tages stand in einer Übung ein Student auf und erklärte, er habe noch einen wesentlichen Verbesserungsvorschlag für das Modell. Er hatte den empirischen Datensatz des TKK-Absatzes für die letzten 12 Jahre nicht mit den genannten Determinanten verknüpft, sondern einen linearen Zusammenhang zwischen TKK-Absatz pro Kopf in Deutschland und der Geburtenrate in Schweden unterstellt. In einem zweiten Modell wurden die Exporte Neuseelands als erklärende Größe herangezogen. Bei beiden Modellen war die Güte der Erklärung des TKK-Absatzes noch um fast 1%-Punkt besser als im Demonstrationsbeispiel. Dieser Fall weist auf eine Schwierigkeit bei Prognosen mit quantitativen Modellen hin. Ganz offensichtlich besteht zwischen den Kaufentscheidungen für TKK und den „Determinaten", die der Student benutzte, überhaupt kein sachlogischer Zusammenhang. Es handelte sich um sogenannte Nonsens-Korrelationen, es sei denn, die gesamten deutschen TKK-Absatzmengen würden ausgerechnet in Neuseeland produziert, oder der neuseeländische Export beeinflußt die Geburtenrate in Schweden. Dennoch kann ein unterstellter unsinniger Zusammenhang zufällig zu besseren Ergebnissen führen. Das Beispiel zeigt eines: Bei keinem Prognoseverfahren kann logisch bewiesen werden, daß die Determinanten wirklich die Ursachen für das zu erklärende Phänomen sind. Unterstellte Zusammenhänge können nur mehr oder weniger plausibel sein. Aus diesem Grunde wird auch häufig nicht von Determinanten sondern von Indikatoren gesprochen, um bereits sprachlich anzudeuten, daß kein sachlogisch zwingender Zusammenhang vorhanden sein muß.

4.1.2.2 Prognosearten

Mit der Entwicklungsprognose und der Wirkungsprognose werden zwei unterschiedliche Formen von Prognosen unterschieden, wobei auch eine Kombination beider Prognoseformen möglich ist.[11]

Von einer reinen Entwicklungsprognose wird gesprochen, wenn die Zeitreihe einer zu erklärenden Größe in Abhängigkeit von Einflußgrößen erklärt wird, die das Unternehmen selbst nicht steuern kann. Eine autonom vorgegebene Zeitreihe des frei verfügbaren Einkommens und der Versorgung mit TKK-Kapazitäten in den Haushalten wird für die Erklärung der Zeitreihe des TKK-Absatzes benutzt, oder aber der TKK-Absatz wird als Funktion der Zeit aufgefaßt. Während es sich im ersten Fall um eine multivariate Entwicklungsprognose handelt, liegt im zweiten Fall eine univariate Trendprognose vor. Eine Entwicklungsprognose stellt mithin die Entwicklung einer Variablen im Zeitablauf allein als Folge externer, durch das Unternehmen nicht beeinflußbarer Größen dar. Entwicklungsprognosen gehen damit im Grundsatz von einer gleichbleibenden Politik der Anbieter im Zeitablauf aus. Änderungen des Marktvolumens für bestimmte Produktgruppen haben ihre Ursache dann einmal in Verhaltensänderungen der Kunden - Zunahme der Zahl von Käufern bei gegebenem potentiellen Kundenkreis - oder zum zweiten in einer Veränderung der Zahl potentieller Kunden - Bevölkerungswachstum in einer für ein Produkt wesentlichen Altersklasse.

Eine reine Wirkungsprognose liegt vor, wenn die Marktreaktion in einer bestimmten Periode als Folge veränderter Preise, Werbung, modifizierter Absatzwege usw. vorausgesagt werden soll. Bei der Wirkungsprognose geht es also um die Vorhersage der Auswirkungen bestimmter Entscheidungen des Unternehmens auf eine zu erklärende Größe.

Ein typisches Beispiel einer Wirkungsprognose ist gegeben, wenn der Materialverbrauch für die Lackierung einer Fläche von einem m^2 eines bestimmten Blechs angegeben werden soll und der Verbrauch sowohl von der variablen Arbeitsgeschwindigkeit als auch von der nicht beeinflußbaren Umgebungstemperatur sowie der Luftfeuchtigkeit abhängt. Wenn keine zeitübergreifenden Beziehungen existieren, kann für die Wirkungsprognose ein statisches Modell folgender Art eingesetzt werden:

$$V = f(x_1, x_2, y_1, y_2) + i$$

V : Prognosewert
x_j : beeinflußbare Determinanten
y_j : nicht beeinflußbare Determinanten
i : Störvariable (Zufall)

Ein Grundproblem von Wirkungsprognosen ist darin zu sehen, daß der mathematische Zusammenhang zwischen der zu prognostizierenden Größe und den Determinanten häufig

11 Vgl. Meffert/Steffenhagen (1977), S. 36 ff.

nicht oder nur unzureichend bekannt ist. Dieser Fall tritt insbesondere bei Prognosen über die Wirkung von Absatzinstrumenten auf. Die Prognosen sind mit erheblichen Unsicherheiten behaftet, da die Reaktionen der potentiellen Kunden auf die Maßnahmen nur sehr grob abgeschätzt werden können.

Kombinierte Entwicklungs- und Wirkungsprognosen liegen vor, wenn die zu erklärende Größe sowohl durch autonom vorgegebene Einflußgrößen im Zeitablauf als auch durch Entscheidungen eines Unternehmens beeinflußt wird. Die Entwicklung des Absatzes ist dann eine Folge gegebener externer Daten und der eigenen Unternehmenspolitik. Die Unterscheidung zwischen reinen Entwicklungsprognosen und kombinierten Prognosen ist im Grunde rein formaler Art. Wird der TKK-Absatz pro Kopf real durch das frei verfügbare Einkommen als autonomer, externer Größe sowie durch Preise und Werbemaßnahmen als unternehmensinterne Politikparameter bestimmt, liegt formal eine reine Entwicklungsprognose vor, wenn im Modell nur die externen Größen explizit erfaßt werden. Die Wirkungen der Absatzpolitik gehen implizit in die geschätzten numerischen Werte der Regressionskurve ein.

Eine reine Entwicklungsprognose müßte streng genommen den Einfluß einer im Zeitablauf nicht gleichbleibenden Unternehmenspolitik auf den zur Analyse benutzten historischen Datensatz neutralisieren. Die Prognose müßte eigentlich von einem Datensatz mit konstanter Politik im Zeitablauf ausgehen. Streng genommen sind damit Entwicklungsprognosen unmöglich, weil sich die Politikparameter im Zeitablauf immer verändern und die Wirkung nicht separiert werden kann, die von diesen Änderungen ausgeht. Dazu ein Beispiel: Wurde in der Vergangenheit der Preis für TKK von einem zum anderen Jahr verändert, kommen in der historischen Zeitreihe nicht nur die Einflüsse der „Determinante: freies Einkommen" zum Ausdruck; zugleich sind auch die Wirkungen einer veränderten Absatzpolitik erfaßt. Da eine Separation des Einflusses der Preispolitik auf die historischen Absatzwerte real meistens unmöglich ist, werden die nicht beeinflußbaren und die beeinflußbaren Größen in einer Entwicklungsprognose gleichzeitig erfaßt. Berücksichtigt das Prognosemodell nur die externen Indikatoren zur Erklärung, gehen die Veränderungen in der Preispolitik implizit mit in die numerischen Werte der Regressionsgeraden ein. Politiksprünge in der Vergangenheit werden insbesondere dazu führen, daß im Prognosemodell hohe nicht erklärbare Streuungen auftreten, die als irreguläre Komponente erscheinen. Jeder historische Datensatz enthält generell auch Auswirkungen von Politikänderungen, so daß diese Veränderungen implizit auch in die Prognose eingehen.

Einflüsse individueller Politikentscheidungen „verfälschen" damit die Ergebnisse einer Entwicklungsprognose. Der implizite Einfluß von Politikveränderungen ist vergleichsweise gering, wenn hoch aggregierte Daten prognostiziert werden. Soll der gesamte TKK-Absatz pro Kopf vorausgesagt werden, schlagen sich absatzpolitische Entscheidungen einzelner Unternehmen für einzelne Produkte nur schwach nieder. Typische Anwendungsgebiete von Entwicklungsprognosen sind daher Prognosen des Absatzvolumens von Produktgruppen (Autoreifen, Tiefkühlkost, Fernsehgeräte, Autos usw.) für ein bestimmtes Marktgebiet. Soll hingegen der Absatz einer Artikelgruppe aus dem TKK-Sortiment eines speziellen Unternehmens prognostiziert werden, sind die absatzpolitischen Entscheidungen für dessen Absatz dominierend, während der Einfluß der externen Determinanten vergleichsweise unbedeutend ist. Bei hoch aggregierten Daten sind daher Entwicklungsprognosen eher geeignet, während sie für nicht aggregierte Daten fast unbrauchbar sind. Entgegengesetzt verhält es sich mit der Wirkungsprognose. Ihr Anwendungsfeld liegt vorzugsweise bei nicht oder nur schwach aggregierten Daten.

Bei den Entwicklungsprognosen lassen sich, je nachdem welche Art von Determinante für die Erklärung der zu prognostizierenden Größe benutzt wird, zwei Grundtypen unterscheiden:

- Trendprognosen: Im einfachsten Fall wird der Zeitablauf als einzige „Determinante" der zu erklärenden Variablen angesehen. Die Zeit steht somit stellvertretend für die tatsächlichen Determinanten, deren Einfluß auf die zu erklärenden Größen nicht unmittelbar untersucht wird. Diese Vorgehensweise ist immer dann zweckmäßig, wenn sich sowohl die eigentlichen Determinanten als auch die zu erklärenden Daten proportional zur Zeit verhalten. Für die Trendprognose gilt folgender allgemeiner Zusammenhang:

  $V_t = f_t + i_t$ t : Periodenindex

  Mit f_t wird der Erwartungswert der Prognosegröße in Abhängigkeit von der Zeit t bezeichnet, und i_t ist die durch die Zeit nicht erklärbare zufällige Komponente.

- Indikatorprognose: Bei einer aufwendigeren Art der Entwicklungsprognose werden eine oder mehrere Determinanten für die zu erklärenden Variablen gesucht - beispielsweise das verfügbare Einkommen pro Kopf und der Versorgungsgrad der Bevölkerung mit Tiefkühltruhen als Determinanten für den TKK-Absatz pro Kopf. Existiert ein plausibler Zusammenhang zwischen der Entwicklung der Determinanten im Zeitablauf und der Entwicklung des Erwartungswertes der zu erklärenden Variablen, kann das künftige Niveau der Variablen für eine angenommene zeitliche Entwicklung der beiden Determinanten vorhergesagt werden.

  Im Regelfall ist es allerdings unmöglich, im Prognosemodell den Einfluß sämtlicher Bestimmungsfaktoren zu erfassen; das Erklärungsmodell beschränkt sich auf wenige, besonders wichtig erscheinende Größen. Diese ausgewählten Determinanten brauchen nicht streng ursächlich für das Niveau der zu prognostizierenden Größe zu sein; sie müssen aber in einem eindeutig bestimmbaren Häufigkeitsverhältnis mit der zu prognostizierenden Größe stehen. Statt von Determinanten wird von Indikatoren gesprochen.[12]

  Eine Art Indikatorprognose liegt auch vor, wenn die Entwicklung der Absatzmengen in einem Marktgebiet durch Übertragung von Erkenntnissen aus anderen Märkten „prognostiziert" wird. Im deutschen Marktgebiet wurde lange Zeit der Tiefkühlkostabsatz pro Kopf aus den Markterkenntnissen der USA abgeleitet. Unterstellt wurde, daß die Entwicklung in Deutschland um ca. 5 bis 6 Jahre der US-Entwicklung hinterherhinkt. Die pro Kopf in den USA geltenden Absatzmengen müßten nach etwa diesem Zeitraum auch in Deutschland eintreten. Der Absatz in den USA wurde damit als zeitverschobener Indikator für den deutschen Markt angesehen. Diese Methode ist extrem gefährlich, weil auf

12 Vgl. hierzu z.B. Brockhoff (1977), S. 87 ff.; Graff (1977), S. 12 ff.; Meffert/Steffenhagen (1977), S. 78 ff.

diese Weise alle Einstellungen auf dem amerikanischen Markt zu Konvinienzprodukten, wie Eßgewohnheiten usw., unreflektiert auf den deutschen Markt übertragen werden, ohne zu prüfen, ob sich als Folge der kulturellen Besonderheiten die Eßgewohnheiten der Deutschen an den „US-Standard“ anpassen werden. Diese Methode hat in den 70er Jahren zu krassen Fehlprognosen in der Tiefkühlkostindustrie geführt, die die Basis für Fehlentscheidungen beim Aufbau von Tiefkühlkapazitäten waren. Das Ausscheiden eines seinerzeit sehr bedeutenden TKK-Anbieters auf dem deutschen Markt war letztlich auf diese Prognosefehler zurückzuführen.

4.1.2.3 Zeitreihendekomposition

Ausgangspunkt der Entwicklungsprognose ist eine Zeitreihe vergangener Werte der zu erklärenden Größe. Wird nur die Zeit als erklärende „Determinante“ benutzt, ist ein Erklärungsmodell in der Form

$V(t) = a + b(t) + i(t)$ a, b: Koeffizienten einer Trendgeraden

nur zur Prognose geeignet, wenn für die zu erklärende Größe lediglich ein Trend existiert. Ein Trend kann von anderen auch mit dem Zeitablauf zu erklärenden Einflüssen, wie langfristigen Wachstumszyklen oder kurzfristigen Saisoneinflüssen, überlagert sein. Um diese Schwankungen erklären zu können, muß der historische Datensatz in seine einzelnen Bestandteile zerlegt werden, um eine systematisch richtige Prognose für künftige Zeitpunkte zu erreichen.

Bei der Zeitreihenanalyse werden üblicherweise vier Komponenten unterschieden, aus denen sich die Zeitreihe entweder multiplikativ oder additiv zusammensetzt:[13] Der Trend (T) gibt die Wachstumsrate einer Zeitreihe an. Konjunkturzyklen (C) verursachen langfristige Oszillationen der Zeitreihe. Kürzere Schwingungen mit einer Frequenz von bis zu einem Jahr sind auf saisonale Einflüsse (S) zurückzuführen, die zum einen durch regelmäßig wiederkehrende Naturbedingungen, zum anderen durch soziologisch determinierte Anlässe wie Weihnachten oder die Sommerferien bedingt sind. Alle unvorhersehbaren Einflüsse auf die Zeitreihe werden schließlich in einer irregulären Komponente (I) abgebildet. Da die langfristigen Komponenten T und C in der Praxis nur schwer zu trennen sind, werden sie oft zu einer sogenannten glatten Komponente TC zusammengefaßt.[14] Bezeichnet V_t das Niveau der zu erklärenden Größe in Periode t, gilt bei additiver Verknüpfung die Beziehung:

$$V_t = T_t + C_t + S_t + I_t$$

Im multiplikativen Modell gilt:

$$V_t = T_t \cdot C_t \cdot S_t \cdot I_t$$

13 Vgl. Utzel (1992), S. 88 f. und die dort angegebene Literatur.

14 Vgl. Kohlmüller (1987), S. 5 und die dort angegebene Literatur.

Da die Eignung bestimmter Prognosemodelle entscheidend vom Verlaufsmuster der Zeitreihe abhängt, sind vor der Auswahl des Prognosemodells die einzelnen Komponenten der Zeitreihe auf ihre Stabilität im Zeitablauf[15] und ihren exakten Verlauf hin zu untersuchen.[16] Kann das Muster der Zeitreihe als stabil angesehen werden, muß sie mit einer geeigneten Methode in ihre einzelnen Komponenten zerlegt werden. In der Praxis wird für die Dekomposition häufig die Ratio-to-Moving-Average-Methode eingesetzt. Die Grundzüge dieses Vorgehens sollen anhand eines Beispiels erläutert werden, bei dem V_t als Absatzmenge eines Produktes zu interpretieren ist.

Die Extraktion der einzelnen Zeitreihenkomponenten erfolgt sequentiell, wobei zunächst die glatte Komponente TC und anschließend die Komponenten S und I aus der Zeitreihe herausgerechnet werden.

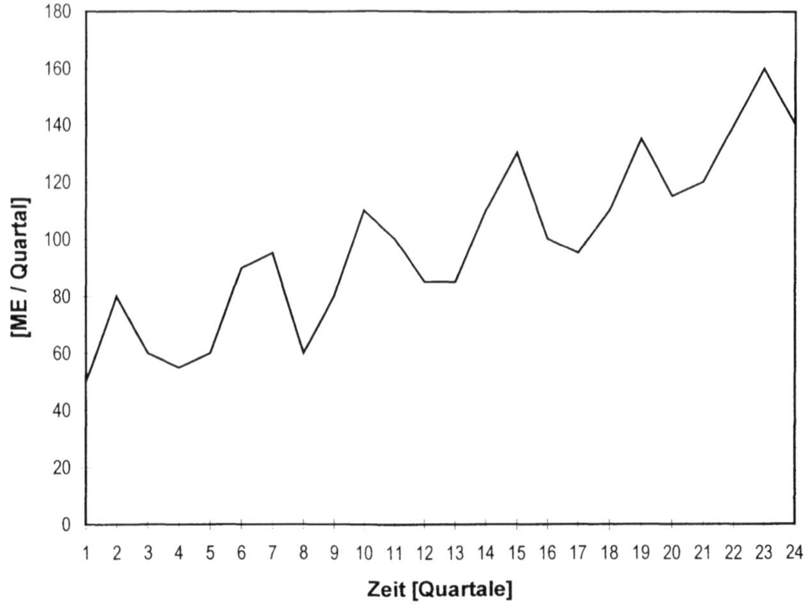

Abbildung 4-1

Der in Abbildung 4-1 dargestellte Verlauf der Zeitreihe V_t weist auf eine kontinuierliche Steigerung des Absatzes und somit auf einen positiven Trend hin. Darüber hinaus lassen die regelmäßig auftretenden Extremwerte auf ein im Zeitablauf stabiles Saisonmuster mit einem Saisonzyklus von vier Perioden schließen. Die Werte dieser Zeitreihe sind in nachfolgender Tabelle 4-1 in Spalte V_t eingetragen.

15 Hansmann (1983), S. 11, bezeichnet diese Prämisse als Stabilitätshypothese.

16 Vgl. Wheelwright/Makridakis (1978), S. 14.

t	h	V_t = TCSI	TC	S	I
1	1	50	-	0,8936	-
2	2	80	-	1,1050	-
3	3	60	62,500	1,1306	0,8491
4	4	55	65,000	0,8709	0,9716
5	1	60	70,625	0,8936	0,9507
6	2	90	75,625	1,1050	1,0770
7	3	95	78,750	1,1306	1,0670
8	4	60	83,750	0,8709	0,8227
9	1	80	86,875	0,8936	1,0305
10	2	110	90,625	1,1050	1,0985
11	3	100	94,375	1,1306	0,9372
12	4	85	95,000	0,8709	1,0274
13	1	85	98,750	0,8936	0,9632
14	2	110	104,375	1,1050	09538
15	3	130	107,500	1,1306	1,0696
16	4	100	108,750	0,8709	1,0559
17	1	95	109,375	0,8936	0,9720
18	2	110	111,875	1,1050	0,8898
19	3	135	116,875	1,1306	1,0217
20	4	115	123,750	0,8709	1,0671
21	1	120	130,625	0,8936	1,0281
22	2	140	136,875	1,1050	0,9256
23	3	160	-	1,1306	-
24	4	140	-	0,8709	-

Tabelle 4-1

Die glatte Komponente TC wird mit Hilfe zentrierter gleitender Mittelwerte aus der Zeitreihe extrahiert. Der Stützbereich für die Mittelwerte erstreckt sich über einen kompletten Saisonzyklus. Auf diese Weise werden die saisonalen Schwankungen ebenso wie die irreguläre Komponente aus der Zeitreihe eliminiert. Für das Beispiel mit vier Saisonabschnitten gilt die folgende Formel zur Ermittlung der gleitenden Mittelwerte TC_t:

$$TC_t = \frac{\frac{1}{2}V_{t-2} + V_{t-1} + V_t + V_{t+1} + \frac{1}{2}V_{t+2}}{4}$$

Für die in Tabelle 4-1 angegebene Zeitreihe der Daten errechnet sich der Wert für die dritte Periode der glatten Zeitreihenkomponente TC_3 wie folgt:

$$TC_3 = \frac{\frac{1}{2}\cdot 50 + 80 + 60 + 55 + \frac{1}{2}\cdot 60}{4} = 62{,}5$$

Um im nächsten Schritt die Komponente S zu isolieren, ist die glatte Komponente aus der orginären Zeitreihe herauszurechnen. Dies geschieht im multiplikativen Modell durch Division der originären Zeitreihe TCSI durch die gerade bestimmte Komponente TC. Der Quotient SI stellt das durch die irreguläre Komponente I überlagerte Saisonmuster dar:

$$\frac{TCSI_t}{TC_t} = SI_t$$

Für t=3 (t=7) errechnet sich ein SI_3 (SI_7) von 60/62,5 = 0,96 (95/78,750 = 1,206). Der Dekomposition der SI-Zeitreihe in die Komponenten S und I liegt wiederum eine Mittelwertbildung zugrunde. Für jeden Saisonabschnitt wird das arithmetische Mittel über die zugehörigen SI_t-Werte berechnet. Diese mittleren SI-Werte für die einzelnen Saisonphasen eines Saisonzyklusses werden als Saisonfaktoren bezeichnet. Zur Berechnung des dritten Saisonfaktors ist beispielsweise das arithmetische Mittel folgender SI-Werte zu bilden: SI_3; SI_7; SI_{11}; SI_{15}; SI_{19}; SI_{23}

Im letzten Schritt kann die irreguläre Komponente durch Division der Zeitreihe TCSI durch die beiden bereits isolierten Komponenten TC und S bestimmt werden. Es gilt die Beziehung:

$$\frac{TCSI_t}{TC_t\, S_t} = I_t$$

Die irreguläre Komponente ist folglich eine Residualgröße, die weder durch die glatte Komponente TC noch durch Saisoneinflüsse erklärt werden kann.

Mit der Prognose auf Basis der Zeitreihendekomposition existiert ein relativ einfaches Verfahren, um auch Saisoneinflüsse zu erfassen. Aufbauend auf der Zeitreihenzerlegung lassen sich in zwei Schritten Absatzprognosen erstellen:[17]

- Im ersten Schritt ist ein Prognosemodell für die um die Saisonkomponente bereinigte Zeitreihe TCI auszuwählen. Man erhält die Zeitreihe der störungsüberlagerten glatten Komponente (TCI), indem die Saisonkomponente aus der originären Zeitreihe eliminiert wird.[18] Die Prognose der glatten Komponente TC kann beispielsweise mit Hilfe der Regressionsanalyse erfolgen. Wird für das vorgestellte Zahlenbeispiel eine lineare Trendkomponente unterstellt, gilt in der 24. Periode folgende Regressionsfunktion:

  $$PV_{24+t}^{TC} = 51{,}1509 + 3{,}7956 \cdot (24 + t)$$

  Die Regressionsfunktion gibt den Prognosewert der glatten Komponente (TC) für den Zeitpunkt t jenseits des Zeitpunktes 24 an.

17 Vgl. Wheelwright/Makridakis (1978), S. 207 ff.

18 Während bei multiplikativer Verknüpfung der Zeitreihenkomponenten die originäre Zeitreihe durch die jeweiligen Saisonfaktoren zu dividieren ist, wird die TCI-Zeitreihe bei additiver Verknüpfung durch Subtraktion der Saisonkomponente von der originären Zeitreihe ermittelt.

- Anschließend ist dieser Prognosewert in einem zweiten Schritt um den Einfluß der Saisonkomponente zu ergänzen. Dazu wird der Prognosewert $PVTC_{24+t}$ bei multiplikativer Verknüpfung der Zeitreihenkomponenten mit dem für die Prognoseperiode 24+t gültigen Saisonfaktor S multipliziert. Für die 25. bis 28. Teilperiode des Beispiels gelten folgende Prognosewerte:

PV^{zdk}_{24+t}	=	PV^{TC}_{24+t}	$\cdot$	S_h		
PV_{25}	=	(51,1509+3,7956·25)	$\cdot$	0,8936	=	130,502
PV_{26}	=	(51,1509+3,7956·26)	$\cdot$	1,1050	=	165,569
PV_{27}	=	(51,1509+3,7956·27)	$\cdot$	1,1306	=	173,696
PV_{28}	=	(51,1509+3,7956·28)	$\cdot$	0,8709	=	137,104

Tabelle 4-2

4.1.2.4 Schwächen und Probleme quantitativer Prognosemethoden

Die quantitativen Prognoseverfahren gehen von der Hypothese aus, daß das aus der Zeitreihe der Vergangenheit abgeleitete Erklärungsgesetz auch in der Zukunft gilt, so daß es möglich ist, in Abhängigkeit vom angenommenen künftigen Niveau der Determinanten einen Schätzwert für die zu erklärende Größe zu bestimmen. Das bedeutet:

- Strukturelle Verhaltensänderungen, die zu sprunghaften Veränderungen des Erklärungsgesetzes in der Zukunft führen, sind im Erklärungsgesetz nicht berücksichtigt. Folglich muß eine Prognose immer versagen, wenn unvorhersehbare Strukturbrüche auftreten, da das formulierte Prognosegesetz nicht mehr gilt.

- Kontinuierliche Änderungen der Beziehungen zwischen den Determinanten und der zu prognostizierenden Größe, die ihre Ursache in evolutorischen Verhaltensänderungen haben, werden bei linearen Prognosemodellen nicht im dynamischen Ablauf erfaßt. Aus vergangenheitsbezogenen Daten wird lediglich eine im zeitlichen Durchschnitt geltende Erklärungsfunktion abgeleitet, d.h., nur die mittlere Rate der Veränderungen ist erfaßt. Beschleunigen sich Verhaltensänderungen im Zeitablauf, ist diese Dynamik mit linearen Modellen nicht abzubilden. Der auf die Veränderung der Erklärungsfunktion zurückgehende Prognosefehler wird um so gravierender, je langfristiger Prognosen sind und je schneller sich der Zusammenhang zwischen den Determinanten und der betrachteten Größe ändert.

Dem letzten Einwand läßt sich z.T. durch Wahl anderer Funktionstypen zwischen den erklärenden und der zu erklärenden Größe begegnen. Wird von andauernder Beschleunigung eines Wachstumsprozesses ausgegangen, können etwa exponentielle Funktionstypen besser zur Prognose eingesetzt werden. Diese Funktionstypen sind aber problematisch, wenn sich Entwicklungen zwar zunächst beschleunigen, aber nicht von einer permanenten Beschleunigung ausgegangen werden kann. Schwächt sich die Beschleunigung irgendwann einmal ab, oder kommt es gar zu Schrumpfungsprozessen, liefern Modelle mit exponentiell wachsenden Funktionen extrem unbrauchbare Prognosen.[19] Insbesondere wenn derartige Modelle für neu auf den Markt tretende Produkte mit zunächst starkem Wachstum eingesetzt werden, sind die Prognosen schon weit vor Erreichen der Sättigungsphase und erst recht für die Abschwungphase unbrauchbar. Mit Prognosemodellen auf der Basis eines exponentiellen Wachstums sind in der deutschen Industrie schon bedauernswerte Prognosen erstellt worden. Die Kraftwerksbetreiber beispielsweise waren eine Zeitlang froh über jedes geplante Kraftwerk, das sie nicht bauen durften, da sie die Entwicklung des Stromverbrauchs mit diesen Methoden grob verschätzt hatten.

- Ein genereller Mangel der quantitativen Methoden ist es, daß sie zu mechanistisch konstruiert sind. Prognosen auf der Basis rein vergangenheitsorientierter Kausalzusammenhänge führen stets zu unbefriedigenden Ergebnissen, wenn sich die Verhaltensweisen und damit die Zusammenhänge bereits in kurzen Abständen merklich verändern und wenn diese Zusammenhänge nur sehr schwach sind. Bei schwachen Zusammenhängen ist die Streuung sehr groß und als Folge die Treffsicherheit der Prognose gering. Bei Veränderungen der Zusammenhänge wäre zusätzlich eine Prognose über das Ausmaß dieser Veränderungen erforderlich. Zur Verbesserung der Qualität von Prognosen ist zu fordern, daß die auf rein vergangenheitsorientierten Zusammenhängen basierenden quantitativen Prognosen um die Auswirkungen von sicherem oder wahrscheinlichem Wissen über die Fortentwicklung der Zusammenhänge ergänzt werden. Derartiges Wissen ist u.U. im Wege von Befragungen, Beobachtungen oder durch Expertenurteile zu gewinnen. Anzustreben ist daher eine Kombination aus quantitativen und qualitativen Prognosetechniken.

Der Genauigkeitsgrad von Prognosen hängt entscheidend vom Prognosegegenstand, dem Aggregationsgrad der Variablen, der Prognoseart und von der zeitlichen Reichweite der Prognose ab. Auf diese Bestimmungsfaktoren der Prognosequalität soll im folgenden eingegangen werden.

- Im Hinblick auf den Prognosegegenstand ist insbesondere zwischen der Vorhersage menschlicher Verhaltensweisen und der Prognose überwiegend technischer Größen zu unterscheiden. Im Gegensatz zur Prognose menschlicher Verhaltensweisen liegen der Prognose technischer Größen, wie dem Verbrauch einer Materialart pro Mengeneinheit eines bestimmten Erzeugnisses, in erster Linie technische Zusammenhänge zugrunde. Menschliche Verhaltensweisen spielen für die Ausprägungen dieser Größen keine oder zumindest eine nachgeordnete Rolle. Beispielsweise kann der Ausschuß oder der Materialverbrauch außer von den konstruktiven Merkmalen des Produktionsverfahrens oder des Produktes auch vom Qualitätsbewußtsein der Arbeitskräfte oder deren Einstellung zu einem sparsamen Materialverbrauch abhängig sein. Die Zeitreihe technischer Größen - wie Materialverbrauch - wird u.U. zusätzlich durch einen Lernprozeß[20] der Arbeitenden beeinflußt. Der Materialverbrauch und der Ausschuß für ein Produkt sind höher, wenn sich das Produkt in der Anfangsphase der Produktion befindet. Bedingt durch Lerneffekte

19 Sinnvolle Prognosen können dann mit anspruchsvolleren mathematischen Verfahren wie den autoregressiven Box-Jenkins-Modellen erstellt werden; vgl. Hansmann (1983), S. 65 ff.

20 Vgl. Ihde (1970); Schneider (1965).

über die Handhabung des technischen Prozesses sinken Materialverbrauch und Ausschuß, wenn das Erzeugnis über einen längeren Zeitraum hinweg produziert wird.

Für technische Daten läßt sich in aller Regel aus statistischen Erhebungen eine Dichtefunktion der zu erklärenden Größe mit sehr geringer Standardabweichung ableiten, d.h., die Realisationen des Zufallsprozesses, dem die zu erklärende Größe gehorcht, liegen in einem vergleichsweise engen Intervall um den Erwartungswert. Daraus resultiert ein nur geringer Prognosefehler, wenn bei technischen Daten der Erwartungswert als Prognosewert benutzt wird.

Viel schwieriger ist es, menschliche Verhaltensweisen und deren Folgen vorauszusagen. Ob beispielsweise ein neu entwickeltes Produkt vom Markt angenommen wird, hängt von vielen Unwägbarkeiten wie Geschmackstrends, Einstellungen bzw. Wertevorstellungen der Konsumenten usw. ab, die sich in Richtung und Stärke im Zeitablauf nur sehr unvollkommen einschätzen lassen. Als Folge dieser Unwägbarkeiten ist die irreguläre, zufällige Komponente bei Prognosen viel größer, und die Fundierung der Planung durch treffsichere Prognosen gelingt nur recht unvollkommen.

- Prognosen über hoch aggregierte Größen sind in der Regel sicherer als solche über Größen mit geringer Aggregation. Beispielsweise ist eine Entwicklungsprognose über den Absatz einer Produktgruppe sicherer und leichter möglich als eine entsprechende Prognose über den Absatz eines einzelnen Erzeugnisses. Der Prokopfabsatz an Tiefkühlkost in Deutschland läßt sich noch mit relativ hohem Sicherheitsgrad prognostizieren; wie sich aber der Absatz eines bestimmten Erzeugnisses - wie Spinat, Fischstäbchen oder Spezialitäten wie Chäs'-Plätzli bzw. Bouillabaisse - entwickeln wird, ist sehr viel schwerer vorherzusagen. Für den Sicherheitsgrad der Prognose ist der Aggregationsgrad der zu prognostizierenden Größen deshalb ausschlaggebend, weil bei Prognosen für disaggregierte Größen viele sich in der aggregierten Größe kompensierende Prognosefehler auftreten. Dieser Kompensationseffekt kann dazu führen, daß aus einer jeweils falschen Prognose über den Absatz der einzelnen Artikel einer Produktgruppe insgesamt eine richtige Prognose über den Absatz der Gesamtgruppe resultiert. Ursächlich für diesen Kompensationseffekt sind Substitutionsbeziehungen zwischen den Produkten.

- Entwicklungsprognosen sind gewöhnlich leichter und mit höherem Sicherheitsgrad zu erstellen als Wirkungsprognosen. Das hat seine Ursache darin, daß für Entwicklungsprognosen i.d.R. eine große Anzahl statistischer Beobachtungen aus der Vergangenheit vorliegen, während für die reine Wirkungsprognose häufig keine vergleichbaren Beobachtungswerte aus der Vergangenheit bekannt sind. Eine Wirkungsprognose kann demzufolge nur in Form eines Experiments oder einer Befragung einer repräsentativen Gruppe über deren Verhaltensweisen und anschließender Hochrechnung der Ergebnisse auf die statistische Grundgesamtheit erfolgen. Die Qualität derartiger Wirkungsprognosen ist entscheidend davon abhängig, ob es durch Befragung einer Testgruppe gelingt, aussagefähige Ergebnisse für das tatsächliche Verhalten der Gesamtheit zu gewinnen. Das ist mitunter schon deshalb schwierig, weil die Befragten nicht ihre tatsächliche Präferenzstruktur zu erkennen geben, sondern rationalisieren: „Welche Antwort erwartet der Fragende von mir?" Das Kaufverhalten und die in der Befragung bekundete Absicht stimmen nicht überein, und die Prognose liefert unzutreffende Ergebnisse.

- Die zeitliche Reichweite der Prognose spielt eine wesentliche Rolle für die Prognosesicherheit, weil die benutzten Erklärungsgesetze durch Evolution und Strukturbrüche veralten.[21] Je weiter Prognosen in die Zukunft reichen, desto unsicherer werden sie.

4.1.3 Prognose und Unsicherheit

4.1.3.1 Die Bedeutung mehrwertiger Prognosen für die Planung

Kein Prognoseverfahren gestattet es, künftig geltende Daten mit Sicherheit vorauszusagen. Trotz Prognose besteht daher eine mehr oder weniger große Unsicherheit über die Zukunft. Diese Unsicherheit hat zwei Wurzeln:

- Jede Prognose über Erwartungswerte basiert auf Hypothesen über die ausgewählten erklärenden Determinanten, die Art des Beziehungstyps zwischen erklärender und zu erklärender Größe und das künftige Niveau der Determinanten. Trifft eine dieser Hypothesen nicht zu, ist der prognostizierte Erwartungswert der Daten fehlerhaft.

- Die Zeitreihe einer zu erklärenden Größe kann als Realisation eines Zufallsprozesses aufgefaßt werden. Die Prognose schätzt i.d.R. nur den Erwartungswert aller potentiellen Realisationen. Die tatsächlichen Realisationen des Zufallsprozesses können von dieser Schätzung stark abweichen. Das gilt insbesondere, wenn das Erklärungsgesetz nur schwach ist.

Prognosen sind daher stets mit mehr oder weniger großer Unsicherheit behaftet. Es ist daher wenig sinnvoll, der Planung sogenannte Punktprognosen - erwartet wird eine Absatzmenge von 5 Mio. Mengeneinheiten eines Produktes im nächsten Jahr - zugrunde zu legen. In der Planung kann die von der Unsicherheit der Daten ausgehende Wirkung nicht erfaßt werden. Richtiger wäre es, eine Bandbreite anzugeben, innerhalb der das Niveau der zu erklärenden Größe mit großer Wahrscheinlichkeit liegen wird - beispielsweise: das Absatzvolumen eines Produktes liegt mit einer Wahrscheinlichkeit von 95% zwischen 4,8 und 5,2 Mio. ME. Diese Bandbreite der Prognose wird von der Qualität des Prognoseverfahrens und der Güte der Daten bestimmt. Verfahren mit einer großen Anzahl berücksichtigter Determinanten führen i.d.R. zu engeren Bandbreiten als solche mit nur wenigen Einflußgrößen. Bandbreitenprognosen, bei denen der Eintritt für jeden Wert innerhalb der Bandbreite als gleich wahrscheinlich angesehen wird, können zusätzlich durch Angabe von Wahrscheinlichkeiten für den Eintritt einzelner Werte oder Intervalle der Bandbreite verfeinert werden.

Bei Planungen mit unsicheren Daten wird häufig der maximale Erwartungswert der Erfolgsgröße angestrebt - beispielsweise: Maximierung des Gewinnerwartungswertes. Dabei ist es im allgemeinen für die Planung unzulässig, die Dichtefunktionen der Daten auf den jeweiligen Erwartungswert zu komprimieren. Die Planung auf der Basis der Erwartungswerte der

21 Vgl. Schneeberger (1978), S. 131 ff.

Daten führt, wie sich mathematisch nachweisen läßt, nur zum Erwartungswert der Erfolgsgröße, wenn weder zwischen den Daten noch zwischen den Entscheidungen aufeinanderfolgender Perioden stochastische Abhängigkeiten bestehen.[22] Sind diese Voraussetzungen nicht erfüllt, treten durch die Verdichtung der Daten zu Erwartungswerten Informationsverluste auf, die durch den Planungsprozeß nicht mehr rückgängig zu machen sind. Die Folge eines derartigen Vorgehens sind im allgemeinen nicht optimale Pläne.[23]

Ein Beispiel soll diesen Sachverhalt verdeutlichen.[24] Für die Bestellung eines Rohstoffes mit einem Anfangsbestand von 24 ME legt ein Betrieb eine Wiederauffüllmenge von 24 ME fest. Bestellt wird immer, wenn das Lager zuzüglich bestellter, aber noch nicht gelieferter Einheiten 12 oder weniger ME umfaßt. Die Bestellmenge errechnet sich, indem die Summe aus offenen Bestellungen und Lagerbestand von der Wiederauffüllmenge abgezogen wird. Die Lieferfrist beträgt 2 Perioden. Die Nachfrage nach dem Artikel sei über das Intervall {11; 12; 13} [ME] gleichverteilt. Es sind folgende Kosten zu verrechnen: 2 GE für jede ME, die am Ende einer Periode auf Lager ist, 100 GE pro Bestellung und 70 GE pro ME, die nicht geliefert werden kann, weil die Bestände zur Deckung der Nachfrage nicht ausreichen.

Legt das Unternehmen seinen Überlegungen den Erwartungswert der Nachfrage in Höhe von 12 ME zugrunde, rechnet es für die gegebene Bestellpolitik mit folgender Entwicklung der Bestände und Kosten.

Periode	Anfangs-bestand	Zugang	Abgang	Endbe-stand	Bestell-menge	Bestell-kosten	Lager-kosten
1	24	-	12	12	12	100	24
2	12	-	12	0	12	100	0
3	0	12	12	0	12	100	0
4	0	12	12	0	12	100	0
5	.	.	.	.	.	.	.
6	.	.	.	.	.	.	.
7	.	.	.	.	.	.	.
8	.	.	.	.	.	.	.
9	.	.	.	.	.	.	.
10	.	12	12	0	12	100	.
Summe						1000	24

Tabelle 4-3

Für die zehn Perioden ergeben sich Gesamtkosten von 1024 GE. Fehlmengenkosten treten nicht auf. Die Verdichtung der Nachfrage auf den Erwartungswert bildet das Lagergeschehen nur sehr unvollkommen ab. In der folgenden Darstellung werden alle möglichen Nachfragesituationen erfaßt, die in den ersten beiden Perioden auftreten können.

22 Vgl. Witte (1973), S. 173 ff.; Born (1976), S. 27 f. und S. 98-103.

23 Vgl. auch Dinkelbach (1982), S. 79 ff.

24 Vgl. auch Abschnitt 1.3.4.

An den Pfeilen stehen jeweils die möglichen Nachfragemengen und in den Kästen - von oben nach unten - die Lagerbestände, Fehlmengen und die Bestellmengen, die sich für die vorgegebene Politik aus den einzelnen Realisationen der Nachfrage ergeben. Kosten in Höhe von 224 GE der ersten beiden Perioden bei Verdichtung der Nachfrage auf den Erwartungswert steht damit ein Erwartungswert der Kosten über 2 Perioden von 178,22 GE gegenüber. Diese Kosten ergeben sich, wenn die Kosten der 9 möglichen Situationen nach zwei Jahren mit der Eintrittswahrscheinlichkeit von jeweils 1/9 multipliziert und die Summe über alle 9 Situationen gebildet wird. Dem entspricht es, die Gesamtsumme der Kosten in Höhe von 1604 GE aller 9 Situationen durch neun zu dividieren: 1604/9 = 178,22 Da über 10 Perioden 59049 ($=3^{10}$) Endzustände existieren, kann der Erwartungswert der Kosten über 10 Perioden nicht über einen Zustandsbaum berechnet werden. Der Erwartungswert der Kosten ist mit Hilfe einer Simulation geschätzt. Aus 100 Simulationsläufen über jeweils 10 Perioden ergibt sich für den Gesamtzeitraum ein Erwartungswert der Kosten in Höhe von 2186,66 GE. Dieser Betrag setzt sich aus 65,46 GE Lagerkosten sowie 1537,20 GE Fehlmengenkosten und 584 GE bestellfixen Kosten zusammen. Die Schätzung des Erwartungswertes der Kosten von 2186,66 GE übersteigt die erwarteten Kosten auf Basis einer Verdichtung der Nachfrage auf den Erwartungswert somit um 114%. Aufgrund der erheblichen Abweichungen zwischen dem Erwartungswert der Kosten (2186,66 GE) und den sich bei Verdichtung der Nachfrage ergebenden Kosten (1024 GE) ist nicht damit zu rechnen, daß ein Modell mit verdichteten Daten die Politik mit minimalem Erwartungswert der Kosten liefert. Der Grund hierfür ist darin zu sehen, daß ein Modell mit verdichteten Daten die stochastischen, zeitübergreifenden Abhängigkeiten der Zustandsgrößen (Bestand/Fehlmenge) aufeinanderfolgender Perioden nicht erfaßt. Im Beispiel wird insbesondere die Fehlmengensituation völlig falsch beurteilt.

Da eine Planung auf der Basis von Erwartungswerten der Daten im allgemeinen nicht zum Erwartungswert der Zielgröße führt, ist für die Planung eine Prognose der Daten in Form von Bandbreiten oder Dichtefunktionen zu fordern. Planungen, die von Dichtefunktionen ausgehen, sind komplizierter und bedingen einen größeren Planungsaufwand als solche auf der Basis von Erwartungswerten der Daten. Aus Gründen der Vereinfachung des Planungsverfahrens wird in der Praxis häufig von Prognosen über Dichtefunktionen oder Bandbreiten der Daten abgesehen. Die Folgen dieser Vereinfachung sind allerdings meist systematische Planungsfehler.

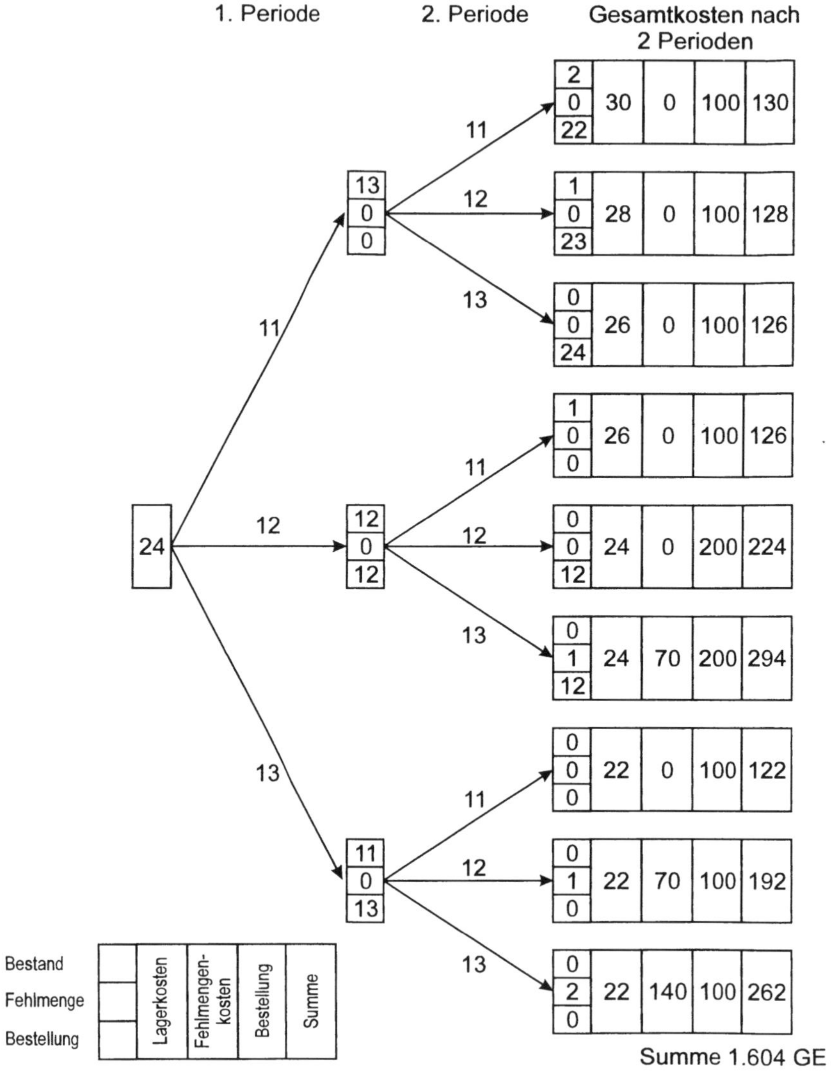

Abbildung 4-2

4.1.3.2 Die Wirkung von Unsicherheitsintervallen auf die Ergebnisse der Planung

Aus großen Bandbreiten bei der Datenprognose ziehen Unternehmen häufig den irrigen Schluß, daß sich eine Planung nicht lohnt. Sie gehen mithin davon aus, daß große Bandbreiten in den Daten zwingend auch große Bandbreiten in den für die möglichen Datenkonstellationen optimalen Politiken zur Folge haben. Dem muß aber nicht so sein, wie das folgende, aus der Praxis übernommene Beispiel zeigt.

Ein Getränkehersteller will ein neuartiges Produkt einführen und ist sich über den zu verlangenden Preis bislang im unklaren. Die variablen Kosten belaufen sich im praktischen Fall auf DM 0,6 je Literflasche. Durch ein Marktforschungsinstitut läßt er eine Marktuntersuchung in einem Testmarkt durchführen. Es werden drei Preise getestet (im praktischen Fall DM 2,-, 3,- und 4,-). Das Institut erstellt zu jedem der drei Preise eine pessimistische und eine optimistische Absatzprognose. Die Mengenangaben dieser beiden Prognosen klaffen erheblich auseinander. Obwohl das Institut statistisch absichern kann, daß die wahre Absatzmenge mit etwa 95% Wahrscheinlichkeit innerhalb der prognostizierten Bandbreite liegt, lehnt es das Unternehmen zunächst ab, mit derartig unsicheren Daten überhaupt zu planen. Lediglich die Abteilung für Kostenrechnung sieht sich in der Lage auf Basis der in diesem Unternehmen üblichen Vollkostenrechnung und des üblichen Gewinnaufschlages die Empfehlung auszusprechen, einen Preis von etwas unter DM 2,- zu verlangen. In einem Unternehmerseminar trägt ein Mitarbeiter der Projektgruppe für die Einführung des neuen Produktes dieses Problem vor und möchte wissen, ob sich weitergehende Planungsüberlegungen wirklich nicht auszahlen.

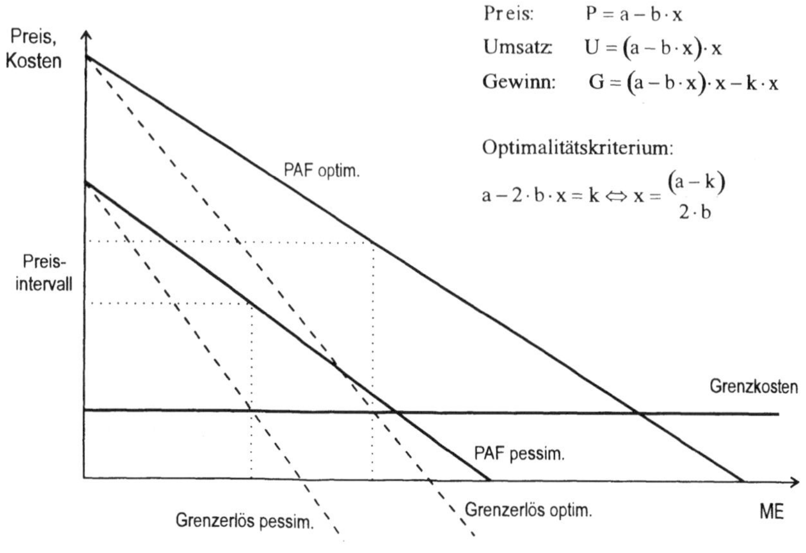

Abbildung 4-3

Durch folgende recht simple Überlegungen kann das Problem strukturiert werden: Bei dem Erzeugnis handelt es sich um ein hochwertiges Produkt in einem bislang nicht besetzten Marktsegment. Es ist davon auszugehen, daß das Unternehmen bei einem Markterfolg des Produktes höchstens ein Jahr quasi als Monopolist auftreten kann. Danach existieren mit

Sicherheit vergleichbare Produkte der Konkurrenz. Da die Entwicklung und Einführung, insbesondere die Werbung, für das Produkt sehr kostenintensiv sind, besteht eine preispolitische Alternative darin, im ersten Jahr möglichst viel zu verdienen, um die Entwicklungskosten kurzfristig zurückzugewinnen. Eine zeichnerische Darstellung der pessimistischen und optimistischen Absatzmengen bei den drei Preisen zeigt, daß jeder der beiden Datensätze recht ordentlich durch eine lineare Beziehung zwischen Preis und Absatzmenge approximiert werden kann. Für die weiteren Überlegungen wird deshalb pauschal von den beiden Preisabsatzfunktionen (PAF) der Abbildung 4-3 ausgegangen.

Für die gegebenen variablen Kosten und die beiden Preisabsatzfunktionen wird für den Fall pessimistischer bzw. optimistischer Absatzerwartungen der optimale Preis bestimmt. In dem beschriebenen Problem liegt der optimale Preis für den pessimistischen (optimistischen) Fall bei ca. DM 2,8 (DM 3,2).

Aus der Zeichnung wird der generelle Zusammenhang zwischen dem Unsicherheitsintervall der Daten und der Wirkung auf die optimale Politik recht deutlich. Eine ganz erhebliche Spannweite in den Daten führt nur zu einer recht geringen Spannweite der optimalen Politik. Zwar kann auf der Basis der Monopolpreisanalyse nicht gesagt werden, mit welchem Preis das Unternehmen an den Markt gehen soll; aber es ist möglich, ein mit 95% Wahrscheinlichkeit vernünftiges Preisintervall anzugeben, das zudem von den nicht marktbezogenen Vorstellungen der Kostenrechner erheblich abweicht. Nach längeren Diskussionen wird das Produkt schließlich zu DM 2,98 eingeführt. Dieser Preis wird nicht allein aus psychologischen Gründen gewählt, sondern er orientiert sich auch an der Funktion des Break-Even-Points der Absatzmenge in Abhängigkeit von unterschiedlichen Preisforderungen. Dem Verlauf dieser Funktion ist zu entnehmen, daß im Preisintervall von DM 3,- bis DM 2,60 die Break-Even-Menge unterhalb der Absatzmenge bei pessimistischer Absatzerwartung liegt, so daß in diesem Preisbereich auch bei schlechtem Absatz Gewinne erzielt werden können. Für Preise oberhalb von drei Mark und pessimistischer Absatzerwartung muß mit Verlusten gerechnet werden, da die Break-Even-Menge bei diesen Preisen nicht erreicht wird. Der beim Preis von 3,20 und pessimistischer Absatzmenge auftretende Verlust liegt bei schlechter Absatzlage allerdings noch erheblich unterhalb der Verlustsumme für den von der Kostenrechnung vorgeschlagenen Preis von DM 2,-.

Die tatsächlich bei einem Preis von DM 2,98 realisierte Absatzmenge lag knapp unterhalb des Mittelwertes aus pessimistischer und optimistischer Absatzmenge. Die Entwicklungskosten des Produktes können daher in der ersten Periode voll abgedeckt werden.

In der Realität finden sich allerdings selten Planungssituationen, die so leicht zu handhaben und zu strukturieren sind, wie das vorgestellte Beispiel.

4.2 Das Unsicherheitsproblem

4.2.1 Generelle Probleme einer Planung bei Unsicherheit

4.2.1.1 Unsicherheit, mehrwertige Erwartungen, Risiko

Unsichere Daten haben zur Folge, daß sich einer Entscheidungsalternative kein bestimmter Erfolg mehr zuordnen läßt. Der mit einer Entscheidung oder einer Kette von Entscheidungen verbundene Erfolg hängt vielmehr davon ab, welche von mehreren möglichen Datensituationen eintritt. Der Planende sieht sich somit mehrwertigen, unsicheren Erfolgserwartungen gegenüber. Er muß sich aber trotz der Unsicherheit darüber klar werden, welche Maßnahmen er ergreifen will.

Die Unsicherheit allein ist für die Entscheidung noch nicht relevant. Beachtlich für die Unternehmenspolitik wird sie erst, wenn sie, bedingt durch fehlende Elastizität der einmal getroffenen Entscheidung, zum Risiko führt.[25] Der Unterschied zwischen Risiko und Unsicherheit wird durch das folgende Beispiel deutlich.

Gewinnmatrix	Datensituation	
	A	B
Strategie 1	10,-	5,-
Strategie 2	4,-	8,-

Tabelle 4-4

Ein Unternehmen verfolgt die Strategie 1, die optimal ist, wenn die Datensituation A gilt. Würde die Datensituation B gelten, wäre die Maßnahme 2 optimal. Wird die Maßnahme 1 ergriffen, weil vermutet wird, daß die Datensituation A eintreffen wird, stellt sich aber hinterher die Datensituation B ein, erwirtschaftet das Unternehmen statt eines geplanten Gewinnes von 10 GE nur einen Gewinn von 5 GE, wenn das Unternehmen an seine Entscheidung gebunden ist. Kann das Unternehmen hingegen die getroffene Entscheidung jederzeit ohne Nachteil zurücknehmen, liegt also volle Elastizität (Flexibilität) vor, könnte das Unternehmen die Maßnahme 1 durch die Maßnahme 2 ersetzen, wenn sich herausstellt, daß die Datensituation B eintritt. Erst die fehlende Elastizität führt mithin dazu, daß eine für die tatsächlich eintreffende Datensituation nicht optimale Entscheidung gefällt wird. Diese nicht optimale Entscheidung drückt sich darin aus, daß das Unternehmen im Beispiel gegenüber der für die Situation B optimalen Entscheidung einen um 3 GE geringeren Gewinn erzielt, wenn es sich für die erste Strategie entschieden hat.

In der Regel dürfte die Unsicherheit über die eintreffende Datensituation stets mit einem Risiko verbunden sein, da meistens keine volle Elastizität existiert, d.h., ein Unternehmen ist an eine einmal getroffene Entscheidung gebunden, oder es kann seine Entscheidung nur mit Zusatzkosten revidieren. Nur in diesen beiden Fällen ist die Unsicherheit entscheidungsrelevant. Es stellt sich die Frage, auf welchem Wege das Risiko in die Entscheidungsfindung

25 Vgl. Jacob (1967), S. 156 f.; derselbe (1971), S. 269 f.

einbezogen werden kann. In der Entscheidungstheorie werden dazu zwei Wege vorgeschlagen:

- Ein Unternehmen fällt für den gegebenen unvollkommenen Informationsstand eine Entscheidung, die den Erwartungswert des Erfolges oder des Nutzens maximiert. Bei dieser Entscheidung werden die Unsicherheit der Daten und gegebenenfalls auch die der Erfolgsgröße berücksichtigt. Diese Sichtweise geht davon aus, daß künftig mit den heute bekannten Daten zu rechnen ist.

- Das Unternehmen geht bei seiner Entscheidung davon aus, daß künftig andere Daten gelten können als sie gegenwärtig prognostiziert werden. Dem Risiko wird durch flexible, anpassungsfähige Strategien Rechnung getragen. Zusätzlich wird in der Planung über die Zusatzkosten nachgedacht, die entstehen, wenn sich ein Unternehmen für eine anpassungsfähige Strategie entscheidet, die in der heutigen Informationslage geringere Erfolge erwarten läßt. Das Unternehmen nimmt Zusatzkosten gewissermaßen als Versicherungsprämie in Kauf, um bei derzeit unerwarteten Entwicklungen erfolgreicher aggieren zu können (Flexibilitätsplanung).

Das Flexibilitätsproblem tritt grundsätzlich nur bei dynamischen Planungsproblemen auf. Der erste Fall ist sowohl bei statischen als auch dynamischen Problemen relevant. Zunächst soll nur der erste Fall am Beispiel statischer Probleme näher untersucht werden. Das Flexibilitätsproblem wird im Kapitel 4.2.4 wieder aufgegriffen.

Um in der ersten Problemstellung der Unsicherheit der Daten in der Planung Rechnung zu tragen, sind zwei Vorgehensweisen zu unterscheiden. Die erste Vorgehensweise erfaßt lediglich die Unsicherheit der Daten, während bei der zweiten zusätzlich die Unsicherheit der Erfolgsgröße mit berücksichtigt wird.

- Einmal kann ein Unternehmen die unterschiedlichen Erfolge einer Strategie in den einzelnen Datensituationen zum Erwartungswert des Erfolges verdichten. Soweit ein Unternehmen mit einer nicht linear vom Erfolg abhängigen Nutzenfunktion arbeitet, wäre der Erwartungswert des Nutzens zu bestimmen.[26] Das Unternehmen arbeitet in diesem ersten Unterfall mit einer eindimensionalen Zielfunktion, in der die Erfolge einer Strategie in allen Datensituationen mit ihrer jeweiligen Wahrscheinlichkeit eingehen.

- Andererseits kann ein Unternehmen auf eine zunächst zweidimensionale Zielfunktion übergehen, die den Erwartungswert des Gewinns oder Nutzens und zusätzlich ein Maß für das Risiko abbildet. In diesem Fall muß ein Maß für das Risiko gefunden werden. Beispielsweise kann die Streuung der Erfolge um den Erwartungswert als Risikomaß verwendet werden. In die Entscheidungsfindung fließen die Informationen über den Erwartungswert des Erfolges und das Risiko des Erfolges ein.

26 Vgl. Abschnitt 4.2.2.3.2.

Für den zweiten Unterfall ist es erforderlich, das Risiko zu messen. Das mit einer Entscheidung verbundene Risiko wird in der Literatur[27] durch zwei verschiedene Meßprinzipien quantifiziert:

- Horizontale Risikomessung:
  In diese Gruppe gehören Maße, die sich lediglich auf eine Strategie beziehen und keine Verbindung zu anderen Strategien herstellen. Diese Maßgröße für das Risiko wird aus den Erfolgen einer Strategie in unterschiedlichen Datensituationen abgeleitet. Beispiele für diese Art der Risikomessung sind:

  1. Die Differenz der Erfolge zwischen der schlechtesten und der besten Datensituation einer Strategie (Schwankungsbreite der Gewinne).
  2. Die Standardabweichung oder die Varianz der Erfolge einer Strategie.
  3. Das Ausmaß der Gefahr, bei einer Strategie das eingesetzte Kapital nicht zurückgewinnen zu können. Bei dieser Risikodefinition werden nur die Datensituationen mit negativen Erfolgsgrößen berücksichtigt.

  Die ersten beiden Risikomaße haben den Nachteil, daß generell jede Abweichung des Erfolges vom Erwartungswert als Risiko interpretriert wird. Also auch ein den Erwartungswert übersteigender Erfolg wird als Risiko ausgelegt. Diese in der Entscheidungstheorie übliche Auslegung des Risikobegriffs als Abweichung vom optimalen Erfolg entspricht sicherlich nicht dem normalen Risikoempfinden. Dem üblichen Risikoempfinden wird nur das 3. Risikomaß gerecht.

- Vertikale Risikomessung:
  Dieses Maß verbindet die Erfolgsgrößen unterschiedlicher Strategien miteinander. Ein Beispiel hierfür ist die in der Tabelle 4-4 diskutierte Gewinnabweichung einer Strategie im Vergleich zu der für eine Datensituation optimalen Strategie. Mit der Strategie 2 geht das Unternehmen in der Situation A ein Risiko von 6 GE ein, während sich für Strategie 1 in Situation B ein Risiko von 3 GE ergibt. Diese Risikointerpretation bezieht sich nur auf negative Abweichungen. Die negative Abweichung muß aber nicht negativen Erfolg bedeuten.

In der Entscheidungstheorie werden meistens horizontale Risikomaße bevorzugt,[28] da auf ihrer Basis logisch begründbare Entscheidungen abzuleiten sind. Bei vertikalen Risikomaßen ergeben sich Probleme, da Gewinnabweichungen nicht unmittelbar vergleichbar sind. Durch diese Maße geht die Information verloren, um welches Gewinniveau Abweichungen auftreten. Eine bestimmte Gewinnabweichung wird unabhängig von dem Gewinniveau, bei dem sie auftritt, in der Entscheidung immer gleich stark gewichtet. Eine Gewinnabweichung von 10 GE um einen Gewinn von 1.000 hat ökonomisch die gleiche Bedeutung wie die gleiche Abweichung bei einem Gewinn von nur 15. Diese Gleichwertigkeit deckt sich aber nicht

27 Vgl. Gutenberg (1967), S. 148 f.; Jacob (1971), S. 269 und 282; Schneeweiß (1967), S. 52 ff.; Schneider (1980), S. 130 ff.

28 Vgl. Bitz (1981); Bamberg/Coenenberg (1994); Schneeweiß (1991) und die dort angegebene Literatur.

zwingend mit den Nutzenvorstellungen der Entscheidungsträger. Arbeitet das Unternehmen mit einer nicht linear vom Gewinn abhängigen Nutzenfunktion, und wird eine risikoscheue Verhaltensweise unterstellt, schmerzen Gewinnabweichungen bei niedrigem Gewinniveau stärker als gleich hohe Gewinnabweichungen bei hohem Gewinn. Diese Wertungsunterschiede lassen sich bei vertikaler Risikomessung nicht erfassen.

Es soll nunmehr eingehender untersucht werden, welchen Einfluß die Unsicherheit von Daten auf die Zielsetzung der Unternehmung haben kann. Bei sicheren Daten möge ein Unternehmen nach Gewinnmaximierung streben. Bei deterministischen Daten ist einem Unternehmen auch grundsätzlich die Möglichkeit gegeben, dieses Streben in die Tat umzusetzen. Bei unsicheren Daten mag das Unternehmen zwar nach Gewinnmaximierung streben; da es keinen Einfluß auf die tatsächlich eintretende Datensituation hat, fehlt ihm die Möglichkeit, dieses Streben durchzusetzen.[29] Die Unsicherheit über die Datensituation zwingt das Unternehmen daher zu einer Modifikation seiner Zielsetzung. Wie bereits angesprochen, kann dazu auf zwei Entscheidungsprinzipien zurückgegriffen werden:

- An die Stelle des zu maximierenden Gewinns tritt der maximierende Erwartungswert des Gewinns oder des Nutzens (Bernoulli-Prinzip). Auf jeden Fall arbeitet der Entscheidungsträger mit einer eindimensionalen Zielfunktion.

- Neben dem Erwartungswert wird zusätzlich ein Maß für das Risiko in die Entscheidungsfindung einbezogen.[30] Zu dieser Klasse von Entscheidungsprinzien gehört das μ-σ-Kriterium. Die Zielfunktion ist zunächst zweidimensional.

Welche Konsequenz die beiden Vorgehensweisen für die Planung haben, soll anhand eines Beispiels verdeutlicht werden. Dabei wird als Risikomaß die Standardabweichung der Gewinne σ benutzt.

Ein Unternehmen kann zwischen zwei Strategien i wählen. Es hält vier einander ausschließende Datensituationen j für möglich, für die unterschiedliche Eintrittswahrscheinlichkeiten w_j gelten.

Durch Tabelle 4-5 wird die Entscheidungsmatrix für diesen Fall wiedergegeben.

	A	B	C	D		
	Wahrscheinlichkeiten w_j				Erwartungswert	Standard-
Strategie i	0,2	0,4	0,3	0,1	μ	abweichung σ
1	100	150	200	300	**170**	55,68
2	150	160	150	250	164	**29,05**

Tabelle 4-5

Für die beiden Strategien errechnen sich Gewinnerwartungswerte in Höhe von 170 bzw. 164. Die Standardabweichungen belaufen sich auf 55,68 bzw. 29,05. Aus der Sicht des Er-

29 Vgl. Albach (1959), S. 258.

30 Vgl. Jacob (1971), S. 23 f.

wartungswertes ist die Strategie 1 vorzuziehen, während bei ausschließlicher Risikobetrachtung die Strategie 2 wegen der kleineren Standardabweichung überlegen ist. Sollen bei der Entscheidung Gewinn- und Risikoaspekte berücksichtigt werden, ist zwischen den beiden Strategien zunächst keine logisch begründbare Wahl zu treffen, da ein Übergang von der zweiten zur ersten Strategie zwar zur Verbesserung des Erwartungswertes führt, gleichzeitig aber auch das Risiko ansteigen läßt. Eine rationale Wahl zwischen den Strategien ist nur möglich, wenn entsprechend der Risikoneigung des Entscheidungsträgers eine Gewichtung beider Zielfunktionselemente durchgeführt und damit die mehrdimensionale in eine eindimensionale Zielsetzung transformiert wird. Die folgenden drei Nutzenfunktionen für risikoscheues Verhalten leisten eine derartige Transformation:[31]

$N_1 = \mu - a \cdot \sigma$

$N_2 = \mu - a \cdot \sigma^2$

$N_3 = \mu - a \cdot (\mu^2 + \sigma^2)$

Für einen Wert a = 0,01 wäre bei Anwendung von N_1 die Entscheidung zugunsten von Strategie 1 zu fällen, während bei Anwendung von N_2 die Strategie 2 vorgezogen wird. Folgende Tabelle zeigt die resultierenden Nutzenwerte. Je nach Auswahl der Nutzenfunktion können sich also unterschiedliche Strategien als optimal herausstellen.

		Nutzenwerte bei Strategie 1	Nutzenwerte bei Strategie 2
unterstellte	N_1	169,4	163,7
Nutzenfunktion	N_2	139,0	155,6

Tabelle 4-6

4.2.1.2 Reaktionsformen des Entscheidungsträgers bei unsicheren Daten

Bei jeder Planung existiert eine mehr oder weniger stark ausgeprägte Unsicherheit darüber, welche von mehreren möglichen Datensituationen künftig tatsächlich eintreten wird. Aus dieser Unsicherheit darf aber nicht der Schluß gezogen werden, daß eine systematische Planung nicht möglich wäre.

Im Entscheidungskalkül kann der Unsicherheit auf verschiedene Arten begegnet werden:

31 Auf Probleme, die mit einer Entscheidungsfindung auf der Basis der drei Nutzenfunktionen verbunden sind, wird im Abschnit 4.2.2.3.2 eingegangen.

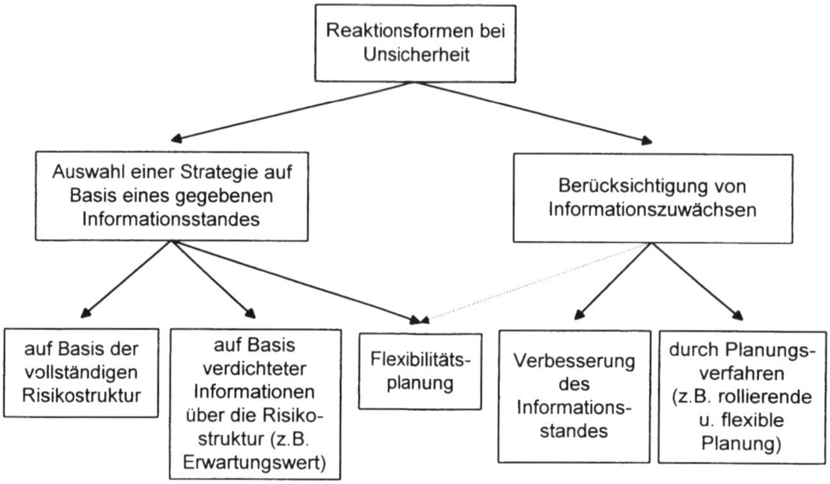

Abbildung 4-4

Der Planende kann Entscheidungen auf der Basis eines gegebenen Informationsstandes fällen, oder er kann sich bemühen, verbesserte Informationen in seine Überlegungen einfließen zu lassen.

Bei gegebenem Informationsstand sind drei Vorgehensweisen zu unterscheiden:

- Der Entscheidungsträger versucht, die Risikostruktur einer Entscheidung offenzulegen. Die Planung dient in diesem Fall dazu, dem Entscheidenden das Spektrum der möglichen Konsequenzen seiner Entscheidung transparent zu machen. Auf das Prinzip, Risiken lediglich transparent zu machen, wird zurückgegriffen, wenn Strategien durch eine Risiko- und eine Erfolgskennziffer bewertet werden und es dem Entscheidungsträger nicht gelingt, eine eindimensionale Zielfunktion zu entwickeln, die beide Bewertungsaspekte integriert. Infolgedessen läßt sich keine optimale Strategie identifizieren. Der Entscheidungsträger kann bestimmte Strategien nur durch Dominanzkriterien oder inhaltliche Argumentation eliminieren, wenn Strategien bei bestimmten Zielen zu einem unerwünschten Zielniveau führen. Der „Vorteil“ dieser Vorgehensweise besteht darin, daß die Unsicherheit nicht schematisch „weggerechnet“ wird, sondern durch inhaltliche Argumentation die Vorzüge und Nachteile bestimmter Strategien abgewogen werden können. Meistens wird es bei diesem Vorgehen nur gelingen, bestimmte Strategien aus dem Entscheidungsfeld zu eliminieren und damit das Entscheidungsfeld zu verkleinern. Allerdings hat dieses Vorgehen den Nachteil, daß Planung nicht mehr als Suche nach einer optimalen Entscheidung definiert werden kann. Der Weg, Risiken transparent zu machen, kann nur als Notlösung bezeichnet werden, wenn die Entwicklung eindimensionaler Nutzenfunktionen nicht gelingt.

Um Risiken transparent werden zu lassen, kann der Entscheidungsträger Instrumente wie die „Entscheidungsmatrix", die „Risikoanalyse", aber auch die „Sensitivitätsanalyse" einsetzen.

Ein sehr einfaches Instrument ist die *Entscheidungsmatrix*; sie legt die Erfolgswirkungen einer Strategie in alternativen Datensituationen offen. Die nachfolgende Tabelle gibt ein Beispiel:

		Situation			
	Gewinn[GE]	1	2	3	4
Strategie	A	15	17	19	21
	B	13	16	20	22
	C	16	17	18	19

Tabelle 4-7

Der Tabelle ist zu entnehmen, daß bei Strategie B je nach Datensituation mit Erfolgen zwischen 13 und 22 GE zu rechnen ist, während die Spannweite der Erfolge bei Strategie A enger ausfällt. Aus der Tabelle lassen sich im Zusammenhang mit Wahrscheinlichkeiten für die einzelnen Situationen Dichte- oder Verteilungsfunktionen des Erfolgs ableiten. Die Matrix leistet allerdings noch keinen unmittelbaren Beitrag zur Beantwortung der Frage, welche Strategie gewählt werden soll.

Das Instrument der Entscheidungsmatrix ist nur dann sinnvoll zur Aufdeckung des Risikos einzusetzen, wenn die Zahl der alternativen Datensituationen überschaubar ist. Sind viele Daten mit Unsicherheit behaftet, und ist eine Datenkonstellation durch einen ganzen Satz von Realisationen der unsicheren Daten gekennzeichnet, kann die Verteilungsfunktion der Erfolgsgröße durch eine simulative *Risikoanalyse* mit zugehörigem Risikoprofil offengelegt werden.

Ein weiteres transparenzschaffendes Instrument ist die *Sensitivitätsanalyse*, deren Ergebnisse in sogenannten Spiderplots dargestellt werden können. Ausgehend von einer Grundsituation der Daten werden diese um bestimmte Prozentsätze variiert. Ein Spiderplot stellt die Veränderung der Zielgröße dar, wenn eine einzelne Inputgröße verändert wird. Es handelt sich mithin um eine monovariate Analyse. In einem Investitionsfall könnten dies der Zinssatz oder die aus der unsicheren Nachfrageentwicklung resultierenden Erlöse sein. Es können auch Inputs in die Analyse einbezogen werden, auf die der Entscheidende Einfluß nehmen kann (etwa die Nutzungsdauer). Ein Beispiel soll das Instrument der Spiderplots verdeutlichen:

Ein Unternehmen will eine Investitionsentscheidung treffen. Für die Investition wird mit einer Anschaffungsauszahlung (A_0) von 1000 GE, beschäftigungsunabhängigen Auszahlungen (BuAus) je Jahr von 500 GE, einer Deckungsspanne (DS) von 5 GE pro ME sowie einer über alle fünf Nutzungsperioden gleichbleibenden Nachfrage von 150 ME gerechnet. Der Kalkulationszinssatz beträgt 10%. Zielgröße ist der Kapitalwert.

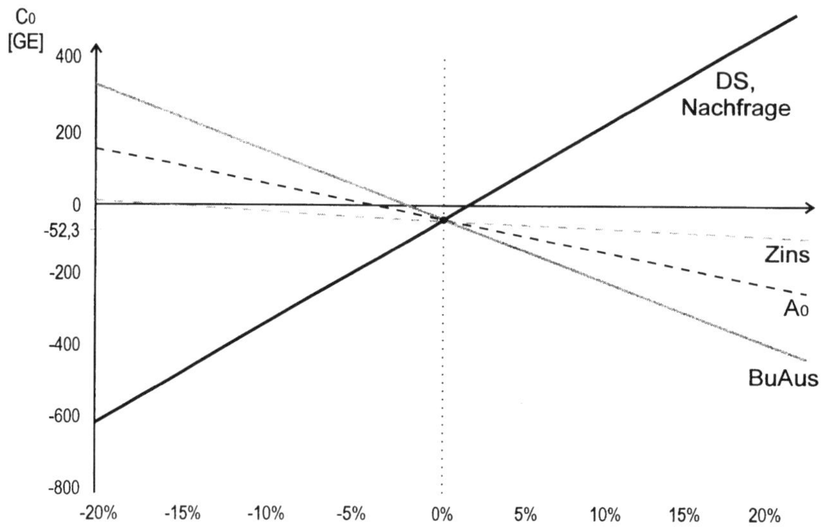

Abbildung 4-5

In der Basisdatensituation ergibt sich ein Kapitalwert von -52,3 GE. Dieser Punkt ist in der Abbildung durch den Schnittpunkt aller Graphen gekennzeichnet. Aus der Steigung der Graphen lassen sich Rückschlüsse auf die Stärke des Einflusses einer Inputgröße auf den Kapitalwert ziehen. Je steiler die Graphen verlaufen, desto größer ist die Bedeutung der zugehörigen Inputgröße für die Zielgröße. Wird der Zinssatz isoliert verändert, reagiert der Kapitalwert entsprechend dem schwach fallenden Graphen. Die Graphen für die Nachfrage und die Deckungsspanne verlaufen erwartungsgemäß deckungsgleich, da sie direkt multiplikativ miteinander verknüpft sind. Sie sind die einzigen Größen, bei denen eine positive Veränderung der Daten auch fördernd auf die Zielgröße wirkt. Bei den negativ mit dem Kapitalwert korrelierten Größen zeigt sich, daß die prozentuale Veränderung der beschäftigungsunabhängigen Auszahlungen den größten Einfluß auf die Zielgröße besitzt.

- Die zweite Form der Reaktion auf die Unsicherheit der Daten besteht darin, auf Basis der Erfolgsmatrix oder der Risikoprofile einer Strategie eine eindimensionale Kenngröße für den Erfolg abzuleiten. Je nachdem, ob für die Datensituationen die Eintrittswahrscheinlichkeiten bekannt oder unbekannt sind, lassen sich zwei Grundprinzipien der Verdichtung unterscheiden. Bei bekannten Wahrscheinlichkeiten wird der Erwartungswert des Erfolges oder des Nutzens zur Kennzeichnung der Erfolgswirkungen einer Strategie benutzt. Bei unbekannten Wahrscheinlichkeiten wird u.U. nur eine Datensituation für die Beurteilung einer Strategie herangezogen (beispielsweise die schlechteste beim Minimax-Prinzip). Die Auswahl der optimalen Strategie erfolgt durch Vergleich dieser Kenngrößen verschiedener Strategien. Diese Entscheidungskriterien werden im Abschnitt 4.2.2.2 eingehend diskutiert.

- Ein dritter Weg, Unsicherheiten in die Planungsüberlegungen einzubeziehen, ist die Flexibilitätsplanung. Heutige Entscheidungen schaffen für die Zukunft Restriktionen; sie determinieren damit den künftigen Handlungsspielraum. Eine heute zu treffende Investitionsentscheidung legt für die Zukunft Kapazitäten fest und hat Einfluß auf die künftig verbleibenden Finanzierungspotentiale. Da der Planende im Zeitpunkt der Entscheidung die künftig eintretende Datensituation nicht mit Sicherheit kennt, er mithin überrascht werden kann, muß er seine Strategie anpassungsfähig halten. Aus der Unsicherheit resultiert die Forderung, die künftigen Handlungsspielräume durch heutige Entscheidungen möglichst wenig zu beschränken bzw. Strategien zu suchen, die sich ohne allzu hohe Zusatzkosten nachträglich an die tatsächlich eintretende Datensituation anpassen lassen. Strategien sollen damit neben einer Erfolgskennziffer zusätzlich durch ein Flexibilitätsmaß bewertet werden.

  Das Grundsatzproblem der Flexibilitätsplanung besteht darin, Flexibilitätsbedarf zu quantifizieren und die durch Flexibilitätspolitiken geschaffenen Potentiale darauf abzustimmen. Da Flexibilität immer zu Lasten des Erfolges geht, also etwas kostet, sind Flexibilitätspotentiale nur sinnvoll, wenn für sie auch ein Bedarf existiert. Es ist daher unzweckmäßig, teure flexible Fertigungsanlagen zu beschaffen, wenn dieses Flexibilitätspotential anschließend ungenutzt bleibt, weil auf den Anlagen Standardprodukte gefertigt werden.[32]

  Die Flexibilitätspolitik kann keiner der beiden Grundrichtungen zur Erfassung von Unsicherheit in der Planung eindeutig zugeordnet werden. Die Flexibilitätspolitik basiert zwar immer auf einem gegebenen Informationsstand über künftige Daten und Variablen; die geschaffenen Flexibilitäspotentiale sollen aber gerade in der Lage sein, eine kostengünstige Anpassung von Strategien zu gewährleisten, wenn neue Informationen auftreten, die dies erfordern.

Die zweite Grundrichtung, die Unsicherheit in der Planung zu berücksichtigen, besteht darin, die Unsicherheit möglichst weit zu reduzieren. Hierzu bestehen zwei Möglichkeiten:

- Es kann geprüft werden, ob Möglichkeiten zur Verbesserung des Informationsstandes (Entscheidungsfindung bei variablem Informationsstand) bestehen und ob es bei einer Verbesserung des Informationsstandes zu anderen Sachentscheidungen kommt. Beispielsweise können Überlegungen angestellt werden, ob Informationen über subjektive Wahrscheinlichkeiten durch zusätzliche Erhebungen verbessert werden können. In diesem Zusammenhang ist der Frage nachzugehen, ob sich eine Verbesserung des Informationsstandes lohnt. Das kann nur der Fall sein, wenn die zusätzlichen Informationskosten geringer sind als die Erfolgsverbesserung in der Planung aufgrund verbesserter Informationen.

- Entscheidungen führen häufig zu mehrperiodigen Bindungen. Bei einem unvollkommenen Informationsstand über die künftig geltende Datensituation kann daraus für die Planungsmethode die Forderung abgeleitet werden, zum heutigen Zeitpunkt keine Entschei-

32 Siehe zu den in diesem Abschnitt angsprochenen Problemen Abschnitt 4.2.4.

dungen zu treffen, die sich noch verschieben lassen. Zwar sollen die heute durchzusetzenden Entscheidungen unter Berücksichtigung der erwarteten künftigen Datensituationen analysiert werden, im Kalkulationszeitpunkt sollen aber nur Entscheidungen für die erste Teilperiode, nicht aber für spätere Perioden festgeschrieben werden. Es besteht dann die Möglichkeit, bei künftigen Planungen den verbesserten Informationsstand, der sich allein durch den Zeitablauf ergibt, in die Strategiebewertung einfließen zu lassen.

Ein Weg, verbesserte Informationen in der Planung zu berücksichtigen, ist die rollierende Planung.[33] Bei rollierender Planung wird der Planungszeitraum in Teilperioden untergliedert, wobei von den zum Planungszeitpunkt geplanten Maßnahmen nur die der ersten Teilperiode realisiert werden. Am Ende der ersten Teilperiode sind die für diese Periode eingetretenen Daten bekannt, und es liegen u.U. neue Informationen über die Zukunft vor. Die Planung wird daher neu aufgeworfen, wobei der Planungszeitraum um eine Teilperiode in die Zukunft verschoben wird.

Es ist allerdings auch möglich, die künftigen Erwartungen über die Daten bereits bei der Strategiedefinition zu berücksichtigen. Dazu sind *flexible* statt starrer Strategien zu formulieren. *Starre Planung* bezieht nur solche Strategien ein, bei denen die Entscheidungsfolge unabhängig davon ist, welche Datensituation künftig tatsächlich eintreten wird. Die im Laufe der Zeit eintretende Informationsverbesserung über die Daten wird mithin durch die Art der Strategiedefinition nicht ausgenutzt. Dieser Mangel kann vermieden werden, wenn die Planung von bedingten Strategien ausgeht (*flexible Planung*). Wie eine begonnene Strategie in der Zukunft fortgesetzt wird, hängt davon ab, welche Datensituation bis zur Folgeentscheidung eingetreten ist. Die Folgeentscheidung hängt damit von der künftigen Datenentwicklung ab (Eventualplanung). Das Verfahren der rollierenden Planung kann wahlweise mit der starren oder flexiblen Planung kombiniert werden.[34]

Die in diesem Abschnitt vorgestellten generellen Vorgehensweisen einer Planung bei Unsicherheit sind nicht isoliert voneinander zu sehen. Vielmehr läßt sich durch Kombination der Reaktionsformen die Unsicherheit in geeigneter Weise in die Planung einbeziehen. Beispielsweise kann ein Risikoprofil für eine Strategie erzeugt und analysiert werden, die bei flexibler oder starrer Planung als optimal erkannt wurde. Zudem stellt auch die Frage, ob zusätzliche Informationen beschafft werden sollen, ein Wahlproblem dar, das auf Basis des Erwartungswertkonzeptes entschieden werden kann.

4.2.1.3 Entscheidungssituationen bei Unsicherheit

Die Entscheidungstheorie geht gegenüber dem allgemeinen Sprachgebrauch von einem eingeschränkten Unsicherheitsbegriff aus. Unvollständige Kenntnis existiert nur darüber, welche von mehreren für möglich gehaltene Datensituationen tatsächlich eintritt. Die Zahl möglicher Datensituationen, die Anzahl von Entscheidungsalternativen, zwischen denen auszuwählen ist, und die Höhe des Erfolges einer Entscheidungsalternative in einer Daten-

33 Vgl. Albach (1962), S. 226 f.; Jacob (1967), S. 158; Wittmann (1959), S. 138 und Wild (1974), S. 77.

34 Zur Diskussion starrer vs. flexibler Planung siehe 4.2.4.2.

situation sind hingegen mit Sicherheit bekannt. In der Entscheidungstheorie herrscht damit Sicherheit über das Ausmaß der Unsicherheit. Die Entscheidungstheorie geht von einem geschlossenen Entscheidungsfeld aus. Das Planungsschema der klassischen Entscheidungstheorie[35] wird lediglich um das Problem ergänzt, daß der Entscheidungsträger nicht weiß, welche von mehreren möglichen Datensituationen tatsächlich eintreffen wird. Soweit in praktischen Entscheidungssituationen auch „Unsicherheit" über Art und Anzahl der Entscheidungsalternativen, die Anzahl der Datensituationen und die Erfolgsgrößen existiert, liegt ein schlechtstrukturiertes Entscheidungsproblem in Form eines zeitlich offenen Entscheidungsfeldes vor.[36]

In der Entscheidungstheorie werden für den eingeschränkten Unsicherheitsbegriff Entscheidungsregeln für verschiedene Entscheidungssituationen entwickelt. Entscheidungssituationen lassen sich nach zwei Kriterien klassifizieren:

- Erstes Kriterium ist die Häufigkeit, mit der eine bestimmte Art von Entscheidungen zu treffen ist. Zu unterscheiden sind einmalige Entscheidungen und Entscheidungen, die sich in gleicher Ausgangslage häufig wiederholen.
- Das zweite Kriterium differenziert danach, ob bei der Entscheidung Kenntnisse über die Eintrittswahrscheinlichkeiten der Datensituationen existieren. Zu unterscheiden sind Fälle mit bekannten und unbekannten Eintrittswahrscheinlichkeiten. Für bekannte Wahrscheinlichkeiten kann noch nach der Qualität der Informationen zwischen statistisch ermittelbaren, objektiven Wahrscheinlichkeiten und subjektiven Erwartungen über den Eintritt von Datensituationen unterschieden werden.

Durch Kombination beider Kriterien lassen sich theoretisch sechs Entscheidungssituationen bilden. Nicht allen Kombinationen kommt praktische Bedeutung zu. Analysiert werden in der Entscheidungstheorie insbesondere die Fälle, die in der Tabelle 4-8 mit „Risiko" und „Ungewißheit" bezeichnet sind.[37] Für diese Entscheidungssituationen wurden jeweils spezielle Klassen von Entscheidungsregeln entwickelt.

		Informationen über Eintrittswahrscheinlichkeiten		
		objektiv	subjektiv	keine
Häufigkeit der Entscheidung	einmalig	z.B. Versicherung	?	Ungewißheit
	häufig	Risiko	Informationsmängel	Informationsmängel

Tabelle 4-8

Einige Kombinationen treten nur auf, wenn das Informationssystem eines Unternehmens Mängel aufweist. Bei häufiger Wiederholung von Entscheidungen ist es grundsätzlich möglich, objektive Wahrscheinlichkeiten aus Statistiken abzuleiten, so daß die Kombinationen

35 Vgl. Abschnitt 1.1.3.

36 Vgl. Abschnitt 1.1.4.6.

37 Zur Begriffsbildung „Risiko" und „Ungewißheit" vgl. Bamberg/Coenenberg (1994), S. 17 und Schneeweiß (1991), S. 35.

„häufige Wiederholung“ und „nicht bekannte Wahrscheinlichkeiten“ oder „subjektive Wahrscheinlichkeiten“ nur mit Mängeln in der Informationsverarbeitung oder Informationsbeschaffung zu begründen sind. Die Situation „einmalige Entscheidungen“ bei „objektiven Wahrscheinlichkeiten“ tritt in Unternehmen bei Versicherungsentscheidungen auf. Die Versicherungsgesellschaft, aus deren Warte ein Betriebsunfall ein im Hinblick auf die Gesamtzahl der Versicherten häufig wiederkehrendes Ereignis ist, kennt objektive Wahrscheinlichkeiten. Aus der Sicht des sich versichernden Unternehmens ist der Abschluß einer Betriebsunterbrechungsversicherung allerdings eine einmalige Entscheidung.[38]

Die Kombination „einmalige Entscheidung“ und „subjektive Wahrscheinlichkeit“ ist entscheidungstheoretisch nicht eindeutig einzuordnen. Auf diese Situation können sowohl die Methoden bei „Risiko“ als auch die bei „Ungewißheit“ angewendet werden. Die Methoden bei Ungewißheit unterdrücken allerdings die Informationen über die subjektiven Wahrscheinlichkeiten.

In der Entscheidungssituation „Risiko“ wird das Problem der Unsicherheit von Daten durch Rückgriff auf Methoden der Wahrscheinlichkeitsrechnung berücksichtigt. Voraussetzung zur Anwendung dieser Methoden ist, daß den Ereignissen objektive Wahrscheinlichkeiten zugeordnet werden können. Wird beispielsweise ein Zufallsexperiment unendlich oft wiederholt, strebt die relative Häufigkeit des Eintritts eines bestimmten Ereignisses (Datensituation) nach dem Gesetz der großen Zahlen einem Grenzwert zu, der mathematischen Wahrscheinlichkeit. Es ist durchaus sinnvoll, in solchen Fällen den Ereignissen bereits nach einer endlichen Anzahl von Beobachtungen ihre relativen Häufigkeiten als geschätzte Eintrittswahrscheinlichkeiten (objektive Wahrscheinlichkeiten) zuzuordnen. Die Zahl der Beobachtungen darf allerdings nicht zu klein sein.[39]

Ist es möglich, für den Eintritt von Daten objektive Wahrscheinlichkeiten zu ermitteln, sind die in diesen Datensituationen zu verwirklichenden Entscheidungen in ihrer Gesamtheit nicht mehr ungewiß.[40] Jede einzelne Entscheidung ist zwar noch mit Unsicherheit verbunden, d.h., die Erfolge der einzelnen Entscheidungen streuen je nach eintretender Datensituation. Der Erfolg der Gesamtheit aller Maßnahmen strebt, bedingt durch die gegebenen relativen Häufigkeiten für den Eintritt der einzelnen Datensituationen, einem Grenzwert zu, dem mathematischen Erwartungswert μ des Erfolges. Wird daher in der Situation „Risiko“ der Erwartungswert des Erfolges als Effizienzmaß einer Strategie benutzt, bezieht sich dieses Maß auf die gesamte Kette identischer Entscheidungen. Die einzelnen Entscheidungen der Kette werden hingegen nicht beurteilt. Bestimmt wird beispielsweise diejenige Lagerhaltungsregel, die bei häufig wiederholten Entscheidungen in gleicher Ausgangssituation den Erwartungswert der Kosten der gesamten Kette von Entscheidungen minimiert. Ob daher das Effizienzmaß „Erwartungswert“ ein für die Entscheidungsfindung geeignetes Maß ist, hängt davon ab, ob der Entscheidungsträger davon ausgehen kann, daß gleiche Entscheidungssituationen in der Zukunft häufig auftreten. Sofern die Voraussetzung einer hinlänglich großen Anzahl von Wiederholungen gegeben ist, erscheint es daher durchaus sinnvoll,

38 Vgl. Haas (1965), S. 17 f.

39 Vgl. Gutenberg (1979), S. 17; Gnedenko (1968), S. 185 ff.

40 Vgl. Schneider (1980), S. 70 f.; Wittmann (1959), S. 109.

die Entscheidung auf das μ-Kriterium zu stützen. Insbesondere bei der Qualitätskontrolle von gleichartigen Teilen, bei der Instandhaltungs- und Reparaturplanung eines großen, aus gleichartigen Maschinen zusammengesetzten Betriebsmittelbestandes und in der Lagerhaltung sind die Anwendungsvoraussetzungen für das μ-Kriterium weitgehend erfüllt.

Aber auch in diesen Fällen ist zweifelhaft, ob eine Verdichtung der gesamten Wahrscheinlichkeitsverteilung des Erfolgs auf den Erwartungswert zweckmäßig ist, da durch dieses Vorgehen Informationen über die Verteilung - insbesondere über die Streuung der Erfolge bei den Einzelentscheidungen - verloren gehen. Statt das μ-Kriterium als Effizienzmaß einzusetzen, kann es sinnvoll sein, die gesamten Verteilungsfunktionen des Erfolgs verschiedener Strategien zu vergleichen oder die Streuung des Erfolges in die Analyse einzubeziehen. Der Weg, Strategien über Wahrscheinlichkeitsverteilungen zu vergleichen, wird in der Risikoanalyse beschritten.[41]

Handelt es sich um einmalige oder um relativ selten auftretende Entscheidungen, sind die Voraussetzungen für die Ermittlung objektiver Eintrittswahrscheinlichkeiten ohnehin nicht gegeben. Steht ein Unternehmen vor der Entscheidung, ob es einen Absatzrückgang durch Preissenkungen, durch Intensivierung der Werbung, durch Veränderung des Verkaufsprogramms oder durch eine Erhöhung der Verkaufsbemühungen abfangen soll, sind diese Maßnahmen zwar nicht einmaliger Art; aber jede Maßnahme wird durch eine bestimmte Datenkonstellation der betrieblichen und marktbezogenen Bedingungen zu einem im Sinne der Wahrscheinlichkeitsrechnung einmaligen Ereignis.[42]

Bei derartigen einmaligen Entscheidungen kann an die Stelle der objektiven Wahrscheinlichkeiten für den Eintritt von Datensituationen die subjektive, nicht berechenbare Wahrscheinlichkeit für das Eintreten einer bestimmten Situation treten. Die subjektive Wahrscheinlichkeit ist dabei keine nachprüfbare Wahrscheinlichkeit, sondern lediglich eine psychologische Einschätzung der Situation. Die subjektive Wahrscheinlichkeit sagt eigentlich weniger etwas über die Datensituation als vielmehr etwas über den die Situation beurteilenden Entscheidungsträger aus.[43]

Bei einmaligen Entscheidungen - gleichgültig, ob objektive oder nur subjektive Wahrscheinlichkeiten bekannt sind - stellt sich die grundsätzliche Frage, ob das mathematische Instrumentarium der Wahrscheinlichkeitstheorie und damit das μ-Kriterium überhaupt zur Entscheidungsfindung geeignet sind.[44] Über die Frage, ob es in dieser Situation zulässig und sinnvoll ist, die Maximierung des Erwartungswertes der Erfolgsgröße oder des Risikonutzens anzustreben,[45] bestehen in der Betriebswirtschaftslehre Meinungsunterschiede. Streng genommen ist in dieser Situation die Maximierung eines Erwartungswertes wenig zweckmäßig, da bei einmaligen Entscheidungen nicht der Erwartungswert des Erfolges, sondern ein beliebiger Wert aus der Dichtefunktion des Erfolges eintritt. Das Erwartungswertkriteri-

41 Vgl. Abschnitt 4.2.2.3.4.

42 Vgl. Gutenberg (1979), S. 17 f.

43 Vgl. Witte (1973), S. 141.

44 Vgl. Haas (1965), S. 55; Wittmann (1959), S. 108 ff.

45 Vgl. auch Jacob (1974), S. 309 f.

um täuscht eine Sicherheit des Erfolges vor, die real nicht geben ist. Der zufällig eintretende Erfolg oder Nutzen kann weit vom Erwartungswert entfernt liegen. In dieser Situation sind u.U. zusätzliche Informationen über die Spannweite des Erfolges bei extremen Datenlagen für eine Abstützung der Entscheidungen geeignet.

Praktische Erfahrungen zeigen auch, daß Entscheidungsträger sich beispielsweise im Fall objektiver Wahrscheinlichkeiten und einmaliger Entscheidungen (Versicherungsfall in Tabelle 4-8) nicht nach dem μ-Kriterium richten. Bei Anwendung des Erwartungswertkriteriums dürfte keiner eine Versicherung abschließen oder an Glücksspielen teilnehmen. Sowohl Versicherungen als auch Glücksspiele sind grundsätzlich nach dem Prinzip konstruiert, daß der Erwartungswert der Versicherungsleistung bzw. des Glücksspielerfolges kleiner ist als die Beitragszahlungen bzw. der Glücksspieleinsatz. Die jährlichen Krankheitskosten eines Versicherungsnehmers mögen der folgenden Wahrscheinlichkeitsverteilung genügen.[46]

Kosten	0	100	500	1.000	10.000	50.000
Wahrscheinlichkeit	30%	50%	18%	1,5%	0,45%	0,05%

Tabelle 4-9

Der Erwartungswert des Schadens beträgt demnach 225 GE. Nach dem Erwartungswertkriterium wäre es folglich nur sinnvoll, eine Versicherung abzuschließen, wenn die Jahresprämie unter 225 GE liegt, was aber unmöglich ist, da eine Versicherungsgesellschaft zumindest noch Zuschläge für Verwaltungskosten erhebt. Für Prämien oberhalb von 225 GE ist der Erwartungswert der Versicherung für den Versicherten negativ. Nach dem Erwartungswertkriterium ist damit jeder Abschluß einer Versicherung als unlogische Entscheidung einzustufen. Tatsächlich sind Versicherungsnehmer dennoch bereit, weit höhere Prämien zu zahlen, nur um sich gegen die zwar unwahrscheinliche, aber keineswegs auszuschließende Gefahr sehr hoher Krankheitskosten zu schützen. Auch die alltägliche Verhaltensweise, Lotto zu spielen oder ins Spielcasino zu gehen, ist mit dem Erwartungswertkriterium nicht zu erklären. Offenbar werten Lotteriespieler einen Einsatz von 20 DM, der in ihrem Haushaltsbudget kaum eine Rolle spielt, geringer als die recht unwahrscheinliche, aber nicht auszuschließende Chance, mehrere Millionen zu gewinnen. Die Argumente zeigen, daß das μ-Kriterium mit Vorsicht zu betrachten ist.

Mitunter gibt es bei der Entscheidungsfindung die Situation, daß sich ein Entscheidungsträger überhaupt keine Vorstellungen von der Eintrittswahrscheinlichkeit der Daten machen kann. Das bedeutet letztlich, daß die Eintrittswahrscheinlichkeit aller Situationen gleich hoch beurteilt wird.[47] Diese Situation wird in der Entscheidungstheorie als „Ungewißheit“ bezeichnet. Entscheidungen sind dann nur durch den Einsatz von Regeln möglich, die Erfolgswerte in bestimmten Datensituationen miteinander vergleichen. Es wird u.U. jene Strategie ausgewählt, deren geringster Erfolg in allen Datensituationen im Vergleich zu anderen Strategien am höchsten ist (Minimax-Prinzip).

46 Vgl. Bitz (1981), S. 98.

47 Vgl. Schneider (1980), S. 81 ff.

4.2.2 Entscheidungen bei gegebenem Informationsstand

4.2.2.1 Vorselektion von Strategien

Entscheidungssituationen unter Unsicherheit sind durch einen hohen Komplexitätsgrad gekennzeichnet. Häufig ist die Beschaffung relevanter Daten mit erheblichen zeitlichen und sachlichen Problemen verbunden. Es ist daher sinnvoll, den Komplexitätsgrad der Planung zu reduzieren, möglichst *ohne* deren Aussagengehalt zu verringern (Prinzip der Planungseffizienz). Durch eine Vorselektion kann die Zahl der detailliert zu analysierenden Strategien reduziert werden. Risikobehaftete Sachentscheidungen sollten daher bei *gegebenem Informationsstand* in einem zweistufigen Prozeß getroffen werden:

1. Stufe: Vorselektion
Auf der ersten Stufe werden aus der Menge der definierten Strategien jene eliminiert, die entweder entscheidungslogisch dominiert werden oder subjektiv formulierten Anforderungen nicht genügen.

2. Stufe: Auswahl einer Strategie (Selektion)
In die zweite Planungsstufe gehen nur noch effiziente Strategien ein. Dies sind Strategien, die die Vorselektion der ersten Stufe „überstanden" haben. Unter den effizienten Strategien wählt der Planende diejenige aus, die seinen Zielvorstellungen bzw. seiner Risikopräferenz am besten entspricht.

Zur Vorselektion kann der Planende *subjektive Anforderungen* an die Strategien stellen. Zum Beispiel werden nur Strategien zugelassen, die mit einer Wahrscheinlichkeit von mindestens 80% einen Kapitalwert von mehr als 2 Mio. DM aufweisen. Über subjektive Bedingungen können auch ruinöse Strategien ausgeschieden werden, indem gefordert wird, daß eine Strategie in keiner der möglichen Datensituationen eine bestimmte Verlustschwelle unterschreiten darf.

Zusätzlich zur Vorselektion über plausible subjektive Anforderungen sollte der Planende Strategien über entscheidungstheoretische Dominanzprinzipien vorselektieren. Dadurch wird die Vorselektion objektiviert, d.h. für Dritte nachvollziehbar. Unter Unsicherheit stehen folgende Dominanzprinzipien zur Verfügung:

- Zustandsorientierte Dominanzprinzipien
  - Absolute Dominanz
  - Zustandsdominanz

- Wahrscheinlichkeitsorientierte Dominanzprinzipien
  - μ-σ-Dominanz
  - stochastische Dominanz (Bernoulli-Dominanz)

Die Prinzipien der absoluten Dominanz und der Zustandsdominanz benötigen keine Informationen über die Eintrittswahrscheinlichkeiten der Datensituationen. Sie orientieren sich direkt an den Ergebnissen in den einzelnen Datensituationen. Daher werden sie als *zustandsorientiert* bezeichnet.

- Eine Strategie X dominiert eine Strategie Y genau dann *absolut*, wenn X in jeder Datensituation einen Zielwert aufweist, der das beste Ergebnis der Strategie Y nicht unterschreitet.

- Eine Strategie Z dominiert eine Strategie U genau dann nach dem Prinzip der *Zustandsdominanz*, wenn Z in keiner Datensituation ein schlechteres Ergebnis, in mindestens einer Datensituation aber ein besseres Ergebnis aufweist als U.

Anhand folgender Erfolgssmatrix soll die Vorselektion über zustandsorientierte Dominanzprinzipien verdeutlicht werden.

	Umfeldszenarien S_j			
Aktion$_i$	S_1	S_2	S_3	S_4
A	40	20	20	10
B	10	20	30	40
C	30	20	10	10
D	8	8	8	8

Tabelle 4-10

Zwischen den Strategien A und B ist keine zustandsorientierte Dominanz gegeben, da A in Szenario S_1 einen höheren Gewinn aufweist als B, B aber in S_4 A überlegen ist. A dominiert aber C, weil sie in allen Umfeldzuständen zu einem höheren Gewinn als C oder zu einem gleich hohen Gewinn wie C führt. Daher kann C aus den weiteren Planungen durch Anwendung des Zustandsdominanzprinzips ausgeschlossen werden. Weiterhin wird Strategie D ausgeschlossen, weil sie von allen anderen Strategien absolut dominiert wird. Als effiziente Strategien verbleiben A und B.

Die zustandsorientierten Prinzipien sind unmittelbar einsichtig und in der Literatur zur Entscheidungstheorie unumstritten.[48] Ihre Akzeptanz ist aus folgendem Grund berechtigt. Die Unsicherheit über die Planungssituation bezieht sich im klassischen Entscheidungsfeld immer nur auf die Frage, welcher der möglichen Umweltzustände tatsächlich eintreten wird. Sicherheit besteht hinsichtlich der Ergebnisse bei jeder denkbaren Datensituation. Weiterhin ist sicher, daß *irgendeine* der für möglich gehaltenen Situationen tatsächlich eintreten wird. Für den Fall der Zustandsdominanz ist ein höherer Erfolg garantiert, wenn die dominante Strategie in *jeder* möglichen Umfeldsituation der dominierten Strategie überlegen ist. Dieser Fall ist zwar in der Definition der Zustandsdominanz mit abgedeckt, wird aber nicht als notwendige Bedingung gefordert. Aber auch in dem Fall, daß eine Strategie zumindest in einer der möglichen Datensituationen einer anderen Strategie überlegen ist, wird jeder ratio-

48 Vgl. Schneeweiß (1967); Bitz (1981), S. 21 und S. 25 f.

nale Entscheidungsträger - unabhängig von seiner Risikopräferenz - stets die zustandsdominante Strategie wählen. Er wahrt die Chance auf einen höheren Erfolg und gleichzeitig ist ein gleich hoher Erfolg wie bei Wahl der dominierten Strategie gesichert. Im Fall der absoluten Dominanz ist die Plausibilität des Dominanzprinzips noch deutlicher.

Zentrales Problem der zustandsorientierten Dominanzprinzipien ist die geringe Vorselektionswirkung. In realistischen Planungssituationen wird sich - anders als in obiger Ergebnismatrix - nur ein sehr kleiner Teil der analysierten Strategien über diese Prinzipien vorselektieren lassen. Einen deutlich höheren Wirkungsgrad weisen dagegen die *wahrscheinlichkeitsorientierten Dominanzprinzipien* auf, deren Anwendung die Kenntnis von Eintrittswahrscheinlichkeiten voraussetzt.[49] Diese Prinzipien werden in der Portfolio Selection (μ-σ-Dominanz) und der Risikoanalyse (stochastische Dominanz) genutzt. Nach dem Prinzip der stochastischen Dominanz ersten Grades ist eine Strategie dominant, wenn die Risikoprofilfunktion der Gewinne oberhalb der entsprechenden Funktion einer zweiten Strategie liegt. Die Wahrscheinlichkeit einen bestimmten Gewinn zu erzielen, ist für beliebige Gewinne größer als bei der dominierten Strategie.

Eine sinnvolle Darstellung der wahrscheinlichkeitsorientierten Dominanzprinzipien setzt die Kenntnis der zugrundeliegenden Entscheidungsprinzipien (μ-σ- und Bernoulli-Prinzip) voraus. Daher werden die wahrscheinlichkeitsorientierten Dominanzprinzipien im Detail erst zusammen mit diesen Entscheidungsprinzipien behandelt.

4.2.2.2 Entscheidungsregeln bei nicht bekannten Eintrittswahrscheinlichkeiten (Ungewißheit)

Alle Entscheidungskriterien bei Ungewißheit sollen an einem gemeinsamen Beispiel diskutiert werden. In der Erfolgsmatrix der Tabelle 4-11 ist jeder Entscheidungsalternative A_i in jeder Umweltsituation S_j ein bestimmter Erfolg G_{ij} zugeordnet. Betrachtet wird ein Fall, in dem es sich um positive Erfolgsbeträge, also Gewinne handelt. Für den Fall negativer Erfolge (Verluste) sind die Kriterien entsprechend anzupassen.

Strategie	Datensituation S_j		
A_i	S_1	S_2	S_3
A_1	3	10	5
A_2	6	5	7
A_3	7	9	3
A_4	4	7	5

Tabelle 4-11

Für die einzelnen Regeln sind aus dieser Erfolgsmatrix unterschiedliche Kenngrößen für die Beurteilung der Effizienz der Strategien abzuleiten. Die Entscheidungsergebnisse unterschiedlicher Regeln werden in der Tabelle 4-12 zusammengefaßt.

49 Vgl. Puke (1996), S. 164 f.

Strategie A_i	Größen zur Beurteilung der Effizienz der Strategie bei unterschiedlichen Entscheidungsregeln				
	Minimax Kriterium $\min_j G_{ij}$	Maximax Kriterium $\max_j G_{ij}$	Hurwicz-Kriterium für $\lambda=0{,}4$	Laplace-Kriterium $\sum_j G_{ij}$	Geringstes Bedauern $\max(s_{ij})$
A_1	3	10	$0{,}4 \cdot 10+0{,}6 \cdot 3=5{,}8$	18	4
A_2	5	7	$0{,}4 \cdot 7+0{,}6 \cdot 5=5{,}8$	18	5
A_3	3	9	$0{,}4 \cdot 9+0{,}6 \cdot 3=5{,}4$	19	4
A_4	4	7	$0{,}4 \cdot 7+0{,}6 \cdot 4=5{,}2$	16	3

Tabelle 4-12

Das Minimax-Kriterium[50] oder Pessimismus-Kriterium geht davon aus, daß für jede Strategie jeweils die schlechteste Datensituation zutrifft. Für Strategie A_1 wäre das Situation S_1 mit einem Gewinn in Höhe von 3. Bei Strategie A_2 wird mit dem Eintritt von S_2 gerechnet usw. Nach dem Minimax-Kriterium wählt der Entscheidungsträger diejenige Strategie, die den höchsten der minimalen Gewinne aufweist, also im Beispiel A_2. Diese Regel orientiert sich nur an den ungünstigsten Konsequenzen und führt deshalb zu einer eindeutigen Übergewichtung des Risikos. Sie setzt geradezu pathologischen Pessimismus voraus, wie folgendes kleine Beispiel zeigt.

Strategie A_i	Datensituation S_j		
	S_1	S_2	S_3
A_1	0,99	1000	1000
A_2	1	1	1

Tabelle 4-13

Nach dem Minimax-Kriterium wird die Strategie A_2 gewählt, obwohl diese Wahl wohl niemandem so recht einleuchten würde.

Das Maximax-Kriterium (Optimismus-Kriterium) geht davon aus, daß für eine Strategie jeweils die bestmögliche Datensituation eintrifft, also in Tabelle 4-11 für die Strategie A_1 die Datensituation S_2. Der Entscheidungsträger wählt die Strategie mit dem absolut höchsten Gewinnbetrag, also Strategie A_1 aus. Beim Optimismus-Kriterium liegt eine eindeutige Unterbewertung des Risikos vor; praktisch wird auf Risikoüberlegungen überhaupt keine Rücksicht genommen.

Das Hurwicz-Kriterium[51] ist eine Mischung aus Optimismus- und Pessimismus-Kriterium; für jede Strategie werden lediglich die beste und die schlechteste Datensituation analysiert. Aus den Gewinnwerten dieser beiden Situationen wird ein gewichteter Mittelwert gebildet,

50 Vgl. Neumann (1928) und Wald (1945).

51 Vgl. Hurwicz (1951).

wobei sich das Gewicht für die Mittelwertbildung aus dem subjektiven Risikobewußtsein des Entscheidungsträgers ableitet. Die günstigste Datensituation wird mit dem Faktor λ für Optimismus und die ungünstigste Datensituation mit dem Faktor $(1 - \lambda)$ für Pessimismus gewichtet. Der Hurwicz-Wert H_i einer Strategie i errechnet sich damit aus folgender Gleichung:

$$H_i = G_{imin} \cdot (1 - \lambda) + G_{imax} \cdot \lambda$$

Für die Strategie A_1 mit $G_{imin} = 3$ und $G_{imax} = 10$ ergibt sich für $\lambda = 0{,}4$ ein Hurwicz-Wert in Höhe von

$$H_1 = 0{,}6 \cdot 3 + 0{,}4 \cdot 10 = 5{,}8$$

Nach diesem Kriterium erscheinen die Strategien A_1 und A_2 mithin gleichwertig.

Für $\lambda = 1$ geht die Hurwicz-Regel in das Maximax-Kriterium und für $\lambda = 0$ in das Minimax-Kriterium über. Abgesehen davon, daß unklar ist, wie der Entscheidungsträger den Optimismusfaktor λ quantifizieren soll, führt das Kriterium zu wenig einsichtigen Ergebnissen, wie folgendes extreme Beispiel zeigt. Eine Aktion A_1 hat in einer von 100 verschiedenen Datensituationen einen Erfolg von 10 und sonst immer einen solchen von null. Eine zweite Aktion A_2 führt hingegen in 99 unterschiedlichen Situationen zu einem Erfolg von 10 und nur in einer Situation zu einem Erfolg von null. Es leuchtet nun wenig ein, daß beide Aktionen gleichwertig sein sollen. Jeder halbwegs Vernunftbegabte würde sich für die Strategie A_2 entscheiden.

Die Laplace-Regel[52] geht davon aus, daß von keiner Umweltsituation anzunehmen ist, daß sie mit größerer Wahrscheinlichkeit als eine andere eintreten wird. Deshalb werden alle Situationen als gleichwahrscheinlich angesehen. Gütemaß einer Handlungsalternative ist die Summe der Erfolge in allen Datensituationen. Gewählt wird diejenige Alternative mit der höchsten Erfolgssumme, also Strategie A_3 im Beispiel.

Auf völlig anderen Überlegungen beruht die Savage-Niehans-Regel[53], die Regel des geringsten Bedauerns. Nach dieser Regel wird zunächst aus der Erfolgsmatrix mit den Gewinnwerten G_{ij} die Matrix des Bedauerns s_{ij} abgeleitet. Auf diese Opportunitätskostenmatrix ist die Maximin-Regel anzuwenden, d.h., es ist diejenige Alternative zu bestimmen, deren maximales Bedauern unter allen Alternativen am kleinsten ist. Die Matrix für s_{ij} entsteht, indem für jedes Feld der Erfolgsmatrix vom maximalen Gewinnwert G_{ij} der zugehörigen Spalte - Datensituation - der Gewinn des jeweiligen Feldes abgezogen wird (vertikale Form der Risikomessung). In der Datensituation 3 mit einem maximalen Erfolgswert von 7 errechnet sich für die Strategie A_1 ein Bedauern von 2.

52 Vgl. Fishburn (1964), S. 141 ff.; Bitz (1981), S. 66 ff.

53 Vgl. Niehans (1948); Savage (1951).

	G_{ij}			s_{ij}			$\max_j s_{ij}$
	S_1	S_2	S_3	S_1	S_2	S_3	
A_1	3	10	5	4	0	2	4
A_2	6	5	7	1	5	0	5
A_3	7	9	3	0	1	4	4
A_4	4	7	5	3	3	2	3

Tabelle 4-14

Optimal für dieses Kriterium ist somit die Strategie A_4, bei der das geringste Bedauern in Höhe von 3 auftritt.

Das Prinzip des geringsten Bedauerns hält einer Prüfung auf logische Konsistenz nicht stand. Bei diesem Prinzip hängt die Entscheidung mit davon ab, wieviele Strategien insgesamt in die Erfolgsmatrix aufgenommen werden. Es kann vorkommen, daß durch Wegfall einer nicht optimalen eine neue Strategie zur optimalen Strategie wird. Das soll an einem Beispiel gezeigt werden.

	(G_{ij})		(S_{ij})		$\max_j S_{ij}$
	S_1	S_2	S_1	S_2	
A_1	4,5	6	1,5	2	2
A_2	6	5	0	3	3
A_3	3	8	3	0	3

Tabelle 4-15

Geht die Untersuchung von drei Strategien aus, ist A_1 die optimale Strategie. Angenommen, das Unternehmen habe die nicht optimale Strategie A_3 gar nicht erarbeitet, dann kommt es zu folgender Erfolgsmatrix bzw. Matrix des Bedauern.

	(G_{ij})		(S_{ij})		$\max_j S_{ij}$
	S_1	S_2	S_1	S_2	
A_1	4,5	6	1,5	0	1,5
A_2	6	5	0	1	1

Tabelle 4-16

Der Wegfall der nicht optimalen Strategie A_3 führt dazu, daß nicht mehr die Strategie A_1, sondern nunmehr die Strategie A_2 zur optimalen Strategie erklärt wird. Die Strategien lassen sich damit in keine eindeutige Reihenfolge der Vorziehenswürdigkeit mehr bringen. Werden nur zwei Strategien analysiert, rangiert die Strategie A_2 vor der Strategie A_1. Wird die Analyse um eine dritte Strategie erweitert, ist die Strategie A_1 besser als die Strategie A_2.

Der Grund für diesen Mangel liegt in der Art der Risikomessung. Nach dem Prinzip des geringsten Bedauerns kommen immer nur Gewinnabweichungen von der für eine Datensituation optimalen Entscheidung zum Tragen. Unberücksichtigt bleibt die Höhe des Gewinns, auf die diese Abweichung bezogen ist. Eine Abweichung in Höhe von 4 von einem maximalen Gewinn in Höhe von 1000 wird demzufolge genauso behandelt wie die gleiche absolute Abweichung bei einem maximalen Gewinn von 10. Eine Entscheidung auf der Basis von Abweichungen ohne Berücksichtigung der absoluten Größen, um die diese Gewinnänderungen auftreten, ist bei einer gewinnorientierten Verhaltensweise wenig einsichtig. Unternehmensziel in Marktwirtschaften kann nur sein, hohe Gewinne zu erwirtschaften; minimierte Abweichungen allein können die Existenz eines Unternehmens nicht sichern.

Die fünf Entscheidungsregeln bei unbekannten Eintrittswahrscheinlichkeiten werden für eine globale kritische Würdigung noch einmal in der nachfolgenden Tabelle zusammengefaßt. Sämtliche Kriterien führen zu einer eindeutigen Rangfolge der Entscheidungsalternativen. Die Rangfolge der Alternativen hängt allerdings vom eingesetzten Kriterium ab. Die Präferenzordnung wird bei allen fünf Entscheidungsregeln nach dem gleichen Muster bestimmt. Zunächst wird entsprechend der Bewertungsregel des jeweiligen Kriteriums jeder Alternative A_i ein bestimmter Nutzwert aus der Menge der Erfolgsbeiträge G_{ij} aller Datensituationen zugeordnet. Dieser Wert ergibt sich aus der Zielsetzung, die hinter der jeweiligen Entscheidungsregel steht (beispielsweise: der schlechteste Erfolgswert über alle Datensituationen bei der Minimax-Regel oder der gewichtete Wert der besten und der schlechtesten Datensituation beim Hurwicz-Kriterium). Damit werden die Teilerfolge G_{ij} einer Strategie A_i aller Umweltsituationen S_j zu einem Gesamtnutzwert aggregiert. Mit Hilfe dieses Gesamtnutzwertes einer Strategie werden die Alternativen in die kriterienspezifische Rangfolge der Vorziehenswürdigkeit gebracht.

Name der Entscheidungsregel	Formale Darstellung der Entscheidungsregel
Minimax-Kriterium	$\max\limits_i \min\limits_j G_{ij}$
Maximax-Kriterium	$\max\limits_i \max\limits_j G_{ij}$
Hurwicz-Kriterium	$\max\limits_i H_i = \max\limits_i \left\{G_{i\min} \cdot (1-\lambda) + G_{i\max} \cdot \lambda\right\}$
Laplace-Regel	$\max\limits_i \sum\limits_j G_{ij}$
Savage-Niehans-Regel	$\min\limits_i \max\limits_j S_{ij} = \min\limits_i \max\limits_j \left\{\max\limits_h G_{hj} - G_{ij}\right\}$

Tabelle 4-17

Mit Ausnahme der ersten beiden Entscheidungsregeln setzen alle anderen Kriterien kardinale Meßbarkeit des Nutzens voraus. Beim Minimax-Kriterium und beim Maximax-Kriterium reicht für die Zuordnung eines Nutzwertes zu einer Strategie eine ordinale Nutzenmessung aus, da in den Nutzwert G_{ij} jeweils nur eine Datensituation eingeht. Die Abstände der Teilnutzwerte einer Strategie in den verschiedenen Datensituationen sind damit für den Gesamtnutzwert einer Strategie irrelevant. Sobald einzelne Teilnutzwerte G_{ij}, gewichtet oder ungewichtet, addiert werden - wie etwa beim Hurwicz-Kriterium -, müssen sich die Teilnutzwerte kardinal messen lassen (metrische Daten).

Entsprechend den Anforderungen an rationales Verhalten nach dem Bernoulli-Prinzip sollen sämtliche Kriterien zusätzlich daraufhin überprüft werden, ob sich die optimale Lösung ändern kann, wenn eine weitere Datensituation mit gleichen Erfolgswirkungen für alle Strategien bekannt wird. Bei Kriterien, die dem Substitutions- bzw. Unabhängigkeitsprinzip[54] genügen, darf es nicht zu einer Veränderung der Rangfolge der Strategien kommen. Das Ergebnis dieser Überprüfung sei kurz vorweggenommen. Lediglich die Laplace- und die Savage-Niehans-Regel halten diesem Postulat stand; bei den anderen Kriterien kann sich die Rangfolge der Alternativen verändern.

Das Minimax-Kriterium (bzw. die Wald-Regel[55]) orientiert sich für jede Entscheidungsalternative A_i an der jeweils ungünstigsten Datensituation und unterstellt folglich pathologischen Pessimismus. Die Minimax-Regel wird häufig in der Spieltheorie angewendet. Sie ist nur eine adäquate Entscheidungsregel, wenn die „Umwelt“ als ein rational handelnder Gegenspieler interpretiert wird, der jede Entscheidung des Entscheidenden mit dem besten Gegenzug beantwortet. Im Fall eines Nullsummenspiels ist der beste Gegenzug jener, der dem Entscheidungsträger das schlechteste Ergebnis einbringt. Immer wenn die Datensituationen unabhängig von der Entscheidung des Entscheidungsträgers eintreten, was i.d.R. der Fall sein wird, ist der dem Minimax-Kriterium innewohnende Pessimismus völlig unbegründet.[56] Insbesondere angesichts einer kompletten Ignorierung der mit bestimmten Strategien verbundenen Chancen ist dieses Kriterium in den meisten Entscheidungssituationen nicht tragbar. Das Argument „Sicherheit geht vor!", das dem Kriterium zugrunde liegt, kann nicht überzeugen.

Außerdem kann sich bei diesem Kriterium die Rangfolge der Strategien ändern, wenn eine neue Datensituation mit gleichem Teilnutzwert bei allen Strategien bekannt wird. Das ist der Fall, wenn die zur neuen Umweltsituation gehörigen Erfolgsbeiträge kleiner sind als der größte der bisher kleinsten Teilnutzwerte aller Strategien. Die kleinsten Erfolgsbeiträge der vier Strategien im obigen Beispiel entsprechen dem Vektor (3, 5, 3, 4). Haben die vier Handlungsalternativen in der neuen Datensituation sämtlich einen Teilnutzwert von 4, sind nunmehr die zweite und die vierte Strategie gleichwertig. Sind dagegen die Erfolgsbeiträge in der neuen Umweltsituation für alle Strategien gleich 2, erscheinen alle Entscheidungsalternativen als gleichwertig. Grundsätzlich gilt, daß die ursprünglich beste Alternative bei Hinzufügen neuer Datensituationen in der Rangfolge nie schlechter gestellt wird.

Das Maximax-Kriterium zeigt das andere Extrem, nämlich einen unverbesserlichen, ebenso nicht begründbaren Optimismus. Das Maximax-Kriterium berücksichtigt nur die jeweils beste Umweltsituation, während die übrigen vernachlässigt werden. Risikoaspekte werden demnach vollständig ignoriert. Diese Entscheidungsregel wäre nur für jene unrealistischen

54 Vergleiche dazu das Prinzip des Bernoulli-Nutzens des Kapitels 4.2.2.3.2.

55 Vgl. Wald (1945).

56 Vgl. auch Schneeweiß (1967), S. 23.

Problemstellungen geeignet, in denen die „Umwelt" als sogenannter Coach des Entscheidungsträgers auftritt, also so auf die Entscheidung reagiert, daß der Gewinn des Entscheidenden maximiert wird. Durch Hinzufügung einer Datensituation mit gleichen Erfolgen für sämtliche Strategien kann sich die optimale Lösung nur ändern, wenn die Teilnutzwerte des neuen Zustands größer sind als der bisher höchste Wert G_{ij} der Erfolgsmatrix. In diesem Fall sind sämtliche Strategien gleichwertig.

Das Hurwicz-Kriterium ist eine Linearkombination der Minimax- und der Maximax-Regel. Für jede Alternative wird lediglich die beste und die schlechteste Datensituation in die Berechnung des Nutzwertes einbezogen. Das Risiko wird zwar grundsätzlich nicht geleugnet, die übrigen Umweltsituationen finden aber keine Berücksichtigung. Dem Risiko wird demnach nicht systematisch Rechnung getragen. Zudem können sich die Nutzwerte der Strategien aus unterschiedlichen Datensituationen ergeben, wenn nicht zufällig bei allen Strategien der schlechteste bzw. beste Wert G_{ij} bei den gleichen Datensituationen auftritt. Damit wird letztendlich strategiebezogen mit unterschiedlichen „Eintrittswahrscheinlichkeiten" für die Datensituationen gerechnet, was entscheidungstheoretisch nicht plausibel ist. Eine neue Umweltsituation modifiziert die bisherige Optimallösung prinzipiell nicht, wenn die Beiträge des neuen Zustands zwischen dem größten Wert des Vektors (3, 5, 3, 4) und dem kleinsten Wert von (10, 7, 9, 7) liegen. Der Vektor (10, 7, 9, 7) enthält dabei die besten Erfolgsbeiträge der vier Strategien (Maximax-Regel). In allen anderen Fällen kann sich die Optimallösung verschieben.

Die ersten drei Entscheidungsregeln stützen sich jeweils nur auf spezielle, ausgewählte Datensituationen bzw. Handlungskonsequenzen. Die Laplace-Regel ist die einzige Entscheidungsregel, die *sämtliche* Umweltwirkungen zu einem Nutzwert verdichtet und somit das Risiko systematisch berücksichtigt. Allerdings werden die Teilnutzwerte der unterschiedlichen Datensituationen nach einem starren Schema gewichtet, da für alle Datensituationen mit dem gleichen Gewicht gearbeitet wird. Die Laplace-Regel wird deshalb auch als Prinzip vom unzureichenden Grund bzw. als Prinzip der Indifferenz bezeichnet. Tritt eine neue Datensituation mit gleichem Erfolgsbeitrag bei allen Strategien auf, ändert sich die optimale Lösung im Vergleich zu den drei vorab diskutierten Entscheidungsregeln nicht. Dies ist unmittelbar einsichtig, da zu den ursprünglichen Gesamtnutzwerten der Strategien, die sich durch Addition der Teilnutzwerte in allen Umweltsituationen ergaben, die gleiche Zahl addiert wird. Dadurch verändert sich lediglich das Niveau der Gesamtnutzwerte; die Differenzen zwischen den Gesamtnutzwerten der einzelnen Handlungsalternativen werden nicht angetastet.

Die Savage-Niehans-Regel basiert auf dem Opportunitätskostengedanken. Minimiert wird der maximale Nutzenentgang, der mit einer bestimmten Handlungsalternative verbunden ist. Diese Entscheidungsregel ist, wie bereits erläutert, völlig unbrauchbar, da allein Gewinnabweichungen, nicht aber die absolute Höhe der Erfolge in die Entscheidungsfindung eingehen. Eine Strategie mit einer Gewinnabweichung von 5 bei einem Gewinn von 20 wird besser beurteilt als eine Strategie mit einer Abweichung von 10 bei einem Gewinn von 100. Ein derartiges Entscheidungsverhalten ist völlig uneinsichtig, da es nicht dem erwerbswirtschaftlichen Prinzip entspricht. Die Savage-Niehans-Regel hält allerdings dem eingangs formulierten Rationalitätspostulat stand. Durch Hinzufügung eines neuen Umweltzustands entsteht eine neue Spalte in der Matrix s_{ij} des Bedauerns. Da sämtliche Teilnutzwerte der neuen Datensituation gleich groß sind, stehen in der neuen Spalte der s_{ij}-Matrix nur „Nullen". Da anschließend für jede Strategie, d.h. für jede Zeile, der größte Wert ausgewählt wird, beeinflußt die neue Spalte der Matrix des Bedauerns das Endergebnis nicht.

Zusammenfassend ist damit festzuhalten, daß alle Regeln bis auf die Laplace-Regel weitgehend unbrauchbar sind. Lediglich die Minimax-Regel ist in spieltheoretischen Situationen begründbar.

4.2.2.3 Entscheidungsregeln bei bekannten Eintrittswahrscheinlichkeiten (Risiko)

4.2.2.3.1 Das Erwartungswertkonzept

Allen im Abschnitt 4.2.2.3 zu behandelnden Entscheidungsregeln ist gemeinsam, daß für den Eintritt der Datensituationen objektive Eintrittswahrscheinlichkeiten w_j angegeben werden können. Die in der betriebswirtschaftlichen Literatur für häufig wiederkehrende Entscheidungen wohl am meisten angewandte Entscheidungsregel ist die Maximierung des Erwartungswertes.[57] Der Erwartungswert einer Strategie i ergibt sich aus folgender Berechnungsvorschrift:

$$\mu_i = \sum_j G_{ij} \cdot w_j$$

Es werden also die Gewinnwerte einer Strategie mit ihren zugehörigen Eintrittswahrscheinlichkeiten w_j gewichtet und die Produkte über alle Datensituationen aufsummiert; die Strategie mit dem höchsten Erwartungswert ist optimal. Für das Beispiel der Tabelle 4-18 ist die Strategie A_1 mit einem Gewinnerwartungswert von 7,6 optimal.

w_j	S_1 0,2	S_2 0,6	S_3 0,2	Erwartungswert μ_i
A_1	3	10	5	$0{,}2 \cdot 3 + 0{,}6 \cdot 10 + 0{,}2 \cdot 5 = 7{,}6$
A_2	6	5	7	$0{,}2 \cdot 6 + 0{,}6 \cdot 5 + 0{,}2 \cdot 7 = 5{,}6$
A_3	7	9	3	$0{,}2 \cdot 7 + 0{,}6 \cdot 9 + 0{,}2 \cdot 3 = 7{,}4$
A_4	4	7	5	$0{,}2 \cdot 4 + 0{,}6 \cdot 7 + 0{,}2 \cdot 5 = 6$

Tabelle 4-18

Das Erwartungswertkriterium vernachlässigt Risikoaspekte - etwa die Streuung der Gewinnwerte um den Erwartungswert - vollständig. Die Verteilung der Gewinne einer Strategie geht in die Beurteilung nicht ein. Allein die verdichtete Größe „Erwartungswert" wird als Effizienzmaß benutzt. Das aber bedeutet, daß ein Entscheidungsträger zwei Strategien mit gleichem Erwartungswert als gleichwertig einstuft, und zwar unabhängig davon, ob bei

57 Vgl. Bamberg/Coenenberg (1994); Bitz (1981); Laux (1991); Sieben/Schildbach (1994).

den Standardabweichungen der Gewinne erhebliche Unterschiede auftreten. Ein Entscheidungsträger kann aber sicher gute Gründe dafür anführen, warum er in einer solchen Situation die Strategie mit der geringeren Streuung der Gewinne vorzieht.

Im Erwartungswertkriterium kommt eine indifferente Einstellung des Entscheidungsträgers gegenüber dem Risiko zum Ausdruck. Wird der Erwartungswert zur Beurteilung der Güte einer Strategie herangezogen, sind für einen Entscheidungsträger die folgenden beiden Entscheidungssituationen gleichwertig. Bei einer Entscheidung für die Strategie 1 erhält der Entscheidungsträger mit Sicherheit einen Gewinn in Höhe von 15.000 GE. Fällt er eine andere Entscheidung, kann er mit jeweils 50-prozentiger Wahrscheinlichkeit entweder mit einem Gewinn von 10.000 GE oder einem von 20.000 GE - also mit einem Erwartungswert von 15.000 GE - rechnen. Ein risikoneutraler Entscheidungsträger sieht also beide Alternativen als gleichwertig an, während ein Risikoscheuer die sichere Strategie 1 vorzieht.

Um das Risiko von Entscheidungen zu begrenzen, schlägt Jacob[58] ein modifiziertes Erwartungswertkriterium vor. Um sich gegen abträgliche oder gefährliche Ergebnisse abzusichern, fordert er, für alle diejenigen Datensituationen einen Risikoabschlag anzusetzen, bei denen der Gewinn einen vorgegebenen Schwellenwert unterschreitet. Die „Erlaubnis", die Gewinnschwelle G_{min} in einer ungünstigen Datensituation zu unterschreiten, muß also mit „Strafkosten erkauft" werden, die vom Erwartungswert μ_i abzusetzen sind. Die Höhe der „Strafkosten" hängt von der Eintrittswahrscheinlichkeit w_j der ungünstigen Datensituation j und einem Risikofaktor A ab, der die subjektive Risikobereitschaft des Entscheidungsträgers ausdrückt. Dieses Kriterium ähnelt dem μ-σ-Prinzip auf der Basis einer Nutzenfunktion der Art $N_I = \mu - a \cdot \sigma$; nur bestimmt Jacob den Risikoabschlag nicht auf der Basis der Standardabweichung. Das Kriterium von Jacob läßt sich durch folgende Berechnungsvorschrift beschreiben:

$$N = \mu - A \sum_j w_j \, D_j \qquad \text{mit } A > 0$$

D_j beschreibt die negativen Gewinnabweichungen vom Gewinnschwellenwert. Auf das vorherige Beispiel angewandt führt das modifizierte Erwartungswertkonzept zu folgenden Ergebnissen, wenn für die Gewinnschwelle $G_{min} = 6$ und für den Risikofaktor $A = 2$ gesetzt wird:

58 Vgl. Jacob (1974), S. 314 ff.

	S_1 0,2	S_2 0,6	S_3 0,2	Erwartungs-wert μ_i	Strafkosten $A\sum_j w_j D_j$	modifizierter Erwartungswert μ_i-Strafkosten
A_1	3	10	5	7,6	2·(0,2·3+0,2·1)=1,6	6
A_2	6	5	7	5,6	2·(0,6·1)=1,2	4,4
A_3	7	9	3	7,4	2·(0,2·3)=1,2	6,2
A_4	4	7	5	6	2·(0,2·2+0,2·1)=1,2	4,8

Tabelle 4-19

Optimal im Sinne dieses Kriteriums ist die Strategie A_3.

Bei der Formulierung von Nutzenfunktionen mit einem Risikoabschlag ist zu überprüfen, ob es durch die Wahl des Risikofaktors nicht zu inkonsistenten Entscheidungen kommt. Unlogisch wäre eine Entscheidung, bei der es durch die Wahl des Faktors a in der Nutzenfunktion bzw. des Faktors A im Ansatz von Jacob dazu kommt, daß eine dominierte Strategie als optimal erscheint. Bei der Nutzenfunktion $N_I = \mu - a\cdot\sigma$ mit einem Abschlag auf Basis der Standardabweichung σ ist das grundsätzlich möglich.[59] Bei Anwendung des Kriteriums von Jacob kann eine solche Inkonsistenz nicht auftreten, wie folgende Argumentation zeigt.

Angenommen, es gibt im Beispiel eine weitere Strategie A_5, die durch die optimale Strategie A_3 dominiert wird, und diese Strategie weist bei allen Datensituationen bis auf die zweite die gleichen Gewinne auf wie die Strategie A_3, dann liegt der Erwartungswert der Strategie A_5 gegenüber A_3 um den Betrag $w_2 \cdot F_2$ niedriger. F_2 bezeichnet die Gewinndifferenz der beiden Strategien in der Situation 2. Ob Inkonsistenzen auftreten können, hängt nun davon ab, ob es Situationen gibt, in denen F_2 dazu führt, daß der Risikoabschlag der Strategie A_5 kleiner ausfällt als der bei A_3. Dann wäre es möglich, daß bei bestimmten Risikofaktoren A der korrigierte Erwartungswert der dominierten Strategie über jenem der tatsächlich optimalen Politik liegt. Genau diese Situation kann aber beim Kriterium von Jacob nicht auftreten, da der Risikoabschlag der Strategie A_5 für beliebige A immer gleich oder größer ist als bei A_3. Um zeigen zu können, daß der Risikoabschlag bei A_5 den von A_3 nie übersteigen kann, sind zwei Fälle zu unterscheiden:

- Im ersten Fall ist der Gewinn für A_5 bei Datensituation 2 zwar kleiner als bei A_3, liegt aber noch über der Gewinnschwelle. Beide Strategien haben für beliebige Risikofaktoren A den gleichen Risikoabschlag. Da aber A_5 den geringeren Erwartungswert besitzt, bleibt A_3 optimal.
- Im zweiten Fall unterschreitet der Gewinn der Strategie A_5 in der zweiten Datensituation die Gewinnschwelle. Es kommt zu einem zusätzlichen Summationselement für den Risikoabschlag bei A_5 gegenüber A_3. Unabhängig von der Höhe der Wahrscheinlichkeit w_2 und dem Gewichtungsfaktor A muß dann aber der Risikoabschlag für die Strategie A_5

59 Vgl. Abschnitt 4.2.2.3.3 und Bitz (1981), S. 103.

den der Strategie A_3 übersteigen, und der korrigierte Erwartungswert der 5. Strategie bleibt notwendigerweise hinter dem der 3. Strategie zurück.

Das Kriterium von Jacob hält somit dem Konsistenztest stand.

Die praktische Schwierigkeit, von Entscheidungsträgern Aussagen über den Risikofaktor A zu gewinnen, kann dadurch abgemildert werden, daß der Modellansatz mit alternativen Werten für A durchgerechnet und die Empfindlichkeit des Ergebnisses auf alternative Risikopräferenzen untersucht wird. Für Werte $A > 1$ bleibt es im Beispiel dabei, daß A_3 optimal ist. Werte kleiner als eins führen dazu, daß Strategie A_1 optimal wird.

4.2.2.3.2 Das Konzept des Risikonutzens (Bernoulli-Prinzip)

In der Literatur wird das Bernoulli-Prinzip trotz der vielfältig vorgetragenen Kritik als *das* rationale Prinzip zur Entscheidungsfindung unter Risiko bei gegebenen Eintrittswahrscheinlichkeiten angesehen.[60] Aufgrund seiner plausiblen Prämissen, seiner Flexibilität und universellen Anwendbarkeit wird es den „klassischen" Entscheidungsprinzipien unter Risiko - Erwartungswertprinzip (μ-Prinzip) und μ-σ-Prinzip - vorgezogen.

Entscheidungen ausschließlich auf Basis des Erwartungswertes können - wie bereits diskutiert - bei Streuung der möglichen Erfolgsausprägungen zu unplausiblen Ergebnissen führen. Das Risiko ist daher bei der Entscheidungsfindung mit einzubeziehen.

Es gibt prinzipiell zwei Wege, das Risiko in einem Entscheidungsprinzip zu berücksichtigen:

- Um das Risiko zu erfassen, werden neben dem Erwartungswert noch ein oder mehrere zusätzliche Parameter einer Erfolgsverteilung - Standardabweichung oder Schiefe[61] - mit in die Analyse einbezogen. Diesen Weg geht beispielsweise das μ-σ-Prinzip, indem es neben dem Erwartungswert μ auch die Standardabweichung σ erfaßt. Dadurch wird die Entscheidung unter Risiko formal in eine Entscheidung unter Sicherheit bei mehrfacher Zielsetzung überführt.[62]
- Einen anderen Weg geht das Bernoulli-Prinzip. Es versucht, das Risiko durch die Formulierung einer übergeordneten Nutzenfunktion einzubeziehen.[63]

Das Bernoulli-Prinzip geht zurück auf den Schweizer Mathematiker Daniel Bernoulli[64] (1700-1782), der aufgrund seiner Beobachtungen eines Glücksspiels, des Petersburger

60 Vgl. Bamberg/Coenenberg (1994), S. 95; Bitz (1981), S. 192; Schneeweiß (1991); Sieben/Schildbach (1994).

61 Zu Streuungs- und Schiefemaßen vgl. Bitz (1981), S. 52 ff.

62 Vgl. Eisenführ (1989), Sp. 402.

63 Vgl. Schneeweiß (1991), S. 101.

64 Vgl. Bernoulli (1954), S. 22 ff.

Spiels[65], forderte, daß nicht der Erwartungswert möglicher Gewinne, sondern der „moralische Erwartungswert", d.h. der Erwartungswert des aus den Gewinnmöglichkeiten resultierenden persönlichen Nutzens zur Beurteilung des Glücksspiels herangezogen werden sollte. Von Neumann und Morgenstern[66] entwickelten das Bernoulli-Prinzip in seine heutige Form. Es löst ein Entscheidungsproblem in zwei Stufen:[67]

1. Mit einer für den Entscheidungsträger individuell zu bestimmenden Risikonutzenfunktion N(G) ist jedem möglichen Ergebniswert G_{ij} einer Alternative i in der Datensituation j ein Nutzenwert $N(G_{ij})$ zuzuordnen.

2. Anschließend werden die Nutzenwerte $N(G_{ij})$ mit der Eintrittswahrscheinlichkeit w_j der Situation j gewichtet und zum Erwartungswert des Nutzens N_i einer Entscheidungsalternative i summiert:

$$N_i = \sum_{j=1}^{n} w_j \cdot N\left(G_{ij}\right)$$

Die Alternative mit dem höchsten Erwartungswert des Nutzens ist zu wählen.

Die Art der Nutzenfunktion wird durch das Bernoulli-Prinzip nicht festgelegt, sondern kann entsprechend der individuellen Risikoneigung des Entscheidungsträgers bestimmt werden. Bei einer linearen Beziehung zwischen Nutzen- und Erfolgsgröße besteht Risikoneutralität. Das Bernoulli-Prinzip geht in das Erwartungswertkonzept über. Wächst der Nutzen unterproportional (überproportional) mit wachsendem Erfolg G_{ij}, wird von Risikoscheu (Risikofreude) gesprochen. Für die theoretische Analyse sind insbesondere Nutzenfunktionen bei Risikoscheu relevant.

Die Vorgehensweise des Bernoulli-Prinzips wird anhand eines Beispiels erläutert: Ein Unternehmen hat zwei Handlungsalternativen, deren Jahresgewinne G_{ij} in den drei Datensituationen j in der Tabelle 4-20 dargestellt sind. Die Wahrscheinlichkeiten w_j der möglichen künftigen Datensituationen sind bekannt, genauso wie die Risikonutzenfunktion. Die Geschäftsleitung hält sich für schwach risikoscheu und hat die für diese Entscheidungssituation geltende, degressiv steigende Risikonutzenfunktion

$$N(G) = G - 0{,}01\, G^2$$

65 Beim Petersburger Spiel wirft ein Spieler eine Münze. Fällt beim ersten Wurf „Zahl", erhält er von der Bank 2 GE. Diese Alternative hat eine Wahrscheinlichkeit von 1/2. Fällt beim ersten Wurf „Kopf", darf er ein weiteres mal werfen. Fällt nunmehr „Zahl", erhält er 4 GE. Diese Alternative hat aber nur eine Wahrscheinlichkeit von 1/4. Die Wurfserie wird solange fortgesetzt, bis „Zahl" fällt; bei jedem zusätzlich erforderlichen Wurf wird der Gewinn verdoppelt und die Eintrittswahrscheinlichkeit halbiert sich. Für jeden einzelnen Wurf ist damit der Erwartungswert gleich 1 GE. Da im günstigsten Fall aber unendlich lange die Münze geworfen werden muß, bis „Zahl" fällt, strebt der Erwartungswert der Spielserie gegen unendlich. Trotz unendlich hoher Gewinnchance wird ein Spieler aber kaum bereit sein, für die Berechtigung, eine Wurfserie ausführen zu dürfen, beliebig viel zu zahlen; denn das Spiel könnte ja bereits nach einer endlichen Anzahl von Würfen beendet sein. Er schätzt dann offenbar den Nutzen des unendlich hohen Erwartungswertes geringer ein. Vgl. auch Bitz (1981), S. 95.

66 Vgl. von Neumann/Morgenstern (1973).

67 Vgl. Bitz (1981), S. 153 f.

ermittelt. Die resultierenden Nutzenwerte N (G_{ij}) sind ebenfalls der Tabelle 4-20 zu entnehmen. Der Erwartungswert des Nutzens der Alternative A_1 errechnet sich mit $N_1(G) = 0{,}3 \cdot 21 + 0{,}5 \cdot 24 + 0{,}2 \cdot (-11) = 16{,}1$. In der Tabelle sind auch die Erwartungswerte beider Strategien eingetragen.

		S_1	S_2	S_3	Erwartungswert des Jahresgewinns μ_i	Erwartungswert des Risikonutzens N_i
	w_j	0,3	0,5	0,2		
A_1	G_{ij}	30	40	-10	**27**	
	N (G_{ij})	21	24	-11		16,1
A_2	G_{ij}	20	30	20	25	
	N (G_{ij})	16	21	16		**18,5**

Tabelle 4-20

Das Beispiel verdeutlicht, daß in der gleichen Datensituation eine Entscheidung nach dem Bernoulli-Prinzip zu einer anderen Wahl führen kann als eine Entscheidung nach dem reinen Erwartungswert-Prinzip. In diesem Fall bewirkt die Risikoscheu der Geschäftsleitung, daß positive Ergebnisse (z.B. Gewinn = 40) tendenziell abgeschwächt und schlechte Ergebnisse (Gewinn = –10) verstärkt gewertet werden. Alternative 2 wird daher aufgrund der geringeren Streuung um den allerdings niedrigeren Erwartungswert des Jahresgewinns (25 GE) der Alternative 1 vorgezogen.

Warum die in diesem Beispiel unterstellte Risikonutzenfunktion immer ein risikoscheues Verhalten signalisiert, zeigen die folgenden Überlegungen. Durch den Verlaufstyp der Risikonutzenfunktion lassen sich unterschiedliche Risikoeinstellungen von Entscheidungsträgern charakterisieren. Die Abbildung 4-6 zeigt drei typische Verläufe, die Risikoscheu (1), Risikoneutralität (2) und Risikofreude (3) ausdrücken. Es sind aber auch andere Verläufe, bereichsweise Risikofreude und -scheu denkbar. Im folgenden wird unterstellt, daß alle Risikofunktionen streng monoton steigen, weil Funktionen mit fallenden Teilbereichen des Nutzens zu logischen Verstößen gegen das noch zu erläuternde Dominanzprinzip führen können.[68] Daher ist die Risikonutzenfunktion für das vorherige Beispiel auch nur bis zu ihrem Maximum definiert.

68 Vgl. auch Bitz (1981), S. 162.

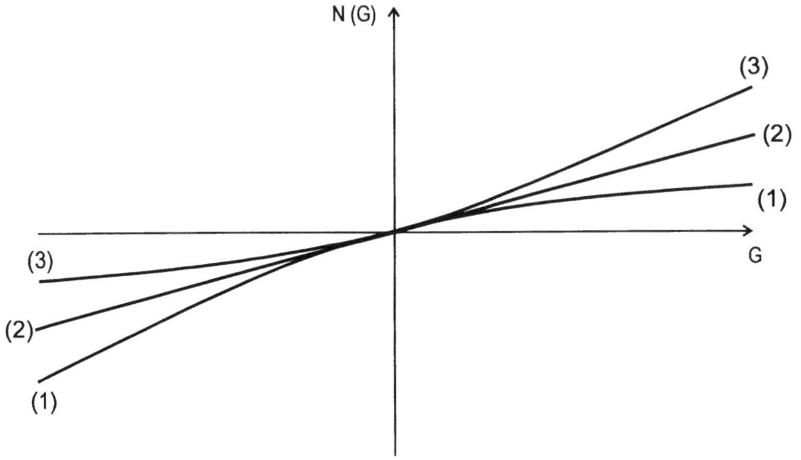

Abbildung 4-6

Ökonomisch handelnde Entscheidungsträger werden meistens risikoscheues Verhalten zeigen. Für manche Entscheidungen wird risikoscheues Verhalten sogar gesetzlich vorgeschrieben, etwa im Bilanzierungsbereich durch das Vorsichtsprinzip nach § 252 HGB. Daher soll das risikoscheue Verhalten eingehender betrachtet werden.

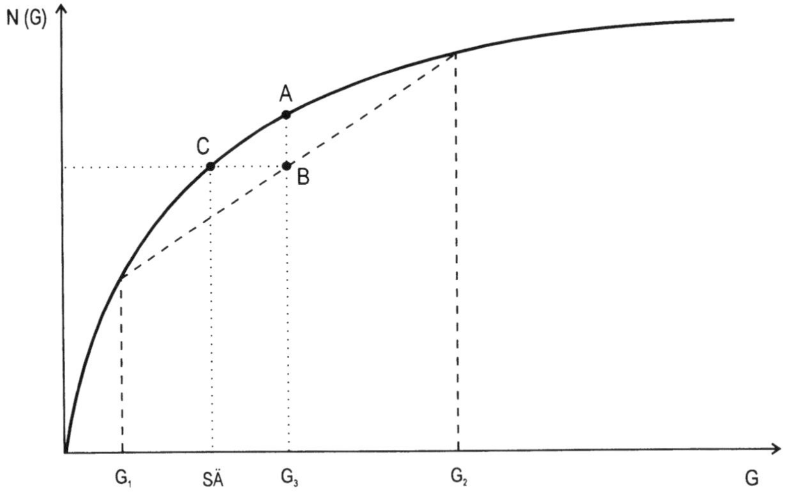

Abbildung 4-7

Angenommen, für einen Entscheidungsträger gelte die degressiv steigende (konkave) Risikonutzenfunktion N der Abbildung 4-7. Um die Analyse einfach zu halten wird unterstellt, er stehe vor der Wahl zwischen den folgenden beiden Alternativen:

- Er erhält entweder den Betrag G_1 oder den Betrag G_2 mit einer Wahrscheinlichkeit von jeweils 50% (risikobehaftete Alternative). Diese Alternative zeitigt einen Erwartungswert des Risikonutzens, der in der Abbildung 4-7 durch den Punkt B gekennzeichnet ist (B entspricht der Hälfte der Summe aus den Nutzenwerten G_1 und G_2). Der Erwartungswert des Gewinns entspricht der Hälfte der Summe aus G_1 und G_2 und damit dem Gewinn G_3.

- Er erhält mit Sicherheit den Gewinn G_3, der dem Erwartungswert der Gewinne G_1 und G_2 entspricht. Der zugehörige Nutzen ist im Punkt A abgetragen.

Nach dem Bernoulli-Prinzip entscheidet sich der Entscheidungsträger für die sichere zweite Alternative, da der Risikonutzenwert A der sicheren Alternative höher eingeschätzt wird als der Nutzen B der unsicheren Strategie.

Aus der Zeichnung ist zusätzlich diejenige sichere Gewinnhöhe abzuleiten, die den gleichen Nutzen stiftet wie die unsichere Strategie mit dem Nutzen im Punkte B. Dieser Gewinnwert wird als Sicherheitsäquivalent SÄ bezeichnet. Um diesen Punkt zu bestimmen, wird die Horizontale durch Punkt B gelegt und deren Schnittpunkt mit der Nutzenfunktion festgelegt (Punkt C). Die Senkrechte durch Punkt C schneidet die Abszisse beim Sicherheitsäquivalent SÄ. Das Sicherheitsäquivalent entspricht damit demjenigen sicheren Ergebniswert, dessen Nutzen dem der risikobehafteten Alternative (aus Sicht des subjektiven Entscheidungsträgers) gleichwertig ist. Bei Risikoscheu ist das Sicherheitsäquivalent SÄ stets kleiner als der Erwartungswert G_3 der risikobehafteten Alternative.

Für einen risikofreudigen Entscheidungsträger - also bei progressivem (konvexem) Verlauf der Nutzenfunktion - ist bei gleichem Gewinnerwartungswert der sicheren und unsicheren Alternative der Nutzenerwartungswert der risikobehafteten Alternative stets größer als der Nutzen der sicheren Entscheidungsalternative. Das Sicherheitsäquivalent ist folglich größer als der Erwartungswert der risikobehafteten Alternative. Bei risikoneutralem Verhalten besteht kein Unterschied zwischen dem Nutzen der sicheren und dem der unsicheren Alternative. Sicherheitsäquivalent und Erwartungswert der risikobehafteten Alternative sind folglich identisch. Eine Entscheidung nach dem Bernoulli-Prinzip führt in diesem Fall zum gleichen Ergebnis wie eine Entscheidung nach dem Erwartungswertprinzip.

Für das Bernoulli-Prinzip gilt ein Satz von Axiomen für rationales Handeln (System grundlegender, nicht mehr anzuzweifelnder Annahmen), aus denen dieses Prinzip zwingend folgt. Erkennt ein Entscheidungsträger diese Axiome als rational an, muß er auch die aus dem Bernoulli-Prinzip resultierenden Entscheidungen akzeptieren.[69] Vier grundlegende Prinzipien müssen für das Bernoulli-Prinzip erfüllt sein:[70]

- Ordinalprinzip:
  Der Entscheidungsträger muß in der Lage sein, sämtliche ihm bekannten risikobehafteten und nicht risikobehafteten Alternativen in eine eindeutige, konsistente Rangordnung der Vorziehenswürdigkeit zu bringen. Die Alternativen müssen folglich vergleichbar sein.

69 Vgl. Kruschwitz (1995), S. 266 ff.

70 Vgl. zum folgenden Bitz (1981), S. 180 und die dort angegebene Literatur.

Weiterhin muß Transitivität vorliegen, d.h., wenn der Entscheidungsträger Alternative A_1 höher als A_2 und A_2 höher als A_3 einstuft, muß er auch A_1 der Alternative A_3 vorziehen.

- Prinzip der stochastischen Dominanz ersten Grades:
  Dieses Dominanzprinzip schränkt die zulässigen Risikonutzenfunktionen auf *monoton steigende* Funktionen ein. Der Entscheidungsträger muß einen höheren (sicheren) Gewinn stets einem niedrigeren (sicheren) Gewinn vorziehen. Die Nutzenfunktion darf keinen fallenden Ast aufweisen. Unter dieser Einschränkung gilt:[71] Eine Strategie A dominiert eine Strategie B stochastisch im ersten Grade, wenn die Wahrscheinlichkeit, mindestens einen bestimmten Gewinn zu erzielen, bei Strategie A stets größer oder gleich ist als bei Strategie B. Ist diese Bedingung erfüllt, ist gleichzeitig garantiert, daß der Erwartungswert des Nutzens von A größer ist als der von B.

Die Einschränkung auf monoton steigende Nutzenfunktionen ist erforderlich, damit keine Entscheidungen resultieren, die dem grundlegenden Prinzip der Zustandsdominanz und damit einem „normalen" Präferenzverhalten widersprechen. Das Beispiel der folgenden Abbildung zeigt, daß es zu unplausiblen Entscheidungen kommt, wenn Gewinnrealisationen im fallenden Bereich einer Risikonutzenfunktion liegen.

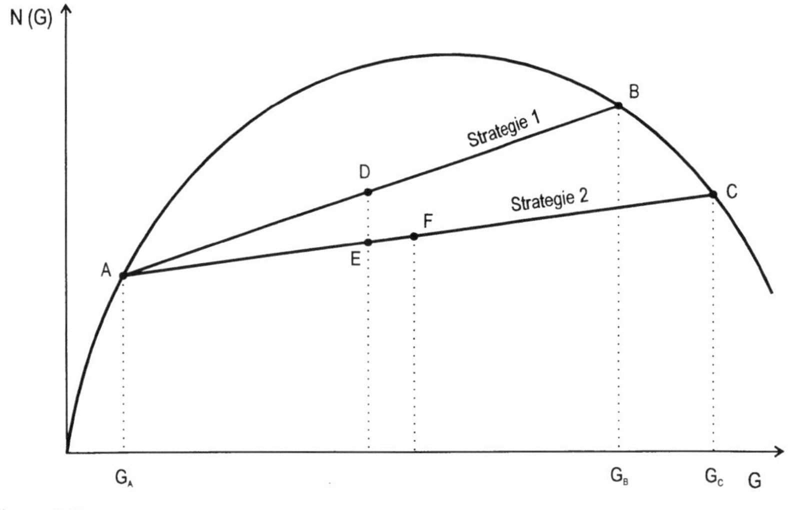

Abbildung 4-8

Der Entscheidungsträger steht im Fall der Abbildung 4-8 vor einer Entscheidung, bei der die Gewinne G_A und G_B mit je 50% Wahrscheinlichkeit eintreten. Der Erwartungswert des Risikonutzens der Strategie entspricht dem Punkte D. Eine zweite Entscheidungsalternative hat die Gewinnchance G_A und G_C. Haben beide Alternativen wiederum eine Wahrscheinlichkeit von je 50%, stellt sich ein Erwartungswert des Risikonutzens von F ein. Da F kleiner als D ist, würde der Entscheidungsträger nach dem Bernoulli-Prinzip die

71 Vgl. Fishburn/Vickson (1978), S. 72 ff.

erste Strategie mit der kleineren Gewinnchance G_B vorziehen. Das aber ist unlogisch, da die zweite Strategie die erste von der Erfolgssituation her dominiert. Ein Kurvenverlauf des Nutzens wie in dieser Abbildung könnte nur mit einsetzendem „Gewinnverdruß" erklärt werden, wenn das Maximum der Nutzenfunktion erreicht ist. Der Entscheidungsträger kann seinen Nutzen durch „Vernichtung" von Gewinn verbessern. Eine solche Nutzenfunktion gilt möglicherweise für einen Sponsor, der Gewinne „zum Überdruß" erzielt und seinen persönlichen Nutzen dadurch vergrößert, daß er eine u.U. sogar hoffnungslose Sache durch Zuwendungen unterstützt.

- Stetigkeitsprinzip:
  Der Entscheidungsträger muß in der Lage sein, eine kritische Wahrscheinlichkeit w_{krit} mit $0 < w_{krit} < 1$ für den höheren Gewinnwert einer unsicheren Alternative anzugeben, bei der ihm eine sichere und diese unsichere Entscheidungsalternative gerade gleichwertig erscheinen. Er muß also folgende Frage beantworten: Wenn er zwischen dem sicheren Gewinn G^* und der unsicheren Alternative mit den Gewinnen $G_2 > G^*$ und $G_1 < G^*$ wählen kann, wie groß muß die Wahrscheinlichkeit w_{krit} für den höheren Gewinn G_2 sein, damit er beide Alternativen als gleichwertig empfindet? Die Wahrscheinlichkeit für den Eintritt des niedrigeren Gewinns G_1 beträgt dabei $1 - w_{krit}$.

Dieses Prinzip stellt - zumindest theoretisch - zusammen mit dem Ordinalprinzip sicher, daß der Verlauf der individuellen Risikonutzenfunktion empirisch ermittelt werden kann. Dazu werden dem Entscheidungsträger in einer sogenannten „Bernoulli-Befragung" nach dem obigen Prinzip mehrfach hintereinander eine sichere und eine risikobehaftete Alternative zum Vergleich vorgelegt.[72] G_1 und G_2 bleiben konstant, G^* wird variiert, indem er schrittweise heraufgesetzt wird. Bei jedem dieser hypothetischen Vergleiche muß der Entscheidungsträger für unterschiedliche G^* die jeweils zugehörige w_{krit} festlegen. Wird beispielsweise G_1 auf null und G_2 auf 100 festgelegt und deren Nutzenwerte auf $N(0) = 0$ sowie $N(100) = 1$ normiert, können die in den hypothetischen Vergleichen festgelegten Wahrscheinlichkeiten w_{krit} über die Funktion des Erwartungswertes des Nutzens in Nutzenwerte umgerechnet werden, indem gefordert wird:

$$
\begin{aligned}
& N(G^*) = w_{krit}\, N(100) + (1 - w_{krit})\, N(0) \\
\Leftrightarrow\ & N(G^*) = w_{krit} \cdot 1 + (1 - w_{krit}) \cdot 0 \\
\Leftrightarrow\ & \underbrace{N(G^*)}_{\text{Nutzen des sicheren Betrages } G^*} = \underbrace{w_{krit}}_{\text{Erwartungswert des Nutzens der risikobehafteten Alternative}}
\end{aligned}
$$

Es zeigt sich, daß aufgrund der geschickten Normierung die Wahrscheinlichkeit w_{krit} direkt dem Nutzen des sicheren Betrags G^* entspricht. Die Nutzenwerte für unterschiedliche G^* werden in einem x-y-Diagramm abgetragen und anschließend - wenn möglich - durch eine stetige Funktion approximiert. Folgende Abbildung zeigt ein mögliches Ergebnis einer gelungenen Bernoulli-Befragung. Die Punkte zeigen die empirischen Befra-

72 Vgl. Bitz (1981), S. 158 ff.

gungswerte. Eine solche stetige Funktion ergibt sich nur, wenn der Befragte konsistente Urteile abgibt.

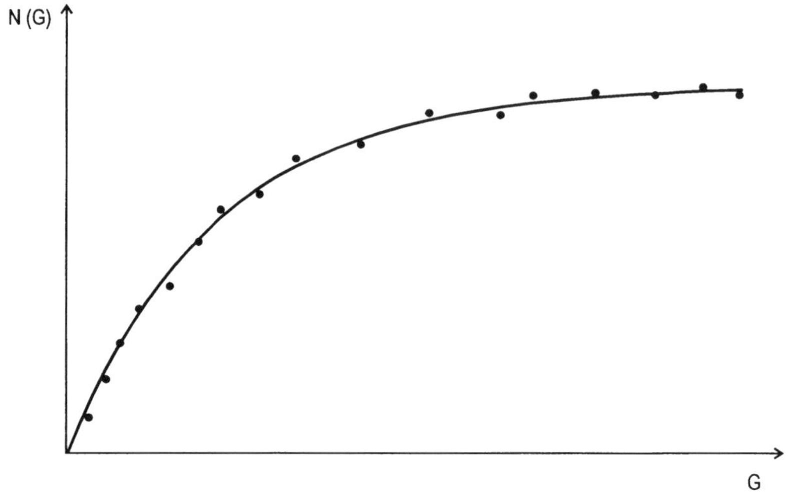

Abbildung 4-9

- Substitutionsprinzip (Unabhängigkeitsprinzip):
  Der Entscheidungsträger darf eine bereits festgelegte Rangordnung der Handlungsalternativen nicht ändern, wenn ihm eine neue Umweltsituation mit gleicher Konsequenz und Wahrscheinlichkeit für alle Handlungsalternativen bekannt wird. Entsprechendes gilt für das Wegfallen einer bisher möglichen und bekannten Umweltsituation.[73]

Bei der Vielzahl der in der Literatur vorgetragenen Kritikpunkte über die Anwendbarkeit des Bernoulli-Prinzips für eine rationale Entscheidungsfindung lassen sich zwei Grundrichtungen unterscheiden:[74]

- Kritik aus praktisch normativer Sicht und
- Kritik aus empirisch realistischer Sicht.

Die Kritiker aus praktisch normativer Sicht untersuchen, welche Präferenzen die Bernoulli-Nutzenfunktion berücksichtigt. Zuerst Jacob/Leber[75] (1976) und später Hieronimus[76] (1979) stellen den Grundgedanken des Bernoulli-Prinzips in Frage, indem sie behaupten: In die Risikonutzenfunktion gehen Risikoüberlegungen überhaupt nicht ein. Sie spiegele lediglich eine „Höhenpräferenz" für die Gewinne wider, d.h., sie stelle ausschließlich eine Beziehung zwischen einem mit Sicherheit zufließenden Geldbetrag und dem subjektiv damit verbunde-

73 Vgl. Schneider (1980), S. 87.

74 Vgl. Sieben/Schildbach (1994), S. 69 ff.

75 Vgl. Jacob/Leber (1976), S. 177 ff.

76 Vgl. Hieronimus (1979).

nen Nutzen dar.[77] Ein konkaver Verlauf der Nutzenfunktion ist ausschließlich Ausdruck eines abnehmenden Grenznutzens wie beim ersten Gossenschen Gesetz.[78]

Andere Wissenschaftler[79], die sich in dem anschließenden Literaturstreit geäußert haben, bestreiten diese Behauptung. Sie bleiben dabei, daß unterschiedliche Verläufe der Bernoulli-Nutzenfunktion sowohl unterschiedliche „Höhenpräferenzen" als auch unterschiedliche Risikoeinstellungen ausdrücken. Dieser eher theoretische Streit soll nicht näher behandelt werden. Der Leser wird auf die genannte Literatur verwiesen.

Konkreter und plausibler sind die Einwände aus empirisch realistischer Sicht. Sie zielen auf die mangelnde praktische Anwendbarkeit und die eingeschränkte Gültigkeit einzelner Axiome des Bernoulli-Prinzips in realistischen Planungssituationen.

Probleme ergeben sich zunächst bei der Ermittlung der individuellen Nutzenfunktion. Selbst bei der für den Befragten verhältnismäßig einfach zu durchschauenden Bernoulli-Befragung werden viele Befragte Schwierigkeiten beim Festlegen der kritischen Wahrscheinlichkeiten haben und daher u.U. im nachhinein mit „ihrer" Nutzenfunktion unzufrieden sein, insbesondere wenn deren Anwendung zu überraschenden und ungewollten Ergebnissen in realen Entscheidungssituationen führt.

Liegen, wie in realen Planungssituationen häufig anzutreffen, viele Alternativen und viele mögliche Umweltsituationen vor, dürfte die Fähigkeit der Entscheidungsträger, die Alternativen in eine eindeutige Reihenfolge zu bringen, tendenziell stark abnehmen („information overload"), selbst wenn ihnen dabei geholfen wird. Verstöße gegen das Ordinalprinzip sind die Folge. Diese sind um so wahrscheinlicher, je stärker sich die Handlungsalternativen in ihren Ergebnisausprägungen ähneln, so daß Präferenzunterschiede für den Entscheidungsträger nicht „fühlbar" werden.[80]

Darüber hinaus sind Nutzenfunktionen in der Regel zeit- und situationsabhängig, so daß die quantifizierte Nutzenfunktion nicht mit der in einer beliebigen Entscheidungssituation tatsächlich empfundenen Präferenz des Entscheidungsträgers übereinstimmen muß. Gerade diese Situationsunabhängigkeit wird aber vom Substitutionsprinzip gefordert.

Aus der Vielzahl weiterer möglicher Verstöße gegen Axiome des Bernoulli-Prinzips in realen Planugssituationen wird im folgenden Beispiel ein Verstoß gegen das Stetigkeitsprinzip demonstriert. Ein Unternehmer steht vor der Wahl, entweder mit Sicherheit 1 Mio. DM Gewinn zu realisieren oder mit der Wahrscheinlichkeit w einen Gewinn von 20 Mio. DM zu realisieren bzw. mit (1 - w) einen Verlust von 0,5 Mio. DM zu erleiden.

Er weiß, daß ein Verlust von 0,5 Mio. DM den Konkurs seines Unternehmens wegen Überschuldung bedeuten würde. Das Stetigkeitsaxiom verlangt von ihm, daß er eine kritische Wahrscheinlichkeit w_{krit} mit $0 < w_{krit} < 1$ bestimmen kann, bei der ihm die beiden genannten

77 Vgl. Jacob/Leber (1976), S. 200.

78 Vgl. z.B. Helmstädter (1991), S. 22.

79 Vgl. Bitz/Rogusch (1976); Bamberg/Coenenberg (1994), S. 92 ff. sowie die dort angegebene Literatur.

80 Vgl. Bitz (1981), S. 186; nach Bitz wurde der Begriff „Fühlbarkeitsschwelle" von Krelle (1961) eingeführt.

Alternativen gleichwertig erscheinen. Viele Unternehmer werden in dieser Situation wohl nicht in der Lage sein, eine derartige kritische Wahrscheinlichkeit anzugeben; denn sie werden in jedem Fall einen Konkurs ausschließen wollen. Daher werden sie „notgedrungen" immer den sicheren Gewinn von 1 Mio. DM vorziehen, auch wenn sie sich „eigentlich" als gar nicht so sehr risikoscheu einschätzen. Sie werden $w_{krit} = 1$ setzen und somit gegen das Stetigkeitsprinzip verstoßen.

Der aufgezeigte Verstoß gegen das Stetigkeitsprinzip kann kaum als eindeutig unvernünftiges Handeln abgetan werden. Vielmehr zeigt sich, daß das Stetigkeitsprinzip in Extremsituationen an Gültigkeitsgrenzen stößt. Die strikte Anwendung des Bernoulli-Prinzips könnte den Konkurs der Firma nicht in jedem Fall ausschließen. Daher erscheint es plausibel, die Menge der zulässigen Alternativen, auf die das Bernoulli-Prinzip angewendet werden kann, in einer Vorauswahl zu beschränken.[81] In dieser Vorauswahl sollten alle ruinösen, d.h. existenzgefährdenden Alternativen ausgeschlossen werden.

Bereits die wenigen angeführten Beispiele zeigen, daß das Bernoulli-Prinzip als Denkprinzip zwar überzeugt, daß es aber in realen Entscheidungssituationen nur unter starken Vorbehalten einsetzbar ist.

4.2.2.3.3 Das μ-σ-Prinzip

Eine zweite Möglichkeit, Risiko bei der Entscheidungsfindung zu berücksichtigen, besteht darin, neben dem Erwartungswert μ auch die Standardabweichung σ (bzw. die Varianz σ^2) zu berücksichtigen. Jede Strategie wird durch zwei Kenngrößen bewertet. Das μ-σ-Prinzip kann in zwei Spielarten angewendet werden:

- Alle Strategien werden durch die beiden Kenngrößen bewertet; anschließend werden nicht effiziente Lösungen aus den weiteren Überlegungen ausgeschaltet. Risikoscheues Verhalten des Entscheidungsträgers vorausgesetzt, ist eine Lösung nicht effizient (dominiert), wenn sie den gleichen Erwartungswert wie eine andere Strategie aufweist, aber zu einer größeren Standardabweichung des Erfolges führt. Andersherum definiert ist eine Lösung durch eine andere dominiert, wenn sie bei Gleichheit der Standardabweichungen den geringeren Erwartungswert besitzt. Diese erste Spielart des μ-σ-Prinzips erlaubt es nicht, eine optimale Politik aus der Menge der effizienten Strategien auszuwählen. Anwendung findet dieses Vorgehen u.a. in der Portfolio Selection bei der Suche nach effizienten Finanzanlagen.

- Bei der zweiten Spielart des μ-σ-Prinzips wird zusätzlich mit Nutzenfunktionen gearbeitet, die aus den beiden Kenngrößen gebildet werden. Mit Hilfe dieser Nutzenfunktionen gelingt auch die Auswahl einer optimalen Strategie. Die Nutzenfunktionen werden nach folgendem Grundmuster aufgebaut. Vom Erwartungswert einer Strategie werden „Strafkosten" abgesetzt, deren Höhe von der Standardabweichung, der Varianz oder auch

81 Vgl. Schneider (1980), S. 122; Bitz (1981), S. 189. Ähnliche Überlegungen zum Prinzip der „Vorselektion" allgemein stellt Koch bei der Entwicklung der „Theorie des Gewinn-Vorbehalts" an; vgl. Koch (1978).

von Varianz und Erwartungswert der Gewinne abhängen. Mögliche Nutzenfunktionen, mit denen in der Literatur gearbeitet wird, sind:[82]

$$\left.\begin{aligned} N_1 &= \mu - a\,\sigma \\ N_2 &= \mu - a\,\sigma^2 \\ N_3 &= \mu - a\left(\mu^2 + \sigma^2\right) \end{aligned}\right\} \text{ jeweils für } a > 0$$

Das um Nutzenfunktionen erweiterte μ-σ-Konzept wird u.a. in der Kapitalmarkttheorie beim Capital Asset Pricing Model (CAPM) angewendet.

Im folgenden soll die zweite Spielart des μ-σ-Prinzips näher analysiert werden.[83] Jede durch eine Nutzenfunktion zu einem konstanten Nutzen N aggregierte Kombination der beiden Kenngrößen liegt auf einer Isonutzenfunktion. Deren Verlauf zeigt an, ob risikoscheues oder risikofreundliches Verhalten vorliegt. Bei Risikoscheu verlaufen die Isonutzenfunktionen im μ-σ Diagramm mit μ als Abszisse monoton steigend. Eine als unangenehm empfundene Erhöhung des Risikos σ muß durch eine angemessene Erhöhung des Erwartungswertes ausgeglichen werden. Bei Risikoscheu wird bei gleichem Erwartungswert zweier Strategien immer diejenige mit geringerer Streuung vorgezogen. Der durch eine Isonutzenfunktion repräsentierte Nutzen ist damit um so höher, je weiter die Nutzenfunktion in der Abbildung 4-10 rechts liegt.

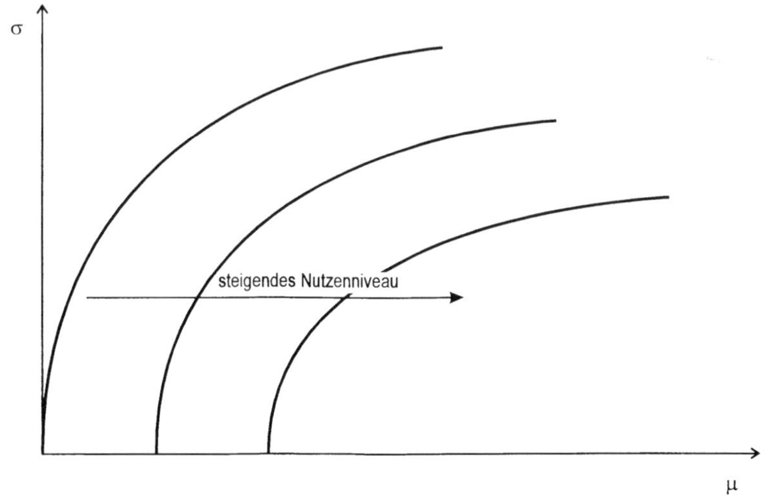

Abbildung 4-10

82 Vgl. Bitz (1981), S. 102.

83 Vgl. zum folgenden insbesondere Bitz (1981), S. 98 ff.

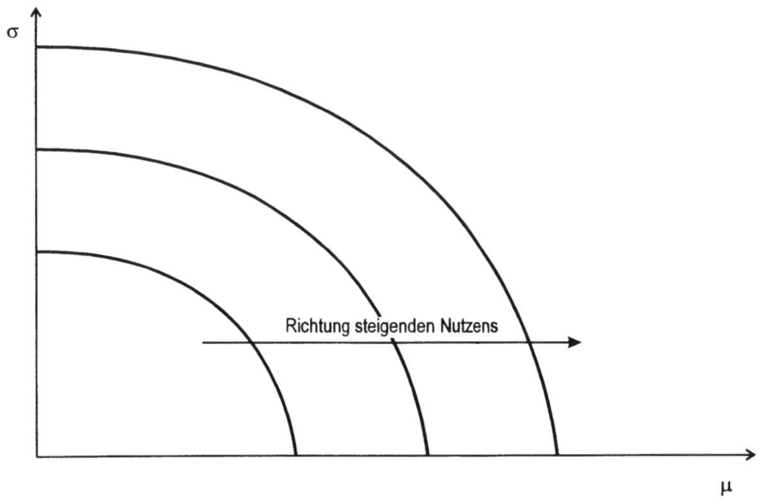

Abbildung 4-11

Bei Risikofreude fallen die Isonutzenfunktionen monoton; eine Verminderung des Erwartungswertes kann durch eine als angenehm empfundene Erhöhung des Risikos kompensiert werden.[84] Andersherum interpretiert steigt bei einem bestimmten Erwartungswert der Nutzen mit steigendem Risiko. Isonutzenfunktionen mit höherem Nutzen liegen in der Abbildung 4-11 auch jeweils weiter rechts. Im weiteren soll nur der Fall der Risikoscheu näher betrachtet werden.

Im μ-σ-Feld läßt sich das aus dem Kapitel zum Bernoulli-Prinzip bereits bekannte Sicherheitsäquivalent recht einfach darstellen. Aus der Definition des Sicherheitsäquivalents ergibt sich, daß eine unsichere μ-σ-Kombination und eine sichere Alternative auf einem Nutzenniveau liegen müssen, sonst wären beide Alternativen in den Augen des Entscheidungsträgers nicht gleichwertig. Die sichere Entscheidungsalternative hat eine Standardabweichung der Erfolgsgröße von null. Das aber heißt, das Sicherheitsäquivalent ist mit dem Schnittpunkt einer Isonutzenfunktion mit der Abszisse (Achse des Erwartungswertes) identisch.[85]

Nach dem μ-σ-Prinzip können auch Verhaltensweisen rational sein, die nach dem μ-Prinzip als unlogisch erscheinen.[86] Im Abschnitt 4.2.2.3.1 zum Erwartungswertkonzept wurde gezeigt, daß der Abschluß von Versicherungen nach dem μ-Prinzip nicht rational ist. Das gilt für das μ-σ-Prinzip nicht mehr. Um diesen Zusammenhang zu erklären, wird nochmals auf die bereits benutzte Wahrscheinlichkeitsverteilung der Krankheitskosten zurückgegriffen.

84 Vgl. Bitz (1981), S. 100.

85 Vgl. Bitz (1981), S. 100.

86 Vgl. zum folgenden Beispiel auch Bitz (1981), S. 100 f.

Kosten	0	100	500	1.000	10.000	50.000
Wahrscheinlichkeit	30%	50%	18%	1,5%	0,45%	0,05%

Tabelle 4-21

Für diese Wahrscheinlichkeitsverteilung errechnet sich ein Erwartungswert der Kosten von 225 (μ = -225) und eine Standardabweichung von 1.309. Bei Risikoscheu kann für den Versicherungsnehmer die Nutzenfunktion der Abbildung 4-12 gelten (bei Risikoscheu verlaufen die Isonutzenfunktionen der Kosten monoton steigend), d.h., alle Kombinationen von μ und σ auf dieser Kurve sieht der Versicherungsnehmer subjektiv als gleichwertig an. Das Sicherheitsäquivalant beträgt -500, d.h., der Entscheidungsträger sieht die unsichere Kombination einer Eigenfinanzierung der Krankheitskosten und eine Versicherung mit einer Prämie von 500 als gleichwertig an. Verlangt die Versicherung eine geringere Prämie, zieht es der Entscheidungsträger vor, sich des Kostenrisikos durch Abschluß einer Versicherung zu entledigen.

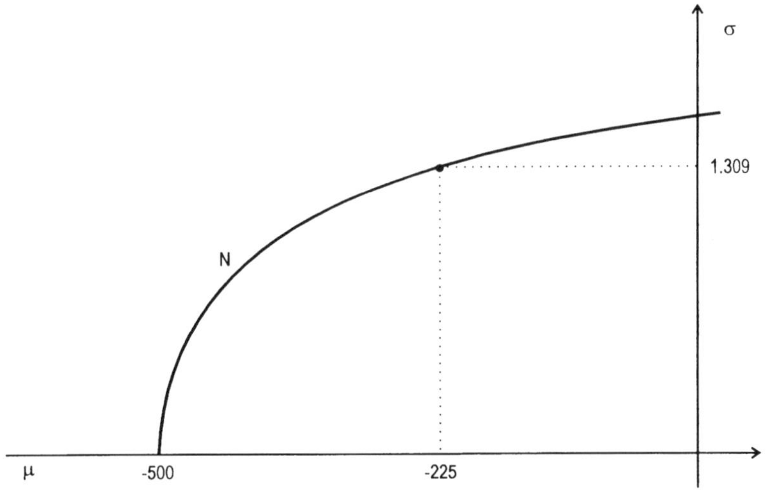

Abbildung 4-12

Bei der Formulierung von Nutzenfunktionen nach dem μ-σ-Prinzip können sich auch Probleme ergeben, die zu nicht plausiblen Entscheidungen führen. Das ist bei den Nutzenfunktionen vom Typ N_1 und N_2 der Fall. Bei bestimmten Werten für a erscheinen nach diesen Präferenzfunktionen Entscheidungen als optimal, die eindeutig gegen das Dominanzprinzip verstoßen. Das soll an einem Beispiel aus der Literatur[87] gezeigt werden.

87 Vgl. Bitz (1981), S. 103 f.

w_i		0,2	0,1	0,3	0,2	0,2
Situationen		1	2	3	4	5
Strategien	A_1	10	0	10	10	10
	A_2	10	10	10	40	10

Tabelle 4-22

Die Strategie A_1 ist von der Strategie A_2 eindeutig dominiert. Für die Erwartungswerte und Streuungen ergeben sich folgende Werte:

$$\mu_1 = 9 \qquad \sigma_1 = 3$$
$$\mu_2 = 16 \qquad \sigma_2 = 12$$

Werden diese Werte in die Nutzenfunktion N_2 eingesetzt, nimmt diese für die beiden Entscheidungsalternativen die Form

$$N_2(A_1) = 9 - a \cdot 9$$
$$N_2(A_2) = 16 - a \cdot 144$$

an. Für Werte von a größer als 0,05185 (beispielsweise 0,1) ist der Nutzen der dominierten Strategie A_1 höher als der der Alternative A_2. Dieses Ergebnis ist nicht einleuchtend. Mit Nutzenfunktionen der Art N_1 oder N_2 sollte daher nur gearbeitet werden, wenn zuvor die dominierten Strategien aus der Erfolgsmatrix eliminiert wurden. Probleme dieser Art treten bei der Nutzenfunktion der Art N_3 grundsätzlich nicht auf. Entscheidungen auf der Basis der Funktion N_3 sind zudem grundsätzlich auch mit dem Bernoulli-Prinzip vereinbar, d.h., bei entsprechender Wahl von a führt das μ-σ-Prinzip mit der Nutzenfunktion N_3 zum gleichen Ergebnis wie das Bernoulli-Prinzip.[88] Das gilt allerdings nur, wenn die Erfolgswerte der untersuchten Strategien sämtlich links vom Maximum der Funktion N_3 liegen. Existieren Erfolgswerte auch rechts vom Maximum, wird gegen den Grundsatz monoton steigender Nutzenfunktionen bei Risikoscheu verstoßen; es kommt zu unlogischen Entscheidungen.

Als Anwendungsfall für das μ-σ-Prinzip sollen die Portfolio Selection und das darauf aufbauende Capital Asset Pricing Model (CAPM) behandelt werden.

Bei der Portfolio Selection[89] steht ein Investor vor der Aufgabe, einen bestimmten Kapitalbetrag langfristig in Wertpapiere zu investieren. Ziel ist es, jene Wertpapierzusammensetzung zu bestimmen, bei der das Risiko VAR für alternativ vorgegebene Erwartungswerte E der Gesamtrendite minimal ist (effiziente Zusammensetzungen). VAR bezeichnet die Varianz (σ^2) der Wertpapiermischung (Portefeuille). Die Portefeuillerendite setzt sich aus den Komponenten „Kurssteigerung" und „Zinsertrag" zusammen. Die Renditen r_i der einzelnen Wertpapiere i sind ungewiß; für jedes Wertpapier liegt eine Wahrscheinlichkeitsverteilung - im Regelfall eine Normalverteilung - der Renditen vor, bzw. es sind die Erwartungswerte μ_i

88 Vgl. Bitz (1981), S. 193 ff.

89 Vgl. zum folgenden Markowitz (1952) und Markowitz (1959); vgl. auch Bitz (1981), S. 110 ff.; Swoboda (1994), S. 75 ff. und Franke/Hax (1994), S. 309 ff.

und die Varianzen σ_i^2 der Renditen bekannt. Für die Lösung des Problems kommt erschwerend hinzu, daß die Wahrscheinlichkeitsverteilungen der Einzelrenditen nicht unabhängig voneinander sein müssen; vielmehr können zwischen den Renditen auch unterschiedlich stark ausgeprägte positive oder negative Korrelationen bestehen. Die Varianz VAR der Portefeuilles hängt neben den Varianzen der Einzelpapiere σ_i^2 auch von den Kovarianzen σ_{ij} zwischen den einzelnen im Portfeuille enthaltenen Wertpapieren ab. Durch geschicktes Mischen der Wertpapiere kann der Anleger für das investierte Kapital das Risiko (VAR) des Portefeuilles bei gegebenem Erwartungswert E der Rendite reduzieren, was als Diversifikationsstrategie bezeichnet wird.

Für die Modellanalyse wird der verfügbare Kapitalbetrag auf 1 normiert. Die Variablen x_i des Problems sind die sich zu 1 ergänzenden Anteile der Wertpapierarten i, in die investiert werden soll. Es handelt sich um ein statisches Modell, d.h., der Investor kann nur in t_0 Entscheidungen treffen und ist daran während der Planungsperiode gebunden. Teilverkäufe oder Zukäufe zu späteren Zeitpunkten sind nicht zulässig. In diesem Fall wäre ein dynamisches Modell erforderlich. In die Wertpapiermischung aufzunehmende Papiere müssen grundsätzlich zum Zeitpunkt t_0 gekauft werden und binden Kapital. Wertpapierkäufe auf Kredit (Leerkäufe) - also Variablenwerte unter null - sind unzulässig.

Für einen Fall mit drei Wertpapieren muß der Investor folgendes Problem lösen:[90] Die von den Varianzen σ_i^2 der einzelnen Wertpapiere und den Kovarianzen σ_{ij} zwischen den Wertpapieren abhängige Varianz VAR des Portefeuilles ist zu minimieren.

$$VAR = \underbrace{x_1^2\,\sigma_1^2 + x_2^2\,\sigma_2^2 + x_3^2\,\sigma_3^2}_{\text{anteilige Einzelvarianzen der drei Wertpapiere}} + \underbrace{2x_1\,x_2\,\sigma_{12} + 2x_1\,x_3\,\sigma_{13} + 2x_2\,x_3\,\sigma_{23}}_{\text{anteilige Kovarianzen der Wertpapiere untereinander}} \rightarrow \min$$

Bei der Minimierung sind folgende Restriktionen einzuhalten:

(1) $\sum_i \mu_i\,x_i = E$

(2) $\sum_i x_i = 1$

(3) $x_i \geq 0$

Die erste Restriktion setzt den Erwartungswert des Portfeuilles auf ein gegebenes Niveau E fest. Durch die zweite Restriktion wird erreicht, daß das Kapitalbudget von 1 ganz ausgeschöpft wird. Die Nicht-Negativitätsbedingung sorgt dafür, daß keine Leerkäufe auftreten. Auf die Darstellung der mathematischen Details des Lösungsverfahrens soll verzichtet werden;[91] statt dessen soll für den Fall von drei Wertpapieren eine graphische Lösung angeben werden, aus der die Zusammenhänge deutlich werden.

90 Vgl. Markowitz (1959), S. 135.

91 Vgl. Markowitz (1952), S.83 ff.

Für den Fall von drei Wertpapieren kann die Analyse auf zwei Variable beschränkt werden, wenn die Budgetrestriktion zur Substitution der Variablen x_3 benutzt wird. Mögliche Varianzen VAR und Erwartungswerte E des Budgets sind in der Abbildung 4-13 eingetragen.[92] Die zulässigen Kombinationen der Variablen x_i liegen sämtlich auf dem Rand oder innerhalb des Dreiecks OAB. Auf der Abszisse sind alle Lösungen abgetragen, in denen nur die Wertpapiere 1 und 3 mit ihren Anteilen x_1 und x_3 vertreten sind. Auf der Ordinate werden Lösungen mit x_2 und x_3 realisiert. Die Linie AB zeigt an, daß das Budget auf die Variablen x_1 und x_2 vollständig aufgeteilt wird. Die Ecke A bedeutet: In der Lösung ist nur Wertpapier 1 vertreten. Bei Lösungen innerhalb des Dreiecks wird das Budget auf alle drei Wertpapiere aufgeteilt. Die Ellipsen geben jeweils Linien gleicher Varianz VAR des gesamten Budgets an. Je weiter außen die Ellipsen liegen, umso höher ist die Varianz. Die diagonal verlaufenden Linearen bezeichnen das mit den zugehörigen Variablenkonstellationen erreichbare Niveau des Erwartungswertes E der Rendite des Budgets. Der Erwartungswert steigt im Beispiel, je weiter rechts diese Diagonalen liegen; bei E_6 ist der Erwartungswert also höher als bei E_5. Anhand der Abbildung kann der Suchprozeß nach effizienten Budgets beschrieben werden.

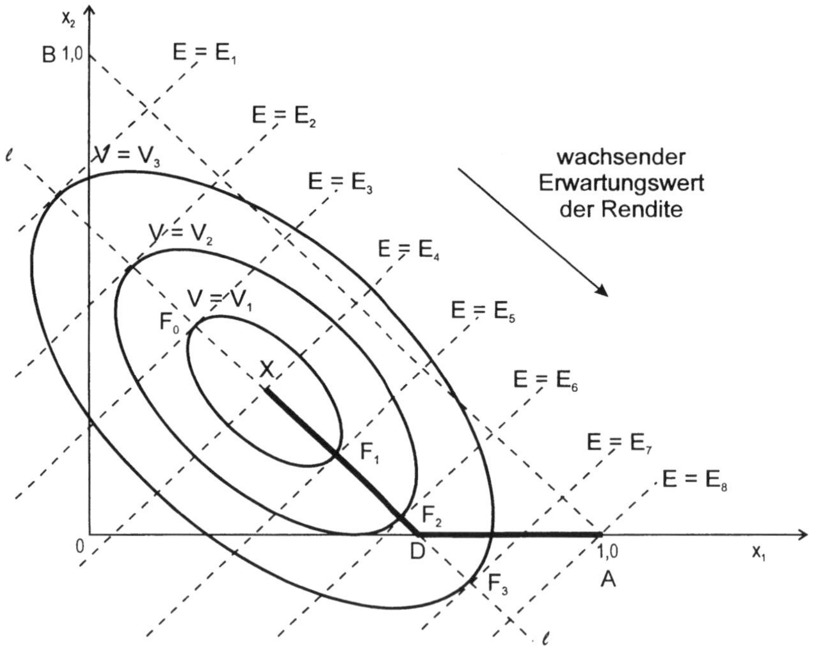

Abbildung 4-13[93]

92 Form und Lage der Isovarianz- und Isoerwartungswertkurven hängen von den jeweiligen Daten des Problems ab.

93 Vgl. Markowitz (1959), S. 138 und Blaich (1971), S. 27.

Der Anleger möge einen Erwartungswert in Höhe von E_5 im Modell vorgeben. Gesucht ist die Kombination der Variablen, die zulässig ist und zu minimaler Varianz VAR der Renditen führt. Die zugehörige Lösung findet sich im Punkte F_1, in dem die vorgegebene Gerade des Erwartungswertes gerade eine Isovarianzkurve tangiert. Steigt die Vorgabe für den Erwartungswert auf E_6, ergibt sich die zugehörige optimale Lösung im Punkte F_2. Aus der Abbildung wird deutlich: Der Erwartungswert läßt sich nur steigern, wenn gleichzeitig die Varianz zunimmt. Für die beiden diskutierten Höhen des Erwartungswertes sind alle drei Variablen im Budget vertreten. Mit steigendem Erwartungswert sinkt der Anteil von x_2, während der von x_1 zunimmt. Steigt der geforderte Erwartungswert über E_6 weiter an, wird aus der Zeichnung ersichtlich, daß im Punkte D die Variable x_2 auf null gesetzt wird. Die Linie von x bis D bezeichnet die effizienten Lösungen mit allen drei Variablen.[94] Steigt der geforderte Erwartungswert weiter an, liegen die effizienten Lösungen auf der Abszisse zwischen den Punkten D und A. Vertreten sind im Budget die Variablen x_1 und x_3. E_8 bezeichnet den höchsten zu erreichenden Erwartungswert, der sich einstellt, wenn nur in x_1 investiert wird. Die Abbildung zeigt, daß eine Linie effizienter Portefeuilles existiert, bei der die Zahl der realisierten Wertpapiere mit steigendem Erwartungswert abnimmt.

Im Fall beliebig vieler Wertpapiere läßt sich mit Hilfe des mathematischen Modells für einen konkreten Datensatz die in Abbildung 4-14 wiedergegebene Kurve effizienter E-VAR-Kombinationen berechnen.

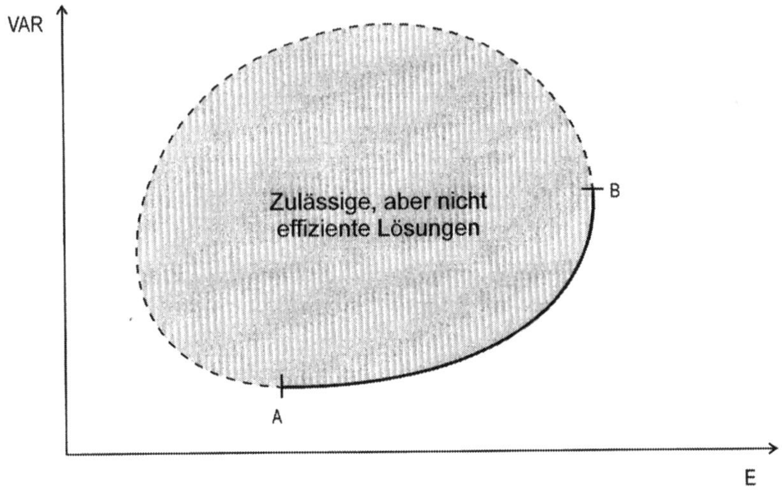

Abbildung 4-14

Die Menge aller zulässigen Lösungen wird durch das schraffierte Feld beschrieben. Die effizienten Lösungen liegen im unteren Bereich des Kurvenzuges zwischen A und B. Aus dem

94 Punkte oberhalb von x auf der Kurve II sind dominiert. Z.B. ist bei F0 mit der Varianz V1 der Erwartungswert geringer als im Punkte F1.

Ergebnis der Portefeuilleuntersuchung ist nicht abzuleiten, wie sich ein Anleger tatsächlich verhält, da eine Nutzenfunktion fehlt, um zwischen den effizienten Strategien zu wählen.

Das Modell der Kapitalmarktlinie[95] und das Capital Asset Pricing Model (CAPM/Wertpapierlinie)[96] bauen auf den Ergebnissen der Portfolio Selection auf. Die Portfolioanalyse geht noch von einzelnen Anlegern (Investoren) aus. Das Modell der Kapitalmarktlinie und das CAPM untersuchen hingegen zunächst das Anlageverhalten einer Vielzahl von Anlegern. Das CAPM will letztlich die Bewertung von Anlagemöglichkeiten durch den Markt erklären.

Im folgenden wird unterstellt, daß zusätzlich zu den mit Risiko behafteten effizienten Portefeuilles eine völlig risikolose Anlage zum Zinssatz i_f existiert. Zu diesem Zinssatz kann ein Investor auch zusätzliches Kapital aufnehmen. Eine völlig risikolose Anlageform ist real nur schwer vorstellbar. Am ehesten entsprechen festverzinsliche Staatsanleihen diesem Anlagetypus.[97] Gleichgültig von welcher risikoscheuen Nutzenfunktion ein Anleger ausgeht, wird diese Erweiterung der Anlagemöglichkeiten Rückwirkungen auf die effizienten Anlagen haben. Der Anleger wird einen Teil a seines Budgets in die risikobehafteten Papiere und den Rest (1-a) in die risikolose Anlage investieren, wobei der jeweilige Betrag a vom Grad der Risikoscheu des Investors abhängig ist. Alle Anleger halten die risikobehafteten Papiere in gleichen Mengenverhältnissen. Dieser Zusammenhang wird als Separationstheorem[98] bezeichnet, weil sich die Zusammensetzung des Marktportefeuilles und die optimalen Portefeuilles einzelner Anleger getrennt (separiert) voneinander bestimmen lassen.

Das CAPM unterstellt, daß ein vollkommener Kapitalmarkt ohne Behinderungen durch Steuern, Transaktionskosten und Vorschriften vorliegt. Zudem wird davon ausgegangen, daß alle am Markte tätigen Investoren homogene Erwartungen über die Renditen und das Risiko der Anlagemöglichkeiten haben. Homogene Erwartungen sind allerdings nur möglich, wenn der Kapitalmarkt Informationen effizient verarbeitet; nur dann gehen die Informationen unmittelbar und vollständig in die Marktkurse der Papiere ein.

Die Wirkungen einer Erweiterung der Anlagemöglichkeiten um einen risikolosen Zins i_f auf die effizienten Anlagen wird in Abbildung 4-15 gezeigt. Durch eine Linearkombination aus sicherer und unsicherer Anlage kann der Investor bei gegebenem Erwartungswert - E_1 - die Standardabweichung $\sqrt{VAR} = \sigma$ von A auf B reduzieren. Von allen Linearkombinationen zwischen i_f und einem unsicheren Portefeuille ist die Kombination mit dem Portefeuille des Punktes M die einzig effiziente. Die Linie von i_f über M wird Kapitalmarktlinie genannt; zum Punkt M gehört das Marktportefeuille. Im Punkt i_f (M) wird das gesamte Budget in die sichere (unsichere) Anlage investiert. Zwischen i_f und M sind beide Anlageformen vertreten. In Punkten oberhalb von M nimmt der Investor zum risikolosen Zinssatz i_f Kredit am Markt auf - der Anteil (1-a) der sicheren Anlage in der Linearkombination ist negativ - und inve-

95 Vgl. zum folgenden Franke/Hax (1994), S. 345 ff.; Schmidt (1986), S. 247 f. und Serfling/Marx (1990), S. 366 f.

96 Vgl. dazu Brüggerhoff (1994), S.137 ff.; Franke/Hax (1994), S. 345 ff.; Schmidt (1986), S. 248 ff.; Serfling/Marx (1990), S. 367 ff. und als primäre Literatur Sharpe (1970).

97 Vgl. Schmidt (1986), S. 159.

98 Vgl. Tobin (1958).

stiert diesen Betrag zusätzlich in das Marktportefeuille. Der Anteil a des Marktportefeuilles M liegt dann über eins. Weil das Marktportefeuille eine höhere Verzinsung als der Kreditzins hat, steigt bei gegebener Standardabweichung der Erwartungswert von C auf D. Rational handelnde Investoren wählen nur Lösungen, die auf der Kapitalmarktlinie liegen. Je nach Lage ihrer Nutzenfunktion, d.h. je nach dem Grad ihrer Risikoscheu, realisieren sie unterschiedliche Punkte. Investor 1 mit der Nutzenfunktion N_1 entscheidet sich für den Punkt E und Investor 2 für F. Der erste, stärker risikoscheue Investor hält mithin einen größeren Anteil (1-a) risikoloser Papiere. Unabhängig von der jeweiligen Nutzenfunktion investieren alle Kapitalanleger aber nur in das eine unsichere Portefeuille M, wenn sie überhaupt in risikobehaftete Wertpapiere investieren. In den Linearkombinationen der Anleger taucht also bei rationalem Verhalten kein anderes unsicheres Portefeuille als M auf. Das aber bedeutet: Alle Anleger wählen die gleiche Zusammensetzung - das gleiche Anteilsverhältnis - der risikobehafteten Wertpapiere. Dieser Zusammenhang ist der Kern des Separationstheorems.[99]

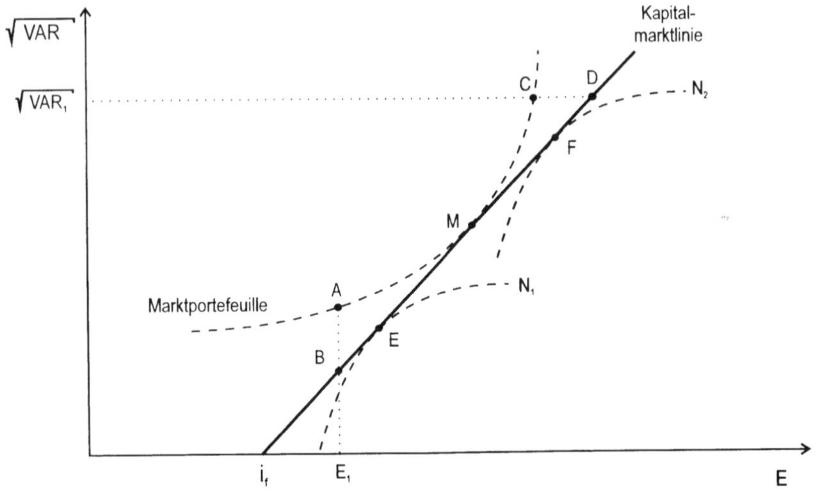

Abbildung 4-15

Auf der Kapitalmarktlinie existiert eine bestimmte Trade-off-Rate zwischen dem Erwartungswert E und dem Risiko VAR. Sie gibt an, um welchen Betrag die erwartete Marktrendite bei effizientem Verhalten zunehmen muß, wenn das Risiko steigt. Diese Trade-off-Rate (die Steigung der Kapitalmarktlinie) kann als Preis für das einzugehende Risiko interpretiert werden.[100] Um diesen Preis bestimmen zu können, müssen der Zinssatz i_f und der Erwartungswert E_a sowie die Varianz VAR_a einer effizienten Linearkombination in Abhängigkeit von den Anteilswerten a (unsichere Anlage) und (1-a) (sichere Anlage) bekannt sein.

99 Vgl. Schmidt (1986), S. 160 und 166; Serfling/Marx (1990), S. 364.

100 Vgl. Serfling/Marx (1990), S. 367.

Für den Erwartungswert E_a gilt:

$$E_a = a\,E_M + (1-a)\,i_f = i_f + a\,(E_M - i_f)$$

Mit E_M wird der Erwartungswert des Marktportefeuilles bezeichnet. Die Varianz VAR_a des Mischportefeuilles aus sicherer und unsicherer Anlage ergibt sich aus:

$$VAR_a = a^2\,VAR + (1-a)^2\,\sigma_f^2 + 2a\,(1-a)\,COV_{Mf}$$

VAR_M = Varianz des Marktportefeuilles M

σ_f^2 = Varianz der sicheren Anlage (voraussetzungsgemäß gleich null)

COV_{Mf} = Kovarianz zwischen Marktportefeuille und sicherer Anlage (voraussetzungsgemäß gleich null)

Die Varianz VAR_a vereinfacht sich zu:

$$VAR_a = a^2\,VAR_M$$

Für den Anteil a folgt aus der letzten Gleichung:

$$a = \sqrt{\frac{VAR_a}{VAR_M}}$$

Der aus den Varianzen zu bestimmende Anteil a kann in die Formel für den Erwartungswert E_a eingesetzt werden. Es ergibt sich:

$$E_a = i_f + \underbrace{\frac{E_M - i_f}{\sqrt{VAR_M}}}_{\substack{\text{Marktpreis pro} \\ \text{Einheit Risiko}}}\sqrt{VAR_a}$$

Der Faktor vor der Standardabweichung $\sqrt{VAR_a}$ des Mischportefeuilles gibt die Steigung der Kapitalmarktlinie E_a an. Aus der Funktion des Erwartungswertes E_a geht hervor, daß Investoren bei risikobehafteter Anlage mindestens die Rendite i_f verlangen und zusätzlich einen Risikozuschlag in Abhängigkeit von der Höhe des übernommenen Risikos $\sqrt{VAR_a}$ erwarten.

Während die Kapitalmarktlinie Auskunft über die Renditeforderungen für Risikoübernahme und damit über die Kapitalmarktkosten unter Unsicherheit gibt, versucht das CAPM (Wertpapierlinie), den Preis einer einzelnen risikobehafteten Kapitalanlage („capital asset") als Bestandteil des Marktportefeuilles M zu bestimmen.[101] Das CAPM ist insofern ein Be-

101 Vgl. Perridon/Steiner (1995), S. 241.

wertungsmodell, mit dessen Hilfe u.a. die Eigenkapitalkosten (Renditeerwartung der Eigenkapitalgeber) von Aktiengesellschaften bestimmt werden können.

Da risikoscheue Investoren das effiziente Portefeuille M halten, bewerten sie die Aktien nicht isoliert, sondern als Bestandteile des Markportefeuilles. Der Erwartungswert einer einzelnen Aktie ist ihr Beitrag zum Gesamterwartungswert E_M des Portefeuilles und ihr Risiko ein Beitrag zum Gesamtrisiko VAR_M des Marktportefeuilles.[102]

Durch Diversifikation (Wertpapiermischung) kann ein Teil des isolierten Risikos einer Aktie, das sogenannte „unsystematische Risiko", vermieden werden. Daher erhält ein Investor am Markt auch keine „Entschädigung" für die Übernahme dieses Risikoanteils.[103] Das unsystematische Risiko resultiert aus Zufälligkeiten, die sich durch Korrelationen zwischen Renditen von Wertpapieren nicht erklären lassen. Beispielsweise kann die Rendite eines Unternehmens zufallsbedingt durch eine Betriebsunterbrechung bei einem Zulieferer vom Renditetrend am Markt abweichen. Gegen das Risiko einer Betriebsunterbrechnung kann sich ein Nachfrager nach Zulieferteilen durch Diversifikation seiner Einkaufspolitik, d.h. durch Bezug von mehreren Zulieferern, schützen. Ein Kapitalanleger schützt sich gegen vergleichbare Risiken, indem er seine Anlagen auf mehrere Wertpapiere verteilt.

Der andere Teil des Gesamtrisikos einer Aktie ist das sogenannte „systematische Risiko". Er resultiert aus der Kursentwicklung dieser Aktie im Verhältnis zum gesamten Kapitalmarkt und wird durch politische und volkswirtschaftliche Faktoren bestimmt.[104] Dieses Risiko ist durch Korrelation zwischen den Renditen einzelner Anlagen des Portefeuilles zu erklären. Gegen das systematische Risiko ist kein Schutz durch diversifizierende Strategien möglich. Als Maß für das systematische Risiko wird die Kovarianz COV (r_i, r_M) oder kurz COV_{iM} zwischen der Rendite r_i des zu bewertenden Wertpapiers i und der Rendite r_M des Marktportefeuilles herangezogen. Dieser systematische Anteil am Gesamtrisiko einer Aktie bestimmt die Bewertung einer Aktie am Kapitalmarkt.

Um die Gleichung des CAPM einfach ableiten zu können, sind folgende formale Zusammenhänge wichtig:[105]

$$E(r_M) = E_M = \sum_{i=1}^{n} z_i \, \mu_i$$

$$VAR(r_M) = VAR_M = \sum_{i=1}^{n} z_i \, COV_{iM}$$

Der Erwartungswert der Rendite r_M des Marktportefeuilles M entspricht dem mit z_i gewogenen arithmetischen Mittel der Renditeerwartungen der einzelnen Aktien i. z_i bezeichnet den Anteil der Aktie i im Marktportefeuille, μ_i den Erwartungswert der Rendite der Aktie i. Die Varianz der Rendite r_M des Marktportefeuilles M entspricht dem gewogenen arithmetischen

102 Vgl. Schmidt (1986), S. 165.

103 Vgl. Schmidt (1986), S. 165.

104 Vgl. Serfling/Marx (1990), S. 367.

105 Vgl. zum folgenden Schmidt (1986), S. 250 f.

Mittel der Kovarianzen der Renditen der Aktien des Marktportefeuilles mit der Rendite r_M des Marktportefeuilles. Im Marktgleichgewicht muß die Risikoprämie je übernommener Risikoeinheit für alle Aktien gleich sein, weil sich sonst Umschichtungen im Portfeuille lohnen würden und damit am Markt ein Ungleichgewicht zwischen Angebot und Nachfrage entstehen würde. Was für den Vergleich einzelner Aktien gilt, muß wegen $\sum z_i = 1$ auch für den Vergleich zwischen einer einzelnen Aktie und allen Aktien des Marktportefeuilles gelten. Es folgt damit als Gleichgewichtsbedingung:

$$\underbrace{\frac{\mu_i - i_f}{COV_{iM}}}_{\text{Prä mie proRisikobeitrag einer Aktie i}} \overset{!}{=} \underbrace{\frac{\sum_{i=1}^{n} z_i\left(\mu_i - i_f\right)}{\sum_{i=1}^{n} z_i\, COV_{iM}}}_{\text{Summe aller anteiligen Risikoprä mien pro Gesamtrisikobeitrag aller Aktien}}$$

Unter Ausnutzung der vorherigen Beziehungen zwischen der Varianz der Marktrendite und der Kovarianz zwischen der Rendite r_i und r_M sowie dem Erwartungswert des Marktportefeuilles und denen der Aktien kann die letzte Gleichung in folgende Gleichung überführt werden:

$$\mu_i = i_f + \left(E_M - i_f\right)\frac{COV_{iM}}{VAR_M}$$

Diese Gleichung wird als Wertpapierlinie bzw. CAPM bezeichnet. Sie besagt: Im Gleichgewicht muß die Renditeerwartung für eine Aktie der Summe aus risikolosem Zinssatz und einer Risikoprämie für jede übernommene systematische Risikoeinheit entsprechen.

Der Faktor $\frac{COV_{iM}}{VAR_M} = \beta_i$

wird auch „Beta-Faktor“ einer Aktie i genannt; durch ihn wird das systematische Risiko $ß_i$ eines Wertpapiers i gemessen.

Den graphischen Zusammenhang zwischen erwarteter Rendite und systematischem Risiko $ß_i$ zeigt folgende Abbildung:

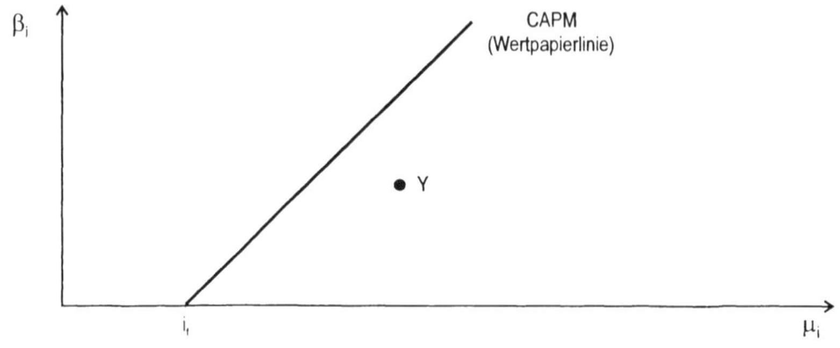

Abbildung 4-16

Im Rahmen der Investitionsrechnung kommt bei der Kapitalwertmethode der Festlegung des Kalkulationszinsfußes als Vergleichsmaßstab für die Beurteilung der Vorteilhaftigkeit einer Investition eine entscheidende Bedeutung zu. Sind die einer Investition zurechenbaren Zahlungen unsicher, könnte für die Investitionsrechnung ein risikoadjustierter Zinssatz angesetzt werden, der der Gleichgewichtsrendite

$$\mu_i = i_f + (E_M - i_f)\,\beta_i$$

entspricht. Dazu müßte allerdings das systematische Risiko β_i der zu beurteilenden Investition i im Vergleich zum Marktportefeuille zu ermitteln sein. Es gilt die folgende Entscheidungsregel: Läßt eine Investition eine höhere Rendite erwarten als die Gleichgewichtsrendite μ_i des CAPM, dann führe sie durch! Eine nach diesem Kriterium vorteilhafte Investition ist in Abbildung 4-16 als Punkt Y eingezeichnet. Diese Entscheidungsregel ist allerdings in vielerlei Hinsicht angreifbar:[106]

- Die Entscheidung, eine Investition durchzuführen, kann die Rendite einer Aktie beeinflussen, was Rückwirkungen auf das Marktportfeuille haben kann. Diese mögliche, u.U. allerdings geringe Veränderung des Marktportefeuilles und damit des Preises für die Übernahme von Risiko ist in der einfachen Entscheidungsregel nicht abgebildet, weil eine Rückkopplung fehlt.

- Strenggenommen kann keine risikobehaftete Investition eine andere Renditeerwartung in Abhängigkeit vom übernommenen systematischen Risiko aufweisen als im CAPM berechnet wird, da in die Berechnung des Marktportefeuilles als Gleichgewichtszustand alle riskanten Anlagen eingehen. Treten real Abweichungen auf, muß es sich um Ungleichgewichte oder Informationsdefizite handeln. Aussagen über Ungleichgewichtssituationen und mangelnde Informationseffizienz können aber mit Hilfe des CAPM voraussetzungsgemäß nicht gemacht werden.

106 Vgl. Schmidt (1986), S. 252 ff. und Brüggerhoff (1994), S.138.

- Den Modellen der Portfolio Selection und des CAPM liegen einperiodige Betrachtungsweisen zugrunde. Theoretisch können daher auch nur einperiodige Investitionen anhand der Zinssätze des CAPM beurteilt werden.

- Die Anwendung der Modelle führt zu erheblichen Datenbeschaffungsproblemen bei der Schätzung der Erwartungswerte, Varianzen und Kovarianzen der einzelnen Anlagen. Zudem ist eine empirische Ermittlung der Kovarianz zwischen der Rendite einer einmaligen Investition und der Rendite des Marktportefeuilles theoretisch höchst fragwürdig. Die praktische Durchführung bleibt daher auf Anlagemöglichkeiten beschränkt, die am Kapitalmarkt gehandelt werden. Für solche Wertpapiere sind zumindest Vergangenheitswerte von Renditerealisationen bekannt, auf denen die Rechnungen aufbauen können. Ob vergangenheitsbezogene Informationen über Renditeverteilungen allerdings für Planungen relevant sind, hängt davon ab, ob die zukünftigen Verteilungsfunktionen der Renditen denen der Vergangenheit weitgehend ähneln, was bei starken Marktveränderungen anzuzweifeln ist.

Die Leistung des CAPM als Anwendungsfall des μ-σ-Prinzips für die Bewertung von Anlagen unter Unsicherheit besteht darin, daß zumindest theoretisch für idealisierte Marktsituationen ein plausibler Marktpreis für die Übernahme von systematischen Risiken am Kapitalmarkt ermittelt werden kann. Diese Erklärung gelingt aber nur auf der Basis einer Reihe wirklichkeitsfremder, die Praktikabilität einschränkender Prämissen. Es ergeben sich die folgenden Probleme:

- Es wird vom Konstrukt des vollkommenen Kapitalmarktes ausgegangen. Zinsunterschiede für unterschiedliche Laufzeiten existieren damit genauso wenig wie Unterschiede zwischen Soll- und Habenzinssätzen.

- Unrealistisch ist auch die Annahme, daß alle Anleger homogene Renditeerwartungen hegen. Diese Annahme widerspricht der offensichtlichen praktischen Erfahrung, daß Anleger am Kapitalmarkt eben keine Portfeuilles mit gleicher Relation der Wertpapiere halten.[107]

- Das CAPM ist in seiner Standardkonzeption kein Entscheidungs- sondern ein Erklärungsmodell. Seine grundlegende Aussage ist rein sachlogisch richtig, da diese analytisch abgeleitet wird. Obwohl diese Aussage in sich daher nicht falsch sein kann, hat sie dennoch nur einen geringen realen Informationsgehalt.[108] Insbesondere das analytische Konstrukt des optimalen Marktportefeuilles verhindert realitätsnahe Analysen.

- Wird anstelle des fiktiven Marktportefeuilles ein reales, empirisch ermitteltes Teilportefeuille verwendet, läßt sich aus den daraus abgeleiteten Beziehungen etwas über die Realität lernen. Beispielsweise könnte der FAZ- oder der Dow-Jones-Index als „Kovarianz-Partner" für die zu bewertenden Aktien herangezogen werden. Das Lernergebnis kann der analytischen Gleichung des CAPM widersprechen.[109]

107 Vgl. Brüggerhoff (1994), S. 128.

108 Vgl. Schmidt (1986), S. 262.

109 Vgl. Schmidt (1986), S. 262.

- Zur Ableitung des Marktportfeuilles müßten alle existierenden, unsicheren Anlagemöglichkeiten in die Analyse einbezogen werden. Dies ist real völlig ausgeschlossen. Damit aber läßt sich die Gültigkeit der Grundaussage des CAPM als Hypothese nicht selbständig testen. Jeder empirische Test kann nur von einem Teilportefeuille für die Entwicklung des „Marktportefeuilles“ ausgehen.[110] Der Analytiker kann aber nicht die Frage beantworten, ob sich dieses Portfeuille gegen Hinzufügen weiterer Wertpapiere stabil verhält.

4.2.2.3.4 Die Risikoanalyse

4.2.2.3.4.1 Überblick zur Risikoanalyse

Die bisher betrachteten Methoden zur Berücksichtigung unsicherer Daten bewerten die Strategien mit verdichteten Kenngrößen wie Erwartungswert und Streuung des Erfolges. Die Risikoanalyse[111] bietet die Möglichkeit, die Entscheidungsalternativen durch Risikoprofile zu beurteilen. Um das Risikoprofil einer Strategie bestimmen zu können, muß aus der Wahrscheinlichkeitsverteilung der Daten[112] eine Dichtefunktion der Erfolgsgröße abgeleitet werden, die in das Profil transformiert wird.

Für den Fall nur einer unsicheren Inputgröße ist das Risikoprofil leicht zu bestimmen. Das soll an einem Beispiel verdeutlicht werden. Ein Betrieb möge ein Erzeugnis zu einem bestimmten Preis verkaufen; für die erreichbare Absatzmenge ist eine Dichtefunktion bekannt. Sieben Datensituationen, denen jeweils ein bestimmter Gewinn zugeordnet werden kann, sind denkbar. Der Gewinn steigt zunächst mit der Menge linear an. Ab einer Menge von 900 muß mit teureren Produktionsverfahren gearbeitet werden, die eine Senkung der Deckungsspanne zur Folge haben. Die Gewinne steigen zunächst zwar noch, sinken aber für die beiden letzten Datensituationen. Der Tabelle 4-23 sind die Absatzmengen, Wahrscheinlichkeiten und Gewinne der sieben Datensituationen zu entnehmen:

	Datensituation						
	1	2	3	4	5	6	7
Absatzmenge	300	600	900	1200	1500	1800	2100
Wahrscheinlichkeit	0,1	0,1	0,2	0,2	0,2	0,1	0,1
Gewinn	200	400	600	700	750	700	600

Tabelle 4-23

Aus dieser Situation leitet sich folgendes Risikoprofil ab: Mit Sicherheit wird ein Gewinn von 200 erreicht, während die Wahrscheinlichkeit für einen Gewinn von mehr als 750 gleich null ist. Die Wahrscheinlichkeit, exakt 750 zu erreichen, ist gleich 0,2. Ein Gewinn von wenigstens 700 tritt mit einer Wahrscheinlichkeit von 0,5 auf (Summe der Wahrscheinlichkeiten der Situationen 4 bis 6). Mit einem Gewinn von mindestens 600 ist mit 80%-iger Wahr-

110 Vgl. Roll (1977).

111 Die Bezeichnung geht auf Hertz zurück. Vgl. Hertz (1977), S. 157 ff.

112 Vgl. Busse von Colbe (1994), S. 169.

scheinlichkeit zu rechnen (Summe der Wahrscheinlichkeiten der Situationen 3 bis 7). Das Risikoprofil kann damit idealisiert durch die Verteilung der Abbildung 4-17 dargestellt werden. „Idealisiert" bedeutet: Das Absatzintervall von 300 bis 2100 ME wurde in sehr viele kleine Intervalle mit zugehörigen Eintrittswahrscheinlichkeiten unterteilt.[113]

Für nur eine mit Unsicherheit behaftete Inputgröße und nur wenige Datensituationen läßt sich das Risikoprofil einfach auf Basis der Ergebnismatrix entwickeln. Existieren sehr viele Datensituationen, versagt der skizzierte Weg. Dies ist insbesondere der Fall, wenn viele Inputgrößen eines Problems unsicher sind. Jede mögliche Kombination der Realisationen der einzelnen Zufallsgrößen ist als eigenständige Datensituation zu interpretieren.

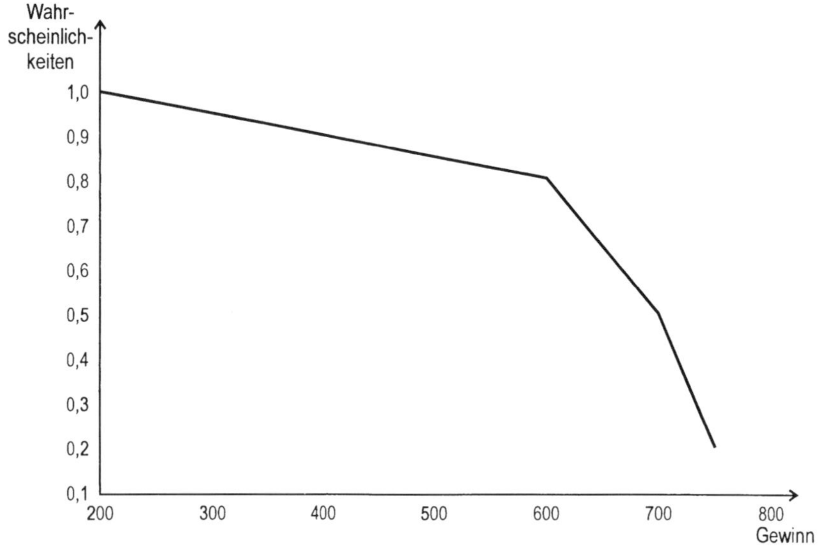

Abbildung 4-17

Nach dem methodischen Vorgehen zur Ableitung des Risikoprofils kann zwischen der analytischen und simulativen Risikoanalyse unterschieden werden. Rein theoretisch wäre auch eine Vollenumeration aller denkbaren Datensituationen möglich, was natürlich nur bei einer überschaubaren Anzahl von Situationen praktikabel ist.[114] Eine analytische Entwicklung des Risikoprofils gelingt nur in Ausnahmefällen. In diesem Fall ist von den Wahrscheinlichkeitsverteilungen der einzelnen unsicheren Daten auf die gemeinsame Verteilung der Erfolgsgröße zu schließen.[115] Eine Verdichtung der verschiedenen Verteilungen der unsicheren Inputgrößen zu einer Verteilung der Outputgröße ist allerdings nur möglich, wenn der Verteilungstyp der Ergebnisgröße im vorhinein bekannt ist. Die Verteilungsfunktion selbst

113 Der spezielle Funktionsverlauf hängt von den jeweiligen Daten des Problems ab.

114 Eine Vollenumeration entspricht dem Vorgehen des einführenden Beispiels.

115 Vgl. dazu die Ansätze der stochastischen Programmierung bei Hillier/Lieberman (1967), S. 530 ff.

ist durch die Erwartungswerte und Varianzen der Inputverteilungen eindeutig definiert.[116] Die analytische Ableitung der gemeinsamen Verteilungsfunktion der Outputgröße bereitet zudem fast unlösbare Probleme, wenn die Verteilungen der einzelnen Inputgrößen statistisch abhängig voneinander sind. Die simulative Risikoanalyse dagegen ist an weit weniger restriktive Prämissen gebunden als die analytische Variante.[117] Sie ist i.d.R. der einzig mögliche, da rechentechnisch beherrschbare Weg zur Schätzung des Risikoprofils.

Die Anwendung der Risikoanalyse auf einen konkreten Fall setzt zwei Schritte zur Vorstrukturierung der Entscheidung voraus:[118]

- Erstens muß die Erfolgsgröße bekannt sein, anhand derer die Entscheidung gefällt werden soll. Für eine Investitionsentscheidung[119] kann auf den Kapitalwert, den Endwert, den internen Zins oder die Pay-off Periode zurückgegriffen werden.
- Zweitens muß ein Modell zur Berechnung der gewählten Erfolgsgrößen existieren. Für die Berechnung des Risikoprofils des Kapitalwerts kann die Kapitalwertformel herangezogen werden.

In der Literatur wird die Risikoanalyse in bis zu sechs Schritte untergliedert.[120] Unterschieden werden können:

1. Auswahl der unsicheren Inputgrößen,
2. Schätzung der Wahrscheinlichkeitsverteilungen der Inputgrößen,
3. Generierung von Inputdaten aus den Verteilungen,
4. Berechnung der Outputgröße für eine Datenkonstellation,
5. Ableitung des Risikoprofils,
6. Entscheidung auf der Basis des Profils.

4.2.2.3.4.2 Darstellung des Verfahrens zur Ableitung von Risikoprofilen

Zunächst sind die unsicheren Inputgrößen eines Modells zu bestimmen; für sie sind die Schritte 2. und 3. der Risikoanalyse durchzuführen. Um die Verteilungsfunktion der Outputgröße möglichst genau schätzen zu können, müßten alle relevanten, unsicheren Inputgrößen berücksichtigt werden. Der sehr hohe Berechnungsaufwand für das Risikoprofil erzwingt

116 Vgl. Wagle (1967); Kruschwitz (1980); Blohm/Lüder (1991), S. 252.

117 Vgl. Kruschwitz (1980), S. 805 f.

118 Kruschwitz (1980) sieht hierin bereits die beiden ersten Schritte der Risikoanalyse.

119 Die Risikoanalyse wird vorwiegend im Zusammenhang mit Investitionsproblemen beschrieben, vgl. dazu alle hier zitierten Autoren.

120 Vgl. Busse von Colbe/Laßmann (1990), S. 174 ff; Kruschwitz (1980); Kruschwitz (1995), S. 277 ff; Blohm/Lüder (1991), S. 240 ff.

meistens eine Beschränkung auf die wichtigsten Inputgrößen. Mit deren Auswahl nimmt der Entscheidungsträger Einfluß auf das Ergebnis der Berechnungen.[121] Zentrale Inputgrößen sind beim Kapitalwert neben dem Zinsfuß i und der Nutzungsdauer n die Anschaffungsauszahlungen a_0 und die laufenden Zahlungsüberschüsse g_t bzw. deren Komponenten, z.B:[122]

- Die Absatzmengen x_t,
- der Verkaufspreis p_t,
- die variablen Stückausgaben $k_{v,t}$ im Zeitpunkt t,
- die Komponenten der Stückausgaben wie Ausgaben für Löhne, Zukaufteile usw.,
- die ausgabenwirksamen Fixkosten der Perioden $K_{F,t}$.

Im weiteren soll die Risikoanalyse am Beispiel einer Investitionsentscheidung behandelt werden. Zu entscheiden ist über eine Investition, die eine Nutzungsdauer von drei Jahren hat. Die Investitionsausgaben liegen mit 10000 GE fest, ebenso die fixen Ausgaben jeder Periode mit 2000 GE. Unsicherheit besteht über den Verkaufspreis, die Absatzmengen und die variablen Stückausgaben sowie deren Komponenten. Als Kalkulationszinsfuß wird ein Satz von 10% verwendet. Der Kapitalwert kann durch folgende Formel beschrieben werden:

$$C_0 = -a_0 + \sum_{t=0}^{n} \left(\left(p - k_{v,t} \right) x_t - K_{F,t} \right) (1+i)^{-t}$$

Für jede unsichere Inputgröße muß der Entscheidungsträger in der Lage sein, eine Wahrscheinlichkeitsverteilung für die verschiedenen Ausprägungen des Inputs anzugeben. Die unsicheren Inputgrößen im Beispiel mögen normalverteilt sein. Für die Absatzmenge gilt folgende Dichtefunktion:

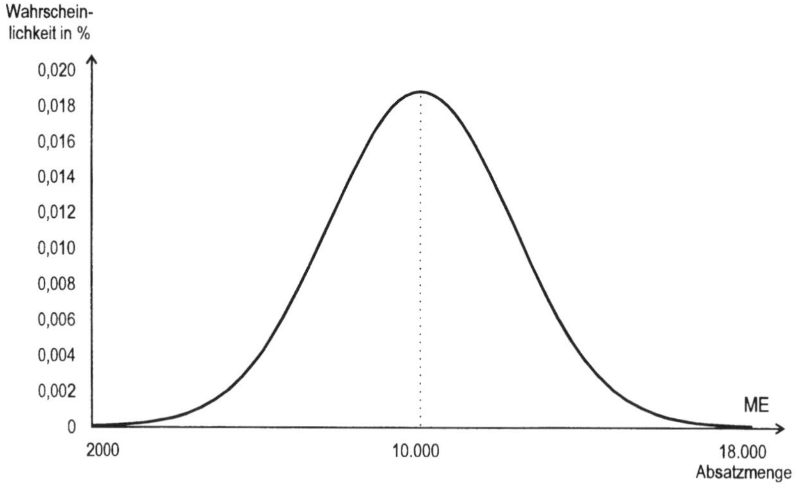

Abbildung 4-18

121 Hier tritt das Problem betriebswirtschaftlicher Modellbildung zutage. Vgl. Kapitel 1.4.

122 Vgl. Blohm/Lüder (1991), S. 247.

Der Erwartungswert des Absatzes liegt bei 10000. Genau diese Menge wird mit einer Wahrscheinlichkeit von 0,0181% abgesetzt.

Zur Berechnung eines Wertes des Risikoprofils muß für jede zufallsverteilte Inputgröße eine Realisation festgelegt werden. Eine Kombination von Realisationen aller zufallsabhängigen Inputgrößen ergibt eine mögliche Datensituation, auf die die Investition treffen kann. Bei der Festlegung der Realisationen treten Probleme auf, wenn die Inputgrößen nicht statistisch unabhängig voneinander sind. Existieren Abhängigkeiten zwischen den Inputgrößen, können keine beliebigen Realisationen der Inputgrößen in Kombination auftreten. Die Abhängigkeiten beschränken die Anzahl möglicher Kombinationen.

Im Investitionsbeispiel mögen die Ausgaben für Löhne und Zukaufteile pro Stück unsicher sein. Beide Ausgabenentwicklungen sind aber korreliert, da die Preise der Zukaufteile auch von der allgemeinen Lohnentwicklung abhängen. Bei der Auswahl von Realisationen der unsicheren Größen muß diesem Zusammenhang Rechnung getragen werden. Eine bestimmte Schätzung der Löhne legt den Erwartungswert des Preises der Zukaufteile fest. Zufällig darf nur eine Realisation für die irreguläre Komponente des Preises der Zukaufteile gewählt werden. Für die irreguläre Komponente muß das Zufallsgesetz bekannt sein. Ein ganz ähnliches Problem existiert auch für den Verkaufspreis und die Absatzmenge. Zwischen Verkaufspreis als einer Variablen des Problems und den variablen Stückkosten kann ebenfalls ein innerer Zusammenhang bestehen, d.h., als Folge steigender Ausgaben k_{vt} wird sich der Erwartungswert der Preise p_t verändern. Der Zusammenhang zwischen den variablen Ausgaben und dem Preis, also die Reaktionsfunktion des Unternehmens auf Ausgabensteigerungen, muß wiederum bekannt sein, um den Erwartungswert des Preises abzuleiten. Für die Realisation des Preises darf auch wiederum nur die irreguläre Komponente zufällig festgelegt werden. Zudem besteht ein Zusammenhang zwischen dem Verkaufspreis und der absetzbaren Menge, da der Erwartungswert der Menge vom Preis abhängt. Um diese Abhängigkeiten zum Ausdruck zu bringen, muß mit bedingten Wahrscheinlichkeiten gearbeitet werden.[123] Die Wahrscheinlichkeitsverteilung der Absatzmengen in Abbildung 4-18 gilt nur für einen bestimmten Preis.

Um die Darstellung der Risikoanalyse nicht unnötig zu komplizieren, wird im weiteren von statistisch unabhängigen Inputgrößen ausgegangen. Im Modell werden im weiteren nur noch die variablen Ausgaben k_{vt} und die Absatzmengen als unabhängige Zufallsgrößen angesehen.

Mit Hilfe der bekannten Verteilungsfunktionen der Daten muß je eine Realisation für die Inputgrößen bestimmt werden. Dafür wird ein Zufallszahlengenerator eingesetzt, der Zahlen zwischen 0 und 1 erzeugt, die der Verteilung der jeweiligen Inputgröße gehorchen. Einer zur Ableitung der Absatzmenge generierten Zufallszahl von 1 wird ein Absatz von 18000 in Abbildung 4-18 zugeordnet. Bei einer Zufallszahl von 0 beläuft sich die Absatzmenge nur auf 2000. Für das Beispiel können auf diesem Wege folgende fünf Kombinationen der Zufallszahlen z_1 (Absatzmenge) und z_2 (variable Stückausgaben) erzeugt worden sein:

123 Zur Verwendung bedingter Wahrscheinlichkeiten in der Risikoanalyse vgl. Blohm/Lüder (1991), S. 250 ff.

Ziehung	Absatzmenge		variable Stückkosten	
	z_1	Menge	z_2	k_v
1	0,5	10000	0,2	2,4
2	0,4	8400	0,4	2,8
3	0,5	10000	0,7	3,4
4	0,3	6800	0,6	3,2
5	0,8	14800	0,6	3,2

Tabelle 4-24

Um das Risikoprofil der Investition bestimmen zu können, ist von einer hinreichend großen Anzahl von Ziehungen auszugehen. Die Berechnung des Risikoprofils muß sich daher auf einen Satz von einigen hundert Datenkombinationen stützen. Dieser Datensatz muß für die Gesamtheit aller möglichen Kombinationen repräsentativ sein.

Die simulative Risikoanalyse[124] berechnet aus der Vielzahl von Inputdatensätzen die jeweils zugehörige Outputgröße (Kapitalwerte).[125] Im Beispiel ergeben sich für die sicheren Daten (Verkaufspreis $p_t = 4$, fixe Ausgaben je Periode von 2000, Abzinsungsfaktor $i = 0{,}1$ und Anschaffungsausgaben a_0 von 10000) sowie die obigen fünf zufälligen Datensätze folgende Kapitalwerte:[126]

Ziehung	x	g_t	C_0
1	10.000	14.000	24.815,93
2	8.400	8.080	10.093,76
3	10.000	4.000	-52,59
4	6.800	3.440	-1.445,23
5	14.800	9.840	14.470,62

Tabelle 4-25

Die Berechnungsergebnisse werden zu einer Häufigkeitsstatistik verdichtet. Dafür werden die Berechnungsergebnisse für die Outputgröße zu Klassen gleichartiger Ergebnisse zusammengefaßt, und es wird die Häufigkeit von Ergebnissen jeder Klasse gezählt. Für einen repräsentativen Datensatz (einige hundert Ziehungen) ergibt sich folgendes Histogramm der Kapitalwerte:[127]

124 Die simulative Risikoanalyse geht zurück auf den Ansatz von Hertz (1964).

125 Die Berechnungsschritte werden detailliert beschrieben bei Albach (1976).

126 Es wird davon ausgegangen, daß die ermittelten Absatzmengen für alle drei Perioden gelten.

127 Vgl. Blohm/Lüder (1991), S. 252.

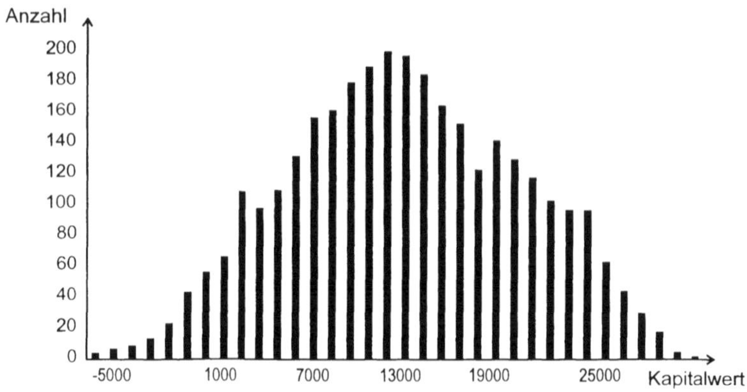

Abbildung 4-19

Das Histogramm kann durch eine Verteilungsfunktion angenähert oder direkt in ein Risikoprofil übertragen werden. Der zweite Weg soll im folgenden beschritten werden.

In der Abbildung 4-19 wurden 3313 Ziehungen berücksichtigt. Für jede Klasse wird errechnet, wie hoch ihr Anteil am Gesamtumfang der Ziehungen ist. In der Klasse eines Kapitalwertes bis -5000 liegt genau 1 Berechnungsergebnis. Der Anteil dieser Klasse beträgt demnach 1/3313. Wird diese Zahl von 1 subtrahiert, ergibt sich die Wahrscheinlichkeit dafür, daß ein Kapitalwert von -5000 überschritten wird (0,999698). Dies ist die Wahrscheinlichkeit dafür, daß ein höherer Kapitalwert als -5000 auftritt (Gegenwahrscheinlichkeit). Analog kann jeder beliebige Wert auf dem Risikoprofil der Abbildung 4-20 interpretiert werden. Die Wahrscheinlichkeit dafür, daß die Investition vorteilhaft ist, also ein Kapitalwert größer 0 eintritt, beträgt 0,972231.

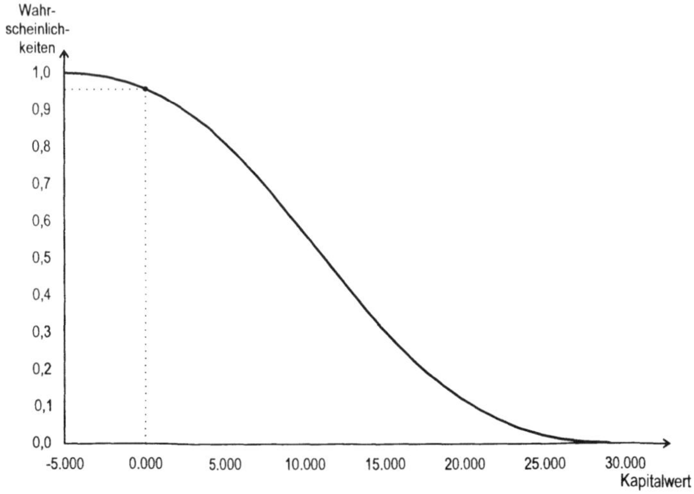

Abbildung 4-20

4.2.2.3.4.3 Entscheidungen auf Basis von Risikoprofilen

Grundgedanke der Risikoanalyse ist es, dem Planenden die Risikostruktur der Strategien offenzulegen. Daher werden für sämtliche zu beurteilenden Strategien Risikoprofile erzeugt. Auf Basis dieser Profile muß der Entscheidungsträger eine Auswahl treffen. Die Auswahl erfolgt durch Paarvergleich einzelner Strategien oder einen gesamtheitlichen Vergleich.

Abbildung 4-21 zeigt die Profile von 20 Strategien. Mit einem unmittelbaren gesamtheitlichen Vergleich der 20 Profile werden die meisten Entscheidungsträger überfordert sein. Es ist daher sinnvoll, die Komplexität der Analyse zu reduzieren, indem die Zahl der Strategien durch eine (algorithmisierte) *Vorselektion* reduziert wird. Dieses Vorgehen entspricht dem grundlegenden zweistufigen Prinzip der Entscheidungsfindung bei Unsicherheit.

Die Vorselektion kann über subjektive Mindestanforderungen oder entscheidungstheoretisch fundierte Dominanzprinzipien erfolgen. Anhand von Abbildung 4-22 soll zunächst erläutert werden, wie *subjektive Mindestanforderungen* an Risikoprofile gestellt werden können. Um das prinzipielle Vorgehen besser darstellen zu können, sind in der Abbildung nur drei der 20 Strategien aus Abbildung 4-21 enthalten. Bei der Formulierung von Mindestbedingungen kann auf zwei unterschiedliche Arten vorgegangen werden:

- Es ist zu fordern, daß eine Strategie einen Schwellenwert *in gar keinem Fall* unterschreiten darf (Vorselektion ruinöser Strategien). Beispielsweise darf eine Strategie in keinem Datenszenario einen negativen Kapitalwert aufweisen. Dann fällt Strategie A weg, weil bei A negative Kapitalwerte auftreten können, wenn auch nur mit einer Wahrscheinlichkeit von ca. 2%.

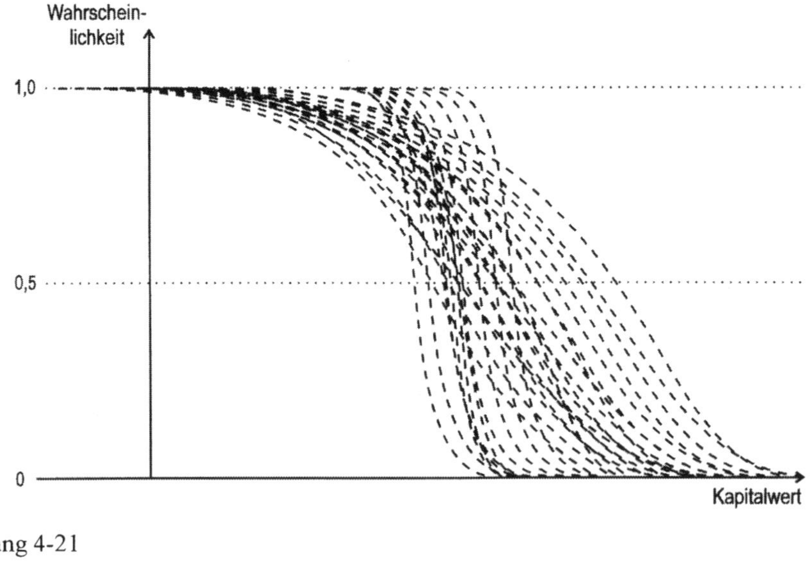

Abbildung 4-21

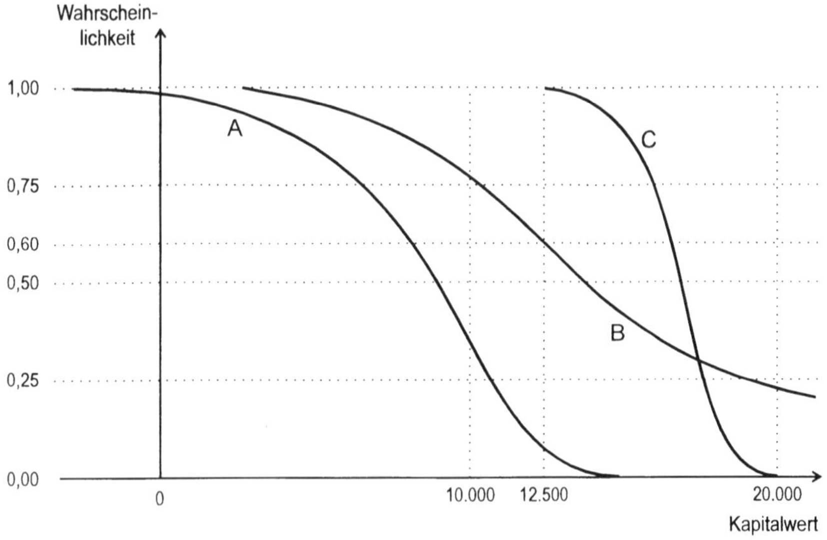

Abbildung 4-22

- Ein Schwellenwert ist mit einer bestimmten Wahrscheinlichkeit zu überschreiten. Zum Beispiel wird in Abbildung 4-22 verlangt, daß mit mindestens 75% Wahrscheinlichkeit ein Kapitalwert von 12.500 DM überschritten wird. Es scheidet Strategie B aus, weil sie die 12.500 DM nur mit 60% Wahrscheinlichkeit überschreitet.

Nutzt der Planende subjektive Anforderungen zur Vorselektion von Strategien, muß er sich über die mangelnde entscheidungslogische Fundierung solcher Selektionskriterien im Klaren sein. Seine Anforderungen sollte er deshalb möglichst betriebswirtschaftlich plausibel begründen, um die Selektion interpersonell nachvollziehbar zu gestalten.

Durch Anwendung *wahrscheinlichkeitsorientierter Dominanzkriterien* kann die Vorselektion objektiviert werden. Die Risikoanalyse kann auf drei Dominanzkriterien zurückgreifen:

- Wie bei der Portfolio Selection kann das Prinzip der μ-σ-Dominanz eingesetzt werden. Auf eine nochmalige Darstellung dieses Prinzips kann an dieser Stelle verzichtet werden, da darauf bereits ausführlich eingegangen wurde.

- Es wird das Prinzip der stochastischen Dominanz 1. Grades eingesetzt.

- Die Selektion wird um die stochastische Dominanz 2. Grades erweitert.

Voraussetzung für die Anwendung des Prinzips der stochastischen Dominanz ist, daß der Planende das Bernoulli-Prinzip als rational akzeptiert. Das Prinzip der stochastischen Dominanz 1. Grades ist ein Axiom des Bernoulli-Prinzips. Es schränkt die Menge der zulässigen Risikonutzenfunktionen auf die monoton steigenden ein. Das Prinzip läßt sich in ein einfaches *Kriterium* überführen, anhand dessen leicht überprüft werden kann, ob *sto-*

chastische Dominanz 1. Grades zwischen zwei Strategien vorliegt:[128] Eine Strategie X dominiert eine Strategie Y stochastisch im 1. Grade, wenn das Risikoprofil von X im gesamten Definitionsbereich des Kapitalwertes nie unterhalb und zumindest bereichsweise oberhalb des Profils der Strategie Y verläuft.

Auch das Prinzip der stochastischen Dominanz 1. Grades kann anhand von Abbildung 4-22 erläutert werden. Es ist zu erkennen, daß Strategie A sowohl durch Strategie B als auch durch C stochastisch im 1. Grade dominiert wird, da das Profil von A immer unterhalb der Profile von B und C verläuft. Ebenfalls ist ersichtlich, daß eine solche Dominanzbeziehung zwischen den Strategien B und C nicht besteht. Die Profile von B und C schneiden sich.

Zwischen B und C liegt aber eine stochastische Dominanz 2. Grades vor. Das Prinzip der *stochastischen Dominanz 2. Grades* ist zwingend mit der Bernoulli-Axiomatik verbunden, wenn die Menge der zulässigen Risikonutzenfunktionen auf *monoton steigende, streng konkave* Funktionen eingeschränkt wird. Solche Nutzenfunktionen drücken *Risikoscheu* aus. Für diese Nutzenfunktionen kann folgendes Prüfkriterium abgeleitet werden:[129] Eine Strategie X dominiert eine Strategie Y stochastisch im 2. Grade, wenn für alle Kapitalwerte im Definitionsbereich die Fläche unter dem Risikoprofil von X größer ist als die entsprechende Fläche unter dem Profil von Y. Das Integral unter dem Risikoprofil bis zu einem bestimmten Kapitalwert entspricht dem ersten Moment der Funktion (Teil des Kapitalerwartungswerts bis zu einem bestimmten Kapitalwert). Dominanz 2. Grades liegt damit vor, wenn das 1. Moment der Kapitalwertverteilung einer Strategie stets gleiche oder höhere Werte aufweist als das einer zweiten Strategie.

Dieser Sachverhalt kann auch mit Hilfe der Differenzflächen zwischen zwei sich schneidenden Risikoprofilen ausgedrückt werden.

Zunächst soll die Teilfläche für Kapitalwerte zwischen C^u bis C^* untersucht werden. Innerhalb dieses Bereiches sinkt der Profilwert von Strategie B monoton von 1 auf ca. 0,8. Das Profil von Strategie C hat einen gleichbleibenden Wert von 1. Das 1. Moment der Funktion C ist damit um die schraffierte Fläche (bis zum Kapitalwert C^*) größer, d.h., der Teilerwartungswert des Kapitalwertes der Strategie C ist bis C^* höher als bei B. Diese Flächendifferenz vergrößert sich bis zum Schnittpunkt der beiden Profile bei C^s. Im letzten Teilabschnitt des Flächenvergleichs - von C^s bis C^o - verläuft das Profil von B oberhalb dem von C. Im Flächenvergleich ist dieses schraffierte Feld N_c demnach als Nachteilsfeld für Strategie C zu werten. Das Vorteilsfeld V_c ist aber größer als das Nachteilsfeld N_c. Das Nachteilsfeld reicht mithin nicht aus, das größere Vorteilsfeld N_c zu kompensieren. Über den gesamten Integrationsbereich gesehen ist damit ständig ein kumulierter Flächenvorteil für Strategie C gegeben. Demnach dominiert Strategie C Strategie B stochastisch im 2. Grade.

128 Vgl. Fishburn/Vickson (1978), S. 72 ff.

129 Fishburn/Vickson (1978), S. 72 ff.

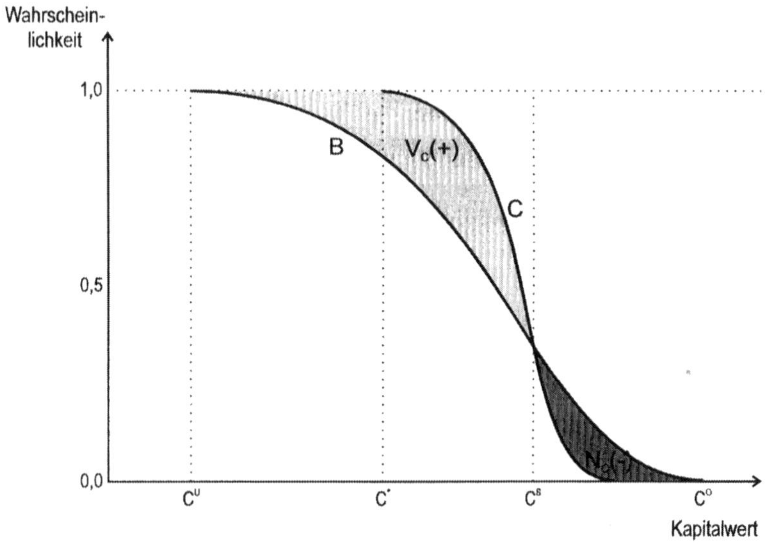

Abbildung 4-23

Über das Kriterium der stochastischen Dominanz 2. Grades lassen sich auch Strategien vorselektieren, deren Risikoprofile sich schneiden. Wird dieses Kriterium eingesetzt, kann in der Regel ein wesentlich größerer Teil der analysierten Strategien in der Vorauswahl ausgesondert werden als bei den vorher diskutierten Prinzipien. Mit Hilfe der Kriterien zur Vorselektion wird es aber zumeist nicht gelingen, die Zahl der verbleibenden Strategien auf eine zu reduzieren. Die Vorselektion über Dominanzprinzipien leistet für die Entscheidung zwischen diesen verbleibenden Strategien keinen Beitrag.

4.2.2.3.4.4 Kritik an der Risikoanalyse

Die Risikoanalyse bietet einige Vorteile, ist aber auch nicht frei von Problemen. Zu den Vorteilen sind zu rechnen:

- Durch die Risikoanalyse werden Informationen bereitgestellt, die auch für Entscheidungen nach klassischen Entscheidungsprinzipien wie μ- und μ-σ-Prinzip erforderlich sind; denn ohne Kenntnis der Wahrscheinlichkeitsverteilung für die Erfolgsgrößen lassen sich weder der Erwartungswert μ noch die Standardabweichung σ bestimmen.

- Die Risikoanalyse ermöglicht es, eine große Anzahl unsicherer Inputinformationen und sich daraus ergebender alternativer Zukunftslagen in die Entscheidungsfindung einzubeziehen; sie ist insoweit leistungsfähiger als das Instrument der Erfolgsmatrix, bei dem im Grunde nur Unsicherheit für eine Inputgröße existieren darf.

Dem stehen die folgenden Probleme gegenüber:

- Einige der Inputgrößen sind u.U. nicht im strengen Sinne des Wortes zufallsabhängig, sondern es handelt sind um Aktionsparameter. Das gilt für die Absatzpreise im Investitionsbeispiel, die u.U. an Kostenveränderungen angepaßt werden. Sollen diese „Variablen" als quasi unsichere Daten in die Analyse einbezogen werden, muß die Reaktionsweise des Unternehmens auf Kostenveränderungen bekannt sein.

- Existieren zwischen den Ausprägungen verschiedener Inputgrößen stochastische Abhängigkeiten, müssen diese bei der Erzeugung alternativer Kombinationen der Inputgrößen berücksichtigt werden. Voraussetzung dafür ist die Kenntnis bedingter Eintrittswahrscheinlichkeiten. Entscheidungsträger sind u.U. überfordert, diese Verteilungen zu bestimmen.[130]

- Speziell die simulative Variante der Risikoanalyse ist mit zusätzlichen Problemen verbunden. Da der Berechnungsaufwand sehr hoch ist, wird häufig eine künstliche Beschränkung der zu analysierenden Datensituationen erforderlich. Bei sehr vielen unsicheren Inputgrößen werden für jede Inputgröße u.U. nur drei Ausprägungen zugelassen (Dreipunkt-Analyse mit einem pessimistischen, einem optimistischen und dem am häufigsten erwarteten Wert). Die Simulation liefert nur einen groben Schätzwert für das Risikoprofil, da die Zahl der simulierten Datenkonstellationen künstlich begrenzt wird. Das Risikoprofil muß sich auch nicht zwingend innerhalb der vorgegebenen Anzahl von Datenkonstellationen stabilisieren. Die Anzahl der Ziehungen für neue Datenkonstellationen kann sich in dem Risikoprofil niederschlagen. Zudem können auch etwaige systematische Mängel des benutzten Zufallsgenerators die Qualität der Ergebnisse beeinträchtigen.[131]

4.2.2.3.4.5 Erweiterungen der Risikoanalyse bei Ungewißheitsintervallen

Bisher wurde bei den Risikoanalysen unterstellt, daß die Wahrscheinlichkeitsverteilungen der Inputdaten und die Wirkungszusammenhänge zwischen Strategien und Daten einerseits und den Ergebnissen (Kapitalwert) andererseits *exakt* bekannt sind. In der Planungspraxis sind diese Informationen häufig nur unvollkommen verfügbar. Der unvollkommene Informationsstand kann auf folgende Ursachen zurückgeführt werden:

- Der Planende hat Schwierigkeiten, *punktuelle* subjektive Wahrscheinlichkeiten für Datensituationen zu schätzen. Zum Beispiel formuliert ein Experte, daß er die Wahrscheinlichkeit für eine „günstige" Preisentwicklung zwischen 20% und 40% einschätzt, oder es wird ein Erwartungswert der Nachfrage „irgendwo" zwischen 1,5 und 1,7 Mio. ME vermutet.

- Der Planende kann sich außerstande sehen, die Wirkungen einer Entscheidung exakt zu „berechnen". Zum Beispiel kann die Wirkung eines neuen Fertigungskonzeptes (CIM,

---

130 Vgl. Blohm/Lüder (1991), S. 250; Kruschwitz (1980), S.803 ff.

131 Zum Beispiel mit geringer Periode und hoher Reihenkorrelation. Zu den damit verbundenen Problemen vgl. Kruschwitz (1980), S. 806 und die dort angegebene Literatur.

FFS, CAD) auf die Durchlaufzeiten von Aufträgen nur ungenau geschätzt werden; auch die finanzielle Bewertung verkürzter Durchlaufzeiten ist nicht exakt möglich.

Beide Phänomene haben die gleiche Konsequenz für die Planung: Es entstehen Bereiche der Ungewißheit (*Ungewißheitsintervalle*). Im ersten Fall ist die Wahrscheinlichkeitsverteilung, mit der die Datensituationen eintreten werden (diskrete Szenariowahrscheinlichkeiten oder Parameter stetiger Verteilungen), ungewiß. Das heißt, es herrscht partielle Ungewißheit über das Risiko der Planungssituation. Im zweiten Fall ergeben sich durch die Ungewißheit der Wirkungszusammenhänge Ungewißheitsintervalle für die Ergebnisgrößen eines Modells.

Dem Planenden stehen zwei Wege offen, derartige Ungewißheitsintervalle im Rahmen einer Risikoanalyse zu berücksichtigen:

- Nach der Regel vom unzureichenden Grund kann für ungewisse Daten eine Gleichverteilung angenommen werden (Laplace-Regel). Auf diesem Wege können partielle Ungewißheiten über Wirkungszusammenhänge im Risikoprofil einer Strategie erfaßt werden. Das *zusätzliche* Ungewißheitsintervall über den Wirkungszusammenhang sorgt dafür, daß die Streuung möglicher Kapitalwerte gegenüber dem Profil ohne das Ungewißheitsintervall zunimmt. Der Planende erhält also zusätzliche Informationen. Nachteil dieser Vorgehensweise ist, daß die Ungewißheit über den Wirkungszusammenhang in dem *einen* Risikoprofil der Strategie „verschwindet". Zudem können mit dieser Vorgehensweise keine partiellen Ungewißheiten über Wahrscheinlichkeitsverteilungen abgebildet werden.

- Es können für *jede* Strategie *mehrere* Risikoprofile erzeugt werden, indem jedem Simulationslauf eine andere Realisation aus dem Ungewißheitsintervall zugrundegelegt wird. Die Methode der Risikosimulation wird auf mehrere Profile für eine Strategie erweitert, wobei das Bündel der Profile einer Strategie die Bedeutung des Unsicherheitsintervalls für die Ergebnisse transparent werden läßt.

Im folgenden soll die zweite Vorgehensweise näher betrachtet werden. Es können zwei Methoden unterschieden werden, wie Ungewißheitsintervalle in Bündel von Risikoprofilen für eine Strategie umgesetzt werden können:

- Vollständige zweistufige Risikosimulation
- Heuristik der Extremalpunkte

Die erste Methode, die *vollständige zweistufige Risikosimulation*, löst das Problem durch eine zweistufige Anwendung der Stichprobenauswahl:

1. Im ersten Schritt wird ein konkreter Wert aus dem Ungewißheitsintervall zufällig ausgelost. Dabei wird nach der Laplace-Regel eine Gleichverteilung für die Zufallsvariable unterstellt. Für den Fall ungewisser Durchlaufzeitenwirkungen wird eine konkrete Durchlaufzeit aus dem Intervall von 10 bis 12 Tagen bestimmt. Im Fall ungewisser Wahrscheinlichkeitsverteilungen wird in der ersten Stufe ein konkreter Erwartungswert für die Nachfrage aus dem Intervall von 1,5 bis 1,7 Mio. ME festgelegt. Sind mehrere Daten mit

partieller Ungewißheit belastet, müssen mehrere Gleichverteilungen vorgegeben und Datenrealisationen ausgewählt werden.

2. Auf der Basis der gezogenen Werte für die Unsicherheitsintervalle wird in der zweiten Stufe *ein* Risikoprofil durch Zufallsstichproben der nicht mit Unsicherheitsintervallen behafteten Daten erzeugt. Dabei wird wie bei einer normalen, einstufigen Risikoanalyse vorgegangen.

Durch Wiederholung der Schritte (1) und (2) wird eine Vielzahl von Risikoprofilen erzeugt, so daß für *eine* Strategie ein Profilbündel entsteht. Abbildung 4-24 zeigt die Profilbündel für zwei Strategien A und B. Es müssen pro Strategie solange weitere Profile erzeugt werden, bis das Profilbündel in seiner Form und Lage stabil bleibt. Dazu sind in der Regel mindestens hundert Iterationen der Schritte (1) und (2) erforderlich.

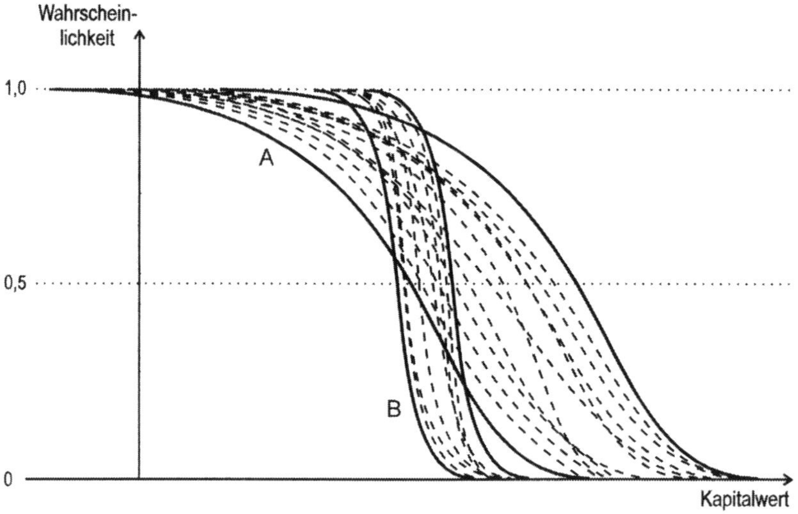

Abbildung 4-24

Der Erkenntniszuwachs durch die zweistufige Risikoanalyse besteht darin, die Bandbreite der Risikoprofile einer Strategie herauszuarbeiten. Dadurch wird der Planende in die Lage versetzt, das spezielle, den Ungewißheitsintervallen innewohnende Unsicherheitspotential einzuschätzen. Entscheidend für diesen Erkenntnisgewinn sind letztlich diejenigen Profile, die jeweils am Rande der Profilbündel liegen (Randprofile[132]). Sie spannen den entscheidungsrelevanten Bereich auf. Die vollständige zweistufige Risikoanalyse erfordert wegen der Berechnung sämtlicher Profile einen hohen Planungsaufwand, um diese Randprofile zu identifizieren.

132 Es ist auch möglich, daß der äußere Rand des Profilbündels durch mehrere Profile gebildet wird. Für diesen Fall wird angenommen, daß entweder das stochastisch dominante Profil oder das mit dem höchsten Erwartungswert des Zielkriteriums als Randprofil definiert wird.

Gelingt es, *vor* Simulationsbeginn die Extremalpunkte aus dem Ungewißheitsintervall zu bestimmen, die zu den beiden Randprofilen führen, kann auf die Simulation der übrigen Profile verzichtet werden.[133] Die beiden Simulationen auf Basis dieser Extremalpunkte führen unmittelbar zur Bandbreite der Profile, die den „stochastisch größten" Ungewißheitsraum aufspannen. Gelingt es, diese Extremalpunkte vorher zu identifizieren, kann der Rechenaufwand für die Quantifizierung der Profilbandbreite erheblich reduziert werden. Für die Schätzung der Extremalpunkte wird dabei auf eine Heuristik zurückgegriffen; denn in vielen Fällen gehen die Randprofile auf die Randwerte der Ungewißheitsintervalle zurück (*Heuristik der Extremalpunkte*). Im Fall nur eines einzigen Ungewißheitsintervalls ist diese Vermutung über die Extremalpunkte noch relativ einfach zu begründen. Aber auch in diesem Fall ist sie nur unter folgenden Bedingungen richtig:

- Die Zielgröße (Kapitalwert) reagiert streng *monoton* auf Veränderungen im Ungewißheitsintervall.
- Das ungewisse Datum ist streng *unabhängig* von allen anderen im Rahmen der Risikosimulation zufällig ausgelosten Modelldaten.

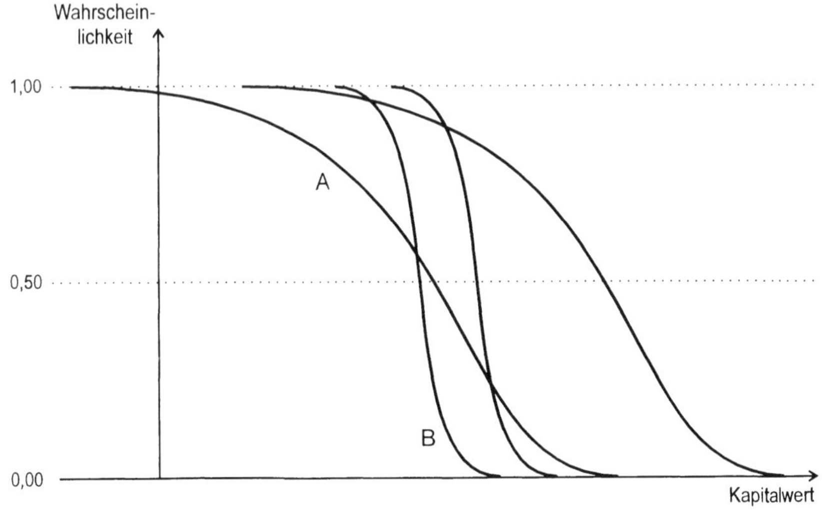

Abbildung 4-25

Die Schwierigkeit, eine gute Extremalpunktvermutung zu formulieren, nimmt tendenziell zu, wenn mehrere Ungewißheitsintervalle existieren, die zudem auch noch voneinander abhängig sind. Die Probleme wachsen auch, wenn die Zielgröße nicht monoton durch Datenveränderungen beeinflußt wird, was bei bestimmten Typen nichtlinearer Funktionen der Fall ist (Parabeln). Unter diesen erschwerten Bedingungen kann lediglich versucht werden, sinn-

133 Vgl. Puke (1996), S. 252 ff.

volle Extremalpunktvermutungen durch Sensitivitätsanalysen abzustützen. Der Berechnungsaufwand zur Identifizierung der Ränder des Risikoprofilbündels wächst allerdings wieder an.

4.2.3 Entscheidungen bei variablem Informationsstand

4.2.3.1 Verbesserung des Informationsstands

Bei Unsicherheit verfügt ein Unternehmen mit den Sach- und Informationsentscheidungen über zwei Typen von Entscheidungen. Es kann eine Sachentscheidung - beispielsweise über das Produktionsprogramm - auf der Basis der gegebenen, unsicheren Informationen fällen, oder es kann sich dafür aussprechen, zunächst die Informationen zu verbessern, um die Konsequenzen von Sachentscheidungen besser vorhersagen zu können.[134] Die Verbesserung des Informationsstands verursacht zusätzliche Kosten. Diesen Kosten steht ein Nutzen gegenüber, wenn es aufgrund besserer Informationen möglich ist, Fehlentscheidungen zu vermeiden. Das grundsätzliche Problem besteht darin, zu beurteilen, ob sich eine Informationsverbesserung lohnt, ob den zusätzlichen Kosten ein entsprechender Nutzen gegenübersteht. Dieses Problem wird in der Praxis noch mehr durch Intuition denn durch ein rationales Kalkül gelöst.

Für die Beurteilung, ob sich Informationsverbesserungen lohnen, lassen sich zwei Kriterien anwenden:

- Als lohnend wird eine Information bezeichnet, wenn es durch die Verbesserung des Informationsstands zu einer anderen Entscheidung als ohne die Informationsverbesserung kommt. Bei diesem Kriterium wird lediglich danach gefragt, ob eine Entscheidung gegen Informationsverbesserungen stabil ist.

- Lohnend wird eine Information genannt, wenn der auf diese Information zurückgehende Nutzen größer ist als die zusätzlichen Kosten für die Informationsbeschaffung. Als Nutzen einer Information kann die Erhöhung des Erwartungswerts der Gewinne für die Sachentscheidung nach der Informationsverbesserung gegenüber der Situation vor der Informationsverbesserung bezeichnet werden. Das zweite Kriterium hat das erste zur Voraussetzung; denn ohne eine Veränderung der Entscheidung kann eine Information niemals einen Nutzen haben. Im Gegensatz zum ersten Kriterium findet aber eine ökonomische Bewertung der Informationsverbesserung statt.

Das Problem beider Kriterien besteht darin, daß zunächst prognostiziert werden muß, von welcher Qualität die eventuell noch zu beschaffenden Informationen sind. Ohne eine Prognose über die Qualität der Informationsverbesserung läßt sich weder die Frage beantworten, ob die Sachentscheidung stabil ist, noch die, ob der Nutzen die Kosten überwiegt.

134 Vgl. Gäfgen (1974), S. 128; Waldmann (1972), S. 196.

4.2.3.2 Vollkommener Informationsstand nach der Informationsverbesserung

Entscheidungen über zu beschaffende Informationen sind relativ einfach, wenn aus einer empfangenen Nachricht mit Sicherheit auf die tatsächlich zukünftig eintretende Situation geschlossen werden kann, wenn also nach der Informationsverbesserung keine Unsicherheit mehr herrscht. Für ein derartiges vollkommenes Informationssystem soll anhand eines Beispiels mit drei Strategien diskutiert werden, ob eine Informationsverbesserung nach dem zweiten Kriterium als lohnend bezeichnet werden kann. Es werden drei Datensituationen für möglich gehalten. Für die drei Strategien ergeben sich die Gewinne gemäß Tabelle 4-26:

	S_1	S_2	S_3
w_j	0,1	0,4	0,5
A_1	10.000	20.000	40.000
A_2	20.000	25.000	20.000
A_3	5.000	40.000	10.000

Tabelle 4-26

Im Unternehmen steht eine Informationsverbesserung zur Debatte, die Kosten von 5000 GE verursacht. Diese Informationsverbesserung kann drei Ergebnisse zeitigen. Führt sie zu dem Resultat, daß die Situation S_1 eintritt, wird das Unternehmen die Aktion A_2 mit Gewinn von 15000 GE (20 000 GE abzüglich 5000 GE Kosten der Informationsbeschaffung) realisieren. Wird nach der Informationsverbesserung erkannt, daß S_2 eintritt und A_3 damit optimal ist, kann ein Erfolg von 40000 - 5000 = 35000 GE realisiert werden usw. Zu beachten ist, daß zum Zeitpunkt der Überlegungen zur Informationsverbesserung noch nicht bekannt ist, welche der drei Datensituationen eintreten wird. Die Informationsbeschaffung kann demnach zu drei Ergebnissen mit jeweils anderen Konsequenzen führen. In der Erfolgsmatrix wird deshalb für die Informationsstrategie eine vierte Aktion A_0 eingefügt.

w_j	S_1 0,1	S_2 0,4	S_3 0,5	Erwartungswert
A_0	15.000	35.000	35.000	33.000
A_1	10.000	20.000	40.000	29.000
A_2	20.000	20.000	20.000	22.000
A_3	5.000	10.000	10.000	21.500

Tabelle 4-27

Wird auf die erweiterte Erfolgsmatrix das Erwartungswertkonzept angewendet, ist die Aktion A_0 optimal, da sie den höchsten Erwartungswert aufweist.

Im Wege einer Analyse kritischer Werte läßt sich derjenige Kostenbetrag ermitteln, bei dem die Informationsverbesserung gerade noch sinnvoll ist. Der zusätzliche Informationswert beträgt bei Kosten von 5000 GE für die Informationsverbesserung 4000 GE. Dieser Betrag entspricht der Differenz zwischen dem maximalen Erwartungswert von 29000 (Strategie A_1)

ohne Informationsverbesserung und dem Erwartungswert von 33000 für die Informationsstrategie. Der Nutzen der Information übersteigt die Kosten mithin um 4000 GE, d.h., der gesamte Nutzen „EVPI" (EVPI = Expected Value of Perfect Information) beläuft sich auf 9000 GE. Für Informationskosten unter 9000 GE ist stets die Aktion A_0 optimal. „EVPI" gibt somit den maximalen Preis für die Durchführung von A_0 an. Dieser Betrag wird zugleich eine obere Grenze bei nur unvollkommener Informationsverbesserung sein.

4.2.3.3 Unvollkommener Informationsstand nach der Informationsverbesserung

Bei unvollkommener Information kann auch nach der Informationsverbesserung nicht mit Sicherheit gesagt werden, welche Datensituation zutrifft; bestenfalls können die Informationen über die Wahrscheinlichkeiten, mit der diese Situationen eintreffen, verbessert werden. Die besonderen Schwierigkeiten liegen damit in der Prognose der Veränderungen der Wahrscheinlichkeiten für die Datensituationen, die durch die Informationsverbesserung bewirkt werden können, und der Vorhersage der Rückwirkungen auf den Erwartungswert der Entscheidung.

Das Grundprinzip für die Bewertung möglicher Informationsverbesserungen soll an einem Beispiel mit Hilfe des Theorems von Bayes erläutert werden.[135]

Ein Unternehmen überlegt, ob es einen neuen Artikel am Markt einführen soll.[136] In der Ausgangssituation verfügt das Unternehmen über relativ ungenaue Informationen darüber, wie dieses Produkt am Markt aufgenommen wird. Das Unternehmen hätte die Möglichkeit, sich aufgrund dieser ungenauen Informationen zu entscheiden. Es besteht aber auch die Möglichkeit, durch Marktforschung den Informationsgrad zu erhöhen, um zu einer besseren Beurteilung der Lage zu kommen. Es fragt sich, ob eine derartige Verbesserung des Informationsgrades vorgenommen werden soll.

Der Entscheidungsträger verfügt damit über zwei mögliche Sachentscheidungen. Er kann seinen Absatz durch die Einführung des neuen Artikels ausweiten (Strategie A_1), oder er kann auf die Ausweitung verzichten (Strategie A_2). Es soll angenommen werden, daß der Entscheidungsträger zwei alternative Datensituationen für möglich hält, die sich gegenseitig ausschließen. Die Entscheidungsmatrix hat folgendes Aussehen:

	Datensituationen	
Strategie	S_1	S_2
A_1 (Ausweitung)	-12	15
A_2 (Nichtausweitung)	0	-4

Tabelle 4-28

135 Vgl. hierzu Fisz (1976), S. 23 ff.; Menges (1972), S. 105 ff.; Lindley (1965); Sturm (1970), S. 7 ff.; Weber (1970); Weibel (1978), S. 10 ff.

136 Zum Zahlenbeispiel, nicht zur Lösungsmethode, vgl. Dichtl (1967), S. 93 ff.

Bei der Datensituation S_2 rechnet der Entscheidungsträger im Falle einer Ausweitung seines Absatzprogramms mit einem Gewinn in Höhe von 15 GE, während er befürchtet, daß bei dieser Datensituation ein Verlust (-4 GE) auftritt, falls er den neuen Artikel nicht in das Programm aufnimmt. Tritt hingegen die Datensituation S_1 ein, führt die Einführung des neuen Artikels zu einem Verlust in Höhe von 12 Geldeinheiten, während sich keine Nachteile einstellen würden, wenn das Produktionsprogramm nicht ausgeweitet wird.

Aufgrund persönlicher Markterfahrung glaubt der Entscheidungsträger, von subjektiven Wahrscheinlichkeiten für das Eintreffen der ersten (zweiten) Datensituation von $P(S_1) = 0{,}4$ ($P(S_2) = 0{,}6$) ausgehen zu können. Diese subjektiven Wahrscheinlichkeiten, die vor einer Marktuntersuchung geschätzt wurden, sollen als a-priori-Wahrscheinlichkeiten $P(S_i)$ bezeichnet werden.

Auf der Basis dieser a-priori-Wahrscheinlichkeiten würde eine Maximierung des Erwartungswertes zu folgendem Ergebnis führen:

Strategie A_i	Datensituationen S_j		Erwartungswert
	S_1 $P(S_1) = 0{,}4$	S_2 $P(S_2) = 0{,}6$	$\sum_j G_{ij}\, P(S_j)$
A_1	$0{,}4\cdot(-12)$	$0{,}6\cdot 15$	4,2
A_2	$0{,}4\cdot 0$	$0{,}6\cdot(-4)$	-2,4

Tabelle 4-29

Der Erwartungswert ist bei der Strategie A_1 maximal, d.h., das Unternehmen würde sich aufgrund der gegebenen Informationen zu einer Ausweitung seines Produktionsprogramms entschließen.

Das Unternehmen hat die Möglichkeit, sich im Wege einer Repräsentativbefragung potentieller Kunden zusätzliche Informationen zu beschaffen. Sinn dieser Erhebung ist es, ein genaueres Bild von der Chance des neuen Produktes zu erhalten. Vor der Markterhebung sind zunächst deren Erfolgsaussichten zu beurteilen.

Die Befragung könnte bei zwei Datensituationen zu zwei Prognoseergebnissen Z_k ($k = 1{,}2$) führen. Z_1 sagt mit hoher Wahrscheinlichkeit das Eintreten der Umweltsituation S_1 vorher, während bei Z_2 mit hoher Wahrscheinlichkeit mit der Datensituation S_2 gerechnet wird. Über die Zuverlässigkeit der Befragung kann das Unternehmen aufgrund früherer Befragungen bedingte Wahrscheinlichkeiten $P(Z_k \mid S_j)$ dafür schätzen, daß die Befragung zur Prognose Z_k ($k = 1, 2$) geführt hat und die Umweltsituation S_i auch tatsächlich eingetreten ist. Die bedingte Wahrscheinlichkeit $P(Z_1 \mid S_1) = 0{,}9$ besagt, daß mit 90%-iger Wahrscheinlichkeit die Befragung auch den Eintritt der Datensituation S_1 prognostiziert, wenn die Datensituation S_1 tatsächlich eintritt.

$P(Z_k \mid S_j)$: Befragung führt zum Ergebnis Z_k	wenn Datensituation S_j eintritt	
	S_1	S_2
Z_1	0,9	0,2
Z_2	0,1	0,8

Tabelle 4-30

Mit Hilfe des Theorems von Bayes[137] kann das Unternehmen die a-priori-Wahrscheinlichkeiten $P(S_j)$ und die bedingten Wahrscheinlichkeiten $P(Z_k \mid S_j)$ der Tabelle 4-30 in a-posteriori-Wahrscheinlichkeiten $P(S_j \mid Z_k)$ umrechnen. Die Umrechnung der a-priori- und der bedingten Wahrscheinlichkeiten in a-posteriori-Wahrscheinlichkeiten erfolgt in zwei Schritten:

Zunächst werden die sogenannten gemeinsamen Wahrscheinlichkeiten $P(S_j)\cdot P(Z_k \mid S_j)$ berechnet. Die gemeinsamen Wahrscheinlichkeiten, deren Summe stets gleich 1 ist, geben an, mit welchem Sicherheitsgrad die Datensituation S_j eintritt und die Prognose zum Ergebnis Z_k führt. Die Berechnung der gemeinsamen Wahrscheinlichkeiten ist in Tabelle 4-31 durchgeführt. Die Zeilensummen dieser Matrix entsprechen den a-priori-Wahrscheinlichkeiten $P(S_j)$ für den Eintritt der Umweltsituation S_j. Die Spaltensumme dieser Matrix - totale Wahrscheinlichkeiten $P(Z_k)$ - geben an, mit welcher Wahrscheinlichkeit $P(Z_k)$ das Prognoseergebnis Z_k erwartet werden kann. Mit einer Wahrscheinlichkeit von 0,48 ist mit der Prognose Z_1 zu rechnen, während die Wahrscheinlichkeit für die Prognose Z_2 0,52 beträgt.

Datensituation S_j	Gemeinsame Wahrscheinlichkeiten $P(S_j)\,P(Z_1 \mid S_j)$	$P(S_j)\,P(Z_2 \mid S_j)$	$P(S_j)$
S_1	0,4·0,9=0,36	0,4·0,1=0,04	0,4
S_2	0,6·0,2=0,12	0,6·0,8=0,48	0,6
$P(Z_k)$	0,48	0,52	1

Tabelle 4-31

Im zweiten Schritt lassen sich die a-posteriori-Wahrscheinlichkeiten $P(S_j \mid Z_k)$ berechnen. Hierzu werden die gemeinsamen Wahrscheinlichkeiten einer Prognose durch die totale Wahrscheinlichkeit für den Eintritt dieser Prognose dividiert. Durch diese in Tabelle 4-32 durchgeführte Division findet lediglich eine neue Normierung der zu einem Prognoseergebnis Z_k gehörenden gemeinsamen Wahrscheinlichkeiten statt. Nach der Normierung ergänzen sich die gemeinsamen Wahrscheinlichkeiten spaltenweise nicht mehr zur Eintrittswahrscheinlichkeit $P(Z_k)$ für die Prognose Z_k, sondern zu 1. Bei den a-posteriori-Wahrscheinlichkeiten, die Resultat dieser Normierung sind, wird damit unterstellt, daß das Prognoseergebnis Z_k bereits mit Sicherheit gegeben ist, während bei den gemeinsamen Wahrschein-

137 Ohne Beweis sei das Theorem angegeben:

$$P(S_j|Z_k) = \frac{P(S_j)P(Z_k|S_j)}{P(Z_k)}$$

mit $\sum_j P(S_j) = \sum_k P(Z_k) = 1$, so daß $\sum_j P(S_j|Z_k) = \sum_k P(Z_k|S_j) = 1$

lichkeiten nur mit der Möglichkeit gerechnet wird, daß die Prognose zum Ergebnis Z_k führt. Die a-posteriori-Wahrscheinlichkeiten geben somit an, mit welcher Wahrscheinlichkeit die Umweltsituation S_j eintritt, wenn das Prognoseergebnis Z_k tatsächlich gegeben ist.

Situation	a-posteriori-Wahrscheinlichkeiten	
	$\frac{P(S_j)\,P(Z_1 \mid S_j)}{P(Z_1)} = P(S_j \mid Z_1)$	$\frac{P(S_j)\,P(Z_2 \mid S_j)}{P(Z_2)} = P(S_j \mid Z_2)$
S_1	$\frac{0{,}36}{0{,}48} = 0{,}750$	$\frac{0{,}04}{0{,}52} = 0{,}077$
S_2	$\frac{0{,}12}{0{,}48} = 0{,}250$	$\frac{0{,}48}{0{,}52} = 0{,}923$
Summe	1	1

Tabelle 4-32

Die a-posteriori-Wahrscheinlichkeit von 0,75 besagt, daß die Eintrittswahrscheinlichkeit der Umweltsituation S_1 auf 0,75 geschätzt wird, wenn die Befragung zur Prognose Z_1 geführt hat.

Als nächstes ist zu untersuchen, ob das Unternehmen aufgrund der möglichen Befragungsergebnisse eine andere Strategie verfolgen würde als vorher. Hierzu wird der Gewinnerwartungswert für die beiden Befragungsergebnisse berechnet. Die Berechnung wird anhand des in Abbildung 4-26 dargestellten Entscheidungsbaums vorgenommen.

Der Aufbau des Entscheidungsbaums ist leicht verständlich. Wird eine Befragung durchgeführt, können die Ergebnisse Z_1 und Z_2 mit den Wahrscheinlichkeiten $P(Z_k)$ auftreten. Nach beiden Ergebnissen können die Strategien A_1 oder A_2 gewählt werden, die ihrerseits entweder auf die Umweltsituation S_1 oder S_2 treffen können.

Die Auswertung des Entscheidungsbaums erfolgt von rechts nach links - „rolling-back“-Verfahren. Zunächst werden die Gewinne, die aus der Strategie A_i ($i = 1{,}2$) in Verbindung mit der Umweltsituation S_j ($j = 1{,}2$) entstehen, mit den zugehörigen a-posteriori-Wahrscheinlichkeiten $P(S_j \mid Z_k)$ multipliziert. Anschließend werden die zu einer Strategie gehörenden, mit den a-posteriori-Wahrscheinlichkeiten multiplizierten Gewinne addiert (Beispiel: $-9 + 3{,}75 = -5{,}25$ für Strategie A_1 bei Z_1 für die Umweltsituationen S_1 und S_2). Diese Werte sind die Gewinnerwartungswerte für die einzelnen Strategien, wenn davon ausgegangen wird, daß das Befragungsergebnis Z_k bereits vorliegt. Würde die Befragung beispielsweise das Resultat Z_1 liefern, würde bei Wahl der Strategie A_1 ein Erwartungswert von -5,25, bei A_2 ein Wert von -1 eintreten. Da für die Entscheidung das Kriterium des maximalen Erwartungswerts verwendet wird, würde demnach bei Vorliegen des Prognoseergebnisses Z_1 die Strategie A_2, bei Z_2 die Strategie A_1 realisiert werden (der Zweig der unterlegenen Strategie ist in dem Entscheidungsbaum durch eine gestrichelte Linie kenntlich gemacht).

Im Vergleich zur a-priori-Analyse, die die Realisierung von A_1 vorsah, kann die Befragung dazu führen, daß A_2 gewählt wird. Die Wahrscheinlichkeit für die Realisierung der Strategie A_2 ist aufgrund der Wahrscheinlichkeit für den Eintritt des Befragungsergebnisses Z_1 nur 0,48, während die Strategie A_1 mit einer Wahrscheinlichkeit von 0,52 durchgeführt wird. Der Gewinnerwartungswert der Befragung errechnet sich zu

$$E = -1 \cdot 0{,}48 + 12{,}93 \cdot 0{,}52 = 6{,}24\,.$$

Diesem Gewinnerwartungswert von 6,24 stehen zusätzliche Kosten für die Befragung gegenüber. Das Unternehmen wird die Befragung nur durchführen, wenn der Nutzen der Informationsverbesserung (IW) größer ist als die entstehenden Kosten. Der Nutzen der Informationsverbesserung (IW) errechnet sich als Differenz des Gewinnerwartungswertes (6,24) bei Befragung und des Gewinnerwartungswertes (4,2) auf der Basis der a-priori-Wahrscheinlichkeiten.

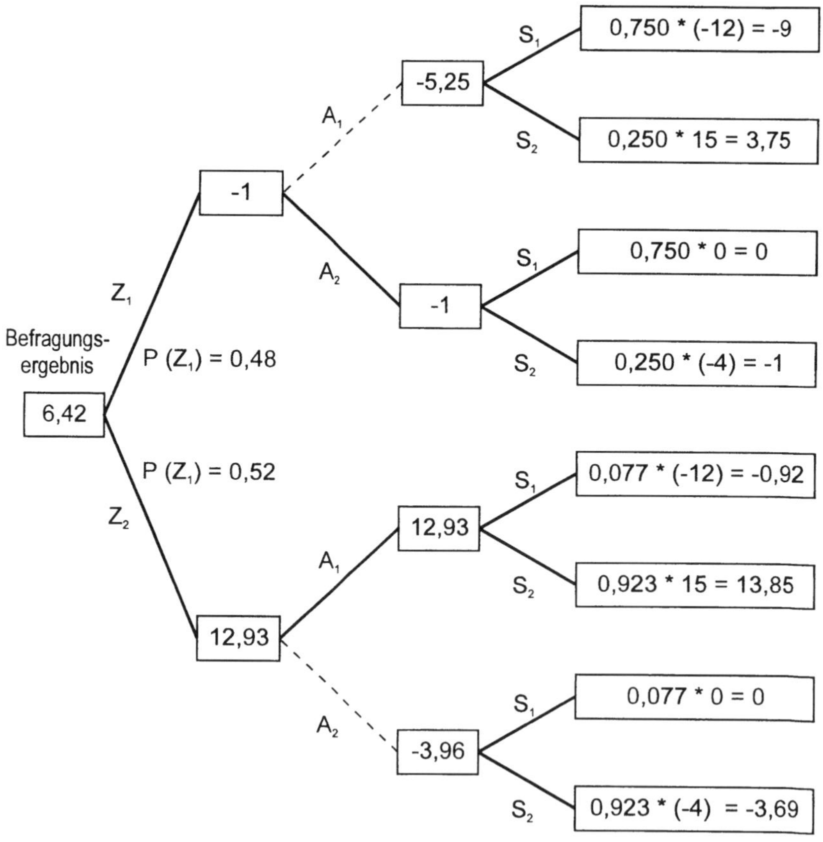

Abbildung 4-26

Als Informationswert ergibt sich

IW = 6,24 − 4,2 = 2,04 .

Das Unternehmen wird seinen Informationsstand folglich verbessern und die Befragung durchführen, wenn die Kosten der Befragung unter diesem Informationswert liegen.

Die vorgestellten Berechnungen zur Informationsverbesserung haben eine sehr enge Problemsicht. Sie gehen von der Voraussetzung einer vollständigen Kenntnis der möglichen Strategien und der zukünftig denkbaren Umweltentwicklungen aus. Neues Wissen durch weitere Informationen dient daher nur dazu, das Risiko zu mindern, indem zuverlässigere Aussagen über die Eintrittswahrscheinlichkeiten der Umweltsituationen entwickelt werden. Liegt die Unsicherheit einer Entscheidungssituation darin begründet, daß sich der Entscheidungsträger keine vollständigen Vorstellungen über die denkbaren Datensituationen machen kann, ist das beschriebene Vorgehen ungeeignet. Basis der Informationsbewertung ist zudem immer ein ganz bestimmtes Entscheidungskriterium - Gewinnerwartungswert im Beispiel. Für andere Entscheidungskriterien ergibt sich auch ein anderer Informationsnutzen.

4.2.4 Flexibilitätsüberlegungen

4.2.4.1 Flexibilitätsplanung

4.2.4.1.1 Drei Flexibilitätsbegriffe

Die betriebswirtschaftliche Literatur kennt keinen einheitlichen Flexibilitätsbegriff. Es können vielmehr drei z.T. zusammenhängende Flexibilitätsdefinitionen unterschieden werden: Flexibilität im Sinne von Handlungsspielräumen, im Sinne von möglicher Handlungsgeschwindigkeit und letztlich Flexibilität als Reaktion der Erfolgsgrößen auf Anpassungsmaßnahmen der ersten oder zweiten Art.[138] Diese drei Begriffe sollen näher beschrieben werden.

Zunächst zum ersten Flexibilitätsbegriff: Planung besteht darin, in aufeinanderfolgenden Zeitpunkten Entscheidungen zu fällen, die möglichst gut im Hinblick auf die gewählte Zielsetzung sind. Eines der Grundprobleme der Planung besteht darin, daß Entscheidungen in einem Zeitpunkt für nachfolgende Zeitpunkte Bindungen (Inflexibilitäten) schaffen. Eine Investitionsentscheidung bindet für bestimmte Zeiträume Finanzmittel, oder sie determiniert die künftig verfügbaren Kapazitäten bzw. fixiert das technisch mögliche, qualitative Leistungsprogramm. Jede Entscheidung in einem Zeitpunkt hat damit Rückwirkungen auf künftige Zustände des Unternehmens. Diese Zustände (verbleibendes freies Finanzpotential oder verfügbare Kapazität, Umrüstungsfähigkeit der Anlagen auf andere Produkte etc.) legen gleichzeitig den Umfang der künftigen Handlungsspielräume fest. Führen heutige Investitionsentscheidungen dazu, daß künftig mehr Finanzierungsmittel frei sind, beschränkt die heutige Entscheidung die künftigen Investitionsmöglichkeiten in geringerem Ausmaß als eine Entscheidung mit höherer Kapitalbindung. Das Unternehmen verfügt dann über eine

138 Dieser dritte Flexibilitätsbegriff kann auch als Elastizität bezeichnet werden.

größere finanzielle Flexibilität. Umgekehrt beschränkt eine heutige Entscheidung für ein Spezialaggregat die Palette künftig produzierbarer Erzeugnisse und verringert damit die produktpolitische Anpassungsfähigkeit.

Als Folge eingeschränkter künftiger Handlungsspielräume kann eine Entscheidung zum gegenwärtigen Zeitpunkt lukrative Entscheidungsalternativen in der Zukunft verbauen, da die nötigen Ressourcen zu einem späteren Zeitpunkt nicht mehr zur Verfügung stehen oder falsche Ressourcen beschafft wurden. Die Bindungen bewirken, daß zwischen heutigen und künftigen Entscheidungen zeitlich vertikale Interdependenzen bestehen. Als Folge dieser Interdependenzen kann nicht mehr einer Einzelentscheidung, sondern nur noch der zeitlichen Abfolge von Entscheidungen ein Erfolgsbeitrag zugeordnet werden. Das Problem der Planung besteht damit eigentlich darin, den optimalen Vektor der Handlungen im Zeitablauf zu bestimmen.

Dieser zieladäquate Handlungsvektor läßt sich nur bestimmen, wenn im Zeitpunkt der Planung alle künftigen Handlungsalternativen und Daten vollständig bekannt sind. Ein Grundproblem der Planung besteht darin, daß dieser vollkommene Informationsstand grundsätzlich nicht zu erreichen ist. Ex ante läßt sich damit auch nicht der optimale Handlungsvektor bestimmen. Aus diesen Informationsdefiziten resultiert für die Planung die Forderung, mit einer Entscheidung möglichst wenig Bindungen für die Zukunft einzugehen, heutige Entscheidungen also so zu treffen, daß für die Zukunft ein noch möglichst großer Handlungsspielraum (Flexibilität) verbleibt.

Die vertikalen Interdependenzen zwischen heutigen und künftigen Handlungen haben eine statische und eine dynamische Dimension. Fällt zu einem Zeitpunkt eine Entscheidung für ein Investitionsobjekt, wird dadurch die qualitative und quantitative Kapazität folgender Teilperioden beeinflußt. Der mit einer Entscheidung erreichte Zustand hat Rückwirkungen auf die künftigen Entwicklungsmöglichkeiten der Zustandsgrößen. Heutige Entscheidungen haben damit Einfluß auf die Zustandsgrößen künftiger Perioden. Dies wird als dynamischer Aspekt des Flexibilitätsproblems bezeichnet. Es kommt darauf an, durch heutige Investitionsentscheidungen möglichst keine günstigen Entwicklungspfade der Zustandsgrößen in der Zukunft zu verbauen. Dieser Sachverhalt wird auch als Entwicklungsflexibilität[139] bezeichnet.

Die statische Dimension der Flexibilität betrifft die qualitative Komponente des für einen Entscheidungszeitpunkt geltenden Zustands. In t_0 sollen Investitionsentscheidungen so getroffen werden, daß sich ein Unternehmen mit seinem Produktionsprogramm an unerwartete Absatzentwicklungen anpassen kann. Werden in t_0 Spezialmaschinen beschafft, auf denen nur ein Produkt hergestellt werden kann, existiert keine Flexibilität, sich an Nachfrageverschiebungen anzupassen. Die statische Dimension der Flexibilität wird auch als Bestandsflexibilität[140] bezeichnet. Ein erreichter Zustand des Systems soll einen möglichst großen Anpassungsspielraum erlauben. Während es bei der dynamischen Dimension der Flexibilität

139 Vgl. Jacob (1974), S. 323.

140 Vgl. Jacob (1974), S. 322.

um die künftigen weiteren Entwicklungsmöglichkeiten der Zustandsgrößen geht, betrachtet die statische Sicht den Handlungsspielraum, den eine gegebene Zustandsgröße erlaubt.

Beide Dimensionen der Flexibilität lassen sich nicht voneinander trennen; denn mit jeder Entscheidung ergibt sich gleichzeitig eine Rückwirkung auf die Bestandsflexibilität und auf die Potentialentwicklungsmöglichkeiten in künftigen Perioden. Beide Dimensionen des Problems müssen daher auch gleichzeitig beurteilt werden.

Der Begriff Flexibilität wird in der Literatur noch in einem zweiten Sinne benutzt. Flexibilität im zweiten Sinne beschreibt nicht die durch eine Entscheidung verbleibenden künftigen Handlungsspielräume, sondern bezieht sich auf die mögliche Anpassungsgeschwindigkeit. In diesem Sinne ist eine Produktionsanlage flexibler als eine zweite, wenn sie eine schnellere Umstellung der Produktionsbedingungen auf neue Produkte erlaubt. Die beiden skizzierten Flexibilitätsbegriffe sind allerdings nicht völlig unabhängig voneinander. Verfügt ein Betrieb über eine sehr inflexible Produktionsanlage im ersten Sinne, auf der stets nur ein Produkt mit gleichbleibender Produktionsintensität produziert werden kann, führt diese Inflexibilität bei Absatzschwankungen u.U. zu hohen Fertigwarenbeständen. Der Anpassungszeitbedarf für den Abbau derartiger Bestände hängt nachhaltig von der Höhe der Bestände, also vom erreichten Systemzustand ab. Wäre die Anlage in der Produktionsflexibilität nicht derart eingeschränkt, ließen sich durch Produktionsanpassungen geringere Lagerbestände erreichen, die auch schneller abgebaut werden könnten. Die mögliche Geschwindigkeit, um von einem auf einen anderen Zustand überzugehen, ist vom Ausmaß der Flexibilität der ersten Art mit abhängig.

Bei der Flexibilität im zweiten Sinne ist häufig auch ein organisatorischer Bezug vorhanden. Beispielsweise werden Organisationen als flexibel bezeichnet, die kurzfristige Anpassungen an Kundenwünsche erlauben. Kurze Durchlaufzeiten von Aufträgen, kurze Abwicklungszeiten oder kurze Entwicklungszeiten für neue Produkte werden damit als Ausdruck von Flexibilität gewertet. Flexibilitätspolitik bezieht sich in dieser Definition darauf, Maschinenkonzepte oder Organisationsformen zu schaffen, die es einem Unternehmen erlauben, schnell auf Kundenwünsche zu reagieren.

Die betriebswirtschaftliche Literatur kennt noch einen dritten Flexibilitätsbegriff: Die Reaktion der Kosten oder des Gewinns auf Anpassungsmaßnahmen im Sinne der ersten oder zweiten Flexibilitätsdefinition. Von zwei funktionsgleichen Produktionsanlagen ist in diesem dritten Sinne jene als flexibler einzustufen, bei der sich die Kosten pro Stück bei variierender Ausbringungsmenge weniger stark verändern. Führt eine Veränderung der Ausbringungsmenge zweier funktionsgleicher Anlagen dazu, daß die Kosten pro Stück zunächst sinken, um ab einer bestimmten Menge wieder zu steigen, wird jenes Aggregat als flexibler im dritten Sinne bezeichnet, das eine flachere u-förmige Kostenkurve aufweist. Der dritte Flexibilitätsbegriff setzt Produktionsanlagen voraus, die flexibel im Sinne der ersten oder zweiten Definition sind. Die dritte Definition beschreibt allein die Auswirkungen von Handlungsspielräumen oder Anpassungsgeschwindigkeiten auf die Maßgrößen des Erfolges (Kosten oder Gewinne). Diese dritte Form der Flexibilität wird häufig zur Flexibilitätsmessung benutzt. Bestimmt wird ein Maß, das die Reaktion einer Zielgröße wie Gewinn oder Kosten auf Veränderungen der Produktionsmenge erfaßt.

Die Vielgestaltigkeit des Flexibilitätsbegriffs erschwert die Auseinandersetzung mit diesem Begriff, weil sich hinter dem gleichen Begriff sehr unterschiedliche Sichtweisen verbergen können. In der folgenden Diskussion soll im wesentlichen der erste Flexibilitätsbegriff eingehender betrachtet werden. Bei diesem Flexibilitätsbegriff liegt ein sehr enger Zusammenhang zum Problem zeitlich offener Entscheidungsfelder vor. Flexibilitätsplanung kann als spezielle Ausprägung einer Planung in zeitlich offenen Entscheidungsfeldern interpretiert werden[141]. Auf den dritten Flexibilitätsbegriff wird im Abschnitt 4.2.4.1.4 über Flexibilitätsmessung eingegangen.

4.2.4.1.2 Das Prinzip der Flexibilitätsplanung

In diesem Abschnitt wird Flexibilität stets im Sinne der ersten Definition des Abschnittes 4.2.4.1.1 benutzt.

Planung findet real immer in einem Zustand unvollkommener Information statt. Beispielsweise kennt der Entscheidungsträger in einem Entscheidungszeitpunkt nicht alle künftig geltenden Datensituationen oder Handlungsalternativen. Die Unvollkommenheit des Informationsstandes erlaubt es daher nicht, im Hinblick auf die Zielsetzung ex ante optimale Handlungsfolgen im Zeitablauf zu bestimmen; denn aus informationstheoretischen Gründen ist es unmöglich, jene zeitlich vertikalen Interdependenzen in der heutigen Planung zu berücksichtigen, die ihre Ursache in heute noch nicht bekannten Handlungsalternativen oder Datensituationen haben. Bei derartigen zeitlich offenen Entscheidungsfeldern können heutige Entscheidungsalternativen nur unvollkommen im Hinblick auf ihre langfristige Erfolgswirkung bewertet werden, weil die Abschätzung der positiven oder negativen Auswirkungen auf die künftige Zustandsfolge des Unternehmens nicht oder nur unvollkommen gelingt.

Die aus heutigen Entscheidungen folgenden Bindungen bzw. Einengungen künftiger Entscheidungsfelder zwingen bei unvollkommenem Informationsstand in der heutigen Planung zu Flexibilitätsüberlegungen. Derartige Flexibilitätsplanungen können vorsehen, eine Entscheidungsalternative durch zwei Zielgrößen zu beschreiben. Zum einen soll eine Entscheidung bei einer für die Zukunft erwarteten Datenentwicklung im Hinblick auf den Gewinn oder die Kosten beurteilt werden. Zusätzlich wird ein zweites Beurteilungskriterium eingeführt, das das Flexibilitätspotential angibt, wenn die Entwicklung der Daten anders verläuft. Eine Investitionsentscheidung kann durch den Erfolgsbeitrag bei einer erwarteten Absatzentwicklung und das Ausmaß der Gewinnänderung als Ausdruck der Flexibilität bei möglichen Absatzschwankungen beschrieben werden.

Das Prinzip der Flexibilitätsplanung besteht nun darin, sich durch heutige Entscheidungen möglichst keine künftigen Erfolgspotentiale zu verbauen. Die Flexibilitätsplanung soll für künftige Entscheidungen ausreichend Handlungsspielräume belassen. Sie steht dabei grundsätzlich vor folgender Schwierigkeit: Durch Schaffung von Flexibilität verzichtet ein Unternehmen heute bei der erwarteten Absatzentwicklung auf Erfolg. Entscheidet sich ein Unternehmen dafür, anstelle eines Spezialaggregates ein teureres, aber flexibleres Universalag-

141 Vgl. Abschnitt 1.1.4.6.

gregat zu beschaffen, verzichtet es damit in der erwarteten Datenentwicklung auf Gewinn, verfügt aber über eine Betriebsmittelausstattung, die sich an mögliche künftige Marktveränderungen besser anpassen läßt. Flexibilität verursacht damit kurzfristig gesehen „Kosten" bzw. führt zu „Gewinnverzicht" in den erwarteten Datensituationen. Die flexiblere Anlage erlaubt es bei Änderungen der Daten, sich so anzupassen, daß langfristig u.U. ein höherer Gewinn erzielt werden kann als bei der weniger flexiblen Anlage. Zwischen den Zielen Gewinn in den erwarteten Datensituationen und Flexibilität besteht damit generell ein Zielkonflikt. Flexibilität verspricht über die Anpassungsfähigkeit langfristig höhere Erfolge, wenn die Marktentwicklung Anpassungen erzwingt.

Das grundsätzliche Problem der Flexibilitätsplanung besteht darin, heutige und künftige Erfolgspotentiale abzuwägen. Der heutige Verzicht auf Gewinn kann nur sinnvoll sein, wenn die höhere Flexibilität künftig auch erfolgreich umgesetzt werden kann. Flexibilität ist damit kein Selbstzweck. Kernpunkt jeder Flexibilitätsplanung ist also die Frage, welches Ausmaß an Flexibilität künftig benötigt wird, um erfolgreich am Markt bestehen zu können.

Für die Flexibilitätsdiskussion sind zwei Fälle von „Unsicherheit" im weiteren Sinne über die künftige Entwicklung zu unterscheiden:

- Es wird vereinfachend ein geschlossenes Entscheidungsfeld unterstellt. Der Planende kennt die Menge aller künftig möglichen Datensituationen und Entscheidungsalternativen; er ist damit über den denkbaren Anpassungsbedarf informiert. Diese Prämisse liegt beispielsweise auch der flexiblen Planung zugrunde, die davon ausgeht, daß alle künftigen Datensituationen aber auch alle Handlungsmöglichkeiten bereits im Planungszeitpunkt abschließend bekannt sind. Auch alle aus der Literatur bekannten Flexibilitätsmaße gehen letztlich von dieser vereinfachenden Sicht aus. Dieses Vorgehen unterstellt eine eingeschränkte „Unsicherheit" über das künftige Entscheidungsfeld. In der Flexibilitätspolitik muß sich der Entscheidungsträger *nur* auf die bekannte Spannweite der Datenentwicklungen einstellen. In diesem Falle lassen sich aus der Spannweite der erwarteten Datensituationen Flexibilitätsanforderungen ableiten. Gegenstand der Flexibilitätspolitik kann es sein, die Flexibilität möglichst gut auf diese Anforderungen hin abzustimmen.

- Die Analyse geht von einem offenen Entscheidungsfeld aus. In diesem Falle ist das Ausmaß künftiger Veränderungen des Entscheidungsfeldes (Daten, Variable) derzeit noch unbekannt. Den Flexibilitätsüberlegungen liegt ein erweiterter Unsicherheitsbegriff zugrunde, bzw. der Informationsstand ist noch schwächer als bei einem geschlossenen Entscheidungsfeld. Als Folge dieses noch unvollkommeneren Informationsstandes sieht sich der Planende nicht mehr in der Lage, Aussagen über den künftigen Flexibilitätsbedarf zu machen. Da der Entscheidende in dieser Situation keine abschließenden Informationen über die künftige Veränderung des Entscheidungsfeldes hat, fragt es sich, wie seine allgemeinen Erwartungen über die Dynamik des Entscheidungsfeldes in die Entscheidungsfindung einbezogen werden können. Auf jeden Fall ist es in dieser Situation nicht sinnvoll, die mögliche Dynamik einfach aus der Planung auszuklammern, da keine ausreichenden Kenntnisse über Variable und Daten zu erlangen sind. Die Planungsüberlegungen müssen vielmehr - wie im Kapitel über offene Entscheidungsfelder diskutiert - erweitert werden[142].

Aus den vertikalen Interdependenzen und den Unvollkommenheiten im Informationsstand resultiert die Forderung, heutige Entscheidungen so zu treffen, daß dadurch die künftigen Handlungsmöglichkeiten möglichst wenig eingeschränkt werden, bzw. Entscheidungen zu suchen, die sich an künftig denkbare Veränderungen des Entscheidungsfeldes gut - d.h. ohne gravierende negative Erfolgswirkungen - anpassen lassen. Flexibilitätspolitik ist damit Risikovorsorge. Durch Flexibilitätsplanung soll das auf heutige Entscheidungen zurückgehende künftige Risiko eingedämmt werden. Das grundsätzliche Problem der Flexibilitätspolitik besteht darin, wie diese allgemeine Forderung operationalisiert werden kann. Die betriebswirtschaftliche Literatur zur Flexibilitätspolitik hat derartige Überlegungen zur Operationalisierung nicht angestellt; sie ist daher im Grunde auch nicht über die Formulierung eines Meta-Entscheidungsproblems hinausgekommen.

Eine Operationalisierung bereitet Probleme, da Flexibilität keine eindimensionale Größe ist. Flexibilität kann sich auf sehr unterschiedliche Bereiche und Dimensionen beziehen. Flexibilität des Programms, Flexibilität der Finanzpotentiale oder flexible Einsatzmöglichkeiten von Maschinen und Personal kennzeichnen die Breite des Flexibilitätsbegriffs. Flexibilität kann sich auf die Inputseite des „Produktionsprozesses", auf den Produktionsprozeß selbst, d.h. auf den Ablauf der Produktion, oder den Produktionsoutput beziehen. Kann ein Betrieb für die Produktion auf alternative, in der Funktion gleiche Rohstoffe zurückgreifen, ist Inputflexibilität gegeben. Liegt der Produktionsablauf eines Erzeugnisses nicht starr fest, sondern kann zwischen verschiedenen Abläufen oder Arbeitsplänen gewählt werden (Durchlauffreiheit), bezieht sich Flexibilität auf den Produktionsdurchsatz. Die Outputseite ist angesprochen, wenn die Programmzusammensetzung im Zeitablauf stark verändert werden kann. Diese drei Dimensionen des Flexibilitätsbegriffs sind nicht unabhängig voneinander zu sehen, da jede Art der Produktion immer eine spezielle Kombination aus Input, Durchsatz und Output ist. Die einzelnen Flexibilitäten stehen daher in einem inneren Zusammenhang.

Der allgemeine Ausdruck „Flexibilität" müßte daher für eine Operationalisierung durch einen Vektor von Teilflexibilitäten beschrieben werden. Gegenstand der Flexibilitätsplanung ist es dann, die Teilflexibilitäten mit dem jeweiligen Anpassungsbedarf abzustimmen. Flexibilitätsplanung ist damit ein mehrdimensionales Problem, das insbesondere dadurch erschwert wird, daß nur unzureichende Möglichkeiten zur Quantifizierung des Anpassungsbedarfs bestehen. Die Einschätzung des Anpassungsbedarfs hängt vielmehr von subjektiven Erwartungen und vom Risikobewußtsein des Planenden ab.

Der Gegenstand der Flexibilitätsplanung wird häufig einschränkend darin gesehen, die Flexibilitätspotentiale auf die Flexibilitätsanforderungen abzustimmen. Diese Sichtweise des Problems ist gefährlich, da von der irrigen Auffassung ausgegangen wird, daß grundsätzlich die Potentiale an die Anforderungen anzupassen sind. Es wird nicht hinterfragt, ob die Anforderungen überhaupt sinnvoll sind. Werden die Flexibilitätspotentiale erhöht, verbessert

142 Vgl. Abschnitt 1.1.4.6.

sich zwar die Aktionsfähigkeit der Unternehmen am Markt; Unternehmen können unterschiedlichen Kundenwünschen u.U. sogar schnell entsprechen. Es bleibt aber die Frage offen, ob sich die höhere Flexibilität langfristig für das Unternehmen auch auszahlt. Flexibilität ist nur sinnvoll, wenn durch sie langfristig die Erfolgssituation oder die Überlebensfähigkeit eines Unternehmens verbessert wird. Eine ständige Erhöhung der Flexibilität ohne Rücksicht auf den langfristigen Erfolg treibt Unternehmen in die Flexibilitätsfalle. Die steigende Flexibilität führt langfristig zu einer verschlechterten Ertragslage, da die kurzfristigen Kosten der Flexibilität stärker anwachsen als die langfristigen Erfolge durch erhöhte Anpassungsfähigkeit. Aufgabe der Flexibilitätsplanung ist es eigentlich, gerade diese Situation zu vermeiden. Aufgabe der Flexibilitätspolitik muß es daher insbesondere sein, die Sinnhaftigkeit vermeintlicher Flexibilitätsanforderungen in Frage zu stellen. Anders formuliert können Kosten der Flexibilität reduziert werden, wenn die Flexibilitätsanforderungen auf ein vertretbares Maß zurückgeschraubt werden.

Die Frage nach dem sinnvollen oder „optimalen" Grad an Flexibilität ist nur zu beantworten, wenn der Entscheidungsträger eine Vorstellung über künftige Marktentwicklungen besitzt. Er muß abschätzen können, in welchem Ausmaß Mengenveränderungen zu erwarten sind oder welche Produkte mit welchen grundsätzlichen Anforderungen an die Produktionstechnik künftig im Programm sein werden. Zum anderen muß der Entscheidungsträger aber auch Nutzen und Kosten der Flexibilität abwägen können. Theoretisch ist die Flexibilität „optimiert", wenn der heutige Verzicht auf Gewinn durch die künftige Verbesserung der Gewinnlage durch verbesserte Anpassungsfähigkeit gerade aufgewogen wird. Dieses Metaplanungsproblem ist aus informationstheoretischer Sicht grundsätzlich unlösbar. Es wäre nur zu lösen, wenn bekannt wäre, welche Daten und Handlungsalternativen künftig anzutreffen sind. Ein vollkommener Informationsstand ist aber generell nicht zu erreichen. Flexibilitätsplanung ist damit generell ein stark strukturdefektes Planungsproblem, zu dessen „Lösung" nur auf qualitative Planungsverfahren oder heuristische Konzepte zurückgegriffen werden kann.

Flexibilitätspolitik kann grundsätzlich nach zwei Denkrichtungen betrieben werden. Die erste Denkrichtung zielt darauf ab, die Potentiale zu vergrößern, d.h. den Umfang an Flexibilität zu erhöhen. Die zweite Denkrichtung ist bestrebt, den Flexibilitätsbedarf zu verringern. Ein Unternehmen kann sich u.U. eine geringere Flexibilität leisten, wenn es ihm gelingt, sich gegen Inflexibilitäten durch Beschränkung der Spannweite künftiger Datensituationen abzusichern.

Bei der ersten Denkrichtung bestehen grundsätzlich drei Möglichkeiten, Flexibilitätspolitik zu instrumentalisieren:

- Es wird versucht, die zeitlich vertikalen Kopplungen abzubauen. Das ist der Fall, wenn Verträge mit Rücknahmeklauseln abgeschlossen werden. Beispielsweise gibt ein Unternehmen ein Investitionsobjekt zurück, wenn eine unerwartet schlechte Datensituation eintritt. Der gleiche Effekt tritt auf, wenn Investitionen durch Leasing mit kürzeren Bindungsdauern substituiert werden. In diesem Fall wird eine mit Risiken behaftete Kapitalbindung abgebaut.

- Heute werden nur die Entscheidungen getroffen, die sich nicht in die Zukunft verschieben lassen. Definitiv festgelegt werden folglich nur Investitionsentscheidungen für das erste Jahr des Planungszeitraums. Entscheidungen in späteren Perioden werden dabei grundsätzlich beachtet; sie haben aber keinen bindenden Charakter. Dieses Prinzip liegt der flexiblen Planung zugrunde. Bei ihr werden zum heutigen Zeitpunkt für die Zukunft nur bedingte Entscheidungen getroffen. Welche dieser Entscheidungen realisiert wird, hängt davon ab, welche Bedingungen (Datensituationen) künftig gelten.

- Die heutigen, nicht verschiebbaren Entscheidungen werden auch nach dem Gesichtspunkt der Anpassungsfähigkeit der Strategien an künftig denkbare Veränderungen des Entscheidungsfeldes getroffen. Dieses Flexibilitätsprinzip findet Anwendung, wenn die heutige Planung für die Zukunft nicht auf einer einzigen Datenentwicklung aufbaut, sondern wenn alternative Szenarien in das Kalkül eingehen. Es kommt nicht darauf an, eine Strategie zu finden, die für *eine* denkbare Datenentwicklung optimal ist. Durch die Planung muß vielmehr transparent werden, wie sich die Erfolgssituation des Unternehmens bei einer Strategie verändert, wenn nicht die erwartete, sondern andere durchaus denkbare Situationen auftreten. Für eine Strategie sind zwei Bewertungsaspekte relevant: Von welchem Gewinn ist für die erwartete Datensituation auszugehen, und mit welchen Gewinnveränderungen ist zu rechnen, wenn eine andere als die ursprünglich erwartete Datenentwicklung eintritt?

Die zweite Denkrichtung zielt darauf ab, den Flexibilitätsbedarf zu verringern. Durch proaktive Unternehmenspolitik sollen die negativen Wirkungen, die von heutigen Entscheidungen auf künftige Zustände bzw. Handlungsspielräume ausgehen, reduziert werden. Ein Unternehmen nimmt bewußt Inflexibilitäten in Kauf, weil es deren negative Wirkungen abfangen kann. Einige Beispiele mögen diesen Zusammenhang verdeutlichen. Ein Unternehmen geht eine sehr teure Produktentwicklung ein; beispielsweise soll ein hoch integrierter Chip für eine neue Computergeneration entstehen. Durch die starke Kapitalbindung für diese Entwicklung beeinflußt das Unternehmen die Zustandsgröße „künftig noch verfügbare Finanzierungsmittel" zunächst negativ, und es schränkt damit seinen künftigen investitionspolitischen Spielraum stark ein. Verlangt der Markt später andere Chips, ist das Unternehmen nicht anpassungsfähig. Diesem Mangel kann es zu begegnen versuchen, indem mit den Abnehmern Optionsverträge ausgehandelt werden, die den Absatz des neuen Chips garantieren. Nur Nachfrager, die sich Optionen auf den neuen Baustein sichern, können künftig darüber verfügen. Den Inflexibilitäten durch hohe Fixkosten versucht das Unternehmen durch das Instrument fixer Erlöse zu begegnen. In entsprechender Weise könnten fixkostenintensive Unternehmen wie Theater, Hotels, Deutsche Bahn AG oder Krankenhäuser derartige Optionen - Abos, Hotelkontingente, Bahncard, Betten für Kostenträger im Gesundheitswesen - handeln. Das Risiko tragen zumindest z.T. die Optionsnehmer. Derartige Optionsgeschäfte können als eine Art von Versicherung gegen Inflexibilitäten interpretiert werden.

Die in der betriebswirtschaftlichen Literatur geführte Flexibilitätsdiskussion hat die Art der zu betreibenden Politik nie operationalisiert bzw. instrumentalisiert. Über allgemeine Prinzipien einer Flexibilitätspolitik und verschiedene Dimensionen flexibilitätspolitischer Maßnahmen ist die Diskussion nie hinausgekommen. Im Grunde sind die Vorgehensweisen, die im Zusammenhang mit der Diskussion zeitlich offener Entscheidungsfelder[143] in diesem Buch beschrieben wurden, nichts anderes als ein Versuch einer teilweisen Operationalisierung flexibilitätspolitischer Überlegungen. Das heißt, dort sind Instrumente beschrieben, die es erlauben, die Wirkungen heutiger Entscheidungen auf künftige Zustände und Handlungsmöglichkeiten dem Prinzip nach zu erfassen. Das Problem dieser Operationalisierungsversuche besteht darin, für Lenkpreise oder Restriktionen zur indirekten Erfassung der vertikalen Interdependenzen ein sinnvolles, aus der Entscheidungssituation heraus begründbares Niveau vorzugeben. Da der Entscheidungsträger über die Zukunft bestenfalls subjektive Erwartungen hat, läßt sich der Versuch, das Flexibilitätsproblem über Bewertungsgrößen oder Restriktionen zu erfassen, nicht objektivieren. Der Operationalisierungsversuch ist damit letztendlich allgemeinen, theoretischen Überlegungen kaum zugänglich.

Das soll an einem bewußt vereinfachenden Beispiel verdeutlicht werden. Einem 20-jährigen wird ein finanzielles Lebensbudget in Höhe von 1 Mio. DM zur Verfügung gestellt. Von diesem Geld, eventuell einschließlich der Zinsen aus Finanzanlagen, muß er während seines ganzen Lebens alle anfallenden Ausgaben für Ernährung, Kleidung, Wohnung, Gesundheit usw. bestreiten. Wenn sein Finanzbudget erschöpft ist, sind seine Lebensgrundlagen verbraucht, da ihm keiner helfen wird. Der junge Mann steht vor dem Problem, seine Ressourcen in einem zeitlich offenen Entscheidungsfeld einzuteilen. Er kennt die Länge des Planungszeitraums nicht, und er kennt auch seine künftigen Handlungsnotwendigkeiten (erforderliche Kosten für Krankheit) nicht oder nur unvollkommen. Eine Versicherung gegen unschöne Dinge des Lebens wie Krankheit oder Armut gibt es nicht. Für ein Problem dieser Art gibt es keine theoretisch richtige Lösung. Die Grundrichtung der zeitlichen Ressourcenverteilung wird vom Grundmuster der Lebensphilosophie des jungen Mannes bestimmt. Der Vabanquespieler wird auf den Verbrauch in der Jugend setzen und große Teile der Ressourcen in jungen Jahren verbrauchen. Er hinterläßt für spätere Jahre einen schlechten Finanzzustand. Unter Umständen verdrängt er die späteren Folgen seines heutigen Tuns. Trotz dieser wenig vernünftigen Verhaltensweise kann der junge Mann 90 Jahre alt werden, wenn er von Krankheiten verschont bleibt und im Alter zwangsweise bescheiden lebt. Ein Zweiter ist sich in der Jugend bewußt, daß die hohen Krankheitskosten mit großer Wahrscheinlichkeit erst im Alter anfallen. Sein Bestreben wird es sein, in der Ausgabenpolitik Zurückhaltung zu üben, um im Alter genügend Mittel für Gesundheitsausgaben zu haben. Trotz dieser scheinbar vernünftigen Ausgabenhaltung kann er im Alter von 40 Jahren durch eine unheilbare Krankheit dahingerafft werden, und seine Erben freuen sich über die ihnen hinterlassene finanzielle Zustandsgröße.

Das Beispiel zeigt sehr deutlich, daß es auf die Einschätzung des künftigen finanziellen Bedarfs ankommt. Der Risikoscheuere wird ihn eher großzügig bemessen und sich in den ersten Jahren in der Ausgabenpolitik beschränken. Der risikofreudigere Vabanquespieler schätzt den künftigen Flexibilitätsbedarf viel geringer ein und kann guten Finanzierungszuständen in der Zukunft nicht viel abgewinnen. Die Flexibilitätspolitik hängt folglich mit von der Risikofreude oder -scheu des Planenden ab; sie ist damit durch das psychologische Grundverhaltensmuster der Menschen geprägt. Eine wissenschaftliche Diskussion des Flexibilitätsproblems kann nur die Konsequenzen bestimmter Verhaltensmuster bei einem be-

143 Vgl. Abschnitt 1.1.4.6.

stimmten Satz künftiger Daten und Handlungen transparent machen. Sie kann aber keine allgemeinen, theoretisch richtigen Verhaltensempfehlungen geben. Hierin offenbart sich das grundsätzliche Dilemma der Flexibilitätsdiskussion: Die Planung bleibt im Unverbindlichen stecken, und sie spielt sich auf abstraktem, nicht operationalem Niveau ab.

4.2.4.1.3 Wirtschaftsdynamik und Flexibilitätspolitik

Die Flexibilitätsproblematik stellt sich insbesondere in Entscheidungssituationen mit sehr kurzem Planungshorizont und in Situationen mit starken, nicht vorhersehbaren Veränderungen. Diese Veränderungen können nachfragebedingt sein - Wandel der Kundenbedürfnisse - oder als Folge eines technischen Fortschritts auftreten. Für stationäre Verhältnisse (keine Veränderungen des Entscheidungsfeldes im Zeitablauf) erübrigen sich Flexibilitätsüberlegungen. Bei geringer Dynamik kommt Flexibilitätsüberlegungen nur nachrangige Bedeutung zu.

Arbeitet ein Unternehmen mit statischen Planungsmodellen, verzichtet es durch die Art der Modellbildung völlig darauf, vertikale Interdependenzen zu erfassen. Statische Modelle bilden die Dynamik überhaupt nicht ab, da diese Modelle keine Zustände bzw. Zustandsfolgen erfassen können. Folglich fließen in derartige Modelle Flexibilitätsüberlegungen grundsätzlich nicht ein.

Von geringerer Bedeutung ist das Flexibilitätsproblem in längerfristigen, dynamischen Modellen. Bei zeitlich geschlossenem Entscheidungsfeld mit unterstellter vollkommener Information bis zum Planungshorizont reduziert sich das Problem auf die Bewertung der am Planungshorizont hinterlassenen Zustandsgrößen; denn es sind nur die vertikalen Interdependenzen und Informationen des Zeitraums jenseits des Horizontes nicht erfaßt. Bei ausreichender Länge des Planungszeitraums sind die Entscheidungen, die sich auf die erste Teilperiode beziehen, stabil gegen Bewertungsdifferenzen am Planungshorizont, d.h., die vernachlässigten Interdependenzen sind für diesen Teil der Entscheidungen irrelevant. Dem Flexibilitätsproblem wird in diesem Fall weitgehend durch das Prinzip rollierender Planung entsprochen. Von den Planungsergebnissen einer mehrperiodigen Analyse werden nur die Teile realisiert, die sich auf die erste Teilperiode beziehen. Eine Periode später wird auf der Basis der erreichten Zustandsgrößen und eines verbesserten Informationsstandes über die Zukunft erneut geplant. Durch diesen Neuaufwurf der Planung erfolgt die Anpassung der Strategie an Datenänderungen automatisch.

Ist auch der Informationsstand bis zum Planungshorizont unvollkommen, erhöht sich das Ausmaß nicht erfaßter Interdependenzen. Besonders gravierend ist das Flexibilitätsproblem, wenn sich die Erwartungslage über künftig geltende Daten und Variable im Zeitablauf schnell verändert (hohe Dynamik). Entscheidungen können im Hinblick auf die ursprünglich erwartete Entwicklung des Entscheidungsfeldes ausreichend flexibel sein. Erst unerwartete Entwicklungen der Daten und Variablen lassen die Entscheidung nachträglich als nicht ausreichend flexibel erscheinen. Rollierende Planung ist zwar hilfreich, es kann aber sein, daß sich aufgrund der Veränderungen bereits die Entscheidungen für die erste Teilperiode als falsch herausstellen. Es besteht keine Möglichkeit mehr zu deren Korrektur.

Dem Problem der Flexibilitätsplanung kommt in der Realität hohe Bedeutung zu, wenn die Wirtschaftssituation durch geringe Stabilität gekennzeichnet ist. Bei hoher Dynamik besteht Planung nicht darin, bewährte Handlungskonzepte der Vergangenheit in die Zukunft fortzuschreiben. Hohe Dynamik verlangt höhere Anpassungsfähigkeit der Unternehmen. Damit gewinnt die Flexibilitätsplanung zentrale Bedeutung für das langfristige Überleben der Unternehmen. Flexibilität wird zum langfristigen Erfolgsfaktor eines Unternehmens. Die Flexibilitätsplanung muß sich dabei auf alle betrieblichen Bereiche beziehen. Sie muß sich auf den finanziellen Rahmen genauso erstrecken wie auf die personellen und maschinellen Potentiale. Zentraler Gegenstand der Flexibilitätsplanung ist auch die Entwicklung von Produkten mit möglichst breiten Einsatzfeldern. Insbesondere der Entwicklung von flexiblen Produktkonzepten, von denen möglichst keine langfristigen Bindungen ausgehen, kommt ein hoher Stellenwert zu. Beispielsweise ist die Firma Minolta[144] auch aus Flexibilitätsgründen davon abgerückt, immer neue Einzelprodukte auf den Markt zu bringen. Sie geht statt dessen auf ein Baukastenprinzip über. Durch das Baukastenprinzip mit genormten Schnittstellen der Komponenten ist es später möglich, eine gekaufte Kamera durch neue, technisch verbesserte Bausteine nachzurüsten. Minolta bietet damit nicht ständig neue Kameras an, sondern entwickelt laufend Nachrüstungsoptionen, welche den Energieverbrauch, die Bedienerfreundlichkeit usw. verbessern.

4.2.4.1.4 Flexibilitätsmessung

Die Vielgestaltigkeit des Flexibilitätsbegriffs schlägt sich in der Literatur insbesondere in der Vielzahl von Ansätzen zur Messung der Flexibilität nieder.[145] Flexibilität wird einmal in Zeitdimensionen wie geringe Abwicklungszeit von Aufträgen, schnelle Reaktion auf Kundenwünsche oder kurze Zeiten zur Umrüstung von Produktionsapparaten gemessen. Flexibilität wird aber auch in der Zahl von unterschiedlichen Funktionen oder Produkten angegeben, die mit einer Anlage möglich sind. Beide Messungsarten - Zeit und Anzahl - sind nur vordergründig von ökonomischer Relevanz.[146] Unmittelbar von Bedeutung sind die Wirkungen auf die Zielsetzung des Wirtschaftens, beispielsweise Kosten oder Gewinne. Als flexibel werden Maschinen bezeichnet, bei denen die Kostenveränderung bei einer Änderung der Produktionsmenge relativ gering ist.

In der Literatur finden sich daher Maßgrößen für Flexibilität, die an Kosten- oder Gewinnänderungen anknüpfen. Jacob mißt die Flexibilität in Abhängigkeit von drei Erfolgsgrößen G_S^*, G_S und U_S. G_S^* entspricht dem höchsten in einer Datensituation S zu erzielenden Gewinn, wenn die Unternehmung vollständig auf diese Situation ausgerichtet wäre.[147] U_S bezeichnet den Erfolgswert, der sich ergäbe, wenn die Unternehmung sich überhaupt nicht an die Situation S anpassen könnte. G_S ist der tatsächlich mit der Alternative in der Datensitua-

144 Vgl Stahel (1994), S. 71.

145 Vgl. Jacob (1989), S. 25 ff; Marschak/Nelson (1962), S. 46 f.; Meffert (1985), S. 121 ff.

146 Meffert bezeichnet die zeitliche Dimension als Prozeß- und die Dimension der Anzahl als Aktionsflexibilität, vgl. Meffert, (1985), S. 125 f.

147 Vgl. Jacob (1989), S. 27.

tion S verknüpfte Erfolg. Die Flexibilität einer Alternative A in Situation S ergibt sich somit als:

$$F_{A,S} = 1 - \frac{G_S^* - G_S}{G_S^* - U_S}$$

Bei $G_S = G_S^*$, also der vollständigen Anpassungsfähigkeit an eine Datensituation, ergibt sich eine Flexibilität von eins. Aus $G_S = U_S$ resultiert hingegen eine Flexibilität von null.

Ein weiteres Flexibilitätsmaß geht auf Marschak und Nelson zurück.[148] Sie messen Flexibilität als Vergleichsmaß zwischen zwei Alternativen. Dabei ist eine Alternative A flexibler als Alternative B, wenn

- sie bei mindestens einer künftigen Datensituation einen unbegrenzt höheren Erfolgswert erzielt, während
- ihr Nachteil gegenüber Alternative B begrenzt ist.

Die Idee dieses Flexibilitätsmaßes soll an folgender Zeichnung verdeutlicht werden.

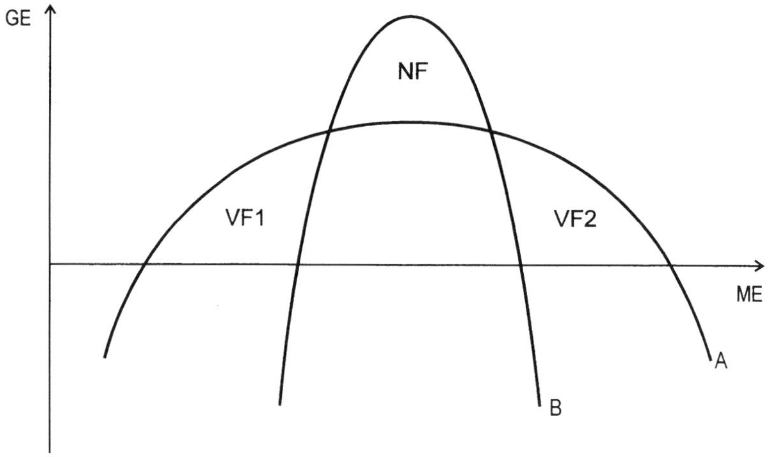

Abbildung 4-27

Dargestellt sind die Gewinnfunktionen der Alternativen A und B, wobei Alternative B zwar den höheren Maximalgewinn aufweist, aber A die flachere und breitere Gewinnfunktion besitzt. Nach dem Kriterium von Marschak/Nelson ist A flexibler als B, da dem begrenzten (endlichen) Nachteilsfeld NF die (prinzipiell) unendlichen Vorteilsfelder VF1 und VF2 gegenüberstehen.

148 Vgl. Marschak/Nelson (1962), S. 46 f.

Das grundsätzliche Problem dieser Flexibilitätsmaße liegt in ihrer nur begrenzten Tauglichkeit für das eigentliche Problem, das letztlich auf Unvollkommenheiten des Informationsstandes zurückzuführen ist. Sind künftige Daten oder Handlungsalternativen z.T. unbekannt, läßt sich das Flexibilitätsmaß von Jacob nicht mehr quantifizieren, da der theoretisch maximal erzielbare Erfolg G_S^* nicht mehr bestimmt werden kann. Auch das Maß von Marschak/Nelson weist diesen Mangel auf, da bei unvollkommenem Informationsstand über die Handlungsalternativen keine Erfolgsfunktionen für unbekannte Alternativen ermittelt werden können. Beide Maße haben damit den Nachteil, daß sie nur für ein bekanntes, abgeschlossenes Entscheidungsfeld berechnet werden können. Zudem erfassen beide Maße nicht den Effekt, daß bei vertikalen Interdependenzen nicht Einzelmaßnahmen sondern nur Handlungsketten Erfolge zugeordnet werden können.

4.2.4.2 Flexible Planung contra starre Planung

Bei mehrperiodigen, dynamischen Entscheidungsproblemen kann sich ein Entscheidungsträger auf die Datenunsicherheit auch durch ein verändertes Entscheidungsverhalten einstellen. Bei mehrperiodigen Entscheidungen kann generell zwischen zwei Planungsprinzipien gewählt werden:

- Trotz Unsicherheit über die künftigen Daten legt ein Entscheidungsträger bereits im Kalkulationszeitpunkt auf der Basis seines derzeitigen Wissens in einem einstufigen Entscheidungsprozeß fest, wie er sich in künftigen Perioden verhalten will. Dieses Vorgehen wird als starre Planung bezeichnet.

- Flexibel heißt eine Planungsmethode, die zeitlich aufeinanderfolgende, zusammenhängende Entscheidungen nicht als einstufige, sondern als mehrstufige Entscheidungen auffaßt und diesem Umstand durch bedingte Entscheidungen für die in der Zukunft liegenden Stufen des Entscheidungsproblems Rechnung trägt.[149] Eine flexible Planungsmethode legt somit zum Planungszeitpunkt nicht fest, was in künftigen Perioden zu geschehen hat; vielmehr werden für mögliche künftige Datensituationen lediglich optimale Eventualpläne aufgestellt. Eine bindende Entscheidung für einen dieser Pläne erfolgt erst, wenn bessere Informationen über den Eintritt der Datensituationen vorliegen. Wenn möglich, wird die Entscheidung für einen dieser Eventualpläne so lange hinausgezögert, bis bestimmte Daten eingetreten sind. Bei einer flexiblen Planung hält sich ein Unternehmen mithin noch Entscheidungsfreiheiten für die Zukunft offen.

Der Unterschied zwischen starrer und flexibler Planung besteht nicht etwa darin, daß bei einer mehrperiodigen starren Planung im Planungszeitpunkt die tatsächlich auszuführenden Maßnahmen für alle künftigen Teilperioden endgültig festgelegt werden, während bei einer flexiblen Planung die aufschiebbaren Entscheidungen jeweils erst getroffen werden, wenn genauere Informationen vorliegen. Eine derartige starre Planung wäre unsinnig; ein Vorteilhaftigkeitsvergleich müßte immer zugunsten der flexiblen Planung ausfallen.[150] Tatsächlich

---

149 Vgl. Hax (1985), S. 165 f.; Born (1976), S. 85 - 90.

150 Vgl. auch Jacob (1974), S. 438.

werden auch bei einer mehrperiodigen starren Planung immer nur diejenigen Teile des Plans realisiert, die sich auf die jeweils folgende Teilperiode beziehen. Am Ende der folgenden Teilperiode wird nach dem Prinzip überlappender Planung von neuem ein starrer Plan entwickelt. Nur die sich auf die dazugehörige erste Teilperiode beziehenden Entscheidungen werden wiederum tatsächlich ausgeführt. Der Unterschied zwischen starrer und flexibler Planung liegt vielmehr darin, daß bei einer flexiblen Planung die für künftige Datensituationen möglichen bedingten Verhaltensweisen explizit formuliert und im Kalkül berücksichtigt werden, während eine starre Planung von dieser Art von Handlungsalternative generell abstrahiert. Eine starre Planung erfaßt damit grundsätzlich weniger Handlungsalternativen als eine flexible Planung. Als Folge des bei starrer Planung eingeschränkten Entscheidungsfeldes kann sich für die erste Teilperiode eine andere Entscheidung als optimal erweisen als bei flexibler Planung der Folgeaktionen. Diese „Fehlentscheidung" als Folge des starren Planungsprinzips ist auch durch einen rollierenden Planungsmodus nicht mehr zu korrigieren.

Eine flexible Planung ist generell sachlich richtiger als eine starre Planung, da sie von einem umfassenderen Entscheidungsfeld ausgeht. Die verbesserte Planungsgenauigkeit wird durch eine starke Ausweitung der zu berücksichtigenden Strategien erkauft; denn für jede Kombination zukünftiger Datensituationen müssen die bedingten Strategien formuliert und die optimalen Eventualpläne berechnet werden.[151] Durch die Vielzahl möglicher Eventualstrategien steigt der Planungsaufwand sehr schnell in nicht mehr beherrschbare Größenordnungen an. Das Prinzip flexibler Planung bietet sich in der Realität daher grundsätzlich nur an, wenn die Zahl bedingter Strategien durch Vorüberlegungen klein gehalten werden kann. Weil in realen Entscheidungssituationen - viele alternative Datensituationen und eine große Anzahl von Teilperioden - eine sehr große Zahl bedingter Strategien existiert, ist die flexible Planung wegen des ungewöhnlich großen Rechenaufwands kaum mehr zu handhaben. Flexible Planung ist mehr ein Denkprinzip als ein für praktische Planungsprobleme zu empfehlendes Planungsverfahren.

Ein Beispiel soll das Prinzip flexibler und starrer Planung verdeutlichen.

Die Produktionsabteilung eines Unternehmens stellt ein Erzeugnis mit variablen Kosten von 7 DM je Stück her. Die monatliche Maximalproduktion beträgt 400 Stück. Am letzten Tag vor Beginn des Planungsmonats liegen folgende Informationen über die Auftragslage vor:

- Nachfrager A möchte bis zum Monatsende 400 Stück zum Preis von 12 DM/Stück beziehen; die Entscheidung über Annahme oder Ablehnung dieses Auftrages müßte sofort - Zeitpunkt t_0 - erfolgen.
- Nachfrager B möchte bis Monatsende 200 Stück zum Preis von 11,40 DM/Stück beziehen; die Entscheidung über Annahme oder Ablehnung dieses Auftrages müßte ebenfalls sofort erfolgen.
- Nachfrager C möchte bis Monatsende 200 Stück zum Preis von 11,90 DM/Stück kaufen; die Entscheidung über Annahme oder Ablehnung dieses Auftrages müßte bis zum 5. des Planungsmonats - Zeitpunkt t_1 - getroffen werden.

151 Vgl. auch Jacob (1974), S. 518 ff., insbesondere S. 520 ff.

- Mit Nachfrager D wird von der Verkaufsabteilung noch über den Preis eines 200-Stück-Auftrages (lieferbar bis zum Monatsende) verhandelt. Der Einfachheit halber sei angenommen, daß bei Fortsetzung von Verhandlungen nur eine Preisvereinbarung von 15 DM/Stück oder von 10 DM/Stück in Betracht zu ziehen ist. Welches Verhandlungsergebnis letztlich erreicht wird, ist noch unsicher und wird auch am 5. des Monats noch nicht genau feststehen; die Prognosemöglichkeiten werden aber besser sein.

  - Ergibt sich bis zu dem angegebenen Zeitpunkt ein positiver Verlauf der Verhandlungen, kann mit 90%-iger Wahrscheinlichkeit mit einer Einigung auf 15 DM gerechnet werden, während die Wahrscheinlichkeit, daß es trotz des bis dahin guten Verhandlungsverlaufs noch zu einem Preis von 10 DM kommt, nur noch mit 10% anzusetzen ist.

  - Bei einem schlechten Verhandlungsverlauf bis zum 5. ist von den entgegengesetzten Wahrscheinlichkeiten auszugehen.

Die Aussichten für einen guten oder schlechten Verhandlungsverlauf werden im Planungszeitpunkt mit 50:50 eingeschätzt. Als Zielfunktion sei die Maximierung des erwarteten Deckungsbeitrags unterstellt. Auswirkungen der gegenwärtigen Auftragspolitik auf die Auftragslage in späteren Perioden können vernachlässigt werden.

Erster Schritt zur Lösung des skizzierten Entscheidungsproblems ist die übersichtliche Darstellung der Umweltbedingungen in einem Zustandsbaum. Beim Zustandsbaum werden die für das Entscheidungsproblem relevanten Umweltentwicklungen zusammengefaßt und mit Eintrittswahrscheinlichkeiten versehen.

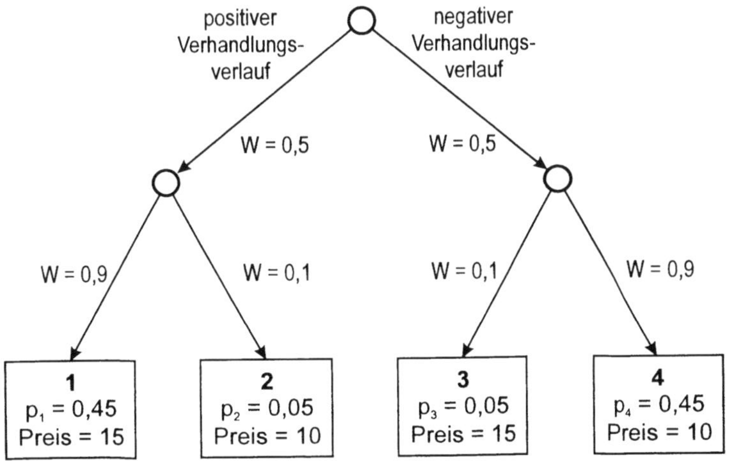

Abbildung 4-28

Denkbar sind vier alternative Datensituationen. Beispielsweise kann es zu einem positiven Verhandlungsverlauf - Wahrscheinlichkeit 0,5 - kommen, und es trifft ein Preis von 15 DM zu - Wahrscheinlichkeit 0,9. Diese Datensituation hat eine Wahrscheinlichkeit von $p_1 = 0{,}5 \cdot 0{,}9 = 0{,}45$.

Um einen vollständigen Überblick über die möglichen Entscheidungen zu bekommen, werden in einem zweiten Schritt die Erkenntnisse aus dem Zustandsbaum gemeinsam mit den möglichen Aktionen des Entscheidenden in einem Entscheidungsbaum dargestellt. Der Entscheidungsbaum enthält die autonomen Umweltzustände aus dem Zustandsbaum mit ihren Eintrittswahrscheinlichkeiten und außerdem die Handlungsmöglichkeiten des Entscheidenden.

Die rechteckigen Knoten im Entscheidungsbaum in Abbildung 4-29 repräsentieren mögliche Daten (Art des Verhandlungsverlaufs, Preishöhe). Von jedem rechteckigen Knoten gehen bis zu drei Aktionskanten aus. Jede dieser Kanten determiniert eine Entscheidung über einen Auftrag. Zwei oder mehr Aktionskanten gehören immer zu einer Entscheidungssituation, wenn eine Entscheidung über mehrere Aufträge zu treffen ist. Jede Aktionskante führt in einen kreisförmigen Knoten. Von diesen Knoten führen mit Wahrscheinlichkeiten versehene Kanten zu den Datensituationen der jeweils folgenden Periode.

Um den Entscheidungsbaum nicht zu unübersichtlich werden zu lassen, muß vorweg überlegt werden, welche sinnvollen Aktionen in t_0 bzw. t_1 möglich sind. Da die Preise aller Aufträge über den variablen Kosten von 7 DM pro Stück liegen, werden von vornherein nur solche Strategien in Betracht gezogen, bei denen die gegebene Kapazität von 400 Stück voll ausgeschöpft wird.

Folgende Handlungsweisen sind demnach in den beiden Entscheidungszeitpunkten t_0 und t_1 sinnvoll:

Entscheidungen in t_0:

- (A): Nur Auftrag A annehmen, was angesichts der Kapazitätsrestriktion die Ablehnung von B und C und den Abbruch der Verhandlungen mit D bedeutet.
- (B,C): Die Aufträge B und C annehmen, was die Ablehnung von A sowie ebenfalls Verhandlungsabbruch mit D impliziert. Diese Alternative ist allerdings durch A dominiert, da der Preis von A höher ist als der von B und C. Die Strategie (B,C) braucht daher nicht in den Entscheidungsbaum aufgenommen zu werden.
- (B): Auftrag B annehmen und mit der Entscheidung zwischen C und D noch bis zum zweiten Entscheidungszeitpunkt (5. des Monats) warten.
- (C): Auftrag C schon in t_0 annehmen, was bei Verzicht auf A und B auf jeden Fall die spätere Annahme von D (unabhängig vom Verhandlungsergebnis) impliziert.

Entscheidungen in t_1:

- Wenn in t_0 (A) gewählt wurde, verbleibt kein Entscheidungsspielraum mehr. Wurde (C) gewählt, steht - obwohl natürlich weiter verhandelt wird - die Annahme des Auftrages D intern schon fest.

- Wenn in t_0 hingegen (B) gewählt wird, bestehen in t_1 die Handlungsmöglichkeiten:

  - (B,C): Es wird C zusätzlich angenommen, und die Verhandlungen mit D werden abgebrochen.

  - (B,D): Die Verhandlungen mit D sind auf jeden Fall fortzusetzen, und der Auftrag C wird abgelehnt.

Es ergibt sich der folgende Entscheidungsbaum:

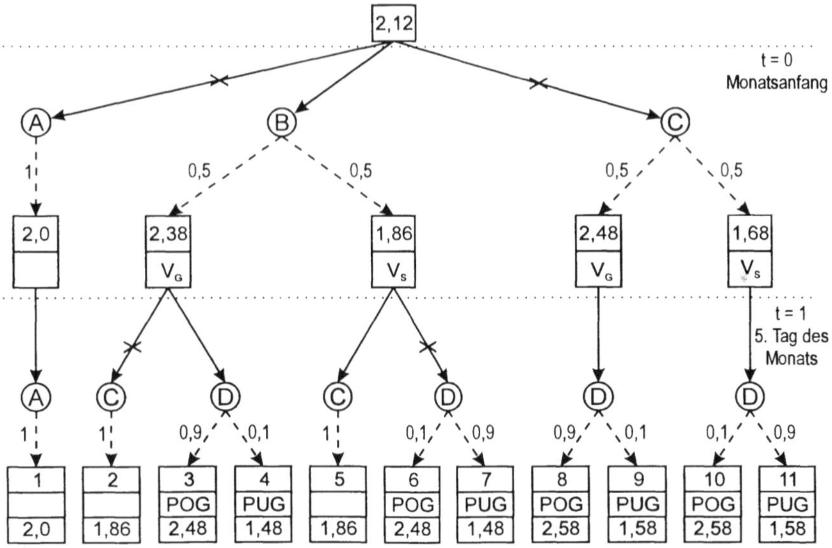

Abbildung 4-29

Für die weitere Analyse der Entscheidungssituation ist insbesondere von Interesse, welche Deckungsbeiträge mit den verschiedenen Endpunkten des Entscheidungsbaums verbunden sind. Die Berechnung der Werte erfolgt jeweils, indem die Stückzahlen der einzelnen Aufträge mit den Deckungsspannen pro Stück (Preis minus variable Kosten von 7 DM) multipliziert und die so ermittelten Deckungsbeiträge pro Auftrag je nach der betrachteten Auftragskonstellation addiert werden. Für die Konstellationen, bei denen die Annahme von Auftrag D vorgesehen ist, muß dabei alternativ ein Preis von 15 DM oder 10 DM angesetzt werden (Angaben in der Abbildung in 1000 GE).

Als nächstes sind die Erwartungswerte der Gewinne für die zu treffenden Entscheidungen zu bestimmen. Bei der Ermittlung der Erwartungswerte wird nach der „rolling-back"-Methode vorgegangen, d.h., es wird bei der jeweils letzten Entscheidung eines Astes begonnen. Durch dieses Vorgehen kann bei Wahl zwischen zwei Entscheidungsalternativen in einem Zeitpunkt bestimmt werden, welche Entscheidung den höheren Gewinnerwartungswert verspricht. Der Ast des Baumes, der zu der jeweils schlechteren Alternative gehört, kann gestrichen werden. Dieses Vorgehen soll am Beispiel der Äste 2, 3 und 4 vorgeführt werden. Der Zweig 3 führt mit 90% Wahrscheinlichkeit zu einem Gewinn von 2480 GE und der Zweig 4 mit 10% Wahrscheinlichkeit zu 1480 GE. Daraus resultiert bei Annahme des Auftrages D in t_1 ein Erwartungswert von 2380 GE. Dem steht ein Erwartungswert von 1860 GE gegenüber, wenn in t_1 C angenommen wird (Zweig Nr. 2). Auftrag D dominiert mithin C, d.h., C ist im Baum zu streichen.

Auf diesem Wege wird jedem eckigen Knoten in t_1 ein Gewinnerwartungswert zugeordnet. Diese fünf Werte werden wiederum zu drei Erwartungswerten für die Aufträge A, B und C in t_0 verdichtet. Für A gilt 2000 GE, für B 2120 GE ($2380 \cdot 0{,}5 + 1860 \cdot 0{,}5$) und für C 2080 GE ($2480 \cdot 0{,}5 + 1680 \cdot 0{,}5$). Es ist mithin optimal, in t_0 Auftrag B anzunehmen. In t_1 wird Auftrag D angenommen, falls die Verhandlungen gut verlaufen. Bei schlechtem Verhandlungsverlauf fällt die Entscheidung in t_1 für Auftrag C aus.

Statt über einen Entscheidungsbaum und retrograde Rechnung kann die optimale flexible Strategie auch mit Hilfe einer Erfolgsmatrix ermittelt werden. Die Erfolgsmatrix enthält die gleichen Informationen wie ein Entscheidungsbaum; sie ist nur ein anderes Instrument zur Entscheidungsfindung. Die flexiblen Strategien können im Beispiel durch Aktionstripel dargestellt werden (Entscheidung in t_0; Entscheidung in t_1 bei schlechtem Verhandlungsverlauf (V_s); Entscheidung in t_1 bei gutem Verlauf (V_g)).

Die Tabelle 4-33 enthält außerdem die vier möglichen Nachfragekonstellationen mit ihren Wahrscheinlichkeiten, den gesamten Deckungsbeitrag in jeder Situation und den Erwartungswert des Deckungsbeitrags jeder Strategie.

Umweltentwicklung, Wahrscheinlichk., bedingte Strategie	(V_g, POG) 0,45	(F_g, PUG) 0,05	(V_s, POG) 0,05	(V_s, PUG) 0,45	Erwartungswert
(A)	2,0	2,0	2,0	2,0	2,0
(B, C, C)	1,86	1,86	1,86	1,86	1,86
(B, C, D)	2,48	1,48	1,86	1,86	2,12
(B, D, C)	1,86	1,86	2,48	1,48	1,72
(B, D, D)	2,48	1,48	2,48	1,48	1,98
(C, D, D)	2,58	1,58	2,58	1,58	2,08

Tabelle 4-33

Optimal ist natürlich wiederum die Strategie (B,C,D). In t_0 wird B angenommen, und in t_1 fällt die Entscheidung bei schlechtem Verhandlungsverlauf für C und bei gutem für D aus.

Bei einer starren Planung kommt es nicht zu bedingten Strategien. Vielmehr wird auf Basis des in t_0 gegebenen Informationsstands bereits die Entscheidung über die in t_0 und t_1 anzunehmenden Aufträge getroffen. Jede starre Strategie ist durch ein Aktionspaar dargestellt (Entscheidung in t_0 und in t_1). Die starre Planung umfaßt damit weniger Strategien; die Strategien 3 und 4 der Tabelle 4-33 mit noch variablen Entscheidungen für t_1 entfallen. Für diese starre Planung gilt folgende Erfolgsmatrix:

Umweltentwicklung Strategie	(V_g, POG)	(F_g, PUG)	(V_s, POG)	(V_s, PUG)	Erwartungswert
(A)	2,0	2,0	2,0	2,0	2,0
(B, C)	1,86	1,86	1,86	1,86	1,86
(B, D)	2,48	1,48	2,48	1,48	1,98
(C, D)	2,58	1,58	2,58	1,58	2,08

Tabelle 4-34

Als optimal erweist sich die starre Strategie, in t_0 die Aufträge C und D anzunehmen. Es ergibt sich somit eine Strategie, die im Vergleich zur flexiblen Planung mit einem geringeren Gewinnerwartungswert (2,08 statt 2,12) verbunden ist.

Nach dem Prinzip der überlappenden Planung kann zwar die Entscheidung für t_1 - Annahme von Auftrag D - grundsätzlich revidiert und durch einen erneuten starren Plan ersetzt werden, der den bis dahin verbesserten Informationsstand berücksichtigt. Diese möglichen Änderungen von Entscheidungen werden bei flexibler Planung aber von vornherein im Modell berücksichtigt. Über die Plankorrekturen kann eine starre Planung aber höchstens dann zur gleichen optimalen Strategie wie die flexible Planung kommen, wenn sich beide Planungsergebnisse nicht bereits für den ersten Entscheidungszeitpunkt voneinander unterscheiden. Bei starrer Planung fällt die Entscheidung in t_0 für C, während bei flexibler Planung B vorgezogen wird. Im Beispiel führt die starre Planung zu einer schlechteren Strategie, weil die tatsächlich optimale Verhaltensweise nicht in der Entscheidungsmatrix enthalten ist.

Literatur zu Kapitel 4

Albach, H. (1959): Wirtschaftlichkeitsrechnungen bei unsicheren Erwartungen, Köln-Opladen 1959.
Albach. H. (1962): Investition und Liquidität, Wiesbaden 1962.
Albach, H. (1976): Investitionsrechnungen bei Unsicherheit, in: Büschgen, H. E. (Hrsg.) Handwörterbuch des Rechnungswesens, Stuttgart 1976, Sp. 893 ff.
Bamberg, G., Coenenberg, A.G. (1994): Betriebswirtschaftliche Entscheidungslehre, 8. Aufl., München 1994.
Bernoulli, D. (1954): Specimen theoriae novae de mensura sortis, in: Commentarii academiae scientiarum imperialis petropolitanae, Tomus 5, 1738, S. 172 ff., Englische Übersetzung: Exposition of a New Theory on the Measurement of Risk, in: Econometrica 1954, S. 23 ff.
Bitz, M. (1981): Entscheidungstheorie, München 1981.
Bitz, M., Rogusch, M. (1976): Risiko-Nutzen, Geld-Nutzen und Risikoeinstellung, Zur Diskussion um das Bernoulli-Prinzip, in: ZfB 1976, S. 853-868.
Blaich, J. (1971): Möglichkeiten und Grenzen der Modelle der Portfolio Selection, Diss. Münster 1971.
Blohm, H., Lüder, K. (1991): Investition, 7. Aufl., München 1991.
Born, A. (1976): Entscheidungsmodelle zur Investitionsplanung, Wiesbaden 1976.
Brockhoff, K. (1977): Prognoseverfahren für die Unternehmensplanung, Wiesbaden 1977.
Brown, R.-G., Meyer, R.-F. (1961): The fundamental Theorem of exponential smoothing, in: Operations Research 1961, S. 673-685.
Brüggerhoff, J. (1994): Capital Asset Pricing Model (CAPM), in: Busse von Colbe, W. (Hrsg.), Lexikon des Rechnungswesens, 3. Aufl., München-Wien 1994.
Busse von Colbe, W. (1994): Lexikon des Rechnungswesens, München-Wien 1994.
Busse von Colbe, W., Laßmann, G. (1990): Betriebswirtschaftstheorie Bd. III, 3. Aufl., Berlin et al. 1990.
Dichtl, E. (1967): Über Wesen und Struktur absatzpolitischer Entscheidungen, Berlin 1967.
Dinkelbach, W. (1982): Entscheidungsmodelle, Berlin · New York 1982.
Eisenführ, F. (1989): Entscheidungstheoretische Planungshilfen, in: Szyperski, N. (Hrsg.), Handwörterbuch der Planung, Stuttgart 1989, Sp. 397 ff.
Fishburn, P.C. (1964): Decision and Value Theory, New York-London-Sydney 1964.
Fishburn, P.C., Vickson, R.G. (1978): Theoretical Foundations of Stochastic Dominance, in: Whitmore, G.A., Findlay, M.C.: Stochastic Dominance, Lexington-Toronto 1978.
Fisz, M. (1976): Wahrscheinlichkeitsrechnung und mathematische Statistik, 8. Aufl., Berlin 1976.
Forester, J.-W. (1972): Der teuflische Regelkreis („world dynamics"), Stuttgart 1972.
Franke, G., Hax, H. (1990): Finanzwirtschaft des Unternehmens und Kapitalmarkt, 2. Aufl., Berlin-Heidelberg-New York 1990.
Gäfgen, G. (1974): Theorie der wirtschaftlichen Entscheidung, 3. Aufl., Tübingen 1974.
Gnedenko, B.W. (1968): Lehrbuch der Wahrscheinlichkeitsrechnung, Berlin 1968.
Graff, P. (1977): Die Wirtschaftsprognose, Tübingen 1977.
Gutenberg, E. (1967): Zur Frage der Messung des Risikos bei variablem Verschuldungsgrad, in: ZfB 1967, S. 148-149.

Gutenberg, E. (1979): Grundlagen der Betriebswirtschaftslehre, Band 2, Der Absatz, 16. Aufl., Berlin-Heidelberg-New York 1979.
Haas, Ch. (1965): Unsicherheit und Risiko der Preisbildung, Köln-Berlin-Bonn-München 1965.
Hansmann, K.-W. (1983): Kurzlehrbuch Prognoseverfahren, Wiesbaden 1983.
Hax, H. (1985): Investitionstheorie, 5. Aufl., Würzburg-Wien 1985.
Heinen, E. (1991): Industriebetriebslehre, 9. Aufl., Wiesbaden 1991.
Helmstädter, E. (1991): Wirtschaftstheorie I, Mikroökonomische Theorie, 4. Aufl., München 1991.
Hertz, D. B. (1964): Risk Analysis in Capital Investment, in: Harvard Business Review, 1964, S. 95 ff.
Hertz, D. B. (1977): Risiko-Analyse bei Kapitalanlagen, in: Investitionsplanung, Hrsg. Lüder, K. (1977), S. 157 ff.
Hieronimus, A. (1979): Einbeziehung subjektiver Risikoeinstellungen in Entscheidungsmodelle, Thun-Frankfurt am Main 1979.
Hillier, F. S., Lieberman, G.-J. (1967): Introduction to Operations Research, San Francisco-Cambridge-London-Amsterdam 1967.
Hurwicz, L. (1951): Optimality Criteria for Decision Making under Ignorance, in: Cowles Commission Discussion Papers, Statistics, Nr. 370 (1951).
Ihde, G.-B. (1970): Lernprozesse in der betriebswirtschaftlichen Produktionstheorie, in: ZfB 1970, S. 451-468.
Jacob, H. (1967): Zum Problem der Unsicherheit bei Investitionsentscheidungen, in: ZfB 1967, S. 153-187.
Jacob, H. (1971): Preispolitik, 2. Aufl., Wiesbaden 1971.
Jacob, H. (1974): Unsicherheit und Flexibilität - Zur Theorie der Planung bei Unsicherheit, in: ZfB 1974, S. 299-326, S. 403-448 und S. 505-526.
Jacob, H. (1989): Flexibilität und ihre Bedeutung für die Betriebspolitik, in: Adam, D., Backhaus, K., Meffert, H., Wagner, H. (Hrsg.): Integration und Flexibilität, Eine Herausforderung an die Allgemeine Betriebswirtschaftslehre, Wiesbaden 1989, S. 15-60.
Jacob, H., Leber, W. (1976): Bernoulli-Prinzip und rationale Entscheidung bei Unsicherheit, in: ZfB 1976, S. 177 ff.
Koch, H. (1978): Die Theorie des Gewinn-Vorbehalts als ungewißheitstheoretischer Ansatz, in: ZfbF 1978, S. 19 ff.
Kohlmüller, G. (1987): Analyse von Zeitreihen mit Kalenderunregelmäßigkeiten, Bergisch Gladbach-Köln 1987.
Krelle, W. (1961): Preistheorie, Tübingen 1961.
Kruschwitz, L. (1980): Bemerkungen zur Risikoanalyse aus theoretischer Sicht, in: ZfB 1980, S. 800 ff.
Kruschwitz, L. (1995): Investitionsrechnung, 6. Aufl., Berlin-New York 1995.
Laux, H. (1991): Entscheidungstheorie I, Grundlagen, 2. Aufl., Berlin-Heidelberg-New York 1991.
Lindley, D.V. (1965): Introduction to Probalbility and Statistics from a Bayesion View Point, Cambridge 1965.
Markowitz, H.M. (1952): Portfolio Selection, The Journal of Finance, 1952, S. 77 ff.
Markowitz, H.M. (1959): Portfolio Selection, New York-London 1959.

Marschak, T., Nelson, R. (1962): Flexibility, Uncertainty and Economic Theory, in: Metroeconomica 14 (1962), S. 42-58.

Meadows, D.-H., Meadows, D.-L., Zahn, E., Milling, P. (1972): Die Grenzen des Wachstums. Bericht des Club of Rome zur Lage der Menschheit, Stuttgart 1972.

Meffert, H. (1985): Größere Flexibilität als Unternehmenskonzept, in: ZfbF 37 (1985), S. 121-139.

Meffert, H., Steffenhagen, H. (1977): Marketing - Prognosemodell; quantitative Grundlagen des Marketing, Stuttgart 1977.

Menges, G. (1972): Grundriß der Statistik, Teil 1: Theorie, 2. Aufl., Opladen 1972.

Neumann, J. von (1928): Zur Theorie der Gesellschaftsspiele, in: Mathematische Annalen, Bd. 100 (1928), S. 295-320.

Neumann, J. von, Morgenstern, O. (1973): Theory of Games and Economic Behaviour, Princeton 1944, dt. Übersetzung: Spieltheorie und wirtschaftliches Verhalten, 3. Aufl., Würzburg 1973.

Niehans, J. (1948): Zur Preisbildung bei ungewissen Erwartungen, in: Schweizerische Zeitschrift für Volkswirtschaft und Statistik 1948, S. 433-456.

Perridon, L., Steiner, M. (1995): Finanzwirtschaft der Unternehmung, 8. Aufl., München 1995.

Puke, S. (1996): Investitionsplanung für Prozeßinnovationen - eine Analyse am Beispiel von PAC-Systemen, Wiesbaden 1996.

Reiß, M. (1989): Prognose und Planung, in: Szyperski, N. (Hrsg.) Handwörterbuch der Planung, Stuttgart 1989, Sp. 1628-1637.

Roll, R. (1977): A Critique of the Asset Pricing Theory's Tests, in: Journal of Financial Economics 1977, S. 129-176.

Savage, L.J. (1951): The Theory of Statistical Decision, in: Journal of the American Statistical Association 1951, S. 55-67.

Scherm, E. (1992): Die Szenario-Technik - Grundlage effektiver strategischer Planung, in: WISU 1992, S. 95-97.

Schmidt, R.H. (1986): Grundzüge der Investitions- und Finanzierungstheorie, 2. Aufl., Wiesbaden 1986.

Schneeberger, H. (1978): Punkt-, Intervallprognose und Test auf Strukturbruch mit Hilfe der Regressionsanalyse, in: Mertens, P. (Hrsg.), Prognoserechnung, 3. Aufl., Würzburg-Wien 1978, S. 131-146.

Schneeweiß, Ch. (1991): Planung 1, Systemanalytische und entscheidungstheoretische Grundlagen, Berlin 1991.

Schneeweiß, H. (1967): Entscheidungskriterien bei Risiko, Berlin-Heidelberg-New York 1967.

Schneider, D. (1965): Lernkurven und ihre Bedeutung für die Produktionsplanung und Kostentheorie, in: ZfbF 1965, S. 501-515.

Schneider, D. (1980): Investition und Finanzierung, 5. Aufl., Wiesbaden 1980.

Serfling, K., Marx, M. (1990): Capital Asset Pricing Modell, Kapitalkosten und Investitionsentscheidungen (I), in: WISU 1990, S.364 ff.

Sharpe, W.F. (1970): Portfolio Theory and Capital Markets, New York 1970.

Sieben, G., Schildbach, Th. (1994): Betriebswirtschaftliche Entscheidungstheorie, 4. Aufl., Düsseldorf 1994.

Stahel, W.R. (1994): Innovation braucht Nachhaltigkeit, in: Backhaus, K., Bonus, H. (Hrsg.): Die Beschleunigungsfalle oder der Triumph der Schildkröte, Stuttgart 1994.

Sturm, S. (1970): Mehrstufige Entscheidungen unter Ungewißheit, Meisenheim am Glan 1970.

Swoboda, P. (1994): Betriebliche Finanzierung, 3. Aufl., Heidelberg 1994.

Tobin, J. (1958): Liquidity Preference as Bahavior Towards Risk, in: Review of Economic Studies, 1958, S. 65 ff.

Utzel, Chr. (1992): Materialdisposition bei auftragsgebundener Einzelfertigung, Münster 1992.

Wagle, B. (1967): A Statistical Analysis of Risk in Capital Investment Projekts, in: Operational Research Quarterly, 18 (1967) 1, S. 13 ff.

Wald, A. (1945): Statistical Decision Functions Which Minimize the Maximum Risk, in: Annals of Mathematics 1945, S. 265-280.

Waldmann, J. (1972): Optimale Unternehmensfinanzierung, Wiesbaden 1972.

Weber, K. (1970): Entscheidungsprozesse unter Verwendung des Theorems von Bayes, in: Hax, H. (Hrsg.), Entscheidung bei unsicheren Erwartungen, S. 69-99, Köln-Opladen 1970.

Weibel, B. (1978): Bayes'sche Entscheidungstheorie, Bern-Stuttgart 1978.

Wheelwright, S.-C., Makridakis, S. (1978): Interactive Forecasting: Univariate and multivariate methods, 2. Aufl., San Francisco 1978.

Wild, J. (1974): Grundlagen der Unternehmungsplanung, Reibeck 1974.

Witte, Th. (1973): Simulationstheorie und ihre Anwendung auf betriebliche Systeme, Wiesbaden 1973.

Wittmann, W. (1959): Unternehmung und unvollkommene Information, Köln-Opladen 1959.

Zangemeister, Ch. (1976): Nutzwertanalyse in der Systemtechnik, 4. Aufl., München 1976.

5 Aspekte für die Gestaltung des betrieblichen Planungssystems

5.1 Begriff und Dimensionen des Planungssystems

Ein betriebliches Planungssystem besteht aus einer Vielzahl von Teilplänen, die miteinander durch Informationsbeziehungen verbunden sind. Durch das Planungssystem wird festgelegt, in welche und in wie viele Teilpläne der gesamte Planungskomplex eines Unternehmens unterteilt ist und welche Entscheidungstatbestände - Variable - den einzelnen Teilplanungen zuzuordnen sind. Zum Beispiel kann ein Teilplan für „Beschaffung" und ein zweiter für „Produktionsprogrammplanung" usw. existieren. Zum Teilplan „Beschaffung" gehören Variable wie die Bestellmenge und die Meldemenge der Rohstoffe, während in der „Produktionsprogrammplanung" über die Produktionsmengen von Erzeugnissen und einen etwaigen Zukauf von Teilen entschieden werden muß. Informationsbeziehungen bestehen zwischen den Teilplänen, weil für die Bestellplanung aus dem Produktionsprogramm die Bedarfsmengen von Rohstoffen oder Teilen bekannt sein müssen. Die Informationsbeziehungen zwischen den Teilplänen legen in der Regel die zeitliche Abfolge der Teilpläne fest.

Planungssysteme lassen sich nach verschiedenen, strukturbildenden Merkmalen untergliedern. In der betriebswirtschaftlichen Literatur sind insbesondere vier Klassifikationsmerkmale üblich: Die Dimension der Variablen, die Fristigkeit der Planung bzw. die Bedeutung der Planung für den Unternehmenserfolg, der Zusammenhang von Planung und Organisationsstruktur sowie die Anzahl der beteiligten willensbildenden Zentren. Durch jedes der vier Merkmale wird jeweils nur ein anderer Aspekt der Planung in den Vordergrund gerückt.

- Nach der Dimension der Variablen wird zwischen Mengen- und Wertplänen differenziert.

- Wird nach der Fristigkeit der Planung bzw. nach der Bedeutung der Planung für den Unternehmenserfolg unterschieden, kann nach strategischer, taktischer und operativer Planung differenziert werden.

- Der organisatorische Aufbau eines Unternehmens determiniert die materielle Gliederung der Pläne. Bei einer Organisationsstruktur nach Funktionen wird beispielsweise zwischen einem Beschaffungs-, Produktions-, Absatz-, Lager-, Forschungs- und Entwicklungs- sowie Finanzplan unterschieden. Folgt die strukturorganisatorische Gliederung eines Unternehmens dem Objektprinzip, sind die Teilpläne einzelner Divisionen oder Sparten zu unterscheiden. Bei einer organisatorischen Gliederung nach Prozessen ist zudem eine prozeßorientierte Planung erforderlich.

- Nach der Anzahl an der Planung beteiligter Entscheidungsträger lassen sich zentralisierte und dezentralisierte Planungssysteme unterscheiden, wobei für die dezentrale Form mehrere Varianten existieren. Ein paralleles dezentrales Planungskonzept mit einem übergelagerten Koordinationsmechanismus kann eingesetzt werden, wenn mehrere sonst unabhängige Divisionen gemeinsam knappe Ressourcen (z.B. Finanzmittel) beanspruchen. Ein hierarchisches dezentrales Konzept liegt vor, wenn zunächst auf höherem Abstraktionsniveau der Variablen übergeordnete Pläne aufgestellt werden, die in nachfolgenden Planungsstufen konkretisiert werden. Beispielsweise wird in der obersten Stufe die Produktionsmenge nur nach Produktgruppen differenziert festgelegt, während anschließend in der zweiten Stufe die Produktionsmenge jeder Produktgruppe in Mengen einzelner Artikel aufgespalten wird. Eine weitere Differenzierung kann danach erfolgen, ob es sich um Einzel- oder Gruppenentscheidungen handelt. Bei Gruppenentscheidungen treten für die Planung zusätzliche Probleme auf, wenn die Gruppenmitglieder keine einheitlichen Ziele verfolgen. Das Planungssystem muß zusätzlich Abstimmungsregeln enthalten, mit denen die Entscheidungsträger zu gemeinsamen Entscheidungen gelangen.

Jedes reale Planungssystem ist durch eine Kombination von Ausprägungen der vier Merkmalsgruppen gekennzeichnet. Von der Art dieser Kombination hängt die Form der Darstellung von Planungsergebnissen (Mengen oder Werte) ab (erstes Merkmal). Das dritte und vierte Merkmal haben ausschlaggebenden Einfluß auf die Form des Entscheidungsprozesses. Durch das zweite Kriterium wird hingegen die zeitliche Reichweite der Planung determiniert.

Im folgenden wird die Bedeutung der vier Merkmale für Aufbau und Ablauf der Planung in erster Linie für die Hypothesen der klassischen Planungstheorie dargestellt. Diese Hypothesen sind: Rational handelnde Entscheidungsträger, ein vollkommenes Zielsystem, vollkommene Information, keine Beschränkungen der Planung durch Zeitmangel bei den Entscheidungsträgern und eine passive Organisation, die neben den Unternehmenszielen keine individuellen oder gruppenspezifischen Interessen verfolgt. Die Darstellung geht damit von idealisierenden Voraussetzungen aus und stellt nur die sachlogischen Beziehungen der Planung heraus. Aus der Diskussion wird aber auch deutlich, wie die Theorie der Planung zu modifizieren ist, wenn die Voraussetzungen der klassischen Theorie nicht voll erfüllt sind.

5.2 Mengen- und Wertpläne

Jede Planung kann sich grundsätzlich auf Mengen oder Werte richten. Von Mengenplänen wird gesprochen, wenn das Planungsergebnis in Mengen zu kaufender, einzusetzender bzw. zu verkaufender Produktionsfaktoren oder in Mengen zu produzierender, zu verkaufender Erzeugnisse usw. ausgedrückt wird. Wertpläne liegen vor, wenn diese Mengenangaben mit Zielbeiträgen wie Ausgaben, Kosten, Aufwendungen, Erlösen, Einnahmen, Marktanteilen usw. bewertet werden. Durch Wertpläne werden die unterschiedlichen Dimensionen der Variablen der Mengenpläne überwunden, beispielsweise werden Produktionsfaktoren und Erzeugnisse mit Hilfe einer Bewertung gleichnamig gemacht. Es gelingt auf diesem Wege, Ergebnisse unterschiedlicher Mengenpläne zu einem Wertplan zu verdichten (Verrechnungsfunktion der Werte);[1] z.B. können die Produktionsmengen verschiedenster Artikel in einem Kostenplan aggregiert werden, oder die Pläne über die erforderlichen Einsatzmengen von Ressourcen können zu dem geplanten Kostensatz pro Mengeneinheit zusammengefaßt werden. Die Bewertung erlaubt somit eine Verdichtung der Mengeninformationen.

1 Vgl. Heinen (1983), S. 77.

Wertplänen liegen grundsätzlich Mengenpläne zugrunde. Das heißt nicht, daß zunächst die Mengenpläne aufzustellen sind, um Wertpläne ableiten zu können; vielmehr fallen die Ergebnisse der Wert- und Mengenplanung grundsätzlich gleichzeitig an, wenn zielsetzungsgerechte Wertpläne aufgestellt werden. Ein Beispiel zur Kostenpolitik möge diesen Zusammenhang verdeutlichen.

Ein Unternehmen soll M = 10 ME eines Erzeugnisses mit Hilfe von zwei Produktionsfaktoren R_1 und R_2 herstellen. Die Einsatzmengen dieser Faktoren werden mit r_1 und r_2 bezeichnet. Zwischen der Ausbringung M und dem Faktoreinsatz r_1 und r_2 besteht folgende Beziehung (Produktionsfunktion):

$$M = \sqrt{r_1 \, r_2} \qquad \text{mit } M = 10$$

Für die Preise der Produktionsfaktoren werden die Symbole p_1 und p_2 eingeführt. Die Planungsaufgabe besteht darin, diejenigen Einsatzmengen (r_1; r_2) der beiden Faktoren zu bestimmen, die es gestatten, die Ausbringung M mit minimalen Kosten zu produzieren. Die Wahl der Einsatzmengen der beiden Faktoren führt zu zwei Mengenplänen, während die Berechnung der durch die Produktion verursachten Kosten als Wertplanung bezeichnet wird.

Die Kosten K lassen sich durch folgende Gleichung darstellen:

$$K = p_1 \, r_1 + p_2 \, r_2 \rightarrow \min$$

Diese Kostenfunktion ist unter Berücksichtigung der Produktionsfunktion

$$\sqrt{r_1 \, r_2} = 10$$

zu minimieren. Aus dieser Schreibweise wird deutlich, daß die Einsatzmengen r_1 und r_2 die unabhängigen Variablen des Problems sind, während es sich bei den Kosten um die abhängige Variable handelt. Die Lösung für die unabhängigen Variablen (Mengen) kann nur gleichzeitig mit der Lösung für die abhängige Variable (Wert) erzeugt werden.

Eine Lösung für das Problem ist zu finden, wenn die Produktionsfunktion nach r_1 aufgelöst und der ermittelte Ausdruck für r_1 in die Kostengleichung eingesetzt wird.

$$\sqrt{r_1} = \frac{M}{\sqrt{r_2}} \qquad \text{oder} \qquad r_1 = \frac{M^2}{r_2}$$

Die neue Kostengleichung - in der mit r_2 nur noch eine unabhängige Variable enthalten ist - lautet:

$$K = p_1 \frac{M^2}{r_2} + p_2 \, r_2 \rightarrow \min$$

Diese Funktion ist nach r_2 zu differenzieren und die erste Ableitung gleich null zu setzen:

$$\frac{dK}{dr_2} = -p_1 \frac{M^2}{r_2^2} + p_2 \overset{!}{=} 0$$

Aufgelöst nach r_2 ergibt sich:

$$r_2 = \sqrt{\frac{M^2 \, p_1}{p_2}}$$

Wird das Ergebnis für r_2 in die Gleichung $r_1 = \frac{M^2}{r_2}$ eingesetzt, gilt für r_1:

$$r_1 = \sqrt{\frac{M^2 \, p_2}{p_1}}$$

Damit liegen letztlich die Einsatzmengen der beiden Faktoren fest, wenn für die Daten M, p_1 und p_2 die entsprechenden Informationen eingesetzt werden. Zugleich sind auch die Kosten für eine Produktion von 10 ME bekannt. Mengen- und Wertpläne sind damit nur zwei verschiedene Ausdrucksformen des Planungsergebnisses.

Die Lösung des Planungsproblems zeigt, daß die optimalen Einsatzmengen der beiden Produktionsfaktoren vom Niveau der Ausbringung M und vom Verhältnis der beiden Faktorpreise abhängig sind. Bei konstanter Ausbringung M werden die Einsatzmengen der Faktoren allein durch die Faktorpreise p_1 und p_2 bestimmt. Hierin wird die zweite Aufgabe von Werten in der Planung deutlich. Sie sollen nicht nur dimensionsverschiedene Größen gleichnamig machen; vielmehr steuern bzw. lenken sie die Planung zu ganz bestimmten zielgerechten Ergebnissen. Diese Aufgabe wird als Lenkungsfunktion von Werten[2] bezeichnet.

Ziel jeder Planung ist es, zielsetzungsgerechte Wertpläne zu erstellen, aus denen die optimalen Produktions- oder Einsatzmengen zu entnehmen sind. Eine auf ökonomische Kriterien ausgerichtete Planung ist überhaupt nur als Planung in Werten denkbar. Nicht zwingend erforderlich ist es, die Zielbeiträge in Geld auszudrücken. Strebt ein Unternehmen den Zielinhalt „Marktanteil" an, sind Entscheidungsalternativen mit dem durch sie zu erringenden Marktanteil zu „bewerten". Nicht die Dimension von Werten wie Geldeinheiten, Marktanteil, sondern die Existenz von Werten an sich ist damit Voraussetzung der Planung.

Planung - oder „Wirtschaften", wie Schmalenbach[3] es genereller formuliert - besteht darin, knappe Ressourcen im Sinne der Zielsetzung oder Werteordnung des Planenden auf die konkurrierenden Einsatzmöglichkeiten zu verteilen. Für den Planungsvorgang ist es völlig bedeutungslos, ob sich der Planer in erster Linie für die Ergebnisse der unabhängigen Variablen - Mengen - oder der abhängigen Variablen - Werte - interessiert. Der Zusammenhang

2 Vgl. Heinen (1983), S. 77.

3 Vgl. Schmalenbach (1963), S. 131.

zwischen Mengen- und Wertplanung ist durch die Art der zu verfolgenden Zielsetzung eindeutig vorgegeben. Eine Gliederung des Planungssystems nach Wert- und Mengenplanung sagt deshalb auch nichts über die Art des Planungsvorganges aus. Dieses Kriterium knüpft vielmehr allein an die Darstellung der Planungsergebnisse an. Bei einem Wertplan werden die Wirkungen einer Entscheidung auf die angestrebte Zielgröße (z.B. Gewinn) oder Teile dieser Zielgröße (Umsatz, Kosten etc.) abgebildet, während aus einem Mengenplan deutlich wird, welche Faktormengen eingesetzt bzw. welche Ausbringungsmengen erzeugt werden.

5.3 Fristigkeit der Planung und Bedeutung der Planung für den Unternehmenserfolg

5.3.1 Planungsebenen und deren Zusammenhang

Die Erfolgswirkungen von Entscheidungen sind unterschiedlich stark, und diese Wirkungen erstrecken sich zudem auf einen unterschiedlich langen Zeitraum. Zum Beispiel kann durch Investitionsentscheidungen der Unternehmenserfolg i.d.R. stärker beeinflußt werden als durch die Ablaufplanung von Aufträgen in der Fertigung oder durch die Bestellung von Rohstoffen. Zudem werden durch Investitionsentscheidungen meist längerfristige Bindungen für ein Unternehmen und damit längerfristige Erfolgswirkungen geschaffen als durch Ablaufentscheidungen. Nach den Kriterien der Stärke und der Dauer von Erfolgswirkungen wird zwischen strategischer, taktischer und operativer Planung unterschieden.[4]

Unter dem Begriff der strategischen Planung werden jene Maßnahmen zusammengefaßt, die die Stärke und die Dauer des Unternehmenserfolgs nachhaltig und langfristig beeinflussen. Strategische Planung ist Grundsatzplanung langfristiger Wirkungen und erstreckt sich auf die generelle Ausrichtung des gesamten Unternehmens (Grobplanung). Sie umfaßt Aussagen zur Richtung, Qualität und Struktur anzubietender Leistungen, zur Auswahl der Markt- oder Kundensegmente sowie der Vertriebsform, zur Wahl des Standortes, der Betriebsgröße, der Fertigungstiefe, der Kapitalintensität sowie der generellen Art der Betriebsmittel und zur Rechtsform. Gegenstand der strategischen Planung sind zudem Aussagen über die grundsätzliche Ausrichtung von Forschung und Entwicklung, der Organisationsstruktur, der Fertigungs- und Konstruktionsprinzipien, der Art der Finanzierung sowie des Typs der Personalpolitik. Grundlage der langfristigen Entscheidungen sind Erkenntnisse über Faktoren, die den Erfolg eines Unternehmens nachhaltig determinieren. Diese Erfolgsfaktoren müssen identifiziert und so für ein Unternehmen eingestellt werden, daß langfristig der Erfolg und Bestand des Unternehmens gesichert werden kann.

Eines der Grundprobleme der strategischen Planung ist in dem geringen Informationsstand über die ferne Zukunft und der fehlenden Möglichkeit zu sehen, den langfristigen Erfolg von Entscheidungen unmittelbar in Größen wie Gewinn oder Rentabilität zu quantifizieren. Strategische Entscheidungen sind in hohem Maße wirkungs-, bewertungs- und zielsetzungsdefekt. Die Variablen sind meistens sehr hoch aggregiert. Da konkrete Handlungsalternativen meistens noch unbekannt sind, wird nicht mit Produktionsmengen bestimmter Artikel,

4 Vgl. Bea/Dichtl/Schweitzer (1989); Heinen (1991); Pfohl (1981); vgl. aber auch Koch (1982).

sondern nur mit generellen Produktfeldern oder -linien gearbeitet. Häufig wird unter einer Strategie nicht eine konkrete Handlungsweise verstanden, sondern die Auswirkungen eines noch unbekannten Handelns auf Kapitalumschlag, Umsatzrendite, Vermarktungskosten, Fertigungstiefe usw. werden als Strategie interpretiert. Inhaltlich ist dieser Strategiebegriff noch völlig offen, da unklar bleibt, auf welchem Wege beispielsweise die Kapitalbindung reduziert oder die Umsatzrendite erhöht werden soll. Als Folge der Unbestimmtheit bzw. Offenheit der „Variablen“ der strategischen Planung sind die ökonomischen Wirkungen strategischer Entscheidungen mit starken Unsicherheiten behaftet. Deshalb wird in der strategischen Planung meistens auf Heuristiken oder qualitative „Modelle“ zurückgegriffen, die inhaltlich häufig nur schwach fundiert sind. Die strategische Planung stützt sich mithin auf globale, kaum quantifizierbare Wirkungszusammenhänge.

Der Erfolg strategischer Planung ist in starkem Maße vom Fingerspitzengefühl, vom Riecher für den kommenden Markt- oder Techniktrend abhängig. Intuitive, visionäre Fähigkeiten sind ausschlaggebende Faktoren für den Erfolg der „Planung“. Planung besteht eigentlich nur in dem Versuch, die intuitiven, visionären Strategien, die nicht das Resultat eines Planungsprozesses sind, so gut es der Informationsstand erlaubt, ökonomisch zu stützen. Insbesondere gehört es zum Kern der strategischen Planung, möglichst die Risiken und Chancen von Strategien zu erkennen, wobei es meistens nicht gelingt, diese Bewertung in Geld auszudrücken.

Wegen der großen Bedeutung für den Unternehmenserfolg werden strategische Entscheidungen als echte Führungsentscheidungen bezeichnet, die von der obersten Unternehmensleitung wahrzunehmen sind und nicht delegiert werden können.[5] Strategische Pläne sind stets aus der Gesamtunternehmenssicht aufzustellen. Sie dürfen keinesfalls nur der Interessenlage bestimmter Unternehmensbereiche - z.B. Absatz oder Produktion - gerecht werden, wenn sie zu einer tragfähigen Konzeption für das gesamte Unternehmen führen sollen. Dieser Zusammenhang soll am Beispiel der Komplexitätskostenfalle[6] verdeutlicht werden. Im Zeitalter gesättigter Märkte gehen Unternehmen verstärkt zu einer sehr variantenreichen Sortimentspolitik über. Variantenpolitik ist ein typisches strategisches Problem. Wird die Variantenpolitik - wie leider häufig in der Praxis - aus Sicht des Marketing betrieben, erscheint es im Hinblick auf die Marketingziele - verbesserte Kundenzufriedenheit - sinnvoll, die Variantenzahl weiter zu erhöhen. Diese Sichtweise erfaßt die zusätzlichen Kosten in der Produktion und insbesondere im lenkenden, steuernden Bereich der Unternehmen nicht, die als Folge steigender Komplexität auftreten. In der Praxis ist es leider eine häufig zu beobachtende Erscheinung, daß ein Unternehmen zwar bei steigender Variantenzahl seinen Umsatz verbessert, die Kosten aber stärker wachsen als der Umsatz. Mit steigender Komplexität verschlechtert ein Unternehmen somit seine Erfolgssituation, was Ausdruck fehlender strategischer Planung aus Gesamtunternehmenssicht ist.

Strategische Ziele und strategische Pläne sind grundsätzlich aus der im Leitbild des Unternehmens festgeschriebenen Werteordnung zu entwickeln. Die strategischen Pläne sind gewissermaßen das Vehikel, um die Visionen des Leitbildes in die Realität umzusetzen. Das

5 Vgl. Gutenberg (1983), S. 133 ff.

6 Vgl. Adam/Rollberg (1995).

Unternehmensleitbild gibt damit der strategischen Planung die generelle Denkrichtung vor. Die strategischen Pläne eines Unternehmens können allerdings nur sinnvoll sein und den Erfolg langfristig absichern, wenn das Leitbild für die innere und äußere Situation (Umfeld- und Unternehmensanalyse) des Unternehmens und die erwartete Entwicklung tragfähig ist. Die Vision des Leitbildes muß Realitätsbezug haben und darf keine Utopie sein, sie muß sich - wenn auch mit Anstrengungen - erfolgreich realisieren lassen.

Planungen mit mittlerer Erfolgswirkung werden unter dem Begriff der taktischen Planung zusammengefaßt. Bezugsrahmen für die taktische Planung ist die strategische Planung. Taktische Entscheidungen (Festlegung des groben Produktionsprogramms nach Art und Menge, Verbesserung bestehender Produkte, Ausweitung der Zahl der Produkte einer bestehenden Produktgruppe, konkrete Investitionsvorhaben, Sicherung der strukturellen Liquidität durch Wahrung bestimmter vorgegebener Bilanzrelationen etc.) sind Entscheidungen, die nicht von der Unternehmensspitze zu fällen sind, sondern delegiert werden können. Die Delegation setzt allerdings voraus, daß aus den strategischen Zielen weitgehend operationale taktische Ziele entwickelt wurden, die die einzelnen taktischen Entscheidungsfelder im Sinne der Unternehmensstrategie aufeinander abstimmen.

Taktische Planung zeichnet sich im Vergleich zur strategischen Planung durch einen geringeren Grad an Planungsdefekten aus. Die Variablen sind konkreter gefaßt, die Quantifizierungsprobleme sind geringer, und auch der Grad an Unsicherheit nimmt ab. Für taktische Problemstellungen ist es häufig bereits möglich, mit quantitativen Modellen zu arbeiten. Beispielsweise werden in der Investitionsrechnung Methoden wie die Kapitalwertmethode[7] oder die des vollständigen Finanzplans[8] eingesetzt, oder für die taktische Produktionsprogrammplanung wird auf Modelle der linearen Optimierung zurückgegriffen.[9]

Zum Bereich der operativen Planung gehören Entscheidungen mit vergleichsweise geringer, kurzer und zudem weitgehend sicherer Erfolgswirkung. Beispiele für operative Pläne sind die jährlichen Budgetplanungen, Lieferpläne, Maschinenbelegungspläne, Versandpläne und Bestellpolitiken. Für die operative Planung stellt die taktische Planung den Bezugsrahmen dar. Wegen der meist geringeren Erfolgswirkungen werden diese Entscheidungen nicht in der oberen und mittleren Instanz gefällt, sondern auf die untere Führungsebene eines Unternehmens delegiert. Quantitative Modelle eignen sich insbesondere für den Einsatz bei operativen Planungsproblemen, da das Ausmaß an Strukturdefekten bei dieser Klasse von Planungsproblemen am geringsten ist. Bei einer prozeßorientierten Unternehmensorganisation sind es gerade die operativen Entscheidungen, die im Sinne eines Job Enrichment bis auf die ausführende Ebene delegiert werden sollten.

Welche Entscheidungen im einzelnen der strategischen, der taktischen bzw. der operativen Ebene zuzurechnen sind, läßt sich nicht generell beantworten. In der Praxis zeigt sich, daß die Zuordnung, die sich in der Kompetenzverteilung einer Organisation widerspiegelt, von Unternehmen zu Unternehmen anders vorgenommen wird. Die Ursache für diese Unter-

7 Vgl. z.B. Kruschwitz (1995); Blohm/Lüder (1995).

8 Vgl. Grob (1989).

9 Vgl. Jacob (1990).

schiede sind im Führungsstil eines Unternehmens, der Eignung der Mitarbeiter und deren Bereitschaft zu sehen, Verantwortung zu übernehmen.

Die Beziehungen zwischen der strategischen, taktischen und operativen Planung sind aus der Abbildung 5-1 zu erkennen. Die schwarzen Pfeile verdeutlichen, daß die strategische Planung Bezugsrahmen der taktischen Planung und diese wiederum Bezugsrahmen der operativen Planung ist. Strategische Planung liefert damit Vorgaben für die taktische Planung, und die Ergebnisse der taktischen Planung sind wiederum Vorgabe für die operative Planung. Die drei Planungsebenen sind hierarchisch angeordnet. Sie beeinflussen sich allerdings nicht nur in der skizzierten Richtung; vielmehr wirkt die operative Planung auch auf die taktische Planung und diese wiederum auf die strategische Planung ein. Dieser Rückkopplungseffekt wird durch die grauen Pfeile angedeutet.

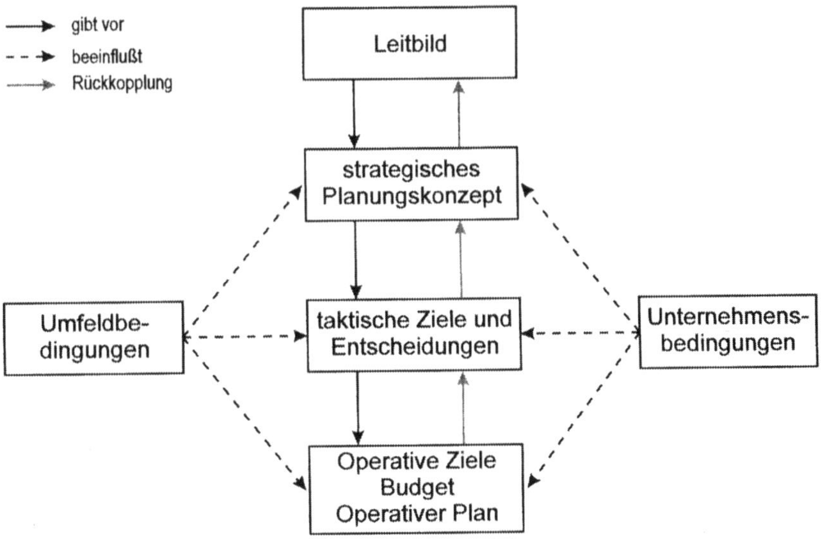

Abbildung 5-1

Die Rückkopplungen haben ihre Ursache in unvollständigen und unsicheren Planungsinformationen. Weit in die Zukunft reichende strategische Planungen bauen auf sehr unsicheren Informationen über Handlungsalternativen und Daten auf und können demzufolge nur grobe Skizzen sein. Sind Teile dieser Pläne durch die taktische und operative Planung konkretisiert und verwirklicht worden, ergeben sich aus Abweichungsanalysen zwischen dem gewünschten und erreichten Zielniveau neue Informationen und Einsichten in die noch nicht durchlaufenen Teile des Planungszeitraums der taktischen oder der strategischen Planung. Zum Beispiel können Informationen über die Daten allein durch den Zeitablauf besser werden, und es können neue Handlungsalternativen hinzutreten (offenes Entscheidungsfeld). Es ist folglich zu prüfen, ob die Pläne der übergeordneten Ebene bei erkennbaren wirtschaftlichen Veränderungen noch als Bezugsrahmen für die nachgeordneten Pläne dienen können oder ob der verbesserte Informationsstand zu Änderungen oder Anpassungen in der übergeordneten Planungsebene führen muß. Strategische, taktische und operative Planung sind damit kein linearer, sondern ein rückgekoppelter, rollierender, ständiger Planungsprozeß.

Aus der Abbildung 5-1 wird auch der Bezug der drei Planungskonzepte zum Leitbild deutlich. Ergibt sich aus den ständigen Rückkopplungen, daß die strategischen Ziele nicht erreicht werden können, muß dies Anlaß sein, auch über die Inhalte des Leitbildes nachzudenken. Ständiges Verfehlen strategischer Ziele deutet darauf hin, daß das Unternehmensleitbild nicht den erforderlichen Realitätsbezug hat. Weiterhin wird deutlich, daß Planung nicht losgelöst von einer Unternehmens- und Umfeldanalyse durchgeführt werden kann. Sowohl das Leitbild als auch die drei Planungsebenen müssen sich auf Informationen aus diesen Analysen stützen.

Die betriebswirtschaftliche Theorie der Planung hat sich in der Vergangenheit hauptsächlich mit Planungsproblemen der taktischen und operativen Ebene auseinandergesetzt und für diesen Bereich Planungsmodelle entwickelt. Für diese Ebenen treffen die Annahmen der klassischen Theorie - vollständige Informationen sowie eindeutige, operationale Ziele usw. - noch am ehesten zu. Das Gebiet der strategischen Planung hat erst in jüngerer Vergangenheit zunehmendes Interesse gefunden.

5.3.2 Grundzüge der strategischen Planung

5.3.2.1 Warum wird strategisches, übergreifendes Denken immer wichtiger?

Verschiedene Entwicklungen haben dazu beigetragen, daß sich der Stellenwert strategischer, übergreifender Planung in den Unternehmen im Vergleich zu früher vergrößert hat. Einige der dafür wesentlichsten Aspekte sind:

- Für ein mit vielen Produkten auf vielen Märkten agierendes Unternehmen, das der Diversifikation organisatorisch durch Verselbständigung (Divisionalisierung) von Geschäftseinheiten Rechnung getragen hat, ergibt sich ein neues strategisches Koordinationsproblem. Das Konzept der kleinen, flexibel am Markt agierenden Geschäftseinheiten ist in erster Linie für das operative Geschäft geeignet, um Erfolgspotentiale optimal auszuschöpfen. Es fehlt ein strategischer Überbau für die Verteilung knapper Ressourcen auf die Geschäftsbereiche und die strategische Koordination der einzelnen Bereiche aus Gesamtunternehmenssicht.[10] Durch den Überbau der strategischen Planung soll das geschäftsbereichsübergreifende, langfristige Denken gefördert werden. Durch übergreifendes Denken sollen neue Erfolgspotentiale geschaffen werden. Strategische Planung ist daher die zwingende Ergänzung eines Divisionalisierungskonzepts, da das Divisionalisierungsprinzip zu einer Konzentration des Denkens auf einzelne Geschäftseinheiten führt. Die damit verbundene Komplexitätsreduktion ist zwar gewollt, um insbesondere die Reaktionszeiten am Markt reduzieren zu können; aber andererseits steigt heute gerade der Komplexitätsgrad realer Probleme durch die Verbundwirkungen zwischen den Problem-

10 Vgl. Steinmann/Schreyögg (1993), S. 149 ff.

feldern. Die Wirkungen einzelner Problemfelder dürfen deshalb nicht mehr ausschließlich isoliert betrachtet werden, sondern es ist ein ganzheitliches, übergreifendes, strategisches Denken erforderlich. Die zunehmende Komplexität der Realität erzwingt damit einen Paradigmenwechsel der Planungsphilosophie.

- Bei vielen Produkten ist eine deutliche Tendenz zu sinkenden Marktanwesenheitszeiten zu beobachten, d.h., der Zeitraum von der Einführung bis zur Reifephase sowie der Elimination von Produkten aus dem Programm verringert sich. Das kommt bei vielen technischen Produkten in einer im Vergleich zu früher viel steileren Diffusionskurve zum Ausdruck; der Zeitraum zwischen Einführung am Markt und einer starken Verbreitung der Produkte nimmt ab. Abbildung 5-2 zeigt beispielsweise die schneller gewordene Diffusion unterschiedlicher Telefonvermittlungssysteme; die Diffusionskurven werden immer steiler.

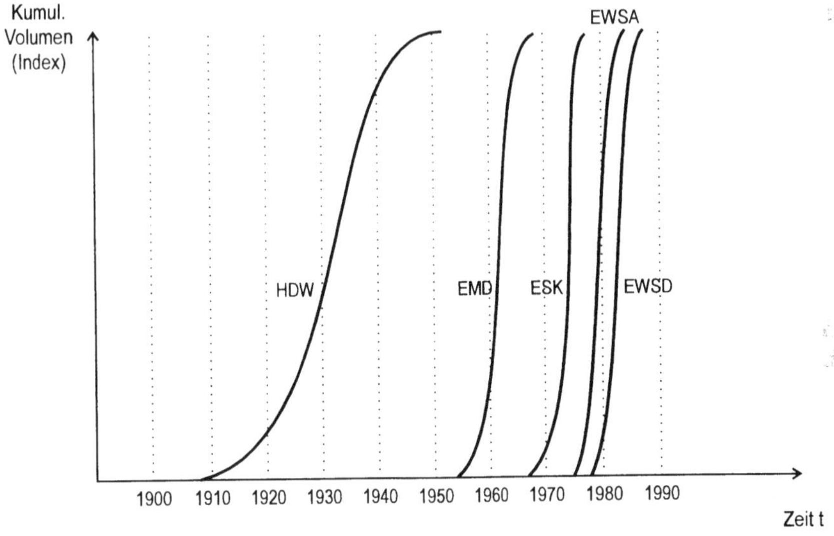

Abbildung 5-2

Als Folge dieser Entwicklung verbleibt den Unternehmen immer weniger Zeit, um die Investitionsausgaben für die Produktentwicklung zurückzugewinnen. Zudem ist es für den Erfolg entscheidend, den richtigen Markteintrittszeitpunkt zu finden; denn bei steilen Diffusionskurven ist eine Investition nur für den Erst- oder Zweitanbieter lohnend, da nur sie die erforderlichen Absatzmengen auf sich konzentrieren können. Die strategisch richtige Festlegung des Markteintrittszeitpunktes wird damit zu einem der ausschlaggebenden Erfolgsfaktoren.

- In Europa ist in der Vergangenheit in den meisten Produktfeldern die Entwicklungsdauer neuer Produkte gestiegen. Die Zeitspanne von der Idee bis zum marktreifen Produkt wird folglich immer größer. Dabei nimmt zumeist nicht die reine technische Entwicklungsdauer zu, da Technologien wie CAD/CAM eher zur Senkung dieser Zeitkomponente beitragen; vielmehr sind es die organisationsbedingten Zeiten in einer komplexer werdenden Umwelt, die z.T. erheblich anwachsen. Zu dieser Komponente gehören Zeiten für die Prüfung von Produkten, die Qualitätssicherung, die Abklärung von rechtlichen Hemmnissen usw. Steigen die Entwicklungszeiten, nehmen auch die Reaktionszeiten eines Unternehmens auf Marktveränderungen zu, und die zunehmende Vorlaufzeit bis zur Markteinführung erzwingt einen erweiterten Planungshorizont.

Angenommen, ein Unternehmen verfolgt für die kommenden Jahre ein Umsatzziel, das in der Abbildung 5-3 durch die ansteigende Gerade gegeben ist, und weiterhin angenommen, daß mit den heute im Programm befindlichen Artikeln künftig ein Umsatz erwartet werden kann, wie er durch die degressive Kurve in der Abbildung beschrieben wird, dann klafft zwischen Ziel und dem mit dem vorhandenen Programm erreichbaren Umsatz eine Lücke (Gap), die rechtzeitig durch Maßnahmen wie Produktneuentwicklung, Qualitätsverbesserung bestehender Produkte oder Suche nach neuen Anwendungsfeldern bzw. Märkten für bestehende Produkte geschlossen werden muß.

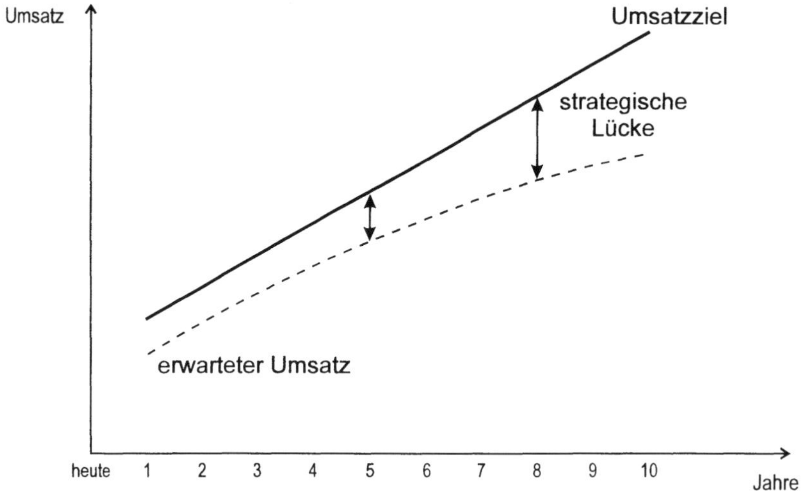

Abbildung 5-3

Bei länger werdenden Entwicklungszeiten für neue Produkte - Anstieg von fünf auf acht Jahre in der Abbildung 5-3 - muß ein Unternehmen die zeitliche Reichweite seiner Planungsüberlegungen ausdehnen. Das Umsatzloch in acht Jahren kann bei achtjähriger Entwicklungszeit nur vermieden werden, wenn die Unternehmensleitung bereits heute über diese strategische Lücke informiert ist und Maßnahmen einleitet, die diese Lücke schließen können.

Da mit wachsendem Planungshorizont die Unsicherheit der Informationen zunimmt, muß es deshalb Gegenstand strategischer Überlegungen sein, die Entwicklungszeiten neuer Produkte durch organisatorische Maßnahmen - Simultaneous Engineering - und systematische Projektsteuerung zu reduzieren. Die Erfahrungen mit japanischen Unternehmen zeigen, daß es durchaus Möglichkeiten gibt, die Entwicklungszeiten zu verkürzen.[11]

- Die länger werdenden Entwicklungszeiten haben einen weiteren negativen Effekt: Will ein Unternehmen jährlich eine bestimmte Anzahl neuer Produkte auf den Markt bringen, um seine Marktstellung halten zu können, steigt mit zunehmender Entwicklungsdauer auch die Anzahl der gleichzeitig in der Entwicklung befindlichen Produkte. Der Anteil der F&E-Kosten an den gesamten Kosten wächst in der Regel, und die sehr risikobehaftete Kapitalbindung in Entwicklungsprojekten nimmt zu. Ein nachhaltiger Erfolgsfaktor ist in diesem Fall ein effizientes Controlling des Forschungs- und Entwicklungsbereiches. Ziel muß es sein, mehr Ideen zur Marktreife zu bringen und die Entwicklungszeiten möglichst abzubauen, was nur durch effizientes Zeitmanagement zu erreichen ist. Ohne ein effizientes Zeitmanagement ist es für ein Unternehmen auch nicht möglich, den geplanten Markteintrittszeitpunkt zu realisieren.

- In den Unternehmen ist in den letzten Jahren eine deutliche Tendenz zu veränderten Kostenstrukturen zu erkennen. Der Anteil variabler, unmittelbar durch die Produktion verursachter Kosten sinkt, während die beschäftigungsunabhängigen Kosten zunehmen. Diese Kosten sind in aller Regel vordisponiert; sie sind auf Investitions-, Produktentwicklungs- oder Konstruktionsentscheidungen zurückzuführen; sie sind durch die Schaffung neuer Erfolgspotentiale und nicht durch deren Nutzung bedingt. Wird aber im Investitionszeitpunkt die Höhe der künftigen Kosten nachhaltig bestimmt und damit die Flexibilität zum Abbau von Kosten bei negativen Beschäftigungslagen eingeschränkt, kommt einer langfristigen Beurteilung der Erfolgschancen eine viel größere Bedeutung zu als in Situationen mit hohem Anteil variabler Kosten. Die Verschiebung in den Kostenstrukturen muß folglich mit einer Verlängerung der zeitlichen Reichweite der Planungsüberlegungen einhergehen.

- Auch die Kapitalstruktur deutscher Unternehmen zwingt zu gründlicheren, langfristigen Planungen. Bei einer Eigenkapitalquote an der Bilanzsumme von derzeit knapp 20 % ist die Basis des haftenden Kapitals recht dünn. Kapitalzehrende Fehlentscheidungen kann sich ein Unternehmen daher kaum leisten, will es nicht den Bestand und die künftigen Wachstumsmöglichkeiten gefährden. Die dünne Eigenkapitaldecke zwingt dazu, vor einer Entscheidung besser über mögliche langfristige Konsequenzen informiert zu sein, um existenzgefährdende Strategien identifizieren und vermeiden zu können.

- Strategische Planung ist insbesondere bei geringer Wirtschaftsstabilität und hoher Dynamik erforderlich. Ist eine Wirtschaftssituation weitgehend durch einen stabilen Entwicklungspfad gekennzeichnet, reicht es meistens, einen in der Vergangenheit eingeschlagenen, erfolgreichen Weg fortzuschreiben. Zudem kommt Flexibilitätsüberlegungen bei geringer Dynamik eine nachrangige Bedeutung zu, da nur geringe Veränderungen an den Märkten auftreten, gegen die sich ein Unternehmen absichern muß. Bei großer Dynamik und häufigen Strukturbrüchen kommt es hingegen darauf an, Entwicklungen rechtzeitig zu erkennen oder vorauszusehen und auf diese mit möglichst anpassungsfähigen Strategi-

11 Vgl. Womak/Jones/Roos (1992).

en zu antworten. Informationen über denkbare Entwicklungstrends sind gefragt, und die langfristige Unternehmenspolitik muß sich auf das ganze für möglich gehaltene Spektrum von Situationen einstellen. Strategische Planung kann somit nicht darin bestehen, bisherige Strategien fortzuschreiben, gefragt sind neue Strategien, die sich in der Dynamik bewähren. Strategische Planung besteht darin, sich rechtzeitig auf Veränderungen einzustellen. Unternehmen, die dies getan haben, sind weder durch den gemeinsamen europäischen Binnenmarkt noch durch die Umbrüche in Osteuropa überrascht worden. Sie haben ihre Unternehmenspolitik langfristig und umfassend auf diese Entwicklungen eingestellt.

5.3.2.2 Unterschiedliche Denkstile strategischer Erfolgsfaktoren

Die strategische Planung baut meistens auf sehr unsicheren Informationen über Daten und Handlungsalternativen sowie Wirkungszusammenhänge auf und muß zudem von nicht exakt meßbaren Zielen und allgemeinen Wertvorstellungen ausgehen. Demzufolge ist die strategische Planung auch mit einem anderen Planungsinstrumentarium zu betreiben als die taktische und operative Planung. Während für taktische und operative Entscheidungen überwiegend mit quantitativen Planungsansätzen oder quantitativ gestützten Heuristiken gearbeitet wird, geht die strategische Planung von qualitativen „Modellen“ mit meistens nur schwach gestützten Hypothesen über ökonomische Zusammenhänge aus und baut in der Regel auf Konzepten über Erfolgsfaktoren auf. Die den Erfolg langfristig und nachhaltig beeinflussenden Faktoren sollen identifiziert werden, um sie durch strategische Maßnahmen so einzustellen, daß der langfristige Unternehmenserfolg gesichert werden kann. Über das, was Erfolgsfaktoren sind, besteht allerdings in der Literatur keine Einigkeit. Es sind drei generelle Denkstile festzustellen:

- Erfolgsfaktoren werden in bestimmten Verhaltensmustern oder Grundtugenden von Unternehmen gesehen.
- Gesucht werden generelle, unternehmens- und branchenübergreifende strategische Gesetzmäßigkeiten. Zum Beispiel welcher Zusammenhang besteht zwischen Marktwachstum und relativem Marktanteil einerseits und dem Cash-flow und dem Erfolg andererseits, bzw. welche Faktoren beeinflussen den Return on Investment (ROI)? Auf der Basis derartiger Erkenntnisse sollen die Parameter der langfristigen Unternehmenspolitik festgelegt werden.
- Zu analysieren sind unternehmensindividuelle, den langfristigen Erfolg beeinflussende Stärken und Schwächen. Strategische Lücken im Programm, der Fertigung, der Organisation usw. sollen identifiziert und möglichst konkrete Ideen für erfolgversprechende Maßnahmen entwickelt werden. Für die Bewertung dieser Ideen sind Risiko- und Chancenprofile zu erstellen.

Hinter diesen drei Denkstilen verbirgt sich letztlich ein unterschiedlich hoher Abstraktionsgrad der Analyse.

Beim ersten Denkstil werden florierende Unternehmen auf gemeinsame Verhaltensmuster (Grundtugenden) hin untersucht. Die Vertreter dieser Richtung sehen in den Verhaltensmustern die Ursachen für den Unternehmenserfolg. Paßt sich ein Unternehmen an erfolgreiche Verhaltensmuster an, kann es nach dieser Denkrichtung auch mit Erfolgen rechnen. Beispiele derartiger, das langfristige Handeln determinierende Prinzipien sind:[12]

- Vorrang des Handelns vor langatmiger Planung. Unternehmerisches spontanes Handeln hat Vorrang vor langwierigen, zeitraubenden und teuren Planungen; Probieren geht über Studieren.
- Nähe zum Kunden.
- Freiräume für Unternehmertum im Unternehmen, Freiräume für Mitarbeiter fördern Eigenständigkeit und Kreativität.
- Bindung an das angestammte Geschäft. In das Produktionsprogramm werden nur Produkte aufgenommen, die zu den bisherigen Produktlinien des angestammten Geschäftsbereichs passen.
- Einfacher, flexibler Unternehmensaufbau fördert den Erfolg.
- Mitarbeiterorientierung. Für eine hohe Produktivität ist hohe Mitarbeitermotivation wesentlich. Das Handwerkliche des einzelnen Mitarbeiters zählt.
- Zwanglosigkeit der Kommunikation im Unternehmen. ("Management by walk around", Abbau von Hierarchie)
- Sichtbar gelebtes Wertesystem durch die Führungsspitze, eigenverantwortliche Führung im Rahmen vereinbarter Ziele.
- Die Besetzung von Stellen im höheren Management erfolgt nur durch Mitarbeiter aus dem eigenen Unternehmen.

Derartige Handlungsprinzipien tragen in bestimmten äußeren Situationen - hohe Dynamik - durchaus zum Unternehmenserfolg bei; sie sind aber nicht die eigentlichen Erfolgsfaktoren, sondern nur Randbedingungen, die erfüllt sein müssen, damit die eigentlichen Erfolgsfaktoren wirken können. Diese Handlungsprinzipien haben eine ähnliche Funktion wie die Hygienefaktoren in der Motivationstheorie von Herzberg;[13] es sind Bedingungen, ohne die es bei hoher Komplexität nicht geht, die aber selbst noch nicht die Erfolgspotentiale darstellen. Ein Wandel des Umfeldes (Marktsituation, Produktionstechniken, Finanzierungsformen o.ä.) kann folglich bisher erfolgreiche Prinzipien zu Mißerfolgspotentialen werden lassen. Ein Tradieren oder Kopieren angeblich erfolgreicher Prinzipien wird damit zur Ursache für das Scheitern ehemals erfolgreicher Unternehmen. Die deutsche Industriegeschichte ist voll von derartigen Beispielen. Auch eine Reihe der in der Untersuchung von Peters und Water-

12 Vgl. Peters/Watermann (1983).

13 Vgl. Herzberg/Mausner/Snydermann (1959).

mann[14] als exzellent bezeichneten Unternehmen sind später trotz ihrer Erfolgsgrundsätze in erhebliche Schwierigkeiten geraten, weil sich die äußere Situation nachhaltig verändert hat.

Eine ganze Reihe der genannten Grundtugenden steht zudem im Gegensatz zur Forderung nach übergreifendem, vernetztem, strategischem Denken. Es sind mehr Prinzipien, die für das Dringliche des Tagesgeschäftes, nicht aber für das Wichtige der langfristigen Unternehmenssicherung geeignet sind. Die Prinzipien betonen den Aktionismus und die Individualität. Sie regen nicht zu koordiniertem, vernetztem Denken an, sondern vertrauen darauf, daß der Einzelne in komplexen Systemen das Richtige tut und seine Freiräume zum Vorteil des Ganzen nutzt. Je komplexer die Systeme werden, um so stärker wird aber das Erfordernis einer strategischen Koordination. Strategische Komponenten sind in den Grundtugenden allenfalls in den Punkten: „Vorleben der Unternehmenskultur", „Weiterentwicklung des Bewährten" und „Mitarbeiterorientierung" zu erkennen. Die Prinzipien sind deshalb im Hinblick auf strategisches Denken dringend ergänzungsbedürftig.

Strategische Planung als Grundsatzplanung ist heute häufig - der zweiten Denkrichtung für Erfolgsfaktoren folgend - so konzipiert, daß nach Gesetzmäßigkeiten gesucht wird, die den langfristigen Erfolg der Unternehmen erklären. Gesucht sind strategische Gesetze, die den Zusammenhang zwischen dem Erfolg von Unternehmen – z.B. dem ROI und bestimmten unternehmenspolitischen Verhaltensweisen – offenlegen oder die Erfolgspotentiale in Abhängigkeit von einem erreichten internen Zustand eines Unternehmens und nicht zu beeinflussenden externen Gegebenheiten erklären. Es gilt zu identifizieren, welche Verhaltensweisen - geringe Fertigungstiefe, hoher Anteil an Kosten für Forschung und Entwicklung, breites Produktprogramm - und welche Zustände - hoher Marktanteil, hohe Lagerbestände, große Wachstumsraten der Produkte - mit dem Unternehmenserfolg positiv oder negativ korrelieren und welche Bedeutung nicht beeinflußbare Faktoren (Konjuktur, Wechselkursveränderungen, technische Entwicklungen, Änderungen von Rohstoffpreisen usw.) für den Erfolg haben. Die Gesetzmäßigkeiten sollen in der strategischen Planung benutzt werden, um Erkenntnisse darüber abzuleiten, in welche Richtung die Verhaltensweisen oder Zustände des Unternehmens verändert werden sollen.

Die Modelle auf der Basis strategischer Gesetzmäßigkeiten lassen sich in zwei Teilklassen einteilen:

- Modelle, die von plausiblen Hypothesen ausgehen, die aber empirisch nur schwach gestützt sind. Zu dieser Art von Hypothesen ist der Erfahrungskurveneffekt mit den daraus resultierenden Kostensenkungspotentialen aber auch das Lebenszykluskonzept von Produkten zu rechnen.

- Modelle, die auf der Basis eines empirischen Datensatzes mit statistischen Methoden versuchen, meist branchenübergreifende Zusammenhänge zwischen dem ROI und Indikatoren für den Erfolg zu quantifizieren. Im Grunde wenden diese Verfahren die gleichen Methoden wie die quantitativen Prognosemodelle an und haben dementsprechend auch vergleichbare Schwächen.

14 Vgl. Peters/Watermann (1983).

Stellvertretend für die erste Modellklasse sollen das Marktwachstum-Marktanteil-Portfolio der Boston-Consulting-Group sowie für die zweite Modellklasse die PIMS-Studie dargestellt und methodisch kritisiert werden. Die Kritik an beiden Methoden zielt nicht darauf ab, sie generell als ungeeignet für die strategische Planung herauszustellen. Die Analyse der Schwächen dieser mechanistischen Modelle soll dem potentiellen Nutzer nur die Probleme sowie deren Vereinfachungen ins Bewußtsein rücken und die daraus resultierenden Gefahren für die Ableitung eigener Strategien verdeutlichen. Den Methoden fehlt es zwar weitgehend an einer abgestützten, theoretischen Fundierung; es ist aber nicht abzustreiten, daß sie ein gewisses heuristisches Potential besitzen, das zu verbessertem Problembewußtsein des Planenden beitragen kann und mit der nötigen Vorsicht auch zu einer besseren Strukturierung von Planungsproblemen genutzt werden kann. Das bedeutet beispielsweise für eine strategische Geschäftseinheit, die im Marktwachstum-Marktanteil-Portfolio als zu „melkende Kuh“ eingeordnet wurde, daß sie sich in der nächsten Investitionsrunde schon eine besonders gelungene Argumentation einfallen lassen sollte, warum sie die erwirtschafteten finanziellen Überhänge selbst benötigt und nicht anderen Geschäftseinheiten mit hohem Finanzbedarf und Wachstumschancen zur Verfügung stellen will.

Auch der PIMS-Studie kommt ein gewisses heuristisches Potential zu. Angenommen ein Unternehmen müßte nach den Ergebnissen der PIMS-Studie bei seinen Verhaltensweisen einen höheren ROI erwirtschaften als es der Realität entspricht, dann muß offenbar intensiver darüber nachgedacht werden, was die Ursache für die Abweichungen von der Norm ist. Anscheinend gibt es in dem konkreten Unternehmen noch nicht erkannte Mißerfolgspotentiale.

Nachteil der zweiten Denkrichtung strategischer Erfolgsfaktoren ist ihr Anspruch auf generell gültige Erklärungsgesetze. Die konkreten Bedingungen eines Unternehmens bleiben damit unberücksichtigt. Das Unternehmen weiß dann zwar, daß die eigene Fertigungstiefe oder der Kapitalumschlag zu hoch ist oder der relative Marktanteil zu gering ausfällt. Es kann daraus Anregungen für generelle Denkrichtungen für ein verändertes Verhalten ziehen; aber unklar bleibt, was konkret in der Strategie des Unternehmens zu verändern ist, um erkannte Defizite zu überwinden. Für diese Frage kann nur eine Analyse mit geringem Abstraktionsniveau eingesetzt werden. Es sind die konkreten strategischen Stärken und Schwächen eines Unternehmens im Vergleich zur Konkurrenz aufzuzeigen, um bessere Politikansätze entwickeln zu können. Diese Vorgehensweise entspricht der dritten Denkrichtung von Erfolgsfaktoren. Nachteil dieser Richtung ist allerdings, daß sie keine generalisierenden Aussagen erlaubt. Aussagen sind immer nur für eine bestimmte Unternehmenssituation möglich.

In den folgenden Abschnitten werden zum zweiten und dritten Denkstil von Erfolgsfaktoren mit dem Marktwachstum-Marktanteil-Portfolio, der PIMS-Studie sowie der Stärken- und Schwächenanalyse drei Beispiele behandelt.

5.3.2.3 Modellphilosophien zur strategischen Planung

5.3.2.3.1 Das Marktwachstum-Marktanteil-Portfolio

Das Konzept geht von einem in unabhängige strategische Geschäftseinheiten (SGE) gegliederten Unternehmen aus. Dieses Unternehmen soll eine Politik betreiben, bei der sich die Gesamtheit der SGE im finanziellen Gleichgewicht befindet. Der Finanzbedarf alimentationsbedürftiger SGE mit meist jungen Produkten soll durch finanzielle Überschüsse älterer, am Markt etablierter Erzeugnisse gedeckt werden. Hinter dieser Vorstellung des Finanzausgleichs stecken vergleichbare Überlegungen wie beim Risikoausgleich im Modell der Portfolio Selection von Markowitz.[15]

Das Konzept baut auf Hypothesen über den Zusammenhang zwischen der finanziellen Lage sowie der Erfolgssituation der strategischen Geschäftseinheiten und zwei angeblich für den Unternehmenserfolg ausschlaggebenden Schlüsselfaktoren (relativer Marktanteil und Marktwachstum) auf. Unterstellt wird, daß der relative Marktanteil und das Marktwachstum über die kumulierten Produktionsmengen einen Einfluß auf den Netto-Cash-flow einer SGE haben und daß sich den unterschiedlichen Feldern im Marktwachstum-Marktanteil-Portfolio unterschiedliche finanzielle Verhaltensweisen (Normstrategien) zuordnen lassen. Dem Konzept liegt eine allerdings recht verschwommene Vorstellung über den Zusammenhang von Cash-flow und Kosten zugrunde. Durch große kumulierte Produktionsmengen, die bei hohem relativen Marktanteil und großem Marktwachstum erzielt werden können, sollen als Folge des Erfahrungskurveneffektes Kostensenkungspotentiale (Lerneffekt, Betriebsgrößendegression, Verfahrensinnovationen) erschlossen werden, die die Finanz- und Gewinnposition einer SGE gegenüber der Konkurrenz verbessern. Der Erfahrungskurveneffekt besagt: Die Stückkosten eines Produktes gehen um einen konstanten Prozentsatz zurück, sobald sich die in kumulierten Produktmengen ausgedrückte Produktionserfahrung verdoppelt.[16] Gewonnene, in Kostensenkungen umgesetzte Erfahrungen sollen damit die Basis für Erfolgspotentiale sein. Welcher Zusammenhang zwischen der Kostenargumentation und der finanziellen Situation der SGE besteht, bleibt im Grunde ungeklärt. Implizit kann aus der gesamten Argumentation nur geschlossen werden, daß ein hoher Cash-flow in einem engen Zusammenhang zu niedrigen Kosten pro Stück stehen soll. Dieser Zusammenhang ist aber nicht allgemeingültig.[17]

Der Faktor „Marktwachstum" repräsentiert in diesem Modell einen externen, durch die Unternehmung nicht beeinflußbaren Erfolgsfaktor, der die Umfeldsituation beschreibt, in der die SGE agieren. Unterschieden werden zwei Ausprägungen des externen Wachstums (hoch und niedrig). Das Konzept unterstellt einen direkten Zusammenhang zwischen dem Wachstum und dem Netto-Cash-flow, und zwar soll der Finanzbedarf mit den Wachstumsraten steigen. Stark wachsende Märkte stellen zudem eine Chance dar und versprechen unterneh-

15 Vgl. Markowitz (1970).

16 Vgl. Meffert (1986), S. 65.

17 Verfallen die Preise von Produkten am Markt z.B. schneller als Kostensenkungen entsprechend der Erfahrungskurve erzielt werden können, sinkt der Cash-flow je Produkteinheit, und auch die gesamten finanziellen Überschüsse eines Produktes bzw. einer SGE können in Abhängigkeit von der Mengenentwicklung rückläufig sein.

merischen Erfolg, niedrige Wachstumsraten deuten auf unattraktive Märkte mit Produkten hin, die sich in den letzten Phasen ihres Lebenszyklus befinden.[18]

Der erreichte relative Marktanteil ist der zweite, durch die Unternehmenspolitik aktiv zu beeinflussende Schlüsselfaktor. Es werden ebenfalls zwei Ausprägungen unterschieden. Unter dem relativen Marktanteil wird der Quotient aus dem Umsatz einer Geschäftseinheit und dem Umsatz des stärksten Konkurrenten oder dem mittleren Umsatz der drei stärksten Konkurrenten verstanden. Bei diesem Schlüsselfaktor wird unterstellt, daß ein enger positiver Zusammenhang zwischen der Profitabilität bzw. dem Cash-flow einer Geschäftseinheit und dem Marktanteil besteht, so daß der Marktanteil als einziger relevanter interner Faktor für den Erfolg herangezogen werden kann. „Begründet" wird dieser Zusammenhang mit dem Erfahrungskurveneffekt. Bei großem Marktanteil werden insbesondere bei großem Marktwachstum schnell hohe Stückzahlen erreicht, die Kostensenkungspotentiale eröffnen. Das Portfolio-Konzept geht damit im Grunde von einer Strategie der Kostenführerschaft bei großem Absatzvolumen aus. Zentraler Einwand gegen diese Hypothese ist folglich, daß es zahlreiche Unternehmen mit niedrigem Marktanteil und kleinen Stückzahlen bei hoher Rentabilität gibt, die mit einer Nischenpolitik erfolgreicher sind als Unternehmen mit hohen Marktanteilen. Letztlich ist nicht der Marktanteil sondern die Marktposition des Unternehmens und der komparative Vorteil gegenüber der Konkurrenz (in Qualität und Service) die entscheidende Größe, um Wettbewerbsvorteile und Profitabilität zu erklären.[19]

Nach den Ausprägungen der beiden Schlüsselfaktoren werden die SGE in der Marktwachstum-Marktanteil-Matrix positioniert. Ein gesundes Portfolio an Geschäftseinheiten liegt in den Augen dieses Konzeptes vor, wenn eine gute Mischung von SGE in allen vier Bereichen erreicht ist.

Für die vier Felder der Matrix werden vier Normstrategien empfohlen:[20]

- Stars
  Dies sind die SGE mit einem hohen relativen Marktanteil in schnell wachsenden Märkten; sie haben die höchsten Erträge und die größten finanziellen Überschüsse. Erwirtschaftete Erträge sollen vollständig reinvestiert werden, da zur Sicherung der Marktstellung das interne Wachstum am Marktwachstum orientiert sein soll.

- Cash-cows
  Aufgrund ihrer guten Wettbewerbsposition erwirtschaften die SGE in reifen Märkten mit niedrigem Marktwachstum noch hohe Erträge und vor allem hohe finanzielle Überschüsse. Die Produkte haben im Lebenszyklus die Reifephase überschritten. Da der Markt künftig keine Erfolgspotentiale mehr verspricht, soll in diese SGE nicht weiter investiert werden. Die Cash-cows sind zu „melken".

- Question-marks
  SGE in dieser Position befinden sich in wachsenden, attraktiven Märkten mit einem noch

18 Vgl. Steinmann/Schreyögg (1993), S. 199.

19 Vgl. Steinmann/Schreyögg (1993), S. 203.

20 Vgl. Steinmann/Schreyögg (1993), S. 200 f.

geringen Marktanteil. Um die Chancenpotentiale für Marktanteilssteigerungen zu nutzen, ist eine Steigerung des Marktanteils durch hohe Investitionen erforderlich. Bei „Question-marks“ handelt es sich um Produkte in der Einführungsphase. Stürzen diese Produkte nach der Einführung sofort ab, erweisen sie sich mithin als Flop, werden sie sofort zu „Dogs“. Entwickeln sie sich positiv, durchlaufen sie nacheinander die Phasen „Star“, „Cash-cow“ und „Dog“.

- Dogs
  Geschäftseinheiten in diesem Feld befinden sich nach dem Konzept in einer sehr ungünstigen Position. Es handelt sich um SGE mit schwacher Wettbewerbsposition in unattraktiven Märkten. Maßnahmen zur Positionsverbesserung sind nicht mehr ratsam; es werden deshalb Rückzugsstrategien empfohlen.

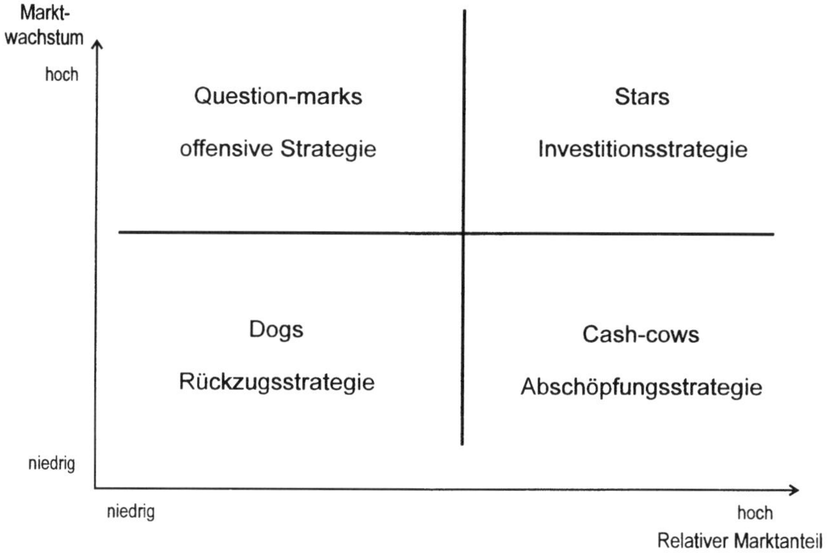

Abbildung 5-4

Das Marktwachstum-Marktanteil-Portfolio hat eine große Zahl von Schwächen, die in der Literatur[21] sehr ausgiebig behandelt wurden und deshalb an dieser Stelle nur überblickartig zusammengefaßt werden.

- Das Konzept setzt eindeutig abgrenzbare Geschäftseinheiten voraus. Zweifelhaft ist, ob einzelne Produkte oder ganze Produktgruppen als SGE zu definieren sind. Vom Aggregationsgrad der Betrachtung können sowohl das relevante Marktwachstum als auch der Marktanteil und damit die Position der gebildeten SGE abhängen.

21 Vgl. hierzu beispielsweise: Dunst (1983); Hax/Majluf (1991); Hinterhuber (1984); Kreikebaum (1993); Steinmann/Schreyögg (1993).

- Um den relativen Marktanteil einer SGE zu bestimmen, ist eine sachliche und räumliche Abgrenzung des relevanten Marktes erforderlich. Hierfür fehlen aber eindeutige Kriterien. Ein Hersteller teurer Sportwagen hat einen geringen relativen Marktanteil am gesamten PKW-Markt. Im Bereich der Sportwagen ist er hingegen viel höher. Aber vielleicht befindet sich der Sportwagenhersteller auch nicht nur im Automobilgeschäft, sondern konkurriert im wachsenden Freizeitmarkt mit Yachten und Ferienhäusern. Die sachliche und räumliche Marktabgrenzung (Marktgebiet) bestimmt wiederum die Position einer SGE in der Matrix. Wird eine „Cash-cow" durch eine andere Marktabgrenzung zum „Dog", dann fragt sich, ob deshalb die Strategie verändert werden soll.

- Zentraler Kritikpunkt des Konzeptes sind die Normstrategien. Sie empfehlen, ausgehend von den vier Idealpositionen, einseitige und undifferenzierte Verhaltensweisen. Wenn ein Unternehmen im Ist-Portfolio überwiegend „Dogs" hat, soll es dann liquidieren? In aller Regel befindet sich eine SGE nicht in der Idealposition mitten in den vier Feldern, sondern sie hält sich in Randbereichen auf; differenziertere Strategien sind folglich erforderlich.

- Die Unterteilung der beiden Achsen der Matrix in zwei Segmente ist recht willkürlich. Zudem ist es zweifelhaft, ob sinnvollerweise für alle Geschäftseinheiten, die auf sehr unterschiedlichen Märkten arbeiten, mit einer einheitlichen Trennmarke - weniger als 10 % Wachstum mit einer Einstufung als „Dog" oder „Cash-cow" - gearbeitet werden kann. Marktunterschiede, die auch für die Unternehmensstrategie bedeutsam sind, werden dadurch verwischt.

- Grundlage zur Einordnung der SGE in die Matrix sind vergangenheitsorientierte oder gegenwärtige Daten. Es geht jedoch um die Planung künftiger Strategien. Erwartungen oder künftige Daten gehen aber in die Analyse gar nicht ein; es fehlen Aussagen über mögliche oder erwartete Marktveränderungen. Ermittelt wird lediglich ein Ist-Portfolio. Wie sich die Struktur der SGE sinnvollerweise und in welchen Schritten verändern sollte, um die Unternehmensposition auf sich wandelnden Märkten bei sich gleichzeitig verändernden Produktionstechnologien zu verbessern, wird nicht erkennbar. Zudem wird dem Unsicherheitsaspekt, der bei strategischen Entscheidungen wesentlich ist, überhaupt kein Augenmerk geschenkt.

- Äußerst fraglich ist auch, ob die gewählten zwei Erfolgsfaktoren einen nachhaltigen Beitrag zur Erklärung der Erfolgs- und Finanzlage eines Unternehmens liefern. Die unterstellten Zusammenhänge gelten in der Realität nicht mit der unterstellten Einfachheit. Die PIMS-Studie[22] zeigt, daß 59 % der als „Dog" deklarierten SGE im Gegensatz zur Annahme des Portfolios einen positiven Cash-flow aufweisen. Warum sollte eine solche SGE eine Rückzugsstrategie betreiben? 26 % der betrachteten „Cash-cows" hingegen erwirtschafteten keine Finanzüberschüsse. Derartige Ergebnisse lassen Zweifel an der Einordnung der SGE und den zugehörigen Normstrategien aufkommen. Zwischen dem Marktanteil und der Rentabilität besteht zwar ein positiver Zusammenhang, der Beitrag

22 Vgl. Buzzell/Gale (1989), S. 11.

des Marktanteils zur Erklärung der Höhe der Rentabilität einer Geschäftseinheit ist allerdings so gering, daß nicht von einem Erfolgsfaktor gesprochen werden kann.[23]

- Die Produktions- und absatzmäßigen Interdependenzen zwischen den einzelnen Geschäftseinheiten werden nicht berücksichtigt, da jeweils einzelne SGE betrachtet werden. Dabei müßten in der strategischen Planung gerade Synergien zwischen den SGE - gemeinsame Erfahrungen, gemeinsame Absatzwege und Fertigungskapazitäten - erfaßt werden.[24]

- Die Forderung nach einem ausgeglichenen Cash-flow zwischen allen SGE ist zudem realitätsfern. Wenn Unternehmenswachstum nur von innen finanziert werden soll, wird eine Abkopplung des Unternehmens von den Geld- und Kapitalmärkten unterstellt.[25] Die unternehmerische Praxis zeigt ein deutlich anderes Finanzierungsverhalten.

- Das Portfolio-Konzept geht zudem von einer statischen Interpretation des Erfahrungskurveneffektes aus. Hat eine SGE aufgrund eines höheren relativen Marktanteils eine höhere kumulierte Menge, hat sie geringere Kosten und bei gleichen Absatzpreisen im Vergleich zur Konkurrenz einen höheren Stückgewinn, was als Erfolgspotential gewertet wird. Bei einer dynamischen Interpretation muß gesehen werden, daß sinkende Stückkosten bei großem Mengendruck auf den Märkten - und für diese Situation ist das Konzept entwikkelt worden - einen hohen Preisdruck nach sich ziehen. Verfallen Preise schneller, als Lerneffekte zu erzielen sind - vgl. die Entwicklung bei Massenspeichern in den Jahren 1988/90 - führt dies zu sinkenden Gewinnen und sinkendem finanziellen Überschuß bei den Geschäftseinheiten, so daß nicht von einem strategischen Erfolgsfaktor gesprochen werden kann.

Das Marktwachstum-Marktanteil-Portfolio kann deshalb nicht als Instrument der strategischen Planung angesehen werden. Die praktische Bedeutung der Portfolios liegt allein in der kommunikationsfreundlichen und unmittelbar ansprechenden Darstellung der strategischen Position eines diversifizierten Unternehmens, die die Situation des Gesamtunternehmens, auf sehr globale, undifferenzierte Weise deutlich zu machen versucht.[26] Anleitungen, wie diese Positionen durch konkrete Maßnahmen sinnvoll zu verändern sind, gibt das Konzept nicht.

5.3.2.3.2 Die PIMS-Studie

PIMS - Profit Impact of Market Strategies - untersucht auf der Basis einer sehr umfangreichen empirischen Datenbank die Bedeutung einer Vielzahl von Indikatoren für den ROI. Die Untersuchung basiert auf der multiplen Regressionsanalyse und statistischen Testverfahren (F-Test). Die angewandte Methodik ist im Grunde die gleiche wie bei den quantitativen

---

23 Vgl. Kreikebaum (1993), S. 92.

24 Vgl. Kreikebaum (1993), S. 91 f.

25 Vgl. Kreikebaum (1993), S. 93.

26 Vgl. Kreikebaum (1993), S. 93.

Prognoseverfahren, nur handelt es sich bei den Daten nicht um Zeitreihen, sondern um Datensätze einer zu erklärenden Größe - ROI - und einer Vielzahl potentieller Indikatoren - Marktanteil, Kapitalumschlaghäufigkeit, Umsatzrendite, Produktqualität, Vermarktungskosten usw. -, die in einer großen Zahl von Geschäftseinheiten erhoben wurden. Untersucht werden Daten, die sich auf den gleichen Zeitpunkt bzw. die gleiche Periode beziehen, aber aus unterschiedlichen strategischen Geschäftseinheiten stammen. Die multiple Regressionsanalyse benutzt lineare Schätzgleichungen folgender Art:

$$ROI = a + \sum_i b_i \; x_i$$

Mit x_i werden die Ausprägungen der erklärenden Indikatoren bezeichnet, und a bzw. b_i sind die in der Regressionsanalyse zu bestimmenden Faktoren. Anstelle der obigen, normalen Regressionsgleichung arbeitet PIMS mit einer Normierung. An die Stelle der Regressionskoeffizienten b_i treten β_i-Werte,[27] und das absolute Glied a der Regressionsgleichung entfällt. Die β_i-Werte geben damit den Einfluß der erklärenden Variablen x_i auf den ROI an. Um den Erwartungswert des ROI existiert eine als zufällig zu interpretierende Streuung der realen ROI-Werte. Das Ausmaß dieser zufälligen bzw. irregulären Komponente kann durch Auswahl unterschiedlicher Sätze erklärender Faktoren x_i beeinflußt werden. Gesucht ist der Satz von Indikatoren, der von der Streuung der ROI-Werte des empirischen Datensatzes möglichst viel erklärt. In die gesuchten strategischen Gesetzmäßigkeiten geht nur der durch die Indikatoren erklärbare Teil der Streuungen des ROI ein. Der nicht erklärbare Anteil bzw. die Bandbreite der Steuungen des ROI um seinen Erwartungswert bei bestimmten Ausprägungen der Indikatoren wird nicht analysiert.

Der analysierte Datensatz bezieht sich entweder auf alle beteiligten strategischen Geschäftseinheiten und führt zu einem strategischen Gesetz quer über alle Branchen, oder die strategischen Geschäftseinheiten werden bestimmten Clustern wie „Handel und Dienstleistungen", „Konsumgüterproduzenten" oder „Hersteller von Industriegütern" zugeordnet, um Branchenzusammenhänge herauszuarbeiten. Die Datenbank kann auch nach anderen Kriterien wie „Marktführer" oder „ Marktfolger" oder nach räumlich abzugrenzenden Märkten sortiert werden.

Aus den Berechnungsergebnissen der multiplen Regressionsanalyse glauben die Anhänger der PIMS-Methode auf strategische Gesetzmäßigkeiten schließen zu können, die allgemein oder in speziellen Branchen oder Märkten Gültigkeit haben. Zunächst sollen einige dieser Gesetzmäßigkeiten beschrieben werden, bevor auf die Probleme eingegangen wird, die mit der Anwendung dieser Gesetze in der strategischen Planung verbunden sind.

Strategische Gesetze:

- Einer der wichtigsten Einzelfaktoren für den ROI ist die relative Qualität der angebotenen Leistungen. Zwischen ROI und der relativen Qualität besteht allerdings nur ein Korrelati-

27 $\beta_i = b_i \frac{\text{Standardabweichung von } x_i}{\text{Standardabweichung von } y}$;
y ist die erklärte Variable (ROI), und x_i steht für die erklärenden Variablen. b_i sind die sich bei nicht standardisierten Werten ergebenden Regressionskoeffizienten. Vgl. Backhaus et al. (1994), S. 19.

onskoeffizient[28] von R = 0,27, d.h., dieser Faktor erklärt mit einem Bestimmtheitsmaß von $R^2 = 0,0729$ nur rund 7,3 % der Streuung der ROI-Werte. Bei einem derart niedrigen Erklärungswert der Streuung kann kaum ernsthaft behauptet werden, daß es sich überhaupt um einen erklärenden Faktor handelt.[29]

- Marktanteil und Rentabilität sind eng miteinander verbunden. Selbst bei gleichzeitig berücksichtigten 20 weiteren Faktoren hat der Marktanteil noch einen Nettoeffekt von 3,5 ROI-Prozentpunkten bei einem um 10 Prozentpunkte erhöhten Marktanteil.[30] Der Marktanteil alleine trägt aber nur mit einem Bestimmtheitsmaß $R^2 = 0,14$ äußerst schwach zur Erklärung der Streuung des ROI bei. Der Hauptvorteil eines großen Marktanteils ist in Größendegressionseffekten zu sehen. Allerdings darf aus obigem Zusammenhang nicht geschlossen werden, daß eine strategische Geschäftseinheit ihren Marktanteil um jeden Preis erhöhen sollte, um die Rentabilität zu steigern. Ein linearer Zusammenhang zwischen ROI und relativem Marktanteil ist durchaus nicht zwingend. Im Einzelfall kann ein vergrößerter Marktanteil so hohe Kosten oder Preissenkungen bedingen, daß der ROI sinkt.

- Eine hohe Investitionsintensität drückt den ROI, während die Umsatzrentabilität mit steigender Investitionsintensität nur geringfügig abnimmt.[31] Auch dieser Zusammenhang ist nicht zwingend; wird die Investitionsintensität reduziert, kann das insbesondere langfristig negative Wirkungen auf den ROI haben.

- Eine hohe Wertschöpfung (vertikale Integration) übt in Abhängigkeit vom relativen Marktanteil einen unterschiedlichen Einfluß auf die Rentabilität aus. Strategische Geschäftseinheiten mit geringem Marktanteil erreichen den höchsten ROI bei geringer vertikaler Integration. Bei hohem Marktanteil wirkt sich ein mittlerer vertikaler Integrationsgrad nachteilig auf den ROI aus. Bei gegebenem Integrationsgrad steigt der ROI mit zunehmendem Marktanteil.[32]

- Faktoren, die den ROI verbessern, erhöhen auch langfristig den Unternehmenswert. ROI-Entwicklung im Zeitablauf und Wertsteigerung des Unternehmens sind eng korreliert.[33]

Sicherlich sind die „strategischen Gesetze“ nicht völlig von der Hand zu weisen. Allerdings waren die meisten dieser „Zusammenhänge“ auch bereits vor der PIMS-Analyse bekannt, ganz einfach, weil ihnen ein gewisses Maß an Plausibilität nicht abzusprechen ist. Soweit die „strategischen Gesetze“ nur als grobe Tendenzaussagen angesehen werden, von denen es im Einzelfall erhebliche Abweichungen geben kann, ist gegen diese Interpretation nichts einzuwenden. Generelle Tendenzaussagen sind zwar interessant, sie nutzen aber für eine

28 Vgl. Buzzell/Gale (1989), S. 238.

29 Auch der Marktanteil (Korrelationskoeffizient R = 0,38 bzw. $R^2 = 0,14$) erklärt alleine nur 14 % der Streuung des ROI. Lediglich der Umsatzrendite kommt bei einem Korrelationskoeffizienten von R = 0,85 und einem Bestimmtheitsmaß $R^2 = 0,72$ eine hohe Erklärungsfunktion zu.

30 Vgl. Buzzell/Gale (1989), S. 8.

31 Vgl. Buzzell/Gale (1989), S. 9 f.

32 Vgl. Buzzell/Gale (1989), S. 12.

33 Vgl. Buzzell/Gale (1989), S. 12 ff.

konkrete strategische Entscheidung im Einzelfall wenig, wenn sich dieser Fall erheblich vom Durchschnitt der Branche oder der ganzen Wirtschaft abhebt. Strategische Entscheidungen haben auch nicht den Sinn, den Durchschnitt der Branche zu treffen. Sinn einer Strategie ist es gerade, sich abzuheben und über Differenzierung einen Konkurrenzvorteil zu erringen. Nur so gelingt es, unverwechselbare Marktpositionen zu erringen, die Basis langfristiger Erfolgspotentiale sind.

Insbesondere vor einer mechanistischen Interpretation der Regressionsgleichungen der PIMS-Analyse im Sinne kausaler Zusammenhänge sei gewarnt. Die PIMS-Analyse vermittelt nur ein heuristisch gestütztes Bild, da das mathematische Modell von z.T. heroischen Prämissen ausgeht, die in der Realität in dieser Form nicht zwingend gelten. Einige der wesentlichsten Kritikpunkte sollen im folgenden zusammengefaßt werden:[34]

- Die Regressionsgleichungen gehen von einer additiven Verknüpfung der Indikatoren und linearen Beziehungen zwischen den Indikatorausprägungen und dem ROI aus. Gegen beide Prämissen lassen sich erhebliche Bedenken geltend machen. Zentrale Voraussetzung einer linearen, multiplen Regressionsanalyse sind voneinander unabhängige erklärende Variable. Ist diese Prämisse nicht erfüllt, liegt Multikollinearität vor. Ob die erklärenden Größen unabhängig sind, zeigt die Matrix der Korrelationskoeffizienten.[35] Bei vollständiger Unabhängigkeit müßte die Dreiecksmatrix der Korrelationskoeffizienten unter der Hauptdiagonalen nur Nullen aufweisen. Beispielsweise ist aber der Korrelationskoeffizient zwischen dem Umsatzanteil neuer Produkte und den umsatzbezogenen F&E-Aufwendungen 0,33. Von Unabhängigkeit kann da keine Rede mehr sein! Die Abhängigkeiten ergeben sich z.T. aus definitorischen Zusammenhängen der erklärenden Größen. Nach dem ROI-Schema können Marketingkosten oder Kosten für F&E einerseits und der Kapitalumschlag oder die Anlagenintensität andererseits nicht additiv auf den ROI einwirken. Das gilt auch für die Variable „vertikale Integration", von der in nicht additiver Form Wirkungen auf den Gewinn und den Kapitalumschlag ausgehen.

  Lineare Beziehungen zwischen Marktanteil und ROI oder Vermarktungskosten und ROI dürften allenfalls in bestimmten Wertebereichen, nicht aber über die gesamte Werteskala eines Indikators gelten!

- Es handelt sich um Zeitpunktbetrachtungen. Die Analyse erfaßt keine zeitübergreifenden Beziehungen zwischen Indikatoren und ROI. Es wird mithin so getan, als habe die zeitliche Entwicklung der Indikatoren keinen Einfluß auf den ROI. Rückwirkungen auf den ROI, die sich aus zeitversetzten Wirkungen ergeben, werden damit aus der Analyse ausgeklammert. Um diese Wirkungen erfassen zu können, wären dynamische Betrachtungsweisen erforderlich. Durch die statische Betrachtungsweise ist erklärlich, daß nach der PIMS-Analyse Forschungs- und Entwicklungsausgaben für neue Produkte einen negativen Einfluß ($ß_i$ = - 0,36)[36] auf den ROI ausüben. Der langfristig positive Effekt wird durch die Art der Analyse nicht erfaßt.

34 Zur Kritik vgl. auch Barzen/Wahle (1990), S. 109.

35 Vgl. Buzzell/Gale (1989), Abb. B3, S. 238.

36 Vgl. Buzzell/Gale (1989), S. 235.

- Selbst mit etwa 15 gleichzeitig in die Berechnungen einbezogenen Indikatoren ist der gesamte Erklärungswert nicht befriedigend. Zum Beispiel beträgt die erklärte Streuung des ROI für Konsumgüterhersteller nur 44% und für Industriegüter gar nur 39 %.[37] Lediglich für Dienstleistungen ist die Streuung des ROI zu 52 % erklärt. Durch statistische Tests - F-Test - ist zwar belegt, daß die Hypothese eines linearen Zusammenhangs zwischen ROI und den Indikatoren mit hoher Sicherheit bestätigt ist, es verbleibt aber dennoch eine sehr große, nicht erklärte Streuung. Das heißt, um den einer bestimmten Kombination der Indikatorausprägungen zuzuordnenden ROI gibt es in der Realität ganz erhebliche Abweichungen, die als Zufall oder irreguläre Komponente interpretiert werden. Gerade in diesen Abweichungen spiegelt sich in der Realität aber u.U. die Güte der jeweiligen Strategie eines Unternehmens wider. Mittelwerte des ROI sagen wenig über die Qualität bestimmter Strategien aus, wenn die nicht erklärte Streuung groß ist. Die Bandbreite der Streuung wird aber nicht in die Analyse einbezogen.

- Gelinde Zweifel am Erklärungswert des PIMS-Modells kommen auch auf, wenn die Vorzeichen einiger Koeffizienten der Regressionsgleichungen betrachtet werden.[38] Die Regressionskoeffizienten der Variablen „Aufwendungen für Marketing in Prozent des Umsatzes“ haben durchgehend ein negatives Vorzeichen: Beim Cluster „Konsumgüterhersteller“ -0,5 , bei „Herstellern von Industriegütern“ -0,68 und bei „Handel und Dienstleistungen“ sogar -1,17. Bei einer Differenzierung nach Marktführern und Marktfolgern ergaben sich Regressionskoeffizienten von -0,42 bei Marktführern und -0,55 bei Marktfolgern. Bisher war nur jedem klar, daß von zwei Mark für die Werbung immer eine von beiden herausgeworfenes Geld ist. Vertraut man der PIMS-Analyse, sollten alle Marketingabteilungen geschlossen werden, da jeder Prozentpunkt Kosten für Marketing den ROI senkt.[39] Das wäre selbst für einen Vertreter der Industriebetriebslehre, zu denen sich der Autor rechnet, eine sehr weitgehende Forderung. Merkwürdig mutet auch der Faktor $ß_i$ für den Umsatzanteil neuer Produkte an, -0,08 bei Konsumgütern und -0,10 bei Industriegütern. Soll daraus der Schluß gezogen werden, daß neue Produkte, die doch letztlich die Erfolgspotentiale von morgen sind, nicht in das Programm aufgenommen werden sollen, weil sie den ROI senken? Aus diesen nicht plausiblen Ergebnissen wird wiederum ganz klar der Mangel einer nicht zeitübergreifenden Betrachtungsweise deutlich.

- Die PIMS-Analyse steht bei den Daten vor erheblichen Meßproblemen. Da einzelne strategische Geschäftseinheiten betrachtet werden, muß für die SGE aus dem Gewinn des Gesamtunternehmens der Gewinn der SGE herausgefiltert werden, ein Problem, das grundsätzlich nicht objektiv zu lösen ist. Verteilungsschlüssel für die Overheads, aber auch Verrechnungspreise bei gegenseitigen Leistungen beeinflussen die ausgewiesene Gewinnhöhe nachhaltig. Die gleichen Probleme ergeben sich für die Aufspaltung des Gesamtkapitals auf die strategischen Geschäftseinheiten, wenn sie gemeinsame Absatzwege oder Fertigungskapazitäten nutzen. Relevant in diesem Zusammenhang sind auch Fragen,

---

37 Vgl. Buzzell/Gale (1989), S. 240.

38 Vgl. Buzzell/Gale (1989), S. 240 ff.

39 Nach Barzen/Wahle (1990), S. 104, gilt dies nur für Geschäftseinheiten mit niedrigem und mittlerem relativen Marktanteil. Bei hohem relativen Marktanteil beeinflussen hohe umsatzbezogene Marketingbudgets den ROI schwach positiv!

wie die strategischen Geschäftseinheiten den ROI berechnen, ob Investitionsgüter mit ihrem jeweiligen Buchwert erfaßt sind oder ob von der mittleren Kapitalbindung während der Laufzeit der Anlagen ausgegangen wird. Die PIMS-Analyse unternimmt keinen Versuch, eine einheitliche Berechnungsform des ROI bei den SGE sicherzustellen. Messungsprobleme existieren auch für eine ganze Reihe von Indikatoren. Bei dem relativen Marktanteil oder der relativen Qualität handelt es sich um sehr weiche Formen des Messens. Durch beide Meßproblematiken ergeben sich in der PIMS-Analyse nicht kontrollierbare Fehler. Insbesondere die nicht vereinheitlichte Form zur Berechnung des ROI dürfte mit ursächlich für die erhebliche, durch die Analyse nicht zu erklärende Streuung des ROI sein.

Als Folge der skizzierten Defizite können die „strategischen Gesetze" nur als sehr grobe Richtwerte für den Zusammenhang zwischen ROI und den Indikatoren angesehen werden. Für eine strategische Planung - also die Wahl des Niveaus der erklärenden Indikatoren - sind sie kaum brauchbar. Weicht der ROI eines Unternehmens von der Norm nach PIMS erheblich ab, kann das allenfalls als Information verstanden werden, nach den dafür relevanten Gründen zu suchen. Eine positive Abweichung kann gerade Ausdruck einer überlegenen Strategie des Unternehmens sein.

5.3.2.3.3 Strategische Lücken - Konzept der Stärken und Schwächen einzelner Unternehmen

Ein Nachteil der bisher diskutierten Methoden liegt darin, daß ihnen der Bezug zum jeweiligen Unternehmen und dessen konkreten Problemen und Strategien weitgehend fehlt. Untersucht werden eigentlich gar nicht die Strategien, sondern Sekundärwirkungen der Maßnahmen auf Faktoren wie Vermarktungskosten, Kapitalumschlag, Umsatzrendite usw. Fehlender Markterfolg und geringe Rentabilität haben aber meist viel unmittelbarere Ursachen, wie das Übersehen von Veränderungen an den Märkten, kostentreibende Fertigungs- und Konstruktionsprinzipien, Produkte, die den Kundenbedürfnissen nicht gerecht werden, fehlende Kundennähe usw. Geringe Umsatzrendite, niedriger Kapitalumschlag usw. sind erst die Folgen von Strategiefehlern. Für die strategische Planung stellt sich damit die Frage, wie die Ursachen für die erkannten negativen sekundären Wirkungen zu beseitigen sind und wie die eigentliche Strategie zu verändern ist. Diese Fragen können nur beantwortet werden, indem die jeweilige Situation eines Unternehmens im Vergleich zur Konkurrenz eingehend untersucht wird. Aufgezeigt werden müssen konkrete Schwächen und Stärken, und es müssen Ideen für mögliche Änderungen der Strategie entwickelt werden. Zur strategischen Planung gehört es zudem, die Handlungsalternativen ökonomisch durch Chancen- und Risikoprofile zu werten und sich Vorstellungen über deren Wirkungen auf den Kapitalumschlag, die Vermarktungs-, Entwicklungs- und Produktionskosten und die Bilanzstruktur zu machen. Für eine sinnvolle strategische Planung ist damit mehr erforderlich, als in der PIMS-Analyse oder dem Marktanteil-Marktwachstum-Modell zum Ausdruck kommt.

Für die Unternehmen ist es erforderlich, Marktveränderungen rechtzeitig zu erkennen und Entwicklungstendenzen abzuschätzen; sie müssen ein Gefühl dafür entwickeln, welche

Faktoren sie innerhalb welcher Zeit beeinflussen können und mit welchen Risiken und Chancen das verbunden ist. Für diese Einschätzung ist es sehr hilfreich, die gegenwärtige Position des Unternehmens - Stärken und Schwächen - und die Möglichkeiten zu deren Veränderung zu kennen. Nachteil eines Stärken- und Schwächen- bzw. Chancen- und Risikoprofils ist es, daß sich keine allgemeinen, unternehmensübergreifenden Aussagen über Erfolgsfaktoren machen lassen. Die Methode erweckt nicht einmal den Anschein von Theorie, sondern ist harte Praxis und Detailarbeit - allerdings mit systematischem Fundament. Das Instrument kann daher auch nur am Einzelfall erklärt werden. Zur Erläuterung soll auf ein an die Realität angelehntes, in vielen Punkten aber bewußt verfremdetes Beispiel zurückgegriffen werden.

Ein Unternehmen der Spielzeugindustrie mit dem Schwerpunkt auf Modelleisenbahnen der heute gängigen Spurweite H0 geriet Anfang bis Mitte der 80er Jahre in erhebliche Absatzschwierigkeiten. Der Absatz stagnierte oder war auf einigen Märkten gar stark rückläufig. Das Unternehmen war, gemessen am Marktanteil bei Modellbahnen, absoluter Marktführer, konnte allerdings, was die Kreativität hinsichtlich neuer Produkte und Produktionsverfahren angeht, diese Führerschaft nicht für sich beanspruchen. Durch jahrelangen Erfolg verwöhnt, war das Unternehmen in gewisser Weise eingeschlafen und hatte die Zeichen der Zeit nicht rechtzeitig erkannt.

Unbemerkt blieben erhebliche Marktveränderungen. Unter Umständen wurde diese Erkenntnis auch nur verdrängt, jedenfalls wurden zunächst keine Konsequenzen daraus gezogen. Angestammtes Segment des Unternehmens war der Markt robuster Modelleisenbahnen für Kinder. Auf dieses Segment hin waren die Produkte konzipiert, und für diesen Einsatzzweck hatten sie hohe Affinität zu den Bedürfnissen der Kunden. Als Folge der Geburtenentwicklung handelte es sich aber um einen stark schrumpfenden Markt. In den letzten Jahren hatten sich neue, kaufkräftige Marktsegmente mit allerdings anderen Anforderungen an die Produkte herausgebildet. Für diese Marktsegmente paßte die Modellpalette des Unternehmens nicht. Käufer von Modelleisenbahnen waren mittlerweile insbesondere erwachsene Jugendliche und Väter, die in drei Segmente zu unterteilen sind:

- Modellbahnspieler, die in Clubs oder daheim große Anlagen betreiben und sich am Original der Deutschen Bahn orientieren,
- reine Sammler, die die Stücke nur in die Vitrine stellen, sogenannte „Vitrinäre“, und
- Spezialisten, wie Elektronik-Bastler, die Fahrmängel von Fahrzeugen durch elektronische Tricks zu beheben suchen oder eine Verbindung von Computer und Eisenbahn anstreben.

Kaufkräftig sind insbesondere die beiden ersten Segmente. Das dritte Segment ist relativ klein; denn wer ist schon gleichzeitig Eisenbahn- und Computerfreak? Bei diesen neuen Käuferschichten wurden drei gemeinsame Entwicklungstrends deutlich:

- Gefragt sind alle Details bei Lokomotiven und Wagen, die auch beim Original vorhanden sind.

- Gefragt ist der Einsatz von Schienen im Zweileiter-System auf der Basis von Gleichstrom (DC).
- Gefragt sind verbesserte Fahreigenschaften der Lokomotiven bei Langsamfahrt, Beschleunigung und Bremsvorgängen.

Die Forderung des Marktes konnte mit dem Begriff „mehr Modelltreue" umschrieben werden. Auf dieses neue Marktsegment war das Angebot des betrachteten Unternehmens überhaupt nicht zugeschnitten. Das Unternehmen bot Schienenmaterial für Wechselstrom (AC) im Dreileiterbetrieb an. Für das Segment „Kinderspielzeug" ist dieses Material hervorragend geeignet, weil jeder Laie sofort eine funktionsfähige Schienenkonfiguration mit Achten und Kehrschleifen ohne elektrische Probleme aufbauen kann. Für den Zweileiterbetrieb wurden in Sonderanfertigung recht teure Lokumbauten angeboten. Praktisch war das Unternehmen damit am aufstrebenden, kaufkräftigen Markt für Zweileiter-Eisenbahnen mit höheren Ansprüchen an Modelltreue nicht vertreten. Dieses Marktsegment wurde insbesondere von einem aufstrebenden, relativ jungen Unternehmen sowie einigen etwas kleineren Firmen bedient.

Für die geschilderte Situation soll nun ein Stärken- und Schwächenprofil des skizzierten Unternehmens und der Konkurrenz aufgestellt werden. Schwächen und Stärken können sich dabei immer nur auf eine konkrete Marktsituation beziehen, d.h., die Analyse müßte eigentlich nach Marktsegmenten differenziert werden. Die markanten Punkte der Profile werden kurz zusammengefaßt:

Eigenes Profil:

Stärken im Segment für Kinderspielzeug:

- Robuste, langlebige Qualität.
- Funktionssicherheit im Betrieb. Die Loks kommen ohne Schwierigkeiten über die Mimik (Mittelleiteranordnung) der Weichen, und sie laufen auch nach langen Betriebsunterbrechungen meistens einwandfrei.
- Einfacher Gleisaufbau durch den Dreileiter-Betrieb.

Schwächen in den neuen Marktsegmenten und in der Produktion:

- Geringe Detaillierung, Mängel bei der Maßstabsgenauigkeit von Loks und Wagen.
- Hohe Kostenbelastungen durch die Dreileiter-Schienen und -Weichen im Vergleich zu einem Zweileiter-System. Der Bau der Weichen und Schienen ist durch den erforderlichen Mittelleiter viel komplizierter (Lohnkosten) und erfordert einen etwas höheren Materialeinsatz.
- Hohe Kostenbelastung für den Fahrrichtungswechsel der Fahrzeuge. Während in einem Zweileiter-System für den Richtungswechsel lediglich der Plus- und der Minus-Anschluß vertauscht werden müssen, wird im Dreileiter-System dafür ein relativ teures Überspan-

nungsrelais eingesetzt. Der Stromstoß läßt die Lampen der Loks aufblitzen, und meistens macht die Lok auch noch einen Bocksprung.

- Hohe Kostenbelastung durch veraltete Fertigungsprinzipien. Der Motorblock einer Lok wird in Spritzgußtechnik hergestellt, und die Löcher für die Achsen der Treibräder müssen danach gebohrt und anschließend mit Messinghülsen gebuchst werden. Die Treibräder können nur einseitig vormontiert werden und sind manuell in die Bohrungen des Motorblocks zu stecken. Anschließend ist das zweite Rad jeder Achse manuell zu positionieren und anzudrücken.

- Kostenbelastung durch Integration der Rückwand der Motoren in den Spritzgußblock, verbunden mit Kostenbelastungen durch eine hohe Fertigungstiefe. Beispielsweise werden alle Teile des Motors in relativ kleinen Stückzahlen selbst erstellt.

- Als Konsequenz der Kostenbelastungen sind Loks, Wagen und Schienenmaterial am Markt z.T. erheblich teurer als vergleichbare Artikel der Konkurrenz.

Dem eigenen Profil muß die Einschätzung der Konkurrenz gegenübergestellt werden. Das Konkurrenzprofil müßte eigentlich nach Mitbewerbern unterteilt werden. Das folgende Profil enthält lediglich eine Zusammenfassung.

Stärken:

- Sehr originalgetreues Aussehen des Fuhrparks und des Gleismaterials.

- Kostenersparnisse in der Produktion durch das Zweileiter-Schienensystem.

- Rationellere Fertigungstechniken. Zum Beispiel entfällt das Bohren von Löchern für die Antriebsachsen der Loks, da nach dem Z-Prinzip (quer unter dem Tragrahmen der Lok sind Nuten im Rahmen der Lok, in die die Achsen eingelegt werden) gearbeitet wird. Die Antriebsradsätze können dadurch beidseitig vormontiert werden, und die Endmontage der Räder ist leicht, da nach Einlegen der Achsen lediglich ein Abschlußblech unter den Tragrahmen geschraubt wird.

- Geringere Fertigungstiefe. Für den Antrieb der Loks wird auf DC-Motoren (Gleichstrom-Motoren) der Zulieferindustrie zurückgegriffen.

Schwächen:

- Gewisse Funktionsmängel der Loks: Die elektrischen Kontakte an den Rädern verschmutzen. Loks bleiben hin und wieder auf einer Weiche bei Langsamfahrten stehen.

- Keine durable Qualität. Die Originaltreue wird zum Teil durch Kunststoffsteckteile erreicht, die beim Betrieb abfallen. Bauteile sind so filigran, daß sie beim Aufsetzen der Loks auf die Gleise abbrechen.

- Schlechte Anfahr- und Bremseigenschaften der Loks.

- Kostenbelastungen beim Kunden durch das Zweileiter-System, da für den Bau von Achten, Gleisdreiecken und Kehrschleifen besondere elektrische Bauteile erforderlich sind.

Zudem existiert noch ein Aspekt, der schwer als Stärke oder Schwäche eingeordnet werden kann: Die Hersteller legen die Steckteile für Loks und Wagen z.T. lose bei und überlassen die sonst kostentreibende Montage der Teile den Kunden. Dieses Vorgehen senkt zwar die Kosten und macht sich sicher auch im Verkaufspreis positiv bemerkbar, die Montage ist aber teilweise so schwierig und zeitraubend für den Kunden, daß er an dieser Beschäftigung bald die Lust verliert.

Im Anschluß an die Stärken- und Schwächenanalyse sind mit Hilfe von Kreativitätstechniken Ideen für eine mögliche strategische Neuausrichtung und Weiterentwicklung des Produktionsprogramms zu suchen. Dabei ist Wert auf den Erhalt oder gar den Ausbau der Stärken und die Überwindung der Schwächen zu legen. Anzustreben ist eine nach Marktsegmenten differenzierte Strategie, die aber in der Produktion auf möglichst einheitliche Prinzipien zurückgreifen kann. Die Differenzierung am Markt soll mithin ohne zusätzliche, kostentreibende Komplexität in der Produktion erreicht werden. Einige Ideen sind der folgenden Zusammenstellung zu entnehmen:

- Das Unternehmen könnte eine Universalbahn konzipieren, die sowohl auf Zwei- als auch auf Dreileiterbasis funktioniert. Erst der Kunde entscheidet durch Umlegen eines kleinen Schalters in der Lok und Zustecken eines Schleifers für die Mittelkontakte bei Dreileiter-Betrieb darüber, auf welchem Schienensystem die Lok eingesetzt wird. Loks lassen sich sehr schnell auf andere Gleissysteme umstellen, was insbesondere für Kunden interessant ist, die in Eisenbahnclubs organisiert sind und zu Hause auf ihrer Anlage mit einem anderen Stromsystem arbeiten. Dieses System hat den Vorteil, daß in der Produktion nicht nach Gleichstrom- und Wechselstromvarianten differenziert werden muß. Loks sind dann allerdings grundsätzlich mit am Markt erhältlichen Gleichstrommotoren auszurüsten.

- Es wird eine Digitalbahn entwickelt, die eine Mehrzugsteuerung und den Einsatz von Computern zur Modellbahnsteuerung erlaubt.

- Rationalisierungsstrategie in der Fertigung durch Anwendung des Z-Prinzips, Integration von Arbeitsgängen und Einsatz eines CAD-Systems für die Konstruktion.

- Ausbau der Variantenfertigung, um Bauteile vielfach verwenden zu können. Dadurch können Konstruktionskosten gesenkt werden. Angebot einer Vielzahl unterschiedlicher Ausstattungstypen eines Basis-Lokomotivtyps, um die Entwurfkosten für Loks, die sich auf mehrere Hunderttausend Mark belaufen, über größere Stückzahlen einzufahren. Diese Strategie bietet sich insbesondere für das Segment der Sammler an, die keine Sonderserie und keine Variante auslassen. Die Differenzierung nach Varianten sollte insbesondere in den letzten Fertigungsstufen erfolgen, um in den Vorstufen mit großen Stückzahlen kostengünstig produzieren zu können.

- Veränderung des äußeren Erscheinungsbildes von Loks und Wagen zur Verbesserung der Modelltreue und der Maßstabsgenauigkeit. Das setzt allerdings z.T. aufwendige, neue Fertigungstechniken voraus.

Gefragt sind dabei insbesondere solche Ideen, mit denen das Unternehmen sich an den Wachstumsmärkten beteiligen kann oder durch die neue Wachstumsmärkte zu schaffen sind. Eine Bewertung der Ideen muß daher zentral diesen Aspekt beachten. Zugleich muß aber auch das alte Marktsegment berücksichtigt werden. Neuentwicklungen müssen mit dem alten Schienensystem verträglich sein, und es sollten bei verbesserter Modelltreue auch abgespeckte, preisgünstige Varianten für das noch immer interessante Segment „Kinderspielzeug" angeboten werden.

Wenn derartige Ideen lokalisiert sind, ist nach Risiken, Marktchancen, erforderlichem Kapitaleinsatz, Verfügbarkeit von Ressourcen (Arbeitskräften und Bauteilen) zu fragen. Für diese Ideenbewertung eignen sich insbesondere die im Kapitel zu den Planungsmethoden beschriebenen qualitativen Techniken (Nutzwertanalyse, Checklisten sowie Merkmalsprofile). Die ökonomische Bewertung der Strategien muß vorsichtig und sorgfältig erfolgen; insbesondere kommt es darauf an, realistische Vorstellungen über Absatzchancen und Rückwirkungen der strategischen Entscheidung auf den Kapitalumschlag, die Umsatzrendite und die Bilanzrelationen (Eigenkapitalausstattung) zu entwickeln. Bei dieser Einschätzung der Wirkungen können die strategischen Gesetze nach PIMS durchaus hilfreich sein. Häufig erfolgt die ökonomische Bewertung der Strategien in der Praxis nicht sorgfältig genug, und es kommt zur Auswahl von technischen Prinzipien, die zwar als technische Vision bestechend sind, die aber ökonomisch das Unternehmen überfordern, die Bedürfnisse des Kunden nicht treffen und auch an den technischen Fähigkeiten der eigenen Mitarbeiter vorbeigehen. Strategische Entscheidungen werden in der Praxis häufig auf Basis technischer Kriterien ohne hinreichende Analyse der ökonomischen Konsequenzen gefällt.

Im Beispiel hat sich das Unternehmen in erster Linie für das Digitalisierungskonzept entschieden. An der Richtigkeit dieser Entscheidung sind durchaus Zweifel angebracht. Das Unternehmen besaß auf diesem Sektor keinerlei technisches Know-how und konnte die erforderlichen Bauteile am Markt zunächst auch nicht kaufen. Die elektronischen Bauteile mußten von anderen entwickelt und gebaut werden. Die Strategie ist auch nicht auf die kaufkräftigen neuen Marktsegmente gerichtet, sondern wendet sich hauptsächlich an den Kreis der Eisenbahn- und Computerspezialisten, ein relativ kleines Segment. Die Investitionsausgaben waren ganz erheblich, und die Abschreibungen stiegen stark an. Als Folge schrumpfte die Umsatzrendite von ursprünglich ca. 4 % auf knapp 1 % im Jahre 86/87.[40] Auch nach längerer Einführungszeit des neuen Systems konnte es keine überragenden Umsatzanteile erringen. Zudem ist fast jede verkaufte Digitallok eine nicht verkaufte Lok konventioneller Bauart; denn der überwiegende Teil der Käufer des neuen Systems setzt es nicht im Verbund mit dem Computer ein, weil die meisten damit technisch überfordert sind, sondern benutzt das System als simple Mehrzugsteuerung. Mit der Neuentwicklung wurden damit z.T. die alten Produkte kannibalisiert.

40 Vgl. o.V. (1988), S. 16.

5.3.3 Grundzüge der taktischen Planung

Die strategische Planung fällt Grundsatzentscheidungen. Aufgabe der taktischen Planung ist es, diese Planungen zu konkretisieren. Anhand einiger Beispiele soll ein Gefühl für den Planungsrahmen der taktischen Planung vermittelt werden.

- Ein Unternehmen hat entschieden, das Vertriebssystem zu straffen. Die taktische Planung soll klären, welche und wieviele Auslieferungsläger geschlossen werden sollen und wie die Auslieferungsgebiete neu zu schneiden sind.[41]

- Die strategische Planung hat eine reduzierte Fertigungstiefe empfohlen. Die taktische Planung soll analysieren, welche Stufen des Wertschöpfungsprozesses ausgegliedert werden sollten.

- Ein Baumarkt mit schlechter Erfolgslage will die Umsatzanteile seiner vier Segmente so verändern, daß die verfügbaren Ressourcen gewinnträchtiger genutzt werden können. Zu analysieren ist, welche Segmente ausgedehnt bzw. eingeschränkt werden sollen.

- Die Grundsatzentscheidung für ein flexibles Fertigungssystem ist gefällt, und nunmehr soll zwischen mehreren alternativen Systemen eine Auswahl getroffen werden. Entsprechende Fragestellungen ergeben sich für die Auswahl von CIM-Bausteinen oder DV-Soft- und Hardware.

Typisch für taktische Fragestellungen ist, daß keine exakten Informationen über die Wirkungen der Entscheidungen vorliegen. Häufig existieren auch mehrere Ziele oder Bewertungsaspekte (Kostenwirkungen, Flexibilitätswirkungen, Verfügbarkeit und Eignung des erforderlichen Personals usw.). Zudem muß häufig auch noch mit hoch aggregierten Variablen gearbeitet werden. Im Baumarktbeispiel werden die Umsatzanteile der vier Marktsegmente und nicht die der einzelnen Artikel des Programms als Variable benutzt. Taktische Planung kann deshalb auch nur ungefähre ökonomische Wirkungen zu erfassen versuchen. Die Informationsdefizite haben für die Konstruktion taktischer Modelle Rückwirkungen. Sinnvoll sind nur Modelle, die grobe Strukturen abbilden, d.h., es wird in der Modellbildung mit einem relativ hohen Abstraktionsgrad gearbeitet. Den Informationsdefiziten kann in der Planung durch Sensitivitätsanalysen Rechnung getragen werden.

Je nach Fragestellung sind für die taktische Planung qualitative oder auch quantitative Planungstechniken geeignet. Bei geringem Informationsstand und einer Mehrzielbewertung eignen sich insbesondere Verfahren der Nutzwertanalyse und Modelle mit Fuzzy-Logik. Lassen sich die Informationen näherungsweise quantitativ erfassen, können auch quantitative Verfahren, wie die Lineare Programmierung, mit Erfolg angewendet werden. Für die qualitativen Verfahren wird auf den Abschnitt 6.2 verwiesen, in dem die Wahl zwischen verschiedenen Investitionsalternativen mit Hilfe der Nutzwertanalyse gezeigt wird. Ein Beispiel zur Anwendung der Fuzzy-Logik findet sich im Abschnitt 6.2.3. Im folgenden sollen zwei Beispiele für den Einsatz quantitativer Modelle behandelt werden. Zunächst soll ein Problem zur Wahl der Fertigungstiefe dargestellt werden.

---

41 Vgl. Rieper/Witte (1973), S. 749 ff.

Rechnerische Analysen zur Wahl des günstigsten Integrationsgrades sind mit erheblichen Problemen verbunden, da sich die Wirkungen vertikaler Integration auf Kosten und Erlöse nur sehr unvollkommen quantifizieren lassen. Das gilt insbesondere für die Erlöse. Im folgenden soll für eine einfache Entscheidungssituation ein Modell entwickelt werden, das es erlaubt, eine Vorstellung von der Art des Kalküls und den Problemen zu gewinnen.

Um ein Modell für das Wahlproblem konstruieren zu können, sind verschiedene Prämissen erforderlich. Da die Vorteilhaftigkeit von den Bedarfsmengen abhängt, sind zunächst die Bedarfsmengen M_t des Teils im Zeitablauf zu schätzen, was nur möglich ist, wenn Vorstellungen über das künftige Produktionsprogramm existieren. Weiterhin wird davon ausgegangen, daß lediglich die Alternativen „Eigenfertigung" oder „Fremdbezug" zur Wahl stehen; weitergehende Opportunitäten - eine Kombination beider Prinzipien - bestehen nicht. In den Rechnungen wird unterstellt, daß die erforderlichen Arbeitskräfte bei Eigenfertigung nicht auch anderweitig nutzbringend eingesetzt werden können. Entsprechend wird für das bei Eigenfertigung erforderliche Kapital angenommen, daß außer einer Finanzanlage zum Marktzinsfuß i keine alternativen Einsatzmöglichkeiten bestehen. Durch diese einschränkenden Annahmen wird der Komplexitätsgrad der Kalküle stark reduziert, so daß einfache Partialmodelle eingesetzt werden können.

Auf der Basis dieser Prämissen wird ein recht einfaches Modell entwickelt, aus dem Informationen für die Beurteilung der beiden Alternativen zu gewinnen sind. Das Modell basiert auf Zahlungsgrößen und legt das Kapitalwertkriterium[42] zugrunde. Eine Rechnung auf Basis von Zahlungsgrößen eignet sich besser als eine Kostenbetrachtung, weil eine zeitliche Verteilung der bei Eigenproduktion anfallenden Anschaffungsauszahlung für die Produktionseinrichtungen vermieden wird.

Im Beispiel liegt als Folge der Prämissen ein reines Wahlproblem zwischen Eigenfertigung und Fremdbezug vor. Das Unternehmen hat die Wahl, ein bestimmtes Teil zu den Preisen q_t in den Teilperioden t am Markt zu kaufen, oder es installiert selbst die erforderlichen Produktionseinrichtungen zum Anschaffungspreis a_0. In diesem Fall entstehen in den einzelnen Teilperioden mengenabhängige Auszahlungen pro Stück in Höhe von k_t, deren Höhe vom Erfahrungskurveneffekt abhängig ist. Zudem fallen in jeder Teilperiode fixe, nicht von der Produktionsmenge abhängige Zahlungen F_t für Lohn und Gehalt, Wartung der Anlagen usw. an. Für das Kalkül sind die Zahlungsdifferenzen der beiden Entscheidungsalternativen in jeder Teilperiode zu bestimmen, und diese Zahlungsunterschiede sind mit dem Zinssatz i auf den Kalkulationzeitpunkt abzuzinsen. Als Planungszeitraum wird sinnvollerweise die geschätzte Lebensdauer der projektierten eigenen Produktionsanlage gewählt.

Die variablen Auszahlungen k_t werden entsprechend dem Erfahrungskurveneffekt nach folgender Formel bestimmt. k_0 bezeichnet die Auszahlungen pro Stück, die bei Start der Teileproduktion im eigenen Unternehmen in der ersten Periode anfallen. M_0 bezeichnet die produzierte Menge in der ersten Periode der Teileproduktion.

42 Aus Vereinfachungsgründen wird in den Beispielen ein vollkommener Kapitalmarkt und damit ein einheitlicher Soll- und Habenzinsfuß unterstellt.

$$k_t = k_0 \left(\frac{M_0}{\sum_t M_t} \right)^b + k_e$$

In der Formel werden die variablen Auszahlungen pro Mengeneinheit in zwei Teile zerlegt. Der erste Term unterliegt dem Lerneffekt, wobei mit der Wahl des Exponenten b das Ausmaß des Lerneffektes ausgedrückt werden kann.[43] Der zweite Term k_e bezeichnet die Teile der Auszahlungen, die durch eigene Lerneffekte nicht verändert werden können (Einstandspreise für Material und Zukaufteile).

Der Kapitalwert der Ausgabendifferenzen beider Entscheidungsalternativen läßt sich durch folgende Formel[44] abbilden:

$$C_0 = \underbrace{-a_0}_{\text{Anschaffungs-auszahlung}} + \sum_t \left(M_t \underbrace{(q_t - k_t)}_{\text{eingesparte mengen-abhaengige Auszahlungen}} - F_t \right) (1+i)^{-t}$$

Die Integration des Bauteils in die eigene Produktion ist vorteilhaft, wenn der Kapitalwert C_0 größer null ist. Aus der Formel wird deutlich, daß ein positiver Kapitalwert nur zu erreichen ist, wenn der zweite Term, die abgezinsten mengenabhängigen Auszahlungen bei Eigenfertigung, kleiner ist als die bei Fremdbezug zu leistenden Auszahlungen. Die Einsparungen bei den abgezinsten variablen Auszahlungen müssen mindestens der Summe aus den Anschaffungsauszahlungen a_0 und den abgezinsten fixen Auszahlungen F_t pro Periode entsprechen.

Die Rechnung geht von den vereinfachenden Annahmen bekannter Preise im Zeitablauf für Fremdbezug, eines bekannten Umfangs des eigenen Lerneffektes sowie bekannter Bedarfsmengen M_t aus. Zudem wird unterstellt, daß die zeitliche Entwicklung der festen Ausgaben F_t vorliegt. In der Realität werden diese Daten sehr unsicher sein. Es bietet sich daher an, das Ergebnis auf Stabilität bei Datenänderungen zu überprüfen. Beispielsweise kann mit alternativen Lernexponenten b gearbeitet werden, um bei sonst gleicher Datensituation zu zeigen, wie groß der Lerneffekt bei gegebener Zeitreihe der Preise für Fremdbezug mindestens sein muß, um zu einem positiven Kapitalwert zu kommen. Bei gegebenem Lerneffekt und bekannten Fremdbezugspreisen kann der kritische Wert für die Summe aus Anschaffungsausgaben und abgezinsten periodenfixen Ausgaben bestimmt werden. Derartige Analysen kritischer Werte lassen ein Gefühl dafür entstehen, ob es sinnvoll ist, Eigenproduktion oder Fremdbezug zu bevorzugen.

---

43 Für b = 0,321928 sinkt der dem Lerneffekt unterliegende Teil der Ausgaben z.B. um 20 % bei einer Verdoppelung der kumulierten Ausbringungsmenge. Bei b = 0,514573 sinken diese Kostenbestandteile hingegen um 30 %.

44 Vereinfachend wird unterstellt, daß am Ende der Restnutzungsdauer der eigenen Anlage kein Restverkaufserlös anfällt.

Als zweites Beispiel zur taktischen Planung soll ein Baumarkt betrachtet werden, der an vier Kundensegmente (Bauunternehmen, Handwerker, private Objektkunden und private Kleinkunden) verkauft.[45] Die Kundengruppen unterscheiden sich erheblich in der Beratungsintensität, den beanspruchten Zahlungszielen, dem Forderungsausfall sowie der Nutzung der Fuhrparkkapazität. Anhaltswerte aus der Statistik sind allerdings für diese Merkmalsunterschiede nur grobe Informationen. Diese Werte streuen in der jeweiligen Kundengruppe zudem erheblich. Das Unternehmen entschließt sich dennoch, mit verdichteten Daten (Mittelwerten) zu arbeiten, um einen groben Überblick zu gewinnen. Das Unternehmen hatte im Istzustand eine Umsatzverteilung mit einem deutlichen Schwergewicht auf dem Segment der Bauunternehmen (gut 50 %). Es folgten die privaten Objektkunden mit knapp 20 %, und der verbleibende Umsatz verteilte sich gleichmäßig auf die beiden übrigen Kundengruppen. Mit dieser Umsatzverteilung erzielt das Unternehmen bei den gegebenen Finanz-, Transport- und Beratungskapazitäten nur einen geringen Gewinn. Die strategische Planung hat Kapazitätsausweitungen verworfen, und ein taktisches Kalkül sollte zeigen, ob die Gewinnsituation nachhaltig verbessert werden kann, wenn das Unternehmen durch absatzpolitische Bemühungen versucht, die Umsatzanteile der Segmente zu verändern. Um eine Einschätzung zu gewinnen, wurde ein recht grobes, einperiodiges LP-Modell konzipiert, das nur die Grundzüge der Zusammenhänge erfaßt.

Variable des Problems sind die Umsatzanteile u_i im Segment i. Der Zusammenhang zwischen Gewinn und Umsatz wird durch folgende überschlägige Zielfunktion beschrieben:

$$G = \sum_i \underbrace{(1-a_i)\,u_i}_{\text{Rohdeckungs-beitrag}} - \underbrace{r_i\,u_i}_{\text{Forderungs-ausfall}} \rightarrow \max$$

Mit $(1-a_i)$ wird die mittlere Handelsspanne im Segment i und mit r_i der mittlere Forderungsausfall je Umsatzeinheit bezeichnet. Die Zielfunktion ist unter den folgenden Restriktionen zu maximieren.

Die Beanspruchung des für Lagerhaltung und Warenausgabe zuständigen Personals wird in der Restriktion

$$\sum_i p_i\, u_i \le P$$

mit p_i als mittlerer zeitlicher Beanspruchung je Umsatzeinheit und P als Personalkapazität in Stunden erfaßt. Eine Bedingung mit gleicher Struktur existiert auch für das Personal, das für Beratung, Angebote und Akquisition zuständig ist:

$$\sum_i d_i\, u_i \le D$$

Für die LKW-Kapazität M ist ein mittlerer Kapazitätsbedarf f_i in Tonnenkilometer je Umsatzeinheit bestimmt worden. Die folgende, sehr grobe Restriktion erfaßt die Kapazitätsgrenze.

45 Vgl. NN (Vor fast 15 Jahren hat der Verfasser einen Aufsatz zu diesem Thema gelesen, so daß an diese Stelle ein Zitat gehört. Leider ist dem Verfasser der Autor des Beitrags entfallen, und auch intensive Literaturrecherchen führten zu keinem Ergebnis.)

$$\sum_i f_i \, u_i \leq M$$

Um die Unterschiede der Marktsegmente bei den Zahlungsgewohnheiten abzubilden, ist der mittlere Kapitalbedarf in Forderungen für eine Umsatzeinheit zu bestimmen. Dazu wird die Umschlaghäufigkeit h_i der Forderungen pro Jahr (360/mittleres Zahlungsziel) für jedes Segment bestimmt. Da das Unternehmen die Kapitalbindung in Forderungen auf den Betrag K fixiert hat, kann folgende Restriktion formuliert werden.

$$\sum_i \frac{1}{h_i} u_i \leq K$$

Dieses Modell verhalf dem Baumarkt zu der Erkenntnis, daß die Umsatzschwerpunkte verändert werden sollten. Das Segment „Bauunternehmen" war wegen langer Zahlungsziele und hoher Forderungsausfälle recht uninteressant; der Anteil dieses Segmentes sollte um fast 40 Prozentpunkte reduziert und alle übrigen um 10 bis 15 Prozentpunkte ausgebaut werden. In der Ist-Situation war die Kapitalbindung in Forderungen unbefriedigend hoch, während die Transport- und Personalkapazitäten nicht voll ausgeschöpft waren. Bei den veränderten Umsatzrelationen sind die Engpässe im Transportbereich und bei den Personalkapazitäten für Beratung zu erwarten.

Ein derartiges Modell eignet sich auch sehr gut, um weitere experimentelle Berechnungen anzustellen. Zum Beispiel kann untersucht werden, ob es sich lohnt, das Beratungspersonal zu Lasten des Personals für Lager und Warenausgabe auszuweiten oder ob eine Lockerung der Finanzrestriktion sinnvoll ist. Auch können zusätzliche Restriktionen eingebaut werden. Das Grundmodell geht davon aus, daß die Umsatzanteile der Segmente nicht nach oben beschränkt sind. Untersucht werden kann auch, welche Wirkung von einem verbesserten Mahnwesen (Senkung der Zahlungsfristen) auf die Politik ausgeht.

5.3.4 Grundzüge der operativen Planung

Bei operativen Planungsproblemen sind die Wirkungszusammenhänge meistens recht genau bekannt, und auch Daten und Werte lassen sich in der Regel recht gut bestimmen. Bei operativen Planungsproblemen können sich allerdings drei Schwierigkeiten ergeben:

- Das Problem besitzt eine Struktur, die den Einsatz analytischer Planungsinstrumente nicht erlaubt. Zu dieser Klasse sogenannter lösungsdefekter Probleme gehören alle Arten von Reihenfolgeproblemen (Auftragsreihenfolge in der Fertigung, Rundreiseprobleme bei der Auslieferung von Waren an Kunden). Obwohl weitgehend sichere Informationen vorliegen, kann ein derartiges Problem nur mit Hilfe heuristischer Prinzipien gelöst werden. Eine mit Heuristiken entwickelte Lösung ist in der Regel nicht optimal. Existieren für die Lösung eines Problems konkurrierende Heuristiken, sind für die Auswahl einer geeigneten heuristischen Regel Angaben über die zu erwartende Lösungsqualität erforderlich. Derartige Erkenntnisse lassen sich gewinnen, wenn mit einer Heuristik eine große Anzahl ähnlicher Probleme im Experiment gelöst wird und - ähnlich der Risikoanalyse[46] - aus

46 Vgl. Abschnitt 4.2.2.3.4.

den Ergebnissen ein Histogramm erzeugt wird. Das Histogramm kann in eine Wahrscheinlichkeitsfunktion - Risikoprofil - umgesetzt werden, aus der zu schließen ist, mit welcher Wahrscheinlichkeit eine Heuristik im Experiment mindestens ein bestimmtes vorgegebenes Erfolgsniveau erreicht. Durch Vergleich der Operationscharakteristiken - Risikoprofile - unterschiedlicher Heuristiken kann eine Aussage über die Qualität einer Heuristik gewonnen werden.

- Es liegt keine eindimensionale Zielfunktion für die Probleme vor. Dieser Fall tritt auf, wenn für eine Fragestellung ein Partialmodell gebildet wird, das es nicht mehr erlaubt, existierende Wirkungen zu anderen im Modell nicht erfaßten Planungsbereichen abzubilden. Dieser Fall ist auch bei Reihenfolgeproblemen von Aufträgen anzutreffen. Die Reihenfolge der Aufträge sollte möglichst so gewählt werden, daß positive Rückwirkungen auf den Gewinn des Unternehmens eintreten. Dazu ist es notwendig, die Kosten- und Erlöseinflüsse der Reihenfolgen abzubilden, was in einem Partialmodell zur Reihenfolgeplanung unmöglich ist. Erlöseinflüsse treten auf, wenn es als Folge der Reihenfolge zu Maschinenstillstandszeiten kommt und deshalb im Planungszeitraum weniger Aufträge abgewickelt werden können. Als Ersatzziele für die Ablaufplanung werden dann die Ziele „Minimierung der Durchlaufzeit" einerseits und „Minimierung der Maschinenstillstandszeiten" andererseits formuliert. Zwischen diesen Zielen besteht eine Konfliktsituation, die ohne Rückgriff auf die Gewinnwirkung beider Ziele nicht aufzulösen ist. Die operative Planung kann nur eine für eines der Ziele optimale Lösung bestimmen, oder ein Ziel wird optimiert und für das andere wird ein Höchst- oder Mindestniveau vorgeschrieben. Die Schwierigkeit liegt darin, für die als Restriktion zu behandelnde Zielgröße ein Niveau vorzugeben, das zu einer Lösung führt, die der optimalen Lösung für das eigentliche Ziel der Gewinnmaximierung recht nahe kommt. Für die operative Planung ist damit eine sinnvolle Einstellung von Parametern notwendig, um die übergeordneten Ziele möglichst gut zu erreichen.

- Werden zur operativen Planung analytische Verfahren eingesetzt, ergibt sich meistens zusätzlich ein Abstraktionsproblem. Die realen Zusammenhänge erfüllen häufig die für die einzusetzenden Methoden erforderlichen Voraussetzungen nicht. Zum Beispiel existieren real nicht differenzierbare Funktionen, die in der Modellbildung näherungsweise durch differenzierbare Funktionen ersetzt werden. Das Modell bildet die Realität folglich nur ungenau ab, und diese Unschärfen können dazu führen, daß die gefundene Lösung für das reale Problem nicht zwingend optimal ist. Das gilt insbesondere, wenn die Lösung in der Nähe einer Sprungstelle der Funktion des realen Problems liegt. Das Ergebnis der operativen Planung muß dann an der Realität überprüft werden, wenn Planungsfehler vermieden werden sollen.

Typisch für die operative, analytische Planung ist der Rückgriff auf Optimalitätskriterien, die unabhängig von der konkreten Datensituation Bedingungen für optimale Verhaltensweisen beschreiben. Beispielsweise muß im Monopol im Gewinnmaximum Gleichheit zwischen Grenzerlösen und Grenzkosten herrschen, oder in der klassischen Bestelltheorie ist eine optimale Bestellmenge durch Gleichheit der Grenzlagerkosten und der grenzbestellfixen Kosten gekennzeichnet. Eine Produktionsaufteilung auf unterschiedliche Verfahren ist optimal, wenn für alle Verfahren die gleichen Grenzkosten erreicht sind. Die Entwicklung derartiger Optimalitätsaussagen macht den Kern der operativen Planung aus.

Eine blinde Anwendung dieser Optimalitätskriterien ist allerdings mit Gefahren verbunden:

- Die Kriterien zeigen zunächst nur die Existenz eines mathematischen Extremwertes an. Ob es sich um die gewünschte Art von Extremwert - Maximum oder Minimum - handelt, muß erst überprüft werden. Produktionsaufteilungspolitiken mit gleichen Grenzkosten können durchaus die schlechteste Lösung darstellen, also zur Aufteilung mit maximalen Kosten führen.[47]

- Optimalitätskriterien unterstellen, daß das Niveau von Variablen keinen Beschränkungen nach oben oder unten unterworfen ist. Es kann sein, daß die angeblich optimale Lösung negative Variablenwerte enthält. Zum Beispiel kann es bei einer Preispolitik im Monopol auf mehreren Gebietsmärkten vorkommen, daß der optimale Preis auf einem der betrachteten Märkte den Prohibitivpreis überschreitet und die Absatzmenge auf diesem Markt negativ ist. Vorkommen kann es auch, daß eine Lösung nach dem Optimalitätskriterium den oberen zulässigen Wert von Variablen überschreitet. In diesem Fall zeigt das Optimalitätskriterium nicht die tatsächlich optimale Lösung des Problems an. Die optimale Lösung liegt vielmehr auf dem Rand des Definitionsbereichs für eine oder mehrere Variable des Problems. Der Planende muß folglich die Ränder absuchen. Im Fall einer Preispolitik auf Gebietsmärkten ist das noch relativ einfach, da lediglich der Markt mit der negativen Menge aus den Planungsüberlegungen zu eliminieren ist. Auf das reduzierte Problem wird wiederum das Optimalitätskriterium angewendet. Häufig existieren aber mehrere mögliche Randpolitiken, die optimal sein können. Dem Planenden bleibt in diesem Fall keine andere Wahl, als alle Ränder in einer Vollenumeration auf Optimalität hin abzusuchen. Im Fall von Randoptima kann die Suche nach der optimalen Politik mithin sehr aufwendig sein.[48]

5.4 Organisationsstruktur und Planung

5.4.1 Zusammenhang zwischen Organisationsstruktur und Planung

Die Strukturorganisation[49] umfaßt drei Merkmale, die in engem Zusammenhang mit der Struktur und der Koordination eines Planungssystems stehen:

- Spezialisierung:
  Wie stark werden ausführende und dispositive Aufgaben aufgeteilt (Ausmaß der Arbeitsteilung)? Nach welchem Gliederungsprinzip wird spezialisiert? Beide Aspekte sind für das Ausmaß der erforderlichen Koordinationsmaßnahmen und den Umfang des Informationsaustausches ausschlaggebend.

---

47 Vgl. Adam (1993), S. 204 ff., insb. Abb. 67 auf S. 210.

48 Ein Beispiel hierfür ist ein Problem der kombinierten Bestell- und Programmpolitik, bei der ein Zukaufteil in unterschiedlichen Mengen in die Enderzeugnisse eingeht. Vgl. die Fallstudie 9 in Kapitel 7.

49 Zu den insgesamt fünf Strukturvariablen der Organisation vgl. Kieser/Kubicek (1992).

- Delegation:
  In welchem Maße werden insbesondere Entscheidungsbefugnisse an untergeordnete Organisationsmitglieder weitergegeben? Wie stark ist die Entscheidungsfindung zentralisiert? Welche organisatorische Einheit - Instanz, Stelle, Person - ist für welche Entscheidungen zuständig (Kompetenzverteilung)? Vom Zentralisations- bzw. Dezentralisationsgrad hängt der erforderliche Koordinationsaufwand entscheidend ab.

- Koordination:
  In welcher Art und Weise werden die verschiedenen Organisationseinheiten auf das Unternehmensziel ausgerichtet? Welche Koordinationsinstrumente werden eingesetzt?

Ein Planungssystem kann nur funktionieren, wenn es auf die gewählte Organisationsstruktur, also auf die Art der Spezialisierung, Delegation und die Koordinationsmechanismen zugeschnitten ist. Die Strukturorganisation determiniert die sachliche Gliederung der Pläne nach Funktionen oder nach Divisionen bzw. Sparten. Durch ablauforganisatorische Regeln ist zudem sicherzustellen, daß die notwendigen Planungsinformationen zwischen den Organisationseinheiten ausgetauscht und die erforderlichen Abstimmungsprozesse zur Koordination der Teilpläne durchgeführt werden.

Die Theorie der Planung abstrahiert häufig von diesem Zusammenhang zwischen Planung und Organisation, indem von einem einzigen Entscheidungsträger ausgegangen wird. In einem zentralen Entscheidungsfeld bedarf es kraft Voraussetzung keiner Delegation, keines Informationsaustauschs und keiner Koordination. Die Planungstheorie ist insoweit organisationslos. Ein rein zentrales Konzept der Planung ist aber unrealistisch. Jeder Entscheidungsträger ist mit dem Aufbau eines Zentralplanungsmodells, der Erarbeitung der Entscheidungsalternativen und der Planungsinformationen überfordert. Derartig komplexe Modelle sind zudem nicht berechenbar.

Soweit in der Theorie mehrere Entscheidungsträger - Zentren der Willensbildung - zugelassen werden, wird meistens von einer passiven Organisation ausgegangen, d.h., es wird angenommen, daß aus der Art der Organisation keinerlei Probleme für die Planung resultieren. Die Entscheidungsträger der einzelnen Kompetenzbereiche verhalten sich rational, verfolgen keinerlei Eigeninteresse, und es gelingt ihnen auch, die Bereichsentscheidungen vollständig auf das übergeordnete Unternehmensziel hin zu koordinieren. Durch die Voraussetzung einer passiven Organisation wird letztlich ebenfalls vom Zusammenhang zwischen Organisation und Planung abstrahiert.

Eine Organisation verhält sich in der Praxis nie passiv. Daraus folgt, daß die Art der Organisation auch Bedeutung für die Planung gewinnt. Entscheidungsträger halten Informationen zurück, die andere Abteilungen benötigen. Bei der Übertragung von Informationen unterlaufen Fehler, Informationen gehen verloren, oder sie werden verspätet weitergeleitet. Insbesondere verfolgen Entscheidungsträger häufig andere als die postulierten Ziele, oder sie verhalten sich nur eingeschränkt rational. Jede reale Organisation beeinflußt damit die Planung, insbesondere kann durch sie die Qualität der Planung bzw. das erreichbare Niveau der Ziele Schaden nehmen. Aufgabe der Organisation ist es, dafür zu sorgen, daß diese „Reibungsverluste“ nicht zu groß werden.

Insbesondere drei für die Planung bedeutsame Aspekte der Organisation sollen ausführlicher diskutiert werden:

- Die Bedeutung der Art der Spezialisierung für die Planung (Verrichtungs-, Objekt-, Prozeßprinzip).
- Die Zerlegung des Entscheidungsfeldes eines Unternehmens in Teilfelder (Dezentralisation).
- Die Mechanismen zur Koordination der Entscheidungen in partiellen Entscheidungsfeldern.

5.4.2 Die Bedeutung der Art der Spezialisierung einer Organisation für die Planung

Die Organisationsstruktur eines Unternehmens ist das Ergebnis eines speziellen bei der Aufgabenzerlegung und Aufgabenbündelung[50] angewandten Prinzips. Zunächst ist die unternehmerische Gesamtaufgabe in ihre elementaren Bestandteile aufzuspalten (Aufgabenzerlegung). Sodann sind ausgewählte Elementaraufgaben gebündelt einzelnen Aufgabenträgern bzw. Stellen als kleinsten organisatorischen Einheiten zuzuordnen, die in einem hierarchischen Gefüge zu Abteilungen oder noch höheren Organisationseinheiten zusammengefaßt werden können.

Die Aufgabenbündelung wird klassischerweise verrichtungs- oder objektorientiert vorgenommen:[51] Verrichtungsorientierung bewirkt eine Zusammenfassung gleichartiger Tätigkeiten (Funktionen), die an unterschiedlichen Objekten ausgeführt werden. Die entstehenden Abteilungen und Arbeitsgruppen sind primär auf bestimmte betriebliche Teilfunktionen wie Forschung und Entwicklung, Beschaffung, Produktion, Absatz und Finanzierung spezialisiert. Umgekehrt führt die Objektorientierung zur Bündelung verschiedenartiger Tätigkeiten an gleichartigen Objekten. Die geschaffenen Organisationseinheiten haben in diesem Fall alle betrieblichen Teilfunktionen - Beschaffung, Produktion Absatz usw. - wahrzunehmen, die für ein Produkt oder eine Erzeugnisgruppe relevant sind.

Abbildung 5-5 und Abbildung 5-6 sind Beispiele für die beiden organisatorischen Grundprinzipien der Gliederung nach dem Objekt- und dem Verrichtungsprinzip.

Verrichtungs- und Objektorientierung folgen dem klassischen Paradigma der Organisationstheorie, nach dem mit der Aufgabenzerlegung und -bündelung zunächst die Aufbauorganisation festgelegt wird. Diese schränkt den ablauforganisatorischen Gestaltungsspielraum erheblich ein und hat für die Abwicklung von Projekten oder Aufträgen nachteilige Konsequenzen.

---

50 Vgl. hierzu Kosiol (1976), S. 32 f., 42 ff. bzw. 76 ff., der Aufgabenzerlegung und Aufgabenbündelung mit Analyse und Synthese umschreibt.

51 Vgl. hierzu Kieser/Kubicek (1992), S. 80, Kosiol (1976), S. 84 f. und Macharzina (1993), S. 365.

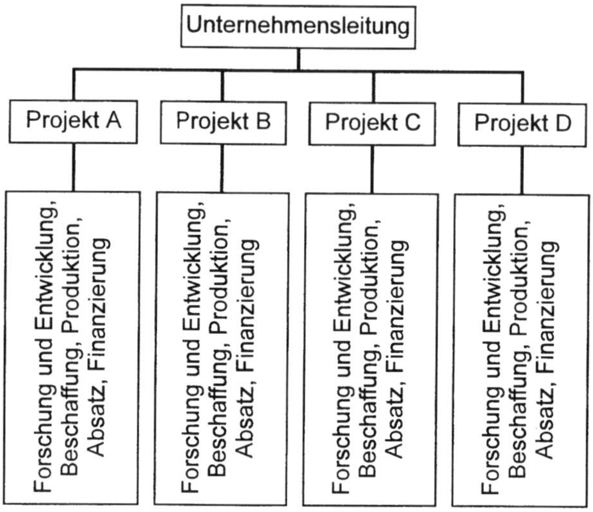

Abbildung 5-5

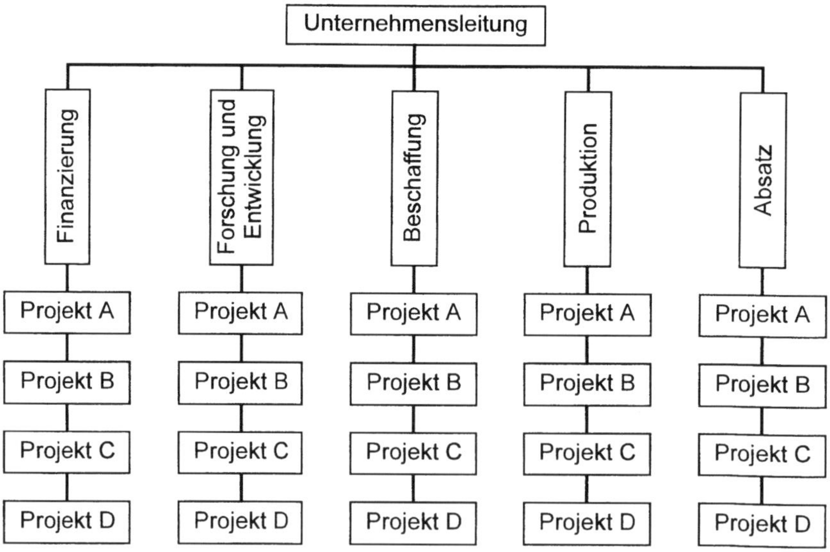

Abbildung 5-6

Eine am Verrichtungsprinzip orientierte funktionale Organisation schafft aus der Sicht der Arbeitsabläufe viele Schnittstellen. Da ein Objekt (Auftrag) eine Vielzahl von Funktionen und Stellen passieren muß, werden die Arbeitsvorgänge ständig unterbrochen. Informationen oder nur zum Teil abgearbeitete Aufträge werden in andere Abteilungen „transportiert" und müssen dort häufig auf ihre weitere Bearbeitung zunächst warten. Bei stark diskontinuierlichen „Materialflußsystemen", die infolge sehr komplexer, stark unterschiedlicher Teilaufgaben entstehen, kommt es an den Schnittstellen zu erheblichen Übergangszeiten, die die Abwicklung der Gesamtaufgabe stark verzögern. Bei Werkstattfertigung erreichen die Übergangszeiten heute einen Anteil an den Durchlaufzeiten von ca. 80 %. Im Bereich indirekter, steuernder Tätigkeiten ist der Anteil der Übergangszeiten noch weit höher. Die Art der Strukturorganisation kann damit zur institutionalisierten Langsamkeit und Bürokratie führen und die Reaktionsfähigkeit eines Unternehmens am Markt stark beeinträchtigen. Planung in derartigen Systemen zeichnet sich durch Schwerfälligkeit und starke Koordinationsdefizite aus.

Der Nachteil dieser Organisationen liegt darin begründet, daß die Aufgabenbündelung nicht den Erfordernissen der Arbeitsabläufe entspricht und damit die Aufgabenabwicklung behindert. Die heute vieldiskutierte Prozeßorganisation[52] nimmt vom beschriebenen Organisationsparadigma Abstand. Prozeßorientierung stellt eine sinnvolle Gestaltung der Arbeitsabläufe von Projekten (Produkten, Aufträgen) in den Mittelpunkt und orientiert sich an der Wertschöpfungskette. Prozeßorientierung erfolgt damit quer zur verrichtungs- oder objektorientierten Hierarchie. Dazu ist die Wertschöpfungskette zunächst in Teilprozesse zu zerlegen. Diese Analyse umschließt alle zur Aufgabenerledigung erforderlichen direkten und indirekten Tätigkeiten an möglichst gleichartigen Objekten. Für jede Teilaufgabe wird analysiert, ob sie überhaupt erforderlich ist und ob sie ablauforganisatorisch günstiger gestaltet werden kann. Dabei sind Anfang und Ende eines Teilprozesses jeweils durch In- und Outputs gekennzeichnet, die entweder von externen/internen Lieferanten bezogen oder aber an interne/externe Kunden weitergeleitet werden.[53] Die ganzheitlich definierten Teilprozesse - z.B. Abwicklung bestimmter, weitgehend gleichartiger Aufträge - werden einzelnen Stellen zugeordnet. Damit wandelt sich der klassische Aufgabenträger zu einem (Teil-) Prozeßinhaber.[54] Da die Organisationsstruktur von den in ihr ablaufenden Prozessen determiniert wird, erübrigt sich konsequenterweise die klassische gedankliche Trennung zwischen Aufbau- und Ablauforganisation.

Eine prozeßorientierte Organisationsgestaltung basiert auf der Voraussetzung, daß jeweils weitgehend gleichartige, standardisierte Abläufe einer Stelle zugeordnet werden können. Die Organisationsform setzt damit voraus, daß homogene Problemstrukturen (gleichartige Aufträge, Produkte, Kunden) gefunden werden, um deren Abläufe standardisieren zu können. Dieses am Ablauf orientierte Organisationsprinzip hat den Vorteil, daß auf die gebildeten Stellen größere Teile der Wertschöpfung entfallen als bei funktionalen Organisationen. Der Grad der Arbeitsteilung ist geringer, und steuernde und ausführende Aufgaben werden möglichst nicht mehr getrennt. Die geringere Aufgabenteilung reduziert damit die Anzahl der Schnittstellen und wirkt dem bei funktionalen Organisationen zu beobachtenden Anstieg der Übergangszeiten entgegen. Durch diese Art der Organisation entstehen über-

52 Zur Prozeßorganisation vgl. das Standardwerk von Gaitanides (1983). Vgl. ferner zum Prozeßmanagement das nicht minder bekannte Werk von Striening (1988).

53 Vgl. Kläger/Hofmann (1993), S. 37, 39 und Wildemann (1993), S. 150 f.

54 Vgl. Reiß (1994), S. 262.

sichtlichere Ablaufformen, die in der Planung und Koordination leichter zu beherrschen sind.

Der Aufbau des betrieblichen Planungssystems, insbesondere die Untergliederung in Teilpläne, muß dem angewandten Organisationsprinzip entsprechen. Findet für die Organisation das Objektprinzip Anwendung, ist auch die Hauptgliederung des Planungssystems nach Objekten (Sparten, Produktgruppen) erforderlich. In gleicher Weise sind Pläne für identifizierte Geschäftsprozesse in prozeßorientiert gestalteten Unternehmen zu erstellen. Eine Hauptunterteilung des Planungssystems nach Funktionen wie Absatzplan, Produktionsplan, Finanzplan usw. ist hingegen für die verrichtungsorientierte Gliederung der Organisation zwingend.

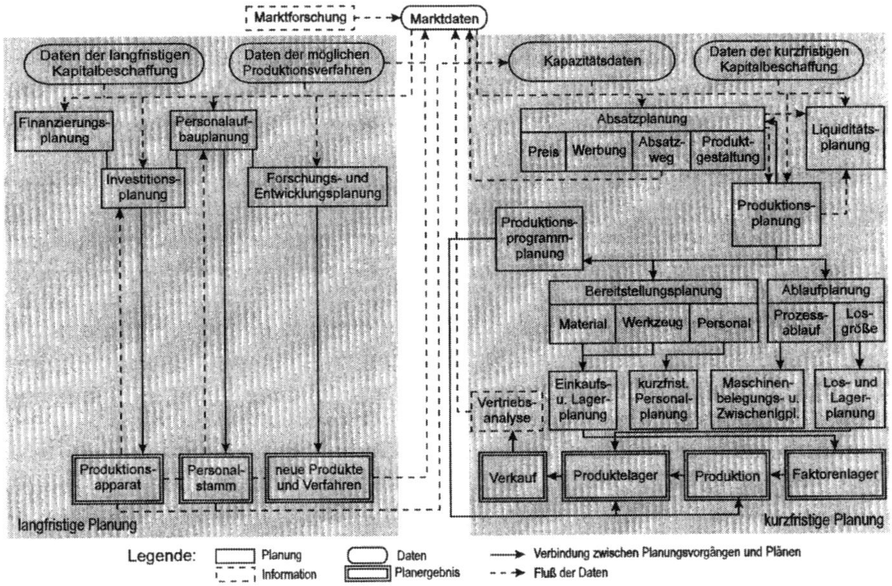

Abbildung 5-7

Die in Abbildung 5-7 dargestellte, in Anlehnung an Jacob[55] entworfene, verrichtungsorientierte Gliederung des Planungssystems vermittelt einen Eindruck von möglichen betrieblichen Teilplänen. Zudem werden die Kopplungen zwischen den einzelnen Teilplänen und der Datenfluß sichtbar. Die Aufgaben der Teilsysteme der Planung sowie die Beziehungen zwischen ihnen sollen grob skizziert werden.

Investitionsplanung:[56] Gegenstand der Investitionsplanung ist die Auswahl der für den Beschaffungs-, Produktions- und Absatzbereich unter Berücksichtigung der Finanzierungsmöglichkeiten günstigsten Betriebsmittel (Maschinen, Gebäude). Durch die Investitionspla-

55 Jacob (1972a), S. 23.

56 Vgl. z.B. Blohm/Lüder (1995); Gutenberg (1980); Schneider (1992); Swoboda (1986).

nung werden für die Produktionsplanung Kapazitätsdaten geschaffen, die das maximale Ausbringungsvolumen determinieren.

Personalaufbauplanung:[57] Sie umfaßt die Einstellungs- und Entwicklungsplanung für die Mitarbeiter eines Unternehmens. Unter Entwicklungsplanung wird die Weiterentwicklung von Fähigkeiten durch Schulung und die Planung des Aufstiegs entsprechend der Eignung des Personals für die Anforderungen der zu besetzenden Stellen verstanden.

Forschungs- und Entwicklungsplanung:[58] Ihr Gegenstand ist die Suche nach neuen Ideen für Produktionsverfahren und Produkte sowie die Auswahl geeignet erscheinender Vorschläge aus der Menge gefundener Ideen. Durch die Forschung und Entwicklung wird in entscheidender Weise die künftige Art des Fertigungs- und Absatzprogramms und der Produktionsmethoden geprägt.

Absatzplanung:[59] Mit Hilfe der absatzpolitischen Instrumente - Preispolitik, Distributionspolitik, Kommunikationspolitik, Produkt- und Sortimentsgestaltung - wird das Absatzvolumen bestimmter Erzeugnisse oder Dienstleistungen beeinflußt. Resultat der Absatzplanung ist die unter bestimmten Umständen absetzbare Menge, von der die Produktionsplanung auszugehen hat.

Produktionsplanung:[60] Die Produktionsplanung gliedert sich in die Programm-, Bereitstellungs- und Durchführungsplanung. Im Rahmen der Programmplanung ist die Frage zu beantworten, welche Leistungen in welchen Mengen in welchen Perioden unter Berücksichtigung der Absatzmöglichkeiten zu erzeugen sind. In der Bereitstellungsplanung ist zu ermitteln, welche Mengen und Qualitäten an Werkzeugen, Materialien usw. zu welchen Zeitpunkten für die Durchsetzung dieses Leistungsprogramms benötigt werden. Ebenfalls ist der entsprechende Personalbedarf festzulegen. Darüber hinaus sind die Beschaffungs- und Lagerplanung für Rohstoffe, Teile bzw. Komponenten Bestandteile der Bereitstellungsplanung. Kern der Produktionsdurchführungsplanung ist die Ablaufplanung. Durch sie werden die Auftragsreihenfolge und die Maschinenbelegung (welche Maschine wird wann für welchen Auftrag eingesetzt?) fixiert. Mit der Ablaufplanung ist auch die Planung von Zwischen- und Fertigerzeugnislägern verbunden.

Finanzierungsplanung:[61] Ihre Aufgabe besteht darin, langfristig für einen Ausgleich zwischen den für die übrigen Planungsbereiche benötigten Kapitalbeträgen und den Finanzierungsmöglichkeiten zu sorgen. Dabei ist stets der Grundsatz optimaler Finanzierung zu beachten, d.h., der Kapitalbedarf ist durch die verfügbaren Finanzierungsmittel zu decken, die die geringsten Kapitalkosten verursachen.

---

57 Vgl. z.B. Bertelsmann (1969); Marx (1963).

58 Vgl. z.B. Brankamp (1971); Brockhoff (1973); Kern/Schröder (1977); Schmitt-Grohé (1972).

59 Vgl. z.B. Jacob (1972b); Meffert (1986); Kilger (1993).

60 Vgl. z.B. Jacob (1972b); Kilger (1993).

61 Vgl. z.B. Gutenberg (1980); Schneider (1992); Swoboda (1986); Vormbaum (1990).

Liquiditätsplanung:[62] Die Liquiditätsplanung ist der kurzfristige Teil der Finanzplanung. Sie muß laufend die Einnahmen und Ausgaben aufeinander abstimmen, um das finanzwirtschaftliche Gleichgewicht zu sichern.

Die einzelnen Teilpläne eines Betriebs stehen nicht isoliert nebeneinander. Vielmehr bestehen zwischen ihnen vielfältige Abhängigkeiten, die zu einer koordinierten Analyse der einzelnen Planungsaufgaben im Rahmen des Gesamtsystems zwingen.

Das für die Gliederung eines Unternehmens angewandte Organisationsprinzip (Verrichtungs-, Objekt- oder Prozeßprinzip) hat für die Planung Bedeutung, da durch die Organisation

- die Art der Zerlegung des Gesamtsystems in Teilpläne bestimmt wird,
- Art und Umfang der notwendigen Abstimmung (Koordination) zwischen den Teilplänen beeinflußt werden,
- die Motivationsmöglichkeiten der Mitarbeiter und damit die Qualität des Suchprozesses nach neuen Entscheidungsalternativen (neue Produkte) beeinflußt werden,
- die Art der Informationsbeschaffung und Aufbereitung von Daten für Planungszwecke determiniert wird.

Praxiserfahrungen zeigen, daß bei hoher Komplexität der Aufgaben oder des Produktionsprogramms durch eine Organisation nach dem Objekt- oder Prozeßprinzip eine bessere Motivation der Mitarbeiter und eine bessere Koordination der Entscheidungen möglich wird als bei funktionaler Organisation. Insbesondere die prozeßorientierte Organisation schränkt den Koordinationsbedarf von vornherein erheblich ein, da sie dafür sorgt, daß alle für die Bewältigung von Teilprozessen relevanten Aufgaben und Kompetenzen gebündelt auf einen Prozeßinhaber übergehen, so daß nur wenige Schnittstellen existieren. Auf diese Weise werden schwerfällige zentrale Vorgaben und Kontrollen durch flexiblere Selbststeuerungs- und Selbstkoordinationsmechanismen ersetzt. Der Mitarbeiter vor Ort erkennt nicht nur schneller drohende Planabweichungen, sondern kann diese aufgrund seines Erfahrungswissens in Kombination mit der ihm übertragenen Kompetenz auch schneller abwehren als zentrale Abteilungen. Die Ganzheitlichkeit der zu bewältigenden Prozesse und die den Prozeßinhaber stärker fordernden Arbeitsaufgaben fördern zudem die intrinsische Mitarbeitermotivation, so daß die Bereitschaft der Prozeßinhaber steigt, die betriebliche Leistungserstellung konsequent auf die Unternehmensziele auszurichten. Ein Organisations- und Planungssystem nach dem Verrichtungsprinzip neigt dagegen häufig zu starren, bürokratischen Abläufen, die insbesondere eine horizontale Koordination der Teilpläne stark erschweren. Diese Koordinationsmängel wirken sich gravierend aus, wenn innerhalb der Funktionen sehr viele komplexe Abläufe zu bewältigen sind. Die Abläufe stören sich dann gegenseitig, und Übergangszeiten an den Schnittstellen sind zwangsläufig.

62 Vgl. z.B. Vormbaum (1990), S. 44 ff.

5.4.3 Dezentrale Planungssysteme

5.4.3.1 Zentrale contra dezentrale Planung

Je nachdem, ob alle Entscheidungen eines Betriebes bei einer Person oder Organisationsinstanz vereinigt sind - ein Entscheidungsfeld - oder ob die Entscheidungen auf mehrere Personen oder Organisationsinstanzen aufgeteilt sind - mehrere Entscheidungsfelder -, werden mit der Zentralisation und der Dezentralisation zwei Grundformen für die Organisation der Planung unterschieden.[63] Unter einem Entscheidungsfeld wird die Menge der Entscheidungsalternativen verstanden, über die ein Entscheidungsträger in einem Kalkül entscheidet. Zwischen den beiden Extremen „Zentralisation“ und „Dezentralisation“ finden sich in der Praxis Organisationsformen der Planung, die Elemente beider Grundprinzipien in sich vereinigen und mehr dem einen oder dem anderen Prinzip zuneigen.

Die überwiegende Zahl der in der Theorie zu findenden betriebswirtschaftlichen Planungsmodelle geht vom Konzept vollständiger Zentralisation aller Entscheidungsbefugnisse aus. Durch die unterstellten, zentralisierten, in einer Hand liegenden Entscheidungen ist es theoretisch am einfachsten, die zwischen einzelnen Planungsproblemen bestehenden Kopplungen in den Planungsüberlegungen zu berücksichtigen, da alle Variablen und die Kopplungen zwischen diesen in einem einzigen Modell - Simultanmodell - erfaßt werden. Bei Dezentralisation der Entscheidungen bedarf es einer speziellen Koordination zwischen den Entscheidungsfeldern, um die Kopplung zwischen ihnen erfassen zu können.

In einer dezentralen Organisation ist jeder Entscheidungsträger zunächst nur verpflichtet, die seinen betrieblichen Teilbereich betreffenden Wirkungen einer Planung zu erfassen und zu berücksichtigen. Die Auswirkungen einer Entscheidung auf andere Teilbereiche werden hingegen vernachlässigt. Eine für einen bestimmten Teilbereich optimale Planung kann aber als Folge der Auswirkungen dieses Plans auf andere Teilbereiche gegen übergeordnete Interessen des gesamten Unternehmens verstoßen. Bei einer dezentralen Planung kann es daher zu nicht abgestimmten - unkoordinierten - Plänen für die einzelnen Entscheidungsfelder kommen. Es können zwei Arten von Koordinationsmängeln unterschieden werden:

- Die Pläne der einzelnen betrieblichen Teilbereiche können sachlich oder zeitlich nicht abgestimmt sein. Sind die Entscheidungen in einem Teilbereich von Informationen über Entscheidungen in anderen Bereichen abhängig, fehlt eine sachliche Abstimmung, wenn in den Plänen eines Bereichs von nicht zutreffenden Informationen über die Entscheidungen in anderen Bereichen ausgegangen wird. Zeitliche Koordinationsmängel liegen vor, wenn Teilprozesse nicht aufeinander abgestimmt sind, so daß es an den Schnittstellen zu Wartezeiten von Aufträgen kommt. Zeitliche Koordinationsdefizite sind als spezielle Form sachlicher Koordinationsmängel zu interpretieren. Sachliche bzw. zeitliche Koordinationsprobleme sollen an vier Beispielen näher erklärt werden:
    - Die vom Produkt A absetzbare Menge hängt vom Preis dieses Erzeugnisses und vom Preis eines anderen Erzeugnisses B ab. Der Preis des Erzeugnisses A (B) wird im Teil-

63 Vgl. z.B. Bleicher (1966); Bleicher (1971); Bleicher (1972); Grochla (1972); Hennig (1971); Hill/Fehlbaum/Ulrich (1994); Kieser/Kubicek (1992).

bereich I (II) festgelegt. Der Preis des Teilbereichs II muß in diesem Fall der Preisplanung im Bereich I zugrundegelegt werden. Stimmt der bei der Planung unterstellte Preis für Produkt B nicht mit dem tatsächlich festgelegten Preis von B überein, sind die Pläne der beiden betrieblichen Teilbereiche insoweit sachlich nicht koordiniert.

- Die Produktionsplanung muß für die Wahl des Produktionsvolumens bestimmter Artikel von Informationen über das erreichbare Absatzvolumen ausgehen. Stimmen die Informationen über das Absatzvolumen in der Produktionsplanung mit den Ergebnissen der Absatzplanung nicht überein, fehlt wiederum die sachliche Abstimmung beider Pläne.

- Die sachliche Abstimmung der Pläne zweier betrieblicher Teilbereiche ist auch dann nicht gegeben, wenn die Einsatzmenge eines knappen Produktionsfaktors - Kapital, Personal, Material usw. - in beiden Plänen zusammen die von diesem Faktor verfügbare Menge überschreitet.

- Zeitliche Abstimmungsprobleme liegen vor, wenn es an den Schnittstellen im Arbeitsablauf zu unnötigen Wartezeiten der Aufträge kommt. Auch hohe Zwischenläger können die Folge einer unzureichenden zeitlichen Abstimmung der Pläne aufeinanderfolgender Produktionsstufen sein. Sind der Produktions- und der Absatzplan zeitlich nicht koordiniert, kommt es zu unnötig hohen Endbeständen oder Verzugsmengen. Bei einer Organisation nach Funktionen sind die zeitlichen Abstimmungsdefizite groß, wenn in den Stellen sehr unterschiedliche Aufgaben (hohe Komplexität) zu erledigen sind. Kerngedanke gerade des Lean Managements ist es, durch eine ablauforientierte Sichtweise für einen Abbau dieser Koordinationsdefizite zu sorgen. In funktional organisierten Unternehmen erfüllen Läger oder zeitliche Puffer in der Regel allein die Funktion, Koordinationsdefizite zu überdecken.

- Die Pläne der einzelnen betrieblichen Bereiche können zwar sachlich bzw. zeitlich koordiniert sein, aber gegen die übergeordnete unternehmerische Zielsetzung verstoßen. Erstellen zwei Zweigwerke eines Unternehmens jeweils einen Plan, der den Gewinn des jeweiligen Werkes maximiert, müssen diese Pläne durchaus nicht den Gesamtgewinn des Unternehmens maximieren. Bei den isolierten Planungen werden mögliche Erfolgswirkungen des Plans des einen Zweigwerkes auf den Erfolg des zweiten nicht beachtet und umgekehrt. Eine isolierte, dezentrale Planung führt aus der Sicht des Unternehmens zu nicht zielsetzungsgerechten Ergebnissen, wenn zwischen den Teilbereichen wechselseitige Erfolgsbeziehungen bestehen, die bei rein dezentralen Entscheidungen nicht erfaßt werden. Derartige, in dezentralen Entscheidungsfeldern nicht erfaßte Erfolgsbeziehungen existieren, wenn gemeinsam genutzte Faktoren knapp sind oder wenn nicht separable Zielfunktionen existieren. Eine zielgerechte Koordination bereitet auch dann Probleme, wenn die Ziele der partiellen Entscheidungsfelder nicht vollständig konsistent zum Unternehmensziel sind. Nur plausible Bereichsziele mit partiellen Konflikten zum Unternehmensziel schlagen dann in Koordinationsdefizite der Bereichsentscheidungen um. Es hängt damit nachhaltig von der Qualität der Ziele für die Bereichsentscheidungen ab, ob es gelingt, zu einer - aus der Sicht des gesamten Unternehmens - zielführenden Entscheidung zu kommen. Für die spätere Diskussion der zielsetzungsgerechten Koordination wird stets von einem perfekten Zielsystem ausgegangen.

Die bei dezentralen Entscheidungen erforderliche Koordination hat somit die Entscheidung für einzelne Bereiche sachlich und zielsetzungsgerecht aufeinander abzustimmen. Eine derartige, meist zentral zu steuernde Koordination ist erforderlich, wenn durch die Aufgabendelegation Entscheidungsfelder entstanden sind, zwischen denen Kopplungen bestehen. Bei Entscheidungsfeldern mit Kopplungen in der Form von Erfolgsverflechtungen kann wegen der erforderlichen Koordination keine rein dezentrale Organisation der Planung angewendet werden. Vielmehr ist die Dezentralisation durch Elemente einer meist zentralen Steuerung zu ergänzen, um die sachlichen Beziehungen sowie die Erfolgsverflechtungen zwischen den Entscheidungen der betrieblichen Teilbereiche erfassen zu können.

Ein Vergleich zwischen „Zentralisation" und „Dezentralisation mit Koordination" scheint wegen der schwierigen und zeitraubenden Abstimmung der Pläne auf den ersten Blick zuungunsten der Dezentralisation auszufallen. Durch die Dezentralisation können in der praktischen Planungsarbeit aber folgende Vorteile genutzt werden, die letztlich ausschlaggebend dafür sind, daß ein dezentrales Planungskonzept überlegen ist:

- Zentrale Planungsmodelle sind sehr komplex, d.h., sie enthalten sehr viele Entscheidungsalternativen und Kopplungen. Bei Entscheidungsmodellen, die eine gewisse Größenordnung überschreiten, ist es nicht oder nur mit unvertretbar hohem Rechenaufwand möglich, zielsetzungsgerechte Lösungen zu bestimmen. Der Planungsaufwand bei dezentraler Entscheidung mit kleineren Modellen kann geringer gehalten werden als der bei zentraler Planung. Das ist insbesondere der Fall, wenn keine vollständige Koordination, sondern nur eine als befriedigend empfundene Abstimmung der dezentralen Planungseinheiten angestrebt wird.

- Wegen der beschränkt verfügbaren Zeit für die Abwicklung des Entscheidungsprozesses - begrenzte Entscheidungskapazität - wird es einer zentralen Stelle häufig nicht möglich sein, für die Entscheidungen ein simultanes Planungsmodell mit allen Kopplungen zwischen den Entscheidungsalternativen aufzustellen. Letztlich bedeutet das: Bei Zentralisation kann die Zeit für eine fundierte Problemanalyse und Problemlösung fehlen, so daß es zu schlechten, hinsichtlich ihrer Wirkungen nicht abgeklärten Entscheidungen kommt. Mit der Dezentralisation und der damit verbundenen erweiterten Entscheidungskapazität kann die Qualität der Entscheidungen verbessert werden, da dem einzelnen Problem in den dezentralen Entscheidungsfeldern mehr Zeit gewidmet werden kann.

- Zentrale Planungsmodelle überfordern die Entscheidungsinstanz häufig bei der Beschaffung und Verarbeitung der notwendigen Informationen. Die Dezentralisation erlaubt es häufig, die erforderlichen Daten schneller und sicherer zu beschaffen, was die Qualität der Entscheidungen fördert und die Dauer des Entscheidungsprozesses abkürzt.

- Durch Dezentralisation wird Verantwortung auf nachgeordnete Instanzen einer Organisation verlagert, d.h., es werden Entscheidungsspielräume delegiert, die zu einer besseren Motivation der Organisationsmitglieder und damit meist auch zu steigender Kreativität beitragen. Durch Beteiligung eines größeren Personenkreises am Entscheidungsprozeß können sich dann positive Auswirkungen auf die Qualität der Suchprozesse nach neuen Entscheidungsalternativen ergeben, was letztlich auch zu verbesserten Planungsergebnissen führen wird.

Diesen Vorteilen der Dezentralisation steht als Nachteil gegenüber, daß es in praktischen Entscheidungsprozessen nicht gelingen wird, die Teilpläne perfekt aufeinander abzustimmen. Zwar wird es meistens möglich sein, die Teilpläne sachlich bzw. zeitlich zu koordinieren, eine vollständig zielsetzungsgerechte Koordination wird aber nur in den wenigsten Fällen gelingen. Das aber bedeutet, daß bei dezentralen Entscheidungsprozessen in mehr oder weniger starkem Ausmaß gegen die oberste unternehmerische Zielsetzung verstoßen wird. Spezielle Interessenlagen einzelner Betriebsbereiche können dann den Entscheidungsprozeß dieser Bereiche dominieren, d.h., es kommt zu keinem vollständigen Ausgleich zwischen den Zielen der einzelnen betrieblichen Teilbereiche und dem übergeordneten Unternehmensziel.

Da in der Realität Planung immer in offenen Entscheidungsfeldern erfolgt, sind die Möglichkeiten einer zielsetzungsgerechten Koordination zudem stark begrenzt. Zielgerechte Koordination setzt die Kenntnis aller künftigen Daten und Handlungsalternativen voraus. In keiner Planung wird es allerdings möglich sein, diesen vollkommenen Informationsgrad zu erreichen, so daß insoweit der zielgerechten Koordination natürliche Grenzen gesetzt sind. Das Konzept zielgerechter Koordination baut auf dem Konstrukt geschlossener Entscheidungsfelder auf.

Dezentrale Planung kann grundsätzlich in zwei Formen betrieben werden:

- Es werden mehrere nebeneinander stehende Entscheidungsfelder gebildet (horizontale Dekomposition), die durch spezielle Mechanismen zu koordinieren sind.
- Die Entscheidungsfelder werden ineinander geschachtelt (hierarchische Planung). Beispielsweise kann die strategische, taktische und operative Planung als ein derart verschachteltes System angesehen werden. Jede übergeordnete Planungsebene macht der nachfolgenden Ebene Vorgaben, die diese bei ihren Planungen beachten muß.

5.4.3.2 Horizontale Dekomposition von Entscheidungsfeldern

5.4.3.2.1 bei Restriktionen

Wird ein simultanes Entscheidungsproblem in horizontale Entscheidungsfelder zerlegt, werden durch die Dekomposition existierende Erfolgskopplungen zerschnitten. Jedes der gebildeten Entscheidungsfelder erfaßt jeweils die Erfolgswirkungen der anderen Felder nicht. Die Zerlegung kann Interdependenzen zerschneiden, die auf

- gemeinsamen Restriktionen der horizontalen Felder beruhen (knappe Kapazitäten oder Finanzmittel) oder

- eine multiplikative Verknüpfung (nicht separable Zielfunktion) von Variablen zurückgehen.

Für die zielsetzungsgerechte Koordination der Entscheidungsfelder eignen sich jeweils unterschiedliche Methoden. Zunächst werden jene Methoden diskutiert, die im Fall gemeinsamer Restriktionen eingesetzt werden können.

Wurden durch das Planungssystem nebeneinander stehende Entscheidungsfelder gebildet (horizontale Dekomposition), können die Erfolgsverflechtungen zwischen einzelnen Bereichen mit Hilfe von drei Koordinationsinstrumenten ganz oder zumindest näherungsweise erfaßt werden, und zwar durch

- die Alternativplanung,
- eine Koordination über Lenkpreise[64] oder
- die Budgetsteuerung.

Diese Koordinationsmechanismen sollen an einem gemeinsamen Beispiel[65] dargestellt werden.

Ein Unternehmen hat zwei weitgehend unabhängige Zweigwerke. Jedes Zweigwerk kann über Verkaufspreis, Produktionsprogramm usw. isoliert bestimmen und strebt den maximalen Werksgewinn an. In ihren Investitionsentscheidungen sind die Werke hingegen nicht voll autonom, da das verfügbare Kapital des Gesamtunternehmens nicht ausreicht, alle rentablen Investitionen zu tätigen. Für die Unternehmensleitung ergibt sich daraus das Problem, wie sie das knappe Kapital auf die Zweigwerke verteilen soll. Ziel dieser Verteilung ist es, den Gesamtgewinn der Unternehmung zu maximieren. Aus Gründen einer einfacheren Darstellung der Koordinationsinstrumente wird von einer einperiodigen Betrachtung ausgegangen. Bei dynamischen Problemen ist die entsprechende Koordination erheblich komplizierter. Des weiteren wird beliebige Teilbarkeit der möglichen Investitionsobjekte unterstellt. Diese Bedingung ist erforderlich, da das Lenkpreiskonzept und die Budgetsteuerung auf marginalanalytischen Überlegungen basieren; sie können deshalb im allgemeinen nicht auf den Fall diskreter Variablenausprägungen übertragen werden.

Bei einer Koordination über Alternativpläne fordert die Unternehmensleitung jedes Zweigwerk auf, mehrere Investitionspläne mit den zugehörigen erwarteten Erfolgen einzureichen. Die Alternativpläne eines Werkes unterscheiden sich dadurch, daß von unterschiedlich hohen Investitionsbudgets ausgegangen wird. Die einzelnen Pläne eines Werkes schließen sich gegenseitig aus. Die Zentrale koordiniert die Alternativpläne der Zweigwerke nach zwei Aspekten:

64 Vgl. Schmalenbach (1948).

65 Adam (1969), S. 628 ff.

- Alle Kombinationen, bestehend aus je einem Investitionsbudget pro Zweigwerk, die den insgesamt verfügbaren Kapitalbetrag überschreiten, werden aus der Analyse ausgeklammert, da sie nicht realisiert werden können.

- Aus der Gruppe derjenigen Kombinationen, die vom verfügbaren Gesamtkapital her zulässig sind, wird die Kombination bzw. Kapitalaufteilung gewählt, die zum höchsten Gesamtgewinn führt.

Ein Zahlenbeispiel möge die Alternativplanung verdeutlichen. Die beiden Werke eines Unternehmens möchten jeweils vier für sie rentable Investitionsobjekte mit den folgenden jährlichen Gewinnsteigerungen, Kapitalbedarfen sowie Rentabilitäten durchführen.

Werk 1				Werk 2			
Objekt	jährl. Gewinn in Mio.	Kapitalbedarf in Mio.	Rendite	Objekt	jährl. Gewinn in Mio.	Kapitalbedarf in Mio.	Rendite
A_1	3,0	10	30%	A_2	2,5	5	50%
B_1	0,75	5	15%	B_2	1,5	5	30%
C_1	0,5	5	10%	C_2	1	5	20%
D_1	0,25	5	5%	D_2	0,5	5	10%

Tabelle 5-1

Hieraus stellen die Werke je vier sich ausschließende Alternativpläne für unterschiedlich hohe Kapitalbudgets auf. Werk 1 präferiert als erstes das Objekt A_1 mit einer Rendite von 30 % und fragt hierfür einen Kapitalbetrag von 10 nach. Bekommt das Werk mehr Geld, wird als nächstes Objekt B_1 mit einer Rendite von 15 % realisiert usw. Die vier Alternativpläne bei unterschiedlichen Kapitalbudgets beider Werke sind der Tabelle 5-2 zu entnehmen.

Alternative	Werk 1			Werk 2		
	Objekte	Gewinnzuwachs in Mio.	Budget in Mio.	Objekte	Gewinnzuwachs in Mio.	Budget in Mio.
1	A_1	3,0	10,0	A_2	2,5	5,0
2	A_1+B_1	3,75	15,0	A_2+B_2	4,0	10,0
3	$A_1+B_1+C_1$	4,25	20,0	$A_2+B_2+C_2$	5,0	15,0
4	$A_1+B_1+C_1+D_1$	4,5	25,0	$A_2+B_2+C_2+D_2$	5,5	20,0

Tabelle 5-2

Bei Anlage von Geld auf dem Kapitalmarkt sind Zinsen in Höhe von 8 % zu erzielen. Für einen insgesamt verfügbaren Kapitalbetrag von 20 Mio. muß die Zentrale alle möglichen Kombinationen der Alternativen der beiden Werke zusammenstellen, die sich zusammen mit etwaigen Finanzanlagen auf das verfügbare Gesamtkapital ergänzen. Die Kombinationen sind in der Tabelle 5-3 erfaßt.

Alternativpläne		Gesamt-investition	Gewinn-zuwachs
Werk 1	Werk 2		
1	1	15+5	5,5+0,4=5,9
1	2	20	7,0
2	1	20	6,25
3	-	20	4,25
-	3	15+5	5+0,4=5,4
-	4	20	5,5

Tabelle 5-3

Um die Gewinne aller Sachinvestitionskombinationen miteinander vergleichen zu können, ist bei der ersten und der vorletzten Alternative zusätzlich der Gewinn - 0,4 Mio. - zu berücksichtigen, den das Unternehmen aus einer Finanzanlage der restlichen 5 Mio. erzielen kann. Das Unternehmen wird sich für die Kombination 2, d.h., eine Kapitalaufteilung von je 10 Mio. für jedes Werk, entscheiden. Die Alternativplanung sieht folglich einen Vergleich des Zielniveaus aller sich vollständig ausschließenden Alternativen vor.

Der in den einzelnen Zweigwerken zu erwirtschaftende Gewinn hängt damit nicht mehr allein von den eigenen Entscheidungen der Werke ab, sondern wird nachhaltig durch die Aufteilung des gesamten Investitionsbudgets auf die Zweigwerke beeinflußt.

Das Instrument der Alternativplanung ist für praktische Planungszwecke geeignet, wenn die Anzahl der in der Zentrale zu formulierenden Alternativen nicht zu groß wird. Diese Bedingung ist sehr häufig für Investitionsentscheidungen mit nicht beliebiger Teilbarkeit der Anlagen erfüllt. Die Alternativplanung ist dann ein leicht zu handhabendes Koordinationsinstrument.

Für das gleiche Beispiel soll auch die Koordination über Lenkpreise gezeigt werden. Die Lenkpreisidee besteht darin, das Konzept der Preisbildung auf Märkten - gesucht ist ein Preis, bei dem sich Angebot und Nachfrage entsprechen - auf die Steuerung knapper Faktoren innerhalb eines Unternehmens zu übertragen. In diesem Fall muß die Unternehmensleitung für das knappe Kapital einen Preis - Zinssatz - festlegen, zu dem die Zweigwerke Geld von der Zentrale beschaffen können. Die Zweigwerke werden diese Zinsen mit in ihr Vorteilhaftigkeitskalkül einbeziehen. Die Zentrale möge zunächst einen Zinssatz von 10 % verlangen. Bei diesem Zinssatz werden die einzelnen Werke ihre Disposition überprüfen. Die Renditen der Objekte in Tabelle 5-1 gelten für einen Zinssatz von null. Steigt der Zins von null auf 10 %, sind für das Werk 1 nur noch die Objekte A_1 und B_1 lukrativ. Bei Werk 2 fällt das Objekt D_2 heraus. Die Investitionsobjekte C_1, D_1 und D_2 sind nicht mehr rentabel, da die Zinskosten dieser Objekte den Gewinnzuwachs ohne die Finanzierungskosten aufzehren oder sogar überschreiten. Bei einem Zinssatz von 10 % sinkt damit der Kapitalbedarf bei optimalem Verhalten bei jedem Werk auf 15 Mio.

Ein Vergleich zwischen der Summe der Kapitalanforderungen in Höhe von 30 Mio. und dem zur Verfügung stehenden Kapital von 20 Mio. zeigt, daß der geforderte Zinssatz noch zu niedrig ist. Übersteigt das angeforderte Kapital das verfügbare Kapital, muß die Unternehmensleitung dafür sorgen, daß über steigende Zinssätze Kapital eingespart wird. Zu diesem Zweck setzt sie den Zinssatz auf 20 % herauf, so daß auch die Objekte B_1 und C_2 unrentabel werden. Bei einem Zinssatz von 20 % entspricht die Summe der Kapitalnachfrage den Finanzierungsmöglichkeiten, d.h., jedes Werk erhält ein Budget von 10 Mio. Über den in der Kalkulation zu berücksichtigenden Zins nimmt die Unternehmensleitung somit nachhaltig Einfluß auf die Entscheidungen der einzelnen Werke. Über den Zins als Lenkpreis findet eine Rückkopplung der Entscheidungen der einzelnen Werke auf das Ziel der Unternehmensleitung statt.

Daß in der optimalen Lösung keine Bruchteile von Investitionsobjekten realisiert werden, liegt an den speziellen Zahlen des Beispiels und ist somit reiner Zufall. Im allgemeinen wird die Lösung gegen die Ganzzahligkeitsbedingung verstoßen. Wird das Lenkpreiskonzept bei nicht beliebiger Teilbarkeit eingesetzt, existiert deshalb keine Garantie dafür, die optimale Lösung zu finden. Ein weiterer Nachteil des Lenkpreis-Konzeptes besteht darin, daß erst nach der letzten Koordinationsrunde - im Beispiel bei einem Zins von 20 % - eine zulässige Planung vorliegt. Alle Zinssätze unter 20 % mit denen die Koordination versucht wird, zeitigen unzulässige Pläne, da der Kapitalbedarf die Finanzierungsmöglichkeiten übersteigt. Der Koordinationsprozeß kann also nicht vorher abgebrochen werden.

Störend beim Lenkpreiskonzept ist auch, daß im allgemeinen viele Koordinationsrunden mit jeweils veränderten Lenkpreisen erforderlich sind, um Kapitalangebot und -nachfrage zum Ausgleich zu bringen. Das Konzept ist daher in der beschriebenen Variante für einen praktischen Einsatz recht ungeeignet. Der Mangel kann behoben werden, wenn die Zentrale eine Vorstellung über die Zinsreaktionsfunktionen der beiden Werke hat. Aus den jeweils vier Investitionsobjekten kann jedes Werk eine Funktion der bei optimalem Verhalten zu erzielenden Grenzrenditen bestimmen, wenn dem Werk ein bestimmter Kapitalbetrag zur Verfügung gestellt wird. Diese Funktion ergibt sich aus der Rangfolge der Vorziehenswürdigkeit der Objekte - vgl. Tabelle 5-1 und Tabelle 5-2. Die beiden Zinsreaktionsfunktionen - in idealisierter Form - sind dem oberen Teil der Abbildung 5-8 zu entnehmen. Ist die Zentrale über diese Funktionen informiert, kann sie daraus durch horizontale Aggregation eine Zinsreaktionsfunktion des gesamten Unternehmens entwickeln - vgl. Abbildung 5-8 unten. In der Abbildung ist auch der verfügbare Kapitalbetrag einzutragen. Der für den Kapitalbetrag von 20 Mio. geltende Grenzzins ist der gesuchte Lenkpreis. Bei bekannten Zinsreaktionsfunktionen können die Investitionspläne in einer einzigen Koordinationsrunde abgestimmt werden.

Für nur einen knappen Produktionsfaktor läßt sich eine Dezentralisation mit Rückkopplung über Lenkpreise relativ leicht handhaben. Können in einem Betrieb mehrere Produktionsfaktoren knapp werden und ist im vorhinein nicht zu erkennen, welche Faktoren das sind, ist eine Rückkopplung der Entscheidungen über Lenkpreise nicht so einfach durchzusetzen. Für die realistischere Situation mit mehreren denkbaren Knappheitssituationen hat sich die Unternehmensforschung bemüht, geeignete Algorithmen zur Dekomposition[66] des Entscheidungsprozesses zu entwickeln. Diese Verfahren verbessern die „opportunity costs" der Produktionsfaktoren schrittweise und führen in endlich vielen Planungsschritten zur vollständigen Koordination des Entscheidungsproblems. Diese Vorgehensweise soll an einem weiteren Beispiel demonstriert werden. Zunächst wird allerdings das Instrument der Budgetsteuerung am bisherigen Beispiel behandelt.

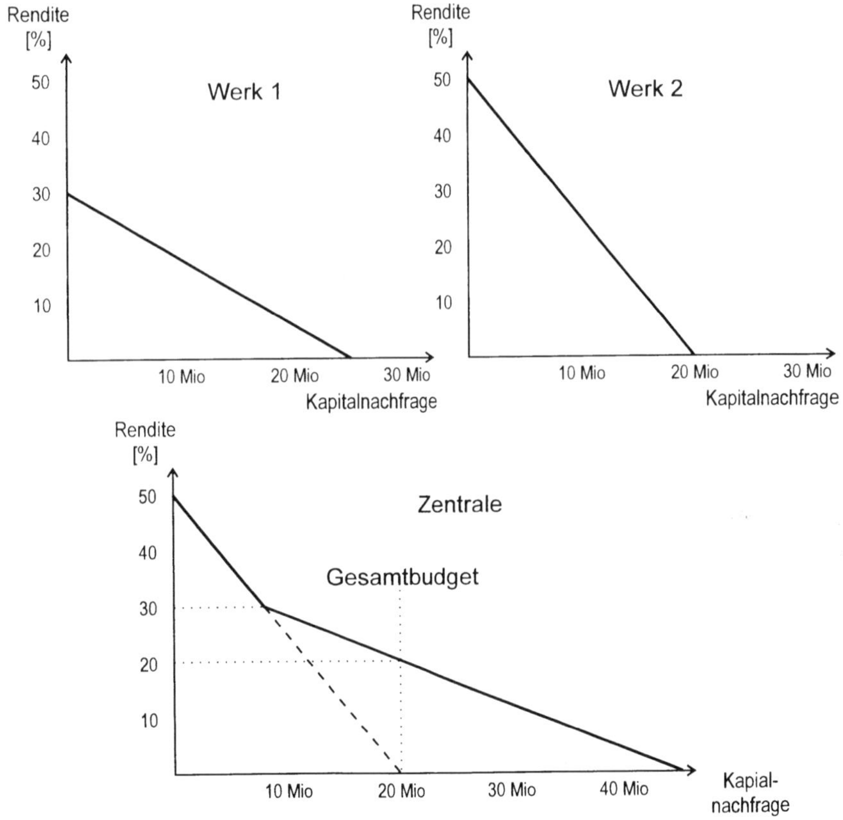

Abbildung 5-8

Bei einer Koordination der Werke mit Hilfe der Budgetsteuerung teilt die Unternehmensleitung das Gesamtbudget von 20 Mio. zunächst willkürlich auf die beiden Werke auf - 15 Mio. für Werk 1 und 5 Mio. für Werk 2 - und läßt sich von den Werken die jeweilige Grenzrendite bei dieser Kapitalaufteilung angeben. Da Werk 1 mit seinen 15 Mio. zunächst das

66 Vgl. z.B. Adam (1970), S. 201 ff.; Dantzig (1966), S. 507 ff.; Müller-Merbach (1965), S. 306 ff.; Tan (1966), S. 168 ff. und S. 247 ff.

Objekt A_1 mit einer Rendite von 30 % und mit dem Restbetrag von 5 Mio. das Projekt B_1 mit einer Rendite von 15 % realisieren würde, liegt die Grenzrendite in diesem Werk bei 15 %. Werk 2 kann mit den 5 Mio. nur das Objekt A_2 mit einer Rendite von 50 % durchführen. Die unterschiedlich hohen Grenzrenditen der Werke zeigen der Unternehmensleitung eine nicht zweckmäßige Kapitalaufteilung an. Wird das Kapital umverteilt, kann der zu erzielende Gewinn von 6,25 Mio. in beiden Werken zusammen erhöht werden. Wird Kapital von Werk 1 auf Werk 2 umverteilt, steigt die Grenzrendite bei Werk 1 auf 30 %, wenn 5 Mio. umverteilt werden, während die Grenzrendite im Werk 2 von 50 % auf 30 % sinkt, da auch Objekt B_2 durchgeführt werden kann. Die Umverteilung läßt den Gewinn auf 7 Mio. ansteigen. Bei beliebiger Teilbarkeit und stetig fallender Funktion der Grenzrendite jedes Werkes in Abhängigkeit vom Werksbudget wird eine Umverteilung solange versucht, bis die Grenzrenditen der Werke gleich hoch sind. Im Beispiel existieren real keine stetigen Renditefunktionen. Es liegt wiederum an der Konstruktion des Beispiels, daß es für die nicht teilbaren Investitionsobjekte zum Ausgleich der Grenzgewinne kommt.

Eine Koordination über eine Budgetsteuerung hat im Vergleich zum Lenkpreiskonzept den Vorteil, daß bei jeder Koordinationsrunde grundsätzlich durchführbare - sachlich koordinierte Pläne - entstehen, während bei Lenkpreisen erst der Plan der letzten Koordinationsrunde durchsetzbar ist. Hierin liegt ein Vorteil für die Budgetsteuerung, da der Koordinationsprozeß nach jeder Koordinationsrunde abgebrochen werden kann, wenn die Pläne der Werke nach Ansicht der Zentrale befriedigend auf das Unternehmensziel hin koordiniert sind.

Einen Spezialfall der Koordination über Lenkpreise stellen Dekompositionsverfahren dar.[67] Dekompositionsalgorithmen gehen von der Zerlegung eines interdependenten Gesamtproblems in Partialprobleme aus, die jeweils isoliert gelöst werden. Wegen der in den Partialmodellen nicht erfaßten Interdependenzen sind die isolierten Lösungen bezogen auf das Gesamtproblem i.d.R. weder optimal noch zulässig. Aus diesem Grunde sind die Partialpläne in einem koordinierenden Planungsschritt aufeinander abzustimmen. Ergebnis dieses Planungsschrittes sind Lenkpreise für die in den Partialbereichen nicht als Restriktion erfaßten, gemeinsam genutzten, knappen Faktoren. In den Zielfunktionen der Partialmodelle werden diese Lenkpreise als Kostensätze für die gemeinsam genutzten Faktoren angesetzt und die Partialprobleme in einer zweiten Iterationsschleife erneut gelöst. Aus der zweiten Koordinationsrunde können sich wiederum neue Lenkpreise ergeben, so daß die Zielfunktionen erneut zu modifizieren sind usw. Der iterative Prozeß endet, wenn sich die Lenkpreise nicht mehr bzw. nur noch geringfügig ändern.

Der Planungsablauf der Dekomposition wird anhand eines Beispiels zur Produktionsprogrammplanung verdeutlicht.[68] Ein Unternehmen produziert in zwei Produktionsbereichen A und B vier unterschiedliche Produkte, deren Deckungsspannen, Produktionskoeffizienten und Absatzhöchstmengen in Tabelle 5-4 wiedergegeben sind. Beide Produktionsbereiche

67 Vgl. Dantzig/Wolfe (1960), S. 101 ff.; Müller-Merbach (1965), S. 306 ff.; Müller-Merbach (1973) sowie Künzi/Tan (1966), die einen Überblick verschiedener Dekompositionsverfahren geben.

68 Vgl. auch Kapitel 6.3.1.2.2, in dem die Lösung für dieses Beispiel mit Hilfe eines Simultanansatzes der Linearen Programmierung ermittelt wird.

verfügen in der Planperiode über eine Kapazität von 160 ZE. Von dem benötigten Rohstoff können maximal 180 ME beschafft werden.

Produkt	Deckungsspanne [GE/ME]	Prod.-koeffizient [ZE/ME] A	B	Rohstoff-bedarf R [FE/ME]	Absatzhöchst-menge
1	5	2	-	1	40
2	4	4	-	2	∞
3	3	-	3	2	60
4	2	-	5	3	∞

Tabelle 5-4

Wegen der unbegrenzten Absatzmöglichkeiten der Produkte 2 und 4 sind sowohl die Kapazitäten als auch der Rohstoff knapp. Die vorliegende Problemstruktur legt eine Dekomposition des Gesamtproblems in zwei Partialprobleme nahe, in denen jeweils die gewinnmaximale Aufteilung der Kapazität des Produktionsbereichs A auf die Produkte 1 und 2 bzw. von Bereich B auf die Produkte 3 und 4 gesucht ist. Da zur Produktion aller Produkte jeweils eine bestimmte Menge des begrenzt verfügbaren Rohstoffes benötigt wird, sind die beiden Partialprobleme interdependent. Für den Rohstoff ist folglich ein Lenkpreis zu bestimmen, der seine optimale Aufteilung auf die Produktionsbereiche A und B gewährleistet. Das gewinnmaximale Produktionsprogramm sowie die optimalen Lenkpreise werden in mehreren Iterationen bestimmt:

1. Iteration:

In den beiden Produktionsbereichen ist jeweils folgendes Problem zu lösen:

Produktionsbereich A	Produktionsbereich B
$\text{DB: } 5x_1 + 4x_2 \rightarrow \max$	$\text{DB: } 3x_3 + 2x_4 \rightarrow \max$
$2x_1 + 4x_2 \leq 160$	$3x_3 + 5x_4 \leq 160$
$x_1 \leq 40$	$x_3 \leq 60$
$x_1, x_2 \geq 0$	$x_3, x_4 \geq 0$

In diesen Ansätzen sind die Verbrauchsmengen des knappen Rohstoffs nicht als Restriktion erfaßt, und in der Zielfunktion ist der Rohstoff lediglich mit seinen pagatorischen Kosten bewertet. Die Lösung dieser beiden Partialprobleme kann jeweils auf einfache Weise mit Hilfe relativer Deckungsspannen ermittelt werden, da in den Produktionsbereichen mit der Kapazität nur jeweils ein Engpaß existiert. Produktionsbereich A wird zunächst das Produkt 1 mit einer relativen Deckungsspanne von 2,5 produzieren und in der verbleibenden Zeit noch 20 ME des zweiten Produkts herstellen wollen.

Produktionsbereich A					Produktionsbereich B				
Prod.	rel. DSP	Rang	Menge	Kap.-bed.	Prod.	rel. DSP	Rang	Menge	Kap.-bed.
1	2,5	1	40	80	3	1	1	53,33	160
2	1	2	20	80	4	0,4	2	0	0
Summe:				160	Summe:				160
DB: 280					DB: 160				
Rohstoffbedarf = 80					Rohstoffbedarf = 106,67				

Tabelle 5-5

Bei optimaler Verhaltensweise benötigen beide Produktionsbereiche zusammen 186,67 ME des Rohst‹ ffs. Der Rohstoffbedarf übersteigt damit die verfügbaren 180 ME. Die isoliert ermittelten Partialpläne sind folglich nicht zulässig. In einem Koordinationsschritt ist deshalb ein Knappheitspreis für den Rohstoff zu ermitteln. Bei der Koordination wird davon ausgegangen, daß die beiden Produktionsbereiche die Struktur ihres Programms bei gekürzter Rohstoffmenge beibehalten und die Mengen lediglich proportional zurückfahren. Werden die Anteile, mit denen die vorgeschlagenen Programme der Produktionsbereiche A und B realisiert werden, mit z_A und z_B bezeichnet, ist folgendes Problem zu lösen:[69]

$$\text{DB}: 280 z_A^{(1)} + 160 z_B^{(1)} \rightarrow \max$$

$$80 z_A^{(1)} + 106{,}66 z_B^{(1)} \leq 180$$

$$z_A^{(1)} \leq 1$$

$$z_B^{(1)} \leq 1$$

$$z_A^{(1)}, z_B^{(1)} \geq 0$$

Auch dieser Ansatz kann anhand des Kriteriums relativer Deckungsspannen gelöst werden, da mit der Rohstoffrestriktion maximal ein Engpaß existiert. Für die relativen Deckungsspannen des Rohstoffs der beiden Produktionsbereiche errechnet sich:

$$z_A^{(1)}: \frac{280}{80} = 3{,}5 \left[\frac{\text{GE}}{\text{FE}}\right] \rightarrow \text{Rang 1}$$

$$z_B^{(1)}: \frac{160}{106{,}66} = 1{,}5 \left[\frac{\text{GE}}{\text{FE}}\right] \rightarrow \text{Rang 2}$$

Im Programm des Bereichs A erbringt der Rohstoff mithin eine höhere Deckungsspanne je eingesetzter Rohstoffeinheit. Folglich wird das Programm $z_{A(1)}$ vollständig durchgeführt; der Rohstoffbedarf beträgt 80 FE. Das Programm $z_{B(1)}$ ist Grenzprogramm und wird auf 15/16 des ursprünglichen Umfangs gekürzt, wofür die restlichen 100 ME des Rohstoffs benötigt werden.

69 Der Hochindex $^{(i)}$ kennzeichnet die Nummer des Iterationslaufes, in dem das Programm z_A bzw. z_B ermittelt wurde.

Der Grenzgewinn des Rohstoffs wird für dieses Programm durch die relative Deckungsspanne des Produktionsbereichs B definiert und beträgt 1,5 [GE/ME]. Die beiden Produktionsbereiche kalkulieren nunmehr für ihren Rohstoffverbrauch diesen Lenkpreis in die Deckungsbeiträge ein.

2. Iteration:

Mit dem Lenkpreis von 1,5 GE/ME ergeben sich für die vier Produkte folgende neuen Deckungsspannen:

Prod. 1: $5 - 1{,}5 \cdot 1 = 3{,}5$ [GE/ME]

Prod. 2: $4 - 1{,}5 \cdot 2 = 1$ [GE/ME]

Prod. 3: $3 - 1{,}5 \cdot 2 = 0$ [GE/ME]

Prod. 4: $2 - 1{,}5 \cdot 3 = -2{,}5$ [GE/ME]

Die beiden Partialprobleme sind mit den geänderten Deckungsspannen erneut zu lösen:

Produktionsbereich A

$$\begin{aligned} DB: 3{,}5x_1 + 1x_2 &\rightarrow \max \\ 2x_1 + 4x_2 &\leq 160 \\ x_1 &\leq 40 \\ x_1, x_2 &\geq 0 \end{aligned}$$

Produktionsbereich B

$$\begin{aligned} DB: 0x_3 + (-2{,}5x_4) &\rightarrow \max \\ 3x_3 + 5x_4 &\leq 160 \\ x_3 &\leq 60 \\ x_3, x_4 &\geq 0 \end{aligned}$$

In der zweiten Iteration ergibt sich für die beiden Partialprobleme folgende Lösung:

Produktionsbereich A					Produktionsbereich B				
Prod.	rel. DSP	Rang	Menge	Kap.-bed.	Prod.	rel. DSP	Rang	Menge	Kap.-bed.
1	1,75	1	40	80	3	0	1	53,33	160
2	0,25	2	20	80	4	-0,5	2	0	0
Summe:				160	Summe:				160
DB: 280					DB: 160				
Rohstoffbedarf = 80					Rohstoffbedarf = 106,66				

Tabelle 5-6

Weder für Produktionsbereich A noch für Bereich B ergeben sich neue Produktionsprogramme. Produkt 3 bleibt Grenzprodukt, so daß auch der Grenz-Deckungsbeitrag für den Rohstoff mit 1,5 [GE/ME] konstant bleibt. Das aus dem 1. Koordinationsschritt abzuleitende Programm beider Produktionsabteilungen ist folglich bereits optimal. Mit den in der ersten Iteration ermittelten Programmanteilen $z_{A(1)} = 1$ und $z_{B(1)} = 15/16$ sind folgende Produktionsmengen optimal:

$x_1 = 40; x_2 = 20; x_3 = 53\ 1/3 \cdot 15/16 = 50; x_4 = 0;$

Der maximale Deckungsbeitrag beläuft sich auf:

$280 + 15/16 \cdot 160 = 430$ [GE]

Koordinationsregeln auf der Basis von Lenkpreisen werfen im praktischen Einsatz ein schwerwiegendes Problem auf. Nur Bereiche mit Engpaßkapazitäten, die bessere Handlungsalternativen aufweisen als das Grenzprodukt, weisen nach der Kalkulation mit den Lenkpreisen noch einen Gewinn aus. Sind die Entscheidungsträger an den erzielten Erfolgen finanziell beteiligt und durchschauen sie den Koordinationsmechanismus, werden sie zu Manipulationen von Kapazitäten neigen, um die Lenkpreise möglichst zu senken und den ausgewiesenen eigenen Gewinn zu erhöhen.[70] Durch derartige Manipulationen wird das gesamte System negativ beeinflußt; trotz des Lenkpreisinstruments kommt es dann nicht zu zielsetzungsgerechten Lösungen.

5.4.3.2.2 bei nicht separablen oder nichtlinearen Erfolgsfunktionen

Die für den Fall von gemeinsamen Restriktionen horizontal dekomponierter Entscheidungsfelder beschriebenen Instrumente zur Koordination lassen sich nicht auf Partialmodelle übertragen, die als Folge nicht separabler Zielfunktionen (multiplikative Variablenverknüpfung) interdependent sind. Das Problem soll zunächst am Beispiel einer simultanen Programm- und Bestellpolitik dargestellt werden. Um die Analyse nicht zu komplex werden zu lassen, wird von einem Einproduktunternehmen ausgegangen, das auf einem Monopolmarkt agiert und die optimale Produktionsmenge sowie den dazugehörigen Preis festlegen will.

Es möge die Preis-Absatz-Funktion vom Typ

$p = a - b \cdot x$

mit x als Produktions- und Absatzmenge und p als Preis gelten. Die Zielfunktion des simultanen Entscheidungsproblems setzt sich aus vier Komponenten zusammen.

$$G(x, y) = \underbrace{(a - b \cdot x) \cdot x}_{\text{Umsatz}} - \underbrace{k \cdot x}_{\text{var. Kosten}} - \underbrace{Cr \cdot \frac{c \cdot x}{y}}_{\text{bestellf. Kosten}} - \underbrace{\frac{y}{2} \cdot Cl}_{\text{Lagerk.}} \rightarrow \max!$$

Der erste Term (Umsatz) ergibt sich als Produkt aus Preis und Menge. Der zweite Term entspricht den variablen, allein von der Produktionsmenge abhängigen Kosten. Die beiden letzten Terme erfassen den Einfluß der Bestellpolitik auf die Entscheidung. Im dritten Term wird mit c die Menge des Rohstoffs bezeichnet, die für eine Mengeneinheit des verkaufsfähigen Produkts benötigt wird. Das Produkt $c \cdot x$ steht für den noch unbekannten Rohstoffbedarf in der Planperiode. Wird diese Menge durch die Bestellmenge y dividiert, ergibt sich

70 Vgl. Hax (1965), S. 157 ff.

die Anzahl erforderlicher Bestellungen, die mit dem Satz Cr für die bestellfixen Kosten pro Bestellung zu multiplizieren ist. Der vierte Term bildet die Lagerkosten ab. Die Lagerkosten des Planungszeitraums sind vom durchschnittlichen Lagerbestand (Hälfte der Bestellmenge y) und vom Lagerkostensatz Cl abhängig. Mit Cl werden die Lagerkosten für eine Mengeneinheit bei einer Lagerzeit von einer Planperiode (ein Jahr) bezeichnet. Die Höhe der Lagerkosten wird damit unabhängig von der Programmentscheidung allein durch die Bestellpolitik determiniert.

Die Ableitungen der Gewinnfunktion nach den Variablen x und y führen zu den beiden Optimalitätsbedingungen:

$$\frac{\partial G}{\partial x} = \underbrace{a - 2 \cdot b \cdot x}_{\substack{\text{Grenz-}\\\text{erlöse}}} - \underbrace{k}_{\substack{\text{Grenz-}\\\text{kosten}}} - \underbrace{\frac{Cr \cdot c}{y}}_{\text{Grenzbestellfixe Kosten}} \stackrel{!}{=} 0$$

$$\frac{\partial G}{\partial y} = \underbrace{\frac{Cr \cdot c \cdot x}{y^2}}_{\substack{\text{Grenzbestell-}\\\text{fixe Kosten}}} - \underbrace{\frac{Cl}{2}}_{\substack{\text{Grenz-}\\\text{lagerkosten}}} \stackrel{!}{=} 0$$

Wird die letzte Formel nach y aufgelöst, ergibt sich die bekannte Bestellmengenformel:

$$y_{opt} = \sqrt{\frac{2 \cdot Cr \cdot c \cdot x}{Cl}}$$

Mit Hilfe der Formel für y_{opt} lassen sich die Kosten pro Mengeneinheit bei optimaler Bestellpolitik bestimmen. Dazu wird im dritten und vierten Term der Gewinnfunktion statt y der Wurzelausdruck eingesetzt. Nach einigen Umformungen ergibt sich für die optimale Politik ein nur noch von x abhängiger Kostensatz der Bestell- und Lagerkosten, der anstelle des dritten und vierten Terms in die simultane Gewinnfunktion eingesetzt werden kann. Dieser lautet:

$$\sqrt{2 \cdot Cl \cdot Cr \cdot c \cdot x}$$

Aus der Ableitung nach x wird deutlich, welche Größen einen Einfluß auf die Programmentscheidung nehmen. Außer den Grenzerlösen (a - 2bx) und den konstanten Grenzkosten k wirken auch die Grenzkosten der Bestellung $Cr \cdot c/y$ auf die Wahl von x_{opt} ein. Das Optimum für x ist erreicht, wenn die Grenzerlöse abzüglich der Grenzkosten k gerade den Grenzkosten der Bestellung entsprechen. Diese grenzbestellfixen Kosten in bezug auf die Variable x entsprechen den durchschnittlichen Bestellkosten pro bestellter Rohstoffmengeneinheit Cr/y, multipliziert mit dem Produktionskoeffizienten c; sie beschreiben also die bestellfixen Kosten für alle Rohstoffe, die für eine Mengeneinheit des Enderzeugnisses erforderlich sind. Der Ableitung nach x ist zu entnehmen, daß die Lagerkosten keinen direkten Einfluß auf die optimale Menge x nehmen. Für die Lösung des Programmplanungsproblems ist es lediglich erforderlich, die Höhe der bestellfixen Kosten bei optimalem y zu kennen.

Wird die optimale Bestellmenge y_{opt} für y in die Ableitung nach x eingesetzt, wird deutlich, daß dennoch ein indirekter Einfluß der Lagerkosten auf die Menge x existiert:

$$a - 2 \cdot b \cdot x - k - \underbrace{\sqrt{\frac{Cr \cdot c \cdot Cl}{2}} \cdot \sqrt{\frac{1}{x}}}_{\substack{\text{grenzbestellfixe} \\ \text{Kosten bei } y_{opt}}} \overset{!}{=} 0$$

Die Menge y_{opt} geht in die Bestimmungsformel für x_{opt} ein. Die Lagerkosten haben damit indirekt über y_{opt} Einfluß auf die optimale Produktionsmenge x. Dieser indirekte Einfluß wurde auch bereits aus der Formel für die Lager- und Bestellkosten im Optimum für y deutlich.

Wird das beschriebene simultane Entscheidungsfeld in zwei Entscheidungsfelder für eine isolierte Programm- und Bestellpolitik zerlegt, handelt es sich jeweils um ein sachlich offenes Entscheidungsmodell. Im Partialmodell der Programmplanung ist der Einfluß der Bestellpolitik nicht abgebildet. Umgekehrt fehlt dem Modell zur Bestellpolitik die Information über die Bedarfsmenge c·x. Ohne vorherige Programmplanung läßt sich damit überhaupt keine Aussage über eine sinnvolle Bestellmenge machen, und das Programmplanungsmodell gelangt zu einer falschen Entscheidung über x, wenn der Einfluß der bestellfixen Kosten nicht mit in die Analyse einbezogen wird. Die beiden Entscheidungsfelder lassen sich auf zwei Wegen koordinieren:

- In der Gewinnfunktion des simultanen Problems werden die beiden letzten sich auf die Bestellmenge beziehenden Terme gestrichen, und statt dessen wird der Wurzelausdruck der Kosten bei optimaler Bestellpolitik in den Ansatz aufgenommen. In der Programmplanung wird folglich von der allein von x abhängigen Funktion

  $$G(x) = \underbrace{(a - b \cdot x) \cdot x}_{\text{Umsatz}} - \underbrace{k \cdot x}_{\substack{\text{variable} \\ \text{Kosten}}} - \underbrace{\sqrt{2 \cdot Cr \cdot Cl \cdot c \cdot x}}_{\substack{\text{Lagerkosten und} \\ \text{bestellfixe Kosten}}} \rightarrow \max$$

  ausgegangen, welche ein Optimalverhalten für die Bestellpolitik impliziert. Die Ableitung dieser Funktion nach x führt zum Optimalitätskriterium:

  $$a - 2 \cdot b \cdot x - k - \underbrace{\sqrt{\frac{Cr \cdot c \cdot Cl}{2}} \cdot \sqrt{\frac{1}{x}}}_{\substack{\text{grenzbestellfixe} \\ \text{Kosten bei } y_{opt}}} \overset{!}{=} 0$$

  Aus dieser Funktion kann die gewinnmaximale Menge x_{opt} mit Hilfe der Cardanischen Formel zur Lösung von Funktionen dritten Grades berechnet werden. Mit der Menge x_{opt} kann das optimale Niveau von y mittels der Wurzelformel für die Bestellmenge bestimmt werden.

- Ein zweiter Weg zur Koordination der dezentralen Entscheidungsfelder besteht darin, für die Programmplanung in der ursprünglichen Ableitung nach x mit einer Annahme über die Höhe der grenzbestellfixen Kosten Cr·c/y bei Variation von x zu arbeiten. Zum Beispiel kann der Disponent sich an den entsprechenden Kosten orientieren, die in der letzten Periode aufgetreten sind und 1 GE dafür ansetzen. Schlägt er diesen provisorischen Kostensatz den Kosten k zu, kann er aus der Optimalitätsbedingung für x ein erstes Ergebnis für die Produktionsmenge x ableiten. Mit diesem Ergebnis für x kann er das zugehörige y_{opt} bestimmen. Zu diesem y gehört ein bestimmter Grenzkostensatz Cr·c/y bei Variation von x in Höhe von angenommen 0,8 GE. Im allgemeinen wird der für die Programmplanung zunächst unterstellte Satz von 1 GE für die grenzbestellfixen Kosten nicht mit dem Wert übereinstimmen, der nach der Ermittlung von y_{opt} für diese Kosten aus dem Lagermodell errechnet wurde.[71]

In diesem Fall sind die beiden Partialmodelle noch unzureichend koordiniert. Die Abstimmung kann durch ein iteratives Verfahren verbessert werden. Durch den Kostensatz von 1 GE wurde die Produktionsmenge x unnötig stark reduziert.[72] Sie sollte ausgedehnt werden, wie das erste Ergebnis für y zeigt. Wird die Menge x vergrößert, kann aus der Bestimmungsformel für y_{opt} abgeleitet werden, daß die Bestellmenge daraufhin unterproportional steigen wird, da der Einfluß von x auf y durch das Wurzel-Zeichen abgeschwächt wird. Das aber führt zu grenzbestellfixen Kosten, die in der nächsten Planungsrunde unter 0,8 GE liegen. Dieser generelle Zusammenhang kann für eine nächste Koordinationsrunde genutzt werden.

Ohne Rückgriff auf diesen Zusammenhang könnte der nächste Planungslauf mit einer Vorgabe von 0,8 GE arbeiten. Die zweite Planungsrunde führt dann mit Sicherheit zu einem Ergebnis, bei dem die grenzbestellfixen Kosten unter 0,8 liegen werden. Die Spanne zwischen der Vorgabe für den Kostensatz und dem Ergebnis hinsichtlich dieses Kostensatzes wird in der zweiten Planungsrunde wesentlich kleiner als in der ersten Runde ausfallen. Die Planungsläufe könnten nun solange wiederholt werden, bis der vorgegebene Kostensatz mit dem in der Planungsrunde erzielten Kostensatz weitgehend übereinstimmt.

Der Koordinationsaufwand kann verringert werden, wenn der oben beschriebene Wirkungszusammenhang genutzt wird und für die zweite Koordinationsrunde sofort mit einem Kostensatz unter 0,8 GE gearbeitet wird. Für die Koordination werden dann weniger Planungsrunden benötigt. Aus der letzten Formel wird deutlich, daß die bestellfixen Kosten nur mit dem Faktor $(1/x)^{0,5}$ auf Mengenveränderungen reagieren. Erhöht sich die Produktionsmenge von 100 ME im ersten auf 200 ME im zweiten Lauf, sinken die Kosten nur um knapp 30 %. Aus der Gewinnformel G(x,y) des simultanen Problems ist abzuleiten, daß kaum mit einer Verdopplung der Menge x gerechnet werden kann, wenn sich die grenzbestellfixen Kosten von einer GE auf 0,8 GE reduzieren; der Anstieg der Produktionsmenge wird im allgemeinen weit dahinter zurückbleiben. Daraus ist zu schließen, daß die bestellfixen Kosten im Optimum nicht allzuweit unter 0,8 GE liegen

71 Hier ergeben sich die grenzbestellfixen Kosten aus $(Cr \cdot c \cdot x)/y_{opt2}$.

72 Die Wirkung des grenzbestellfixen Kostensatzes GCr ergibt sich aus der Auflösung der Ableitung der Gewinnfunktion nach x als:

$$x = \frac{a - k - GCr}{2b}.$$

werden, so daß sich für die 2. Planungsrunde eine moderate Absenkung des Kostensatzes unter 0,8 GE empfiehlt. Kann aus der Formel G(x,y) mit den konkreten Daten eines Falls entnommen werden, daß bei reduzierten bestellfixen Kosten die Menge x nur um 10 % von 100 auf 110 anwachsen wird, reagieren die Kosten nur mit dem Faktor $(1/110)^{0,5}$ gegenüber vorher $(1/100)^{0,5}$ auf diese Mengenveränderung, d.h., es ist mit einer äußerst schwachen Kostensenkung mit dem Faktor 0,0465 (ca. 4,65 %) zu rechnen[73]. Aufgrund des Wirkungszusammenhangs ist daher von einer schnellen Konvergenz des Abstimmungsverfahrens auszugehen.

Die beiden Prinzipien einer Koordination dezentraler Entscheidungsfelder können auch auf andere Problemstellungen übertragen werden. Je nach Anwendungsfeld (Investitions- und Programmplanung oder Programm- und Absatzplanung usw.) müssen zunächst aus dem Simultanmodell die für den Anwendungsfall geltenden Interdependenzen analysiert werden. Erst die Kenntnis der Wirkungszusammenhänge zwischen den Entscheidungsbereichen erlaubt es, die Abstimmungsregeln für den Koordinationsprozeß richtig auszugestalten.

Die diskutierten Koordinationsprinzipien sind relativ leicht zu handhaben, solange die optimale Entscheidung kein Randoptimum ist. In Fällen ohne Randoptima sind die Abstimmungsregeln jeweils aus den ersten Ableitungen der Erfolgsfunktion des Simultanmodells herzuleiten. Das Problem von Randoptima tritt in drei Fällen auf:

- Zum einen, wenn keine ersten Ableitungen existieren (lineare Erfolgsfunktionen).
- Weiterhin, wenn die aus den ersten Ableitungen gewonnene Lösung entweder auf ein Extremum der entgegengesetzten Zielrichtung (Minimum statt Maximum) führt oder es sich bei dem vermeindlichen Extremum nur um einen Sattelpunkt handelt[74].
- Drittens in Fällen, in denen die vermeindliche Lösung außerhalb des Definitionsbereichs einer Variablen liegt.

Schwierig gestaltet sich die Abstimmung im Fall eines Randoptimums, wenn ein Rohstoff für die Produktion von vier Erzeugnissen eingesetzt wird und die Rangfolge, in der diese in das Produktionsprogramm aufzunehmen sind, von der Bestellpolitik für den Rohstoff abhängig ist. Es kann dann beim sukzessiven Abstimmungsprozeß vorkommen, daß die erste Programmentscheidung auf der Basis eines provisorischen Kostensatzes für die Bestellpolitik zu einem Programm führt, das sich aus den Produkten eins bis drei zusammensetzt. Die Bestellpolitik für dieses Programm kann aber zu einem Kostensatz für die Bestellpolitik führen, bei dem sich ein Programm aus den Erzeugnissen zwei bis vier als optimal erweist. Derartige Rangordnungssprünge erschweren die Koordination erheblich, da keine allgemeinen Aussagen über Optimalität mehr existieren wie im obigen Fall. Eine Koordination der Entscheidungsfelder läßt sich folglich dann auch nicht mehr auf der Basis allgemeiner, von den Daten des Problems losgelöster Optimumaussagen durchführen. Im Prinzip müssen die alternativen Rangfolgen der Produkte auf ihre Erfolgswirkungen im Programm- und Bestellbereich getestet werden, um die optimale Rangfolge identifizieren zu können.

---

73 ((1/100)0,5 - (1/110)0,5))/(1/100)0,5 = 0,0465

74 Siehe dazu Fallstudie 8 und 9 im Kapitel 7.

Bei nicht separablen Zielfunktionen oder nichtlinearen Höhenpräferenzen kann der Fall auftreten, daß eine zielgerechte Koordination von Bereichsentscheidungen grundsätzlich unmöglich ist. Eine derartige Situation liegt vor, wenn für das gesamte Unternehmen mit einer nichtlinearen Nutzenfunktion gearbeitet wird. Entspricht der Nutzen beispielsweise der zweiten Wurzel aus dem Gesamtgewinn des Unternehmens, läßt sich für Bereichsentscheidungen keine Zielfunktion bestimmen, bei der die Summe des Nutzens aus den Bereichsentscheidungen dem Nutzen des Gesamtunternehmens entspricht. Wird der Nutzen aus den Bereichsentscheidungen auch als Wurzel der jeweiligen Gewinne formuliert, führt die Wurzel aus dem Gesamtgewinn zu einem anderen Ergebnis als die Summe der Wurzeln der Bereichsgewinne. Realisieren zwei Bereiche jeweils einen Gewinn von 25, führt das zu einem Nutzen von $50^{0.5}$ für das Gesamtunternehmen. Die Summe der Einzelnutzen in Höhe von $2 \cdot 25^{0.5}$ ist damit um knapp drei Einheiten höher als $50^{0.5}$. In diesem Fall gelingt es nicht, für die Bereiche zum Oberziel konsistente Bereichsziele zu entwickeln, so daß eine zielgerechte Koordination unmöglich wird; denn aus der Sicht des Gesamtunternehmens ist die Aufteilung des Gewinns auf die beiden Bereiche unbedeutend für die Höhe des Nutzens, während bei den Einzelbereichen die Aufteilung des Gesamtgewinns von 50 auf die beiden Bereiche die Höhe der Nutzensumme mitbestimmt. Dezentrale und zentrale Entscheidungsfelder kommen folglich zu divergierenden Entscheidungen.

Eine vergleichbare Situation tritt auch auf, wenn das Unternehmen ein Rentabilitätsziel anstrebt. Für das Rentabilitätsziel des Gesamtunternehmens lassen sich auch keine konsistenten Bereichsziele ableiten. Rentabilitätsmaximierung in partiellen Entscheidungsfeldern ist sinnlos, da die Maximierung der Einzelquotienten aus Gewinn und Kapitaleinsatz im allgemeinen nicht zum Maximum der Gesamtrentabilität führt. Das ist nur dann anders, wenn die Rentabilitätsmaximierung zur Gewinnmaximierung degeneriert, weil der gesamte Kapitaleinsatz in allen Bereichen zusammen konstant ist.[75] Zudem ergibt sich in diesem Fall ein zweites Problem, wenn für die Entscheidung gemeinsame Fixkosten oder ein fixer Kapitaleinsatz für gemeinsame Ressourcen existieren. Die rentabilitätsmaximale Entscheidung der Bereiche hängt in diesem Fall von der willkürlichen Aufteilung der Fixkosten und des fixen Kapitaleinsatzes auf die Bereiche ab, während diese Aufteilung aus der Sicht des Gesamtunternehmens bedeutungslos ist.

Die beiden letzten Beispiele belegen, daß eine zielgerechte Koordination nur gelingt, wenn konsistente Bereichsziele existieren und der Erfolg des Gesamtunternehmens additiv aus den Erfolgen der Teilbereiche zusammengesetzt ist. Dieser Fall war im Beispiel zur Preis- und Bestellpolitik noch erfüllt. Die gesamte Zielfunktion war zwar nicht separabel, aber der Gesamtgewinn ergab sich additiv aus Erlös, Produktionskosten und Kosten der Bestellpolitik. Die Zielfunktion des zweiten Beispiels - Wurzelformel - war zwar separabel, aber der Gesamtnutzen ergab sich nicht durch Addition der Teilnutzen der Bereiche. Im dritten Beispiel ist die Zielfunktion des Gesamtunternehmens weder separabel noch gilt die Additivität. Die Beispiele belegen: Eine zielgerechte Koordination partieller Entscheidungsfelder ist an ganz

75 Der Leser mache dazu folgendes Rechenexperiment. Gesucht ist der rentabilitätsmaximale Monopolpreis für zwei Produkte, die in zwei Bereichen produziert werden. Das Optimalitätskriterium für die Gesamtrentabilität beider Bereiche ist dann verschieden von dem bei Maximierung der Rentabilitäten in den beiden Einzelbereichen, d.h., die Entscheidungen aus Sicht des Gesamtunternehmens und der Einzelbereiche unterscheiden sich.

bestimmte Voraussetzungen gebunden. Bestimmte Ziele für das Gesamtunternehmen schließen eine zielgerechte Koordination von Bereichsentscheidungen generell aus. Ein Unternehmen sollte deshalb derartige Zielformulierungen tunlichst vermeiden, weil dann nur in Simultanmodellen zielgerechte Entscheidungen zu erreichen wären.

5.4.3.3 Hierarchische Planung

5.4.3.3.1 Hierarchische Planung als Alternative zur Simultanplanung und zur horizontalen Dekomposition von Entscheidungsfeldern

Planungsansätze nach der Philosophie zentraler Simultanplanung einerseits und horizontaler dezentraler Partialplanung andererseits sind extreme Gegensätze in der Planungsmethodik. In ihrer reinen Form werden beide Ansätze in der Realität nicht zur Anwendung kommen.[76] Beide Konzeptionen haben Vor- und Nachteile, die in der folgenden Tabelle nochmals zusammengetragen sind:

Vorteile zentraler Planung/ (Nachteile dezentraler Planung)	Vorteile dezentraler Planung/ (Nachteile zentraler Planung)
• keine Koordination nötig • Berücksichtigung aller Interdependenzen	• geringer Planungsaufwand • schnelle Ergebnisse • kein Information-Overload für Entscheidungsträger • Mitarbeitermotivation

Tabelle 5-7

Die zentrale Planung hat somit den Vorteil formaler Richtigkeit, muß sich aber den Vorwurf gefallen lassen, bei realistischen Problemstellungen nicht durchführbar zu sein, weil die Problemkomplexität zu groß ist. Die dezentrale Planung dagegen ist sehr praxisnah, weil sie schneller, einfacher und bei den Mitarbeitern besser durchsetzbar ist. Ihr gravierender Nachteil besteht dagegen in der fehlenden Koordination der Teilplanungen im Hinblick auf das Gesamtziel des Unternehmens. Im letzten Abschnitt wurden zwar einige Möglichkeiten diskutiert, diese Koordination zu gewährleisten; in der Praxis sind die Methoden häufig aufgrund der Ganzzahligkeitsproblematik nicht anwendbar, zu aufwendig, oder sie werden wegen der erforderlichen häufigen Abstimmungsrunden nicht akzeptiert. Vor allem für eine umfassende Unternehmensplanung in einer hierarchischen Strukturorganisation fehlt der dezentralen Planung die Geschlossenheit, weil sie der organisatorischen Strukturierung der Unternehmen nicht entspricht. Zur Lösung dieses Dilemmas zwischen zentraler und dezentraler Planung wird das Konzept der hierarchischen Planung als Mischung zentraler und dezentraler Planungselemente vorgeschlagen.[77] Als Anwendungsgebiet für die hierarchische

76 Vgl. Koch (1982), S. 25 ff. und 30 ff. sowie Kapitel 5.4.3.1.

77 Vgl. Koch (1982), S. 32 ff.

Planung wurden in der Literatur vorwiegend Beispiele aus dem Bereich der Produktionsplanung bekannt.[78]

5.4.3.3.2 Vertikale und horizontale Dekomposition in der hierarchischen Planung[79]

Ausgehend von der Erkenntnis, daß eine Simultanplanung theoretisch korrekt ist, erfaßt die hierarchische Planung jedes Planungsproblem zunächst in seiner Gesamtheit. Allerdings wird bei dieser simultanen Sichtweise mit einem hohen Abstraktionsniveau gearbeitet. In der Produktionsplanung werden nicht Varianten einzelner Produkte als Variable betrachtet, sondern die Vielzahl der Varianten wird nach Ähnlichkeitsmerkmalen zu wenigen Produkttypen zusammengefaßt. Ähnlichkeitsmerkmale können gleiche Saisonzyklen, ähnliche Produktions- und Lagerkosten pro Stück sein. Dieses Simultanmodell geht nur von groben Informationen - Mittelwerten - für die Deckungsbeiträge je Typ und den Kapazitätsbedarf je Typ aus. Die Interdependenzen werden folglich nur auf hoher Aggregationsebene für die gebildeten Typen analysiert. Dieses grobe Simultanmodell legt die Produktionsmengen je Typ und die dafür einzusetzenden Kapazitäten fest.

Die hierarchische Planung[80] spaltet das Planungsproblem für weitergehende, detailliertere Betrachtungen in verschiedene, stufenförmig angeordnete Planungsebenen auf (vertikale Dekomposition). Auf dem Weg zu nachgeschalteten Hierarchieebenen nimmt der Abstraktionsgrad der Analyse ab. Eine Produkttype wird in der zweiten Ebene in Produktfamilien unterteilt. Alle Produkte eines Typs mit sehr ähnlichen Rüstzeiten und ähnlichen Rüstkosten können zu einer Familie zusammengefaßt werden. Die disaggregierten Modelle der zweiten Ebene - ein Modell je Produktfamilie - legen bei gegebenen Kapazitäten und Mengen je Typ die Produktionsmengen der einzelnen Produktfamilien fest. Mit der Disaggregation werden auch die der Planung zugrunde zu legenden Informationen genauer.

In einer dritten Planungsebene werden u.U. auch noch die Produktfamilien disaggregiert und einzelne Varianten betrachtet. Die Mengen je Familie werden in Mengen der Varianten unterteilt. Diese Aufspaltung kann so erfolgen, daß sich für jede Variante die gleiche Lagerreichweite ergibt. Entscheidend für die hierarchische Planung ist, daß jede Stufe der nachgelagerten Stufe Vorgaben macht, die diese bei ihren eigenen Entscheidungen berücksichtigen muß.

Die Anzahl erforderlicher Planungsebenen hängt entscheidend von der Komplexität des Planungsproblems ab. Je umfangreicher das Problem ist, desto mehr Planungsebenen werden nötig sein. Im folgenden wird beispielhaft mit drei Hierarchieebenen argumentiert. Die vertikale oder hierarchische Dekomposition kann von verschiedenen Kriterien ausgehen. Drei

78 Vgl. Kistner/Switalski (1989); Hax/Meal (1975); Rieper (1981); Liesegang (1989).

79 Die beiden Elemente horizontaler und vertikaler Dekomposition werden als Kennzeichen hierarchischer Systeme bei allen der zitierten Autoren genannt. Kistner/Switalski (1989) nennen im Zusammenhang mit der Produktionsplanung zusätzlich noch die Elemente der Aggregation und der rollierenden Planung.

80 Vgl. Kistner/Switalski (1989); Zäpfel/Gferer (1984); Rieper (1979).

denkbare Kriterien sind der sachliche Entscheidungsumfang, die zeitliche Reichweite der Entscheidungen und der Aggregationsgrad der Daten.[81]

- Der sachliche Entscheidungsumfang:
  Beim Kriterium des sachlichen „Entscheidungsumfangs“ kann zwischen strategischer, taktischer und operativer Planung unterschieden werden. Strategische, grundsätzliche Entscheidungen werden auf der obersten Hierarchieebene getroffen. Sie haben Auswirkungen auf das gesamte Unternehmen. Für einen Kfz-Produzenten gehört dazu die Entscheidung, in welchem Marktsegment (Kleinwagen, Luxusautos oder Nutzfahrzeuge) das Unternehmen tätig sein will. Die taktische Planung ist der mittleren Hierarchieebene zugeordnet und hat über Jahresproduktionsmengen der einzelnen Kfz-Typen zu entscheiden. Aufgabe der operativen Planung ist es, die Art und Weise der Herstellung festzulegen (Produktionsdurchführungsplanung, Personaleinsatz etc.).

- Die zeitliche Reichweite:
  Nach der zeitlichen Reichweite können langfristige, mittelfristige und kurzfristige Planungsaufgaben unterschieden werden. Langfristige Planungen - Entscheidungen über das einzusetzende Maschinenkonzept (flexibles oder nicht flexibles System, Einsatz von CIM-Bausteinen) - werden der obersten Ebene zugeordnet. Mittelfristige Entscheidungen über die anzuschaffenden Maschinen oder die Produktionsmengen pro Jahr werden auf die zweite Ebene verlagert. Soweit sich die Planungen auf Tage, Wochen oder wenige Monate erstrecken - Ablaufentscheidungen in der Produktion -, werden sie der unteren, kurzfristigen Ebene zugeordnet. Wo die zeitlichen Grenzen zwischen kurz-, mittel- und langfristigen Entscheidungen liegen, läßt sich nicht allgemeingültig beantworten.

- Der Aggregationsgrad der Daten:
  Liegen über ein Problem nur globale, aggregierte Daten vor, ist nur eine Grobplanung auf der obersten Hierarchieebene möglich. Können umfassende, präzise Daten über den Planungsgegenstand beschafft werden, kann eine detaillierte Planung auf untergeordneten Hierarchieebenen durchgeführt werden. Bei Entscheidungen über die zu bedienenden Marktsegmente des Kfz-Herstellers können bestenfalls globale Daten über Absatztrends, Technologieentwicklungen etc. bekannt sein. Für die Produktionsdurchführungsplanung stehen hingegen genaue Produktionskoeffizienten, Kostengrößen etc. bereit.

Die Beispiele zu den drei Hierarchisierungskriterien machen deutlich: Alle drei Kriterien kommen hinsichtlich der Aufteilung der Entscheidungen auf Hierarchieebenen in der Tendenz zum selben Ergebnis. Trifft also die oberste Hierarchieebene strategische Entscheidungen, so werden diese naturgemäß eine große zeitliche Reichweite aufweisen. Die Datensituation ist bei solchen Entscheidungen typischerweise durch Ungenauigkeit, Aggregation und Unsicherheit (Prognoseproblem) geprägt.

In der Realität ist die vertikale Dekomposition meist durch den organisatorischen Aufbau der Unternehmung gegeben.[82] Mit dem hierarchischen Organisationsprinzip sind auch die

81 Vgl. Kistner/Switalski (1989).

82 Vgl. Schneeweiß (1989), S. 565.

Planungsaufgaben bereits verteilt und den Hierarchieebenen zugeordnet. Dennoch ist es sinnvoll, die vorliegende vertikale Zerlegung auf ihre Sinnhaftigkeit zu überprüfen; denn von der Art der Hierarchieebenen und deren Zahl hängt der Koordinationsaufwand in der Planung entscheidend ab. Viele Unternehmen haben bei derartigen Überprüfungen in den letzten dreißig Jahren ihr stukturorganisatorisches Konzept von der Funktionsorientierung zur Objektorientierung umgestellt, da die Divisionalisierung eine bessere Koordination für weitgehend unabhängige Produktgruppen gewährleistet als eine funktionale Organisation. Koordinationsdefizite bei sehr komplexen Problemstellungen - große Variantenzahl - veranlassen Unternehmen heute dazu, das Organisationsprinzip zur Hierarchisierung wiederum in Frage zu stellen. Überprüft wird, ob sich die Koordination durch Prozeßorientierung und Reintegration der Arbeit verbessern läßt.

Zu überprüfen ist auch, ob das Planungssystem überhaupt hierarchische Elemente enthält. Ist das nicht der Fall - wie in einer rein dezentralen Planung ohne Koordinationsmechanismen -, liegt keine Entsprechung zwischen Strukturorganisation und Planungssystem vor. Ein derartiges System kann für die Gesamtsteuerung eines Unternehmens grundsätzlich nicht funktionieren.

Ein hierarchisches Organisations- und Planungssystem zeichnet sich durch folgende Eigenschaften aus:[83]

- Die Planungsebenen sind vertikal angeordnet. Diese Anordnung ergibt sich aus den Unter- bzw. Überordnungsbeziehungen der Strukturorganisation.[84]
- Die oberen Ebenen besitzen das Recht, den unteren Ebenen Vorgaben zu setzen, die deren Entscheidungsfeld eingrenzen. Neben der Zuständigkeit der oberen Ebenen für umfassendere Planungsinhalte haben sie auch das Recht, Ergebnisse ihrer Planungen als Planungsrahmen an untergeordnete Stellen weiterzugeben.
- Der Erfolg der oberen Ebenen hängt auch von den Ergebnissen der unteren Ebenen ab. Diese Bedingung spiegelt das zugrundeliegende Interdependenzproblem wider.

Die Hierarchisierung kann als das zentralistische Element der hierarchischen Planung aufgefaßt werden. Die Vorgaben, die von der oberen an die darunter liegenden Ebenen weitergegeben werden, haben zentralistischen Weisungscharakter. Je nachdem, wie eng diese Vorgaben sind - von unmittelbaren Handlungsanweisungen bis hin zu globalen Rahmendaten -, kann auch der zentralistische Aspekt der hierarchischen Planung unterschiedlich stark ausgeprägt sein.

Neben der vertikalen umfaßt die hierarchische Planung aber auch Elemente einer horizontalen Dekomposition.[85] Sind die Planungsebenen eingerichtet, existieren in der zweiten Ebene

83 Vgl. Mesarovic/Macko/Takahara (1970) S. 34 ff.

84 Rieper (1979) formuliert dies sehr viel allgemeiner, jedoch mit demselben Inhalt.

85 Kistner/Switalski (1989) unterscheiden nicht nach vertikaler und horizontaler Dekomposition, sondern lediglich nach Hierarchisierung und Dekomposition. Diese Begriffsauslegung widerspricht den anderen Autoren und ist zudem irreführend, weshalb ihr nicht gefolgt werden kann.

für die Produktfamilien oder für die Funktionsbereiche eines Unternehmens parallele Entscheidungsfelder. Zwischen diesen Feldern können in der übergeordneten Instanz noch nicht beachtete Beziehungen bestehen, die eine Koordination erforderlich machen. Beispielsweise sind im Entscheidungsfeld für Produktion Informationen aus dem Feld für Beschaffung und umgekehrt erforderlich. Die gebildeten parallelen Entscheidungsfelder sind folglich durch spezielle Koordinationsmechanismen aufeinander abzustimmen. Existieren keine Interdependenzen zwischen den Entscheidungsfeldern, kann die Planungsaufgabe eines Bereichs - z.B. Produktion - noch so umfangreich sein, daß diese Ebene mit einer Simultanlösung ihres Teilproblems überfordert ist. Der dazu erforderliche Ansatz kann mathematisch zu aufwendig sein oder zu lange Rechenzeiten erfordern. Um das Planungsproblem eines Bereichs lösen zu können, muß die Aufgabe wiederum auf parallele, interdependente Entscheidungsfelder aufgeteilt werden,[86] die über Abstimmungsmechanismen zu koordinieren sind, wie sie für parallele Entscheidungsfelder dargestellt wurden. Die horizontale Dekomposition hat somit dezentralen Charakter und kann auch als dezentrales Element der hierarchischen Planung aufgefaßt werden.

5.4.3.3.3 Koordinationsmechanismen der hierarchischen Planung

Bislang wurde nur die Zerlegung des Planungsproblems in Hierarchieebenen behandelt. Danach werden, mit der obersten Ebene beginnend, Planungsergebnisse erarbeitet, die von Ebene zu Ebene konkretisiert werden. Die Ergebnisse einer Ebene sind Vorgaben für die nachgeordnete Stufe. Jede Ebene plant auf der Basis der ihr bekannten Daten und Vorgaben sowie nach ihren eigenen Zielvorstellungen. Nach einem vollständigen Durchlauf von oben nach unten ist für jedes Planungsproblem eine Lösung gefunden. Dieser Top-down-Vorgang entspricht der allgemeinen Auffassung von Hierarchie; er ist aber mit verschiedenen Problemen behaftet:

- Kennzeichen hierarchischer Systeme ist es, daß die oberen Planungsebenen in ihrem Erfolg abhängig sind von den Entscheidungen der unteren Ebenen (Interdependenzproblem). Es erscheint also auch für die weisunggebenden oberen Ebenen sinnvoll, nicht an den unteren Ebenen „vorbei" zu planen, sondern deren Interessen und Möglichkeiten mit zu berücksichtigen. Dies sieht der Top-down-Ansatz nicht vor.

- Eine Planung, die den Belangen und Möglichkeiten der unteren Ebenen nicht gerecht wird und diesen Ebenen Ergebnisse oktroyiert, stößt in aller Regel auf Akzeptanzprobleme. Das gilt insbesondere, wenn aufgrund pauschaler Daten in höheren Hierarchieebenen Pläne entstehen, die sich bei detaillierter Sicht der Daten als nicht durchführbar erweisen. Im Ansatz von Hax, Meal[87] kommt es beispielsweise in der zweiten Ebene zu Schwierigkeiten, wenn im Betrieb hohe Rüstzeiten auftreten, die in der ersten Stufe nicht oder nur pauschal in den mittleren Produktionszeiten erfaßt sind. Die der zweiten Ebene zugewie-

86 Für mathematische Ansätze zur horizontalen Zerlegung von Produktionsplanungsproblemen vgl. Kistner, Switalski (1989); Hax/Meal (1975); Graves (1982).

87 Vgl. Hax/Meal (1975).

senen Kapazitäten können folglich für die Produktion der vorgeschriebenen Mengen nicht reichen oder zu unsinnig hohen Losen führen.

- Sind die unteren Ebenen im Rahmen der Vorgaben autonom in ihren Entscheidungen, werden sie meist zu Planungsergebnissen kommen, die nicht auf die übergeordneten Ziele abgestimmt sind. Die Koordination zwischen den Ebenen fehlt. Diese vertikale Koordination der Ebenen ist nur über ein konsistentes, vertikales Zielsystem für alle Betriebsbereiche zu erreichen. Das Zielsystem muß gewissermaßen die Interdependenzen erfassen. Die Beispiele zur Entwicklung von Zielsystemen haben die dabei auftretenden Probleme deutlich werden lassen.[88] In der Regel werden die Unterziele nur plausibel sein. Koordinationsmängel der Bereichsentscheidungen sind dann die Folge, d.h., die Entscheidungen sind nur bedingt zielführend.

Diese Probleme führen dazu, daß der Top-down-Ansatz - Begrenzung des Entscheidungsfeldes der unteren Ebenen durch Vorgaben[89] - in der dargestellten Form grundsätzlich nicht zur Anwendung kommen sollte. Die Qualität der Zielsysteme reicht in der Regel nicht aus, um die Koordination implizit zu garantieren. Verschiedene Koordinationsmechanismen sollten stattdessen gewährleisten, daß die oben genannten Probleme nicht auftauchen.[90] Der Top-down-Ansatz muß dazu um eine Bottom-up-Koordination oder hierarchische Rückkopplung ergänzt werden. Für eine Koordination von der unteren zur oberen Ebene durch Rückkopplung können drei Formen unterschieden werden:[91]

- Feedforward-Rückkopplung
  Bereits bei der Planung auf der oberen Ebene werden die Gegebenheiten nachgeordneter Ebenen mit berücksichtigt, indem die Daten der unteren Ebene in aggregierter und damit recht grober Form in die Planungen eingehen. Beispielsweise berücksichtigt die Programmplanung als vorgelagerte Planungsebene Informationen der Ablaufplanung. Derartige Informationen sind die verfügbaren Kapazitäten, wobei durch einen entsprechenden Abschlag berücksichtigt wird, daß in der Ablaufplanung ablaufbedingte Stillstandszeiten anfallen. Andere Informationen können die Lagerkosten sein, die durch die Ablaufplanung determiniert werden.

- Ex-ante-Feedback
  Die unteren Ebenen werden aufgrund der Vorgaben aus vorgelagerten Planungsebenen Pläne entwickeln. Weichen die Ergebnisse dieser Planung nachhaltig von den Annahmen beim Feedforward in den oberen Ebenen ab, erscheint es nötig, die vorgelagerten Planungen zu revidieren und den untergeordneten Ebenen angepaßte Vorgaben zu machen. Vor der Durchsetzung der Pläne, also ex-ante, wird eine Rückkopplungsschleife für die Planung eingeleitet, die u.U. solange wiederholt wird, bis die Annahmen beim Feedforward

88 Vgl. Abschnitt 2.4.

89 Schneeweiß (1990) unterscheidet hier zudem zwischen direktem und indirektem Einfluß. Koch (1982) spricht nicht explizit von Top-down-Koordination, sondern nennt lediglich einheitliche Grundinformationen, einheitliche Richtlinien über die Planungsmethode, Budgetierung und Genehmigungsvorbehalt als Maßnahmen zur Erhöhung der Planungsintegrität.

90 Vgl. zum folgenden Schneeweiß (1989); Koch (1982) S. 43 ff.

91 Vgl. zu den Rückkopplungen Schneeweiß (1989); Koch (1982) S. 59 ff.

mit den Ergebnissen der nachgeschalteten Planungen übereinstimmen. Dieses Rückkopplungsprinzip wurde bereits im Abschnitt 5.4.3.2.2 für die Koordination von Problemen mit nicht separablen Zielfunktionen (Preis- und Bestellpolitik) angewendet.

- Ex-post-Feedback
  Bei dieser Form der Rückkopplung werden die Planungsergebnisse untergeordneter Ebenen ohne Ex-ante-Feedback realisiert. Da aufgrund von Interdependenzen der Erfolg der oberen Ebenen von den Entscheidungen der nachgeschalteten Ebenen mit abhängt, wird es am Ende einer Periode in den höheren Planungsstufen zu Zielabweichungen kommen. Eine Analyse der Abweichungsursachen wird beispielsweise aufdecken, daß die ablaufbedingten Kosten oder Zeiten größer waren, als zunächst in der Planung angenommen wurde. Für die Planung in der nächsten Periode wird dann mit angepaßten Grobdaten der unteren Ebenen gearbeitet. Im Laufe mehrerer Planungsperioden kann sich bei einer stabilen Wirtschaftssituation ein Endzustand einstellen, bei dem keine Abweichungen mehr existieren. Voraussetzung dafür ist allerdings, daß der Anpassungsprozeß konvergiert und keine chaostheoretischen Entwicklungen auftreten.[92] Das Koordinationsergebnis könnte allerdings durch Ex-ante-Feedback vorweggenommen werden.

Die verschiedenen Formen der Rückkopplung führen zu einer verbesserten Akzeptanz der Vorgaben in den unteren Ebenen. Formen des Feedforward und des Ex-ante-Feedback sind dem Ex-post-Feedback vorzuziehen, da es diese Instrumente erlauben, Planungsfehler rechtzeitig zu korrigieren, bevor sie nachteilige Auswirkungen auf den Unternehmenserfolg haben. Rückkopplungen erlauben es der oberen Ebene aber auch zu lernen und eine verbesserte Sichtweise der Probleme nachgeordneter Ebenen zu gewinnen.[93]

Auch die im Abschnitt 5.4.3.2 diskutierten Regeln zur Koordination horizontal dekomponierter Entscheidungsfelder haben Züge hierarchischer Planung. Beim Lenkpreiskonzept oder bei einer Budgetsteuerung macht die Zentrale den Entscheidungsbereichen Vorgaben (Lenkpreise oder Zuteilungen knapper Faktoren). Das Instrument der Lenkpreise ist allerdings auch ohne hierarchische Elemente denkbar. In diesem Fall müßten die Entscheidungsträger der horizontalen Entscheidungsfelder den Preis knapper Faktoren aushandeln oder im Wege einer Ausschreibung Preisgebote abgeben.

5.4.3.3.4 Ein Beispiel zur hierarchischen Planung

An einem Beispiel zur Produktionsplanung[94] soll das Konzept der hierarchischen Planung beispielhaft demonstriert werden. Ein Reifenhersteller führt neun Reifenvarianten in seinem Fertigungsprogramm. Diese Reifenvarianten sind zu vier Produktfamilien und zwei Reifentypen zusammengefaßt worden.

---

92 Vgl. Abschnitt 3.2.3.

93 Zäpfel (1982) spricht von vermaschten Regelkreisen, die durch die Rückkopplungen entstehen.

94 Vgl. Hax/Meal (1975).

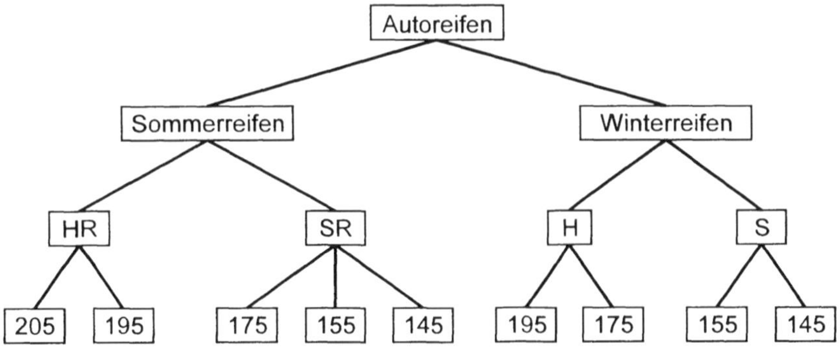

Abbildung 5-9

Alle Reifen eines Typs (Sommer- und Winterreifen) haben einen gleichen Saisonzyklus und sehr ähnliche Bearbeitungs- und Lagerkosten pro Stück. Die Reifen einer Reifenfamilie weisen Rüstkosten und Rüstzeiten in etwa gleicher Höhe auf.

Für die Produktionsplanung werden drei Hierarchiestufen gebildet.

1. Stufe:

Die oberste Planungsstufe geht für jeden Reifentyp von prognostizierten Absatzmengen für jede Woche eines Planungszeitraums (ein Jahr) aus. Diese Mengen müssen im Laufe eines Jahres auf jeden Fall produziert werden. Für die Produktion stehen in jeder Woche die normalen Arbeitszeiten und Überstunden mit jeweils unterschiedlichen Kostensätzen zur Verfügung. Die Kapazitäten des gesamten Jahres reichen aus, um die Bedarfsmengen herzustellen. Wird in einzelnen Wochen mehr produziert als abgesetzt werden kann, gehen Teile der Produktion auf Lager und verursachen neben den Produktions- auch noch Lagerkosten. Für die erste Planungsstufe wird ein dynamisches LP-Modell zur optimalen zeitlichen Verteilung der Produktion auf die einzelnen Wochen formuliert.[95] Ziel dieses Ansatzes ist es, die Politik mit minimalen Produktions- und Lagerkosten zu bestimmen; Rüstkosten gehen nicht in dieses Modell ein, und Rüstzeiten werden als pauschaler Aufschlag auf die Produktionszeiten pro Mengeneinheit erfaßt.[96] Der Ansatz liefert für jede Woche des Planungszeitraums die Produktionsmengen der beiden Reifentypen, und es werden die dafür erforderlichen Fertigungskapazitäten ausgewiesen. Beide Planungsergebnisse sind Vorgaben für die zweite Planungsebene.

2.Stufe:

In der zweiten Stufe werden die Variablen auf die Ebene der Produktfamilien disaggregiert, und für jeden Reifentyp wird ein Planungsmodell konzipiert. Hierbei handelt es sich um einen statischen Ansatz mit einem Planungshorizont von einer Woche. Aufgabe jedes Ansat-

95 Vgl. auch Adam (1993) S. 375 ff.

96 Im Anwendungsfall bei Hax/Meal (1975) gelten sehr geringe Rüstzeiten, so daß es nicht zu Problemen in den nachfolgenden Planungsstufen kommen kann.

zes ist es, die gegebene Produktionsmenge des Reifentyps auf die Reifenfamilien aufzuteilen. Im Gegensatz zur ersten Stufe werden nunmehr Rüstkosten und Rüstzeiten explizit im Ansatz erfaßt. Gesucht sind diejenigen Mengen der Familie pro Woche, die die Rüstkosten minimieren. Der Ansatz unterstellt, daß die Produktionsmenge je Woche und Familie gleich dem Familienlos ist. Die günstigste Politik wird mit Hilfe einer Heuristik bestimmt.[97] Planungsresultat der zweiten Stufe sind die Produktionsmengen pro Familie für die nächste Woche und die Kapazitäten je Familie.

3. Stufe:

In dieser Stufe werden die Variablen nach Reifenvarianten disaggregiert, und es werden Modelle zur Planung der Produktionsmengen je Variante für die nächste Woche gebildet. Diese Modelle gehen von einem Zeitziel aus. Gesucht sind die Produktionsmengen bzw. Lose der Reifenvarianten, bei denen innerhalb der vorgegebenen Kapazitäten und Gesamtmengen je Familie die gleichen Lagerreichweiten für die Varianten einer Familie erreicht sind.

Nachdem die Planungsergebnisse der dritten Stufe realisiert sind, beginnt der hierarchische Planungsprozeß nach einer Woche erneut mit der ersten Stufe. Es findet mithin eine rollierende Planung mit jeweils verbessertem Informationsstand statt.

5.5 Koordination betrieblicher Teilpläne durch die Unternehmensplanung

5.5.1 Sinn einer gesamtheitlichen Unternehmensplanung

Selbst bei dezentraler oder hierarchischer Planung sind viele Planungsprobleme noch zu komplex, um sie durch einen Teil-Simultanansatz zu bewältigen. Steht in einem Unternehmen beispielsweise eine Entscheidung darüber an, ob ein bestimmtes neu entwickeltes Erzeugnis in das Programm aufgenommen werden soll, bietet sich für die Planung ein zweistufiges Vorgehen an, das den Komplexitätsgrad des Problems reduziert:

- Zunächst wird für ein neues Produkt bzw. eine Produktidee eine isolierte Analyse durchgeführt. Kern dieser Untersuchung ist die Frage, ob einzelne Produktideen oder bestimmte Gestaltungsformen für ein Produkt überhaupt Erfolgschancen versprechen. Produktideen können nach bestimmten Bewertungskriterien wie Marktchancen, Produktionsmöglichkeiten, Verfügbarkeit von Ressourcen usw. mit Hilfe einer Nutzwertanalyse beurteilt werden.[98] Produktideen, die bei dieser isolierten Untersuchung bestimmte Mindestpunktwerte nicht erreichen, scheiden für weitere Planungsüberlegungen aus. Durch diese Vorgehensweise gelingt es, Handlungsalternativen aus der weiteren Planung auszusondern, die offensichtlich bereits bei eingeschränkten, nicht die gesamte Unternehmenssituation erfassenden Bewertungskriterien unvorteilhaft sind.

97 Probleme dieser Art werden allgemein als Knapsackproblem bezeichnet.

98 Zur Nutzwertanalyse vgl. Zangemeister (1976); Schneeweiß (1990) sowie Kapitel 6.2.2.

- Bei derartigen isolierten Überlegungen bleibt der Verbundeffekt neuer Produkte zu bereits vorhandenen Produkten oder weiteren neuen Produkten unbeachtet. Durch derartige Analysen kann beispielsweise nicht gezeigt werden, ob durch ein breiteres Programm - Diversifikation - das Risiko des Unternehmens verringert werden kann. Nicht zu zeigen sind auch Finanzverbundwirkungen, d.h., der zusätzliche Finanzierungsbedarf für die neuen Produkte ist ohne Kenntnis des Cash-flow der alten Produkte nicht zu bestimmen. Die isolierten Analysen sind insoweit unvollständig. Aus der Sicht des Gesamtunternehmens können sich damit Handlungsalternativen als nicht sinnvoll erweisen, die den Filter einer isolierten Beurteilung zunächst erfolgreich durchlaufen haben. Sinn einer gesamtunternehmensbezogenen Sichtweise in der Planung ist es, auch diese Verbundwirkungen deutlich werden zu lassen. Die Vorauswahl potentiell sinnvoller Handlungen reduziert den Komplexitätsgrad, so daß die Gesamtplanung vom Berechnungsaufwand her beherrschbar wird.

Ziel der Unternehmensplanung ist es insbesondere, Risikowirkungen, Wirkungen auf die Finanzlage und Verbundwirkungen auf den Erfolg herauszuarbeiten. Die beiden letztgenannten Effekte werden im Abschnitt 5.5.2 anhand eines Beispiels deutlich gemacht werden. In diesem Abschnitt sollen lediglich einige Grundüberlegungen zum Risikoausgleich durch Diversifikation angestellt werden, die durch eine isolierte Analyse für einzelne Produkte nicht zu erfassen sind. Diskutiert wird ein Beispiel mit zwei Entscheidungsalternativen.[99] Ein Unternehmen kann seine Aktivitäten auf einen Markt konzentrieren, oder es kann auf zwei Märkten tätig sein. Die Absatzmöglichkeiten sind unsicher; auf jedem Markt werden drei Datensituationen für möglich gehalten. Ist das Unternehmen nur auf einem Markt engagiert, mögen folgende Situationen möglich sein:

Datensituation	Gewinn	absolute Gewinnabweichung vom Gewinnerwartungswert
1	36	20
2	24	8
3	-12	28
Durchschnitt	48:3=16	56:3=18 $\frac{2}{3}$

Tabelle 5-8

Alle drei Situationen mögen als gleich wahrscheinlich gelten, so daß sich ein Erwartungswert des Gewinns von 16 einstellt. Als Maß für das Risiko wird der Erwartungswert der absoluten Gewinnabweichung vom Gewinnerwartungswert herangezogen, der sich im Beispiel auf 18 2/3 beläuft. Verteilt das Unternehmen seine Aktivitäten gleichmäßig auf beide Märkte, soll unterstellt werden, daß die Gewinne auf jedem Markt jeweils halb so groß sind. Für die Kombination der Datensituationen auf zwei Märkten existieren neun Datensituationen mit folgenden Gewinnen:

99 Vgl. Jacob (1978), S. 24 ff.

Markt 1		Markt 2		Gesamt-gewinn	absolute Gewinn-abweichung
Situation	Gewinn	Situation	Gewinn		
1	18	1	18	36	20
1	18	2	12	30	14
1	18	3	-6	12	4
2	12	1	18	30	14
2	12	2	12	24	8
2	12	3	-6	6	10
3	-6	1	18	12	4
3	-6	2	12	6	10
3	-6	3	-6	-12	28
					112:9=12,44

Tabelle 5-9

Durch die Politik, auf zwei Märkten anzubieten, bleibt der Gewinnerwartungswert unverändert bei 16. Das Risiko sinkt von 18 2/3 auf 12,44. Dafür ist folgender Umstand ausschlaggebend. Die Wahrscheinlichkeit für den Eintritt der extremen Situationen mit einem Gewinn von 36 bzw. einen Verlust von 12 wird bei neun Datensituationen von 1/3 auf 1/9 reduziert, während die Eintrittswahrscheinlichkeit mittlerer Gewinnlagen größer wird. Die größere Zahl von Aktivitäten hat mithin eine Gewinnausgleichstendenz zur Folge. Analysen dieser Art sind nur möglich, wenn gleichzeitig alle Aktivitäten betrachtet werden. Partielle Betrachtungsweisen erlauben es nicht, den Risikoeffekt aufzuzeigen.

Im Abschnitt 5.5.2 werden unternehmensbezogene Gewinn- und Finanzwirkungen für Strategien behandelt werden, die die Vorauswahl durch isolierte Analysen erfolgreich bestanden haben. Die Unternehmensplanung soll aufzeigen, ob die bei isolierten Analysen als vorteilhaft erscheinenden Strategievorschläge wirklich sinnvoll sind.

5.5.2 Unternehmensplanung am Beispiel

Das folgende Beispiel ist durch stark vereinfachende Prämissen bewußt einfach gehalten, um eine grundsätzliche Vorstellung von der Unternehmensplanung zu vermitteln. Dennoch ist der Gesamtumfang des Beispiels bereits so erheblich, daß eine Planung nur mit Hilfe eines Programms zur Tabellenkalkulation möglich ist.

Ein mittelständisches Unternehmen der metallverarbeitenden Industrie in der Rechtsform einer OHG hat sich auf die Produktion von Metallerzeugnissen spezialisiert und sich dabei eine nicht unbedeutende Marktposition erarbeitet. Das Produktionsprogramm des Unternehmens besteht derzeit aus drei Produkten, die unterschiedliche Umsatz-Wachstumsraten (in % des Vorjahres) und Marktanteile (in %) aufweisen:

Produkt	Umsatz-wachstum	Marktanteil
1	18%	8%
2	25%	36%
3	3%	28%

Tabelle 5-10

Für das Produkt 1, das erst seit zwei Jahren auf dem Markt ist, rechnet das Unternehmen in den folgenden Jahren mit steigenden Absatzmengen und steigendem Marktanteil. Das Produkt 2 - drei Jahre auf dem Markt - hat im letzten Jahr mit 25 % seine größte Wachstumsrate erlebt; es wird aber damit gerechnet, daß in den kommenden Jahren dieses Wachstum bei noch leicht ansteigendem Marktanteil zurückgehen wird. Für das Produkt 3 - fünf Jahre auf dem Markt - erwartet das Unternehmen in zwei Jahren sogar sinkende Absatzmengen.

Das Unternehmen geht für seine Planungen von folgenden erwarteten Absatzmengen aus:

	Absatzerwartung (in 1.000 ME)				
Produkt	1997	1998	1999	2000	2001
1	40	50	65	85	110
2	100	120	135	150	160
3	200	202	190	155	100

Tabelle 5-11

Die Produkte werden in wenigen Produktionsstufen auf zwei gemeinsam genutzten Anlagen gefertigt. Für jedes Produkt existiert zusätzlich eine Spezialmaschine mit ausreichender Kapazität für weitere Bearbeitungsgänge. Aufgrund der Absatzerwartungen ist bei keiner der Anlagen künftig mit einem Engpaß zu rechnen. Die Auslastung der gemeinsam genutzten Anlagen bleibt deutlich hinter deren Leistungsfähigkeit zurück.

Für den Gesamtumsatz aller drei Erzeugnisse liegt folgende Prognose vor:

Jahr	1997	1998	1999	2000	2001
Gesamtumsatz aller Produkte (1, 2, 3) in Mio.	52	58	68	66	60

Tabelle 5-12

Die Planungsabteilung erwartet in den kommenden Jahren für die Deckungsbeiträge (Erlöse - variable Kosten) der drei Produkte die in Tabelle 5-13 aufgezeigte Entwicklung. Werden von der Summe der Deckungsbeiträge die voraussichtlich anfallenden ausgabenwirksamen fixen Kosten wie Unternehmerlohn (nur pagatorische Kosten) abgesetzt, errechnen sich die erwarteten Betriebsergebnisse für die nächsten fünf Jahre:

in Mio. DM	1997	1998	1999	2000	2001
Deckungsbeitrag Prod. 1	0,8	1,2	3,2	4,2	5,6
Deckungsbeitrag Prod. 2	4,0	4,6	5,6	6,4	6,6
Deckungsbeitrag Prod. 3	8,2	8,4	8,0	5,2	2,0
Summe aller Deckungsbeiträge	13,0	14,2	16,8	15,8	14,2
fixe Kosten	9,8	10,4	11,0	11,4	11,8
Betriebsergebnis	3,2	3,8	5,8	4,4	2,4

Tabelle 5-13

In den kommenden Jahren wird folgende Cash-flow-Entwicklung - Tabelle 5-14 - für die einzelnen Produkte erwartet. Der Cash-flow wird als Differenz der jährlichen Einzahlungen und der jährlichen Auszahlungen berechnet.

in Mio. DM	1997	1998	1999	2000	2001
Cash-flow Prod. 1	-4,0	-3,5	-0,4	2,0	4,7
Cash-flow Prod. 2	0,8	1,2	2,5	3,0	2,4
Cash-flow Prod. 3	4,0	5,5	4,7	4,5	1,1
Summe	0,8	3,2	6,8	9,5	8,2
Zinseinzahlungen	0,5	0,55	0,38	0,08	0,47
Zinsauszahlungen	-2,4	-2,4	-2,4	-2,4	-2,6
Einzahlungen aus zus. Darlehen	0	0	0	2,0	0
Auszahlung für Tilgungen	0	0	0	0	0
Steuerzahlungen	-0,73	-1,09	-2,12	-1,16	-0,15
Auszahlungen für Entnahmen	-0,4	-0,4	-0,4	-0,4	-0,4
Sonstige Ein-/Auszahlungen	2,7	-1,5	-5,3	-3,7	-3,0
Einzahlungsüberschuß = Veränderung der liquiden Mittel	+0,47	-1,64	-3,04	+3,92	+2,52

Tabelle 5-14

Zusammen mit den anderen prognostizierten Einzahlungen und Auszahlungen der Tabelle 5-14 läßt sich daraus die Veränderung der liquiden Mittel des Unternehmens in den einzelnen Jahren bestimmen. Für 1997 wird mit einem Einzahlungsüberschuß von 0,47 Mio. gerechnet, und in den zwei folgenden Jahren übersteigen die erwarteten Auszahlungen die Einzahlungen erheblich. In dieser Liquiditätsrechnung ist auch erfaßt, daß die Gesellschafter künftig jährliche Entnahmen in Höhe von 0,4 Mio. pro Jahr tätigen wollen.

Das Unternehmen rechnet mit einem Ertragsteuersatz von 56 %. Zur Berechnung des Gewinns vor Steuern wird das Betriebsergebnis mit den neutralen Erträgen bzw. Aufwendungen saldiert. Die neutralen Erträge berechnet die Planungsabteilung vereinfachend als Zinsen auf den Bestand an liquiden Mitteln am Anfang der jeweiligen Planperiode. Es wird mithin unterstellt, daß diese Beträge angelegt werden. Entsprechend werden die neutralen

Aufwendungen als Zinsen auf die am Anfang des betrachteten Jahres vorhandenen Darlehen berechnet. Der Einfachheit halber wird mit einem einheitlichen Zinssatz von 10 % kalkuliert. Für das Jahr 1997 errechnet sich ein neutrales Ergebnis von -1.9 Mio. Es resultiert aus erwarteten Zinseinnahmen von 0,5 Mio. - Kassenbestand von 5 Mio. bei 10 % Zinsen - und Darlehnszinsen von 2,4 Mio. - 24 Mio. Darlehn zu 10 % -. Bei einem Betriebsergebnis von 3,2 Mio. beläuft sich der Gewinn vor Steuern folglich auf 1,3 Mio. Multipliziert mit dem Steuersatz ergibt das eine Steuerzahlung von 0,56 · 1,3 = 0,73 Mio.

Die Steuerzahlungen für alle Jahre sind der nachstehenden Tabelle zu entnehmen:

in Mio. DM	1997	1998	1999	2000	2001
Betriebsergebnis	3,2	3,8	5,8	4,4	2,4
neutrales Ergebnis	-1,9	-1,85	-2,02	-2,32	-2,13
Gewinn vor Steuern	1,3	1,95	3,78	2,08	0,27
Steuerzahlung 56%	-0,73	-1,09	-2,12	-1,16	-0,15

Tabelle 5-15

Für den 31.12.1996 gilt folgende verdichtete Bilanz.

Bilanz per 31.12.1996 (in Mio. DM)

Anlagevermögen	42,0	Eigenkapital	14,8
liquide Mittel	5,0	Darlehen	24,0
sonst. Umlaufvermögen	10,0	sonst. Fremdkapital	18,2
Saldo	57,0	Saldo	57,0

Tabelle 5-16

Für die kommenden fünf Jahre (1997 bis 2001) werden von der Planungsabteilung folgende Bilanzzahlen prognostiziert, wenn wie bisher drei Produkte erstellt werden.

Bilanzzahlen zum jeweiligen Jahresende:

in Mio. DM	1997	1998	1999	2000	2001
Anlagevermögen	41,10	38,20	42,50	41,50	40,30
sonst. Umlaufvermögen	10,60	16,00	16,40	16,80	16,10
Liquide Mittel	5,47	3,83	0,79	4,71	7,23
Eigenkapital	14,97	15,43	16,69	17,21	16,90
Darlehen	24,00	24,00	24,00	26,00	26,00
sonst. Fremdkapital	18,20	18,60	19,00	19,80	20,80
Gesamtkapital	57,17	58,03	59,69	63,01	63,70

Tabelle 5-17

Das Unternehmen will seine Strategien auf der Basis von Soll-Kennziffern des ROI-Schemas beurteilen. Die Unternehmensleitung versteht das Kennzahlensystem in erster Linie als Planungsinstrument. Sie möchte die Sollwerte der Tabelle 5-18 einhalten, um langfristig die Rentabilität des eingesetzten Kapitals zu sichern und die Liquidität strukturell zu wahren. Die angegebenen Prozentsätze werden als mittelfristig zu erreichende Ziele interpretiert.

Kennzahl	Sollwert
Eigenkapitalrentabilität G/EK	> 12%
Eigenkapitalquote EK/GK	> 25%
Return on Investment G/GK	> 3%
Kapitalumschlag U/GK	> 1
Umsatzrendite G/U	> 3%

Tabelle 5-18

Die von der Planungsabteilung prognostizierten Bilanz- und GuV-Größen für die Jahre 1997 bis 2001 führen zu folgenden Kennzahlen:[100]

Kennzahl	Sollwert	1997	1998	1999	2000	2001
Eigenkapitalrentabilität G/EK (%)	12	8,70	12,60	22,60	12,10	1,60
Eigenkapitalquote EK/GK (%)	25	26,20	26,60	28,00	27,30	26,50
Return on Investment G/GK (%)	3	2,30	3,40	6,30	3,30	0,40
Kapitalumschlag U/GK	1	0,91	1,00	1,14	1,05	0,94
Umsatzrendite G/U (%)	3	2,50	3,40	5,60	3,20	0,50

Tabelle 5-19

Angesichts der erwarteten ungünstigen Gewinn- und Rentabilitätsituation Anfang des 21. Jahrhunderts will das Unternehmen ein viertes Produkt in das Programm aufnehmen, mit dessen Verkauf 1998 begonnen werden kann.

Für den Absatz liegt folgende Schätzung vor:

	Absatzerwartung (in 1.000 ME)			
Produkt	1998	1999	2000	2001
4	20	40	80	160

Tabelle 5-20

Genau wie bei den bisherigen Produkten wird davon ausgegangen, daß stets auftragsweise gefertigt wird, mithin keine Fertigwarenläger entstehen. Durch das neue Produkt würde sich die Auslastung der ersten von allen Produkten zu nutzenden Anlage deutlich verbessern,

100 Als Größe für das gebundene Kapital wurde in diesen Rechnungen die Bilanzsumme angesetzt.

aber dennoch unter 100 % bleiben. Die zweite Anlage muß zu Beginn des Jahres 1998 für 0,8 Mio. erweitert werden. Die Investitionsauszahlung für diese Erweiterung fällt erst zum Ende des Jahres 1998 an (Zahlungsziel). Die Anlage wird 1998 beginnend linear über fünf Jahre abgeschrieben. Zusätzlich ist eine weitere Spezialanlage erforderlich, die ausschließlich für das neue Produkt benutzt wird. Auch in diesem Fall fällt die Anschaffungsauszahlung erst zum Ende des Jahres 1998 in Höhe von 0,8 Mio. an. Die Spezialanlage, die vier Jahre nutzbar ist, wird linear von 1998 bis 2001 abgeschrieben.

Um die Produktion des vierten Erzeugnisses zu Beginn des Jahres 1998 aufnehmen zu können, muß am Jahresende 1997 eine Mindestausstattung an Rohstoffen im Wert von 0,4 Mio. beschafft werden. 50 % dieses Betrages muß noch im Jahre 1997 bezahlt werden; der Rest wird über Lieferantenkredite finanziert. Aus Gründen der Vereinfachung wird für die Planung davon ausgegangen, daß die zusätzlichen Lieferantenverbindlichkeiten von 0,2 Mio. auch in den Folgejahren bestehen bleiben und sich auch der Wert der Mindestausstattung des Rohstofflagers nicht ändert.

Für das vierte Erzeugnis wird davon ausgegangen, daß 0,3 Mio. dauerhaft in Forderungen gebunden sind, so daß die Position „sonstiges Umlaufvermögen" nach Einführung des vierten Produkts um diesen Betrag anwächst. Das bedeutet, daß von den Umsätzen des Jahres 1998 für das vierte Produkt 0,3 Mio. 1998 nicht zu Einzahlungen führen. Vom zweiten Jahr an entsprechen die Umsätze den Einzahlungen, da im Zeitablauf von einem konstanten Forderungsbetrag von 0,3 Mio. ausgegangen wird.

Das vierte Produkt soll durch eine Penetrationspreispolitik in den Markt eingeführt werden, d.h., mit relativ niedrigen Preisen sollen schnell große Absatzmengen bei niedrigen Stückkosten erzielt werden; darüber hinaus wird eine Abschreckung potentieller Konkurrenten bezweckt. In späteren Zeiten sollen die Preise sukzessiv erhöht werden. In den Jahren 1998 bis 2001 sind Werbeauszahlungen von jeweils 0,5 Mio. geplant.

Bei Einführung von Produkt vier erwartet das Unternehmen folgende Daten:

in DM	1998	1999	2000	2001
variable Materialkosten je ME	60,00	62,50	65,00	67,50
variable Fertigungskosten je ME	40,00	37,50	35,00	32,50
Preis je ME	110,00	120,00	130,00	140,00
Deckungsspanne (DM/ME)	10,00	20,00	30,00	40,00

Tabelle 5-21

Die für das vierte Erzeugnis relevanten Informationen sind in der Tabelle 5-22 zusammengetragen. Die Tabelle enthält einige zusätzliche Informationen über Auszahlungen.

in Mio. DM	1997	1998	1999	2000	2001
Entwicklungsauszahlungen	2,0	0,9	0,5	-	-
Investitionsauszahlungen für Erweiterungen	-	0,8	-	-	-
Abschreibungen (Erweiterungsinvestitionen)	-	0,16	0,16	0,16	0,16
Investitionsauszahlungen für Spezialanlage	-	0,8	-	-	-
Abschreibungen (Spezialanlage)	-	0,2	0,2	0,2	0,2
Betriebsauszahlungen einschl. Reparaturen	-	0,3	0,4	0,5	0,5
Rohstoffmindestausstattung	0,4	-	-	-	-
Auszahlungen für Mindestausstattung	0,2	-	-	-	-
Lieferantenverbindlichkeiten	0,2	-	-	-	-
Werbungsauszahlungen	-	0,5	0,5	0,5	0,5
variable Materialauszahlungen	-	1,2	2,5	5,2	10,8
variable Fertigungsauszahlungen	-	0,8	1,5	2,8	5,2
Umsatz	-	2,2	4,8	10,4	22,4
Deckungsbeitrag	-	0,2	0,8	2,4	6,4
Einzahlungen aus Umsatz	-	1,9	4,8	10,4	22,4
Forderungszunahme	-	0,3	-	-	-

Tabelle 5-22

Zur Finanzierung der Neuprodukteinführung will das Unternehmen Ende 1997 ein zusätzliches Darlehen von 3,2 Mio. zu 10 % aufnehmen, das über die folgenden acht Jahre in gleichen Raten zu tilgen ist. Diesen Betrag glaubt das Unternehmen bei isolierter Sicht der Finanzwirkungen des vierten Erzeugnisses zu benötigen.

Soweit zur Schilderung der Ausgangslage. Das Unternehmen möchte wissen, ob die Programmerweiterung sinnvoll ist. Für die in Aussicht genommene Programmerweiterung sind deshalb zunächst die Konsequenzen auf den Gewinn, den Umsatz und das Kapital zu bestimmen, bevor die Frage beantwortet werden kann, ob die vorgeschlagene Politik positiv zu beurteilen ist.

- Ermittlung der Veränderung der Betriebsergebnisse für 1997 bis 2001 bei Einführung von Produkt vier:

Um die Änderung des Betriebsergebnisses durch das vierte Produkt bestimmen zu können, sind zunächst die Deckungsbeiträge [(Preis – variable Kosten) · Absatzmenge] zu berechnen. Davon sind die Aufwendungen für Entwicklung, Abschreibungen, Werbung sowie der übrige betriebliche Aufwand abzusetzen.[101] Die Veränderungen des Betriebsergebnisses gegenüber dem bisherigen Programm sind folgender Tabelle zu entnehmen.

in Mio. DM	1997	1998	1999	2000	2001
Deckungsbeitrag	-	0,2	0,8	2,4	6,4
Entwicklungsaufwand	-2,0	0,9	0,5	-	-
Abschreibung (Erweiterung)		0,16	0,16	0,16	0,16
Abschreibung (Spezialanlage)		0,2	0,2	0,2	0,2
Betriebsaufwand		0,3	0,4	0,5	0,5
Werbeaufwand		0,5	0,5	0,5	0,5
Betriebsergebnisänderung	-2,0	-1,86	-0,96	1,04	5,04

Tabelle 5-23

- Veränderung der Liquiditätssituation durch das vierte Erzeugnis:

Die Auswirkungen des vierten Erzeugnisses auf die Finanzlage des Unternehmens sollen anhand des Cash-flows aufgezeigt werden. Dafür werden den jährlichen Einzahlungen die jährlichen Auszahlungen für das vierte Produkt gegenübergestellt.[102] Für das Jahr 1998 wird folglich mit einer zusätzlichen Finanzbelastung von 3,4 Mio. gerechnet.

Der Cash-flow des vierten Erzeugnisses wird in den Finanzplan integriert. Zusätzlich sind in den Finanzplan die Einzahlungen aus dem Darlehen (3,2 Mio. im Jahre 1997) und die Tilgungsraten von je 0,4 Mio. ab 1998 sowie die Zinsen (10 % auf den Darlehensrestbetrag am Anfang eines Jahres) einzubeziehen. Für 1998 erhöht sich die bereits ohne das vierte Produkt existierende Zinslast um 0,32 Mio. (10 % auf das zusätzlich aufzunehmende Darlehen) auf 2,72 Mio. Als Folge der Darlehenstilgung sinkt der zusätzliche Zinsbetrag in den späteren Jahren um jeweils $0{,}4 \cdot 0{,}1 = 0{,}04$ Mio. Die Zinseinnahmen werden auf der Basis der liquiden Mittel am Anfang eines Jahres berechnet ($0{,}1 \cdot 5 = 0{,}5$ Mio. für das Jahr 1997). Für den benötigten Jahresanfangsbestand werden die Bilanzen des Vorjahres - Stichtag 31.12. - herangezogen. Um den Finanzplan aufstellen zu können, müssen zudem die jährlich zu zahlenden Ertragssteuern bekannt sein.

101 Aus Vereinfachungsgründen wird im Beispiel nicht zwischen Aufwand und Kosten differenziert, so daß das Betriebsergebnis auf Basis des betrieblichen Aufwandes bestimmt wird.

102 In der betriebswirtschaftlichen Literatur wird der Cash-Flow häufig indirekt bestimmt, indem der Jahresüberschuß um liquiditätsunwirksame Komponenten korrigiert wird. Vgl. z.B. Perridon/Steiner (1995), S. 523. In diesem Beispiel hingegen, wird der Cash-Flow direkt auf der Basis von Zahlungsgrößen berechnet.

in Mio. DM	1997	1998	1999	2000	2001
Einzahlungen aus Umsatz	0	1,9	4,8	10,4	22,4
Auszahlungen Entwicklungsauszahlungen	2,0	0,9	0,5	-	-
Investitionsauszahlungen	-	1,6	-	-	-
Betriebsauszahlungen	-	0,3	0,4	0,5	0,5
Auszahlungen für Rohstoffmindestausstattung	0,2	-	-	-	-
variable Materialauszahlungen	-	1,2	2,5	5,2	10,8
variable Fertigungsauszahlungen	-	0,8	1,5	2,8	5,2
Werbungsauszahlungen	-	0,5	0,5	0,5	0,5
Summe der Auszahlungen	2,2	5,3	5,4	9,0	17,0
Cash-flow	-2,2	-3,4	-0,6	1,4	5,4

Tabelle 5-24

Der Finanzplan ist spaltenweise aufgebaut. Zunächst muß der zu versteuernde Gewinn in einer Nebenrechnung bestimmt werden, um die Steuerzahlung ermitteln zu können. Der Gewinn entspricht dem Betriebsergebnis zuzüglich dem neutralen Ergebnis. Das neutrale Ergebnis ergibt sich im Beispiel aus der Differenz der Zinseinzahlungen und der Zinsauszahlungen. Zum besseren Verständnis wird die Spalte für 1997 vollständig interpretiert. Das neutrale Ergebnis 1997 beträgt -1,9 Mio. und setzt sich aus Zinseinzahlungen von 0,5 Mio. ($0{,}1 \cdot 5$ Mio. liquide Mittel) und Zinsauszahlungen von 2,4 Mio. zusammen. Bei einem neuen Betriebsergebnis von 1,2 Mio. ergibt sich per Saldo ein Verlust von 0,7 Mio. Daraus resultiert eine Steuererstattung von 0,39 Mio. (Zeile 17 sowie 8).[103] Bei einem Anfangsbestand liquider Mittel von 5 Mio. sowie den Zahlungspositionen der Zeilen 2 bis 10 folgt daraus für 1997 ein Endbestand liquider Mittel von 7,59 Mio. (Zeile 11), der als Anfangsbestand des nächsten Jahres in die Zeile 1 vorgetragen wird. In entsprechender Weise sind die Spalten der Jahre 1998 bis 2001 zu entwickeln. Das angewendete Instrumentarium entspricht dem des vollständigen Finanzplans (VoFi).[104]

103 Vereinfachend wird angenommen, daß dem Betrieb diese Mittel im gleichen Jahr als Rückzahlung des Finanzamtes zufließen.

104 Vgl. Grob (1989).

Finanzplan bei Einführung von Produkt 4:

in Mio. DM	1997	1998	1999	2000	2001
(1) Liquide Mittel, Anfangsbestand	5,0	7,59	3,14	-0,51	3,66
(2) Cash-flow-Summe, Produkte 1,2,3	0,80	3,20	6,80	9,50	8,20
(3) Cash-flow, Produkt 4	-2,2	-3,40	-0,60	1,40	5,40
(4) Einzahlungen, zus. Darlehen	3,20	0	0	2,00	0
(5) Auszahlungen für Tilgung	0	-0,40	-0,40	-0,40	-0,40
(6) Zinseinzahlungen (6) = 0,1 · (1)	0,50	0,76	0,31	-0,05	0,37
(7) Zinsauszahlungen	-2,40	-2,72	-2,68	-2,64	-2,80
(8) Steuern	0,39	0,01	-1,39	-1,54	-2,80
(9) Auszahlungen für Entnahmen	-0,40	-0,40	-0,40	-0,40	-0,40
(10) sonst. Ein- und Auszahlungen	2,70	-1,50	-5,30	-3,70	-3,00
(11) Liquide Mittel, Endbestand (11) = (1) +...+ (10)	7,59	3,14	-0,51	3,66	8,22

Tabelle 5-25

Nebenrechnung zur Berechnung der Steuerzahlung:

in Mio. DM	1997	1998	1999	2000	2001
(12) Betriebsergebnis bisher	3,20	3,80	5,80	4,40	2,40
(13) Änderung bei Produkt 4	-2,00	-1,86	-0,96	1,04	5,04
(14) Betriebsergebnis neu (14) = (12) + (13)	1,20	1,94	4,84	5,44	7,44
(15) neutrales Ergebnis	-1,90	-1,96	-2,37	-2,69	-2,43
(16) Gewinn vor Steuern (16) = (14) + (15)	-0,70	-0,02	2,47	2,75	5,01
(17) Steuern (17) = -0,56 · (16)	+0,39	+0,01	-1,39	-1,54	-2,80

Tabelle 5-26

Aus dem Finanzplan wird bereits eines deutlich: Ein Darlehen von 3,2 Mio. im Jahre 1997 war allenfalls aus isolierter Sicht des vierten Erzeugnisses für die Finanzierung der Investition im Anlage- und Umlaufvermögen und für die Entwicklungskosten zu rechtfertigen. Aus dem Finanzplan wird deutlich, daß es für das Unternehmen nicht sinnvoll ist, das Darlehen 1997 aufzunehmen. Bei einer Planung mit Hilfe eines Tabellenkalkulationsprogramms würde der Planende daher bereits an dieser Stelle eingreifen und eine Planrevision durchführen. Wird das Darlehen gestrichen, sinkt der Bestand liquider Mittel am Ende des Jahres 1997 auf 4,39 Mio. Im zweiten Jahr sinken die Zinseinzahlungen damit um 0,32 Mio., gleichzeitig entfällt aber auch die Tilgung von 0,4 Mio. Die folgende Rechnung zeigt den korrigierten Finanzplan und die korrigierte Steuerschätzung:

Korrigierter Finanzplan bei Einführung von Produkt 4:

in Mio. DM	1997	1998	1999	2000	2001
(1) Liquide Mittel, Anfangsbestand	5,0	4,39	0,34	-2,92	1,65
(2) Cash-flow-Summe, Produkte 1,2,3	0,80	3,20	6,80	9,50	8,20
(3) Cash-flow, Produkt 4	-2,20	-3,40	-0,60	1,40	5,40
(4) Einzahlungen, zus. Darlehen	0,00	0,00	0,00	2,00	0,00
(5) Auszahlungen für Tilgung	0,00	0,00	0,00	0,00	0,00
(6) Zinseinzahlungen (6) = 0,1 · (1)	0,50	0,44	0,03	-0,29	0,17
(7) Zinsauszahlungen	-2,40	-2,40	-2,40	-2,40	-2,60
(8) Steuern	+0,39	+0,01	-1,39	-1,54	-2,80
(9) Auszahlungen für Entnahmen	-0,40	-0,40	-0,40	-0,40	-0,40
(10) sonst. Ein- und Auszahlungen	2,70	-1,50	-5,30	-3,70	-3,00
(11) Liquide Mittel, Endbestand (11) = (1) + ... + (10)	+4,39	+0,34	-2,92	+1,65	+6,62

Tabelle 5-27

Nebenrechnung zur Berechnung der Steuerzahlung:

in Mio. DM	1997	1998	1999	2000	2001
(12) Betriebsergebnis bisher	3,20	3,80	5,80	4,40	2,40
(13) Änderung bei Produkt 4	-2,00	-1,86	-0,96	1,04	5,04
(14) Betriebsergebnis neu (14) = (12) + (13)	1,20	1,94	4,84	5,44	7,44
(15) neutrales Ergebnis	-1,90	-1,96	-2,37	-2,69	-2,43
(16) Gewinn vor Steuern (16) = (14) + (15)	-0,70	-0,02	2,47	2,75	5,01
(17) Steuern (17) = -0,56 · (16)	+0,39	+0,01	-1,39	-1,54	-2,80

Tabelle 5-28

Aus den korrigierten Rechnungen wird deutlich, daß nur im Jahre 1999 ein Liquiditätsloch für ein Jahr entsteht. Die Gesamtfinanzsituation zeigt also, daß keine langfristigen Mittel benötigt werden, da ein kurzfristiger Kredit für 1999 ausreicht. Die veränderte Finanzierung würde bei Sollzinsen, die größer sind als die Habenzinsen, auch zu einer sinkenden Zinslast und damit zu höheren Gewinnen führen. Im Beispiel soll mit der „fehlerhaften" Finanzierung weitergearbeitet werden, da die Korrektur zu aufwendig ist und die vielen neuen Zahlen den Leser nur verwirren würden.[105]

- Rückwirkungen des vierten Erzeugnisses auf die Positionen der Planbilanz:

Auf der Aktivseite ergeben sich neben den bereits analysierten Änderungen bei den liquiden Mitteln durch die Investitionen sowie den zusätzlichen Rohstoffbestand und die erhöhten Forderungsbestände Rückwirkungen auf das Anlage- und Umlaufvermögen. Das Anlagevermögen steigt 1998 durch die Investitionen in die Spezialanlage sowie die Erweiterungsinvestition um 1,6 Mio. an. Dieser Zugang wird in den Folgejahren jeweils durch die Abschreibungen in Höhe von 0,36 Mio. abgebaut. Das sonstige Umlaufvermögen wächst 1997 um 0,4 Mio. für die Rohstoffausstattung und ab 1998 bis 2001 um weitere 0,3 Mio. für die Forderungen aus Verkäufen des vierten Erzeugnisses. Beim sonstigen Fremdkapital nimmt der Bestand um 0,2 Mio. für die Lieferantenkredite zu. Die Position Darlehen erhöht sich 1997 um 3,2 Mio. Von diesem Bestand werden in den weiteren Jahren jeweils 0,4 Mio. getilgt. Die einzelnen Änderungen sind in folgender Tabelle zusammengefaßt:

Änderungen in Mio. DM	1997	1998	1999	2000	2001
Umsatz	0	2,2	4,8	10,4	22,4
Anlagevermögen	0	1,24	0,88	0,52	0,36
sonst. Umlaufvermögen	0,4	0,7	0,7	0,7	0,7
Darlehen	3,2	2,8	2,4	2,0	1,6
sonst. Fremdkapital	0,2	0,2	0,2	0,2	0,2

Tabelle 5-29

Um die Zielgrößen bei erweitertem Programm berechnen zu können, ist auch noch die Höhe des Eigenkapitals und des Gesamtkapitals (Bilanzsumme) zu bestimmen.

Um die Entwicklung des Eigenkapitals aufzeigen zu können, ist wiederum eine dem Finanzplan vergleichbare Rechnung durchzuführen. Die Rechnung geht vom Eigenkapitalbestand Anfang 1997 in Höhe von 14,8 Mio. aus. Dieser Bestand ist um die eigenkapitalwirksamen Transaktionen des Jahres 1997 zu korrigieren, um auf den Endbestand schließen zu können, d.h., Betriebsergebnis und neutrales Ergebnis vor Steuern sind zu addieren. Die Steuerzahlungen sowie die Entnahmen sind abzuziehen. Die Rechnung ist wieder spaltenweise für die einzelnen Jahre durchzuführen. Die Zahlen sind der Tabelle 5-30 zu entnehmen.

105 Durch den einheitlichen Zinssatz im Beispiel ist die Finanzierung zudem erfolgsneutral, da Finanzüberschüsse zum gleichen Zins angelegt werden, wie das Geld am Markt beschafft wurde. Vgl. dazu die Tabellen 5-25 und 5-27. Rückwirkungen treten lediglich auf die Liquidität und den ROI ein. Die ROI-Wirkung hat ihre Ursache im Beispiel in der aufgeblähten Bilanzsumme, die als Gesamtkapital bei der ROI-Berechnung benutzt wird.

Eigenkapitalentwicklung bei Einführung von Produkt 4:

in Mio. DM	1997	1998	1999	2000	2001
(1) Eigenkapital, Anfangsbestand	14,8	14,09	13,68	14,37	15,18
(2) Betriebsergebnis, neu	1,20	1,94	4,84	5,44	7,44
(3) neutrales Ergebnis	-1,90	-1,96	-2,37	-2,69	-2,43
(4) Steuern	+0,39	0,01	-1,39	-1,54	-2,80
(5) Entnahmen	-0,4	-0,4	-0,4	-0,4	-0,4
(6) Eigenkapitalzu-/abnahme	-0,71	-0,41	0,69	0,81	1,80
(7) Eigenkapitalendbestand (7) = (1) + (6)	14,09	13,86	14,37	15,18	16,98

Tabelle 5-30

Um die Zielgrößen des erweiterten Programms berechnen zu können, ist noch das Gesamtkapital zu bestimmen. Es ergibt sich, indem zum errechneten Eigenkapital noch die Darlehen und das sonstige Fremdkapital addiert werden. Die für die Beurteilung der Politik mit vier Erzeugnissen relevanten Zahlen sind in der Tabelle 5-31 noch einmal übersichtlich zusammengestellt. Die Angaben zur Bilanz beziehen sich dabei auf das jeweilige Jahresende.

in Mio. DM	1997	1998	1999	2000	2001
Umsatz	52,0	60,2	72,8	76,4	82,4
Betriebsergebnis	1,20	1,94	4,84	5,44	7,44
neutrales Ergebnis	-1,90	-1,96	-2,37	-2,69	-2,23
Gewinn vor Steuern	-0,70	-0,02	2,47	2,75	5,21
Anlagevermögen	41,10	39,44	43,38	42,02	40,46
sonst. Umlaufvermögen	11,0	16,7	17,1	17,5	16,9
Liquide Mittel	7,59	3,14	-0,51	3,66	8,22
Eigenkapital	14,09	13,68	14,37	15,18	16,98
Darlehen	27,2	26,8	26,4	28,0	27,6
sonst. Fremdkapital	18,4	18,8	19,2	20,0	21,0
Gesamtkapital	59,69	59,28	59,97	63,18	65,58

Tabelle 5-31

Aus den Daten der Tabelle läßt sich das erreichbare Niveau der Zielgrößen für das erweiterte Produktionsprogramm berechnen:

Kennzahl	Sollwert	1997	1998	1999	2000	2001
Eigenkapitalrentabilität G/EK (%)	12	-4,97	-0,15	17,22	18,11	29,48
Eigenkapitalquote EK/GK (%)	25	23,61	23,08	23,96	24,03	25,90
Return on Investment G/GK (%)	3	-1,17	-0,04	4,13	4,35	7,63
Kapitalumschlag U/GK	1	0,87	1,02	1,21	1,21	1,26
Umsatzrendite G/U (%)	3	-1,35	-0,03	3,4	3,60	6,08

Tabelle 5-32

Dem sollen die Ergebnisse bei nur drei Erzeugnissen im Programm noch einmal gegenübergestellt werden, um die Politik abschließend beurteilen zu können.

Kennzahl	Sollwert	1997	1998	1999	2000	2001
Eigenkapitalrentabilität G/EK (%)	12	8,7	12,6	22,6	12,1	1,6
Eigenkapitalquote EK/GK (%)	25	26,2	26,6	28,0	27,3	26,5
Return on Investment G/GK (%)	3	2,3	3,4	6,3	3,3	0,4
Kapitalumschlag U/GK	1	0,91	1,00	1,14	1,05	0,94
Umsatzrendite G/U (%)	3	2,5	3,4	5,6	3,2	0,5

Tabelle 5-33 (Wiederholung von Tabelle 5-19)

Für die Untersuchung der Frage, welche Argumente für oder gegen eine Einführung von Produkt vier sprechen, soll zunächst auf die ergebnisorientierten Kennzahlen (Eigenkapitalrendite, Umsatzrenditen) und anschließend auf die Strukturkennzahlen (Eigenkapitalquote, Kapitalumschlag) eingegangen werden.

Die Renditekennzahlen zeigen ohne bzw. mit Produkt vier eine deutlich unterschiedliche Entwicklung. Sie steigen ohne Produkt vier bis 1999 an und fallen danach ab, wobei sie von 1998 bis 2000 die Sollwerte erreichen oder übertreffen, in 2001 aber deutlich verfehlen. Diese Tendenz spiegelt sich in den Werten der GuV-Rechnung (Umsatz, Betriebsergebnis, Gewinn vor Steuern) wider; sie ist auf die ab 2000 stark rückläufigen Umsatz- und Dekkungsbeitragserwartungen von Produkt drei zurückzuführen.

Mit Produkt vier ist aufgrund der Entwicklungsaufwendungen in 1997 und den Investitionsaufwendungen 1998 ein Bilanzverlust in Kauf zu nehmen. In den folgenden Jahren steigen die Renditekennzahlen an und übertreffen bereits ab 1999 die Sollwerte. Dieselbe stetige Entwicklung läßt sich am Betriebsergebnis ablesen. Die ab 2000 nachlassende Ertragskraft von Produkt drei wird durch die in diesem Jahr erstmals positive Betriebsergebnisänderung durch Produkt vier kompensiert.

Die Strukturkennzahlen weisen ohne Produkt vier einen insgesamt zufriedenstellenden Verlauf auf: Die Eigenkapitalquote liegt über 25 %, und der Kapitalumschlag schwankt relativ eng um seinen Sollwert. Der absolute Rückgang des Eigenkapitals von 17,21 auf 16,9 Mio. im Jahr 2001 weist darauf hin, daß bei stark zurückgegangenem Gewinn die jährliche Entnahme die Substanz der Unternehmung angreift.

Mit Produkt vier wird die angestrebte Eigenkapitalquote bis einschließlich 2000 verfehlt. Erst 2001 wird die 25 %-Marke übersprungen. Der Kapitalumschlag liegt im ersten Planungsjahr deutlich unter, in späteren Jahren deutlich über dem Sollwert. Die unzureichende Eigenkapitalquote resultiert aus dem Bilanzverlust des Jahres 1997 und dem nicht die Entnahme deckenden Gewinn in 1998, wodurch sich das Eigenkapital auf 13,68 Mio. verringert. Für den hohen Kapitalumschlag ist insbesondere der auf Produkt vier zurückzuführende starke Umsatzzuwachs ab 1999 verantwortlich. Eine nachhaltige Verbesserung der Strukturkennzahlen kann erst eintreten, wenn die auch über 2001 hinaus zu erwartenden hohen Gewinne das Eigenkapitalvolumen der Unternehmung vergrößern.

Als Ergebnis der Kennzahlenbetrachtung ist festzuhalten: Ohne Produkt vier entwickeln sich die Strukturkennzahlen zufriedenstellend; die ab 2000 rückläufigen Renditen erfahren 2001 einen Einbruch, der sich in den folgenden Jahren vermutlich verschärfen wird.

In der Entwicklungs- und Markteinführungsphase (bis 1999) wird das Betriebsergebnis durch Produkt vier negativ beeinflußt. Dies schlägt sich sowohl in den Rendite- als auch in den Strukturkennzahlen nieder. Ab 2000 kann durch Produkt vier der Umsatzrückgang bei Produkt drei kompensiert werden, so daß sich insgesamt eine stetig aufwärtsgerichtete Unternehmensentwicklung abzeichnet. Eine denkbare Verschiebung der Neuprodukteinführung kommt aufgrund des vorteilhaften zeitlichen Zusammenfalls von Wachstumsphase des vierten und Degenerationsphase des dritten Produkts nicht in Betracht.

Die Einführung von Produkt vier ist daher zu befürworten. Die dargestellte Situation verbessert sich zudem, wenn die Finanzpolitik im bereits diskutierten Rahmen verändert wird. Die schlechten Gewinnerwartungen der Jahre 1997 und 1998 führen kurzfristig zu einer Verkleinerung der Eigenkapitaldecke und zu einem Liquiditätsengpaß am Ende des Jahres 1999. Diesen Risiken könnte durch gezielte Einzelmaßnahmen, wie eingeschränkte Entnahmen oder externe Eigenkapitalzuführung, entgegengewirkt werden. Mittelfristig zeigt sich eine starke Gewinnsteigerung bei stetigem Unternehmenswachstum. Bereits 2000 weisen alle Kennzahlen mit Ausnahme der Eigenkapitalquote deutlich bessere Werte auf als ohne das vierte Produkt.

Das Hauptproblem besteht ohne das Produkt vier darin, den Einbruch aller Kennzahlen ab 2001 durch geeignete Maßnahmen zu verhindern. Dabei ist insbesondere an Möglichkeiten zu denken, den Degenerationsprozeß von Produkt drei rechtzeitig - also spätestens 1998 oder 1999 - aufzuhalten oder zu verlangsamen. Dies könnte durch eine Produktverbesserung, die den technischen Fortschritt berücksichtigt, durch gezielte Werbeaktionen, durch geänderte Preispolitik u.ä. geschehen. Die Erfolgsaussichten derartiger Maßnahmen können wiederum mit dem vorgestellten Instrumentarium überprüft werden.

Das Beispiel zeigt, daß es erst durch die ganzheitliche Betrachtung der Unternehmensplanung möglich ist, eine vollständige Problemsicht zu gewinnen. Zudem kann mit Hilfe der

Instrumentarien der Unternehmensplanung verdeutlicht werden, wie sich Veränderungen der Politik - andere Finanzierung, Verschiebung des Einführungszeitpunktes, Reduzierung der Entnahmen usw. - auf die Ziele des Unternehmens auswirken. Das Instrumentarium einer geschlossenen Unternehmensplanung hat noch einen weiteren entscheidenden Vorteil: Viele der verwendeten Daten beruhen auf Schätzungen und sind unsicher. Wird die Planung durch ein Tabellenkalkulationsprogramm unterstützt, sind nicht nur die Wirkungen von Politikänderungen leicht zu analysieren; es können auch die Wirkungen pessimistischer oder optimistischer Absatz- oder Kostenerwartungen überprüft werden. Wenn mit dem Instrument mehrere Datensituationen durchgespielt werden, läßt sich ein Gefühl für das mit einer Politik verbundene Risiko gewinnen.

Literatur zu Kapitel 5

Adam, D. (1969): Koordinationsprobleme bei dezentralen Entscheidungen, in: ZfB, 39. Jg. (1969), S. 615-632.

Adam, D. (1970): Entscheidungsorientierte Kostenbewertung, Wiesbaden 1970.

Adam, D. (1993): Produktions-Management, 7. Auflage, Wiesbaden 1993.

Adam, D., Rollberg, R. (1995): Komplexitätskosten, in: DBW, 55. Jg. (1995), S. 667-670

Backhaus, K., Erichson, B., Plinke, W., Weiber, R. (1994): Multivariate Analysemethoden, 7. Auflage, Berlin u.a. 1994.

Backhaus, K. (1992), Investitionsgütermarketing, 3. Auflage, München 1992.

Barzen, D., Wahle, P. (1990): Das PIMS-Programm - was es wirklich wert ist, in: HARVARDmanager, 1990, Nr. 1, S. 100 ff.

Bea, F.X., Dichtl, E., Schweitzer, M. (1989): Allgemeine Betriebswirtschaftslehre, Bd. 2: Führung, 4. Auflage, Stuttgart 1989.

Bertelsmann, G. (1969): Personalplanung und Führungsnachwuchs, 2. Auflage, Bielefeld 1969.

Bleicher, K. (1966): Zentralisation und Dezentralisation von Aufgaben in der Organisation der Unternehmung, Berlin 1966.

Bleicher, K. (1971): Perspektiven für Organisation und Führung von Unternehmungen, Baden-Baden, Bad Homburg 1971.

Bleicher, K. (1972): Organisation und Führung der industriellen Unternehmung, in: Jacob, H. (Hrsg.), Industriebetriebslehre in programmierter Form, Band III, Wiesbaden 1972, S. 13-171.

Blohm, H., Lüder, K. (1995): Investition, 8. Auflage, München 1995.

Brankamp, K. (1971): Planung und Entwicklung neuer Produkte, Berlin 1971.

Brockhoff, K. (1973): Forschungsprojekte und Forschungsprogramme: ihre Bedeutung und Auswahl, Wiesbaden 1973.

Buzzell, R.D., Gale, B.T. (1989): Das PIMS-Programm, Strategien und Unternehmenserfolg, Wiesbaden 1989.

Dantzig, G.-B., Wolfe, P. (1960): Decomposition Principle for Linear Programs, in: Operations Research 1960, S. 101-111.

Dantzig, G.B. (1966): Lineare Programmierung und Erweiterungen, Berlin-Heidelberg-New York 1966.

Dunst, K.H. (1983): Portfolio-Management, 2. Auflage, Berlin, New York 1983.

Gaitanides, M. (1983): Prozeßorganisation, München 1983.

Graves, S. C. (1982): Using Lagrangean Techniques to Solve Hierarchical Production Planning Problems, in: Management Science 1982, S. 260 ff.

Grob, H. L. (1989): Investitionsrechnung mit vollständigen Finanzplänen, München 1989.

Grochla, E. (1972): Unternehmungsorganisation, Neue Ansätze und Konzeptionen, Reinbek bei Hamburg 1972.

Gutenberg, E. (1980): Grundlagen der Betriebswirtschaftslehre, Bd. 3, Die Finanzen, 8. Auflage, Berlin-Heidelberg-New York 1980.

Gutenberg, E. (1983): Grundlagen der Betriebswirtschaftslehre, Bd. 1: Die Produktion, 24. Auflage, Berlin, Heidelberg, New York 1983.

Hax, H. (1965): Die Koordination von Entscheidungen, Köln, Berlin, Bonn, München 1965.

Hax, A. C., Meal, H.C. (1975): Hierarchical Integration of Production Planning and Scheduling, in: Geisler, M. A. (Ed.) Logistics, TIMS Studies in the Managent Sciences, North Holland, Amsterdam 1975, S. 53-69.
Hax, A.C., Majluf, N.S. (1991): Strategisches Management, Frankfurt am Main, New York 1991.
Heinen, E. (1983): Betriebswirtschaftliche Kostenlehre, Kostentheorie und Kostenentscheidungen, 6. Auflage, Wiesbaden 1983.
Heinen, E. (1991): Industriebetriebslehre als entscheidungsorientierte Unternehmensführung, in: Heinen, E. (Hrsg.): Industriebetriebslehre, 9. Auflage, Wiesbaden 1991.
Hennig, K.-W. (1971): Betriebswirtschaftliche Organisationslehre, 5. Auflage, Wiesbaden 1971.
Herzberg, F., Mausner, B.M., Snydermann B.B. (1959): The Motivation to Work, New York, London 1959.
Hill, W., Fehlbaum, R., Ulrich, P. (1994): Organisationslehre 1: Ziele, Instrumente und Bedingungen der Organisation sozialer Systeme, 5. Auflage, Bern, Stuttgart 1994.
Hinterhuber, H.H. (1984): Strategische Unternehmensführung, 3. Auflage, Berlin, New York 1984.
Jacob, H. (1972a): Grundlagen und Grundtatbestände der Planung im Industriebetrieb, in: Jacob, H. (Hrsg.), Industriebetriebslehre in programmierter Form, Band II, S. 15-38, Wiesbaden 1972.
Jacob, H. (1972b): Die Planung des Produktions- und Absatzprogramms, in: Jacob, H. (Hrsg.), Industriebetriebslehre in programmierter Form, Band II, S. 39-260, Wiesbaden 1972.
Jacob, H. (1978): „Diversifikation - Möglichkeiten und Grenzen", in: Diversifikation und Wachstum, Wolfsburger Fachgespräche, Bd. 1, Wolfsburg 1978.
Jacob, H. (1990): Die Planung des Produktions- und des Absatzprogramms, in: Jacob, H. (Hrsg.), Industriebetriebslehre, Handbuch für Studium und Prüfung, 4. Auflage, Wiesbaden 1990, S. 401-590.
Kern, W., Schröder, H.-H. (1977): Forschung und Entwicklung in der Unternehmung, Reinbek bei Hamburg 1977.
Kieser, A., Kubicek, H. (1992): Organisation, 3. Auflage, Berlin, New York 1992.
Kilger, W. (1993): Flexible Plankostenrechnung und Deckungsbeitragsrechnung, 10. Auflage, Wiesbaden 1993.
Kistner, K.-P., Switalski, M. (1989): Hierarchische Produktionsplanung, in: ZfB, 57. Jg. (1989), S. 477 ff.
Kläger, W., Hofmann, J. (1993): Lean Production - Fat Office?, in: Office Management 1993, Nr. 3, S. 36-44.
Koch, H. (1982): Integrierte Unternehmensplanung, Wiesbaden 1982.
Kosiol,E.(1976): Organisation der Unternehmung, 2. Auflage, Wiesbaden 1976.
Kreikebaum, H. (1993): Strategische Unternehmensplanung, 5. Auflage, Stuttgart, Berlin, Köln 1993.
Kruschwitz, L. (1995): Investitionsrechnung, 6. Auflage Berlin, New York 1995.
Künzi, H.-P., Tan, S.-T. (1966): Lineare Optimierung großer Systeme, Berlin, Heidelberg, New York 1966.

Liesegang, D. (1989): Aggregierte Kostenfunktion der Lagerhaltung bei hierarchischen Produktionsplanungssystemen, in: Hax, H., Kern, W., Schröder, H.-H. (Hrsg.): Zeitaspekte in betriebswirtschaftlicher Theorie und Praxis, Stuttgart 1989, S. 203 ff.

Macharzina, K. (1993): Unternehmensführung, Wiesbaden 1993.

Markowitz, H.M. (1970): Portfolio selection, 2. Auflage New Haven. London 1970.

Marx, A. (1963): Die Personalplanung in der modernen Wettbewerbswirtschaft, Baden-Baden 1963.

Meffert, H., (1986): Marketing, Grundlagen der Absatzpolitik, 7. Auflage, Wiesbaden 1986.

Mesarovic, M. D., Macko, D., Takahara, Y. (1970): Theory of Hierarchical, Multilevel Systems, Academic Press, New York, London 1970.

Müller-Merbach, H. (1965): Das Verfahren der direkten Dekomposition in der linearen Planungsrechnung, in: Ablauf und Planungsforschung, 1965, S. 306 - 322.

Müller-Merbach, H.(1973): Operations Research, 3. Auflage, München 1973.

O.V. (1988): Rangelei der Weichensteller, in: manager magazin, Nr. 3, 1988, S. 16-19.

Perridon, L., Steiner, M. (1995): Finanzwirtschaft der Unternehmung, 8. Auflage, München 1995.

Peters, Th. J., Watermann, R.H. (1983): Auf der Suche nach Spitzenleistungen. Was man von den bestgeführten US-Unternehmen lernen kann, Landsberg am Lech 1983.

Pfohl, H.-C. (1981): Planung und Kontrolle, Stuttgart 1981.

Reiß, M. (1994): Führung, in: Corsten, H., Reiß, M. (Hrsg.), Betriebswirtschaftslehre, München/Wien 1994, S. 233-343.

Rieper, B., Witte, Th. (1973), Die Planung von Versorgungssystemen als logistisches Problem, in: ZfB, 44. Jg. (1974), S. 749-768.

Rieper, B. (1979): Hierarchische betriebliche Systeme, Wiesbaden 1979.

Rieper, B. (1981): Die Planung von Produktionsvorgaben - ein hierarchischer Planungsansatz, in: ZfB, 51. Jg. (1981), S. 1183 ff.

Schmalenbach, E. (1948): Pretiale Wirtschaftslenkung, Band 2: Pretiale Lenkung des Betriebes, Bremen 1948.

Schmalenbach, E. (1963): Kostenrechnung und Preispolitik, 8. Auflage, Köln und Opladen 1963.

Schmitt-Grohé, J. (1972): Produktinnovation, Verfahren und Organisation der Neuproduktplanung, Wiesbaden 1972.

Schneeweiß, Chr. (1989): Hierarchische Planung, in: WISU, 18. Jg. (1989), S. 564 ff.

Schneeweiß, Chr. (1990): Kostenwirksamkeitsanalyse, Nutzwertanalyse und Multi-Attributive Nutzentheorie, in: WISU 1990, S. 13-18.

Schneider, D. (1992): Investition, Finanzierung und Besteuerung, 7. Auflage, Wiesbaden 1992.

Steinmann, H., Schreyögg, G. (1993): Management, 3. Auflage, Wiesbaden 1993.

Striening, H.-D. (1988): Prozeß-Management, Frankfurt am Main et al. 1988.

Swoboda, P. (1986): Investition und Finanzierung, 3. Auflage, Göttingen 1986.

Tan, S.T. (1966): Beiträge zur Dekomposition von linearen Programmen, in: Unternehmensforschung 1966, S. 168-189 und S. 247-268.

Vormbaum, H. (1990): Finanzierung der Betriebe, 8. Auflage, Wiesbaden 1990.

Wildemann, H. (1993): Fertigungsstrategien, München 1993.

Womack, J. P., Jones, D. T., Roos, D. (1992): Die zweite Revolution in der Autoindustrie, 4. Auflage, Frankfurt am Main, New York 1992.

Zangemeister, Ch. (1976): Nutzwertanalyse in der Sytemtechnik, 4. Auflage, Hamburg 1976.

Zäpfel, G. (1982): Produktionswirtschaft, Berlin, New York 1982.

Zäpfel, G., Gferer, H. (1984): Sukzessive Produktionsplanung, in: WiSt, 13. Jg. (1984), S. 235 ff.

6 Methoden der Planung

6.1 Zum Unterschied zwischen qualitativen und quantitativen Planungsmethoden

Die Unterscheidung zwischen qualitativen und quantitativen Planungsmethoden bzw. -modellen basiert auf der Art der Informationen für die Lösung von Problemen. Von qualitativen Modellen wird gesprochen, wenn für das Ausgangsproblem nichtmetrische Informationen gegeben sind. Eigenschaft quantitativer Modelle hingegen sind metrische Daten. Werden bei qualitativen Methoden nichtmetrische Daten in pseudometrische Informationen transformiert, können auf qualitative Problemstellungen auch quantitative Auswertungstechniken angewendet werden. Die Übersetzung nichtmetrischer Informationen in pseudometrische Daten ist ein typisches Merkmal zahlreicher qualitativer Planungsmethoden. Das generelle Problem qualitativer Methoden besteht in der Frage, ob sich qualitative Informationen, beispielsweise Ergebnisse einer ordinalen Messung, sinnvoll in pseudometrische Daten übersetzen lassen.

Die Auswertungsmethoden qualitativer Modelle beruhen auf der Anwendung der vier Grundrechenarten auf die pseudometrischen Informationen. Die Bedeutung der Zahlen, bzw. ihr materieller Inhalt ist für die Auswertungstechnik letztlich völlig bedeutungslos. Sind letztere tatsächlich metrisch skaliert (quantitative Modelle), ergeben sich immer nachvollziehbare Resultate. Werden aber pseudometrische Größen verwendet, stellt sich die Frage, ob das Ergebnis derartiger Rechnungen noch sinnvoll zu interpretieren ist, also mit Inhalt zu füllen ist, der sich aus dem Ausgangsproblem ableiten läßt. Fehlt es an einer inneren Entsprechung von Problem und Lösung, wird sich der Entscheidungsträger nicht mit der Lösung identifizieren können. Es kommt daher bei qualitativen Methoden entscheidend darauf an, durch die Transformation der qualitativen Daten in pseudometrische Informationen keine wesentlichen Informationsinhalte zu verlieren oder gar Informationen in die Problemformulierung einzuschleusen, die durch eine ordinale Messung überhaupt nicht erhoben wurden.

Die Übersetzung nichtmetrischer in pseudometrische Daten kann als heuristisches Prinzip zur Übertragung schwer oder nicht meßbarer Informationen in rechnerisch auswertbare Informationen interpretiert werden. Bei qualitativen Methoden kommt es deshalb ganz entscheidend darauf an, ob diese Übersetzung sinnvoll erfolgt. Für den Transformationsvorgang gibt es sinnvolle, aber auch recht unsinnige Möglichkeiten, und leider werden von vielen Anwendern qualitativer Planungsmethoden häufig die unsinnigen Wege mit maximalem Informationsverlust präferiert. Was die Übersetzung der Daten nicht hergibt, gibt auch die Auswertung mit quantitativen Auswertungstechniken nicht mehr her. Die metrischen Rechenoperationen führen zu nicht interpretierbaren Planungsergebnissen, in die der Planende hinterher subjektive Meinungen hineinlegt. Bei der Planung mit diesen Methoden geht es häufig nach dem alten Programmierergrundsatz zu „Garbage in“-„Garbage out“, „Müll rein“-„Müll raus“. Kernproblem qualitativer Methoden ist mithin die sinnvolle Übersetzung der Daten.

Ein Beispiel zur Arbeitsplatzbewertung soll verdeutlichen, was damit gemeint ist. Zur Differenzierung der Entlohnung nach dem Schwierigkeitsgrad sollen fünf Arbeitsplätze auf die körperliche und geistige Beanspruchung hin beurteilt und geordnet werden. Dafür stehen zwei Verfahren zur Verfügung:

- Für jeden Arbeitsplatz und jede der beiden Anforderungsarten vergeben Experten Punktwerte zwischen 1 und 10, wobei der Wert 10 für besonders hohe Anforderungen steht.
- Die Arbeitsplätze werden bei jeder Anforderungsart paarweise daraufhin verglichen, welcher Arbeitsplatz höhere Anforderungen stellt. Von den fünf Arbeitsplätzen wird einer viermal im Paarvergleich „siegen", ein zweiter dreimal usw., sofern das Urteil „gleich wichtig" nicht zugelassen ist. Die Zahl der Siege eines Arbeitsplatzes legt dessen Schwierigkeitsgrad fest. Je größer die Anzahl seiner „Siege" ist, desto höher sein Rang.

Der Tabelle 6-1 sind die Punkt- und Rangurteile zu entnehmen. Für die Auswertung der Tabelle ist für beide Anforderungsarten ein gleiches Gewicht unterstellt, mit dem sie in den Schwierigkeitsgrad eingehen.

Kriterium		Arbeitsplatz				
		1	2	3	4	5
	Punktbewertung					
1	Punkte	9	8	3	4	1
2	Punkte	5	2	6	8	7
	Σ Punkte	14	10	9	12	8
	Rangordnung	1	3	4	2	5
	Paarvergleich					
1	Rang	1	2	4	3	5
2	Rang	4	5	3	1	2
	Σ Ränge	5	7	7	4	7
	Rangordnung	2	3	3	1	3

Tabelle 6-1

Die Tabelle zeigt: Die Ordnung der Arbeitsplätze ist von der Wahl des Verfahrens abhängig. Bei dem Punktverfahren ergibt sich für die Arbeitsplätze die Rangfolge 1/4/2/3/5, während es beim Paarvergleich zur Rangfolge 4/1/2/3/5 kommt. Mit Paarvergleichen zu arbeiten, muß als ausgesprochen unsinniges Verfahren zur Übertragung qualitativer in pseudometrische Daten angesehen werden. Dieses Verfahren verwischt die beim Punktverfahren zutage tretenden Einschätzungsdifferenzen der Schwierigkeitsgrade der Arbeitsplätze bei den einzelnen Anforderungsarten und geht generell von gleichen Schwierigkeitsdifferenzen zwischen den Arbeitsplätzen aufeinanderfolgender Rangplätze aus. Das Verfahren führt mithin zu Informationsverlusten, bzw. durch die Art des Vorgehens entstehen neue im Ausgangsproblem nicht enthaltene Informationen. Die Auswertung basiert damit bei Paarvergleichen auf nicht plausiblen pseudometrischen Informationen.

Rangplatzanalysen sind zudem recht willkürlich, weil deren Ergebnis auch von der Zahl der zu vergebenden Ränge abhängig ist. Das kann recht einfach am Ranking der Nationen bei olympischen Spielen gezeigt werden. Betrachtet werden alternative Rankings mit den ersten drei bzw. den ersten sechs Plätzen je Disziplin. Eine Goldmedaille wird einmal mit 3 und das andere Mal mit 6 Punkten bewertet. Zwei Länder mögen folgende Medaillen bzw. Plazierungen erreicht haben:

	Plätze						
	1	2	3	4	5	6	Summe
Land 1	1	1		1			
Land 2			4			4	
Land 1							
Punkte beim 3er-Ranking	3	2					5
Punkte beim 6er-Ranking	6	5		3			14
Land 2							
Punkte beim 3er-Ranking			4				4
Punkte beim 6er-Ranking			16				16

Tabelle 6-2

Beim 3er-Ranking liegt Land 1 knapp vor Land 2 und beim 6er-Ranking ist 2 deutlich besser als 1. „Analysen" dieser Art stehen damit unter dem Motto Churchills, der gesagt haben soll: „Ich glaube nur den Statistiken, die ich selber gefälscht habe". Die Beispiele zeigen bereits die Gefahren qualitativer Methoden recht deutlich auf, derer sich der Anwender bewußt sein muß.

Diese Gefahren bestehen bei qualitativen Methoden nur, wenn die Methode auf einer Transformation der Informationen beruht und wenn für die Auswertung Rechenoperationen benutzt werden, die eigentlich nur für metrische Informationen zulässig sind. Qualitative Techniken können auf derartige rechnerische Auswertungen auch bewußt verzichten. Beispielsweise wird für die zu bewertenden Arbeitsplätze ein Schwierigkeitsprofil bestimmt, während auf eine Reihung der Plätze verzichtet wird. In diesem Fall macht das qualitative Modell lediglich das Spektrum der Schwierigkeitsunterschiede der Arbeitsplätze für jede Anforderungsart deutlich.

In zahlreichen praktischen Problemstellungen versagen quantitative Planungsmethoden, weil Strukturdefekte und nichtmetrisch quantifizierbare Daten vorliegen. Qualitative Planungstechniken sind ein Instrument, um zumindest gewisse Vorstellungen über die Problemsituation oder die Qualität von Lösungsvorschlägen zu gewinnen. Sie erlauben zumindest eine nützliche Strukturierung von Problemen und verbessern dadurch das Problemverständnis beim Planenden. Diskutiert werden sollen vier qualitative Methoden: Checklisten, Nutzwertanalysen bzw. Scoringmodelle, die Fuzzy-Logik und die Grundlagen neuronaler Netze.

6.2 Qualitative Planungsmethoden

6.2.1 Checklisten

Die Checkliste ist im strengen Sinne kein Planungsverfahren, sondern mehr ein Instrument der Problemstrukturierung und Entscheidungsunterstützung. Erst durch die Erweiterung der Checkliste zum Profil bestimmter zu untersuchender Merkmale eines Problems zeigt dieses Instrument Ansätze eines Planungsverfahrens.

Eine Checkliste ist eine Auflistung aller für ein Planungsproblem relevanten Aspekte.[1] Sinn einer Checkliste ist es, möglichst alle relevanten Aspekte und Gesichtspunkte für ein Problem zusammenzutragen, um eine geschlossene, systematische Analyse durchführen zu können. In dieser geschlossenen, mehrdimensionalen Sichtweise von Problemen liegt der eigentliche Vorteil von Checklisten.

Checklistenanalysen erstrecken sich auf zwei Phasen. Die erste Phase bezieht sich auf den Aufbau der Checkliste, das Zusammentragen der für ein Problem relevanten Merkmale. In dieser Phase kann häufig auf veröffentlichte Checklisten zurückgegriffen werden. Solche Checklisten sind aber mit der Gefahr verbunden, nicht problemspezifisch zu sein. Es können für das spezielle Problem relevante Merkmale fehlen. Um eine nicht geschlossene Sichtweise der Probleme zu vermeiden, sind derartige Checklisten im Hinblick auf Relevanz der Merkmale und Ergänzungsbedarf zu untersuchen.

Die zweite Phase bezieht sich auf den Einsatz der Checkliste für ein spezielles Problem. Das Problem muß von Experten nach allen in der Liste festgelegten Dimensionen untersucht werden. Dabei sollen Vorstellungen darüber gewonnen werden, ob ein Problem die Merkmale erfüllt (Ja/Nein-Entscheidungen beim Durchchecken eines Flugzeugs) oder wie gut die zu erwartenden Ausprägungen der einzelnen Merkmale bei einem bestimmten Lösungsvorschlag für ein Problem sind (die Problemlösung erfüllt das Merkmal „Verfügbarkeit der Ressourcen“ ausreichend, befriedigend, gut oder sehr gut). Auf diesem Wege entsteht ein möglichst geschlossenes Bild von der Problemsituation bzw. der Eignung von Lösungen.

Die Checkliste kann für ein einmaliges Problem ebenso eingesetzt werden wie für wiederkehrende Fragestellungen strukturähnlicher Probleme. Insbesondere für den Wiederholungsfall ist sie sehr effizient, da der Aufwand zur Entwicklung oder Überprüfung einer neuen Checkliste entfällt oder doch zumindest gering ist.

In der Literatur wird die Checkliste häufig, wenn auch nicht unter dieser Bezeichnung, in der strategischen Unternehmensplanung für Stärken- und Schwächenanalysen bzw. Chancen- und Risikenanalysen eingesetzt.[2] Alle für die Strategieplanung wichtigen Aspekte werden aufgelistet, um sie auf ihre Relevanz für das betreffende Unternehmen hin zu überprüfen.[3] Als weiterer Anwendungsbereich für Checklisten hat sich in der jüngsten Zeit das

---

1 Vgl. Strebel (1980), S. 133.

2 Vgl. Ansoff (1965), S. 98 f.; Bircher (1976), S. 203; Kreikebaum (1993), S. 46; Hopfenbeck (1994), S. 122 ff.; Aurich/Schroeder (1972), S. 221 ff.

3 Vgl. Hinterhuber (1992), S. 85 ff.

Umweltmanagement herauskristallisiert. Die erheblichen ökonomischen und ökologischen Bewertungsprobleme im Umweltbereich lassen diese Methode für eine Abwägung zwischen den u.U. widerstreitenden Zielen geeignet erscheinen. Checklisten bieten die Möglichkeit, neue Aspekte in die Planungsüberlegungen einzubeziehen. Sie können dabei helfen, von mehreren ökonomisch gleichwertigen Alternativen die ökologisch sinnvollere zu wählen.[4]

Die beiden Phasen für das Arbeiten mit Checklisten „Aufbau der Liste" und „Einsatz der Liste" sollen genauer untersucht werden. Zunächst einige Überlegungen zur Auswahl der Kriterien. An die Kriterienauflistung in einer Checkliste werden keinerlei formale Ansprüche gestellt.[5] Weder Vollständigkeit noch Überschneidungsfreiheit der Kriterien sind zwingende Voraussetzungen. Für einen sinnvollen Einsatz sollten beide Kriterien aber möglichst erfüllt sein.

Die Vollständigkeit ist wünschenswert, um eine umfassende Beurteilung des Problems zu gewährleisten. Wird eine Checkliste über Jahre immer wieder eingesetzt, wird sie sich fortentwickeln und durch erweiterte Kenntnisse eines Unternehmens in einem Problemfeld damit auch vollständiger werden. Sie wird sich bei wirtschaftlichem Wandel und sich verändernden Umfeldbedingungen aber nicht in Richtung auf einen bestimmten Endzustand hin entwickeln.

Soll eine Checkliste aufgestellt oder aktualisiert werden, stellt sich immer die Frage nach dem Grad an Detailliertheit der einzubeziehenden Merkmale. Checklisten werden typischerweise zur Vorstrukturierung komplexer Probleme eingesetzt. Sie wirklich vollständig zu gestalten hieße, jeden u.U. auch nur wenig bedeutenden Aspekt mit aufzunehmen. Dies kann dazu führen, daß die Checkliste einen nicht mehr handhabbaren Umfang annimmt. Selbst wenn sie handhabbar ist, stellt sich die Frage, ob der mit einer solchen Liste konfrontierte Entscheidungsträger ihren Umfang akzeptiert oder ob sie ihn überfordert. Bei der Auswahl der Kriterien für eine Checkliste ist mithin zwischen der Vollständigkeit und einem Umfang abzuwägen, den der Anwender gerade noch akzeptiert.

Bei der Formulierung der in die Checkliste aufzunehmenden Kriterien entsteht ein weiteres Abwägungsproblem: Je allgemeiner eine Checkliste formuliert ist, desto universeller ist sie einsetzbar. Mit zunehmender Allgemeingültigkeit können aber auch immer schwieriger direkte Handlungsanleitungen aus der Liste abgeleitet werden. Dieser Zusammenhang sei an einem Beispiel verdeutlicht:

Für eine Checkliste ist zwischen den beiden folgenden Formulierungen zu wählen:

- „Überprüfen Sie, ob Sie für Ihren internen und externen Schriftwechsel Recyclingpapier einsetzen können."
- „Überprüfen Sie, ob die von Ihnen verwendeten Vor-, Zwischen und Endprodukte aus recycliertem Material bestehen können."

---

4 Ein Beispiel ist die Verwendung recyklierten Schreibpapiers unter der Voraussetzung gleicher Preise. Mehrere Checklisten in: manager spezial (1991).

5 Vgl. Strebel (1980), S. 134.

Aus der ersten Formulierung lassen sich direkte Handlungsanweisungen ableiten. Sie ist aber nur für Betriebsbereiche relevant, in denen Schriftverkehr (Büros) stattfindet. Sehr viel umfassender ist die zweite Formulierung, die auch eine Überprüfung der in der Produktion eingesetzten Stoffe und Halbteile mit berücksichtigt. Diese zweite Formulierung bedarf aber für die einzelnen Bereiche einer näheren Ausgestaltung, bevor sie in Handlungen umgesetzt werden kann. Auch in diesem Falle ist mithin ein Kompromiß zu schließen zwischen der direkten Umsetzbarkeit und der Allgemeingültigkeit der Checkliste.[6]

Eine Überschneidungsfreiheit der in die Checkliste aufzunehmenden Kriterien ist aus zwei Gründen anzustreben:

- Sich überschneidende Kriterien führen dazu, daß die Wirkung des hinter diesen Kriterien steckenden, gemeinsamen erklärenden Faktors auf das Planungsergebnis nicht deutlich wird. Ein Aspekt, der in mehreren Kriterien implizit zum Tragen kommt, wird das Planungsergebnis u.U. stärker beeinflussen, obwohl dies nicht beabsichtigt ist. Das liegt daran, daß bei der Anwendung der Checkliste über diesen Aspekt häufiger diskutiert wird und ihm dadurch implizit eine höheres Gewicht zugemessen wird.
- Die Formulierung überschneidungsfreier Kriterien hat eine Reduktion der Kriterienzahl der Checkliste zur Folge. Der Planungsaufwand wird geringer, und die Übersichtlichkeit wird erhöht.

Als Anwendungsfall von Checklisten soll auf ein Beispiel von Hertz[7] zurückgegriffen werden, der eine Checkliste entwickelt hat, die Anregungen für eine ökologische Beurteilung von Produkten anhand ihrer Umweltwirkungen geben soll. Für die Analyse eines Produktes unterscheidet er drei Phasen des Produktlebens und ordnet jeder Phase bestimmte relevante Kriterien zu:

Produktionsphase:

1. Verbrauchte Menge an natürlichen Ressourcen wie Wasser und Luft
2. Energiebedarf pro Arbeitsstunde oder produzierter Mengeneinheit
3. Energiebedarf pro Produkteinheit
4. Produzierte Abfälle, die weiterverwendet werden können
5. Produzierte Abfälle, die nicht weiterverwendet werden können

Verwendungsphase:

1. Jahresbedarf an Energie für den Einsatz eines Produktes
2. Energiebedarf während der gesamten Lebensdauer
3. Wirtschaftlichkeit bei der Energienutzung
4. Weiterverwendbare Abfälle
5. Nicht verwendbare Abfälle

---

6 Gälweiler (1986), S. 398 f. geht davon aus, daß sich eine Checkliste an aktuellen und potentiellen Gegebenheiten orientieren muß, damit also nur sehr allgemein gehalten sein kann.

7 Vgl. Hertz (1973).

Vernichtungsphase:

1. Reaktivierungsmöglichkeiten des vernichteten Produktes
2. Energiebedarf bei der Reaktivierung
3. Nicht verwendbare Abfälle
4. Energiebedarf bei der Abfallvernichtung

An diesem Beispiel kann deutlich gemacht werden, daß sich die Überlegungen zu einer solchen Checkliste im Fluß befinden, bzw. wie sich eine Checkliste dynamisch weiterentwikkeln muß. Einige Ergänzungen zur Checkliste sollen dies verdeutlichen:

- Nicht nur der Wasser- bzw. Luftverbrauch ist von Bedeutung, sondern ganz wesentlich sind die durch Produktion verursachten, umweltbelastenden Emissionen (CO_2, Stickoxyde, Schwefelbelastung, Furane, Dioxine, Strahlung usw.).

- Neben Wasser- und Luftverbrauch werden auch der Verbrauch an Boden durch Versiegelung und Lärmemission immer wichtiger.

- Auch Umweltbeeinträchtigungen durch Emissionen in der Verwendungsphase (Formaldehyd) sind zu beachten.

- Der Einsatz von Verbundwerkstoffen im Rahmen einer nicht demontagefreundlichen Konstruktion erschwert eine Entsorgung.

- Es können unkontrollierbare Verbundwirkungen bei der Entsorgung durch Emissionen auf Deponien oder bei der Müllverbrennung auftreten.

Neue Erkenntnisse sind mithin Anlaß, Checklisten fortzuschreiben.

Sind Vollständigkeit und Überschneidungsfreiheit der Checkliste gewährleistet, kann die Checkliste zu einem Kriterienkatalog bzw. einem Bewertungssystem ausgebaut werden, das in der Nutzwertanalyse bzw. in Scoringmodellen eingesetzt werden kann.[8]

Die einfachste Form einer derartigen Auswertung sind Merkmalsprofile. Anhand einer Nominalskala oder über direkte Messungen kann die Ausprägung der Kriterien einer Checkliste „quantifiziert" werden. Hertz empfiehlt für seine Checkliste die folgende Bewertungsskala:

- hoher positiver Umweltbeitrag (5)

- positiver Umweltbeitrag (4)

- neutraler Beitrag (3)
  (das Produkt beeinflußt die Umwelt nicht[9])

- negativer Umweltbeitrag (2)

8 Vgl. Strebel (1980), S. 135 f; Zangemeister (1976) spricht nicht von Überschneidungsfreiheit, sondern von (Nutzen-) Unabhängigkeit der Kriterien; vgl. dazu auch Kapitel 6.2.2.

9 Nach den Erkenntnissen der Thermodynamik ist dies genaugenommen unmöglich.

- hoher negativer Umweltbeitrag (1)

Die Kriterienausprägungen einer bestimmten Problemlösung werden in eine gemeinsame Tabelle eingetragen und durch einen Linienzug miteinander verbunden. Das Ergebnis ist ein Profil einer Problemlösung, welches die jeweilige Gesamtsituation visualisiert. Das Profil einer möglichen Lösung kann mit anderen Handlungsalternativen oder auch mit einem Idealprofil verglichen werden, um Erkenntnisse über die Vorteilhaftigkeit einer Alternative zu erlangen. Um das Arbeiten mit Profilen zu verdeutlichen, wird ein Teil der Checkliste von Hertz mit einem hypothetischen Beispiel dargestellt.

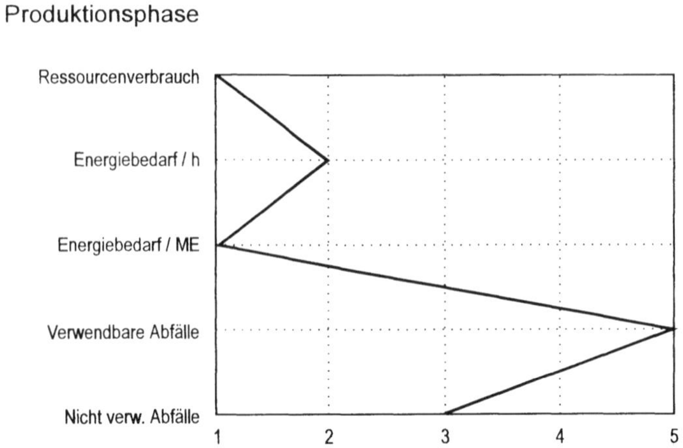

Abbildung 6-1

Merkmalsprofile unterschiedlicher Handlungsalternativen können auch in Tabellenform dargestellt werden. Die Tabelle 6-3 ist ein Beispiel hierfür. In der Tabelle wurde eine bestimmte Modelleisenbahnlok Spur HO, die von vier Herstellern angeboten wird, von Experten einer Fachzeitschrift mit Punkten zwischen 1 und 10 (10 für sehr gut) technisch bewertet.

Versuchsprogramm	Fleischmann	Märklin	Roco	Trix
Langsamfahrmöglichkeit	6	7	8	5
Laufruhe im Rangierbereich	10	10	10	10
Laufruhe bei Streckenfahrt	9	9	9	9
Zugkraft in der Ebene	10	9	9	10
Zugkraft bei 3,5% Steigung	10	7	6	9
Stromabnahme	2	10	9	2
Auslauf bei Stromunterbrechung	4	8	7	0
Wartungsfreundlichkeit	7	6	7	8
Gesamtpunktzahl	58	66	65	53

Tabelle 6-3

Aus dieser Tabelle wird bereits der Übergang von der Checkliste zur Nutzwertanalyse deutlich. Die Gesamtpunktzahl der Tabelle ist letztlich nichts anderes als ein Nutzwert für den Fall gleichgewichtiger Kriterien.

Das Merkmalsprofil bietet gegenüber einer Nutzwertanalyse[10] den Vorteil, die einzelnen Kriterienausprägungen nicht zu einer einzigen Zahl, dem Nutzwert, zu verdichten. Sie hat damit einen höheren Informationsgehalt als der Nutzwert. Aus der Tabelle 6-3 können unmittelbar die Stärken und Schwächen eines Fabrikates bei bestimmten Merkmalen entnommen werden. Der Nutzwert gibt diese Information nicht mehr her. Dem Merkmalsprofil fehlt damit aber auch die normative Aussage, die die Nutzwertanalyse bietet, d.h., durch einen Vergleich der Profile verschiedener Handlungsalternativen läßt sich direkt keine Entscheidung ableiten, sofern eine Alternative nicht hinsichtlich aller Kriterien dominiert. Welches der beiden Instrumente geeigneter ist, kann nur in einem konkreten Anwendungsfall entschieden werden.

6.2.2 Nutzwertanalyse und Scoringmodelle

Die Nutzwertanalyse ist ein formalisiertes Verfahren zur Entscheidungsfindung oder -vorbereitung, wenn es um eine Auswahl von Handlungsalternativen unter Berücksichtigung eines mehrdimensionalen Zielsystems geht.[11] Häufig existiert eine große Anzahl von Alternativen, für die konkrete Daten für quantitative Planungsverfahren nicht oder nur mit hohen Kosten bestimmt werden können. In diesen Fällen kann mit der Nutzwertanalyse eine Beurteilung und eine Vorauswahl möglicher Handlungsalternativen erfolgen. Diese Methode ordnet den Vorhaben ersatzweise für den eigentlichen Beitrag zum Unternehmensziel Punktwerte zu, die aus den Ausprägungen einer Reihe von Beurteilungskriterien abgeleitet werden. Der Punkt- oder Nutzwert ist der zahlenmäßige Ausdruck für die subjektive Vorziehenswürdigkeit eines Vorhabens. Die Nutzwertanalyse bringt folglich einzelne Handlungsalternativen bei den ausgewählten Kriterien in eine „Besser-Schlechter-Anordnung" und verdichtet diese Informationen zu einer dimensionslosen Zahl. Sinnvoll sind Nutzwertanalysen nur, wenn sichergestellt ist, daß ein hoher Unternehmenserfolg eng mit hohen Nutzwerten korreliert.

Die Nutzwertanalyse kann für eine Vielzahl von Anwendungsgebieten eingesetzt werden, bei denen quantitative Daten fehlen. Ursprünglich wurde sie für die Auswahl von Forschungs- und Entwicklungsvorhaben und von Produktinnovationen entwickelt.[12] Weitere Einsatzmöglichkeiten ergeben sich bei der Arbeitsplatzbewertung, bei der Standortwahl, der Erklärung von Käuferverhalten[13] sowie als Instrument zur Vorauswahl von Investitionsobjekten (Bewertung von EDV-Systemen oder von flexiblen Fertigungssystemen). Die Nutzwertanalyse wird auch im Bereich öffentlicher Betriebe eingesetzt. Meistens sind dort neben

---

10 Vgl. zur Nutzwertanalyse Zangemeister (1976), sowie Kapitel 622.

11 Zur allgemeinen Darstellung der Nutzwertanalyse vgl. Zangemeister (1971); Berens (1991), S. 45 ff.

12 Vgl. Strebel (1978), S. 2181 und die dort angegebene Literatur sowie Zangemeister (1971).

13 Vgl. dazu das kognitive Strukturmodell von Fishbein zur Erklärung von Käuferverhalten in Meffert (1989), S. 152 ff.

monetären Kriterien auch nichtmonetäre Ziele zu beachten. Für eine derartige Mehrziele-Entscheidung vermag die Nutzwertanalyse Hilfestellung zu geben. Beispiele für diesen Einsatzbereich sind Infrastrukturinvestitionen (Straßen- oder Kanalbauten) und Entsorgungseinrichtungen.[14]

Die Nutzwertanalyse, auch als Punktbewertungsmodell oder Scoringmodell bezeichnet, existiert in einer Vielzahl von Varianten. Die unterschiedlichen Verfahrensvarianten ergeben sich aus den unterschiedlichen Möglichkeiten, den Kriterienausprägungen Punkte zuzuweisen, Gewichte zu vergeben und die Kriterien miteinander zu verknüpfen.[15] Zusätzlich kann die Nutzwertanalyse mit einzuhaltenden Mindestbedingungen (Restriktionen) arbeiten.[16] Die einfachste Variante der Nutzwertanalyse geht von folgendem Konstruktionsprinzip aus:

$$N_i = \sum_{j=1}^{n} G_j \, P_{ij}$$

Mit N_i wird der Nutzwert einer Entscheidungsalternative i bezeichnet. P_{ij} steht für den Punktwert, den eine Alternative i beim Beurteilungskriterium j aufgrund eines Expertenurteils erreicht, und G_j entspricht dem Gewicht, das dem Kriterium j beigemessen wird. Der Nutzwert ergibt sich als Summe der gewichteten Punkte. Die Grundvariante der Nutzwertanalyse arbeitet mit einer additiven Verknüpfung der Teilnutzwerte. Bekannt geworden sind auch Verfahren mit einer multiplikativen Verknüpfung der Kriterienausprägungen.[17] Die Grundvariante arbeitet zudem mit jeweils nur einer zulässigen Ausprägung der Kriterien. Möglich sind auch Verfahrensweisen, die für jedes Kriterium mehrere Ausprägungen zulassen und den verschiedenen Ausprägungen Eintrittswahrscheinlichkeiten zuordnen. Diese Verfahren bestimmen einen Erwartungswert des Nutzens.[18]

Im folgenden soll die Grundvariante der Nutzwertanalyse mit additiver Verknüpfung der Kriterien dargestellt werden. Diese Variante läuft in fünf Schritten ab:[19]

- Formulierung geeigneter Bewertungskriterien
- Ableitung von Gewichtungsfaktoren für die Kriterien
- Auswahl möglicher Kriteriumsausprägungen
- Alternativenbewertung durch Experten
- Berechnung des Nutzwertes und Reihung der Vorhaben nach den Nutzwerten

---

14 Vgl. Schneeweiß (1990), S. 13.

15 Vgl. Schneeweiß (1990), S. 14.

16 Vgl. dazu das sogenannte Preis-Leistungsmodell, Grob (1990), S. 335 ff.

17 Vgl. Zangemeister (1976), S. 277; Andritzky (1976), S. 33 ff.; Dreyer (1974), S. 265.

18 Vgl. das Verfahren von O'Meara; O'Meara (1961), S. 83 ff.; Meffert (1989), S. 356 ff.

19 In der Literatur wird mitunter noch ein sechster Schritt genannt, der sich mit der Auswahl der zu beurteilenden Alternativen befaßt. Vgl. z.B. Berens (1991), S. 44 ff. Zum allgemeinen Vorgehen vgl. insbesondere Zangemeister (1971) und Knigge (1975).

Die einzelnen Schritte sollen anhand eines Literaturbeispiels dargestellt werden.[20] Der Fall wurde gewählt, weil er als typisches Negativbeispiel für qualitative Planungsverfahren angesehen werden kann. In der zitierten Quelle wird beinahe kein Fehler ausgelassen, der bei qualitativen Modellen gemacht werden kann. In dem Beispiel werden drei Alternativen für Transporteinrichtungen beurteilt.

In einem ersten Schritt müssen die für die Beurteilung relevanten Kriterien festgelegt werden. Für diese Überlegungen gelten die entsprechenden Ausführungen zur Kriterienauswahl bei Checklisten. Die Kriterien können mit Hilfe einer Zielhierarchie entwickelt werden. Die unterste Stufe der Hierarchie entspricht den Bewertungskriterien. Dieses Vorgehen soll in Anlehnung an Zangemeister verdeutlicht werden.[21] In diesem Beispiel besteht die zur Bewertung entwickelte Zielhierarchie aus drei Ebenen. Auf der ersten Ebene steht beispielsweise das Gesamtziel „Einführung eines neuen Produktes". Dieses Gesamtziel wird in der zweiten Ebene in die folgenden fünf Unterziele aufgefächert:

- Absatzziele,
- Forschungs- und Entwicklungsziele,
- produktionstechnische Ziele,
- Finanzierungsziele und
- technische Projektziele.

Jedes dieser Unterziele wird in der dritten und letzten Stufe in mehrere Elemente aufgegliedert, der Unterpunkt Absatzziele beispielsweise in die vier Elemente:

- Absatzmenge,
- Konkurrenzmaßnahmen,
- Absatzorganisation und
- Preis.

Erfolgt im letzten Schritt eine additive Verknüpfung der Teilnutzenwerte, setzt das Unabhängigkeit der Kriterien voraus. Sind Kriterien nicht unabhängig voneinander, ist die gewählte additive Verknüpfung unzutreffend.[22] Abhängigkeiten zwischen zwei Kriterien bestehen, wenn die Ausprägungen des einen Kriteriums in einer Konkurrenz- oder Komplementaritätsbeziehung zu den Ausprägungen eines zweiten Kriteriums stehen. Derartige Abhängigkeiten lassen sich häufig wegen definitorischer Zusammenhänge und der generell gegebenen Interdependenz wirtschaftlicher Größen nicht ganz vermeiden.[23] Zwischen zwei

20 Vgl. REFA (Hrsg.) (1974), S. 341 ff.

21 Vgl. zum folgenden Zangemeister (1971), S. 164 f.

22 Vgl. z.B. Dreyer (1974), S. 157; Strebel (1978), S. 2183.

23 Vgl. z.B. Strebel (1978), S. 2183.

Kriterien besteht eine Abhängigkeit, wenn der Entscheidungsträger nicht in der Lage ist, isoliert für ein Kriterium einen Punktwert festzulegen. Um einen Punktwert bei einem Kriterium festzulegen, benötigt er auch Kenntnis über die Ausprägungen eines zweiten Kriteriums. Die Unabhängigkeitsforderung soll mithin gewährleisten, daß die Bewertung eines Kriteriums für sich allein und nicht erst in Verbindung mit Ausprägungen anderer Kriterien möglich ist.[24] Die Unabhängigkeitsforderung ist generell nur bedingt zu erfüllen, so daß die Nutzwertanalyse mit additiver Verknüpfung von Teilnutzwerten entscheidungstheoretisch nur bedingt vertretbar ist. Sie kann lediglich als vereinfachendes, heuristisches Vorgehen bezeichnet werden.

Für das aus der Literatur übernommene Beispiel zur Beurteilungen von Transporteinrichtungen wurde folgende Kriterienhierarchie mit 14 Kriterien in der letzten Stufe benutzt.

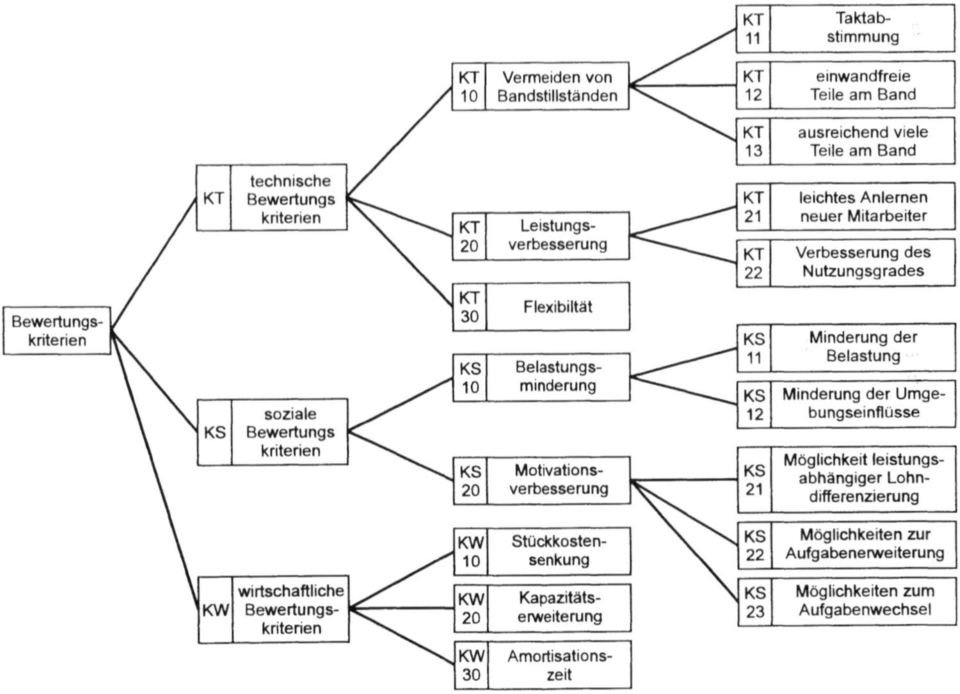

Abbildung 6-2[25]

Der gewählte Katalog verstößt ganz offensichtlich gegen die Unabhängigkeitsforderung; denn die Kriterien KT11, KT21 und KT22 beeinflussen die Stückkosten (Kriterium KW10), und die Stückkosten haben einen Einfluß auf die Amortisationszeit (KW30).

24 Vgl., auch zum folgenden, Zangemeister (1971), S. 163.

25 Abbildung entnommen aus REFA (Hrsg.) (1974), S. 346.

Es dürfen nur Kriterien gewählt werden, die sich sinnvoll quantifizieren lassen. Die Kriterien müssen mithin operational in dem Sinne sein, daß eine Messung - nicht zwingend in Form metrischer Informationen - der jeweiligen Kriterienausprägung möglich ist. Es reicht, wenn sich die Alternativen durch ordinale Wertungen bei den einzelnen Kriterien differenzieren lassen. Die „Messung" muß allein eindeutig im Sinne von „überprüfbar" sein.[26] Zudem sollte der Katalog nur Kriterien umfassen, nach denen sich möglichst alle zu bewertenden Alternativen differenzieren lassen. Kriterien, die nur bei einer oder einigen Alternativen zu erheben sind, sollten in der Nutzwertanalyse nicht berücksichtigt werden.

Im zweiten Schritt der Nutzwertanalyse sind für die Kriterien Gewichte festzulegen, mit denen sie in die Berechnung des Nutzwertes eingehen. Hierfür sind unterschiedliche Vorgehensweisen möglich. Ein in der Praxis beliebtes Verfahren zur Ableitung von Gewichten ist der Paarvergleich.

Dieses Vorgehen soll wiederum am Beispiel der drei Transporteinrichtungen demonstriert und kritisch beurteilt werden. Ist ein Kriterium im Urteil von Experten wichtiger als ein zweites, erhält es in der Wertung den Wert eins. Im Beispiel mit 14 Kriterien sind 105 Paarvergleiche durchzuführen, wenn jedes Kriterium auch mit sich selbst verglichen wird.[27] Dabei gewinnt ein Kriterium gegen sich selbt, so daß die Hauptdiagonale in der Tabelle 6-4 mit Einsen besetzt wird. Die Vergleiche müssen konsistent durchgeführt werden. Wird in einer ersten Wertung das Kriterium A wichtiger als B beurteilt und ergibt die zweite Wertung, daß B wichtiger als C ist, folgt aus den beiden ersten Vergleichen, daß C nicht wichtiger als A sein kann (Transitivität). Der Vergleichende muß sich bei einem Paarvergleich mithin immer bewußt sein, welche Ergebnisse er in vorausgehenden Vergleichen erzielt hat. Bei einer Vielzahl von Kriterien und Wertungen ist ein Entscheidungsträger damit häufig überfordert. Im Orginalbeispiel wird über 20-mal gegen die Transitivität verstoßen. Eine konsistente Bewertung - das Urteil, zwei Alternativen sind gleichwertig, sei nicht zugelassen - zeichnet sich dadurch aus, daß bei fünf Kriterien ein Kriterium viermal, ein zweites dreimal usw. im Vergleich siegen muß. Bei 14 Kriterien muß also jeder Zahlenwert von 1 bis 14 besetzt sein, wenn die Kriterien auch mit sich selbst verglichen werden. Die Fehler des Originalbeispiels wurden in der Tabelle 6-4 berichtigt.

26 Vgl. Heinen (1976), S. 115 f.; von Zwehl/Schmidt-Ewig (1981), S. 98.

27 Wird ein Kriterium nicht mit sich selbst verglichen, siegt es kein einziges Mal und erhält dann ein Gewicht von null, was nicht sinnvoll erscheint.

	KT 11	KT 12	KT 13	KT 21	KT 22	KT 30	KS 11	KS 12	KS 21	KS 22	KS 23	KW 10	KW 20	KW 30	Σ	Gew. faktor	Rang
KT 11	1		1	1	1		1				1			1	7	0,067	8.
KT 12	1	1	1	1	1	1	1		1		1			1	10	0,095	5.
KT 13			1				1				1			1	4	0,038	11.
KT 21			1	1			1				1			1	5	0,048	10.
KT 22			1	1	1		1				1			1	6	0,057	9.
KT 30	1		1	1	1	1	1				1			1	8	0,076	7.
KS 11							1				1			1	3	0,028	12.
KS 12	1	1	1	1	1	1	1	1	1		1			1	11	0,105	4.
KS 21	1		1	1	1	1	1		1		1			1	9	0,086	6.
KS 22	1	1	1	1	1	1	1	1	1	1	1			1	12	0,114	3.
KS 23											1			1	2	0,019	13.
KW 10	1	1	1	1	1	1	1	1	1	1	1	1		1	13	0,124	2.
KW 20	1	1	1	1	1	1	1	1	1	1	1	1	1	1	14	0,133	1.
KW 30														1	1	0,010	14.
Σ	8	5	11	10	9	7	12	4	6	3	13	2	1	14	105	1	

Tabelle 6-4

Das Gewicht eines Kriteriums wird in der Originalquelle als Quotient aus der Zahl der „Siege" eines Kriteriums und der Gesamtzahl der Vergleiche ermittelt (14/105 = 0,133 bei KW 20 und 1/105 = 0,0095 bei KW 30). Diese Vorgehensweise zur Ableitung von Gewichten ist allerdings wenig sinnvoll:

- Unzulässigerweise werden durch die Art des Vorgehens ordinale in pseudometrische Informationen „übersetzt". Als Folge dessen besteht zwischen allen Kriterien ein linearer Abstand zwischen den Gewichten, was der realen Bedeutung der Kriterien nicht entsprechen muß.

- Das Vorgehen führt zu unlogischen Ergebnissen, wenn ein völlig irrelevantes Kriterium - etwa das Alter des Geschäftsführers - als 15. Kriterium hinzugenommen wird. Die Zahl der Paarvergleiche steigt auf 120 an. Das wichtige Kriterium KW 20 erhält ein Gewicht von 15/120 = 0,125, während das unwichtige Kriterium KW 30 ein Gewicht von 2/120 = 0,0166 aufweist. Das unsinnige Kriterium 15 verändert damit die Gewichte der übrigen Kriterien, wobei das Gewicht wichtiger Kriterien sinkt und das unwichtiger Kriterien steigt. Es läßt sich keine logische Begründung dafür finden, daß die Zahl der Kriterien die relative Bedeutung der Kriterien verändert.

Zur Vermeidung derartiger Inkonsistenzen, vor denen in der Literatur gewarnt wird,[28] empfiehlt sich die folgende Vorgehensweise: Eine Expertengruppe hat bspw. 100 Punkte auf die Kriterien zu verteilen. Dazu wird die Hierarchie der Kriterien gedanklich in der obersten Ebene beginnend nach unten durchschritten.[29] In der ersten Stufe sind die 100 Punkte auf drei Kriteriengruppen zu verteilen, wobei den Kriteriengruppen nach ihrer Bedeutung Punkte zugeordnet werden. In der nächsten Stufe werden die Punkte einer Kriteriengruppe

28 Vgl. z.B. Adam (1981), S. 327; Andritzky (1976), S. 25 ff.; Brauckschulze (1983), S. 234.

29 Vgl. zum folgenden z.B. Zangemeister (1971), S. 164.

weiter aufgeteilt usw., bis die letzte Kriterienebene erreicht ist. Auf diesem Wege ist sichergestellt, daß genau 100 Punkte verteilt werden. Die Gewichte sind so zu normieren, daß sie sich zu eins addieren. Bei mehreren Experten, die zur Bewertung herangezogen werden, kann der Mittelwert der verteilten Punkte zur Wahl des Kriteriengewichtes benutzt werden. Der Vorteil dieser Vorgehensweise gegenüber dem Paarvergleich besteht darin, daß die Gewichte gegen das Zufügen unsinniger Kriterien insoweit stabil sind, als wichtige Kriterien nicht unwichtiger und unwichtige wichtiger werden. Zudem ergeben sich keine konstanten Gewichtsdifferenzen zwischen den Kriterien.

Die Wahl der Kriteriengewichte, wie auch die vorgelagerte Auswahl der Kriterien, sind nicht frei von Subjektivität. Diese subjektiven Entscheidungen können die Lösung des Auswahlproblems beeinflussen. Eine Verteilung der Punkte auf drei Kriterien führt etwa zu einer Gewichtung von 40/50/10 Punkten. Angenommen, das dritte Kriterium wurde gar nicht in den Katalog aufgenommen, dann sind die 10 freien Punkte auf die beiden übrigen Kriterien zu verteilen. Das führt dazu, daß sich die Kriteriengewichte gegenüber der Situation mit drei Kriterien verändern. Mit den veränderten Gewichten ändert sich auch der Nutzwert, und es kann zu einer anderen Entscheidung über die Handlungsalternativen kommen.

Im folgenden dritten Schritt sind für jede Entscheidungsalternative und jedes Kriterium Unterlagen zusammenzustellen, die einer sachlichen Bewertung zugrunde gelegt werden können.[30] Für das Beispiel der drei Transportbänder wurden die Informationen der Tabelle 6-5 zusammengestellt.

Den verbalen Umschreibungen der Kriterienausprägungen müssen Punktwerte zugeordnet werden. Für diese Transformation stehen grundsätzlich die nominale, die ordinale und die kardinale Bewertungsmethode zur Verfügung.[31] Sinnvoll ist es, den einzelnen Kriterien einer Entscheidungsalternative Punktwerte - z.B. zwischen eins und zehn - zuzuordnen. Durch diese Art der Bewertung kann der unterschiedliche Erfülltheitsgrad eines Kriteriums durch die Handlungsalternative differenziert erfaßt werden. Im Beispiel der drei Tranportbänder wurde für die Übersetzung der verbalen Informationen wiederum mit der Methode der Rangplätze gearbeitet. Die Alternative, die ein Kriterium am besten erfüllt, erhält den Rangplatz 3 und die schlechteste den Rangplatz 1. Die Ergebnisse dieser Umsetzung der verbalen Informationen sind aus der Tabelle 6-6 zu entnehmen. Mit diesem Vorgehen sind erneut erhebliche Informationsverluste gegenüber den viel besseren Informationen der Tabelle 6-5 verbunden. Das Verfahren unterstellt real nicht existierende, konstante Abstände zwischen den Kriterienausprägungen der drei Alternativen.

30 Vgl. Zangemeister (1971), S. 164.

31 Vgl. auch zum folgenden von Zwehl/Schmidt-Ewig (1981), S. 102 ff.; Strebel (1978), S. 2183 ff.; Dreyer (1974), S. 262 ff.

Bewertungs-kriterien		Eigenschaften der Investitionsobjekte		
		Investitionsobjekt 1: 13-mm-Doppelgurtband	Investitionsobjekt 2: 11-mm-Doppelgurtband	Investitionsobjekt 3: 8-mm-Doppelgurtband
1	KT 11	Wartezeitanteil 2,1%	Wartezeitanteil 5,0%	Wartezeitanteil 3,2%
2	KT 12	wegen weitgehender Vormontage höhere Wahrscheinlichkeit als bei 3	wie 1	wegen Verzicht auf Vormontage geringere Wahrscheinlichkeit als bei 1 und 2
3	KT 13	Verzögerungsgefahr durch Vormontage, Wahrscheinlichkeit geringer als bei 3	wie 1	keine Vormontage, höhere Wahrscheinlichkeit als bei 1 und 2
4	KT 21	wegen geringem Mechanisierungsgrad und kürzeren Zyklen leichter als bei 2 und 3	wegen höherem Mechanisierungsgrad schwerer als bei 1	wegen höherem Mechanisierungsgrad und längeren Zyklen wie bei 2
5	KT 22	wegen Vormontage und geringerem Mechanisierungsgrad am geringsten	wegen erhöhtem Mechanisierungsgrad höher als 1	wegen hohem Mechanisierungsgrad höher als bei 2
6	KT 30	höchste Flexibilität wegen geringem Mechanisierungsgrad	geringere Flexibilität als 1 wegen höherem Mechanisierungsgrad	geringste Flexibilität wegen höchstem Mechanisierungsgrad
7	KS 11	am geringsten	höher als bei 1	am höchsten
8	KS 12	am geringsten	höher als bei 1	am höchsten
9	KS 21	wegen hoher beeinflußbarer Zeitanteile am geeignetsten	weniger geeignet als bei 1	am wenigsten geeignet
10	KS 22	nur mangelhaft gelöst, 8 Arbeitsplätze mit zu geringem Arbeitsinhalt	besser gelöst, nur 2 Arbeitsplätze mit zu geringem Arbeitsinhalt	besser als 1, jedoch schlechter als 2, da keine übertragbaren Ablaufabschnitte vorliegen
11	KS 23	mit Ausnahme eines Arbeitsplatzes möglich und sinnvoll	grundsätzlich möglich, aber wahrscheinlich nur an 5 Arbeitsplätzen praktikabel	an nur 3 Arbeitsplätzen praktikabel
12	KW 10	ca. 30%	ca. 42%	ca. 40%
13	KW 20	ca. 100%	ca. 80%	ca.110%
14	KW 30	< 11 Monate	< 10 Monate	< 9 Monate

Tabelle 6-5[32]

Nach der Zuordnung von Kriterienausprägungen zu den Entscheidungsalternativen können die Teilnutzwerte je Kriterium und Alternative bestimmt werden, indem das Gewicht mit den Punktwerten multipliziert wird. Im letzten Schritt sind die Teilnutzwerte zum gesamten Nutzwert jeder Alternative zu verdichten. Hierzu werden in der Literatur wiederum verschiedene Regeln diskutiert.[33] Bei unabhängigen Kriterien ist der Gesamtnutzen gleich der Summe der Teilnutzwerte der Kriterien.[34] Je höher der Nutzwert im Beispiel ist, desto gün-

32 Entnommen aus REFA (Hrsg.) (1974), S. 346

33 Vgl. z.B. Andritzky (1976), S. 30 ff.; Dreyer (1974), S. 265; Strebel (1978), S. 2184 f. und die dort angegebene Literatur.

34 Vgl. z.B. Zangemeister (1971), S. 165.

stiger erscheint die Alternative. Für die Wertsynthese ist eine Sensitivitätsanalyse des Entscheidungsvorschlags von besonderer Bedeutung,[35] da die einzelnen Schritte der Nutzwertanalyse viele subjektive Elemente enthalten. Es sollte geprüft werden, in welchem Ausmaß die Entscheidung gegen Gewichtungssveränderungen der Kriterien oder Veränderungen der Kriterienausprägungen stabil ist.

Nr.	Bewertungs-kriterien	Gewich-tungs-faktoren	Inv.-objekt 1 13-mm-Doppel-gurtband		Inv.-objekt 2 11-mm-Doppel-gurtband		Inv.-objekt 3 8-mm-Doppel-gurtband	
			Rang-platz	Teilnutz-wert	Rang-platz	Teilnutz-wert	Rang platz	Teilnutz-wert
1	KT 11	0,067	3	0,201	1	0,067	2	0,134
2	KT 12	0,095	2,5	0,2375	2,5	0,2375	1	0,095
3	KT 13	0,038	2,5	0,095	2,5	0,095	1	0,038
4	KT 21	0,048	3	0,144	1,5	0,072	1,5	0,072
5	KT 22	0,057	3	0,171	2	0,114	1	0,057
6	KT 30	0,076	3	0,228	2	0,152	1	0,076
7	KS 11	0,029	1	0,029	2	0,058	3	0,087
8	KS 12	0,105	1	0,105	2	0,210	3	0,315
9	KS 21	0,086	3	0,258	2	0,172	1	0,086
10	KS 22	0,114	1	0,114	3	0,342	2	0,228
11	KS 23	0,019	3	0,057	2	0,038	1	0,019
12	KW 10	0,124	1	0,124	3	0,372	2	0,248
13	KW 20	0,133	2	0,266	1	0,133	3	0,399
14	KW 30	0,009	1	0,009	2	0,018	3	0,027
Gesamtnutzwerte				2,0385		2,0805		1,881

Tabelle 6-6

Abschließend soll das Instrumentarium der Nutzwertanalyse kritisch beleuchtet werden. Das Verfahren ist bei sinnvoller Anwendung durchaus zur Informationsverdichtung bei mehrdimensionalen Zielen geeignet, wenn sich der Benutzer der Anwendungsproblematik (subjektive Einflüsse bei der Wahl der Kriterien, Problem der Unabhängigkeit der Kriterien und Probleme bei der Festlegung der Gewichte und der Beschreibung der Kriterienausprägungen) bewußt ist.[36] Gegen die Verdichtung auf eine dimensionslose Größe können darüber hinaus folgende Kritikpunkte vorgebracht werden:

- Die resultierenden Kenngrößen für die Alternativen sind wegen ihrer Dimensionslosigkeit kaum zu interpretieren. Darüber hilft auch die Bezeichnung „Nutzwert“ für diese Kenngröße nicht hinweg.

35 Vgl. auch Dreyer (1974), S. 266 f.

36 Vgl. z.B. Brauckschulze (1983), S. 236.

- Die Verdichtung zu einem Nutzwert unterstellt, daß unzureichende Eignung einer Alternative bei einem Kriterium durch Übereignung bei einem zweiten kompensiert werden kann. Die Wertsynthese nivelliert wie eine Durchschnittsbetrachtung. Die Verdichtung geht von einer Substituierbarkeit der Kriterienausprägungen aus, die in der Realität häufig nicht existiert. Hat eine Alternative bei einigen Kriterien eine unzureichende Ausprägung, ist sie unabhängig vom errechneten Nutzwert unbrauchbar.

- Die Verdichtung der Informationen zum Nutzwert ist immer mit einem Informationsverlust verbunden. Die Einzelinformationen bei den Kriterien sind oft viel wichtiger als der Nutzwert. Beispielsweise können sich aus den Einzelinformationen weitere Informationen ergeben, wie noch unvollkommene Entscheidungsvorschläge verbessert werden können.

- Der Informationsverlust äußert sich auch darin, daß sämtliche Kriterien ihre originäre Dimension verlieren. Das harte Kriterium „Kosten" (KW 10) mit der Dimension Geldeinheiten und das weiche Kriterium „Möglichkeiten zur Aufgabenerweiterung" (KS 22) werden zu einem nicht mehr interpretierbaren Nutzwert zusammengefaßt.

Entscheidender Vorteil der Nutzwertanalyse ist es, ein Vorhaben sorgfältig und geschlossen nach n Dimensionen beurteilen zu können. Ein Eignungsprofil je Vorhaben und ein Vergleich der Profile ist in vielen Fällen aber angemessener als eine aussagelose Verdichtung zu Punktwerten.

Die Nutzwertanlyse läßt sich zu Preis-Leistungsmodellen[37] weiterentwickeln. Dieses Konzept nimmt eine Trennung weicher und harter Kriterien vor. Für die weichen Kriterien werden Mindestanforderungen definiert, die die Alternativen erfüllen müssen. Aus der noch zulässigen Menge von Handlungsalternativen wird mit Hilfe der harten Kriterien die günstigste Alternative ausgewählt. Damit liegt bei einer Beurteilung von Investitionsvorhaben ein Übergang von qualitativen Methoden zu Verfahren der Wirtschaftlichkeitsrechnung vor.

6.2.3 Fuzzy-Logik

6.2.3.1 Grundlagen der Fuzzy-Logik

Viele betriebswirtschaftliche Problemstellungen liegen in einer Form vor, in der die Ziele, Restriktionen und die Auswirkungen von Handlungsalternativen nicht genau, sondern nur in Umrissen, also unscharf bekannt sind. Für die modellmäßige Abbildung derartiger Probleme eignet sich die zweiwertige Logik (Ja/Nein, erfüllt/nicht erfüllt) häufig nur unzureichend. Probleme dieser Art lassen sich aber u.U. mit der Theorie unscharfer Mengen analysieren. Das Grundkonzept der Fuzzy-Logik besteht darin, unscharfe Aussagen auch nur unscharf abzubilden.[38] Der Begriff der „Unschärfe" darf nicht mit „Unsicherheit" verwechselt werden. Bei Unsicherheit geht es ausschließlich um die Zugehörigkeit oder Nicht-Zugehörigkeit eines Objekts zu einer Menge. Unschärfe beschäftigt sich mit dem Grad der Zugehörigkeit.

37 Vgl. Grob (1990), S. 341 ff.

38 Vgl. Bellmann/Zadeh (1970), Zimmermann (1975) und (1987), S. 42 f.

Der Unterschied zwischen „Unschärfe“ und „Unsicherheit“ kann am einfachsten mit zwei Aussagen beschrieben werden:

- Die Aussage, wahrscheinlich wird es morgen regnen, bezieht sich auf ein „unsicheres“ Phänomen. Für dieses Ereignis (Regen am nächsten Tag) existiert eine subjektive oder objektive Wahrscheinlichkeit. Der morgige Tag gehört aber mit Sicherheit entweder zur Klasse der Regentage oder zu den regenfreien Tagen.

- Ein ganz anderer Sachverhalt liegt bei der zweiten Aussage vor: Der in einer Entscheidungssituation zu realisierende Gewinn sollte deutlich mehr als 100 GE betragen. Bekannt ist allenfalls eine Bandbreite von Gewinnen, mit denen der Entscheidungsträger mehr oder minder zufrieden ist. Beispielsweise ist er mit einem Gewinn von 140 GE vollständig zufrieden, während er bei weniger als 100 GE vollständig unzufrieden ist. Es gelingt ihm vielleicht, für Gewinne zwischen 100 und 140 GE unterschiedliche Zugehörigkeitsgrade zur Menge befriedigender Lösungen zu quantifizieren. Gewinnen von 140 GE und mehr wird ein Zugehörigkeitsgrad von 1 und solchen unter 100 GE eine Zugehörigkeit von 0 zugeordnet. Werte zwischen den beiden Extremen können durch eine lineare Funktion beschrieben werden. Ein Gewinn von 120 GE gehört mit einem Zugehörigkeitsgrad von 0,5 zur Menge befriedigender Gewinne.

  Eine ähnliche Situation liegt vor, wenn der erforderliche Kapitaleinsatz nicht wesentlich mehr als 100 GE betragen soll. Der Entscheidungsträger toleriert etwa einen Kapitaleinsatz zwischen 100 und 115 GE. Bei 100 GE liegt volle Zufriedenheit vor (Zugehörigkeit von 1), während die Zufriedenheit bei 115 GE auf null sinkt.

Die Unschärfe kann sich auf ein oder mehrere gleichzeitig zu beachtende Merkmale eines Entscheidungsproblems beziehen. Beispielsweise können gleichzeitig Zugehörigkeitsfunktionen für den Kapitaleinsatz und den zu realisierenden Gewinn formuliert werden. Das Problem besteht darin, eine Lösung zu finden, bei der der gemeinsame Zufriedenheitsgrad zu beiden Forderungen möglichst groß ist.

Die Theorie der Fuzzy-Sets muß sich damit generell mit zwei Fragestellungen auseinandersetzen:

- Um die unscharfen Formulierungen zu operationalisieren, sind „Zugehörigkeitsfunktionen“ zu definieren, die zum Ausdruck bringen, in welcher Art und Weise verschiedene Ausprägungen eines Kriteriums einen Nutzenbeitrag leisten. Diese Quantifizierung ist stets ein subjektiver Vorgang, bei dem qualitative Informationen in pseudometrische Informationen übersetzt werden.

- Existieren für ein Problem Zugehörigkeitsgrade für verschiedene relevante Kriterien, müssen diese Zugehörigkeitsfunktionen durch Operatoren miteinander verknüpft werden, um zu einem gemeinsamen Zugehörigkeitsgrad einer Lösung zu gelangen. Es muß analysiert werden, welche Verknüpfungsregeln sich für eine Problemstellung eignen. Auch die Auswahl eines derartigen Operator ist letztendlich ein subjektiver Vorgang.

Falls bestimmte Kriterien eines Entscheidungsproblems nur vage quantifizierbar sind, bietet es sich an, sie als unscharfe Mengen zu definieren. Zur Charakterisierung einer unscharfen Zahl wird eine Zugehörigkeitsfunktion benötigt, die auch als unscharfe Zahl bezeichnet wird. Die nachfolgende Abbildung zeigt beispielsweise eine trapezförmige Zugehörigkeitsfunktion.

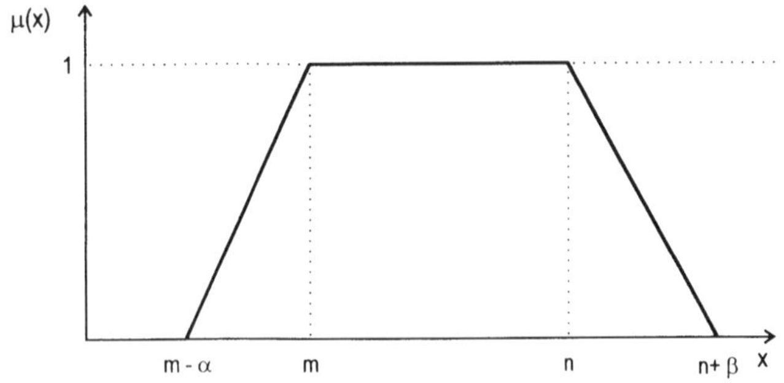

Abbildung 6-3

Die auf diese Weise festgelegte unscharfe Zahl heißt LR-Fuzzyzahl.[39] Sie läßt sich in Kurzform wie folgt notieren:

$Z = (m; n; \alpha; \beta)_{LR}$

Gilt n = m, nimmt die Zugehörigkeitsfunktion Dreiecksform an. Bei einer linear ansteigenden Zugehörigkeitsfunktion sind nur die Werte für m und α definiert, und bei einer linear fallenden Funktion beschränkt sich die Definition auf die Werte für n und β.

In Modellansätzen der Fuzzy-Set-Theorie ist es häufig erforderlich, mit Zugehörigkeitsfunktionen zu rechnen. Beispielsweise wird Kapital für zwei Investitionsmöglichkeiten benötigt, und für jede Einsatzart ist eine spezielle Zugehörigkeitsfunktion bestimmt worden. Es ist notwendig, aus den Teilfunktionen eine Gesamtzugehörigkeitsfunktion für den Kapitaleinsatz zu bestimmen. Die beiden Zugehörigkeitsfunktionen müssen folglich addiert werden. Eine ähnliche Situation liegt in der Fertigungssteuerung vor, wenn ein Auftrag beispielsweise drei Fertigungsstufen durchlaufen muß. Hat der Disponent für jede Stufe eine Zugehörigkeitsfunktion für eine befriedigende Durchlaufzeit festgelegt, ist die Zugehörigkeitsfunktion der Durchlaufzeit über alle drei Stufen durch Addition der drei speziellen Funktionen zu bestimmen. Sind die Zugehörigkeitsfunktionen aller Stufen identisch, kann die gesamte Zugehörigkeitsfunktion auch durch skalare Multiplikation bestimmt werden.[40]

Im folgenden soll auf elementare Rechenoperationen mit Fuzzy-Zahlen eingegangen werden. Behandelt werden unscharfe Addition, Subtraktion und Multiplikation. Die Rechenre-

39 LR steht für „links, rechts“ und bezieht sich auf den links steigenden und rechts fallenden Ast der Zugehörigkeitsfunktion.

40 Diese Technik kann auch auf vernetzte Arbeitsoperationen übertragen werden, d.h., die Bestimmung des längsten Weges in einem Netz kann fuzzyfiziert werden. Vgl. Rabetge (1991).

geln werden jeweils für trapezförmige Zugehörigkeitsfunktionen beschrieben; sie lassen sich entsprechend auch auf linear steigende oder fallende Funktionen bzw. Dreiecksfunktionen übertragen. Es sind lediglich die nicht definierten Symbole in den Rechenregeln zu streichen.

Unscharfe Addition

Die Summe zweier unscharfer Zahlen Z_1 und Z_2 ergibt sich analog zu den Regeln der Vektoraddition.

$$Z_1 + Z_2 = (m_1; n_1; \alpha_1; \beta_1)_{LR} + (m_2; n_2; \alpha_2; \beta_2)_{LR}$$

$$= (m_1 + m_2; n_1 + n_2; \alpha_1 + \alpha_2; \beta_1 + \beta_2)_{LR}$$

Die neue unscharfe Zahl ist also wiederum ein Trapez, dessen Wert für m der Summe aus m_1 und m_2 entspricht. Gleiches gilt für die übrigen drei Werte der neuen LR-Fuzzy-Zahl. Die aus der Addition resultierende Zahl ist also „unschärfer" als ihre beiden Summanden. Die folgende Abbildung zeigt die aus zwei Teilfunktionen durch Addition gefundene Summenfunktionen.

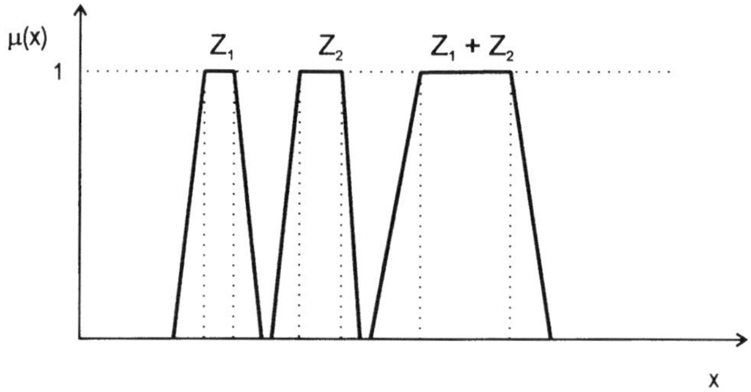

Abbildung 6-4

Beispiel:

$(8; 10; 1; 1)_{LR} + (5; 6; 2; 3)_{LR} = (13; 16; 3; 4)_{LR}$

Unscharfe Subtraktion

Die Subtraktion kann mit Hilfe der Addition und negativer unscharfer Zahlen erklärt werden. Eine negative unscharfe Zahl wird durch folgende Umformung definiert.[41]

$-Z = -(m; n; \alpha; \beta)_{LR} := (-m; -n; \beta; \alpha)_{LR}$

41 Diese Umformung entspricht grafisch einer Spiegelung der Zugehörigkeitsfunktion an der Ordinate.

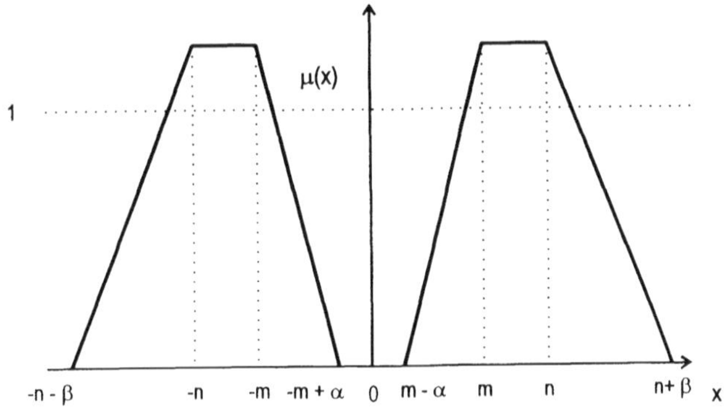

Abbildung 6-5

Beispiel:

$-(5; 6; 2; 3)_{LR} = (-5; -6; 3; 2)_{LR}$

Wegen $Z_1 - Z_2 = Z_1 + (-Z_2)$ folgt die unscharfe Subtraktion aus den Regeln zur unscharfen Vorzeichenumkehr und Addition:

$$
\begin{aligned}
Z_1 - Z_2 &= (m_1; n_1; \alpha_1; \beta_1)_{LR} - (m_2; n_2; \alpha_2; \beta_2)_{LR} \\
&= (m_1; n_1; \alpha_1; \beta_1)_{LR} + (-m_2; -n_2; \beta_2; \alpha_2)_{LR} \\
&= (m_1 - m_2; n_1 - n_2; \alpha_1 + \beta_2; \beta_1 + \alpha_2)_{LR}
\end{aligned}
$$

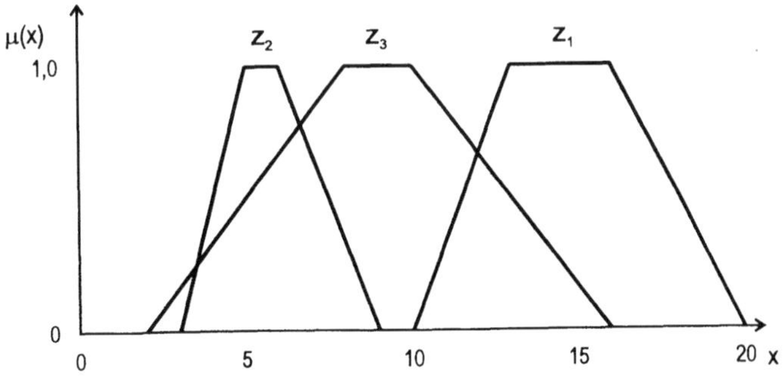

Abbildung 6-6

Beispiel:

$(13; 16; 3; 4)_{LR} - (5; 6; 2; 3)_{LR} = (8; 10; 6; 6)_{LR}$

Unscharfe skalare Multiplikation

Wird eine unscharfe Zahl mit einer nichtnegativen reellen Zahl multipliziert, ergibt sich analog zu den Regeln der Vektorrechnung:

$t \cdot Z = t \cdot (m; n; \alpha; ß)_{LR} = (tm; tn; t\alpha; tß)_{LR} \quad (t \geq 0)$

Beispiel:

$2 \cdot (4; 5; ½; ½)_{LR} = (8; 10; 1; 1)_{LR}$

Für negative Skalare t läßt sich als Verallgemeinerung der Definition zur Vorzeichenumkehr die folgende Vereinbarung treffen:

$t \cdot Z = t \cdot (m; n; \alpha; ß)_{LR} = (tm; tn; -tß; -t\alpha)_{LR} \quad (t < 0)$

Für t = -1 enthält diese Formel als Spezialfall die Vorzeichenumkehr.

Beispiel:

$(-1) \cdot (5; 6; 2; 3)_{LR} = (-5; -6; 3; 2)_{LR}$

Unscharfe Multiplikation

Das Produkt zweier LR-Fuzzy-Zahlen ist keine LR-Fuzzy-Zahl mehr, da die Multiplikation der ansteigenden und fallenden Äste der Trapeze nicht zu linearen Abschnitten führt. Um das Ergebnis dennoch als LR-Fuzzy-Zahl darstellen zu können, muß auf (mehr oder weniger) plausible Näherungsformeln zurückgegriffen werden. Es wird definiert:

$$Z_1 \cdot Z_2 = (m_1; n_1; \alpha_1; ß_1)_{LR} \cdot (m_2; n_2; \alpha_2; ß_2)_{LR}$$

$$\approx (m_1 \cdot m_2; n_1 \cdot n_2; m_1 \cdot \alpha_2 + m_2 \cdot \alpha_1; n_1 \cdot ß_2 + n_2 \cdot ß_1)_{LR}$$

Beispiel:

$(13; 16; 3; 4)_{LR} \cdot (5; 6; 2; 3)_{LR} \approx (65; 96; 41; 72)_{LR}$

Der zweite Problemkreis der Fuzzy-Logik beschäftigt sich mit der Verknüpfung einzelner Zugehörigkeitsfunktionen zu einer gemeinsamen Zugehörigkeit. Optimal im Sinne der Theorie unscharfer Mengen ist diejenige Lösung eines Problems, welche den höchsten Gesamtzugehörigkeitsgrad über alle Zugehörigkeitsfunktionen der relevanten Kriterien des Entscheidungsproblems aufweist. Um diese Gesamtzugehörigkeit zu bestimmen, sind die Zugehörigkeitsfunktionen der einzelnen Kriterien miteinander zu verknüpfen. Der gebräuchlichste Weg hierfür ist die Durchschnittsbildung, d.h., es wird die Lösung gesucht, in der der geringste Zugehörigkeitsgrad maximiert wird. Dieses Vorgehen entspricht der Maximum-Minimum-Regel:

UND-Operator $\cap$: $C = A \cap B$

Die (unscharfe) Schnittmenge zweier unscharfer Mengen A und B besitzt die Zugehörigkeitsfunktion

$$g_C(x) = \min \{g_A(x), g_B(x)\}$$

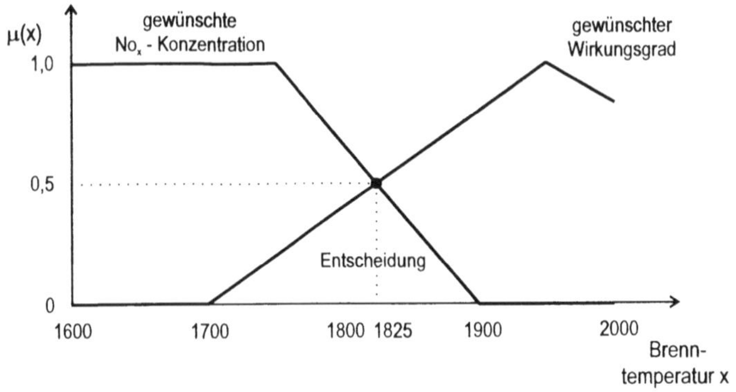

Abbildung 6-7

Der Abbildung liegt ein Ofen zugrunde, bei dem der Wirkungsgrad mit der Verbrennungstemperatur steigt; gleichzeitig nehmen aber auch die NO_2-Emissionen zu. Für beide Kriterien wurde je eine Zugehörigkeitsfunktion ausgewählt. Bei Anwendung des UND-Operators ist eine Verbrennungstemperatur von 1825 Grad bei einem gemeinsamen Zugehörigkeitsgrad zu beiden Funktionen von 0,5 optimal.

Neben der Durchschnittsbildung sind auch andere Verknüpfungsregeln zur gemeinsamen Zufriedenheit denkbar, die Vereinigung (ODER-Operator) sowie das Produkt.[42]

ODER-Operator $\cup$: $C = A \cup B$

Die (unscharfe) Vereinigung zweier unscharfer Mengen A und B besitzt die Zugehörigkeitsfunktion

$$g_C(x) = \max \{ g_A(x), g_B(x) \}$$

Wenn ein Produkt mit dem Zugehörigkeitsgrad 0,6 die Luft verschmutzt und mit 0,1 das Grundwasser schädigt, gehört es mit dem Grad 0,6 zur unscharfen Menge der „umweltschädlichen Produkte“ .

Die Definition der Operatoren UND und ODER kann für unscharfe Mengen verallgemeinert werden, so daß auch der Operator selbst Unschärfe zuläßt. Durch Wahl eines Parameters $c \in [0;1]$ läßt sich ein fließender Übergang vom UND- zum ODER-Operator herstellen.

Fuzzy-UND: $g_C(x) = c \min \{g_A(x), g_B(x)\} + (1-c)(g_A(x) + g_B(x))/2$

42 Vgl. Zimmermann (1975), S. 787, Tilli (1992), S. 40 ff.

Fuzzy-ODER: $g_C(x) = c \max \{g_A(x), g_B(x)\} + (1\text{-}c)(g_A(x) + g_B(x))/2$

Für c = 1 ist Fuzzy-UND = UND bzw. Fuzzy-ODER = ODER; für c = 0 gehen beide Operatoren in das arithmetische Mittel über. Bei Werten für c zwischen 0 und 1 liegt eine Mischung beider Grundoperatoren vor. Durch eine derartige Mischung der Operatoren ist es möglich, Kompromißlösungen zwischen den beiden Grundoperatoren zu wählen.

PRODUKT-Operator * : C = A * B

Die Produktverknüpfung zweier unscharfer Mengen A und B besitzt die Zugehörigkeitsfunktion

$g_C(x) = g_A(x) \cdot g_B(x)$

Ein Erzeugnis, das mit dem Zugehörigkeitsgrad 0,9 emissionsarm bzw. mit dem Grad 0,8 grundwasserschonend ist, gehört (nur) mit dem Grad 0,9 · 0,8 = 0,72 zur unscharfen Menge der umweltverträglichen Erzeugnisse.

Die Operatoren UND und ODER sind stets mit einem Informationsverlust verbunden, der zu unplausiblen Ergebnissen führen kann. Dazu ein Beispiel: Zwei Verfahren A und B sind anhand von drei unscharfen Umweltverträglichkeitskriterien zu beurteilen. Die Zugehörigkeitsgrade lauten:

	A	B
Kriterium 1	0,5	0,499
Kriterium 2	0,5	0,999
Kriterium 3	0,5	1,000

Tabelle 6-7

Werden die drei Kriterien mit dem UND-Operator verknüpft, fällt die Entscheidung für Verfahren A mit der Zugehörigkeit 0,5 gegenüber 0,499 bei B. Die deutliche Überlegenheit von B hinsichtlich der letzten beiden Kriterien wird durch den UND-Operator ignoriert; der UND-Operator führt zur Überbewertung der bei vernünftiger Betrachtung vernachlässigbaren Differenz 0,5 - 0,499 bei Kriterium 1. Der Operator läßt damit keine Kompensation der kleinen Differenz beim ersten Kriterium durch sehr hohe Differenzen bei den anderen Kriterien zu. Ob eine Kompensationsregel sinnvoll ist, kann nur aus der jeweiligen Problemstellung heraus beurteilt werden.

Ähnliche Beispiele lassen sich auch für den ODER-Operator konstruieren. Es gelten im Prinzip die gleichen Einwände wie gegen die entscheidungstheoretischen Regeln bei Ungewißheit (Minimax, Hurwicz usw.).

Der PRODUKT-Operator verarbeitet zwar alle Zugehörigkeitsinformationen, führt aber zu einer Übergewichtung von Kriterien mit geringem Zugehörigkeitsgrad. Beträgt etwa die Zufriedenheit bei einem weniger wichtigen Kriterium null und für alle anderen Kriterien eins, wird durch dieses eine Kriterium die Gesamtzufriedenheit zwangsläufig auf null gesetzt.

Die Fuzzy-Set-Theorie läßt sich für die Planung in zwei Formen nutzbringend einsetzen. Einmal lassen sich auf dieser theoretischen Basis Ansätze zur unscharfen Optimierung formulieren. Eine zweite nützliche Anwendung ist das Instrument unscharfen Schließens, das für die Konstruktion von Fuzzy-Expertensystemen benutzt werden kann. Für beide Einsatzarten soll im folgenden ein Beispiel formuliert werden.

6.2.3.2 Unscharfe Optimierung

Um den Unterschied zwischen scharfen und unscharfen Formulierungen deutlich werden zu lassen, wird das Problem zunächst in seiner scharfen Variante erläutert.

Eine Unternehmung will aus vier Produkten des Rahmenprogramms das gewinnmaximale Produktionsprogramm ermitteln und hat zu diesem Zweck folgenden LP-Ansatz[43] aufgestellt. Die Zielfunktion ergibt sich durch Multiplikation der Deckungsspannen mit den noch unbekannten Produktionsmengen x_i der vier Erzeugnisse. Diese Funktion soll maximiert werden.

$$G = 4x_1 + 5x_2 + 3x_3 + 2x_4 \rightarrow \max$$

Für die Lösung des Problems sind fünf Arten von Restriktionen zu beachten:

1. Die Produktionskapazität ist auf 500 ZE beschränkt:

$$x_1 + 2x_2 + \tfrac{1}{2}x_3 + x_4 \leq 500$$

2. Für die Erzeugnisse existieren Absatzhöchstmengen:

$$x_1 \leq 200$$
$$x_2 \leq 150$$
$$x_3 \leq 100$$
$$x_4 \leq 150$$

3. Der Verkauf wird über Vertreter abgewickelt, und die Produkte benötigen einen unterschiedlich hohen Faktorverbrauch „Vertreter“:

$$2x_1 + 2x_2 + x_3 + x_4 \leq 460$$

4. Für die Produkte 3 und 4 wird ein Rohstoff eingesetzt, der nur in begrenzten Mengen beschafft werden kann:

$$2x_3 + x_4 \leq 250$$

43 Vgl. Abschnitt 6.3.1.2.2.

5. Aus markttaktischen Gründen verlangt der Marketingleiter einen Mindestabsatz von 250 ME:

$$x_1 + x_2 + x_3 + x_4 \geq 250$$

Zulässig sind nur Lösungen mit positivem Niveau der Variablen:

$$x_1, x_2, x_3, x_4 \geq 0$$

Anstelle dieser „scharfen" Formulierung soll ein Modellansatz aufgestellt werden, der auch „unscharfe" Sachverhalte berücksichtigt. Unschärfen bestehen bei der Zielfunktion sowie den Restriktionen 3 und 5. Die Unschärfen sind in der folgenden Tabelle formuliert.

	Bisherige „scharfe" Formulierung	„unscharfe" Formulierung
Zielfunktion	$G \rightarrow max$	Der Gewinn sollte deutlich über 1000 GE liegen.
Restriktion 3, Vertreterkapazität	$2x_1 + 2x_2 + x_3 + x_4 \leq 460$	Der Bedarf an Vertreterstunden sollte spürbar unter 460 ZE liegen.
Restriktion 5, Mindestabsatz	$x_1 + x_2 + x_3 + x_4 \geq 250$	Insgesamt sollten reichlich mehr als 250 ME abgesetzt werden.

Tabelle 6-8

Um die Unschärfen zu operationalisieren, werden drei Zugehörigkeitsfunktionen entwickelt. Für die unscharfe Aussage zum angestrebten Gewinn wird eine Zugehörigkeitsfunktion g_0 in den Grenzen von 1000 und 1200 GE formuliert:

$$g_0 = \begin{cases} 0 & \forall\ 4x_1 + 5x_2 + 3x_3 + 2x_4 \leq 1000 \\ \dfrac{4x_1 + 5x_2 + 3x_3 + 2x_4 - 1000}{1200 - 1000} & \forall\ 1000 < 4x_1 + 5x_2 + 3x_3 + 2x_4 < 1200 \\ 1 & \forall\ 4x_1 + 5x_2 + 3x_3 + 2x_4 \geq 1200 \end{cases}$$

Lösungen unter 1000 GE erzeugen völlige Unzufriedenheit und Lösungen oberhalb von 1200 sind voll zufriedenstellend. Zwischen den beiden Werten steigt die Zufriedenheit linear an. Für die einzusetzende Vertreterzahl und den Mindestabsatz gelten die Funktionen g_1 und g_2:

$$g_1 = \begin{cases} 0 & \forall\ 2x_1 + 2x_2 + x_3 + x_4 \geq 460 \\ \dfrac{-(2x_1 + 2x_2 + x_3 + x_4) + 460}{460 - 450} & \forall\ 1000 < 2x_1 + 2x_2 + x_3 + x_4 < 460 \\ 1 & \forall\ 2x_1 + 2x_2 + x_3 + x_4 \leq 450 \end{cases}$$

$$g_2 = \begin{cases} 0 & \forall\ x_1 + x_2 + x_3 + x_4 \leq 250 \\ \dfrac{x_1 + x_2 + x_3 + x_4 - 250}{300 - 250} & \forall\ 250 < x_1 + x_2 + x_3 + x_4 < 300 \\ 1 & \forall\ x_1 + x_2 + x_3 + x_4 \geq 300 \end{cases}$$

Diese drei Zugehörigkeitsfunkionen können in den LP-Ansatz integriert werden:[44]

Die Zielfunktion des unscharfen Problems besteht nicht mehr in der Gewinnmaximierung, sondern in der Maximierung des minimalen Zugehörigkeitsgrades (UND-Operator):

$\lambda = \min \{g_0, g_1, g_2\} \rightarrow \max$

Am Beispiel der ursprünglichen Zielfunktion soll erklärt werden, wie die Restriktionen des unscharfen Problems zu formulieren sind:

Der Zugehörigkeitsgrad g_0 liegt per definitionem für Gewinnwerte zwischen 1000 und 1200 im Intervall von 0 und 1. Die alte Zielfunktion kann durch folgende Restriktion ersetzt werden:

$$\lambda \leq \frac{G - 1000}{1200 - 1000}$$

Wird in diese Funktion für G der Wert 1200 eingesetzt, nimmt der Zugehörigkeitsgrad den Wert 1 an. In die obige Bedingung wird statt G die rechte Seite der alten Zielfunktion gesetzt. Es ergibt sich aufgelöst die folgende Restriktion:

$$200\lambda \leq G - 1000$$
$$200\lambda - 4x_1 - 5x_2 - 3x_3 - 2x_4 \leq -1000$$

Diese Umformung wird auch mit den beiden übrigen unscharfen Aussagen durchgeführt. Die anderen Restriktionen bleiben in scharfer Formulierung erhalten. Insgesamt ergibt sich folgender LP-Ansatz. Variable des Problems sind der Zugehörigkeitsgrad λ und die Produktionsmengen x_i der vier Erzeugnisse. Neue Zielvorschrift ist die Maximierung des Zugehörigkeitsgrades λ:

Zielfunktion:
$\lambda \rightarrow \max$

Restriktionen:

$$200\lambda - 4x_1 - 5x_2 - 3x_3 - 2x_4 \leq -1000 \text{ (alte Zielfunktion)}$$
$$x_1 + 2x_2 + \tfrac{1}{2}x_3 + x_4 \leq 500 \text{ (Kapazitätsrestriktion)}$$
$$x_1 \leq 200 \text{ (Absatzrestriktion)}$$

44 Vgl. Rödder/Zimmermann (1977), S. 12 ff., Zimmermann (1975), S. 790 ff.

$$x_1 \leq 200 \text{ (Absatzrestriktion)}$$
$$x_2 \leq 150 \text{ (Absatzrestriktion)}$$
$$x_3 \leq 100 \text{ (Absatzrestriktion)}$$
$$x_4 \leq 150 \text{ (Absatzrestriktion)}$$
$$20\lambda + 2x_1 + 2x_2 + x_3 + x_4 \leq 470 \text{ (Vertreterrestriktion)}$$
$$2x_3 + x_4 \leq 250 \text{ (Beschaffungsrestriktion)}$$
$$50\lambda - x_1 - x_2 - x_3 - x_4 \leq -250 \text{ (Mindestabsatz)}$$

Nichtnegativitätsbedingungen:
$\lambda, x_1, x_2, x_3, x_4 \geq 0$

Der scharf und unscharf formulierte LP-Ansatz wurde berechnet. Die Lösung ist der nachfolgenden Tabelle zu entnehmen.

Gegenüberstellung der Lösungen	„scharfer LP-Ansatz“	„unscharfer LP-Ansatz“
x_1	30	14,6
x_2	150	150
x_3	100	100
x_4	0	25
Gewinn	1170	1158,3
Zugehörigkeitsgrad λ	0,5	0,79
Kapazitätsbeanspruchung	380	389,6
Vertretereinsatz	460	454,2
Beschaffung	200	225
Gesamtabsatz	280	289,6

Tabelle 6-9

Die Lösung des unscharfen Problems besitzt einen Zugehörigkeitsgrad von 0,79. Die Lösung des „scharfen“ LP-Problems weist folgende Zugehörigkeitsgrade bei den drei unscharf formulierten Kriterien auf.

Gewinn: 0,95
Vertreter: 0
Absatz: 0,7

Diese Werte ergeben sich, wenn der Gewinn bzw. die Vertreterzahl bzw. die Absatzmenge der optimalen Lösung in die entsprechenden Zugehörigkeitsfunktionen eingesetzt werden. Insgesamt ist mit dieser Lösung ein Zufriedenheitsniveau von 0 verbunden, weil die Vertreterzahl die Obergrenze des Unschärfeintervalls erreicht. Bei der „unscharfen“ Formulierung beträgt der Zugehörigkeitsgrad in allen drei Fällen 0,79. Dafür liegt der Gewinn etwas niedriger, aber der Gesamtabsatz ist gestiegen, und der erforderliche Vertretereinsatz hat sich reduziert. Die verbesserte Zufriedenheit wird also durch eine Substitution von Gewinn und

Vertreterzahl gegen einen steigenden Absatz erreicht. Diese Substitution gelingt durch eine reduzierte Menge von x_1 und eine steigende Menge von x_4.

6.2.3.3 Unscharfes Schließen

Eine besonders interessante Anwendung der Fuzzy-Set-Theorie ist das unscharfe Schließen: Aus vagen bzw. unscharfen Informationen werden Schlußfolgerungen gezogen. Damit tritt eine neue Form des Schließens neben die bisherigen exakten Prinzipien der Deduktion, Induktion und Analogie.

Unscharfes Schließen setzt unscharfe Entscheidungsregeln voraus. Zur Formulierung solcher Regeln werden linguistische Variable eingesetzt, deren Ausprägungen nicht Zahlen, sondern Wörter der natürlichen Sprache sind. Jede Variablenausprägung ist durch eine unscharfe Menge charakterisiert. Die folgende Abbildung zeigt eine linguistische Variable „Temperatur" mit den möglichen, unscharf gegebenen Ausprägungen „kalt", „mäßig kalt", „normal", „mäßig heiß" und „heiß".[45]

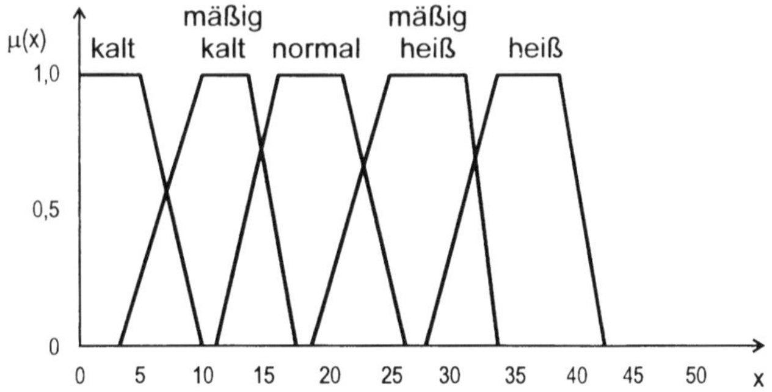

Abbildung 6-8

Unscharfes Schließen kann als das Ziehen von Schlußfolgerungen aus unscharfen Regeln definiert werden. Für die Temperatur T eines Wohnraums und die Leistung P einer Klimaanlage seien linguistische Variable mit den durch unscharfe Mengen festgelegten Ausprägungen {heiß, normal, kalt} bzw. {kühlen, null, heizen} definiert. Eine Klimaanlage soll durch folgende unscharfe Regeln gesteuert werden, welche den Zusammenhang zwischen der Raumtemperatur T und der einzustellenden Heizungsleistung P abbilden:

Falls T = heiß, dann P = kühlen
Falls T = normal, dann P = null
Falls T = kalt, dann P = heizen

Aufgabe des unscharfen Schließens ist es, einem gegebenen Temperaturwert die entsprechende Heizungsleistung zuzuordnen.

45 Vgl. Tilli (1992), S. 136 ff.

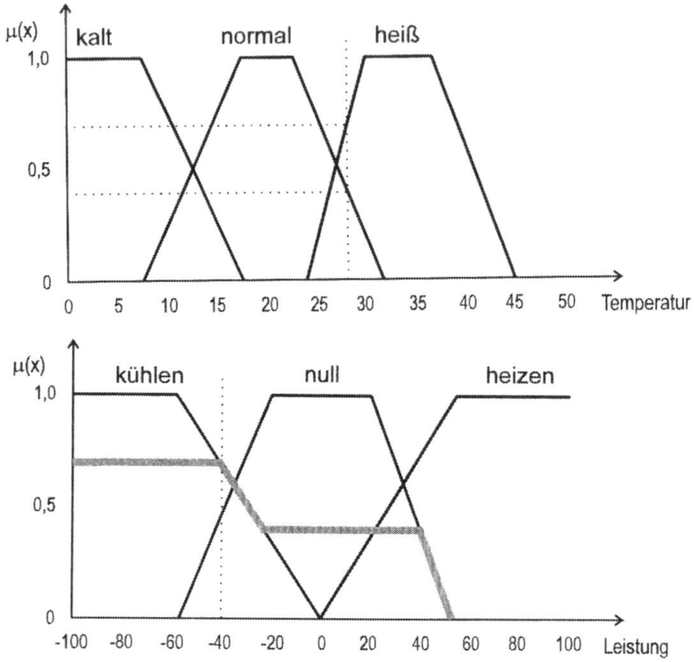

Abbildung 6-9

In der Abbildung wird für eine Temperatur von 28° die Zugehörigkeit zur linguistischen Variable T festgestellt. Es ergibt sich ein Zugehörigkeitsgrad von etwa 0,7 für „heiß", etwa 0,4 für „normal" und 0 für „kalt" (oberes Bild). Alsdann sind diese Werte in das Diagramm der Variable P zu übertragen (unteres Bild). Der höchste Zugehörigkeitsgrad sei in diesem einfachen Beispiel allein maßgeblich für die Steuerung, also 0,7 („heiß"). Zum Zuge kommt demnach nur die erste unscharfe Regel (T = heiß, dann P = kühlen). Daher braucht nur der Leistungswert P bestimmt zu werden, der dem Niveau 0,7 auf der Zugehörigkeitsfunktion für „kühlen" entspricht. In der Abbildung geschieht dies durch Fällen des Lots auf die Leistungsachse. Es resultiert eine Heizleistung von etwa -40% (Kühlleistung 40%).

Das grundsätzliche Problem eines derartigen unscharfen Reglers besteht darin, die linguistische Variable für die Heizleistung P so zu formulieren, daß es bei den einzelnen Temperaturgraden zu einer sinnvollen Leistung der Klimaanlage kommt. Dazu müssen u.U. viele alternative linguistische Variable für die Leistung P auf ihre Eignung überprüft werden.

Anwendungen des unscharfen Schließens bieten sich besonders im Rahmen von Expertensystemen: Vage definierte Entscheidungsregeln eines menschlichen Experten lassen sich mit unscharfen Mengen abbilden. Der Vorteil der Fuzzy-Logik liegt darin, menschliches Experten- bzw. Erfahrungswissen in einen unscharfen Regler (Fuzzy-Controller) einfließen zu lassen. Linguistisch vorgegebene Regeln definieren das Verhalten des Reglers, so daß Intuition, Erfahrung und bewährte qualitative Faustregeln berücksichtigt werden können. Von betriebswirtschaftlicher Bedeutung ist insbesondere eine *Entscheidungsunterstützung* durch Fuzzy-Expertensysteme. Einfachste Versionen arbeiten wie Fuzzy-Regler.

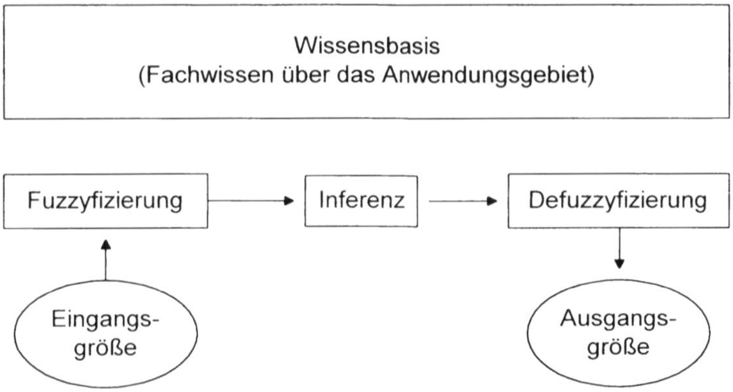

Abbildung 6-10

Es sind unscharfe Eingangsinformationen gegeben. In der Inferenz sind die unscharfen Regeln hinterlegt, mit deren Hilfe unscharfe Ausgangsinformationen erzeugt werden, die zu scharfen Informationen zu verdichten sind - Defuzzyfizierung. Ein derartiges Expertensystem soll am Beispiel zur Prognose der Luftbelastung durch Abgase aus Angaben über Kfz-Dichte und Windgeschwindigkeit dargestellt werden.

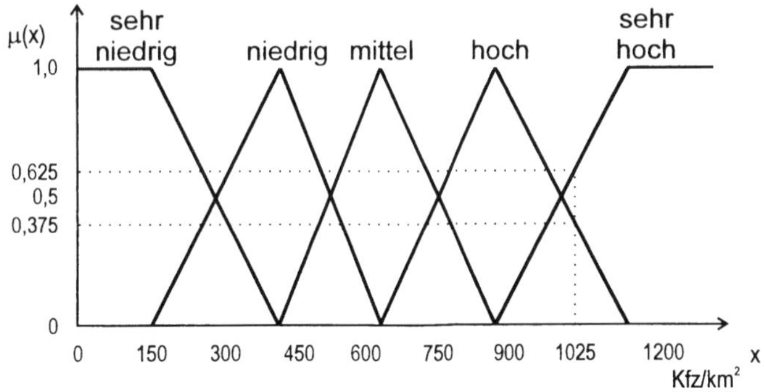

Abbildung 6-11

Der Fuzzy-Regler besteht aus scharfen Eingangsgrößen über die gegenwärtige Kraftfahrzeugdichte eines Gebietes - 1020 [Kfz/km^2] - und eine Vorhersage über die Windgeschwindigkeit - 5 [m/s]. Aus diesen Eingangsgrößen soll auf die erwartete Stickstoffmonoxyd-Konzentration in der Luft [mg/m^3] als Ausgangsgröße geschlossen werden. Dieser Schluß gelingt mit Hilfe der Wissensbasis, die die Ausprägungen der Eingabegrößen über unscharfe Mengen (linguistische Variable) und unscharfe Regeln mit den Ausgabegrößen verbindet.

Für das Expertensystem werden zwei linguistische Variable der Eingangsgrößen und eine entsprechende Variable für die Ausgabegröße benötigt.

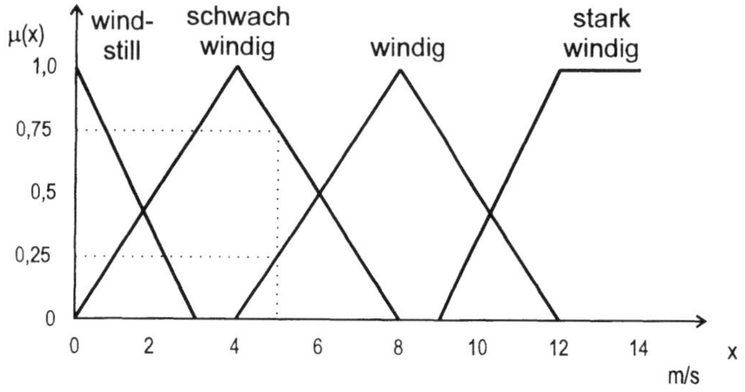

Abbildung 6-12

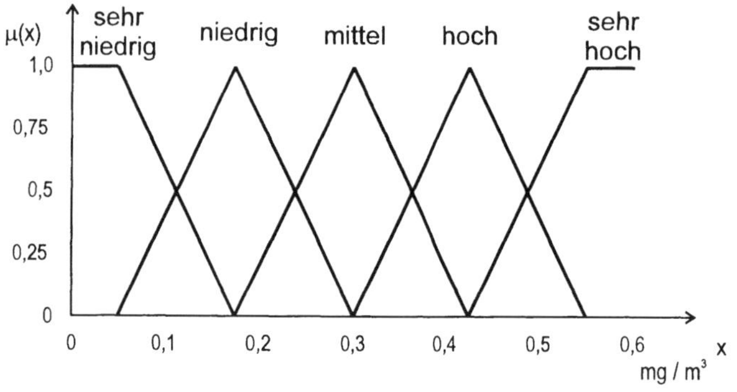

Abbildung 6-13

In der Wissensbasis befinden sich zudem die Erfahrungen und Faustformeln von Experten (Meteorologen, Chemiker). Beispielsweise sind die folgenden beiden Regeln bekannt:

Regel 1:

Wenn die Windgeschwindigkeit nur „schwach windig“ ist und die Kfz-Dichte ist „sehr hoch“, folgt daraus eine hohe NO-Konzentration.

Regel 2:

Ist die Windgeschwindigkeit gleich „windig“ und die Kfz-Dichte „hoch“, ist eine mittlere NO-Konzentration zu erwarten.

Die Fuzzyfizierungskomponente des Reglers bestimmt auf Basis dieser Regeln einen Zugehörigkeitsgrad der Eingangsdaten. Aus der ersten Regel folgt für eine Windgeschwindigkeit von 5 m/s eine Zugehörigkeit von 0,75 zur linguistischen Variable „schwachwindig". Der zweite Teil der ersten Regel ist bei 1020 KFZ/km^2 mit einem Grad von 0,625 erfüllt. Für die zweite Regel gilt entsprechend:

$g_{windig}(5) = 0{,}25$

$g_{hoch}(1020) = 0{,}375$

Mit Hilfe der Inferenz ist der Erfülltheitsgrad der jeweiligen Regel zu bestimmen. Die Anwendung des UND-Operators für die Verknüpfung der beiden Teile der Regel liefert für die unscharfe Variable „NO-Konzentration" folgende Zugehörigkeitsgrade:

Regel 1: $g_{hoch} = \min\{0{,}75, 0{,}625\} = 0{,}625$

Regel 2: $g_{mittel} = \min\{0{,}25, 0{,}375\} = 0{,}25$

Im Beispiel wird damit vereinfachend unterstellt, daß die Implikation „NO-Konzentration" mit dem gleichen Zugehörigkeitsgrad erfüllt ist wie ihre Voraussetzung.

Der Erfülltheitsgrad der Regeln kann grafisch abgebildet werden, indem in der linguistischen Variable der Ausgangsgröße alle Zugehörigkeitsfunktionen der linguistischen Variablen mit ihrem Erfülltheitsgrad multipliziert werden (MAX-PROD-Inferenz). Damit stellt die Vereinigung der Flächen unter den transformierten Zugehörigkeitsfunktionen das unscharfe Prognoseergebnis dar. Die vereinigte Zugehörigkeitsfunktion der NO-Konzentration hat formal Ähnlichkeit mit einer (nicht normierten) Wahrscheinlichkeitsdichte.

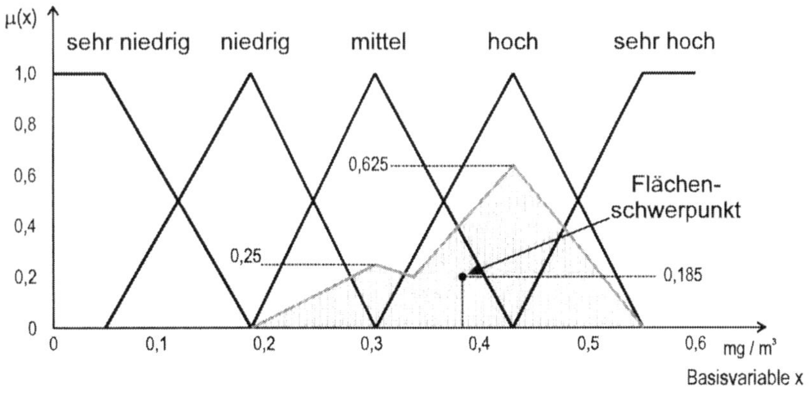

Abbildung 6-14

Die ermittelte Fläche ist zur Prognose zunächst noch ungeeignet. Sie muß auf einen scharfen Wert der Ausgangsgröße verdichtet werden (Defuzzyfizierung). Hierzu bieten sich verschiedene Methoden an, etwa die in der Abbildung gezeigte Flächenschwerpunktmethode. Es ergibt sich ein die Ergebnisfläche repräsentierender „Mittelwert" von 0,393 mg/m^3, der als Prognosewert des Fuzzy-Expertensystems für die erwartete NO-Konzentration anzusehen ist. Dieser Wert entspricht einem Erwartungswert, wenn die obige Analogie zur Wahrscheinlichkeitsdichte fortgesetzt wird.

Derartige Expertensysteme bieten sich in Situationen an, in denen die exakten Zusammenhänge nicht bekannt oder zu kompliziert darzustellen sind. Ein Kernproblem derartiger Ansätze liegt in der Art der Defuzzyfizierung. Die Verdichtung der Zugehörigkeitsfunktionen zu einer Art Erwartungswert läßt die mögliche Spannweite der NO-Konzentrationen nicht mehr transparent werden. Die Defuzzyfizierung ist daher mit einem Informationsverlust verbunden. Die Ergebnisse können außerdem durch Veränderung der Zugehörigkeitsfunktionen, der drei linguistischen Variablen und durch Austausch der Regeln in der Inferenz stark verändert werden. Das Expertensystem ist daher nur für praktische Probleme geeignet, wenn durch die linguistischen Variablen und die Inferenz die Zusammenhänge der Eingangs- und Ausgangsgröße sinnvoll abgebildet sind.

6.2.3.4 Kritische Würdigung der Fuzzy-Ansätze

Das Vorgehen der Theorie unscharfer Mengen zur Ableitung der gemeinsamen Zugehörigkeitsfunktion ist im Grundsatz identisch mit der Bildung einer Nutzenfunktion. Anstelle der eindimensionalen Zielfunktion „Gewinn“ wird im optimierenden Beispiel versucht, eine Nutzengröße zu operationalisieren, die sich aus drei Zielgrößen zusammensetzt.

Praktische Probleme ergeben sich bei der Quantifizierung und empirischen Fundierung der Zugehörigkeitsfunktionen. Die Quantifizierung und Operationalisierung sind niemals frei von Subjektivismen. Der gewünschte Effekt, nicht „harte“ Informationen über Daten und Restriktionen in der Planung zu verwenden, sondern zusätzliche Informationen über deren Spannweite in die Planung einzubeziehen, läßt sich auch über eine Sensitivitätsanalyse erreichen. Die Fuzzy-Set-Theorie erlaubt aber zusätzliche Einschätzungen über den Grad der Zugehörigkeit zum Unschärfebereich.

Ein grundsätzliches Problem ist die Art der logischen Verknüpfung der einzelnen Zugehörigkeitsfunktionen zur gemeinsamen Zugehörigkeitsfunktion. Durch Veränderung der Verknüpfungsform verändert sich auch die optimale Lösung des unscharfen Problems, da mit der Änderung der Verknüpfung eine Nutzenfunktion durch eine andere ersetzt wird. Welche Verknüpfungsform der Vorstellung des Entscheidungsträgers am besten entspricht, ist nur sehr schwer festzustellen. Im Beispiel des Fuzzy-Reglers ist deshalb eines der Kernprobleme darin zu sehen, über einen Lernprozeß zu einer sinnvollen Verknüpfungsregel zu gelangen. Bei einem Fuzzy-Expertensystem ergeben sich bei der Defuzzyfizierung zusätzliche Probleme.

Das Instrument der Fuzzy-Logik ist damit im Grunde weniger dazu geeignet, optimierende Entscheidungen ausfindig zu machen. Der Nutzen liegt vielmehr darin, die Reaktionsweisen von Lösungen oder Vorhersagen aufzuzeigen, wenn die Transformationsregeln verändert werden. Es kann etwa analysiert werden, welche Transformationsregeln zu Lösungen führen, mit denen sich der Entscheidungsträger zu identifizieren vermag oder wie die Regeln zu wählen sind, damit ein Vorhersagesystem die realen Zusammenhänge relativ gut erfaßt.

Wenn der Lernprozeß der Fuzzy-Expertensysteme schnell erfolgreich ist, können derartige Systeme auf einfacherem Wege zu sinnvollen Prognosen führen, als das mit einem Modell der Fall ist, das versucht, die Zusammenhänge mit der üblichen Logik scharf abzubilden.

6.2.4 Künstliche neuronale Netze[46]

6.2.4.1 Die Arbeitsweise neuronaler Netze

Künstliche neuronale Netze helfen zunehmend bei der Lösung wirkungsdefekter betriebswirtschaftlicher Probleme. Sie werden gerne als „Black Box" bezeichnet, da aus ihnen der Zusammenhang zwischen Ursachen und Wirkungen nicht hervorgeht. Insofern sind sie auch zur Klasse qualitativer Verfahren zu rechnen, da sie Aussagen erlauben, ohne Zusammenhänge aufzudecken.

Künstliche neuronale Netze arbeiten in Anlehnung an das Konstruktionsprinzip des menschlichen Gehirns. Das menschliche Gehirn besteht aus einer Vielzahl von Neuronen (Nervenzellen), die zusammen ein neuronales Netz bilden. Ein Neuron setzt sich zusammen aus den Dendriten, die Signale von anderen Neuronen aufnehmen, dem Zellkörper, der die eingehenden Signale „verarbeitet", und dem Axon, welches der Signalabgabe zu anderen Neuronen dient.

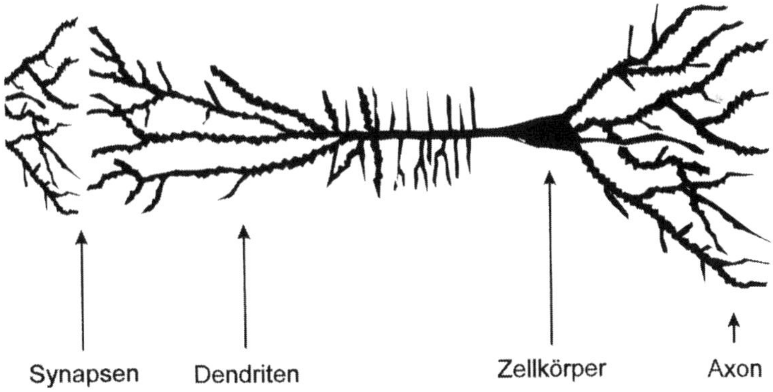

Abbildung 6-15[47]

Die Verbindung zwischen zwei Neuronen wird Synapse genannt. Sie dient der Übertragung von elektrischen Impulsen (Signalen). Die Auswirkung der Signale auf die Dendriten und damit auch auf das Ausgangssignal des Axons hängt von der Stärke der Synapsen ab.[48] Die über die Dendriten aufgenommenen Signale werden im Zellkörper zusammengeführt und lösen dort in Abhängigkeit von der „Summe" der Signale ein Ausgangssignal aus, welches über das Axon und die Synapsen zu anderen Neuronen gelangt. Das „Wissen" eines solchen

46 In Anlehnung an Adam/Hering/Welker (1995).

47 In Anlehnung an Alkon (1989).

48 Vgl. Hinton (1992), S. 134.

natürlichen neuronalen Netzes wird – vereinfacht – in den Synapsen „gespeichert". Eine Veränderung der Stärke der Synapsen bewirkt eine Veränderung des „Wissens". Bestimmte Wissensmuster werden also nicht zentral, sondern dezentral in den Synapsen gespeichert. Dies erklärt auch, warum das Gehirn in der Lage ist, aus wenigen prägnanten Merkmalen ein Gesicht wiederzuerkennen. Die Erkennung von Mustern aus vorgegebenen Teilstücken läßt das Gehirn als „mustererkennendes System"[49] erscheinen. Insbesondere die Fähigkeit zur Mustererkennung wird in künstlichen neuronalen Netzen nachempfunden.

Beispielsweise können einem künstlichen neuronalen Netz Zahlungsreihen vorteilhafter und unvorteilhafter Investitionen vorgegeben werden. Die Aufgabe der Mustererkennung besteht darin, die Determinanten der Vorteilhaftigkeit zu identifizieren. Determinante kann der der Investitionsrechnung zugrundeliegende Zinssatz sein. Aufgabe des Lernprozesses eines künstlichen neuronalen Netzes kann es sein, auf diesen Zinssatz zu schließen, ohne die Berechnungszusammenhänge der Investitionstheorie zu kennen.

Ein künstliches neuronales Netz (KNN) besteht ebenfalls aus einzelnen Neuronen.

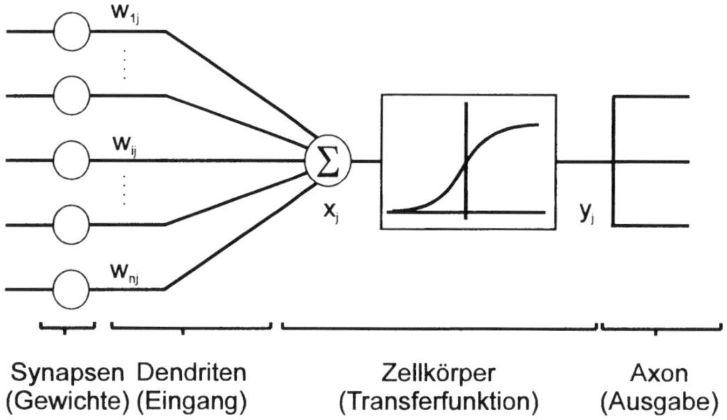

Abbildung 6-16[50]

KNN unterscheiden sich von natürlichen Netzen grundlegend in der Art der übermittelten Signale. Anstelle von elektrischen Impulsen werden Zahlen weitergeleitet, die der Aktivität des abgebenden Neurons entsprechen.[51] Die Aktivitätsniveaus y_i vorgelagerter Neuronen i werden im Neuron j mit den jeweiligen Gewichten w_{ij} bewertet und zum Eingabesignal x_j aufsummiert. Die Gewichtung entspricht der Funktion der Synapsen eines natürlichen Neurons. Das Eingabesignal x_j beeinflußt über eine Transferfunktion das Ausgangsaktivitätsniveau y_j. Die Transferfunktion kann eine lineare, eine Schwellenwert- oder eine sigmoide Funktion sein.[52] Sie spiegelt die Empfindlichkeit des Ausgabesignals y_j im Hinblick auf das Eingabesignal x_j wider. Eine Sigmoid-Funktion in Form der logistischen Funktion kommt

49 Alkon (1989), S. 6.

50 In Anlehnung an Hinton (1992).

51 Vgl. Hinton (1992), S. 134.

52 Vgl. Steiner/Wittkemper (1993), S. 450, Hinton (1992), S. 136.

der Aktivierungsfunktion natürlicher Neuronen nahe und wird deshalb bei KNN häufig verwendet.[53]

Ein KNN besteht aus einer endlichen Anzahl von künstlichen Neuronen (Knoten), die in mehreren Schichten untereinander verbunden sind. Aus der möglichen Anordnung und Anzahl von Eingabe-, Zwischen- und Ausgabeknoten resultieren unterschiedliche Netztopologien. Am weitesten verbreitet sind Backpropagation-Netze. Die folgende Abbildung zeigt ein Netz mit zwei Eingabe-, drei Zwischen- und zwei Ausgabeknoten.

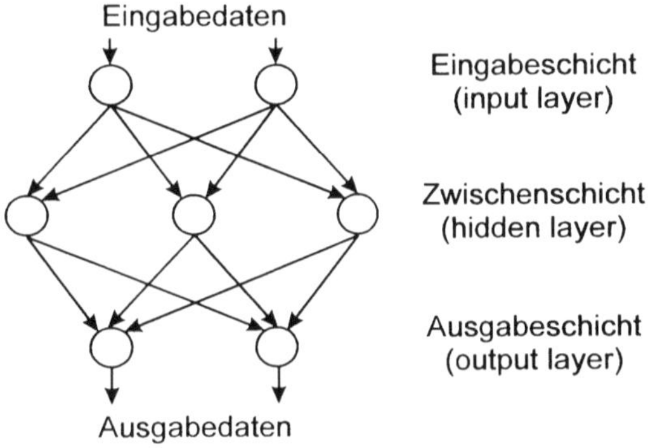

Abbildung 6-17

Um KNN anwenden zu können, sind folgende Arbeitsschritte notwendig:

- Zuerst ist die Anzahl der Schichten und der Knoten je Schicht festzulegen. Zur Dimensionierung der Netzgröße stehen dem Anwender bisher keine adäquaten Hilfsmittel zur Verfügung; er ist auf die Methode des „Trial and Error" angewiesen.[54]
- In einer Trainingsphase lernt das KNN, die in einem Trainingsdatensatz enthaltenen Muster zu erkennen. In dieser Phase sind die Gewichte der einzelnen Knotenverbindungen zu bestimmen.
- In der Anwendungsphase werden dem KNN neue Datensätze vorgelegt, auf die die Erkenntnisse der Lernphase angewendet werden. In dieser Phase werden die in der Trainingsphase ermittelten Gewichte benutzt, um die Stärke des Ausgangssignals zu berechnen. Die Gewichte bleiben unverändert.

Das Wissen des neuronalen Netzes entspricht den erlernten Gewichten. Lernen besteht damit in der systematischen Anpassung dieser Gewichte. Der Lernprozeß verfolgt das Ziel, die Gewichte so zu verändern, daß die Differenz zwischen den Ist-Ausgabewerten des Netzes und den Soll-Ausgabewerten des Trainigsdatensatzes minimiert wird. Zu Beginn des Lernprozesses werden die Gewichte w_{ij} willkürlich festgelegt; beispielsweise stehen alle Gewichte w_{ij} auf dem Wert eins. Für den ersten Lernschritt ist daher im allgemeinen eine große

53 Vgl. Hinton (1992), S. 136.

54 Vgl. Schneider (1993), S. 8.

Differenz zwischen den Soll-Ausgabewerten des Trainingsdatensatzes und den durch die Gewichte bewirkten tatsächlichen Aktivierungsniveaus der Ausgabeknoten zu erwarten. Dieser Klassifikationsfehler des Netzes kann durch eine quadratische Fehlerfunktion F(y) gemessen werden:

$$F(\mathbf{y}) := \frac{1}{2} \cdot \sum_j \left(y_j - s_j\right)^2 \qquad \text{mit } j \in \text{Indexmenge der Ausgabeknoten}$$

Mit y_j wird das Aktivierungsniveau (Istwert) bezeichnet, das sich aus der Transferfunktion des Ausgabeknotens j berechnet. Der Istwert wird mit dem vorgegebenen Sollwert s_j des Knotens verglichen. Um die nachfolgenden Rechenausdrücke zu vereinfachen, wird der Fehler mit dem Faktor ½ multipliziert. Zur Verringerung des Fehlers F sind die Gewichte w_{ij} des Netzes kontinuierlich zu verändern.[55] Das Kernproblem des Lernens besteht darin, sinnvolle Regeln zur Anpassung der Gewichte vorzugeben.

Um beim Lernprozeß die Hilfsmittel der Analysis einsetzen zu können, ist eine differenzierbare Transferfunktion vorauszusetzen, die dem Eingabesignal x_j eines Knotens j ein Ausgabesignal (Aktivierungsniveau) y_j zuordnet. Das Aktivitätsniveau wird dabei üblicherweise auf das Intervall]0; 1[normiert (das Neuron ist zwischen 0% und 100% aktivierbar). Diesen Anforderungen genügt die aus der Diffusionstheorie bekannte logistische Funktion. Mit ihrer Hilfe wird darauf geschlossen, wie die Gewichte w_{ij} von einem zum nächsten Lernschritt verändert werden sollen, um den Klassifikationsfehler zu verringern.

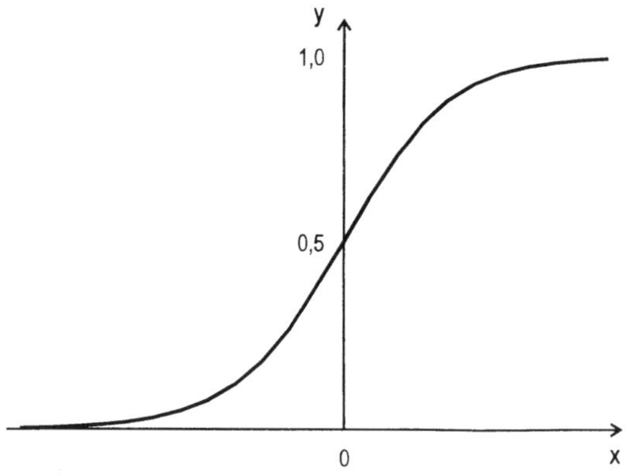

Abbildung 6-18

Um sich dem Minimum der Fehlerfunktion zu nähern, muß die Reaktion der Fehlerfunktion auf infinitesimale Änderung der Gewichte bekannt sein, d.h., es muß möglich sein, die verwendete Funktion nach den Gewichten abzuleiten. Die logistische Funktion löst die Differentialgleichung von Pearl/Verhulst (1820), welche die Ausbreitungsgeschwindigkeit von Signalen (Gerüchten, Epidemien, Innovationen etc.) beschreibt:

55 Die Gewichte bleiben während der Trainingsphase variabel. Die Festlegung der einzusetzenden Transferfunktionen erfolgt vorher.

$$\frac{dy}{dx} = a \cdot y \cdot \left(1 - \frac{y}{y^*}\right) \quad \text{mit } a > 0 \text{ und } y^* > 0 \text{ als Sättigungsmenge}$$

Die Verbreitungsgeschwindigkeit dy/dx ist proportional zur Zahl y(x) der bereits von dem Signal Erreichten und zum Anteil 1 – y(x)/y* der noch nicht Erreichten. Sie nimmt ihr Maximum an, wenn genau die Hälfte der Grundgesamtheit y* von dem Signal erfaßt worden ist (Wendepunkt der logistischen Funktion bei y = 0,5). Danach verlangsamt sich die Ausbreitung.

Durch Trennung der Variablen, Partialbruchzerlegung und Integration entsteht als Lösung der Differentialgleichung die logistische Funktion:

$$y(x) = \frac{y^*}{1 + c \cdot e^{-a \cdot x}}$$

Für die Aktivierung y_j eines Neurons durch sein Eingabesignal x_j wird eine spezielle Variante dieser Funktion benutzt. Wird die Integrationskonstante c auf eins und die maximale Aktivierung y* ebenfalls auf eins gesetzt, ergibt sich die folgende Funktion:

$$y_j = \frac{1}{1 + e^{-a \cdot x_j}}$$

Die logistische Funktion wird in die Funktion F(y) für den Klassifikationsfehler übertragen.

$$F = \frac{1}{2} \cdot \sum_j \left(y_j - s_j\right)^2 = \frac{1}{2} \cdot \sum_j \left(y_j^2 - 2 \cdot y_j \cdot s_j + s_j^2\right)$$

Zu untersuchen ist, wie der Fehler F auf eine Veränderung der Gewichte w_{ij} reagiert. Hierzu sind die partiellen Ableitungen der Funktion F nach den Gewichten w_{ij} in einem mehrstufigen Prozeß zu bilden. Beginnend mit den Ausgabeknoten werden zunächst die Ableitungen der letzten Schicht berechnet. Es folgen die Ableitungen für die im Netz unmittelbar vorgelagerten Zwischenschichten usw. Die Änderungsinformationen breiten sich, ausgehend vom Fehler F, von hinten nach vorne im gesamten Netz aus (Backpropagation-Algorithmus).

Betrachtet sei ein beliebiger Knoten j der Ausgabeschicht, dessen Eingabesignal x_j sich wie folgt aus den Aktivierungsniveaus y_i der vorgelagerten Knoten ergibt:

$$x_j = \sum_i w_{ij} \cdot y_i$$

Unter Ausnutzung der logistischen Differentialgleichung

$$\frac{dy_j}{dx_j} = a\, y_j (1 - y_j)$$

resultieren[56] folgende Ableitungen:

1. $$\frac{\partial F}{\partial y_j} = \frac{1}{2} \cdot \left(2 y_j - 2 s_j\right) = y_j - s_j$$

2. $$\frac{\partial F}{\partial x_j} = \frac{\partial F}{\partial y_j} \cdot \frac{dy_j}{dx_j} = a\, y_j (1 - y_j)(y_j - s_j)$$

3. $$\frac{\partial F}{\partial w_{ij}} = \frac{\partial F}{\partial x_j} \cdot \frac{\partial x_j}{\partial w_{ij}} = a\, y_i\, y_j (1 - y_j)(y_j - s_j)$$

Damit ist bekannt, wie die Fehlerfunktion F (innerhalb einer gewissen Umgebung) auf Änderungen der Gewichte reagiert. Um zu den Ableitungen für die nächstvorgelagerte Schicht des Netzes zu gelangen, sind die drei Schritte zu wiederholen. Im zweiten Durchlauf von 1. kann allerdings die Änderung des Fehlers bei Variation des Ausgabesignals y_i nicht mehr direkt berechnet werden, da der Knoten i zur Zwischenschicht gehört und somit sein Ausgabesignal nicht unmittelbar in der Fehlerfunktion F auftaucht. Weil aber y_i die Eingabesignale x_j aller direkt nachgelagerten Ausgabeknoten j mit dem Gewicht w_{ij} beeinflußt, ist der Zusammenhang zwischen y_i und F über die Kettenregel herzustellen:

$$\frac{\partial F}{\partial y_i} = \sum_j \frac{\partial F}{\partial x_j} \cdot \frac{\partial x_j}{\partial y_i} = \sum_j a\, y_j (1 - y_j)(y_j - s_j)\, w_{ij}$$

Die übrigen Schritte verlaufen analog. Auf diese Weise lassen sich die partiellen Ableitungen der Fehlerfunktion nach den Gewichten im gesamten Netz bestimmen. Damit liegt der Gradient grad F(w) des Fehlers vor. Zur Minimierung von F kann somit ein einfaches heuristisches Gradientenverfahren der nichtlinearen Optimierung eingesetzt werden[57].

Gradientenverfahren approximieren die Funktion F in einer nicht zu großen Umgebung der Ausgangslösung durch ihre Tangential-Hyperebene. Das heißt: Die Reduzierung eines Gewichts w_{ij} um eine Einheit senkt den Fehler F näherungsweise um den Wert der partiellen Ableitung

$$\frac{\partial F}{\partial w_{ij}}$$

Natürlich ist auch die gleichzeitige Variation aller Gewichte möglich. Es läßt sich zeigen, daß von allen Richtungsableitungen einer Funktion diejenige am größten ist, welcher die durch den Gradienten gegebene Veränderungsrichtung zugrunde liegt. Anders gesagt: Der Gradient grad F(w) zeigt in die Richtung des stärksten Anstiegs der Fehlerfunktion F.[58] Weil F minimiert werden soll, sind die Gewichte in die dem Gradienten genau entgegengesetzte Richtung zu variieren. Das Ausmaß der Veränderung darf allerdings nicht zu groß ge-

56 Zur Ermittlung der Ableitungen vgl. Hinton (1992), S. 137 f.

57 Zu Gradientenverfahren vgl. Domschke/Drexl (1995), S. 159 ff.

58 Zum Beweis vgl. Forster (1984), S. 51.

wählt werden, weil die Tangentialebene nur in einer engen Umgebung des Ausgangspunkts eine gute Näherung von F darstellt. Der Schrittweitenfaktor $\lambda \geq 0$ ist im Einzelfall heuristisch festzulegen.

Das Gradientenverfahren empfiehlt damit nach Berechnung aller partiellen Ableitungen den folgenden Lernschritt: $\Delta w = -\lambda \text{ grad } F(w)$, d.h.:

$$\Delta w_{ij} = -\lambda \cdot \frac{\partial F}{\partial w_{ij}} \qquad \text{für alle } w_{ij}$$

Die Plausibilität des Lernprozesses ist evident. Beispielsweise folgt im Fall $y_j > s_j$ mit $\lambda > 0$ für den Ausgabeknoten j eine Reduktion des Aktivierungsniveaus und damit des zu großen Ausgabesignals, denn es gilt dann $\Delta w_{ij} < 0$. Die Eingangsgewichte werden demnach verringert.

Für jeden Trainingsdatensatz werden aus dem Fehler F erneut die entsprechenden Gewichtsänderungen im ganzen Netz bestimmt. Die Trainingsphase ist beendet, wenn sich die Gewichte hinreichend stabilisiert haben.

6.2.4.2 Anwendungsbeispiel eines künstlichen neuronalen Netzes

Zur Demonstration der allgemein beschriebenen Vorgehensweise neuronaler Netze wird ein Beispiel aus der Investitionsrechnung benutzt. Es werden Investitionen mit einer Nutzungsdauer von einem Jahr und zwei Zahlungen g_0 und g_1 betrachtet, die zum Kapitalwert verdichtet werden. Übertragen auf das Modell künstlicher neuronaler Netze ergibt sich ein Netz mit zwei Eingabeknoten für die beiden Zahlungen und einem Ausgabeknoten für den Kapitalwert.

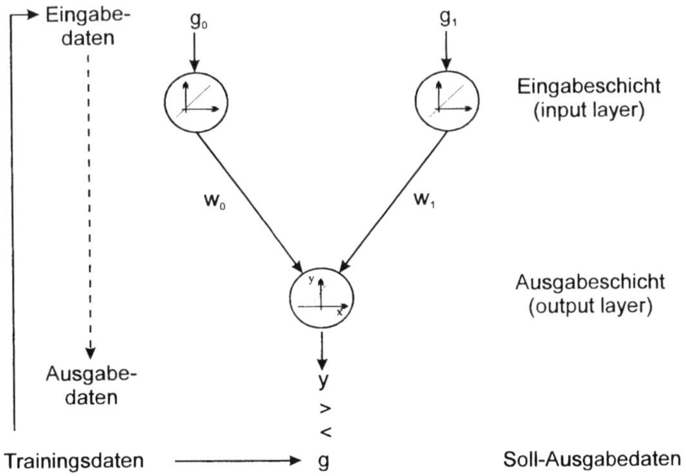

Abbildung 6-19

Die Eingabesignale g_0 und g_1 werden gewichtet, zum Eingangssignal x des Ausgabeknotens verdichtet und mit der Transferfunktion des Ausgabeknotens in das Ausgabesignal y umgewandelt.

Nach der Festlegung der Netztopologie wird das Netz in der Trainingsphase mit geeigneten Datensätzen trainiert. Das KNN soll in der Lage sein, aus vorgegebenen Zahlungsreihen die Vorteilhaftigkeit einer Investition bzw. Finanzierung zu erkennen, ohne dabei die Berechnungsformel des Kapitalwerts zu kennen. Mit Abschluß der Trainingsphase müssen die Gewichte der beiden Eingangsknoten so gelernt worden sein, daß für eine beliebige Zahlungsreihe exakt auf die Vorteilhaftigkeit bzw. den Kapitalwert geschlossen werden kann. Vorteilhaft sind Investitionen mit einem Kapitalwert größer als null. Da die logistische Transferfunktion des Ausgabeknotens aber nur Werte zwischen null und eins annimmt, müssen die Kapitalwerte zunächst unter Zuhilfenahme der logistischen Funktion in normierte Sollwerte transformiert werden:

Kapitalwert	Sollwert des Ausgabeknotens
größer null	$0,5 < s < 1$
gleich null	$s = 0,5$
kleiner null	$0 < s < 0,5$

Tabelle 6-10

Einem Kapitalwert von null wird damit ein s in Höhe von 0,5 zugewiesen. Kapitalwerte größer null erhalten Sollwerte zwischen 0,5 und 1.

Jeder Trainigsdatensatz setzt sich aus zwei Einzahlungen (g_0 und g_1) und dem transformierten Sollwert s des Kapitalwerts zusammen. Der Trainigsdatensatz des Beispiels besteht aus 50 Investitionen und Finanzierungen, für die die Kapitalwerte mit einem Kalkulationszins von 10% berechnet wurden.[59] Der eigentliche Lernvorgang wurde in Excel modelliert und wird über Makros gesteuert. Aus der Trainingsdatentabelle werden g_0 und g_1 eingelesen und in das Netz „eingetragen". Über die Gewichte w_0 und w_1 und die Transferfunktion wird ein Ausgabesignal y ermittelt und mit dem Sollwert s aus dem zugehörigen Trainingssatz verglichen. Zur Anpassung der Gewichte wurde die oben entwickelte Formel als Makro-Funktion hinterlegt. Jede aus einem gelesenen Datensatz resultierende „Wissensveränderung" wird in einer Tabelle gespeichert, was eine aussagekräftige grafische Darstellung des „Lernfortschritts" erlaubt.

Die eingegebene Zahlungsreihe führt untransformiert zum Eingabesignal

$$x = w_0\, g_0 + w_1\, g_1$$

Der Klassifikationsfehler beträgt:

59 Dem Netz wurde z.B. Netz folgender Trainingssatz vorgelegt: g0=-1,g1=1,1050 und s=0,5566 mit $s=1/(1+e^{-aC})$ und a=50. Eine ausführliche Dokumentation der Trainingsdaten und der Gewichtsveränderung findet sich bei Adam/Hering/Welker (1995), S. 513.

$$F(x) = \frac{1}{2} \cdot (y - s)^2 = \frac{1}{2} \cdot \left(\frac{1}{1 + e^{-a \cdot x}} - s \right)^2$$

Der Sollwert s entspricht der logistischen Transformation des vom Netz zu lernenden Kapitalwerts C:

$$s = \frac{1}{1 + e^{-a \cdot C}}$$

Für die partiellen Ableitungen des Fehlers nach den Gewichten w_0 und w_1 ergibt sich im konkreten Fall die Formel:

$$\frac{\partial F}{\partial w_i} = a \cdot g_i \cdot y \cdot (1 - y) \cdot (y - s) \qquad \text{für } i \in \{0; 1\}$$

Es resultiert:

$$\frac{\partial F}{\partial w_i} = a \cdot g_i \cdot \left(\frac{1}{1 + e^{-a \cdot x}} - \left(\frac{1}{1 + e^{-a \cdot x}} \right)^2 \right) \cdot \left(\frac{1}{1 + e^{-a \cdot x}} - s \right)$$

$$\Leftrightarrow \qquad \frac{\partial F}{\partial w_i} = \frac{a \cdot g_i \cdot e^{-a \cdot x}}{\left(1 + e^{-a \cdot x}\right)^2} \cdot \left(\frac{1}{1 + e^{-a \cdot x}} - s \right)$$

Damit ist die Lernregel gefunden:

$$\Delta w_i = -\lambda \cdot \frac{\partial F}{\partial w_i} = \lambda \cdot \frac{a \cdot g_i \cdot e^{-a \cdot x}}{\left(1 + e^{-a \cdot x}\right)^2} \cdot \left(s - \frac{1}{1 + e^{-a \cdot x}} \right) \qquad \text{für } i \in \{0; 1\}$$

Für jeden einzelnen Datensatz werden die beiden Gewichte w_0 und w_1 iterativ nach obiger Vorschrift korrigiert, bis sie sich nicht mehr ändern. Für die Steuerung des Lernverhaltens sind noch die Parameter λ und a festzulegen. Die Schrittweite λ darf nicht zu groß gewählt werden, weil der berechnete Gradient nur in unmittelbarer Umgebung der zugrundeliegenden Stelle brauchbar ist. Der Steilheitswert a bestimmt den Verlauf der logistischen Transferfunktion; es gilt:

$$a = 4 \cdot \frac{dy(x)}{dx}(0)$$

Mit $a = 4$ hat die Funktion an der Stelle $x = 0$ die Steigung eins.

Um den Lernprozeß möglichst anschaulich darstellen zu können, sei auf die dem neuronalen Netz nicht bekannten Zusammenhänge aus der Investitionstheorie zurückgegriffen. Die Gewichte ändern sich nicht mehr, wenn $y = s$ gilt, d.h.:

$$\frac{1}{1 + e^{-a \cdot x}} = \frac{1}{1 + e^{-a \cdot C}} \qquad \Leftrightarrow \qquad x = C$$

Ohne zu „wissen", was ein Kapitalwert ist, wird das Netz folglich danach streben, das Eingabesignal x dem Kapitalwert C anzunähern. Wegen $x = w_0\ g_0 + w_1\ g_1$ und der nur dem „Lehrer" bekannten Beziehung

$$C = g_0 + \frac{g_1}{1{,}1}$$

setzt die Übereinstimmung von x und C für beliebige Zahlungsreihen voraus, daß die Gewichte w_i den Abzinsungsfaktoren entsprechen. Wenn das neuronale Netz perfekt lernt, muß im Endzustand $w_0 = 1$ und $w_1 = 1{,}1^{-1} = 0{,}\overline{90}$ gelten. Es ergibt sich also der seltene Fall, daß die zwischen den Neuronen bestehenden Gewichte ökonomisch als Abzinsungsfaktoren interpretiert werden können. Aus dem Verhältnis der Gewichte kann auf den Zinssatz geschlossen werden, mit dem in einem bestimmten Lernschritt gearbeitet wird:

$$\frac{w_0}{w_1} - 1 = \frac{1}{0{,}\overline{90}} - 1 = 10\%$$

Die folgenden Grafiken stellen den im jeweiligen Berechnungsschritt erreichten Zinssatz dar. Die gewählte Darstellungsweise zeigt, wie sich die Gewichte auf den zugrundeliegenden Zins von 10% einpendeln.

Die folgende Abbildung dokumentiert zunächst einen erfolglosen Lernprozeß mit den Parametern $\lambda = 0{,}02$ und $a = 50$. Aufgrund dieser Parameterwerte erkennt das neuronale Netz den Zinssatz des Trainingsdatensatzes nicht.

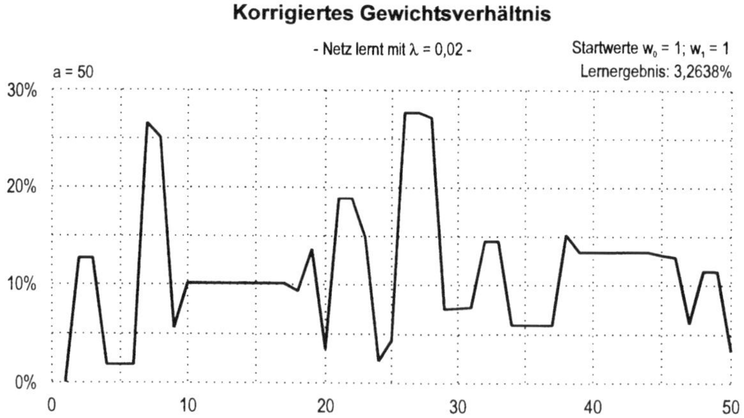

Abbildung 6-20

Bei Verringerung von a auf 10 hat das Netz bereits nach 30 Berechnungen den richtigen Zins sehr gut angenähert.

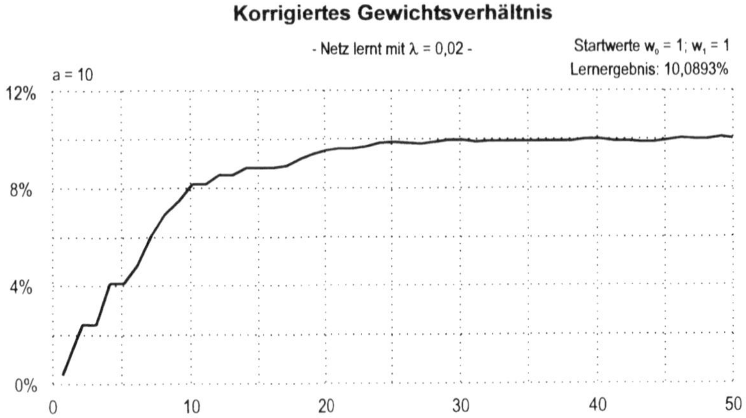

Abbildung 6-21

Die fest vorgegebene Schrittweite λ erlaubt es dem Gradientenverfahren nicht, den genauen Zinssatz zu bestimmen. Im nächsten Abschnitt soll daher auf eine Möglichkeit zur „intelligenten" Variation der Schrittweite eingegangen werden. Dadurch wird der Lernprozeß verbessert und verkürzt.

6.2.4.3 Ergebnisverbesserung durch Optimierung der Schrittweite

Das optimierte Gradientenverfahren ermittelt in jeder einzelnen Iteration nicht mehr allein die Richtung des steilsten Abstiegs der Fehlerfunktion F, sondern zusätzlich noch das optimale Ausmaß λ der Gewichtsanpassung. Der dem Gradienten entgegengesetzten Richtung wird genau so weit gefolgt, daß die Fehlerfunktion bezüglich λ ein lokales Minimum annimmt.

$$F(\lambda) = F(\mathbf{w} - \lambda \text{ grad } F(\mathbf{w})) = \frac{1}{2} \cdot \left(\frac{1}{1 + e^{-a \cdot \mathbf{g}^T \cdot (\mathbf{w} - \lambda \cdot \text{grad } F(\mathbf{w}))}} - s \right)^2$$

Die Differentiation nach λ liefert als notwendige Bedingung:

$$\frac{dF}{d\lambda} = \left(\frac{1}{1 + e^{-a \cdot \mathbf{g}^T \cdot (\mathbf{w} - \lambda \cdot \text{grad } F(\mathbf{w}))}} - s \right) \cdot \frac{-e^{-a \cdot \mathbf{g}^T \cdot (\mathbf{w} - \lambda \cdot \text{grad } F(\mathbf{w}))} \cdot a \cdot \mathbf{g}^T \cdot \text{grad } F(\mathbf{w})}{(1 + e^{-a \cdot \mathbf{g}^T \cdot (\mathbf{w} - \lambda \cdot \text{grad } F(\mathbf{w}))})^2} = 0$$

Sofern nicht ohnehin bereits grad F(w) = 0 erreicht ist (Endzustand, keine Gewichtsänderungen mehr), folgt aus dieser Gleichung für $g \neq 0$ wegen der Positivität der e-Funktion (man beachte $0 < s < 1$):

$$\frac{1}{1 + e^{-a \cdot \mathbf{g}^T \cdot (\mathbf{w} - \lambda \cdot \text{grad } F(\mathbf{w}))}} - s = 0$$

$$\Leftrightarrow \quad \frac{1}{s} - 1 = e^{-a \cdot \mathbf{g}^T \cdot (\mathbf{w} - \lambda \cdot \operatorname{grad} F(\mathbf{w}))}$$

$$\Leftrightarrow \quad \lambda = \frac{\ln\left(\frac{1}{s} - 1\right) + a \cdot \mathbf{g}^T \cdot \mathbf{w}}{a \cdot \mathbf{g}^T \cdot \operatorname{grad} F(\mathbf{w})}$$

Unter Verwendung dieser Schrittweitenregel ergibt sich eine sehr schnelle und genaue Anpassung der Gewichte. Die folgende Abbildung zeigt das verbesserte Lernverhalten.

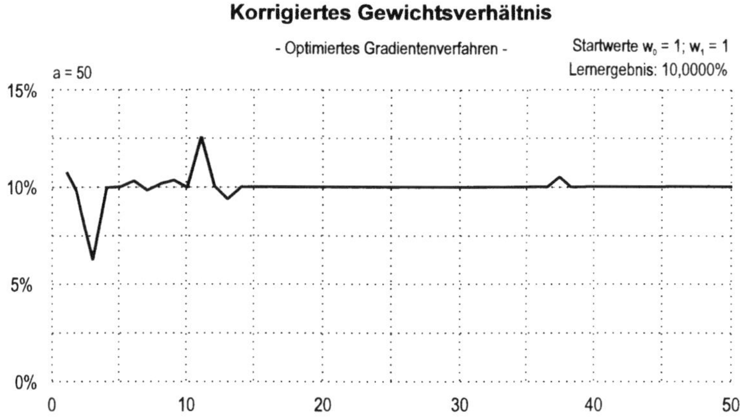

Abbildung 6-22

Für a = 10 ergibt sich ein besonders schneller Lernprozeß:

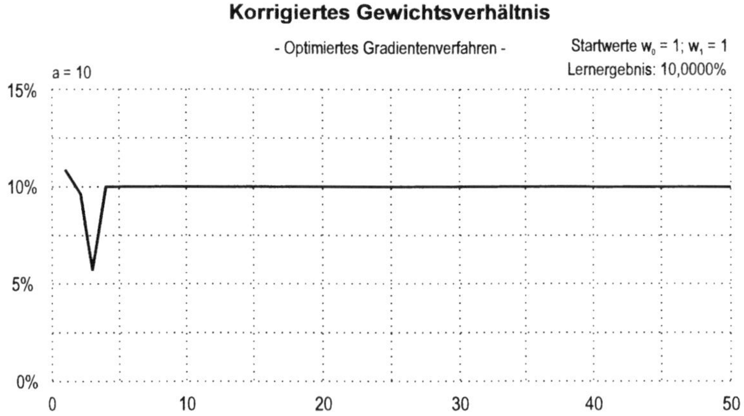

Abbildung 6-23

Das optimale λ soll abschließend noch interpretiert werden. Wird die Definition des Sollwerts s in die zuletzt abgeleitete Formel eingesetzt, ergibt sich:

$$\lambda = \frac{-a \cdot C + a \cdot \mathbf{g}^T \cdot \mathbf{w}}{a \cdot \mathbf{g}^T \cdot \text{grad}\, F(\mathbf{w})} = \frac{\mathbf{g}^T \cdot \mathbf{w} - C}{\mathbf{g}^T \cdot \text{grad}\, F(\mathbf{w})}$$

$$\Leftrightarrow \qquad C = g^T \cdot (w - \lambda \text{ grad } F(w)) = g^T \cdot w^{neu} = x^{neu}$$

Der Wert λ wird also gerade so gewählt, daß sich für das gegebene Element des Datensatzes die Lücke zwischen Kapitalwert C und Eingabesignal x vollständig schließt. Da das Netz die Differenz zwischen x und C minimieren muß, ist lediglich noch der Freiheitsgrad der Gleichung $C = x = w_0 g_0 + w_1 g_1$ so einzustellen, daß für alle Elemente des Trainingsdatensatzes $x = C$ gilt. Das neuronale Netz erreicht dieses perfekte Lernergebnis schon nach wenigen Iterationen.

6.2.4.4 Betriebswirtschaftliche Anwendungsfelder und kritische Würdigung neuronaler Netze

Der betriebswirtschaftliche Anwendungsbereich neuronaler Netze erstreckt sich von der Mustererkennung und Prognose bis hin zur heuristischen Entscheidungsunterstützung.[60] Nicht jede Anwendung neuronaler Netze ist allerdings so problemlos wie das aufgezeigte Beispiel.

Im finanzwirtschaftlichen Bereich werden neuronale Netze zur Vorhersage von Aktien- und Wechselkursen sowie von makroökonomischen Variablen eingesetzt. Hierbei gilt es, die in Zeitreihen enthaltenen Gesetzmäßigkeiten „aufzuspüren" und daraufhin Aussagen über zukünftige Zustände zu machen. Bei der Kreditwürdigkeitsprüfung soll aus gegebenen Unternehmenskennzahlen des letzten Jahresabschlusses auf die künftige Zahlungsfähigkeit eines Unternehmens geschlossen werden.[61]

Produktionswirtschaftliche Anwendungen beziehen sich auf die Prognosen von Lieferterminen sowie die Kostenschätzung für neu zu konstruierende Produkte. Eingesetzt wird diese Methode auch für die optische Mustererkennung (Zeichen, Schrift) im Rahmen der Betriebsdatenerfassung.

Auf dem Gebiet der Qualitätssicherung „hören" neuronale Netze beispielsweise Unregelmäßigkeiten in den Laufgeräuschen von Motoren oder Getrieben auf Prüfständen. Sie erlauben es aber auch, handschriftliche Belege automatisch zu erfassen (Unterschriftenprüfung).

Mit Hilfe anderer Netztypen lassen sich auch heuristische Problemlösungen generieren. Mit Hilfe von Kohonen-Netzen[62] ist es beispielsweise möglich, Travelling-Salesman-Probleme

60 Vgl. Erxleben u.a. (1992), Krause (1993), Schöneburg (1993), Schneider (1993).

61 Vgl. Krause (1993).

62 Vgl. dazu Ritter/Martinetz/Schulten 1991.

zu lösen.[63] Auch auf die Maschinenbelegungsplanung wurden neuronale Netze bereits mit Erfolg angewendet[64] .

Die Grenzen der Methode liegen in der Qualität der Trainingsdaten. Existiert ein perfekter Lernsatz, führt die Methode zu einem perfekten Lernergebnis. Enthält der Lernsatz Störfaktoren, wirkt sich das auf den Lernprozeß nachteilig aus. Wenn die Trainingsdaten im Investitionsbeispiel abwechselnd mit einem Zinssatz von 10% und 15% berechnet werden, stellt sich für die vorliegende Netzstruktur keine einheitliche Lösung ein. In diesem Fall wäre eine andere Netztopologie mit mehr als drei Knoten erforderlich. Das Netz erkennt zudem nur die in den gegebenen Trainingssätzen enthaltenen Muster. Ändert sich die Struktur der in der Anwendungsphase zu untersuchenden Datensätze, sind die erlernten Gewichte nicht mehr repräsentativ, und eine neue Trainingsphase ist erforderlich. Die Ergebnisse sind immer datensatzabhängig; ein wirkliches Verständnis der zugrundeliegenden Problemstruktur wird im allgemeinen nicht vermittelt (Black Box).

Neuronale Netze eröffnen einen eigenständigen Zweig der künstlichen Intelligenz. Im Gegensatz zum klassischen oder auch zum Fuzzy-Expertensystem werden keine vorgegebenen Entscheidungsregeln benötigt. Das Wissen wird vom Netz vielmehr selbst an Beispielen erlernt und dezentral abgelegt. Eine Interpretation der „Wissensbasis" eines neuronalen Netzes, also der Gewichte, ist allerdings nur im Ausnahmefall möglich.

6.3 Quantitative Planungsmethoden

6.3.1 Analytische Verfahren zur Optimumbestimmung

6.3.1.1 Typen analytischer Verfahren und ihre Anwendungsvoraussetzungen

Die Marginalanalyse stellt bei der Lösung eines Problems auf Änderungsraten des Erfolges (Gewinn, Kosten, Umsatz) bei einer Niveauänderung der Entscheidungsalternativen - Variablen - ab, während die Totalanalyse Gesamterfolge vollständig formulierter Entscheidungsalternativen miteinander vergleicht, um die optimale Lösung zu finden. Formen der Marginalanalyse sind die Differentialrechnung sowie die Lineare Optimierung (auch Lineare Programmierung bzw. Lineare Planungsrechnung - LP - genannt), während zur Totalanalyse der Verfahrensvergleich sowie die Dynamische Programmierung zählen.

Ziel der Differentialrechnung ist die Ableitung notwendiger und hinreichender Bedingungen für Optimalität (relative Extremwerte). Derartige notwendige Bedingungen können sein:

- Im Optimum ist der Grenzgewinn gleich null, bzw. die Grenzerlöse entsprechen den Grenzkosten.

63 Vgl. Adam/Herbermann (1995).

64 Vgl. Kurbel (1993), S. 303.

- Im Optimum herrscht Gleichheit der Grenzkosten je Faktoreinheit für alle eingesetzten Produktionsverfahren.

- Im Optimum ist der Grenzgewinn pro Einheit eines knappen Faktors für alle Verwendungsarten gleich groß.

Notwendige Bedingungen für Optimalität lassen sich mit Hilfe der Marginalanalyse nur für stetige, differenzierbare Erfolgsfunktionen ableiten. Demzufolge ist die Differentialrechnung nur anwendbar, wenn folgende Voraussetzungen erfüllt sind:

- Für das Niveau einer unabhängigen Variablen x müssen alle Werte aus einem bestimmten Intervall zulässig sein: $x \in [x_{min}; x_{max}]$. Das Intervall darf nicht durch unzulässige Bereiche unterbrochen sein; insbesondere darf das zulässige Niveau (Definitionsbereich) einer Variable nicht nur aus einer gegebenen Menge singulärer Punkte (z.B. ganzen Zahlen) bestehen.

- Bei kontinuierlicher Änderung des Niveaus der unabhängigen Variablen x darf das Niveau der abhängigen Variablen y (Erlös, Kosten, Gewinn) keine Sprünge aufweisen; die Zielfunktion $y = f(x)$ muß mithin stetig sein.

Die Ergebnisse der Marginalanalyse sind nur sinnvoll zu interpretieren, wenn die Erfolgsfunktionen innerhalb des zulässigen Intervalls $[x_{min}; x_{max}]$ mindestens einen Extremwert aufweisen. Handelt es sich um monoton steigende oder fallende Funktionen, liegt die optimale Lösung auf einem Rand des Definitionsbereichs. Welcher Rand optimal ist, kann durch einen Vergleich der ökonomischen Wirkungen bei x_{min} und x_{max} - Totalanalyse - bestimmt werden. Randoptima liegen auch vor, wenn die Lösung nach dem Marginalprinzip zu Variablenwerten außerhalb des ökonomisch zulässigen Definitionsbereichs der Variablen führt. Dieser Fall ist gegeben, wenn die Lösung zu negativen Variablenwerten führt oder wenn der obere (untere) Rand des Definitionsgebietes der Variablen überschritten (unterschritten) wird. Randoptima existieren auch, wenn etwa eine Politik mit minimalen Kosten gesucht wird, die nach dem Marginalprinzip erzeugte Lösung aber zu maximalen Kosten führt. Obwohl mithin die grundsätzlichen Voraussetzungen einer Marginalanalyse in einem Beispiel erfüllt sein können, führen die Optimalitätskriterien nicht zwingend zur gesuchten Lösung.

Die genannten Bedingungen begrenzen den Anwendungsbereich der Differentialrechnung zur Lösung praktischer Planungsprobleme erheblich, da bei den meisten Problemen zumindest eine der genannten Bedingungen nicht erfüllt ist oder Randlösungen optimal sind. In der Investitionsrechnung sind beispielsweise nur Lösungen mit einer ganzen Zahl zu beschaffender Anlagen zulässig, beim Einschalten eines Aggregates treten Kostensprünge auf, oder die Leistung (Ausbringung pro ZE) eines Aggregates kann nur aus einer Menge diskreter Werte gewählt werden.

Sofern die Erfolgsfunktion eines Entscheidungsproblems linear und stetig ist, kann zur Lösung des Problems die Lineare Programmierung eingesetzt werden, wenn für die n Variablen des Problems eine optimale Lösung unter Berücksichtigung eines Satzes von m unabhängigen linearen Restriktionen (Gleichungen oder Ungleichungen) zu bestimmen ist.

Die Methoden der Totalanalyse sind nicht an die einschränkenden Voraussetzungen der marginalanalytischen Verfahren gebunden. Ihre Anwendungsmöglichkeiten sind demzufolge universeller. Für die Totalanalyse bestehen allerdings von Verfahren zu Verfahren unterschiedliche spezielle Anwendungsvoraussetzungen. So müssen etwa für die Dynamische Programmierung separable Funktionen gegeben sein. Nachteil der Totalanalyse ist es, daß keine allgemeingültigen Bedingungen für eine optimale Politik angegeben werden können, wie das bei der Marginalanalyse der Fall ist.

Die Marginalanalyse wird in der Modelltheorie häufig auch angewendet, wenn das zugrundeliegende betriebswirtschaftliche Problem die Einsatzvoraussetzungen dieses Verfahrens eigentlich nicht erfüllt. Beispielsweise wird sie als Näherungsverfahren für Probleme mit nur ganzzahliger Ausprägung der Variablen benutzt, oder in den Funktionen auftretende Sprünge werden nivelliert. Die Funktionen des Modells bilden die Realität zwar nur unvollkommen ab, die Art der Modellbildung erlaubt es aber, auf relativ einfache Weise eine Näherungslösung für das reale Problem zu bestimmen.

6.3.1.2 Marginalanalyse

6.3.1.2.1 Differentialrechnung

Eine Marginalanalyse in Form der Differentialrechnung kann für stetige, differenzierbare Erfolgsfunktionen mit einer oder mehreren unabhängigen Variablen beliebiger Verknüpfung durchgeführt werden. Außerdem dürfen Nebenbedingungen in Form von Gleichungen vorliegen. Zunächst soll die Differentialrechnung mit einer Variablen ohne Nebenbedingungen am Beispiel der Preispolitik im Monopol[65] dargestellt werden.

Ein Unternehmen ist für ein Erzeugnis alleiniger Anbieter (Monopolist). Der Preis für das Erzeugnis kann entsprechend der Funktion $p = a - b \cdot x$ (Preisabsatzfunktion)[66] autonom gewählt werden. Es ist die Menge x bzw. derjenige Preis p zu bestimmen, bei dem der maximale Gewinn erzielt wird. Die Kosten setzen sich aus variablen Kosten (k_v) pro Mengeneinheit, multipliziert mit der Menge x, und aus beschäftigungsunabhängigen (fixen) Kosten K_f zusammen. Der Gewinn kann durch folgende Funktion beschrieben werden:

$$G = p\,x - k_v\,x - K_f \rightarrow \max$$

Aus der Preisabsatzfunktion wird deutlich, daß der Preis p eine abhängige Variable der Menge x ist. Wird die abhängige mit Hilfe der unabhängigen Variable ersetzt, geht die Gewinnfunktion mit x als Variable über in die Funktion

$$G = (a - b\,x)\,x - k_v\,x - K_f \rightarrow \max .$$

65 Vgl. z.B. Gutenberg (1979), S. 193 - 220, Jacob (1971), S. 58.

66 In der Preisabsatzfunktion entspricht a dem Preis bei der Absatzmenge null (Prohibitivpreis), und -b gibt die Steigung der Preisabsatzfunktion an.

Diese Gewinnfunktion wird maximiert, indem ihre erste Ableitung nach x gleich null gesetzt und nach x aufgelöst wird.

$$\frac{dG(x)}{dx} = a - 2b\,x - k_v \overset{!}{=} 0$$

$$\Rightarrow x_{opt} = \frac{a - k_v}{2b}$$

Eingesetzt in die Preisabsatzfunktion, ergibt sich der optimale Preis mit:

$$p_{opt} = a - b\frac{a - k_v}{2b} = \frac{a + k_v}{2}$$

Typisch für diese Form der Marginalanalyse ist die Aussage der ersten Ableitung der Gewinnfunktion, die besagt, daß im Optimum Gleichheit zwischen den Grenzerlösen und den Grenzkosten herrschen muß:

$$\underbrace{a - 2b\,x}_{E'} = \underbrace{k_v}_{K'}$$

Ziel der Differentialrechnung ist stets die Ableitung derartiger notwendiger Bedingungen für Optimalität. Zum Beweis dafür, daß die notwendige Bedingung auch tatsächlich die gesuchte optimale Lösung definiert, ist noch die hinreichende Bedingung zu überprüfen. Die notwendige Bedingung liefert für die Funktion G(x) ein lokales Maximum (Minimum), wenn die zweite Ableitung an dieser Stelle negativ (positiv) ist (hinreichende Bedingung). Ein negatives Niveau der zweiten Ableitung zeigt bei einem Maximum an, daß der Zielfunktionswert rechts und links vom Optimum niedriger ist als im Optimum.

Die Differentialrechnung mit mehreren Variablen ohne Nebenbedingungen soll wiederum anhand eines Beispiels zur Preispolitik beschrieben werden. Ein Betrieb betreibt durch Produktdifferenzierung eine horizontale Differenzierung des Marktes in Käuferschichten. Für die angebotenen Produktvarianten eines Grunderzeugnisses sollen unterschiedlich hohe Preise festgesetzt werden. Der Betrieb bietet als Monopolist in Produktvarianten an. Für alle Varianten gilt eine gemeinsame Preisabsatzfunktion $p = a - bx_i$ mit x_i als Gesamtabsatzmenge bis einschließlich der i-ten ($i = 1,2,...,i_n$) Produktvariante. Die Kostenfunktion hat die Form $K = k_v \cdot x_i + K_f$, d.h., die variablen Kosten pro Stück sind unabhängig von der Produktionsmenge. Gesucht werden die gewinnmaximalen Preise der Varianten.[67] Im folgenden wird die optimale Politik für zwei Varianten beschrieben, wenn keine Komplexitätskosten auftreten, d.h., mit der Anzahl der Varianten verändert sich die Höhe der fixen Kosten nicht.

Mit x_1 wird die Absatzmenge der Variante 1, mit x_2 die Gesamtabsatzmenge beider Varianten zusammen bezeichnet. Die Absatzmenge der Variante 2 beläuft sich auf x_2-x_1 Mengeneinheiten. p_1 gibt den Preis der Variante 1 und p_2 den Preis der Variante 2 an.

67 Vgl. hierzu Jacob (1962), S. 1 ff.

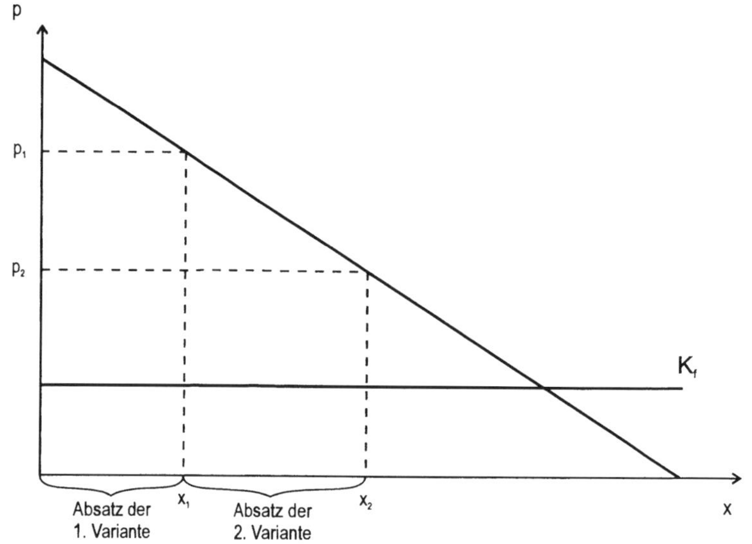

Abbildung 6-24

Die zu maximierende Gewinnfunktion hat die Form

$$G = p_1\, x_1 + p_2 (x_2 - x_1) - k_v x_2 - K_f \to \max$$

Für die Preise p_1 und p_2 gelten aufgrund der Preisabsatzfunktion die Beziehungen:

$$p_1 = a - b\, x_1$$
$$p_2 = a - b\, x_2$$

Mit Hilfe dieser Funktionen können die beiden abhängigen Variablen p_1 und p_2 durch die unabhängigen Variablen x_1 und x_2 ersetzt werden. Die Gewinnfunktion geht in die Form

$$G = (a - b\, x_1)\, x_1 + (a - b\, x_2)(x_2 - x_1) - k_v\, x_2 - K_f \to \max$$

über.

Die notwendigen Bedingungen für die optimale Lösung ergeben sich aus den gleich null gesetzten partiellen Ableitungen nach x_1 und x_2.

$$\frac{\partial G}{\partial x_1} = \underbrace{a - 2b\, x_1}_{E_1'} - \underbrace{(a - b\, x_2)}_{p_2} \overset{!}{=} 0$$

$$\frac{\partial G}{\partial x_2} = \underbrace{-b\,(x_2 - x_1) + (a - b\, x_2)}_{E_2'} - \underbrace{k_v}_{K'} \overset{!}{=} 0$$

Die erste Optimalitätsbedingung fordert: Im Optimum muß der Grenzerlös des ersten Produktes gleich dem Preis des zweiten Produktes sein. Die zweite Optimalitätsbedingung besagt, daß im Optimum zudem Gleichheit zwischen dem Grenzerlös des zweiten Produktes und den Grenzkosten herrscht.[68]

Um zu zeigen, daß durch die beiden Optimalitätsbedingungen ein Maximum für die Gewinnfunktion definiert ist, sind noch die hinreichenden Bedingungen abzuleiten, worauf hier verzichtet werden soll. Der optimale Wert für x_1 ergibt sich, wenn die partielle Ableitung der Gewinnfunktion nach x_1 gleich null gesetzt und nach x_2 aufgelöst wird.

$$x_2 = 2x_1$$

Der so gewonnene Wert für x_2 ist in die partielle Ableitung nach x_2 einzusetzen. Es ergibt sich die Formel

$$a - 3b\,x_1 - k_v \overset{!}{=} 0$$

in der nur noch x_1 als Variable enthalten ist.

Aus dieser Gleichung folgt für x_{1opt}:

$$x_{1\,opt} = \frac{a - k_v}{3b}$$

Wird x_{1opt} in die Formel

$$x_2 = 2x_1$$

eingesetzt, kann für x_{2opt} der Ausdruck

$$x_{2\,opt} = 2\,\frac{a - k_v}{3b}$$

abgeleitet werden.

Durch Einsetzen der optimalen Mengen x_{1opt} und x_{2opt} in die Preisabsatzfunktionen sind die Preise p_{1opt} und p_{2opt} zu bestimmen.

$$p_{1\,opt} = a - b\,\frac{a - k_v}{3b} = \frac{2a + k_v}{3}$$

$$p_{2\,opt} = a - 2b\,\frac{a - k_v}{3b} = \frac{a + 2k_v}{3}$$

68 Vgl. v. Stackelberg (1965), S. 384.

Die Differentialrechnung mit Nebenbedingungen soll anhand eines Beispiels zur Kostenpolitik demonstriert werden. Ein Betrieb verfügt über zwei funktionsgleiche Maschinen. Die Gesamtkosten jeder Maschine sind von deren Ausbringung M_i (i = 1,2) abhängig. In der Planungsperiode sollen auf beiden Maschinen zusammen 70 Mengeneinheiten hergestellt werden. Gesucht ist diejenige Aufteilung der Produktionsmenge auf die Maschinen, bei der das Minimum der Gesamtkosten erreicht ist. Für die beiden Aggregate gelten folgende Gesamtkostenfunktionen in der Planperiode:

$$K_1(M_1) = 190\,M_1 - 8\,M_1^2 + M_1^3$$
$$K_2(M_2) = 238\,M_2 - 3\,M_2^2 + M_2^3$$

Die zu minimierende Kostengleichung hat die Form

$$K(M_1; M_2) = \underbrace{190\,M_1 - 8\,M_1^2 + M_1^3}_{\text{Aggregat 1}} + \underbrace{238\,M_2 - 3\,M_2^2 + M_2^3}_{\text{Aggregat 2}} \rightarrow \min$$

Die Kostenfunktion ist unter der Restriktion

$$M_1 + M_2 = 70$$

zu minimieren. Diese Restriktion stellt sicher, daß auf beiden Maschinen zusammen genau 70 Mengeneinheiten produziert werden. Die Restriktion ist mit Hilfe des Verfahrens von Lagrange der Zielfunktion hinzuzufügen,[69] d.h., zur Zielfunktion wird ein Term addiert, der dem Produkt aus der neuen Variablen λ und der nach null aufgelösten Restriktion entspricht. Es entsteht die von drei Variablen abhängige unbedingte Zielfunktion:

$$K(M_1; M_2; \lambda) = 190\,M_1 - 8\,M_1^2 + M_1^3 + 238\,M_2 - 3\,M_2^2 + M_2^3 + \lambda\,(70 - M_1 - M_2) \rightarrow \min$$

Die gleich null gesetzten partiellen Ableitungen nach M_1, M_2 und λ sind die notwendigen Optimalitätsbedingungen:

$$\frac{\partial K}{\partial M_1} = 190 - 16\,M_1 + 3\,M_1^2 - \lambda \overset{!}{=} 0$$

$$\frac{\partial K}{\partial M_2} = 238 - 6\,M_2 + 3\,M_2^2 - \lambda \overset{!}{=} 0$$

$$\frac{\partial K}{\partial \lambda} = 70 - M_1 - M_2 \overset{!}{=} 0$$

Die Bedeutung der Variablen λ ist den ersten beiden Optimalitätsbedingungen zu entnehmen, wenn diese in der Form

69 Dabei ist es gleichgültig, ob der Ausdruck λ (70 - M_1 - M_2), der wegen $M_1 + M_2 = 70$ stets gleich null ist, zur Kostenfunktion addiert oder von ihr subtrahiert wird. Es ändert sich dann jeweils nur das Vorzeichen für λ in den Optimalitätsbedingungen.

$$190 - 16M_1 + 3M_1^2 = \lambda$$
$$238 - 6M_2 + 3M_2^2 = \lambda$$

geschrieben werden. Die linken Seiten dieser Gleichungen entsprechen den Grenzkosten des ersten bzw. zweiten Aggregates; demzufolge gibt λ die Grenzkosten der Aggregate im Optimum an. Da λ auf beiden Aggregaten gleich groß sein muß, gelten im Optimum auf beiden Aggregaten gleich hohe Grenzkosten. Der Ausgleich der Grenzkosten ist folglich die notwendige Bedingung für Optimalität. Von allen möglichen ausgeglichenen Grenzkosten auf den Aggregaten wird jenes Grenzkostenniveau gesucht, für das eine Gesamtausbringung beider Aggregate von 70 Mengeneinheiten erreicht ist. Diese notwendigen Bedingungen für Optimalität sind um die hinreichenden Bedingungen zu ergänzen, worauf hier wiederum verzichtet wird. Die optimale Produktionsaufteilung läßt sich durch Auflösung des Gleichungssystems

$$190 - 16M_1 + 3M_1^2 = 238 - 6M_2 + 3M_2^2$$
$$M_1 + M_2 = 70$$

bestimmen. Im Optimum[70] gilt $M_{1opt}=36$ und $M_{2opt}=34$. Marginalanalytische Lösungen von Problemen mit der beschriebenen mathematischen Struktur sind mit Vorsicht zu betrachten. Es kann sich um eine Lösung mit maximalen Kosten oder um einen Sattelpunkt handeln. Ob das Gleichungssystem zur Politik mit minimalen oder maximalen Kosten führt, hängt von der Gesamtausbringung ab. Für 70 ME liegt ein Minimum vor, für Ausbringungsmengen unter 11/3 ME ist ein Maximum gegeben. Dieses Maximum liegt allerdings in einem Bereich, in dem die Marginalanalyse zu ökonomisch unsinnigen Werten führt: Für Ausbringungsmengen kleiner als ungefähr 22/3 ME ist eine der beiden Mengen negativ, während die auf dem anderen Aggregat zu produzierende Menge die Gesamtmenge übersteigt. Der Grund hierfür ist, daß die Grenzkosten des Aggregats 1 im Intervall [0; 22/3] geringer sind als die des Aggregats 2. Folglich werden Gesamtmengen innerhalb dieses Intervalls zur Kostenminimierung nur auf der ersten Maschine gefertigt. Insgesamt liegt für Ausbringungsmengen unter 7,47 ME ein Randoptimum vor, das sich nicht mit dem Ansatz gleicher Grenzkosten, sondern nur über eine Totalanalyse - Vergleich der Kosten beider Aggregate - bestimmen läßt.

70 Anhand weiterer Untersuchungen läßt sich zeigen, daß diese Kostenpolitik tatsächlich kostenminimal - und nicht etwa kostenmaximal - ist.

6.3.1.2.2 Lineare Programmierung[71]

Die Lineare Programmierung (LP) kann eingesetzt werden, wenn das zu lösende Modell folgende Strukturmerkmale aufweist:

- Die zu maximierende bzw. zu minimierende Zielfunktion ist linear, alle Variablen treten in der ersten Potenz auf und sind nur additiv miteinander verknüpft. Diese Voraussetzung mag sehr einschränkend erscheinen; es ist aber häufig möglich, eine nichtlineare Funktion durch lineare Funktionen anzunähern (Approximation, Diskretisierung).
- Der Raum der zulässigen Lösungen kann durch ein lineares (Un-) Gleichungssystem beschrieben werden. Die von den Variablen einzuhaltenden Nebenbedingungen (Restriktionen) müssen als lineare Gleichungen oder Ungleichungen formulierbar sein.
- Die Variablenwerte können stetig variieren. Falls für einzelne oder alle Variablen nur ganzzahlige Werte zulässig sind, müssen spezielle Algorithmen eingesetzt werden. In diesem Fall ist die Suche nach der optimalen Lösung erheblich aufwendiger und oftmals nicht mit vertretbarem Zeitaufwand möglich.[72]

Die Vorgehensweise der Linearen Optimierung soll am Beispiel der Programmplanung demonstriert werden.[73] Ein Unternehmen kann vier Produkte in den noch unbekannten Mengen x_1, x_2, x_3, x_4 herstellen. Die beiden ersten Erzeugnisse werden auf einer Maschine A gefertigt, für das dritte und vierte Produkt wird die Maschine B benötigt. Für alle Produkte ist ein nur begrenzt verfügbarer Rohstoff R erforderlich. Die Deckungsspannen und Produktionskoeffizienten sowie die verfügbaren Ressourcenbestände und die erreichbaren Absatzmengen sind der Tabelle 6-11 zu entnehmen. Zulässig sind nur Lösungen mit nichtnegativen Werten der Strukturvariablen x_1 bis x_4.

Produkt	1	2	3	4	maximale Kapazität
Maschine A ZE/ME	2	4	-	-	160 ZE
Maschine B ZE/ME	-	-	3	5	160 ZE
Rohstoff R FE/ME	1	2	2	3	180 FE
Deckungsspanne DM/ME	5	4	3	2	
Absatzgrenze	40	∞	60	∞	

Tabelle 6-11

Das Unternehmen sucht das Produktionsprogramm mit maximalem Deckungsbeitrag. Die Planungssituation läßt sich durch folgendes lineare Optimierungsproblem abbilden:

71 Zu diesem Abschnitt vgl. z.B. Collatz/Wetterling (1971); Dantzig (1951); Dantzig (1966); Gass (1969); Hadley (1962); Krekó (1973); Witte/Deppe/Born (1975).

72 Mögliche Verfahren der ganzzahligen Optimierung sind Schnittebenenverfahren, Verfahren der vollständigen Enumeration, Branch-and-Bound-Verfahren (unvollständige Enumeration) und die dynamische Optimierung (vgl. Kapitel 6.3.1.3.2). Einen Überblick über diese Verfahren findet sich z.B. in Hillier, Liebermann (1988).

73 Zum verwendeten Modell vgl. Adam (1993), S. 84 ff.

$$
\begin{array}{llllcll}
DB := & 5x_1 & +4x_2 & +3x_3 & +2x_4 & \rightarrow & max \\
& 2x_1 & +4x_2 & & & \leq & 160 & \text{Maschine A} \\
& & & 3x_3 & +5x_4 & \leq & 160 & \text{Maschine B} \\
& x_1 & +2x_2 & +2x_3 & +3x_4 & \leq & 180 & \text{Rohstoff} \\
& x_1 & & & & \leq & 40 & \text{Absatzgrenze 1} \\
& & & x_3 & & \leq & 60 & \text{Absatzgrenze 3} \\
& x_1, & x_2, & x_3, & x_4 & \geq & 0
\end{array}
$$

Das System der Restriktionen wird mit Hilfe von fünf Schlupfvariablen y zum Gleichungssystem umgewandelt:

$$
\begin{array}{lllllllllllll}
DB := & 5x_1 & +4x_2 & +3x_3 & +2x_4 & & & & & & \rightarrow & max \\
& 2x_1 & +4x_2 & & & +y_A & & & & & = & 160 \\
& & & 3x_3 & +5x_4 & & +y_B & & & & = & 160 \\
& x_1 & +2x_2 & +2x_3 & +3x_4 & & & +y_R & & & = & 180 \\
& x_1 & & & & & & & +y_1 & & = & 40 \\
& & & x_3 & & & & & & +y_3 & = & 60 \\
& x_1, & x_2, & x_3, & x_4, & y_A, & y_B, & y_R, & y_1, & y_3 & \geq & 0
\end{array}
$$

Zur Lösung dieses LP-Problems wird der auf Dantzig zurückgehende Simplex-Algorithmus eingesetzt. Dessen Grundidee besteht darin, den Zielfunktionswert DB schrittweise zu erhöhen, bis die optimale Lösung erreicht ist. Das gedankliche Prinzip des Verfahrens läßt sich gut mit Hilfe eines kleinen Beispiels veranschaulichen.

Ein Bergsteiger soll bei völliger Dunkelheit einen Berg bis zum Gipfel besteigen. Von diesem Berg weiß er lediglich, daß er nur einen einzigen Gipfel (Extremwert) hat. Diese Aufgabe ist zu lösen, wenn der Bergsteiger von jedem Punkt aus, den er erreicht, grundsätzlich nur bergan geht. Nach jedem Schritt (Iteration) muß geprüft werden, ob es von dieser Stelle noch weiter bergauf geht. Der Gipfel ist erreicht, wenn es einen Punkt auf der Bergwanderung gibt, bei dem keine positive Steigung mehr existiert. Sinnvollerweise wird der Bergwanderer nun nicht blind bergan weiterlaufen; er könnte erst in vielen Serpentinen auf einem langen Weg zum Gipfel gelangen. Günstiger ist es, an jeder Stelle zunächst zu überprüfen, in welcher Richtung es am steilsten bergan geht (Prüfkriterium). Durch diese Heuristik wird der zurückzulegende Weg kürzer. Die Vorgehensweise des Bergwanderers läßt sich auf das lineare Optimierungsproblem übertragen.

Der bei der Linearen Programmierung zu besteigende „Berg" ist die durch Restriktionen eingeschränkte Erfolgsfunktion. Aufgrund der mathematischen Problemstruktur ist bekannt, daß dieser Berg nur einen Extremwert besitzt. Nach jeder Iteration (Rechenschritt), die darin besteht, eine Variable in die Lösung des Problems aufzunehmen und dafür eine andere zu eliminieren, ist mit Hilfe des Simplexkriteriums (Prüfkriterium) zu testen, ob der Gewinn durch Austausch von Variablen noch erhöht werden kann und durch Austausch welcher Variablen der Gewinn am kräftigsten steigt. Die optimale Lösung ist erreicht, wenn das Simplexkriterium keine Gewinnsteigerungsmöglichkeit mehr anzeigt.

Der Simplex-Algorithmus baut auf dem Eliminationsverfahren von Gauß auf und erweitert dieses Verfahren um ein Prüfkriterium, das darüber Auskunft gibt, durch Austausch welcher Variablen der Erfolg am stärksten erhöht werden kann. Die Lösungstechnik soll am formulierten Beispiel demonstriert werden.

Zur Vereinfachung der Schreibweise wird das Gleichungssystem in Tabellenform gebracht. Die Nichtnegativitätsbedingungen brauchen nicht mitgeführt zu werden, da sie durch das Simplexverfahren automatisch eingehalten werden. Es ergibt sich das folgende Ausgangstableau:[74]

BV	x_1	x_2	x_3	x_4	y_A	y_B	y_R	y_1	y_3	RS
-DB	5	4	3	2						
y_A	2	4			1					160
y_B			3	5		1				160
y_R	1	2	2	3			1			180
y_1	1*							1		40
y_3			1						1	60

Tabelle 6-12

Unter der Spalte RS sind die rechten Seiten der Gleichungen aufgeführt. Die Variablen stehen in der Kopfzeile. Die Zielfunktion steht in der mit -DB bezeichneten Zeile, und darunter stehen die Restriktionen. Am linken Rand ist vermerkt, welche Variablen sich in der zum Tableau gehörenden Lösung befinden. In der Ausgangslösung sind das voraussetzungsgemäß alle Schlupfvariablen y.

Das Ausgangstableau besitzt kanonische Form, d.h.:

- Es enthält genau so viele Spalten mit einem Einheitsvektor - nur eine 1 und sonst Nullen in der Spalte -, wie es Restriktionen in dem Problem gibt (Spalten unter den Variablen vom Typ y). Die Variablen mit einem Einheitsvektor werden Basisvariable (BV) genannt.
- Die Zielfunktionskoeffizienten der Basisvariablen sind null.

Dank der kanonischen Form ist aus der Matrix die zugehörige Lösung (Basislösung) direkt abzulesen, wenn das Niveau der Nichtbasisvariablen (Variable, zu denen kein Einheitsvektor gehört) gleich null gesetzt wird. Nur Basisvariable können einen von null verschiedenen, positiven Wert annehmen. Aus der Ausgangslösung ist beispielsweise für y_A ein Wert von 160 abzuleiten.

74 Nicht ausgewiesene Matrixelemente sind null. Die Spalte der Zielvariablen DB ist weggelassen worden. In der hier gewählten Schreibweise enthält die Zielfunktionszeile die Deckungsspannen aus Gründen der Anschaulichkeit mit positivem Vorzeichen. Dies hat allerdings zur Folge, daß die rechte Seite der DB-Zeile den Deckungsbeitrag mit negativem Vorzeichen ausweist (vgl. die folgenden Tableaus).

Der Simplex-Algorithmus geht folgendermaßen vor: In jedem Rechenschritt (Simplexschritt, Iteration) wird eine Nichtbasisvariable zur Basisvariablen und eine Basisvariable zur Nichtbasisvariablen. Mit jedem Basiswechsel wird eine Verbesserung des Zielfunktionswertes DB angestrebt. Eine Iteration umfaßt die folgenden drei Teilschritte:

1. Bestimmung der in die Basis eintretenden Variablen:

   Eine Verbesserung des Zielfunktionswertes ist erzielbar, wenn eine Nichtbasisvariable mit positivem Zielfunktionskoeffizienten vom bisherigen Wert 0 auf einen positiven Wert gesetzt wird. Üblicherweise wird die Variable mit dem absolut größten Zielfunktionskoeffizienten ausgewählt, um ein rasches Ansteigen des Zielfunktionswertes zu erreichen. Im Ausgangstableau ist dies x_1. Mit jeder Einheit x_1 wächst der Deckungsbeitrag um 5 DM. Die Spalte der ausgewählten Variablen (x_1) heißt Pivotspalte.

1. Bestimmung der aus der Basis zu eliminierenden Variablen:

   Da die Werte der Basisvariablen nicht negativ werden dürfen, sind dem Wachstum der in die Basis eintretenden Variablen durch die Restriktionen Grenzen gesetzt. Wie die positiven Koeffizienten in der Pivotspalte zeigen, sinken die Werte der Basisvariablen y_A, y_R und y_1, wenn x_1 positiv wird. Diejenige der bisherigen Basisvariablen, welche mit wachsendem Wert x_1 zuerst auf den Wert 0 abgesunken ist, verläßt die Basis und wird Nichtbasisvariable. Es ist somit zu ermitteln, in welcher Zeile des Tableaus der Quotient aus rechter Seite und positivem Koeffizienten in der Pivotspalte minimal ist (Engpaßfaktor).[75] Im Ausgangstableau gilt $40 = \min\{160/2;\ 180/1;\ 40/1\}$. Wenn x_1 den Wert 40 annimmt, sinkt y_1 auf den Wert $40 - 1 \cdot 40 = 0$, y_R auf $180 - 1 \cdot 40 = 140$ und y_A auf $160 - 2 \cdot 40 = 80$. y_1 wird aus der Basis gestrichen; die anderen Basisvariablen bleiben positiv. Die Zeile der zu streichenden Basisvariablen heißt Pivotzeile. Das sowohl zur Pivotzeile als auch zur Pivotspalte gehörende Matrixelement wird als Pivotelement bezeichnet. Im Ausgangstableau ist das Pivotelement durch ein Sternchen (*) gekennzeichnet.

1. Basistausch:

   Das Tableau ist so umzuformen, daß ein Basistausch der in den Schritten 1 und 2 bestimmten Variablen stattfindet. Hierzu wird die Pivotzeile einschließlich der rechten Seiten durch das Pivotelement dividiert. Damit steht an der Stelle des Pivotelementes eine 1. Es muß nun erreicht werden, daß in allen übrigen Zeilen der Pivotspalte nur noch Nullen stehen. Das wird garantiert, wenn ein Vielfaches der erzeugten neuen Zeile von allen übrigen Zeilen des Ausgangstableaus (einschließlich der Zielfunktionszeile) subtrahiert wird. Von der zu y_A im Ausgangstableau gehörenden Zeile muß das Zweifache der neugewonnenen Zeile abgezogen werden, damit das Element y_A/x_1 null ist. Wird dieser Rechenschritt mit allen Zeilen des alten Tableaus durchgeführt, entsteht ein neues Tableau, wiederum in kanonischer Form.

Das Tableau nach der ersten Iteration hat folgendes Aussehen:

75 Enthält die Pivotspalte nur nichtpositive Koeffizienten, so kann die in die Basis eintretende Variable beliebig groß werden, und die Zielfunktion ist nach oben nicht beschränkt.

BV	x_1	x_2	x_3	x_4	y_A	y_B	y_R	y_1	y_3	RS
-DB		4	3	2				-5		-200
y_A		4^*			1			-2		80
y_B			3	5		1				160
y_R		2	2	3			1	-1		140
x_1	1							1		40
y_3			1						1	60

Tabelle 6-13

Aus diesem Tableau ist das Niveau der Basisvariablen unmittelbar abzulesen ($y_A = 80$, $y_R = 140$, $x_1 = 40$ usw.). Mit dieser Lösung ist ein Deckungsbeitrag in Höhe von 200 DM verbunden (-DB = -200). Aus der Lösung ist zu erkennen, daß sich der Gewinn durch die Variablen x_2, x_3 oder x_4 noch verbessern läßt. Im nächsten Rechenschritt ist die Variable x_2 in die Basis aufzunehmen, und die Berechnung für den Engpaß ergibt: Die Variable y_A wird mit steigendem Niveau von x_2 als erste negativ. Damit steht das neue Pivotelement für die nächste Iteration fest.

Die Schritte 1. bis 3. werden so lange wiederholt, bis die optimale Lösung gefunden ist. Die zweite Iteration tauscht x_2 gegen y_A und liefert:

BV	x_1	x_2	x_3	x_4	y_A	y_B	y_R	y_1	y_3	RS
-DB			3	2	-1			-3		-280
x_2		1			$\frac{1}{4}$			$-\frac{1}{2}$		20
y_B			3	5		1				160
y_R			2^*	3	$-\frac{1}{2}$		1			100
x_1	1							1		40
y_3			1						1	60

Tabelle 6-14

Da es noch positive Koeffizienten in der Zielfunktion gibt, ist die optimale Lösung noch nicht erreicht. Es ist vorteilhaft, x_3 in die Basis aufzunehmen und y_R daraus zu streichen. Dies führt zum Optimaltableau:

BV	x_1	x_2	x_3	x_4	y_A	y_B	y_R	y_1	y_3	RS
-DB				$-\frac{5}{2}$	$-\frac{1}{4}$		$-\frac{3}{2}$	-3		-430
x_2		1			$\frac{1}{4}$			$-\frac{1}{2}$		20
y_B				$\frac{1}{2}$	$\frac{3}{4}$	1	$-\frac{3}{2}$			10
x_3			1	$\frac{3}{2}$	$-\frac{1}{4}$		$\frac{1}{2}$			50
x_1	1							1		40
y_3				$-\frac{3}{2}$	$\frac{1}{4}$		$-\frac{1}{2}$		1	10

Tabelle 6-15

Das letzte Tableau ist optimal, da keine Variable mehr einen positiven Zielfunktionskoeffizienten aufweist. Eine weitere Variablensubstitution würde den erzielten Deckungsbeitrag von 430 DM wieder sinken lassen. Für jede von x_4 in das Programm aufzunehmende Mengeneinheit würde als Folge des erforderlichen Substitutionsprozesses der Deckungsbeitrag um 2,5 DM sinken.

$$DB = 430 - 2{,}5x_4 - 0{,}25y_A - 1{,}5y_R - 3y_1 \leq 430$$

Das deckungsbeitragsmaximale Produktionsprogramm lautet demnach: Vom ersten Produkt wird die maximal absetzbare Menge (40 ME) produziert ($x_1 = 40$). Daraus folgt: Die zugehörige Schlupfvariable für die Absatzrestriktion ist gleich null ($y_1 = 0$). Das zweite Erzeugnis ist im Umfang von 20 ME ($x_2 = 20$) und das dritte im Umfang von 50 ME ($x_3 = 50$) herzustellen. Die Produktionsmenge des dritten Erzeugnisses bleibt damit um 10 ME hinter der maximal möglichen Absatzmenge zurück, d.h., die zugehörige Schlupfvariable der Absatzrestriktion beträgt 10 ME ($y_3 = 10$). Erzeugnis 4 wird nicht hergestellt ($x_4 = 0$). Engpässe im Fertigungsbereich sind die Maschine A (Restkapazität $y_A = 0$) und der Rohstoff R (nicht ausgenutzte Bezugsmenge $y_R = 0$). Die Kapazität der Maschine B ist hingegen nicht knapp; es verbleibt eine freie Kapazität von 10 ZE ($y_B = 10$). Im Optimum wird ein Deckungsbeitrags von $40 \cdot 5 + 20 \cdot 4 + 50 \cdot 3 = 430$ DM erzielt.

Das Optimaltableau liefert darüber hinaus noch weitere für die Planung aufschlußreiche Informationen. Der Lösung kann entnommen werden, welchen Beitrag die letzte von einem Faktor eingesetzte Mengeneinheit zur Verbesserung des Deckungsbeitrags leistet, bzw. welchen Beitrag eine weitere Mengeneinheit leisten würde. Diese Information ist aus den Zielfunktionskoeffizienten (Dualwerten) abzuleiten. Die Dualwerte sollen interpretiert werden:

- Interpretation des Dualwerts von y_A: Die Nichtbasisvariable y_A ist die Schlupfvariable der zur Maschine A gehörenden Kapazitätsrestriktion und hat in der optimalen Lösung den Wert 0, d.h.: Maschine A ist Engpaß; die Kapazität ist knapp. Steht eine ZE mehr zur Verfügung, kann die Variable y_A von null auf -1 gesetzt werden, d.h., die ursprüngliche Nebenbedingung kann um eine ZE überschritten werden. Die Zielfunktion zeigt an, daß der Deckungsbeitrag um 0,25 DM steigt.[76] Der Dualwert 0,25 ist demnach der Grenzgewinn (Schattenpreis) des knappen Faktors „Kapazität A". Diese Veränderung erklärt sich aus der vorzunehmenden optimalen Anpassung des Programms an eine um eine ZE höhere Kapazität. Die erforderlichen Änderungen sind aus den vier Werten der Koeffizientenspalte von y_A ersichtlich. Es ergeben sich folgende Veränderungen der Basisvariablen des optimalen Tableaus: Die Werte der Variablen x_2, y_B und y_3 erhöhen sich um: $\Delta x_2 = +0{,}25$, $\Delta y_B = +0{,}75$ und $\Delta y_3 = +0{,}25$. Hingegen ist es optimal, die Menge von x_3 um 0,25 zu reduzieren: $\Delta x_3 = -0{,}25$. Die zusätzliche Kapazitätseinheit wird genutzt, um 0,25 zusätzliche ME des zweiten Produkts herzustellen. Aufgrund des hierdurch ausgelösten Rohstoffbedarfs können allerdings vom dritten Produkt nur 0,25 ME weniger produziert werden. Bei diesem Substitutionsprozeß der Produkte wächst die Leerkapazität der Maschine B um $3 \cdot 0{,}25 = 0{,}75$ ZE an, und der nicht ausgenutzte Absatzspielraum des Er-

76 Man mache sich dies an der mit -1 multiplizierten Zielfunktionsgleichung klar: $DB + 2{,}5x_4 + 0{,}25y_A + 1{,}5y_R + 3y_1 = 430$.

zeugnisses 3 steigt entsprechend um 0,25 ME. Aufgrund der Mengenänderungen beim zweiten und dritten Erzeugnis wächst der Deckungsbeitrag um $4 \cdot \Delta x_2 + 3 \cdot \Delta x_3 = 0{,}25$. Der Dualwert von 0,25 für die Kapazität der Maschine A entspricht den Opportunitätskosten, die im Rahmen der wertmäßigen Kostenkonzeption für den knappen Faktor anzusetzen sind.[77]

- Interpretation des Dualwerts von y_R: Der Grenzgewinn des knappen Faktors Rohstoff beträgt 1,5 DM/FE. Eine zusätzliche Rohstoffeinheit erlaubt die Fertigung von weiteren 0,5 ME des Produkts 3 und damit einen um $3 \cdot 0{,}5 = 1{,}5$ DM höheren Deckungsbeitrag: $\Delta y_R = -1 \Rightarrow \Delta x_3 = 0{,}5 \Rightarrow \Delta y_B = -1{,}5 \Rightarrow \Delta y_3 = -0{,}5 \Rightarrow \Delta DB = 1{,}5$. Der Betrag ist als Opportunitätsbestandteil in die wertmäßigen Kosten des Rohstoffs einzubeziehen.

- Interpretation des Dualwerts von y_B: Die Kapazität der Maschine B ist Überschußfaktor; eine zusätzliche ZE würde den Deckungsbeitrag nicht erhöhen, da ohnehin bereits 10 ZE ungenutzt bleiben. Der Grenzgewinn des Faktors „Kapazität B" ist daher gleich null. Überschußfaktoren werden vom Simplexverfahren immer mit 0 bewertet.

- Interpretation des Dualwerts von y_1 (Schlupfvariable der Absatzrestriktion des ersten Produktes): Das erste Produkt wird in der optimalen Lösung im maximal möglichen Umfang produziert; die Schlupfvariable y_1 hat den Wert 0. Erhöht sich die absetzbare Menge von 40 auf 41 ME ($\Delta y_1 = -1$), steigt der Deckungsbeitrag um 3 DM, denn es kann eine ME des Erzeugnisses 1 zusätzlich abgesetzt werden ($\Delta x_1 = 1$). Aufgrund des Engpasses bei Maschine A ist das nur möglich, wenn beim zweiten Produkt auf die Fertigung einer halben ME verzichtet wird ($\Delta x_2 = -0{,}5$). Die Änderung des Deckungsbeitrages erklärt sich somit aus dem Zugewinn bei Produkt 1 und der Reduzierung beim zweiten Produkt: $\Delta DB = 1 \cdot 5 - 0{,}5 \cdot 4 = 3$. Dieser Wert zeigt an, daß das erste Produkt mehr als die Opportunitätskosten der Maschine A und des Rohstoffes erwirtschaftet.

- Interpretation des Dualwerts von x_4: Wird das Produkt 4 hergestellt, sinkt der Deckungsbeitrag um 2,5 DM je produzierter Einheit. Diese Minderung des Deckungsbeitrages erklärt sich wie folgt: Wird eine ME des vierten Erzeugnisses produziert ($\Delta x_4 = 1$), kommt es aufgrund der Knappheitssituation beim Rohstoff R zur Verdrängung von 1,5 ME des dritten Produkts ($\Delta x_3 = -1{,}5$), und die zugehörige Schlupfvariable der Absatzrestriktion wächst um 1,5 ME ($\Delta y_3 = 1{,}5$). Die Kapazitätsbelastung von Maschine B steigt um $1 \cdot 5 - 1{,}5 \cdot 3 = 0{,}5$ ZE ($\Delta y_B = -0{,}5$), und der Deckungsbeitrag sinkt um 2,5 DM: $\Delta DB = 1 \cdot 2 - 1{,}5 \cdot 3 = -2{,}5$. Dieser Wert drückt aus, daß das vierte Erzeugnis nicht in der Lage ist, die Opportunitätskosten der Maschine A und des Rohstoffes R zu erwirtschaften. Es handelt sich mithin um ein unvorteilhaftes Produkt.

Der gesamte zu erzielende Deckungsbeitrag läßt sich auch mit Hilfe der Dualwerte der Faktoren und der Dualwerte der Schlupfvariablen der Produkte berechnen. In die Berechnung brauchen nur Ressourcen mit einem von null verschiedenen Dualwert aufgenommen zu werden (knappe Faktoren). Bei den Produkten sind nur jene relevant, die besser sind als das Grenzprodukt, deren Dualwert der Schlupfvariablen also positiv ist (Produkt x_1 im Bei-

77 Vgl. Adam (1993), S. 120 ff.; Adam (1970), S. 25 ff., 35; Schmalenbach (1963).

spiel). Alle übigen Faktoren bzw. Produkte erwirtschaften einen Deckungsbeitrag von null. Die Maschine A mit einer Kapazität von 160 ZE leistet einen Beitrag von 0,25·160. Der Rohstoff mit einem Bestand von 180 Einheiten steuert einen Betrag von 1,5·180 bei, und am Produkt 1 verdient das Unternehmen bei einer Absatzmenge von 40 an jedem Stück 3 DM mehr, als an wertmäßigen Kosten für dieses Produkt zu verrechnen ist. Der Deckungsbeitrag ergibt sich mit DB = 0,25·160 + 1,5·180 + 3·40 = 430.

Wären die Grenzgewinne der Faktoren „Kapazität A", „Kapazität B" und „Rohstoff R" schon zu Beginn der Planung bekannt gewesen, hätte das Optimierungsproblem nicht mit einem linearen Ansatz gelöst werden müssen. Es hätte genügt, für die Produkte die wertmäßigen Deckungsspannen zu berechnen. Sie ergeben sich, wenn von den Deckungsspannen des Beispiels die Opportunitätskosten für den Verbrauch des Rohstoffs und der Maschine A abgezogen werden. Diese Kalkulation führt für das Erzeugnis 1 zu einer wertmäßigen Dekkungspanne von 3; die beiden Erzeugnisse 2 und 3 haben eine Spanne von jeweils null, sind also Grenzprodukte; für Erzeugnis 4 ergibt sich die bereits bekannte negative Spanne von -2,5. Das Planungsproblem läßt sich allein anhand der Vorzeichen der wertmäßigen Dekkungsspannen lösen: Produkte mit positiver wertmäßiger Deckungsspanne gehen mit maximaler Menge in das Programm ein, während jene mit negativer Spanne abgelehnt werden. Von den Grenzprodukten wird so viel produziert, daß der Rohstoffbestand und die Maschinenkapzität A gerade voll ausgeschöpft werden.[78] Leider liegen die Grenzgewinne der Faktoren aber erst vor, wenn das Problem bereits mit Hilfe der Linearen Optimierung gelöst worden ist (Dilemma der wertmäßigen Kosten).[79]

Die Dualwerte (Grenzgewinne und wertmäßige Deckungsspannen) können für postoptimale Rechnungen Bedeutung erlangen. Zur Illustration mögen zwei Beispiele dienen.

- Falls der Marktpreis des ersten Erzeugnisses um 1 DM/ME sinkt, erhebt sich die Frage, ob das optimale Programm sich ändert. Da die wertmäßige Deckungsspanne sich von 3 auf 2 vermindert und somit positiv bleibt, wird dieses Erzeugnis nach wie vor in vollem Umfang gefertigt.

- Soll das Unternehmen weitere Faktoreinheiten des Rohstoffs ankaufen, die zu einem um 0,4 DM/FE höheren Preis als bisher zusätzlich angeboten werden? Die Antwort lautet ja, denn der Grenzgewinn des Rohstoffs ist auch nach Abzug der Preiserhöhung noch immer positiv.

Die beiden zuletzt angesprochenen Fragen stehen in engem Zusammenhang mit der Sensitivitätsanalyse.[80] Wie stark darf beispielsweise der Preis des ersten Erzeugnisses sinken, und wie viele Rohstoffeinheiten soll das Unternehmen hinzukaufen? Im Rahmen der Sensitivitätsanalyse ist zu ermitteln, innerhalb welcher Grenzen einzelne Deckungsspannen oder Ka-

---

78 Ganz analoge Ergebnisse gelten im Rahmen der simultanen Investitions- und Finanzplanung. Hier tritt allerdings an die Stelle der wertmäßigen Deckungsspanne der Kapitalwert als Vorteilhaftigkeitskriterium. Vgl. Hering (1992), S. 28 f.

79 Vgl. Adam (1970), S. 53, 176 ff.

80 Vgl. oben Abschnitt 1.3.5. Die Betrachtung bleibt aber im folgenden auf den ersten Typ der Sensitivitätsanalyse beschränkt.

pazitäten bzw. Absatzschranken schwanken dürfen, ohne daß ein Basiswechsel erforderlich wird. Bewegt sich die Veränderung nur innerhalb des zu ermittelnden Intervalls, bleibt die bisherige optimale Basis stabil, d.h., die gleichen Variablen bleiben in der optimalen Basis. Die Grundüberlegungen einer Sensitivitätsanalyse sollen für die beiden Fälle „Variation der Zielfunktionsbeiträge“ und „Veränderung der rechten Seiten der Restriktionen“ beschrieben werden.

- Sensitivitätsanalyse der Deckungsspannen:[81]

Für das erste und vierte Produkt ist die Sensitivitätsanalyse sehr einfach. Die wertmäßige Deckungsspanne von Produkt 1 wird negativ, wenn der Absatzpreis um mehr als 3 DM/ME sinkt und damit die (pagatorische) Deckungsspanne weniger als 2 beträgt. Die Deckungsspanne von Produkt 1 kann also im Intervall [2; +∞[variieren, ohne daß x_1 die Basis verlassen muß. Ebenso ist zu erkennen, daß der Preis des vierten Erzeugnisses mindestens um 2,5 DM/ME steigen muß, bevor dieses Erzeugnis interessant wird. Für Deckungsspannen im Intervall]-∞; 4,5] bleibt das vierte Erzeugnis unvorteilhaft.

Die Schwankungsbreite der Deckungsspanne des zweiten Produktes ergibt sich durch folgende Überlegung: Steigt der Preis um den Betrag t, ergibt sich im Ausgangstableau für x_2 ein Zielfunktionskoeffizient von 4+t. Im Optimaltableau folgt daraus ein Zielfunktionskoeffizient von 0+t.[82] Da aber der Zielfunktionskoeffizient einer Basisvariablen null betragen muß, ist zur Wiederherstellung der kanonischen Form die zu x_2 im optimalen Tableau gehörende Zeile t-mal von der DB-Zeile zu subtrahieren. Es resultiert folgende neue Zielfunktionszeile:

BV	x_1	x_2	x_3	x_4	y_A	y_B	y_R	y_1	y_3	RS
-DB				$-\frac{5}{2}$	$-\frac{1}{4}$		$-\frac{3}{2}$	-3		-430
					$-\frac{1}{4}$ t			$+\frac{1}{2}$ t		-20 t

Tabelle 6-16

Die bisherige Lösung bleibt optimal, wenn alle Zielfunktionskoeffizienten - also die von y_A und y_1 bei Variation von t - weiterhin kleiner oder gleich null bleiben. Aus den Ungleichungen $-1/4-1/4\ t \leq 0$ folgt $t \geq -1$, und aus $-3 + 1/2\ t \leq 0$ ergibt sich $t \leq 6$. Für Veränderungen von t im Variationsbereich von $-1 \leq t \leq 6$ beträgt die Deckungsspanne 4 + t. Also bleibt die Zusammensetzung des optimalen Programms für Deckungsspannen aus dem Intervall [3; 10] unverändert. In der gleichen Weise läßt sich für das dritte Erzeugnis das Intervall [4/3; 4] ermitteln.

81 Vgl. Dinkelbach (1969), S. 71 ff.

82 Die Zielfunktionszeile ist nie Pivotzeile, wird also nur additiv verändert. Daher haben die Simplexschritte keinen Einfluß auf den Parameter t.

- Sensitivitätsanalyse der rechten Seiten (RS im Ausgangstableau):[83]

Die Kapazität der Maschine B ist Überschußfaktor. Sie könnte daher noch beliebig zunehmen, ohne daß hierdurch die Zulässigkeit der optimalen Basis tangiert wäre. Da die Schlupfvariable y_B den Wert 10 hat, wird Maschine B erst zum Engpaß, wenn die Kapazität um mehr als 10 ZE abnimmt. Das bisherige optimale Programm bleibt demnach unverändert, solange sich die Kapazität der Maschine B in den Grenzen [150; +∞[bewegt. Analog ergibt sich für die Absatzgrenze des Produkts 3 das Intervall [50; + ∞ [.

Für die knappen Faktoren ist wieder ein Parameter t einzuführen. Wird im Ausgangstableau die verfügbare Rohstoffmenge in 180+t abgeändert, lautet die rechte Seite im Optimaltableau:

BV	RS	
-DB	-430	$-\frac{3}{2}t$
x_2	20	
y_B	10	$-\frac{3}{2}t$
x_3	50	$+\frac{1}{2}t$
x_1	40	
y_3	10	$-\frac{1}{2}t$

Tabelle 6-17

Die Koeffizienten von t im Optimaltableau entsprechen genau den Koeffizienten in der Spalte für y_R, jenem Faktor, der verändert wird. Die bisherige Basis bleibt zulässig und damit optimal, wenn die Werte der fünf Basisvariablen nichtnegativ sind. Zu prüfen ist somit, für welche Werte von t die den Parameter t enthaltenden rechten Seiten größer oder gleich null sind:

$$10 - \tfrac{3}{2}t \geq 0 \Leftrightarrow t \leq \frac{20}{3}$$

$$50 + \tfrac{1}{2}t \geq 0 \Leftrightarrow t \geq -100$$

$$10 - \tfrac{1}{2}t \geq 0 \Leftrightarrow t \leq 20$$

Aus den drei Bedingungen folgt für t eine Begrenzung von $-100 \leq t \leq 20/3$. Die Rohstoffmenge 180+t darf sich im Intervall [80; 186,67] bewegen, ohne daß ein Basistausch erforderlich wird. Das Unternehmen würde demnach maximal 6,67 Einheiten des Rohstoffs zusätzlich kaufen, wenn diese nicht um mehr als 1,5 DM je Mengeneinheit teurer sind als bisher. Der Zukauf von noch mehr Faktoreinheiten des Rohstoffs R lohnt sich nicht, weil der Rohstoff ab 186,67 FE zum Überschußfaktor und Maschine B zum Engpaß wird.

83 Vgl. Dinkelbach (1969), S. 74 ff.

Auf die gleiche Weise ergeben sich die Schwankungsbreiten der „Kapazität A“ und der Absatzschranke von Produkt 1 mit [146,67; 360] bzw. [0; 80].

6.3.1.2.3 Quotientenprogrammierung

6.3.1.2.3.1 Betriebswirtschaftliche Probleme zur Quotientenprogrammierung

Die Lineare Programmierung ist geeignet, wenn ein System linearer Restriktionen und eine lineare Zielfunktion existieren. Eine ganze Reihe betriebswirtschaftlicher Entscheidungsprobleme hat zwar bei den Restriktionen die erforderliche Struktur, zu optimieren ist aber ein Quotient. Im folgenden soll gezeigt werden, daß sich ein derartiges Problem in ein äquivalentes LP-Problem transformieren läßt, wenn der Quotient aus einer linearen Nenner- und Zählerfunktion besteht.

Bevor auf Verfahren zur Lösung derartiger Probleme eingegangen wird, sollen einige betriebswirtschaftliche Problemstellungen für die Quotientenoptimierung[84] beschrieben werden.

Das wohl bekannteste Problem ist die Maximierung der Eigenkapitalrentabilität oder des ROI. Ein Quotientenproblem kann sich aber auch ergeben, wenn zwar eigentlich der langfristige Gewinn maximiert werden soll, aber der Planungshorizont oder die Lebensdauer des Unternehmens nicht bekannt ist. Langfristige Gewinnmaximierung ist nicht operational, da der Gewinn bei hinreichend langen Planungsperioden gegen unendlich strebt, sofern vorteilhafte Handlungsalternativen existieren. In bestimmten Situationen kann es dann sinnvoll sein, das eigentliche Ziel durch eine Maximierung des Gewinns pro Zeiteinheit zu ersetzen. Das soll an einem Beispiel demonstriert werden.

Ein Reeder steht vor dem Problem, die Mengenkombinationen verschiedener Frachtgüter so zusammenzustellen, daß die Summe der Frachterträge einer Reise maximal wird. Es scheint sich bei diesem Problem um eine Standardvariante der Linearen Programmierung zu handeln, d.h., die Summe der Produkte aus Frachtraten und Frachtmenge je Güterart ist unter bestimmten Restriktionen - Laderaum - zu maximieren. Die für diese Problemformulierung optimale Lösung ist nicht befriedigend, da sie den Zeitbedarf der Reise nicht erfaßt. Die Lösung mit maximalem Frachtertrag je Reise maximiert damit nicht die Gewinne in der Planperiode, da die Zahl der Reisen nicht in das Kalkül eingeht.

Eine Möglichkeit, das Problem umzuformulieren, besteht darin, jene Lösung zu suchen, bei der der Gewinn pro Zeiteinheit maximal ist. In der Zielfunktion wird der Gewinn einer Reise dann zum gesamten Zeitbedarf der Reise (Lade- und Fahrzeit) in Beziehung gesetzt. Das Problem könnte auch so formuliert werden, daß der Gewinn eines Jahres maximiert wird. In den Ansatz muß dann zusätzlich eine Zeitrestriktion aufgenommen werden, die die Zahl

84 Die Begriffe „Quotientenoptimierung“ und „Quotientenprogrammierung“ werden hier synonym verwendet.

möglicher Reisen pro Periode in Abhängigkeit von der Reise- und Ladezeit der einzelnen Fahrten erfaßt.[85] Beide Ansätze führen nicht zwingend zum gleichen Ergebnis.

Das Ziel der Gewinnmaximierung pro ZE ist für einen Reeder sinnlos, wenn er davon ausgehen muß, daß Anschlußaufträge fehlen - die Kapazität also nicht knapp ist - oder mit den folgenden Aufträgen im Gegensatz zu den gerade vorliegenden Aufträgen nur geringere Gewinne zu erzielen sind. Die Gewinnmaximierung pro ZE unterstellt: Nach Beendigung der Reise gibt es weitere Reisen mit gleichem Gewinn pro ZE. Ähnliches gilt übrigens auch für das Ziel der Rentabilitätsmaximierung, denn stillschweigend wird auch dabei unterstellt, daß das nicht im Betrieb eingesetzte Kapital die gleiche Rendite erwirtschaftet wie das eingesetzte Kapital. Kann Kapital extern in Finanzanlagen investiert werden, müßte die Rentabilitätsmaximierung sinnvollerweise auch die Einsatzalternativen für das nicht im Betrieb anzulegende Geld erfassen. Wird das gesamte zur Verfügung stehende Kapital im Ansatz berücksichtigt, führt das Ziel der Rentabilitätsmaximierung zum gleichen Ergebnis wie das Ziel der Gewinnmaximierung, da in diesem Fall der Nenner des Quotienten eine Konstante ist. Die Rentabilitätsmaximierung ist nur ein eigenständiges Ziel, wenn durch die Entscheidung die Kapitalbasis durch zusätzliches Fremdkapital verändert wird. In diesem Fall führen Gewinn- und ROI-Maximierung zu unterschiedlichen Ergebnissen. Fremdfinanzierte Investitionen lohnen im Hinblick auf den ROI nur, solange die Grenzrendite der letzten in die Sachinvestition investierten Kapitaleinheit abzüglich des Sollzinssatzes für das aufgenommene Kapital noch höher ist als der bislang erzielte durchschnittliche ROI. Nur dann wächst der ROI. Bei Gewinnmaximierung ist hingegen jede Sachinvestition vorteilhaft, deren Grenzrendite über dem Sollzinssatz liegt.

Entscheidungsprobleme zur Quotientenoptimierung ergeben sich häufig auch, wenn für die Entscheidung zwei Ziele zu beachten sind, für die keine eindeutige Präferenzordnung angegeben werden kann. In einem solchen Fall kann eine Kompromißlösung dadurch gefunden werden, daß das Verhältnis der Zielfunktionen unter bestimmten Restriktionen optimiert wird.[86] Ein derartiger Fall kann sich für die Instandhaltungsplanung ergeben. Durch Wartungs- und Inspektionsmaßnahmen werden die Kosten beeinflußt. Ziel der Politik könnte es daher sein, die Lösung mit minimalen Kosten zu identifizieren. Wartungs- und Inspektionsentscheidungen beeinflussen über die Maschinenausfallzeiten auch den Grad der Betriebsbereitschaft. Ist die Kapazität knapp, kann bei langen Ausfallzeiten weniger produziert werden, und die Erlöse sinken. Diese generelle Wirkung könnte durch die Zielsetzung „Minimiere die Ausfallzeiten!“ näherungsweise abgebildet werden. Kann sich das Unternehmen für keines der beiden konfliktären Ziele entscheiden, ist die Formulierung des Quotientenziels „Minimiere die Kosten je produktiv zu nutzender ZE!“ eine möglich Form, um eine übergeordnete Nutzenfunktion aufzustellen. Der Quotient erfaßt die Wirkung einer Strategie auf die Kosten und die Verfügbarkeit des Produktionssystems.

85 Beide Formulierungen führen übrigens zur gleichen Lösung, sofern die Zeit knapp ist. Aus dieser Gleichheit der Lösungen kann bereits ein Anhaltspunkt für die Transformation eines Quotientenproblems in ein normales LP-Problem gewonnen werden.

86 Vgl. dazu auch das Kapitel 2.3 zur Überwindung von Zielkonflikten.

Ähnliche Problemstrukturen können sich beim Zuschnitt von Rohstoffen ergeben, wenn der Abfall bzw. die Ausbeute von der Zuschnittpolitik abhängen. Ein Ziel wie „Minimiere den Quotienten aus der Abfallmenge und der Produktionsmenge!“ ist ein möglicher Weg zur Überwindung der Konfliktsituation.

Quotientenprobleme haben bei der Ableitung der optimalen Politik eine bemerkenswerte Eigenschaft: Kommen in der Zähler- und/oder der Nennerfunktion beeinflußbare und nicht beeinflußbare Elemente vor, sind auch die nicht beeinflußbaren Elemente für die Ableitung der optimalen Politik relevant. Fixe Kosten und fixe Kapitaleinsatzbeträge beeinflussen mithin die rentabilitätsmaximale Politik. Ein Beispiel soll diesen bereits behandelten Zusammenhang noch einmal ins Gedächtnis zurückholen: Zu maximieren ist ein Quotient mit der folgenden Zähler- und Nennerfunktion:

Zählerfunktion $G = f(x) = ax^2 - bx - c$ (Gewinn)

Nennerfunktion $C = g(x) = dx + e$ (Kapitaleinsatz)

c und e sind in diesen Funktionen fixe Bestandteile. Nach der Quotientenregel ergibt sich folgendes Optimalitätskriterium:

Im Optimum entspricht das Verhältnis von Grenzgewinn zu Gewinn dem Verhältnis von Grenzkapitaleinsatz zum gesamten Kapitaleinsatz.

$$\frac{G'}{G} = \frac{2ax - b}{ax^2 - bx - c} \stackrel{!}{=} \frac{d}{dx + e} = \frac{C'}{C}$$

Aufgelöst nach x ergibt sich:

$$x_{opt} = \frac{1}{d}\left(-e + \sqrt{\frac{1}{a}\left(ae^2 + bed - cd^2\right)}\right)$$

An dieser Gleichung ist zu erkennen, daß mit steigenden fixen Kosten (d.h., c steigt) x_{opt} sinkt. x_{opt} ist ebenfalls abhängig vom fixen Kapitaleinsatz e. Inwieweit x_{opt} steigt bzw. fällt, wenn e vergrößert wird, hängt allerdings von der Datensituation ab.

Ein zweites, aus dem ersten folgendes Merkmal von Quotientenproblemen ist: Probleme dieser Art lassen sich nicht mehr sinnvoll horizontal in einzelne Entscheidungsfelder dekomponieren, wenn es sich bei den konstanten Elementen um Gemeinkosten oder einen Kapitaleinsatz für gemeinsam genutzte Anlagen handelt. Werden Partialmodelle gebildet, sind die fixen Bestandteile der Zähler- und Nennerfunktion für die Ableitung der optimalen Politik der dezentralen Entscheidungsfelder erforderlich. Es ist aber sachlogisch unmöglich, Gemeinkosten (meistens fixe Kosten) sowie einen gemeinsamen Kapitaleinsatz auf die Entscheidungsfelder verursachungsgerecht aufzuteilen.[87] Bei einer willkürlichen Aufteilung ist auch die „optimale Lösung“ der Partialmodelle letztlich Ergebnis dieser Willkür, d.h., für jede Aufteilung stellt sich ein anderes „optimales“ Ergebnis ein.

87 Vgl. Adam (1987).

Ein drittes Merkmal von Quotientenproblemen ist, daß sie real wenig sinnvolle Lösungen als formal optimal ausweisen können. Der Grund dafür ist darin zu sehen, daß die Problemformulierung bestimmte Gesamtzusammenhänge nicht erfaßt. Wird Rentabilitätsmaximierung betrieben, kann der Planungsansatz zu einer Lösung kommen, bei der ein sehr geringer Gewinn mit einem gegen null strebenden Kapitaleinsatz realisiert werden soll. Die Rentabilität ist zwar wunderbar, aber das Unternehmen kann von dem kleinen Gewinn nicht existieren.[88]

6.3.1.2.3.2 Lineare Quotientenprogrammierung

Behandelt werden nur Probleme der Quotientenprogrammierung, bei denen die Funktionen des Zählers und Nenners und alle Nebenbedingungen linear sind. Dargestellt werden Minimierungsprobleme mit Kleiner-Gleich-Bedingungen.[89] Ein derartiges Problem hat die Form:

Zielfunktion

$$Q = \frac{\sum_j z_j x_j + z_0}{\sum_j n_j x_j + n_0} \rightarrow \min$$

Nebenbedingungen

$$\sum_j a_{ij}\, x_j \leq b_i \quad \forall i$$

$$x_j \geq 0 \quad \forall j$$

Mit x_j werden die Variablen des Problems - Produktionsmengen - bezeichnet. Die Konstanten z des Zählers (bzw. n des Nenners) sind beispielsweise als variable bzw. fixe Gewinnwirkungen (Kapitalwirkungen) zu interpretieren. Die Nebenbedingungen können Kapazitätsrestriktionen sein, wobei die a_{ij} Produktionskoeffizienten darstellen.

Ein echtes Quotientenoptimierungsproblem muß folgende Prämissen erfüllen:

- Weder die Zählerfunktion noch die Nennerfunktion dürfen konstant sein. Bei konstantem Nenner kann einfach die Zählerfunktion optimiert werden.
- Die Nennerfunktion darf nicht proportional zur Zählerfunktion sein, die Zielfunktion ist dann eine Konstante.
- Der Lösungsraum darf nicht leer sein; es muß mithin eine positive Lösung geben, die die Restriktion $\Sigma a_{ij}x_j \leq b_i$ für alle i erfüllt.

88 Vgl. Abschnitt 2.5 zum Problemfeld „Relative oder absolute Ziele?".

89 Auch wenn Gleichungen oder Größer-Gleich-Bedingungen vorliegen, läßt sich ein derartiges System in die Form mit Kleiner-Gleich-Bedingungen überführen. Bei Gleichungen werden zwei Ungleichungen eingeführt, Größer-Gleich-Bedingungen werden mit –1 multipliziert.

- Der Lösungsraum muß beschränkt sein.
- Die Nennerfunktion darf nicht null sein und muß immer das gleiche Vorzeichen aufweisen.

Um die Bedeutung der letzten beiden Prämissen herausarbeiten zu können, soll zunächst die Lösung eines Quotientenproblems anhand einer Zeichnung verdeutlicht werden.

In der Abbildung 6-25 ist der Lösungsraum für die Variablen x in ein Zähler- und Nennerkoordinatensystem übertragen worden. Hierzu wird für jedes zulässige x der Wert der Zählerfunktion auf der Ordinate und der Wert der Nennerfunktion auf der Abszisse abgetragen. Es ergibt sich eine konvexe Fläche, d.h., die Verbindungsstrecke zweier beliebiger Punkte der Fläche gehört auch zur Fläche.

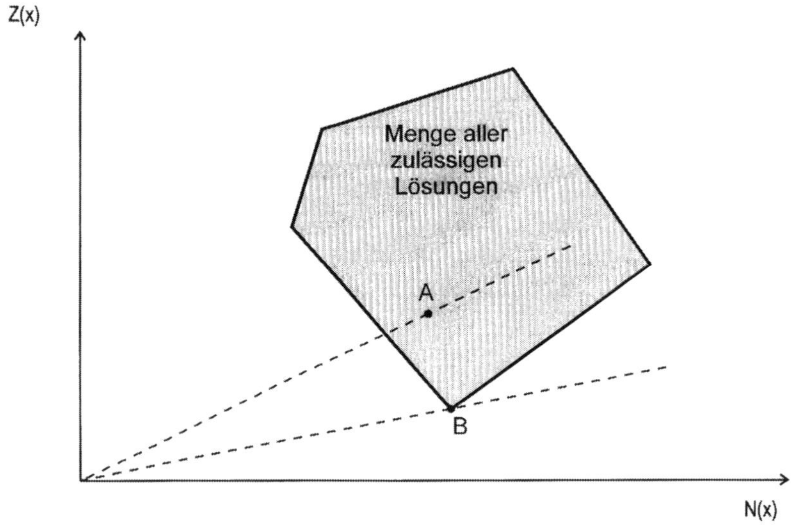

Abbildung 6-25

Der Zielfunktionswert für den Punkt A entspricht der Steigung des Ursprungsstrahls durch diesen Punkt. Je kleiner diese Steigung ist, desto kleiner ist der Zielfunktionswert. Das Optimum ist folglich erreicht, wenn ein Ursprungsstrahl die Lösungsfläche gerade tangiert (Punkt B).

Anhand der Lösungsfläche kann gezeigt werden, welche Bedingungen erfüllt sein müssen, damit das Quotientenproblem lösbar ist:

- Die Nennerfunktion darf im Zulässigkeitsbereich nicht das Vorzeichen wechseln. Wenn diese Bedingung nicht erfüllt ist, ergibt sich eine Lösungsfläche wie in Abbildung 6-26.

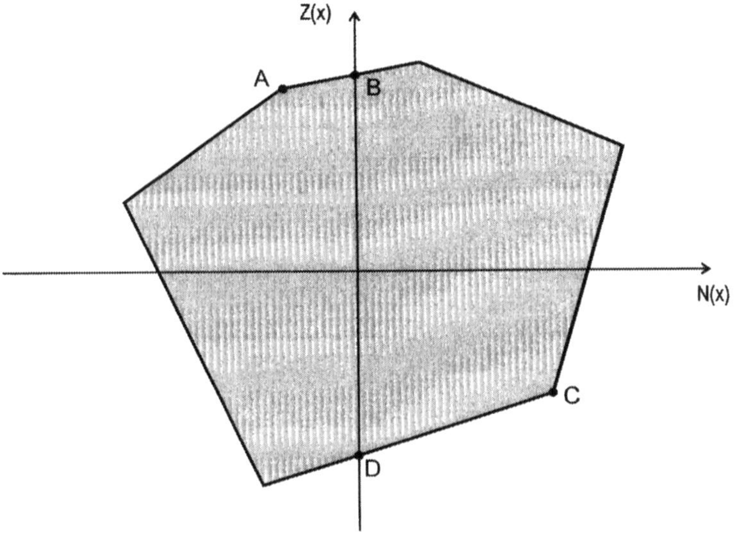

Abbildung 6-26

Im Punkte A hat die Ursprungsgerade eine negative Steigung. In Richtung auf den Punkt B sinkt die Steigung und erreicht bei B den Wert -∞. Analoges gilt für Punkt C und Punkt D.[90] Alle Lösungspunkte auf der Strecke BD sind also Lösungen mit unendlich kleinem Zielfunktionswert. Bei einem Vorzeichenwechsel ergibt sich also eine „Lösung" mit nicht endlichem Zielfunktionswert.

- Die Nennerfunktion darf im Zulässigkeitsbereich nicht null werden, wenn der Zähler gleichzeitig negativ ist. Ist diese Bedingung nicht erfüllt, existiert wiederum kein endlicher optimaler Zielfunktionswert.

- Die Nennerfunktion darf im Zulässigkeitsbereich nicht null werden, wenn gleichzeitig der Zähler null wird. Ist diese Bedingung nicht erfüllt und sind gleichzeitig die ersten beiden Bedingungen erfüllt, ergibt sich beispielsweise die Lösungsfläche der Abbildung 6-27.

  In diesem Fall sind alle Lösungen auf der Strecke 0A optimal. Es existieren somit ein endlicher optimaler Zielfunktionswert und eine endliche Lösung. Die Schwierigkeit besteht darin, daß das Lösungsverfahren in einer Zwischenlösung eventuell den Punkt 0 ermittelt und anschließend aus dieser Ecklösung nicht mehr herauskommt. Die optimale Lösung kann dann nicht ermittelt werden.

  Im folgenden wird unterstellt, daß der Nenner im gesamten Zulässigkeitsbereich nicht gleich null wird. Die Nennerfunktion muß dann immer das gleiche Vorzeichen haben. Folglich kann angenommen werden, daß der Nenner positiv ist.[91]

---

90 Im Punkt D ist der Zielfunktionswert wiederum -∞.

91 Ist das reale Problem so geartet, daß der Nenner negativ ist, kann durch Multiplikation der Zähler- und Nennerfunktion mit -1 (= Erweitern mit -1) erreicht werden, daß der Nenner wieder positiv ist.

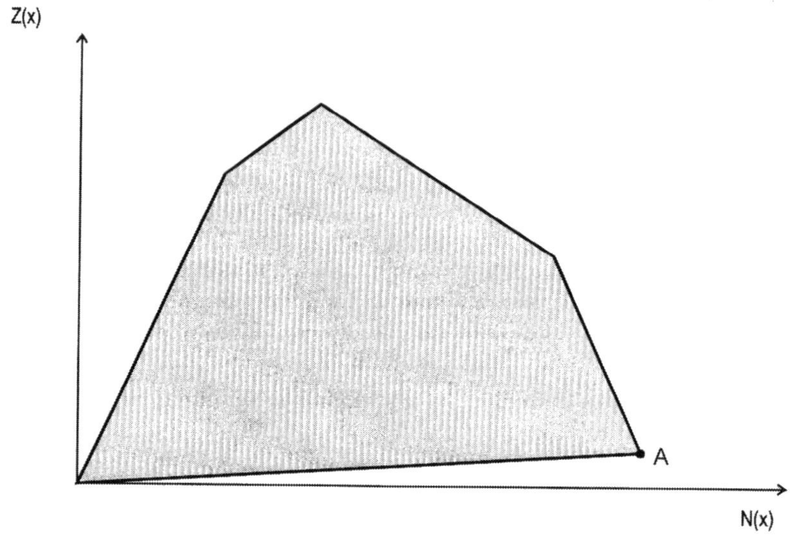

Abbildung 6-27

- Der Lösungsraum muß beschränkt sein. Es könnte sich sonst der Lösungsraum der Abbildung 6-28 ergeben. Entscheidend für die Lösung des Problems ist die Gerade durch die Punkte A und B.

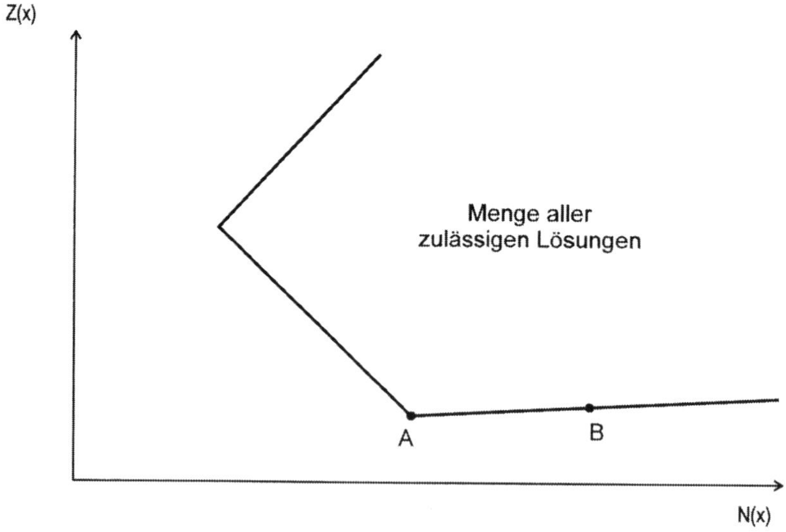

Abbildung 6-28

Ob das Problem eine endliche Lösung besitzt, hängt von der Steigung der Geraden AB ab. Im Fall der Abbildung 6-28 sinkt der Zielfunktionswert, je weiter rechts die Gerade

AB durch eine Ursprungsgerade geschnitten wird. Das Optimum liegt bei $N(x)=\infty$. Der Lösungsraum ist mithin nicht beschränkt. Verläuft die Gerade AB steiler, so daß eine Ursprungsgerade im Punkte A den Lösungsraum berührt, d.h. die Gerade nicht schneidet, existiert eine endliche Lösung.

Sind die genannten Bedingungen erfüllt, ist das Problem lösbar. Die optimale Lösung liegt in einer Ecke des Lösungsraums.

In der Literatur sind zwei analytische Verfahren für lineare Quotientenprobleme beschrieben worden. Beim ersten Verfahren (Charnes/Cooper) wird das Quotientenproblem auf ein lineares Planungsproblem zurückgeführt.[92] Auch das zweite Verfahren (Dinkelbach) greift auf die Erkenntnisse der Linearen Programmierung zurück.[93] Bei diesem Verfahren wird das Quotientenproblem als ein lineares Planungsproblem unter einer parametrischen Zielfunktion gesehen. Skizziert werden soll nur das Verfahren von Charnes und Cooper.[94]

Bei dem Verfahren von Charnes und Cooper wird das Quotientenprogramm in ein äquivalentes lineares Programm transformiert. Dieser Transformation liegt folgende Überlegung zugrunde: Der Wert eines Bruches ändert sich nicht, wenn Zähler und Nenner mit der gleichen Zahl multipliziert werden. Gelingt es, die Nennerfunktion durch einen Parameter t so zu steuern, daß sie einen konstanten Wert annimmt, braucht nur noch die Zählerfunktion minimiert zu werden, d.h., die Zielfunktion wird linear. Wird die Zielfunktion um den Parameter t erweitert, ergibt sich:

$$Q = \frac{t\left(\sum_j z_j x_j + z_0\right)}{t\left(\sum_j n_j x_j + n_0\right)}$$

Die mit t erweiterte Nennerfunktion $t \cdot (\Sigma n_j x_j + n_0)$ wird stets so gesteuert, daß sich der Wert 1 ergibt. Damit führt eine Maximierung der Zählerfunktion zu dem gleichen optimalen Wert der Zielvariablen wie eine Minimierung des Quotienten selbst.

Die neue Zielfunktion lautet also:

$$Q = t\left(\sum_j z_j x_j + z_0\right) \rightarrow \min$$

Zusätzlich zu den bisherigen Restriktionen ist die neue Nebenbedingung

92 Vgl. Charnes,/Cooper (1962), und Charnes/Cooper (1963).

93 Vgl. Dinkelbach (1962), und Dinkelbach (1967).

94 Eine kurze Abhandlung des Verfahrens findet sich zum Beispiel bei Schaible (1981), S. 417 ff., oder bei Hillier/Lieberman (1988), S. 426 ff.

$$t\left(\sum_j n_j x_j + n_0\right) = 1 \qquad \text{mit } t>0$$

zu beachten. In dem Ansatz sind t und x_j die Variablen. Diese Variablen sind multiplikativ verknüpft. Durch eine Variablentransformation ist das Problem zu linearisieren. Das Produkt der Variablen t und x wird durch die neue Variable y ersetzt.

$$t\,x_j = y_j$$

Die Variablensubstitution erfordert auch, daß die übrigen Restriktionen mit t multipliziert werden. Das dem Quotientenprogramm äquivalente lineare Programm hat damit folgende Form:

$$QL = \sum_j z_j y_j + z_0\, t \rightarrow \min$$

$$\sum_j n_j\, y_j + n_0\, t = 1$$

$$\sum_j a_{ij}\, y_j - b_i\, t \leq 0 \quad \forall i$$

$$y_j \geq 0 \quad \forall j$$

$$t > 0$$

Um dieses Problem mit dem Simplexalgorithmus lösen zu können, muß die Bedingung $t>0$ erweitert werden zu $t \geq 0$. Nach der Lösung des äquivalenten Problems kann die optimale Lösung des Ursprungsproblems durch Rücktransformation der Variablen y mit Hilfe der Beziehung

$$x = \frac{y}{t}$$

bestimmt werden. Die Rücktransformation führt allerdings nur zu einer sinnvollen Lösung des Ausgangsproblems, wenn in der gefundenen Lösung $t > 0$ gilt.

Das Verfahren soll an einem Beispiel demonstriert werden.[95] Es handelt sich um ein eindimensionales Verschnittproblem. Aus 135 cm breiten Papierrollen werden drei Formate i (i = A, B, C) mit den Formatbreiten 30 cm, 50 cm und 72 cm geschnitten. Es können fünf verschiedene Schnittmuster j verwendet werden. Bei jedem Schnittmuster j fällt eine bestimmte Anzahl a_{ij} der Formate i an, und es verbleibt ein Randstreifen al_j der als Abfall des Schnittmusters j interpretiert wird. Die Tabelle 6-18 enthält die Daten des Problems. Der Bedarf B_i der Planperiode beträgt je Format 100 Stück.

95 Vgl. dazu Adam (1980), S. 63 ff.

Schnitt-muster j	Anzahl a_{ij} der Formate i, die aus einer Rolle bei Schnittmuster j gewonnen werden können Format i			Abfallänge al_j bei Schnittmuster j
	A	B	C	
1	4	-	-	15
2	2	1	-	25
3	2	-	1	3
4	1	2	-	5
5	-	1	1	13

Tabelle 6-18

Ziel des Problems ist es, das Verhältnis von Abfall zur Zahl eingesetzter Rollen zu minimieren.[96]

Zielfunktion: $\dfrac{\sum_j al_j\, x_j}{\sum_j x_j} \rightarrow \min$

Nebenbedingungen: $\sum_j a_{ij}\, x_j \geq B_i \quad \forall i$

$x_j \geq 0 \quad \forall j$

Im speziellen Fall heißt das:

$$\frac{15x_1 + 25x_2 + 3x_3 + 5x_4 + 13x_5}{x_1 + x_2 + x_3 + x_4 + x_5} \rightarrow \min$$

$$\begin{array}{llllll} 4x_1 & +2x_2 & +2x_3 & +x_4 & & \geq 100 \\ & x_2 & & +2x_4 & +x_5 & \geq 100 \\ & & x_3 & & +x_5 & \geq 100 \\ x_1, & x_2, & x_3, & x_4, & x_5 & \geq 0 \end{array}$$

Zur Lösung dieses Quotientenproblems ist die beschriebene Transformation erforderlich. Das Problem ist um die Restriktion

$$t\left(x_1 + x_2 + x_3 + x_4 + x_5\right) = 1$$

zu erweitern, und die Variablenprodukte $x_i \cdot t$ sind durch y_i zu ersetzen. Das Problem geht über in die äquivalente Form:

96 Da im Beispiel alle Papierrollen die gleiche Länge haben, entspricht die Minimierung des Abfalls pro Rolle der Minimierung der Abfallquote.

$$\begin{array}{llllllll}
15y_1 & +25y_2 & +3y_3 & +5y_4 & +13y_5 & & \rightarrow & \min \\
4y_1 & +2y_2 & +2y_3 & +y_4 & & -100t & \geq & 0 \\
 & y_2 & & 2y_4 & +y_5 & -100t & \geq & 0 \\
 & & y_3, & & +y_5 & -100t & \geq & 0 \\
y_1 & +y_2 & +y_3 & +y_4 & +y_5 & & = & 1 \\
y_1, & y_2, & y_3, & y_4, & y_5, & t & \geq & 0
\end{array}$$

Als Lösung für dieses Problem ergibt sich $y_3=1$ und $t=0$, was nach Rücktransformation der Variablen nichts anderes als $x_3=\infty$ heißt. Für das vorliegende Problem gilt damit, daß eine Bedingung für die Lösbarkeit nicht erfüllt ist: Der Lösungsraum ist nicht beschränkt. Daraus folgt, daß keine endliche Lösung existiert, wohl aber ein endlicher, optimaler Zielfunktionswert. Für das vorliegende Problem bedeutet das: Eingesetzt werden soll das Schnittmuster mit dem geringsten Abfall pro Rolle, also die Variable x_3 mit einem Abfall von 3 cm pro Rolle. Wird nur dieses Schnittmuster benutzt, ist die Restriktion für das Format B (produziert werden sollen mindestens 100 ME) verletzt. Von diesem Format wird überhaupt nichts hergestellt, da es im Schnittmuster 3 nicht vorkommt. Hinsichtlich des ursprünglichen Problems ist die Lösung des Quotientenproblems also unzulässig.

Da keine endliche optimale Lösung des Quotientenproblems und damit keine zulässige Lösung des ursprünglichen Problems existiert, muß der Lösungsraum durch zusätzliche Restriktionen künstlich beschränkt werden. Der Lösungsraum kann durch Begrenzung der über den Bedarf hinaus produzierten Mengen der Formate i - Lagerzugangsrestriktionen - eingeschränkt werden.

$$\sum_j a_{ij}\, x_j \leq (1 + lz_i)\, B_i \quad \forall i$$

Die Bedingung begrenzt die maximale Überschußmenge eines Formates pro Periode auf einen festzulegenden Satz lz_i des Bedarfes B_i. Beispielhaft soll mit $lz_A = 200\%$, $lz_B = 50\%$ und $lz_C = 50\%$ gearbeitet werden. Dadurch ergeben sich die zusätzlichen Nebenbedingungen:

$$\begin{array}{llllll}
4x_1 & +2x_2 & +2x_3 & +x_4 & & \leq 300 \\
 & x_2 & & +2x_4 & +x_5 & \leq 150 \\
 & & x_3 & & +x_5 & \leq 150
\end{array}$$

oder umgeformt:

$$\begin{array}{lllllll}
4y_1 & +2y_2 & +2y_3 & +y_4 & & -300t & \leq 0 \\
 & y_2 & & +2y_4 & +y_5 & -150t & \leq 0 \\
 & & y_3 & & +y_5 & -150t & \leq 0
\end{array}$$

Optimal für den um die drei Restriktionen erweiterten Ansatz ist die Lösung:[97]

y_3 = 0,71428571
y_4 = 0,28571429
t = 0,00571429

Daraus folgt nach der Rücktransformation der Variablen für $x_3 = 125$ und für $x_4 = 50$. Bei dieser Lösung wird eine Abfallquote von 2,645% erreicht, und von den drei Formaten werden mindestens die Bedarfsmengen produziert. Die Ergebnisse des Ansatzes stellen damit die Sinnhaftigkeit des Ziels „Abfallquotenminimierung" als Kompromiß zwischen den Zielen Input- und Abfallminimierung in Frage. Nicht aus der Zielsetzung heraus, sondern nur über ein Hilfskonstrukt ist eine „Optimallösung" zu erzeugen. Das Beispiel belegt damit, daß Quotientenbetrachtungen zu ausgesprochen unsinnigen Ergebnissen führen können. Bei Zielsetzungen in der Form von Quotienten ist daher größte Vorsicht geboten.

6.3.1.3 Planungsverfahren der Totalanalyse

6.3.1.3.1 Gesamterfolgsvergleich

Totalanalysen müssen durchgeführt werden, wenn

- die Erfolgsfunktionen im Definitionsbereich der Variablen Sprünge aufweisen (sprungfixe Kosten) [Fall 1],
- die Variablen im Definitionsbereich nur bestimmte Werte annehmen dürfen, wenn etwa ganzzahlige Werte verlangt sind [Fall 2],
- die differenzierbaren Erfolgsfunktionen im Definitionsbereich keinen Extremwert haben, das Optimum also auf dem Rand des Definitionsbereichs der Variablen liegt [Fall 3],
- eine marginalanalytische Lösung das zulässige Intervall für die Variablen über- oder unterschreitet [Fall 4] und/oder
- eine marginalanalytische Lösung nicht das gesuchte Minimum (Maximum), sondern ein Maximum (Minimum) liefert [Fall 5].

In den beiden letzten Fällen kann u.U. eine Kombination aus total- und marginalanalytischen Überlegungen zum Ziel führen. Resultiert aus der Marginalanalyse für eine Variable ein negativer Wert - beispielsweise sind Absatzmengen auf bestimmten Märkten bei Preisdifferenzierung auf Gebietsmärkten negativ -, ist die entsprechende Variable gleich null zu setzen; der Markt wird dann nicht beliefert, und das verkleinerte Problem kann wieder mit margi-

97 Auf diese Lösung hätte man in diesem einfachen Fall auch ohne das Charnes/Cooper-Verfahren kommen können: Schnittmuster 3 verursacht den geringsten Abfall pro Rolle. Also wird x_3 auf die Obergrenze gesetzt, d.h. $x_3 = 300/2 = 150$. Damit sind die erste und dritte der „="-Nebenbedingungen erfüllt. Zur Erfüllung der zweiten „="-Nebenbedingung wird Schnittmuster 4, das Schnittmuster mit dem zweitgeringsten Abfall pro Rolle, eingesetzt: $x_4 = 100/2 = 50$. Da in dieser Situation die Obergrenze der Produktion von Format A überschritten ist ($2 \cdot 150 + 1 \cdot 50 = 350 > 300$), muß x_3 reduziert werden auf $x_3 = (300-50)/2 = 125$.

nalanalytischen Überlegungen angegangen werden. Dürfen Variable im Definitionsbereich nur bestimmte ganzzahlige Werte annehmen, wird bei relativ großen Variablenwerten häufig dennoch marginalanalytisch vorgegangen. Anschließend werden die Lösungen gerundet. Die in den Fällen 4 und 5 notwendige Bestimmung des Randes kann sich als ausgesprochen kompliziert erweisen, wenn viele Kombinationen von Variablenänderungen für die optimale Lösung in Frage kommen. In den Fällen 1 und 3 versagen Marginalanalysen grundsätzlich.

Totalvergleiche des Erfolges bestimmter Strategien sind im Vergleich zur Marginalanalyse die universellere Lösungsmethode: Sie sind auch anwendbar, wenn die Voraussetzungen der Marginalanalyse nicht erfüllt sind. Die Rechnungen sind allerdings zu aufwendig, wenn es viele verschiedene Niveaus einer Variablen und damit viele Kombinationen der Niveaus unterschiedlicher Variablen gibt. Nachfolgend soll nur der Grundtyp eines Totalvergleichs für den einfachsten Fall zweier sich ausschließender Handlungsalternativen erklärt werden.

Ein Beispiel für diesen Fall ist der reine Wirtschaftlichkeitsvergleich[98], bei dem ein Betrieb für die Produktion eines Erzeugnisses zwischen zwei alternativ anzuschaffenden Produktionsverfahren wählen kann. Für die Produktion von M Mengeneinheiten eines bestimmten Erzeugnisses kann zwischen zwei Maschinen mit folgenden Kostenfunktionen gewählt werden:

1. Aggregat $K(M) = k_1\, M + K_1$

2. Aggregat $K(M) = k_2\, M + K_2$

Mit k_i (i=1,2) werden die variablen Kosten pro Erzeugniseinheit bei Einsatz des Verfahrens i bezeichnet. K_i gibt die von der Investitionsentscheidung abhängigen beschäftigungsunabhängigen Kosten an. Ziel des Verfahrensvergleichs kann es sein, das Mengenintervall der Ausbringung anzugeben, bei dem das eine Aggregat dem anderen überlegen ist. Dazu ist die Ausbringung zu bestimmen, bei der die Kosten beider Aggregate gleich hoch sind. Diese verfahrenskritische Menge ergibt sich aus der Gleichung:

$$k_1\, M_{krit} + K_1 \stackrel{!}{=} k_2\, M_{krit} + K_2$$

Wird diese Gleichung nach M_{krit} aufgelöst, ergibt sich die verfahrenskritische Menge[99]:

$$M_{krit} = \frac{K_2 - K_1}{k_1 - k_2}$$

Im Mengenintervall $M \in [0; M_{krit}]$ ist das Verfahren mit den geringeren beschäftigungsunabhängigen Kosten dem anderen überlegen.

98 Vgl. zum reinen Wirtschaftlichkeitsvergleich Jacob (1957), S. 232; Kahl (1967), S. 76 ff.

99 Eine positive verfahrenskritische Menge existiert immer dann, wenn Zähler und Nenner des Bruches beide positiv oder beide negativ sind.

Das Beispiel zeigt das Grundkonzept, wie bei Totalanalysen vorzugehen ist. Es sind jeweils die Erfolge (Kosten) für mehrere vollständig ausformulierte Strategien miteinander zu vergleichen, um die optimale Lösung bestimmen zu können. Die Lösung kann nur auf der Basis der Daten des Problems angeben werden. Allgemeine Bedingungen für Optimalität lassen sich i.d.R. nicht entwickeln. Im Gegensatz zur Marginalanalyse sind auch Sensitivitätsanalysen sehr rechenaufwendig, da die Rechnungen für einen neuen Datensatz erneut durchzuführen sind. Mit einem vollständigen Finanzplan muß dann beispielsweise untersucht werden, wie der Endwert einer Investitionsstrategie mit steigendem Zins- oder Steuersatz variiert. Bei Marginalanalysen kann auf die Optimalitätskriterien zurückgegriffen werden, um die Reaktion der Politik auf Datenänderungen transparent zu machen.

Häufig gibt es in der Betriebswirtschaftlehre Planungsprobleme, die an der Schnittstelle zwischen Marginalanalyse und Totalanalyse anzusiedeln sind. Je nachdem, welche Größe zur Variablen des Problems erklärt wird, liegt einmal ein marginalanalytisches Problem oder ein Problem der Totalanalyse vor. Derartige Probleme finden sich u.a. in der Wirtschaftlichkeitsrechnung. Sollen zwei Investitionen hinsichtlich ihres Kapitalwertes bei bekannter Laufzeit, bekannten Zinssätzen usw. miteinander verglichen werden, ist ein Fall der Totalanalyse gegeben. Kann der Kapitalwert eines Objektes durch Veränderung der Nutzungsdauer beeinflußt werden, und wird die optimale Nutzungsdauer gesucht, liegt bei gleicher Ausgangsformel für das Problem ein Fall der Marginalanalyse vor.

Bei Totalanalysen ist es ausgesprochen mühselig, wenn alle denkbaren Kombinationen von Variablenausprägungen auf ihren Erfolg hin untersucht und miteinander verglichen werden müssen. Die Rechnung wird wesentlich effizienter, wenn es durch Vorüberlegungen gelingt, von der totalen Enumeration aller Möglichkeiten wegzukommen und eine möglichst große Zahl von Kombinationen als suboptimal auszuschließen. Ein Verfahren, das diesen Weg wählt, den Rechenaufwand zu beschränken, ist die Dynamische Programmierung.

6.3.1.3.2 Dynamische Programmierung

Die Dynamische Programmierung[100] läßt sich einsetzen, wenn folgende Bedingungen erfüllt sind:

- Die Erfolgsfunktion des Problems muß separabel sein. Die Zielgröße darf daher nur additiv von verschiedenen Variablen abhängen. Diese Situation liegt bei einer Aufteilung einer gegebenen Produktionsmenge auf mehrere Aggregate vor. Die Kosten einer Maschine werden allein durch die Produktionsmenge dieser Maschine bestimmt, und die Gesamtkosten ergeben sich durch Summierung der Kosten aller eingesetzten Maschinen. In welcher Form die Kosten einer Maschine von der Ausbringung abhängen, ist völlig belanglos; sie können eine quadratische Funktion der Menge sein. Entscheidend ist nur, daß die Produktionsmenge eines Aggregates allein die Kosten dieses Aggregates erklärt. Werden die

100 Vgl. zur dynamischen Programmierung Bellmann (1957); Gessner/Wacker (1972); Hadley (1969); Kaufmann, Cruon (1967); Nemhauser (1969) und neuere Standardwerke zum Operations Research wie Hillier/Lieberman (1988).

Kosten auf einer Maschine allerdings durch die Einsatzzeit und die Intensität bestimmt, liegt eine nicht separable Funktion vor, da das Produkt aus Einsatzzeit und Intensität die Kosten determiniert. Wird aber die Kostenfunktion des Optimalverhaltens auf einem Aggregat für alternative Produktionsmengen bestimmt, ist diese Funktion wiederum separabel.

- Es sollte möglichst nur eine gemeinsame Restriktion für alle Variablen existieren. Diese Bedingung ist im Beispiel auch erfüllt, denn alle Maschinen zusammen sollen eine bestimmte Ausbringung erreichen. Existieren mehrere gemeinsame Restriktionen, ist die Dynamische Programmierung wesentlich schwieriger durchzuführen.

- Das Niveau der Variablen kann kontinuierlich variieren oder auch diskrete Werte annehmen.

Im folgenden soll nur das Grundprinzip der Dynamischen Programmierung für Variable mit diskreten Werten beschrieben werden.[101]

Die Dynamische Programmierung zerlegt ein Planungsproblem mit m Variablen in m-1 nacheinander zu lösende Teilprobleme mit je einer Variablen. Die m-1 Teilprobleme sind durch Rekursionsbeziehungen miteinander verknüpft.

Für ein Teilproblem wird jeweils die optimale Entscheidung für die Variable dieses Teilproblems in Abhängigkeit von jedem für das Teilproblem für möglich gehaltenen Zustand analysiert. Ergebnis der Planungsüberlegungen für ein bestimmtes Teilproblem ist somit eine Entscheidungsfunktion, die das Optimalverhalten in Abhängigkeit von alternativ für möglich gehaltenen Zuständen für dieses Teilproblem beschreibt. Das erste Teilproblem für eine Produktionsaufteilung bestimmt die Kosten, wenn zwei Maschinen eingesetzt werden. Unbekannt ist dabei noch, welcher Zustand (Produktionsmenge) für die beiden Maschinen eintritt. Ergebnis der ersten Stufe ist daher eine Entscheidungsfunktion (Kostenfunktion des Optimalverhaltens), wenn auf zwei Anlagen alternative Ausbringungsmengen produziert werden.

Beim zweiten Teilproblem der Produktionsaufteilung wird auf der Entscheidungsfunktion der vorherigen Stufe aufgebaut und für alternative Produktionsmengen (Zustände) die kostenminimale Produktionsaufteilung auf eine dritte Maschine und die optimale Kombination der ersten zwei Maschinen gesucht. Beim dritten und allen weiteren Teilproblemen wird analog verfahren.

Mit der Entscheidungsfunktion für das letzte Teilproblem liegt zugleich die optimale Entscheidung für dieses Teilproblem fest, da für das letzte Teilproblem ein ganz bestimmter Zustand (die vorgegebenen Produktionsmengen für alle Maschinen zusammen) anzustreben ist. Gleichzeitig kann mit Hilfe der Rekursionsbeziehungen zwischen den Teilproblemen bestimmt werden, von welchen der bei der Ableitung der Entscheidungsfunktion des vorgelagerten Teilproblems für möglich gehaltenen Zuständen die Planung definitiv ausgehen

101 Vgl. auch Adam (1990), S. 714 ff.

muß. Die optimalen Entscheidungen über die vorgelagerten Probleme können durch Rückrechnung schrittweise aus den aufgestellten Entscheidungsfunktionen abgeleitet werden.

Das Prinzip der Dynamischen Programmierung soll an einem Beispiel zur Werbemittelplanung verdeutlicht werden. Die Planungsaufgabe möge darin bestehen, eine bestimmte Anzahl von Einschaltungen einer Werbebotschaft in verschiedenen Medien mit minimalen Werbeausgaben zu realisieren.[102] Die Funktionen $f_1(x_1)$, $f_2(x_2)$ und $f_3(x_3)$ in der Abbildung 6-29 geben die gesamten Werbeausgaben eines Mediums (i=1,2,3) in Abhängigkeit von der Anzahl der Einschaltungen x einer Werbebotschaft in diesem Medium an.

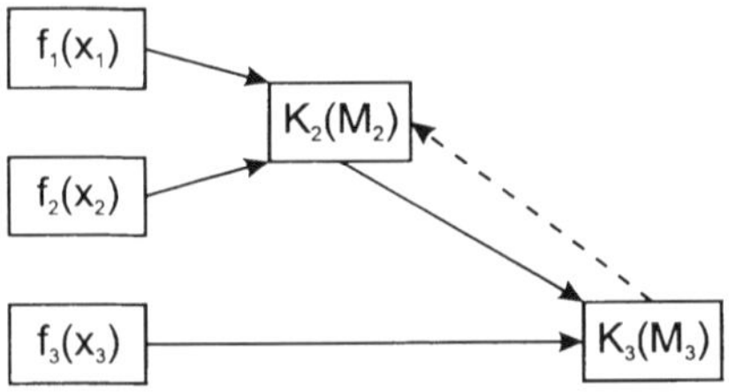

Abbildung 6-29

Das erste im Rahmen der dynamischen Programmierung zu lösende Teilproblem beschäftigt sich mit der Frage, wie eine alternative Anzahl von Einschaltungen in den beiden Medien 1 und 2 zusammen mit minimalen Werbeausgaben erreicht werden kann. Es ist also die Minimalkostenkombination $K_2(M_2)$ für eine unterschiedlich große Anzahl von Einschaltungen M_2 (Zustand) in zwei Medien zu bestimmen.

Die Minimalkostenfunktion $K_2(M_2)$ wird im nächsten Teilproblem zusammen mit der Funktion $f_3(x_3)$ eingesetzt, um die Minimalkostenfunktion $K_3(M_3)$ für eine alternative Anzahl von Einschaltungen M_3 in drei Medien festzulegen. Ist die Gesamtzahl der Einschaltungen in drei Medien mit $M_3 = A$ gegeben, kann aus $K_3(M_3)$ die optimale Anzahl x_3 der Einschaltungen im Medium 3 abgeleitet werden. Zugleich liegt fest, welche Zahl von Einschaltungen in den Medien 1 und 2 zusammen erreicht werden muß: $M_2 = A - x_3$. Mit Hilfe der Entscheidungsfunktion $K_2(M_2)$ kann diese Zahl von Einschaltungen optimal auf die Medien 1 und 2 verteilt werden.

Die Entscheidungsfunktion des ersten Teilproblems mit M_2 als Zustandsgröße und x_2 als Entscheidungsgröße kann mit Hilfe der folgenden Rechenvorschrift bestimmt werden:

$$K_2(M_2) = \min_{0 \le x_2 \le x_{2\,max}} \{K_1(M_2 - x_2) + f_2(x_2)\}$$

Allgemein gilt die Rekursionsgleichung:[103]

102 Eine derartige Problemstellung ist selbstverständlich nur dann sinnvoll, wenn jede Einschaltung in jedem Medium den gleichen Werbeerfolg zeitigt.

103 In der Gleichung $K_1(M_1)$ ist für $K_0(M_1 - x_1)$ die 0 zu setzen.

$$K_i(M_i) = \min_{0 \le x_i \le x_{i\,max}} \left\{ K_{i-1}(M_i - x_i) + f_i(x_i) \right\}$$

Anhand eines Zahlenbeispiels mit folgenden Werbeausgaben für x_i Einschaltungen im Medium i sollen die Entscheidungsfunktionen aufgestellt und die optimale Lösung bestimmt werden.

Zahl der Einschaltungen x_i im Medium i	Werbeausgaben in 100 DM		
	$f_1(x_1)$	$f_2(x_2)$	$f_3(x_3)$
1	4	3	5
2	7	6	8
3	10	8	10
4	12	10	11

Tabelle 6-19

Zur Berechnung der Entscheidungsfunktion $K_2(M_2)$ für die Aufteilung von M_2 Einschaltungen auf die Medien 1 und 2 ist eine Kostenmatrix aufzustellen, die die Kosten bei kombiniertem Einsatz beider Medien aufnimmt. Die Kostenmatrix enthält in der Kopfzeile die Werbeausgaben $f_1(x_1)$ für das Medium 1, während in der Kopfspalte die Kosten $f_2(x_2)$ des Mediums 2 eingetragen sind. Die Werbeausgaben belaufen sich auf 16 Geldeinheiten, wenn im Medium 1 drei und im Medium 2 zwei Einschaltungen vorgenommen werden ($f_1(3) + f_2(2) = 16$). Dieser Kostenbetrag wird in der Matrix im Schnittelement $x_1 = 3$ und $x_2 = 2$ eingetragen. In entsprechender Weise können die Kosten für jedes Feld der Matrix als Summe der Kosten der zu diesem Element gehörenden Anzahl der Einschaltungen x_1 und x_2 bestimmt werden.

	x_1	0	1	2	3	4
	$f_1(x_1)$	0	4	7	10	12
x_2	$f_2(x_2)$					
0	0	0	4	7	10	12
1	3	***3***	7	10	13	15
2	6	***6***	10	13	16	18
3	8	***8***	12	15	18	***20***
4	10	***10***	***14***	***17***	***20***	***22***

Tabelle 6-20

Die Werbeausgaben aller möglichen Aufteilungen von $M_2 = 4$ Einschaltungen auf die beiden Medien 1 und 2 liegen in der Matrix auf der Diagonalen, für die jeweils $x_1 + x_2 = 4$ gilt. Durch Vergleich aller auf einer Diagonalen für den Zustand $M_2 = 4$ geltenden Kosten kann die kostenminimale Aufteilung der für diese Diagonale geltenden Anzahl der Einschaltungen bestimmt werden. Im Beispiel sind das Kosten von 10, wobei nur das Medium 2 eingesetzt wird. Dieser Kostenpunkt ist Teil der gesuchten Entscheidungsfunktion. Die Suche wird für alle möglichen Anzahlen von Einschaltungen wiederholt. Die Kostenminima für alle Zustände M_2 sind in der Matrix jeweils hervorgehoben. Die Entscheidungsfunktion $K_2(M_2)$ setzt sich aus allen hervorgehobenen Kostenfeldern zusammen.

Nach dem für die Ableitung der Kostenfunktion $K_2(M_2)$ beschriebenen Schema wird nunmehr eine Kostenmatrix für $K_2(M_2)$ und $f_3(x_3)$ aufgebaut, aus der die Entscheidungsfunktion $K_3(M_3)$ für den optimalen Einsatz von drei Medien abzuleiten ist. Die Kostenwerte für $K_2(M_2)$ werden in der Kopfzeile, die für $f_3(x_3)$ in der Kopfspalte eingetragen. Die werbekostenminimale Aufteilung einer bestimmten Anzahl von Einschaltungen ist wiederum durch Vergleich der Kosten auf einer Diagonalen zu bestimmen. Die zur Entscheidungsfunktion $K_3(M_3)$ gehörenden Kostenwerte sind in der folgenden Tabelle wiederum gekennzeichnet.

	$x_1 + x_2$	0	1	2	3	4	5	6	7	8
	$K_2(M_2)$	0	3	6	8	10	14	17	20	22
x_3	$f_3(x_3)$									
0	0	0	***3***	***6***	***8***	***10***	***14***	***17***	20	22
1	5	5	8	11	13	15	19	22	25	27
2	8	8	11	14	16	18	22	25	28	30
3	10	10	13	16	18	20	24	27	30	32
4	11	11	***14***	***17***	***19***	***21***	***25***	***28***	***31***	***33***

Tabelle 6-21

Mit Hilfe der Tabelle 6-20 und Tabelle 6-21 kann für eine beliebige Anzahl von Einschaltungen M_3 die optimale Aufteilung auf die Werbemedien bestimmt werden. Für $M_3 = 8$ Einschaltungen (gestrichelte Diagonale in Tabelle 6-21) entstehen bei optimaler Entscheidung Werbeausgaben in Höhe von 21 Geldeinheiten, wobei vier Einschaltungen im Medium 3 und in den beiden anderen Medien zusammen vier weitere Schaltungen vorgenommen werden. Aus der Tabelle 6-20 wird deutlich, daß vier Einschaltungen ($M_2 = 4$) am günstigsten nur im Medium 2 bei Kosten in Höhe von zehn Geldeinheiten plaziert werden. Die optimale Lösung für insgesamt acht Einschaltungen lautet somit $x_1 = 0$; $x_2 = 4$; $x_3 = 4$.

Die Totalanalyse wird durch die Dynamische Programmierung vereinfacht, weil über die Entscheidungsfunktionen die Zahl der weiterhin zu untersuchenden Kombinationen eingeschränkt wird. Kombinationen zweier Medien, die sich bereits im direkten Vergleich nicht als vorteilhaft erwiesen haben, wie sechs Einschaltungen insgesamt mit vier Plazierungen im Medium 1 und zwei weiteren in Medium 2 (Vgl.Tabelle 6-20), können auch bei Erweiterung des Entscheidungsproblems um ein drittes Medium nicht optimal sein. In den weiteren Entscheidungsstufen werden also alle suboptimalen Verhaltensweisen aus Vorstufen nicht mehr betrachtet. Bei vielen Entscheidungsstufen ist diese Vorgehensweise sehr effizient, d.h., sie reduziert den Berechnungsaufwand gegenüber einer Vollenumeration erheblich.

6.3.2 Simulation betrieblicher Systeme

Die Simulation[104] ist eine spezielle Methode der Totalanalyse für dynamische Systeme. Durch Simulation soll die Verhaltensweise eines Systems analysiert werden, wenn eine ganz bestimmte vorgegebene Strategie angewendet wird. In der Regel handelt es sich um Systeme mit stochastischen Eigenschaften. Bestimmte Inputgrößen unterliegen einem bekannten Zufallsgesetz. Beispielsweise sind die Nachfragemengen bei der Simulation einer Bestellpolitik nur durch eine Wahrscheinlichkeitsverteilung zu beschreiben. Die Simulation soll Erkenntnisse darüber liefern, wie gut eine vorgegebene Strategie ist. Durch Simulation sollen die ökonomischen Wirkungen eines bestimmten Verhaltens auf ausgewählte Zielgrößen aufgedeckt werden. Simulation kann daher als Berechnungsexperiment bezeichnet werden. Diese Methode ist häufig der letzte Weg zur Bewertung von Strategien in komplexen Systemen, wenn sich die Systeme nicht in effizienten, auswertbaren, analytischen Modellstrukturen abbilden lassen oder wenn die analytischen Modelle grobe Abbildungsunschärfen aufweisen (wenn nix mehr geht, then simulate).

Simulationsmodelle haben gegenüber analytischen Modellen den großen Vorteil, daß sie eine realistischere Abbildung der Realität erlauben. Analytische Modelle haben häufig sehr enge Anwendungsvoraussetzungen, die in der Modellbildung nur durch erhebliche Abstraktionen von der Realität eingehalten werden können. Die analytischen Modelle bilden die Realität dann recht unvollkommen ab, haben aber den Vorteil, sich effizienter auswerten zu lassen. Die Abstraktionen in analytischen Modellen können allerdings so große Unschärfen zur Folge haben, daß mit den Ergebnissen derartiger Modelle in der Realität kaum etwas anzufangen ist.[105]

Bei Simulationsmodellen sind Abstraktionen oder Approximationen in viel geringerem Unfang nötig, da diese Modelle i.d.R. nur die vier Grundrechenarten benutzen. Nachteil der Simulationsmodelle ist, daß sie sich nicht mehr elegant auswerten lassen. Ohne Einsatz eines Computers ist der Berechnungsaufwand überhaupt nicht in den Griff zu bekommen. Nachteil der Simulationsmodelle ist es weiterhin, daß sie nur die Wirkungen einer bestimmten Politik verdeutlichen. Simulation ist damit zunächst kein Verfahren, das eine systematische, zielgerichtete Auswahl zwischen alternativen Strategien erlaubt. Wie bei den Methoden der Totalanalyse können lediglich die Erfolgsgrößen alternativer Strategien miteinander verglichen werden. Die Suche nach guten oder gar optimalen Strategien mit Hilfe alternativ berechneter Strategien ist in aller Regel sehr mühsam, da sehr viele Strategien simuliert werden müssen.

Um den Berechnungsaufwand zu reduzieren, bietet sich eine Kombination aus analytischen Modellen und Simulation an. Mit sehr abstrakten, analytischen Modellen kann u.U. eine grobe Information erzeugt werden, in welcher Gegend optimale Strategien zu vermuten sind. Für die Lagerhaltungspolitik kann auf diesem Weg eine Vorstellung gewonnen werden, welche Bestellmengen und Meldemengen sinnvoll sein könnten. Durch Simulationen mit geringerer Abstraktion bei der Modellbildung kann der Bereich um das vermutete Optimum

104 Vgl. zum Simulationsbegriff Witte (1973), S. 17 ff.; Gal/Gehring (1981), S. 171 ff.

105 Vgl. den Abschnitt 1.3.4 zum Durchschnittsprinzip und Abschnitt 1.4 zur Modellbildung.

abgesucht werden. Zudem können Simulationstechniken zur Verifizierung der Ergebnisse aus analytischen Modellen benutzt werden. Wird die „optimale Strategie" eines analytischen Modells einer Simulationsstudie unterzogen, und weichen die Zielwerte des analytischen Modells und der Simulation nur unwesentlich voneinander ab, spricht das für eine ausreichend genaue Abbildungsschärfe im analytischen Modell. Bei großen Abweichungen ist kaum Vertrauen in die analytische Vorgehensweise gerechtfertigt.

Eine Simulation vollzieht in einem Berechnungsexperiment die zeitliche Abfolge von Systemzuständen (Output) als Folge bestimmter im Zeitablauf auftretender Ereignisse (Input) und einer gegebenen Entscheidungsregel nach. Aufgabe der Simulation eines Lagersystems ist es, aus einer vorgegebenen Abfolge täglicher Nachfragemengen unter Berücksichtigung einer festgelegten Bestellregel - kaufe x ME, wenn der Bestand auf y abgesunken ist - festzustellen, wie hoch die Lager- oder Fehlmengen im Zeitablauf sein werden. Aus einer Geschichte der Inputgröße (Absatzmenge im Zeitablauf) soll mithin eine Zustandsgeschichte der Outputgrößen generiert werden. Diese Zustandsfolge der Lager- und Fehlmengen sowie der Bestellungen wird bewertet, um zu einer Aussage über die Zielwirkung (Kosten) einer Strategie zu kommen. Sind die Ereignisse (Nachfrage), die die Zustandsänderungen bewirken, zufällig, ist auch die Zielgröße eine Zufallsgröße. Aufgabe einer Simulation ist es daher, eine Information über die Verteilungsfunktion der Zielgröße oder über Kenngrößen der Verteilung wie Erwartungswert und Streuung zu gewinnen.

Grundsätzlich hat jedes betriebswirtschaftliche Planungsproblem die Struktur eines zeitablaufbezogenen Systems, so daß die Simulation eine Methode ist, die praktisch keinen beschränkenden Anwendungsvoraussetzungen über die Art von Erfolgsfunktionen und Restriktionen unterliegt.

Für die Konstruktion von Simulationsmodellen können zwei konkurrierende Verfahrensweisen angewendet werden: die „zeitorientierte Simulation" und die „ereignisorientierte Simulation".

- Bei einer zeitorientierten Simulation wird die Zeit nach einem bestimmten festen Zeitraster - Wochen, Tage - aufgeteilt. Der Systemzustand wird jeweils wochen- oder tageweise fortgeschrieben. Alle realen Ereignisse einer Woche oder eines Tages werden zu einem Ereignis im Modell zusammengefaßt. Bei der Simulation eines Lagerhaltungssystems werden die Nachfragemengen folglich zu einer Wochennachfrage aggregiert, und aus dem Anfangsbestand einer Woche kann unter Berücksichtigung etwaiger Lagerzugänge aus Bestellungen auf den Lagerendbestand der Woche geschlossen werden. Aussagen über Zwischenzustände innerhalb einer Woche sind bei einem Wochenzeitraster nicht zu gewinnen.

  Die Simulation auf der Basis eines festen Zeitrasters hat Vor- und Nachteile. Durch die Aggregation von Ereignissen entstehen gewisse Abbildungsunschärfen. Beispielsweise werden die Lagerkosten nur grob von der Hälfte der Summe aus dem Anfangs- und dem Endbestand einer Woche berechnet. Es wird damit eine lineare Bestandsentwicklung innerhalb einer Woche unterstellt, die der realen Situation nicht entsprechen muß. Die Nachfrage kann sich auf den Wochenanfang konzentrieren, so daß der effektive Durchschnittsbestand unter dem berechneten liegt; gewisse Ungenauigkeiten bei den Kosten sind die Folge.

Probleme ergeben sich bei der zeitorientierten Simulation, wenn ein Ereignis innerhalb des Zeitintervalls ein weiteres Ereignis innerhalb des gleichen Zeitraums nach sich zieht. In diesem Falle läßt sich die Abfolge der realen Zustände nicht nachhalten. Ein Problem aus dem Bereich der Ablaufplanung möge das beleuchten: Ein Auftrag verläßt am Montag die Maschine 1, kann bis Donnerstag auch die Maschine 2 passieren und ist am Ende der Woche auf der Maschine 3 zur Hälfte bearbeitet. Bei einer Wocheneinteilung der Simulationszeit kann der Systemzustand nicht nachvollzogen werden, da die Durchlaufzeiten an den Maschinen auftragsspezifisch sind und sich erst aus der Simulation ergeben. Nur bei einer im voraus bekannten Durchlaufzeit der Aufträge könnte der Systemzustand bestimmt werden; die Simulation soll aber gerade erst die Wirkung einer bestimmten Prioritätsregel auf die Durchlaufzeit transparent machen.

Vorteil der zeitorientierten Technik kann es sein, daß der Berechnungsaufwand sinkt. Bei täglichen Nachfragen in einem Bestellsystem müssen bei einer Simulationszeit von einem Jahr nur 52 wochenbezogene Berechnungen durchgeführt werden. Wird jede auftretende reale Nachfragemenge als Ereignis gewertet, steigt die Zahl der zu berechnenden Systemzustände erheblich an.

- Die ereignisorientierte Simulation arbeitet nicht mit einem vorgegeben Zeitraster. Bei jedem auftretenden Ereignis wird die Zustandsänderung des Systems zeitgenau erfaßt. Bei dieser Technik können sich daher auch keine Probleme ergeben, die Ereignisse und Zustände nachzuhalten. Der im letzten Abschnitt beschriebene Fall der Ablaufplanung verursacht bei dieser Technik keine Probleme, da Zugang und Abgang eines Auftrags an jeder Maschine als gesondertes Ereignis geführt werden.

  Die Technik arbeitet mit einem Ereigniskalender, d.h., alle bekannten, vom Standpunkt der Simulationsuhr noch in der Zukunft liegenden, nicht abgearbeiteten Ereignisse stehen in einem Verzeichnis, aus dem sie chronologisch abgerufen werden. Neu bekannt werdende, künftige Ereignisse - bspw. reiht sich ein neuer Auftrag in die Warteschlange vor einer Maschine ein - werden jeweils in die Tabelle eingeordnet. Die Simulation besteht darin, den am Anfang bekannten Ereigniskalender abzuarbeiten und durch Folgeereignisse zu ergänzen. Mit jedem abgearbeiteten Ereignis wird die Simulationszeit auf den Zeitpunkt des jeweils folgenden Ereignisses vorgerückt. Vorteil dieser Technik ist es, Ereignisse zeitgenau erfassen zu können. Die Abbildungsgenauigkeit läßt kaum Wünsche offen. Laufen in einem System allerdings sehr viele Ereignisse ab, ist diese Technik sehr rechenintensiv.

- Der Sonderfall einer Art Mischung beider Simulationstechniken liegt vor, wenn sich in Systemen bekannte Wachstumsprozesse vollziehen. Jeder kleine Wachstumsschub eines Baumes kann nicht als Ereignis in einer ereignisorientierten Simulation über das Waldwachstum geführt werden. Das System wäre auf diese Weise nicht mehr rechnerisch zu beherrschen. Aus einem Systemzustand zu einem Zeitpunkt und dem bekannten Wachstumsgesetz kann aber auf einen Zustand nach einem bestimmten Zeitintervall geschlossen werden. In einem Simulationsmodell lassen sich gleichzeitig die ereignisorientierte Vorgehensweise für bestimmte Merkmale und die zeitorientierte Vorgehensweise für andere Merkmale miteinander verbinden.

Welche Simulationstechnik für einen praktischen Fall zu empfehlen ist, hängt von den konkreten Bedingungen des Falls ab. Für Lagersysteme sind zeitorientierte Vorgehensweisen meistens ausreichend. Wartesysteme (Ablaufplanung, Patientensteuerung) lassen sich in der Regel nur mit einer ereignisorientierten Betrachtungsweise sinnvoll abbilden.

Die Simulationstechnik soll am Beispiel einer zeitorientierten Simulation einer Lager- und Bestellpolitik eingehender beschrieben werden. Der Simulationszeitraum umfaßt 10 Perioden. Die Zeitreihe der Nachfrage (Eingabezustände) ist als Realisation eines Zufallsprozesses bekannt. Der Anfangsbestand des Lagers in der ersten Periode beläuft sich auf 40 Mengeneinheiten. Mit Hilfe einer Lagerhaltungsregel (Transformationsregel) ist die Zeitreihe der Outputgrößen (Lagerbestände, Fehlmengen, Bestellzeitpunkte) zu erzeugen. Eine Bestellung wird ausgelöst, wenn der Anfangsbestand einer Periode 20 Mengeneinheiten (Bestellpunkt) unterschreitet. Bestellt werden jeweils 50 Mengeneinheiten, die grundsätzlich zu Beginn der übernächsten Periode geliefert werden. Auftretende Fehlmengen können nicht nachgeliefert werden. Die Simulationszeit ist in Perioden von einer Woche unterteilt.

Die Transformation der Inputgrößen (Absatzmengen) entsprechend der Lagerhaltungsregel in Outputgrößen ist anhand der folgenden Übersicht nachzuverfolgen.

Periode	Zeitreihe der Eingabezustände (Nachfrage)	Anfangsbestand des Lagers	Zugang	Verbrauch	Zeitreihe der Ausgabezustände		
					Endbestand	Fehlmenge	Bestellung
1	10	40	-	10	30	-	-
2	20	30	-	20	10	-	-
3	15	10	-	10	-	5	1
4	20	0	-	-	-	20	-
5	5	50	50	5	45	-	-
6	15	45	-	15	30	-	-
7	12	30	-	12	18	-	-
8	10	18	-	10	8	-	1
9	12	8	-	8	-	4	-
10	18	50	50	18	32	-	-

Tabelle 6-22

Durch ein derartiges Experiment kann die Wirkung einer Entscheidungsregel bei einer bestimmten zeitlichen Abfolge der Inputgrößen auf die Zustandsgrößen analysiert werden. Um die Güte der Lagerhaltungsregel beurteilen zu können, ist die Zeitreihe der Ausgabezustände zu bewerten. Maßgrößen für die Qualität der Strategie könnten im Lagerhaltungsbeispiel sein:

- Die Summe der Lager-, Fehlmengen- und bestellfixen Kosten für die Dauer der Simulaton.

- Der zu erreichende Servicegrad, der entweder als Prozentsatz der Fehlmenge von der Gesamtnachfrage oder als Prozentsatz der Perioden des Betrachtungszeitraums gemessen wird, in denen Fehlmengen auftreten.

Für unterschiedliche Bestellpolitiken läßt sich je nach der Anzahl der für ein System verwendeten Bewertungskriterien eine Erfolgsmatrix der in Tabelle 6-23 gegebenen Art aufbauen.

Entscheidungsregel	Bezeichnung der Regel		Erfolgsmaßstab 1 (Gesamtkosten)	Erfolgsmaßstab 2 (Servicegrad)
	Bestellmenge	Bestellpunkt		
1	50	20	480	90%
2	50	30	450	92%
3	30	35	500	93%
4	60	40	600	95%
5	70	15	600	89%

Tabelle 6-23

Diese Erfolgsmatrix für alternativ getestete Lagerhaltungsregeln kann als Grundlage für die Auswahl einer Strategie verwendet werden. Beispielsweise wird die Entscheidung für die zweite Lagerhaltungsregel fallen, wenn nur Kostenaspekte für die Bewertung von Bedeutung sind (eindimensionales Ziel). Im Hinblick auf den Servicegrad ist die Strategie 4 am vorteilhaftesten. Durch die Simulation wird damit ein Zielkonflikt offengelegt. Zudem sind dominierte Strategien zu erkennen: Lagerhaltungsregel 1 wird durch 2 dominiert, da der Übergang von 2 auf 1 den Zielerreichungsgrad beider Bewertungskriterien verschlechtert. Entsprechendes gilt für 5 im Vergleich zu 4.

Die für die Simulation verwendeten Zustandsfolgen der Eingabedaten sind in der Regel das Ergebnis eines Zufallsprozesses. Über die künftigen Nachfragemengen eines Bestellsystems ist nur bekannt, daß sie einer bestimmten statistischen Gesetzmäßigkeit genügen. Um von diesem Zufallsgesetz des Inputs auf die Wahrscheinlichkeitsverteilung oder Kenngrößen wie den Erwartungswert der Zielgröße zu schließen, werden in der Simulation zwei verschiedene Auswertungstechniken eingesetzt. Welche Technik zum Zuge kommt, hängt davon ab, ob das simulierte System langlebig ist und einen Gleichgewichtszustand erreicht oder ob das Systeme nach Ablauf einer bestimmten Zeit ausläuft und zu einem späteren Zeitpunkt neu gestartet wird.

Ein Lagerhaltungssystem ist ein fortlaufendes System. Jede Periode setzt auf dem Endlagerbestand der Vorperiode auf, und durch weitere Bestellungen läuft das System beliebig lange. Ausgehend von einem bekannten Anfangslagerbestand strebt ein derartiges System nach einer bestimmten Zeit einem Gleichgewichtszustand zu. Das Gleichgewicht ist erreicht, wenn der Erwartungswert der Kosten nicht mehr davon abhängt, aus welchem Intervall er berechnet wird. Läuft ein System über längere Zeit, und wird aus den Intervallen 200-300 ZE und 300-500 ZE jeweils ein Durchschnittswert der Kosten bestimmt, so hat das System bereits nach 300 ZE ein Gleichgewicht erreicht, wenn beide Werte weitestgehend übereinstimmen. Bei Berechnungen aus den ersten Intervallen wird das nicht der Fall sein, weil der Anfangszustand noch in den Ergebnissen nachklingt. Mit zunehmender Simulationszeit spielt der Anfangszustand eine immer geringere Rolle. Eine Kenngröße für den Erfolg derartiger Systeme läßt sich gewinnen, wenn der Erwartungswert der Kosten im stabilisierten Zustand bestimmt wird. In diesem Fall reicht ein längerer Simulationslauf aus, wobei die ersten n Perioden der Anlaufphase mit einer Verzerrung durch den Anfangszustand aus der Auswertung ausgeschaltet werden.

Endliche, auslaufende Systeme liegen bei der Patientensteuerung bei Ärzten oder in Krankenhäusern vor. Das Wartesystem baut sich während des Tages auf, und am Abend wird der Zugang zum System gesperrt. Noch im System befindliche Patienten werden zwar abgearbeitet, am nächsten Morgen startet das System aber wieder leer, übernimmt also keinen Endzustand aus dem vorhergehenden Tag. Derartige Systeme erreichen während der Laufzeit - ein Tag - überhaupt keinen Gleichgewichtszustand. Aussagen über das Systemverhalten, wenn ein Gleichgewichtszustand erreicht würde, sind für die Beurteilung einer Strategie mithin sinnlos. Eine Kenngröße über die Wirkung einer Politik - Prioritätsregel für die abzuarbeitenden Patienten - läßt sich nur gewinnen, wenn eine Simulation einer Vielzahl von Einzeltagen durchgeführt wird und aus diesen Ergebnissen ein Erwartungswert berechnet wird.

6.3.3 Heuristische Planungsprinzipien

6.3.3.1 Heuristiken in verfahrenstechnischer Sicht und als Strukturierungsregeln

In der Literatur herrscht keine einheitliche Auffassung darüber, was den Kern heuristischer Planungsmethoden ausmacht. Die Diskussion der Merkmale von Heuristiken geht von zwei verschiedenen Denk- und Argumentationsrichtungen aus. Zumindest der Anzahl nach vorherrschend ist eine rein formale, verfahrenstechnische Interpretation des Begriffs „Heuristik". Für die Anhänger dieser Richtung sind Heuristiken spezielle „Rechenvorschriften" oder „Algorithmen" zur Bewältigung von Planungsproblemen, für die keine effizienten, optimierenden Verfahren bekannt sind (lösungsdefekte Probleme). Sie sind in dieser Sicht stets zweitbeste Lösungsverfahren. Heuristiken werden demzufolge so definiert, daß die Begriffselemente eine scharfe Trennung heuristischer von optimierenden und rein zufälligen (willkürlichen) Verfahren erlauben. Ein Lösungsverfahren wird als heuristisch bezeichnet, wenn es folgende Merkmale erfüllt:[106]

- Heuristiken reduzieren den Umfang komplexer Probleme, indem sie einen Teil der potentiellen Lösungen aus der Analyse ausschließen. Diese Reduktion erfolgt in der Weise,

106 Vgl. Streim (1975), S. 143 ff.; Adam (1983), S. 484 ff.; Adam, (1989), Sp. 1414 ff.

daß von bestimmten Beziehungen zwischen den Elementen des Planungsproblems abstrahiert wird.

- Heuristiken führen in der Regel nicht zur optimalen Lösung des Problems, d.h., es kann nicht bewiesen werden, daß die eingesetzten Entscheidungsoperatoren zur optimalen Lösung konvergieren. Eine Heuristik erzeugt bestenfalls eine zulässige Näherungslösung des Problems, deren Güte aber entscheidend von der Qualität des Operators abhängt. Es kommt mithin bei der Konstruktion von Heuristiken darauf an, Operatoren zu finden, die das Problem reduzieren und lösbar werden lassen, ohne dabei von wesentlichen Beziehungen zwischen den Elementen des Problems zu abstrahieren, die für die Güte der Lösung ausschlaggebend sind.

- Die verwendeten Entscheidungsoperatoren dürfen nicht zufällig bestimmte Lösungsmengen des Problems aus der Analyse ausschließen. Entscheidungsoperatoren sollen vielmehr aus der Problemstellung heraus mehr oder weniger plausibel, d.h. begründbar sein.

Zur Klasse dieser algorithmischen Interpretation von Heuristiken gehören:

- Entscheidungsregeln zur Lösung von Reihenfolgeproblemen, für die bei hinreichend großer Zahl zu ordnender Elemente keine effiziente Lösungstechnik existiert. Mögliche Operatoren für die Reihenfolgeplanung von Fertigungsaufträgen sind die Kürzeste Operationszeit-Regel (KOZ) oder das First-come-first-served-Prinzip.

- Operatoren für die Reihenfolgeplanung von Transportaufträgen (in welcher Reihenfolge soll ein Fahrzeug bestimmte Kunden beliefern?) wie das Sweep-Verfahren oder das Savings-Verfahren,[107] die auf plausible Art eine Fahrtroute mit möglichst geringen Transportkilometern konstruieren.

- Verfahren zur Anordnung innerbetrieblicher Standorte (Layoutplanung) wie die Konstruktions-[108] und die Verbesserungverfahren[109] und Kombinationen aus beiden Vorgehensweisen.[110]

- Eröffnungsverfahren, die für ein Zuordnungsproblem eine erste zulässige Lösung auf plausible Art generieren, die anschließend mit einem optimierenden Verfahren verbessert werden kann.

Neben der verfahrenstechnischen Sicht können Heuristiken als Regeln zur Strukturierung von Problemen interpretiert werden, die in der vorliegenden Form nicht lösbar sind. Heuristiken sind Regeln zur Transformation schlechtstrukturierter, nicht lösbarer Ausgangsprobleme in lösbare Teil- oder Unterprobleme, wobei garantiert sein muß, daß die Lösung des Unterproblems einen Beitrag zur Lösung des Ausgangsproblems leistet.[111] Als Strukturie-

107 Vgl. Clarke/Wright (1964), S. 563 ff.; Gillet/Miller (1974), S. 340 ff.; Berens/Delfmann (1984), S. 46 ff.

108 Vgl. Lee/Moore (1968).

109 Vgl. Armour/Buffa (1963).

110 Vgl. Kiehne (1969), S. 145 ff.

111 Vgl. Witte (1979).

rungsregeln können zwei verschiedene, aber miteinander verwandte heuristische Vorgehensweisen angewendet werden, die Abspaltung lösbarer Teil- oder Unterprobleme aus einem schlechtstrukturierten Ausgangsproblem und die Entwicklung qualitativer Planungsmodelle.

Durch die Abspaltung eines lösbaren Teil- oder Unterproblems aus einem schlechtstrukturierten Ausgangsproblem wird der Komplexitätsgrad eines Problems durch Abstraktion so reduziert, daß das Problem beherrschbar wird. Sinn hat diese Vorgehensweise nur, wenn in dem Unterproblem nicht von den wesentlichen Merkmalen und Zusammenhängen des Ausgangsproblems abstrahiert wird, da die Lösung des Unterproblems sonst keinen Beitrag für das eigentliche Problem leistet.

Eine Lösung eines schlechtstrukturierten Ausgangsproblems kann beispielsweise angestrebt werden, indem eine von mehreren erkannten Ursachen des Problems herausgegriffen und zum Gegenstand eingehender Planungsüberlegungen gemacht wird. Ein hoher Abfall beim Zuschneiden von Papierrollen bestimmter Breite in kleinere Formate kann seine Ursache darin haben, daß die Rollenbreite für die zuzuschneidenden Formate unglücklich gewählt wurde. Der hohe Abfall kann auch eine Folge einer unsystematischen Verschnittpolitik sein. Konzentriert sich die Modellbildung nur auf eine dieser Ursachen wird aus dem komplexen Ausgangsproblem ein kleineres, besser strukturiertes Unterproblem abgespalten, auf das sich u.U. optimierende Verfahren anwenden lassen. Der Strukturierungsvorgang ist abgeschlossen, wenn mit der Lösung eines Unterproblems eine Situation erreicht ist, die für das Ausgangsproblem zu einem befriedigenden Ergebnis führt.

Wird mit der zunehmenden Abstraktion und Konkretisierung kein lösbares Problem gefunden oder ein nicht befriedigender Endzustand erreicht, ist ein zunächst vernachlässigtes mögliches Unterproblem aufzugreifen, um auf diesem Wege eine bessere Lösung zu erarbeiten. Beispielsweise können sich die Planungsüberlegungen beim Verschnittproblem zunächst auf eine Systematisierung des Zuschnitts bei gegebener Rollenbreite konzentrieren. Wird auf diesem Wege kein befriedigendes Ergebnis erreicht, muß das zunächst eliminierte Problem einer veränderten Rollenbreite aufgegriffen werden. Als Folge der heuristischen Strukturierung ist die in den Unterproblemen entwickelte Lösung auch nicht zwingend optimal für das Ausgangsproblem.

Das Aufspaltungsprinzip soll noch an einem zweiten Beispiel verdeutlicht werden. Ein Unternehmen steht vor der Aufgabe, das Vertriebsnetz mit derzeit 19 Auslieferungslägern und zugehörigen Versorgungsgebieten zu reorganisieren, dabei soll die Zahl der Auslieferungsläger möglichst verringert werden. Wird die Zahl der Läger reduziert oder werden gar andere Standorte eingerichtet, verändern sich die von einem Lager zu versorgenden Gebiete gegenüber der Situation mit 19 Lägern. Dadurch ergeben sich Rückwirkungen auf die täglichen Transport- und Tourenpläne der verbleibenden Auslieferungsläger, und auch die Rundreisen der einzelnen LKW pro Tag werden sich ändern. Das Problem ist in dieser Form zu komplex und schlechtstrukturiert. Es bietet sich eine hierarchische Zerlegung in mehrere, nacheinander zu lösende Teilprobleme an. In einem ersten Problem wird von der Tourenplanung und der Rundreise der LKW abstrahiert, und es wird ein reines Standortproblem mit noch variabler Lagerzahl und zum Teil variablen Standorten formuliert. Aus diesem Modell ergeben sich bestimmte Standorte mit zugeordneten Marktgrenzen. In einem zweiten Modell ordnet der Disponent täglich den verfügbaren LKW bestimmte Ladungen zu, und in einem dritten Problem wird für jeden LKW die Rundreise zu den Kunden fixiert. Hierarchische Planung kann somit auch als heuristisches Strukturierungsprinzip interpretiert werden.

Zu dieser Klasse heuristischer, strukturierender Vorgehensweisen gehören in der strategischen Planung auch Methoden, die die Zahl der in der Realität wirksamen Erfolgsfaktoren auf beispielsweise zwei eingrenzen (Marktwachstum-Marktanteil-Portfolio) und mit diesem abstrakten Erklärungsmodell versuchen, Strategien zu identifizieren, die für das schlechtstrukturierte Ausgangsproblem verwendbar sind. Sinn ergibt eine derartige Vorgehensweise grundsätzlich nur, wenn durch die betrachteten Erfolgsfaktoren der Unternehmenserfolg wirklich erklärt werden kann.

Das Arbeiten mit qualitativen Modellen entspricht der zweiten heuristischen Vorgehensweise. In diesen Modellen werden qualitative Informationen nach heuristischen Regeln in rechenbare Größen umgesetzt und nach heuristischen Regeln ausgewertet. Typisch hierfür ist die Nutzwertanalyse, bei der qualitative Informationen über Kriterienausprägungen auf heuristischem Weg in Punktwerte umgesetzt und nach heuristischen Prinzipien ausgewertet werden. Als heuristisches Auswertungsprinzip ist die in der Nutzwertanalyse unterstellte additive Nutzenfunktion zu interpretieren, die die realen Zusammenhänge der untersuchten Kriterien nur näherungsweise plausibel erfaßt. Auch das PIMS-Konzept gehört letztlich zu dieser Klasse strukturierender Vorgehensweisen, da schwer meßbare bzw. gar nicht meßbare Erfolgsfaktoren wie relative Qualität oder relativer Preis nach heuristischen Regeln in Zahlenwerte transformiert werden. Auch die lineare Verknüpfung der Erfolgsfaktoren in einer multiplen Regressionsanalyse kann nur als heuristische, nicht aber als logisch zwingende Auswertungsregel interpretiert werden.

Soll ein schlechtstrukturiertes Problem auf einem der beiden Wege gelöst werden, muß es durch inhaltliche Argumentation in Richtung auf ein besser, möglichst wohlstrukturiertes Problem transformiert werden. Dieser inhaltlich aus den Bedingungen des schlechtstrukturierten Ausgangsproblems begründbare Strukturierungs- oder Transformationsprozeß ist der Kern heuristischen Planens. Heuristische Planung ist mithin die plausible, inhaltlich begründet durchgeführte Transformation einer schlecht- in eine oder mehrere besser- oder wohlstrukturierte Problemstellungen. Dieser Transformationsprozeß ist nicht formallogisch rational, d.h., es gibt keinen vom Problemlöser unabhängigen, allgemeinen und zwingenden Weg zur Strukturierung eines Problems. Die Art der Strukturierung genügt vielmehr nur Plausibilitätsaspekten, sie ist heuristischer Art. Für ein Ausgangsproblem gibt es folglich auch nicht nur einen möglichen, erfolgversprechenden Strukturierungsweg; vielmehr können sehr unterschiedliche heuristische Überlegungen zu einer lösbaren Problemstellung führen, deren Lösung als befriedigender Endzustand des unscharfen Ausgangsproblems angesehen wird.[112] Streng rational im Sinne des Planungsschemas der entscheidungsorientierten Betriebswirtschaftslehre ist allenfalls noch die Lösung des am Ende des Strukturierungsvorgangs stehenden elementaren Problems. Der gesamte Planungsvorgang einschließlich der Strukturierung genügt der Anforderung, rational zu sein, nicht mehr.

112 Vgl. Adam (1983), S. 489 ff.

Heuristiken haben in beiden Interpretationen generell den „Nachteil", sehr problemspezifisch zu sein, d.h., es sind nur Einzelaussagen über sinnvolle Heuristiken, nicht aber allgemeingültige Aussagen denkbar. Bestenfalls ist es möglich, Einzelaussagen über zweckmäßige Heuristiken zu erprobten Verhaltensmustern in eng verwandten Ausgangssituationen zu verdichten.[113] Beispielsweise können durch Simulationen Aussagen über die Wirkung bestimmter Prioritätsregeln in bestimmten Ausgangssituationen abgeleitet werden. Mittelwerte oder Streuungen ganz bestimmter Kenngrößen wie Durchlaufzeit von Aufträgen oder Verspätungszeiten für die Aufträge können u.U. für die Frage herangezogen werden, mit welchen heuristischen Operatoren ein Betrieb sinnvollerweise arbeiten sollte.

Ein Vergleich des Prinzips heuristischen Planens mit der formalen Sicht von Heuristiken zeigt große Ähnlichkeiten. Bei beiden wird das Ausgangsproblem über mehr oder weniger plausible Operationen auf Teile der ursprünglichen Lösungsmenge reduziert bzw. konkretisiert. Die Regeln zur Abspaltung von Unterproblemen dürfen nicht zufällig sein; sie müssen vielmehr aus dem Ausgangsproblem und den vagen Vorstellungen über den anzustrebenden Endzustand inhaltlich abgeleitet und begründet werden. Als Folge der Reduktion des Problems ist keine Garantie für eine optimale Lösung des Ausgangsproblems möglich. Die Qualität der Problemlösung einer mit dem Prinzip heuristischer Planung gefundenen Lösung hängt ganz entscheidend von den gefundenen Regeln zur Problemreduzierung und -konkretisierung ab.

Bei der Teilklasse lösungsdefekter Probleme herrscht sogar völlige Identität der formalen und inhaltlichen Interpretation von Heuristiken. Die inhaltliche Interpretation von Heuristiken überträgt das generelle Prinzip verfahrenstechnisch interpretierter Heuristiken auf alle Arten schlechtstrukturierter Probleme; verfahrenstechnische Heuristiken werden damit zum Prinzip heuristischen Planens erweitert.

6.3.3.2 Beispiele für Heuristiken in verfahrenstechnischer Sicht

Heuristiken sind aus der Problemsituation heraus plausible Verfahren zur Ableitung guter oder befriedigender Lösungen eines Entscheidungsproblems. Sie finden Anwendung, wenn es die Struktur des zu lösenden Problems nicht erlaubt, Planungsmodelle zu entwickeln, die mit Hilfe analytischer Planungsverfahren zu lösen sind. Heuristiken gelangen zum Einsatz, wenn zur Lösung eines Problems keine effizienten, analytischen Verfahren bekannt sind (das gilt für Reihenfolgeprobleme) oder wenn die Modelle zu komplex sind, um noch analytisch gelöst zu werden. Heuristiken sind meistens auf einen bestimmten Problemtyp zugeschnitten, d.h., sie werden speziell für bestimmte Problemstrukturen entwickelt und sind meistens nicht auf andere Probleme übertragbar. Dieser spezielle Zuschnitt der Verfahren auf ein bestimmtes Problem ist noch keine Garantie für deren Effizienz. Es gibt schlechte und gute Heuristiken. Die Qualität der Verfahren ist entweder am Erfolgsbeitrag der Lösungen oder am erforderlichen Rechenaufwand zu beurteilen.[114]

113 Vgl. hierzu etwa bewährte Vorgehensweisen für Reihenfolgeprobleme (Müller-Merbach (1970)), für innerbetriebliche Layoutfragen (Bremer (1979)) oder zur Überwindung von Zielkonflikten (Dück (1978)).

114 Vgl. dazu aber auch Silver/Vidal/Werra (1980), S. 153 ff.

Zur Entwicklung von Heuristiken bedarf es stets eines kreativen Gedankens, durch den das grundsätzliche Arbeitsprinzip und ein Kriterium zur Beurteilung der Effizienz des Verfahrens festgelegt werden. Die Entstehung dieses kreativen Gedankens kann durch systematische Suche unterstützt und beschleunigt werden. Die Idee für das Arbeitsprinzip ist zwar Voraussetzung jeder Heuristik, abgeschlossen ist die Entwicklung eines heuristischen Verfahrens aber erst, wenn erstens alle Details des Verfahrens durchdacht und lückenlos formuliert sind und wenn zweitens Erfahrungen über die Güte des Verfahrens durch Anwendung auf Entscheidungsprobleme gewonnen wurden. Zur Entwicklung von Heuristiken gehört damit stets ein Test, um die Qualität des Verfahrens sicherzustellen, so daß kein ineffizientes Verfahren zum Einsatz kommt.[115]

Im folgenden soll der Einsatz von Heuristiken beispielhaft für drei unterschiedliche Problemstrukturen vorgestellt werden:

- Der Einsatz von Prioritätsregeln zur Ableitung befriedigender Lösungen eines Planungsproblems wird am Beispiel eines Transport- und eines Reihenfolgeproblems verdeutlicht.
- Für ein Rundreiseproblem wird die Grundstruktur des Savings- und des Sweep-Verfahrens erläutert.
- Für ein Problem mit n Versandorten und m Empfangsorten wird eine Heuristik zur Ableitung einer ersten zulässigen und guten Ausgangslösung vorgestellt, die anschließend durch analytische Verfahren zur Transportplanung (Stepping-Stone, Modi-Verfahren)[116] schrittweise verbessert werden kann.

6.3.3.2.1 Der Einsatz von Prioritätsregeln

Das Instrument der Prioritätsregeln wird zunächst am Beispiel einer Transportmittelplanung verdeutlicht. Ein Unternehmen, das Anschluß an das Binnenschiffahrtsnetz, die Bahn und die Straße hat, soll entscheiden, welche Transportmittel für die Beschaffung von Rohstoffen eingesetzt werden sollen.[117] Der vorläufige Bedarf an Rohstoffen beläuft sich auf B Tonnen (t). Es ist festgelegt, daß grundsätzlich nur ganze Ladungen (Binnenschiff 100 t, Bahnwaggon 20 t, LKW 6 t) transportiert werden. Die Transportkosten in DM pro t belaufen sich für die drei Transportmittel bei Versand ganzer Ladungen auf:

Binnenschiff	Bahn	LKW
1,-	1,50	2,-

Tabelle 6-24

Die durchschnittlichen Kosten pro t der einzelnen Transportmittel können als Kriterium für die Zuweisung der Rohstoffe auf die Transportmittel benutzt werden (Prioritätsregel). Da-

115 Vgl. Gal/Gehring (1981), S. 150 ff., Müller-Merbach (1973), S. 290 f.

116 Witte/Deppe/Born (1975).

117 Vgl. z.B. Thormählen (1974), S. 218 ff.

nach erhält das Binnenschiff mit den geringsten Kosten pro t die höchste Zuweisungspriorität. Restmengen des Bedarfs, die keiner ganzen Ladung des Binnenschiffs entsprechen, werden der Bahn zugewiesen. Restmengen, die keiner ganzen Ladung eines Bahnwaggons entsprechen, werden per LKW transportiert. Die Bedarfsmenge wird jeweils auf ganze LKW-Ladungen aufgerundet.

Die beschriebene Zuweisungsheuristik ist wie folgt zu formalisieren:

Symbole:
LBI = maximales Ladegewicht Binnenschiff
LBA = maximales Ladegewicht Bahnwaggon
LLKW = maximales Ladegewicht LKW
ZBI = Zahl der Binnenschiffe
ZBA = Zahl der Bahnwaggons
ZLKW = Zahl der LKW
B = Bedarf an Rohstoffen

1. Priorität: Zahl der Schiffsladungen:

$$ZBI = \left[\frac{B}{LBI}\right] - 1$$

2. Priorität: Zahl der Bahnwaggons:

$$ZBA = \left[\frac{B - ZBI \cdot LBI}{LBA}\right] - 1$$

3. Priorität: Zahl der LKW:

$$ZLKW = \left[\frac{B - ZBI \cdot LBI - ZBA \cdot LBA}{LLKW}\right]$$

Die Klammern um den Bruch geben an, daß anstelle des Bruchs die nächste, größere ganze Zahl zu setzen ist.[118] Für die endgültige Kaufmenge gilt wegen der Aufrundung bei der 3. Priorität die folgende Beziehung:

$$\underbrace{ZBI \cdot LBI}_{\substack{\text{Kaufmenge}\\ \text{Binnenschiff}}} + \underbrace{ZBA \cdot LBA}_{\substack{\text{Kaufmenge}\\ \text{Bahn}}} + \underbrace{ZLKW \cdot LLKW}_{\substack{\text{Kaufmenge}\\ \text{LKW}}} \geq B$$

Eine Bedarfsmenge von 456 t würde wie folgt auf die Transportmittel verteilt:

118 Bei der 1. und 2. Priorität entspricht die Anzahl der Ladungen dem ganzzahligen Anteil des in der jeweiligen Klammer stehenden Bruchs. Diese Anzahl errechnet sich, indem der zur nächsten ganzen Zahl aufgerundete Bruch um 1 vermindert wird.

$$ZBI = \left[\frac{456}{100}\right] - 1 = 4$$

$$ZBA = \left[\frac{456 - 4 \cdot 100}{20}\right] - 1 = 2$$

$$ZLKW = \left[\frac{456 - 4 \cdot 100 - 2 \cdot 20}{6}\right] = 3$$

Die effektive Beschaffungsmenge beläuft sich auf 458 t.

Ein weiteres Anwendungsbeispiel für Prioritätsregeln ist die Ablaufplanung. Vor den Maschinen eines Produktionssystems warten zu einem bestimmten Zeitpunkt z_n Aufträge auf Bearbeitung. In einer Bearbeitunsstufe fertige Aufträge rücken vor die nächste Stufe und reihen sich dort in eine Warteschlage ein. Zum Produktionssystem kommen in bestimmten zeitlichen Abständen ständig neue Aufträge hinzu. Mit Hilfe eines Prioritätskriteriums kann bestimmt werden, welcher Auftrag als nächster aus der Warteschlange abzuwickeln ist, wenn eine Maschine frei wird. Mögliche Prioritätsregeln für die Lösung dieser Ablaufplanung sind:[119]

- Wartezeit-Regel: Vorrang hat der Auftrag mit der bislang längsten Wartezeit vor der betreffenden Maschine.
- Liefertermin-Regel: Höchste Priorität kommt dem Auftrag mit dem frühesten vereinbarten Liefertermin zu.
- Schlupfzeit-Regel: Es wird dem Auftrag die höchste Priorität zugewiesen, für den die verbleibende Zeit bis zum vereinbarten Liefertermin abzüglich der reinen Bearbeitungszeit in den folgenden Bearbeitungsstufen am geringsten ist.
- Kürzeste-Operationszeit-Regel: Höchste Priorität gebührt demjenigen Auftrag, der die geringste Fertigungszeit auf der zu belegenden Maschine benötigt.
- Kürzeste-Fertigungsrestzeit-Regel: Dem Auftrag mit der geringsten Bearbeitungszeit in allen noch nicht durchlaufenen Produktionsstufen wird die höchste Priorität zugewiesen.
- Dynamische Wertregel: Höchste Priorität in einer Warteschlange hat der Auftrag mit den höchsten bis zu dieser Produktionsstufe angefallenen Kosten.

Die genannten Prioritätsregeln lassen sich auch beliebig miteinander kombinieren.

Am Beispiel von Prioritätsregeln soll demonstriert werden, wie Aussagen über die Effizienz einer bestimmten Heuristik zu entwickeln sind. Mit einer Heuristik wie der KOZ-Regel sind 1000 Ablaufprobleme auf simulativem Weg gelöst worden. Jede dieser Lösungen läßt sich durch eine bestimmte mittlere Durchlaufzeit der Aufträge kennzeichen. Aus den in der Si-

119 Vgl. Adam (1990), S. 775.

mulation gemessenen Durchlaufzeiten der 1000 Datensätzen wird ein Histogramm entwikkelt, aus dem die relative Häufigkeit abzuleiten ist, mit der bestimmte mittlere Durchlaufzeiten bei dieser Heuristik aufgetreten sind. Das Histogramm läßt sich anschließend in eine Operationscharakteristik umsetzen. Dafür wird die gleiche Technik angewendet, die bei der Risikoanalyse beschrieben wurde.[120]

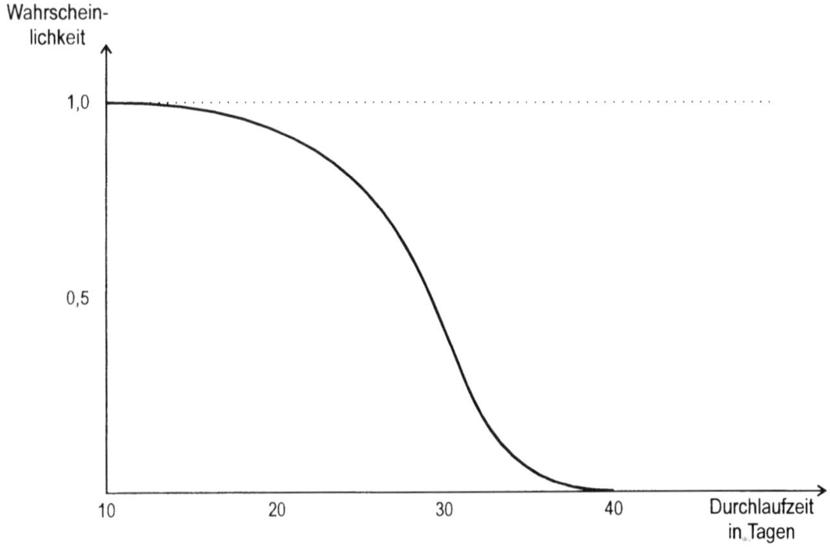

Abbildung 6-30

Dieser Operationscharakteristik ist zu entnehmen, daß bei dieser Heuristik eine Durchlaufzeit von 10 Tagen nicht unterschritten wird, die Wahrscheinlichkeit für höhere Durchlaufzeiten ist gleich 1. Eine Durchlaufzeit von 30 Tagen und weniger wird mit einer Wahrscheinlichkeit von 50 % erreicht. Lösungen mit einer Durchlaufzeit von mehr als 40 Tagen treten nicht auf. Werden auf den gleichen Datensatz andere Heuristiken angewendet, ergibt sich eine zweite Operationscharakteristik, und durch Vergleich der Charakteristiken unterschiedlicher heuristischer Operatoren kann ähnlich wie in der Risikoanalyse eine Aussage über die Güte der Heuristiken abgeleitet werden.[121] Unter Umständen lassen sich durch die stochastische Dominanz ersten und zweiten Grades bestimmte Heuristiken als dominiert identifizieren.[122]

---

120 Vgl. zur Risikoanalyse Abschnitt 4.2.2.3.4.

121 Vgl. hierzu Berens (1991), S. 107 ff.

122 Vgl. Abschnitt 4.2.2.1.

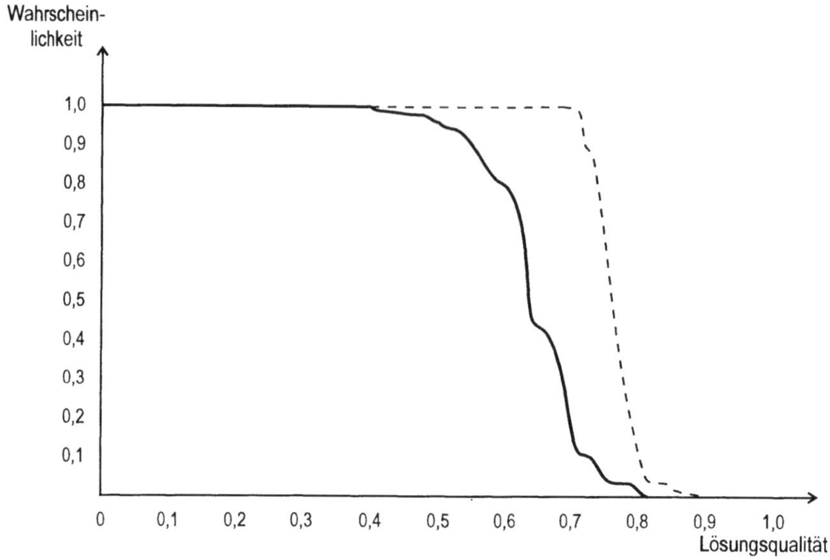

Abbildung 6-31[123]

6.3.3.2.2 Grundstruktur des Savings-Verfahrens und des Sweep-Verfahrens

Die Savings-Verfahren[124] und das Sweep-Verfahren[125] sind Beispiele für heuristische Prinzipien zur Lösung von Reihenfolgeproblemen (bspw. von Travelling-Salesman-Problemen).

Ein Disponent hat die durch einen LKW an einem Tag zu beliefernden Kunden festgelegt und sucht eine sinnvolle Reihenfolge, in der die Kunden angefahren werden sollen. Der Standort des Auslieferungslagers ist in der folgenden Abbildung 6-32 durch den Punkt A gekennzeichnet. Die Punkte B bis F sind die Standorte der anzufahrenden Kunden. Beim Sweep-Verfahren wird zunächst willkürlich ein erster anzufahrender Kunde ausgewählt - beispielsweise D. Anschließend wird der Zeiger in der Abbildung 6-32 im Uhrzeigersinn oder auch in die Gegenrichtung geschwenkt (sweep), um die nächsten anzufahrenden Kunden zu bestimmen. Der Uhrzeiger wird zunächst F berühren und weiter über E, C und B laufen. Die Standorte werden in dieser Reihenfolge beliefert. Für diese vollständige Tour kann die erforderliche Kilometerzahl berechnet werden. Das Experiment kann anschließend mit unterschiedlichen Anfangskunden oder auch einem entgegengesetzt laufenden Zeiger wiederholt werden. Es verändern sich zwar nicht die Reihenfolgen, in der die Kunden angefahren werden; die Folge beginnt und endet aber immer bei einem anderen Kunden. Ausgewechselt wird damit jeweils die erste und letzte Strecke der Tour.

123 Vgl. Berens (1991), S. 246.

124 Vgl. Clarke/Wright (1964), S. 563 ff.; Berens/Delfmann (1984), S. 46 ff.

125 Vgl. Gillet/Miller (1974), S. 340 ff.; Berens/Delfmann (1984), S. 51 ff.

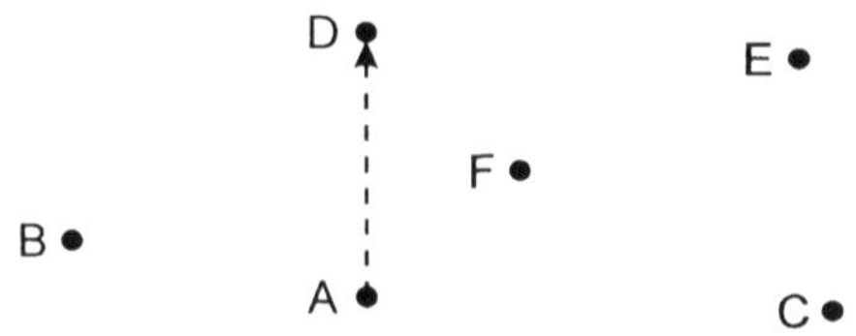

Abbildung 6-32

Beim Savings-Verfahren wird mit der schlechtesten Lösung des Problems gestartet und schrittweise versucht, diese Lösung zu verbessern. Die schlechteste Lösung sind Pendeltouren, d.h., von A fährt der Wagen zu D und kehrt zu A zurück, als nächstes wird der Standort F angefahren und der Wagen kehrt zum Standort A zurück usw. Der Wagen fährt somit zweimal die Strecke AD und zweimal AF. Werden die Standorte A,D,F zu einer Teiltour zusammengebunden, entfällt je eine Strecke von A nach D und A nach F, dafür tritt die Strecke DF hinzu. Für je zwei zu verbindende Standorte ergibt sich eine Ersparnis (saving) an Kilometern. Die Savings aller Zweierkombinationen der Standorte werden berechnet, und es wird diejenige Verknüpfung zweier Standorte mit maximaler Ersparnis eingeplant.[126] Damit liegen zwei Nachbarn in der noch unvollständigen Tour fest. Zu prüfen ist, welche Ersparnisse zu erzielen sind, wenn alternativ ein dritter Standort eingebunden wird. Von allen Savings mit einem dritten Standort wird wiederum jene mit maximaler Ersparnis eingeplant; somit liegen drei Elemente einer noch unvollständigen Tour fest. Das Verfahren wird fortgesetzt, bis alle Kunden in die Tour eingebunden sind.

Beide Heuristiken liefern häufig recht brauchbare Lösungen; die Qualität der Lösung hängt allerdings von der Struktur des Straßennetzes ab. Für das Travelling-Salesman-Problem wurden in der Literatur viele heuristische Prinzipien entwickelt. Ein neues, recht interessantes und effizientes Verfahren basiert auf speziellen neuronalen Netzen. Dieses Verfahren konstruiert eine Reiseroute, indem anzufahrende Standorte Neuronen anziehen. Jedes Neuron entscheidet sich auf Grund einer bestimmten Anziehungsfunktion, seine Koordinaten in Richtung auf die Standorte zu verändern. In einem mehrstufigen heuristischen Prozeß wandern bestimmte Neuronen in Richtung auf bestimmte Standorte und legen dadurch eine Rundreise fest.[127]

6.3.3.2.3 Eröffnungsverfahren

Als Eröffnungsverfahren[128] werden Verfahren bezeichnet, die nach bestimmten Regeln zu einer meist nicht optimalen Ausgangslösung eines Problems führen, die durch dieses Ver-

126 Um die Zahl der Zweierkombinationen zu beschränken, können nicht plausible Nachbarn z.B. B und E in der Abbildung 6-32 gleich aus der Analyse ausgeklammert werden.

127 Vgl. Adam/Herbermann (1995).

128 Vgl. Müller-Merbach (1973), S. 292.

fahren selbst nicht verbessert werden kann.[129] Aus dieser Ausgangslösung wird nach anderen Regeln eine schrittweise Verbesserung der Lösung angestrebt. Dazu ein Beispiel:

Ein Unternehmen will seine Kunden (j=1,2,3,4) (Empfänger) mit bekanntem Bedarf B_j von den Versandorten (i=1,2,3) (Auslieferungslager) beliefern. Jeder Versandort verfügt über bestimmte Bestände A_i der zu versendenden Ware. Die folgende Tabelle 6-25 enthält die Kosten K_{ij}, wenn eine Mengeneinheit von i nach j transportiert wird. Das Planungsproblem besteht darin, den Versandplan mit minimalen Kosten zu bestimmen. Ausgangspunkt für den Transportalgorithmus[130] ist eine erste zulässige Lösung, d.h. eine Lösung, die den jeweiligen Bedarf B_j deckt, ohne gegen die Bestandsbedingungen der Versandorte zu verstoßen. Eine mögliche Ausgangslösung ist mit Hilfe des folgenden Eröffnungsverfahrens zu bestimmen.

	Empfänger j				Bestand A_i
Versender i	1	2	3	4	
1	1,-	4,-	3,-	2,-	10 ME
2	5,-	3,-	4,-	5,-	7 ME
3	3,-	1,-	2,-	4,-	13 ME
Bedarf B_j	6 ME	8 ME	9 ME	7 ME	30 ME

Tabelle 6-25

Aus der Kostenmatrix wird zunächst in zwei Schritten eine Kostendifferenzmatrix erzeugt. Die 10 ME am Versandort 1 müssen auf jeden Fall transportiert werden. Dafür fallen Kosten in Höhe von mindestens 1 · 10 GE an, wenn der Empfangsort 1 beliefert wird. Diese 10 GE sind gewissermaßen die nicht zu vermeidenden Fixkosten für den Transport der am Standort 1 liegenden Mengen. Von der ersten Zeile werden deshalb diese Kosten abgezogen. Die neue Zeile enthält nur noch die relevanten, zusätzlichen Kosten, wenn die 10 ME nicht an den ersten Empfangsort ausgeliefert werden. Entsprechend wird für die beiden übrigen Versandstandorte verfahren. Es ergibt sich die erste Kostendifferenzmatrix (Tabelle 6-26).

	Empfänger j			
Versender i	1	2	3	4
1	0,-	3,-	2,-	1,-
2	2,-	0,-	1,-	2,-
3	2,-	0,-	1,-	3,-

Tabelle 6-26

Diese Kostendifferenzmatrix enthält aus der Sicht der Empfangsorte noch weitere Fixkosten. Für den dritten Empfangsort mit einem Bedarf von 9 ME sind Kosten von 1 · 9 GE nicht zu vermeiden, und beim Empfangsort 4 mit einem Bedarf von 7 ME lassen sich Ko-

129 Vgl. zu Eröffnungsverfahren für Transportprobleme z.B. Müller-Merbach (1973), S. 307 ff.; Collatz/Wetterling (1971), S. 50 f., Hadley (1962), S. 293, Witte/Deppe/Born (1975), S. 172 ff.

130 Vgl. Witte/Deppe/Born (1975), S. 161 ff.

sten von 1 · 7 GE nicht verhindern. Von der dritten und vierten Spalte wird deshalb je 1 GE abgezogen. Es ergibt sich folgende neue Kostendifferenzmatrix (Tabelle 6-27).

	Empfänger j			
Versender i	1	2	3	4
1	0,-	3,-	1,-	0,-
2	2,-	0,-	0,-	1,-
3	2,-	0,-	0,-	2,-

Tabelle 6-27

Es wird nun versucht, die Transportmengen möglichst so zuzuordnen, daß nur Felder mit einer Null besetzt werden, damit über die fixen Kosten hinweg möglichst keine weiteren Kosten anfallen. Für das Beispiel gelingt es nicht, eine Lösung zu finden, die nur eine Zuordnung auf Feldern mit Nullen vornimmt. Es kann jedoch eine zulässige Lösung angegeben werden, deren Kosten nur um 3 GE höher liegen als die aus der Problemformulierung ausgesonderten Fixkosten. Diese Kosten werden, wie aus der Tabelle 6-28 deutlich wird, durch die 3 ME verursacht, die auf das Element 2/4 (Zeile/Spalte) in der Matrix mit Zusatzkosten von 1 GE verteilt werden müssen.

	Empfänger j				Bestand A_i
Versender i	1	2	3	4	
1	6 ME			4 ME	10 ME
2			4 ME	3 ME	7 ME
3		8 ME	5 ME		13 ME
Bedarf B_j	6 ME	8 ME	9 ME	7 ME	30 ME

Tabelle 6-28

Die Belegung der Felder kann algorithmiert werden. Beispielsweise werden auf das Element 1/1 im ersten Schritt 6 ME (Minimum der zugehörigen Zeile und Spalte) verteilt, und diese Menge wird vom Bedarf bzw. der Versandmenge abgesetzt. Damit scheidet die erste Spalte für weitere Zuordnungen aus. Das gleiche Prinzip wird anschließend auf die Spalten 2 und 3 angewendet. Es verbleiben lediglich 3 ME, die sich nur im Element 2/4 plazieren lassen.

Durch die Transformation der Ausgangsmatrix in eine Kostendifferenzmatrix erweist sich das Eröffnungsverfahren als relativ intelligent, da für eine erste zulässige Lösung bereits Kosteninformationen ausgenutzt werden. Möglich sind auch Eröffnungsverfahren, die nicht ökonomisch gestützt sind. Dazu gehört die Nordwest-Ecken-Regel.[131] Bei diesem Vorgehen wird das Feld 1/1 als erstes mit 6 ME besetzt und die erste Spalte gestrichen. Der Bestand am Versandort 1 ist danach von 10 ME auf 4 ME zu reduzieren. Auf die verbleibende Matrix wird wieder die Nordwest-Ecken-Regel angewendet, d.h., das Feld 1/2 wird mit 4 besetzt und die erste Zeile gestrichen. Diese Vorgehensweise führt zu einer zulässigen Lösung mit erheblich höheren Kosten als beim ersten heuristischen Prinzip.

131 Vgl. Müller-Merbach (1973), S. 309 ff; Witte/Deppe/Born (1975), S. 161 ff.

Literatur zu Kapitel 6

Adam, D. (1970): Entscheidungsorientierte Kostenbewertung, Wiesbaden 1970.

Adam, D. (1980): Zur Problematik der Planung in schlechtstrukturierten Entscheidungssituationen, in: Jacob, H. (Hrsg.), Neue Aspekte der betrieblichen Planung, SzU, Bd. 28, Wiesbaden 1980.

Adam, D. (1981): Produktplanung, in: Handwörterbuch der Wirtschaftswissenschaft, Bd. 6, Stuttgart 1981, S. 323-334.

Adam, D. (1983): Planung in schlechtstrukturierten Entscheidungssituationen mit Hilfe heuristischer Vorgehensweisen, in: BFuP 1983, S. 484-494.

Adam, D. (1987): Kann das betriebswirtschaftliche Zuordnungsproblem durch den Gümbel-Algorithmus als gelöst gelten?, in: ZfbF 1987, S. 492 ff.

Adam, D. (1989): Planung, heuristische, in: Szyperski, N. (Hrsg.), Handwörterbuch der Planung, Stuttgart 1989, Sp. 1414-1419.

Adam, D. (1990): Produktionsdurchführungsplanung, in: Jacob, H. (Hrsg.), Industriebetriebslehre, 4. Aufl., Wiesbaden 1990, S. 673-918.

Adam, D. (1993): Produktions-Management, 7. Aufl., Wiesbaden 1993.

Adam, D., Herbermann, D. (1995): Entwicklung einer Heuristik für Travelling-Salesman-Probleme auf der Basis neuronaler Netze, Veröffentlichung des Instituts für Industrie- und Krankenhausbetriebslehre, Hrsg. D. Adam, Nr. 39, Münster 1995.

Adam, D., Hering, Th., Welker, M. (1995): Künstliche Intelligenz durch neuronale Netze, in: WISU 1995, S. 507-514, 587-592.

Alkon, D.L. (1989): Gedächtnisspuren in Nervensystemen und künstliche neuronale Netze, in: Spektrum der Wissenschaft 1989, S. 66-75.

Andritzky, K. (1976): Der Einsatz von Scoring-Modellen für die Produktbewertung, in: Die Unternehmung 1976, S. 21-37.

Ansoff, H.I. (1965): Corporate Strategy, New York et al. 1965.

Armour, G.C., Buffa, E.S. (1963): A Heuristic Algorithm and Simulation Approach to Relative Location of Facilities, in: Mangagement Science Vol. 9, 1963, S. 294-389.

Aurich, W., Schroeder, H.-U. (1972): System der Wachstumsplanung im Unternehmen, München 1972.

Bellmann, R.E. (1957): Dynamic Programming, Princeton 1957.

Bellmann, R.E., Zadeh, L.A. (1970): Decision-Making in a Fuzzy Environment, in: Management Science Vol. 17, No. 4, 1970, S. B-141 ff.

Berens, W. (1991): Die Beurteilung von Heuristiken, Habilitationsschrift, Münster 1991.

Berens, W., Delfmann, W. (1984): Modellbildung und quantitative Methoden zur Lösung logistischer Probleme, in: Jacob, H., Adam, D. (Hrsg.), Logistik, SzU, Bd. 32, Wiesbaden 1984, S. 31-55.

Bircher, B. (1976): Langfristige Unternehmensplanung, Bern, Stuttgart, 1976.

Brauckschulze, U. (1983): Die Produktelimination, Münster 1983.

Bremer, J.G. (1979): Die Layoutplanung in der Fabrikplanung, München 1979.

Charnes, A., Cooper, W.W. (1962): Programming with linear fractional functionals, in: Naval Research Logistics Quarterly 1962, S. 181-186.

Charnes, A., Cooper, W.W. (1963): Programming with linear fractional functionals - A communication, in: Naval Research Logistics Quarterly 1963, S. 273-274.

Clarke, G., Wright, J. (1964): Scheduling of vehicles from a central depot to a number of delivery points, in: Operations Research 1964, S. 568-581.
Collatz, L., Wetterling, W. (1971): Optimierungsaufgaben, 2. Aufl., Berlin-Heidelberg-New York 1971.
Dantzig, G.B. (1951): Maximization of a Linear Function of Variables Subject to Linear Inequalities, in: Koopmans, T.C. (Hrsg.), Activity Analysis of Production and Allocation, New York-London 1951, S. 339-347.
Dantzig, G.B. (1966): Lineare Programmierung und Erweiterungen, Berlin-Heidelberg-New York 1966.
Dinkelbach, W. (1962): Die Maximierung eines Quotienten zweier linearer Funktionen unter linearen Nebenbedingungen, in: Zeitschrift für Wahrscheinlichkeitstheorie und verwandte Gebiete 1, 1962, S. 141-145.
Dinkelbach, W. (1967): On nonlinear fractional programming, in: Management Science 1967, S. 492-498.
Dinkelbach, W. (1969): Sensitivitätsanalysen und parametrische Programmierung, Berlin-Heidelberg-New York 1969.
Domschke, W., Drexl, A. (1995): Einführung in Operations Research, 3. Aufl., Berlin u.a., 1995.
Dreyer, A. (1974): Scoring-Modelle bei Mehrfachzielsetzungen. Eine Analyse des Entwicklungsstandes von Scoring-Modellen, in: ZfB 1974, S. 255-274.
Dück, W. (1978): Optimierung unter mehreren Zielen, Braunschweig 1978.
Erxleben, K., u.a. (1992): Klassifikation von Unternehmen, in: ZfB 1992, S. 1237-1262.
Forster, O. (1984): Analysis 2, 5. Aufl., Braunschweig 1984.
Gal, T., Gehring, H. (1981): Betriebswirtschaftliche Planungs- und Entscheidungstechniken, Berlin-Heidelberg-New York 1981.
Gälweiler, A. (1986): Unternehmensplanung, Frankfurt a.M.-New York 1986.
Gass, S.I. (1969): Linear Programming, 3. Aufl., New York 1969.
Gessner, P., Wacker, K. (1972): Dynamische Optimierung, München 1972.
Gillet, B.E., Miller, C.R. (1974): A heuristic algorithm for the vehicle-dispatch problem, in: Operations Research 1974, S. 340-349.
Grob, H. L. (1990): Investitionsrechnung für Informations- und Kommunikationssysteme auf der Grundlage von Preis-Leistungs-Modellen, in: Adam, D., Backhaus, K., Meffert, H., Wagner, H. (Hrsg.), Integration und Flexibilität. Eine Herausforderung für die Allgemeine Betriebswirtschaftslehre, Wiesbaden 1990, S. 335-352.
Gutenberg, E. (1979): Grundlagen der Betriebswirtschaftslehre, Bd. 2, Der Absatz, 16. Aufl., Berlin-Heidelberg-New York 1979.
Hadley, G. (1962): Linear Programming, Reading-London 1962.
Hadley, G. (1969): Nichtlineare und dynamische Programmierung, Würzburg-Wien 1969.
Heinen, E. (1976): Grundlagen betriebswirtschaftlicher Entscheidungen, 3. Aufl., Wiesbaden 1976.
Hering, Th. (1992): Zur Berechnung und Interpretation endogener Grenzzinsfüße bei Endwert- und Entnahmemaximierung, Veröffentlichung des Instituts für Industrie- und Krankenhausbetriebslehre, Hrsg. D. Adam, Nr. 33, Münster 1992.

Hertz, D. B. (1973): Ecology Challenges the Science-based Company, The McKinsey Quarterly (1972) 2, S. 43 ff; wieder abgedruckt als: Checkliste für umweltfreundliche Produkte, in: Absatzwirtschaft 1973 5, S. 42 ff.
Hillier, F.S., Lieberman, G.J. (1988): Operations Research, 4. Aufl., München 1988.
Hinterhuber, H. H. (1992): Strategische Unternehmensführung, 5. Aufl., Bd. 1, Berlin, New York 1992.
Hinton, G.E. (1992): Wie neuronale Netze aus Erfahrung lernen, in: Spektrum der Wissenschaft 1992, S. 134-143.
Hopfenbeck, W. (1994): Umweltorientiertes Management und Marketing, 3. Aufl., Landsberg/Lech 1994.
Jacob, H. (1957): Das Ersatzproblem in der Investitionsrechnung und der Einfluß der Restnutzungsdauer alter Anlagen auf die Investitionsentscheidung, in: ZfbF 1957, S. 131-153.
Jacob, H. (1971): Preispolitik, 2. Aufl., Wiesbaden 1971.
Jacob, H. und M. (1962): Preisdifferenzierung bei willkürlicher Teilung des Marktes und ihre Verwirklichung mit Hilfe der Produktdifferenzierung, in: Jahrbücher für Nationalökonomie und Statistik 1962, S. 1-46.
Kahl, H.P. (1967): Beschäftigungs- und Auflagenumfang als Kriterien der Verfahrensauswahl, in: ZfB 1967, 1. Ergänzungsheft, S. 75-102.
Kaufmann, A., Cruon, R. (1967): Dynamic Programming, New York-London 1967.
Kiehne, R. (1969): Innerbetriebliche Standortplanung und Raumzuordnung, Wiesbaden 1969.
Knigge, R. (1975): Von der Cost-Benefit-Analyse zur Nutzwert-Analyse, in: WISU 1975, S. 123-129.
Krause, C. (1993): Kreditwürdigkeitsprüfung mit Neuronalen Netzen, Münster 1993.
Kreikebaum, H. (1993): Strategische Unternehmensplanung, 5. Aufl., Stuttgart-Berlin 1993.
Krekó, B. (1973): Lehrbuch der linearen Optimierung, 6. Aufl., Berlin 1973.
Kurbel, K.E. (1993): Production scheduling in a Leitstand system using a neural-net approach, in: International Computer Conference 1993, Hrsg. Balagurusamy, E., Sushila, B., Hyderabad 1993, S. 297-303.
Lee, R.C., Moore, J.M. (1968): Suboptimal algorithms for the quadratic assignment problem, in: Naval Research Logistics Quarterly 1968, S. 210-232.
Manager Spezial (1991): Umweltmanagement - Manager-Magazin Spezial, September 1991.
Meffert, H. (1989): Marketing, 7. Aufl., Wiesbaden 1989.
Müller-Merbach, H. (1970): Optimale Reihenfolgen, Berlin- Heidelberg-New York 1970.
Müller-Merbach, H. (1973): Operations Research, 3. Aufl., München 1973.
Nemhauser, G.L. (1969): Einführung in die Praxis der dynamischen Programmierung, München-Wien 1969.
O`Meara, J.T. (1961): Selecting profitable products, in: Harvard Business Review 1961, S. 83-89.
Rabetge, C. (1991): Fuzzy Sets in der Netzplantechnik, Wiesbaden 1991.
REFA (Hrsg.) (1974): Methodenlehre der Planung und Steuerung, Teil 2: Planung, München 1974.
Ritter, H., Martinetz, Th., Schulten, K. (1991): Neuronale Netze, 2. Aufl., Bonn u.a. 1991.
Rödder, W., Zimmermann, H.-J. (1977): Analyse, Beschreibung und Optimierung von unscharf formulierten Problemen, in: ZOR 1977, S. 1 ff.

Schaible, S. (1981): A survey of fractional programming, in: Schaible, S., Ziemba, W.T. (Hrsg.), Generalized concavity in optimisation and economics, New York 1981, S. 417-440.

Schmalenbach, E. (1963): Kostenrechnung und Preispolitik, 8. Aufl., Köln und Opladen 1963.

Schneeweiß, C. (1990): Kostenwirksamkeitsanalyse, Nutzwertanalyse und Multi-Attributive Nutzentheorie, in: WISU 1990, S. 13-18.

Schneider, B. (1993): Neuronale Netze für betriebliche Anwendungen: Anwendungspotentiale und existiernde Systeme, Arbeitsbericht Nr. 22 des Instituts für Wirtschaftsinformatik, Hrsg. Becker, J., u.a., Münster 1993.

Schöneburg, E. (1993): Industrielle Anwendung Neuronaler Netze, Bonn u.a. 1993.

Silver, E.A., Vidal, R.V.V., Werra, D. de (1980): A tutorial on heuristic methods, in: European Journal of Operational Research 1980, S. 153-162.

Stackelberg, H. von (1965): Preisdiskrimination bei willkürlicher Teilung des Marktes, in: Ott, A.E. (Hrsg.), Preistheorie, S. 379-389, Köln-Berlin 1965.

Steiner, M., Wittkemper, H.-G. (1993): Neuronale Netze, in: DBW 1993, S. 447-463.

Strebel, H. (1978): Scoring-Modelle im Lichte neuer Gesichtspunkte zur Konstruktion praxisorientierter Entscheidungsmodelle, in: Der Betrieb 1978, S. 2181-2186.

Strebel, H. (1980): Umwelt und Betriebswirtschaft, Berlin 1980.

Streim, H. (1975): Heuristische Lösungsverfahren - Versuch einer Begriffsklärung, in: ZOR 1975, S. 143-162.

Thormählen, M.V. (1974): Ein computergestütztes Produktionsplanungssystem für Rezepturbetriebe, Wiesbaden 1974.

Tilli, Th. (1992): Fuzzy-Logik: Grundlagen, Anwendungen, Hard- und Software, 2. Aufl., München 1992.

Witte, Th. (1973): Simulationstheorie und ihre Anwendung auf betriebliche Systeme, Wiesbaden 1973.

Witte, Th. (1979): Heuristisches Planen, Wiesbaden 1979.

Witte, Th., Deppe, J.F., Born, A. (1975): Lineare Programmierung, Wiesbaden 1975.

Zangemeister, C. (1971): Nutzwertanalyse von Projektalternativen, in: Industrielle Organisation 1971, S. 159-168.

Zangemeister, C. (1976): Nutzwertanalyse in der Systemtechnik, 4. Aufl., München 1976.

Zimmermann, H.-J. (1975): Optimale Entscheidungen bei unscharfen Problembeschreibungen, in: ZfbF 1975, S. 785 ff.

Zimmermann, H.-J. (1987) Operations Research - Methoden und Modelle, Braunschweig 1987.

Zwehl, W. von, Schmidt-Ewig, W. (1981): Wirtschaftlichkeitsrechnung bei öffentlichen Investitionen, Wiesbaden 1981.

7 Fallstudien mit Aufgaben und Lösungen

Fallstudie 1: Kalkulation eines Zusatzauftrages

Ein Kunde des Textilunternehmens Brentz KG fragt an, ob er 1000 laufende Meter eines bestimmten Stoffes ausnahmsweise in der Breite 2,30 Meter erhalten kann. Zur Produktion des Stoffes müßte einer der 12 Webstühle umgerüstet werden, die dem Webmeister Müller (Lohnkostensatz 40,- DM/Std.) unterstellt sind.

Die Umrüstung wird von zwei Technikern (Lohnkostensatz jeweils 60,- DM/Std.) einer Spezialkundendienstfirma vorgenommen und dauert 12 Stunden. Für Hilfsarbeiten während der Umrüstung stellt Webmeister Müller einen ihm ständig unterstellten Arbeiter (Lohnkostensatz 20,- DM/Std.) ab. Die von der Kundendienstfirma zu liefernden Einbauteile kosten 700,- DM. Zusätzlich wird bei der Umrüstung Kleinmaterial für 50,- DM verbraucht.

Nach Fertigstellung der gewünschten 1000 lfd. Meter müßte der Webstuhl wieder auf die sonst übliche Stoffbreite von 2,00 Meter umgerüstet werden. Für diese zweite Umrüstung gelten die gleichen Daten wie bei der ersten Umrüstung, allerdings sind keine neuen Einbauteile erforderlich, da die ursprünglich ausgebauten Teile wieder verwendet werden können.

Webmeister Müller gibt die Produktionsgeschwindigkeit für den 2,30 Meter breiten Stoff mit 1,6 lfd. Meter/Std. an. Laut Kalkulation sind die variablen Kosten pro lfd. Meter dieses Stoffes gleich 29,- DM/lfd. Meter.

Der 2,00 Meter breite Stoff, der sonst auf dem Webstuhl mit einer Produktionsgeschwindigkeit von 2 lfd. Meter/Std. gefertigt wird, führt zu variablen Kosten von 25,-DM/lfd. Meter. Der Verkaufspreis für diesen Artikel beträgt 20,- DM/Quadratmeter.

Aufgabe 1:

Kalkulieren Sie den Preis pro Quadratmeter des 2,30 Meter breiten Artikels, den die Brentz KG verlangen muß, wenn der Sonderauftrag nicht zu einer Verschlechterung der Gewinnsituation führen soll. Entwickeln Sie die Entscheidungskriterien für die drei folgenden Situationen, und bestimmen Sie mit deren Hilfe den mindestens zu verlangenden Preis:

a) Die Kapazität des umzurüstenden Webstuhls ist knapp; ohne die Umrüstung würde der 2,00 Meter breite Stoff produziert.

b) Der umzurüstende Webstuhl ist mit der Produktion des 2,00 Meter breiten Stoffes nicht voll ausgelastet, und zwar sind 300 Stunden der Kapazität nicht genutzt.

c) Es liegt die gleiche Situation wie bei b) vor, nur beläuft sich die freie Kapazität auf 700 Stunden.

Achten Sie darauf, daß Sie nur die entscheidungsrelevanten Kosten für die Lösung berücksichtigen! Runden Sie Ihre End- und gegebenenfalls auch Zwischenergebnisse auf ganze Pfennige.

Lösungshinweise:

Für die Entscheidung sind nur diejenigen Kosten relevant, die sich durch die Entscheidung beeinflussen lassen. Die Kosten des Webmeisters und der Hilfskraft fallen unabhängig von der anstehenden Entscheidung an, sind also nicht relevant. Der zu fordernde Mindest-Preis pro Quadratmeter setzt sich damit aus den variablen Kosten pro Quadratmeter und der Mindest-Deckungsspanne zusammen. Die Mindest-Deckungsspanne muß so kalkuliert werden, daß durch den gesamten Auftrag

- die entscheidungsrelevanten, direkten Kosten beider Umrüstungen und
- der Deckungsbeitrag der gegebenenfalls verdrängten Mengen des 2,00 Meter breiten Stoffes gedeckt sind.

Im folgenden werden zunächst die Komponenten ermittelt, die in allen drei Situationen gleich sind.

- Ermittlung der variablen Kosten pro Quadratmeter (qm) des 2,30 Meter breiten Stoffes: Ein 2,30 Meter breiter Artikel hat pro lfd. Meter 2,30 Quadratmeter. Es gilt ein Kostensatz von 12,61 DM/qm (29,- DM/lfd.Meter : 2,30 qm/lfd.Meter).
- Ermittlung der entscheidungsrelevanten, direkten Kosten beider Umrüstungen:

1. Umrüstung	
Kundendiensttechniker (2 · 60,- · 12)	1.440,-DM
Einbauteile	700,- DM
Kleinmaterial	50,- DM
2. Umrüstung	
Kundendiensttechniker (2 · 60,- · 12)	1.440,- DM
Kleinmaterial	50,- DM
Summe	3.680,- DM

- Ermittlung des Gesamtzeitbedarfs für zweimaliges Umrüsten und die Produktion der 1000 lfd. Meter des 2,30 Meter breiten Stoffes:

2 Umrüstungen (2 · 12)	24 Std.
Produktionszeit (1000 lfd. Meter : 1,6 lfd. Meter/Std.)	625 Std.
Summe	649 Std.

- Ermittlung der relativen Deckungsspanne des 2,00 Meter breiten Stoffes:

Preis pro lfd. Meter (20,- DM/qm · 2 qm/lfd. Meter)	40,- DM/lfd. Meter
variable Kosten	25,- DM/lfd. Meter
Deckungsspanne	15,- DM/lfd. Meter

Daraus resultiert bei einer Produktion von 2 lfd. Meter/Std. eine relative Deckungsspanne von 30 DM/Std.

Nachdem die bei allen drei Unterfällen gleichen Komponenten bekannt sind, kann nunmehr die Mindest-Deckungsspanne für jeden Fall getrennt bestimmt werden.

Fall a:

Der gegebenenfalls umzurüstende Webstuhl ist andernfalls mit der Produktion des 2,00 Meter breiten Stoffes voll ausgelastet. Diese Produktion erwirtschaftet pro Stunde eine relative Deckungsspanne von 30,- DM/Std. Wird der Sonderauftrag angenommen, kann beim 2,00 Meter breiten Stoff 19.470 DM (30 DM/Std. · 649 Std.) weniger Deckungsbeitrag erzielt werden. Der Sonderauftrag müßte mindestens die zusätzlichen Umrüstungskosten von 3.680 DM und die verdrängte Deckungspanne von 19.470 DM, also 23.150 DM an Deckungsbeitrag erzielen. Daraus errechnet sich eine Mindest-Deckungsspanne von 10,07 DM/qm (23.150 : {1000 lfd. Meter · 2,30 qm/lfd. Meter}). Zuzüglich der variablen Kosten ergibt sich ein Mindest-Preis von (10,07 + 12,61=) 22,68 DM/qm.

Fall b:

Da der Sonderauftrag 649 Stunden Zeit benötigt, das Unternehmen aber noch über eine freie Kapazität von 300 Stunden verfügt, verdrängt der Sonderauftrag lediglich in 349 Stunden die Produktion des 2 Meter breiten Stoffes. Damit geht aber nur ein Deckungsbeitrag von 10.470 DM (30 · 349) verloren. Der Sonderauftrag muß demnach nur 14.150 DM (3.680 + 10.470) an Deckungsbeitrag erwirtschaften. Die zu fordernde Mindest-Deckungsspanne je Quadratmeter beläuft sich folglich auf 6,15 DM (14.150 DM : 2.300 qm). Der Mindest-Preis ist mit 18,76 DM/qm (=6,15+12,61) anzusetzen.

Fall c:

Die freie Kapazität von 700 Stunden reicht in diesem Falle aus, um den Zusatzauftrag produzieren zu können. Der Zusatzauftrag verdrängt damit keinen Deckungsbeitrag des 2,00 Meter breiten Stoffes. Der Sonderauftrag muß daher auch nur die entscheidungsrelevanten, direkten Kosten der Umrüstungen (3.680 DM) an Deckungsbeitrag erwirtschaften. Damit ergibt sich eine Mindest-Deckungsspanne von 1,60 DM/qm (3.680 DM : 2.300 qm) und ein Mindest-Preis von 14,21 DM/qm (1,60 + 12,61).

Aufgabe 2:

Der Spezialkundendienst ist bereit, die bei der zweiten Umrüstung wieder ausgebauten Einbauteile für 460,- DM zurückzukaufen. Sind die in den Aufgaben 1a) bis 1c) ermittelten Preise in diesem Fall zu ändern? Welche Preisänderung würden Sie in den drei Situationen vorschlagen?

Lösungshinweise:

Der Sonderauftrag muß in allen drei Situationen 460,- DM weniger an Deckungsbeitrag erwirtschaften. Auf den Quadratmeter umgelegt ergibt dies eine Verminderung der Mindest-Deckungsspanne und damit des Mindest-Preises von 0,20 DM/qm (460 DM : 2.300 qm).

Fallstudie 2: Prognose

Die Porzellanfabrik ROSENREUTHER interessiert sich für den zukünftigen Absatz ihrer elektrisch beheizten Teetassen, um eine sinnvolle Investitions- und Lagerhaltungspolitik betreiben zu können. Elektrisch beheizte Teetassen werden in drei Varianten hergestellt: Variante A besteht aus schlichtem, Variante B aus maschinell bemaltem und Variante C aus handbemaltem Porzellan. Für alle drei Varianten werden die gleichen „Rohtassen" mit den gleichen elektrischen Installationen verwendet; nur in der letzten Produktionsstufe werden die Varianten unterschiedlich bearbeitet. Variante C dient besonders als Geschenkartikel.

In den letzten sechs Vierteljahren (Teilperioden) wurden folgende Mengen (in 1000 Stück) abgesetzt:

	Teilperiode t					
Variante	0	1	2	3	4	5
A	50	50	60	70	60	100
B	80	80	90	100	120	110
C	70	90	90	90	150	140

Tabelle 7-1

Aus diesen Vergangenheitsdaten wurden folgende lineare Trendfunktionen Y und Bestimmtheitsmaße r^2 für die drei Varianten hergeleitet:

$$Y_A = 44{,}29 + 8{,}29\,t \qquad r_A^2 = 68{,}7\%$$

$$Y_B = 76{,}67 + 8\,t \qquad r_B^2 = 84\%$$

$$Y_C = 67{,}14 + 15{,}14\,t \qquad r_C^2 = 77{,}9\%$$

Mit Y wird der dem linearen Trend entsprechende erwartete Absatz in Abhängigkeit von der Zeit t bezeichnet. Die Größen r^2 geben die Bestimmtheit an, mit der die Vergangenheitswerte dem linearen Trend folgen. Bei den Teetassen aus schlichtem Porzellan (Variante A) läßt sich 68,7 % der Streuung der Vergangenheitswerte mit der linearen Trendgleichung erklären, während die restlichen 31,3 % auf andere, zufällige Faktoren zurückzuführen sind.

Aufgabe 1:

Die linearen Trendfunktionen werden für ROSENREUTHER gemäß der Formel $Y = a + b \cdot t$ derart bestimmt, daß die Summe der senkrechten Abstandsquadrate der Absatzmengen der Vergangenheit von der Geraden $Y = a + b \cdot t$ minimal ist. Der Vertriebsleiter erinnert sich nicht mehr, wie der dazugehörige mathematische Ansatz lautet und wie die konkreten Zahlenwerte der Parameter a und b berechnet werden. Füllen Sie die Erinnerungslücke des Vertriebsleiters wieder auf!

Lösungshinweise:

Mit y_t wird der tatsächliche Absatz in der Teilperiode t bezeichnet. Die quadratische Abweichung des tatsächlichen Absatzes y_t vom Trendabsatz a + b·t lautet:

$$(y_t - a - b\,t)^2$$

Die Summe QA dieser quadratischen Abweichungen über alle Teilperioden t = 0 bis 5 ist zu minimieren:

$$QA = \sum_{t=0}^{5} (y_t - a - b\,t)^2 \rightarrow \min$$

Die Parameter a und b beschreiben das absolute Glied und die Steigung der Trendgeraden. Sie sind die Unbekannten des Problems. Um die Unbekannten zu bestimmen, wird die Summe QA der quadratischen Abweichungen partiell nach den Unbekannten a und b differenziert, und diese partiellen Ableitungen werden gleich null gesetzt:

$$\frac{\partial QA}{\partial a} = \sum_{t=0}^{5} (-2\,y_t + 2\,a + 2\,b\,t) \overset{!}{=} 0$$

daraus folgt:

$$b = \frac{\sum_{t=0}^{5} y_t - 6a}{\sum_{t=0}^{5} t}$$

$$\frac{\partial QA}{\partial b} = \sum_{t=0}^{5} (-2\,y_t\,t + 2 + a\,t + 2\,b\,t^2) \overset{!}{=} 0$$

daraus folgt:

$$b = \frac{\sum_{t=0}^{5} y_t\,t - \sum_{t=0}^{5} a\,t}{\sum_{t=0}^{5} t^2}$$

Die beiden Ausdrücke für b werden gleichgesetzt und ergeben eine Bestimmungsgleichung für den Parameter a:

$$\left(\sum_{t=0}^{5} y_t - 6a\right) \cdot \left(\sum_{t=0}^{5} t^2\right) = \left(\sum_{t=0}^{5} y_t\,t - a \sum_{t=0}^{5} t\right) \cdot \left(\sum_{t=0}^{5} t\right)$$

Dieser Ausdruck wird nach a aufgelöst:

$$a = \frac{\sum_{t=0}^{5} t^2 \sum_{t=0}^{5} y_t - \sum_{t=0}^{5} t \sum_{t=0}^{5} y_t\, t}{6\sum_{t=0}^{5} t^2 - \left(\sum_{t=0}^{5} t\right)^2}$$

Das Ergebnis für den Parameter a wird schließlich in einen der beiden Ausdrücke für b eingesetzt. Damit gilt für b:

$$b = \frac{6\sum_{t=0}^{5} y_t\, t - \sum_{t=0}^{5} t \sum_{t=0}^{5} y_t}{6\sum_{t=0}^{5} t^2 - \left(\sum_{t=0}^{5} t\right)^2}$$

Aufgabe 2:

Welche Art der Prognose liegt vor, wenn die linearen Trendgeraden zur Vorhersage des Absatzes der drei Varianten elektrisch beheizter Teetassen verwendet werden? Unter welchen Voraussetzungen ist eine derartige Form der Prognose sinnvoll? Welche alternativen Trendformen sind denkbar, und für welche Zwecke eignen sie sich?

Lösungshinweise:

Es liegt eine Entwicklungsprognose in der speziellen Form einer Trendprognose vor. Das Gegenstück zur Entwicklungsprognose ist die Wirkungsprognose, bei der die Wirkung einer Maßnahme - z.B. der Mehrabsatz an elektrisch beheizten Teetassen aufgrund eines Werbefeldzuges - vorherzusagen ist. In einer Trendprognose wird vereinfachend der Zeitablauf als repräsentative Größe für die die Absatzentwicklung tatsächlich erklärenden Faktoren (Bevölkerungsveränderung, Kaufkraftveränderung usw.) benutzt. Sinnvoll ist dieses Vorgehen, wenn sich die Entwicklung des Absatzes der Teetassen und die Entwicklung der eigentlichen Determinanten parallel zueinander verhalten.

Bei der Entwicklungsprognose wird zur Beschreibung der Vergangenheitsentwicklung ein Funktionstyp verwendet, dessen Verlauf aus ökonomischen Gründen heraus plausibel erscheint und „möglichst gut" mit den Vergangenheitswerten übereinstimmt. Bei ROSENREUTHER wird offenbar ein linearer Verlauf für plausibel gehalten. Es ist aber kein Produkt vorstellbar, bei dem der Absatz in allen Phasen des Produktlebenszyklus linear bis ins Unendliche wächst. Plausibel sind vielmehr zunächst ansteigende Zuwächse des Absatzes (Wachstumsphase), dann abnehmende Zuwächse bei insgesamt noch steigendem Absatz (Reifephase) und schließlich der Übergang zu negativen Zuwächsen und damit zu einem sinkenden Absatz (Sättigungs- und Verfallphase). Innerhalb der einzelnen Phasen des Lebenszyklus läßt sich die Absatzentwicklung u.U. mit hinreichender Genauigkeit durch lineare Trendfunktionen annähern. Jede dieser Funktionen gilt aber nur für eine bestimmte Phase des Produktlebenszyklus. Wird die lineare Trendfunktion der Anlaufphase eines Produktes (geringe Steigung) für die Prognose eingesetzt, besteht die Gefahr einer Unterschätzung des Absatzes, wenn die Prognose über den zeitlichen Gültigkeitsbereich der Anlaufzeit eines Produktes in die Wachstumsphase (stärkere Steigung) hinausreicht. Der Prognosewert für den Absatz wird um so ungenauer, je weiter die Prognose in die Wachstumsphase reicht. Das Problem bei der Verwendung der linearen Trendfunktionen besteht somit in der plausiblen Beschränkung des Prognosezeitraumes, für den der Trend zugrundezulegen ist.

Als alternative Trendformen zum linearen Trend bieten sich daher - insbesondere für langfristige Prognosen - Kurven an, welche dem Lebenszyklus von Produkten folgen, d.h., sie steigen zunächst immer steiler an, erreichen einen Wendepunkt und streben schließlich einer Sättigungsmenge zu, um evtl. danach wieder abzufallen:[1]

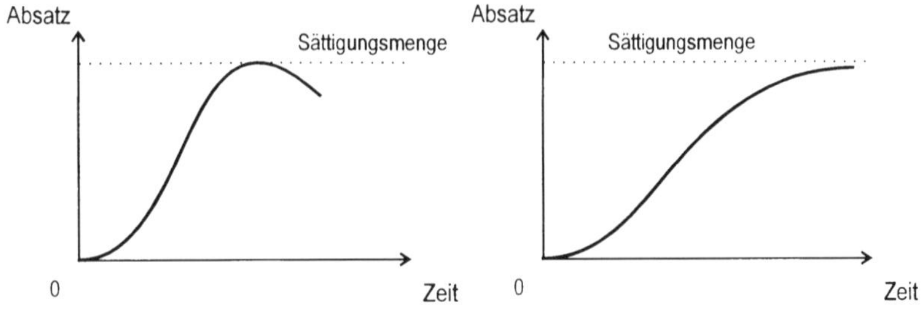

Abbildung 7-1

Bei kurzfristigen Trendkurven, denen nur relativ wenige Beobachtungswerte zugrunde liegen, besteht die Gefahr, eine saisonale oder konjunkturelle Entwicklung, die nur für diese Beobachtungswerte gilt, in die Zukunft zu projizieren, obwohl inzwischen bereits eine entgegengesetzte Saison oder Konjunktur begonnen hat. Die Variante C der elektrisch beheizten Teetassen zeigt beispielsweise in den Teilperioden 4 und 5 einen sehr starken Absatzanstieg, aufgrund dessen die lineare Trendgerade eine große positive Steigung erhält. Ist der starke Absatz nur auf eine kurze Hochsaison zurückzuführen, weil sich die handbemalten Teetassen etwa zu Weihnachten als Geschenkartikel gut verkaufen, wäre es falsch, diese hohen Absatzzahlen ohne weiteres in die Berechnung des linearen Trends aufzunehmen. Die Absatzdaten müssen erst bereinigt werden.

Langfristigen Trendkurven liegen Beobachtungswerte über einen längeren Zeitraum zugrunde. Saisonale und konjunkturelle Schwankungen der Absatzmengen werden infolge der langfristigen Durchschnittsbetrachtung ausgeglichen. Für kurze Zeitabschnitte, etwa einen Monat, können derartige Langfristtrends keine verläßlichen Prognosewerte liefern, weil die realen Werte, bedingt durch saisonale und konjunkturelle Einflüsse, recht stark um den Trend streuen.

1 Überblicke über derartige Trends geben z.B. Brockhoff (1977), S. 108 f.; Graff (1977), S. 87 ff.; Gutenberg (1979), S. 552 f.; Lewandowski (1974), S. 260 ff.

Um auch saisonale und konjunkturelle Einflüsse bei der Prognose berücksichtigen zu können, gibt es mathematische Methoden zur Zerlegung einer Zeitreihe von Beobachtungswerten in Komponenten wie Konjunktur-, Saison- und Zufallsschwankungen. Sie werden unter den Oberbegriffen Frequenz-, Spektral- oder auch Zeitreihenanalyse zusammengefaßt.[2]

Streuen die Beobachtungen recht stark um den ermittelten Trend und ist auch in Zukunft mit starken Schwankungen der Absatzmengen um den Trend zu rechnen, empfiehlt es sich, statt einwertiger Prognosen ein ganzes Spektrum von Absatzzahlen anzugeben, die für möglich gehalten werden. An die Stelle eindeutiger Absatzzahlen für elektrisch beheizte Teetassen treten Bandbreiten prognostizierter Absatzmengen: Für die Teilperiode $t = 10$ wird etwa ein Absatz von 450 bis 550 elektrisch beheizten Teetassen prognostiziert. Das Intervall kann dabei so gewählt werden, daß die real auftretenden Werte mit einem bestimmten Sicherheitsgrad innerhalb der Schwankungsbreite liegen.

Anmerkung: Sofern ROSENREUTHER sicher ist, daß sich die elektrisch beheizten Teetassen während des ganzen Prognosezeitraumes noch in der Wachstumsphase befinden werden, lassen sich langfristige, nichtlineare Trends mit Exponentialfunktionen wie

$Y = a \cdot e^{bt}$ oder $Y = a \cdot e^{c+bt}$

sinnvoll anwenden. Da diese Funktionen aber exponentiell bis ins Unendliche steigen und somit keinen Sättigungswert kennen, wird der Absatz von elektrisch beheizten Teetassen bei zu langfristigen Prognosen systematisch überschätzt.

Aufgabe 3:

Inwiefern ist eine Prognose des Gesamtabsatzes an elektrisch beheizten Teetassen für die Firma ROSENREUTHER sinnvoll? Wie lautet die Trendgerade des Gesamtabsatzes? Wie lautet das Bestimmtheitsmaß r^2 für den linearen Trend des Gesamtabsatzes an elektrisch beheizten Teetassen?

Lösungshinweise:

Die Prognose einer aggregierten Größe wie des Gesamtabsatzes an elektrisch beheizten Teetassen ist dann sinnvoll, wenn die aggregierte Größe besser prognostizierbar ist als die einzelnen disaggregierten Teilgrößen und wenn sie gleichzeitig für die im Prognosezeitpunkt anstehenden Entscheidungen eine hinreichende Information liefert. Beide Voraussetzungen sind im Beispiel gegeben.

Der zukünftige Gesamtabsatz an elektrisch beheizten Teetassen stellt für die Firma ROSENREUTHER eine wichtige Information dar, weil erst in der letzten Produktionsstufe Varianten erzeugt werden. Alle vorgelagerten Stufen sind für die drei Varianten identisch. Die Investitions- und Produktionsentscheidungen dieser Stufen können folglich aufgrund des prognostizierten Gesamtabsatzes getroffen werden. Die gewünschten Bemalungen der

2 Vgl. z.B. Brockhoff (1977), S. 102 ff.; Graff (1977), S. 20 ff.; Lewandowski (1974), S. 24 ff.

Teetassen können eventuell noch kurzfristig angebracht werden. Fehlschätzungen des Absatzes der einzelnen Varianten wirken sich somit nur auf die letzte Produktionsstufe aus.

Allgemeingültig läßt sich zwar nicht behaupten, daß sich eine aggregierte Größe immer sicherer und/oder genauer prognostizieren läßt als jede einzelne disaggregierte Teilgröße; aber sehr häufig sind die Korrelationen der disaggregierten Einzelwerte mit ihrem jeweiligen Trend geringer als die Korrelation der aggregierten Gesamtgröße mit ihrem Trend.

Der lineare Gesamttrend ergibt sich als Summe der einzelnen Trendgeraden für die Varianten der Teetassen. Um die Technik der Trendberechnung zu verdeutlichen, wird die vollständige Berechnungstabelle wiedergegeben:

t	y_t	$t\,y_t$	t^2	y_t^2
0	200	0	0	40.000
1	220	220	1	48.400
2	240	480	4	57.600
3	260	780	9	67.600
4	330	1.320	16	108.900
5	350	1.750	25	122.500
15	1.600	4.550	55	445.000

Tabelle 7-2

Die Werte der Tabelle 7-2 werden in die Gleichungen eingesetzt, die in der Aufgabe 1 entwickelt wurden.

$$a = \frac{55 \cdot 1600 - 15 \cdot 4550}{6 \cdot 55 - 15^2} = 188{,}10$$

$$b = \frac{6 \cdot 4550 - 15 \cdot 1600}{6 \cdot 55 - 15^2} = 31{,}43$$

Für die Trendgerade gilt damit die Gleichung:

$Y = 188{,}10 + 31{,}43 \cdot t$

Die Summe der y_t^2 (letzte Spalte in der Tabelle 7-2) wird zur Berechnung des Korrelationskoefizienten r bzw. des Bestimmtheitsmaßes r^2 benötigt. Für r gilt:

$$r = \frac{6\sum_{t=0}^{5} y_t\, t - \sum_{t=0}^{5} t \sum_{t=0}^{5} y_t}{\sqrt{6\sum_{t=0}^{5} t^2 - \left(\sum_{t=0}^{5} t\right)^2}\sqrt{6\sum_{t=0}^{5} y_t^2 - \left(\sum_{t=0}^{5} y_t\right)^2}} =$$

$$\frac{6\cdot 4550 - 15\cdot 1600}{\sqrt{6\cdot 55 - 15^2}\cdot\sqrt{6\cdot 445000 - 1600^2}} = 0{,}971$$

$r^2 = 94{,}3\ \%$.

Somit lassen sich 94,3 % der Vergangenheitsentwicklung des Gesamtabsatzes der Teetassen mit dem linearen Trend erklären, während 5,7 % auf andere Faktoren zurückzuführen sind. Der Gesamtabsatz besitzt somit eine stärkere Korrelation mit seinem linearen Trend als die Einzelentwicklung der Varianten.

Aufgabe 4:

Wie ist eine Absatzprognose zu beurteilen, die sich an einer Befragung der Verkäufer im Außendienst der Firma ROSENREUTHER orientiert?

Lösungshinweise:

Eine Absatzprognose aufgrund der Auskünfte der Verkäufer im Außendienst erscheint zwar zunächst sinnvoll und wünschenswert, weil die Verkäufer im Außendienst die Entwicklung direkt miterleben und demnach als Experten für eine derartige Schätzung gelten müßten. Zudem verursacht eine Verkäuferbefragung nur wenig Aufwand. Die Verkäuferbefragung birgt aber tendenziell die Gefahr einer systematischen Unterschätzung des Absatzes in sich, weil die Verkäufer befürchten könnten, an ihren eigenen Prognosen gemessen zu werden und deshalb übervorsichtige Schätzungen abgeben. Diese Tendenz gilt aber nur im Durchschnitt; im Einzelfall hängt es von den Charaktereigenschaften des betreffenden Verkäufers ab, ob er eine realistische, übertriebene oder untertriebene Schätzung abgeben wird.

Kennt der Vertriebsleiter seine Verkäufer hinreichend gut, wird er diese Einflüsse abzuschätzen wissen und eventuell kompensieren können. Empirische Untersuchungen zeigen aber, daß Expertenschätzungen nicht so zutreffend sind, wie häufig im vorhinein erwartet wird.[3] Deshalb bietet sich eine Absatzprognose aufgrund von Verkäuferbefragungen bestenfalls als zusätzliche, die mathematischen Verfahren unterstützende Maßnahme an.

3 Vgl. Brockhoff (1977), S. 11 ff. und 83 f.

Fallstudie 3: Informationsverbesserung in der Prognose

Der Assistent des Vertriebsleiters der Porzellanfabrik ROSENREUTHER ist mit der bisher betriebenen Prognose des Absatzes an elektrisch beheizten Teetassen wegen der zu geringen Treffgenauigkeit unzufrieden. Nach seiner Erfahrung rüsten jungverheiratete Ehepaare ihren Hausstand im zweiten Ehejahr mit elektrisch beheizten Teetassen aus. Er möchte daher ein Marktforschungsinstitut mit einer Indikatorprognose beauftragen.

Aufgabe 1:

Der Vertriebsleiter kann sich unter dem Begriff „Indikatorprognose" nichts vorstellen. Erläutern Sie ihm das Konzept!

Lösungshinweise:

Ein Indikator ist eine Variable, deren Entwicklung im Zeitablauf mit der Entwicklung der zu erklärenden Variablen in bekannter Weise zusammenhängt. Der Indikator ist zwar nicht zwingend die Ursache für eine bestimmte Absatzentwicklung; er erklärt sie aber dennoch hinreichend gut. Die zu erklärende Variable läßt sich aufgrund ihres Zusammenhangs mit dem Indikator prognostizieren, wenn der Indikator bekannt oder leicht prognostizierbar ist. Es können auch gleichzeitig mehrere Indikatoren verwendet werden.

Bei ROSENREUTHER ist die zu erklärende Variable der Absatz von elektrisch beheizten Teetassen. Indikatorvariable ist die Anzahl der Eheschließungen. Bei einer Indikatorprognose für ROSENREUTHER ist zunächst der quantitative Zusammenhang zwischen der Anzahl der Eheschließungen und dem Absatz von elektrisch beheizten Teetassen festzustellen. Bei diesem Zusammenhang ist ein Time-lag von zwei Jahren zu erwarten, weil die Eheschliessungen der Beschaffung von Teetassen zeitlich um zwei Jahre vorauseilen. Aufgrund dieses Time-lags ist es möglich, den Absatz von elektrisch beheizten Teetassen für einen Zeitraum von bis zu zwei Jahren zu prognostizieren, ohne eine Prognose über die Anzahl der Eheschließungen abgeben zu müssen. Für noch weiter in der Zukunft gelegene Zeitpunkte müßte zunächst das Niveau des Indikators, d.h. die Anzahl der Eheschließungen, prognostiziert werden. Diese Prognose ist leichter möglich als die direkte Prognose des Absatzes von elektrisch beheizten Teetassen.

Aufgabe 2:

Nachdem der Vertriebsleiter das Wesen der Indikatorprognose verstanden hat, wendet er ein, daß die Zahl der Eheschließungen im Rückgang begriffen sei und nach seiner Überzeugung eine sehr pessimistische Absatzprognose die Folge davon sein werde. Da als Ergebnis einer Indikatorprognose für die Firma ROSENREUTHER wahrscheinlich Verluste zu erwarten wären, lohne es sich nicht, das Marktforschungsinstitut zu beauftragen; denn der Wert dieser zusätzlichen Information sei negativ,[4] von den beträchtlichen Kosten der Indikatorprognose ganz zu schweigen.

4 Zur „Bestimmung der optimalen Information" vgl. auch Mag (1977), S. 162 ff.

Warum interessiert sich der Vertriebsleiter von ROSENREUTHER für den Informationswert einer Indikatorprognose? Läßt sich in der geschilderten Situation ein Wert der zusätzlichen Information bestimmen? Kritisieren Sie die Aussage des Vertriebsleiters!

Lösungshinweise:

Der Vertriebsleiter von ROSENREUTHER interessiert sich für den Informationswert der Indikatorprognose, um entscheiden zu können, ob die Indikatorprognose in Auftrag gegeben werden soll oder nicht. Er wird sie in Auftrag geben, wenn er ihren Informationswert höher einschätzt als die durch sie verursachten Kosten; andernfalls wird er auf die zusätzliche Information verzichten. Oft kann der Wert einer Information zwar nicht genau angegeben werden; es läßt sich aber abschätzen, ob er größer oder kleiner ist als die Kosten der Informationsbeschaffung. In diesen Fällen wird die Informationsentscheidung aufgrund einer Mindest-, Höchst- oder Bandbreitenaussage über den Informationswert getroffen.

Eine zusätzliche Information besitzt keinen Wert für ROSENREUTHER, wenn damit zu rechnen ist, daß sich die Entscheidungen nach Einholung der zusätzlichen Information nicht ändern. Der Wert einer zusätzlichen Information ist folglich gleich null, wenn die ursprünglichen Entscheidungen so stabil gegen Datenänderungen sind, daß sie auf keinen Fall modifiziert werden müssen. Häufig ist es aber schwierig, ex ante, d.h., ohne das Ergebnis der Indikatorprognose bereits zu kennen, zu schätzen, ob sich die Entscheidungen als Folge der verbesserten Information ändern werden.

Wird bei ROSENREUTHER eine Korrektur der bisherigen Pläne für möglich gehalten, kann die Indikatorprognose einen positiven Informationswert besitzen. In diesem Fall ist zu prüfen, zu welchen finanziellen Konsequenzen die korrigierten Entscheidungen gegenüber den bisherigen Entscheidungen führen würden. Eine Schwierigkeit besteht wieder darin, ex-ante zu schätzen, zu welchen Deckungsbeiträgen die bisherigen und die korrigierten Entscheidungen jeweils führen, wenn die Absatzzahlen der Indikatorprognose zugrunde gelegt werden. Diese Absatzzahlen sind ex ante nämlich nicht bekannt. Dennoch ist es in bestimmten Fällen möglich, eine sinnvolle Aussage über den Wert einer zusätzlichen Information zu machen. Häufig existieren gewisse - wenn auch unsichere - Erwartungen über das Ergebnis einer zusätzlichen Informationsbeschaffung. Bei ROSENREUTHER ist zwar noch unbekannt, welche Absatzprognose eintreten wird, es wird aber für wahrscheinlich gehalten, daß eine Indikatorprognose die Ungewißheit über den zukünftigen Absatz zurückdrängen kann. Unabhängig davon, ob die Prognose günstig oder ungünstig aussehen wird, kann die Firma ROSENREUTHER sich besser auf die zukünftige Absatzsituation einstellen, ohne ein unvertretbares Risiko einzugehen. Der Wert einer Prognoseinformation hängt folglich nicht davon ab, ob die Prognose günstig oder ungünstig ausfallen wird, sondern davon, ob nach der Informationsverbesserung mit einer anderen Sachentscheidung zu rechnen ist als ohne die Informationsverbesserung und um welchen Betrag der Zielwert der ursprünglich geplanten Entscheidung und der bei verbesserter Information voneinander abweichen.

Um den Wert der Indikatorprognose für die Firma ROSENREUTHER zu quantifizieren, müßten unterschiedliche Entscheidungsfelder vor und nach der Informationsverbesserung bestehen. Die Information kann dazu führen, daß die Eintrittswahrscheinlichkeiten bestimmter Absatzmengen anders eingeschätzt werden. Folge einer veränderten Einschätzung ist dann auch ein veränderter Erwartungswert der Zielgröße für jede Sachentscheidungsalternative. Der Informationswert kann als Differenz der Zielwerte bestimmt werden. In der mathematisch-statistisch orientierten Entscheidungstheorie gibt es verschiedene Ansätze, den Informationswert in einer so beschriebenen Planungssituation zu berechnen.[5]

Um einen Informationswert bestimmen zu können, müßte die Firma ROSENREUTHER ihr Entscheidungsfeld vor und nach der Prognose beschreiben. Der Wert der Indikatorprognose kann nicht ohne zusätzliche Untersuchungen quantifiziert werden. Die Argumentation des Vertriebsleiters, eine negative Prognose habe keinen Wert, kann aufgrund der vorherigen Überlegungen als sachlich unbegründet bezeichnet werden; sie führt zu einer Politik des „Kopf-in-den-Sand-Steckens". Auch eine ungünstige Prognose kann für ROSENREUTHER wertvoll sein, wenn es gelingt, rechtzeitig Anpassungsmaßnahmen für ungünstige Zukunftslagen einzuleiten, die ohne genauere Kenntnis der zukünftigen Absatzsituation zu riskant wären.

Aufgabe 3:

Der Assistent des Vertriebsleiters hat in mühevoller Kleinarbeit drei alternative Produktionsstrategien für drei alternative Absatzsituationen durchgerechnet. Bei zu geringer Produktionsmenge geht Nachfrage ungenutzt verloren, und bei zu großer Produktionsmenge müssen überschüssige Mengen eingelagert oder zu Schleuderpreisen abgesetzt werden.

Das Ergebnis der Arbeit des Assistenten ist in der folgenden Tabelle erzielbarer Deckungsbeiträge (in Mio. DM) verdichtet:

Produktionsstrategie	Absatzsituation		
	Absatz-stagnation	linearer Trendabsatz	überproportionaler Absatz
gedrosselte Produktion	4	4	4
unveränderte Produktion	3,5	5	5,5
maximale Produktion	3	4	6

Tabelle 7-3

Der Vertriebsleiter ist sicher, daß das Ergebnis einer Marktforschung lauten wird:

Mit 20 % Wahrscheinlichkeit wird eine Absatzstagnation, mit 50 % Wahrscheinlichkeit ein Absatz gemäß linearem Trend und mit 30 % Wahrscheinlichkeit ein überproportionaler Absatz eintreten. Welchen Wert besitzt die Marktforschungsaktivität für die Firma ROSENREUTHER aus der Sicht des Vertriebsleiters?

5 Vgl. hierzu auch Schindel (1979) und die dort angegebene Literatur.

Lösungshinweise:

Nach den in Aufgabe 2 angestellten Überlegungen besitzt die Marktforschungsaktivität in den Augen des Vertriebsleiters einen Wert von null. Die Tatsache, daß für die Produktionsentscheidung auch nach der Informationsverbesserung drei Absatzsituationen für möglich erachtet werden, darf nicht darüber hinwegtäuschen, daß dem Vertriebsleiter das Prognoseergebnis - nämlich die in der Aufgabe genannte Wahrscheinlichkeitsverteilung über die Absatzsituationen - nach seiner Ansicht bereits bekannt ist. In seinen Augen ist es folglich sinnlos, eine Information zu beschaffen, über die er bereits „verfügt".

Wäre sich der Vertriebsleiter in seiner Einschätzung nicht ganz sicher, müßte er mehrere alternativ mögliche Wahrscheinlichkeitsverteilungen über die Absatzsituation angeben, ohne genau zu wissen, welche die richtige ist. Jeder dieser Wahrscheinlichkeitsverteilungen müßte er wiederum eine Wahrscheinlichkeit dafür zuordnen, mit der die Verteilung nach seiner subjektiven Sicht wahr ist. Nur dann könnte es sich aus seiner Perspektive lohnen, die Prognose in Auftrag zu geben. Als Ergebnis der Prognose würde eine Stufe der Ungewißheit aufgehoben: Der Vertriebsleiter würde erfahren, welche Absatzsituation mit welcher Wahrscheinlichkeit zutrifft.

Aufgabe 4:

Ein Marktforschungsinstitut bietet an, für 0,5 Mio. DM mit Sicherheit herauszufinden, welche Absatzsituation eintreten wird. Wie sieht das Entscheidungsfeld der Firma ROSENREUTHER nunmehr aus? Lohnt sich die Beschaffung der zusätzlichen Information? Kann ihr Wert angegeben werden?

Lösungshinweise:

Die Marktforschung kann drei Ergebnisse zeitigen:

- Entweder wird eine Absatzstagnation prognostiziert. Da diese mit Sicherheit zu erwarten ist, wird die Produktion gedrosselt werden. Der Deckungsbeitrag wird 3,5 Mio. DM (4-0,5) betragen.
- Oder es wird ein Absatz gemäß linearem Trend prognostiziert. Dann wird die Produktion beibehalten. Der Deckungsbeitrag wird sich auf 4,5 Mio. DM (5-0,5) belaufen.
- Oder es wird eine überproportionale Absatzausweitung prognostiziert. Da auch diese Prognose mit 100 % Wahrscheinlichkeit zutrifft, wird die maximale Produktion gewählt werden. Es kann ein Deckungsbeitrag von 5,5 Mio. DM (6-0,5) erzielt werden.

Mit diesen Vorüberlegungen ergibt sich die folgende, um eine Strategie für die Informationsbeschaffung erweiterte Deckungsbeitragsmatrix für alternative Absatzsituationen:

Informations- und Produktionsentscheidung		Absatzsituation Stagnation	linearer Trend	über-proportional
Marktforschung und entsprechende Produktionsentscheidung		3,5	4,5	5,5
ohne Markt-forschung	gedrosselte Prod.	4	4	4
	unveränderte Prod.	3,5	5	5,5
	maximale Prod.	3	4	6

Tabelle 7-4

Die Informationsstrategie faßt die optimalen Verhaltensweisen nach einer Informationsverbesserung zusammen. Für jedes Informationsergebnis gibt es mithin eine andere Verhaltensweise in der Produktion. Vor der Prognose ist allerdings noch nicht bekannt, zu welchem Ergebnis die Prognose führen wird. Die Informationsstrategie kann also auf drei mögliche Absatzsituationen treffen.

Aufgrund der erweiterten Deckungsbeitragsmatrix kann die Marktforschung verworfen werden; denn die Strategie unveränderter Produktion ohne Marktforschung dominiert die Informationsstrategie. Welche Absatzsituation auch eintritt, die unveränderte Produktion führt immer zu gleich hohen oder höheren Deckungsbeiträgen. Da die Entscheidung über die zusätzliche Information aufgrund von Dominanzüberlegungen getroffen werden kann, braucht der genaue Wert der Marktforschungsaktivität nicht ermittelt zu werden. Aufgrund der Entscheidung liegt der Wert der Marktforschung mit Sicherheit unter den Kosten von 0,5 Mio DM.

Fallstudie 4: Entscheidung bei Unsicherheit

Dem Vertriebsleiter der Porzellanfabrik ROSENREUTHER liegt die Matrix erzielbarer Deckungsbeiträge DB_{ij} (in Mio. DM) für drei Produktionsstrategien j bei alternativen Absatzsituationen i vor:

DB_{ij} j	Produktionsstrategie		Absatzsituation i 1 Stagnation	2 linearer Trend	3 über-proportional
1	ohne Markt-forschung	gedrosselte Prod.	4	4	4
2		unveränderte Prod.	3,5	5	5,5
3		maximale Produktion	3	4	6

Tabelle 7-5

Aufgrund dieser Ergebnismatrix hat er die Entscheidung für eine der drei Produktionsstrategien j zu treffen. Er ist nicht darüber informiert, welche der drei Absatzsituationen i tatsächlich eintreten wird.

Aufgabe 1:

Diskutieren Sie anhand der vorliegenden Matrix verschiedene Entscheidungsregeln bei Unsicherheit, die der Vertriebsleiter von ROSENREUTHER anwenden kann, wenn ihm keine Wahrscheinlichkeiten für das Eintreten der Absatzsituationen vorliegen!

Lösungshinweise:

Wenn der Vertriebsleiter von ROSENREUTHER sehr pessimistisch ist, wird er die Produktionsstrategie j wählen, die bei der ungünstigsten Absatzsituation i zum vergleichsweise größten Deckungsbeitrag DB_{ij} aller Strategien j führt (Minimax-Kriterium):

$$\max_{j} \min_{i} DB_{ij}$$

Die minimalen Deckungsbeiträge der drei alternativen Produktionsstrategien betragen 4 bzw. 3,5 bzw. 3 Mio. DM. Nach dem Minimax-Kriterium wird folglich die „gedrosselte Produktion" gewählt werden, um einen Mindest-Deckungsbeitrag von 4 Mio. DM sicherzustellen. Mögliche Chancen auf hohe Deckungsbeiträge in anderen Absatzsituationen i werden nicht wahrgenommen; eine Entscheidung nach dem Minimax-Kriterium berücksichtigt für jede Produktionsstrategie j nur die dazugehörige ungünstigste Absatzsituation i.

Bei extrem optimistischer Einstellung des Vertriebsleiters wird die Produktionsstrategie j gewählt, die bei der für sie günstigsten Absatzsituation i den größten Deckungsbeitrag DB_{ij} aufweist (Maximax-Kriterium):

$$\max_j \max_i DB_{ij}$$

Die maximalen Deckungsbeiträge der drei Produktionsstrategien betragen 4 bzw. 5,5 bzw. 6 Mio. DM. Nach dem Maximax-Kriterium wird folglich die „maximale Produktion" gewählt, um die Chance auf einen Deckungsbeitrag von 6 Mio. DM wahrzunehmen. Vor möglichen Risiken geringerer Erfolge verschließt dieses Kriterium die Augen. Die Entscheidung nach dem Maximax-Kriterium berücksichtigt für jede Produktionsstrategie j nur die dazugehörige günstigste Absatzsituation.

Pessimistische und optimistische Einstellung werden bei einer Entscheidung nach dem Hurwicz-Kriterium miteinander kombiniert, um die extrem einseitigen Perspektiven des Minimax- und des Maximax-Kriteriums zu einem ausgewogeneren Mittelweg zu vereinigen.

Der Vertriebsleiter muß dazu einen Optimismus-Index λ angeben, der zwischen null und eins (0 und 100 %) liegt. In den Extremfällen 100 % (Optimismus) oder 0 % (Pessimismus) wird nach dem reinen Maximax- oder Minimax-Kriterium entschieden. Liegt λ zwischen diesen Extremen, wird für jede Produktionsstrategie j ein gewichteter Durchschnitt aus den beiden Deckungsbeiträgen der optimistischen und pessimistischen Absatzsituation gebildet. Ist der Vertriebsleiter zu 40 % optimistisch, lauten die gewichteten Deckungsbeitrags-Mittelwerte 4 bzw. 4,3 bzw. 4,2 Mio.; dementsprechend wird die „unveränderte Produktion" gewählt werden, weil der zugehörige Deckungsbeitrags-Mittelwert am größten ist. Beim Hurwicz-Kriterium gehen für die Beurteilung der Strategien nur die beiden extremen Absatzsituationen ein. Die in den übrigen Absatzsituationen erzielbaren Deckungsbeiträge beeinflussen die Entscheidung nicht. Zur Entscheidung werden damit mehr Informationen als beim Minimax- oder Maximax-Kriterium, jedoch nicht alle verfügbaren Informationen herangezogen.

Der Vertriebsleiter kann seine Entscheidung auch an seinem „größten Bedauern" ausrichten. Wird die Produktion gedrosselt, tritt die größte Enttäuschung bei einem überproportionalen Absatz ein: Statt der erwirtschafteten 4 Mio. DM hätten mit „maximaler Produktion" 6 Mio. DM erzielt werden können. Das größte Bedauern beträgt demnach für diese Produktionsstrategie genau 2 Mio. DM (= 6 – 4). Für die Strategie unveränderter Produktion beträgt das größte Bedauern nur 0,5 Mio. DM; es tritt sowohl bei einer Absatzstagnation als auch bei einer Absatzausweitung ein, und zwar im ersteren Fall gegenüber der „gedrosselten Produktion" und in zweiten Fall gegenüber der „maximalen Produktion". Für die maximale Produktion ergibt sich maximales Bedauern in Höhe von 1 Mio. DM; es tritt ein, wenn entweder der Absatz stagniert und statt der mit „gedrosselter Produktion" möglichen 4 Mio. DM nur 3 Mio. DM Deckungsbeitrag erwirtschaftet werden oder wenn die Teetassen sich entsprechend dem linearen Trend verkaufen und statt der mit „unveränderter Produktion" möglichen 5 Mio. DM nur 4 Mio. DM Deckungsbeitrag erwirtschaftet werden. Das größte Bedauern wird damit bei „gleichbleibender Produktion" minimiert (0,5 Mio. DM).

Wenn neue, nicht dominierte Strategien in das Kalkül einbezogen werden, kann sich beim Kriterium des geringsten Bedauerns die Rangfolge der bisher betrachteten Produktionsstrategien ändern. Eine neue Strategie kann eine neue Rangfolge der ursprünglichen Strategien nach sich ziehen, weil die Strategien nicht nach der Höhe ihrer Deckungsbeiträge, sondern nach der Differenz der Deckungsbeträge in jeder Datensituation beurteilt werden. Gesucht sind nicht hohe Deckungsbeiträge, sondern kleine Abweichungen der Deckungsbeiträge, gleichgültig bei welchem Niveau der Deckungsbeiträge sie auftreten. Richtet sich der Vertriebsleiter nach seinem größten Bedauern, kann sich folgende unplausible Situation ergeben: Ohne die neue Strategie entscheidet er sich für die Strategie gleichbleibender Produktion. Die neue Strategie führt aber zu neuen Werten des Bedauerns. Das kann zur Folge haben, daß nunmehr eine der beiden bislang verworfenen Strategien als optimal erscheint. Eine neue Strategie kann daher bei diesem Kriterium die Rangfolge der Vorziehenswürdigkeit der bisherigen Strategien verändern, was unlogisch ist.

Der Vertriebsleiter kann auch mangels hinreichender Gründe alle Absatzsituationen für gleichwahrscheinlich halten und die durchschnittlichen Deckungsbeiträge für die Produktionsstrategien berechnen. Diese lauten 4 bzw. 5 bzw. 4 1/3, so daß wiederum die „unveränderte Produktion“ favorisiert wird.

Beim Prinzip des unzureichenden Grundes gehen alle verfügbaren Informationen der Deckungsbeitragsmatrix in die Entscheidung ein; sie werden mit Hilfe einer Rechenregel praktisch unkenntlich gemacht. Dieser Verlust an Informationen tritt allerdings bei jeder Art von Entscheidungsregel ein.

Aufgabe 2:

Wie wird sich der Vertriebsleiter von ROSENREUTHER entscheiden, wenn er folgende Eintrittswahrscheinlichkeiten w_i für die Absatzsituationen i zugrunde legt und den Erwartungswert des Deckungsbeitrages maximieren will?

- Absatzstagnation 20 %,
- Absatz gemäß linearem Trend 50 %,
- überproportionaler Absatz 30 %.

Diskutieren Sie, wann eine derartige Entscheidungsregel sinnvoll ist!

Lösungshinweise:

Für den Erwartungswert E_j des Deckungsbeitrages der Produktionsstrategie j gilt:

$$E_j = \sum_i w_i \cdot DB_{ij}$$

Die Erwartungswerte E_j der Deckungsbeiträge betragen für die drei Produktionsstrategien 4 bzw. 4,85 bzw. 4,4 Mio. DM. Nach diesem Kriterium wird die „unveränderte Produktion“ gewählt.

Eine Entscheidung gemäß dem Erwartungswert ist bei gleichartigen, häufig wiederkehrenden Entscheidungen sinnvoll, weil in einer derartigen Situation durchschnittlich tatsächlich ein Deckungsbeitrag in Höhe des Erwartungswertes realisiert wird. Bei einmaligen Entscheidungen wie im vorliegenden Fall läßt sich das Erwartungswertkriterium höchstens mit Risikoneutralität begründen.

Ein risikoscheuer Entscheidungsträger sieht die möglichen Nachteile einer Strategie im Vordergrund und gewichtet deshalb negative Erfolgsaussichten einer Alternative stärker als positive. Ist der Vertriebsleiter risikoscheu, wird er folglich niedrige Deckungsbeiträge stärker gewichten als es den Wahrscheinlichkeiten der zugehörigen Absatzsituation entspräche.

Ein risikofreudiger Entscheidungsträger sieht die möglichen Vorteile einer Strategie im Vordergrund und gewichtet deshalb positive Erfolgsaussichten einer Alternative stärker als negative. Ist der Vertriebsleiter risikofreudig, wird er hohe Deckungsbeiträge stärker gewichten als es den Wahrscheinlichkeiten der zugehörigen Absatzsituation entspräche.

Ein risikoneutraler Entscheidungsträger gewichtet alle Erfolgsaussichten - ob positiv oder negativ - ausschließlich „unverfälscht" aufgrund der Eintrittswahrscheinlichkeiten der zugehörigen Absatzsituationen. Folglich wird er die Erwartungswerte des Deckungsbeitrages berechnen. Diese Interpretation des Erwartungswertkonzeptes ist immer dann problematisch, wenn einmalige Entscheidungen auf einmalige Ereignisse treffen; streng genommen lassen sich für einmalige Ereignisse gar keine Wahrscheinlichkeiten angeben. Wahrscheinlichkeitsaussagen sind immer Häufigkeitsaussagen. Die bei ROSENREUTHER anstehende Produktionsentscheidung ist nicht häufig, sondern nur einmal zu treffen, und diese Entscheidung trifft auf ein einmaliges Ereignis (es tritt nur eine der drei Absatzsituationen ein). Wenn der Vertriebsleiter dennoch Wahrscheinlichkeiten für den Eintritt alternativer Absatzsituationen zugrunde legt, sagt er damit eher etwas über sich selbst und seine Zukunftseinschätzung (Glaubwürdigkeitsziffern) als über Wahrscheinlichkeiten im mathematischen Sinne aus.

Aufgabe 3:

Als Maß für das Risiko einer Produktionsstrategie entscheidet sich der Vertriebsleiter für die Standardabweichung des Deckungsbeitrages; als Maß für ihren Erfolg sieht er den Erwartungswert des Deckungsbeitrages an. Welche Art von Risikomessung liegt hier vor? Welche Produktionsstrategien sind unter diesen beiden Zielen „Erfolg" und „Risiko" für den Vertriebsleiter effizient?

Lösungshinweise:

Es liegt eine horizontale Risikomessung vor; denn die Standardabweichung der Deckungsbeiträge einer Produktionsstrategie bezieht sich nur auf die Daten einer Strategie und kann ohne Verbindung zu anderen Strategien berechnet werden.

Effizient sind für den Vertriebsleiter solche Produktionsstrategien, die nicht gleichzeitig einen geringeren Erfolg und ein höheres Risiko aufweisen als irgendeine andere Produktionsstrategie, die also bezüglich Erfolg und Risiko von keiner anderen Produktionsstrategie dominiert werden.

Für die Standardabweichung σ_j der Deckungsbeiträge DB_{ij} der Produktionsstrategie j gilt:

$$\sigma_j = \sqrt{\sum_{i=1}^{3} w_i \left(DB_{ij} - E_j\right)^2}$$

Mit den vorliegenden Daten ergibt sich:

j	Produktionsstrategie	Erfolg	Risiko
1	gedrosselte Produktion	4	0
2	unveränderte Produktion	4,85	0,71
3	maximale Produktion	4,4	1,11

Tabelle 7-6

Aus der Tabelle wird deutlich, daß die Produktionsstrategie „maximale Produktion" von der Produktionsstrategie „unveränderte Produktion" dominiert wird, weil sie mit einem geringeren „Erfolg" und gleichzeitig einem höheren „Risiko" verbunden ist. Effizient sind nur die „gedrosselte Produktion" und die „unveränderte Produktion".

Aufgabe 4:

Der Vertriebsleiter hat seine Trade-Off-Rate zwischen Risiko und Gewinn bestimmt. Er ist bereit, für jede DM zusätzlichen Erfolg genau 0,5 DM zusätzliches Risiko einzugehen und umgekehrt. Für welche Produktionsstrategie wird er sich entscheiden?

Lösungshinweise:

Die Entscheidung des Vertriebsleiters kann anhand der Abbildung 7-2 verdeutlicht werden:

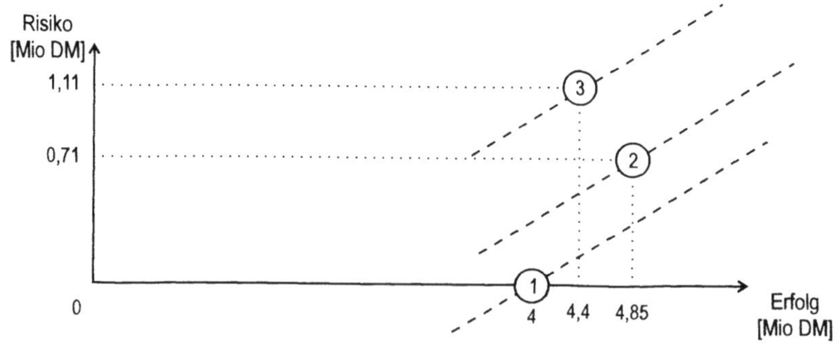

Abbildung 7-2

Durch die Trade-Off-Rate werden in der Zeichnung Iso-Nutzenfunktionen definiert (Diagonalen in Abbildung 7-2). Eine weiter rechts liegende Diagonale stiftet einen höheren Nutzen als eine weiter links liegende, denn bei gegebenem Risiko ist der Erfolg höher. In der Abbildung wurden die Strategien eingezeichnet (Kreise mit Zahlen darin). Die Strategie 1 wird von einer weiter rechts liegenden Diagonale geschnitten als die Strategie 2. Folglich stiftet die Strategie 1 in den Augen des Vertriebsleiters einen höheren Nutzen.

Fallstudie 5: Flexible Planung

Ein Importeur von Wassersportgeräten will in Deutschland eine amerikanische Neuheit, das sogenannte Waterbike, auf den Markt bringen. Er hat dafür das Alleinverwertungsrecht für zwei Jahre erworben. Beim Waterbike handelt es sich um ein Mittelding zwischen Surfbrett und Motorroller, das in den USA insbesondere von alternden Windsurfern gern gekauft wird. Der Importeur kann das Waterbike in Deutschland für zwei Jahre zu einem Festpreis verkaufen; danach werden entweder größere Handelsketten in den Vertrieb dieses Gerätes einsteigen, oder das Gerät findet ein so geringes Interesse, daß sich ein weiterer Verkauf nicht lohnen wird. In jedem Fall ist nach zwei Jahren mit einer Preissenkung von 30 % fest zu rechnen.

Die Vertragsgestaltung für das Alleinvertretungsrecht sieht vor, daß der Importeur jeweils zu Jahresbeginn eine feste Menge von Waterbikes ordert, die sofort zahlbar ist. Der Einkaufspreis frei Deutschland beträgt 75 % des Wiederverkaufspreises für diejenigen Mengen, die der Importeur sofort ordert und 90 % des Wiederverkaufspreises für diejenigen Mengen, die er nach Ablauf des ersten Jahres, also zu Beginn des zweiten Jahres bestellt. Für Lagerbestände am Ende eines Jahres sind Lagerkosten in Höhe von 10 % auf den Wiederverkaufspreis anzusetzen. Für den Importeur fallen keine weiteren Aufwendungen an.

Der Importeur erkennt sofort, daß es wünschenswert wäre, den gesamten Bedarf für zwei Jahre gleich zu Beginn des ersten Jahres zu ordern, weil so der günstigere Einkaufspreis in Anspruch genommen werden kann. Diese Beschaffungsstrategie hat den Nachteil, daß er an den Waterbikes verliert, die er innerhalb von zwei Jahren nicht absetzen kann: Im Endeffekt würde er für jedes zuviel georderte Waterbike wegen des 30-prozentigen Preisnachlasses 5 % des ursprünglichen Verkaufspreises zuzahlen und zusätzlich die entsprechenden Lagerkosten tragen müssen.

Für seine Planungsüberlegungen geht der Importeur von einem gegebenen Spektrum von Absatzsituationen aus, die jeweils mit einer bestimmten Nachfrage verbunden sind und denen er eine bestimmte Eintrittswahrscheinlichkeit zuordnet. Sollte das Waterbike in Deutschland gut einschlagen, rechnet er im ersten Jahr mit einer Nachfrage von zehn Einheiten (70 % Wahrscheinlichkeit), ansonsten nur mit einer Nachfrage von fünf Einheiten (30 % Wahrscheinlichkeit). Bei einem guten Anfangserfolg glaubt er im zweiten Jahr mit 80 % Wahrscheinlichkeit 15 Einheiten absetzen zu können. Mit 20 % Wahrscheinlichkeit wird die Nachfrage im zweiten Jahr - trotz eines guten Anfangserfolgs - nur zehn Einheiten betragen. Falls im ersten Jahr kein guter Anfangserfolg erzielt wird und nur fünf Einheiten nachgefragt werden (30 % Wahrscheinlichkeit), erwartet der Importeur im zweiten Jahr mit 60 % Wahrscheinlichkeit eine Nachfrage von ebenfalls fünf Einheiten und mit 40 % Wahrscheinlichkeit doch noch eine Steigerung auf zehn Einheiten.

Der Importeur möchte den Gewinn-Erwartungswert maximieren.

Aufgabe 1:

Fassen Sie die möglichen Abfolgen von Absatzsituationen in einem Ereignisbaum zusammen! Um welche Ordermengen kann das Entscheidungsproblem des Importeurs von vornherein „verkürzt" werden? Wie sieht der noch verbleibende Ereignisbaum aus?

Lösungshinweise:

Der Ereignisbaum besteht aus rechteckig umrandeten Zahlen, die den möglichen Absatzmengen in den einzelnen Jahren entsprechen und aus Kanten, die diese Kästchen verbinden. Die an diesen Kanten stehenden Zahlen entsprechen den Eintrittswahrscheinlichkeiten der Datensituationen.

Da ein Jahresabsatz von fünf Waterbikes auch in der ungünstigsten Absatzsituation in beiden Jahren sicher ist, können insgesamt zehn Waterbikes sofort zu Beginn des ersten Jahres geordert werden. Ein Aufschub dieser Bestellungen ist unvorteilhaft, da ein zu Beginn des zweiten Jahres bestelltes Waterbike 15 % des Wiederverkaufspreises mehr kostet als ein sofort bestelltes und bestenfalls eine Lagerkostenersparnis in Höhe von 10 % des Wiederverkaufspreises einbringt. Die in die Knoten des Ereignisbaums eingetragenen Bestellmengen entsprechen daher jenen Mengen, die über die 10 garantierten Waterbikes hinaus in den einzelnen Absatzsituationen zusätzlich beschafft werden sollen. Der weiteren Diskussion liegt dieses „verkürzte" Entscheidungsproblem zugrunde.

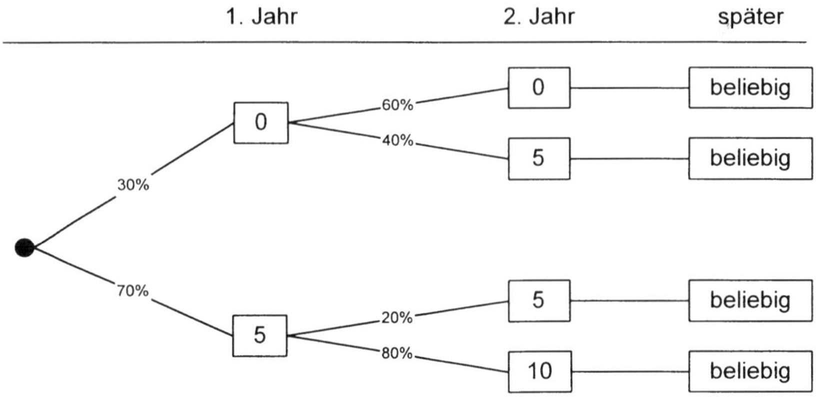

Abbildung 7-3

Aufgabe 2:

Der Importeur will für die Entscheidungssituation einen optimalen flexiblen Plan und die bei starrer Planung optimale Strategie festlegen. Bestimmen Sie zunächst, zwischen welchen Strategien bei beiden Planungskonzepten zu wählen ist!

Lösungshinweise:

Eine starre Strategie des Importeurs läßt sich mit Hilfe eines Zahlenpaares darstellen, dessen erste Komponente die Ordermenge zu Beginn des ersten Jahres und dessen zweite Komponente die Ordermenge zu Beginn des zweiten Jahres beschreibt. Die Strategie (5;5) bedeutet beispielsweise, daß zu Beginn des ersten und zu Beginn des zweiten Jahres jeweils fünf Waterbikes geordert werden. Aufgabe der starren Planung ist es, aus allen möglichen Zahlenpaaren jene Kombination mit dem höchsten Gewinn herauszufinden.

Ein flexibler Plan läßt sich mit Hilfe eines Zahlentripels darstellen. Die drei Komponenten des Tripels haben folgende Bedeutung:

1. Komponente: Ordermenge zu Beginn des ersten Jahres

2. Komponente: Ordermenge zu Beginn des zweiten Jahres, wenn das Waterbike im ersten Jahr ein Mißerfolg war.

3. Komponente: Ordermenge zu Beginn des zweiten Jahres, wenn das Waterbike im ersten Jahr ein Erfolg war.

Das Tripel (5;0;5) bedeutet, daß zu Beginn des ersten Jahres fünf Waterbikes geordert werden und zu Beginn des zweiten Jahres nichts, wenn das Waterbike im ersten Jahr ein Reinfall war. Ist das Waterbike dagegen im ersten Jahr gut eingeschlagen, werden zu Beginn des zweiten Jahres weitere fünf Einheiten geordert. Flexible Strategien sind daher stets bedingte Handlungsempfehlungen. Aufgabe der flexiblen Planung ist es, aus allen sinnvollen Zahlentripeln das beste herauszufinden.

Als sinnvoll werden Zahlenpaare oder Zahlentripel bezeichnet, die nicht von anderen Zahlenpaaren oder Zahlentripeln dominiert sind. Als dominiert gilt eine Strategie, wenn es eine andere Strategie gibt, die in jeder möglichen Absatzsituation gleich gute oder bessere Ergebnisse aufweist.

Aufgabe 3:

Entwickeln Sie einen optimalen starren Plan. Welche Folgeentscheidung wird der Importeur in Abhängigkeit von der Absatzsituation im ersten Jahr zu Beginn des zweiten Jahres treffen? Welchen Gewinn-Erwartungswert kann er bei überlappender starrer Planung erzielen?

Lösungshinweise:

Für die Aufstellung eines starren Plans wird von folgenden Vorüberlegungen ausgegangen:

- Eine Gesamtabsatzsituation über zwei Jahre ist durch einen vollständigen Kantenzug durch den Ereignisbaum der Abbildung 7-3 zu kennzeichnen. Eine Absatzsituation kann demnach wie eine Bestellstrategie durch ein Zahlenpaar - beispielsweise (0;5) - beschrieben werden, dessen erste Komponente die Nachfrage im ersten Jahr und dessen zweite Komponente die Nachfrage im zweiten Jahr beschreibt. Die Eintrittswahrscheinlichkeit einer Absatzsituation ergibt sich als Produkt der Wahrscheinlichkeiten, die an den zugehörigen Kanten des Ereignisbaumes stehen. Die Eintrittswahrscheinlichkeit der Absatzsituation (0;0) - kein zusätzlicher Absatz in beiden Jahren - beträgt demnach 30 % · 60 % = 18 %.

- Es müssen nur Bestellstrategien (Zahlenpaare) betrachtet werden, die zumindest bei einer der vier Absatzsituationen genau die gesamte Nachfrage decken. Da als Nachfragemengen lediglich 0, 5 und 10 vorkommen, brauchen als Bestellstrategien nur Zahlenpaare berücksichtigt zu werden, die diese Komponenten oder zulässige Summen daraus enthalten: (0;0), (0;5), (0;10), (5;0), (5;5), (5;10), (10;0), (10;5), (15;0).
- Alle Bestellstrategien, die eine Ordermenge zu Beginn des zweiten Jahres vorsehen, sind durch entsprechende Strategien dominiert, bei denen diese Order bereits auf das erste Jahr vorgezogen wird. Der Beschaffungspreis sinkt um 15 %, wenn die Bestellung vorgezogen wird. Die zusätzlichen Lagerkosten betragen nur 10 %, so daß die Ausnutzung des niedrigeren Einkaufspreises stets vorteilhaft ist. Damit verbleiben vier nicht dominierte Strategien: (0;0), (5;0), (10;0), (15;0).

Alle Wertansätze (Erlöse, Einkaufspreise, Lagerkosten, Gewinn) beziehen sich in der Fallstudie auf den nicht genannten Wiederverkaufspreis. Ein Ergebnis von 2,5 bedeutet daher in der folgenden Tabelle beispielsweise einen Gewinn in Höhe des zweieinhalbfachen Wiederverkaufspreises.

Mit diesen Vorüberlegungen ergibt sich folgende Ergebnismatrix bei starrer Planung:

Nr.	Bestell-strategie	Absatzsituation (0;0) 18 %	(0;5) 12 %	(5;5) 14 %	(5;10) 56 %	Gewinnerwartungswert
1.	(0;0)	0	0	0	0	0
2.	(5;0)	-1,25	0,75	1,25	1,25	0,74
3.	(10;0)	-2,5	-0,5	2	2	0,89 (max)
4.	(15;0)	-3,75	-1,75	0,75	2,75	0,76

Tabelle 7-7

Das Zustandekommen dieser Ergebnismatrix wird beispielhaft für die Bestellstrategie Nr. 2 bei der Absatzsituation (0;0) erläutert:

	Umsatz in beiden Jahren	0,00
+	späterer Umsatz mit Preisnachlaß von 30 % (0,7·5)	3,50
–	Einkaufspreis der Waterbikes (0,75·5)	-3,75
–	Lagerkosten des 1. Jahres (0,1·5)	-0,50
–	Lagerkosten des 2. Jahres (0,1·5)	-0,50
	Summe	-1,25

Die Gewinnerwartungswerte der vier Strategien sind der rechten Spalte der Tabelle 7-7 zu entnehmen. Der Importeur wird demnach zu Beginn des ersten Jahres zehn weitere Waterbikes ordern und in der zweiten Periode auf weitere Bestellungen verzichten; denn die Bestellstrategie Nr. 3 zeitigt den höchsten Gewinnerwartungswert.

Bei rollierender Planung wird der Importeur zu Beginn des zweiten Jahres aber nicht vorbehaltlos auf eine Bestellung von Waterbikes verzichten; vielmehr wird er für das zweite Jahr einen erneuten starren Plan aufstellen, der die inzwischen gewonnenen Erkenntnisse berücksichtigt. Diese Erkenntnisse bestehen in der tatsächlich eingetretenden Nachfrage des ersten Jahres. Der starre Plan des zweiten Jahres hängt damit von der in der 1. Periode eingetretenen Nachfrage ab. Angenommen im ersten Jahr wurde nichts abgesetzt, dann verfügt er noch über ein Lager von zehn Waterbikes und kann im zweiten Jahr bestenfalls noch fünf Waterbikes absetzen. Er wird folglich auf keinen Fall zusätzliche Waterbikes ordern.

Hat er im ersten Jahr hingegen fünf Waterbikes abgesetzt, verfügt er am Anfang des 2. Jahres über einen Lagerbestand von fünf Waterbikes und sieht sich im zweiten Jahr einer Nachfrage von fünf oder zehn Waterbikes gegenüber. Folglich stellt sich für ihn die Frage, ob er nicht zusätzliche fünf Waterbikes ordern sollte, um eine eventuelle Nachfrage von zehn Waterbikes, die sehr viel wahrscheinlicher ist als eine von nur fünf Einheiten, voll befriedigen zu können. Dieses Entscheidungsproblem läßt sich durch folgende Gewinnmatrix darstellen:

Bestell-strategie	Absatzsituation		Gewinner-wartungswert
	(5) 20 %	(10) 80 %	
(0)	5	5	5,0
(5)	3,5	5,5	5,1 (max)

Tabelle 7-8

Für den Importeur ist es also bei überlappender Planung günstiger, zu Beginn des zweiten Jahres fünf Waterbikes nachzubestellen, falls im ersten Jahr fünf Einheiten abgesetzt wurden. Werden diese Überlegungen mit dem Ereignisbaum aus Aufgabe 1 kombiniert, ergibt sich folgendes Bild:

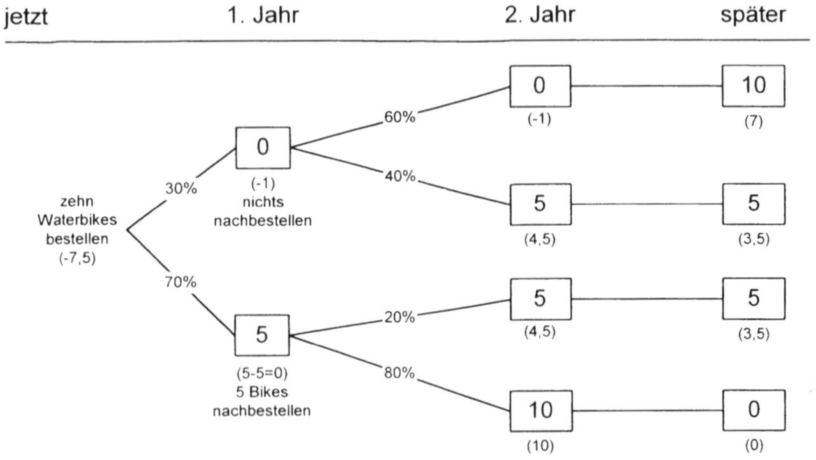

Abbildung 7-4

In den runden Klammern stehen die Erlöse und Kosten, die in den jeweiligen Zeitpunkten realisiert werden. Werden diese Zahlen mit den zu den Kanten gehörigen Wahrscheinlichkeiten multipliziert und aufsummiert, ergibt sich der tatsächliche Gewinn-Erwartungswert, wenn zwei überlappende starre Pläne aufgestellt werden. Dieser Erwartungswert beträgt 0,96[6] und ist höher als derjenige der nicht korrigierten starren Planung (mit 0,89).

Aufgabe 4:

Entwickeln Sie einen optimalen flexiblen Plan. Welchen Gewinn-Erwartungswert zeitigt dieser Plan?

Lösungshinweise:

Das flexible Planungsproblem wird analog zur starren Planung mit Hilfe einer Ergebnismatrix gelöst. Zunächst werden durch Vorüberlegungen flexible Bestellstrategien herausgesucht, die nicht offensichtlich dominiert sind. Dominiert sind Strategien, die zu Beginn des 2. Jahres in jedem Fall eine Order vorsehen. Wegen des im 1. Jahr niedrigeren Einkaufspreises ist es stets sinnvoll, diese Mengen bereits in der 1. Periode zu bestellen. Übrig bleiben damit nur Strategien, die bei einem Mißerfolg der Waterbikes im 1. Jahr auf eine Nachbestellung zu Beginn des 2. Jahres verzichten (obere Kante im Ereignisbaum der Abbildung 7-4). Aufgrund dieser Vorüberlegungen muß die mittlere Zahl zur Kennzeichnung einer flexiblen Strategie (Ordermenge zu Beginn des 2. Jahres, wenn das Waterbike im 1. Jahr schlecht

6 Dieser Wert ergibt sich aus: -7,5 + 0,3·(-1 + 0,6·6 + 0,4·8) + 0,7·(0 + 0,2·8 + 0,8·10) = 0,96.

eingeschlagen ist) stets gleich null sein. Damit verbleiben als Bestellstrategien: (0;0;5), (0;0;10), (5;0;5), (5;0;10), (10;0;0), (10;0;5), (15;0;0).[7]

Werden die flexiblen Bestellstrategien mit den vier Absatzsituationen kombiniert, ergibt sich folgende Ergebnismatrix:

Nr.	Bestell-strategie	Absatzsituation				Gewinn-erwartungs-wert
		(0;0) 18 %	(0;5) 12 %	(5;5) 14 %	(5;10) 56 %	
1.	(0;0; 5)	0	0	0,5	0,5	0,35
2.	(0; 0; 10)	0	0	-1	1	0,42
3.	(5; 0; 5)	-1,25	0,75	1,75	1,75	1,09
4.	(5; 0; 10)	-1,25	0,75	0,25	2,25	1,16 (max)
5.	(10; 0; 0)	-2,5	-0,5	2	2	0,89
6.	(10; 0; 5)	-2,5	-0,5	0,5	2,5	0,96
7.	(15; 0; 0)	-3,75	-1,75	0,75	2,75	0,76

Tabelle 7-9

Aus den Erwartungswerten der sieben Strategien wird deutlich: Der Importeur wird zu Beginn des ersten Jahres fünf Waterbikes ordern und zu Beginn des zweiten Jahres noch einmal zehn, falls die Waterbikes im ersten Jahr ein Erfolg waren. Bei einem Mißerfolg im ersten Jahr wird er nichts nachbestellen. Der Gewinnerwartungswert dieser flexiblen Bestellstrategie (Nr.4) beträgt 1,16 und liegt gut 20 % über dem Erwartungswert der starren Planung mit Planrevision.[8]

Aufgabe 5:

Diskutieren Sie Vor- und Nachteile der flexiblen Planung gegenüber der starren Planung!

Lösungshinweise:

Auf den ersten Blick scheint die flexible Planung der starren Planung weit überlegen. Die starre Planung könnte sogar als unkorrekt bezeichnet werden, weil bei überlappender Planung zu späteren Zeitpunkten Anpassungen vorgenommen werden, die bei der ursprünglichen Entscheidung unberücksichtigt bleiben. Obwohl also Planrevisionen von vornherein für möglich gehalten werden, gehen sie nicht in die Berechnung der optimalen starren Strategie ein. Dieser offensichtliche Mangel der starren Planung führt zum Bestreben, flexibel zu planen.

---

7 Anmerkung: Die flexiblen Strategien (10;0;0) bzw. (15;0;0) stimmen materiell mit den starren Strategien (10;0) bzw. (15;0) überein.

8 Anmerkung: Der starre Plan mit Planrevision aus Aufgabe 3 ist in der obigen Ergebnismatrix als Bestellstrategie Nr. 6 enthalten.

Diesem Bestreben sind enge anwendungstechnische Grenzen gesetzt. Wenn es nicht gelingt, die Zahl der Strategien durch Vorüberlegungen sehr stark einzuschränken oder wenn in jedem Jahr viele Nachfragesituationen für möglich gehalten werden und das Planungsproblem zudem auch noch auf mehr als zwei Jahre ausgedehnt wird, wächst der Aufwand für die Formulierung und Lösung des Problems sehr schnell in nicht mehr zu handhabende Dimensionen. Bei mehr als zweijährigen Problemstellungen steigt die Anzahl der zu betrachtenden Absatzsituationen stark an, weil jede Folge von Nachfrageziffern in den einzelnen Jahren - Kantenfolge im Ereignisbaum - eine eigene Absatzsituation darstellt.[9] Deshalb wirft bereits die Erstellung eines starren Plans Umfangsprobleme auf, weil zur Berechnung des Gewinnerwartungswerts einer Strategie zunächst die Gewinne dieser Strategie in jeder Absatzsituation zu ermitteln sind. Bei einem flexiblen Plan müssen noch zusätzlich für jede Verzweigung des Ereignisbaums Eventualstrategien formuliert und ausgewertet werden. Die Anzahl möglicher Strategien wächst also mit der Anzahl der Verzweigungen im Ereignisbaum. Eine übersichtliche Ergebnismatrix läßt sich schon bei bescheidenen Problemumfängen - bspw. eine dreiperiodige Planung mit mehr als zwei Verzweigungen je eingetretener Nachfragesituation - nicht mehr aufstellen. Statt dessen werden dann mathematische Programmierungsansätze eingesetzt, deren Umfang aber auch schnell den Bereich des Rechenbaren überschreitet. Demonstrationsbeispiele zur Erklärung des flexiblen Planungsprinzips sind deshalb immer sehr stark eingeschränkt, vorstrukturiert und realitätsfern; dies gilt auch für das Bestellproblem des Importeurs von Waterbikes in der vorliegenden, vereinfachten Form.

Deshalb handelt es sich beim Konzept der flexiblen Planung weniger um eine praktikable Planungstechnik, sondern mehr um eine Art von Denkrichtung, die verdeutlichen soll, daß die Qualität einer Entscheidung von später festzulegenden Folgeentscheidungen abhängt. Für reale Probleme können kaum praktikable flexible Modelle formuliert und ausgewertet werden. Als Ausweg bleibt die Möglichkeit, aus einer Menge von Entscheidungen mit bereits festliegenden Folgeentscheidungen die beste Alternative auszusuchen und dieses Vorgehen im Zeitablauf zu wiederholen, wenn neue, entscheidungsrelevante Erkenntnisse eingetreten sind. Dieses Vorgehen entspricht einer überlappenden starren Planung, wobei immer nur die Maßnahmen ausgeführt werden, die sich auf die nächste Teilperiode beziehen.

Als Argument gegen die flexible aber auch die starre Planung in der Form, wie sie in dieser Fallstudie beschrieben wurde, lassen sich ferner alle Vorbehalte gegenüber der Verwendung der Wahrscheinlichkeitstheorie für betriebswirtschaftliche Entscheidungen anführen:[10]

- Den Absatzsituationen müssen objektive Wahrscheinlichkeiten zugeordnet werden. Voraussetzung für die Ermittlung objektiver Wahrscheinlichkeiten[11] ist die sinnvolle Ausfüllung des Ausdrucks:

$$\text{Wahrscheinlichkeit} = \frac{\text{Zahl der günstigen Fälle}}{\text{Zahl der möglichen Fälle}}$$

9 Vgl. auch Born (1976), S. 107 ff.

10 Vgl. auch Born (1976), S. 134 ff.

11 Zum Begriff der Wahrscheinlichkeit vgl. auch Kyburg (1969), S. 178 ff.

Die Zahl der möglichen Fälle ist bei einmaligen Entscheidungen gleich eins. Der Ausdruck für die Wahrscheinlichkeit läßt sich also bei einmaligen Entscheidungen nicht sinnvoll bestimmen.

- Wenn ein Entscheidungsträger dennoch - auf welche Weise auch immer - Wahrscheinlichkeiten angibt, handelt es sich um eine subjektive Situationseinschätzung, die mehr über ihn selbst als über die Realität aussagt.

- Das Erwartungswert-Kriterium ist nur bei strikter Risikoneutralität sinnvoll; ansonsten müßte neben dem Ziel „Erfolg“ (Gewinn-Erwartungswert) noch das Ziel „Risiko“ (Streuung des Gewinns) im Kalkül berücksichtigt werden.

Fallstudie 6: Entwicklung von Zielen

Eine Unternehmung der metallverarbeitenden Industrie hat sich u.a. auf die Fabrikation von Kabelverbindungen in Bandform mit lötfreier Anschlagstechnik spezialisiert. Die elektrischen Verbinder - zu mehreren tausend Exemplaren aufgespult - werden als Halbfertigprodukte an Hersteller von Kabelsätzen geliefert, wo man sie beim lötfreien Anschlagen vom Band trennt und ihnen die endgültige Form gibt.

Ausgangsmaterial sind meistens Kupfer- und Messinglegierungen, die in Bandrollen bestimmter Breite bezogen werden. Auf Präzisionsstanzen und -pressen wird das Ausgangsmaterial auf das erforderliche Maß ausgestanzt und auf dem Wege der spanlosen Verformung zu den gewünschten Einzelstücken verformt. Dabei werden Werkzeuge eingesetzt, die fünfzehn und mehr Arbeitsgänge in sich vereinen und gewissermaßen eine „Fertigungsstraße im kleinen“ darstellen.

1996 ist die Ausschußquote im Bereich der elektrischen Verbinder um ca. 25 % gestiegen. Der Ausschuß, der 1995 noch mit 200.000 DM beziffert wurde, hat sich auf 250.000 DM erhöht.

Die Unternehmensleitung erstellt eine eingehende Analyse der Ursachen für den erhöhten Ausschuß, die zu folgenden Erkenntnissen führt:

- Ein Großteil der fehlerhaften Verbinder wird durch falsches Einsetzen der Metallbänder (Ausgangsmaterial) in die Präzisionsstanzen verursacht - ca. 80 % der fehlerhaften Verbinder weisen eine Ungeometrie auf.
- Die betriebliche Fertigungskontrolle führt nur stichprobenartige Kontrollen in der Stanzerei durch. Erst in einer Endkontrolle im Halbfertiglager werden die fehlerhaften Verbinder ausgesondert, eventuell nachgearbeitet oder vernichtet. Es findet daher eine relativ späte Fehlerfeststellung statt.[12]
- Das Produktionsprogramm umfaßt einige hundert verschiedenartige Verbindertypen, die je nach Auftrag in unregelmäßigen Abständen zu fertigen sind. Sie weichen voneinander in Details ab und sind zum Teil nicht leicht zu unterscheiden.
- Die maschinellen und verfahrenstechnischen Veränderungen der letzten Jahre haben zu einem wesentlich schnelleren und komplizierteren Produktionsablauf geführt.
- Das Produktionsprogramm hat sich in den letzten Jahren verändert. Die Verbinder sind komplizierter geworden.
- Bei der Einführung eines neuartigen Verbindertyps treten in der Regel Probleme auf, die nicht sofort überwunden werden können.
- Die personellen Voraussetzungen für eine fehlerfreie Produktion sind in der Stanzerei nicht optimal. Das nur angelernte Bedienungspersonal zeigt kein großes Interesse für

12 Vgl. hierzu Berens (1980), S. 30 ff.

Qualitätsprobleme - mangelnde Motivation. Wie häufig in Unternehmungen mit einer umfangreichen und sorgfältigen Endkontrolle fühlt sich das Bedienungspersonal nur wenig für Qualitätsprobleme verantwortlich - die Endkontrolle trägt ja die Verantwortung und wird die fehlerhaften Teile schon finden.

- Steigender Leistungsdruck und relativ große Lärmbelastung in der Stanzerei führen beim Bedienungspersonal zu Streß und damit zu Leistungsabfall - viele Fehler werden übersehen.

- Wegen der großen Lärmbelästigung in der Stanzerei ist die Fluktuationsrate des Bedienungspersonals im Vergleich zu anderen Produktionsbereichen überdurchschnittlich hoch.

Da keine Möglichkeit von Preissteigerungen für Verbinder besteht, müssen die bei veränderter Qualitätspolitik u.U. auftretenden Kostensteigerungen so gering wie möglich gehalten werden. Große Aufwendungen im Bereich des Qualitätswesens kommen daher nicht in Betracht.

Das Unternehmen möchte im Bereich der elektrischen Verbinder den Gewinn möglichst maximieren. Im Rahmen dieser Planung sucht sie daher nach operationalen Zielen und Teilzielen für das Qualitätswesen, die den Ausschuß mindern sollen.

Aufgabe 1:

Welche Anforderungen sind aus entscheidungstheoretischer Sicht an operationale Ziele zu stellen?

Lösungshinweise:

Ziele sind in entscheidungstheoretischer Sicht operational, wenn sie eine vollständige Ordnung der Entscheidungsalternativen nach dem Grad ihrer Vorziehenswürdigkeit erlauben. Voraussetzung dafür sind eindeutige Vorschriften, wie die Alternativen zu bewerten sind. Bei der Zielformulierung ist auf drei Merkmale zu achten:

- Zielinhalt (z.B. Gewinn),

- Zielausmaß (z.B. Steigerung um 10 %),

- Zeitlicher Bezug (z.B. pro Jahr).

Der Zielinhalt bezieht sich auf Tatbestände, die dem Entscheidenden erstrebenswert erscheinen. Ein Ziel ist operational, wenn eine Meßvorschrift vorliegt, mit deren Hilfe die Erreichung des Ziels eindeutig für jeden nachvollziehbar gemessen werden kann. Voraussetzung dafür ist, daß inhaltlich klar ist, was eigentlich gemessen werden soll. „Gewinn“ als Zielinhalt erfüllt diese Anforderung noch nicht, da es in der Betriebswirtschaftslehre je nach Einsatzzweck verschiedene Gewinnbegriffe bzw. Rechnungsgrößen gibt, mit deren Hilfe der Gewinn bestimmt wird. Betriebsgewinne werden auf der Basis von Leistungen und Kosten berechnet. Für Unternehmensgewinne wird auf eine Rechnung mit Umsatz und Aufwand zurückgegriffen. Der Totalgewinn wird bei langfristiger Sichtweise mit Hilfe von Einzahlungen und Auszahlungen bestimmt. Der Zielinhalt muß inhaltlich genau spezifiziert sein, um als eindeutige Vorschrift zur Bewertung der Entscheidungsalternativen dienen zu können.

Die Messung des Zielerreichungsgrads kann kardinal, ordinal oder nominal erfolgen.

- Kardinale Messung liegt vor, wenn ein Ziel durch eine metrische Information quantifiziert werden kann, d.h., wenn der Zielerreichungsgrad durch einen numerischen Wert ausgedrückt wird.
- Ordinale Messung liegt vor, wenn eine Vorstellung über eine Rangfolge von Zielerreichungsgraden besteht, d.h., wenn der Zielerreichungsgrad einer Entscheingsalternative A größer als der einer Alternative B angesehen wird oder wenn die Zielerreichung mit „gut" oder „schlecht" umschrieben wird.
- Nominale Messung ist gegeben, wenn lediglich eine Angabe darüber möglich ist, ob ein Ziel erreicht ist oder nicht.

Beim Zielausmaß kann zwischen zwei Klassen von Formulierungen unterschieden werden. Einmal soll die Zielgröße extremiert werden (beispielsweise Kostenminimierung oder Gewinnmaximierung). Die zweite Klasse geht von einem befriedigenden Zielniveau aus. Als ausreichend wird etwa eine Gewinnsteigerung gegenüber dem Vorjahr von 10 % angesehen, oder es wird ein bestimmtes Niveau des zu erreichenden Gewinns vorgegeben.

Der Zeitbezug der Ziele ist erforderlich, weil durch ihn die zeitliche Reichweite des Entscheidungsfeldes definiert wird. Sollen Jahresziele erreicht werden, muß sich das Entscheidungsfeld auch auf ein Jahr beziehen. Ziele wie „Angestrebt ist ein Gewinn von x" sind aussagelos, solange nicht die zeitliche Dimension der Betrachtung bekannt ist.

Werden Ziele in der Form von Anspruchsniveaus formuliert, gehört auch die faktische Durchsetzbarkeit zu einem operationalen Ziel.[13] Bei der Zielformulierung ist somit gleichzeitig durch eine Umfeld- und Unternehmensanalyse abzuklären, ob ein Ziel unter den gegebenen Bedingungen bei vernünftigem Anstrengungsniveau überhaupt zu erreichen ist. In Form von Anspruchsniveaus formulierte Ziele müssen mithin Realitätsbezug haben, dürfen keine Wunschträume sein.

Aufgabe 2:

Versuchen Sie, konsistente, operationale Ziele und Teilziele für das Qualitätswesen aus dem genannten Oberziel (Gewinnmaximierung) für das Jahr 1997 abzuleiten!

13 Vgl. Berthel (1973), S. 23 und S. 53 ff.

Lösungshinweise:

Vor der Formulierung von Zielen für das Beispiel sind zunächst zwei Kernfragen abzuklären. Ist die Aufgabenstellung in Aufgabe 2 überhaupt sinnvoll, oder kommt es durch die Art der Aufgabenstellung letztlich dazu, daß keine vernünftige Lösung des eigentlichen Problems gefunden werden kann? In diesem Zusammenhang sind zwei Dimensionen des Problems wesentlich:

- Ist es zweckmäßig, ein kurzfristiges Ziel zu formulieren? Mit dem Zeitbezug von einem Jahr wird automatisch auch die zeitliche Reichweite des Entscheidungsfeldes auf ein Jahr beschränkt. Gesucht werden dann nur Alternativen, die in der Lage sind, das Problem innerhalb von Jahresfrist zu bewältigen. Langfristige Lösungsansätze bleiben damit völlig außer Betracht. Unter Umständen gibt es aber für das Problem überhaupt keine kurzfristige Lösung.
- Ist es 2. richtig, die Zielformulierung auf die Abteilung „Qualitätswesen" einzuschränken? Liegt der Kern der Ursachen des Problems eigentlich im Bereich Qualitätswesen, oder ist er nicht zum großen Teil ganz woanders zu suchen? Die organisatorische Beschränkung des Suchfeldes verstellt u.U. den Blick für grundlegende Problemlösungen.

Die zeitliche und organisatorische Dimension des Problems sind für die Zielformulierung, insbesondere für das Anspruchsniveau der Ziele, von ausschlaggebender Bedeutung, da durch sie letztlich der Umfang der innerhalb des verbleibenden Entscheidungsfeldes zu beeinflussenden Determinanten des Problems bestimmt wird. Kurzfristig werden von den genannten Ursachen nur relativ wenige beseitigt werden können. Allein durch Überlegungen im Qualitätswesen ist dem Problem überhaupt nicht beizukommen. Wird die Aufgabe so wie in Aufgabe 2 gestellt angegangen, werden Ansätze für eine grundsätzliche Problemlösung wahrscheinlich verstellt. Als Folge kurzfristiger, kurzsichtiger Ziele wird der strategische Ansatz zur Bewältigung des Qualitätsproblems in der Regel verschüttet. Dann richtet sich die Zielformulierung auf schnelle Maßnahmen aus, wie Verstärkung der Kontrollen oder Verbesserung der Methoden der Kontrolle, Einrichtung von Kontrollen während des Fertigungsprozesses, statt langfristig die Fertigungstechnik, die Organisationsstruktur und das Qualitätsbewußtsein der Mitarbeiter auf eine Philosophie des Total Quality Management[14] einzustellen.

Eine sinnvolle Definition des Problems muß die lang- und kurzfristigen Aspekte erkennen und kurz- sowie langfristige Ziele formulieren. Zudem müssen alle organisatorischen Bereiche in die Zielformulierung einbezogen werden, die letztlich mit zur Entstehung des Problems beigetragen haben. In der folgenden Diskussion soll beispielhaft allein der kurzfristige Aspekt, allerdings umfassend in allen tangierten Abteilungen, betrachtet werden.

Nachdem das Problem vom Organisations- und Zeitbezug her eingegrenzt wurde, stellt sich die Frage, welche Ursachen denn kurzfristig behoben werden können. Nur auf diesen Erwartungshorizont von möglichen Maßnahmen hin kann sich die Formulierung der Ziele erstrecken, wenn das Zielniveau Realitätsbezug besitzen soll. Es stellt sich daher die Frage,

14 Vgl. Zink (1994).

welche der in der Ursachenanalyse aufgeführten Gründe innerhalb der gewählten zeitlichen Dimension beeinflußt werden können.

Da die zu entwickelnden Ziele konsistent zum Oberziel des Unternehmens „Maximierung des Gewinns im Bereich der elektrischen Verbinder" sein müssen, ist zu analysieren, ob kurzfristige Maßnahmen zur Qualitätsverbesserung die Erlös- und Kostensituation des Betriebes beeinflussen können. Stellt sich heraus, daß die Erlöse kurzfristig nicht beeinflußt werden können, muß sich die Formulierung der Ziele auf die relevanten Kostenaspekte oder plausible Ersatzziele für Kosten beschränken.

Es ist daher zu überprüfen, ob kurzfristige Erlöswirkungen wahrscheinlich sind. Theoretisch könnten aus Qualitätsverbesserungen verbesserte Preise, aber auch steigende Absatzmengen resultieren. Die Marktposition des Unternehmens ist jedoch relativ schwach. Wie bereits in der Ursachenanalyse erwähnt, sieht das Unternehmen keine Möglichkeiten, verbesserte Preise durchzusetzen. Das Unternehmen glaubt auch nicht daran, daß sich bei einer Qualitätsverbesserung bereits kurzfristig ein steigender Absatz einstellt. Erlöseinflüsse können damit für die kurzfristige Zielformulierung ausgeklammert werden. Relevant sind folglich kurzfristig nur kostenorientierte Ziele. Zu denken ist an Ziele, die darauf gerichtet sind, Material- und Fertigungskosten für Ausschuß einzusparen und dafür gewisse Kostensteigerungen für verbesserte Kontrolle, eine Reduzierung der Fluktuation oder Maßnahmen zur Verbesserung der Qualitätsmotivation der Mitarbeiter in Kauf zu nehmen. Zielformulierungen haben dann zur Voraussetzung, daß realistische Vorstellungen über mögliche kurzfristige Senkungen der Ausschußquote entwickelt werden.

Hinweise für eine Verminderung der Ausschußquote ergeben sich aus der Ursachenanalyse. Dort lassen sich durch zunehmende Abstraktion drei generelle Problembereiche für den Ausschuß identifizieren:

- Organisatorische Probleme (relativ späte Fehlerfeststellung, häufig sich änderndes Produktionsprogramm),
- Personelle Probleme (nur angelerntes Personal, mangelnde Motivation, Streß und Leistungsdruck wegen Lärmbelästigung, hohe Fluktuationsrate),
- Technische Probleme (komplizierte Produkte, lauter und komplizierter Produktionsablauf).

Die drei Problembereiche sind nicht unabhängig voneinander. Dennoch sollen die Ursachen weitgehend isoliert betrachtet werden, um die Zusammenhänge nicht zu komplex werden zu lassen. Zumindest kurzfristig können im dritten Bereich keine Veränderungen erwartet werden. Hier und z.T. auch im organisatorischen Bereich liegt der Ansatzpunkt für die längerfristige Dimension des Problems. Kurzfristig läßt sich bei der späten Fehlerfeststellung, den häufigen Produktionsumstellungen und z.T. im personellen Bereich eine Verbesserung erreichen.

Die konkrete Formulierung von Zielen läßt sich meistens nicht formallogisch begründen. Es kann auch nicht zwingend sichergestellt werden, daß bestimmte Unterziele grundsätzlich dem Oberziel dienen. Die zu entwickelnden Unterziele müssen aber zumindest plausibel sein, d.h., es muß aus der Problemsituation heraus einsichtig sein, warum bestimmte Unterziele zweckmäßig sind.

Im folgenden soll an einigen Beispielen argumentativ belegt werden, welche Teilziele sinnvoll sein können:

- Eine Verstärkung der Anzahl von Kontrollen führt zu einer zeitlich früheren Fehlerfeststellung. Damit kann schneller korrigierend in den Produktionsablauf eingegriffen und mithin die Ausschußquote gesenkt werden. Es ist zu erwarten, daß ein gewisser Mehraufwand für prozeßbegleitende Kontrollen durch die positiven Auswirkungen dieser Maßnahme überkompensiert wird. Damit kann als Teilziel für die Qualitätskontrolle formuliert werden: Die stichprobenartigen, prozeßbegleitenden Kontrollen sollen 1997 eingeführt werden, wofür ein noch zu fixierendes Budget festzulegen ist. An welchen Stellen und mit welchen Methoden die Kontrollen durchgeführt werden sollen, kann die Abteilung „Qualitätswesen“ auf der Basis des eingeräumten Budgets selbst entscheiden.

- Durch eine bessere Abstimmung des Produktionsablaufs der Aufträge kann die Anzahl der Produktionsumstellungen - auch eine wesentliche Ursache für die Entstehung des Problems - gesenkt werden. Für marktgängige Verbindertypen kann von der Auftragsfertigung abgegangen werden; diese Verbindertypen werden dann in größeren Posten auf Lager produziert. Die Ausschußquote aufgrund von Anlaufschwierigkeiten wird hierdurch verringert. Eine Analyse zeigt: Es kann davon ausgegangen werden, daß der erhöhte Aufwand für Lagerung durch die positiven Auswirkungen einer sinkenden Ausschußquote mehr als ausgeglichen wird. Ein Ziel für die Arbeitsvorbereitung kann vorsehen, 1997 die Anzahl der Produktionsumstellungen um 4 % zu senken.

- Das Bedienungspersonal kann durch Ausbildung und Schulung in die Lage versetzt werden, die Maschinen besser zu bedienen und fehlerhafte Verbinder selbst zu erkennen. Da ca. 80 % der fehlerhaften Verbinder durch falsches Einsetzen der Metallbänder verursacht werden und Ungeometrien durch einfache Sichtkontrolle erkennbar sind, kann durch diese kostengünstigen Maßnahmen die Ausschußquote gewinnbringend gesenkt werden. Hieraus ergibt sich das Teilziel: 1997 soll das Personal für eine verbesserte Bedienung der Maschinen sowie für eine Eigenkontrolle der Verbinder ausgebildet und geschult werden, wofür ein bestimmtes Budget festzulegen ist. Dieses Ziel dürfte jedoch für den Produktionsbereich nur dann erreichbar sein, wenn dem Personal gleichzeitig materielle Anreize geboten werden.

- Durch materielle Anreize wird das Personal motiviert, mehr Interesse für Qualitätsprobleme zu zeigen. Das Problembewußtsein für Qualität steigt, und die Fehlerhäufigkeit sinkt. Bei einer angemessenen Höhe der materiellen Anreize kann hierdurch der Gewinn gesteigert werden. Als weiteres Teilziel für die Produktion kann formuliert werden: Es ist ein Ausschuß von weniger als x % anzustreben. Wird dieses Ziel erreicht, erhalten alle Mitarbeiter in der Produktion eine Prämie von y DM je gutem Stück.

- Durch Maßnahmen zur Verringerung der Lärmbelästigung kann nicht nur die Leistungsfähigkeit des Personals steigen, sondern die Fluktuationsrate kann abgebaut werden. Als Folge dieser Maßnahme stehen mehr erfahrene Mitarbeiter zur Verfügung, so daß geringere Aufwendungen zur Anlernung erforderlich sind. Allerdings erscheinen die Aufwendungen, die zur Verringerung der Lärmbelästigung notwendig sind, kurzfristig als zu hoch. Es wird daher in dieser Hinsicht kein Teilziel aufgestellt.

Bei der Fixierung des Niveaus der Ziele ist darauf zu achten, daß die zusätzlichen Kosten für eine verbesserte Qualität unter 50.000 DM liegen müssen, wenn sich die angestrebten Maßnahmen für den Betrieb auch kurzfristig lohnen sollen.

Das Problem - es handelt sich um einen realen Fall - konnte letztendlich in der kurzfristigen Betrachtungsweise nur gelindert, nicht aber wirklich gelöst werden. Der Schlüssel für die Problemlösung lag in erster Linie im technischen Bereich. Langfristig wurde das Qualitätsproblem durch eine völlig veränderte, hochintegrierte Fertigungstechnik gelöst, die den Störeinfluß „Mensch“ weitgehend ausschließen konnte.

Fallstudie 7: Produktionsprogrammplanung mit Berücksichtigung von Eigen- und Fremdfertigung

In der Stückfärberei einer Unternehmung werden Stoffballen von 200 kg (1 ME) gefärbt. Die Wochenkapazität einer Färbeanlage beläuft sich auf 168 Std./Woche. Es sind 6 Aggregate dieses Typs vorhanden. Die Produktionsstufe „Färben" ist der einzige denkbare Engpaß im gesamten Produktionsprozeß.

In der Tabelle 7-10 sind die Verkaufspreise, die variablen Kosten pro Stück, die Produktionskoeffizienten für die Färberei sowie die wöchentlichen Absatzgrenzen für die einzelnen Produktarten angegeben. Aus der Tabelle ist außerdem zu entnehmen, daß das Färben einiger Produktarten - es sind dies ausnahmslos schwarz zu färbende Stoffballen - als Lohnauftrag vergeben werden kann und wieviel dies pro ME kostet.

Produktart	Verkaufspreis	variable Stückkosten			Produktionskoeffizient	Absatzgrenze
		ohne Färbevorg.	des Färbevorg. in der Untern.	des Färbevorg. außerhalb des Unternehmens		
	DM / ME				Std. / ME	ME
1	5000	3500	300	-	4	60
2 (schw.)	7000	5000	440	1000	8	26
3	6900	5000	400	-	6	80
4 (schw.)	8000	6000	680	1000	8	40
5 (schw.)	6000	4545	685	1000	7	40
6	6750	5775	700	-	5	30

Tabelle 7-10

Aufgabe 1:

Bestimmen Sie das gewinnmaximale Verkaufs- und Produktionsprogramm! Geben Sie an, welche Produktarten als Lohnauftrag gefärbt werden sollen!

Lösungshinweise:

Die Produktarten, die auch bei Fremdfärbung eine positive Deckungsspanne haben, werden in jedem Fall in das Verkaufsprogramm aufgenommen, da durch sie ein Deckungsbeitrag erzielt werden kann, ohne daß die knappe Kapazität eingesetzt werden muß. Durch Eigenfertigung dieser Produkte fällt zusätzlich nur die Deckungsspannendifferenz zwischen Fremd- und Eigenfertigung an. Nur diese Differenz ist dafür ausschlaggebend, ob Eigenfertigung sinnvoll ist. Die Frage, welche Mengen der Produktarten selbst gefertigt werden sollen, kann mit Hilfe der relativen Deckungsspannen bzw. der relativen Deckungsspannendifferenzen beantwortet werden. In der Tabelle 7-11 sind die Produktarten nach diesem Kriterium in eine Rangfolge gebracht.

Produktart	Deckungsspanne (DSP) bei		ggf. DSP-Differenz	Prod.-koeffizient	rel. DSP bzw. DSP-Differenz	Rangfolge
	Eigenfärb. DM / ME	Fremdf. DM / ME	DM / ME	Std. / ME	DM / Std.	
	(1)	(2)	(3) = (2)-(1)	(4)	(5) = (1) : (4) bzw. (3) : (4)	(6)
1	1200	-	-	4	300	1
2	1560	1000	560	8	70	3
3	1500	-	-	6	250	2
4	1320	1000	320	8	40	6
5	770	455	315	7	45	5
6	275	-	-	5	55	4

Tabelle 7-11

Entsprechend dieser Rangfolge wird die Engpaßzeit in Tabelle 7-12 auf die Produktarten verteilt. Das gewinnmaximale Produktionsprogramm sieht damit wie folgt aus:

Bis auf Produktart 6 werden alle Produkte mit der maximalen Menge in das Verkaufsprogramm aufgenommen. Die Produktionsmengen der Produktarten 4 und 5 werden vollständig fremdgefärbt; alle übrigen Produktionsmengen werden selbst hergestellt. Von der Sorte 6 können allerdings wegen der knappen Kapazität nur 16 ME produziert werden.

Produktart	Prod.-koeffizient Std./ME	max. Absatzmenge ME	tatsächliche Färbemenge ME	benötigte Kapazität Std.	verbleibende Kapazität Std.
1	4	60	60	240	768
3	6	80	80	480	288
2	8	26	26	208	80
6	5	30	16	80	0

Tabelle 7-12

Aufgabe 2:

Jedes der 6 Aggregate, welches nach der Lösung der Aufgabe 1 für das Schwarzfärben eingesetzt wird und mit diesen Produktarten nicht während der ganzen Woche (168 Std.) ausgelastet ist, muß erst gründlich gereinigt werden, bevor Stoffballen mit anderen Farben darauf produziert werden können. Die Reinigung dauert 5 Stunden; an variablen Kosten fallen dafür 200 DM pro Reinigung an. Wie ändern sich das gewinnmaximale Produktions- und Färbeprogramm sowie der Deckungsbeitrag gegenüber Aufgabe 1?

Lösungshinweise:

In Aufgabe 1 werden für das Schwarzfärben der 26 Ballen der zweiten Sorte 208 Std. pro Woche benötigt. Ein Aggregat ist hiermit voll ausgelastet (168 Std.) und produziert 21 Ballen. Zusätzlich wird für die noch fehlenden 5 Ballen ein zweites Aggregat benötigt, das mit dieser Produktionsaufgabe 40 Std. pro Woche beschäftigt ist. Bevor es zur Produktion einer anderen Sorte eingesetzt werden kann, muß es 5 Std. lang gereinigt werden. Für die Produktion der 5 Stoffballen ist damit insgesamt eine Zeit von 45 Stunden erforderlich. Um zu entscheiden, ob sich das Programm durch die Umrüstung verändert, müssen die alternativen Handlungsmöglichkeiten für die 45 Stunden bekannt sein. Denkbar sind zwei Strategien:

- Das Unternehmen produziert nach wie vor das Produkt 2; es fehlen dann aber 5 Stunden Rüstzeit, da im Programmvorschlag der Aufgabe 1 die gesamte Kapazität verteilt wurde. Diese Zeit kann freigesetzt werden, wenn für das in der Rangfolge letzte Produkt 5 Stunden weniger eingesetzt werden. Es kann also ein Stoffballen der Produktart 6 weniger gefärbt werden.
- Das Unternehmen streicht 5 Ballen des Produkts 2 aus dem Fertigungsprogramm und setzt die 45 Stunden freigesetzter Kapazität für zusätzliche 9 Stück des Produkts 6 ein (Von diesem Produkt werden noch weitere 14 Stück über das Programm der Aufgabe 1 hinaus nachgefragt).

Die mit beiden Handlungsalternativen erreichbaren Deckungsbeiträge sind miteinander zu vergleichen.

1. Alternative:

40 Std. Färben der Sorte 2	
Deckungsbeitrag: 40 Std. · 70 DM/Std.	2.800 DM
Variable Kosten für 5 Std. Reinigung	–200 DM
Deckungsbeitrag der Alternative 1	2.600 DM

2. Alternative:

45 Std. Färben der Sorte 6	
Deckungsbeitrag: 45 Std. · 55 DM/Std.	2.475 DM

Die erste Alternative ist damit günstiger. Gegenüber der Aufgabe 1 ändert sich das Produktionsprogramm wie folgt: Von Produktart 6 wird genau eine ME weniger gefärbt. Der gesamte Deckungsbeitrag sinkt um:

var. Kosten der Reinigung	200 DM
Deckungsspanne für 1 ME Produktart 6:	275 DM
	475 DM

Aufgabe 3:

Weil das Unternehmen nach der Lösung der Aufgabe 1 14 Stück der Produktart 6 nicht in das Programm aufnehmen kann, werden Möglichkeiten gesucht, weitere Stücke bei einem 2.

Lohnfärber produzieren zu lassen. Welches maximale Preisangebot darf gemacht werden, damit die Produktion der fehlenden Mengen sinnvoll ist?

Lösungshinweise:

Das Produkt 6 ist nach den Ergebnissen der Aufgabe 1 das Grenzprodukt. Mit diesem Produkt wird bei Eigenfertigung eine Deckungsspanne pro Stunde von 55 GE/ZE erwirtschaftet. Das Produkt kann, da es nicht schwarz ist, nicht als Lohnauftrag vergeben werden. Sollen daher die 14 noch fehlenden Stücke selbst produziert werden, muß das Unternehmen von den Produkten 2, 4 oder 5 zusätzliche Mengen fremd vergeben. Die Produktarten 4 und 5 werden bereits vollständig fremd gefärbt. Es kommt folglich nur eine Substitution des Produkts 2 gegen 6 in Frage. Das Produkt 2 erwirtschaftet gegenwärtig bei einem Färbepreis von 1000 DM je Stück eine relative Deckungsspannendifferenz von 70 GE/ZE. Produziert das Unternehmen die 14 Stück des Erzeugnisses 6 zusätzlich, werden dafür 70 Stunden (14 · 5) Kapazität benötigt, in denen ein Deckungsbeitrag von 3850 DM (70 · 55) erwirtschaftet werden kann. Um diese 70 Stunden ist die Produktionszeit des Artikels 2 zu kürzen. Bei einer Deckungsspannendifferenz von bislang 70 DM/ZE geht ein Deckungsbeitrag von 4900 DM (70 · 70) verloren.[15] Durch die Substitution verliert das Unternehmen mithin einen Betrag von 1050 DM (4900 - 3850 = 70 (70 - 55)), wenn das Stückfärben 1000 DM je Stück kostet. Der zweite Stückfärber müßte also bereit sein, den Auftrag zu einem niedrigeren Preis anzunehmen. Für die dann zusätzlich fremd zu vergebenden 8,75 Stück des zweiten Produkts darf das Angebot maximal auf 7700 DM (= 1000 · 8,75 - 1050, d.h.: 1050 DM weniger als bisher für 8,75 Stück) lauten. Der 2. Färber müßte also bereit sein, genau 8,75 ME für weniger als 7700/8,75 = 880 DM je Stück zu färben, wenn die Politik für das Unternehmen gewinnbringend sein soll. Die Deckungsspannendifferenz reduziert sich bei einem Färbepreis von 880 DM/ME auf 440 DM/ME; die relative Deckungsspannendifferenz sinkt für die abzugebenden 8,75 ME des Produkts 2 auf 55 DM/Std. und entspricht damit dem Betrag der relativen Deckungsspanne des Produkts 6. Damit wird die gewünschte Substitution möglich.

15 Vom Problem nicht beliebiger Teilbarkeit der Stücke soll hier abstrahiert werden. In den 70 Stunden können nur 70/8 = 8,75 Stück des Artikels 2 produziert werden. Es fehlen also noch 2 Stunden Kapazität für ganze 9 Stück.

Fallstudie 8: Simultane Planung zweier betrieblicher Funktionsbereiche

Eine Unternehmung stellt die Erzeugnisse A und B her. Im Produktionsengpaß steht eine Kapazität von 200 ZE pro Monat zur Verfügung. Die Produktionsabteilung soll die Kapazität gewinnmaximal auf die beiden Produkte aufteilen. Für das Erzeugnis A sind bereits 64 ME feste Aufträge eingeplant. Darüber hinaus besteht eine weitere Nachfrage nach Produkt A in Höhe von 96 ME. Von Produkt B können maximal 200 ME pro Monat abgesetzt werden. Für die Planung gelten die folgenden Daten:

Erzeugnis	Preis GE	var. Kosten GE/ME	Prod.-koeffizient ZE/ME
A	100	50	1
B	40	15	1

Tabelle 7-13

Um eine ME von Produkt A produzieren zu können, wird eine ME eines Rohstoffs benötigt, dessen Lagerung und Bestellung erhebliche Kosten verursachen. Der Einstandspreis des Rohstoffs ist in den Produktionskosten von 50 GE/ME bereits enthalten. Für die Einlagerung einer ME des Rohstoffs ist mit Kosten von 100 GE pro Monat zu rechnen. Eine Bestellung verursacht unabhängig von der zu bestellenden Menge Kosten in Höhe von 1250 GE.

Aufgabe 1:

Formulieren Sie mit allgemeinen Symbolen einen simultanen Modellansatz für die geschilderte Planungssituation! Bei der Berechnung der Lagerkosten wird vereinfacht von einem gleichbleibenden Lagerabgang des Rohstoffs ausgegangen.

Lösungshinweise:

Symbole:

M_A, M_B	Produktions- und Absatzmengen der Produkte A, B (ME/Monat)
p_A, p_B	Absatzpreis der Produkte A, B (GE/ME)
kv_A, kv_B	variable Produktionsstückkosten der Produkte A, B (GE/ME)
a_A, a_B	Zeitbedarf im Produktionsengpaß je ME der Produkte A, B (ZE/ME)
T	Kapazität des Produktionsengpasses (ZE/Monat) (200 ZE/Monat)
Cl	Lagerkosten einer ME des Rohstoffs pro Monat (GE/(ME·Monat))
CR	Bestellfixe Kosten des Rohstoffs (GE)
y	Bestellmenge des Rohstoffs (ME)
DB	Deckungsbeitrag (GE/Monat)
KB	Kosten der Bestellpolitik (Lager- und Bestellkosten) (GE/Monat)
g_A	Rohstoffbedarf pro ME des Produkts A (ME/ME)

Das Ziel der Planung besteht darin, ein gewinnmaximales Produktionsprogramm zu bestimmen. Der Gewinn kann durch den Deckungsbeitrag DB ersetzt werden, weil die fixen Kosten kurzfristig nicht zu beeinflussen sind.

$$DB = \underbrace{p_A\ M_A + p_B\ M_B}_{\text{Umsatz}} - \underbrace{kv_A\ M_A - kv_B\ M_B}_{\text{variable Produktionskosten}} - \underbrace{KB}_{\substack{\text{Kosten der}\\ \text{Bestellpolitik}}}$$

Diese Zielfunktion ist unter folgender Kapazitätsbedingung zu maximieren:

$$\underbrace{a_A \cdot M_A + a_B \cdot M_B}_{\text{Kapazitätsbedarf}} \leq \underbrace{T}_{\substack{\text{vorhandene}\\ \text{Kapazität}}}$$

Die Kosten KB der Bestellpolitik setzen sich zusammen aus:[16]

- den Lagerkosten und
- den bestellfixen Kosten.

Die Lagerkosten hängen vom durchschnittlichen Lagerbestand und vom Lagerkostensatz Cl ab. Bei einem im Zeitablauf gleichbleibenden Lagerabgang entspricht der durchschnittliche Lagerbestand der halben Bestellmenge y, wie die folgende Abbildung 7-5 veranschaulicht.

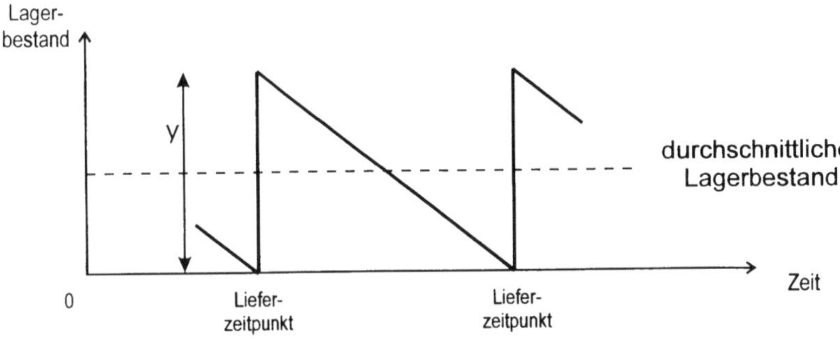

Abbildung 7-5

Die bestellfixen Kosten pro Monat ergeben sich aus den fixen Kosten Cr pro Bestellung und der Bestellhäufigkeit im Planungszeitraum. Bei einem monatlichen Rohstoffbedarf von $V_A = g_A \cdot M_A$ und einer Bestellmenge von y müssen pro Monat $g_A \cdot M_A/y$ Bestellungen aufgegeben werden. Somit lauten die Kosten KB der Bestellpolitik:

$$KB = \underbrace{\underbrace{y/2}_{\substack{\text{durchschnittlicher}\\ \text{Lagerbestand}}} \cdot \underbrace{Cl}_{\substack{\text{Lagerkosten-}\\ \text{satz}}}}_{\text{Lagerkosten}} + \underbrace{\underbrace{g_a \cdot M_A / y}_{\substack{\text{Bestell-}\\ \text{häufigkeit}}} \cdot \underbrace{Cr}_{\substack{\text{Kosten pro}\\ \text{Bestellung}}}}_{\text{Bestellkosten}}$$

16 Vgl. hierzu Adam (1993b), S. 330 ff.

Variable des Problems sind die beiden Produktionsmengen und die Bestellmenge y des Rohstoffes.

Aufgabe 2:

Die zentrale Beschaffungsabteilung hat dem Produktionsbereich für die Bestellung und Lagerung des Rohstoffs pauschal 30 GE/ME beim Produkt A in Rechnung gestellt. Welches Produktionsprogramm ist optimal, wenn die Vertriebsabteilung in der Deckungsbeitragsfunktion statt des Terms KB den Ausdruck $30 \cdot M_A$ einsetzt und damit die Deckungsspanne des Erzeugnisses A um 30 GE gesenkt wird?

Lösungshinweise:

Liegt ein eindeutig bestimmter Produktionsengpaß vor, werden die Produkte nach einer Prioritätenliste relativer Deckungsspannen in das Produktionsprogramm aufgenommen, bis die Kapazität des Engpasses verbraucht ist oder keine Absatzmöglichkeiten mehr bestehen. Die höchste Priorität besitzt das Produkt mit der höchsten relativen Deckungsspanne. Die relative Deckungsspanne eines Produktes gibt an, wie viele GE an Deckungsbeitrag pro Engpaßeinheit erwirtschaftet werden, wenn diese Engpaßeinheit für das betrachtete Produkt zur Verfügung gestellt wird. Im vorliegenden Fall sind die Produktionskoeffizienten für beide Produkte gleich eins, so daß die relativen Deckungsspannen den absoluten Deckungsspannen entsprechen.

Produkt	Preis	variable Kosten	Deckungs-spanne	Rang
A	100	80	20	2.
B	40	15	25	1.

Tabelle 7-14

Aufgrund der Prioritätenliste der Tabelle 7-14 wird von Produkt B soviel wie möglich produziert; die evtl. verbleibende Kapazität wird für Produkt A zur Verfügung gestellt. Von Produkt A müssen aber aufgrund der festen Aufträge mindestens 64 ME pro Monat erzeugt werden. Das optimale Programm lautet deshalb: $M_A = 64$ ME und $M_B = 136$ ME.

Aufgabe 3:

Die zentrale Beschaffungsabteilung hat Zweifel an der Richtigkeit ihrer bislang betriebenen Beschaffungspolitik und den in Rechnung gestellten Beschaffungskosten. Sie will daher das kostenoptimale Bestellverhalten festlegen. Leiten Sie allgemein die kostenminimale Bestellmenge und die durchschnittlichen Lager- und Bestellkosten pro ME des Rohstoffs bei Optimalverhalten ab! Welche Lager- und Bestellkosten fallen für das in Aufgabe 1 ermittelte Produktionsprogramm je ME des Produkts A an?

Lösungshinweise:

Aus dem Planungsansatz in Aufgabe 1 geht hervor, daß die Bestellpolitik den Umsatz und die variablen Produktionskosten nicht direkt beeinflußt. Die gewinnmaximale Bestellpolitik stimmt deshalb mit der kostenminimalen Bestellpolitik überein; es genügt, die Kosten KB aus Aufgabe 1 zu minimieren.[17]

$$\frac{dKB}{dy} = \frac{Cl}{2} - g_A \cdot M_A \cdot \frac{Cr}{y^2} \stackrel{!}{=} 0$$

Durch Nullsetzen der ersten Ableitung kann die optimale Bestellmenge bestimmt werden.

$$y^* = \sqrt{\frac{2 g_A \cdot M_A \cdot Cr}{Cl}} = \sqrt{\frac{2 \cdot 64 \cdot 1250}{100}} = 40$$

Der Ausdruck für die optimale Bestellmenge y_{opt} wird in die Kostenfunktion KB eingesetzt:

$$\underbrace{KB^*}_{\substack{\text{Kosten der}\\ \text{optimalen}\\ \text{Bestellpolitik}}} = \frac{\sqrt{\frac{2\, g_A\, M_A\, Cr}{Cl}}}{2} \cdot Cl + \frac{g_A\, M_A\, Cr}{\sqrt{\frac{2\, g_A\, M_A\, Cr}{Cl}}} = \frac{\sqrt{2\, g_A\, M_A\, Cr\, Cl}}{2} + \frac{1}{\sqrt{\frac{2}{g_A\, M_A\, Cr\, Cl}}}$$

$$= \sqrt{2\, g_A\, M_A\, Cr\, Cl} = \sqrt{2 \cdot 64 \cdot 1250 \cdot 100} = 4000$$

$$\underbrace{\frac{KB^*}{g_A\, M_A}}_{\substack{\text{Kosten der optimalen}\\ \text{Bestellpolitik pro ME}\\ \text{des Rohstoffs}}} = \frac{\sqrt{2\, g_A\, M_A\, Cr\, Cl}}{g_A\, M_A} = \sqrt{\frac{2\, Cr\, Cl}{g_A\, M_A}} = 62{,}50$$

Da sich der Rohstoffeinsatz g_A pro Mengeneinheit auf 1 beläuft, entfallen auf eine ME des Produkts A beim Produktionsprogramm aus Frage 2 durchschnittlich 62,50 GE an Lager- und Bestellkosten.

Aufgabe 4:

Die zentrale Beschaffungsabteilung möchte analysieren, wie sich die Lager- und Bestellkosten ändern, wenn sich die Einsatzmenge des Rohstoffs um einen beliebig kleinen Wert erhöht und jeweils die optimale Bestellpolitik gemäß Aufgabe 3 gewählt wird. Wie verhalten sich diese Grenzkosten in Abhängigkeit von der Rohstoffeinsatzmenge pro Monat?

---

17 Die im folgenden abgeleitete „klassische Bestellmengenformel" geht zurück auf Harris (1915), S. 48-52.

Lösungshinweise:

Wird für den Rohstoffbedarf $g_A \cdot M_A$ verkürzt $V = g_A \cdot M_A$ geschrieben, lauten die Kosten KB_{opt} der optimalen Bestellpolitik:

$$KB^* = \sqrt{2\ V\ Cr\ Cl}$$

Die Grenzkosten in bezug auf den Rohstoffbedarf V ergeben sich als erste Ableitung der Kosten KB_{opt} nach dem Rohstoffbedarf V:

$$\frac{dKB^*}{dV} = \sqrt{2\ Cr\ Cl}\ \frac{1}{2\sqrt{V}} = \frac{1}{2}\underbrace{\sqrt{\frac{2\ Cl\ Cr}{V}}}_{\frac{KB^*}{V}}$$

Diese Grenzkosten sind mithin halb so hoch wie die in der Aufgabe 3 ermittelten durchschnittlichen Kosten KB_{opt}/V. Da der Rohstoffbedarf V im Beispiel gleich der Produktions- und Absatzmenge M_A ist, lassen sich die Grenzkosten der Bestellpolitik bei Optimalverhalten direkt in Abhängigkeit von M_A darstellen.

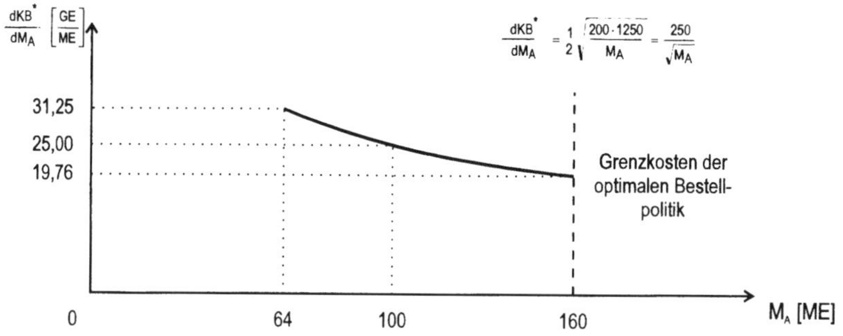

Abbildung 7-6

Aufgabe 5:

Muß die Produktionsabteilung bei der Planung des optimalen Produktionsprogramms für den Rohstoff die Durchschnitts- oder die Grenzkosten der Bestellpolitik ansetzen? Wann sind die beiden Funktionsbereiche zielsetzungsgerecht koordiniert?

Lösungshinweise:

Ausschlaggebend für die Programmplanung ist die Frage, wie sich die Kosten der optimalen Bestellpolitik ändern, wenn vom Erzeugnis A mehr oder weniger produziert wird. Diese Kosten werden durch die Grenzkosten in bezug auf die Bedarfsmenge V, also den Ausdruck

$$\frac{dKB^*}{dV}=\frac{1}{2}\sqrt{\frac{2\,Cl\;Cr}{V}}=\frac{1}{2}\frac{KB^*}{V}$$

beschrieben. Diese Grenzkosten bei Variation der Bedarfsmenge $V = g_A \cdot M_A$ zeigen, wie die Kosten bei optimaler Bestellpolitik sich als Folge von Bedarfsmengenänderungen V verhalten. Da in der Programmpolitik nur V variiert wird und davon auszugehen ist, daß die Bestellabteilung ihre Politik optimal an ein geändertes V anpaßt, sind für die Produktionsentscheidung die Grenzkosten der Bestellpolitik bei Variation von V relevant. Der Ansatz der genau doppelt so hohen durchschnittlichen Kosten der Bestellpolitik würde zur Fehlplanung des Programms führen. Zielsetzungsgerecht koordiniert sind die beiden Bereiche somit nach marginalanalytischer Vorstellung, wenn die für die Programmpolitik angesetzten Grenzkosten (Soll) mit den Grenzkosten (Ist) übereinstimmen, die sich bei optimaler Bestellpolitik für das aus der Programmpolitik resultierende V ergeben.

Aufgabe 6:

Der Leiter der Produktionsabteilung erinnert sich aus seinem Studium an Optimalitätskriterien und schlägt vor, das Produktionsprogramm unter Berücksichtigung von Lager- und Bestellkosten so festzulegen, daß die Grenzdeckungsbeiträge pro ZE beider Produkte gleich groß sind. Daraus resultiert schließlich ein Produktionsprogramm, bei dem von beiden Produkten genau 100 ME produziert werden. Diskutieren Sie, ob der Betriebsleiter in seinem Studium gelernt hat, Entscheidungssituationen kritisch zu analysieren!

Lösungshinweise:

Zunächst ist zu prüfen, wie hoch die Grenzdeckungsbeiträge beider Produkte in bezug auf den Engpaßfaktor für ein Programm von $M_A = M_B = 100$ sind. Bei diesem Programm werden $V = g_A \cdot M_A = 100$ ME des Rohstoffs benötigt. Bei optimaler Bestellpolitik resultieren daraus Grenzkosten von 25 GE. Die für die Entscheidung relevanten Grenzdeckungsspannen können durch folgenden Ausdruck beschrieben werden:

$$\frac{dDB/dM_A}{a_A}=\frac{p_A-kv_A}{a_A}-\frac{dKB^*/dV_A}{a_A}=100-50-25=25\,[DM/ZE]$$

$$\frac{dDB/dM_B}{a_B}=\frac{p_B-kv_B}{a_B}=40-15=25\,[DM/ZE]$$

Die Prüfung bestätigt, daß eine marginale Umschichtung der knappen Kapazität des Produktionsengpasses vom einen auf das andere Produkt keine Deckungsbeitragsänderung zeitigt. Somit liegt entweder ein Deckungsbeitragsmaximum, ein Deckungsbeitragsminimum oder ein Sattelpunkt des Deckungsbeitrages vor. In der Umgebung eines Sattelpunktes gibt es sowohl Punkte mit höherem als auch Punkte mit niedrigerem Deckungsbeitrag, obwohl der Deckungsbeitrag im Sattelpunkt selbst bei marginalen Änderungen der Produktionspolitik unverändert bleibt.

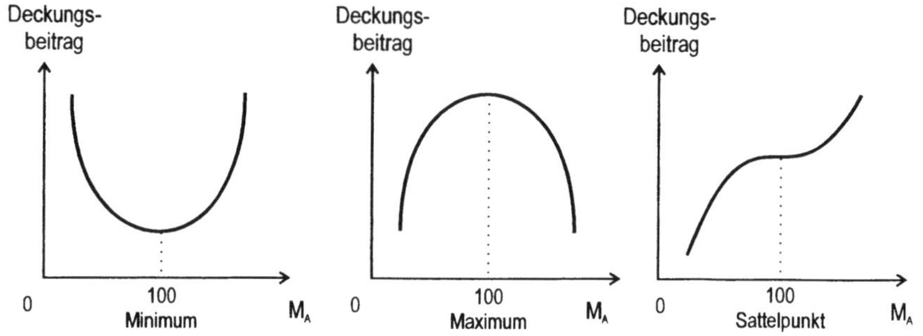

Abbildung 7-7

Der in Aufgabe 4 untersuchte Verlauf der Grenzbestellkosten dKB_{opt}/dV_A bei Optimalverhalten läßt auf ein Deckungsbeitragsminimum schließen; denn jede Veränderung des Produktionsprogramms von $M_A = M_B = 100$ führt zu einer Steigerung des Deckungsbeitrages, wie die folgenden Fälle zeigen:

1. Fall: M_A wird erhöht, M_B gesenkt.

Jede zusätzliche ME von Produkt A erbringt einen Vorteil von:

$$\underbrace{100-50}_{\text{zusätzlicher Deckungsbeitrag für Produkt A}} - \underbrace{(40-15)}_{\text{entgehender Deckungsbeitrag bei Produkt B}} = 25\,[GE/ME]$$

Dem stehen für die Beschaffung zusätzliche Kosten in Höhe der Grenzkosten dKB_{opt}/dV_A der Bestellpolitik bei Optimalverhalten gegenüber. Die zusätzlichen Kosten der Bestellpolitik sind für $M_A > 100$ kleiner als 25 GE/ME, wie die Abbildung 7-6 zeigt, d.h., der Vorteil von 25 GE/ME aus dem Vertriebsbereich wird nur zum Teil durch die zusätzlichen Kosten der Bestellpolitik kompensiert; der Gewinn steigt folglich.

2. Fall: M_A wird gesenkt, M_B erhöht.

Jede weniger produzierte ME von A erbringt einen Nachteil von 25 GE/ME (vgl. Fall 1). Dem stehen im Beschaffungsbereich Kostenersparnisse in Höhe der Grenzkosten dKB_{opt}/dV_A der Bestellpolitik bei Optimalverhalten gegenüber; diese sind für $M_A < 100$ größer als 25 GE/ME, so daß die im Beschaffungsbereich eingesparten Kosten größer als der im Vertriebsbereich in Kauf zu nehmende Nachteil von 25 GE/ME sind. Der Gewinn steigt also auch im zweiten Fall.

Bei Ausgleich der Grenzdeckungsbeiträge pro ZE liegt im Beispiel folglich ein Minimum und nicht das gesuchte Maximum vor. Die optimale Programmpolitik ist somit bei den durch die Kapazität und die Absatzbedingungen definierten „Randwerten" von M_A und M_B zu suchen. Zu analysieren sind zwei mögliche Ränder:

1. Fall: M_A wird so groß wie möglich gesetzt, d.h. Vollauslastung der Kapazität bei maximalem Absatz von A ($M_A = 160$). Mit der verfügbaren Kapazität können von M_B noch 40

ME produziert werden. Einschließlich der Bestellkosten bei optimalen Verhalten ergibt sich ein Deckungsbeitrag von 2675,44.

$$DB = 50 \cdot 160 + 25 \cdot 40 - \sqrt{2 \cdot 160 \cdot 1250 \cdot 100} = 2675{,}44$$

2. Fall: Es wird von A die verlangte Mindestmenge von $M_A = 64$ Stück produziert. Mit der restlichen Kapazität lassen sich noch $M_B = 136$ ME fertigen. Der mit dieser Politik erzielbare Deckungsbeitrag beläuft sich auf 2600 GE.

$$DB = 50 \cdot 64 + 25 \cdot 136 - \sqrt{2 \cdot 64 \cdot 1250 \cdot 100} = 2600$$

Die erste Politik ist vorzuziehen. Fazit: Der Betriebsleiter hat in seinem Studium nicht gelernt, Entscheidungssituationen genau zu untersuchen.

Fallstudie 9: Programmplanung und Bestellpolitik

Die Wunderlich AG stellt in einem mehrstufigen Produktionsprozeß vier verschiedene Arten von Schaufensterpuppen für Konfektionsgeschäfte her.

Sie will ihr monatliches Produktionsprogramm planen, wobei zu beachten ist, daß in einer Abteilung ein Kapazitätsengpaß besteht. Die verfügbare Kapazität im Engpaß beläuft sich auf 4.020 Zeiteinheiten. Es gelten folgende Daten:

Produkt	Absatzpreis DM/ME	variable Kosten DM/ME	Produktionskoeffizient im Engpaß ZE/ME	maximale Absatzmenge ME
A	181	96	1	250
B	203	95	2	700
C	268	66	4	400
D	200,5	54	3	300

Tabelle 7-15

Die Unternehmung bezieht die Kugelgelenke für die Arme und Beine der Puppen von einem Zulieferbetrieb. Je nach Puppentyp werden gebraucht:

Produkt	Gelenke
A	4
B	2
C	3
D	1

Tabelle 7-16

Neben dem Produktionsprogramm möchte die Wunderlich AG auch die kostenoptimale Bestellmenge für das fremdbezogene Teil festlegen. Vereinfachend soll eine im Zeitablauf konstante Lagerabgangsgeschwindigkeit unterstellt werden. Pro Bestellung rechnet die Unternehmung mit fixen Bestellkosten einschließlich Transportkosten von 900 DM. Die monatlichen Lagerkosten betragen 0,60 DM/ME. Der Bezugspreis für das fremdbezogene Gelenk beträgt 10 DM/ME. In den angegebenen variablen Kosten der Produkte sind die Kosten für die Gelenke noch nicht enthalten.

In Fallstudie 9 liegt damit eine der Fallstudie 8 sehr ähnliche Ausgangssituation vor. Das Problem wird jedoch dadurch wesentlich erschwert, daß die Teile nicht nur in ein Enderzeugnis eingehen.

Wird mit den Daten das optimale Produktionsprogramm auf der Basis der relativen Deckungsspannen (ohne Kosten für Lagerhaltung und die bestellfixen Kosten) bestimmt, ergibt sich folgende Lösung:

Produkt	Menge
D	300
A	250
B	700
C	367,5

Tabelle 7-17

Für diesen Programmvorschlag sind V = 3802,5 Gelenke erforderlich, die bei optimalem Verhalten - vgl. Fallstudie 8 Aufgabe 3 - in Bestellmengen von 3377,5 ME gekauft werden, was pro Monat Kosten in Höhe von 2026,50 DM zur Folge hat. Die durchschnittlichen Kosten pro ME belaufen sich auf 0,5329, und die Grenzkosten bei Veränderung der Bedarfsmenge V betragen 0,5329/2 = 0,2665.

Aufgabe 1:

Formulieren Sie einen Ansatz zur simultanen Planung von Produktionsprogramm und Bestellmenge für das Zulieferteil, und interpretieren Sie die ökonomische Bedeutung der partiellen Ableitungen!

Lösungshinweise:

Bei der Formulierung des Ansatzes kann auf die Erkenntnisse aus der Aufgabe 1 Fallstudie 8 zurückgegriffen werden. Der Deckungsbeitrag ergibt sich aus den beiden Komponenten „Kosten der Bestellung und Lagerung“ und „Rohdeckungsbeiträge der Erzeugnisse":

$$DB = \sum_i DSP_i \cdot M_i - \left(Cr \frac{V}{y} + \frac{y}{2} Cl \right) \rightarrow \max$$

Der Bedarf an Gelenken kann durch den Ausdruck

$$\sum_i ZK_i \cdot M_i = V$$

mit ZK_i als Einsatzmenge an Gelenken (Zukaufteilen) je Mengeneinheit des Produktes i dargestellt werden. Es wird davon ausgegangen, daß die Fertigungskapazität (Kap) knapp ist. Es gilt dann folgende Restriktion mit PK_i als Produktionskoeffizient für das Produkt i:

$$\sum_i PK_i \cdot M_i = Kap$$

Damit ergibt sich der folgende Lagrange-Ansatz:

$$L = DB + \lambda_1 \left(V - \sum_i ZK_i \ M_i \right) + \lambda_2 \left(Kap - \sum_i PK_i \ M_i \right) \rightarrow \max!$$

Die Ableitungen nach den Variablen M_i, V und y führen zu folgenden Optimalitätskriterien:

$$\text{I.} \quad \frac{\partial L}{\partial M_i} = DSP_i - \lambda_1 \, ZK_i - \lambda_2 \, PK_i \overset{!}{=} 0$$

$$\text{II.} \quad \frac{\partial L}{\partial y} = Cr \frac{V}{y^2} - \frac{Cl}{2} \overset{!}{=} 0 \Rightarrow y = \sqrt{\frac{2V\,Cr}{Cl}}$$

$$\text{III.} \quad \frac{\partial L}{\partial V} = -\frac{Cr}{y} + \lambda_1 \overset{!}{=} 0 \Rightarrow \lambda_1 = \frac{Cr}{y}$$

Der Ausdruck für y aus der Ableitung II. wird in das Ergebnis der Ableitung III. eingesetzt:

$$\lambda_1 = \sqrt{\frac{Cr\,Cl}{2V}}$$

λ_1 entspricht den Grenzkosten der Gelenke bei optimaler Einkaufspolitik, wenn sich der Bedarf V verändert.

Die gleich null gesetzten Ableitungen nach den beiden Lagrange-Variablen liefern die bereits bekannten Gleichungen für V und Kap:

$$\sum_i ZK_i \cdot M_i = V$$

$$\sum_i PK_i \cdot M_i = Kap$$

Aus der null gesetzten Ableitung I. läßt sich der Grenzdeckungsbeitrag der knappen Kapazität bestimmen:

$$\underbrace{\lambda_2}_{\text{Grenz-DB der knappen Kapazität}} = \underbrace{\frac{DSP_i}{PK_i}}_{\text{relative DSP}} - \underbrace{\underbrace{\lambda_1}_{=\sqrt{\frac{Cr\,Cl}{2V}} \ \text{Grenzkosten der gesamten Beschaffungsmenge}} \cdot \underbrace{\frac{ZK_i}{PK_i}}_{\text{Multiplikation mit dem Bedarf ZK und Division durch den PK}}}_{\text{Korrektur der relativen DSP um die jeweiligen Grenzkosten pro Zeiteinheit des Engpaßfaktors}}$$

Aus der Formel ist zu erkennen, wie sich der Grenzgewinn eines Erzeugnisses verändert, wenn für λ_1 unterschiedlich hohe Grenzkostenbeträge eingesetzt werden. Die Formel zeigt damit, wie die Grenzdeckungsbeiträge auf unterschiedliche Grenzkosten in bezug auf die Bedarfsmenge V reagieren. Der Grenzdeckungsbeitrag - relative Deckungsspanne einschließlich der Kosten für Lagerhaltung und Bestellung bei Optimalverhalten - ist das Kriterium, um die Rangfolge der Produkte festzulegen, in der sie in das optimale Programm aufgenommen werden.

Aufgabe 2:

Untersuchen Sie, ob die Rangfolge, in der die Produkte in das Programm aufgenommen werden, von den Grenzkosten der Bestellpolitik abhängig ist. Entwickeln Sie dafür ein Diagramm, in dem die Grenzdeckungsbeiträge für unterschiedlich hohe Bedarfsmengen V und die zugehörigen Grenzkosten von V dargestellt werden.

Lösungshinweise:

Die aus der Ableitung nach V entwickelte Beziehung

$$\lambda_1 = \sqrt{\frac{Cr\ Cl}{2V}}$$

zeigt den Zusammenhang zwischen V und den Grenzkosten λ_1. Jeder Bedarfsmenge V ist mithin ein Grenzkostensatz der Bestellpolitik bei optimalem Verhalten zuzuordnen. Werden die Grenzdeckungsbeitragsfunktionen der vier Erzeugnisse mit Hilfe der für λ_2 entwickelten Formel numerisch bestimmt, ergeben sich die vier Gleichungen:

$$\lambda_A = 45{,}0 - 4\ \lambda_1$$
$$\lambda_B = 44{,}0 - \lambda_1$$
$$\lambda_C = 43{,}0 - 0{,}75\ \lambda_1$$
$$\lambda_D = 45{,}5 - 0{,}33\ \lambda_1$$

Diese Funktionen sind in der Abbildung 7-8 eingetragen.

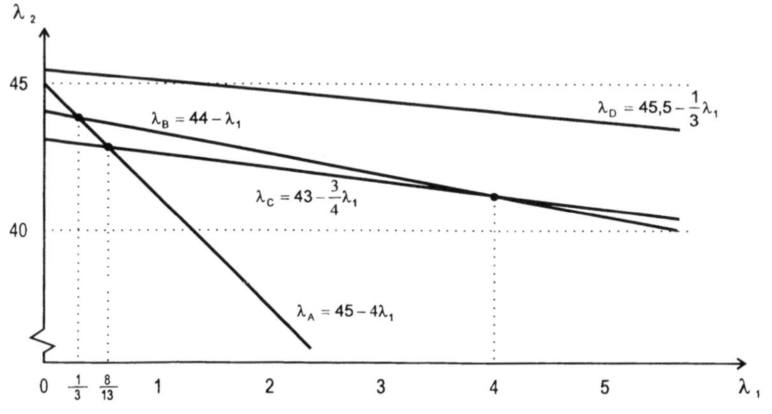

Abbildung 7-8

Aus der Abbildung wird deutlich: Für positive Werte von λ_1 gibt es vier verschiedene Rangfolgen der Vorziehenswürdigkeit der Produkte mit jeweils zugehörigen Intervallen für die Grenzkosten λ_1 der Bestellpolitik. Das Optimalitätskriterium für die Bildung der Rangfolgen ist die Höhe des Grenzdeckungsbeitrags pro ZE.

Intervall	Grenzen für λ_1	Schnittpunkt	Rangfolge	Bedarf V bei 4020 ZE	Grenzkosten λ_1 bei V
1	0 - 1/3	$\lambda_A = \lambda_B$	D/A/B/C	3802,5	0,26647
2	1/3 - 8/13	$\lambda_A = \lambda_C$	D/B/A/C	3802,5	0,26647
3	8/13 - 4	$\lambda_B = \lambda_C$	D/B/C/A	3380	0,28263
4	>4		D/C/B/A	3380	0,28263

Tabelle 7-18

Die Rangfolge 1 (D/A/B/C) - sie entspricht der Folge, die der Lösung ohne Berücksichtigung der Grenzkosten der Bestellpolitik zugrunde liegt (vgl. die Aufgabenstellung) - ist mithin für alle λ_1 zwischen null und 1/3 optimal. Für das optimale Programm im ersten Intervall von λ_1 ergibt sich ein Bedarf an Gelenken von 3802,5 Stück. Diese Bedarfsmenge kann bei optimaler Bestellpolitik mit Grenzkosten in Höhe von 0,22647 beschafft werden. Der Grenzkostensatz ergibt sich, wenn die Daten in die Funktion für λ_1 eingesetzt werden. Da dieser Kostenwert innerhalb des Intervalls liegt, für das die Rangfolge D/A/B/C gilt, ist die angegebene Lösung mit einer Bedarfsmenge von V = 3802,5 (entspricht Grenzkostensatz λ_1 von 0,26647) möglicherweise optimal. Es könnte darüber hinaus noch andere Reihenfolgen mit u.U. anderen Bedarfsmengen geben, die bei voller Ausnutzung der Kapazität von 4020 ZE ebenfalls „möglicherweise optimal“ sind, weil auch für sie λ_1 innerhalb des Gültigkeitsbereichs der Rangfolge gemäß Tabelle 7-18 liegt. Daher ist noch zu prüfen, ob weitere möglicherweise optimale Reihenfolgen existieren, zwischen denen gewählt werden muß. Im Beispiel ist dies für eine Kapazität von 4020 ZE nicht der Fall: Bei den Rangfolgen 2, 3 und 4 fallen die Grenzkosten der Bestellung jeweils nicht in das Intervall, für das die betrachtete Rangfolge der Produkte gilt. Es gibt mithin im Beispiel nur eine als optimale Lösung in Frage kommende Reihenfolge.

Aufgrund des großen Sensitivitätsintervalls für die Rangfolge D/A/B/C ist es im Beispiel nicht erforderlich, die Kosten für die Bestellpolitik in das Entscheidungskalkül einzubeziehen. Simultane und sukzessive Planung führen für die spezielle Datensituation zum gleichen Ergebnis.

Wenn - abhängig von der Datensituation - mehrere möglicherweise optimale Reihenfolgen existieren, ist ein Totalvergleich der Gewinne aller Alternativen erforderlich.

Aufgabe 3:

Skizzieren Sie einen Weg, mit dem das Problem der Aufgabe 2 gelöst werden kann, wenn mehrere möglicherweise optimale Reihenfolgen existieren!

Lösungshinweise:

Aus der Tabelle 7-18 ist zu entnehmen, daß es vier u.U. sinnvolle Rangfolgen der Produkte gibt, und zwar:

Nr. der Folge	Rangfolge der Produkte
1	D/A/B/C
2	D/B/A/C
3	D/B/C/A
4	D/C/B/A

Tabelle 7-19

Wird das Programm entsprechend einer dieser Rangfolgen - beispielsweise der Folge 1 - aufgebaut, steigt der Kapazitätsbedarf von 0 auf 900 ZE, wenn D voll produziert wird. Für A werden weitere 250 ZE benötigt, so daß insgesamt 1150 ZE Kapazität für beide Produkte zusammen erforderlich sind. Geht auch B (C) vollständig in das Programm ein, wächst der gesamte Kapazitätsbedarf auf 2550 (4150) ZE an. Gleichzeitig verändert sich auch der Bedarf an Gelenken. Bei 0 beginnend, steigt er auf 300 ME für die volle Produktion von D. Für das an zweiter Rangposition stehende Produkt A sind zusätzlich 1000 Teile erforderlich. Der Bedarf wächst damit für beide Produkte (D und A) zusammen auf 1300 ME an. Kommt die volle Menge von B hinzu, gilt ein gesamter Bedarf von 2700 ME. Werden alle Produkte voll produziert, erreicht der Bedarf 3900 Stück.

Die Entwicklung der Kapazitätsnachfrage und die zugehörige Entwicklung des Bedarfs V an Gelenken kann in einer Abbildung dargestellt werden. Zu jeder Reihenfolge gehört ein Graph in der Abbildung 7-9 (vgl. den obersten Graphen zur Folge D/A/B/C).

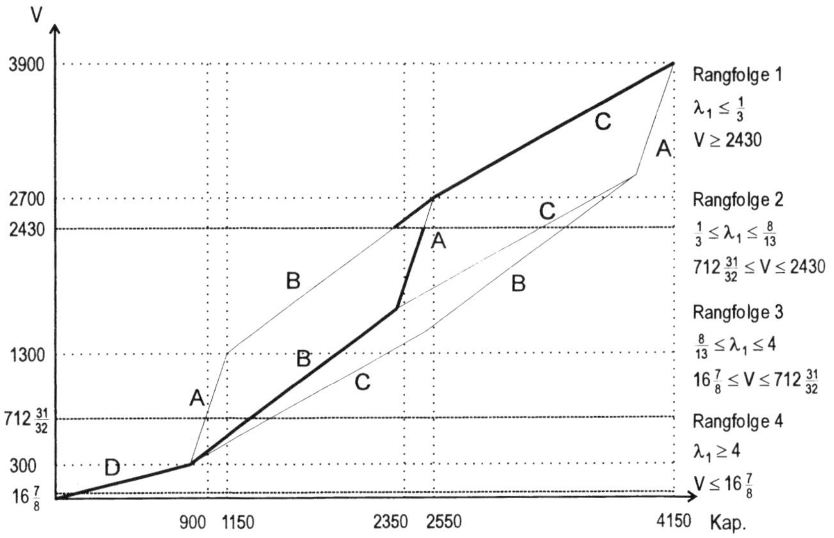

Abbildung 7-9

Je nachdem, mit welcher Rangfolge der Produkte gearbeitet wird, steht einem bestimmten Kapazitätseinsatz - z.B. 2000 ZE - ein unterschiedlich hoher Bedarf an Gelenken gegenüber.

Mit Hilfe der Tabelle 7-18 wurde gezeigt, daß die vier Rangfolgen nur in ganz bestimmten Intervallen für die Grenzbestellkosten λ_1 gültig sind. Diese Gültigkeitsbereiche können in die Abbildung 7-9 übertragen werden. Dafür erhält die Ordinate einen zweiten Maßstab, an dem die zum Bedarf V gehörigen Werte für die Grenzkosten λ_1 eingetragen werden. Die bekannte Formel für den Zusammenhang zwischen V und λ_1 kann ausgenutzt werden, um die Gültigkeitsgrenzen $\lambda_{1min} \le \lambda_1 \le \lambda_{1max}$ für eine Rangfolge der Produkte in die zugehörigen Bedarfsmengen V umzurechnen.[18]

$$\lambda_1 = \sqrt{\frac{Cr\ Cl}{2V}} \Leftrightarrow V = \frac{Cr\ Cl}{2\lambda_1^2}$$

Die Rangfolge D/A/B/C gilt nur für $0 \le \lambda_1 \le 1/3$. Wird in die Formel für λ_1 der Wert 1/3 einsetzt, errechnet sich mit Cr = 900 und Cl = 0,6 eine zugehörige Bedarfsmenge von 2430.

Auf der Ordinate liegen die niedrigen Werte für λ_1 oben. Die Rangfolge D/A/B/C ist folglich nur für Nachfragemengen V größer als 2430 ME gültig. Der „möglicherweise optimale" Teil des Nachfrage/Kapazitätsdiagramms der Rangfolge 1 wurde stärker ausgezeichnet. In der Zeichnung sind auch die „Optimalitätsbereiche" für die drei übrigen Rangfolgen angegeben. Für die Optimierung aus Sicht der Kapazitätsachse kommen somit nur die stark markierten Teilbereiche der vier Graphen in Frage. Sie kennzeichnen die im jeweiligen Bereich

18 Die Abbildung von V auf λ_1 ist im Definitionsbereich von λ_1 bijektiv (eineindeutig).

für V möglicherweise optimalen Rangfolgen. Für jeden Kapazitätsbedarf gibt es immer mindestens einen markierten Ast auf einem der vier Graphen.

Die Zeichnung verdeutlicht, daß es bei einer Kapazität von 4020 ZE nur eine markierte und dann auch optimale Rangfolge der Produkte gibt (Folge 1). Schwieriger wird es bei einer Kapazität von 2350 ZE (vgl. Abb. 7-9). Bei dieser Kapazität gibt es gleich zwei markierte Rangfolgen, d.h. zwei möglicherweise optimale Lösungen. Das Gewinnmaximum kann nur durch einen Totalvergleich der Gewinne der Rangfolgen D/B/A/C und D/A/B/C bestimmt werden.

Fallstudie 10: Bestimmung des kurzfristigen Produktionsprogramms bei Deckungsbeitragssprüngen

Das Rahmenprogramm einer Unternehmung besteht aus den 5 Erzeugnissen A, B, C, D und E. In der Tabelle 7-20 sind für diese Erzeugnisse die variablen Stückkosten, die Produktionskoeffizienten im einzigen Fertigungsengpaß, die Verkaufspreise und die zu diesen Preisen maximal absetzbaren Mengen angegeben.

Erzeugnis	Preis DM/ME	var. Kosten DM/ME	Prod.-koeffizient ZE/ME	max. Absatzmenge ME
A	40	20	2	100
B	82	50	4	200
C	40	13	3	50
D	20	16	1	160
E	20	16	2	150

Tabelle 7-20

Sowohl beim Erzeugnis A als auch beim Erzeugnis B kann der Verkaufspreis gesenkt werden, wodurch sich die jeweils maximale Absatzmenge erhöht. In der Tabelle 7-21 sind die zusätzlich möglichen Preis-Mengenkombinationen angegeben.

Erzeugnis	Preis DM/ME	max. Absatzmenge ME
A	37	300
B	80	300
B	76	400

Tabelle 7-21

Das Erzeugnis A muß unter anderem auch auf einem Spezialaggregat, das nicht Engpaß für die Planung ist, bearbeitet werden. Dieses Aggregat ist zeitlich und intensitätsmäßig an Beschäftigungsschwankungen anzupassen. Bis zu 200 ME des Erzeugnisses können mit der stückkostenoptimalen Intensität bearbeitet werden. Sollen dagegen in der Planperiode mehr als 200 ME von A hergestellt werden, muß mit einer höheren Intensitätsstufe gefertigt werden. Die in der Tabelle 7-20 angegebenen variablen Stückkosten des Erzeugnisses A erhöhen sich dann um 2 DM/ME. Das Unternehmen sucht das gewinnmaximale Fertigungsprogramm.

Aufgabe 1:

Bestimmen Sie das gewinnmaximale Produktions- und Absatzprogramm und die zugehörigen Verkaufspreise! Gehen Sie davon aus, daß die Kapazitätsgrenze der Engpaßabteilung bei 1350 ZE liegt!

Lösungshinweise:

Wenn Erzeugnisse, unabhängig von der Höhe der Absatzmenge, eine konstante Deckungsspanne (Deckungsbeitrag pro Stück) aufweisen, kann bei einem gegebenen Engpaß das gewinnmaximale Produktions- und Absatzprogramm nach dem Kriterium der relativen Dekkungsspannen ermittelt werden: Gemäß der Höhe ihrer relativen Deckungsspannen werden die Erzeugnisse in eine Rangfolge gebracht. In dieser Rangfolge sind die Erzeugnisse in das Produktionsprogramm aufzunehmen.

Im vorliegenden Beispiel haben nicht alle Erzeugnisse eine von der Absatzmenge unabhängige, konstante Deckungsspanne. In diesem Falle kann wie folgt verfahren werden: Für alle Erzeugnisse mit alternativen Deckungsspannen und sich ausschließenden Strategien werden einander ergänzende Strategien definiert. Diese sich ergänzenden Strategien führen zunächst zu einem negativen Deckungsbeitragssprung. Wird z.B der Preis von A um 3 DM gesenkt, geht bei den ersten 100 ME dieses Erzeugnisses ein Umsatz von 300 DM verloren. Unter der Voraussetzung, daß die jeweilige Ergänzungsstrategie mit ihrer maximalen Absatzmenge - also 300 ME beim Erzeugnis A - in das Programm eingeht, wird für sie eine relative Deckungsspanne in der Weise bestimmt, daß der gesamte zusätzliche Deckungsbeitrag durch den gesamten zusätzlichen Bedarf des knappen Faktors dividiert wird. Ist auf diesem Wege für alle Strategien eine relative Deckungsspanne ermittelt worden, kann in der üblichen Weise ein vorläufiges Produktionsprogramm bestimmt werden. Dieses vorläufige Programm ist optimal, wenn keine der neu definierten Strategien darin mit einer geringeren als der maximal möglichen Absatzmenge enthalten ist.

In der gegebenen Datensituation müssen für die Erzeugnisse A und B einander ergänzende Strategien definiert werden. Beim Erzeugnis A sind drei sich ergänzende Strategien erforderlich. Die 1. Strategie A_1 erlaubt bei einem Preis von 40 DM und variablen Kosten von 20 DM/ME - Deckungsspanne 20 DM/ME bzw. relative Deckungsspanne 20/2 = 10 DM/ZE - einen Absatz von 100 ME. Mit der 2. Strategie können zusätzliche 100 ME zu einem Preis von 37 DM und variablen Kosten von 20 DM/ME - Deckungsspanne 17 DM/ME - verkauft werden. Weitere 100 ME lassen sich mit der Strategie A_3 zu einer Deckungsspanne von 15 DM/ME absetzen (Preis 37 bei variablen Kosten von 22 DM/ME).

Beim Wechsel von A_1 zu A_2 tritt ein negativer, sprungfixer Deckungsbeitrag von 300 DM (3 DM/ME Preissenkung multipliziert mit der bisherige Absatzmenge von 100) auf. Geht die Zusatzstrategie A_2 mit ihrer maximalen Absatzmenge in das Programm ein, ergibt sich als gesamter zusätzlicher Deckungsbeitrag: - 300 DM + 17 DM/ME · 100 ME = 1400 DM. Dieser wird durch den gesamten zusätzlichen Bedarf des knappen Faktors (2 ZE/ME · 100 ME) dividiert. Damit errechnet sich eine relative Deckungsspanne von 1400 DM : 200 ZE = 7 DM/ZE.

Für die Strategie A3 ergibt sich ein negativer Deckungsbeitragssprung in Höhe von 400 DM (200 ME mit zusätzlichen variablen Kosten von je 2 DM/ME). Bei einer Deckungsspanne von 15 DM/ME und einer Zusatzmenge von 100 ME steigt der Deckungsbeitrag somit um 1100 DM (- 400 + 15 · 100), so daß sich eine relative Deckungsspanne von 1100 DM : 200 ZE = 5,5 ME/ZE ergibt.

Aufgrund ähnlicher Überlegungen werden für das Erzeugnis B ebenfalls 3 Zusatzstrategien entwickelt (vgl. der Tabelle 7-20).

Strategie	DSP DM/ME	negativer, sprungfixer DB DM	rel. DSP DM/ZE	max. Absatzmenge ME
B_1	32	-	8	200
B_2	30	$2 \cdot 200=400$	6,5	100
B_3	26	$4 \cdot 300=1200$	3,5	100

Tabelle 7-22

Für alle Strategien ist die in Tabelle 7-23 dargestellte Rangfolge zu entwickeln.

Strategie	rel. DSP DM/ME	Prod.-koeffizient ZE/ME	max. Absatzmenge ME	Rangfolge
A_1	10	2	100	1
A_2	7	2	100	4
A_3	5,5	2	100	6
B_1	8	4	200	3
B_2	6,5	4	100	5
B_3	3,5	4	100	8
C	9	3	50	2
D	4	1	160	7
E	2	2	150	9

Tabelle 7-23

Mit Hilfe dieser Rangfolge ist für eine Kapazität von 1350 ZE das folgende vorläufige Produktionsprogramm zu bestimmen.

Strategie	Absatzmenge ME	benötigte Kapazität ZE	Restkapazität ZE
A_1	100	200	1150
C	50	150	1000
B_1	200	800	200
A_2	100	200	0

Tabelle 7-24

Da keine der Zusatzstrategien nur zum Teil in diesem vorläufigen Produktionsprogramm enthalten ist und somit die Voraussetzungen erfüllt sind, unter denen die relativen Deckungsspannen der im vorläufigen Programm enthaltenen Strategien berechnet wurden, ist dieses Produktionsprogramm auch optimal. Zur Ergebnisinterpretation müssen die Strategien A_1 und A_2 wieder zusammengefaßt werden, d.h., vom Erzeugnis A sind 200 ME zu variablen Kosten von 20 DM/ME herzustellen und zum Preis von 37 DM/ME abzusetzen.

Aufgabe 2:

Lösen Sie das Problem der Aufgabe 1 für den Fall einer Kapazität von 2350 ZE!

Lösungshinweise:

Für die Lösung kann auf den in der Aufgabe 1 ermittelten Daten aufgebaut werden. Für eine Kapazität von 2350 ZE ergibt sich das vorläufige Produktionsprogramm der Tabelle 7-25.

Strategie	Absatzmenge ME	benötigte Kapazität ZE	Restkapazität ZE
A_1	100	200	2150
C	50	150	2000
B_1	200	800	1200
A_2	100	200	1000
B_2	100	400	600
A_3	100	200	400
D	160	160	240
B_3	60	240	0

Tabelle 7-25

In diesem Fall ist die Strategie B_3 nicht mit ihrer maximalen Absatzmenge im vorläufigen Programm enthalten. Die Voraussetzung, unter der die relative Deckungsspanne dieser Strategie ermittelt wurde, ist damit nicht erfüllt. Zusätzliche Überlegungen müssen erst zeigen, ob das vorläufige Programm auch optimal ist. Zwei Arten von Überlegungen sind erforderlich:

- Lohnt es sich, die Strategie B_3 zu Lasten eines anderen im vorläufigen Programm befindlichen Erzeugnisses auszubauen? Diese Substitution ist sinnvoll, wenn der zusätzliche relative Deckungsbeitrag der Strategie B_3 größer ist als der entsprechende relative Dekkungsbeitrag einer anderen im vorläufigen Programm befindlichen Strategie.

- Lohnt es sich, die Strategie B_3 aus dem Programm zu streichen und dafür ggf. eine Strategie in das Produktionsprogramm aufzunehmen, die bislang nicht realisiert werden soll? Ein Anhaltspunkt dafür, die Strategie B_3 zu streichen, ist gegeben, wenn für die Mengen der Strategie B_3, die im vorläufigen Programm enthalten sind, eine negative relative Dekkungsspanne gilt bzw. wenn diese relative Deckungsspanne kleiner ist als die einer neu aufzunehmenden Strategie.

Stehen aufgrund beider Überlegungen mehrere Substitutionsmaßnahmen zur Wahl, ist diejenige mit der größten Steigerung des gesamten Deckungsbeitrags zu bestimmen.

Bei der vorliegenden Datensituation kann zum einen die Strategie B_3 zu Lasten von Erzeugnis D ausgebaut werden: B_3 erwirtschaftet pro zusätzlich eingesetzter Zeiteinheit des Engpaßfaktors einen Deckungsbeitrag von 26 DM/ME : 4 ZE/ME = 6,5 DM/ZE, während sich die relative Deckungsspanne bei Erzeugnis D nur auf 4 DM/ZE beläuft. Um B_3 mit der maximal möglichen Menge in das Programm aufnehmen zu können, werden (100 - 60) ME · 4 ZE/ME = 160 ZE benötigt; diese können beim Erzeugnis D abgebaut werden. Für jede umgeschichtete Zeiteinheit steigt der zu erzielende Deckungsbeitrag damit um 2,5 GE/ZE (6,5 - 4). Insgesamt bringt die Substitution damit eine Verbesserung um 400 DM (160 · 2,5).

Zum anderen könnte die Strategie B_3 durch das neu aufzunehmende Erzeugnis E substituiert werden. Die 240 im vorläufigen Programm für B_3 eingesetzten Kapazitätseinheiten werden dann zur Fertigung von E benutzt. B_3 erbringt im vorläufigen Programm tatsächlich eine relative Deckungsspanne von (-1200 DM + 26 DM/ME · 60 ME) : (4 ZE/ME · 60 ME) = 1,5 DM/ZE,[19] während sich für Erzeugnis E eine relative Deckungspanne von 2 DM/ZE ergibt. Die mit dieser Maßnahme mögliche Steigerung des gesamten Deckungsbeitrags beträgt aber nur 120 DM (240 ZE · (2 - 1,5)). Optimal ist es daher, die Strategie B_3 zu Lasten von Erzeugnis D vollständig auszubauen.

Zur Ergebnisinterpretation müssen die Strategien A_1, A_2 und A_3 bzw. B_1, B_2 und B_3 wieder zusammengefaßt werden: Vom Erzeugnis A sind folglich 300 ME zu variablen Kosten von 22 DM/ME herzustellen und zum Preis von 37 DM/ME abzusetzen. Vom Erzeugnis B sind 400 ME zu variablen Kosten von 50 DM/ME herzustellen und zum Preis von 76 DM/ME zu verkaufen. Vom Erzeugnis C sind 50 ME mit einer konstanten Deckungsspanne von (40-13) DM/ME = 27 DM/ME abzusetzen.

Aufgabe 3:

Erläutern Sie, ob Situationen bei Aufgabe 2 denkbar sind, bei denen es optimal ist, nicht die gesamte Kapazität des Fertigungsengpasses auszunutzen, obwohl die Kapazität nicht ausreicht, die maximale Absatzmenge aller Produkte herzustellen!

Lösungshinweise:

Derartige Situationen sind möglich. Dazu ein Beispiel: Im vorläufigen Produktionsprogramm sind alle Strategien des Rahmenprogramms enthalten. Die zuletzt eingeplante Strategie kann aufgrund der knappen Kapazität nicht mit ihrer maximalen Absatzmenge produziert werden, sondern nur mit einer Menge, die nicht ausreicht, den mit der Strategie verbundenen negativen Deckungsbeitragssprung zu kompensieren. Diese Strategie weist dann bei der im vorläufigen Produktionsprogramm geplanten Menge eine negative relative Deckungsspanne auf. Wenn zudem keinerlei sinnvolle Substitutionsmöglichkeiten gegen andere im vorläufigen Programm enthaltene Strategien existieren, ist es gewinnmaximal, die Strategie mit der negativen relativen Deckungsspanne aus dem Programm zu nehmen und die dadurch frei werdende Kapazität ungenutzt zu lassen.

19 Die 1200 DM entsprechen dem negativen Deckungsbeitragssprung beim Wechsel von Strategie B_2 zu B_3.

Aufgabe 4:

Erstellen Sie einen gemischt-ganzzahligen LP-Ansatz, der zur Lösung der Problemstellung der Aufgabe 2 geeignet ist. Wählen Sie einen Ansatz, der auf dem Konstrukt der sich ergänzenden Zusatzstrategien aufbaut!

Lösungshinweise:

Als Variable werden definiert:

x_i (ME) Produktions- und Absatzmenge der Strategie i
y_i 0 - 1 Variable; sie dient zur Berücksichtigung des mit der Strategie i verbundenen negativen Deckungsbeitragssprunges.

Die im einzelnen benötigten Variablen und die zugehörigen Daten sind in der Tabelle 7-26 dargestellt.

Strategie	Index i	Variable x_i, y_i	Prod.-koeffizient ZE/ME	DSP DM/ME	negativer sprungfixer DB DM	max. Absatzmenge ME
A_1	1	x_1	2	20	-	100
A_2	2	x_2, y_2	2	17	300	100
A_3	3	x_3, y_3	2	15	400	100
B_1	4	x_4	4	32	-	200
B_2	5	x_5, y_5	4	30	400	100
B_3	6	x_6, y_6	4	26	1200	100
C	7	x_7	3	27	-	50
D	8	x_8	1	4	-	160
E	9	x_9	2	4	-	150

Tabelle 7-26

Zielfunktion:

Die Summe der Deckungsbeiträge DB der Strategien ist unter Berücksichtigung der mit den Strategien verbundenen negativen Deckungsbeitragssprüngen zu maximieren.

$$DB = 20x_1 + 17x_2 - 300y_2 + 15x_3 - 400y_3 + 32x_4 + 30x_5 - 400y_5 + 26x_6 - 1200y_6 + 27x_7 + 4x_8 + 4x_9 \rightarrow \max$$

Kapazitätsrestriktion:

Die Summe der für die Strategien benötigten Zeiten darf die Kapazitätsgrenze von 2350 ZE nicht überschreiten:

$$2x_1 + 2x_2 + 2x_3 + 4x_4 + 4x_5 + 4x_6 + 3x_7 + 1x_8 + 2x_9 \leq 2350$$

Absatzrestriktionen:

Von keiner Strategie darf mehr als die maximale Absatzmenge produziert werden. Für die neun Strategien existieren neun Restriktionen. Die Restriktionen für die Variablen x_2, x_3, x_5 und x_6 entsprechen den Zusatzmengen für die ergänzenden Strategien. Die Variable x_2 darf z.B. nur positiv werden, wenn die ergänzende Strategie A_2 auch zum Zuge kommt, d.h., wenn y_2 gleich eins gesetzt ist. Auch nur dann darf in der Zielfunktion der entsprechende Kostensprung verrechnet werden. In den Absatzrestriktionen werden damit die Variablen x_i und y_i für die Strategien i = 2,3,5 und 6 miteinander verknüpft.

$x_1 \leq 100$
$x_2 \leq 100 \cdot y_2$
$x_3 \leq 100 \cdot y_3$
$x_4 \leq 200$
$x_5 \leq 100 \cdot y_5$
$x_6 \leq 100 \cdot y_6$
$x_7 \leq 50$
$x_8 \leq 160$
$x_9 \leq 150$

Reihenfolgebedingungen:

Durch Reihenfolgebedingungen muß erreicht werden, daß die zusammengehörigen Zusatzstrategien in der richtigen Reihenfolge eingesetzt werden. Die Strategie A_2 (A_3) kann erst benutzt werden, wenn die Stratgie A_1 (A_2) voll ausgeschöpft ist. Das stellen die ersten beiden der vier Reihenfolgebedingungen sicher. Gleiches gilt für B_1, B_2 und B_3:

$100 \cdot y_2 \leq x_1$
$100 \cdot y_3 \leq x_2$
$200 \cdot y_5 \leq x_4$
$100 \cdot y_6 \leq x_5$

Formalbedingungen:

$x_i \geq 0$ für i = 1, ..., 9

$$y_i = \begin{cases} 0 \\ 1 \end{cases} \quad \text{für } i = 2,\ 3,\ 5,\ 6$$

Aufgabe 4:

Diskutieren Sie, ob die Reihenfolgebedingungen in der Lösung für Aufgabe 3 wirklich erforderlich sind oder ob die Zusatzstrategien aufgrund der speziellen Datensituation ohnehin in der natürlichen Reihenfolge in das Programm aufgenommen werden!

Lösungshinweise:

Die Reihenfolgebedingungen sind in der speziellen Datensituation nicht erforderlich. Das hat seinen Grund darin, daß die Zusatzstrategie A_2 ökonomisch schlechter ist als die Strategie A_1. Beim Übergang auf A_2 entsteht ein negativer Deckungsbeitragssprung, und der Grenzdeckungsbeitrag der Zusatzstrategie ist geringer als der der Basisstrategie. Da die Zielfunktion eine Maximierung des Deckungsbeitrages verlangt, wird die Basisstrategie folglich erst voll ausgeschöpft, bevor die nächstgünstige Zusatzstrategie zum Zuge kommt. Als Folge der Zielfunktion wird daher die natürliche Reihenfolge der Strategien automatisch eingehalten.

Aufgabe 5:

Können aufgrund der Argumentation zur Aufgabe 4 im Lösungsansatz der Aufgabe 3 nicht auch die ganzzahligen Variablen vom Typ y gestrichen werden?

Lösungshinweise:

Die ganzzahligen Variablen erfüllen im Ansatz zu Aufgabe 3 zwei Aufgaben. Sie steuern im Zusammenhang mit den Reihenfolgebedingungen für die Zusatzstrategien die richtige Abfolge der Strategien. In bezug auf diese Aufgabe sind sie in der Datensituation überflüssig, wie die Lösung zur Aufgabe 4 gezeigt hat. Die zweite Aufgabe der ganzzahligen Variablen besteht darin, die Deckungsbeitragsprünge beim Übergang auf eine Zusatzstrategie richtig zu verrechnen. Werden die Variablen vom Typ y aus dem Ansatz eliminiert, werden die Sprünge nicht mehr erfaßt. Bereits die erste mit einer Zusatzstrategie erzeugte Mengeneinheit erscheint als vorteilhaft. Es entfällt damit im Ansatz die Prüfung, ob die kritische Ausbringungsmenge überschritten wird, die erforderlich ist, um den Sprung auszugleichen.

Aufgabe 6:

Formulieren Sie für das Problem der Aufgabe 2 einen Ansatz der Linearen Programmierung mit sich ausschließenden Strategien für das 1. und 2. Produkt!

Lösungshinweise:

Als Variable werden definiert:

x_i (ME) Produktions- und Absatzmenge der mit dem Index i gekennzeichneten Strategie.

y_i 0 - 1 Variable; sie dient dazu, bei den alternativen Strategien der beiden ersten Produkte nur eine Strategie auszuwählen. Im Gegensatz zum Ansatz der Aufgabe 4 sind nunmehr zwei weitere Variable vom Typ y erforderlich. Auch für die Grundstrategien ist eine dieser Variablen zu definieren.

Hinsichtlich der Daten wird auf die Tabelle 7-26 zurückgegriffen.

Zielfunktion:

In der Zielfunktion werden nur die neun Variablen x_i mit ihren Grenzdeckungsbeiträgen bewertet. Die negativen Deckungsbeitragssprünge brauchen nicht explizit erfaßt zu werden, da durch die Variablen vom Typ y sichergestellt wird, daß nur jeweils eine der sich ausschließenden Strategien in der Lösung vertreten ist.

$$DB = 20\ x_1 + 17\ x_2 + 15\ x_3 + 32\ x_4 + 30\ x_5 + 26\ x_6 + 27\ x_7 + 4\ x_8 + 4\ x_9 \rightarrow \max$$

Die Kapazitätsrestriktion bleibt in der bisherigen Form erhalten:

$$2\ x_1 + 2\ x_2 + 2\ x_3 + 4\ x_4 + 4\ x_5 + 4\ x_6 + 3\ x_7 + 1\ x_8 + 2\ x_9 \leq 2350$$

Absatzrestriktionen:

Von keiner Strategie darf mehr als die maximal für diese Strategie geltende Absatzmenge produziert werden. Im Gegensatz zu Aufgabe 4 müssen die Absatzrestriktionen nunmehr nicht nur die Zusatzmengen, sondern die Gesamtmengen der sich ausschließenden Strategien erfassen. Die Variable x einer Strategie der Produkte 1 und 2 darf nur positiv werden, wenn diese Strategie auch zum Zuge kommt, d.h., wenn y_i gleich eins gesetzt ist. In den Absatzrestriktionen werden damit die Variablen x_i und y_i für die Strategien i = 1,2,3,4,5 und 6 miteinander verknüpft.

$$x_1 \leq 100 \cdot y_1$$
$$x_2 \leq 200 \cdot y_2$$
$$x_3 \leq 300 \cdot y_3$$
$$x_4 \leq 200 \cdot y_4$$
$$x_5 \leq 300 \cdot y_5$$
$$x_6 \leq 400 \cdot y_6$$
$$x_7 \leq 50$$
$$x_8 \leq 160$$
$$x_9 \leq 150$$

Eine Zusatzbedingung für jedes der beiden ersten Produkte muß sicherstellen, daß nur eine der jeweils 3 zur Wahl stehenden Strategien eingesetzt wird. Dafür ist zu verlangen:

$$y_1 + y_2 + y_3 = 1$$
$$y_4 + y_5 + y_6 = 1$$

Fallstudie 11: Simulation eines Roulette-Systems

Sylvester Oberschlau, Student der Betriebswirtschaftslehre im fortgeschritten Semester, verbringt seine Ferien an der Cote d'Azur und besucht auch das Spielcasino in Monaco. Er spielt nach einem recht einfachen System Roulette: Wenn zweimal hintereinander keine Zahl aus dem ersten Dutzend gefallen ist, setzt er den Mindesteinsatz (5 Franc) auf das erste Dutzend. Gewinnt er, so erhält er das Dreifache seines Einsatzes ausgezahlt. Mit dem erneuten Setzen des Mindesteinsatzes auf das erste Dutzend wartet er dann, bis wiederum zweimal hintereinander keine Zahl aus diesem Dutzend gefallen ist. Verliert er dagegen, setzt er beim nächsten Spiel das Doppelte des letzten Einsatzes wiederum auf das erste Dutzend. In dieser Weise verfährt er solange, bis er gewonnen hat und das Dreifache seines letzten Einsatzes ausgezahlt erhält. Daraufhin wartet er mit dem erneuten Setzen des Mindesteinsatzes wiederum, bis das erste Dutzend zweimal hintereinander nicht gewonnen hat usw.

Allen Unkenrufen zum Trotz gewinnt er binnen kurzem genug, um im „Salle Empire" des dem Casino benachbarten „Hotel de Paris" mit seiner Freundin soupieren zu können.

Alles in allem hat Herrn Oberschlau der Abend gefallen. Er erwägt, Berufsspieler zu werden. Zuvor will er sein System aber genauer untersuchen. Da sein Besuch der Statistik-Vorlesungen schon lange zurück liegt, will er keine komplizierten Berechnungen anstellen, sondern sein System mit einem einfachen Simulationsmodell testen.

Aufgabe 1:

Erstellen Sie ein Flußdiagramm zur Simulation eines Spielabends, und erläutern Sie es! Berücksichtigen Sie die folgenden Zusatzinformationen:

- Der maximale Einsatz bei einem Spiel ist auf 5 000 Franc begrenzt. Müßte Herr Oberschlau aufgrund seines Systems mehr als 5 000 Franc setzen, so darf er dies nicht. Statt dessen setzt er dann genau 5 000 Franc.
- Herrn Oberschlau steht unbegrenzt Geld zum Setzen zur Verfügung.
- Er will pro Spielabend genau 100 Spiele verfolgen. Ihn interessiert, um welchen Betrag sich sein Kassenbestand nach diesen 100 Spielen eines Abends verändert hat. Aufbauend auf den Kassenbestandsänderungen vieler simulierter Spielabende will er auf den Erwartungswert der Kassenbestandsänderung für einen Abend schließen.

Lösungshinweise:

Definition der im Ablaufdiagramm benutzten Symbole:

A: Variable für die Anzahl der bereits erledigten Spiele eines Abends,
E: Einsatz beim jeweils letzten Spiel,
K: Gesamte Kassenbestandsänderung,

S: Variable, mit der festgehalten wird, wie oft hintereinander keine Zahl aus dem ersten Dutzend gefallen ist, solange der Spieler nicht setzt,

Z: Gleichverteilte Zufallszahl mit $Z \in \{0,1,...,36\}$, mit der die Kugel des Roulettspiels „abgebildet" wird.

Erläuterung des Flußdiagramms:

Zur Orientierung sind die einzelnen Schritte des Flußdiagramms durchnumeriert worden - vgl. Abbildung 7-10. Auf diese Numerierung wird im folgenden Bezug genommen. Wenn zwei Nummern angegeben sind, beziehen sich die Aussagen auf den Pfeil zwischen den beiden Nummern.

2: Die Variablen S, K und A stehen zu Anfang auf null.

3: Es wird eine Zufallszahl Z gezogen. Die Anzahl der erledigten Spiele (A) erhöht sich damit um 1.

4-5: Wenn schon genau 100 Spiele durchlaufen sind, wird die Kassenbestandsänderung (K) ausgedruckt und die Simulation eines Abends beendet.

7-9: Je nachdem, ob die gezogene Zahl Z im ersten Dutzend liegt oder nicht, wird die Variable S gleich null gesetzt oder um 1 erhöht.

10-11: Erst wenn $S = 2$, d.h., wenn zweimal hintereinander das erste Dutzend nicht gewonnen hat, muß der Mindesteinsatz $E = 5$ für das nächste Spiel gesetzt werden.

12: Der Kassenbestand ändert sich um den Einsatz E.

13: wie 3

14-15: Liegt die Zufallszahl im ersten Dutzend, erhöht sich der Kassenbestand um das Dreifache des letzten Einsatzes und S wird gleich null gesetzt, d.h., es darf zunächst nicht weiter gesetzt werden.

16-17: wie 4-5

19-21: Je nachdem, ob das Doppelte des letzten Einsatzes größer ist als der Höchsteinsatz von 5 000 oder nicht, wird der nächste Einsatz auf 5 000 oder auf das Doppelte des letzten Einsatzes festgesetzt.

22-5: wie 4-6

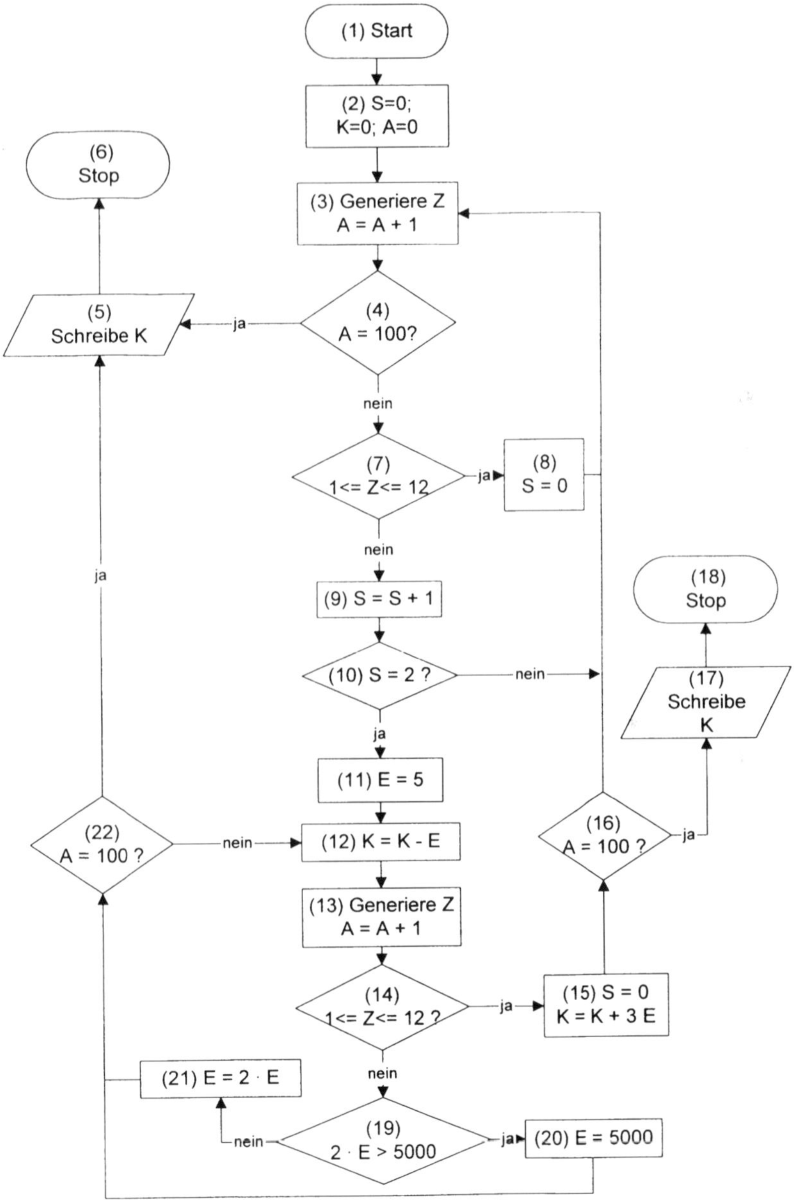

Abbildung 7-10

Fallstudie 12: Lineare Programmierung in der Textilindustrie

Die Teppichabteilung eines Textilbetriebes stellt drei Teppichsorten her:

Teppeins	Teppzwei	Teppdrei

Für diese Teppichsorten sind die Absatzpreise, die zu den Preisen im kommenden Monat maximal absetzbaren Mengen und die rein mengenabhängigen Kosten (in DM/Meter) bekannt, die durch die Ausrüstungs- und Kaschierarbeiten, durch Kosten für Chemikalien und für die Rohwarenschau usw. verursacht werden.

Teppich-sorte	Absatz-preis DM/m	rein mengenab-hängige Kosten DM/m	„Roh"-DSP DM/m	max. Absatz m
Teppeins	70	28	42	3000
Teppzwei	120	58	62	1000
Teppdrei	40	17	23	10000

Tabelle 7-27

In der Weberei stehen zwei Typen von Webstühlen mit folgenden Kapazitäten bzw. variablen Stundenkosten zur Verfügung.

Webstuhltyp	Kapazität/Monat Std.	var. Kosten DM/Std.
1	830	15
2	1660	8

Tabelle 7-28

Der Webstuhltyp 2 führt zwar zu geringeren Kosten pro Stunde, geht aber weniger sparsam mit dem Garn um. Für die drei Teppichsorten werden folgende Garnmengen benötigt:

Teppichsorte	Kettgarn kg/m	Schußgarn kg/m		Polgarn kg/m	
		Webstuhltyp 1	Webstuhltyp 2	Webstuhl-typ 1	Webstuhl-typ 2
Teppeins	0,25	0,26	0,28	0,6	0,61
Teppzwei	0,3	0,32	0,34	0,8	0,82
Teppdrei	0,2	0,21	0,25	0,49	0,51

Tabelle 7-29

Aufgrund der Webdichte der Teppiche in Schuß/cm und der technischen Leistung der Webstühle in Schuß/Std. wurden für die Webstuhltypen 1 und 2 folgende Produktionskoeffizienten (Std./m) festgestellt:

Teppichsorte	Webstuhltyp 1	Webstuhltyp 2
Teppeins	0,3	0,5
Teppzwei	0,4	0,5
Teppdrei	0,2	0,3

Tabelle 7-30

In der Spinnerei können pro Monat noch 15 t Garn gefertigt werden. Diese Kapazität kann beliebig auf die Garnarten Kettgarn, Schußgarn und Polgarn aufgeteilt werden. Die disponiblen Kosten (DM/kg) bei Eigenfertigung des Garns lauten:

	Kettgarn	Schußgarn	Polgarn
Materialeinsatz	8,-	12,-	11,-
variable Kosten des Spinnens	3,-	3,-	3,-

Tabelle 7-31

Kettgarn kann für 13 DM/kg, Schußgarn für 15 DM/kg und Polgarn für 16 DM/kg fremdbezogen werden. Im übrigen sind zu einem Preis von 12 DM/kg 5.000 kg Kettgarn absetzbar.

Auf die Spinnerei und die Weberei folgt als dritte Produktionsstufe die Färberei. In der Färberei stehen zwei Anlagen zur Verfügung, die mit Nr. 3 und Nr. 4 bezeichnet werden:

Färbeanlage Nr.	Kapazität / Monat Std.	variable Kosten DM/Std.
3	320	25
4	480	15

Tabelle 7-32

Die Färbeanlagen weisen folgende Produktionskoeffizienten und Ausschußfaktoren (auf gute Meter bezogen) auf:

Teppich sorte	Prod.-koeffizient Std./m		Ausschuß %	
	Färbeanlage Nr. 3	Färbeanlage Nr. 4	Färbeanlage Nr. 3	Färbeanlage Nr. 4
Teppeins	0,0833	0,1111	3	10
Teppzwei	0,125	-	4	-
Teppdrei	0,0666	0,0833	2	4

Tabelle 7-33

Die Kosten der folgenden Produktionsstufen Kaschiererei und Ausrüsterei sind bereits in den rein mengenabhängigen Kosten der Teppiche enthalten. Die Kapazitäten dieser Ausrüstungsstufen sind nicht knapp.

Aufgabe 1:

Formulieren Sie mit allgemeinen Symbolen einen Ansatz der Linearen Programmierung zur Ermittlung des gewinnmaximalen Produktionsprogramms!

Lösungshinweise:

Symbolverzeichnis:

Variable:

E_j	Eigenhergestellte Menge der Garnart j [kg]
Z_j	Zugekaufte Menge der Garnart j [kg]
V_j	Verkaufte Menge der Garnart j [kg]: j=1 Kettgarn; j=2 Schußgarn; j=3 Polgarn
M_{zi}	Teppichlänge der Sorte z, die von der Maschine des Typs i bearbeitet wird [Meter]: z=1 Teppeins; z=2 Teppzwei; z=3 Teppdrei

Daten:

a_{zi}	Produktionskoeffizient, d.h. Verbrauch der Kapazität des Maschinentyps i für 1 Meter Teppich [Std./m] der Sorte z
b_{zi}	Ausschußfaktor der Färberei auf der Maschine i bei Teppichsorte z [$m_{(Einsatz)}$/ $m_{(gute\ Ausbringung)}$] i = 3,4
c_j	Kosten für die Eigenherstellung von 1 kg der Garnart j [DM/kg]
d_z	Rohdeckungsspanne des Produktes z [DM/m] (= Preis – rein mengenabhängige Stückkosten)
E_{max}	Kapazität der Spinnerei [15.000 kg]
G	Gewinn [DM]
g_{zij}	Menge der Garnart j, die für 1 Meter Teppich der Sorte z benötigt wird, wenn er auf der Maschine i hergestellt wird [kg/m] i=1,2; j=1,2,3; z=1,2,3
k_j	Zukauf von 1 kg der Garnart j [DM/kg]
k_{zi}	pro Meter der Sorte z anfallende Kosten bei Bearbeitung durch Maschine i (DM/m). Sie ergeben sich aus den variablen Kosten pro Stunde der Maschine des Typs i und den Produktionskoeffizienten für die Maschine i bei Bearbeitung der Sorte z [DM/m] = [DM/Std.] · [Std./m]
M_z	Absatzhöchstmenge der Teppichsorte z in Metern
p_j	Preis für den Verkauf von 1 kg der Garnart j [DM/kg]
T_i	Kapazität der Maschinen des Typs i [Std.]
V_{jmax}	Absatzhöchstmenge der Garnsorte j [kg]

Zielfunktion:

$$\underbrace{G}_{\text{Gewinn}} = \underbrace{\sum_{z}\sum_{i=3,4} d_z\, M_{zi}}_{\text{Rohdeckungsbeitrag für Teppiche}} + \underbrace{\sum_{j} p_j\, V_j}_{\text{Verkaufserlöse für Garne}} - \underbrace{\sum_{z}\sum_{i} k_{zi}\, M_{zi}}_{\text{variable Produktionskosten}} - \underbrace{\sum_{j} k_j\, Z_j}_{\text{Kosten für den Zukauf von Garn}} - \underbrace{\sum_{j} c_j\, E_j}_{\text{Kosten für die Eigenherstellung von Garn}}$$

Kapazitätsrestriktionen:

- Spinnerei

$$\sum_j E_j \le E_{max} \qquad (E_{max}=15.000 \text{ kg})$$

- Weberei und Färberei

$$\sum_z a_{zi}\; M_{zi} \le T_i \qquad \text{für alle i (sämtliche Maschinen)}$$

Absatzrestriktionen:

$$\sum_{i=3,4} M_{zi} \le M_z \qquad \text{für alle z (alle Teppicharten)}$$

$$V_j \le V_{jmax} \qquad \text{für alle j (alle Garnsorten)}$$

Mengenkontinuitätsbedingungen:

- Materialfluß von der Spinnerei zur Weberei

$$\underbrace{E_j + Z_j - V_j}_{\text{zur Verfügung stehende Garnmenge}} = \underbrace{\sum_{z}\sum_{i=1,2} g_{zij}\; M_{zi}}_{\text{benötigte Garnmenge}} \qquad \text{für alle i (alle Garnsorten)}$$

- Materialfluß von der Weberei zur Färberei

$$\underbrace{\sum_{i=1,2} M_{zi}}_{\text{Output Weberei}} = \underbrace{\sum_{i=3,4} b_{zi}\; M_{zi}}_{\text{Input Färberei}} \qquad \text{für alle i (alle Garnsorten)}$$

Nicht-Negativitätsbedingungen:

$M_{zi} \ge 0$ für alle z und i

$Vj \ge 0$ für alle j

$Zj \geq 0$ für alle j
$Ej \geq 0$ für alle j

Aufgabe2:

Stellen Sie das Ausgangstableau für die geschilderte Datensituation auf!

Lösungshinweise:

Das Ausgangstableau ist in Tabelle 7-34 auf der nächsten Seite abgebildet.

Aufgabe 3:

Die optimalen Produktionsmengen der drei Teppichsorten auf den Maschinen Nr. 1 und Nr. 2 (Webstuhltypen) sowie auf den Maschinen Nr. 3 und Nr. 4 (Färbeanlagen) betragen (gerundet):

Teppichsorte	Maschine			
	1	2	3	4
Teppeins	2767	370	2340	660
Teppzwei		1040	1000	
Teppdrei		3184		3062

Tabelle 7-34

Für die Spinnerei ergibt sich folgende Optimallösung (gerundet):

Eigenherstellung Schußgarn	1.972 kg
Eigenherstellung Polgarn	4.362 kg
Verkauf Kettgarn	5.000 kg
Eigenherstellung Kettgarn	6.733 kg

Für welche Maschinen ergibt sich ein Schattenpreis von null? Bei welchen Variablen müßten diese Schattenpreise im Optimaltableau zu finden sein? Was sagen die Schattenpreise aus? Könnte eine zusätzliche Kapazitätseinheit der Spinnerei gewinnbringend genutzt werden?

lfd Nr		0	1	2	3	4	5	6	7	8	9	10	11	12	13	14	15	16	17	18	
		Rechte Seite	Garn							Weberei						Färberei Teppichart					
			Eigen			Fremd			Ab-	1. Maschine		2. Maschine		3. Maschine		1		2	3		
									satz	1	2	1	2	1	2	3	4	3	3	4	
	Variablen-name		E_1	E_2	E_3	Z_1	Z_2	Z_3	V_1	M_{11}	M_{12}	M_{21}	M_{22}	M_{31}	M_{32}	M_{13}	M_{14}	M_{23}	M_{33}	M_{34}	
0	Zielfunktion	max.	-11	-15	-14	-13	-15	-16	12	-4,5	-4	-6	-4	-3	-2,4	39,92	40,33	58,87	21,33	21,75	
1	Garn	15000	1	1	1																≤
2	Kapazität Maschine 1	830								0,3		0,4		0,2							≤
3	Kapazität Maschine 2	1660									0,5		0,5		0,3						≤
4	Kapazität Maschine 3	320														0,083		0,125	0,066		≤
5	Kapazität Maschine 4	480															0,111			0,083	≤
6	Absatz Kettg.	5000							1												≤
7	Absatz Teppich 1	3000														1	1				≤
8	Absatz Teppich 2	1000																1			≤
9	Absatz Teppich 3	10000																	1	1	≤
10	Mengenkontinuität Kettg.	0	-1			-1			1	0,25	0,25	0,3	0,3	0,2	0,2						=
11	Mengenkontinuität Schußg	0		-1			-1			0,26	0,28	0,32	0,34	0,21	0,25						=
12	Mengenkontinuität Polgarn	0			-1			-1		0,6	0,61	0,8	0,82	0,49	0,51						=
13	Mengenkontinuität Teppich 1	0								-1	-1					1,03	1,1				=
14	Mengenkontinuität Teppich 2	0										-1	-1					1,04			=
15	Mengenkontinuität Teppich 3	0												-1	-1				1,02	1,04	=

Tabelle 7-35

Lösungshinweise:

Maschinen, deren Kapazität nicht voll ausgenutzt wird, besitzen einen Schattenpreis von null. Der Kapazitätsbedarf des optimalen Programms läßt sich leicht mit Hilfe der gegebenen Produktionskoeffizienten g_{zij} nachrechnen:

Maschinen Nr.	Teppichart 1		2		3		Kap.-bedarf
	m	Std./m	m	Std./m	m	Std./m	Std.
1	2767	0,3	0	0,4	0	0,2	830
2	370	0,5	1040	0,5	3184	0,3	1660
3	2340	0,0833	1000	0,125	0	0,0666	320
4	660	0,1111	0	-	3062	0,0833	328

Tabelle 7-36

Nur bei Maschine Nr. 4 (Färbeanlage) ist noch Kapazität frei (152 Std.). Der Schattenpreis von Maschine Nr. 4 muß folglich gleich null sein. Die Schattenpreise der Maschinen finden sich im Optimaltableau bei den Schlupfvariablen, die zu den Kapazitätsrestriktionen der Maschinen gehören. Diese Schlupfvariablen geben die Leerkapazität wieder:

Kapazitätsbedarf + nicht genutzte Kapazität (Schlupfvariable) = maximale Kapazität

Bei den Maschinen Nr. 1,2 und 3 ist die nicht genutzte Kapazität jeweils gleich null. Diese Schlupfvariablen befinden sich folglich nicht in der Basis und besitzen damit einen negativen originären Dualwert. Wäre er nämlich positiv, könnte die vorliegende Lösung nicht optimal sein, weil durch Hereinnahme dieser Schlupfvariablen in die Basis der Gewinn erhöht werden könnte.

Die originären Dualwerte (Schattenpreise) geben an, um wieviel DM sich der Gewinn des Textilbetriebes verändert, wenn von der zugehörigen Maschinenkapazität eine Stunde mehr oder weniger vorhanden ist. Da die Maschine 4 noch freie Kapazität besitzt, ändert sich der Gewinn nicht, wenn die Kapazität der Färbeanlage verändert wird.

Die Optimallösung des Problems zeigt weiter, daß von der Möglichkeit, Kettgarn abzusetzen, voll Gebrauch gemacht und kein Kettgarn fremdbezogen wird. Dennoch ist die Spinnerei nicht voll ausgelastet:

Eigenherstellung Kettgarn	6733 kg
Eigenherstellung Schußgarn	1972 kg
Eigenherstellung Polgarn	4362 kg
freie Kapazität	1933 kg
	15000 kg

Eine zusätzliche Kapazitätseinheit der Spinnerei erhöht also lediglich deren freie Kapazität (Stillstandszeit) und bringt keinen zusätzlichen Gewinn.

Fallstudie 13: Koordination dezentraler Pläne

Das Unternehmen „Small is beautyfull" ist mit zwei Artikeln am Markt sehr erfolgreich, die in eigenen Fertigungsstätten hergestellt werden. Für die beiden Produkte sind zwei Divisionen gebildet worden, die für alle Belange „ihres" Artikels verantwortlich sind. Insbesondere hat jede Division die voraussichtlichen Absatzmengen zu ermitteln und dem Produktionsbereich die Produktionsmengen seines Artikels vorzugeben. Der Produktionsbereich ist so dimensioniert, daß die Produktionsvorgaben der Produkt-Manager i.d.R. ohne Probleme erfüllt werden können.

Für die zwei Artikel A und B erwarten die Produkt-Manager Preisabsatzfunktionen (PAF) von:

$P_A = 520 - 0{,}4\ x_A,$
$P_B = 680 - 0{,}3\ x_B.$

Die variablen Kosten betragen $k_A = 120$ bzw. $k_B = 230$. Beide Artikel müssen von einem Spezialaggregat bearbeitet werden; der Produktionskoeffizient von A beträgt 5 ZE/ME, derjenige von B 3 ZE/ME. Normalerweise verfügt der Produktionsbereich über zwei der Spezialaggregate mit einer Kapazität von je 2900 ZE/Quartal. Kürzlich ist jedoch ein Aggregat für einen noch nicht absehbaren Zeitraum ausgefallen, da die zur Reparatur benötigten Ersatzteile nicht verfügbar sind.

Aufgabe 1:

Führen Sie für jede Division isoliert eine Planung der gewinnmaximalen Produktionsmengen durch! Beurteilen Sie die isolierten Pläne!

Lösungshinweise:

Bei einer isolierten Planung ist für jede Division das folgende Problem zu lösen:

$$G = (a_i - b_i\ x_i)\ x_i - k_i\ x_i \rightarrow \max \qquad \text{mit } i = A, B$$

Der Klammerausdruck entspricht dem Preis als Funktion der Prohibitivpreise a_i und der Steigungen b_i der PAF. Die nullgesetzte erste Ableitung der Gewinnfunktion nach x führt zu folgenden Ergebnissen für die optimale Menge bzw. den optimalen Preis:

$$x_{opt,i} = \frac{a_i - k_i}{2b_i} \quad \text{bzw.} \quad P_{opt,i} = \frac{a_i + k_i}{2}$$

Mit den Daten des Beispiels werden dann 500 ME von A und 750 ME von B produziert. Dafür ist eine Kapazität von 2500 (500 · 5) für Erzeugnis A und 2250 (750 · 3) für Erzeugnis B, insgesamt also 4750 ZE erforderlich. Da nur 2900 ZE zur Verfügung stehen, sind die Pläne nicht zu realisieren. Als Folge der knappen Kapazität bestehen zwischen beiden Divisionen Interdependenzen, die zu einer Koordination der Planungen zwingen.

Aufgabe 2:

Führen Sie für das Beispiel eine Koordination über Lenkpreise durch, und beginnen Sie den Koordinationsprozeß mit einem Lenkpreis der knappen Kapazität von lp = 50 GE/ZE!

Lösungshinweise:

Bei einer Koordination über Lenkpreis beziehen die Divisionen in ihre Kalkulation die Opportunitätskosten von 50 GE/ZE für den Kapazitätsverbrauch mit ein. Das in den einzelnen Divisionen zu lösende Problem verändert sich damit gegegenüber der isolierten Planung in folgender Weise:

$$G_i = (a_i - b_i\, x_i)\, x_i - k_i\, x_i - \underbrace{lp\ pk_i\, x_i}_{\text{Opportunitätskosten}} \rightarrow \max$$

Mit lp wird der Lenkpreis und mit pk der Kapazitätsbedarf pro ME (Produktionskoeffizient) eines Artikels bezeichnet. Die optimalen Mengen und Preise dieses Problems ergeben sich wiederum aus der nullgesetzten ersten Ableitung:

$$x_{opt,i} = \frac{a_i - k_i - lp\ pk_i}{2b_i} \quad \text{bzw.} \quad P_{opt,i} = \frac{a_i + k_i + lp\ pk_i}{2}$$

Der Kapazitätsbedarf KA_i einer Division läßt sich durch den Ausdruck:

$$KA_i = pk_i\, x_i$$

angeben. Wird auf der rechten Seite von KA für x der Ausdruck für x_{opt} eingesetzt, kann der Kapazitätsbedarf als Funktion des Lenkpreises dargestellt werden. Es gilt dann:

$$KA_i = pk_i\, \frac{a_i - k_i - lp\ pk_i}{2b_i}$$

Mit den Zahlen des Beispiels können für die beiden Erzeugnisse die folgenden Kapazitätsnachfragefunktionen in Abhängigkeit vom Lenkpreis bestimmt werden:

$$KA_A = 2500 - 31{,}25\ lp$$
$$KA_B = 2250 - 15\ lp$$

Wird in die beiden Funktionen ein Lenkpreis von 50 GE/ZE eingesetzt, fragt die erste Division A 937,5 ZE nach, und die Division B möchte 1500 ZE haben. Beide zusammen verlangen weniger ZE als Kapazität vorhanden ist. Der Lenkpreis von 50 GE/ZE ist daher zu hoch, weil Teile der Kapazität frei bleiben. Der Preis muß folglich gesenkt werden. Bei einem Preis von 30 GE/ZE wird aber mehr nachgefragt als verfügbar ist. Der Ausgleich von Kapazitätsangebot und -nachfrage stellt sich bei einem Lenkpreis von 40 GE/ZE ein.

Lenkpreis lp	Division A KA_A	Division B KA_B	Kap.-nachfrage $KA_A + KA_B$
50	937,5	1500	2437,5
30	1562,5	1800	3362,5
40	1250	1650	2900

Tabelle 7-37

Aufgabe 3:

Führen Sie für das Beispiel eine Koordination über das Instrument der Budgetsteuerung durch. Gehen Sie für die erste Koordinationsrunde von einer Kapazitätsaufteilung mit je 1450 ZE für jede Divisionen aus!

Lösungshinweise:

Bei einer Koordination über die Budgetsteuerung wird die Kapazität zunächst willkürlich auf beide Divisionen aufgeteilt. Die Konzernmutter läßt sich von den Divisionen den Grenzgewinn pro ZE rückmelden, der für die Kapazitätszuteilung Gültigkeit hat. Sind die Grenzgewinne der Divisionen ausgeglichen, liegt ein zielsetzungsgerecht koordinierter Plan vor. Weichen die Grenzgewinne voneinander ab, muß ein Substitutionsprozeß bei der Kapazitätszuteilung erfolgen. Die Division mit dem höheren Grenzgewinn pro ZE erhält auf Kosten der anderen Division zusätzliche Kapazität. Die Umverteilung bewirkt, daß der Grenzgewinn der Division mit der höheren Kapazität sinkt, während der der anderen steigt.

Um die Budgetsteuerung durchführen zu können, müssen die Grenzgewinne pro ZE für unterschiedliche Kapazitätszuteilungen KA_i bekannt sein. Für jede Division ist bei gegebener Kapazitätszuteilung das folgende Problem zu lösen:

$$G_i = (a_i - b_i\, x_i)\, x_i - k_i\, x_i \rightarrow \max$$

Dabei ist die Kapazitätsrestriktion:

$$KA_i = pk_i\, x_i \Rightarrow x_i = \frac{KA_i}{pk_i}$$

zu beachten. x_i wird in der Gewinnfunktion durch die rechte Seite der Kapazitätsrestriktion substituiert, so daß sich eine Gewinnfunktion in Abhängigkeit von KA_i ergibt:

$$G_i = (a_i - b_i\, KA_i / pk_i)\, KA_i / pk_i - k_i\, KA_i / pk_i \rightarrow \max$$

Die nullgesetzte 1. Ableitung nach KA_i führt zu folgenden Grenzgewinnen Gr_i:

$$Gr_i = \frac{a_i}{pk_i} - \frac{2b_i\, KA_i}{pk_i^2} - \frac{k_i}{pk_i}$$

Mit den Zahlen des Beispiels gelten für die beiden Artikel die folgenden Grenzgewinne pro ZE:

$$Gr_A = 80 - 0{,}032\ KA_A$$
$$Gr_B = 150 - 0{,}06667\ KA_B$$

Wird die anfänglich gewählte Kapazitätsaufteilung von je 1450 ZE für jede Division in diese Gleichungen eingesetzt, erreicht die Division A einen Grenzgewinn von 33,6 GE/ZE, während es bei B 53,33 GE/ZE sind. Es wird dann von der Division A Kapazität abgezogen und auf B umverteilt. Erhält A 1000 ZE und B dementsprechend 1900 ZE, ist der Grenzgewinn bei A höher als bei B. Zum Ausgleich gelangen die Grenzgewinne bei einer Kapazitätsaufteilung von 1250 ZE für A und 1650 ZE für B.

Budget-vorgabe A	Grenzgewinn bei A Gr_A	Budget-vorgabe B	Grenzgewinn bei B Gr_B
1450	33,6	1450	53,33
1000	48	1900	23,33
1250	40	1650	40

Tabelle 7-38

Aufgabe 4:

Vergleichen Sie die beiden Koordinationsinstrumente „Lenkpreissteuerung“ und „Budgetsteuerung“. Welches Instrument bietet Vorteile?

Lösungshinweise:

Vorteil der Budgetsteuerung gegenüber der Koordination über Lenkpreise ist: In jeder Koordinationsrunde der Budgetsteuerung existiert eine zulässige Aufteilung der verfügbaren 2900 ZE Kapazität. Der Koordinationsprozeß kann daher abgebrochen werden, wenn die Konzernmutter die Grenzgewinne als hinreichend abgestimmt ansieht. Beim Lenkpreiskonzept sind die Pläne der einzelnen Koordinationsrunden hingegen von der Kapazitätssituation her unzulässig. Erst der letzte Koordinationschritt führt zu einem zulässigen und gleichzeitig optimalen Plan.

Fallstudie 14: Bestellpolitik als schlechtstrukturiertes Planungsproblem

Ein Handelsunternehmen führt seit vielen Jahren einen hochwertigen Artikel im Sortiment. Die Analyse der wöchentlichen Verkaufsstatistiken zeigt, daß die Nachfrage stochastisch, aber stationär ist. Die Aufzeichnungen lassen erkennen, daß die Nachfragemengen pro Woche statistisch unabhängig voneinander sind und zwischen 0 und 39 Mengeneinheiten pro Woche zufällig schwanken. Der Mittelwert der wöchentlichen Nachfrage hat sich auf 6,3 ME mit einer Standardabweichung von 2,7 ME eingependelt. Sehr hohe Nachfragewerte sind relativ unwahrscheinlich.

Analysen des Jahresabsatzes führen zu einem Absatzerwartungswert von ca. 328 ME, wobei die in den letzten Jahren beobachteten zufälligen Schwankungen trotz der erheblichen Schwankungen des Wochenabsatzes in unerwartet engen Grenzen liegen. Die beobachteten Werte wichen maximal um 15 ME nach oben oder unten vom Erwartungswert ab.

Zur Zeit liegen von dem Artikel 30 ME auf Lager. Untersuchungen zeigen, daß mit einer fast konstanten Wiederauffüllzeit von drei Wochen gerechnet werden muß. Als Wiederauffüllzeit wird der Zeitraum zwischen einer Bestellung und dem entsprechenden Wareneingang bezeichnet.

Das Unternehmen hat bislang keine optimierende Bestell- und Lagerpolitik betrieben. Die bisherige Bestellpolitik hat zum Teil zu unangenehmen Konsequenzen geführt. Es trat leider häufig der Fall ein, daß das Lager leer war und Käufer verlorengingen, da sie nicht bereit waren, auf den Artikel zu warten. Sie deckten sich dann bei der Konkurrenz ein. Analysen haben gezeigt, daß auf diese Weise bislang rund 5 % der Nachfrage verlorenging. Da im Bestell- und Lagerbereich Rationalisierungspotentiale vermutet werden, will die Unternehmung die geschilderte Planungssituation in einem geeigneten Modell abbilden. Dieses Modell soll die realen Verhältnisse hinreichend genau abbilden, aber möglichst einfach sein.

Das Unternehmen ist sich bislang nicht darüber im klaren, welche Zielsetzung für den Bestellbereich eingesetzt werden kann. Die gesamte Unternehmenspolitik ist darauf gerichtet, den Gewinn zu maximieren. Man konnte sich aber bislang nicht auf ein konsistentes Bereichsziel für die Lagerpolitik einigen.

Völlige Unklarheit herrscht auch über die Kostenwirkungen der Bestellpolitik. Es liegen weder verläßliche Informationen über die Lagerkosten Cl [DM pro ME und Jahr] noch die bestellfixen Kosten Cr [DM pro Bestellung] vor. Die Unternehmensleitung hat das Controlling beauftragt, Zahlen zusammenzustellen, aus denen u.U. Rückschlüsse auf die relevanten Kosten möglich sind. Erhoben wurden folgende Daten:

1. Um eine Bestellung beim Lieferanten aufzugeben, ist ein Disponent mit einem Gehalt plus Nebenkosten von 120 DM je Stunde etwa 30 Minuten tätig. Zusätzlich entstehen für Porto und Büromaterial Kosten von 10 DM pro Bestellung. Die Abteilung Bestellwesen scheint mit den bisherigen Tätigkeiten nicht voll ausgelastet zu sein.

2. Bislang wurden Bestellungen zwischen 20 und 40 ME bei einem mittleren Bestand von ca. 30 ME aufgegeben. Die Bestellungen wurden durch eine kleine Spedition mit einem

Kleintransporter abgeholt. Dieser Transporter kann maximal 60 Artikel laden. Die Mietkosten des Kleintransporters einschließlich Fahrer und Benzin beliefen sich auf 340 DM für eine Bestellung. Bei diesen Kosten handelt es sich um einen Mittelwert, da die Transportdauer und der Benzinverbrauch erheblich in Abhängigkeit von den Straßenzuständen zufällig schwankten. Die beobachteten Kostenwerte lagen zum Teil um 20 % höher oder niedriger. Werden mehr als 60 ME je Bestellung geordert, erhöhen sich die Miet- und Benzinkosten für einen größeren Wagen auf durchschnittlich 400 DM.

3. Der Einkaufspreis des Artikels beläuft sich zur Zeit auf 100 DM. Der Artikel wird zum Preis von 200 DM verkauft. Die zusätzlichen Handelsgrenzkosten werden auf 40 DM veranschlagt.

4. Das Unternehmen bezahlt Rechnungen grundsätzlich mit 3 % Skonto sofort bei Wareneingang, könnte aber auch ein Ziel von 30 Tagen beanspruchen. Für die Bezahlung werden Kontokorrentkredite zu derzeit 12 % p.a. in Anspruch genommen. Das Unternehmen hat als eiserne Reserve 30.000 DM in Finanzanlagen zu derzeit 6 % angelegt, obwohl es sein Kreditlimit bislang nicht annähernd ausgeschöpft hat.

5. Mit der Lagereingangskontrolle für eine Bestellung von 20 bis 40 ME ist ein Angestellter (Gehalt plus Nebenkosten pro Stunde 96 DM) etwa 40 Minuten beschäftigt.

6. Das Unternehmen führt eine permanente Lagerkontrolle durch und ist täglich über den Soll-Lagerbestand informiert. Für die Lagerkontrolle wird ein Mitarbeiter mit einem Gehalt plus Nebenkosten von 6.000 DM pro Monat eingesetzt. Dieser Mitarbeiter widmet etwa 5 % seiner Zeit dem zu analysierenden Artikel.

7. Um die allgemeinen Verwaltungs- und Vertriebskosten (Miete, Verkaufspersonal, Energie usw.) zu kalkulieren, arbeitet das Unternehmen mit einem Zuschlagssatz von 30 % auf den Netto-Einkaufspreis. Keine der Informationen eins bis sechs wurde in diesen Zuschlagssatz eingerechnet.

8. Bei der bisherigen Bestellpolitik erreichte das Unternehmen eine Lagerumschlagshäufigkeit von etwa neun pro Jahr.

Aufgabe 1:

Stellen Sie Überlegungen über die Art des einzusetzenden Modells an!

- Welches sind die Variablen, über die auf die Erfolgssituation Einfluß genommen werden kann?
- Analysieren Sie die Wirkungszusammenhänge zwischen den Variablen und den relevanten Merkmalen des Bestellsystems!
- Analysieren Sie, welche Kosten von welchen Variablen beeinflußt werden, d.h., welche Variablen haben einen Haupteinfluß auf welche Kosten?

- Existieren im Beispiel Interdependenzen? Welcher Art sind diese Interdependenzen, und wie wirken sie? Wie ist den Interdependenzen im Planungskalkül prinzipiell Rechnung zu tragen? Werden diese Interdependenzen in der geschilderten Situation nachhaltige Wirkungen haben, d.h., geht von ihnen ein starker Zwang zu einem stochastischen, dynamischen Simultanmodell aus, oder können auch einfachere Modelle den Fall hinreichend genau abbilden?

- Wie kann die Unsicherheit der Nachfrage und der Kostendaten im Modell berücksichtigt werden?

Unterbreiten Sie aus der geschilderten Problemsituation heraus sinnvolle, d.h. plausible Vorschläge zur Strukturierung, und wägen Sie alternative Modellkonzepte (statisch, dynamisch bzw. deterministisch, stochastisch) gegeneinander ab!

Lösungshinweise:

Da es sich um einen hochwertigen Artikel (hoher Einstandspreis mit hohen Kapitalbindungskosten) handelt, kann eine modellgestützte Planung gegenüber dem bisherigen, improvisierenden Vorgehen zu spürbaren Kosteneinsparungen führen, falls die derzeitige Politik erheblich vom Optimalverhalten abweicht. Was dabei als optimales Verhalten zu bezeichnen ist, hängt vom eingesetzten Modelltyp für die Bestellpolitik ab.

Grundsätzlich lassen sich zwei verschiedene Modellstrukturen unterscheiden:[20]

1. Es könnte eine *Bestellpunktpolitik* betrieben werden. Bei diesem Modelltyp wird eine neue Bestellung aufgegeben, wenn ein kritischer Mindestlagerbestand (Bestellpunkt) erreicht ist. Variable dieses Modelltyps sind der Bestellpunkt (Meldemenge) und die Bestellmenge. Bei dieser Modellart wird im Zeitablauf immer die gleiche Menge bestellt, und auch die Meldemenge verändert sich im Zeitablauf nicht. Es liegt damit eine stationäre Politik vor. Eine derartige Politik ist nur möglich, wenn das Unternehmen ständig über den Lagerbestand – laufende Lagerkontrolle – informiert ist. Diese Voraussetzung ist im Beispiel gegeben.

2. Es könnte ein *Bestellrhythmusmodell* eingesetzt werden. In diesem Fall wird der Lagerbestand nur zu bestimmten, noch nicht feststehenden Zeitpunkten erhoben, und nach jeder Lagerkontrolle wird eine Bestellung aufgegeben. Variable des Systems sind die Kontrollzeitpunkte und die Wiederauffüllmenge. Bestellt wird jeweils die Wiederauffüllmenge abzüglich dem Lagerbestand zum jeweiligen Kontrollzeitpunkt. Bei dieser Politik sind zwar die Wiederauffüllmenge und das Intervall zwischen zwei Lagerkontrollen gleich groß, aber die jeweilige Bestellmenge verändert sich zufällig, da der Lagerbestand zufallsabhängig ist.

Der zweite Modelltyp liefert im allgemeinen im Hinblick auf die Zielsetzung bessere Ergebnisse. Derartige Modelle sind jedoch weit komplexer und schwieriger auszuwerten als Mo-

20 Vgl. Adam (1993a), S. 166 ff.

delle des ersten Typs. Es fragt sich daher, ob sich der zusätzliche Komplexitätsgrad im Beispiel lohnt. Im folgenden soll auf der Basis des ersten Modelltyps argumentiert werden.

Wirkungszusammenhänge[21] eines Modells bilden die Beziehungen zwischen dem Modellinput (Daten und Variable) und den relevanten Merkmalen als Modelloutput ab. Relevante Merkmale des Lagersystems sind der Lagerbestand im Zeitablauf, die zeitliche Entwicklung der Fehlmengen sowie die Bestellhäufigkeit. Die Art der im Modell erfaßten Wirkungszusammenhänge hängt dabei von der Art der Abbildung ab. Grundsätzlich sind die Wirkungsbeziehungen im Beispiel stochastischer Art, da die Nachfrage stochastischen Veränderungen unterworfen ist. Vereinfachend kann auf die stochastische Beziehung in der Modellbildung ganz oder z.T. verzichtet werden, so daß sich vereinfachte Zusammenhänge ergeben.

Grundsätzlich bestehen folgende Wirkungszusammenhänge: Die Bestellmenge y wirkt auf die Höhe des aktiven Lagerbestands sowie auf die Bestellhäufigkeit im Planungszeitraum ein. Mit steigender Bestellmenge wächst der Lagerbestand, und dementsprechend steigen die Lagerkosten. Gleichzeitig nimmt die Bestellhäufigkeit ab, und infolgedessen sinkt die Summe der bestellfixen Kosten im Planungszeitraum. Die Bestellmenge y stellt somit die zentrale Variable des Problems dar. Daraus ergibt sich bei partieller Betrachtung die Planungsaufgabe, die entgegengesetzten Kostenwirkungen der bestellfixen und der Lagerkosten durch sinnvolle Wahl von y zum Ausgleich zu bringen bzw. die Gesamtkosten zu minimieren.

Bei stochastischer Nachfrage hat die Meldemenge N die Aufgabe, den Betrieb während der Wiederauffüllzeit des Lagers gegen Fehlmengen abzusichern. In der Auffüllzeit kann maximal die Meldemenge verkauft werden. Übersteigt die Nachfrage den Bestand, treten Fehlmengen auf. Die Meldemenge setzt sich dabei aus dem Erwartungswert der Nachfrage μ während der Wiederauffüllzeit und einem Sicherheitszuschlag $(N - \mu)$ zusammen.[22] Je größer der Sicherheitszuschlag (passives Lager) ist, um so höhere Lagerkosten gehen auf diesen Bestand zurück. Gleichzeitig sinken die Fehlmengen. Aus diesem Wirkungszusammenhang ergeben sich wieder zwei gegenläufige Kostenentwicklungen: Die Lagerkosten des passiven Bestands steigen mit wachsendem Sicherheitszuschlag, während gleichzeitig die Fehlmengenkosten sinken. Das Problem der Wahl der Meldemenge besteht damit im Grunde darin, diese gegenläufigen Kostenentwicklungen auszugleichen.

Im Beispiel gibt es grundsätzlich drei Typen von Interdependenzen:

1. Interdependenzen zwischen den beiden Variablen:

   Die oben beschriebenen Wirkungszusammenhänge und Kosteneinflüsse beruhen nur auf den Haupteinflußgrößen. Tatsächlich hängen die Fehlmengenkosten nicht nur allein vom Sicherheitszuschlag, sondern auch von der Bestellhäufigkeit und damit von der Bestellmenge y ab. Je seltener bestellt wird, um so seltener tritt überhaupt die Gefahr von Fehlmengen auf. Dieser Wirkungszusammenhang wurde oben zunächst vernachlässigt. Der Wirkungszusammenhang zwischen den beiden Variablen kann nur in einem Simultanmo-

21 Zu Wirkungsdefekten in der Bestell- und Lagerhaltung vgl. auch Adam (1993a), S. 117 ff.

22 Vgl. Adam (1993a), S. 180 ff.

dell vollständig erfaßt werden. Wird für die beiden Variablen je ein Partialmodell entwikkelt und wird zunächst das Modell für die Bestellmenge optimiert, läßt sich in diesem Modell die indirekte Wirkung von y auf die Fehlmengenkosten nicht abbilden. Für die Wahl des Bestellpunkts wird dann von der durch y vorgebenen Bestellhäufigkeit ausgegangen. Die Partialmodelle bilden damit sowohl die Lagerkosten als auch die Fehlmengenkosten und damit letztlich auch die bestellfixen Kosten in der Planungsperiode nur unzureichend ab.

2. Stochastische Abhängigkeiten der Lagerbestände aufeinanderfolgender Perioden:

   Bei gegebenem Lagerbestand (Zustand) hängt der Zustand des Lagersystems zu Beginn der folgenden Periode von der eintretenden stochastischen Nachfrage ab. Ereignisse einer Periode stehen damit mit künftigen Zuständen des Systems in einem Wirkungszusammenhang (zeitlich vertikale Interdependenzen). Derartige zeitübergreifende Wirkungszusammenhänge lassen sich grundsätzlich nur in dynamischen Modellen abbilden. Wird ein statisches Modellkonzept angewendet, das die stochastische Nachfrage auf den Erwartungswert der Nachfrage verdichtet, gehen diese Beziehungen bei der Modellbildung verloren. Aus diesem Grund führt ein vereinfachtes statisches Modell nicht zum Erwartungswert der Kosten für das reale, dynamische Problem. Ein Modell, welches vom Zufallsprozeß der Nachfrage abstrahiert, läuft damit Gefahr, die tatsächlich optimale Verhaltensweise zu verfehlen. Ob diese Gefahr groß ist, hängt nachhaltig vom Ausmaß des Zufalls und von der Höhe der Kostensätze für Lagerung, Bestellung und Fehlmengen ab.

3. Interdependenzen zu anderen Funktionsbereichen:

   Grundsätzlich bestehen zwischen den Entscheidungen aller betrieblichen Funktionsbereiche unter der Zielsetzung Gewinnmaximierung Interdependenzen. Im Beispiel sind davon die Beziehungen zwischen Finanzierung und Bestellpolitik relevant. Von der Bestellpolitik hängt letztlich die Höhe des Kapitalbedarfs ab. Kapital, das im Lager gebunden ist, kann nicht für andere Aufgabenbereiche des Unternehmens eingesetzt werden. Ist Kapital knapp, konkurrieren die alternativen Verwendungsrichtungen um das Geld. Es kommt zu einer Fehlsteuerung innerhalb von Partialmodellen, wenn in den Lagerkosten nur die Kosten der Kapitalbeschaffung erfaßt werden. Die Kapitalnachfrage würde i.a. das Angebot übersteigen. Die Pläne der Partialmodelle wären unzulässig. Der Knappheitssituation des Kapitals kann in einem Partialmodell der Bestellpolitik nur dann Rechnung getragen werden, wenn aus der Problemsituation heraus ein sinnvoller Knappheitspreis für Kapital bei der Berechnung der Lagerkosten angesetzt wird.

Die *Unsicherheit der Nachfrage* läßt sich auf zwei Wegen berücksichtigen: Von ihr kann durch Verdichtung der Nachfrage zum Erwartungswert abstrahiert werden, oder die Dynamik des Zufallsprozesses wird mittels Sensitivitäts- oder Risikoanalysen offengelegt. Wird der Weg der Verdichtung gewählt, wird das reale, dynamische Problem in einem quasideterministischen Modell abgebildet. Alle Informationen über die Dichte der Nachfrage bzw. die Streuung gehen bei dieser Art der Modellbildung verloren. Ein derartiges Modell kann daher die beschriebenen zeitlich vertikalen Interdependenzen nicht abbilden. Wird der Modellinput (Nachfrage) verdichtet, hat das auch Rückwirkungen auf die Zielgröße. Bei einer stochastischen Nachfrage ist auch die Zielgröße das Ergebnis eines Zufallsprozesses. Die Zielgröße gehorcht einem bestimmten Verteilungsgesetz. Dieses Verteilungsgesetz kann bei einer Verdichtung aber nicht mehr offengelegt werden. An die Stelle dieser Zufallsgröße tritt eine quasi-sichere Zielgröße. Als Folge der stochastischen, vertikalen Interdependenzen entspricht diese quasi-sichere Zielgröße aber nicht dem Erwartungswert des realen, dynamischen Problems. Eine Verdichtung der Inputdaten hat zwar den Vorteil einer einfachen Modellbildung; dieser Vorteil wird aber mit einer ungenaueren Abbildung des realen Problems erkauft. Ob der Ungenauigkeitsgrad toleriert werden kann, hängt letztlich davon ab, ob das einfache Modell das Problem nur schwach oder drastisch verzeichnet.

Wird der Weg beschritten, den Zufallsprozeß im Zeitablauf (Dynamik) durch die Modellbildung offenzulegen, kann prinzipiell zwischen zwei Konzepten gewählt werden. Es könnte versucht werden, ein dynamisches, stochastisches Modell zu entwickeln. Dieser Weg ist nicht vielversprechend; er führt zu einem rechnerisch nicht mehr beherrschbaren Modellkomplexitätsgrad. Modelle, die sich aber nicht innerhalb vertretbarer Zeit auswerten lassen, sind sinnlos. Ein zweiter Weg besteht darin, für das Problem ein Simulationsprogramm zu entwickeln, das einer bestimmten Politik im Zeitablauf unter den Gesetzmäßigkeiten des Zufallsprozesses einen Schätzwert für den (rechnerisch nicht ermittelbaren) Erwartungswert der Kosten zuordnet. Dieser Weg hat den Vorteil, die Wirkungszusammenhänge und damit die Kosten einer Politik besser abbilden zu können. Das Problem dieser Ansätze besteht darin, daß die optimale Politik nur durch ein Enumerationsverfahren bestimmt werden kann. Für alternative Politiken sind die zugehörigen Kosten zu berechnen, und die Ergebnisse sind miteinander zu vergleichen. Die optimale Politik kann auf diesem Wege nur bestimmt werden, wenn sie unter den berechneten Politiken vertreten ist.

Der Ungenauigkeit der Bewertungsansätze (Lagerkosten, Bestellkosten, Fehlmengenkosten) kann in der Modellbildung durch Sensitivitätsanalysen Rechnung getragen werden. Dazu wird bei einem optimierenden Modell in das Optimalitätskriterium jeweils ein anderer Kostensatz aus dem „Unsicherheitsintervall" der Wertansätze eingesetzt und die Reaktion der Variablen - z.B. Bestellmenge - analysiert. Damit läßt sich studieren, ob Unsicherheiten in der Bewertung für das Modellergebnis nachhaltige Wirkungen haben oder ob die Variablen nur schwach auf die Ungenauigkeiten reagieren. Bei schwacher Reaktion ist es sinnlos, Bemühungen zur Verbesserung der Bewertungsansätze zu unternehmen. Nur wenn eine starke Reaktion der Variablen zu beobachten ist, sollte der Planende bestrebt sein, den Informationsstand über die Wertansätze zu verbessern.

Die Interdependenzen zwischen den Variablen - Bestellmenge und Meldemenge - sprechen im Beispiel für ein Simultanmodell. Die Unsicherheit der Nachfrage fordert ein dynamisches, stochastisches Modell. Der Komplexitätsgrad dieser Modelle ist jedoch unbeherrschbar. Soll an der Philosophie von optimierenden Modellen festgehalten werden, bleibt im Beispiel nur der Weg zur Vereinfachung. Es stellt sich dann die Frage nach dem Ausmaß an Vereinfachung. Hierfür sind verschiedene Alternativen denkbar:

1. Im einfachsten Fall wird auf die Abbildung des Zeitablaufs und der Stochastik völlig verzichtet. Es sind dann für die Bestellpolitik und die Meldemenge zwei Modelle zu bilden, wobei das Meldemengenproblem bei quasi-sicherer Nachfrage gänzlich verschwindet, da

in diesem Fall von Fehlmengen in der Modellbildung völlig abgesehen wird. Die Meldemenge entspricht dem Produkt aus Auffüllzeit und durchschnittlicher Nachfrage. Dieses Modell zeitigt erhebliche Abbildungsunschärfen und wird am tatsächlichen Optimalverhalten erheblich vorbeisteuern.

2. Eine zweite Modellvariante könnte nur für die Bestellmenge vom Zufall und der Dynamik abstrahieren, während bei der Meldemenge nur von der Dynamik abgesehen wird. In diesem Fall existiert ein eigenständiges Meldemengenproblem. Fehlmengenkosten und Kosten des passiven Lagerbestandes werden bei dieser Vorgehensweise prinzipiell erfaßt. Es wird aber den Interdependenzen zwischen den Variablen und den zeitlich vertikalen Interdependenzen nicht Rechnung getragen. Das Meldemengenmodell zeitigt bessere Ergebnisse als die erste Vorgehensweise.

3. Eine dritte Variante könnte von der Dynamik abstrahieren und eine statische Simultanplanung von Bestell- und Meldemenge bei stochastischer Nachfrage anstreben. Modelle dieser Art bringen gegenüber 2) nur dann eine nachhaltige Verbesserung, wenn die indirekte Wirkung der Bestellmenge auf die Fehlmengenkosten nachhaltig ist, was in den seltensten Fällen real gegeben ist.

Wird die Philosophie optimierender Modelle aufgegeben, läßt sich eine gute Politik mit Hilfe eines Simulationsmodells bestimmen. Simulation und Optimierung lassen sich auch kombinieren. Durch ein Modell gemäß Variante 2) wird eine Politik bestimmt, in deren Umgebung sich andere Politiken simulieren lassen. Ist das Modell der Variante 2) ansatzweise brauchbar und führt sie in die Nähe der tatsächlichen Politik, läßt sich der Simulationsaufwand dadurch erheblich einschränken. Zugleich kann die Simulation als Verifikationstechnik für das einfache optimierende Modell eingesetzt werden. Führt die Simulation näherungsweise zur gleichen Politik und zu den gleichen Kosten wie das optimierende Modell, ist der Genauigkeitsgrad des einfachen, optimierenden Modells ausreichend.

Aufgabe 2:

Versuchen Sie, die entscheidungsrelevanten Kosten sinnvoll zu quantifizieren, um die Bestellpolitiken bewerten zu können! Wie ist in der Planung dem Umstand Rechnung zu tragen, daß die Daten nur ungenau quantifiziert werden können? Wovon hängt es ab, ob die Unsicherheit der Daten vernachlässigt werden kann oder nicht?

Lösungshinweise:

Für die verschiedenen Modellvarianten müssen die entscheidungsrelevanten Kosten quantifiziert werden.

Bei einer gewinnorientierten Zielsetzung sind die variablen Kosten in bezug auf die Entscheidungsgrößen „Bestellmenge" und „Meldemenge" zu bestimmen. Es sind die Lagerkosten pro Mengeneinheit und Zeiteinheit, die bestellfixen Kosten je Bestellung und die Fehlmengenkosten für jedes nicht gelieferte Stück sinnvoll aus der Problemsituation heraus zu entwickeln.

Bei dem beschriebenen Entscheidungsproblem handelt es sich um eine Fragestellung der operativen Planung. Es ist deshalb davon auszugehen, daß keine Kapazitätsentscheidungen beispielsweise über die Personalstärke zu treffen sind. Die Höhe der Gehälter wird durch die Bestell- und Lagerpolitik nicht beeinflußt; sie sind in bezug auf die Variablen des Problems fixe Kosten. Gleiches gilt für die Verwaltungskosten. Für die entscheidungsrelevanten Kosten sind Teile des Vorgangs eins und die Vorgänge fünf, sechs und sieben unerheblich; sie sind nur bei anstehenden Kapazitätsentscheidungen von Bedeutung. Bedeutungslos ist auch die Angabe acht über die Lagerumschlagshäufigkeit der bisherigen Politik. Die optimale Lagerumschlagshäufigkeit leitet sich aus dem aufzustellenden Modell ab und ist damit auch das Ergebnis der gesuchten Bewertungsgrößen.

Der gesuchte Lagerkostensatz Cl (DM je Mengeneinheit und Zeiteinheit) ist das Produkt aus dem Zinssatz und der Kapitalbindung pro Mengeneinheit. Die Kapitalbindung entspricht dem Einstandspreis. Das Unternehmen begleicht seine Rechnungen sinnvollerweise über Kontokorrentkredite, da Lieferantenkredite teurer sind als Bankkredite. Ohne Zinseszins beträgt der Jahreszins der Lieferantenkredite 36 % (3 % · 12) gegenüber einem derzeitigen Zinssatz von 12 % für Bankkredite. Das Unternehmen zieht damit vom Einkaufspreis von 100 DM 3 % Skonto ab. Der Einstandspreis beträgt also 97 DM.

Bei der Entscheidung über den relevanten Zinssatz ergeben sich mit den 6 % für die Finanzanlagen und den 12 % für Kredite zwei Entscheidungsmöglichkeiten. Es fragt sich daher, welcher der beiden Zinssätze der endogene Grenzzinsfuß ist, zu dem zusätzliche Finanzmittel zu beschaffen sind. Die vom Unternehmen betriebene Finanzpolitik - 6 % Finanzanlagen bei nicht ausgeschöpfter Kreditlinie und Zahlung von 12 % Bankzinsen - ist nicht rational. Durch Auflösung der Finanzanlage lassen sich Kreditzinsen einsparen. Diese Einsparungen lassen sich nur dem Unternehmen als Ganzes, nicht aber dem Lagerbereich zurechnen. Es ist davon auszugehen, daß die vom gesamten Unternehmen benötigten Mittel deutlich 30.000 DM übersteigen. Bei einer Auflösung der Finanzanlage werden somit lediglich Kredite abgelöst; die Finanzanlage wird nicht die Grenzfinanzierungsquelle darstellen, so daß 12 % als Lenkzins anzusetzen sind, solange die Kreditlinie des Unternehmens nicht erreicht wird, Kapital also nicht knapp wird. Im folgenden wird deshalb unterstellt, daß die Finanzanlage als eiserne Reserve bestehen bleibt oder die vorhandenen Mittel von 30.000 DM nicht zur Finanzierung aller Aktivitäten des Unternehmens ausreichen. Damit ist der Zinssatz für Kontokorrentkredite zugleich der endogene Grenzzins des Gesamtunternehmens.

Um den Lagerkostensatz Cl bestimmen zu können, muß entschieden werden, mit welchem Teilplanungszeitraum bei der Bestellpolitik gearbeitet werden soll. Bezieht sich die Nachfrage auf eine Woche, muß auch für die Lagerkosten die Dimension DM pro Mengeneinheit und Woche gewählt werden. Der Jahreszinssatz ist demzufolge auf einen Wochenzinssatz umzurechnen. Im einfachsten Fall wird daher der Zins von 12 % durch 52 dividiert, so daß sich ein Wochenzins von 0,23 % ergibt. Bei einem Einstandspreis von 97 DM führt das zu einem Lagerkostensatz Cl = 97 · 0,0023 = 0,2231 [DM pro ME und Woche].

Die bestellfixen Kosten Cr setzen sich aus den 10 DM des ersten Vorgangs und den Transportkosten zusammen. Nach grober Abschätzung wird wahrscheinlich der größere Transporter benötigt, da aufgrund des geringen Lagerkostensatzes eine größere Bestellmenge als 60 ME zu vermuten ist.

Die bestellfixen Kosten Cr belaufen sich auf 10 + 400 = 410 DM im Mittel. Sollte sich wider Erwarten eine Bestellmenge unter 60 ME ergeben, ist Cr für den kleinen Transporter erneut zu bestimmen, und die Berechnung der Bestellmenge muß wiederholt werden.

Werden Lager- und bestellfixe Kosten in die klassische Formel für die Bestellpolitik eingesetzt, ergibt sich mit der Verkaufsgeschwindigkeit V = 6,3, Cl = 0,2231 und Cr = 410 eine optimale Bestellmenge von:

$$y_{opt} = \sqrt{\frac{2 \cdot V \cdot Cr}{Cl}}; \qquad y_{opt} = \sqrt{\frac{2 \cdot 6{,}3 \cdot 410}{0{,}2231}} \approx 152.$$

Die Bestellmenge liegt deutlich über 60 ME, so daß auf die Bestimmung der bestellfixen Kosten bei Einsatz des kleineren Transporters verzichtet werden kann.

Für die Bestimmung der Meldemenge ist sodann noch der Fehlmengenkostensatz Cf zu bestimmen. Aus den Angaben des Textes läßt sich lediglich ein Fehlmengenkostensatz pro Mengeneinheit herleiten. Da die nicht befriedigte Nachfrage verlorengeht, kann als Fehlmengenkostensatz pro Mengeneinheit die entgangene Deckungsspanne (Verkaufspreis – Einstandspreis – Handelsgrenzkosten) Cf = 200 – 97 – 40 = 63 [DM/ME] angesetzt werden. Bei dieser Quantifizierung sind Imageverluste nicht erfaßt, die das Unternehmen durch die ausbleibende Lieferbereitschaft hinnehmen muß, d.h., der Effekt, daß die Fehlmengen die künftige Nachfrage negativ beeinflussen können, ist nicht erfaßt. Cf kann daher nur als Untergrenze der Fehlmengenkosten interpretiert werden.

Des weiteren kann dem Bewertungsdefekt bei den bestellfixen Kosten durch Sensitivitätsanalysen begegnet werden. Werden für Cr die extremen Randwerte 330 (10+400·0,8) bzw. 490 eingesetzt, ändert sich die optimale Bestellmenge des statischen Modells um nicht mehr als ±10 %. Die Kostenfunktion ist demnach in der Umgebung des Minimums verhältnismässig flach, so daß sich detailliertere Versuche einer Quantifizierung in diesem Fall nicht lohnen. Die steigende Genauigkeit der Werte würde nicht im Einklang mit der nur groben Modellbildung stehen.

Aufgabe 3:

Welche Zielsetzung sollte das Unternehmen für die Bestellpolitik verfolgen? Welche Bedeutung hat die Unsicherheit für die Wahl der Zielsetzung?

Lösungshinweise:

Durch die Bestellpolitik kann sowohl auf die Erlöse als auch auf die Kosten Einfluß genommen werden. Der Erlöseinfluß ergibt sich über die Fehlmengen, die durch die Wahl des Bestellpunkts zu beeinflussen sind. Beim Oberziel Gewinnmaximierung muß daher für die Bestellpolitik grundsätzlich auch eine gewinnorientierte Zielsetzung angewendet werden.

Der Erlöseinfluß wurde bereits bei der Quantifizierung der Fehlmengenkosten erfaßt; er entspricht den Erlöseinbußen aufgrund mangelnder Lieferbereitschaft. Aus diesem Grund kann formal von einem Modell der Kostenminimierung ausgegangen werden.

Sofern sich Fehlmengenkosten nicht quantifizieren lassen, können die Konsequenzen einer Bestellpolitik durch zwei Bewertungsmaßstäbe angegeben werden. Der eine erfaßt die Wirkung auf die Bestell- und Lagerkosten und der zweite die Wirkung auf das erreichte Serviceniveau. Das Serviceniveau mißt den Anteil der Nachfrage, der bei einer bestimmten Art der Politik befriedigt werden kann. Kosten- und Serviceniveauziel sind dabei konträr zueinander, d.h., es liegt eine Planungssituation mit einem Zielkonflikt vor, solange keine Transformationsregel zwischen den beiden Zielen angegeben werden kann.

Bei der Bestimmung der Zielformulierung ist weiterhin zu beachten, daß unsichere Daten vorliegen. Bei einer bestimmten Politik tritt daher kein bestimmter Zielwert in einer Teilperiode ein; er ist vielmehr Ergebnis eines Zufallsprozesses. Folglich existiert bei einer bestimmten Politik eine bestimmte Wahrscheinlichkeitsverteilung für den Erfolg einzelner Perioden. Es stellt sich die Frage, wie diese Verteilungsfunktion zu verdichten ist. Im einfachsten Fall wird der Erwartungswert der Verteilung als Kenngröße für eine Bestellpolitik benutzt. Bei einer Verdichtung auf den Erwartungswert geht jedoch die Information verloren, in welchem Ausmaß die Ergebnisse einzelner Teilperioden um den Erwartungswert streuen. Im Erwartungswert kommt nicht das Risiko von Erfolgsabweichungen in den Teilperioden zum Ausdruck. Die Verdichtung auf den Erwartungswert ist allerdings gerechtfertigt, wenn für einen längeren Zeitraum immer mit der gleichen Politik gearbeitet wird. Der Erwartungswert ist dann der Grenzwert, den der Durchschnitt bei häufiger Wiederholung der Politik anstrebt.

Aufgabe 4:

Entwerfen Sie für den Fall ein statisches Modellkonzept! Welche Vereinfachungen müssen vorgenommen werden, um das Problem in einem statischen Ansatz abbilden zu können? Entwickeln Sie einen Entscheidungsvorschlag! Äußern Sie sich zur Abbildungsqualität des statischen Konzepts, d.h., welche Probleme können sich durch die vorgenommenen Abstraktionen ergeben? Wie kann die Qualität der Ergebnisse des statischen Konzepts überprüft werden? Unter welchen Umständen ist das statische Modell unzureichend?

Lösungshinweise:

Modellkonzepte, die sämtliche herausgearbeiteten Interdependenzen erfassen, sind so komplex, daß sich die optimale Politik nicht mehr berechnen läßt. Derartige Modelle sind lösungsdefekt. Modelle dieser Art machen für praktische Problemsituationen keinen Sinn. Aus Praktikabilitätsgesichtspunkten muß daher eine einfachere Modellbildung angewendet werden. Meistens kann auf die Abbildung der Interdependenzen zwischen den beiden Variablen des Problems verzichtet werden, denn nur bei sehr hohen Lagerkosten ergeben sich schwerwiegende Abbildungsdefizite in Partialmodellen. Die im Problem vergleichsweise geringen Lagerkosten lassen daher die Strategie einer Stufenplanung von Bestellmenge und Bestellpunkt bzw. Meldemenge sinnvoll erscheinen.

In einem ersten Schritt zur Modellbildung kann auch auf die Abbildung des Zeitablaufs verzichtet werden. In diesem Fall können allerdings auch die zeitlich vertikalen, stochastischen Interdependenzen nicht erfaßt werden. Ob dieser Nachteil gravierend ist, kann überprüft werden, wenn die Ergebnisse der statischen Modellbildung in ein Simulationsmodell eingespeist werden. Zeigt das Simulationsmodell sehr ähnliche Kostenwirkungen wie das statische Modell, ist das statische Modell glaubwürdig.

Ein sinnvolles Konzept zur Strukturierung des Problems würde so aussehen, daß ein statisches Partialmodell zur Bestellmengenplanung konzipiert wird, das vom Zufallsprozeß der Nachfrage vollständig abstrahiert und mit einer mittleren Nachfrage von 6,3 ME arbeitet. Dieses Modell führt zu der in der Antwort zu Frage zwei angegebenen Bestellmengenformel.

Wegen der geringen Lagerkosten könnte bei der Wahl des Bestellpunkts u.U. auf ein optimierendes Verfahren verzichtet werden. Läßt sich aus den Verkaufsaufzeichnungen die Verteilung der Nachfrage während der Wiederauffüllzeit bestimmen, könnte der Bestellpunkt so festgelegt werden, daß ein von der Geschäftsleitung gewünschtes Serviceniveau erreicht wird. Beispielsweise wird der Bestellpunkt so fixiert, daß er ausreicht, die während der Wiederauffüllzeit auftretende Nachfrage mit einer Wahrscheinlichkeit von 97 % zu befriedigen. Da im Beispiel vorher 5 % Fehlmengen aufgetreten sind, wird durch dieses einfache Vorgehen eine Verbesserung der Ausgangslage erreicht.

Die Qualität dieser einfachen Heuristik zur Modellbildung hängt entscheidend davon ab, ob die in der Modellbildung vernachlässigten Strukturelemente des Problems wesentlich für das Verhalten des realen Systems sind. Diese Frage läßt sich nur mit Hilfe einer Simulationsstudie beantworten. Die Heuristik ist geeignet, wenn die gewählte Politik in der Simulation gut abschneidet, d.h., wenn andere Politiken keine wesentlich besseren Ergebnisse zeitigen.

Fallstudie 15: Entwicklung von Lenkpreisen

Bei der zentralen EDV-Abteilung der Low-Tech AG werden für die kommende Planperiode von den Abteilungen des Unternehmens folgende Jobs zur Bearbeitung angekündigt:

Job	Rechenzeit ZE	Druckzeichen DZ
1	20	640
2	32	960
3	45	1.100
4	30	910
5	40	1.050

Tabelle 7-39

Für den Planungszeitraum stehen dem Rechenzentrum 170 ZE und 5.000 DZ zur Verfügung. Das Bedienungspersonal für Rechner und Drucker ist kurzfristig nicht abbaubar. Zudem fallen je Stunde Rechenzeit 50 GE/ZE und je Druckzeichen 0,50 GE/DZ an variablen Kosten an.

Die zentrale EDV-Abteilung interessiert sich für die wertmäßigen Kosten der Faktoren Rechenzeit und Druckzeichen, um diese den auftragstellenden Abteilungen als Lenkpreise vorzugeben.

Aufgabe 1:

Diskutieren Sie den generellen Unterschied zwischen dem pagatorischen und dem wertmässigen Kostenbegriff!

Lösungshinweise:

Die generellen Unterschiede von pagatorischen und wertmäßigen Kosten lassen sich durch folgende Merkmale beschreiben:

- Unterschiede bei den Faktorwerten:

  a) Pagatorischer Kostenbegriff:

  Die verbrauchten Mengen an Produktionsfaktoren werden zu den historischen Anschaffungswerten bewertet.

  b) Wertmäßiger Kostenbegriff:

  Die wertmäßigen Kosten entsprechen dem Grenznutzen der Produktionsfaktoren. Darunter ist der entgangene Nutzen der ersten nicht bzw. der letzten gerade noch realisierten Verwendungsrichtung eines Produktionsfaktors zu verstehen. Der Wertansatz hängt damit von der Zielsetzung und der Datenkonstellation des Unternehmens ab. Bei Gewinnmaximierung setzt sich der Kostenwert aus der Grenzausgabe für den Faktor und dem pagatorischen Grenzgewinn (Opportunitätskosten) zusammen, der mit der letzten Einheit des Faktorbestands erzielt werden kann.

- Unterschiede im Mengengerüst

  a) Pagatorischer Kostenbegriff:

  Kosten können bei diesem Kostenbegriff nur entstehen, wenn Produktionsfaktoren zu Ausgaben geführt haben. Das Mengengerüst der Kosten umfaßt daher nur den leistungsbezogenen Faktorverbrauch, der mit Ausgaben verbunden ist. Es gibt damit bei diesem Kostenbegriff keine Zinskosten auf Eigenkapital und keine Mietkosten in eigenen Gebäuden.

  b) Wertmäßiger Kostenbegriff:

  Bei diesem Kostenbegriff gehört jeder leistungsbezogene Faktorverbrauch - unabhängig davon, ob mit seiner Beschaffung Ausgaben verbunden waren - zum Mengengerüst der Kosten. Hat ein Faktor keine Ausgaben verursacht, wird er mit dem Gewinn bewertet, der mit der letzten eingesetzten Faktoreinheit erzielt werden kann.

Aufgabe 2:

Wie hoch sind die wertmäßigen Kosten einer Stunde Rechenzeit bzw. eines DZ, wenn das Bedienungspersonal nicht anderweitig beschäftigt werden kann?

Lösungshinweise:

Die wertmäßigen Kosten setzen sich generell aus den Grenzausgaben und den Grenzgewinnen (Opportunitätskosten) zusammen. Opportunitätskosten können nur auftreten, wenn ein Produktionsfaktor knapp ist. Das wäre der Fall, wenn der Kapazitätsbedarf der Jobs die verfügbare Kapazität übersteigt. Die fünf Jobs erfordern eine Kapazität von 167 ZE und 4.660 DZ. Der Bedarf bleibt bei beiden Faktoren hinter den Kapazitäten zurück, so daß im Beispiel keine Opportunitätskosten existieren können. Die wertmäßigen Kosten entsprechen den jeweiligen Grenzausgaben von 50 GE/ZE bzw. 0,5 GE/DZ.

Überschreitet der Bedarf die Kapazität, müssen grundsätzlich Opportunitätskosten angesetzt werden. In der skizzierten Entscheidungssituation lassen sich die Opportunitätskosten aber nicht quantifizieren, da keine Angaben über die mit den Jobs zu realisierenden Erlöse gemacht werden. Die Quantifizierung hat zur Voraussetzung, daß für die Jobs pagatorische Deckungsspannen bekannt sind.

Die Angaben zum Bedienungspersonal sind in der beschriebenen Situation irrelevant für die Höhe der wertmäßigen Kosten.

Aufgabe 3:

Nach Verhandlungen der einzelnen Abteilungen mit externen Rechenzentren wird bekannt, daß die Jobs sowohl ganz als auch teilweise fremdvergeben werden können. Folgende Preise wurden ausgehandelt:

Job	Preis [GE]
1	2.000
2	2.400
3	2.700
4	2.660
5	2.900

Tabelle 7-40

Die auf der eigenen Anlage zur Verfügung stehende Rechenzeit beträgt aufgrund eingetretener Störungen nur 100 ZE.

Welche internen Preise für Rechenzeit und Druckzeichen muß der EDV-Leiter nunmehr den Abteilungen vorgeben, damit diese anhand der Vorgaben selbständig entscheiden können, ob die Jobs extern oder intern bearbeitet werden sollen?

Lösungshinweise:

Zur Bestimmung des Verrechnungspreises ist ein vierstufiges Vorgehen erforderlich:

1. Als erstes wird für jeden Job überprüft, ob die Eigenfertigung billiger ist als der Fremdbezug. Alle Aufträge, bei denen der Fremdbezug kostengünstiger ist, werden fremdvergeben und sind für die folgenden Schritte irrelevant.

2. Für alle verbleibenden Jobs wird geprüft, ob eine Engpaßsituation vorliegt. Ist das nicht der Fall, werden alle Aufträge eigengefertigt.

3. Ergibt sich im zweiten Schritt für einen Faktor eine Engpaßsituation, ist es unmöglich, die nach Schritt eins verbleibenden Aufträge vollständig eigenzufertigen. Mit Hilfe einer geeigneten Kennzahl ist dann festzulegen, in welcher Reihenfolge die Jobs in das Programm aufgenommen werden sollen. Es ist dazu erforderlich, die sich ausschließenden Strategien Eigenfertigung und Fremdbezug in eine sich ergänzende Strategie zu überführen, d.h., es ist der Kostenunterschied zwischen beiden Strategien zu ermitteln. Die Kostendifferenz entspricht den Zusatzkosten, die bei Fremdbezug hingenommen werden müssen, wenn der Job wegen fehlender eigener Kapazitäten fremdvergeben wird. Die Zusatzkosten pro Job sind durch den Kapazitätsbedarf des Jobs auf der eigenen Anlage zu dividieren (relative Kosteneinsparung). Der Kostenbetrag je Kapazitätseinheit läßt erkennen, wieviel GE gespart werden können, wenn eine Kapazitätseinheit der eigenen Anlage für diesen Job eingesetzt wird.

4. Die Jobs werden nach der Höhe der relativen Kosteneinsparung geordnet. Beginnend mit dem Job, der die höchste relative Einsparung aufweist, werden solange weitere Jobs in das eigene Programm aufgenommen, bis die Kapazität erschöpft ist.

Für das Beispiel folgt daraus:

1. Ein Vergleich der pagatorischen Kosten von Fremdbezug und Eigenfertigung zeigt, daß es auf jeden Fall sinnvoll ist, den dritten Job fremdzuvergeben.

Job	var. Kosten Rechenzeit	var. Kosten Druckzeichen	var. Kosten Eigenfertigung	Kosten Fremdbezug	Kosten-differenz
1	1.000	320	1.320	2.000	680
2	1.600	480	2.080	2.400	320
3	2.250	550	2.800	2.700	-100
4	1.500	455	1.955	2.660	705
5	2.000	525	2.525	2.900	375

Tabelle 7-41

2. Für die verbleibenden Jobs 1, 2, 4 und 5 werden 122 ZE Rechenzeit und 3.560 DZ benötigt, d.h., die Rechenzeit wird zum Engpaßfaktor.

3. Aus den absoluten Kostendifferenzen beider Strategien leiten sich mit Hilfe der Produktionskoeffizienten die nachfolgenden relativen Kostenunterschiede ab. Sie können als zu erzielende relative Deckungsspanne je Zeiteinheit bei Eigenfertigung interpretiert werden.

Job	Kosten	ZE	rel. Deckungs-spanne [GE/ZE]	Rang
1	680	20	34,000	1 (voll)
2	320	32	10,000	3 (voll)
4	705	30	23,500	2 (voll)
5	375	40	9,375	4 (18 GE)

Tabelle 7-42

4. Die Aufträge sollen in der Reihenfolge 1, 4, 2 und 5 in das Programm aufgenommen werden. Grenzverwendungsrichtung der Kapazität "Zeiteinheiten" ist der Job 5, von dem gerade noch 18 ZE eigengefertigt werden. Die Opportunitätskosten der Rechenzeit entsprechen der relativen Deckungsspanne von 9,735 GE/ZE. Bei Grenzausgaben der Rechenzeit von 50 GE/ZE ergeben sich damit für den knappen Faktor wertmäßige Kosten von 59,375 GE/ZE. Die wertmäßigen Kosten für die nicht knappen Druckzeichen entsprechen den Grenzausgaben von 0,5 GE/DZ.

Aufgabe 4:

Wie ändern sich die Werte, wenn die Druckkapazität nur 3.500 DZ beträgt?

Lösungshinweise:

Bei verringerter Druckkapazität von 3.500 DZ besteht theoretisch die Möglichkeit, daß neben der Rechenzeit auch die Druckzeichenkapazität zum Engpaßfaktor wird. Anhand einfacher Überlegungen kann aber gezeigt werden, daß dies für das vorliegende Beispiel nicht möglich ist. Vielmehr bleibt die Rechenkapazität in jedem Fall der einzige Engpaß. Dazu ist die relative Kapazitätsbeanspruchung jedes Faktors (Kapazitätsbedarf je Job/Gesamtkapazität) für die Jobs 1, 2, 4 und 5 zu bestimmen.

Job	rel. Kapazitäts-beanspruchung Rechenzeit	rel. Kapazitäts-beanspruchung Druckzeichen
1	20,00 %	18,28 %
2	32,00 %	27,43 %
4	30,00 %	26,00 %
5	40,00 %	30,00 %

Tabelle 7-43

Weil die relative Kapazitätsbeanspruchung des Faktors Rechenzeit bei jedem Job über der des Faktors Druckzeichen liegt, kann es kein Produktionsprogramm geben, bei dem die Druckzeichenkapazität knapp wird. Das wäre nur der Fall, wenn mindestens bei einem Job die relative Belastung bei den Druckzeichen höher als bei der Rechenzeit ist.

Aufgabe 5:

Die Marketingabteilung hat ermittelt, daß gute Chancen bestehen, die Dienste der eigenen EDV auch extern anzubieten. Nach Marktanalysen wird davon ausgegangen, daß in Abhängigkeit von der extern angebotenen Rechenzeit (RZ) folgender Preis pro Stunde erzielt werden kann:

$p = 87 - 0{,}44 \cdot RZ$ [GE/ZE].

Es wird unterstellt, daß pro ZE Rechenzeit 30 DZ benötigt werden.

Welches Auftragsprogramm soll die EDV-Abteilung nunmehr realisieren, und wie ändern sich die Lenkpreise für Rechenzeit und Druckzeichen?

Lösungshinweise:

Nach dem Schema der in Aufgabe drei erläuterten Differenzstrategien muß nunmehr der Verkauf an Dritte berücksichtigt werden. Dazu ist es erforderlich, die Funktion der Grenzdeckungsspannen bezogen auf die Rechenzeit zu ermitteln. Bei einer Preis-Absatzfunktion

$$p = 87 - 0{,}44 \cdot RZ$$

ergibt sich eine Deckungsbeitragsfunktion für den Verkauf an Dritte von:

$$DB = \underbrace{87 \cdot RZ - 0{,}44 \cdot RZ^2}_{\text{Erlöse}} - \underbrace{(30 \cdot 0{,}5 + 50) \cdot RZ}_{\text{pagatorischeKosten}}.$$

Diese Funktion kann vereinfacht werden:

$$DB = 22 \cdot RZ - 0{,}44 \cdot RZ^2$$

Als Grenzdeckungsspannenfunktion ergibt sich:

$$\frac{dDB}{dRZ} = 22 - 0{,}88 \cdot RZ$$

Diese Grenzdeckungsspannenfunktion wird mit der Kapazitätsnachfragefunktion für die Aufträge 1, 2, 4 und 5 zu einer Gesamtnachfragefunktion zusammengefaßt. Dazu wird auf die relativen Deckungsspannen bei Eigenfertigung dieser Aufträge aus Aufgabe drei zurückgegriffen. Die Aufträge 1 und 4 haben mit 34 GE/ZE bzw. 23,5 GE/ZE eine höhere relative Deckungsspanne als maximal mit dem Drittauftrag zu erzielen ist. Es werden folglich zuerst Auftrag 1 und 4 mit einem Kapazitätsbedarf von zusammen 50 ZE erledigt, bevor Kapazität für Dritte bereitgestellt wird. Das Volumen des Drittauftrags wird solange ausgedehnt, bis dessen Grenzdeckungsspanne die relative Deckungsspanne[23] des Auftrags 2 in Höhe von 10 GE/ZE erreicht hat ($10 = 22 - 0{,}88 \cdot RZ$). Es werden folglich 13,64 ZE Rechenzeit für den Drittauftrag bereitgestellt, bevor der Auftrag 2 mit einem Kapazitätsbedarf von 32 ZE in das Programm aufgenommen wird. Ist der Auftrag 2 vollständig im Programm, wird anschließend das Drittangebot weiter ausgedehnt, bis die relative Deckungsspanne des fünften Auftrags in Höhe von 9,375 GE/ZE erreicht ist ($9{,}375 = 22 - 0{,}88 \cdot RZ$). Das Drittangebot wird daher um 0,71 ZE bis auf 14,35 ZE ausgedehnt, bevor der fünfte Auftrag in das Programm aufgenommen wird. Damit ist für die Aufträge 1, 2 und 4 sowie für den Drittauftrag eine Kapazität von 96,35 ZE verbraucht. Vom fünften Auftrag können folglich nur noch 3,65 ZE auf der eigenen Anlage bearbeitet werden. Die Abbildung 7-11 verdeutlicht die Entwicklung des Produktionsprogramms; die Grenzverwendung des knappen Faktors Rechenzeit ist damit wie in Aufgabe 3 der Auftrag 5, d.h., der wertmäßige Kostensatz beträgt unverändert 59,375 GE/ZE.

Aufgabe 6:

Eine betriebliche Schwachstellenanalyse läßt erkennen, daß das Rechnerpersonal auch zum Ersatz von Teilzeitarbeitskräften in anderen Abteilungen eingesetzt werden kann. Dort verursachen die Teilzeitarbeitskräfte variable Kosten von 30 GE/ZE. Wie ist die Fragestellung der Aufgabe fünf nunmehr zu beantworten?

23 Die Grenzdeckungsspannenfunktion des Drittauftrags sowie die relativen Deckungsspannen der Aufträge besitzen die gleiche Dimension GE/ZE.

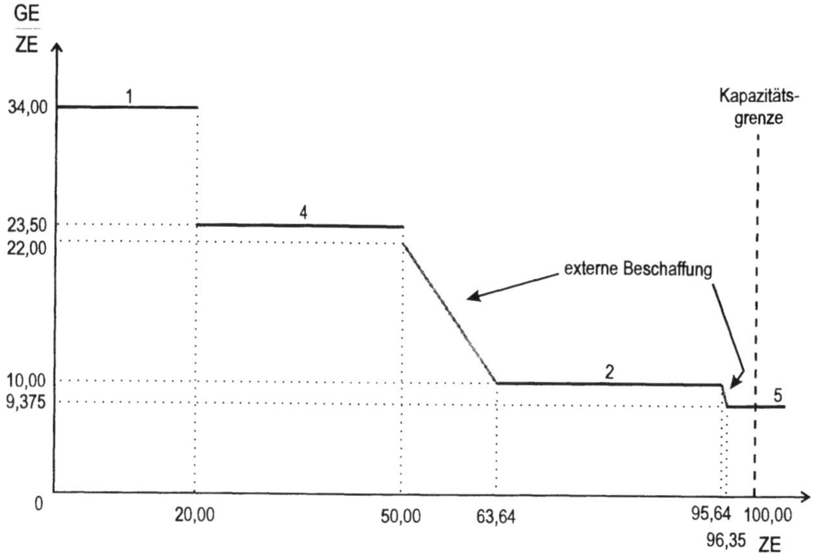

Abbildung 7-11

Lösungshinweise:

Die Umsetzung des Bedienungspersonals erspart in diesem Fall dem Unternehmen Ausgaben in Höhe von 30 GE/ZE. Es ist folglich abzuwägen, ob die Umsetzung des Personals oder die Erledigung der Jobs sinnvoller ist. Die sich ausschließenden Alternativen Umsetzen oder Rechnen sind mit dem bekannten Instrumentarium wieder in eine sich ergänzende Strategie umzuwandeln. Von den relativen Deckungsspannen der Jobs sind folglich je 30 GE/ZE abzuziehen, die durch Umsetzen zu erzielen sind. Nur diese Differenz kann zusätzlich durch Eigenfertigung der Jobs realisiert werden.

Job	rel. DSP Eigenfertigung	rel. DSP Umsetzen	Differenz der rel. Deckungsspannen
1	34,000	30	4,000
2	10,000	30	-20,000
4	23,500	30	-6,500
5	9,375	30	-20,625

Tabelle 7-44

Für die Drittaufträge ergibt sich eine Grenzdeckungsspannendifferenz von -8 - 0,88·RZ.

In der veränderten Entscheidungssituation ist nur die Eigenproduktion des Jobs 1 mit 20 ZE Rechenzeitzeitbedarf sinnvoll. Die restliche Kapazität wird nicht genutzt, d.h., die Aufträge werden fremdvergeben, da die Kostenersparnis durch Umsetzen des Personals mehr einbringt als die Eigenfertigung der Jobs im Vergleich zur Fremdvergabe. In der veränderten

Entscheidungssituation sinken damit die Opportunitätskosten der Rechenzeit auf null, da aus einem ursprünglich knappen Faktor nun ein verwendungsgehemmter, nicht knapper Faktor geworden ist. Knapp sind in dieser Entscheidungssituation die Arbeitskräfte; ihr Opportunitätskostensatz beträgt 30 GE/ZE.

Fallstudie 16: Zielsetzungsprobleme bei ökologisch orientierter Unternehmensplanung

Die HELLWACH AG besitzt eine führende Position auf dem europäischen Markt für qualitativ hochwertige Radiowecker. Das Sortiment umfaßt die vier Grundtypen „Alarm", „Bell-Master", „Chef-Tuner" und „Donna-Avanti". Die Geschäftsführung plant die Einführung eines neuen Produktes. Es soll unter dem Namen „Weck-und-Hopp" das bisherige Sortiment erweitern. Während die bisher produzierten Typen dem hochpreisigen Segment zuzurechnen sind, soll das Neuprodukt als Preis-Knüller eingeführt werden.

Die bisherigen Produkte werden an das Stromnetz angeschlossen, W hingegen läuft im Batteriebetrieb. Während die bisherigen Produkte über eine sehr solide Ausführung (Schalter, Anzeige und zahlreiche Elektronikteile) sowie ein leistungsstarkes Empfängergerät verfügen, ist W im Vergleich dazu sehr sparsam ausgestaltet und führt je Gerät zu weniger Elektronikschrott als die bisherigen Produkte. Vertriebsleiter Weckmann schätzt aber, daß die sparsame Ausstattung von W zu Lasten der Nutzungsdauer des Gerätes gehen wird.

Der Abteilung Controlling ist die Aufgabe zugefallen, für das Problem die entscheidungsvorbereitenden Informationen zu beschaffen und aufzubereiten. Ohne lange zu zögern, hat man sich dort für die klassische Produktionsprogrammplanung als adäquates Instrument entschieden und folgende Daten für die kommende Planungsperiode zusammengestellt:

Produkt	Verkaufspreis [DM/ME]	variable Kosten [DM/ME]	Absatzhöchstmengen [ME]	Produktionskoeffizient Stufe 1 [ZE/ME]	Produktionskoeffizient Stufe 2 [ZE/ME]
A	200	100	2.000	2	3
B	150	80	3.000	4	2
C	180	110	3.000	1	1
D	250	130	1.500	2	4
W	25	5	3.000	2	2

Tabelle 7-45

In jeder der beiden Produktionsstufen steht eine Kapazität von 25.000 ZE zur Verfügung.

Um dem Gedanken der Vermeidung von Elektronikschrott Rechnung zu tragen, will das Unternehmen im Planungsansatz für die Programmpolitik zusätzlich eine Elektronikschrottbedingung berücksichtigen, die die Schrottmenge nach oben begrenzt. Dazu wird für jedes Produkt das Gewicht der elektronischen Teile durch die erwartete Nutzungsdauer der Geräte dividiert und so ein Produktionskoeffizient für Schrott bestimmt. Für die fünf Produkte gelten folgende Schrottkoeffizienten.

Produkt	A	B	C	D	W
Schrottkoeffizient [kg Schrott/Jahr]	0,05	0,04	0,04	0,06	0,14

Tabelle 7-46

Bedenken gegen die geplante Sortimentserweiterung werden von Vorstandsmitglied Rainer Öko angemeldet, der um das bisher tadellose Umweltimage seiner Firma besorgt ist. Wenn man sich in die Niederungen der Billig- und Wegwerfware begebe, so seine Meinung, werde das langfristig negative Konsequenzen auf die Umsatzzahlen im Stammsortiment haben. Im übrigen sei nicht auszuschließen, daß der Gesetzgeber in der Zukunft schärfere Vorschriften zur Rücknahme von Elektronikschrott beschließt. Rainer Öko hat daher Bedenken, das gewinnmaximale Produktionsprogramm auf der Basis der vorstehenden Daten zu bestimmen, da dieses Planungskalkül wesentliche Wirkungen der Produktion insbesondere der Entsorgung nicht berücksichtigt. Das Entscheidungsproblem müsse vielmehr umfassender gesehen werden.

Aufgabe 1:

Das geschilderte Problem der Einführung eines neuen Produktes unter Berücksichtigung ökonomischer und ökologischer Aspekte ist ein schlechtstrukturiertes Planungsproblem. Erläutern Sie, welche Strukturdefekte (Wirkungsdefekt, Bewertungsdefekt, Lösungsdefekt, Zielsetzungsdefekt) im Beispiel auftreten!

Lösungshinweise:

In der geschilderten Problemstellung treten drei der vier Strukturdefekte bei der Berücksichtigung sowohl ökonomischer als auch ökologischer Gesichtspunkte auf.

Beim **Wirkungsdefekt** sind die Daten und/oder die Variablen und/oder die Konsequenzen der Daten und Variablen auf die relevanten Merkmalsausprägungen nicht eindeutig bestimmt. In der geschilderten Problemstellung sind die Handlungsalternativen bekannt, Variable sind die Ausbringungsmengen des Neuprodukts W und der Altprodukte in der Planperiode. Unbekannt sind aber die Auswirkungen von Ausprägungen dieser Variablen auf ökologisch relevante Merkmale. Zumindest in Teilen unklar ist, in welchem Umfang der Elektronikschrott die Umwelt belastet und welche Art der Energieversorgung der Wecker (Batterie- oder Strombetrieb) die ökologisch vorteilhafteste ist. Nicht quantifiziert sind auch Auswirkungen auf das Firmenimage und die darauf zurückgehenden langfristigen Absatzwirkungen.

Ein **Bewertungsdefekt** liegt vor, wenn sich die relevanten Merkmalsausprägungen nicht eindeutig im Hinblick auf die Bewertungsdimensionen quantifizieren lassen. Im Beispiel sind zwar die Wertansätze für eine Maximierung des Deckungsbeitrags bekannt. Die ökonomischen Wirkungen eines Imageverlustes lassen sich jedoch nicht quantifizieren. Problematisch ist auch die Bewertung von zusätzlichen Kosten bzw. Ausgaben, die durch möglicherweise verschärfte Rücknahmebestimmungen für Elektronikschrott bedingt sind. Zudem bereitet auch die Quantifizierung von Umweltschäden durch den Elektronikschrott Probleme.

Von **zielsetzungsdefekten** Problemen wird gesprochen, wenn bei der Problemlösung keine eindimensionale, operationale Zielvorschrift gegeben ist. Aus dem Vorgehen der Abteilung Controlling kann geschlossen werden, daß die HELLWACH AG in der Vergangenheit als Oberziel Deckungsbeitragsmaximierung verfolgte. Bei der Neuprodukteinführung sollen aber auch ökologische Aspekte berücksichtigt werden. Ohne den Umweltschutz zum Unternehmensziel zu erheben, ist in der Problemstellung prinzipiell kein Zielsetzungsdefekt gegeben. Wird zusätzlich ein Umweltziel formuliert, kann dieses Ziel mit dem Ziel Deckungsbeitragsmaximierung im Widerspruch stehen und damit die Formulierung einer eindimensionalen und operationalen Zielfunktion behindern bzw. erschweren.

Lösungsdefekte sind die schwächste Form von Strukturdefekten. Sie treten auf, wenn kein effizientes mathematisches Verfahren existiert, das mit vertretbarem Aufwand eine Lösung erzeugt. Wenn die ökologischen Aspekte vernachlässigt werden, liegt in der geschilderten Situation kein Lösungsdefekt vor, da sich für das Problem ein LP-Ansatz formulieren läßt.

Aufgabe 2:

Von entscheidender Bedeutung für die Integration ökologischer Aspekte in die Unternehmensplanung ist die Überwindung des Zielsetzungsdefekts. Erläutern Sie allgemein und am Beispiel, welche Beziehungen zwischen ökologischen und ökonomischen Zielen bestehen können! Gehen Sie dabei insbesondere auf den Zeitaspekt ein!

Lösungshinweise:

Zwischen dem Umweltschutzziel und dem Ziel der Deckungsbeitragsmaximierung können grundsätzlich folgende Beziehungen existieren:

- Zielkongruenz oder -harmonie
- Zielkonflikt oder -antinomie
- Zielneutralität

Konflikte zwischen den beiden Zielebenen bestehen, wenn der Einbau eines Filters Kosten verursacht, ohne positiv auf die Erlöse zu wirken. Weiterhin ist eine Reduzierung des Schadstoffausstoßes oft nur über eine Mengenreduzierung möglich, Umsatzeinbußen wären die Folge. Auf den ersten Blick scheinen ökonomische und ökologische Ziele eher in einer konfliktären Beziehung zueinander zu stehen.

Es gibt aber auch eine Reihe von Einzelproblemen, bei denen sich ökologische und ökonomische Ziele kongruent zueinander verhalten, d.h., ein höherer Zielerreichungsgrad bei ökonomischen Zielen wirkt sich auch positiv auf ökologische Zielgrößen aus. Die Reduzierung der Faktoreinsatzmengen kann gleichzeitig die Kosten und die Umweltbelastung verringern.

Höhere Energiekosten lassen Wärmerückgewinnung und damit Ressourcenschonung auch ökonomisch sinnvoll erscheinen.

Die dritte, eher theoretische Möglichkeit besteht darin, daß ökologische und ökonomische Ziele sich gegenseitig nicht beeinflussen. In bestimmten Wirtschaftszweigen - Bildungswesen - führt wirtschaftliche Betätigung zu (fast) keinerlei Umweltbelastung. Wenn durch staatliche Umweltpolitik die ökologischen Folgen wirtschaftlicher Betätigung sozialisiert werden (beispielsweise kommunale Abfallbeseitigung) wird erreicht, daß ökonomische Ziele nicht (direkt) beeinträchtigt werden.

Eine Integration von Umweltzielen in das unternehmerische Zielsystem bereitet nur bei konfliktären Zielen Probleme. Es ist erforderlich, den Widerspruch entweder durch Entwicklung einer übergeordneten Nutzenfunktion aufzuheben oder eines der Ziele mit einem bestimmten Anspruchsniveau zur Restriktion zu erklären.

Von besonderer Bedeutung für die Beziehungen zwischen ökologischen und ökonomischen Zielen ist der Zeitaspekt. Ökologische Folgewirkungen treten häufig mit erheblicher zeitlicher Verzögerung auf. Die zeitlich vertikalen Interdependenzen heutiger Entscheidungen mit künftigen Umweltzuständen werden aber nur sehr unzureichend in kurzfristigen Kalkülen auf der Basis marktwirtschaftlicher Preise erfaßt. Aktuelle Preise bilden sich in Abhängigkeit von der aktuellen Marktsituation, also in Abhängigkeit von der aktuellen Knappheitssituation von Gütern. Zukünftige Knappheitssituationen (Müllraum, fossile Brennstoffe etc.) werden bei der Preisbildung nicht berücksichtigt. Das führt dazu, daß kurzfristige Entscheidungen längerfristige ökologische Wirkungen (dynamische Knappheiten) nicht erfassen und ein Konflikt zwischen kurzfristigen ökonomischen Zielen und langfristigen ökologischen Zielen auftritt.

Tendenziell gilt, daß sich dieser Widerspruch der Ziele bei längerfristig ökonomischer Betrachtung weitgehend auflöst. Auf lange Sicht ist es für das Überleben eines Unternehmens wichtig, die gesellschaftlichen Entwicklungen - insbesondere den Wertewandel und künftige Umweltknappheiten - zu antizipieren. In der strategischen Planung tritt der Zielkonflikt zwischen Ökologie und Ökonomie daher eher in den Hintergrund. Gerade in diesem Zeitaspekt liegt die besondere unternehmerische Herausforderung des Umweltschutzes. Anstelle eines reaktiv kurzfristigen Krisenmanagements muß eine proaktive Umweltpolitik treten, die ökologische und ökonomische Aspekte durch langfristiges Denken weitgehend harmonisiert.

Aufgabe 3:

Um zwischen den Zielen „Deckungsbeitrag“ und „Vermeiden von Elektronikschrott“ einen Ausgleich zu erreichen, will das Unternehmen einen Planungsansatz auf der Basis unscharfer Mengen (fuzzy sets) aufstellen.

Erläutern Sie die Grundlagen der Theorie unscharfer Mengen! Erstellen Sie daraufhin zum geschilderten Problem der operativen Programmplanung einen Ansatz auf der Basis der Theorie unscharfer Mengen! Anstelle des Deckungsbeitrages soll das Minimum der (linearen) Zugehörigkeitsfunktionen maximiert werden. Unscharf soll folgender Sachverhalt formuliert werden:

i	Sachverhalt	Zugehörigkeitsfunktion	
		$\lambda_i = 0$	$\lambda_i = 1$
1	Deckungsbeitrag [DM]	800.000	850.000
2	Schrotthöchstmenge [kg]	650	450

Tabelle 7-47

Diskutieren Sie anschließend, welchen Beitrag fuzzy sets zur Lösung des Zielsetzungsdefekts im Beispiel leisten können!

Lösungshinweise:

Das Grundkonzept unscharfer Mengen (fuzzy sets) besteht darin, unscharfe Aussagen nicht mit der Schärfe der klassischen Entscheidungstheorie zu erfassen. Das logische Konzept der Informationsabbildung soll vielmehr dem nur schwachen Informationsgehalt angepaßt werden. Der Begriff „Unschärfe" darf nicht mit „Unsicherheit" verwechselt werden. Der Unterschied beider Begriffe kann folgendermaßen beschrieben werden: Bei Unsicherheit geht es ausschließlich um die Zugehörigkeit oder Nicht-Zugehörigkeit eines Objektes zu einer Menge, wobei diese Zugehörigkeit bzw. Nicht-Zugehörigkeit nicht mit Sicherheit bestimmt werden kann. Unschärfe beschäftigt sich hingegen mit dem Grad der Zugehörigkeit eines Objektes zu einer Menge. In der Aufgabenstellung sind Zugehörigkeitsfunktionen für den Deckungsbeitrag und den Schrottanfall formuliert worden. Grundlage für die Ableitung von Zugehörigkeitsfunktionen könnten folgende unscharfe Aussagen sein:

- Der Deckungsbeitrag soll deutlich mehr als 800.000 DM betragen.
- Die Menge an Schrott soll wesentlich unter 650 kg liegen.

Werden diese unscharfen Aussagen in den obigen linearen Zugehörigkeitsfunktionen abgebildet, läßt sich für die Bewältigung des Konfliktes zwischen ökonomischen und ökologischen Zielen ein unscharfes LP-Modell bilden, das das Ziel hat, eine Lösung des Programmplanungsproblems zu finden, bei der die Zugehörigkeit λ zu den beiden Funktionen maximiert wird. Dieses Vorgehen führt letztlich zu einer beiden Zielen übergeordneten Nutzenfunktion.

Es ergibt sich folgendes unscharfes Modell:

Zielfunktion:

$\lambda \rightarrow \max$

Restriktionen:

(a) unscharfe Restriktionen

1. Deckungsbeitragsanforderung:

Für den Deckungsbeitrag gelten drei Funktionsbereiche. Für die Modellbildung ist nur der mittlere Bereich mit Zugehörigkeiten λ_1 zwischen 0 und 1 interessant

$$\lambda_1 = \begin{cases} 0 & \text{für DB} \leq 800.000 \\ \dfrac{\text{DB} - 800.000}{850.000 - 800.000} & \text{für } 800.000 < \text{DB} < 850.000 \\ 1 & \text{für DB} \geq 850.000 \end{cases}$$

DB wird dabei durch die Summe der Deckungsbeiträge aller 5 Produkte ersetzt:

$$\text{DB} = 100 \cdot x_A + 70 \cdot x_B + 70 \cdot x_C + 120 \cdot x_D + 20 \cdot x_W$$

Da die gemeinsame Zugehörigkeit zu beiden unscharfen Funktionen maximiert werden soll, wird der spezielle Zugehörigkeitsgrad λ_1 durch λ ersetzt. Es entsteht die unscharfe Restriktion:

$$50.000 \cdot \lambda - 100 \cdot x_A - 70 \cdot x_B - 70 \cdot x_C - 120 \cdot x_D - 20 \cdot x_W \leq -800.000$$

2. Schrotthöchstmenge:

Die unscharfe Schrottrestriktion wird auf die gleiche Weise entwickelt.

$$\lambda_2 = \begin{cases} 0 & \text{für Schrott} \geq 650 \\ \dfrac{-\text{Schrott} + 650}{650 - 450} & \text{für } 450 < \text{Schrott} < 650 \\ 1 & \text{für Schrott} \leq 450 \end{cases}$$

$$(\text{Schrott} = 0{,}05 \cdot x_A + 0{,}04 \cdot x_B + 0{,}04 \cdot x_C + 0{,}06 \cdot x_D + 0{,}14 \cdot x_W)$$

Im unscharfen LP wird daraus:

$$200 \cdot \lambda + 0{,}05 \cdot x_A + 0{,}04 \cdot x_B + 0{,}04 \cdot x_C + 0{,}06 \cdot x_D + 0{,}14 \cdot x_W \leq 650$$

(b) scharfe Restriktionen

Neben den unscharfen Formulierungen muß das Modell auch Restriktionen enthalten, die die weiterhin scharfen Beschränkungen des Modells erfassen. Diese Restriktionen sind auch in der scharfen Modellvariante enthalten.

1. Kapazitätsrestriktionen

$$\text{Stufe 1:}\quad 2 \cdot x_A + 4 \cdot x_B + 1 \cdot x_C + 2 \cdot x_D + 2 \cdot x_W \leq 25.000$$

$$\text{Stufe 2:}\quad 3 \cdot x_A + 2 \cdot x_B + 1 \cdot x_C + 4 \cdot x_D + 2 \cdot x_W \leq 25.000$$

2. Absatzhöchstmengen

$x_A \leq 2.000$
$x_B \leq 3.000$
$x_C \leq 3.000$
$x_D \leq 1.500$
$x_W \leq 3.000$

3. Nicht-Negativitätsbedingungen

$x_A, x_B, x_C, x_D, x_W \geq 0$

Dieses unscharfe Modell führt zu nachfolgender Lösung. In der Tabelle ist zusätzlich jene Lösung angegeben, die sich bei Deckungsbeitragsmaximierung mit einer zusätzlichen Schrottrestriktion ergibt:

Variablen	„scharfe" Lösung	„unscharfe" Lösung
x_A=	2.000 [ME]	2.000 [ME]
x_B=	3.000 [ME]	3.000 [ME]
x_C=	3.000 [ME]	3.000 [ME]
x_D=	1.500 [ME]	1.500 [ME]
x_W=	1.500 [ME]	1.000 [ME]
Schrott	640 [kg] (λ_2=0,05)	570 [kg] (λ_2=0,40)
Deckungsbeitrag	830.000 [GE] (λ_1=0,60)	820.000 [GE] (λ_1=0,40)
λ=min[λ_1, λ_2]	0,05	0,40

Tabelle 7-48

Aus der Tabelle wird die Wirkungsweise des unscharfen LP-Ansatzes deutlich. Die scharfe Lösung gehört hinsichtlich des Schrotts (Deckungsbeitrages) mit 5 % (60 %) zur Menge der befriedigenden Ergebnisse. Die gemeinsame Zugehörigkeit zu beiden Bedingungen beläuft sich damit nur auf 5 %. Mit dem unscharfen Ansatz wird der Zugehörigkeitsgrad zur Menge der befriedigenden Lösungen auf 40 % erhöht. Gegenüber der scharfen Lösung sinkt im unscharfen Ansatz die Produktionsmenge des neuen Produktes und damit der Schrottanfall. Gleichzeitig sinkt auch der Deckungsbeitrag. Der unscharfe Ansatz bewirkt damit einen Austauschprozeß bei den Zielniveaus. Das ökologische Zielerreichungsniveau wird zu Lasten des ökonomischen Ziels gefördert.

Mit dem unscharfen LP-Ansatz ist der Zielsetzungsdefekt zwischen ökologischen und ökonomischen Zielen behoben. Die Problematik des unscharfen Ansatzes besteht in der Entwicklung der Zugehörigkeitsfunktionen und in deren Verknüpfung zu einer übergeordneten Zugehörigkeitsfunktion. Im Beispiel wurde dazu das Minimum der Zugehörigkeiten maximiert. Für ein Problem lassen sich auch andere Formen von Zugehörigkeitsfunktionen definieren, und es steht eine Vielzahl unterschiedlicher Typen von Zugehörigkeitsfunktionen zur Verfügung. Das Ergebnis der unscharfen Planung wird dabei ausschlaggebend von der Art der Funktionen und Operatoren bestimmt, so daß es keine tatsächlich „optimale" Lösung gibt. Die Art des Funktionstyps und des Verknüpfungsoperators determinieren den speziellen Typ der Nutzenfunktion, die ökonomische und ökologische Ziele zum Ausgleich bringt. Offen ist damit die Frage, welche Nutzenfunktion sich für die Bewältigung des Zielkonfliktes am besten eignet.

Literatur zu Kapitel 7

Adam, D. (1993a): Industriebetriebslehre – Arbeitsunterlage zur Materialbedarfsrechnung und Bestellpolitik, Manuskript des Instituts für Industrie- und Krankenhausbetriebslehre der Westfälischen Wilhelms-Universität Münster, 9. Aufl., Münster 1993.

Adam, D. (1993b): Produktions-Management, 7. Aufl., Wiesbaden 1993.

Berens, W. (1980): Prüfung der Fertigungsqualität, Entscheidungsmodelle zur Planung von Prüfstrategien, Wiesbaden 1980.

Berthel, J. (1973): Zielorientierte Unternehmenssteuerung, Die Formulierung operationaler Zielsysteme, Stuttgart 1973.

Born, A. (1976): Entscheidungsmodelle zur Investitionsplanung, Wiesbaden 1976.

Brockhoff, K. (1977): Prognoseverfahren für die Unternehmensplanung, Wiesbaden 1977.

Graff, P. (1977): Die Wirtschaftsprognose, Tübingen 1977.

Gutenberg, E. (1979): Grundlagen der Betriebswirtschaftslehre, Band 2: Der Absatz, 16. Aufl., Berlin-Heidelberg-New York 1979.

Harris, F. (1915): Operations and Cost, Factory Management Series, Chicago 1915.

Kyburg, H. (1969): Probability Theory, Englewood Cliffs, N. J., 1969.

Lewandowski, R. (1974): Prognose- und Informationssysteme und ihre Anwendungen, Band 1, Berlin-New York 1974.

Mag, W. (1977): Entscheidung und Information, München 1977.

Schindel, V. (1979): Entscheidungsorientierte Interpretation des Informationswertes und ihre jeweilige Eignung zur Beurteilung von Informationsbeschaffungsmaßnahmen, in: ZfB 1979, S. 39-56.

Zink, K.J. (1994): Qualität als Managementaufgabe. Total Quality Management, 3. Aufl., Landsberg/Lech 1994.

Stichwortverzeichnis

L

M

N

O

P

Q

R

S

6510158R00373

Printed in Germany
by Amazon Distribution
GmbH, Leipzig